Unternehmensbewertung

Manfred Jürgen Matschke · Gerrit Brösel

Unternehmensbewertung

Funktionen – Methoden – Grundsätze

4., vollständig überarbeitete und erweiterte Auflage

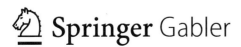 Springer Gabler

Prof. Dr. Manfred Jürgen Matschke
Ernst-Moritz-Arndt-Universität Greifswald
Greifswald, Deutschland

Prof. Dr. Gerrit Brösel
FernUniversität in Hagen
Hagen, Deutschland

ISBN 978-3-8349-4052-0
DOI 10.1007/978-3-8349-4053-7

ISBN 978-3-8349-4053-7 (eBook)

Die Deutsche Nationalbibliothek verzeichnet diese Publikation in der Deutschen Nationalbibliografie; detaillierte bibliografische Daten sind im Internet über http://dnb.d-nb.de abrufbar.

Springer Gabler
© Springer Fachmedien Wiesbaden 2005, 2006, 2007, 2013

Lektorat: Anna Pietras, Walburga Himmel

Gedruckt auf säurefreiem und chlorfrei gebleichtem Papier.

Springer Gabler ist eine Marke von Springer DE. Springer DE ist Teil der Fachverlagsgruppe Springer Science+Business Media
www.springer-gabler.de

Vorwort zur vierten Auflage

Gravierende Entwicklungen in der Weltwirtschaft konnten seit dem Jahr 2007, in dem die dritte Auflage unserer „Unternehmensbewertung" erschien, beobachtet werden. Es gab die Finanzmarktkrise und die Staatsschuldenkrise mit ihren (ökonomischen) Verwerfungen. Die Finanzmarktkrise deckte Fehlentwicklungen in Theorie und Praxis der Bewertungen von Vermögensgegenständen und somit auch von Unternehmen auf. Die bewertungstheoretischen Konzepte, die zu diesen Fehlentwicklungen beigetragen haben, wurden bereits in den früheren Auflagen ausführlich thematisiert und zudem kritisch beurteilt. Die in die dritte Auflage aufgenommene Studie von BRÖSEL/HAUTTMANN (2007) machte zugleich deutlich, daß die Rezeption der Erkenntnisse der funktionalen Unternehmensbewertungslehre ein Schritt aus der Sackgasse sein kann und werden muß, in die viele Bewertungstheoretiker und -praktiker durch Vermeidung eigenen Denkens geraten sind.

In Anbetracht der aus den benannten Krisen zu ziehenden Schlußfolgerungen besinnen sich zahlreiche Wissenschaftler zumindest im Bereich der Rechnungslegung auf die Wurzeln der theoretisch fundierten (deutschen) Bilanzforschung. Ein solcher Trend ist in Bezug auf die Unternehmensbewertung noch nicht nachhaltig zu beobachten. Doppeldeutig stellt sich die Frage: Unternehmensbewertung in der Krise? – Einzelne Beiträge, z. B. von HERING/OLBRICH/ROLLBERG (2010), HERING/ROLLBERG (2011), BRÖSEL/TOLL/ZIMMERMANN (2011) und BRÖSEL/TOLL (2011), machen die Zusammenhänge zwischen den Irrungen der angloamerikanischen Unternehmensbewertung und der Finanzmarktkrise deutlich und stellen in der funktionalen Ausrichtung der Unternehmensbewertung zugleich einen Lösungsweg dar, künftig Auswüchse an *theoriebedingten* Fehleinschätzungen zu mildern oder gar zu vermeiden. Vor *faktischen* Prognoseirrtümern kann indes keine Theorie schützen.

Die geschilderten Zeitumstände und nicht mehr gegebene Buchbestände lassen es geraten erscheinen, eine aktualisierte und überarbeitete vierte Auflage unserer „Unternehmensbewertung" zu veröffentlichen. Dabei ist nach wie vor die strikte funktionale Ausrichtung unser „Markenzeichen". Keine theoretisch fundierte Unternehmensbewertung kann unserer Meinung nach auf dieses zentrale Element verzichten.

Seit der dritten Auflage unseres Buches gingen fünf Jahre ins Land. Zwischenzeitlich haben die Wirtschaftsprüfer mit dem aktuellen IDW S 1 ein aus theoretischer Sicht kaum verbessertes „Update" ihrer Grundsätze zur Unternehmensbewertung vorgelegt. Anhänger von Standardisierungen haben zudem für sich nach internationalen Vorbildern eine gewinnbringende Nische gefunden und schotten sich damit zugleich gegen Kritik ab – gemäß dem Motto: „Wenn alle es falsch machen, wird es wieder richtig!"

Aber auch die funktionale Unternehmensbewertung hat seitdem Erfolge aufzuweisen. Auf nationaler Ebene gibt es neue Erkenntnisse, welche beispielsweise auf Arbeiten von BYSIKIEWICZ (2008), X. MATSCHKE (2008 und 2009), OLBRICH/HEINZ (2009), OLBRICH/HARES/PAULY (2009), MATSCHKE/BRÖSEL/KARAMI (2010) sowie C. TOLL (2011) beruhen. Ein deutscher Weblog „Valuation in Germany – Unternehmensbewertung" von ERIC SCHREYER hat – zu unserer Freude und ohne unser Zutun – seinen Schwerpunkt im Bereich der funktionalen Bewertungslehre und trägt so zu deren Verbreitung bei. Auf internationaler Ebene hat sich die Sichtbarkeit der funktionalen Bewertungslehre in den letzten Jahren erheblich verbessert. So wurde beispielsweise eine gekürzte Fassung des vorliegenden Buches von Prof. Dr. habil. HENRYK GURGUL, Krakau, ins Polnische übersetzt und erfolgreich in dem international angesehenen Verlag Wolters Kluwer veröffentlicht: MATSCHKE/BRÖSEL: Wycena przedsiębiorstwa – Funkcje, metody, zasady, Warschau 2011. Zahlreiche Beiträge zur funktionalen Lehre wurden außerdem in referierten internationalen Fachzeitschriften veröffentlicht. Hierzu zählen beispielsweise HERING/OLBRICH/STEINRÜCKE (2006), MATSCHKE/BRÖSEL (2007), MATSCHKE/BRÖSEL (2008), OLBRICH/BRÖSEL/HASSLINGER (2009), MATSCHKE/BRÖSEL/ MATSCHKE (2010), BRÖSEL/TOLL/ZIMMERMANN (2011) und BRÖSEL/MATSCHKE/OLBRICH (2012).

Es spricht einerseits für den Nachholbedarf der internationalen Bewertungsforschung und andererseits für den Erfolgskurs der funktionalen Lehre, daß der 2010 im „Journal of Business Valuation and Economic Loss Analysis" des Verlags The Berkeley Electronic Press veröffentlichte Beitrag von MATSCHKE/BRÖSEL/MATSCHKE seit seiner Veröffentlichung durchgängig über ein Jahr lang auf dem Spitzenrang der „Downloadcharts" der „Most Popular Papers" dieser Zeitschrift zu finden war. Seine Veröffentlichung fand auch starke Resonanz unter russischen Bewertern und führte auf einem russischen Weblog zu „hitzigen Debatten". Für die zunehmende Akzeptanz in der Praxis spricht die auf den Erkenntnissen der funktionalen Lehre basierende anschauliche Aufbereitung in dem von PETERSEN/ZWIRNER/BRÖSEL herausgegebenen „Handbuch Unternehmensbewertung", welches im Jahr 2013 erscheint.

Vor dem Hintergrund unserer vorstehenden Ausführungen und des großen Erfolges der ersten drei Auflagen, die in zahlreichen Fachzeitschriften äußerst positiv besprochen und aufgenommen worden sind, haben wir am bewährten Konzept unserer „Unternehmensbewertung" festgehalten.

Für die aktuelle Auflage wurde jedoch das gesamte Buch erneut gründlich redigiert, wobei Tippfehler korrigiert und zahlreiche sprachliche Veränderungen vorgenommen wurden, um die Lesbarkeit des Buches weiter zu verbessern. Gänzlich neu ist ein Abschnitt zur vertragstheoretischen Fundierung der Arbitriumwertermittlung aufgenommen worden. Zitate und Literaturhinweise wurden aktualisiert und erheblich erweitert, damit das Literaturverzeichnis unserem hohen Anspruch, zugleich eine Bibliographie einschlägiger historischer und aktueller Veröffentlichungen zur Unternehmensbewertung zu bieten, gerecht wird. Dem zunehmend auch in der Betriebswirtschaftlehre um sich greifenden Trend, nur „aktuelle" (Zeitschriften-)Beiträge als „relevante" Literatur anzusehen, wollen wir uns auf diese Weise zugleich widersetzen. Unser Motto lautet „Ad fontes!"

Wir danken Herrn Dipl.-Kfm. ALEXANDER BULL und Herrn Dipl.-Kfm. MARTIN TOLL von der FernUniversität in Hagen sehr herzlich für die geleistete Hilfe bei der Vorbereitung der neuen Auflage. Nicht zuletzt haben wir dem GABLER Verlag und hier insbesondere Frau ANNA PIETRAS für die ausgezeichnete Zusammenarbeit zu danken und wünschen uns eine solche auch in der Zukunft.

Univ.-Prof. Dr. MANFRED JÜRGEN MATSCHKE   Univ.-Prof. Dr. GERRIT BRÖSEL

Mertesdorf und Hagen, September 2012

Vorwort zur dritten Auflage

Auch die zweite Auflage der „Unternehmensbewertung" war nach einem Jahr vergriffen, so daß zwei Jahre nach dem Erscheinen der ersten Auflage bereits die dritte Auflage präsentiert werden kann. Die weiterhin positive Kritik ermutigt uns, an der Grundkonzeption der strikten Ausrichtung auf die aufgabenbezogene Unternehmensbewertung als „Markenzeichen" festzuhalten.

Für die neue Auflage wurde das gesamte Buch erneut gründlich durchgesehen, um die wenigen in der zweiten Auflage noch verbliebenen Tippfehler zu korrigieren. Unter dem Aspekt, die Verständlichkeit noch weiter zu verbessern, wurde das Manuskript redaktionell überarbeitet. Zitate und Literaturhinweise wurden erneut aktualisiert und erweitert, so daß das Literaturverzeichnis mehr und mehr einer Bibliographie einschlägiger historischer und aktueller Veröffentlichungen zur Unternehmensbewertung gleicht.

Die dritte Auflage ist inhaltlich erweitert worden. Zu nennen ist der Einbezug einer aktuellen empirischen Erhebung zu Unternehmenstransaktionen sowie den dabei zur Vorbereitung und in den Verhandlungen verwendeten Unternehmensbewertungsverfahren. Diese Studie von BRÖSEL/HAUTTMANN zeigt, wie wenig aufgabenorientiert bei praktischen Unternehmensbewertungen vorgegangen wird, und weist so auf erhebliche theoriebedingte Defizite bei der Vorbereitung von Unternehmenstransaktionen hin. Für die hohe Mißerfolgsquote bei solchen Transaktionen dürfte dieses Theoriedefizit daher mitverantwortlich sein. Weitere wesentliche Ergänzungen betreffen die Berücksichtigung von unterschiedlichen Zielsetzungen in Entscheidungswertkalkülen und deren Einfluß auf das Bewertungsresultat.

Zu danken haben wir wiederum unseren Lesern für nützliche Hinweise. Stellvertretend möchten wir Herrn CHRISTIAN KALKES, Student an der Universität Trier, danken, der uns auf einen Fehler in einem Zahlenbeispiel aufmerksam gemacht hat. Wir ermutigen alle Leser, uns weiterhin durch Hinweise auf mögliche Fehler und sonstige Unzulänglichkeiten zu unterstützen.

Wir danken darüber hinaus Herrn Univ.-Prof. Dr. THOMAS HERING, Fern-Universität Hagen, und Herrn Dipl.-Kfm. MICHAEL LERM, Ernst-Moritz-Arndt-Universität Greifswald, für die konstruktiven wissenschaftlichen Diskussionen im Rahmen der Vorbereitung der aktuellen Auflage insbesondere im Hinblick auf die Konfliktsituation vom Typ der Fusion. Herrn Dipl.-Kfm. MARCUS BYSIKIEWICZ und Frau KERSTIN REDIESKE danken wir erneut sehr herzlich für die geleistete Hilfe bei der Vorbereitung der neuen Auflage. Nicht zuletzt haben wir dem GABLER Verlag und hier insbesondere Frau JUTTA HAUSER-FAHR für die ausgezeichnete Zusammenarbeit zu danken und wünschen uns eine solche auch in der Zukunft.

Univ.-Prof. Dr. *MANFRED JÜRGEN MATSCHKE*   Priv.-Doz. Dr. *GERRIT BRÖSEL*

Greifswald und Ilmenau, Juli 2007

Vorwort zur zweiten Auflage

Die erste Auflage der „Unternehmensbewertung" ist sowohl vom Markt als auch von der Kritik so gut angenommen worden, daß sie bereits nach einem Jahr vergriffen war. Für die neue Auflage wurde das gesamte Buch gründlich durchgesehen und (tipp-)fehlerkorrigiert sowie redaktionell überarbeitet, um die Verständlichkeit weiter zu erhöhen. Vor allem Zitate und Literaturhinweise wurden dabei aktualisiert und erweitert. Neu ist als Orientierungshilfe ein Symbolverzeichnis.

Stellvertretend für alle, die uns auf Errata hingewiesen haben, gilt unser Dank dem Greifswalder Studenten DENNIS KNOBLICH für seine gründliche Lektüre. Wir ermutigen alle Leser, uns auf diese Weise auch weiterhin zu unterstützen. Herrn Dipl.-Kfm. MARCUS BYSIKIEWICZ und Frau KATHARINA MILLER, LL.B., danken wir ebenfalls sehr herzlich für die geleistete Hilfe. Nicht zuletzt haben wir dem GABLER Verlag und hier insbesondere Frau JUTTA HAUSER-FAHR für die sehr gute Zusammenarbeit zu danken und wünschen uns eine solche auch in der Zukunft.

Univ.-Prof. Dr. *MANFRED JÜRGEN MATSCHKE*   Priv.-Doz. Dr. *GERRIT BRÖSEL*

Greifswald und Ilmenau, Juli 2006

Vorwort zur ersten Auflage

Die funktionale Unternehmensbewertungslehre feierte in den 1970er Jahren ihren Siegeszug und überbrückte die gegensätzlichen Anschauungen der objektiven und der subjektiven Unternehmensbewertungstheorie. Zentraler Aspekt dieser seitdem in der theoretisch fundierten Unternehmensbewertungsliteratur herrschenden Meinung ist die Zweckabhängigkeit subjektiver Unternehmenswerte. Seit einigen Jahren rezipieren jedoch weite Teile der deutschsprachigen Vertreter in Theorie und Praxis anscheinend bedenken- und häufig auch gedankenlos aus dem angelsächsischen Raum stammende Praktikerverfahren, welche vermeintlich einen weltweiten Standard darstellen. In der Praktikerliteratur und auch in der nacheilenden betriebswirtschaftlichen „Begleitforschung" zu diesen Beratungsprodukten werden diese angelsächsischen Konzepte in unzähligen Beiträgen hinreichend ausgebreitet. Selten wird jedoch erkannt, daß diese Verfahren der sog. marktwertorientierten Bewertung in einer Modellwelt errichtet worden sind, welche auf der neoklassischen Finanzierungstheorie beruht und deren idealistische realitätsferne Prämissen zudem meist inkonsistent kombiniert werden. Es soll irgendein „Marktwert" ermittelt werden, weil – so scheint es – jedermann danach verlangt. Insbesondere wenn in der Praxis Geld verdient werden soll, werden Methoden gepflegt, die gerade en vogue sind. Nichts stört so sehr das Geschäft wie unterschiedliche Ergebnisse bei den Unternehmensbewertungen. Es gilt: Nur wer im Chor mitsingt, bleibt im Chor.

Äußerst bedenklich ist dabei, daß nicht nur Praktiker und Berufsverbände, sondern auch Wissenschaftler eine unrühmliche Rolle dabei spielen, eine „einheitliche" Meinung zu etablieren. Dies führte unter anderem dazu, daß die „Königsdisziplin" unter den Bewertungsproblemen der Betriebswirtschaftslehre, wie die Unternehmensbewer-

tung auch bezeichnet wird, schon so manches „Daueropfer" gefordert hat; nicht nur,
weil Richter hierauf hereinfallen, sondern auch, weil dies in Vergangenheit und Gegenwart zur Vereinbarung von Kaufpreisen führte (und in der Zukunft noch führen wird),
welche die eigenen Konzessionsgrenzen in Ermangelung entscheidungsorientierter Bewertungsverfahren nicht berücksichtigen und somit verletzen. „Krönender Abschluß"
ist – hoffentlich! – die Präsentation einer (so wörtlich) „Zauberformel" in einem
deutschsprachigen „Lehrbuch" zur Unternehmensbewertung.

Das vorliegende Lehrbuch wird keine „Zauberformeln" präsentieren. Es setzt sich
jedoch das Ziel, dem dargestellten Rückschritt theoretisch fundiert entgegenzuwirken
und damit einen Beitrag dazu zu leisten, unbedarfte Unternehmensbewerter aus der engen Sackgasse der amerikanischen Modewelle zu führen. Es präsentiert vor diesem
Hintergrund – erstmalig in der deutschsprachigen Unternehmensbewertungsliteratur –
eine umfassende Betrachtung der funktionalen Unternehmensbewertungslehre. Dabei
werden die Verfahren zur Ermittlung von Marktwerten nicht ignoriert, sondern auf ihre
Eignung geprüft und der relevanten (Haupt-)Funktion der Unternehmensbewertung zugeordnet. Es wird so gezeigt, daß das „angelsächsische Werkzeug" nicht über Bord geworfen, sondern lediglich zweckentsprechend eingesetzt werden muß.

Nachfolgend möchten wir Ihnen, dem potentiellen Leser, Ihre Kaufentscheidung
vereinfachen. In der Fachsprache der funktionalen Unternehmensbewertung ausgedrückt: Wir möchten Sie, das „Entscheidungssubjekt", auch „präsumtiver Käufer" genannt, dabei unterstützen, Ihren „Entscheidungswert" für das vorliegende Buch besser
bestimmen zu können. Diesen Wert sollten Sie gegenüber dem Buchhändler – falls für
diesen nicht die Buchpreisbindung verpflichtend ist – nicht offenbaren. Sie müssen den
Entscheidungswert lediglich mit dem Kaufpreis dieses Buches vergleichen. Kommen
Sie dabei zu der Feststellung, daß der von Ihnen ermittelte „Entscheidungswert" des
Buches dessen „Preis" übersteigt, sollten Sie den Kauf tätigen; ist der „Preis" des „Bewertungsobjekts", welches Sie gerade in der Hand halten, jedoch höher als der „Entscheidungswert", den es für Sie (und ausschließlich für Sie) besitzt, sollten Sie von der
„Transaktion" Abstand nehmen. Sie sehen, auch der Wert dieses Buches ist „subjektiv",
denn vermutlich werden beispielsweise Ihr Lebenspartner oder Ihre Lebenspartnerin,
welche keinen Bezug zur Unternehmensbewertung haben, dem Buch einen geringeren
Wert beimessen als Sie.

Als „Argumentationswert" haben wir an dieser Stelle zehn Aspekte zusammengestellt, die unterstreichen sollen, wie wir unserem Ziel, einer umfassenden Betrachtung
der funktionalen Unternehmensbewertung, gerecht werden wollen und die Ihnen bei der
Entscheidungswertermittlung helfen sollen:

1. *Ausführliche Darstellung der theoretischen Grundlagen:*
   Das erste Kapitel bildet die Grundlagen der Unternehmensbewertung ausführlich
   ab. Dabei werden unter anderem die relevanten Begrifflichkeiten und die historischen Veränderungen im Rahmen der Unternehmensbewertungslehre aufgezeigt.
   Zudem werden die Unternehmensbewertungsanlässe systematisiert, was für eine
   tiefergehende Analyse und für ein zweckmäßiges Vorgehen bei der Bewertung
   zwingend erforderlich ist.

2. *Ausführliche Darstellung der einzelnen Hauptfunktionen:*
    Jeder Hauptfunktion ist ein eigenes Kapitel gewidmet. Da die Entscheidungsfunktion die Basisfunktion und der damit verbundene Entscheidungswert den Basiswert der funktionalen Lehre darstellen, werden diese umfassend im zweiten Kapitel behandelt. Das dritte Kapitel beinhaltet die Betrachtung der Vermittlungsfunktion und des dabei zu ermittelnden Arbitriumwertes. Schließlich befaßt sich das vierte Kapitel mit der bisher in der Literatur weitgehend vernachlässigten Argumentationsfunktion und dem Argumentationswert.

3. *Systematische Darstellung der Nebenfunktionen:*
    Erstmals erfolgt in einem Lehrbuch eine systematische Darstellung der Nebenfunktionen der Unternehmensbewertung. Im Mittelpunkt stehen hierbei ein Nebenfunktionenkatalog und die Systematisierung der Anlässe, die in diesem Zusammenhang vorliegen können.

4. *Transparente Zerlegung des Unternehmensbewertungsprozesses in drei Schritte:*
    Um die Transparenz der Ermittlung der Unternehmenswerte, sei es die Ermittlung des Entscheidungs-, des Arbitrium- oder des Argumentationswertes, zu erhöhen, wird der Bewertungsprozeß jeweils in drei Schritte zerlegt. Somit befaßt sich die Betrachtung einer jeden Bewertungsfunktion ausführlich mit der Datenbeschaffung (1. Schritt), der Transformation dieser Daten in den gesuchten Wert (2. Schritt) sowie der Verwendung des jeweiligen Wertes (3. Schritt).

5. *Darstellung aller wesentlichen Unternehmensbewertungsverfahren und ihrer Einsatzbereiche:*
    Im Rahmen des zweiten Schrittes, der Transformation der relevanten Daten in den gesuchten Wert, stehen die Bewertungsverfahren im Mittelpunkt der Betrachtung. Im vorliegenden Lehrbuch werden ausführlich die theoretischen Grundlagen und die beispielhafte Anwendung der wesentlichen Bewertungsverfahren erörtert. Hierbei handelt es sich beispielsweise um investitionstheoretische Verfahren (z. B. Zukunftserfolgswertverfahren, Ertragswertverfahren), kapitalmarkttheoretische Verfahren (z. B. DCF-Verfahren wie etwa die Ausprägungen des WACC-Verfahrens, das APV-Verfahren und das Equity-Verfahren) sowie Vergleichsverfahren (z. B. die Multiplikatormethoden) als Gesamtbewertungsverfahren sowie um Einzelbewertungsverfahren und kombinierte Bewertungsverfahren. Diese werden im Rahmen der entsprechenden Funktion, in welcher sie den Unternehmensbewerter unterstützen, vorgestellt.

6. *Darstellung der Unternehmensbewertung nicht nur aus Käufersicht:*
    In der Regel erfolgen Ausführungen zur Unternehmensbewertung in der Literatur nur aus Käufersicht, was zwangsweise auch die Einengung auf die Situation des Kaufs/Verkaufs nach sich zieht. Im vorliegenden Buch wird auch explizit die Sicht des Verkäufers eingenommen. Darüber hinaus wird die Unternehmensbewertung in der Situation der Fusion sowie der Spaltung betrachtet.

7. *Kritische Würdigung des IDW S 1 (und des IDW ES 1 n. F.):*
    Ein Versuch der Normierung der Verhaltensweisen und Bewertungsverfahren des Berufsstandes der Wirtschaftsprüfer findet sich derzeit im IDW S1 (und im IDW ES 1 n. F.) sowie im WP-Handbuch 2002 (Bd. II). Eine entsprechende Analyse und eine kritische Würdigung dieser Ausführungen des Instituts der Wirtschaftsprüfer finden sich im ersten und im fünften Kapitel dieses Buches.

8. *Ermittlung von Grundsätzen funktionsgemäßer Unternehmensbewertung:*

Das fünfte Kapitel beschäftigt sich mit den in der Literatur vorzufindenden Ideen zur Normierung von Grundsätzen der Unternehmensbewertung. Ausgehend von den Erkenntnissen der funktionalen Unternehmensbewertungslehre werden schließlich theoriegestützte Basis-Grundsätze funktionsgemäßer Unternehmensbewertung deduktiv ermittelt.

9. *Umfassende Einordnung der Inhalte in den Literaturkontext:*

Die Inhalte werden in einem möglichst umfangreichen Kontext sowohl historischer und aktueller als auch nationaler und internationaler Literatur präsentiert, weil es scheint, daß diverse Literaturquellen entweder aufgrund ihres „hohen Alters" in Vergessenheit geraten sind oder aufgrund ihrer Aktualität noch nicht zur Kenntnis genommen wurden.

10. *Didaktische Unterstützung:*

Zur didaktischen Unterstützung werden jedem der fünf Kapitel ein Überblick und die wesentlichen Lernziele vorangestellt. Die Kapitel werden schließlich jeweils mit ausgewählten Kontrollaufgaben abgerundet, wobei für jeden zu erreichenden Punkt eine Minute Bearbeitungszeit berücksichtigt wurde. Zahlreiche Abbildungen sollen auf visuellem Wege das Verständnis der Materie unterstützen. Wir hatten darüber hinaus nicht den Anspruch – wie andere Autoren aktueller Unternehmensbewertungslehrbücher – die Anzahl der Formeln einzuschränken; vielmehr denken wir, daß in einem Bereich wie der Unternehmensbewertung eine Unterlegung der verbalen Ausführungen mit Formeln erst das Verständnis ermöglicht und die Tauglichkeit oder Untauglichkeit gewisser Verfahren für bestimmte Bewertungsfunktionen unterstreicht. Des weiteren war es uns wichtig, um etwa „Missverständnisse" zu vermeiden, die „richtige" deutsche Rechtschreibung zu verwenden.

Das Buch wendet sich einerseits an Studenten und Dozenten, die sich mit der Unternehmensbewertung befassen. Es soll eine unterstützende und begleitende Basis für eine theoretisch fundierte und dennoch praxisnahe akademische Unternehmensbewertungslehre liefern. Andererseits soll das Buch Praktikern, die in Unternehmen Verantwortung im Rahmen der Unternehmensbewertung tragen, einen Zugang zur funktionalen Bewertungstheorie gewähren und ihnen darüber hinaus wertvolle Anregungen, Handlungshinweise und Ratschläge zur Lösung der vielfältigen, aktuellen Probleme in der Praxis präsentieren.

Herrn Dipl.-Kfm. MARCUS BYSIKIEWICZ, der uns bei der Erstellung des Buches stets hilfreich zur Seite stand, möchten wir ganz besonders danken. Darüber hinaus gilt unser herzlicher Dank Frau KERSTIN REDIESKE, die uns vor allem beim Endkorrekturlesen unterstützte und so unserer – durch die lange Beschäftigung mit dem Manuskript erworbenen – „Betriebsblindheit" hinsichtlich aller bis dahin verbliebenen Unzulänglichkeiten formaler und sprachlicher Art sehr effektiv entgegengewirkt hat.

Univ.-Prof. Dr. MANFRED JÜRGEN MATSCHKE   Dr. GERRIT BRÖSEL

Greifswald und Ilmenau, Mai 2005

Inhaltsübersicht

Inhaltsverzeichnis

Abkürzungsverzeichnis

a. F.	alte Fassung
Abs.	Absatz
AG	Aktiengesellschaft/Die Aktiengesellschaft (Zeitschrift)
AktG	Aktiengesetz
APT	Arbitrage Pricing Theory
APV	Adjusted Present Value
Art.	Artikel
Aufl.	Auflage
BB	Betriebsberater
Bd.	Band
ber.	berichtigt
BewG	Bewertungsgesetz
BFuP	Betriebswirtschaftliche Forschung und Praxis
BGB	Bürgerliches Gesetzbuch
BGBl.	Bundesgesetzblatt
BilMoG	Bilanzrechtsmodernisierungsgesetz
BRZ	Zeitschrift für Bilanzierung und Rechnungswesen (vormals: Bilanzbuchhalter und Controller – BC; mittlerweile: Zeitschrift für Bilanzierung, Rechnungswesen und Controlling – BC)
BuW	Betrieb und Wirtschaft
BVerfG	Bundesverfassungsgericht
BVerfGE	Entscheidungen des Bundesverfassungsgerichts
BW	Barwertsumme
BWL	Betriebswirtschaftslehre
BZ	Basiszins
ca.	circa
CAPM	Capital Asset Pricing Model
CF	Cash Flow, Cash-flow
CRD	Capital Requirements Directive
CV	Continuing Value
d. h.	das heißt
DB	Der Betrieb
DBW	Die Betriebswirtschaft
DCF	Discounted Cash Flow
DDR	Deutsche Demokratische Republik
Diss.	Dissertation
DM	Deutsche Mark
DRSC	Deutsches Rechnungslegungs Standards Committee e. V.

DStR	Deutsches Steuerrecht
DVFA	Deutsche Vereinigung für Finanzanalyse und Anlageberatung, Deutsche Vereinigung für Finanzanalyse und Asset Management
e. V.	eingetragener Verein
EBIT	Earnings before Interest and Taxes
EBITDA	Earnings before Interest, Taxes, Depreciation and Goodwill Amortization
EBT	Earnings before Taxes
EGAktG	Einführungsgesetz zum Aktiengesetz
EH	Ergänzungsheft
ErbStR	Erbschaftsteuer-Richtlinien
Erg.-Lieferung	Ergänzungslieferung
EStG	Einkommensteuergesetz
et al.	et alii
etc.	et cetera
EUR	Euro
f.	folgende
FAUB	Fachausschuss für Unternehmensbewertung und Betriebswirtschaft
FAZ	Frankfurter Allgemeine Zeitung
FB	Finanz Betrieb
FCF	Free Cash Flow
FIFO	First In, First Out
Fn.	Fußnote
FS	Festschrift
FTE	Flow to Equity
GE	Geldeinheit(en)
GG	Grundgesetz für die Bundesrepublik Deutschland
GmbH	Gesellschaft mit beschränkter Haftung
GoU	Grundsätze ordnungsmäßiger Unternehmensbewertung
GoU-E	Grundsätze ordnungsmäßiger Unternehmensbewertung für die Entscheidungsfunktion
H.	Heft
HFA	Hauptfachausschuß
HGB	Handelsgesetzbuch
Hrsg.	Herausgeber
i. d. R.	in der Regel
i. e. S.	im engeren Sinne
i. H. v.	in Höhe von
i. V. m.	in Verbindung mit
i. w. S.	im weiteren Sinne
IACVA-Germany	International Association of Consultants, Valuers and Analysts-Germany

IAS	International Accounting Standard(s)
IASB	International Accounting Standards Board
IDW	Institut der Wirtschaftsprüfer in Deutschland e. V.
IDW ES 1 n. F.	Entwurf einer Neufassung des IDW Standards: Grundsätze zur Durchführung von Unternehmensbewertungen
IDW S 1	IDW Standard: Grundsätze zur Durchführung von Unternehmensbewertungen
IFRS	International Financial Reporting Standard(s)
IGA	Zeitschrift für Klein- und Mittelunternehmen – Internationales Gewerbearchiv (nunmehr: Zeitschrift für KMU und Entrepreneurship – ZfKE)
IPO	Initial Public Offering
IRB	Internal Ratings Based
IVS	International Valuation Standards
IVSC	International Valuation Standards Committee
Jg.	Jahrgang
JoF	The Journal of Finance
KFS BW 1	Fachgutachten des Fachsenats für Betriebswirtschaft und Organisation des Instituts für Betriebswirtschaft, Steuerrecht und Organisation der (österreichischen) Kammer der Wirtschaftstreuhänder über die Unternehmensbewertung
KGaA	Kommanditgesellschaft auf Aktien
KGV	Kurs-Gewinn-Verhältnis
KMU	kleine und mittlere Unternehmen
KonTraG	Gesetz zur Kontrolle und Transparenz im Unternehmensbereich
KoR	Zeitschrift für kapitalmarktorientierte Rechnungslegung
KWG	Kreditwesengesetz
KWT	Kammer der Wirtschaftstreuhänder
LIFO	Last In, First Out
M&A	Mergers and Acquisitions
m. E.	meines Erachtens
m. w. N.	mit weiteren Nennungen
max.	maximiere/maximaler
min.	minimiere
MZ	(Im-)Mobilitätszuschlag
n. F.	neue Fassung
NACVA	National Association of Certified Valuation Analysts
NE	Nutzeneinheiten
Nr.	Nummer

o. g.	oben genannten
o. Jg.	ohne Jahrgang
o. V.	ohne Verfasser
OCF	Operating Cash Flow
oHG	offene Handelsgesellschaft
OR	Operations Research
p. a.	pro anno
R	Richtlinie
RBF	Rentenbarwertfaktor
RGBl.	Reichsgesetzblatt
RZ	Risikozuschlag
Rz.	Randziffer
s.	siehe
S.	Seite
s. a.	siehe auch
SFAC	Statement of Financial Accounting Concepts
sog.	sogenannte, sogenannten, sogenannter, sogenanntes
Sp.	Spalte
StB	Der Steuerberater
TCF	Total Cash Flow
TS	Tax Shield
UEC, U.E.C.	Union Européenne des Experts Comptables, Economiques et Financiers
UM	Unternehmensbewertung & Management
UMAG	Gesetz zur Unternehmensintegrität und Modernisierung des Anfechtungsrechts
UmwG	Umwandlungsgesetz
Univ.	Universität
US	United States
USA	United States of America (Vereinigte Staaten von Amerika)
US-GAAP	United States-Generally Accepted Accounting Principles
usw.	und so weiter
v. H.	vom Hundert
VC	Venture Capital
vgl.	vergleiche
VOFI	vollständiger Finanzplan
WACC	Weighted Average Cost of Capital
WiSt	Wirtschaftswissenschaftliches Studium
WISU	Das Wirtschaftsstudium

WP	Wirtschaftsprüfung
WPg	Die Wirtschaftsprüfung
WpÜG	Wertpapiererwerbs- und Übernahmegesetz
z. B.	zum Beispiel
z. T.	zum Teil
z. Z.	zur Zeit
ZEW	Zukunftserfolgswert
ZfB	Zeitschrift für Betriebswirtschaft
ZfbF	Schmalenbachs Zeitschrift für betriebswirtschaftliche Forschung
ZfhF	Zeitschrift für handelswissenschaftliche Forschung
ZGPM	Zustands-Grenzpreismodell
ZGQM	Zustands-Grenzquotenmodell
Zif.	Ziffer
ZIP	Zeitschrift für Wirtschaftsrecht und Insolvenzpraxis
ZKS	Zielkapitalstruktur
ZögU	Zeitschrift für öffentliche und gemeinwirtschaftliche Unternehmen
ZP	Zeitschrift für Planung & Unternehmenssteuerung (vormals: Zeitschrift für Planung)

Abbildungsverzeichnis

Kapitel 2

Kapitel 3

Kapitel 4

Kapitel 5

Symbolverzeichnis

Kapitel 1:

β_j — Beta-Faktor als ein Maßstab für das systematische Risiko einer Kapitalanlage j im Vergleich zum Marktportefeuille M

$D^*_{j,t+1}$ — erwartete Ausschüttungen einer Kapitalanlage j im Zeitpunkt t + 1

$D^{*EK}_{j,t}$ — erwartete Ausschüttungen eines Anteils am Eigenkapital eines Unternehmens j im Zeitpunkt t

Δr_M — Marktrisikoprämie für das systematische Marktrisiko

Δr_j — Risikoprämie für eine Kapitalanlage j

FT_j — reiner Finanzierungstitel (ARROW-DEBREU-Finanzierungstitel) mit einer Einzahlung von einer Geldeinheit im Zustand s_j

i — risikoloser Kapitalmarktzins

$K^*_{j,t+1}$ — erwarteter Marktwert einer Kapitalanlage j im Zeitpunkt t + 1

$K_{j,0}$ — erwarteter Marktwert einer Kapitalanlage j im Zeitpunkt 0

$K_{j,t}$ — Marktwert einer Kapitalanlage j im Zeitpunkt t

$K^{EK}_{j,0}$ — Marktwert eines Anteils am Eigenkapital des Unternehmens j im Zeitpunkt 0

λ^* — Preis einer Risikoeinheit (bezogen auf die Standardabweichung)

λ — Preis einer Risikoeinheit (bezogen auf die Varianz)

p_i — Preis eines Wertpapiers i

ρ_j — Preis eines reinen Finanzierungstitels j; Abzinsungsfaktor für eine Zahlung im Zustand s_j

$\rho_{j,M}$ — Korrelationskoeffizient zwischen Kapitalanlage j und Marktportefeuille M

r^*_j — erwartete einperiodige Renditen der Kapitalanlage j

$r^*_{j,EK}$ — Renditeforderungen der Eigenkapitalgeber eines Unternehmens j (Eigenkapitalkosten)

$r^*_{j,FK}$ — Renditeforderungen der Fremdkapitalgeber eines Unternehmens j (Fremdkapitalkosten)

$r^*_{j,GK}$ — Renditeforderungen der Kapitalgeber eines Unternehmens j (gewichtete Gesamtkapitalkosten)

r_M — erwartete Rendite eines risikobehafteten Marktportefeuilles

r^*_M — erwartete Rendite des risikobehafteten optimalen Marktportefeuilles

$r^{*FK=0}_{j,EK}$ — Renditeforderungen der Eigenkapitalgeber eines unverschuldeten Unternehmens j; Eigenkapitalkosten eines unverschuldeten Unternehmens j

$r^{*FK>0}_{j,EK}$ — Renditeforderungen der Eigenkapitalgeber eines verschuldeten Unternehmens j; Eigenkapitalkosten eines verschuldeten Unternehmens j

$\sigma_{j,M}$	Kovarianz zwischen den unsicheren einperiodigen Renditen der Kapitalanlage j und dem Marktportefeuille M
σ_M	Standardabweichung des (optimalen) Marktportefeuilles
σ_M^2	Varianz des (optimalen) Marktportefeuilles
s_j	Umweltzustand j
$(s_1^*, ..., s_n^*)$	Ausprägungen konfliktlösungsrelevanter Sachverhalte S_1, ..., S_n, auf die sich die Konfliktparteien bei einer Einigung verständigt haben
$S_1, ..., S_n$	konfliktlösungsrelevante Sachverhalte
$W_{j,0}$	Marktwert eines Unternehmens j im Zeitpunkt 0
$W_{j,0}^{EK}$	Marktwert des Eigenkapitals eines Unternehmens j im Zeitpunkt 0; Marktwert aller Beteiligungstitel eines Unternehmens j im Zeitpunkt 0
$W_{j,0}^{FK}$	Marktwert des Fremdkapitals eines Unternehmens j im Zeitpunkt 0; Marktwert aller Forderungstitel eines Unternehmens j im Zeitpunkt 0
WP_i	Wertpapier i
$X_{j,t}^{*EK}$	erwarteter Cash-flow für alle Eigenkapitalgeber eines Unternehmens j im Zeitpunkt t
z_{ij}	zustandsbedingte Zahlung eines Wertpapiers i im Umweltzustand s_j
$Z_{j,t+1}^*$	erwartete Zahlung einer Kapitalanlage j im Zeitpunkt t + 1

Kapitel 2:

α_{min}	minimale Beteiligungsquote (Grenzquote) am neuen, durch die Fusion entstehenden Unternehmen
$\alpha_{min\ h}^{Üf}$	Mindestanteil (Grenzquote) des Gesellschafters h am Spaltungsunternehmen $Ü_f$ nach der Spaltung
$\mathfrak{A}$	Menge aller Alternativen a_i
a_i	Alternative i der Menge $\mathfrak{A}$
a_{ct}	laufende Finanzierungsauszahlung
a_{opt}	optimale Alternative; Basisprogramm
A_0^{neu}	Investitionsvolumen (Anschaffungsausgaben) des Vergleichsobjekts
ABW_U	Ausgabenbarwert des Bewertungsobjekts U
ABW_{VO}	Ausgabenbarwert des Vergleichsobjekts VO
AEW	Ausgabenersparniswert
AK	zusätzliche Investition
β_h	Anteil des Gesellschafters h am Unternehmen UG ohne Spaltung

$\mathfrak{B}^*$	Bewertungsprogramm; Teilmenge der dem Entscheidungssubjekt nach einer Einigung auf die Konfliktlösung $(s_1, \ldots, s_n)$ offenstehenden Alternativen $\mathfrak{B}(s_1, \ldots, s_n)$, für die der Nutzwert $N(b_{opt}(s_1, \ldots, s_n))$ mit dem Nutzwert $N(a_{opt})$ des Basisprogramms gerade übereinstimmt oder minimal größer ist
b_{Kt}	(nicht vorzeichenbeschränkte) autonome Einzahlungsüberschüsse der Investitions- und Finanzierungsobjekte aus Käufersicht im Zeitpunkt t
b_{Vt}	(nicht vorzeichenbeschränkte) autonome Einzahlungsüberschüsse der Investitions- und Finanzierungsobjekte aus Verkäufersicht im Zeitpunkt t
B_{alt}	laufende (gleichbleibende) Betriebs- und Instandhaltungsausgaben des Bewertungsobjekts
B_{neu}	laufende (gleichbleibende) Betriebs- und Instandhaltungsausgaben des Vergleichsobjekts
$\mathfrak{B}(s_1, \ldots, s_n)$	Menge aller Handlungsmöglichkeiten b_j bei Einigung auf die Konfliktlösung $(s_1, \ldots, s_n)$
$b_j(s_1, \ldots, s_n)$	Alternative j bei Einigung auf die Konfliktlösung $(s_1, \ldots, s_n)$
$b_{opt}(s_1, \ldots, s_n)$	optimale Alternative bei Einigung auf die Konfliktlösung $(s_1, \ldots, s_n)$
BE	(objektivierter) Brutto-Ertrag; (objektivierter) Gesamtkapitalerfolg; (objektivierter) Ertragsüberschuß vor Abzug von Fremdkapitalzinsen
BEW	(objektivierter) Brutto-Ertragswert
BW_0	Barwert einer wachsenden Rente
C_K	Kapitalwert aus Käufersicht
C_V	Kapitalwert aus Verkäufersicht
C_{Kj}^{Be}	(nichtnegativer) Kapitalwert für ein im Bewertungsprogramm des Käufers enthaltenes Investitions- oder Finanzierungsobjekt j
C_{Vj}^{Be}	(nichtnegativer) Kapitalwert für ein im Bewertungsprogramm des Verkäufers enthaltenes Investitions- oder Finanzierungsobjekt j
ΔKW_K^{Be-Ba}	Kapitalwertdifferenz aufgrund der Umstrukturierungen vom Basis- zum Bewertungsprogramm aus Käufersicht
ΔKW_V^{Be-Ba}	Kapitalwertdifferenz aufgrund der Umstrukturierungen vom Basis- zum Bewertungsprogramm aus Verkäufersicht
$\Delta ZE_K(A)$	Veränderung des (gleichbleibenden) Zukunftserfolgs aus Käufersicht in Abhängigkeit von der Vereinbarung hinsichtlich der zu garantierenden Arbeitsplätze A
$\Delta ZEW_K(A)$	Veränderung des Zukunftserfolgswertes aus Käufersicht in Abhängigkeit von der Vereinbarung hinsichtlich der zu garantierenden Arbeitsplätze A
d	Dualvariable für die Restriktion der Sicherung des Entnahmestroms
d_t	Dualvariablen für die Liquiditätsrestriktionen in $t = 0, \ldots, T$

$\mathfrak{E}$	Einigungsmenge als Schnittmenge derjenigen Mengen, welche die aus der Sicht jeder einzelnen Konfliktpartei zumutbaren Konfliktlösungen umfassen
E	objektivierter künftiger Netto-Ertrag; objektivierter Ertragsüberschuß nach Abzug von Fremdkapitalzinsen
e_{ij}	präferenzrelevante Konsequenz einer Alternative i im Umweltzustand s_j; Ergebniskonstellation
e_{bt}	laufende Investitionseinzahlung
ED	(aufnehmbares langfristiges) endfälliges Darlehen
EM	(verfügbare) Eigenmittel
EMW_U	Einnahmenmehr-/-minderwert des Unternehmens
EN	Breite des Entnahmestroms für Konsumzwecke
$EN_K^{Ba\,max}$	maximale Breite des Entnahmestroms des Basisprogramms aus Käufersicht
$EN_V^{Ba\,max}$	maximale Breite des Entnahmestroms des Basisprogramms aus Verkäufersicht
EN_K^{Be}	Breite des Entnahmestroms des Bewertungsprogramms aus Käufersicht
EN_F	maximal mögliche Entnahmen des nach der Fusion entstehenden Unternehmens F (Fusionsprogramm); maximaler Nutzen aller Konfliktparteien nach einer Fusion aus dem Unternehmen F
EN_{opt}^{max}	maximale Breite des Entnahmestroms auf Basis der optimistischen Eingangsdatenvariante
EN_{pess}^{max}	maximale Breite des Entnahmestroms auf Basis der pessimistischen Eingangsdatenvariante
$EN_{Üf}^{max}$	maximale Breite des Entnahmestroms aus dem durch die Spaltung entstehenden Unternehmen $Ü_f$
EN_{UG}^{max}	maximale Breite des Entnahmestroms aus dem Unternehmen UG ohne Spaltung
EN_K^{max}	maximale Breite des Entnahmestroms aus Käufersicht; Nutzen des Basisprogramms aus Käufersicht
EN_V^{max}	maximale Breite des Entnahmestroms aus Verkäufersicht; Nutzen des Basisprogramms aus Verkäufersicht
$EN_Ü$	maximal mögliche Entnahmen des einzubringenden Unternehmens Ü des Bewertungssubjekts (Vor-Fusionsprogramm); maximaler Nutzen des Bewertungssubjekts aus dem Unternehmen Ü ohne Einigung über die Fusion
EW	(objektivierter) Ertragswert (als Arbitrium- oder als Argumentationswert)
$f: \mathfrak{A} \times \mathfrak{Z} \to \mathfrak{K}$	Ergebnisfunktion; Zuordnung einer Ergebniskonstellation zu einer Alternative i und einem Umweltzustand s_j
F_c	Finanzierungsmöglichkeiten
g_{Kjt}	(nicht vorzeichenbeschränkte) Einzahlungsüberschüsse der Investitions- und Finanzierungsobjekte aus Käufersicht im Zeitpunkt t

g_{Vjt}	(nicht vorzeichenbeschränkte) Einzahlungsüberschüsse der Investitions- und Finanzierungsobjekte aus Verkäufersicht im Zeitpunkt t
g_{UKt}	künftige Einzahlungsüberschüsse des zu bewertenden Unternehmens U aus Käufersicht
g_{UVt}	künftige Einzahlungsüberschüsse des zu bewertenden Unternehmens U aus Verkäufersicht
GA	kurzfristige Geldanlagen zum Habenzins
$H_{ij}(r)$	Ergebnishöhe r je Alternative i und je Umweltzustand s_j
$H_{ijt}(r)$	Ergebnishöhe r je Alternative i und je Umweltzustand s_j im Zeitpunkt t
$H_{ijv}(r)$	Ergebnishöhe r je Alternative i und je Umweltzustand s_j sowie je Ergebnisart v
$H_{ijtv}(r)$	Ergebnishöhe r je Alternative i und je Umweltzustand s_j sowie je Ergebnisart v im Zeitpunkt t
i*	(einheitlicher objektivierter) Kalkulationszinsfuß bei der Ermittlung des Ertragswertes EW
i	(einheitlicher subjektiver) Kalkulationszinsfuß bei der Ermittlung des Zukunftserfolgswertes ZEW
i_τ	(periodenspezifischer subjektiver) Kalkulationszinsfuß bei der Ermittlung des Zukunftserfolgswertes ZEW
i_K	Kalkulationszins aus Käufersicht
i_V	Kalkulationszins aus Verkäufersicht
$i_{K\tau}^{Ba}$	periodenspezifische endogene Grenzzinsfüße des Basisprogramms aus Käufersicht
$i_{V\tau}^{Ba}$	periodenspezifische endogene Grenzzinsfüße des Basisprogramms aus Verkäufersicht
$i_{K\tau}^{Be}$	(periodenspezifische endogene) Grenzzinsfüße des Bewertungsprogramms aus Käufersicht
$i_{V\tau}^{Be}$	periodenspezifische endogene Grenzzinsfüße des Bewertungsprogramms aus Verkäufersicht
I_b	für das Bewertungssubjekt verfügbare Investitionsobjekte mit $b \in \{1, ..., B\}$
IF	Innenfinanzierung des Unternehmens
$\mathfrak{K}$	Menge aller möglichen präferenzrelevanten Konsequenzen oder Ergebniskonstellationen e_{ij}
K	Betrag des dem Bewertungssubjekt verfügbaren Investitionskapitals im Bewertungszeitpunkt t = 0
KA	(aufnehmbare kurzfristige) Betriebsmitteldarlehen zum Sollzins
$K_1, ..., K_9$	alternative Kombinationen der nichtpreislichen konfliktlösungsrelevanten Sachverhalte
KW	kalkulatorischer Wert des Bewertungsobjekts
KU	kleines Unternehmen
$\varnothing$	leere Menge
LA_t	periodenspezifische Liquidationsauszahlungen

LE_t	periodenspezifische Liquidationseinzahlungen
LW	Liquidationswert der veräußerbaren Substanz
μ	Erwartungswert
MU	mittleres Unternehmen
$N\left(\left[1\right]_0\right)$	Nutzen einer im Zeitpunkt 0 erwarteten Geldeinheit
$N\left(\left[1+i\right]_1\right)$	Nutzen von $1+i$ im Zeitpunkt 1 erwarteten Geldeinheiten
$N(a_i)$	Nutzen einer Alternative i
$N(a_{opt})$	Erfolg/Nutzen des Basisprogramms
$N(b_j(s_1, ..., s_n))$	Erfolg/Nutzen einer Alternative b_j bei Einigung auf die Konfliktlösung $(s_1, ..., s_n)$
$N(b_{opt}(s_1, ..., s_n))$	Erfolg/Nutzen der optimalen Alternative b_{opt} bei Einigung auf die Konfliktlösung $(s_1, ..., s_n)$
$N_K(a_{opt})$	Nutzen des Basisprogramms aus Käufersicht
$N_V(a_{opt})$	Nutzen des Basisprogramms aus Verkäufersicht
$N_K(b_{opt}(P; U; W))$	Nutzen des Käufers K aus der optimalen Alternative bei Einigung auf die Konfliktlösung (P; U; W); Nutzen des Bewertungsprogramms aus Käufersicht bei einer Einigung auf die Konfliktlösung (P; U; W)
$N_V(b_{opt}(P; U; W))$	Nutzen des Verkäufers V aus der optimalen Alternative bei Einigung auf die Konfliktlösung (P; U; W); Nutzen des Bewertungsprogramms aus Verkäufersicht bei einer Einigung auf die Konfliktlösung (P; U; W)
N_b	dem Investitionsobjekt I_b vom Entscheidungssubjekt zugeordneter Nutzwert
N_{Ba}	Nutzwert des Basisprogramms
N_{Be}	Nutzwert des Bewertungsprogramms
n_{ij}	Teilnutzen einer Ergebniskonstellation e_{ij}
N_U	Nutzwert des Unternehmens aus der Sicht des Bewertungssubjekts
N_{VO}	Nutzen des Vergleichsobjekts
(P; U; W)	eine Konfliktlösung mit den konfliktlösungsrelevanten Sachverhalten Barpreis P, Umfang U und Wettbewerbsausschluß W
P	Einigungspreis
P_b	für das Investitionsobjekt I_b im Bewertungszeitpunkt $t = 0$ zu zahlender Preis, Investitionsbetrag pro Einheit des Investitionsobjekts
P_{max}	maximal zahlbarer Preis aus Käufersicht
$P_{max}(A)$	maximal zahlbarer Preis aus Käufersicht in Abhängigkeit von der Vereinbarung hinsichtlich der zu garantierenden Arbeitsplätze A
P_{min}	minimal zu fordernder Preis aus Verkäufersicht
P_{max}^{opt}	maximal zahlbarer Preis auf Basis der optimistischen Eingangsdatenvariante
P_{max}^{pess}	maximal zahlbarer Preis auf Basis der pessimistischen Eingangsdatenvariante

P_{max}^{real}	maximal zahlbarer Preis auf Basis der realistischen Eingangsdatenvariante
P_U	noch auszuhandelnder Preis des Unternehmens U
P_V	Preis des Vergleichsobjekts
$P_{max}^{UA}(P^{UB})$	maximal zahlbarer Preis für das Unternehmen U_A in Abhängigkeit für den Preis des Unternehmens U_B
$P_{max}^{UB}(P^{UA})$	maximal zahlbarer Preis für das Unternehmen U_B in Abhängigkeit für den Preis des Unternehmens U_A
$P_{max}^{UK}(P^{UV})$	maximal zahlbarer Preis für das zu kaufende Unternehmen U_K in Abhängigkeit für den Preis des zu verkaufenden Unternehmens U_V
$P_{min}^{UA}(P^{UB})$	minimal zu fordernder Preis für das Unternehmen U_A in Abhängigkeit für den Preis des Unternehmens U_B
$P_{min}^{UB}(P^{UA})$	minimal zu fordernder Preis für das Unternehmen U_B in Abhängigkeit für den Preis des Unternehmens U_A
$P_{min}^{UV}(P^{UK})$	minimal zu fordernder Preis für das zu verkaufende Unternehmen U_V in Abhängigkeit für den Preis des zu kaufenden Unternehmens U_K
q^t	Aufzinsungsfaktor $1 + i$
ρ_{Kt}^{Ba}	für das Basisprogramm des Käufers geltende periodenspezifische Abzinsungsfaktoren
ρ_{Vt}^{Ba}	für das Basisprogramm des Verkäufers geltende periodenspezifische Abzinsungsfaktoren
ρ_{Kt}^{Be}	für das Bewertungsprogramm des Käufers geltende periodenspezifische Abzinsungsfaktoren
ρ_{Vt}^{Be}	für das Bewertungsprogramm des Verkäufers geltende periodenspezifische Abzinsungsfaktoren
r_K	interner Zins des Vergleichsobjekts aus Käufersicht
r_V	interner Zins des Vergleichsobjekts aus Verkäufersicht
r_{VO}	interner Zins des Vergleichsobjekts
s	Standardabweichung
$s_1, ..., s_n$	Ausprägungen der konfliktlösungsrelevanten Sachverhalte
$(s_1, ..., s_n)$	eine Konfliktlösung; mögliche Einigungslösung
$S_1, ..., S_n$	konfliktlösungsrelevante Sachverhalte
$\mathfrak{S}$	Menge aller Konfliktlösungen $\{(s_1, ..., s_n)\}$
$\mathfrak{S}_{zK}$	Menge der zumutbaren Kofliktlösungen aus Käufersicht
$\mathfrak{S}_{zV}$	Menge der zumutbaren Kofliktlösungen aus Verkäufersicht
$\mathfrak{S}_z$	Menge der zumutbaren Konfliktösungen aus der Sicht einer Partei
t_{alt}	Restnutzungsdauer des Bewertungsobjekts
T_L	Liquidationszeitraum
t_{neu}	optimale Nutzungsdauer des Vergleichsobjekts
U	zu bewertendes Unternehmen
u_j	Dualvariablen für die Kapazitätsrestriktionen mit $j = 1, ... J$

UG	Ursprungsgesellschaft; Unternehmen vor der Spaltung
U_{12}	Kauf/Verkauf der Teilbetriebe U_1 und U_2
U_{13}	Verkauf der Teilbetriebe U_1 und U_3
U_1, U_2, U_3	zum Kauf/Verkauf stehende Teilbetriebe U_1, U_2 und U_3
Ü	übernehmendes Unternehmen Ü; Spaltungsunternehmen
V_K	Vorteil eines Käufers
V_V	Vorteil eines Verkäufers
VG_{objekt}	Vorteilhaftigkeitsgrad eines Objekts
VO	Vergleichsobjekt
$\mathfrak{W}$	mehrdimensionaler Entscheidungswert; Menge aller Konfliktlösungen $(s_1, …, s_n)$, für die der Nutzwert $N(b_{opt}(s_1, …, s_n))$ gleich dem oder minimal größer als der Nutzwert $N(a_{opt})$ des Basisprogramms ist
w	gleichbleibende Wachstumsrate einer Rente
w_{Kt}	zeitlicher Strukturfaktor für die Entnahmen aus Käufersicht
w_{Vt}	zeitlicher Strukturfaktor für die Entnahmen aus Verkäufersicht
x_{Kj}	Anzahl der zu realisierenden Investitions- oder Finanzierungsobjekt aus Käufersicht
x_{Kj}^{max}	Kapazitätsbeschränkungen je Investitions- oder Finanzierungsobjekt aus Käufersicht
Z	Menge aller Umweltzustände z_j
z_b	Anzahl der vom Bewertungssubjekt erwerbbaren Investitionsobjekte I_b mit $0 \leq z_b \leq z_{bmax}$ (bei beliebiger Teilbarkeit) oder $z_b \in \{0, 1, 2, …, z_{bmax}\}$ (bei Ganzzahligkeit)
z_U	Variable zur Charakterisierung des Kaufs/Verkaufs des Unternehmens
ZE	gleichbleibender subjektiver Zukunftserfolg
ZE_t	periodenspezifischer subjektiver Zukunftserfolg
ZE_K^*	gleichbleibender (optimaler) Zukunftserfolg (Einzahlungsüberschuß pro Periode) aus Käufersicht
ZE_K	Zukunftserfolg aus Käufersicht
ZE_V	Zukunftserfolg aus Verkäufersicht
ZE_U	Zukunftserfolg des zu bewertenden Unternehmens
ZE_{VO}	Zukunftserfolg des Vergleichsobjekts
$ZE_K^*(A)$	gleichbleibender (optimaler) Zukunftserfolg (Einzahlungsüberschuß pro Periode) aus Käufersicht in Abhängigkeit von der Vereinbarung hinsichtlich der zu garantierenden Arbeitsplätze A
ZEW	(subjektiver) Zukunftserfolgswert (als Entscheidungswert/Grenzpreis)
ZEW_K	Zukunftserfolgswert aus Käufersicht
ZEW_V	Zukunftserfolgswert aus Verkäufersicht
ZEW_{UF}	Zukunftserfolgswert der besten Fortführungsstrategie für das Unternehmen U

ZEW_{UZ}	Zukunftserfolgswert der besten Zerschlagungsstrategie für das Unternehmen U; Liquidationswert des nichtbetriebsnotwendigen Vermögens
ZEW_K^*	Zukunftserfolgswert des aus den optimalen (Fortführungs- und eventuell Zerschlagungs-)Planungen resultierenden gesamten bewertungsrelevanten Zahlungsstroms (Zukunftserfolgs) des Unternehmens aus Käufersicht
$ZEW_U^K(\rho_{Kt}^{Ba})$	Zukunftserfolgswert des Unternehmens U aus Käufersicht auf Basis der periodenspezifischen Abzinsungsfaktoren des Basisprogramms
$ZEW_U^K(\rho_{Kt}^{Be})$	Zukunftserfolgswert des Unternehmens U aus Käufersicht auf Basis der periodenspezifischen Abzinsungsfaktoren des Bewertungsprogramms
$ZEW_U^V(\rho_{Vt}^{Ba})$	Zukunftserfolgswert des Unternehmens U aus Verkäufersicht auf Basis der periodenspezifischen Abzinsungsfaktoren des Basisprogramms
$ZEW_U^V(\rho_{Vt}^{Be})$	Zukunftserfolgswert des Unternehmens U aus Verkäufersicht auf Basis der periodenspezifischen Abzinsungsfaktoren des Bewertungsprogramms

Kapitel 3:

α_i^N	Anteil eines Fusionspartners i am Kapital der durch die Fusion entstehenden Neugesellschaft N nach einer Einigung
$\alpha_{\min i}^N$	Grenzquote (Entscheidungswert) eines Fusionspartners i am Kapital der Neugesellschaft N; minimale Beteiligungsquote
a	verfahrensspezifischer Faktor der traditionellen Kombinationsverfahren, untere Grenze des Schätzbereichs [a, b] der Entscheidungswerte
AW	Arbitriumwert
b	obere Grenze des Schätzbereichs [a, b] der Entscheidungswerte
BA	Barabfindungsangebot des Mehrheits-Kapitalgesellschafters
BK	Börsenkurs
c	Term der Preisregel
d	Term der Tauschregel
$\mathfrak{E}$	Einigungsmenge
$\mathfrak{E}'$	modifizierte Einigungsmenge in einer dominierten Konfliktsituation
$\hat{\mathfrak{E}}$	Teilmenge der effizienten, nicht dominierten Konfliktlösungen aus der Einigungsmenge
$\overline{\mathfrak{E}}$	Teilmenge der ineffizienten, dominierten Konfliktlösungen aus der Einigungsmenge
E	gleichbleibender künftiger Ertragsüberschuß (beim Ertragswert)
EVA	Economic Value Added
EW	Ertragswert

f	Dichtefunktion der Entscheidungswerte im Schätzbereich [a, b]
g	Geschäftswertabschreibungssatz
GR	Goodwillrente; Übergewinn
GW_{deri}	derivativer Geschäftswert
GW_{orig}	originärer Geschäftswert
i^*	Kapitalisierungs-/Kalkulationszinssatz (beim Ertragswert)
i^{**}	Goodwillrentenzinssatz; Kapitalisierungs-/Kalkulationszinssatz zur Abzinsung der Goodwillrente (Übergewinn) (beim Gewinnschichtungsverfahren/Verfahren II der Goodwillrenten)
k	Kapitalkostensatz als gewogenes Mittel aus Eigen- und Fremdkapitalkostensätzen, Entscheidungswert des Käufers
$\hat{k}$	Berichtswert des Käufers an den Unparteiischen
MVA	Market Value Added
NG	Normalgewinn
NOA	Net Operating Assets
NOPaT	Net Operating Profit after Taxes
$\varnothing$	Symbol für keine Preisfestsetzung durch den Unparteiischen
P_K	festgesetzter Schiedspreis des Unparteischen für den Käufer
P_{max}	Entscheidungswert des Käufers; maximal zahlbarer Preis
P_{min}	Entscheidungswert des Verkäufers; minimal zu fordernder Preis
P_V	festgesetzter Schiedspreis des Unparteischen für den Käufer
$r_{NOA\,t}$	Rendite des (unternehmensindividuell als betriebsnotwendig definierten) investierten Kapitals NOA in einer Periode t
SW	Substanzwert
T	Anzahl der Jahre zur Berücksichtigung einer Goodwillrente GR
UW	Unternehmenswert
v	Entscheidungswert des Verkäufers
$\hat{v}$	Berichtswert des Verkäufers an den Unparteiischen
V_K	Vorteil des Käufers
V_V	Vorteil des Verkäufers
v^t	Abzinsungsfaktor; Kehrwert des Aufzinsungsfaktors q^t

Kapitel 4:

AA_{BO}	Anzahl der emittierten Aktien des Bewertungsobjekts
AK_{BO}	(Durchschnitts-)Kurs der Aktien des Bewertungsobjekts
AK_{VU}	Kurs der Aktie des vergleichbaren Unternehmens
BG_{VU}	ausgewählte Bezugsgröße beim vergleichbaren Unternehmen
BG_{BO}	ausgewählte Bezugsgröße des Bewertungsobjekts
E_T	Erfolgsgröße im Zeitpunkt T
EK^{APV}	Marktwert des Eigenkapitals eines verschuldeten Unternehmens nach dem „Adjusted Present Value"-Ansatz

EK^{FCF}	Marktwert des Eigenkapitals eines verschuldeten Unternehmens nach dem „Free Cash Flow"-Ansatz
EK^{FTE}	Marktwert des Eigenkapitals eines verschuldeten Unternehmens nach dem „Flow to Equity"-Ansatz
EK^{TCF}	Marktwert des Eigenkapitals eines verschuldeten Unternehmens nach dem „Total Cash Flow"-Ansatz
EM_0	Erfolgsmultiplikator im Zeitpunkt 0
FA	Fungibilitätsabschlag
FK	Marktwert des Eigenkapitals
FCF	Free Cash Flow; Eigen- und Fremdkapitalgebern zur Verfügung stehender Cash-flow
FTE	Flow to Equity; Zufluß an die Eigenkapitalgeber (nach Gewinnsteuern)
GK^e	Marktwert des Gesamtkapitals eines unverschuldeten (nur eigenfinanzierten) Unternehmens
GK^f	Marktwert des Gesamtkapitals eines verschuldeten (also auch oder nur fremdfinanzierten) Unternehmens
GW	Grundwert (beim Verfahren der strategischen Bewertung)
i	risikoloser Kapitalmarktzinssatz; Fremdkapitalzinssatz
i_{KG}	Zielrendite des Wagniskapitalgebers
i_{KG}^{real}	realisierte Zielrendite des Wagniskapitalgebers
k	risikoadäquater Kapitalisierungszinsfuß
k^e	Kapitalkostensatz eines unverschuldeten, nur eigenfinanzierten Unternehmens
k^f	Kapitalkostensatz eines verschuldeten, eigen- und fremdfinanzierten Unternehmens
M_{VU}	beim vergleichbaren Unternehmen geltender Multiplikator
MK_{VU}	Marktkapitalisierung des vergleichbaren Unternehmens
OW	Optionswert; strategischer Zuschlag
PZ	Paket-/Kontrollzuschlag
Q_{KG}	Beteiligungsquote des Wagniskapitalgebers
Q_{KN}	Beteiligungsquote des Wagniskapitalnehmers
r^e	Renditeforderung der Eigenkapitalgeber eines unverschuldeten Unternehmens
r^f	Renditeforderung der Eigenkapitalgeber eines verschuldeten Unternehmens
s	Gewinnsteuersatz
TCF	Total Cash Flow
TS	Tax Shield

UW^{APV}	Unternehmenswert nach dem „Adjusted Present Value"-Ansatz
UW^{FTE}	Unternehmenswert nach dem „Flow to Equity"-Ansatz
UW^{FCF}	Unternehmenswert nach dem „Free Cash Flow"-Ansatz
UW^{TCF}	Unternehmenswert nach dem „Total Cash Flow"-Ansatz
W_0	diskontierter Zielverkaufspreis des Unternehmens im Zeitpunkt 0
W_{BO}	Wert des Bewertungsobjekts (nach der Methode des korrigierten Börsenwertes)
W_T	Zielverkaufspreis des Unternehmens zum Zeitpunkt T
X	für alle Kapitalgeber, also für Eigen- und Fremdkapitalgeber, zur Verfügung stehender Cash-flow
Z_0	Kapitalzuführung des Wagniskapitalgebers im Zeitpunkt 0
ZVP_T	Zielverkaufspreis des Unternehmens zum Zeitpunkt T

Kapitel 5:

A^{mBO}	Auszahlungen mit Bewertungsobjekt
A^{oBO}	Auszahlungen ohne Bewertungsobjekt
E^{mBO}	Einzahlungen mit Bewertungsobjekt
E^{oBO}	Einzahlungen ohne Bewertungsobjekt
ZE	Zukunftserfolg
ZE^{mBO}	Zukunftserfolg mit Bewertungsobjekt
ZE^{oBO}	Zukunftserfolg ohne Bewertungsobjekt

1. Kapitel:

Grundlagen der Unternehmensbewertung

„Eine kostbare Perle ist mehr wert als Brot, und doch würde der
Hungernde ihr das Brot vorziehen." THOMAS VON AQUIN

Überblick

Das erste Kapitel beinhaltet eine *Einführung in den Themenbereich der Unternehmensbewertung*. Während im *Abschnitt 1.1* die wesentlichen begrifflichen Grundlagen der Unternehmensbewertung vermittelt werden, erfolgt die Darstellung der Konzeptionen der Unternehmensbewertung im *Abschnitt 1.2*. Hierbei werden die objektive, die subjektive und die funktionale Konzeption sowie als Exkurs die sog. marktwertorientierte Konzeption erläutert und kritisch gewürdigt. Da es sich bei der funktionalen Unternehmensbewertung um die herrschende Lehre in der theoretisch fundierten Bewertungsliteratur handelt, wird in den darauffolgenden Ausführungen grundsätzlich dieser Fokus eingenommen. Dazu werden im *Abschnitt 1.3* die Haupt- und Nebenfunktionen der funktionalen Theorie sowie deren Wertarten in ihren Grundzügen abgebildet. In diesem Abschnitt werden die traditionellen Hauptfunktionen skizziert und den Ansichten des Instituts der Wirtschaftsprüfer gegenübergestellt sowie die Nebenfunktionen analysiert, weil sich die nachfolgenden Kapitel 2, 3 und 4 ausführlich mit den einzelnen Hauptfunktionen auseinandersetzen. Daraufhin wird betrachtet, wie die Anlässe der Unternehmensbewertung im Hinblick auf die Haupt- und die Nebenfunktionen systematisiert werden können (*Abschnitt 1.4*). Schließlich werden – bevor das erste Kapitel mit ausgewählten Kontrollfragen abgerundet wird (*Abschnitt 1.6*) – die Matrix der funktionalen Unternehmensbewertung dargestellt sowie ein Überblick über die wesentlichen Verfahren der Unternehmensbewertung gegeben (*Abschnitt 1.5*). Diese Ausführungen bilden die Basis der dann folgenden Kapitel.

Lernziele

Nach dem Studium dieses Kapitels sollten Sie im wesentlichen wissen,
1. was im Rahmen der Unternehmensbewertung unter dem Bewertungssubjekt, dem Bewertungsobjekt, dem Wert und weiteren spezifischen Begriffen zu verstehen ist,
2. welche allgemeinen Werttheorien in der Literatur zu finden sind,
3. worin sich die Konzeptionen der Unternehmensbewertung unterscheiden,
4. welchen Trugschlüssen die sog. marktwertorientierte Bewertung unterliegt,
5. wie Haupt- und Nebenfunktionen voneinander abgegrenzt werden und welche Haupt- und Nebenfunktionen sowie welche dazugehörigen Wertarten grundsätzlich unterschieden werden können,
6. welche Funktionen das Institut für Wirtschaftsprüfer vorschlägt und welchen wesentlichen Veränderungen deren Verlautbarungen im Laufe der Jahre unterlagen,
7. wie sich die Anlässe der Haupt- und der Nebenfunktionen systematisieren lassen,
8. wozu die Matrix der funktionalen Unternehmensbewertungstheorie dient sowie
9. was Unternehmensbewertungsmethoden sind und wie diese grundsätzlich systematisiert werden können.

1.1 Begriffliche Grundlagen

„Eindeutigkeit, Konsistenz und Exaktheit von Begriffen befördern die Falsifizierbarkeit von Aussagen und können die Geschwindigkeit sowie die Qualität wissenschaftlicher Theoriebildung erhöhen."[1] Vor diesem Hintergrund werden innerhalb dieses Abschnitts die wesentlichen begrifflichen Grundlagen dargestellt. Nachdem erläutert wird, was allgemein unter einer Bewertung und dem Begriff „Bewertungssubjekt" zu verstehen ist, werden unter anderem die Begriffe „Unternehmen" und „Bewertungsobjekt" definiert. In diesem Zusammenhang wird sich zudem mit den Begriffen „Unternehmen als Ganzes" sowie „abgrenzbare Unternehmensteile" auseinandergesetzt. Bevor schließlich Hinweise zur Abgrenzung des Bewertungsobjekts erfolgen, wird einerseits ein Verständnis für den subjektiven Wertbegriff vermittelt. Andererseits werden dessen allgemeine in der betriebswirtschaftlichen Literatur zu findenden Interpretationen skizziert.

Unter einer *Bewertung* wird die Zuordnung eines Wertes, zumeist in Form einer Geldgröße oder einer Beteiligungsquote, zu einem Gegenstand – dem Bewertungsobjekt – durch das jeweilige Bewertungssubjekt verstanden.[2] Als *Bewertungssubjekt* wird derjenige bezeichnet, aus dessen Sicht die Bewertung durchgeführt wird. Bewertungssubjekt kann eine einzelne natürliche oder juristische Person oder eine Gruppe von Personen sein; es kann real-konkret oder ideal-abstrakt existent sein. Innerhalb der (funktionalen) Bewertungstheorie haben sich für das Bewertungssubjekt unter anderem die Begriffe „Entscheidungssubjekt" sowie mit Blick auf angestrebte Kauf- oder Verkaufsituationen die Bezeichnungen „präsumtiver Käufer" (oder „präsumtiver Erwerber") und „präsumtiver Verkäufer" („präsumtiver Veräußerer") etabliert.[3] Da sich, wie später gezeigt wird, die Hauptfunktionen der Unternehmensbewertung auf interpersonale Konflikte konzentrieren, werden die sich dabei gegenüberstehenden Verhandlungspartner, die jeweils die Bewertungssubjekte darstellen, auch als „konfligierende Parteien" oder „Konfliktparteien" bezeichnet. Erfolgt eine Bewertung für eine der Konfliktparteien durch Dritte, gilt der Auftraggeber, also die betreffende Konfliktpartei, als Bewertungssubjekt.[4] Ist der Auftraggeber für ein Bewertungsgutachten unmittelbar keine der konfligierenden Parteien, sondern etwa ein Gericht, dann sind die den Konflikt konstituierenden Parteien die Bewertungssubjekte, zwischen denen das Gericht in einem Streitverfahren durch Urteil oder Beschluß einen Interessenausgleich herbeiführen soll.

---

[1] BODE, Informationsbegriff (1997), S. 451. Weiter heißt es dort: „Die Festlegung einheitlicher Begriffe ist damit nicht eine Diskussion ‚nur um Wörter', sondern geradezu Voraussetzung einer sachlichen Debatte, da um Wörter eben nicht mehr gestritten zu werden braucht." Zur Bedeutung der Begriffsbildung siehe beispielsweise auch GROCHLA, Betrieb und Unternehmung (1993), Sp. 375 f., sowie im Rahmen der Unternehmensbewertung BERGER, Bewertung (1961), S. 61.

[2] Vgl. SIEBEN/LÖCHERBACH/MATSCHKE, Bewertungstheorie (1974), Sp. 840. Kritisch zur Reduktion auf die „finanzielle Zielgröße" HAESELER/HÖRMANN/KROS, Unternehmensbewertung (2007), S. 2–5.

[3] Im weiteren sollen folgende Begriffe sowie ihre Abwandlungen und Ableitungen synonym verwendet werden: Kauf und Erwerb, Verkauf und Veräußerung.

[4] Unzutreffender Ansicht ist diesbezüglich BORN, Unternehmensbewertung (2003), S. 22 und S. 25, welcher der funktionalen Theorie die „Sichtweise des externen Beraters und nicht die Sichtweise des Bewertungsinteressenten" (S. 22) unterstellt.

Mit den Begriffen „*Unternehmen*" und „*Unternehmung*" wird im Rahmen der Unternehmensbewertung[5] hingegen das *Bewertungsobjekt* bezeichnet, d. h. das Objekt, was bewertet werden soll. Das Unternehmen soll somit Gegenstand der Bewertung sein, also einem Bewertungskalkül unterworfen werden. Als prototypische Bewertungsobjekte gelten das „Unternehmen als Ganzes", aber auch „abgrenzbare Unternehmensteile". Dies ist durchaus kein Widerspruch, denn mit dem Begriff „*abgrenzbare Unternehmensteile*" werden regelmäßig komplexe Untereinheiten eines Unternehmens (z. B. einzelne Betriebsstätten, Geschäftsbereiche oder Gliedbetriebe), seltener auch „Unternehmensanteile",[6] z. B. in Form von Aktienpaketen oder GmbH-Anteilen, bezeichnet, die ähnlich wie ein gesamtes Unternehmen charakterisiert werden können.[7] Der Ausdruck „abgrenzbar" steht also nicht nur für eine räumliche Abgrenzung eines Unternehmensteiles, sondern gelegentlich auch für eine Abgrenzung im Sinne eines abstrakten Anteils an einem ganzen Unternehmen.[8]

Der Terminus „*als Ganzes*" verweist darauf, daß das betrachtete Bewertungsobjekt als Realphänomen ein komplexes, grundsätzlich einmaliges Konglomerat materieller und immaterieller Güter (Produktionsfaktoren) darstellt. Der Wert dieses Güterkonglomerats im Sinne der Nutzenstiftung für das Bewertungssubjekt erwächst aus der möglichst effizienten Kombination dieser Produktionsfaktoren. Erfolgreiches unternehmerisches Handeln bewirkt dabei, daß das Ganze mehr wert ist als die Summe seiner Teile. Durch das Zusammenwirken der Teile ergeben sich dann wertsteigernde Effekte (positive Synergieeffekte, positive Verbundeffekte, originärer Goodwill) für das Ganze. Diese Kombinationsvorteile gehen verloren, wenn das Ganze in seine Einzelteile zerlegt wird.

---

[5]   Eine Unternehmensbewertung ist grundsätzlich von einer *Jahresabschlußanalyse* – oftmals auch als Bilanzanalyse bezeichnet – abzugrenzen. Bei diesen Analysen steht lediglich die gezielte Aufbereitung und sachliche Auswertung von Angaben des Jahresabschlusses, des Lageberichts und anderer Quellen sowie deren beurteilende Kommentierung zur Gewinnung von Informationen über die Vermögens-, Finanz- und Ertragslage eines Unternehmens im Mittelpunkt, nicht jedoch die Zuordnung eines Wertes zu diesem Unternehmen durch ein Subjekt. Siehe weiterführend BRÖSEL, Bilanzanalyse (2012). Siehe auch OLBRICH, IFRS (2009). Ein Unternehmensbegriff i. w. S. im Rahmen der Unternehmensbewertung findet sich bei HAESELER/HÖRMANN, Infragestellung (2009), S. 525 f., welche ein Unternehmen a) als Gegenüberstellung von Vermögen und Schulden (statische Stichtagssicht), b) als Bündel zukünftiger Ein- und Auszahlungen (dynamische Zukunftssicht), c) als soziales Netzwerk (kommunikations- und Beziehungssicht) sowie d) als sog. Zeitfenster über Prozeßbündel (operative Prozeßsicht) beschreiben.

[6]   Dann zumeist im Sinne von „Beteiligungen"; hier allgemein als eine qualifizierte Menge von Anteilen definiert, die bestimmte gesellschaftsrechtliche Aktionen erlauben. Unter Zugrundelegung aktienrechtlicher Dimensionen sind dies z. B. folgende Anteile am Grundkapital: 5 % für ein Hauptversammlungseinberufungsrecht (§ 122 AktG), 5 % (oder den anteiligen Betrag von 500.000 Euro) für das Recht, Gegenstände auf die Tagesordnung zu setzen und bekanntzumachen (§ 122 AktG) sowie für die Befugnis zur Anfechtung von Gewinnverwendungsbeschlüssen (§ 254 AktG), 25 % zur Verhinderung und 75 % (des bei Beschlußfassung vertretenen Grundkapitals) zur Erwirkung von Satzungsänderungen (§ 179 AktG), 75 % (des bei Beschlußfassung vertretenen Grundkapitals) zur Zustimmung zu Unternehmensverträgen, damit diese wirksam werden (§ 293 AktG), 50 % + 1 Aktie (der abgegebenen Stimmen) zur einfachen Stimmenmehrheit (§ 133 AktG), 95 % zur Eingliederung dieser Gesellschaft durch Mehrheitsbeschluß (95 % aller Anteile befinden sich in der Hand des künftigen Mehrheitsgesellschafters) (§ 320 AktG), 100 % zur Eingliederung der Gesellschaft (alle Aktien befinden sich in der Hand der künftigen Hauptgesellschaft) (§ 319 AktG) sowie 95 % zum Verlangen eines Hauptversammlungsbeschlusses auf Übertragung von Aktien von den Minderheitsaktionären auf den Hauptaktionär gegen Barabfindung (§ 327a AktG).

[7]   Vgl. SCHMALENBACH, Finanzierungen (1937), S. 24.

[8]   Vgl. auch BALLWIESER, Unternehmensbewertung (2011), S. 6.

Es kann aber auch sein, daß sich erst durch Veränderung des vorgefundenen Ganzen wertsteigernde Wirkungen ergeben, weil bisheriges, wenig erfolgreiches Handeln dazu geführt hat, daß kaum positive oder gar negative Verbundwirkungen vorliegen. Daher muß einer Unternehmensbewertung eine ganzheitliche Unternehmensanalyse[9] vorangehen. Mit dieser Unternehmensanalyse wird der Zweck verfolgt, aus der Sicht des jeweiligen Bewertungssubjekts *Wertsteigerungspotentiale* bezogen auf das in Rede stehende ganze Unternehmen oder die abgrenzbaren Unternehmensteile zu entdecken, die dieses Bewertungssubjekt (z. B. ein Käufer) im Zusammenhang mit seinen weiteren Möglichkeiten realisieren kann, während ein anderes Bewertungssubjekt (z. B. ein Verkäufer oder ein anderer Kaufinteressent) solche nicht erkennt oder wegen fehlender Mittel und Fähigkeiten nicht für sich erschließen kann. Eine Wertsteigerung kann auch erreicht werden, wenn negative Verbundwirkungen abgestellt werden können.

Eine solche Unternehmensanalyse ist nicht bloß für einen Käufer unabdingbar, um die sich mit dem Bewertungsobjekt für ihn ergebenden Chancen künftiger erfolgreicher unternehmerischer Tätigkeit zu erkennen oder auch die mit einem Erwerb für ihn verbundenen Risiken einzuschätzen, sondern auch für einen Veräußerer eines Unternehmens, damit dieser sein Unternehmen nicht „unter Wert" veräußert, wie das in der nachfolgenden Situation der Fall wäre, die HELBLING schildert:

„Verschiedene große Vermögen sind durch Kauf und Verkauf von Unternehmen nach folgendem Rezept entstanden:
1. Aufkauf von überkapitalisierten, schlecht strukturierten Unternehmen […]
2. Umstrukturierung und Verkauf des nichtbetriebsnotwendigen Vermögens und Abspecken des betriebsnotwendigen Vermögens auf ein Minimum
3. Ausschütten der erhaltenen Verkaufserlöse und der überschüssigen Liquiditäten […]
4. Weiterverkauf des Unternehmens"[10].

Die Erschließung von Wertsteigerungspotentialen kann umfangreiche, langwierige und schwierige rechtliche, organisatorische, güterwirtschaftliche oder finanzwirtschaftliche Restrukturierungen des Unternehmens erforderlich machen, die nur aus einer Analyse und Bewertung des Unternehmens als Ganzes erkennbar sowie hinsichtlich ihrer Vor- und Nachteile sowie Chancen und Risiken nur mit Blick auf die strategischen Planungen des jeweiligen Bewertungssubjekts einschätzbar werden. Hieraus wird deutlich, daß die Bewertung eines Unternehmens nach einer *Einbettung in die Planungen des Bewertungssubjekts* verlangt. Der Wert eines Unternehmens ist also planungs- und damit auch zukunftsabhängig sowie subjektiv.

---

[9] Als Synonyme für die „ganzheitliche Unternehmensanalyse", die i. d. R. auch eine Jahresabschlußanalyse beinhaltet, finden sich in der Literatur der Unternehmensbewertung auch die Begriffe „Sorgfaltsprüfung" und „Due Diligence". Vgl. SEBASTIAN/OLBRICH, Due Diligence (2001), OLBRICH, Unternehmungsnachfolge (2002), S. 695–699, BORN, Unternehmensbewertung (2003), S. 47–73, WAGNER/RUSS, Due Diligence (2007), BERENS/BRAUNER/STRAUCH, Due Diligence (2011), KOCH, Due Diligence (2011).

[10] HELBLING, Unternehmensbewertung (1998), S. 60.

Diese Erkenntnis der *Subjektivität* eines Wertes findet sich in der wirtschaftswissenschaftlichen Literatur bereits bei GOSSEN und MENGER.[11] Der *Wert eines Gutes* ergibt sich demnach in Abhängigkeit vom Ziel- und Präferenzsystem sowie vom Entscheidungsfeld des Bewertungssubjekts aus seinem individuellen Grenznutzen und ist somit subjektiv.[12] Vor diesem Hintergrund wird unter dem ökonomischen Begriff des „Wertes" eine *Subjekt-Objekt-Objekt-Beziehung* verstanden.[13] Der Wert drückt aus, welchen Nutzen sich das Bewertungssubjekt (in einem bestimmten Zeitpunkt und an einem bestimmten Ort)[14] aus dem Bewertungsobjekt im Hinblick auf die zur Verfügung stehenden Vergleichsobjekte verspricht. Es handelt sich folglich nicht um „Werturteile", sondern vielmehr um rational erklärbare Feststellungen, welche sich vor allem aus den Grundtatbeständen des Wirtschaftens,

---

[11] Siehe zu den Ursprüngen der subjektiven Wertlehre GOSSEN, Gesetze des menschlichen Verkehrs (1854), der als Vorläufer der WIENER GRENZNUTZENSCHULE gilt, sowie zur WIENER SCHULE selbst MENGER, Grundsätze (1871). Siehe unter anderem HERING/VINCENTI, Unternehmensgründung (2005), S. 62–64. Auch SCHMALENBACH, Finanzierungen (1937), S. 27, verbindet den Subjektbezug mit der „österreichischen Grenznutzentheorie". Er verweist aber auch darauf, daß die Nutzenidee schon vorab im alten preußischen Landrecht mit dem Grundsatz zu finden war: „Der Wert ist der Nutzen, der gemeine Wert ist der Nutzen für jedermann." Unabhängig von der und fast zur gleichen Zeit wie die WIENER SCHULE begründeten unter anderem JEVONS (Vertreter der britischen Ausrichtung) sowie WALRAS (Vertreter der französischsprachigen [LAUSANNER] SCHULE) die Lehre vom Grenznutzen. Im Unterschied zur deutschsprachigen Ausrichtung verfolgen diese neoklassischen Schulen jedoch ein Marktgleichgewichtsdenken. Vgl. hierzu SCHNEIDER, Geschichte und Methoden (2001), S. 349–351. Siehe weiterführend JEVONS, The Theory (1871), sowie WALRAS, Éléments d'économie politique (1874). SCHNEIDER findet die Wurzeln der subjektiven Wertlehre sogar schon im 17. Jahrhundert bei den Briten BARBON und LOCKE. Während BARBON demnach „die Relation Mensch gegenüber einer Sache" hinsichtlich ihres Gebrauchswertes betont, leitet LOCKE „Angebot und Nachfrage aus persönlichen Einschätzungen einer Sache" her [Quelle: SCHNEIDER, Geschichte und Methoden (2001), S. 674 f., mit den entsprechenden Literaturhinweisen].

[12] Vgl. auch HERING, Konzeptionen der Unternehmensbewertung (2000), S. 435, HERING, Produktionsfaktoren (2002), S. 59, BRÖSEL, Subjektive Unternehmenswerte (2003), HERING, Bewertungstheorie (2004), S. 105. „Jedem Studenten der Wirtschaftswissenschaften dürfte das im ersten Semester präsentierte Beispiel geläufig sein, demzufolge das erste Glas Bier einen höheren Nutzen stiftet als das zehnte. Der abnehmende Wert ist streng zu unterscheiden vom gleichbleibenden Preis", so HERING, Konzeptionen der Unternehmensbewertung (2000), S. 435, Fn. 6 (Hervorhebungen im Original). Ab „einer bestimmten Bierausstattung fragt der Gast nichts mehr nach, obwohl der Marktpreis des Bieres [i. d. R.] unverändert bleibt. Der subjektive Bierwert hat dann den objektiven Bierpreis unterschritten, das heißt, der Kapitalwert des Weitertrinkens ist negativ und das Weitertrinken (nicht nur ökonomisch) unvorteilhaft", so HERING, Bewertungstheorie (2004), S. 108. Siehe zu Betrachtung von Wert und Preis in der Ökonomie auch VINCENTI, Prognoseunsicherheit (2004), S. 5–26. Vgl. z. B. auch JONAS, Bestimmung (1954), S. 18–20.

[13] Vgl. hierzu MATSCHKE, Gesamtwert als Entscheidungswert (1972), S. 147, und SIEBEN, Unternehmensstrategien (1988), S. 87. So äußert z. B. VIEL, Probleme (1954), S. 245: „Jeder wirtschaftliche Wert kommt erst durch die Beziehung des Wirtschaftsobjektes zum Wirtschaftssubjekt zustande." WITTMANN, Wertbegriff (1956), S. 62, hierzu: „Wert ist eine Subjekt-Objekt-Beziehung, bei der das Objekt dem Subjekt im Lichte der Lust erscheint."

[14] Vgl. zur Bedeutung von Ort und Zeitpunkt auch CHMIELEWICZ, Wirtschaftswissenschaften (1994), S. 44, der den Wert als vierstellige Relation auffaßt: Ein Gut hat für die Person (P) am Ort (O) im Zeitpunkt (Z) den Wert (W). Siehe hierzu auch BEHRINGER, Unternehmensbewertung (2009), S. 53 f.

1. der Unbegrenztheit menschlicher Bedürfnisse einerseits sowie
2. der Knappheit der für deren Befriedigung zur Verfügung stehenden Güter andererseits,

ergeben.[15]

Das bedeutet zugleich, daß das Bewertungsobjekt nur mit Bezug auf ein Bewertungssubjekt einen Wert hat. Es kann demgemäß keinen „Wert an sich" haben, sondern
nur einen Wert für jemanden.

In der Literatur werden fünf verschiedene Inhalte des subjektiven Wertbegriffs interpretiert, die sich jeweils in Abhängigkeit von bestimmten Aufgabenstellungen der
Wertermittlung ergeben (vgl. *Abbildung 1*):[16]

1. Wert im Sinne von *Nutzwert* (Erfolg, Nutzen, Gebrauchswert), d. h. des Grades der
Zielerfüllung für ein Subjekt,
2. Wert im Sinne von *Entscheidungswert*, d. h. einer Grenze der Konzessionsbereitschaft eines bestimmten (Entscheidungs-)Subjekts,
3. Wert im Sinne von *Argumentationswert*, d. h. eine von einem Subjekt zur Begründung und Unterstützung seiner Verhandlungsposition herangezogene Größe,
4. Wert im Sinne eines unterschiedlich interpretierbaren *Tauschwertes*, d. h. eines
zwischen mehreren Subjekten geltenden Austauschverhältnisses von Gütern, sowie
5. Wert im Sinne von *Normwert*, d. h. einer aufgrund und auf Basis von Normen aus
der Realität abgeleiteten Information für einen an dieser Realität interessierten
Adressaten.

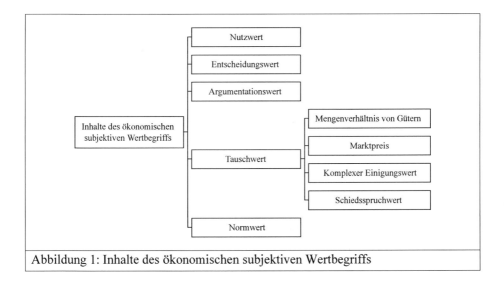

Abbildung 1: Inhalte des ökonomischen subjektiven Wertbegriffs

---

[15] Vgl. *PEEMÖLLER*, Wert (2012), S. 3 f. Der Wert kann somit von jedem bestimmt werden, der über
die relevanten Informationen verfügt.

[16] Vgl. *SIEBEN/LÖCHERBACH/MATSCHKE*, Bewertungstheorie (1974), Sp. 839–851; nachfolgende Ausführungen z. T. in Anlehnung daran. Nach *PEEMÖLLER*, Wert (2012), S. 4, läßt sich der ökonomische Wert vornehmlich als Gebrauchs-, als Tausch- und als Ertragswert interpretieren. Während
der „Gebrauchswert" mit dem hier verwendeten Begriff „Nutzwert" gleichzusetzen ist, stellt der
„Ertragswert" allerdings keine Wertinterpretation dar, sondern bezieht sich lediglich auf die Art
der Ermittlung des Wertes.

Der *Nutzwert*[17] ist das Resultat der Beurteilung von Entscheidungsalternativen (Aktionen oder Objekten) und wird als Grad der Zielerfüllung jeder der Alternativen – im Sinne eines Bedürfnisbefriedigungsmittels – für ein Entscheidungssubjekt angegeben.

Zur Ermittlung von Nutzwerten sind Informationen über den aus dem Zielsystem abgeleiteten Zielplan[18] und über das Entscheidungsfeld[19] des Bewertungssubjekts erforderlich. Für die jeweilige Entscheidungsalternative wird dabei in Abhängigkeit von der Zeit die Höhe der gemäß Ergebnisdefinition angestrebten Sachverhalte aller bekannten Umweltzustände prognostiziert. Aus den sich somit ergebenden beurteilungsrelevanten Konsequenzen einer jeden Entscheidungsalternative müssen schließlich unter Anwendung des Präferenzsystems, welches Höhen-, Zeit-, Arten- und Sicherheitspräferenzen beinhaltet, Kennziffern der Vorziehenswürdigkeit, also die Nutzwerte, ermittelt werden. Die erforderlichen Informationen zur Nutzwertermittlung sind in *Abbildung 2* graphisch dargestellt.[20]

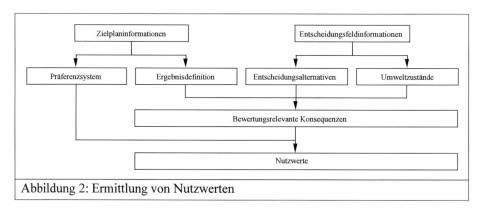

Abbildung 2: Ermittlung von Nutzwerten

Der *Entscheidungswert*[21] stellt die zu berücksichtigende Grenze der Konzessionsbereitschaft im Hinblick auf den konkreten Verhandlungsgegenstand in einer bestimmten Konfliktsituation dar und ist – ebenso wie der Nutzwert – vom aktuellen Zielplan

---

[17] Vgl. zur Interpretation des Wertbegriffs als Nutzwert SIEBEN/LÖCHERBACH/MATSCHKE, Bewertungstheorie (1974), Sp. 841–845.

[18] Das *Zielsystem* eines Subjekts beinhaltet dessen Sach- und Formalziel. Es bildet den Rahmen für die Ableitung des Zielplanes, welcher die das Subjekt interessierenden Sachverhalte und sowohl die diese charakterisierenden Merkmale (Ergebnisdefinition) als auch Informationen über die Intensität des Strebens danach (Präferenzen, Nutzenfunktion) beinhaltet. Siehe hierzu auch das Grundmodell der praktisch-normativen Entscheidungstheorie von SIEBEN/SCHILDBACH, Entscheidungstheorie (1994), S. 15–31.

[19] Während der Zielplan „Ausdruck des Wollens" der konfligierenden Partei ist, gibt das *Entscheidungsfeld* Auskunft über den individuellen Möglichkeitsraum des Bewertungssubjekts. Es umschreibt die dem Bewertungssubjekt zur Verfügung stehenden Handlungsmöglichkeiten und die Restriktionen, die es zu beachten hat. Das Entscheidungsfeld ist somit „Ausdruck des Könnens" des jeweiligen Subjekts. Vgl. unter anderem SIEBEN, Erfolgseinheiten (1968), S. 14, SIEBEN, Unternehmensstrategien (1988), S. 86, und SIEBEN/SCHILDBACH, Entscheidungstheorie (1994), S. 15.

[20] In enger Anlehnung an SIEBEN/LÖCHERBACH/MATSCHKE, Bewertungstheorie (1974), Sp. 842.

[21] Vgl. zur Interpretation des Wertbegriffs als Entscheidungswert SIEBEN/LÖCHERBACH/MATSCHKE, Bewertungstheorie (1974), Sp. 845–849, und zur Berücksichtigung des Begriffs in der Literatur ENGELS, Bewertungslehre (1962), S. 110, der jedoch Nutzwert und Entscheidungswert nicht explizit unterscheidet.

und vom aktuellen Entscheidungsfeld des Bewertungssubjekts abhängig. Die an einer Verhandlungs- oder Konfliktsituation beteiligten Entscheidungssubjekte versprechen sich mit der angestrebten Einigung einen höheren Grad der Zielerfüllung (Nutzwert) als ohne Realisation der Aktion. Der ohne Einigung erzielbare Nutzwert muß deshalb im Falle der Einigung mindestens wieder erreicht werden. Entscheidungs- und Nutzwertermittlung sind somit eng verknüpft.

Argumentationswerte[22] sind Größen, die in Verhandlungen herangezogen werden, um die eigene Position zu begründen und zu unterstützen. Die jeweilige Partei zielt mit der argumentativen Einbringung dieser Werte in die Verhandlung auf die Erreichung eines günstigen Verhandlungsresultates.

Ein *Tauschwert*[23] ist das Ergebnis eines konkreten Verhandlungs- oder Konfliktlösungsprozesses zwischen mehreren Subjekten, die direkt oder indirekt (etwa mit Hilfe von Intermediären) miteinander in Kontakt treten sowie Angebot und Nachfrage von (knappen) Gütern zwischen den Tauschpartnern zum Ausgleich bringen. Solche Tauschwerte lassen sich, wie schon in *Abbildung 1* (S. 7) dargestellt, in verschiedener Weise konkretisieren:

1. als *Mengenverhältnisse von Gütern*, beispielsweise können die Güter X und Y im Verhältnis x : y = 4 : 6 getauscht werden, d. h., für vier Einheiten X müssen sechs Einheiten Y hingegeben werden. Der Tauschwert beträgt dann, je nachdem welches Gut als Bezugsbasis genommen wird (vgl. *Abbildung 3*):

$$1 \text{ Einheit X} = \frac{6}{4} \cdot \text{Einheiten Y} = 1,5 \cdot \left[\text{ME Y} \right] = \text{tg } \alpha$$

oder

$$1 \text{ Einheit Y} = \frac{4}{6} \cdot \text{Einheiten X} = 0,6\overline{6} \cdot \left[\text{ME X} \right] = \text{tg } \beta.$$

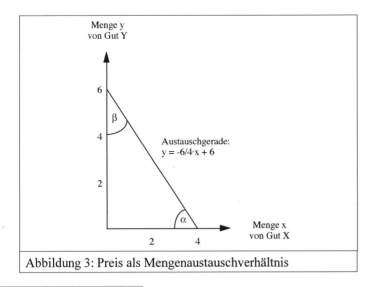

Abbildung 3: Preis als Mengenaustauschverhältnis

---

[22] Vgl. MATSCHKE, Argumentationswert (1976).

[23] Vgl. zur Interpretation des Wertbegriffs als Tauschwert SIEBEN/LÖCHERBACH/MATSCHKE, Bewertungstheorie (1974), Sp. 840 f.

2. als *in Geldeinheiten ausgedrückter Marktpreis eines Gutes*, z. B. a Geldeinheiten, wenn diese für eine Einheit des Gutes X zu zahlen sind, und b Geldeinheiten für eine Einheit des Gutes Y. Bezogen auf das Beispiel gilt dann folgende Äquivalenzbeziehung:

$$\frac{6}{4} \cdot \frac{[\text{ME Y}]}{[\text{ME X}]} \cdot b \cdot \frac{[\text{GE}]}{[\text{ME Y}]} = a \cdot \frac{[\text{GE}]}{[\text{ME X}]}$$

oder

$$\frac{6}{4} \cdot b \cdot \frac{[\text{GE}]}{[\text{ME X}]} = a \cdot \frac{[\text{GE}]}{[\text{ME X}]}.$$

Falls a = 3·[GE], müßte b = 2·[GE] betragen:

$$a = \frac{6}{4} \cdot b = 3 = \frac{6}{4} \cdot 2 = 3 \text{ oder}$$

$$b = \frac{4}{6} \cdot a = \frac{4}{6} \cdot 3 = 2.$$

Alle Preise a und b mit a : b = 3 : 2 würden die Vorgabe des Beispiels ebenfalls erfüllen. Für 1,5 Einheiten Y muß der gleiche Geldbetrag geleistet werden wie für eine Einheit X.

3. als *komplexer Einigungswert in einer Konfliktsituation*, d. h. als eine Kombination $(s_1^*, \ldots, s_n^*)$ von Ausprägungen sog. konfliktlösungsrelevanter Sachverhalte S_1, $\ldots$, S_n, auf die sich die Konfliktparteien bei einer Einigung verständigt haben. Die Kombination $(s_1^*, \ldots, s_n^*)$ ist juristisch gesehen ein Vertrag zwischen den beteiligten Konfliktparteien mit einem bestimmten Inhalt in bezug auf die konfliktlösungsrelevanten Sachverhalte.

4. als *Schiedsspruch- oder Arbitriumwert*[24], dessen Konkretisierung ein Tauschwert im Sinne eines Gütermengenverhältnisses, eines Marktpreises oder eines komplexen Einigungswertes sein kann, der von einem Unparteiischen in einer konkreten Konfliktsituation vorgeschlagen wird.

Der Tauschwert kann auch als Preis bezeichnet werden. Da es jedoch keinen „Wert an sich" gibt, ist es nicht sinnvoll, eigene *Entscheidungswerte* von Gütern direkt aus Preisen *vergleichbarer* Güter abzuleiten, denn diese Preise haben sich in Abhängigkeit von den Wertvorstellungen der jeweiligen Verkäufer und/oder Käufer – im Sinne ihrer, also „fremder" Entscheidungswerte – sowie in Abhängigkeit der jeweiligen Verhandlungsmacht und des jeweiligen Verhandlungsgeschicks in der jeweiligen Marktsituation ergeben. Leider wird diese Erkenntnis allzu schnell vergessen und mißachtet.

Der *Normwert*[25] stellt einen Wert dar, welcher der Übertragung von Informationen über reale Sachverhalte dient. Hierbei werden kodierte Informationen über den in Rede stehenden Sachverhalt auf Basis von Normen oder Konventionen abgeleitet und einem Adressaten zur Verfügung gestellt, der nach Ansicht des Normgebers an den normierten Informationen ein Interesse hat. Der Informationsadressat muß den Normwert schließlich dekodieren, um Vorstellungen über den realen Sachverhalt zu gewinnen (vgl. *Abbildung 4*).

---

[24] Vgl. *MATSCHKE*, Kompromiß (1969), *MATSCHKE*, Schiedsspruchwert (1971).

[25] Vgl. zur Interpretation des Wertbegriffs als Normwert *SIEBEN/LÖCHERBACH/MATSCHKE*, Bewertungstheorie (1974), Sp. 841.

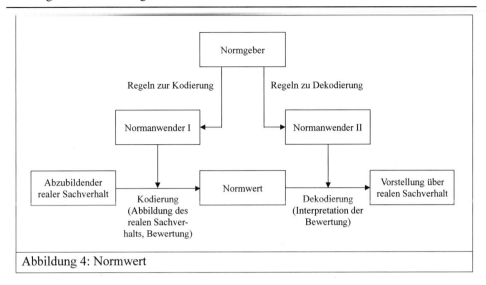

Abbildung 4: Normwert

Es sind folglich grundsätzlich drei Personen beteiligt: Der *Informationsabsender* (Bewerter, Normanwender I), der die Realität entsprechend den Normen des *Normgebers* abbildet, und der *Informationsadressat* (Normanwender II), der die Normen kennen muß, damit er aus dem Normwert Informationen im Sinne zweckgerichteten Wissens ziehen kann. Diese Personen können *identisch* sein, z. B. wenn es sich um Kontrollrechnungen handelt, bei denen nach den Vorschriften des Entscheidungssubjekts Kennzahlen ermittelt werden, die es wiederum später zur Überprüfung seiner Entscheidung nutzen will. Oftmals dürften die Personen unterschiedlich sein, wie es etwa bei der handelsrechtlichen Bilanzierung der Fall ist, weil hier der Jahresabschluß durch das bilanzierende Unternehmen auf Basis der gesetzlich kodifizierten Normen (HGB) sowie der Grundsätze ordnungsmäßiger Buchführung und Bilanzierung für die jeweiligen Jahresabschlußadressaten (z. B. Gläubiger, Aktionäre) erstellt wird (vgl. *Abbildung 4*).

Die *wesentlichen Beziehungen* zwischen den einzelnen Interpretationen des ökonomischen Wertbegriffs lassen sich wie folgt darstellen: Die Ermittlung von Nutzwerten ist Voraussetzung zur Ermittlung von Entscheidungswerten, weil mit dem Entscheidungswert die Konzessionsgrenze aufgezeigt wird, welche im Falle einer Einigung in der Verhandlungssituation den ohne diese Einigung erreichbaren Grad der Zielerfüllung (Nutzwert) gerade noch nicht mindert. Argumentationswerte werden zumeist in Form von angeblichen Entscheidungswerten in den Verhandlungsprozeß eingebracht. Zweckdienliche Argumentationswerte setzen dabei sowohl die Kenntnis des eigenen (tatsächlichen) Entscheidungswertes als auch eine Vermutung über den gegnerischen Entscheidungswert voraus.

Tauschwerte ergeben sich zwischen rational handelnden Subjekten i. d. R. nur, wenn ein Entscheidungs- oder Verhandlungsbereich existiert,[26] also der Entscheidungswert des Anbieters unter dem Entscheidungswert des Nachfragers liegt.[27] Normwerte können auf Entscheidungswerten beruhen, wenn es der Normgeber für zweckmäßig hält, den Normwert entsprechend zu interpretieren, oder aufgrund der mit dieser Normsetzung verfolgten Ziele eine entsprechende Interpretation aus betriebswirtschaftlicher Sicht sachgerecht erscheint.

Die genaue *Abgrenzung des Bewertungsobjekts*, seine Isolierung aus der realen Betrachtungswelt, d. h. die Festlegung seiner Systemgrenzen, ergibt sich aus der jeweiligen konkreten Aufgabenstellung. Für allgemeine theoretische Überlegungen reicht es aus, den Bewertungsgegenstand so abzugrenzen, daß ihm Ergebnisse, d. h. meßbare Sachverhalte, für die sich das Bewertungssubjekt interessiert (im Sinne von „erstreben" oder „vermeiden"), oder Erfolge im Sinne von schon subjektiv beurteilten Ergebnissen (Nutzen) zugeordnet werden können (*Unternehmen im Sinne von Ergebnis-/Erfolgseinheit*).[28] Das Unternehmen trägt zur Zielerfüllung des Bewertungssubjekts bei, weil es „Träger zurechenbarer Erfolge"[29] ist: Es stiftet künftig Nutzen (Zukunftserfolge).

Als *Prototyp* für solche Objekte, denen sich Ergebnisse/Erfolge in diesem allgemeinen Sinne zuordnen lassen, gelten auf Dauer angelegte wirtschaftliche Gebilde, die sozial, technisch, organisatorisch, finanziell und rechtlich eine Einheit darstellen und in denen unter Einsatz von menschlicher Arbeitskraft und von Sachmitteln sowie von sonstigen Energien und von Wissen ein arbeitsteiliges, auf die Erstellung von Gütern, d. h. letztlich auf die Befriedigung menschlicher Bedürfnisse, ausgerichtetes und dabei der Gefahr des Scheiterns ausgesetztes Zweckhandeln erfolgt (*Unternehmen als Wirtschaftseinheit*). Im praktischen Sprachgebrauch fallen hierunter solche Wirtschaftseinheiten, welche „sowohl die Merkmale des nachhaltigen ‚Betreibens' als auch die des wagenden ‚Unternehmens'"[30] aufweisen, wenn von einem Unternehmen oder von einem Betrieb gesprochen wird. Diese Ansicht wird in der einschlägigen Unternehmensbewertungsliteratur regelmäßig auch den Ausführungen zugrundegelegt – oftmals stillschweigend, weil der Unternehmensbegriff häufig genug unerläutert bleibt. Die interessierenden Sachverhalte sind dann meist finanzielle Zielgrößen aus der Sicht der Eigner, also Entnahmemöglichkeiten.

Vor diesem Hintergrund entspricht das Vorgehen bei der Bewertung einer einzelnen Aktie grundsätzlich dem Vorgehen bei der Bewertung eines Unternehmens „als Ganzes".[31] Auch hierbei ist der Nutzen, welchen die Aktie einem Subjekt in der Zu-

---

[26] Wenn lediglich der zu zahlende Preis entscheidungsrelevant ist, ergibt sich dieser Einigungsbereich aus den jeweiligen subjektiven Grenzpreisen (oder auch Preisgrenzen) des präsumtiven Erwerbers und des präsumtiven Veräußerers. Diese subjektiven Grenzpreise haben dabei Konzessionsgrenzencharakter, weil der zu zahlende Preis zwischen dem niedrigeren Grenzpreis des Veräußerers und dem höheren Grenzpreis des Käufers liegen muß. Vgl. schon LIEBERMANN, Ertragswert (1923), S. 55, sowie beispielsweise JAENSCH, Wert und Preis (1966), S. 7 f., MATSCHKE, Kompromiß (1969), BEHRINGER, Unternehmensbewertung (2009), S. 53.

[27] Entscheidungswerte weichen beispielsweise aufgrund der unterschiedlichen Zielsysteme, Entscheidungsfelder und Einschätzungen zukünftiger Entwicklung voneinander ab.

[28] Vgl. SIEBEN, Bewertungsmodelle (1967), S. 126, ferner SIEBEN, Erfolgseinheiten (1968).

[29] SIEBEN, Bewertungsmodelle (1967), S. 126.

[30] GROCHLA, Betrieb und Unternehmung (1993), Sp. 376 f.

[31] Siehe zu den Ausführungen im nachfolgenden Absatz OLBRICH, Bedeutung des Börsenkurses (2000), S. 460.

kunft zu stiften in der Lage ist, bewertungsrelevant. Dieser Nutzen resultiert aus den erwarteten Einzahlungen aus Dividenden und dem Liquidationserlös aus dem Verkauf des
Papiers. Nur hinsichtlich der Erfolgsgenerierung ergeben sich Unterschiede zwischen
dem Unternehmen „als Ganzes" und einzelnen Aktien: Im Hinblick auf das *Unternehmen als Ganzes* oder auf abgrenzbare Unternehmensteile, soweit es sich dabei im Falle
von abstrakten Anteilen um Beteiligungen handelt, ist es einem Eigner i. d. R. möglich,
aktiven Einfluß auf die Geschäftspolitik auszuüben und so beispielsweise wertsteigernde Veränderungen hervorzurufen. Dem Eigner obliegt es dabei, je nachdem mit welchem Vorgehen er den Nutzwert erhöht, das Unternehmen in unveränderter oder veränderter Art und Weise fortzuführen und/oder es in Teilen oder sogar als Ganzes zu liqui-
dieren. Bei einzelnen oder relativ wenigen Aktien kann der Aktionär jedoch keinen
maßgeblichen Einfluß auf die Geschäftspolitik des Unternehmens ausüben. Er hat lediglich das Recht zur Entscheidung zwischen Fortführung (Kauf/Halten der Aktie) und damit verbundener Vereinnahmung der Dividenden oder Liquidation (Verkauf der Aktie)
und damit verbundener Vereinnahmung des Liquidationserlöses.[32]

„Selbstverständlich wird der Aktionär ebenso wie der Verkäufer einer Unternehmung dafür ein Entgelt verlangen, das seinen Entscheidungswert des Anteils so weit als
möglich übersteigt, ihn aber keinesfalls unterschreitet. Spiegelbildlich werden solche
Investoren das Papier an der Börse erwerben, für die der Kurs der Aktie unterhalb ihres
Entscheidungswertes angesiedelt ist. Der Preis der Aktie liegt folglich grundsätzlich
zwischen den Entscheidungswerten von Käufer und Verkäufer; diese unterschiedliche
Bewertung der Aktie durch Käufer und Verkäufer ist es, die den Handel an der Börse
überhaupt erst ermöglicht."[33] Solche Entscheidungswerte drücken sich beim Aktienhandel in gesetzten Limits von Kauf- und Verkaufsinteressenten aus. Selbst am Beispiel
des Aktienmarktes, der den idealisierten Bedingungen der Kapitalmarkttheorie schon
sehr nahe kommt, ist folglich zu erkennen, wie wichtig es ist, *Preis und Wert* eines Gutes, sei es ein Unternehmen als Ganzes oder eine einzelne Aktie, auseinanderzuhalten.[34]
Lediglich im Rahmen der Wertinterpretation des Tauschwertes ist eine Gleichsetzung
von Wert und Preis erlaubt, strenggenommen jedoch nur für die jeweiligen Grenznachfrager und Grenzanbieter, die den Marktausgleich herbeiführen.

Im Hinblick auf Unternehmens-, Aktien- und sonstige Bewertungen ist stets zu berücksichtigen, daß Transaktionen zum Tauschwert/Preis aus rationaler Sicht nur erfolgen, wenn der Tauschwert/Preis aus Sicht des präsumtiven Käufers nicht höher und aus
Sicht des präsumtiven Verkäufers nicht niedriger als der Entscheidungswert ist, den sie
jeweils dem in Rede stehenden Gut beimessen. Der Marktpreis wird anhand des jeweiligen Entscheidungswertes als „akzeptabel" oder als „nicht akzeptabel" und ein potentiel-
les Geschäft dementsprechend als „vorteilhaft" oder „unvorteilhaft" beurteilt. Aus der
Höhe des Marktpreises für ein Gut allein ist eine solche Schlußfolgerung nicht möglich.

---

[32]   Auf den ersten Blick ist es übertrieben, die Bewertung einer Aktie als Unternehmensbewertung zu
       bezeichnen; vgl. BALLWIESER, Unternehmensbewertung (2011), S. 6. Werden das Unternehmen und
       die einzelnen Aktien jedoch vereinfacht lediglich als Zahlungsströme betrachtet, die es zu bewer-
       ten gilt, weichen die Bewertungsverfahren nicht voneinander ab.

[33]   OLBRICH, Bedeutung des Börsenkurses (2000), S. 460 (Hervorhebungen im Original).

[34]   Vgl. unter anderem MÜNSTERMANN, Wert und Bewertung (1966), S. 11–13.

1.2   Konzeptionen der Unternehmensbewertung

Im Rahmen der nachfolgend dargestellten Konzeptionen der Unternehmensbewertungstheorie,[35] worunter die objektive Unternehmensbewertung (Abschnitt 1.2.1) und die subjektive Unternehmensbewertung (Abschnitt 1.2.2) sowie die den Meinungsstreit zwischen diesen Theorien überwindende funktionale Unternehmensbewertung (Abschnitt 1.2.3) fallen (vgl. *Abbildung 5*), spielen insbesondere die Integration der Vorstellungen und der Planungen sowie schließlich die mit der Bewertung verfolgten Zwecke des Bewertungssubjekts und die daraus resultierenden Ausprägungen verschiedener Wertbegriffe eine unterschiedliche, aber sehr bedeutende Rolle. Letztlich werden im Abschnitt 1.2.4 die Grundlagen der sog. marktwertorientierten Bewertung vermittelt und kritisch gewürdigt.

1.2.1   Objektive Unternehmensbewertung

Bis ca. 1960 war die objektive Unternehmensbewertung in der Literatur dominierend, in deren Mittelpunkt die Ermittlung eines objektiven Wertes des Unternehmens stand. Obwohl die konkrete Aufgabenstellung der objektiven Unternehmensbewertung von ihren Vertretern weder einheitlich noch eindeutig umschrieben wird, ist den Vertretern dieser Konzeption jedoch die Vorstellung gemeinsam, den *Wert eines Unternehmens möglichst losgelöst von konkreten Bezugspersonen als Bewertungsinteressenten und auf der Basis von Faktoren zu ermitteln, die von „jedermann" realisiert werden könnten.*[36]

Die Bestimmung dieses Wertes sollte entpersonifiziert, also losgelöst von subjektiven Interessen und Möglichkeiten, erfolgen. Der zu ermittelnde Wert haftet dem Unternehmen – nach Ansicht der Vertreter dieser Konzeption – „wie eine Eigenschaft"[37] an und ist von einem „normalen" Unternehmer oder auch „von jedem" realisierbar.[38] Diese Theorie wollte dem Anspruch genügen, einen unparteiischen Wert zu bestimmen, um Interessengegensätze zwischen konfligierenden Parteien zu überwinden, ohne dabei jedoch Bezug auf die Interessen der Parteien, z. B. der präsumtiven Käufer und Verkäufer, zu nehmen. Diese *Objektbezogenheit* und *Entpersonifizierung* der Ermittlung des Unternehmenswertes hatte eine starke *Gegenwarts- und Vergangenheitsorientierung* sowie eine Vielzahl von widersprüchlichen Meinungen hinsichtlich der Lösung von Einzelproblemen zur Folge und erwies sich allgemein als Hemmschuh für die Entwicklung einer in sich geschlossenen Unternehmensbewertungstheorie.

---

[35]   Zum Vergleich der historischen Entwicklung der Bewertungstheorie der deutschen sowie der angelsächsischen Schule siehe ausführlich HERING, Bewertungstheorie (2004).

[36]   Siehe z. B. MORAL, Unternehmungen (1920), LEITNER, Unternehmung (1926), S. 184, GELHAUSEN, Probleme der Bewertung (1948), MELLEROWICZ, Wert der Unternehmung (1952), insbesondere S. 11–17, VIEL, Unternehmungsbewertung (1955), FELTEN, Wert und Bewertung (1958), HERZOG, Unternehmensbewertung (1962), LACKMANN, Unternehmungsbewertung (1962). Siehe auch WITTMANN, Wertbegriff (1956), S. 64 f. Zu weiteren Vertretern siehe die entsprechenden Nennungen in MÜNSTERMANN, Wert und Bewertung (1966), S. 20–28, und MATSCHKE, Arbitriumwert (1979), S. 20–29.

[37]   PEEMÖLLER, Wert (2012), S. 4.

[38]   Vgl. MELLEROWICZ, Wert der Unternehmung (1952), S. 60.

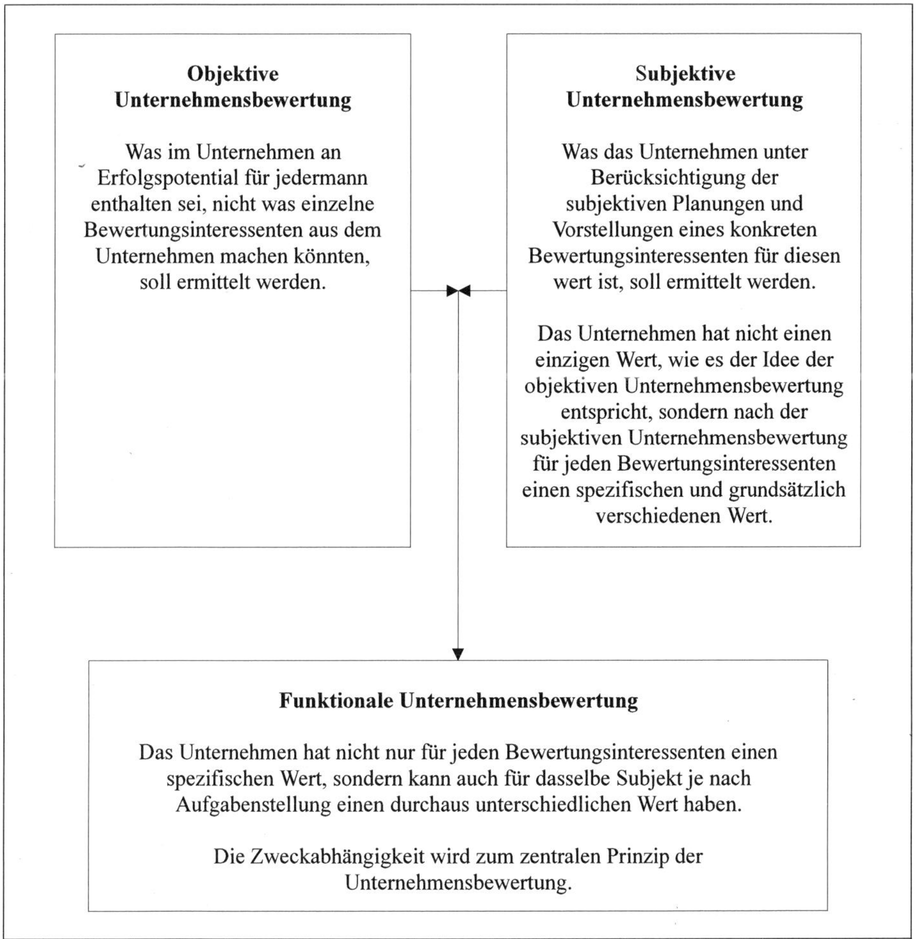

Objektive Unternehmensbewertung	Subjektive Unternehmensbewertung
Was im Unternehmen an Erfolgspotential für jedermann enthalten sei, nicht was einzelne Bewertungsinteressenten aus dem Unternehmen machen könnten, soll ermittelt werden.	Was das Unternehmen unter Berücksichtigung der subjektiven Planungen und Vorstellungen eines konkreten Bewertungsinteressenten für diesen wert ist, soll ermittelt werden.
	Das Unternehmen hat nicht einen einzigen Wert, wie es der Idee der objektiven Unternehmensbewertung entspricht, sondern nach der subjektiven Unternehmensbewertung für jeden Bewertungsinteressenten einen spezifischen und grundsätzlich verschiedenen Wert.

Funktionale Unternehmensbewertung

Das Unternehmen hat nicht nur für jeden Bewertungsinteressenten einen spezifischen Wert, sondern kann auch für dasselbe Subjekt je nach Aufgabenstellung einen durchaus unterschiedlichen Wert haben.

Die Zweckabhängigkeit wird zum zentralen Prinzip der Unternehmensbewertung.

Abbildung 5: Überblick über die Charakteristika verschiedener Unternehmensbewertungskonzeptionen

Im Rahmen der objektiven Unternehmensbewertung erfolgten *Bewertungen* i. d. R. dadurch, daß ein *Substanzwert* (im Sinne des sog. Netto-Teil-Rekonstruktionsaltwertes) bestimmt wurde oder eine Verknüpfung von Substanz- und Ertragswert erfolgte. Der *Ertragswert* wird formal definiert als Summe der abgezinsten künftigen Unternehmenserfolge. Dieser unterscheidet sich vom Zukunftserfolgswert, der innerhalb der nachfolgend dargestellten subjektiven Konzeption aufgezeigt wird, hinsichtlich der Interpretation der Determinanten, d. h. der Erfolgsdefinition und der Ermittlung des Kapitalisierungszinsfußes. Im Hinblick auf den *Erfolg* konkurrieren innerhalb der objektiven Konzeption drei unterschiedliche Definitionen. Vorherrschend wird der Unternehmenserfolg als Differenz zwischen Ertrag und Aufwand einer Periode interpretiert, wobei die *Prinzipien der Substanzerhaltung, der Bewertung der augenblicklich vorhandenen Ertragskraft, der Verfügbarkeit der Zukunftserfolge und der Unbeachtlichkeit von Gestaltungsmöglichkeiten des Erwerbers* zu beachten sind. Die Bevorzugung dieser Definition hat praktische Gründe, weil oftmals nur Jahresabschlüsse zur Verfügung stehen und zur Prognose vorwiegend auf bereinigte vergleichbare Periodenerfolge der Vergangenheit zurückgegriffen wird. Weniger gebräuchlich sind die Definitionen des Unternehmenserfolgs als Differenz zwischen Leistung und Kosten oder zwischen Einnahmen und Ausgaben. Der zur Ermittlung des Ertragswertes benötigte *Kapitalisierungszinsfuß* wird nach objektiver Theorie zumeist aus dem „landesüblichen" Zinsfuß abgeleitet und durch Zu- und Abschläge korrigiert.[39]

Die Gründe, weshalb die objektive Werttheorie über Jahrzehnte hinweg im Rahmen der Unternehmensbewertung verfolgt wurde, sind unter anderem darin zu suchen, daß „der Begriff des Objektiven im Sprachgebrauch mit Wissenschaftlichkeit, Redlichkeit, Bestimmtheit, Nachprüfbarkeit und Allgemeingültigkeit in Verbindung gebracht wird"[40]. Die Ermittlung des entpersonifizierten, substanzorientierten Wertes liefert jedoch insbesondere aufgrund der Abstraktion vom Bewertungssubjekt und von der jeweiligen Aufgabenstellung *keine hinreichende Entscheidungsunterstützung*. Die Entpersonifizierung bringt zudem einen gravierenden Mangel mit sich: Eine Fiktion wird zur Basis aller Bewertungsüberlegungen. Jedermann als „normaler" Unternehmer ist empirisch nicht bestimmbar, sondern eine Kunstfigur, die der jeweilige Bewerter nach *seinen* Vorstellungen mit Leben füllen muß.[41] Folglich wird strenggenommen kein reales Problem, sondern eine fiktive Aufgabenstellung bearbeitet.

Ein ganz wesentlicher Aspekt, der im Rahmen der objektiven Unternehmensbewertung eine Rolle spielte und den es aufzugreifen gilt, ist jedoch der Gedanke der *Überwindung eines Interessengegensatzes zwischen den Bewertungsinteressenten durch Unparteilichkeit des Bewerters*. Dieser Bezug auf einen vermittelnden, unparteiischen Bewerter weist auf eine wichtige Aufgabenstellung der Unternehmensbewertung hin. Die Objektivisten glaubten allerdings, sich dieser Aufgabe am besten über die Entpersonifizierung sowie Gegenwarts- und Vergangenheitsorientierung nähern zu können. Dieser beschrittene Weg, eine Vermittlung ohne Bezug auf die Parteien zu versuchen, zwischen denen eine Einigung erzielt werden soll, mußte indes fehlschlagen, denn ein Vermittlungsvorschlag muß für die Parteien akzeptabel sein. Was *akzeptabel* ist, läßt sich aber nicht losgelöst von den Entscheidungsbedingungen der beteiligten Parteien bestimmen. Ein solcher Vorschlag muß vielmehr aus der Sicht der Parteien vernünftig sowie angemessen sein und daher einen doppelten Bezug zu den Parteien herstellen, zwischen denen vermittelt werden soll. Unparteilichkeit steht diesem Parteibezug nicht entgegen, sondern bedeutet lediglich, keine unberechtigte Bevorzugung oder Benachteiligung einer Partei vorzunehmen. *Unparteilichkeit ist deshalb eine notwendige, aber noch keine hinreichende Bedingung für eine erfolgreiche Vermittlung.*

---

[39]   Vgl. MATSCHKE, Wertarten nach der Art ihrer Ermittlung (2008), S. 855.

[40]   MATSCHKE, Argumentationswert (1976), S. 517.

[41]   Vgl. hierzu auch BRETZKE, Zur Problematik des Objektivitätsanspruchs (1976), insbesondere S. 549.

Werden die Bewertungsverfahren[42] der objektiven Unternehmensbewertung unter diesem Aspekt analysiert, ist zu konstatieren, daß diese Verfahren tendenziell zu Lasten des Verkäufers gehen, dem in besonderer Weise – etwa durch Berücksichtigung von Abschlägen von den (aus der Vergangenheitsentwicklung) hergeleiteten Ertragsüberschüssen, durch Zuschläge zum Kapitalisierungszinsfuß oder durch Berücksichtigung des im Vergleich zum Ertragswert niedrigeren, durch Einzelbewertung der Vermögens- und Schuldteile ermittelten Substanzwertes – das Risiko einer Fehlbeurteilung aufgebürdet wird.[43] Die objektive Unternehmensbewertung tendiert zur „vorsichtigen" Wertschätzung – und diese „Vorsicht" begünstigt den Käufer und benachteiligt einseitig den Verkäufer.

Insgesamt hatte die Objektbezogenheit und Entpersonifizierung der objektiven Konzeption also drei *Wirkungen*:[44]

1. Die Bewerter orientieren sich stark an den gegenwärtigen und vergangenen, statt an erwarteten künftigen Verhältnissen. Dies kommt in den gebräuchlichen Wertkategorien „Substanzwert" und „Ertragswert" zum Ausdruck.

2. Es entstand eine Vielfalt von Meinungen darüber, wie der Anspruch der objektiven Unternehmensbewertung konkret einzulösen ist. Der Meinungsstreit über Einzelprobleme, wie etwa die Berücksichtigung der Finanzierungsstruktur und der Besteuerung, sowie eine Vielzahl der entwickelten Bewertungsverfahren dieser Konzeption zeugen davon, ebenso der letztlich gescheiterte Versuch der Vereinheitlichung auf U.E.C.-Ebene.[45]

3. Die Entwicklung einer Unternehmensbewertung, die der Problemstellung eines unparteiischen Gutachters zugrunde liegt, wurde gehemmt, weil die subjektive Unternehmensbewertung mit dem Konzept der objektiven Unternehmensbewertung zugleich diese in der Praxis bedeutsame Aufgabenstellung verwarf und aus dem Blickfeld wissenschaftlichen Interesses verdrängte.

---

[42] Die Begriffe „Methoden" und „Verfahren" der Bewertung werden nachfolgend synonym verwendet.

[43] Vgl. MATSCHKE, Arbitriumwert (1979), S. 127.

[44] Vgl. MATSCHKE, Unternehmensbewertung (2004), S. 682 f.

[45] Siehe UNION EUROPÉENNE DES EXPERTS COMPTABLES, ECONOMIQUES ET FINANCIERS (U.E.C.), Bewertung (1961).

1.2.2   Subjektive Unternehmensbewertung

Der endgültige Durchbruch und Siegeszug der subjektiven Unternehmensbewertung[46] begann Mitte der 1960er Jahre. Hier ist insbesondere MÜNSTERMANN[47] zu erwähnen. Die subjektive Unternehmensbewertung wurde in Frontstellung zur objektiven Unternehmensbewertung entwickelt. Sie wollte erfassen, was das Unternehmen unter Berücksichtigung der subjektiven Planungen und Vorstellungen eines *konkreten* Bewertungsinteressenten für diesen wert ist. Die Verfechter der subjektiven Unternehmensbewertungstheorie vertraten einen zur objektiven Theorie konträren Standpunkt: *Unternehmenswerte sind subjektiv.* Für jedes Bewertungssubjekt kann das Unternehmen insofern einen grundsätzlich verschiedenen, spezifischen Wert haben. Diese Konzeption der Unternehmensbewertung war charakterisiert durch die fundamentalen Prinzipien[48] der Subjektivität (Subjektbezogenheit), der Zukunftsbezogenheit und der Gesamtbewertung.

Die Bestimmung von Unternehmenswerten erfordert gemäß dem *Prinzip der Subjektivität*[49] die Einbettung des Bewertungsobjekts in die Vorstellungen und Planungen des Bewertungsinteressenten. Dementsprechend ist der Wert eines Unternehmens durch die vom Bewertungssubjekt verfolgten Ziele, durch die aus dem Entscheidungsfeld des Subjekts verfügbaren finanz- und realwirtschaftlichen Handlungsmöglichkeiten und durch die Handlungsbeschränkungen sowie durch die vom Bewertungssubjekt für das Unternehmen geplante Verwendung determiniert. Der Unternehmenswert zeichnet sich entsprechend durch seine Zielsystem-, Entscheidungsfeld- und Handlungsbezogenheit aus, d. h. durch vom Entscheidungssubjekt geprägte Einflußgrößen. Ferner resultiert aus dem Subjektivitätsprinzip, daß die vom Bewertungssubjekt erwarteten individuellen positiven und negativen Verbundeffekte bei der Wertermittlung berücksichtigt werden müssen. Aufgrund unterschiedlicher Planungen, Synergiepotentiale sowie Verwertungsmöglichkeiten und Verwertungsbeschränkungen haben Unternehmen für jedes Bewertungssubjekt einen individuellen Wert. Aus identischen Nutzenerwartungen verschiedener Bewertungssubjekte folgt zudem keinesfalls ein identischer Wert des Unternehmens, wenn beispielsweise die den Subjekten alternativ zur Verfügung stehenden Kapitalverwendungs- oder Kapitalbeschaffungsmöglichkeiten differieren.

---

[46]   Siehe zur Darstellung der subjektiven Unternehmensbewertung unter anderem MATSCHKE, Anlässe und Konzeptionen (2008), S. 854.

[47]   Neben MÜNSTERMANN hatten vor allem BUSSE VON COLBE und KÄFER einen wesentlichen Anteil an der Entwicklung der subjektiven Lehre. Vgl. MÜNSTERMANN, Wert und Bewertung (1966), und darüber hinaus BUSSE VON COLBE, Unternehmungsbewertung (1957), BUSSE VON COLBE, Zukunftserfolg (1957), BUSSE VON COLBE, Investitionskalkül (1966), und den Nachdruck der Aufsätze von KÄFER, Bewertung der Unternehmung (1996).

[48]   Vgl. zu diesen drei Prinzipien MÜNSTERMANN, Wert und Bewertung (1966). Siehe auch OLBRICH, Unternehmungswert (1999), S. 18–22, MATSCHKE/BRÖSEL, Folgen von „Basel II" (2003), S. 161 f., OLBRICH, Bilanzierung von Immobilien (2003), S. 350–352. Zur in der deutschen Literatur schon frühzeitigen Erkenntnis von Subjektivität, Zukunftsbezogenheit und Grenzpreiseigenschaft des Wertes siehe HERING, Bewertungstheorie (2004), S. 105, m. w. N.

[49]   Vgl. KREUTZ, Wertschätzung (1909), S. 31, BERLINER, Vergütung (1913), S. 12 f., SCHMALENBACH, Werte von Unternehmungen (1917/18), S. 4, LIEBERMANN, Ertragswert (1923), WINCKELMANN, Unternehmenswert (1953), S. 182, ZIMMERER, Unternehmungsbewertungen (1961), S. 171, MÜNSTERMANN, Wert und Bewertung (1966), S. 21–28, VON WAHL, Bewertung (1966), S. 1–7, MOXTER, Unternehmensbewertung 2 (1983), S. 23.

Zwar ist die Notwendigkeit des Subjektbezugs in der deutschsprachigen Unternehmensbewertungsliteratur schon frühzeitig – z. B. durch SCHMALENBACH[50] – erkannt worden, in der Bewertungspraxis wird der subjektiven Theorie jedoch bis zum heutigen Tage – mit einer in Anbetracht der „Beliebtheit" finanzierungstheoretischer Bewertungsmethoden[51] zu beobachtenden steigenden Tendenz – „nur verhalten gefolgt. Die Vorstellung, ein Unternehmen hat so viele Werte, wie es Investoren gibt, [...] ist für Praktiker z. T. befremdlich. Zur Rettung des objektiven Werts wird die Ermittlung eines objektivierten Werts vorgeschlagen, [...] der in einem zweiten Schritt zu subjektiven Werten führen kann"[52]. Der angelsächsischen Unternehmensbewertungsliteratur ist der Subjektbezug sogar weitgehend fremd und wird nur von wenigen Autoren erkannt.[53]

Das *Prinzip der Zukunftsbezogenheit*[54] besagt bezüglich der Bewertung eines Unternehmens, daß für das Bewertungssubjekt nur der Nutzen bewertungsrelevant ist, den ihm dieses in der Zukunft stiftet. Für eine existente Sache ist der historisch und gegenwärtig damit erzielte Nutzen unerheblich, denn für das Gewesene gibt nicht nur der Kaufmann nichts.[55] Die in der Vergangenheit liegenden Erfolge eines Unternehmens

---

[50] Vgl. SCHMALENBACH, Werte von Unternehmungen (1917/18), S. 4, SCHMALENBACH, Finanzierungen (1937), S. 24–38. Siehe zudem z. B. KREUTZ, Wertschätzung (1909), S. 31, MIRRE, Gemeiner Wert (1913), S. 156–158. Grundsätzlich kann deshalb nicht behauptet werden, daß am Anfang der Unternehmensbewertungslehre lediglich die objektive Anschauung zu finden war. Vgl. HENSELMANN, Unternehmensrechnungen (1999), S. 19, HERING, Unternehmensbewertung (2006), S. 26.

[51] Vgl. PEEMÖLLER/KUNOWSKI, Ertragswertverfahren (2012), S. 278–282, die in Anbetracht der Anerkennung durch das IDW eine weiterhin zunehmende Bedeutung dieser Verfahren erwarten. Siehe zudem PEEMÖLLER/BÖMELBURG/DENKMANN, Unternehmensbewertung (1994), PEEMÖLLER/MEYER-PRIES, Unternehmensbewertung (1995), HELBLING, Unternehmensbewertung (1998), S. 192–200, PEEMÖLLER/KUNOWSKI/HILLERS, Internationale Mergers & Acquisitions (1999).

[52] PEEMÖLLER, Wert (2012), S. 5 f. Dieser sog. „objektivierte" Wert entspricht den Vorstellungen des IDW, auf die an anderen Stellen eingegangen wird.

[53] Vgl. etwa FISHBURN, Value Theory (1964), S. 2, RESCHER, Value Theory (1969), S. 10 f. und S. 55 f., ECCLES/LANES/WILSON, Akquisitionen (2000), ANDRIESSEN, Intellectual Capital (2004), S. 12, MILLS, Brand Valuation (2005), S. 3. Vgl. zum weitgehend fehlenden Subjektbezug in der angelsächsischen Literatur auch OLBRICH, Bedeutung des Börsenkurses (2000), S. 458, HERING, Bewertungstheorie (2004), S. 113 f. Zur Darstellung der auf eine Objektivität ausgerichteten angelsächsischen Unternehmensbewertung siehe unter anderem JAENSCH, Akquisitionen in den USA (1989), SANFLEBER-DECHER, Unternehmensbewertung in den USA (1992), BUCHNER/ENGLERT, Bewertung von Unternehmen (1994), BUCHNER, Unternehmensbewertung (1995), BÖCKING/NOWAK, Unternehmensbewertung (1999).

[54] Vgl. VON OYENHAUSEN, Bestimmung des Kapitalwerthes (1822), S. 306, FAUSTMANN, Berechnung des Werthes (1849), S. 442, FAUSTMANN, Geldwerth (1854), S. 81–84, FREYBERG, Wertbestimmungen (1907), S. 73, KREUTZ, Wertschätzung (1909), S. 34, PÜTZ, Wertschätzung (1911), S. 89 f., BERLINER, Vergütung (1913), S. 25, MIRRE, Gemeiner Wert (1913), S. 175, STRATE, Erwerb (1915), S. 12 f., SCHMALENBACH, Werte von Unternehmungen (1917/18), S. 1, AEREBOE, Beurteilung (1921), S. 196, NUTHMANN, Kauf (1922), S. 8, UMBERG, Bewertung von Kohlenzechen (1922), S. 258 f., MELLEROWICZ, Wertungslehre (1926), S. 123, WEIDENHAMMER, Abschätzung des Wertes (1926), S. 11, SCHMALENBACH, Bewertung von Bergwerken (1929), S. 385, BRANDTS, Bewertung (1934), S. 8 f., FRYDAG, Bewertung (1937), S. 127, TAKE, Geschäfts- oder Firmenwert (1939), S. 49 f., BERGER, Berechnung des Geschäftswertes (1941), S. 301, GELDMACHER, Fall wirtschaftlicher Wertung (1948), S. 30, WOLLERT, Fragen zur Bewertung (1948), S. 26, LEFFSON, Ermittlung des Ertragswertes (1950), S. 160, LEHMANN, Bewertung ganzer Unternehmungen (1954), S. 66, FELTEN, Wert und Bewertung (1958), S. 8, BERGNER, Planung des Zukunftserfolges (1959), S. 175, SONDERMANN, Bewertung (1961), S. 6, MÜNSTERMANN, Wert und Bewertung (1966), S. 20 f., BÖHME, Vision (1970), S. 330, BALLWIESER/LEUTHIER, Grundprinzipien der Unternehmensbewertung (1986), S. 548.

[55] In enger Anlehnung an SCHMALENBACH, Werte von Unternehmungen (1917/18), S. 11, und MÜNSTERMANN, Wert und Bewertung (1966), S. 21.

können lediglich ein möglicher Indikator des zukünftig daraus resultierenden Nutzens sein. Aus der Zukunftsbezogenheit resultiert schließlich das Problem der Unsicherheit, weil dem Bewertungssubjekt im Bewertungszeitpunkt der genaue zukünftige Nutzen des Unternehmens sowie alle zukünftigen Handlungsalternativen und -konsequenzen nicht bekannt sind. Erschwerend ist deshalb insbesondere im Hinblick auf die Bewertung junger sowie auch kleiner und mittlerer Unternehmen, daß eine Trendextrapolation auf Basis der Ergebnisse vorangegangener Perioden nur sehr eingeschränkt oder gar nicht als Prognosehilfe herangezogen werden kann.[56]

Nach dem *Prinzip der Gesamtbewertung*[57] ist nicht die Summe der Einzelwerte der Vermögensteile des Unternehmens bewertungsrelevant; vielmehr ist das im Rahmen der Konfliktsituation zur Disposition stehende Unternehmen als wirtschaftliche Einheit zu betrachten. Im Falle einer isolierten Bewertung der betrieblichen Einzelwerte besteht die Gefahr der Vernachlässigung positiver, aber auch negativer Kombinationseffekte innerhalb des zu bewertenden Unternehmens, weil die Summe der Einzelwerte nicht mit dem Gesamtwert des Bewertungsobjekts identisch sein muß. Das Prinzip der Gesamtbewertung wird jedoch in Ausnahmefällen vom Prinzip der Subjektivität und seinen Komponenten, dem Willen (Ausdruck des Zielsystems) und dem Können (Ausdruck des Entscheidungsfeldes) des Bewertungssubjekts, dominiert. Wenn schließlich das Subjekt einerseits willens ist, das Unternehmen in seine Einzelteile zu zerlegen und diese einzeln zu veräußern, oder andererseits nicht in der Lage ist, beim vorgefundenen Unternehmen wertsteigernde Wirkungen über die Summe der Veräußerungswerte der einzelnen Bestandteile des Unternehmens hinaus zu erzielen, ist eine Einzelbewertung unter Berücksichtigung der Prinzipien der Subjektivität und der Zukunftsbezogenheit erforderlich.[58]

Der dieser subjektiven Theorie adäquate Wertansatz ist der *Zukunftserfolgswert* als Ausdruck der gesamten künftigen Unternehmenserfolge (im Sinne von Einzahlungsüberschüssen) für ein bestimmtes Bewertungssubjekt, wobei spezielle Kapitalisierungs-

---

[56]   Aufgrund der wesentlichen Abhängigkeit des Unternehmenserfolgs kleiner und mittlerer Unternehmen vom Eigner ergibt sich dieses Problem hier insbesondere auf Käuferseite.

[57]   Vgl. MIRRE, Gemeiner Wert (1913), S. 167, AULER, Unternehmung als Wirtschaftseinheit (1926/27), S. 42, THEISINGER, Bewertung (1933), S. 166, FRYDAG, Bewertung (1937), S. 127, SCHNETTLER, Bewertung von Betrieben (1948), S. 13 f., FELTEN, Wert und Bewertung (1958), S. 10, MÜNSTERMANN, Wert und Bewertung (1966), S. 18–20. Der Gesamtbewertungsgrundsatz steht jedoch nicht im Widerspruch damit, das Bewertungsobjekt zur Prognose der zukünftigen Erfolge zur Reduktion der Komplexität in bestimmte Teileinheiten (z. B. nach Regionen, Sparten, Geschäftsbereichen oder in Teilbetriebe) zu zerlegen, sofern hierbei letztlich nicht die positiven und negativen Verbundeffekte zwischen diesen Teileinheiten vernachlässigt werden. Ähnlich BARTHEL, Abgrenzung (1994), der hierbei allerdings den Grundsatz der Gesamtbewertung in Frage stellt.

[58]   Hierzu sei folgendes Beispiel betrachtet: Ein präsumtiver Verkäufer V ermittelt für das Unternehmen U unter Berücksichtigung des Prinzips der Gesamtbewertung im Rahmen einer Unternehmensfortführung einen subjektiven Wert i. H. v. 100 GE. Eine Einzelbewertung durch V hätte für U nur 80 GE ergeben, weil er positive Verbundeffekte realisieren kann. Der präsumtive Käufer K ermittelt für U im Falle einer sofortigen Zerschlagung des Unternehmens in seine Einzelteile und deren anschließende Liquidation einen Wert i. H. v. 120 GE, weil er aufgrund seines Entscheidungsfeldes andere Veräußerungsmöglichkeiten als V hat. Ihm gelingt es jedoch nicht, positive Verbundeffekte zu generieren, weshalb sich für U aus Sicht von K im Falle einer Gesamtbewertung ein Wert von 90 GE ergeben würde. Handelt K rational, bewertet er in diesem Fall gemäß dem Prinzip der Einzelbewertung. Es ergibt sich zwischen V und K ein Verhandlungsraum zwischen 100 und 120 GE. Die z. B. von SERFLING/PAPE, Traditionelle Verfahren der Unternehmensbewertung (1995), S. 815, geforderte Annahme der Fortführung der Unternehmenstätigkeit („Going-Concern-Prämisse") ist somit nicht zwingend zu berücksichtigen.

zinsfüße als Beurteilungsmaßstab für die Zukunftserfolge des zu bewertenden Unternehmens dienen. Diese Kalkulationszinsfüße resultieren aus der besten alternativen Kapitalverwendungsmöglichkeit des Entscheidungssubjekts. Der subjektive Unternehmenswert spiegelt den Grenzpreis des Unternehmens aus der Sicht des jeweiligen Bewertungsinteressenten wider.[59] Das Unternehmen hat *nicht einen* Wert, wie es der Idee der objektiven Konzeption entspricht, sondern nach der subjektiven Unternehmensbewertung *für jeden Bewertungsinteressenten einen spezifischen und grundsätzlich verschiedenen Wert*. Der subjektive Unternehmenswert als Grenzpreis wird dabei so festgelegt, daß das zu bewertende Unternehmen, wenn es zu diesem Preis gekauft (Käufersicht) oder verkauft (Verkäufersicht) wird, vom Bewertungssubjekt äquivalent zu der jeweiligen Alternative beurteilt wird, so daß sich die Situation des Bewertungssubjekts bei einer Transaktion zum Grenzpreis weder verbessert noch verschlechtert.

Die subjektive Unternehmensbewertungskonzeption ist in Frontstellung zur damals herrschenden objektiven Lehre entstanden und aufgrund dieser Entstehungsgeschichte selbst nicht frei von Einseitigkeiten und auch von Mißverständnissen hinsichtlich der Intentionen der anderen Konzeption gewesen. Ein wesentlicher Kritikpunkt an der subjektiven Unternehmensbewertungstheorie basiert auf dem Subjektbezug selbst, weil die Bewertung und die Ermittlung eines einzigen Wertes je Bewertungssubjekt als nicht nachvollziehbar empfunden werden.[60] Diese Einseitigkeit ist insbesondere darin zu sehen, daß die subjektive Konzeption ausschließlich die Situation einer Bewertungspartei betrachtet und daß folglich die Aufgabenstellung eines unparteiischen Gutachters weder in ihrer theoretischen noch in ihrer praktischen Bedeutung richtig wahrgenommen und gewürdigt wird.

---

[59] Siehe hierzu bereits frühzeitig VON OYENHAUSEN, Bestimmung des Kapitalwerthes (1822), S. 306, MIRRE, Gemeiner Wert (1913), S. 163, AXER, Verkaufswert (1932), S. 5.

[60] Vgl. GORNY, Unternehmensbewertung (2002), S. 4, PEEMÖLLER, Wert (2012), S. 7.

1.2.3   Funktionale Unternehmensbewertung

Mit dem Paradigmenwechsel zum Konzept der *funktionalen Unternehmensbewertungstheorie*[61] wurden (die im Abschnitt 1.1 dargestellten Interpretationen des allgemeinen subjektiven Wertbegriffs berücksichtigt und somit) die kontroversen Anschauungen objektiver und subjektiver Theorie überwunden.[62]

Zentraler Aspekt dieser seit Mitte der1970er Jahre in der theoretisch fundierten Unternehmensbewertungsliteratur herrschenden Meinung[63] ist die *Zweckabhängigkeit* des (subjektiven) Unternehmenswertes.

Für den raschen Siegeszug der funktionalen Unternehmensbewertungskonzeption – und zwar nicht bloß in der universitären, sondern auch in der praxisorientierten Literatur – war ein Umstand besonders hilfreich, nämlich die Tatsache, daß Anfang der 1970er Jahre zur gleichen Zeit zwei Arbeitskreise eingesetzt waren, die sich mit Fragen der Unternehmensbewertung befaßten: ein *Arbeitskreis von der Schmalenbach-Gesellschaft*, der von BERNHARD ZAPF, Mannesmann AG, und GÜNTER SIEBEN, Universität zu Köln, geleitet wurde,[64] sowie ein *Arbeitskreis des Instituts der Wirtschaftsprüfer* (IDW), der von WOLFGANG DÖRNER geführt wurde, der zugleich auch Mitglied im Schmalen-

---

[61]   Zu den grundlegenden Arbeiten der funktionalen Unternehmensbewertung, die auch unter der Bezeichnung „*Kölner Funktionenlehre*" bekannt wurde, zählen unter anderem MATSCHKE, Kompromiß (1969), MATSCHKE, Schiedsspruchwert (1971), MATSCHKE, Gesamtwert als Entscheidungswert (1972), MATSCHKE, Entscheidungswert (1975), MATSCHKE, Argumentationswert (1976), SIEBEN, Entscheidungswert (1976), MATSCHKE, Arbitriumwert (1979), sowie die Beiträge der ersten Kölner BFuP-Tagung vom 18./19. November 1976 in GOETZKE/SIEBEN, Moderne Unternehmungsbewertung (1977), und darüber hinaus SIEBEN, Erfolgseinheiten (1968). In Anbetracht der Emeritierung von SIEBEN ist die Bezeichnung „Kölner Funktionenlehre" nicht mehr angebracht. Zu den bedeutenden Forschungsarbeiten der funktionalen Lehre zählen auch TILLMANN, Unternehmensbewertung (1998), HERING, Finanzwirtschaftliche Unternehmensbewertung (1999), OLBRICH, Unternehmungswert (1999), REICHERTER, Fusionsentscheidung (2000), BRÖSEL, Medienrechtsbewertung (2002), KLINGELHÖFER, Finanzwirtschaftliche Bewertung (2004), ROTHE, Bewertung (2005), WITT, Bewertung (2006), BYSIKIEWICZ, Spaltung (2008), FREY, Kunstbewertung (2011) sowie TOLL, Investitionstheoretische Unternehmensbewertung (2011). KNACKSTEDT, Klein- und Mittelunternehmen (2009), S. 210, äußert, daß die Begriffe „zweckabhängige", „zweckgebundene" und „intentionale" den Zweckbezug deutlicher zum Ausdruck bringen als die Bezeichnung „funktional". Zur „Internationalisierung" der funktionalen Lehre siehe u. a. HERING/OLBRICH/STEINRÜCKE, Valuation (2006), MATSCHKE/BRÖSEL, Podstawy (2008), MATSCHKE/BRÖSEL, 企业评估的功能性理论原理 (2008), OLBRICH/BRÖSEL/HASSLINGER, The Valuation (2009), MATSCHKE/BRÖSEL/MATSCHKE, Functional Business Valuation (2010), BRÖSEL/TOLL/ZIMMERMANN, Perennial Question (2011), BRÖSEL/TOLL/ZIMMERMANN, Financial Crisis (2011), BRÖSEL/ZIMMERMANN, Functional Business Valuation (2011), MATSCHKE/BRÖSEL, Wycena przedsiębiorstwa (2011), BRÖSEL/MATSCHKE/OLBRICH, Valuation (2012), MATSCHKE/BRÖSEL/MATSCHKE, Основные черты (2012). Eine praxisorientierte Aufbereitung findet sich in PETERSEN/ZWIRNER/BRÖSEL, Handbuch Unternehmensbewertung (2013).

[62]   Vgl. HELBLING, Unternehmensbewertung (1998), S. 44 f. Siehe zu diesem Theoriekonflikt beispielsweise HARTMANN, Unternehmensbewertung (1981), HOSTERBACH, Renaissance (1987), GORNY, Unternehmensbewertung (2002), S. 3 f. Siehe weiterführend auch die Diskussionen in der Literatur z. B. zwischen JAENSCH einerseits sowie BREDT und VIEL andererseits: JAENSCH, Besprechung (1969), BREDT, Stellungnahme (1969), VIEL, Empfehlungen (1970), und schließlich JAENSCH, Erwiderung (1970). Siehe hierzu kritisch HAESELER/HÖRMANN/KROS, Unternehmensbewertung (2007), S. 9 f.

[63]   Nicht nur von GORNY, Unternehmensbewertung (2002), S. 155, wird die funktionale Lehre „als der vielversprechendste Ansatz zur Formulierung einer ganzheitlichen Theorie der Unternehmensbewertung angesehen". Siehe ähnlich auch HELBLING, Unternehmensbewertung (1998), S. 45, BEHRINGER, Unternehmensbewertung (2009), S. 58.

[64]   Als damaliger Assistent von GÜNTER SIEBEN gehörte MANFRED JÜRGEN MATSCHKE diesem Arbeitskreis als Schriftführer an.

bach-Arbeitskreis war. Diese personelle Verklammerung zwischen der Wissenschaft auf der einen Seite sowie den durch das IDW und weitere Industrievertreter wahrgenommenen Interessen der Praxis auf der anderen Seite hat Positionen geklärt sowie zum gegenseitigen Verständnis und zur schnellen Ausbreitung der funktionalen Konzeption beigetragen.

Die funktionale Unternehmensbewertung betont die Notwendigkeit einer Aufgabenanalyse[65] und die Abhängigkeit des Unternehmenswertes von der jeweiligen Aufgabenstellung, also die Beachtung des *Zweckabhängigkeitsprinzips*.[66] Der Wert eines Unternehmens wird mit Bezugnahme auf die zum Bewertungszeitpunkt relevanten Vorstellungen und Planungen sowie Möglichkeiten des konkreten Bewertungsinteressenten unter expliziter Berücksichtigung der verfolgten Aufgabenstellung der Unternehmensbewertung ermittelt. *Ein Unternehmen hat nicht bloß für jeden Bewertungsinteressenten einen spezifischen Wert, sondern kann auch je nach Aufgabenstellung einen durchaus unterschiedlichen Wert haben.*

Die Bewertung erfolgt zweckabhängig; *der* Unternehmenswert und *das* Verfahren zu seiner Ermittlung existieren nicht.[67] Die funktionale Bewertungstheorie stützt sich dabei – wie die subjektive Theorie – auf die Prinzipien der Subjektivität, der Zukunftsbezogenheit sowie der Gesamtbewertung, aber ergänzt durch das *Prinzip der Zweck-*

---

[65]   Im Rahmen der funktionalen Unternehmensbewertungslehre werden – wie auch hier – die Bezeichnungen „Funktion", „Zweck" und „Aufgabe" der Bewertung synonym gebraucht.

[66]   Allgemein zur Zweckabhängigkeit von Bewertungen führt SCHMALENBACH, Kostenrechnung (1963), S. 141, konkret aus: „Jede Bewertung hängt ab vom verfolgten Rechnungszweck. Der ‚richtige' oder ‚wahre' Wert ist keine absolute, sondern eine relative Größe, die durch die Wertungsrichtung bestimmt wird. Für ein und dasselbe Gut können verschiedene Wertansätze in Frage kommen. Davon ist derjenige Wert der ‚richtige', der dem jeweiligen Rechnungsziel am dienlichsten ist." Hierauf stützt sich beispielsweise auch ROLLBERG, Operativ-taktisches Controlling (2012), S. 18.
Vgl. speziell zum Zweckadäquanzprinzip MOXTER, Unternehmensbewertung 2 (1983), S. 5–8, BALLWIESER, Unternehmensbewertung (2011), S. 1 f. Zur „Relativität" des Wertes sowie zum Verhältnis von Wert und Zweck siehe HELBLING, Unternehmensbewertung (1998), S. 25. Siehe zudem bereits mit Tendenzen zur Zweckabhängigkeit FRYDAG, Bewertung (1937), S. 127, WINCKELMANN, Unternehmensbewertung (1953), S. 181, BRINCKMANN, Illusionen (1955). Bereits frühzeitig spricht LEHMANN, Bewertung ganzer Unternehmungen (1954), S. 65, von der „Zweckbedingtheit des Bewertens von Unternehmungen im ganzen", ohne daß dies aber zu Konsequenzen im Bewertungsansatz führt.
Auch im von BERTL verfaßten Geleitwort für ASCHAUER/PURTSCHER, Unternehmensbewertung (2011), S. 7, heißt es: „Es gibt keinen ‚einzig richtigen, allgemein gültigen Unternehmenswert', sondern der Zweck der Bewertung bestimmt den Unternehmenswert. Die Vorgehensweise bei der Unternehmensbewertung ist daher auf den jeweiligen Bewertungsanlass bzw. Bewertungszweck (z. B. Entscheidungsvorbereitung oder Vermittlung zwischen streitenden Parteien) abzustellen." Leider hat dies bezogen auf den Inhalt des Buches keinen wirklichen Bezug, denn den Schwerpunkt des Buches bilden – ohne konkreter darauf hinzuweisen – jene Verfahren, die hauptsächlich zu Argumentationszwecken einsetzbar sind. Dies unterscheidet das Buch leider nicht von zahlreichen anderen Lehrbüchern zur Unternehmensbewertung.

[67]   Nicht nur der Subjektbezug, auch die Zweckabhängigkeit scheint der angelsächsischen Unternehmensbewertungsliteratur fremd zu sein. Ein Anzeichen findet sich bei MILLS, Brand Valuation (2005), S. 3, wobei aber im Rahmen der sich anschließenden Ausführungen daraus keine Konsequenzen gezogen werden. Einige deutsche Autoren mutmaßen unbegründet, daß die Funktionenorientierung dort wohl „als Selbstverständlichkeit angesehen" [Quelle: GERLING, Unternehmensbewertung (1985), S. 47] wird. Siehe auch SCHULTZE, Unternehmensbewertung (2003), S. 7. Anders hingegen BORN, Unternehmensbewertung (2003), S. 25, der erkennt, daß die funktionale Theorie in der „ausländischen Literatur" bisher unbeachtet bleibt. Das hat sich inzwischen geändert.

abhängigkeit. Obwohl auch im Rahmen der funktionalen Unternehmensbewertungs-theorie subjektive Werte ermittelt werden, lassen sich diese aufgrund der Berücksichti-gung der verfolgten Aufgabenstellung grundsätzlich intersubjektiv überprüfen.[68] Das heißt, die ermittelten Werte sind rückverfolgbar zutreffend, solange es sich um eine logische, widerspruchsfreie, vollständige und von „Werturteilen" abstrahierende ratio-nal erklärbare Vorgehensweise und somit auch um entsprechende Ergebnisse handelt.[69]

Die funktionale Unternehmensbewertung kennt Haupt- und Nebenfunktionen, wobei in der Literatur die drei *Hauptfunktionen* im Vordergrund der Betrachtung ste-hen:

    1. die Entscheidungsfunktion[70],
    2. die Vermittlungsfunktion[71] und
    3. die Argumentationsfunktion[72].

Die übliche Reihenfolge bei der Aufzählung – die auch Basis der Gliederung dieses Buches ist – entspricht einerseits der historischen Entwicklung und andererseits auch ih-rer theoretischen Durchdringung. Das Gemeinsame der Hauptfunktionen ist ihre Orien-tierung auf interpersonale Konfliktsituationen. Hauptfunktionen beziehen sich auf jene Bewertungen, die auf eine Änderung der Eigentumsverhältnisse am zu bewertenden Unternehmen oder an den zu bewertenden abgrenzbaren Unternehmensteilen ausgerich-tet sind. Erfolgen Bewertungen nicht mit dem Ziel, die Eigentumsverhältnisse entspre-chend zu verändern, liegen *Nebenfunktionen* vor.[73] Der anfänglich benannte, exempla-risch zu verstehende Katalog der Nebenfunktionen umfaßte:

---

[68] Vgl. *Peemöller*, Wert (2012), S. 7.

[69] Vgl. *Merten*, Kommunikationswissenschaft (2007), S. 47.

[70] *Hering*, Unternehmensbewertung (2006), S. 5, weist darauf hin, daß die „Entscheidungsfunktion" häufig als „Beratungsfunktion" bezeichnet wird, obwohl der Beratungszweck auch den anderen Funktionen innewohnt. Der im Rahmen dieser Funktion ermittelte Wert wird als Entscheidungs-wert bezeichnet. Zur Einführung des Begriffs „Entscheidungswert" in die Unternehmensbewer-tungsliteratur vgl. *Matschke*, Kompromiß (1969), S. 58 f.

[71] Diese wird auch als Schiedsspruch- oder Arbitriumfunktion bezeichnet. Der im Rahmen dieser Funktion ermittelte Wert wird – der Begriffsbildung von *Matschke* folgend – als Arbitrium-, Schiedsspruch- oder Vermittlungswert bezeichnet. Nachfolgend werden vorwiegend die Begriffe „*Arbitriumwert*" und „*Vermittlungsfunktion*" verwendet. Vgl. *Matschke*, Schiedsspruchwert (1971), *Matschke*, Arbitriumwert (1979).

[72] Vgl. *Matschke*, Argumentationswert (1976), *Matschke*, Argumentationsfunktion (1977). Diese Funktion wird von *Coenenberg/Sieben*, Unternehmungsbewertung (1976), Sp. 4076, auch „Argu-mentationshilfefunktion" genannt. *Born*, Unternehmensbewertung (2003), S. 24, spricht von der „Argumentationshilfe-Bewertung", *Matschke*, Grundsätze (2003), S. 10, auch von der „Begrün-dungsfunktion". Innerhalb der *Argumentationsfunktion* werden *Argumentationswerte* ermittelt; diese Bezeichnungen sollen im folgenden Verwendung finden.

[73] In diesem Falle, wie *Börner*, Unternehmensbewertung (1980), S. 113 f., von *entscheidungsunab-hängigen Anlässen* zu sprechen, ist nicht sachgerecht, weil eine Bewertung im Rahmen der Neben-funktionen – auch wenn sie nicht primär auf die Änderung von Eigentumsverhältnissen ausgerich-tet ist – Entscheidungen nach sich ziehen kann. Gemäß *Börner*, Unternehmensbewertung (1980), S. 116, erfüllen die Bewertungen bei diesen Anlässen jedoch nur eine reine *Deklarationsfunktion*.

1   die *Informationsfunktion*, d. h. die konventionalisierte Informationsvermittlung über den Unternehmenswert[74],

2.   die *Steuerbemessungsfunktion*, d. h. die Ermittlung von Besteuerungsgrundlagen, sowie

3.   die *Vertragsgestaltungsfunktion*, d. h. die Interpretation von Abfindungsklauseln in Gesellschaftsverträgen.

Die durch die Funktionenlehre eingeführte differenzierte Betrachtungsweise ergibt sich aus der Notwendigkeit, Rechnungen entsprechend ihrem Zweck aufzubauen. *Jede Rechnung hat einen bestimmten Zweck und muß entsprechend diesem Zweck gestaltet sein.* Dieser allgemeine Grundsatz der Zweckorientierung gilt auch für Unternehmensbewertungskalküle.

Es sei an dieser Stelle noch einmal betont, daß die Sichtweise im Rahmen der funktionalen Unternehmensbewertung grundsätzlich diejenige des jeweiligen konkreten Bewertungssubjekts ist und *nicht* diejenige eines (in der Praxis zumeist hinzugezogenen) externen Bewerters oder Gutachters[75] sein soll. *Der beste Bewerter ist das jeweilige Bewertungssubjekt (also bei den Hauptfunktionen die jeweilige Konfliktpartei) selbst.* Dies gilt vor allem für die Entscheidungsfunktion und die Argumentationsfunktion, aber auch grundsätzlich mit Blick auf die Vermittlungsfunktion. Denn nicht was ein (unparteiischer) Gutachter für angemessen hält, sondern das, was die Parteien für angemessen ansehen, sollte die Basis des Vorschlages eines unparteiischen Vermittlers sein.

---

[74]   Vgl. SIEBEN, Unternehmensbewertung (1993), Sp. 4316. Bei dieser Funktion hat sich bisher keine einheitliche Bezeichnung und auch keine einheitliche inhaltliche Ausgestaltung herausgebildet, weshalb BORN, Unternehmensbewertung (2003), S. 24, sie zu eng und fälschlich als „Ermittlung des Eigenkapitals in einer Bilanz" interpretiert. SIEBEN, Funktionen der Bewertung (1983), S. 539 f., bezeichnet diese Funktion auch als *„Bilanzfunktion"*, deren Aufgabe er darin sieht, Wertansätze von Beteiligungen in Handelsbilanzen zu bestimmen. Aufgrund der zwischenzeitlich gewachsenen Bedeutung internationaler Rechnungslegungssysteme und der damit verbundenen unterschiedlichen Hauptzwecke der Jahresabschlüsse, ist jedoch eine weitergehende Differenzierung dieser Funktion erforderlich. Hinsichtlich der Bezeichnung sprechen COENENBERG/SIEBEN, Unternehmungsbewertung (1976), Sp. 4063, auch von der *„Kommunikationsfunktion"*, BEHRINGER, Unternehmensbewertung (2009), S. 78 sowie S. 91–94, verwendet den Begriff „Bilanzhilfefunktion". Nachrichtlich: Auch das IDW spricht im Zusammenhang mit dem „objektivierten" Unternehmenswert, den ein „neutraler Gutachter" ermitteln soll, von der „Kommunikationsfunktion"; vgl. SIEPE, Unternehmensbewertung (1998), S. 5, WAGNER, Unternehmensbewertung (2007), S. 8.

[75]   So aber BORN, Unternehmensbewertung (2003), S. 22 und S. 25.

1.2.4 „Marktwertorientierte" Bewertung

„Durch die vereinfachten Kommunikationsmöglichkeiten und die wachsende ökonomische Vernetzung nehmen deutsche Wirtschaftswissenschaftler in zunehmendem Maße die Forschungsansätze der angelsächsischen Schule wahr. Umgekehrt geschieht das seit dem letzten Weltkrieg nicht mehr; der Wissenstransfer bleibt auf diese Weise eine Einbahnstraße. Den Vorsprung gewinnt dabei natürlich die deutsche Bewertungslehre, weil sie über das Wissen von beiden Schulen verfügt und die jeweils besten Ideen miteinander verknüpfen kann. [...] Während die deutsche Schule also von der fruchtbaren Auseinandersetzung mit der angelsächsischen Schule profitiert, scheint letztere sich selbst genug zu sein und verharrt in einsprachiger Bequemlichkeit"[76]. „Auf die Dauer erzeugt ein solches Ignoranz- und Selbstbewußtseinsgefälle Rückwirkungen auf die Bewertungslehre im deutschen Sprachraum. Es gibt einerseits eine Neigung von Wissenschaftlern, der international weniger rezipierten Schule [der funktionalen Bewertung] den Rücken zu kehren und lieber ‚Kolonien' der unerschütterlich von sich überzeugten angelsächsischen Schule zu bilden. [...] Andererseits wächst die Bereitschaft deutscher Unternehmen, Praktikerverfahren und andere Beratungsprodukte angelsächsischer Provenienz als angeblich weltweiten Standard oder sogar Stand der Kunst nachzufragen, was wiederum Lehr- und Aufklärungsbedarf hervorruft. Welche merkwürdigen Blüten diese Tendenzen treiben,"[77] sei nachfolgend mit der von der heutigen angelsächsischen Schule vertretenen marktwertorientierten Bewertung aufgezeigt, die von weiten Teilen der (deutschsprachigen) Theorie und Praxis anscheinend bedenken- und wohl häufig gedankenlos rezipiert wird.[78]

Die *funktionale Unternehmensbewertung* ist in ihren Hauptfunktionen grundsätzlich *individualistisch*, d. h. auf die konkreten Ziele, Pläne und Erwartungen sowie Handlungsmöglichkeiten der Bewertungssubjekte auf *unvollkommenen* Märkten, sowie *konfliktorientiert*, d. h. auf einen im Zusammenhang mit Eigentumsänderungen möglichen interpersonalen Konflikt zwischen (grundsätzlich) *wenigen* Entscheidungssubjekten und mit mehreren konfliktlösungsrelevanten Sachverhalten, ausgerichtet. Sie geht also insgesamt hinsichtlich ihrer Problemsicht von den in der Realität vorzufindenden Bedingungen aus.[79] Demgegenüber errichtet die sog. *marktwertorientierte Bewertung*

---

[76] *HERING*, Bewertungstheorie (2004), S. 112.

[77] *HERING*, Bewertungstheorie (2004), S. 114. Vgl. auch *STREISSLER*, Carl Menger (1997).

[78] *KNACKSTEDT*, Klein- und Mittelunternehmen (2009), S. 94, bezeichnet in diesem Zusammenhang Deutschland berechtigter-, aber gleichsam bedenklicherweise „als getreue[n] ‚Nachbeter' amerikanischer Methoden".

[79] Siehe zu dieser Anforderung an eine Unternehmensbewertung z. B. auch *GRUDIŃSKI*, Business Valuation (2011), S. 19.

eine auf der neoklassischen Finanzierungstheorie basierende idealisierte Modellwelt.[80] Sie ist auf den anonymen, strenggenommen auf einen börsenmäßig organisierten vollkommenen und vollständigen Kapitalmarkt sowie auf die dort agierenden (Eigen- und Fremd-)Kapitalgeber ausgerichtet, d. h. *überindividuell* orientiert.

Diese *jüngere objektive Bewertungskonzeption* negiert – anders als die ältere objektive Lehre – den Unterschied zwischen Wert und Preis.[81] Obwohl zumeist übersehen, geht es im eigentlichen Sinne bei der marktwertorientierten Bewertung nicht um die Feststellung des Wertes eines *Unternehmens als Ganzes*, sondern um die Feststellung des Marktwertes der *Handelsobjekte* auf einem vollkommenen und vollständigen Kapitalmarkt bei Vollständigkeit des Wettbewerbs, auf dem die subjektiven Werte der Marktteilnehmer mit dem resultierenden objektiven Preis übereinstimmen. Bei einem börsenmäßig organisierten Kapitalmarkt sind die Handelsobjekte grundsätzlich einzelne in Wertpapieren verbriefte Anteile am Eigen- oder Fremdkapital eines börsengängigen Unternehmens. Der Marktwert des Unternehmens wird daher als Summe aus den Marktwerten der Handelsobjekte hergeleitet. Begrifflicher Ausgangspunkt bei der marktorientierten Bewertung ist also der Wertbegriff im Sinne von *Tauschwert*. Der Marktwert des Eigenkapitals einer börsennotierten Aktiengesellschaft entspricht ihrem „Börsenkurswert", der sich als Produkt aus Aktienanzahl und Aktienkurs ergibt.[82]

Auf dem von den Vertretern der marktorientierten Bewertung unterstellten Markt gilt, daß homogene (gleichartige) Güter zur gleichen Zeit (d. h. auf dem selben Markt) zum gleichen Preis gehandelt werden.[83] Der Kenntnisstand aller Marktteilnehmer ist gleich; die Schlußfolgerungen aus Informationen stimmen überein. Der einzelne Marktteilnehmer hat auf diesem Markt keine Marktmacht. Sein Handeln vermag den Preis nicht zu beeinflussen; der Preis ist für ihn ein Datum, mithin nicht gestaltbar. Wert und

---

[80] FISCHER-WINKELMANN, Weiterentwicklung? (2006), S. 164, spricht in diesem Zusammenhang vom krypto-normativen Ansatz. Siehe auch HAESELER/HÖRMANN/KROS, Unternehmensbewertung (2007), S. 29–31. Zur neoklassischen Bewertungstheorie der angelsächsischen Schule und der damit verbundenen Abkehr von der z. B. durch DEAN, Budgeting (1951), HIRSHLEIFER, Investment Decision (1958), und WEINGARTNER, Mathematical Programming (1963), geprägten klassischen angelsächsischen Bewertungslehre vgl. HERING, Bewertungstheorie (2004), S. 109–111. Zur kritischen Abgrenzung von funktionaler und „marktwertorientierter" Bewertung siehe auch MATSCHKE/BRÖSEL, Podstawy (2008), S. 68–71, und MATSCHKE/BRÖSEL/MATSCHKE, Functional Business Valuation (2010), S. 34–35. HAESELER/HÖRMANN/KROS, Unternehmensbewertung (2007), S. 35, äußern in diesem Zusammenhang berechtigterweise: „Die aus dem angloamerikanischen Sprachraum stammende starke Kommerzialisierung der Unternehmensbewertung führt leider zu unreflektierter, rein technischer Methodenanwendung mit dem primären Ziel des ‚Gutachtenverkaufs'."

[81] Vgl. MATSCHKE, Unternehmensbewertung (2004), S. 683.

[82] Hier ergibt sich schließlich ein (weiteres) realitätsbezogenes Problem: Der aktuelle Aktienkurs läßt sich als augenblicklich am Markt erzielbare Grenzausgabe/Grenzeinnahme deuten, wobei diese Grenzgröße auf der Basis des gerade geltenden Handelsvolumens bestimmt wurde. Die Bewertung eines (im Gesamtumfang nicht gehandelten) Bestandes mit einer solchen Grenzgröße gibt den Wert des Gesamtbestandes eher nur zufällig wieder, nämlich nur dann, wenn die Grenzgröße (bezogen auf das Handelsvolumen) der Durchschnittsgröße (bezogen auf den Gesamtbestand) entspricht. Sind die Aktien nicht breit gestreut, ergibt sich das Problem, daß „Paketbesitzer" eine Machtposition haben und für sie der Kurs kein Datum darstellt. Auch jede Einheitskursbildung eines Aktienkurses lehrt, daß die subjektiven Werte der Marktteilnehmer, die sich in deren Limitierungen ausdrücken, keineswegs, wie bei der Ermittlung des „Börsenkurswertes" hingegen implizit unterstellt, übereinstimmen. Das heißt, die sog. marktwertorientierte Bewertung hat die einfachsten Bezüge zu den Bedingungen realer Kapitalmärkte vollkommen aus den Augen verloren und vergessen. Siehe zur Börsenkursbildung beispielsweise MATSCHKE, Finanzierung (1991), S. 105–108.

[83] Vgl. zu nachfolgenden Ausführungen MATSCHKE/HERING/KLINGELHÖFER, Finanzplanung (2002), S. 13, HERING, Unternehmensbewertung (2006), S. 157 f.

Preis stimmen unter diesen idealen Marktbedingungen *theoretisch* überein. Diese Gleichgewichtstheorie basiert auf ARROW und DEBREU und ermöglicht unsichere Zahlungsströme so zu bewerten, „daß für alle Marktteilnehmer unabhängig von ihrer individuellen Risikoneigung derselbe Entscheidungswert resultiert, der aus Arbitragegründen auch zum Marktpreis werden muß."[84] Als Voraussetzung dafür müssen auf diesem Markt die restriktiven und stark idealisierten Bedingungen für eine arbitragefreie Bewertung, nämlich Vollkommenheit und Vollständigkeit des Marktes sowie Vollständigkeit des Wettbewerbs, gelten:[85]

1. *Vollkommenheit des Marktes* liegt vor, wenn alle Marktteilnehmer *Kenntnis* über die finanziellen Rückflüsse (Zahlungsströme) sämtlicher am Markt gehandelter Wertpapiere besitzen und diese Rückflüsse der Höhe wie der zeitlichen Struktur nach für alle Marktteilnehmer *gleich* sind. Alle Marktteilnehmer können jeden Zahlungsstrom (verkörpert durch die gehandelten Wertpapiere) in *unbegrenztem* Umfang ohne Transaktionskosten zum gleichen Preis kaufen oder verkaufen.

2. *Vollständigkeit des Marktes* bedeutet, daß mit den gehandelten Wertpapieren (Zahlungsströmen) durch Linearkombinationen alle möglichen Umweltzustände abgebildet werden können, so daß ein *beliebiger* zu bewertenden Zahlungsstrom (Wertpapier) dann auf dem Markt durch die gehandelten Wertpapiere *nachgebildet* werden kann. Die gehandelten Wertpapiere spannen also den gesamten Umweltzustandsraum auf (sog. „Spanning-Eigenschaft").

3. *Vollständigkeit des Wettbewerbes* stellt darauf ab, daß kein Marktteilnehmer Marktmacht besitzt und deshalb die Marktpreise gehandelter Wertpapiere nicht beeinflussen kann. Vielmehr agieren alle als Mengenanpasser, denn neue Zahlungsströme ändern nicht die am Markt herrschenden Preise (sog. „Competitivity-Eigenschaft").

Unter diesen wirklichkeitsfremden Prämissen läßt sich jeder beliebige Zahlungsstrom mit dem (ARROW-DEBREU-)Preis P* des zu seiner Nachbildung erforderlichen, aus am Markt gehandelten Wertpapieren (Zahlungsströmen) zusammengesetzten Portefeuilles bewerten. Kein Käufer würde schließlich mehr als diesen Preis P*, den „Vollreproduktionswert" des Zahlungsstroms, zahlen, weil er für P* am Markt einen mit dem Bewertungsobjekt identischen Zahlungsstrom generieren kann. Schließlich würde sich auch kein Verkäufer mit weniger als dem „Liquidationserlös" P* zufriedengeben, weil die gesamten Rückflüsse des Bewertungsobjekts an diesem Markt zu P* absetzbar sind. Der „Vollreproduktionswert" P* wäre zugleich der Grenzpreis des Käufers und der „Liquidationswert" P* der Grenzpreis des Verkäufers. Beide stimmen in dieser (Schein-)Welt überein, so daß auch der resultierende Preis (= Marktpreis) nur deren Höhe P* annehmen kann, denn es gibt hier keinen Verhandlungsspielraum.

Dies ist der allgemeine Hintergrund der marktwertorientierten Bewertung, der nun an einem einfachen *Zahlenbeispiel* verdeutlicht wird.[86] In der unterstellten Modellwelt sollen zwei linear unabhängige Wertpapiere WP_1 und WP_2 betrachtet werden, die zu zwei möglichen künftigen Zuständen s_1 und s_2 Zahlungen erwarten lassen. Die gegenwärtigen Preise für diese Wertpapiere auf dem Kapitalmarkt sind p_1^* und p_2^*. Ein

---

[84]   HERING, Unternehmensbewertung (2006), S. 157.

[85]   Vgl. WILHELM, Marktwertmaximierung (1983), BREUER, Marktwertmaximierung (1997), S. 223 f., sowie grundlegend DEBREU, Value (1959), ARROW, Securities (1964).

[86]   Entnommen aus MATSCHKE/HERING/KLINGELHÖFER, Finanzplanung (2002), S. 14–17.

Wertpapier WP₃ soll bewertet werden, d. h., die zu beantwortende Frage lautet: Welcher Gleichgewichtspreis p_3^* muß für dieses Wertpapier gelten? – Die zahlenmäßige Darstellung der Situation findet sich in nachfolgender *Abbildung 6*:

Ausgangssituation:			
WP_i	Preis p_i^*	Zustand s_1	Zustand s_2
1	50	50	100
2	165	300	150
Zu bewertendes Wertpapier:			
3	p_3^*=?	100	100
Abbildung 6: Ausgangssituation des ARROW-DEBREU-Beispiels			

Das Wertpapier WP₃ kann aus den linear unabhängigen Wertpapieren WP₁ und WP₂ nachgebildet werden. Es gilt:

$$\frac{6}{9} \cdot WP_1 + \frac{2}{9} \cdot WP_2 = 1 \cdot WP_3$$

oder

$$6 \cdot WP_1 + 2 \cdot WP_2 = 9 \cdot WP_3$$

Die folgende *Abbildung 7* weist diese marktmäßige Nachbildung zahlenmäßig nach.

Ausgangssituation:				
WP_i	Anzahl	Preis p_i^*	Zustand s_1	Zustand s_2
1	6	300	300	600
2	2	330	600	300
3	9	630	900	900
Abbildung 7: Marktmäßige Nachbildung der Ausgangssituation				

Das heißt, der Gleichgewichtspreis für das Wertpapier WP₃ beträgt p_3^* = 70. Wäre es nicht so, ergäbe sich die Möglichkeit risikoloser Gewinne (*Arbitragegewinne*): Jeder von p* abweichende Preis p könnte zu vorteilhaften Geschäften ausgenutzt werden. Gälte p < p*, wäre es vorteilhaft, den zu bewertenden Zahlungsstrom für p zu kaufen und (zerlegt in die einzelnen Bestandteile) für p* zu verkaufen. Für p > p* ließe sich umgekehrt der fehlbewertete Zahlungsstrom für p* aus den einzelnen anderen Kapitalmarktpapieren nachbilden und als Ganzes zum höheren Preis p verkaufen. Da derartige Arbitragegewinne vom Markt schnell erkannt werden, paßt sich der Preis durch diesen Mechanismus schließlich auf p = p* an. Damit gilt: Der Marktpreis p* fällt mit dem für alle Marktteilnehmer gleichen Entscheidungswert zusammen; er ist der Marktwert des Zahlungsstroms (z. B. des ganzen Unternehmens).

Mit Hilfe von *zustandsabhängigen Preisen* (ARROW-DEBREU-Preisen) zur Bewertung normierter Zahlungsströme (sog. reiner Finanzierungstitel) ergibt sich der Marktwert eines Zahlungsstroms formal wie im Sicherheitsfall als Ertragswert.[87] Diese Argumentation erweitert das einfache Bewertungsprinzip des vollkommenen Kapitalmarkts bei Sicherheit auf den Unsicherheitsfall.

Die reinen Finanzierungstitel FT_j (ARROW-DEBREU-Finanzierungstitel) führen nur in einem einzigen Zustand s_j zu einer Zahlung i. H. v. 1 und in allen anderen Zuständen zu keinen Zahlungen, so daß gilt:

FT_j	Zustand s_1			Zustand s_j			Zustand s_n
1	1	0	...	0	...	0	0
2	0	1	⋱	⋮		⋱	⋮
⋮	⋮	⋱	⋱	0			⋮
j	0	0	⋱	1	⋱	0	0
⋮	⋮			0	⋱	⋱	⋮
⋮	⋮	⋱		⋮	⋱	1	0
n	0	0	...	0	...	0	1

Abbildung 8: Zustandsbedingte Zahlungen der reinen Finanzierungstitel

Die zustandsbedingten Zahlungen z_{ij} konkreter Wertpapiere WP_i lassen sich dann ebenso als Linearkombination der n reinen Finanzierungstitel darstellen:

$$\vec{WP_i} = \begin{pmatrix} 1 & 0 & \cdots & 0 & \cdots & 0 & 0 \\ 0 & 1 & \ddots & \vdots & & \vdots & \vdots \\ \vdots & 0 & \ddots & 0 & & \vdots & \vdots \\ \vdots & \vdots & \ddots & 1 & \ddots & \vdots & \vdots \\ \vdots & \vdots & & 0 & \ddots & 0 & \vdots \\ \vdots & \vdots & & \vdots & \ddots & 1 & 0 \\ 0 & 0 & \cdots & 0 & \cdots & 0 & 1 \end{pmatrix} \cdot \begin{pmatrix} z_{i1} \\ \vdots \\ \vdots \\ z_{ij} \\ \vdots \\ \vdots \\ z_{in} \end{pmatrix} = \begin{pmatrix} z_{i1}, & \cdots, & z_{ij}, & \cdots, & z_{in} \end{pmatrix}^T .$$

Sind außer den Zahlungen z_{ij} in den Zuständen s_j auch die Marktpreise $p_i{}^*$ der Wertpapiere WP_i bekannt, so lassen sich daraus die Preise ρ_j der reinen Finanzierungstitel (und damit der zustandsbedingten Ansprüche) herleiten:

$$\begin{pmatrix} p_1^* \\ \vdots \\ p_i^* \\ \vdots \\ p_m^* \end{pmatrix} = \begin{pmatrix} z_{11} & \cdots & z_{1j} & \cdots & z_{1n} \\ \vdots & & \vdots & & \vdots \\ z_{i1} & \cdots & z_{ij} & \cdots & z_{in} \\ \vdots & & \vdots & & \vdots \\ z_{m1} & & z_{mj} & & z_{mn} \end{pmatrix} \cdot \begin{pmatrix} \rho_1 \\ \vdots \\ \rho_j \\ \vdots \\ \rho_n \end{pmatrix} .$$

Soweit in dieser Gleichung die Matrix der Zahlungen z_{ij} der Wertpapiere regulär ist (d. h.: 1. Es werden gleichviel Wertpapiere WP_i wie Umweltzustände s_j betrachtet, so

---

[87] Vgl. z. B. SPREMANN, Investition und Finanzierung (1996), S. 565 f., HERING, Unternehmensbewertung (2006), S. 195 f.

daß m = n gilt, 2. Kein Wertpapier ist als Linearkombination der übrigen darstellbar; 3. Preisinkonsistenzen verschiedener Wertpapiere sind eliminiert), läßt sich hieraus der Vektor der Preise ρ_j der reinen Finanzierungstitel bestimmen:

$$
\begin{pmatrix} \rho_1 \\ \vdots \\ \rho_j \\ \vdots \\ \rho_n \end{pmatrix} = \begin{pmatrix} z_{11} & \cdots & z_{1j} & \cdots & z_{1n} \\ \vdots & & \vdots & & \vdots \\ z_{i1} & \cdots & z_{ij} & \cdots & z_{in} \\ \vdots & & \vdots & & \vdots \\ z_{n1} & \cdots & z_{nj} & \cdots & z_{nn} \end{pmatrix}^{-1} \cdot \begin{pmatrix} p_1^* \\ \vdots \\ p_i^* \\ \vdots \\ p_n^* \end{pmatrix}.
$$

Im Zahlenbeispiel ergibt sich damit:

$$
\begin{pmatrix} \rho_1 \\ \rho_2 \end{pmatrix} = \begin{pmatrix} 50 & 100 \\ 300 & 150 \end{pmatrix}^{-1} \cdot \begin{pmatrix} 50 \\ 165 \end{pmatrix} = \begin{pmatrix} \dfrac{-1}{150} & \dfrac{1}{225} \\ \dfrac{1}{75} & \dfrac{-1}{450} \end{pmatrix} \cdot \begin{pmatrix} 50 \\ 165 \end{pmatrix} = \begin{pmatrix} 0,4 \\ 0,3 \end{pmatrix}.
$$

Die Gleichgewichtspreise eines Wertpapiers WP_i lassen sich dann als zusammenfassende Bewertung seiner zustandsbedingten Ansprüche auffassen, d. h. im Zahlenbeispiel:

$p_1^* = 50 \cdot 0,4 + 100 \cdot 0,3 = 20 + 30 = 50$

$p_2^* = 300 \cdot 0,4 + 150 \cdot 0,3 = 120 + 45 = 165.$

Bei Interpretation der Zustände als Zeitpunkte können folglich die Preise ρ_j der zustandsbedingten Ansprüche als Abzinsungsfaktoren gedeutet werden.

Sollte sich für das neue Wertpapier WP_3 nicht der hergeleitete Gleichgewichtspreis $p_3^* = 70$ einstellen, sondern z. B. $p_3 = 60$ gelten, wäre es vorteilhaft, den Zahlungsstrom des Wertpapiers WP_3 für $p_3 = 60$ zu kaufen und zugleich – zerlegt in die einzelnen Bestandteile, nämlich als Wertpapier WP_1 und WP_2 – für einen gleichgewichtigen Gesamterlös i. H. v. $p_1^* + p_2^* = p_3^* = 70$ zu verkaufen. Dies ist nachfolgend noch einmal dargestellt:

WP_i	Aktion	Anzahl	Preis p_i^*	Zustand s_1	Zustand s_2
1	Verkauf	6/9	33,33	-33,33	-66,67
2	Verkauf	2/9	36,67	-66,67	-33,33
3	Kauf	1	-60	100	100
Saldo			10	0	0
Abbildung 9: Darstellung der Arbitrage auf Basis konkreter Wertpapiere					

Eine äquivalente Darstellung ist aufgrund der zuvor geschilderten Zusammenhänge selbstverständlich auch auf Basis der reinen Finanzierungstitel möglich:

WP$_i$	Aktion	Anzahl	Preis p$_i$*	Zustand s$_1$	Zustand s$_2$
FT$_1$	Verkauf	100	40	-100	0
FT$_2$	Verkauf	100	30	0	-100
WP$_3$	Kauf	1	-60	100	100
Saldo			10	0	0

Abbildung 10: Darstellung der Arbitrage auf Basis reiner Finanzierungstitel

Eine Durchführung der geschilderten Aktionen führt also in beiden Fällen in t = 0 zu einem positiven Saldo (d. h. zu einer Einzahlung) i. H. v. 10, ohne in einem der Zustände s$_1$ oder s$_2$ Auszahlungen zur Folge zu haben. Werden die Aktionen in dem angegebenen Verhältnis sogar beliebig oft durchgeführt, ließe sich theoretisch ein unendlich hoher *Arbitragegewinn* erzielen.

Zusammenfassend[88] läßt sich schließlich für den allgemeinen Hintergrund der marktwertorientierten Bewertung das Folgende feststellen:

Das Prinzip der *arbitragefreien Bewertung* besticht durch die theoretische Bewältigung des Unsicherheitsproblems in einer idealisierten Denkwelt. Für die entscheidungsorientierte Unternehmensbewertung erweist sich aber dessen Prämissenkranz als viel zu restriktiv, um eine Anwendungsempfehlung zu gestatten. Darüber hinaus sind die Anforderungen an Marktvollkommenheit und -vollständigkeit zu hoch, um in der Realität auch nur annähernd erfüllbar zu sein. Als besonders problematisch erscheint die unübersehbar große Zahl (überwiegend unbekannter) möglicher Umweltzustände, welche jeden Zahlungsstrom zu einem Vektor von fast unendlicher Dimension ausdehnt, der nur zu einem verschwindenden Bruchteil mit Zahlen ausgefüllt werden kann. Unter realen Bedingungen ist demnach davon auszugehen, daß Wert und (Markt-)Preis eines Zahlungsstroms, einer Aktie oder eines ganzen Unternehmens *nicht* identisch zu sein brauchen und auch nicht sind – anderenfalls gäbe es im übrigen kaum einen Grund, am Markt Geschäfte zu tätigen. Eine Nutzensteigerung kann sich nur daraus ergeben, daß der Wert der ausgeführten Aktion (beispielsweise eines Unternehmenserwerbs) über dem dafür zu zahlenden Preis liegt.

Sobald aber vorteilhafte Geschäfte existieren und deshalb zwischen einem *subjektiven Wert* und dem *objektiven Marktpreis* unterschieden werden muß, ist nicht mehr eine wie auch immer definierte *„Marktwertmaximierung"*, sondern vielmehr die Maximierung der absoluten Differenz zwischen (subjektivem) Entscheidungswert und (objektivem) Marktpreis anzustreben. Beispielsweise möchte der Kaufinteressent eines Unternehmens, das für ihn nach der geplanten Übernahme einen bestimmten Wert hat, möglichst den zu zahlenden Kaufpreis minimieren. Umgekehrt strebt der Verkäufer oder Eigentümer (als präsumtiver Verkäufer) eines Unternehmens natürlich nach einem möglichst hohen (Markt-)Preis. Einen Vorteil beim tatsächlichen Verkauf erzielt er allerdings nur, wenn der subjektive Wert geringer ist als dieser Preis. Während der (Markt-)Preis Verhandlungssache ist, ergibt sich der *Entscheidungswert* als gerade noch akzeptabler *Grenzpreis* aus den individuellen Zielen und Möglichkeiten des Käufers. In einer Kauf-/Verkaufsituation verwischt also die Zielsetzung „Marktwertmaximierung" diesen elementaren Wesensunterschied zwischen Wert und Preis und verliert daher in

---

[88]   Nachfolgende Absätze in enger Anlehnung an MATSCHKE/HERING/KLINGELHÖFER, Finanzplanung (2002), S. 17 f.

realen Entscheidungssituationen, in denen die oben aufgeführten drei *korsettähnlichen* *Prämissen* nicht erfüllt sind und deshalb Wert und Preis auseinanderfallen, ihren Sinn.[89] Hervorgehoben sei freilich, daß damit nicht gesagt ist, daß ein Eigentümer nicht *ceteris paribus* an einer Steigerung des Kurses seiner Aktien interessiert sein kann.

Neben dieser allgemeinen Unterstellung eines Kapitalmarktgleichgewichtes werden im Rahmen der marktwertorientierten kapitalmarkttheoretischen Bewertungsverfahren zwei spezielle unterschiedliche Konzepte zu Rate gezogen: der Ansatz des „Capital Asset Pricing–Modell" (CAPM)[90] und der Ansatz von MODIGLIANI/MILLER[91]. Zwar beruhen diese Konzepte – wie anschließend dargestellt werden soll – auf unterschiedlichen (aber jeweils realitätsfernen) Modellprämissen, im Rahmen der marktorientierten Bewertungsverfahren werden die Ansätze trotz ihrer nachweislichen Inkompatibilität[92] jedoch größtenteils vorbehaltlos miteinander verknüpft.

Hinsichtlich des bei den kapitalmarkttheoretischen Bewertungsverfahren erforderlichen Kalkulationszinssatzes wird grundsätzlich auf das „Capital Asset Pricing–Modell" (CAPM) zurückgegriffen. Der CAPM-Ansatz basiert auf dem neoklassischen Gleichgewichtsdenken[93] und soll insbesondere unter den folgenden restriktiven, stark idealisierten Prämissen die Preisbildung am Kapitalmarkt erklären:[94]

1. *Vollkommener Kapitalmarkt:* (a) Ein Marktzugang kann frei, unbeschränkt und ohne Transaktionskosten erfolgen. (b) Es bestehen keine Informationsasymmetrien. (c) Die Reaktionsgeschwindigkeit ist unendlich. (d) Alle Marktteilnehmer können in beliebiger Höhe zu einem sicheren Kalkulationszins i Geld aufnehmen und anlegen. (e) Es werden homogene Güter gehandelt, deren Qualität von den Marktteilnehmern als gleich eingeschätzt wird, weil keine zeitlichen, sachlichen oder sonstigen Präferenzen für diese bestehen. (f) Steuern bleiben unberücksichtigt.

2. *Homogene Erwartungen:* Hinsichtlich der Erwartungswerte und Standardabweichungen aller gehandelten Wertpapiere und der zwischen diesen bestehenden Kovarianzen wird für die grundsätzlich als risikoscheu geltenden Marktteilnehmer unterstellt, daß alle die gleichen homogenen, „objektiv richtigen" Erwartungen haben.

---

[89] Zur weiterführenden Diskussion der Zielsetzung „Marktwertmaximierung" aus entscheidungsorientierter Sicht siehe z. B. HERING, Unternehmensbewertung (2006), S. 153–159.

[90] Vgl. hierzu insbesondere MARKOWITZ, Portfolio Selection (1952), SHARPE, Model of Portfolio Analysis (1963), SHARPE, Capital Asset Prices (1964), LINTNER, Valuation (1965), MOSSIN, Equilibrium (1966), NIPPEL, Marktbewertung (1996), SCHULTZE, Unternehmensbewertung (2003), S. 271–276, HERING, Investitionstheorie (2008), S. 283–296.

[91] Vgl. MODIGLIANI/MILLER, Cost of Capital (1958), MODIGLIANI/MILLER, Cost of Capital: A Correction (1963). Zur deutschen Übersetzung dieser Beiträge siehe MODIGLIANI/MILLER, Kapitalkosten (1975), und MODIGLIANI/MILLER, Kapitalkosten. Eine Berichtigung (1975). Zur Kritik vgl. MOXTER, Modigliani-Miller-Theorem (1975).

[92] Vgl. HERING, Konzeptionen der Unternehmensbewertung (2000), S. 445–447, HERING, Unternehmensbewertung (2006), S. 240–242, HERING/OLBRICH, Beteiligungscontrolling (2009), S. 367 f.

[93] Siehe kritisch zur Gleichgewichtsbetrachtung DJUKANOV/KEUPER, Ungleichgewicht (2010), S. 247–260, welche die Unternehmensbewertung erstmalig aus systemtheoretisch-kybernetischer Sicht betrachten.

[94] Vgl. HERING, Investitionstheorie (2008), S. 283.

3. *Einperiodige Betrachtung:* Das Modell hat (grundsätzlich) einen Planungshorizont von lediglich einer Periode, weshalb nur die Zahlung im Zeitpunkt t = 1 als unsicher gilt.[95] Über die reale Länge der Periode wird nichts ausgesagt.

Im Hinblick auf den ökonomischen Alltag und reale betriebswirtschaftliche Entscheidungsprobleme sind diese Prämissen natürlich ebenfalls als äußerst wirklichkeitsfremd einzustufen.[96] Gemäß dem CAPM wird ausschließlich der mit den Handelsobjekten verbundene, grundsätzlich risikobehaftete Zahlungsstrom in der Zukunft bewertet. „Allgemein kann der Marktwert eines Wertpapiers daher als jener Preis definiert werden, zu dem man den mit diesem Wertpapier verbundenen Zahlungsstrom kaufen kann."[97] Marktwert heißt somit Preis, also Tauschwert im Sinne eines Geldbetrags pro Handelsobjekteinheit! Grundlage der Bewertung sind die künftigen, von den Kapitalmarktakteuren selber in aller Regel unmittelbar nicht beeinflußbaren *Zahlungsströme der Handelsobjekte*, die ihrerseits aus den – durchaus von der jeweiligen Unternehmensleitung beeinflußbaren – Zahlungsströmen des betreffenden Unternehmens hergeleitet werden, sowie die *Renditeforderungen* der aktuellen und potentiellen Kapitalgeber. Deren Renditeerwartungen und Renditeforderungen im Sinne der für die Bewertung im Rahmen der kapitalmarkttheoretischen Verfahren verwendeten Kalkulationszinsfüße werden dabei auf der Basis von Überlegungen hergeleitet, die im CAPM ihre Grundlagen haben. Das CAPM umschließt freilich grundsätzlich *alle* Kapitalanlagemöglichkeiten. In der Übertragung auf die reale Welt heißt dies: nicht bloß die börsenmäßig gehandelten![98]

Die Marktteilnehmer üben durch ihre Kauf- und Verkaufsaktivitäten indirekt Einfluß auf die Unternehmensleitungen aus, die so einer Marktkontrolle unterworfen werden. Unternehmensleitungen, die den bewertungsrelevanten Zahlungsstrom im Vergleich zu anderen (direkt oder indirekt) verbessern können, werden mit verstärkter Nachfrage nach den Wertpapieren ihres Unternehmens und so mit einem steigenden Marktwert von den Eignern „belohnt", die sich selber auf diese Weise etwas „Gutes" tun, nämlich den Marktwert ihres persönlichen Vermögens steigern. Unternehmensleitungen, die den bewertungsrelevanten Zahlungsstrom vergleichsweise weniger verbessern oder ihn gar verschlechtern, müssen mit verstärkten Verkaufsbemühungen der Wertpapierinhaber rechnen und werden folglich durch einen fallenden Marktwert

---

[95]   Erweiterungen auf eine mehrperiodige Betrachtung – unter sehr engen Prämissen – liegen jedoch vor. Vgl. hierzu z. B. FAMA, Risk-Adjusted Discount Rates (1977), SACH, Kapitalkosten (1993), S. 118. Zu weiteren Quellen siehe HERING, Investitionstheorie (2008), S. 291, Fn. 4. Zum Versagen des Mehrperioden-CAPM siehe insbesondere RÖDER/MÜLLER, Mehrperiodige Anwendung des CAPM (2001). Anderer Ansicht sind unter anderem KOCHERLAKOTA, Equity Premium (1996), KÜTING/HEIDEN/LORSON, Neuere Ansätze (2000).

[96]   Vgl. FAMA/FRENCH, Stock Returns (1992), BIEG, CAPM (1999), S. 305, GRÖGER, Nachsteuer-CAPM (2007), S. 1264, GLEISSNER/WOLFRUM, Eigenkapitalkosten (2008), S. 602, KNACKSTEDT, Klein- und Mittelunternehmen (2009), S. 138–144, sowie ausführlich zu CAPM-Prämissenkritik und logischen Einwänden gegen das CAPM FAMA/FRENCH, Common risk factors (1993), SHLEIFER, Inefficient Markets (2000), HAUGEN, Inefficient Stock Markets (2001), FAMA/FRENCH, Equity Premium (2002), GLEISSNER, Kapitalkosten (2005), HERING, Investitionstheorie (2008), S. 289–296, HAESELER/HÖRMANN, Infragestellung (2009), S. 532 f. Siehe auch MATSCHKE/HERING/KLINGELHÖFER, Finanzplanung (2002), S. 206. FISCHER-WINKELMANN, IDW Standard (2003), S. 142, bezeichnet das CAPM schließlich als „Missgeburt ‚autistischer' neoklassischer Theoretiker bzw. Proponenten".

[97]   MANDL/RABEL, Unternehmensbewertung (1997), S. 18.

[98]   Hierzu zählen neben Grundstücken und Gebäuden also auch Gold, Kunstwerke und ähnliches. Siehe FISCHER-WINKELMANN, IDW Standard (2003), S. 146.

„bestraft". Das Interesse der Unternehmensleitungen an Marktwertsteigerungen für die aktuellen und potentiellen *Eigner*, d. h. eine sog. *Shareholder Value-Orientierung*, kann durch Anreize für die Unternehmensleitung (z. B. Aktienoptionen) verstärkt werden, durch welche diese dann persönlich bei Marktwertsteigerungen profitiert. Dies ist wiederum das Einlaßtor für „agency-theoretische" Überlegungen, worauf nicht eingegangen werden soll.[99]

Die von den Kapitalmarktteilnehmern gemäß den CAPM-Prämissen verfolgten homogenen Ziele sind ausschließlich monetärer Art und konkretisieren sich in Form von erwarteten Zahlungen. Bewertungsrelevant sind also Zahlungen, die am Ende des einperiodigen Betrachtungszeitraums erwartet werden. Die gehandelten Wertpapiere sind Repräsentanten dieser erwarteten Zahlungen. Das marktmäßige Gut entspricht folglich den erwarteten Zahlungen und nicht dem Wertpapier. Tatsächliche Zahlungen (in gleicher Währung) zum gleichen Zeitpunkt sind physisch gleichartig. Erwartete Zahlungen sind hingegen nicht per se homogene Güter, sondern nur dann, wenn sie – bezogen auf gleiche Beträge – risikogleich sind. Aus der allgemeinen Eigenschaft eines vollkommenen Marktes, daß homogene Güter den gleichen Preis haben, folgt, daß risikogleiche erwartete Zahlungen gleich bewertet werden. Erwartete Zahlungen gleicher Höhe mit unterschiedlichem Risikogehalt müssen daher unterschiedlich bewertet werden.

Gemäß dem CAPM ist der Kapitalmarktteilnehmer – wie in den Prämissen dargestellt – *risikoscheu*. Das heißt, erwartete Zahlungen mit höherem Risiko werden vergleichsweise niedriger am Markt bewertet. Dies kann auch anders ausgedrückt werden: Ein Kapitalmarktteilnehmer, der bereit ist, erwartete Zahlungen mit einem höheren Risiko zu erwerben, will diese Risikoübernahme durch eine Prämie vergütet bekommen. Er verlangt von einer solchen Kapitalanlage, daß sie sich im Vergleich zu einer risikolosen Kapitalanlage höher verzinst. Risikolose erwartete Zahlungen sind homogene Güter – gleichgültig, ob diese Zahlungserwartungen aus einer Entscheidung herrühren, der die Hingabe oder die Aufnahme von Kapital zugrunde liegt; schließlich gilt – aus der Sicht der beteiligten Marktteilnehmer –, daß die Kapitalhingabe des einen die Kapitalaufnahme des anderen einschließt. Auf einem vollkommenen Kapitalmarkt kann deshalb risikoloses Kapital zum gleichen Zins i aufgenommen und angelegt werden. Unter Einschluß der Zinsen werden von den Kapitalmarktteilnehmern heutige und morgige sichere Zahlungen äquivalent beurteilt, so daß – bezogen auf eine heutige Geldeinheit – gilt:

$$N\left(\left[1\right]_0\right) = N\left(\left[1+i\right]_1\right)$$

oder

$$\left[1\right]_0 \sim \left[1+i\right]_1.$$

Das heißt, der Nutzen einer heutigen *risikolosen* Geldeinheit entspricht dem Nutzen von 1 + i risikolosen Geldeinheiten morgen. Folglich ist i als Zins der Ausgleich für den Nutzenverzicht auf eine heutige Geldeinheit.

Nach dem CAPM wird nur das sog. *systematische Marktrisiko* in Form einer *Marktrisikoprämie* Δr_M vergütet, die als Unterschied zwischen der erwarteten Rendite

---

[99] Siehe allgemein zur Verknüpfung der neoinstitutionalen „Agency-Theorie" mit der Unternehmensbewertung z. B. VINCENTI, Asymmetrische Informationsverteilung (2002), VINCENTI, Prognoseunsicherheit (2004), S. 321–354, INWINKL/KORTEBUSCH/SCHNEIDER, Zustands-Grenzpreismodell (2009).

des risikobehafteten Marktportefeuilles und dem risikolosen Kapitalmarktzins gemessen wird:

$$\Delta r_M = r_M^* - i$$

mit

Δr_M = Marktrisikoprämie,

r_M^* = erwartete Rendite des risikobehafteten optimalen Marktportefeuilles,

i = risikoloser Kapitalmarktzins.

Dem systematischen Marktrisiko (z. B. Konjunkturrisiko, politische Risiken) unter-liegen alle Handelsobjekte (Kapitalanlagen) gleichermaßen. Das spezielle, sog. *unsyste-matische Risiko* einer risikobehafteten Kapitalanlage kann unter den Bedingungen des CAPM durch die Bildung von Portefeuilles seitens der Marktteilnehmer kostenlos weg-diversifiziert werden und wird daher am Markt auch nicht vergütet. Alle Marktteilneh-mer können grundsätzlich das optimale Marktportefeuille realisieren und sind so *voll-ständig risikodiversifiziert*.[100]

Das optimale Marktportefeuille ist dasjenige risikobehaftete Portefeuille, bei dem der Preis je Risikoeinheit am größten ist.[101] Wird das Risiko mit Hilfe der Standard-abweichung gemessen, resultiert für den Preis λ^* einer Risikoeinheit folgender Aus-druck[102]:

$$\lambda^* = \frac{r_M^* - i}{\sigma_M}.$$

Wenn als Bezugsgröße für das Risiko stattdessen die Varianz σ_M^2 des Marktporte-feuilles genommen wird, so ergibt sich folgender Preisausdruck λ für eine Risikoein-heit:

$$\lambda = \frac{r_M^* - i}{\sigma_M^2} \text{ mit } \lambda^* = \lambda \cdot \sigma_M.$$

Welches Portefeuille die einzelnen Marktteilnehmer realisieren, läßt sich mit Hilfe von *Abbildung 11* erläutern.

Die Kapitalmarktteilnehmer realisieren als ihr individuelles Portefeuille je nach Ri-sikoneigung eine (unterschiedliche) Kombination aus Marktportefeuille und risikoloser Kapitalmarktanlage oder auch nur das Marktportefeuille. Diese von den einzelnen

---

[100]   Im Hinblick auf das Wegdiversifizieren des unsystematischen Risikos unter realen (Kapital-markt-)Bedingungen spricht SCHNEIDER, Unternehmensdimensionierung (1995), S. 54, berechtig-terweise von „Traumtänzerei".

[101]   Wird von den allgemeinen Überlegungen hinsichtlich eines Marktpreises ausgegangen, gilt für den Marktpreis, daß er aus der Sicht der Nachfrage ein Ausdruck für die geringste, gerade noch zum Zuge kommende Zahlungsbereitschaft und aus der Sicht des Angebots die höchste, gerade noch er-füllte Zahlungsforderung darstellt. Das gesuchte λ^* zeichnet sich mit Blick auf die *Abbildung 11* dadurch aus, daß der Winkel α zwischen der Abszisse und einem Fahrstrahl aus dem Kapitalanla-gepunkt zu einem Portefeuillepunkt am kleinsten sowie gleichzeitig der Winkel β zwischen dem Fahrstrahl aus dem Kapitalanlagepunkt zu einem Portefeuillepunkt und dem Lot von diesem Porte-feuillepunkt zur Abszisse am größten ist. Zudem gilt: $tg\ \beta = 1/tg\ \alpha$.

[102] λ^* und λ geben die maximale Überrendite pro Risikoeinheit an. Dies steht in Einklang mit der An-nahme der Risikoaversion der Kapitalmarktteilnehmer. Ein risikoscheuer Investor will für die Übernahme von Risiken möglichst gut „vergütet" werden.

Marktteilnehmern realisierten Portefeuilles liegen auf der sog. *Kapitalmarktlinie*, die aus zwei Teilabschnitten besteht. Der erste Teilabschnitt (zwischen dem Kapitalmarktanlagepunkt und dem optimalen Marktportefeuille) stellt eine Mischungsgerade dar, wobei der Anteil x_M des Marktportefeuilles im Bereich $0 \leq x_M \leq 1$ liegt und *nur* Eigenkapital von den Marktteilnehmern eingesetzt wird (also Verschuldungsgrad FK/EK = 0!); im zweiten Teilabschnitt [rechts vom optimalen Marktportefeuille, dessen Koordinaten in *Abbildung 11* $(r_M^* ; \sigma_M) = (0,150236; 0,091018)$ lauten] wird *ausschließlich* in das Marktportefeuille investiert (also $x_M = 1$), wobei zur Realisierung *zusätzlich Fremdkapital* zum risikolosen Kapitalmarktzins i = 0,08 aufzunehmen ist (also FK/EK > 0!).

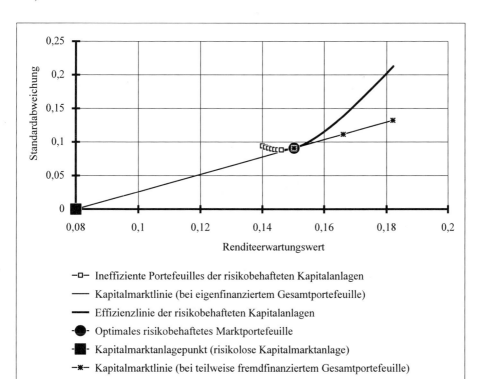

Abbildung 11: Optimales Marktportefeuille und Kapitalmarktlinie

Der Preis λ^* je Risikoeinheit des nicht diversifizierbaren systematischen Risikos drückt sich in *Abbildung 11* im Anstieg der Kapitalmarktlinie[103] aus, wobei gilt:

$$\lambda^* = \frac{r_M^* - i}{\sigma_M} = \frac{1}{\operatorname{tg} \alpha} = \frac{1}{\dfrac{\sigma_M}{r_M^* - i}},$$

d. h. mit Blick auf das Zahlenbeispiel: $\lambda^* = (0{,}150236 - 0{,}08)/0{,}091018 = 0{,}771675 = 1/[0{,}091018/(0{,}150236 - 0{,}08)] = 1/1{,}295882 = 0{,}771675$ je Einheit der Standardabweichung des Marktportefeuilles. Wird als Risikomaß die Varianz genommen, ergibt sich:

$$\lambda = \frac{r_M^* - i}{\sigma_M^2} = \frac{\lambda^*}{\sigma_M}$$

oder in Zahlenwerten für das Beispiel $\lambda = 0{,}771675/0{,}091018 = 8{,}478293$ je Einheit der Varianz des Marktportefeuilles.

Der Kapitalmarkt wird als *effizient* angenommen. Folglich haben alle Eigenkapitalgeber und alle Fremdkapitalgeber eines Unternehmens (Kapitalanlage) jeweils gleiche, aber wegen der Haftungsrisiken von Eigenkapitalgebern unterschiedlich hohe Renditeforderungen: Die Forderung der Eigenkapitalgeber übersteigt diejenige der Fremdkapitalgeber. Die auf dem Kapitalmarkt herrschende Informationseffizienz führt freilich dazu, daß alle Kapitalmarktteilnehmer *übereinstimmende* Erwartungen hegen.

Im CAPM wird ein bestimmtes Handelsobjekt mit Bezug auf sein Verhältnis zum Marktrisiko bewertet. Das heißt, die erwartete (und verlangte) Rendite einer Kapitalanlage j steigt mit zunehmendem Risiko der betrachteten Kapitalanlage j im Vergleich zum Marktportefeuille. Der Zusammenhang zwischen dem Risiko des Marktportefeuilles M und dem Risiko einer bestimmten Kapitalanlage j kann mit Hilfe der Kovarianz $\sigma_{j,M}$ abgebildet werden, so daß im weiteren der Rückgriff auf λ als Preisausdruck für eine Einheit des systematischen Risikos zweckmäßig ist; denn mit Blick auf das Marktportefeuille wird dann genau $(r_M^* - i)$, d. h. die Risikoprämie, fällig:

$$\lambda \cdot \sigma_{M,M} = \lambda \cdot \sigma_M^2 = r_M^* - i.$$

Allgemein gilt, daß für eine Risikoeinheit der Preis λ am Markt bezahlt wird, so daß die gesamte Risikoprämie Δr_j für eine Kapitalanlage j

$$\Delta r_j = \lambda \cdot \sigma_{j,M}$$

beträgt. Die erwartete Rendite r_j^* einer risikobehafteten Kapitalanlage j ist also darstellbar als Summe aus risikolosem Kapitalmarktzins i und der verlangten (und vergüteten) Risikoprämie i. H. v. $\Delta r_j = \lambda \cdot \sigma_{j,M}$ für die betreffende Kapitalmarktanlage j:

$$r_j^* = i + \lambda \cdot \sigma_{j,M} = i + \frac{r_M^* - i}{\sigma_M^2} \cdot \sigma_{j,M}.$$

---

[103] Der Winkel α ist der Winkel zwischen Kapitalmarktlinie und Abszisse. Da $1/\operatorname{tg} \alpha = \operatorname{tg} \beta$ gilt, ist λ^* auch gleich dem Tangens des Winkels zwischen dem Fahrstrahl aus dem Kapitalanlagepunkt zu einem Portefeuillepunkt und dem Lot von diesem Portefeuillepunkt zur Abszisse (vgl. *Abbildung 11*). Der Winkel β sollte nicht mit dem nachfolgend zu behandelnden Beta-Faktor verwechselt werden.

Das systematische Risiko einer Kapitalanlage j läßt sich auch als Vielfaches des Marktrisikos darstellen; entsprechend wird es dann mit dem gleichen Vielfachen der Marktrisikoprämie vergütet. Angeben läßt sich dieses Vielfache durch den sog. Beta-Faktor β_j der betrachteten Kapitalanlage j. Der *Beta-Faktor* β_j ist ein *Maßstab für das systematische Risiko der Kapitalanlage j im Vergleich zum Marktportefeuille M* und kann als Quotient aus der Kovarianz $\sigma_{j,M}$ zwischen den unsicheren einperiodigen Renditen der Kapitalanlage j und des Marktportefeuilles M (als Zähler) sowie der Varianz des Marktportefeuilles σ_M^2 (als Nenner) gemessen werden, d. h., der Beta-Faktor β_j stellt aufgrund des Bezugs zur Varianz des Marktportefeuilles ein *normiertes Risikomaß* dar.[104] Für die *vergütete* Risikoprämie Δr_j kann dann auch geschrieben werden:

$$\Delta r_j = \left(r_M^* - i \right) \cdot \beta_j$$

und für die *erwartete* Rendite r_j^* :

$$r_j^* = i + \left(r_M^* - i \right) \cdot \beta_j,$$

wobei für den Beta-Faktor gilt:

$$\beta_j = \frac{\sigma_{j,M}}{\sigma_M^2}.$$

Die Kovarianz $\sigma_{j,M}$ kann mit Hilfe des Korrelationskoeffizienten $\rho_{j,M}$ zwischen Kapitalanlage j und Marktportefeuille M sowie den Standardabweichungen σ_j und σ_M ausdrückt werden, so daß sich formal folgende Beziehungen für den Beta-Faktor

$$\beta_j = \frac{\sigma_{j,M}}{\sigma_M^2} = \frac{\rho_{j,M} \cdot \sigma_j \cdot \sigma_M}{\sigma_M^2} = \frac{\rho_{j,M} \cdot \sigma_j}{\sigma_M}$$

und die erwartete Rendite

$$r_j^* = i + \left(r_M^* - i \right) \cdot \frac{\rho_{j,M} \cdot \sigma_j}{\sigma_M}$$

ergeben.[105]

Zusammenfassend dargestellt entspricht der zur Bewertung eines Objekts j erforderliche *Kalkulationszinsfuß* der dafür erwarteten (und verlangten) Rendite r_j^* . Diese ergibt sich im Gleichgewicht aus der Summe aus risikolosem Zins i und objektspezifischer Risikoprämie Δr_j. Letztere errechnet sich aus dem Produkt des am Markt zu bezahlenden Preises für eine Einheit des nicht diversifizierbaren systematischen Risikos λ (hier gemessen auf Basis der Varianz des Marktportefeuilles σ_M^2) und der Kovarianz $\sigma_{j,M}$ (zwischen den unsicheren einperiodigen Renditen der Kapitalanlage j sowie des Marktportefeuilles M). Umgeformt entspricht der Kalkulationszinsfuß schließlich dem risikolosen Zins i zuzüglich der mit dem sog. objektspezifischen Beta-Faktor β_j multiplizierten Marktrisikoprämie Δr_M, die als Unterschied zwischen der erwarteten Rendite

---

[104] SCHNEIDER, Unternehmensdimensionierung (1995), S. 54, spricht in diesem Zusammenhang und im Hinblick auf die dem CAPM zugrundeliegenden Prämissen treffend vom „Beta-Kokolores".

[105] Vgl. HERING, Investitionstheorie (2008), S. 283–289.

des risikobehafteten Marktportefeuilles r_M^* und dem risikolosen Kapitalmarktzins i (als Ausdruck des zu vergütenden systematischen Marktrisikos) gemessen wird. Der Beta-Faktor als Maßstab für das systematische Risiko einer Kapitalanlage j im Vergleich zum Marktportefeuille M entspricht dabei dem Quotienten aus der Kovarianz $\sigma_{j,M}$ (zwischen den unsicheren Renditen des Bewertungsobjekts j und des Marktportefeuilles M) und der Varianz des Marktportefeuilles σ_M^2 :

$$r_j^* = i + \Delta r_j = i + \lambda \cdot \sigma_{j,M} = i + \frac{(r_M^* - i)}{\sigma_M^2} \cdot \sigma_{j,M} = i + (r_M^* - i) \cdot \beta_j \text{ mit } \beta_j = \frac{\sigma_{j,M}}{\sigma_M^2}.$$

Der Marktwert wird unter den Bedingungen des CAPM als *Gleichgewichtspreis* ermittelt. Dieser Gleichgewichtspreis ist dabei freilich *nicht* das Resultat unterschiedlicher Einschätzungen der Marktteilnehmer wie in der Realität, sondern Ausfluß übereinstimmender Einschätzungen aufgrund von Prämissen. Das CAPM ist, wie schon erwähnt, ursprünglich als ein einperiodiges Modell entwickelt worden, so daß sich der Marktwert einer Kapitalanlage j zu einem Zeitpunkt t aus der Abzinsung der im Zeitpunkt t + 1 erwarteten Zahlungen mit der erwarteten Rendite r_j^* als Kalkulationszinsfuß wie folgt ergibt:

$$K_{j,t} = \frac{Z_{j,t+1}^*}{1+r_j^*} = \frac{D_{j,t+1}^* + K_{j,t+1}^*}{1+r_j^*} = \frac{D_{j,t+1}^*}{1+r_j^*} + \frac{K_{j,t+1}^*}{1+r_j^*}.$$

Die erwarteten Zahlungen in t + 1 entsprechen den erwarteten Ausschüttungen $D_{j,t+1}^*$ sowie dem erwarteten Marktwert $K_{j,t+1}^*$ in t + 1. Wenn stationäre Verhältnisse für die Zukunft unterstellt werden, kann das einperiodige Modell in zeitlicher Hinsicht erweitert werden:

$$K_{j,t} = \frac{Z_{j,t+1}^*}{1+r_j^*} = \frac{D_{j,t+1}^*}{1+r_j^*} + \frac{K_{j,t+1}^*}{1+r_j^*} = \frac{D_{j,t+1}^*}{1+r_j^*} + \frac{\dfrac{Z_{j,t+2}^*}{1+r_j^*}}{1+r_j^*} = \frac{D_{j,t+1}^*}{1+r_j^*} + \frac{Z_{j,t+2}^*}{\left(1+r_j^*\right)^2}$$

oder, wenn t = 0 als Ausgangspunkt und t = 2 als Endpunkt gewählt wird,

$$K_{j,0} = \frac{Z_{j,1}^*}{1+r_j^*} = \frac{D_{j,1}^*}{1+r_j^*} + \frac{K_{j,1}^*}{1+r_j^*} = \frac{D_{j,1}^*}{1+r_j^*} + \frac{\dfrac{Z_{j,2}^*}{1+r_j^*}}{1+r_j^*} = \frac{D_{j,1}^*}{1+r_j^*} + \frac{Z_{j,2}^*}{\left(1+r_j^*\right)^2}$$

$$K_{j,0} = \frac{D_{j,1}^*}{1+r_j^*} + \frac{D_{j,2}^* + K_{j,2}^*}{\left(1+r_j^*\right)^2} = \frac{D_{j,1}^*}{1+r_j^*} + \frac{D_{j,2}^*}{\left(1+r_j^*\right)^2} + \frac{K_{j,2}^*}{\left(1+r_j^*\right)^2} = \sum_{t=1}^{2} \frac{D_{j,t}^*}{\left(1+r_j^*\right)^t} + \frac{K_{j,2}^*}{\left(1+r_j^*\right)^2}$$

oder, wenn t = 0 als Ausgangspunkt und t = T als Endpunkt gewählt wird,

$$K_{j,0} = \sum_{t=1}^{T} \frac{D_{j,t}^*}{\left(1+r_j^*\right)^t} + \frac{K_{j,T}^*}{\left(1+r_j^*\right)^T}$$

oder, wenn $T \to \infty$ geht,

$$K_{j,0} = \sum_{t=1}^{\infty} \frac{D_{j,t}^*}{\left(1+r_j^*\right)^t}$$

oder allgemein, weil $\lim\limits_{T \to \infty} \left[\dfrac{(1+r)^T - 1}{r \cdot (1+r)^T} \right] = \lim\limits_{T \to \infty} \left[\dfrac{1}{r} - \dfrac{1}{r \cdot (1+r)^T} \right] = \dfrac{1}{r}$ ist,

bei über die Zeit gleichbleibenden Ausschüttungen $D_{j,t}^* = D_j^*$ als Rentenmodell

$$K_{j,0} = \frac{D_j^*}{r_j^*}.$$

Strenggenommen ist $K_{j,0}$ ein *erwarteter* Marktpreis. Da aber alle Marktteilnehmer mit Blick auf die betrachtete Kapitalanlage j diese Erwartung haben, ist $K_{j,0}$ zugleich derjenige *Preis*, der sich am Markt in t = 0 aufgrund der gesetzten Prämissen bilden *muß*, weil zugleich alle Grenzpreise übereinstimmen. Bei dieser Bewertungskonzeption besteht nur ein Problem: Es stellt sich die Frage, warum in dieser Welt Leute *ständig* etwas tun, nämlich Wertpapiere (Kapitalanlagen) kaufen und verkaufen, obwohl sie dadurch unter den gesetzten Prämissen *keinen* individuellen *zusätzlichen* Nutzen (im Sinne eines positiven Kapitalwertes) erzielen können;[106] denn schließlich haben alle Marktteilnehmer mit Blick auf gleichartige Handelsobjekte gleichgerichtete Interessen und weisen übereinstimmende Erwartungen aufgrund gleicher Informationen auf. Die Grenzpreise *aller* Marktteilnehmer in bezug auf ein und dieselbe Kapitalanlage stimmen völlig überein. Geschäfte zu Grenzpreisen abzuschließen heißt aber, „kein Geschäft zu machen", d. h., keinen Vorteil aus dem Geschäft zu erwarten, was normalerweise keinen „Handlungstrieb" auslöst.

Trotz dieses Problems, das die marktorientierte Bewertung mit Blick auf *reale* Aufgabenstellungen eigentlich total in Frage stellt, wird an der Sinnhaftigkeit der marktwertorientierten Bewertung i. d. R. *nicht* gezweifelt. Statt nachzudenken, wird einfach angewendet! Abweichungen zwischen dem so ermittelten Marktpreis und dem tatsächlich beobachteten Marktpreis werden eher als unbedeutende Abweichungen zwischen Theorie und Praxis angesehen oder sogar als untrüglicher Indikator für risikolose Arbitragegewinne bei sog. *Unterbewertung*, d. h. für Fälle, bei denen der nach diesem Konzept errechnete Marktpreis über dem tatsächlichen aktuellen Marktpreis liegt, oder als Signal zum Ausstieg aus einer Kapitalanlage, wenn der errechnete Marktpreis den beobachteten Marktpreis unterschreitet (sog. *Überbewertung*).

Der modellmäßig ermittelte Marktpreis wird folgerichtig dann mit neuen, beschönigenden, seine Blößen bedeckenden Begriffen umlegt: Es wird plötzlich nicht mehr vom

---

[106] Ein solches Handeln ist nur dann rational im Sinne der Nutzenmaximierung, wenn es dazu dient, einen gegebenen Zahlungsstrom an die gewünschte zeitliche Konsumstruktur anzupassen (vgl. den sog. *FISHER-Fall* im *FISHER-HIRSHLEIFER-Modell*, in dem nutzenmaximierende Zahlungsstromtransformationen bei unverändertem Kapitalwert der Investition zugelassen werden). Es muß folglich ausschließlich von solchen Transaktionen ausgegangen werden, um die Rationalitätsprämisse nicht zu verletzen. In der Realität ergeben sich aber Transaktionskosten. Die Annahme, reale Kapitalmarktgeschäfte dienten ausschließlich zur Zahlungsstromtransformation bei unverändertem Kapitalwert, ist daher wenig überzeugend. Vgl. ausführlich zum *FISHER-HIRSHLEIFER-Modell* *MATSCHKE*, Investitionsplanung (1993), S. 86–95, sowie *KLINGELHÖFER*, Fisher-Hirshleifer-Modell (1999).

Marktwert gesprochen, sondern vom „theoretisch richtigen Wert", vom „inneren Wert", vom „wahren Wert" oder vom „fairen Wert" einer Kapitalanlage, von dem der aktuelle, äußere Wert als tatsächlicher „Marktwert" (Preis) abweicht.[107] Wenn aber der Anspruch der marktorientierten Bewertung, nicht irgendeinen denkbaren, sondern *den* Tauschwert zu bestimmen, aufgegeben wird, dann bedeutet dies zugleich, daß die auf der Basis einer bestimmten Theorie ermittelte Größe gegen Falsifikation vollständig immunisiert wird. Der „theoretisch richtige Wert" wird zur bloßen Fiktion. Er ist als Argumentationswert dann noch so lange brauchbar, bis – wie im Märchen – jemand sagt: „Der Kaiser ‚Marktwert' hat ja gar keine Kleider an!"

Wenn *nicht* der Marktwert, sondern etwas anderes bestimmt wird, erweist sich offenbar die zugrundeliegende Theorie als *nicht* richtig, weil unter anderem die Prämissen *nicht* der Realität entsprechen. Ist jedoch die Theorie *nicht* richtig, dann ist der ermittelte Wert auch *nicht* der „theoretisch richtige Wert" und folglich als Fixpunkt für die Beurteilung aktueller Marktpreise ungeeignet, weil zwangsläufig völlig offen bleiben muß, ob er die für eine solche Beurteilung notwendige Eigenschaft des individuellen Grenzpreises aufweist.

Aus einem Vergleich zwischen dem aktuellen „Marktwert" (Preis) eines Handelsobjekts mit einer Größe (wie z. B. dem „errechneten" Marktwert), die nicht zugleich individueller Grenzpreis ist, läßt sich grundsätzlich *keine* rationale Handlungsempfehlung herleiten (siehe hierzu das Beispiel in *Abbildung 12*).

Käufersituation	Betrag	Handlungsempfehlung
Aktueller Marktpreis	100	
„Errechneter" Marktwert	105	Sog. Unterbewertungssituation! Kaufen!
Tatsächlicher individueller Grenzpreis	95	Rationale Verhaltensweise: Handelsobjekt nicht kaufen! Alternative realisieren!
Verkäufersituation	Betrag	Handlungsempfehlung
Aktueller Marktpreis	100	
„Errechneter" Marktwert	95	Sog. Überbewertungssituation! Verkaufen!
Tatsächlicher individueller Grenzpreis	105	Rationale Verhaltensweise: Handelsobjekt nicht verkaufen!

Abbildung 12: Beurteilung aktueller Marktpreise

In dieser Abbildung werden zwei voneinander getrennte Situationen dargestellt. Der *Käufer* könnte in dem unterstellten oberen Beispiel (sog. *Unterbewertungssituation*) mit seiner besten Alternative einen mit dem Handelsobjekt vergleichbaren Erfolgsstrom zu 95 Geldeinheiten verwirklichen. Er würde folglich irrational handeln, wenn er das Handelsobjekt zum aktuellen Marktpreis von 100 Geldeinheiten kauft; denn statt eines vermeintlichen Vorteils von fünf Geldeinheiten, wie der Vergleich zwischen aktuel-

---

[107] Vgl. beispielsweise KÜTING/HEIDEN/LORSON, Neuere Ansätze (2000), S. 4.

lem und „errechneten" Marktwert suggeriert, würde er tatsächlich einen Nachteil von fünf Geldeinheiten (Vergleich zwischen Grenzpreis und Marktpreis) realisieren.

Ein *Verkäufer*, der sich von seinem Handelsobjekt wirklich trennen will, müßte in der angenommen sog. *Überbewertungssituation* (unteres Beispiel) eine Entschädigung i. H. v. mindestens 105 Geldeinheiten erhalten, um bei Realisation seiner besten Alternative einen vergleichbaren Erfolgsstrom wie aus dem Handelsobjekt zu erhalten. Wenn er aber zum aktuellen Marktpreis – aufgrund der Differenz zum „errechneten" Marktwert – tatsächlich verkauft hätte, bekäme er jedoch nur 100 Geldeinheiten, so daß er seine beste Alternative, aus der sein Grenzpreis sich herleitet, nicht realisieren und folglich tatsächlich keinen Vorteil erlangen könnte, sondern einen Nachteil von fünf Geldeinheiten (Vergleich von Marktpreis und Grenzpreis) hinnehmen müßte.[108]

Die finanzierungstheoretischen Bewertungsverfahren versuchen nunmehr – in aller Regel unter Vernachlässigung der Unterschiede in den Prämissen –, die „heile Welt" des CAPM, das eigentlich zur Bestimmung des Marktwertes einer Einheit eines Handelsobjekts „Kapitalanlage j" dient, in die nicht minder „heile Welt" des MODIGLIANI-MILLER-Modells zu integrieren. MODIGLIANI/MILLER[109] haben 1958 nachgewiesen, daß die Kapitalstruktur eines Unternehmens unter bestimmten restriktiven Bedingungen keinen Einfluß auf den „Marktwert" dieses Unternehmens hat. Mit anderen Worten gilt in der *MODIGLIANI-MILLER-Welt*, daß der Marktwert eines unverschuldeten Unternehmens dem Marktwert eines vergleichbaren (im Sinne von risikogleichen) verschuldeten Unternehmens entspricht. Zu den wesentlichen Prämissen, unter denen die sog. *Irrelevanzthese des Verschuldungsgrades*[110] Gültigkeit besitzt, zählen:[111]

1. Es sind ein *vollkommener und vollständiger Markt* sowie ein *vollständiger Wettbewerb* gegeben.
2. Eigen- und Fremdkapital werden *steuerlich gleichbehandelt*.
3. Private Verschuldung und Kreditaufnahme von Unternehmen erfolgen zu *gleichen Konditionen*.
4. Anleger beurteilen die private Verschuldung und die Beteiligung an einem verschuldeten Unternehmen *indifferent*.
5. Der Fremdkapitalzins ist *unabhängig* von der Kapitalstruktur. Es wird von Insolvenzkosten und Illiquiditätsgefahren *abstrahiert*.

Verbunden mit diesem Schritt in die MODIGLIANI-MILLER-Welt ist zugleich ein Perspektivenwechsel. Der Blick richtet sich nun *nicht mehr* auf *eine* Einheit des Handelsobjekts „Kapitalanlage j", sondern jetzt steht das *gesamte* Unternehmen j im Betrachtungsmittelpunkt, d. h. alle Einheiten dieser „Kapitalanlage j". Es geht um den Marktwert $W_{j,0}$ des Unternehmens j zum Bewertungszeitpunkt t = 0. Der Schritt vom *Anteilsmarktwert* $K_{j,0}$ zum *Unternehmensmarktwert* $W_{j,0}$ läßt sich am einfachsten vollziehen und erläutern, wenn er am Beispiel des *unverschuldeten* Unternehmens prakti-

---

[108] Um keinen Schaden zu erleiden, müßte er wieder in das Handelsobjekt investieren, von dem er sich gerade trennen möchte. In einer Welt ohne Transaktionskosten wäre dieser Aktionismus mit rationalem Handeln vereinbar. Ansonsten ist es besser, der Handlungsempfehlung gemäß dem Grenzpreis zu folgen und nicht zu verkaufen.

[109] Vgl. *MODIGLIANI/MILLER*, Cost of Capital (1958).

[110] Diese stellt zugleich die *Irrelevanzthese der gesamten Unternehmensfinanzierung* dar. Vgl. *HAX*, Finanzierungstheorie (1993), Sp. 1081.

[111] Vgl. *MODIGLIANI/MILLER*, Cost of Capital (1958), S. 265–268, *HERING*, Unternehmensbewertung (2006), S. 170 f.

ziert wird, denn dann gilt, daß der betrachtete Anteil der Kapitalanlage j das Eigenkapital des Unternehmens j repräsentiert und als handelbares Wertpapier (Aktien) identifiziert werden kann. Der Unternehmenswert $W_{j,0}$ als Marktwert des gesamten Eigenkapitals $W_{j,0}^{EK}$ ergibt sich dann wie folgt[112]:

$$W_{j,0} = n_0 \cdot K_{j,0} = n_0 \cdot \sum_{t=1}^{\infty} \frac{D_{j,t}^*}{\left(1+r_j^*\right)^t} = \sum_{t=1}^{\infty} \frac{n_0 \cdot D_{j,t}^*}{\left(1+r_i^*\right)^t} = \sum_{t=1}^{\infty} \frac{X_{j,t}^*}{\left(1+r_j^*\right)^t}$$

und als Rentenmodell

$$W_{j,0} = n_0 \cdot \frac{D_j^*}{r_j^*} = \frac{X_j^*}{r_j^*}$$

mit n_0 als Anzahl der in $t = 0$ vorhandenen Eigenkapitalanteile sowie mit $X_{j,t}^*$ und X_j^* als Ausdruck des für alle Kapitalgeber verfügbaren künftigen Cash-flows des Unternehmens. Bezogen auf ein unverschuldetes Unternehmen gilt also:

$$W_{j,0} = W_{j,0}^{EK} = n_0 \cdot K_{j,0}^{EK} = n_0 \cdot \sum_{t=1}^{\infty} \frac{D_{j,t}^{*EK}}{\left(1+r_{j,EK}^*\right)^t} = \sum_{t=1}^{\infty} \frac{n_0 \cdot D_{j,t}^{*EK}}{\left(1+r_{j,EK}^*\right)^t} = \sum_{t=1}^{\infty} \frac{X_{j,t}^{*EK}}{\left(1+r_{j,EK}^*\right)^t}$$

und als Rentenmodell

$$W_{j,0} = W_{j,0}^{EK} = n_0 \cdot \frac{D_j^{*EK}}{r_{j,EK}^*} = \frac{X_j^{*EK}}{r_{j,EK}^*},$$

wobei unter den gemachten Annahmen gilt:

$X_{j,t}^* = X_{j,t}^{*EK}$ und $X_j^* = X_j^{*EK}$.

Wenn das Unternehmen allerdings *verschuldet* ist, gilt in der MODIGLIANI-MILLER-Welt, daß der Unternehmensmarktwert $W_{j,0}$ gleich der Summe der Marktwerte des Eigenkapitals und des Fremdkapitals des Unternehmens ist:

$$W_{j,0} = W_{j,0}^{EK} + W_{j,0}^{FK} = \sum_{t=1}^{\infty} \frac{X_{j,t}^{*EK}}{\left(1+r_{j,EK}^*\right)^t} + \sum_{t=1}^{\infty} \frac{X_{j,t}^{*FK}}{\left(1+r_{j,FK}^*\right)^t} = \sum_{t=1}^{\infty} \frac{X_{j,t}^*}{\left(1+r_{j,GK}^*\right)^t}$$

mit $X_{j,t}^* = X_{j,t}^{*EK} + X_{j,t}^{*FK}$

oder als Rentenmodell

$$W_{j,0} = W_{j,0}^{EK} + W_{j,0}^{FK} = \frac{X_j^{*EK}}{r_{j,EK}^*} + \frac{X_j^{*FK}}{r_{j,FK}^*} = \frac{X_j^*}{r_{j,GK}^*} \quad \text{mit} \quad r_{j,GK}^* = r_{j,EK}^* \cdot \frac{W_{j,0}^{EK}}{W_{j,0}} + r_{j,FK}^* \cdot \frac{W_{j,0}^{FK}}{W_{j,0}}.$$

$W_{j,0}^{EK}$ ist der Marktwert aller Beteiligungstitel und $W_{j,0}^{FK}$ der Marktwert aller Forderungstitel des Unternehmens j, also z. B. der Wert der von dem Unternehmen emittierten Schuldverschreibungen (Obligationen). $r_{j,GK}^*$ bildet die (Gesamt-)Kapitalkosten des Unternehmens ab, die als gewogenes arithmetisches Mittel aus den Renditeforderungen der Eigenkapitalgeber $r_{j,EK}^*$ (sog. Eigenkapitalkosten) und Fremdkapitalgeber $r_{j,FK}^*$

---

[112] Das heißt, in dieser Welt ist auch kein Platz für „Paketzuschläge", weil sich ansonsten der Gesamtwert $W_{j,0}$ nicht linear aus dem Anteilswert $K_{j,0}$ ermitteln ließe.

(Fremdkapitalkosten) zu berechnen sind (sog. „Weighted Average Cost of Capital"-Ansatz; WACC-Ansatz). Mit X_j^* wird der für die Kapitalgeber insgesamt zur Verfügung stehende, sog. freie (Brutto-)Cash-flow bezeichnet.

In der MODIGLIANI-MILLER-Welt gilt, daß die Kapitalkosten $r_{j,GK}^*$ des Unternehmens einer bestimmten Risikoklasse vollständig *unabhängig* von dem realisierten Verschuldungsgrad (im Sinne der Relation des Marktwertes aller Forderungstitel zum Marktwert aller Beteiligungstitel des Unternehmens) sind, weil ansonsten die Finanzierung Einfluß auf den Unternehmensmarktwert $W_{j,0}$ hätte. Daraus folgt, daß die Eigenkapitalkosten des *unverschuldeten* Unternehmens den (Gesamt-)Kapitalkosten des Unternehmens entsprechen müssen:

$$r_{j,GK}^* = r_{j,EK}^{*FK=0} \,.$$

Die Eigenkapitalkosten des *verschuldeten* Unternehmens sind hingegen in Abhängigkeit vom Verschuldungsgrad zu sehen und lassen sich durch Umformung wie folgt aus den gewichteten (Gesamt-)Kapitalkosten herleiten:

$$r_{j,GK}^* = r_{j,EK}^{*FK=0} = r_{j,EK}^{*FK>0} \cdot \frac{W_{j,0}^{EK}}{W_{j,0}} + r_{j,FK}^* \cdot \frac{W_{j,0}^{FK}}{W_{j,0}}$$

oder

$$r_{j,GK}^* \cdot W_{j,0} = r_{j,EK}^{*FK=0} \cdot W_{j,0} = r_{j,EK}^{*FK>0} \cdot W_{j,0}^{EK} + r_{j,FK}^* \cdot W_{j,0}^{FK}$$

oder nach Umstellung unter Berücksichtigung von $W_{j,0} = W_{j,0}^{EK} + W_{j,0}^{FK}$

$$r_{j,EK}^{*FK>0} \cdot W_{j,0}^{EK} = r_{j,EK}^{*FK=0} \cdot \left(W_{j,0}^{EK} + W_{j,0}^{FK} \right) - r_{j,FK}^* \cdot W_{j,0}^{FK}$$

oder

$$r_{j,EK}^{*FK>0} = r_{j,EK}^{*FK=0} \cdot \frac{\left(W_{j,0}^{EK} + W_{j,0}^{FK} \right)}{W_{j,0}^{EK}} - r_{j,FK}^* \cdot \frac{W_{j,0}^{FK}}{W_{j,0}^{EK}}$$

oder

$$r_{j,EK}^{*FK>0} = r_{j,EK}^{*FK=0} + \left(r_{j,EK}^{*FK=0} - r_{j,FK}^* \right) \cdot \frac{W_{j,0}^{FK}}{W_{j,0}^{EK}}$$

oder wegen $r_{j,EK}^{*FK=0} = r_{j,GK}^*$

$$r_{j,EK}^{*FK>0} = r_{j,GK}^* + \left(r_{j,GK}^* - r_{j,FK}^* \right) \cdot \frac{W_{j,0}^{FK}}{W_{j,0}^{EK}} \,.$$

Wenn und insoweit die Fremdkapitalkosten $r_{j,FK}^*$ unabhängig vom Verschuldungsgrad sind, ergeben sich in dieser MODIGLIANI-MILLER-Welt die Eigenkapitalkosten des *verschuldeten* Unternehmens aus den Eigenkapitalkosten des unverschuldeten Unternehmens [= (Gesamt-)Kapitalkosten des Unternehmens] zuzüglich eines Risikozuschlags, der in linearer Abhängigkeit vom Verschuldungsgrad steht.[113] In der MODIGLIA-NI-MILLER-Welt werden die vom Verschuldungsgrad unabhängigen Fremdkapitalkosten $r^*_{j,FK}$ in Höhe des risikolosen Kapitalmarktzinssatzes i angesetzt. Das MODIGLIANI-MIL-LER-Modell macht freilich *keine* Annahmen zur Risikoneigung der Wirtschaftssubjekte (sog. *Präferenzfreiheit*).

Auf die obige Beziehung wird zur Schätzung der „Eigenkapitalkosten" in der kapitalmarkttheoretischen Unternehmensbewertung gern zurückgegriffen. Wie jedoch bereits beim CAPM-Ansatz dargestellt, sind auch die für die Gültigkeit der Irrelevanzthese des Verschuldungsgrades unterstellten Prämissen im betriebswirtschaftlichen Alltag weder insgesamt noch einzeln gegeben. „Schon die erste, von MODIGLIANI und MILLER selbst vorgenommene Lockerung der realitätsfernen Modellvoraussetzungen führt zum sofortigen ‚Einsturz' der Irrelevanzthese."[114] Vor diesem Hintergrund verbietet sich eine unkritische Übernahme des MODIGLIANI-MILLER-Modells, welches zum „Herzstück"[115] der kapitalmarkttheoretischen Unternehmensbewertungsmethoden geworden ist, auf reale Situationen, in denen Entscheidungen vorzubereiten und schließlich zu treffen sind.[116]

Die bisherige Betrachtung bringt zwar den *positiven Hebeleffekt der Fremdfinanzierung* zum Ausdruck, bezieht aber das sich mit zunehmender Verschuldung ergebende Risiko (Leverage-Risiko) *nicht* explizit ein. Dieses *Leverage-Risiko* läßt sich unter Rückgriff auf das CAPM mit Hilfe der Varianz oder Standardabweichung der erwarteten Eigenkapitalrendite erfassen. Gemäß der allgemeinen Leverage-Formel gilt:

$$r^{*FK>0}_{j,EK} = r^{*FK=0}_{j,EK} + \left(r^{*FK=0}_{j,EK} - i \right) \cdot \frac{W^{FK}_{j,0}}{W^{EK}_{j,0}}$$

mit i als risikolosem Kapitalmarktzins.

Für die Varianz der bei Verschuldung geforderten Eigenkapitalrendite ergibt sich dann:

$$\sigma^2 \left(r^{*FK>0}_{j,EK} \right) = \sigma^2 \left(\underbrace{r^{*FK=0}_{j,EK}}_{Y} \cdot \underbrace{\left[1 + \frac{W^{FK}_{j,0}}{W^{EK}_{j,0}} \right]}_{a} - \underbrace{i \cdot \frac{W^{FK}_{j,0}}{W^{EK}_{j,0}}}_{b} \right)$$

oder

[wegen $Var\left(a \cdot Y + b \right) = \sum p \cdot \left[\left(a \cdot Y + b \right) - E\left(a \cdot Y + b \right) \right]^2$ und $b - E(b) = 0$, so daß

---

[113] Falls die Fremdkapitalkosten $r^*_{j,FK}$ mit zunehmender Verschuldung steigen, folgt aus den Annahmen der MODIGLIANI-MILLER-Welt, daß die Eigenkapitalkosten des verschuldeten Unternehmens ab einem bestimmten Verschuldungsgrad nur noch degressiv steigen können und schließlich sogar fallen (!) müßten, um die (Gesamt-)Kapitalkosten konstant zu halten.

[114] *HERING*, Unternehmensbewertung (2006), S. 173 (Hervorhebungen im Original). *MODIGLIANI/MILLER*, Cost of Capital: A Correction (1963), korrigierten ihre Ansichten von 1958 und ersetzten die ursprüngliche Prämisse der steuerlichen Gleichbehandlung von Eigen- und Fremdkapital durch die realistischere Annahme, daß aufgrund einer möglichen steuerlichen Abzugsfähigkeit von Sollzinsen eine Finanzierung mit Fremdkapital Vorteile gegenüber einer Finanzierung mit Eigenkapital aufweist. Vgl. ausführlich z. B. *HERING*, Unternehmensbewertung (2006), S. 173–176.

[115] *HERING*, Unternehmensbewertung (2006), S. 176.

[116] Vgl. *HERING/VINCENTI*, Wertorientiertes Controlling (2004), S. 348.

$$\text{Var}(a \cdot Y + b) = \sum p \left[a \cdot Y - E(a \cdot Y)\right]^2 = \sum p \cdot \left[a \cdot (Y - E(Y))\right]^2 = a^2 \cdot \text{Var}(Y)$$

mit Y als Zufallsvariable und p als Eintrittswahrscheinlichkeit]

$$\sigma^2 \left(r_{j,EK}^{*FK>0}\right) = \sigma^2 \left(\underbrace{r_{j,EK}^{*FK=0}}_{Y} \cdot \underbrace{\left[1 + \frac{W_{j,0}^{FK}}{W_{j,0}^{EK}}\right]}_{a} - \underbrace{i \cdot \frac{W_{j,0}^{FK}}{W_{j,0}^{EK}}}_{b}\right)$$

oder

$$\sigma^2 \left(r_{j,EK}^{*FK>0}\right) = \underbrace{\sigma^2 \left(r_{j,EK}^{*FK=0}\right)}_{Y} \cdot \underbrace{\left[1 + \frac{W_{j,0}^{FK}}{W_{j,0}^{EK}}\right]^2}_{a^2} - \underbrace{\sigma^2 \left(i \cdot \frac{W_{j,0}^{FK}}{W_{j,0}^{EK}}\right)}_{=0}$$

oder

$$\sigma^2 \left(r_{j,EK}^{*FK>0}\right) = \sigma^2 \left(r_{j,EK}^{*FK=0}\right) \cdot \left[1 + \frac{W_{j,0}^{FK}}{W_{j,0}^{EK}}\right]^2$$

oder als Standardabweichung

$$\sigma \left(r_{j,EK}^{*FK>0}\right) = \sigma \left(r_{j,EK}^{*FK=0}\right) \cdot \left[1 + \frac{W_{j,0}^{FK}}{W_{j,0}^{EK}}\right]$$

oder wegen $r_{j,EK}^{*FK=0} = r_{j,GK}^{*}$

$$\sigma \left(r_{j,EK}^{*FK>0}\right) = \sigma \left(r_{j,GK}^{*}\right) \cdot \left[1 + \frac{W_{j,0}^{FK}}{W_{j,0}^{EK}}\right].$$

Anhand dieser Beziehung ist zu erkennen, daß das Risiko für das Eigenkapital im Falle eines unverschuldeten Unternehmens mit $W_{j,0}^{FK} = 0$ am geringsten ist und mit Hilfe der Varianz $\sigma^2(r_{j,GK}^{*})$ oder der Standardabweichung $\sigma(r_{j,GK}^{*})$ der (Gesamt-)Kapitalkosten gemessen werden kann und daß ferner das mit Hilfe der Standardabweichung gemessene Risiko für das Eigenkapital proportional mit dem Verschuldungsgrad zunimmt, also ein linearer Zusammenhang zwischen Eigenkapitalrisiko und Verschuldung besteht.

Wegen dieses linearen Zusammenhangs zwischen Eigenkapitalrisiko und Verschuldung müssen unter den Bedingungen der CAPM-Welt die von den Eigenkapitalgebern erwartete Eigenkapitalrendite und damit die Eigenkapitalkosten linear mit dem Verschuldungsgrad anwachsen. Unter Berücksichtigung des schon geschilderten allgemeinen Zusammenhangs

$$r_j^{*} = i + (r_M^{*} - i) \cdot \frac{\rho_{j,M} \cdot \sigma_j}{\sigma_M} \quad \left[= i + (r_M^{*} - i) \cdot \frac{\sigma_{j,M}}{\sigma_M^2}\right]$$

folgen dann:

$$r_j^{*FK=0} = i + (r_M^* - i) \cdot \frac{\rho_{j,M}^{FK=0} \cdot \sigma_j\left(r_j^{*FK=0}\right)}{\sigma_M} = i + (r_M^* - i) \cdot \beta_j^{FK=0}$$

als Eigenkapitalkosten des *unverschuldeten* Unternehmens und

$$r_j^{*FK>0} = i + (r_M^* - i) \cdot \frac{\rho_{j,M}^{FK>0} \cdot \sigma_j\left(r_j^{*FK>0}\right)}{\sigma_M} = i + (r_M^* - i) \cdot \beta_j^{FK>0}$$

als Eigenkapitalkosten des *verschuldeten* Unternehmens.

Wird der hergeleitete Zusammenhang zwischen Eigenkapitalrisiko und Verschuldung

$$\sigma\left(r_{j,EK}^{*FK>0}\right) = \sigma\left(r_{j,EK}^{*FK=0}\right) \cdot \left[1 + \frac{W_{j,0}^{FK}}{W_{j,0}^{EK}}\right]$$

berücksichtigt, ergibt sich für die Eigenkapitalkosten des *verschuldeten* Unternehmens:

$$r_{j,EK}^{*FK>0} = i + (r_M^* - i) \cdot \frac{\rho_{j,M}^{FK>0} \cdot \sigma\left(r_{j,EK}^{*FK=0}\right) \cdot \left[1 + \frac{W_{j,0}^{FK}}{W_{j,0}^{EK}}\right]}{\sigma_M} = i + (r_M^* - i) \cdot \beta_j^{FK>0}$$

$$r_{j,EK}^{*FK>0} = i + (r_M^* - i) \cdot \beta_j^{FK=0} \cdot \left[1 + \frac{W_{j,0}^{FK}}{W_{j,0}^{EK}}\right].$$

Da die Korrelation von Unternehmens- und allgemeiner Marktentwicklung von der Art der Unternehmensfinanzierung unabhängig ist:[117]

$$\rho_{j,M}^{FK=0} = \rho_{j,M}^{FK>0} = \rho_{j,M},$$

folgt für die Eigenkapitalkosten des verschuldeten Unternehmens aus dem CAPM:

$$r_{j,EK}^{*FK>0} = i + \left(r_M^* - i\right) \cdot \frac{\rho_{j,M} \cdot \sigma\left(r_{j,EK}^{*FK=0}\right)}{\sigma_M} \cdot \left[1 + \frac{W_{j,0}^{FK}}{W_{j,0}^{EK}}\right],$$

so daß die Einbeziehung des Leverage-Risikos nichts an dem Grundzusammenhang ändert: Sowohl in der CAPM-Welt als auch in der MODIGLIANI-MILLER-Welt nehmen die Eigenkapitalkosten des verschuldeten Unternehmens proportional mit dem Verschuldungsgrad zu. Mit Blick auf den Beta-Faktor ergibt sich folgende Beziehung:

$$\beta_j^{FK>0} = \beta_j^{FK=0} \cdot \left[1 + \frac{W_{j,0}^{FK}}{W_{j,0}^{EK}}\right] = \beta_j^{FK=0} + \beta_j^{FK=0} \cdot \frac{W_{j,0}^{FK}}{W_{j,0}^{EK}}.$$

Die CAPM-Welt und die MODIGLIANI-MILLER-Welt bilden schließlich die theoretische Basis einer *Vielzahl* von miteinander konkurrierenden „*Discounted Cash Flow*"-*Verfahren* (DCF-Verfahren). Mit CAPM- und MODIGLIANI-MILLER-Ansatz soll dabei auf Prämissenebene „zusammenwachsen, was nicht zusammen gehört". Während der *Betrachtungszeitraum* des CAPM zwei Zeitpunkte oder eine Periode beträgt, wird in der MODIGLIANI-MILLER-Welt eine ewige Rente unterstellt. Die MODIGLIANI-MILLER-Theorie als Kapitalstrukturmodell berücksichtigt schließlich unter Annahme der 1963

---

[117] Die Höhe des erwarteten Cash-flows X_j^* des Unternehmens bleibt von der Finanzierung unberührt.

gelockerten Prämissen eine steuerliche Ungleichbehandlung von Eigen- und Fremdkapital, während das CAPM von Steuern abstrahiert. Zudem zeichnen sich die Subjekte
im CAPM durch Risikoaversion aus; in der MODIGLIANI-MILLER-Welt sind sie demgegenüber präferenzfrei. In der *Abbildung 13*[118] sind noch einmal die wesentlichen inkom-
patiblen Prämissen dieser Modelle aufgezeigt.

	CAPM	MODIGLIANI/MILLER
Planungshorizont	1	unendlich
Steuern	nein	ja
Präferenzfreiheit	nein	ja
Abbildung 13: Inkompatible Prämissen der DCF-Bausteine		

Daß es mit Blick auf die DCF-Verfahren einen den traditionellen Kombinationsverfahren nicht unähnlichen Verfahrens-, Argumentations- und Vorgehenswirrwarr gibt,
wird – abgesehen von den unterschiedlichen DCF-Verfahren – ebenfalls deutlich, wenn
die konkreten Vorschläge zur Ausfüllung der vorgestellten methodischen Konzepte direkt in die Betrachtung einbezogen werden. Es kann nämlich überhaupt nicht die Rede
davon sein, daß die einzelnen Wertparameter – trotz angeblich gleicher theoretischer
Basis – übereinstimmend abgegrenzt und konkret bestimmt werden.

GÜNTHERs Überblick[119] hinsichtlich der Definition des sog. „Free Cash Flow" enthält *vierzehn* Ausprägungen, die er als „die wichtigsten im Schrifttum diskutierten
Ansätze" charakterisiert, wobei Definitionen mit Branchenbesonderheiten (z. B. Kreditinstitute) gar nicht angesprochen sind. Die Konkretisierung der aus dem CAPM herrührenden Wertparameter gibt einen großen Spielraum für *Bewertungsphantasien*,
insbesondere wenn nichtbörsennotierte Unternehmen inbegriffen sind.[120] Alle diese
Vorgehensweisen treten jedoch mit einem einheitlichen Anspruch auf: Es geht um die
Ermittlung *des* „einzig wahren" Marktwertes des Unternehmens! Daß dieser Anspruch
schlechterdings *nicht* von allen Vorgehensweisen *zugleich* erfüllt sein kann, ist eine
Binsenweisheit, die mit Blick auf die marktwertorientierte Bewertung freilich offen ausgesprochen werden muß.

Ausgesprochen werden muß auch das Folgende: So wie damals im Zusammenhang
mit der objektiven Unternehmensbewertung, so wird auch heute im Zusammenhang mit
der marktwertorientierten Unternehmensbewertung zu viel gerechnet und zu wenig
nachgedacht.[121] Eine „wilde Rechnerei" macht indes die Frage nach dem Zweck des
Rechnens nicht überflüssig, sondern verlangt gerade diese Frage – und eine Antwort
darauf. Dieser Frage wird freilich konsequent ausgewichen. Die Antwort auf diese Frage ist jedoch erforderlich, um die Brauchbarkeit der vorgeschlagenen Vorgehensweisen

---

[118] Vgl. zu dieser Abbildung und zu den Ausführungen *HERING*, Konzeptionen der Unternehmensbewertung (2000), S. 445 f.

[119] Vgl. *GÜNTHER*, Controlling (1997), S. 112–118.

[120] Vgl. hierzu die Übersichtsdarstellung bei *GÜNTHER*, Controlling (1997), S. 176–187.

[121] *HAESELER/HÖRMANN*, Prüfstand (2010), S. V, hierzu: „Wer glaubt, dass die Bewertung von Unter-
nehmen/Konzernen oder Teilen davon oder von Beteiligungen ausschließlich auf Rechenübungen
reduzierbar ist, die sich auf überaus fragwürdige Formeln und noch fragwürdigere Prämissen stützen, sollte davon Abstand nehmen, einschlägige Mandate zu übernehmen bzw. mit solchen zu re-
nommieren! Stereotype Rechnereien können nicht intellektuell hochstehende, fundierte Bewer-
tungsvorgänge ersetzen."

verläßlich beurteilen zu können. Die ermittelten Marktwerte sind grundsätzlich *keine* Werte, die Entscheidungsunterstützung bieten können. Ihre ureigenste Aufgabe ist in der Ermittlung von Argumentationswerten zu sehen,[122] weshalb ihre detaillierte Betrachtung im Rahmen des vierten Kapitels erfolgt.[123] Es muß (irgend)ein „Marktwert" ermittelt werden, weil momentan – so scheint es – jedermann danach verlangt. Die Ermittlung des „Marktwertes" wird so zu einer Spielregel des „richtigen" Verhaltens. Spielregeln zu beachten ist freilich sehr wichtig! Insbesondere wenn in der Praxis Geld verdient werden soll, sind die Moden zu pflegen, die gerade *en vogue* sind.[124]

„Leider haben die marktorientierten Bewertungsverfahren mittlerweile eine so hohe Dominanz erreicht, dass weitere Verfahren entweder in Vergessenheit geraten sind oder verdrängt wurden und dadurch – zum Teil völlig unberechtigt – ihre Akzeptanz verloren haben, vor allem durch die Negierung eines bewertungsfunktionsabhängigen Werts und damit einer zweckabhängigen Anwendung der unterschiedlichen Bewertungsverfahren. Allerdings bergen gerade diese marktorientierten Modelle große Gefahren von Missinterpretation und Missbrauch durch letztendlich willkürliche Ausgestaltung ihrer Modellannahmen."[125] Entsprechend kann als ein wesentlicher Aspekt, der – z. B. neben Gier und Fehlanreizen sowie dem sog. Fair-Value-Accounting[126] – das Florieren der jüngsten Finanzkrisen begünstigte, in der (unüberlegten) Anwendung der DCF-Verfahren gesehen werden.[127] Das Wissen um die theoretischen Defizite der neoklassischen (angelsächsischen) Bewertungsmodelle sowie ein konsequentes Ablehnen des „Fair Value Accounting" hätten vielleicht nicht das Entstehen der jüngsten Finanzkrisen verhindern, aber zumindest deren Verlauf abmildern können. Die Finanzkrisen machten schließlich einerseits die „Markthörigkeit" der agierenden Subjekte und andererseits die mangelhafte Verbreitung der Ideen der funktionalen und selbst der subjektiven Lehre auch insofern deutlich, als zahlreiche Subjekte zum Kauf hochpreisiger „Papiere" bereit waren, obwohl deren Werte gewöhnlich meist unter dem (Markt-)Preis hätten liegen

---

[122] So auch HERING, Unternehmensbewertung (2006), S. 242. Argumentationswerte benötigen indes eine Flankierung durch den Entscheidungswert, den die DCF-Verfahren nicht zu ermitteln vermögen. Zur grundsätzlichen Kritik an den Verfahren der marktorientierten Bewertung siehe auch SCHNEIDER, Pegasus mit Klumpfuß (1998), KRAG/KASPERZAK, Unternehmensbewertung (2000), S. 112–116, HERING, Unternehmensbewertung (2006), S. 151–243, HAESELER/HÖRMANN, Infragestellung (2009), HAESELER/HÖRMANN, Prüfstand (2010), sowie im Hinblick auf den IDW S 1 FISCHER-WINKELMANN, IDW Standard (2003), S. 95–97 und S. 142–154, HERING, IDW-S1 (2004), und HERING/BRÖSEL, Argumentationswert (2004), jeweils m. w. N. Kritisch auch HOMMEL/DEHMEL/PAULY, Steueräquivalenz (2005), CASEY, Kapitalmarkttheoretische Unternehmensbewertung (2006).

[123] Zur Arbitriumwertermittlung eignen sich diese Verfahren aufgrund ihres fehlenden Bezugs zu Entscheidungswerten nur in dem Ausnahmefall, in dem der jeweils mit diesen Verfahren ermittelte sog. Marktwert zufällig zwischen dem niedrigeren Entscheidungswert des Verkäufers und dem höheren Entscheidungswert des Käufers liegt und sich beide Konfliktparteien mit der Anwendung des Verfahrens zufriedengeben.

[124] Siehe hierzu auch HAESELER/HÖRMANN, Infragestellung (2009), S. 535 f. Zu den Kriterien einer *Mode* im Rahmen der Betriebswirtschaftslehre siehe KIESER, Moden (1996), S. 23.

[125] DJUKANOV/KEUPER, Ungleichgewicht (2010), S. 240 f.

[126] Vgl. hierzu u. a. SCHILDBACH, Fair-Value-Bilanzierung (2009), BRÖSEL/TOLL, Finanzmarktkrise (2011), S. 258 f., OLBRICH, Zeitwertbestimmung (2011). Siehe auch BARTHEL, Subprime-Krise (2009), HELBLING, Finanzkrise (2009).

[127] Siehe hierzu HERING/OLBRICH/ROLLBERG, Mitursache der Finanzkrise (2009), ROLLBERG, Angelsächsische Bewertungstheorie (2009), BRÖSEL/TOLL, Finanzmarktkrise (2011), BRÖSEL/TOLL/ZIMMERMANN, Perennial Question (2011), S. 287–290, BRÖSEL/TOLL/ZIMMERMANN, Financial Crisis (2011), HERING/ROLLBERG, Demaskierung (2011).

sollen. Um krisenverursachenden und -verstärkenden Über- oder anderen Fehlbewertungen entgegenzuwirken und damit zu verhindern, daß die „Königsdisziplin" zukünftig weitere „Bauernopfer" fordert, sollten sich die Bewertungstheoretiker weltweit mehr mit der subjektiven und vor allem der funktionalen Lehre auseinandersetzen und nicht blind den idealisierten Modellvorstellungen angelsächsischer Herkunft vertrauen.[128]

Der Einsatz kapitalmarkttheoretischer Verfahren in der Bewertung täuscht eine Sicherheit vor, welche in der Realität nicht vorliegt. „Die Widrigkeiten der realen Welt und speziell unsere Unfähigkeit, in die Zukunft zu schauen, zwingen uns [.. hingegen], mit unvollkommenen Lösungen zu leben. […] Ideale Lösungen gibt es in dieser Welt nicht – allenfalls brauchbare"[129], welche die Realität so nehmen, wie sie ist und im Hinblick auf den konkret definierten Zweck das jeweilige subjektive Zielsystem und Entscheidungsfeld berücksichtigen. Es muß jedoch erwähnt werden, daß auch die funktionale Lehre in Anbetracht der Unsicherheit zukünftiger Entwicklungen nicht gegen Fehlprognosen immun ist, denn: „Vermauert ist dem Sterblichen die Zukunft" (FRIEDRICH SCHILLER).

---

[128] So BRÖSEL/TOLL, Finanzmarktkrise (2011), S. 263. Um dies voranzutreiben, wird im zitierten Beitrag die funktionale Unternehmensbewertungstheorie in ihren Grundzügen dargestellt und anschließend versucht, deren Stärken – gerade in Verbindung mit der Verhinderung von krisenverursachenden und -beschleunigenden Entwicklungen – herauszustellen.

[129] SCHILDBACH, Jahresabschluss (2009), S. 7.

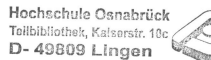

1.3   Funktionen der Unternehmensbewertung und ihre Wertarten

1.3.1   Hauptfunktionen und ihre Wertarten im Überblick

Nachfolgend werden die Wertarten der Hauptfunktionen der funktionalen Unternehmensbewertung einführend skizziert (vgl. *Abbildung 14*). Eine ausführliche Darstellung dieser Funktionen und die Erörterung der damit verbundenen Probleme erfolgt in den Kapiteln 2 (Entscheidungsfunktion), 3 (Vermittlungsfunktion) und 4 (Argumentationsfunktion). An dieser Stelle geht es lediglich darum, eine erste *Verbindung zwischen Unternehmenswert und Aufgabenstellung der Unternehmensbewertung* herzustellen. Darüber hinaus werden in diesem Abschnitt die Ansichten des IDW im Hinblick auf die den Wirtschaftsprüfern „zumutbaren" Funktionen dargelegt und den klassischen Hauptfunktionen der funktionalen Bewertungstheorie gegenübergestellt.

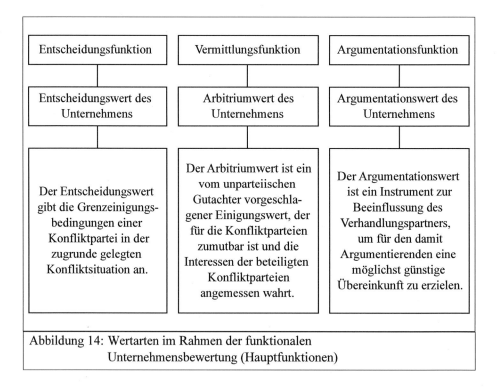

Abbildung 14: Wertarten im Rahmen der funktionalen Unternehmensbewertung (Hauptfunktionen)

Wie bereits ausgeführt, wird im Rahmen der Konzeption der funktionalen, d. h. aufgabenbezogenen Unternehmensbewertung in Haupt- und Nebenfunktionen unterschieden, denen ein Wert dienen kann. Zentraler Aspekt der Hauptfunktionen sind die ihnen zugrundeliegenden interpersonalen Konflikte, in denen die Bedingungen über die Änderungen der Eigentumsverhältnisse strittig sind. Sie beziehen sich also auf jene Bewertungen, die auf eine Änderung der Eigentumsverhältnisse am zu bewertenden Unternehmen oder an den zu bewertenden abgrenzbaren Unternehmensteilen ausgerichtet sind.[130] Der Veränderung von Eigentumsverhältnissen werden jene Situationen sub sumiert, bei denen es um die Bedingungen einer erwogenen oder schon eingetretenen Änderung solcher Eigentumsverhältnisse geht. Unter die Anlässe, die eine „Änderung der Eigentumsverhältnisse" nach sich ziehen, fallen neben den Anlässen, in denen ein „Eigentümerwechsel" eintritt (z. B. Erwerb/Veräußerung), auch jene Anlässe, bei denen „kein Eigentümerwechsel" erfolgt, sich aber für die gleichen Eigner (in Form eines unveränderten Kreises der Eigentümer) nach der Konfliktsituation veränderte Eigentumsverhältnisse im Hinblick auf das Bewertungsobjekt oder die Bewertungsobjekte ergeben (z. B. Fusion/Spaltung).[131]

Hinsichtlich der drei Hauptfunktionen besteht – abgesehen von einigen noch darzustellenden Neuordnungsversuchen – weitgehend Einigkeit. Hierzu zählen die Entscheidung, die Vermittlung und die Argumentation:[132]

1. Das Ergebnis einer Unternehmensbewertung in der *Entscheidungsfunktion* wird *Entscheidungswert* des Unternehmens genannt. Der Begriff „Entscheidungsfunktion" stellt auf den Zweck des Unternehmensbewertungskalküls ab, für ein ganz bestimmtes Entscheidungssubjekt (Bewertungsinteressent, z. B. Käufer, Verkäufer) in einer ganz speziellen Entscheidungs- und Konfliktsituation (z. B. Erwerb, Veräußerung) Grundlagen für rationale Entscheidungen in dieser Situation und in bezug auf dieses Vorhaben zu liefern. Bei gegebenem Zielsystem und Entscheidungsfeld gibt der Entscheidungswert an, unter welchen Bedingungen die Durchführung einer bestimmten vorgesehenen Handlung das ohne diese Handlung erreichbare Niveau der Zielerfüllung (Nutzwert) gerade noch nicht mindert. Er bezieht sich auf alle für die Einigung zwischen den Parteien relevanten Bedingungen (sog. konfliktlösungsrelevante Sachverhalte) und sagt aus, welche (Kombinationen der) Ausprägungen dieser Sachverhalte äußerstenfalls noch bei einer Einigung akzeptiert werden können. Der für alle Hauptfunktionen als *Basiswert* zu betrachtende Entscheidungswert stellt somit die Grenze der Konzessionsbereitschaft einer Partei in einer spezifischen Konfliktsituation dar und sollte deshalb der anderen Seite nicht bekannt werden.

2. Der *Arbitriumwert* ist hingegen das Ergebnis der Unternehmensbewertung im Rahmen der *Vermittlungsfunktion* und soll eine Einigung zwischen Käufer und Verkäufer über die Bedingungen der Eigentumsänderung des zu bewertenden Unternehmens erleichtern oder bewirken. Er ist ein vom unparteiischen Gutachter vorgeschlagener Wert, auf dessen Basis der Gutachter als Vermittler eine Konfliktlösung für möglich hält. Der Arbitriumwert ist als ein Kompromiß aufzufassen, der für die beteiligten Parteien zumutbar ist und der schließlich ihre Interessen angemessen wahrt. Hierzu ist es erforderlich, daß der Gutachter die jeweiligen vermeintlichen Entscheidungswerte der Konfliktparteien ermittelt.

3. Der *Argumentationswert* ist schließlich das Ergebnis einer Unternehmensbewertung im Sinne der *Argumentationsfunktion*. Er ist ein Instrument zur Beeinflussung

---

[130] Die Änderung der Eigentumsverhältnisse am zu bewertenden Unternehmen und somit die Ausrichtung auf interpersonale Konfliktsituationen gelten als „Bindeglied" zwischen den drei Hauptfunktionen; vgl. MATSCHKE, Arbitriumwert (1979), S. 17, GORNY, Unternehmensbewertung (2002), S. 155.

[131] Vgl. zu dieser Abgrenzung SIEPE, Unternehmensbewertung (1998), S. 9.

[132] Vgl. MATSCHKE, Wertarten nach ihrer Aufgabenstellung (2008).

des Verhandlungspartners, um für den Argumentierenden eine möglichst günstige Konfliktlösung zu erzielen. Der Argumentationswert ist somit ein parteiischer Wert. Dieser kann nicht ohne Kenntnis des eigenen Entscheidungswertes und ohne Vermutungen über den gegnerischen Entscheidungswert sinnvoll bestimmt werden, denn erst die relevanten Entscheidungswerte ermöglichen einer Partei die Aussage, welche Verhandlungsresultate mit rationaler Handlungsweise vereinbar und mittels eines sinnvollen Argumentationswertes anzustreben sind.

Während die Vermittlungsfunktion auf alle Konfliktparteien bei der Betrachtung fokussiert, zielen die Entscheidungs- und die Argumentationsfunktion[133] auf eine Konfliktpartei ab. Dabei stellen die Ergebnisse der Entscheidungsfunktion vertrauliche Selbstinformationen (interne Ausrichtung im Verhandlungsprozeß) und die Ergebnisse der Argumentationsfunktion an den Verhandlungspartner gerichtete Informationen (externe Ausrichtung im Verhandlungsprozeß) dar.

Wie schon erwähnt, gab es Anfang der 1970er zwei Arbeitskreise, die sich mit Fragen der Unternehmensbewertung auseinandersetzten. Die Ergebnisse des Arbeitskreises der *Wirtschaftsprüfer* haben zur Stellungnahme des Hauptfachausschusses „HFA 2/ 1983"[134], die im Jahr 2000 durch den Standard „IDW S 1"[135] abgelöst worden ist, und zu einem ursprünglich von WOLFGANG DÖRNER als Arbeitskreisvorsitzenden verantworteten Abschnitt im Wirtschaftsprüfer-Handbuch/Band II[136] geführt. In dieser Stellungnahme (wie auch im jetzigen Standard) und im entsprechenden Abschnitt des Wirtschaftsprüfer-Handbuches gibt es ebenfalls eine Unterscheidung nach verschiedenen Funktionen, wobei zunächst eine weitgehende Übereinstimmung mit der klassischen

---

[133]   Dies soll jedoch nicht bedeuten, daß im Rahmen der Argumentationsfunktion nur das eigene Zielsystem und Entscheidungsfeld relevant ist.

[134]   Vgl. INSTITUT DER WIRTSCHAFTSPRÜFER, Stellungnahme HFA 2/1983 (1983). Siehe auch den dieser Stellungnahme vorausgehenden Entwurf INSTITUT DER WIRTSCHAFTSPRÜFER, Entwurf einer Verlautbarung (1980). Vgl. zudem BENDER/LORSON, Ertragswertverfahren nach HFA 2/1983 (1996), SIEPE, Ertragsteuern (1997), SIEPE, Kapitalisierungszinssatz (1998), ROSENBAUM, Beratung und Unternehmensbewertung (1999). Zur Anwendung dieses Standards vgl. z. B. RICHTER, Sicht des Wirtschaftsprüfers (1994).

[135]   Vgl. INSTITUT DER WIRTSCHAFTSPRÜFER, IDW S 1 i. d. F. 2000 (2000). Diese (ursprüngliche) Fassung wurde am 28.06.2000 verabschiedet. Eine weitere Fassung des IDW S 1 hat das IDW am 18.10.2005 verabschiedet. Vgl. INSTITUT DER WIRTSCHAFTSPRÜFER, IDW S 1 i. d. F. 2005 (2005). Als aktuelle Fassung gilt derzeit INSTITUT DER WIRTSCHAFTSPRÜFER, IDW S 1 i. d. F. 2008 (2008), welcher am 02.04.2008 durch den „Fachausschuss für Unternehmensbewertung und Betriebswirtschaft" (FAUB) verabschiedet und am 30.05.2008 durch den HFA des IDW billigend zur Kenntnis genommen wurde.

[136]   Erstmals befaßte sich das IDW im WP-Handbuch 1973 (6. Auflage) unter Verantwortung von WOLFGANG DÖRNER mit der Unternehmensbewertung. In der 6. und 7. Auflage (1977) sind die Ausführungen unter der Bezeichnung „Die Unternehmungsbewertung" im Handbuch zu finden. Siehe DÖRNER, WP-Handbuch 1973 (1973), und DÖRNER, WP-Handbuch 1977 (1977). Seit der 8. Aufl. (1981) ist der entsprechende Abschnitt mit „Die Unternehmensbewertung" tituliert. Siehe DÖRNER, WP-Handbuch 1981 (1981). Die 9. Auflage (1985/86) wurde erstmals in zwei Bänden herausgegeben, wobei der Abschnitt zur Unternehmensbewertung in dieser Auflage noch im Band I zu finden ist. Siehe DÖRNER, WP-Handbuch 1985/86 (1985). Seit der 10. Auflage des WP-Handbuches (1992) befinden sich die Ausführungen zur Unternehmensbewertung im Band II. Siehe DÖRNER, Unternehmensbewertung (1992). Anschließend übergab WOLFGANG DÖRNER die Federführung an GÜNTER SIEPE, der für den Abschnitt „Die Unternehmensbewertung" in der 11. (1998) und der 12. Auflage (2002) des WP-Handbuches/Band II verantwortlich ist. Siehe SIEPE, Unternehmensbewertung (1998), und SIEPE, Die Unternehmensbewertung (2002). In der aktuellen Auflage des WP-Handbuches/Band II liegt die Verantwortung bei WOLFGANG WAGNER; vgl. WAGNER, Die Unternehmensbewertung (2007).

Funktionenlehre konstatiert werden kann. So kann ein Wirtschaftsprüfer als Berater des Käufers oder des Verkäufers (im Sinne der *Entscheidungsfunktion*) auftreten und für diese eine Preisobergrenze oder Preisuntergrenze aus subjektiver Sicht bestimmen, freilich erst (und nur) in einer zweiten Phase, nachdem der Wirtschaftsprüfer in einer ersten Phase seinen eigentlich „standesüblichen" Auftrag, die Ermittlung eines typisierten, „objektivierten" Unternehmenswertes, erfüllt hat. Ebenso wird die *Vermittlungsfunktion* angesprochen, in welcher der Wirtschaftsprüfer einen Einigungswert als Schiedsgutachter feststellen oder als Vermittler vorschlagen soll.[137]

Neben diesen Übereinstimmungen gibt es auch *Unterschiede*. Die *Argumentationsfunktion* wird als nicht mit dem Berufsstand vereinbar angesehen.[138] Ein ganz wesentlicher Unterschied besteht zudem darin, daß dem Wirtschaftsprüfer eine ganz bestimmte „Rolle" zugewiesen wird, nämlich diejenige eines neutralen Gutachters, der den schon erwähnten „objektivierten" Unternehmenswert ermitteln soll,[139] erst anschließend könne er als Berater oder Vermittler auftreten (vgl. *Abbildung 15*)[140] und den Entscheidungswert oder den Arbitriumwert bestimmen, so daß diese zu dessen Derivaten werden. Diese unterschiedliche Vorgehensweise ist ein Indiz, daß trotz gleicher Begrifflichkeit inhaltliche Divergenzen bestehen.

Als „objektivierter" Unternehmenswert wird dabei ein Wert verstanden, „der sich bei der Fortführung des Unternehmens in seinem Konzept und seinen Vorhaben unter Leitung des vorhandenen Managements mit allen realistischen Planungserwartungen im Rahmen seiner Marktchancen, finanziellen Möglichkeiten und sonstigen Einflußfaktoren ohne Wertvorstellungen eines potentiellen Käufers und ohne wertverändernde Argumentationen des Verkäufers nach den Grundsätzen betriebswirtschaftlicher Unternehmensbewertung bestimmen läßt."[141]

Der „objektivierte" Wert soll somit dem Wert des Unternehmens unter der Prämisse der Fortführung des bisherigen Unternehmenskonzepts entsprechen, der im wesentli-

---

[137] Vgl. *INSTITUT DER WIRTSCHAFTSPRÜFER*, IDW S 1 i. d. F. 2005 (2005), S. 1305. Bereits 1973 umschrieb das IDW die erforderliche „objektivierte Bestimmung des Wertes", so *DÖRNER*, WP-Handbuch 1973 (1973), S. 1093.

[138] Vgl. hierzu unter anderem *HELBLING*, Unternehmensbewertung (1998), S. 51 f., *PEEMÖLLER*, Wert (2012), S. 11. Während *DÖRNER* in der 10. Auflage des WP-Handbuches/Band II noch feststellt, „daß sich die Rolle des WP als neutraler Gutachter nur insoweit mit dem Begriffsinhalt der Argumentationsfunktion deckt, als sachbezogene, objektiv feststellbare Wertargumente ermittelt und vorgetragen werden" [Quelle: *DÖRNER*, Unternehmensbewertung (1992), S. 6], wird die Argumentationsfunktion bei *SIEPE* nur noch insofern tangiert, als der „WP als neutraler Sachverständiger [...] häufig zur Aufbereitung der für Verhandlungen notwendigen Datenbasis eingeschaltet [...] [wird, weil anzunehmen ist], daß jeder Kaufinteressent zunächst von der Analyse des vorhandenen Unternehmens ausgeht, um seinen subjektiven Entscheidungswert zu bestimmen und seine Argumentationsbasis aufzubauen" [Quelle: *SIEPE*, Unternehmensbewertung (1998), S. 5, sowie gleichermaßen *SIEPE*, Die Unternehmensbewertung (2002), S. 10 f.]. Siehe ähnlich *WAGNER*, Die Unternehmensbewertung (2007), S. 8 f.

[139] Vgl. *INSTITUT DER WIRTSCHAFTSPRÜFER*, Stellungnahme HFA 2/1983 (1983), S. 472–480. Zur Objektivierung von Informationsumfängen siehe die kritische Betrachtung von *MÄDER*, Objektivierung (2006).

[140] Siehe hierzu auch die Abbildung in *HENSELMANN/KNIEST*, Unternehmensbewertung (2010), S. 38, in der die Funktion des neutralen Gutachters nicht der Argumentationsfunktion zugeordnet wurde, sondern als vierte Funktion neben den drei klassischen Hauptfunktionen dargestellt ist.

[141] *DÖRNER*, Unternehmensbewertung (1992), S. 6, Fn. 28. Vgl. ferner *DÖRNER*, Unparteiischer Gutachter (1976), *DÖRNER*, Funktionen des Wirtschaftsprüfers (1981). Siehe ähnlich *INSTITUT DER WIRTSCHAFTSPRÜFER*, IDW S 1 i. d. F. 2008 (2008), S. 276.

chen mangels unzureichender Konkretisierung von noch nicht eingeleiteten zukünftigen Maßnahmen und personenbezogenen Wertfaktoren abstrahiert.[142]

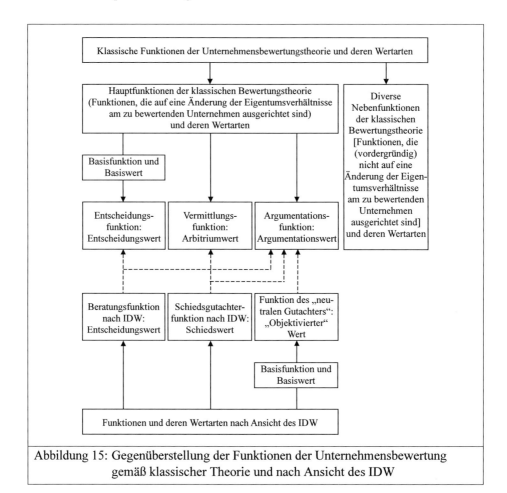

Abbildung 15: Gegenüberstellung der Funktionen der Unternehmensbewertung gemäß klassischer Theorie und nach Ansicht des IDW

In Gestalt des „objektivierten" Wertes haben Vorstellungen „überlebt", die mit der objektiven Unternehmensbewertung sehr enge Berührungspunkte aufweisen, auch wenn nicht mehr der Anspruch eines für jedermann geltenden Wertes erhoben wird. Zu Recht bezeichnet BORN den „objektivierten" Wert deshalb als eine „Abart des objektiven Wertes"[143]. Diese enge Beziehung zur Konzeption der objektiven Unternehmensbewertung kommt auch in folgender Formulierung zum Ausdruck: „Soweit dabei erhebliche perso-

---

142   Vgl. SIEPE, Die Unternehmensbewertung (2002), S. 11, ferner DÖRNER, Unparteiischer Gutachter (1976), S. 507–516, DÖRNER, Funktionen des Wirtschaftsprüfers (1981), S. 203–208, SIEPE, Unternehmensbewertung (1998), S. 5 f. Auch wenn der IDW S 1 die konkrete Definition des „objektivierten" Wertes nicht mehr explizit beinhaltet, ist dieser nach wie vor zu ermitteln. Vgl. WAGNER, Die Unternehmensbewertung (2007), S. 9, INSTITUT DER WIRTSCHAFTSPRÜFER, IDW S 1 i. d. F. 2008 (2008), S. 274 und 276.

143   BORN, Unternehmensbewertung (2003), S. 20.

~~nenbezogene Werteinflüsse auf die vorhandene Ertragskraft erkennbar werden,~~ sind diese zu eliminieren (subjektunabhängiger Entnahmewert)."[144]

Das in der Stellungnahme des HFA des IDW *HFA 2/1983* begründete Konzept des „objektivierten" Unternehmenswertes war erheblicher Kritik[145] ausgesetzt gewesen, von der hier nur einige grundlegende Aspekte angesprochen werden sollen. Durch BRETZKE ist besonders auf die statische Orientierung einer Bewertung des Unternehmens „wie es steht und liegt" hingewiesen worden, weil die Bewertung gemäß IDW unter der Annahme des bisherigen Unternehmenskonzepts erfolgen soll.[146] Diese Einwände gegen den „objektivierten" Unternehmenswert wurden insbesondere deshalb erhoben, weil die Unternehmensbewertung eine Einbettung in die Planungen des Bewertungssubjekts verlangt. Erst aus der Planungsabhängigkeit folgt eine Zukunftsbezogenheit. „Der objektivierte Wert setzt einen fiktiven, kaum definierbaren normalen Käufer oder Verkäufer mit normalen Zukunftserwartungen voraus."[147] Durch SCHILDBACH wurde darauf hingewiesen, daß mit dem „objektivierten" Wert wesentliche Grundlagen im Hinblick auf den Entscheidungswert des Verkäufers aufgedeckt werden und daß es so zu einer Begünstigung der Position eines potentiellen Käufers kommt.[148]

Im Jahr 2000 wurde mit dem mittlerweile mehrfach aktualisierten *IDW S 1* (derzeit: IDW S 1 i. d. F. 2008) ein neuerlicher Versuch zur Normierung der Verhaltensweisen und Bewertungsverfahren für den Berufsstand durch das IDW vorgelegt.[149] Die Aussagefähigkeit des „objektivierten" Wertes wird in Anbetracht der unveränderten Vernach-

---

[144] DÖRNER, Unternehmensbewertung (1992), S. 6, Fn. 28.

[145] Vgl. zur Kritik z. B. LUTZ, Konsens und Dissens (1981), S. 151 f., SCHILDBACH, Wirtschaftsprüfer (1981), MAUL, Offene Probleme (1992), BRETZKE, Unternehmungsbewertung (1993), BALLWIESER, Aktuelle Aspekte (1995), S. 126, SCHILDBACH, Der Verkäufer und das Unternehmen (1995), BORN, Unternehmensbewertung (2003), S. 19 f.

[146] Vgl. BRETZKE, Unternehmensbewertung (1993).

[147] BORN, Unternehmensbewertung (2003), S. 19.

[148] Vgl. SCHILDBACH, Wirtschaftsprüfer (1981), SCHILDBACH, Phasenorientierte Funktionenlehre (1993), SCHILDBACH, Der Verkäufer und das Unternehmen (1995). Siehe zur Kritik auch BENDER/LORSON, Kritische Würdigung (1996), welche jedoch bedenklicherweise die DCF-Verfahren als Ausweg sehen, sowie BALLWIESER, Sicht der Betriebswirtschaftslehre (2001), S. 4–6.

[149] Vgl. INSTITUT DER WIRTSCHAFTSPRÜFER, IDW S 1 i. d. F. 2000 (2000), sowie explizit zu den Änderungen SIEPE/DÖRSCHELL/SCHULTE, Der neue IDW-Standard (2000). Siehe auch WAGNER, Die Unternehmensbewertung (2007). Der Beitrag von SIEPE/DÖRSCHELL/SCHULTE, Der neue IDW-Standard (2000), wird von FISCHER-WINKELMANN als „Laudation im Sinne eines Selbstlobes" [Quelle: FISCHER-WINKELMANN, IDW Standard (2003), S. 83 (Hervorhebungen im Original)] bezeichnet, weil die Verfasser unter anderem selbstreferentiell konstatieren, daß der am aktuellen Stand der Diskussion der Unternehmensbewertung in Theorie und Praxis" (S. 947) ist. Weiterführend warnt FISCHER-WINKELMANN, IDW Standard (2003), S. 89, vor der dem IDW meist zugeschriebenen „offiziösen Autorität, die nicht dem faktischen rechtlichen Status entspricht. Das IDW ist ein ganz normaler Verein zur Interessenvertretung [...] [ihrer Mitglieder, einer Vielzahl deutscher Wirtschaftsprüfer], weshalb auch der Verpflichtungsgrad der vom IDW publizierten [..] [Grundsätze] etwa denen vom Vorstand eines Vereins für Kleintierzucht entspricht. Ob sich die Vereinsmitglieder daran halten oder nicht, bleibt ihnen überlassen!" Schließlich führt FISCHER-WINKELMANN auf S. 157 fort: „Und es ist unmissverständlich klarzustellen, weil z. B. in der Rechtsprechung bezüglich IDW S 1, HFA 2/1983 etc. unklare bzw. falsche Vorstellungen bestehen bzw. gezielt geweckt werden: alle ‚Verlautbarungen' des IDW (Institut der Wirtschaftsprüfer in Deutschland e.V.) haben lediglich den Status von Vereinsnachrichten!"

lässigung entscheidender Wertdeterminanten Ansatzpunkt fortwährender Kritik sein.[150] Somit handelt es sich beim „objektivierten" Wert aus funktionaler Sicht um einen Wert, der lediglich der Argumentation in Verhandlungen dienen kann, im Hinblick auf die Funktionen „Entscheidung" und „Vermittlung" sowie die Herleitung von Entscheidungs- und Arbitriumwerten jedoch untauglich ist. Ein „neutraler Gutachter" im Sinne des IDW übernimmt deshalb lediglich eine Argumentationsfunktion für seinen jeweiligen Auftraggeber, auch wenn dies aus Standessicht negiert wird.[151]

Darüber hinaus ersetzte der HFA im Rahmen des IDW S 1 i. d. F. 2000 in weiten Teilen bewährte deutsche und europäische Gütestandards und Fachbegriffe durch US-amerikanische Gepflogenheiten und Bezeichnungen.[152] In Verkennung gravierender theoretischer Unterschiede zwischen dem Ertragswertverfahren und den vielen „Discounted Cash Flow"-Verfahren (DCF-Verfahren) empfiehlt das IDW gleich alle diese Verfahren als äquivalente Konkretisierungen der Zukunftserfolgswertmethode.[153] Mit der Verabschiedung des IDW S 1 i. d. F. 2000 vollzog der HFA des IDW einen Über-

---

[150] Vgl. unter anderem HOMMEL/BRAUN/SCHMOTZ, Neue Wege? (2001), FELDHOFF, Der neue IDW-Standard (2000), HAYN, Funktionale Wertkonzeptionen (2000), FISCHER-WINKELMANN, IDW Standard (2003), HERING, IDW-S1 (2004), HERING/BRÖSEL, Argumentationswert (2004) und FISCHER-WINKELMANN, Sollen impliziert Können (2009). In diesem Zusammenhang ist an den Titelzusatz von FISCHER-WINKELMANN: „in aere aedificatus!" zu erinnern, welchen er mit „eine Luftnummer!" übersetzt; vgl. FISCHER-WINKELMANN, IDW Standard (2003), S. 79.

[151] „Die schweizerische Treuhand-Kammer hat 1994 erstmals eine Verlautbarung zum Thema Unternehmensbewertung erlassen. Dabei ging es nicht um Technik und Methode der Unternehmensbewertung, sondern um das angemessene Verhalten des Bewerters (Stellung, Anforderungen, Mandatsannahme, Mandatsabwicklung, Berichterstattung, Qualitätskontrolle)", so HELBLING, Unternehmensbewertung (1998), S. 681 (Hervorhebungen im Original). Vgl. den Abdruck der Fachmitteilung der schweizerischen Treuhand-Kammer „Unternehmensbewertung – Richtlinien und Grundsätze für den Bewerter" in HELBLING, Unternehmensbewertung (1998), S. 681–695.
Für Österreich hat die (österreichische) Kammer der Wirtschaftstreuhänder (KWT) am 27. Februar 2006 eine neue Fassung des Fachgutachtens KFS BW 1 beschlossen: KFS BW 1 2006, welche die ursprüngliche Fassung vom 20. Dezember 1989 (KFS BW 1 1989) mit Wirkung des 1. Mai 2006 ersetzt. Die neue Fassung orientiert sich stark am aktuellen IDW S 1 und an der aktuellen „Mode". So sind hier beispielsweise Methodenpluralität (Empfehlung der Anwendung der DCF-Verfahren und des Ertragswertverfahrens als vermeintlich gleichwertige Methoden) sowie Verweise auf die Anwendung des CAPM zur Bestimmung „marktorientierter Risikozuschläge" bei der Bestimmung des Kapitalisierungszinssatzes zu finden. Siehe kritisch hierzu HAESELER/HÖRMANN/KROS, Unternehmensbewertung (2007), S. 57–62. Siehe zu einem Vergleich der deutschsprachigen Fachgutachten EGGER/KLOSTERMANN/MANDL, Fachgutachten (2006), MANDL/RABEL, Gegenüberstellung (2006), TRENTINI, Unternehmensbewertung (2006), EGGER/MANDL/KLOSTERMANN, Auslegungsfragen (2007), HAESELER/HÖRMANN, Prüfstand (2010), S. 77–93. Zur Kritik am bisherigen Fachgutachten KFS BW 1 1989 sowie auch zur Kritik am IDW S 1 i. d. F. 2000 MANDL/RABEL, Objektivierter Unternehmenswert (2003), S. 104–110. Mit Blick auf den Vorgänger des KFS BW 1 1989 vgl. auch NADVORNIK, Fachgutachten (1985).

[152] Nachfolgende Ausführungen erfolgen in enger Anlehnung an und teilweiser Übernahme von HERING/BRÖSEL, Argumentationswert (2004), S. 936 f. Zur weiterführenden Kritik am IDW S 1 i. d. F. 2000, welche auch für den aktuellen IDW S 1 gilt, hinsichtlich der vermeintlichen Äquivalenz von Ertragswertverfahren und den vielfältigen DCF-Verfahren siehe HERING, IDW-S1 (2004), und wiederum HERING/BRÖSEL, Argumentationswert (2004). Siehe aktuell auch INSTITUT DER WIRTSCHAFTS-PRÜFER, IDW S 1 i. d. F. 2008 (2008), S. 284.

[153] Der HFA des IDW knüpft damit an die Ausführungen der 11. Auflage des WP-Handbuches, Band II an, in dem es schon heißt: „Der Unternehmenswert, verstanden als Zukunftserfolgswert, kann nach dem in Deutschland bislang dominierenden Ertragswertverfahren oder nach dem international vorherrschenden Discounted Cash flow-Verfahren (DCF-Verfahren) ermittelt werden"; so SIEPE, Unternehmensbewertung (1998), S. 2 (Hervorhebungen und Fußnotenzeichen im Original).

gang von methodischer Klarheit (HFA 2/1983) zum Methodenpluralismus. Eine Begründung hierfür wird vom IDW nicht geliefert.[154]

Geradezu paradox erscheint in diesem Zusammenhang der etwas „angstvoll" klingende Hinweis des HFA, daß bei gleichen Annahmen Ertragswert- und DCF-Verfahren gleiche Werte lieferten und bei ungleichen Annahmen natürlich ungleiche Werte. Das klingt trivial und darum verdächtig: Wenn die DCF-Verfahren dem Ertragswertverfahren äquivalent sind, warum bedurfte es dann ihrer Aufnahme in den IDW-Standard (anstatt beispielsweise einer Fußnote, daß der Ertragswert in den USA als DCF bezeichnet wird)? Wenn sie nicht äquivalent sind, weil die Annahmen differieren, welche Annahmen sind dann „richtig" – die der Ertragswertmethode oder die der DCF-Verfahren? Und wenn es neue Erkenntnisse gibt, warum lassen sie sich nicht im Ertragswertverfahren berücksichtigen, sondern nur in einer anderen Begriffs- und Modellwelt?

Der Verdacht liegt nahe, daß es hier lediglich um eine Phase „paralleler Preisauszeichnung" gehen soll, an deren Ende nur noch die „neuen" DCF-Verfahren als die vermeintlich überlegenen empfohlen werden. Diese Konsequenz würde für die Arbeit des IDW indes einen bedeutenden theoretischen Rückschritt und praktischen Mißgriff darstellen.

Da das IDW im Rahmen „seiner" Entscheidungsfunktion nunmehr mit den verschiedenen DCF-Verfahren sogar zur Entscheidungswertermittlung untaugliche Verfahren vorschlägt, ist zu beachten, daß die Entscheidungsfunktion der funktionalen Theorie und die sog. Entscheidungsfunktion aus IDW-Sicht nicht mehr deckungsgleich sind. Letztere beinhaltet mithin nun auch die Ermittlung von Argumentationswerten im klassischen funktionalen Sinne.[155]

Am 18.10.2005 wurde eine neue Fassung des IDW S 1 durch den HFA des IDW verabschiedet.[156] Im IDW S 1 i. d. F. 2005 sind Neuformulierungen insbesondere im Hinblick auf die Ermittlung des Kapitalisierungszinssatzes im Sinne der adäquaten Alternativanlage sowie hinsichtlich der Vollausschüttungshypothese zu finden. Bezüglich der Alternativinvestition ist die Ermittlung des Kapitalisierungszinsfußes aus Aktien als Alternativanlage (statt bisher nach IDW S 1 i. d. F. 2000 relevanten festverzinslichen

---

[154] Siehe hierzu auch LÜDENBACH, Unternehmensbewertung nach IDW S 1 (2001). Ein drohendes Aufspringen auf den „amerikanischen" Zug offenbart sich bereits in der Dokumentation einer Podiumsdiskussion des IDW, siehe SIEPE ET AL., Podiumsdiskussion (1998), wobei z. B. ausgeführt wird: „Angelsächsische Methoden gewinnen zunehmend an Bedeutung. Wir haben das gestern gehört bei der Erörterung weltweiter Rechnungslegungsnormen; das gilt aber auch für angelsächsische Methoden bei der Bewertung von Unternehmen" (so SIEPE, S. 258) sowie „Wenn Investoren aus angloamerikanischen Ländern nach Deutschland kommen – und diese sind nun einmal mit dem DCF-Verfahren vertrauter als mit dem deutschen Ertragswertverfahren –, so werden diese eher geneigt sein, Bewertungen nach der DCF-Methode zu akzeptieren" (so REINKE, S. 258). An dieser Stelle sei der „Knittelvers: In Treue fest, den Blick nach West, und nur nicht selber denken." zitiert, wie er sich bei SCHNEIDER, Pegasus mit Klumpfuß (1998), S. 1478, findet.

[155] Vgl. HERING/BRÖSEL, Argumentationswert (2004), insbesondere S. 939. Fundamentale Kritik an den DCF-Verfahren findet sich unter anderem auch bei HERING, Atmende Finanzierung (2005).

[156] Vgl. INSTITUT DER WIRTSCHAFTSPRÜFER, IDW S 1 i. d. F. 2005 (2005). Dem IDW S 1 i. d. F. 2005 ging ein entsprechender Entwurf (IDW ES 1 i. d. F. 2005) voraus, welcher am 09.12.2004 vom HFA verabschiedet wurde. Siehe hierzu INSTITUT DER WIRTSCHAFTSPRÜFER, IDW ES 1 i. d. F. 2005 (2005). Hierzu – lediglich deskriptiv – BEYER/GAAR, Neufassung des IDW S 1 (2005). Siehe auch KAMES/RICHTER, Abfindungsangebote (2004), HILLMER, Unternehmensbewertung (2005). Zur kritischen Würdigung dieses Entwurfs siehe insbesondere FISCHER-WINKELMANN, Weiterentwicklung? (2006).

Wertpapieren) möglich.[157] Darüber hinaus wird sich von der bislang unterstellten Voll-ausschüttungshypothese gelöst. Vielmehr ist eine Annahme über das wahrscheinliche Ausschüttungsverhalten zu treffen, wobei sich hierfür in der ersten Phase des Prognose-zeitraumes am „dokumentierten" Unternehmenskonzept und (gegebenenfalls) in der zweiten Phase am Ausschüttungsverhalten der Alternativanlage orientiert werden soll.[158] Schließlich wird neben dem bereits im IDW S 1 i. d. F. 2000 empfohlenen sog. (Standard-)CAPM, welches persönliche Ertragsteuern prämissengemäß nicht berück-sichtigt, ein sog. Tax-CAPM angepriesen, das zur Abbildung unterschiedlichster Be-steuerungswirkungen dienlich sein soll.[159]

Diese mit dem IDW S 1 i. d. F. 2005 gewählte Konzeption wurde bei der Neufas-sung im Jahre 2008 beibehalten. Der IDW S 1 i. d. F. 2008[160] offenbart demgegenüber hauptsächlich Anpassungen aufgrund „der Unternehmensteuerreform 2008 sowie Klar-stellungen hinsichtlich der unterschiedlichen Bewertungsanlässe und diesbezüglich zu treffende Typisierungen."[161] Die (bereits genannten) fundamentalen Probleme (z. B. ein unverändertes Festhalten am „objektivierten" Wert, die Präsentation zur Entscheidungs-wertermittlung untauglicher Verfahren sowie die gleichzeitige vermeintliche Nichtak-zeptanz des Argumentationswertes), welche bereits den Vorgängererfassungen des Be-wertungsstandards aus entscheidungstheoretischer Sicht innewohnten, bleiben jedoch auch nach den erfolgten Neuregelungen weiterhin ungelöst. Diesbezüglich sei auf die ausführlichen und kritischen Ausführungen im Abschnitt 5.1.4.3 verwiesen.

---

[157]   Vgl. INSTITUT DER WIRTSCHAFTSPRÜFER, IDW S 1 i. d. F. 2005 (2005), S. 1312 und S. 1315.

[158]   Vgl. INSTITUT DER WIRTSCHAFTSPRÜFER, IDW S 1 i. d. F. 2005 (2005), S. 1308.

[159]   Vgl. INSTITUT DER WIRTSCHAFTSPRÜFER, IDW S 1 i. d. F. 2005 (2005), S. 1312, S. 1315, S. 1317 und insbesondere S. 1320 f. Siehe auch BAETGE/LIENAU, Berücksichtigung von Steuern (2005), WEN-GER, Verzinsungsparameter (2005), LAAS, Einkommensteuerwirkungen (2006), WAGNER ET AL., Un-ternehmensbewertung (2006).

[160]   Siehe INSTITUT DER WIRTSCHAFTSPRÜFER, IDW S 1 i. d. F. 2008 (2008).

[161]   ROHDE, Spannungsfeld (2008), S. S 124. Siehe auch BALLWIESER, Der neue IDW S 1 (2008), WAG-MER/SAUR/WILLERSHAUSEN, Neuerungen (2008).

1.3.2 Nebenfunktionen und ihre Wertarten im Überblick

„Unternehmensbewertungen sind stets nur Mittel für bestimmte Zwecke. Diese Zwecke ergeben sich aus den Anlässen der Unternehmensbewertung."[162] Während die dargestellten Hauptfunktionen auf jene Anlässe ausgerichtet sind, die sich auf eine schon eingetretene oder erwogene Änderung der Eigentumsverhältnisse am zu bewertenden Unternehmen beziehen, seien nunmehr mit den *Nebenfunktionen* jene Anlässe betrachtet, in denen „Unternehmungen nicht primär zum Zwecke von Entscheidungen bewertet werden, mit denen eine Veränderung der Eigentumsverhältnisse der zu bewertenden Unternehmung beabsichtigt ist."[163] Einleitend wird ein Blick auf den „ursprünglichen" exemplarischen Katalog der Nebenfunktionen geworfen. Vor dem Hintergrund der wachsenden Bedeutung der Unternehmensbewertung ist eine Ausweitung des Kataloges erforderlich. Bevor ein entsprechender Nebenfunktionenkatalog präsentiert wird, soll sich kritisch mit einem Vorschlag aus der Unternehmensbewertungsliteratur auseinandergesetzt werden, welcher auf COENENBERG/SCHULTZE[164] zurückzuführen ist, die eine grundsätzliche Neuordnung der (Haupt- und Neben-)Funktionen vorschlagen.[165]

Im Rahmen der Nebenfunktionen geht es nicht in erster Linie um interpersonale Konflikte und ebenso nicht um strittige Auseinandersetzungen über die Bedingungen einer Änderung der Eigentumsverhältnisse.[166] Die Nebenfunktionen werden im Rahmen der Literatur zur funktionalen Bewertung im Vergleich zu den Hauptfunktionen bisher vernachlässigt.[167] Zwar werden als Nebenfunktionen gewöhnlich die Information oder Kommunikation sowie die Steuerbemessung und die Vertragsgestaltung genannt und in diversen Veröffentlichungen isoliert analysiert,[168] es existiert jedoch weder ein umfassender Katalog der Nebenfunktionen,[169] noch kann davon gesprochen werden, daß sich eine herrschende Meinung hinsichtlich der Bezeichnungen der als Nebenfunktionen anzusehenden Aufgabenstellungen herausgebildet hat. Dies überrascht, weil seit einigen Jahren *in verschiedenen Teildisziplinen der Betriebswirtschaftslehre eine zunehmende Bedeutung des „Unternehmenswertes"* und somit der Problematik der Bewertung von Unternehmen zu beobachten ist.[170] So sind Begriffspaare wie „wertorientiertes Controlling", „wertorientierte Unternehmensführung" oder „wertorientierte Vergütung"

---

[162] *BELLINGER/VAHL*, Unternehmensbewertung (1992), S. 30.

[163] *MATSCHKE*, Arbitriumwert (1979), S. 17.

[164] Vgl. *COENENBERG/SCHULTZE*, Konzeptionen und Perspektiven (2002).

[165] Nachfolgende Ausführungen dieses Abschnitts basieren weitgehend auf *BRÖSEL*, Nebenfunktionen (2006).

[166] In Analogie zur Eingrenzung der Hauptfunktionen durch *MATSCHKE*, Arbitriumwert (1979), S. 17. Somit ist es auch nicht gerechtfertigt, im Rahmen der Nebenfunktionen von Konfliktsituationen zu sprechen. Im Hinblick auf die Nebenfunktionen soll deshalb nachfolgend von Bewertungssituationen gesprochen werden.

[167] Dies bemängelt auch *HENSELMANN*, Gründe und Formen (2006), S. 154.

[168] Vgl. beispielsweise *COENENBERG/SIEBEN*, Unternehmungsbewertung (1976), Sp. 4063, *GUTHARDT/SIELAFF*, Steuerbilanz und Vermögensaufstellung (1977), *SIELAFF*, Steuerbemessungsfunktion (1977), *MOXTER*, Unternehmensbewertung 2 (1983), S. 64–73, sowie *SIEBEN/LUTZ*, Abfindungsklauseln (1985), und *SANFLEBER*, Abfindungsklauseln (1990).

[169] *SIEBEN*, Funktionen der Bewertung (1983), S. 539, hierzu: „Der Katalog der Hauptfunktionen ist abschließend formuliert. Der in der Literatur anzutreffende Katalog von Nebenfunktionen ist demgegenüber exemplarisch zu verstehen." Im Unterschied zu den Hauptfunktionen wird es auch niemals einen abschließenden Nebenfunktionenkatalog geben.

[170] Vgl. *COENENBERG/SCHULTZE*, Konzeptionen und Perspektiven (2002), S. 598.

Beispiele für die stetig wachsende Relevanz der Unternehmensbewertung.[171] Da die Bezeichnung „Nebenfunktion" nicht im Sinne von „weniger bedeutend" verstanden werden darf, sondern vielmehr einerseits der historisch begründete Ausdruck für die Bewertungsaufgaben ist, die nicht auf eine Änderung der Eigentumsverhältnisse am bewerteten Unternehmen ausgerichtet sind, und andererseits die Hauptfunktionen als grundlegende Funktionen zu betrachten sind, deren Werten auch im Rahmen der Nebenfunktionen eine zentrale Bedeutung zukommen kann, liegen bei den genannten Beispielen Bewertungszwecke vor, die den Nebenfunktionen zuzuordnen sind.

COENENBERG/SCHULTZE[172] versuchen vor dem Hintergrund der dargestellten verstärkten Einflußnahme der Unternehmensbewertung auf verschiedene betriebswirtschaftliche Teildisziplinen die Funktionen der Unternehmensbewertung, also auch die Hauptfunktionen, grundsätzlich neu zu ordnen. Hierbei unterscheiden sie in fünf Funktionen: die „gutachterliche Bewertung", die „beratungsorientierte Bewertung bei Unternehmenskäufen", die „relative Bewertung am Kapitalmarkt", die „Bewertung für das wertorientierte Controlling" und die „Fair Value-Ermittlung im Reporting". Die in *Abbildung 16*[173] dargestellte *Systematik nach COENENBERG/SCHULTZE* erscheint, wie nachfolgend demonstriert wird, weder sachgerecht noch im Hinblick auf die genannten Beispiele vollständig.

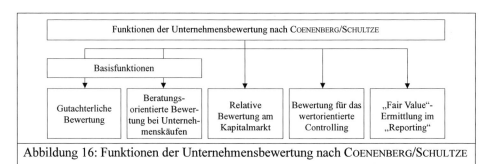

Abbildung 16: Funktionen der Unternehmensbewertung nach COENENBERG/SCHULTZE

Der *„gutachterlichen Bewertung"* werden von COENENBERG/SCHULTZE die vom IDW vorgeschlagene Funktion des „neutralen Gutachters", der – trotz aller dargestellten fundamentalen Probleme – einen „objektivierten" Unternehmenswert ermitteln soll, sowie die eigentliche Hauptfunktion „Vermittlung" zugeordnet. Der *„beratungsorientier-*

---

[171] Zu dieser Kategorie müssen auch Bewertungen gerechnet werden, die heutzutage unter dem Schlagwort der Steigerung des Unternehmenswertes für die (vorhandenen) Eigner („Shareholder Value") diskutiert werden, sofern dadurch die Fundierung von Entscheidungen der Unternehmensführung angestrebt wird. Siehe beispielsweise HANSSMANN, Wertorientiertes strategisches Management (1988), BÜHNER, Management-Wert-Konzept (1990), GOMEZ, Wertmanagement (1993), HERTER, Unternehmenswertorientiertes Management (1994), ARBEITSKREIS „FINANZIERUNG" DER SCHMALENBACH-GESELLSCHAFT – DEUTSCHE GESELLSCHAFT FÜR BETRIEBSWIRTSCHAFT E. V., Wertorientierte Unternehmenssteuerung (1996), BÜHNER, Unternehmenssteuerung (1996), GÜNTHER, Controlling (1997), RAPPAPORT, Shareholder Value (1998), KOLLER/GOEDHART/WESSELS, Valuation (2010) sowie kritisch HAESELER/HÖRMANN, Prüfstand (2010), S. 36–38.

[172] Vgl. hierzu COENENBERG/SCHULTZE, Konzeptionen und Perspektiven (2002), S. 599 f., sowie SCHULTZE, Unternehmensbewertung (2003), S. 10–12. Siehe auch COENENBERG, Bewertung von Unternehmen (2003), S. 27–29.

[173] In Anlehnung an COENENBERG/SCHULTZE, Konzeptionen und Perspektiven (2002), S. 599, sowie SCHULTZE, Unternehmensbewertung (2003), S. 10.

ten Bewertung bei Unternehmenskäufen" werden hingegen die beiden weiteren klassischen Hauptfunktionen „Entscheidung" und „Argumentation" subsumiert. Die „gutachterliche Bewertung" und die „beratungsorientierte Bewertung" sehen COENENBERG/
SCHULTZE dabei als „Basisfunktionen der Unternehmensbewertung" an. Diese Darstellung und Zusammenfassung der „Basisfunktionen" wird dem funktionalen Anspruch einer zweckmäßigen Aufgabentrennung jedoch nicht gerecht: Aufgrund der bereits dargelegten Kritik am „objektivierten" Wert ist ein separater Ausweis des „objektivierten"
Wertes sowie eine Herauslösung aus dem „Argumentationswert" im Rahmen der Funktionenlehre der Unternehmensbewertung nicht sachgemäß. Eine Zusammenlegung der
Entscheidungs- und der Argumentationsfunktion verwischt darüber hinaus deren nachfolgend (insbesondere Kapitel 2 und 4) noch darzustellende gravierende Unterschiede[174]
und folgt somit den Unzulänglichkeiten praxisorientierter Bewertungsliteratur, in der im
Rahmen der Entscheidungsfunktion ungeeignete Verfahren propagiert werden, welche
sich um so mehr zur Argumentation eignen. Unabhängig von der zudem vorliegenden
unscharfen Trennung der Begriffe „Gutachter" und „Berater" ist COENENBERG/SCHULT-
ZE weiterhin vorzuhalten, daß für Bewertungen im Sinne der Entscheidungs- und Argumentationsfunktion nicht zwingend ein Rückgriff auf „Berater" oder auch auf „Gutachter" erforderlich ist. Diese Funktionen könnten auch durch das Bewertungssubjekt (oder
seine qualifizierten Mitarbeiter) selbst durchgeführt werden. Schließlich ist – die methodischen Kenntnisse vorausgesetzt – der „beste" Bewerter das Bewertungssubjekt selbst.

Als sog. *„relative Bewertung am Kapitalmarkt"* wird von COENENBERG/SCHULTZE
eine arbitrageorientierte Bewertung von Kapitalmarkttiteln im Sinne eines Vergleichs
von unterschiedlichen Preisen für identische Wertpapiere bezeichnet. COENENBERG/
SCHULTZE wollen die Bewertung einzelner Aktien nicht ihrer „beratungsorientierten Bewertung", von ihnen gedeutet als Kombination von Entscheidungs- und Argumentationsfunktion, unterwerfen, weil diese „primär auf den Kauf von ganzen Unternehmen
[...] abstellt"[175]. Bewertungsobjekte der Unternehmensbewertungstheorie können jedoch
– wie bereits dargestellt – sowohl ganze Unternehmen als auch abgrenzbare Unternehmensteile und somit auch einzelne Aktien sein, weil sich die Abgrenzbarkeit nicht nur
auf den räumlichen Aspekt bezieht. Die auf Änderungen der Eigentumsverhältnisse ausgerichteten Bewertungen von am Kapitalmarkt gehandelten Unternehmensanteilen sind
somit den klassischen Hauptfunktionen zu subsumieren.[176]

Unter der *„Bewertung für das wertorientierte Controlling"*[177] verstehen COENEN-
BERG/SCHULTZE die Ausdehnung der Erkenntnisse der Bewertungstheorie auf die Unternehmenssteuerung im Sinne „einer immer weitergehenden Ausrichtung aller unternehmerischen Entscheidungen am Unternehmenswert."[178] Sie machen deutlich, daß bei dieser Funktion nicht die „Beratung einer der Kaufparteien, sondern die Beratung der
Unternehmensführung" im Vordergrund steht. Inwieweit diese Funktion von der
„wertorientierten Unternehmensführung" abzugrenzen ist oder diese umfaßt, bleibt je-

---

[174] Vgl. kritisch zu dieser Zusammenlegung auch BALLWIESER, Unternehmensbewertung (2011), S. 5.

[175] COENENBERG/SCHULTZE, Konzeptionen und Perspektiven (2002), S. 600, und ebenso SCHULTZE, Unternehmensbewertung (2003), S. 11.

[176] Allerdings kann im Umkehrschluß nicht von Aktienkursen auf den Wert eines ganzen Unternehmens geschlossen werden. Vgl. OLBRICH, Bedeutung des Börsenkurses (2000).

[177] Vgl. COENENBERG/SCHULTZE, Konzeptionen und Perspektiven (2002), S. 600.

[178] COENENBERG/SCHULTZE, Konzeptionen und Perspektiven (2002), S. 598.

doch bei den Autoren unklar. Es wäre zudem zu prüfen, ob im Sinne der klassischen Unterteilung eine Nebenfunktion vorliegt und wie diese mit Blick auf die homogenen Bezeichnungen der bekannten Hauptfunktionen zu benennen wäre.

Bezüglich der *„Fair Value-Ermittlung im Reporting"*, wobei COENENBERG/SCHULTZE auf die Informationsbedarfe am Kapitalmarkt abzielen, ist es einerseits fraglich, welche explizite Funktion bei der von COENENBERG/SCHULTZE gewählten Bezeichnung im Sinne einer Aufgabenstellung verfolgt wird. Andererseits ist im Rahmen der Bilanzierung der „Fair Value" (im Sinne des beizulegenden Zeitwertes) einer von vielen relevanten Werten, weshalb es sich hier nicht um eine eigenständige Funktion handeln kann.[179] Bei dieser Funktion stellen COENENBERG/SCHULTZE lediglich auf den „Goodwill Impairment-Test nach FAS 142" ab und vernachlässigen in ihrem Funktionenkatalog unter anderem die Ermittlung von Geschäfts- oder Firmenwerten im Rahmen der handelsrechtlichen Bilanzierung und der Bilanzierung nach den sog. internationalen Rechnungslegungsstandards, den IFRS. Nicht zuletzt ignoriert der von COENENBERG/SCHULTZE vorgestellte Katalog weitere, bereits bekannte wesentliche Unternehmensbewertungsfunktionen, wie beispielsweise die Steuerbemessungsfunktion, die Vertragsgestaltungsfunktion oder die Unternehmensbewertung im Hinblick auf die „wertorientierte Vergütung", und ist deshalb nicht nur unzweckmäßig, sondern auch bezüglich bereits genannter bedeutender Anwendungszwecke der Unternehmensbewertung unvollständig.

Auch MANDL/RABEL[180] haben eine „Neuordnung" vorgelegt, die ebenso wie die bereits analysierten Vorschläge von COENENBERG/SCHULTZE kritisch zu betrachten ist.

---

[179] Vgl. auch OLBRICH, Bilanzierung von Immobilien (2003), S. 354.

[180] MANDL/RABEL, Methoden der Unternehmensbewertung (2012), S. 52 f., unterscheiden als Bewertungszwecke in die Ermittlung (a) von „Entscheidungswerten (Grenzpreisen)", (b) von „Marktwerten", (c) von „Schiedswerten", (d) von „Normwerten", (e) von „Argumentationswerten", (f) von „potentiellen Marktpreisen" und (g) von „objektivierten Unternehmenswerten". Während die Werte (a), (c) und (e) die klassischen Hauptfunktionen darstellen, handelt es sich bei (d) um eine (klassische) Nebenfunktion. Der Wert (g) kann lediglich als eine konkrete Ausprägung des Argumentationswertes bezeichnet werden.
Unklar ist, was MANDL/RABEL unter „Marktwerten" verstehen, denn einerseits äußern sie, daß dieser „dem Barwert aller zukünftigen Zahlungen, die die Kapitalgeber des Unternehmens (Eigen- und Fremdkapitalgeber) erwarten können" (S. 52), entspricht. Andererseits schreiben sie, daß diese „eine Bewertung durch den Markt" (S. 52) „fingieren" (S. 52). Da einerseits unklar ist, wer „der Markt" sein soll, und andererseits so die Ziele, Annahmen und Handlungsmöglichkeiten der auf dem Markt handelnden Subjekte zwangsweise vereinheitlicht werden sollen/müssen, können entsprechend ermittelte Werte bestenfalls der Argumentation dienen.
„Potentielle Marktpreise" (f) sollen nach MANDL/RABEL Aufschluß darüber „geben, welcher Preis bei einer Veräußerung des zu bewertenden Unternehmens auf einem bestimmten Markt erzielt werden kann". Welcher eigentliche Zweck dabei verfolgt wird, ist fraglich. Vielmehr scheint es so als ob bestimmte Bewertungsmethoden durch einen gewillkürten Zweck gerechtfertigt werden sollen. Kritisch hierzu auch BALLWIESER, Unternehmensbewertung (2011), S. 4.

Gleiches gilt in bezug auf die „Funktionenkataloge" von BALLWIESER[181] und von HENSELMANN/KNIEST[182].

Die nunmehr angestrebte Systematisierung der Nebenfunktionen soll in Form eines strukturierten Nebenfunktionenkataloges erfolgen, der möglichst die wesentlichen der derzeit bekannten Anlässe, welche die Nebenfunktionen betreffen, beinhaltet. Vor diesem Hintergrund sei zunächst ein Überblick der in der Literatur genannten bedeutenden Anlässe gegeben. Werden diese Anlässe nach dem Kriterium der Ausrichtung auf eine Änderung der Eigentumsverhältnisse am zu bewertenden Unternehmen oder abgrenzbaren Unternehmensanteil unterteilt und somit den Haupt- und Nebenfunktionen zugeordnet, ergibt sich die in *Abbildung 17*[183] dargestellte Übersicht.

---

[181] *BALLWIESER*, Unternehmensbewertung (2011), S. 1, unterscheidet in „(1) die Vorbereitung eigener und fremder Entscheidungen, (2) die Unterstützung von Argumentationen, (3) die Vermittlung zwischen streitenden Parteien, (4) die Ermittlung von Besteuerungsgrundlagen und (5) die Ermittlung von Bilanzwerten." Dabei erscheinen die Bewertung zur „Vorbereitung eigener und fremder Entscheidungen" (1), der er – neben dem erwogenen Eigentumswechsel – auch Bewertungen im Rahmen der Prüfungen der Kreditwürdigkeit und der Sanierungsfähigkeit zuordnet, sowie Bewertungen hinsichtlich der „Ermittlung von Bilanzwerten" (5), die handelsrechtliche sowie diverse internationale Normensysteme mit unterschiedlichen Zielen betreffen, nicht differenziert genug, um daraus Rückschlüsse auf das Bewertungsvorgehen zu ziehen.

[182] *HENSELMANN/KNIEST*, Unternehmensbewertung (2010), S. 40–42, unterscheiden ebenfalls nicht in Haupt- und Nebenfunktionen. Als mögliche Funktionen nennen und erläutern sie: (I) die „Bemessung von Zahlungs- oder Vermögensansprüchen" (der sie unter anderem die Vermittlungs- und die Steuerbemessungsfunktion zuweisen), (II) die „Auslösung von unmittelbaren Handlungsfolgen" (der sie beispielsweise die gerichtliche Bemessung des Abfindungsanspruchs eines aus einem Unternehmen ausscheidenden Gesellschafters subsumieren), (III) die „Lieferung von Informationen zur Unterstützung eigener Entscheidungen" (worunter nach ihrer Ansicht die klassische Entscheidungsfunktion und etwa Bewertungen im Rahmen der „wertorientierten Unternehmensführung" fallen), (IV) die „konventionalisierte Informationsübermittlung" (zu der sie die Unternehmensbewertungen im Zusammenhang mit der Bilanzierung nach handelsrechtlichen und internationalen Normen zählen) sowie (V) die „Verhaltensbeeinflussung mit Argumentationsrechnungen". Diese Unterscheidungen sind allerdings nicht trennscharf genug, weil beispielsweise Unternehmensbewertungen im Rahmen handelsrechtlicher Einzelabschlüsse neben der Funktion IV durchaus in die Funktionen I und sogar II eingeordnet werden könnten.

[183] Die Beispiele resultieren aus *MÜNSTERMANN*, Wert und Bewertung (1966), S. 13–18, *SIEBEN*, Funktionen der Bewertung (1983), S. 539, *BELLINGER/VAHL*, Unternehmensbewertung (1992), S. 30–32, *SIEBEN*, Unternehmensbewertung (1993), Sp. 4321, *SIEPE*, Die Unternehmensbewertung (2002), S. 4, *SCHULTZE*, Unternehmensbewertung (2003), S. 6 f. Unternehmensbewertungen im Rahmen von Ehescheidungen können beim Güterstand der Gütergemeinschaft und beim Güterstand der Zugewinngemeinschaft erforderlich sein. Zur Zuordnung des gesetzlichen Güterstandes zu den Hauptfunktionen siehe auch *OLBRICH*, Scheidung (2005), S. 133–141. Siehe in diesem Zusammenhang auch *LEHMANN*, Ermittlung des Zugewinns (2007), *OLBRICH*, Unternehmungsbewertung im Zugewinnausgleich (2007).

	Anlässe, die auf eine Änderung der Eigentumsverhältnisse am zu bewertenden Unternehmen ausgerichtet sind	Anlässe, die nicht auf eine Änderung der Eigentumsverhältnisse am zu bewertenden Unternehmen ausgerichtet sind
Beispiele für Bewertungsanlässe	– Kauf oder Verkauf – Kapitalerhöhung (z. B. im Rahmen einer Börseneinführung) – Unternehmen als Sacheinlage – Umwandlung (z. B. Fusion, Spaltung) – Privatisierung – Eintritt und Austritt oder Ausscheiden eines Gesellschafters (z. B. §§ 327a bis 327f AktG, § 738 BGB) – Entflechtung – Bar- und andere Abfindungen (§§ 305, 320 AktG, §§ 12, 15 UmwG) – Erbauseinandersetzungen (§§ 1922 bis 2385 BGB) – Ehescheidungen (§§ 1564 bis 1587 BGB) – Schadensersatz (§ 249 BGB) – Enteignung (Art. 14 GG) – Nachfolge	– Zuführung von Fremdkapital – „Wertorientierte Vergütung" des Personals – „Wertorientierte Unternehmensführung" – Verpfändung von Anteilen – „Wertorientiertes Controlling" – Pretiale Lenkung des Verhaltens von Gesellschaftern über Erfolgsbeteiligung und Abfindungsklauseln – Vertragliche Absicherung des Unternehmenswertes zu Pachtbeginn – Ermittlung von Besteuerungsgrundlagen – Kreditwürdigkeitsprüfung – Sanierungsprüfung – Insolvenzprüfung – Bewertungen im Rahmen der Bilanzierung (z. B. nach EStG, HGB oder IFRS) – übrige Bewertungen nach gesetzlichen Regelungen, die nicht den Hauptfunktionen zuzuordnen sind
	Anlässe, welche die Hauptfunktionen betreffen	Anlässe, welche die Nebenfunktionen betreffen

Abbildung 17: Beispiele für wesentliche Bewertungsanlässe

Hieraus ist zu erkennen, daß die bisher gewöhnlich genannten Nebenfunktionen, die Informations- oder Kommunikationsfunktion sowie die Steuerbemessungs- und die Vertragsgestaltungsfunktion, nicht alle relevanten Anlässe beinhalten. Während bei einem Anlaß, der sich auf eine schon eingetretene oder erwogene Änderung der Eigentumsverhältnisse bezieht, durchaus alle drei Hauptfunktionen von Bedeutung sein können,[184] zeichnet sich der nachfolgend dargestellte und auf BRÖSEL[185] beruhende Nebenfunktionenkatalog dadurch aus, daß die in *Abbildung 17* gezeigten Anlässe jeweils nur einer Nebenfunktion zugeordnet werden.

Nebenfunktionen der Unternehmensbewertung sind somit – wie in *Abbildung 18* aufgezeigt – die Kreditierungsunterstützung, die Steuerung, die Vertragsgestaltung, die Motivation, die Krisenbewältigungsunterstützung sowie die unter die Sammelfunktion „Gesetzes- oder Standardauslegung" fallenden Funktionen der Steuerbemessung, der Ausschüttungsbemessung und der Information.

---

[184] Vgl. COENENBERG/SIEBEN, Unternehmungsbewertung (1976), Sp. 4064. Siehe hierzu die Ausführungen zur Rolle der drei Hauptfunktionen beim Börsengang in HERING/OLBRICH, Börsengang junger Unternehmen (2002), sowie bei der Unternehmensakquisition in Osteuropa in BRÖSEL/BURCHERT, Akquisition (2004). Siehe auch BRÖSEL/KEUPER, Unternehmensakquisitionen (2006).

[185] Vgl. BRÖSEL, Nebenfunktionen (2006).

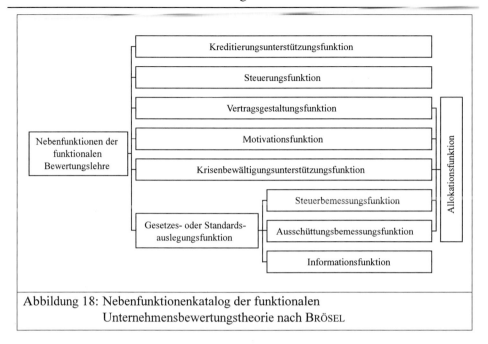

Abbildung 18: Nebenfunktionenkatalog der funktionalen Unternehmensbewertungstheorie nach BRÖSEL

Grundsätzlich stellen dabei die Motivations-, die Steuerbemessungs- und die Ausschüttungsbemessungsfunktion zugleich auch Allokationsfunktionen dar; unter Umständen kann der Allokationszweck auch der Vertragsgestaltungs- und der Krisenbewältigungsfunktion innewohnen. Während in der Literatur bisher die Vertragsgestaltungs-, die Steuerbemessungs- sowie die auch unter dem Terminus „Kommunikationsfunktion" auftretende Informationsfunktion als Nebenfunktionen der Unternehmensbewertung gelten, werden diese hier um weitere relevante Funktionen erweitert und – wie im Falle der ursprünglichen Informationsfunktion – neu zugeordnet.

Von einer Kreditierung wird gesprochen, „wenn Leistung und Gegenleistung in bezug auf ein und denselben Tauschvorgang zeitlich versetzt erfolgen."[186] Der *Kreditierungsunterstützungsfunktion* werden somit alle Bewertungen subsumiert, die im Zusammenhang mit Kreditbeziehungen zwischen Marktpartnern stehen. Die Unternehmensbewertung erfolgt i. d. R. durch den Kreditgeber, der einen Geld- oder auch einen Warenkredit gewährt. Eine wesentliche Bedeutung hat die Kreditierungsunterstützungsfunktion im Rahmen der externen Fremdfinanzierung. Diese umfaßt – wie in *Abbildung 19* dargestellt – jene Finanzierungsarten, bei der die Zuführung von Fremdkapital aufgrund der Außenbeziehung eines auch als Kreditnehmer bezeichneten Unternehmens zu Finanzmärkten erfolgt.[187]

---

[186] *MATSCHKE*, Finanzierung (1991), S. 12.

[187] Vgl. zu den Begriffen der Finanzierung *MATSCHKE*, Finanzierung (1991), S. 14–22.

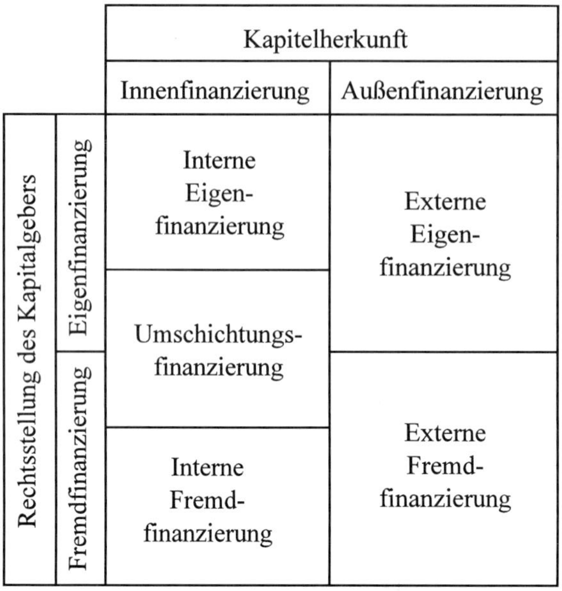

Kapitelherkunft		
	Innenfinanzierung	Außenfinanzierung
Eigenfinanzierung	Interne Eigen- finanzierung	Externe Eigen- finanzierung
	Umschichtungs- finanzierung	
Fremdfinanzierung	Interne Fremd- finanzierung	Externe Fremd- finanzierung

(Rechtsstellung des Kapitalgebers)

Abbildung 19: Finanzierungsartenmatrix

Vor diesem Hintergrund fallen unter die Kreditierungsunterstützungsfunktion vor allem jene Unternehmensbewertungen, die unter anderem durch Kreditinstitute als Bewertungssubjekt im Zusammenhang mit der Zuführung von Fremdkapital (aus der Sicht des Kunden des Kreditinstituts) und somit insbesondere im Rahmen der Kreditwürdigkeitsprüfung sowie hinsichtlich der Kreditsicherung (z. B. bei der Verpfändung von Anteilen und der Beleihungsgrenzenermittlung) durchgeführt werden.[188] Während bei der Unternehmensbewertung bezüglich der Kreditwürdigkeitsprüfung der Kreditnehmer im Sinne einer juristischen Person das Bewertungsobjekt darstellt, ist bei der Unternehmensbewertung angesichts der Kreditsicherung für die Wahl des Bewertungsobjekts entscheidend, ob Anteile des Kreditnehmers im Sinne einer juristischen Person oder Anteile dritter Unternehmen als Kreditsicherheit dienen sollen. Bei der Kreditierungsunterstützungsfunktion von einer Außenfinanzierungs- oder – noch allgemeiner – von einer Finanzierungsunterstützungsfunktion zu sprechen, wäre nicht treffend, weil diese Bezeichnungen auch jene Anlässe umfassen würden, welche nachfolgend als Ausschüttungsbemessungs- sowie als Informationsfunktion dargestellt werden. In diesen beiden Fällen steht die Beziehung des Unternehmens zu den derzeitigen oder den potentiellen Eigenkapitalgebern und nicht zu Kreditgebern im Mittelpunkt der Betrachtung.

Mit der gewachsenen Bedeutung und Akzeptanz des Controllings in Theorie und Praxis haben seine Definition sowie dessen Abgrenzung insbesondere zur Unterneh-

---

[188] Vgl. beispielsweise FRYDAG, Bewertung (1937), S. 147–149, KRÄMER, Unternehmensbewertung durch Kreditinstitute (2003), ZIMMERMANN, Bewertung in Bankenratings (2003).

mensführung in den vergangenen Jahren immer neue Blüten getrieben.[189] Grundsätzlich sind die Betrachtungsweisen des Controllings in die funktionale und in die institutionale Sicht zu differenzieren. Dabei bezeichnet *Controlling aus institutionaler Sicht* die spezifischen Aufgabenträger für das funktionale Controlling, welche die Unternehmensführung in ihrer Funktionsausübung beraten, unterstützen und entlasten, aber nicht aus ihrer Gesamtverantwortung entlassen. In Anbetracht der in der Controllingliteratur vorzufindenden vielfältigen Erklärungsversuche ergibt sich als „kleinster gemeinsamer Nenner" für die Definition des *Controllings aus funktionaler Sicht* die zielorientierte Steuerung des Unternehmens, welche sich auch als Führungsunterstützung durch Informationsbeschaffung und Koordination konkretisieren läßt.[190] „Wertorientierte Unternehmensführung" und „wertorientiertes Controlling" zielen somit in dieselbe Richtung: Während die „wertorientierte Unternehmensführung" die Zielsetzung verfolgt, den Unternehmenswert aus Sicht der Anteilseigner zu steigern,[191] muß das „wertorientierte Controlling" der „wertorientierten Unternehmensführung" geeignete Instrumente zur Verfügung stellen, die der Unternehmensführung fundierte Entscheidungen im Sinne dieses Ziels ermöglichen. Die „Wertorientierung" der Unternehmensführung fußt somit auf dem „wertorientierten Controlling", also der „wertorientierten Steuerung". Bewertungen im Sinne der „wertorientierten Unternehmensführung", für welche durch das „wertorientierte Controlling" die relevanten Informationen beschafft sowie die geeigneten Methoden und Instrumente zur Verfügung gestellt werden müssen, können demnach der *Steuerungsfunktion*[192] der Unternehmensbewertung subsumiert werden.[193]

---

[189] Vgl. hierzu ausführlich DINTNER, Controlling (1999). Siehe auch MATSCHKE/KOLF, Controlling (1980), SCHORCHT, Risikocontrolling (2004), S. 41–44, ROLLBERG, Operativ-taktisches Controlling (2012), S. 1–5.

[190] Vgl. HERING, Controlling (2001), S. 3.

[191] Vgl. HERING/VINCENTI, Wertorientiertes Controlling (2004), S. 343. Siehe zur Zielsetzung der Maximierung des Eigentümerkonsumstroms oder des Eigentümerkonsumnutzens FISHER, Theory of Interest (1930), HIRSHLEIFER, Investment Decision (1958), HAX, Lineare Programmierung (1964), sowie zum Konzept des Eigentümerwertes RAPPAPORT, Shareholder Value (1998), und auch KOLLER/GOEDHART/WESSELS, Valuation (2010). Siehe darüber hinaus beispielsweise WAGENHOFER/HREBICEK, Wertorientiertes Management (2000), WEBER ET AL., Wertorientierte Unternehmenssteuerung (2004).

[192] BEHRINGER, Unternehmensbewertung (2009), S. 88–90, spricht in diesem Zusammenhang von der Entscheidungshilfefunktion. Um diese Nebenfunktion einerseits von der Hauptfunktion „Entscheidung" deutlicher abzugrenzen und andererseits sowohl das „wertorientierte" Controlling als auch die „wertorientierte" Unternehmensführung innerhalb dieser Nebenfunktion zu integrieren, wird hier von der Steuerungsfunktion gesprochen. Bereits GÜNTHER, Controlling (1997), S. 73–76, spricht von der Steuerungsfunktion, welche er aber in Ermangelung der Berücksichtigung der in der funktionalen Theorie erfolgten Abgrenzung von Haupt- und Nebenfunktionen im Hinblick auf die Veränderung der Eigentumsverhältnisse am in Rede stehenden Unternehmen den Hauptfunktionen zuordnet. So führt er schließlich selbst aus [S. 75 f. (Hervorhebungen im Original hier kursiv nachvollzogen)]: „Die Aufgabe besteht nicht in der Bewertung einer sich abzeichnenden oder bereits erfolgten Transaktion, sondern in der *permanenten fiktiven Bewertung* des Unternehmens und seiner Einheiten als Teil eines Controlling-Konzeptes, ohne dass unmittelbar der Kauf oder Verkauf des Unternehmens oder von Unternehmensteilen zur Frage steht." GÜNTHER erkennt jedoch hinsichtlich der Steuerungsfunktion die erforderliche Subjektivität der Bewertung (S. 76): „Da der Steuerungsfunktion die Aufgabe zukommt, Entscheidungen des Managements zu unterstützen, handelt es sich um eine entscheidungsorientierte Unternehmensbewertung auf der Basis subjektiver Unternehmenswerte".

[193] „Die Steuerung des Unternehmenswertes insgesamt wird zunehmend als eine zentrale Aufgabe des Managements angesehen"; EICHMANN, Unternehmensbewertung (1992), S. 15.

Da mithin im Rahmen der „wertorientierten Unternehmensführung" alle unternehmerischen Entscheidungen darauf abzustellen sind, daß der Unternehmenswert aus Eignersicht maximiert wird, wäre eine permanente Unternehmensbewertung erforderlich. Um dies zu umgehen, muß auf alternative Instrumente zurückgegriffen werden, die fundierte Entscheidungen ermöglichen. Hierzu eignet sich beispielsweise das investitionstheoretische Partialmodell „Kapitalwert".[194] Aus Sicht der Eigentümer führt ein positiver Kapitalwert zu einer monetären Konsumerhöhung. „Transaktionen mit positivem Kapitalwert sind, um den finanziellen Konsumnutzen der Unternehmenseigentümer zu maximieren, in höchstmöglichem Umfang zu realisieren. Wertorientiert führen heißt also nichts anderes als Zahlungskonsequenzen der Handlungsalternativen ermitteln und investitionsrechnerisch entscheiden."[195] Vor diesem Hintergrund ist „wertorientiertes Controlling" – ebenso wie die „wertorientierte Unternehmensführung"[196] – „alter Wein in neuen Schläuchen" und kommt dem *Investitionscontrolling* auf Basis der Kapitalwertmethode gleich.[197] Der „wertorientierte Controller" hat in diesem Sinne vor allem „an der Quantifizierung der entscheidungsrelevanten Zahlungsströme mitzuwirken und die investitionstheoretischen Methoden bereitzustellen, mit deren Hilfe sich die zahlreichen Einzelentscheidungen im Unternehmen zielsetzungsgerecht abstimmen (synonym: koordinieren) lassen."[198] Innerhalb der Steuerungsfunktion der Unternehmensbewertung findet i. d. R. keine Unternehmensbewertung im eigentlichen Sinne statt, sondern es sollte lediglich der Rückgriff auf die investitionstheoretisch fundierten Erkenntnisse der Unternehmensbewertungstheorie erfolgen.[199] Im Hinblick auf den „alten Wein" sollte möglichst auf „neumodische Gewürze" verzichtet werden, um den „Geschmack", d. h. die betriebswirtschaftliche Fundierung und die Brauchbarkeit der Instrumente, nicht zu „trüben".

---

[194] COENENBERG/SCHULTZE, Konzeptionen und Perspektiven (2002), S. 600, äußern hierzu prägnant: „Das Treffen von Investitionsentscheidungen anhand des Kapitalwertkriteriums, das nichts anderes abbildet als den Unternehmenswertzuwachs der einzelnen Investition, ist Allgemeingut des Betriebswirts. Akzeptiert man die Kapitalwertmaximierung als Auswahlkriterium für Investitionsvorhaben, so wird deren Aggregat, die Unternehmenswertmaximierung, zum obersten Auswahlkriterium aller möglichen Strategien des Gesamtunternehmens." Zur Anwendung des Kapitalwertkriteriums im Rahmen des Controllings siehe beispielsweise WEBER/SCHÄFFER, Controlling (2011), S. 338–341 und S. 351–359.

[195] HERING/VINCENTI, Wertorientiertes Controlling (2004), S. 343. Vgl. zur Zieldimension „zukünftige finanzielle Rückflüsse" aus Eignersicht im Rahmen der wertorientierten Unternehmensführung und insbesondere im Hinblick auf den seit geraumer Zeit stark propagierten „Shareholder Value" HERING, Unternehmensbewertung (2006), S. 23, und WEBER/SCHÄFFER, Controlling (2011), S. 176 f.

[196] Vgl. O. V., Erfolgsschwelle (2004), HERING, Unternehmensbewertung (2006), S. 23.

[197] Vgl. HERING/VINCENTI, Wertorientiertes Controlling (2004), S. 344 und S. 360. Siehe auch COENENBERG/SCHULTZE, Konzeptionen und Perspektiven (2002), S. 600, und zudem die kritische Betrachtung der „Shareholder Value"-Ansätze in HELBLING, Unternehmensbewertung (1998), S. 82–84. Anderer Ansicht sind KÜTING/HEIDEN/LORSON, Neuere Ansätze (2000), S. 4, die unter anderem auf eine Erhöhung des sog. „inneren Unternehmenswertes" abzielen und dabei davon ausgehen, „daß der tatsächliche Börsenwert eines Unternehmens (Aktienkurs) langfristig um den inneren Unternehmenswert (fairen Aktienkurs) schwankt" und somit unterstellen, daß der Preis langfristig dem Wert entspricht.

[198] HERING/VINCENTI, Wertorientiertes Controlling (2004), S. 344. Siehe hierzu ausführlich auch HERING, Wertorientiertes Controlling (2008).

[199] Siehe auch PFAFF/BÄRTL, Akquisition (2000), PFAFF/KUNZ/PFEIFFER, Unternehmenssteuerung (2000), S. 562, DIRRIGL, Unternehmensbewertung (2003).

In der Literatur[200] tauchen im Zusammenhang mit der „wertorientierten Unternehmensführung" und dem „wertorientierten Controlling" die Begriffe des „Shareholder Value" und des „Stakeholder Value" auf, die beschreiben, ob der Wert aus der Sicht der „Anteilshalter" (Eigner, „Shareholder") oder aus der Sicht aller „Anspruchshalter" („Stakeholder") im Sinne des koalitionstheoretischen Unternehmenskonzepts (Aktionäre[201], Mitarbeiter, Kunden, Lieferanten, Nachbarn, Staat) zu verstehen ist und ob die Unternehmensführung vorrangig im Interesse der Eigner (Aktionäre) erfolgen soll. Das heißt, diese letzteren Begriffe berühren einerseits Fragen der „wertorientierten" Unternehmenssteuerung („Wertmanagement"), welche der dargestellten Steuerungsfunktion zuzurechnen ist, und andererseits Fragen der Unternehmensverfassung („Corporate Governance")[202], welche schließlich über das Gebiet der Unternehmensbewertung im Sinne einer anlaßbezogenen Bewertung hinausgehen. Beim „Shareholder"-Ansatz werden die „Stakeholder"-Ansprüche als ausschließlich kontraktbestimmt und somit als fest vorgegeben angesehen, während die „Shareholder"-Ansprüche rein residual interpretiert werden, so daß die Unternehmensleitung die Aufgabe hat, möglichst viele residuale finanzielle Mittel zur Befriedigung der „Shareholder"-Ansprüche bereitzustellen.

Im Rahmen der *Vertragsgestaltungsfunktion*[203] geht es um gesellschaftsrechtliche und andere vertragliche Gestaltungsprobleme, die sich auf die Wertfindung im Eintritt eines Konflikts beziehen oder das Verhalten der Gesellschafter beeinflussen sollen. Hierunter fallen beispielsweise die Formulierung von Regelungen zur pretialen Lenkung des Verhaltens von Gesellschaftern über Erfolgsbeteiligungen und Abfindungsklauseln in Gesellschaftsverträgen sowie die vertragliche Absicherung des Unternehmenswertes zu Pachtbeginn. Im Falle der Vertragsgestaltungsfunktion sind zwei Besonderheiten zu berücksichtigen. Einerseits erfolgt nicht zwingend eine Unternehmensbewertung[204]; die Erfüllung dieser Funktion im Sinne einer Vertragsgestaltung kann allein durch den Rückgriff auf die Erkenntnisse der Unternehmensbewertungstheorie erfolgen. Andererseits erfordert diese Funktion eine genauere Abgrenzung von den Hauptfunktionen: Während beispielsweise die Durchführung einer Bewertung zur Abfindungsbemessung im Falle des Ausscheidens eines Gesellschafters unter Rückgriff auf die Ergebnisse der Vertragsgestaltungsfunktion einen Anlaß betrifft,[205] der auf eine Änderung der Eigentumsverhältnisse abzielt, strebt das Bewertungssubjekt bei der Vertragsgestaltung selbst nicht explizit die Änderung der Eigentumsverhältnisse an. Bei der Vertragsgestaltungsfunktion liegt – im Unterschied zu den Hauptfunktionen – noch keine Konfliktsituation vor, vielmehr obliegt dieser Funktion ein im Hinblick auf spätere Konfliktsituationen präventiver Charakter.

---

[200] Siehe z. B. ALBACH, Shareholder Value (1994), KÜRSTEN, Shareholder Value (2000), ALBACH, Unternehmenswert (2001), COENENBERG, Shareholder Value (2003).

[201] Aktionäre/Eigner werden dabei üblicherweise nicht in den Kreis der „Stakeholder" einbezogen, gehören aber zum Unternehmen als Koalition. Vgl. zur Interpretation des Unternehmens als Koalition BARNARD, Executive (1938), CYERT/MARCH, Behavioral Theory (1963).

[202] Vgl. SPECKBACHER, Shareholder Value (1997).

[203] Vgl. hierzu SIEBEN/LUTZ, Sonderfragen (1983), SIEBEN/LUTZ, Abfindungsklauseln (1985), SANFLEBER, Abfindungsklauseln (1990), WAGNER, Vertragliche Abfindungsbemessung (1994), BEHRINGER, Unternehmensbewertung (2009), S. 85–87. Siehe auch WAGNER, Ausscheiden eines Gesellschafters (1971), S. 213–218.

[204] Vgl. BORN, Unternehmensbewertung (2003), S. 25.

[205] Hierdurch ergeben sich enge „inhaltliche Bezüge zu den Hauptfunktionen".

SIEBEN/LUTZ haben als erste auf die Vertragsgestaltungsfunktion hingewiesen. Es geht hauptsächlich um *gesellschaftsrechtliche Gestaltungsprobleme.* „Es ist, wenn ein Gesellschaftsvertrag abgefaßt wird, zu fragen, wie bei dem etwaigen Eintritt des Entschädigungsanlasses der Konflikt am besten gelöst werden soll und wie die erstrebte Konfliktlösung vertraglich abgesichert werden kann. Die verhaltensbeeinflussenden Wirkungen für die Zeit des Zusammenwirkens der Gesellschafter sind dabei mit ins Kalkül zu nehmen."[206] Bei Eintritt des Auseinandersetzungsfalls geht es darum, daß die Wertfindung entsprechend den vertraglichen Regelungen erfolgt, d. h., ein eingeschalteter Gutachter hat „das gesamte, von den vertragschließenden Parteien gemeinsam mit der Abfindungsregelung verfolgte Zielsystem zu berücksichtigen. Vom Gesellschafter wird erwartet, daß er die gemeinsam festgelegten Regeln akzeptiert, auch wenn er gemessen am ‚vollen' Wert der Benachteiligte ist. Er muß sich an die vereinbarten Spielregeln halten."[207] SIEBEN/LUTZ weisen darauf hin, daß Bewertungsprobleme immer dann auftauchen,

1. wenn etwas unklar oder nicht eindeutig geregelt worden ist,
2. wenn sich die Verhältnisse grundlegend gegenüber dem Vertragsabschlußzeitraum geändert haben oder
3. wenn eine Situation plötzlich zu bewältigen ist, an die nicht gedacht wurde oder nicht gedacht werden konnte.

Die Vertragsgestaltungsfunktion hat die pretiale Lenkung im Sinne der Verhaltenssteuerung im Blick und führt beispielhaft bestimmte Verhaltenswirkungen aus sog. unterwertigen und überhöhten Abfindungsregelungen an (vgl. *Abbildung 20*).[208] „Die vereinbarten Bewertungsklauseln müssen in ihren konkreten Ausprägungen mit den jeweiligen, auch das Zusammenleben der Gesellschafter betreffenden Ziele übereinstimmen, sich an ihnen messen lassen und auch als Ausdruck dieser Ziele verstanden werden. […] Diejenige Bewertungsklausel – sei es eine Ertragswert-, Buchwert- oder Substanzwertklausel, sei es eine Bewertung auf der Grundlage von Ertrag und Substanz, sei es eine Bewertung nach steuerlichen Vorschriften, oder sei es ein anderes Verfahren – ist die optimale, mit der die Ziele am besten erreicht werden. Die gefundenen Lösungen müssen im Einklang mit den gesetzlichen Möglichkeiten stehen und rechtlich durchsetzbar sein."[209]

---

[206] *SIEBEN/LUTZ*, Abfindungsklauseln (1985), S. 209.
[207] *SIEBEN/LUTZ*, Abfindungsklauseln (1985), S. 209.
[208] In enger Anlehnung an *SIEBEN/LUTZ*, Abfindungsklauseln (1985), S. 208.
[209] *SIEBEN/LUTZ*, Abfindungsklauseln (1985), S. 213.

	Kündigungsbedingtes Ausscheiden	Ausschließungsbedingtes Ausscheiden
	Unterwertige Abfindung	
Wirkung auf den potentiell Ausscheidenden (A)	Schlechterstellung A wird nicht so schnell von seinem Kündigungsrecht Gebrauch machen (kündigungsbeschränkende Wirkung).	Schlechterstellung A wird möglichst keine Veranlassung bieten, ausgeschlossen zu werden.
Wirkung auf die beim Ausscheiden verbleibenden Gesellschafter (V)	Besserstellung V versuchen möglicherweise, A „hinauszuekeln".	Besserstellung V haben vermögensmäßiges Interesse, A auszuschließen. Sie können A gegebenenfalls mit Ausschluß bedrohen, wenn er kein Wohlverhalten zeigt.
	Überhöhte (überwertige) Abfindung	
Wirkung auf den potentiell Ausscheidenden (A)	Besserstellung Kündigungsinteresse von A. A kann mit Kündigung drohen, wenn V kein Wohlverhalten zeigen.	Besserstellung A wird gegebenenfalls V provozieren, ihn auszuschließen. Starke Stellung von A.
Wirkung auf die beim Ausscheiden verbleibenden Gesellschafter (V)	Schlechterstellung V sind gegebenenfalls mit Kündigung durch A erpreßbar.	Schlechterstellung Ausschließungsbarriere für V.

Abbildung 20: Verhaltenswirkungen von Abfindungsregelungen nach SIEBEN/LUTZ

Als *Motivationsfunktion* wird jener Bewertungszweck bezeichnet, bei dem Unternehmensbewertungen erfolgen, „um arbeitsbezogenes Verhalten einzuleiten und dessen Form, Richtung, Stärke und Dauer zu bestimmen"[210] sowie schließlich die Arbeitsleistung der (motivierten) Personen positiv zu beeinflussen. So können sowohl der zu ermittelnde Unternehmenswert und die daraus resultierenden pekuniären Zuwendungen im Rahmen der „wertorientierten Vergütung" des Personals als auch bestimmte „Zielunternehmenswerte" als Anreizinstrumente der Motivation dienen. Eine Unternehmensbewertung sollte bei der Motivationsfunktion sowohl durch den Motivierenden als auch durch den (vermeintlich) Motivierten möglich sein und bestenfalls zum selben Ergebnis führen.

Damit eine „wertorientierte Vergütung" des Personals auch die Unternehmensführung[211] im Sinne der Erreichung der Unternehmensziele dauerhaft unterstützt, sind bei der Festlegung der Konventionen zur Unternehmensbewertung innerhalb der Motivationsfunktion (unter anderem in den Tarif- und Arbeitsverträgen) zwingend das Zielsystem des Unternehmens und dessen Entscheidungsfeld zu berücksichtigen.

Die *Krisenbewältigungsunterstützungsfunktion* umfaßt Unternehmensbewertungen, die im Zusammenhang mit Unternehmenskrisen durchgeführt werden. Unter einer Krise sei der „Prozeß verstanden, der durch nachhaltige und gravierende negative Zielabweichungen den Fortbestand eines (von der Krise betroffenen) Unternehmens ernstlich ge-

---

[210] *WEINERT*, Motivation (1992), Sp. 1430 (Hervorhebungen im Original). Siehe dort auch zur Abgrenzung von Motivation, Fähigkeit und Leistung.

[211] Zur Vergütung als Instrument der strategischen Unternehmensführung vgl. den Überblick und die weiteren Nennungen in *KADEL/MEIER*, Vergütung (1992), Sp. 2262. Siehe auch *RIEGLER*, Anreizsysteme (2000) und vor allem *TOLL*, Wertorientierte Vergütung (2013).

fährdet bzw. diesen ohne Einleitung von gegensteuernden Maßnahmen seitens der Unternehmensführung mit großer Wahrscheinlichkeit in absehbarer Zeit beenden würde, und der zudem in besonderem Maße durch eine situationsbedingte Begrenzung der zur Krisenbewältigung verfügbaren Zeitspanne sowie durch eine zumindest subjektiv empfundene Ungewißheit über den Erfolg dieser Bewältigungsbemühungen gekennzeichnet ist."[212] Eine Krisenbewältigung im Sinne einer Krisenbeendigung kann entweder durch erfolgreiche Sanierung des Unternehmens (*Krisenbewältigung durch erfolgreiche Sanierung*) oder durch Zusammenbruch des Unternehmens (*Krisenbewältigung durch Zerschlagung*) erfolgen.[213] Unternehmensbewertungen im Rahmen der Krisenbewältigungsunterstützungsfunktion können im Rahmen von Sanierungs-[214] und/oder von Insolvenzprüfungen[215] erforderlich sein.[216] Werden Unternehmensbewertungen bei Sanierungsprüfungen im Zusammenhang mit der Vergabe von Sanierungskrediten durchgeführt, liegt hier zudem eine Kreditierungsunterstützungsfunktion vor. Darüber hinaus kann einer Unternehmensbewertung mit dem Zweck der Krisenbewältigungsunterstützung auch die Allokationsfunktion innewohnen, wenn sich hierdurch beispielsweise Auswirkungen auf die Befriedigung der Gläubiger ergeben.

Bei den *Gesetzes- und Standardauslegungsfunktionen* steht die Konventionalisierung und Objektivierung im Sinne klar geregelter Bewertungsverfahren im Vordergrund. Hierbei soll vor allem das Ermessen der Bewerter mit Blick auf die Erstellung normierter Informationen oder auf die Ermittlung von Besteuerungsgrundlagen, besonders aus Gründen der Rechtssicherheit und Steuergerechtigkeit, reduziert werden. „Dies geschieht durch genaue Vorgaben und detaillierte Richtlinien darüber, welche Größen in die Bewertung einzubeziehen sind und wie die einzelnen Bewertungsschritte durchzuführen sind."[217] Zu diesen Funktionen zählen die Steuerbemessung, die Ausschüttungsbemessung und die Information. Erfolgen die Unternehmensbewertungen dabei im Rahmen der Bilanzierung, ist bei der Zuordnung zur entsprechenden Funktion von der jeweiligen Hauptaufgabe auszugehen, die mit dem zu erstellenden Jahresabschluß verfolgt wird.

Jahresabschlüsse haben gleichzeitig mehrere Aufgaben zu erfüllen, die je nach Rechnungslegungsnorm explizit genannt oder implizit aus den kodifizierten Normen zu eruieren sind. In Anbetracht der aus den unterschiedlichen Aufgaben resultierenden Zielkonflikte werden beispielsweise durch den Normgeber in verschiedenen Rechnungslegungssystemen bestimmte Aufgaben mehr oder weniger in den Mittelpunkt gerückt. Als wesentliche Jahresabschlußaufgaben gelten grundsätzlich die Dokumentation des Geschäftsablaufes, die Bestimmung von Bemessungsgrundlagen für erfolgsabhängige Zahlungen sowie die Information über die Lage des Unternehmens (vgl. *Abbildung 21*).[218]

---

[212] *VON DER OELSNITZ*, Krisenmanagement (1993), S. 18 f.

[213] Vgl. *GROSS*, Sanierung (1988), S. 3.

[214] Vgl. *WEGMANN*, Sanierungsprüfung (1987), insbesondere S. 131–186, *WEGMANN*, Unternehmensbewertung (1988), *PFITZER*, Sanierungsprüfung (2007).

[215] Vgl. *GELHAUSEN*, Insolvenzrecht (2007).

[216] Vgl. *SIEPE*, Die Unternehmensbewertung (2002), S. 4.

[217] *MANDL/RABEL*, Unternehmensbewertung (1997), S. 23.

[218] Vgl. hierzu und zum folgenden unter anderem *OESTREICHER*, Handels- und Steuerbilanzen (2003), S. 33–49.

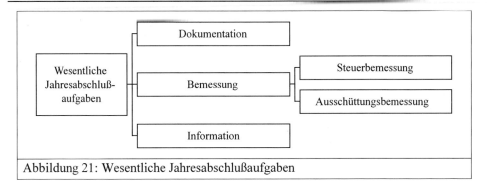

Abbildung 21: Wesentliche Jahresabschlußaufgaben

Die *Dokumentationsaufgabe* ergibt sich sowohl im Fremd- als auch im Eigeninteresse hauptsächlich aus der Pflicht der Kaufleute zur Führung von Büchern, wobei sich die Entstehung und die Abwicklung der Geschäftsvorfälle nachvollziehen lassen müssen. Diese Aufgabe tritt im Hinblick auf die Unternehmensbewertung regelmäßig in den Hintergrund. Die *Bemessungsaufgabe* von Jahresabschlüssen unterteilt sich in die Steuerbemessung und die Ausschüttungsbemessung. Erfolgt im Rahmen der Jahresabschlußerstellung die Ermittlung von Einkünften aus Unternehmen für fiskalische Zwecke, erfüllt dieser Abschluß die *Steuerbemessungsaufgabe*. Ist der innerhalb des Jahresabschlusses ermittelte Erfolg jedoch Anknüpfungspunkt für die Ergebnisverwendung im Sinne von Ausschüttungen an die Anteilseigner, wird mit dem Jahresabschluß die *Ausschüttungsbemessungsaufgabe* verfolgt. Die *Informationsaufgabe* soll vor allem Dritten Einblick in die wirtschaftliche Lage des Unternehmens geben, welche sich aus der Vermögens-, der Finanz- und der Erfolgslage[219] zusammensetzt. Je nachdem, ob die Aufgabe der Information, der Steuerbemessung oder der Ausschüttungsbemessung als Hauptaufgabe eines Rechnungslegungssystems identifiziert werden kann, sind die in diesem Zusammenhang stehenden Unternehmensbewertungen der entsprechenden, gleichnamigen Nebenfunktion zuzuordnen.

Im Rahmen der *Steuerbemessungsfunktion*[220] soll durch detaillierte Vorgaben in den fiskalischen Gesetzen und Richtlinien das Ermessen bei der Ermittlung des Steuerbemessungswertes (im Sinne von Steuerbemessungsgrundlagen) reduziert und somit Steuergerechtigkeit und Besteuerungsgleichmäßigkeit sowie Rechtssicherheit der Besteuerung geschaffen werden.[221] Darüber hinaus sollen die Bewertungsverfahren leicht zu handhaben sein, damit deren Anwendung weder den Finanzbeamten noch den Steu-

---

[219] Vgl. zur Diskussion hinsichtlich der Begriffe „Ertragslage" und „Erfolgslage" SCHORCHT/BRÖSEL, Ertragsmanagement (2005), S. 5 f.

[220] Vgl. hierzu FRYDAG, Bewertung (1937), S. 149–151, BORK, Problem der Bewertung (1941), COENENBERG/SIEBEN, Unternehmungsbewertung (1976), Sp. 4063, GUTHARDT/SIELAFF, Steuerbilanz und Vermögensaufstellung (1977), SIELAFF, Steuerbemessungsfunktion (1977), MOXTER, Unternehmensbewertung 2 (1983), S. 64–73, SCHLEITHOFF, Unternehmensbewertung (2006). Siehe in diesem Zusammenhang auch KOHL/SCHILLING, Unternehmensbewertung (2006), KOHL/SCHILLING, Grundsätze (2007), KUSSMAUL ET AL., Unternehmensbewertung (2008), OLBRICH/OLBRICH, Zugewinnausgleich (2008), BEHRINGER, Unternehmensbewertung (2009), S. 78–85, OLBRICH/HARES/PAULY, Unternehmensbewertung (2010), BRUCKMEIER/ZWIRNER/MUGLER, Erbschaftsteuerrecht (2011), MEYERING, Bewertungskalküle (2011).

[221] Vgl. BRÖSEL, Unternehmenswert (2009).

erpflichtigen größere Schwierigkeiten bereiten.[222] Zur Steuerbemessungsfunktion zählen die Ermittlung von Besteuerungsgrundlagen, worunter Unternehmensbewertungen im Sinne der Vermögensaufstellung für Zwecke der Substanzbesteuerung[223] sowie Bewertungen von Unternehmensanteilen innerhalb der Steuerbilanz (Jahresabschlußerstellung nach den Normen des EStG) für Zwecke der Besteuerung der Mehrungen des Betriebsvermögens[224] fallen. Im Zusammenhang mit der Steuerbemessungsfunktion wurde das sog. Stuttgarter Verfahren zur Ermittlung des „Gemeinen Wertes" nicht notierter Anteile an Kapitalgesellschaften aufgrund eines Urteils des BVerfG vom 7. November 2006 zum 1. Januar 2009 abgeschafft.[225] Seit dem 1. Januar 2009 besteht – wenn sich ein „gemeiner Wert" nicht aus den Verkäufen unter fremden Dritten innerhalb der letzten zwölf Monate ableiten läßt – gemäß § 11 Abs. 2 BewG das Wahlrecht, die Anteilsbewertung mit einer „auch im gewöhnlichen Geschäftsverkehr für nichtsteuerliche Zwecke üblichen Methode" oder dem sog. vereinfachten Ertragswertverfahren[226] nach §§ 199–203 BewG zu ermitteln. § 11 Abs. 2 BewG weist dabei darauf hin, daß bezüglich der „üblichen Methode" jene anzuwenden ist, „die ein Erwerber der Bemessung des Kaufpreises zu Grunde legen würde". Insofern reduzieren sich die „üblichen Methoden" der Unternehmensbewertung auf jene Methoden, die geeignet sind, den Entscheidungswert im Sinne eines maximal zahlbaren Preises aus Sicht des präsumtiven Erwerbers[227] (konkret also aus Sicht des Steuerpflichtigen) zu ermitteln.[228] Dies spricht gegen den Einsatz von kapitalmarkttheoretisch fundierten Bewertungsverfahren, wie den DCF-Verfahren, sowie gegen die Berücksichtigung des IDW S 1, weil nicht die „Üblichkeit" schlechthin, sondern eine solche hinsichtlich der Kaufpreisbemessung aus Erwerbersicht gefordert ist. In der Literatur wird diese Anforderung oftmals ignoriert.[229] Die Gesetzesformulierung widerspricht jedoch der Gesetzesbegründung, wonach „auf die Sicht eines gedachten Käufers abgestellt werden [soll], da dieser im Unterschied zum Verkäufer bemüht sein wird, den Preis möglichst niedrig zu halten."[230] Der Gesetzgeber verwechselt hierbei die Entscheidungsfunktion mit der Argumentationsfunktion. Während die Gesetzesbegründung auf die Argumentationsfunktion abzielt,[231] ist die Gesetzesformulierung auf die Entscheidungsfunktion ausgerichtet.[232]

---

[222]   Vgl. bereits BORK, Problem der Bewertung (1941), S. 67.

[223]   Vgl. zu den Zielsetzungen der Vermögensaufstellung u. a. BREITHECKER/SCHMIEL, Steuerbilanz (2003), S. 25 sowie S. 289–291, OESTREICHER, Handels- und Steuerbilanzen (2003), S. 48 f.

[224]   Vgl. zu den Zielsetzungen der Steuerbilanz BREITHECKER/SCHMIEL, Steuerbilanz (2003), S. 25 sowie S. 49–53, OESTREICHER, Handels- und Steuerbilanzen (2003), S. 44–48.

[225]   Siehe BVerfG, Beschluß des Ersten Senats vom 7. November 2006 (1 BvL 10/02).

[226]   Siehe hierzu z. B. HINZ, Unternehmensbewertung (2011), S. 307–320.

[227]   Kritisch hierzu im Hinblick auf die damit verbundene Entobjektivierung der Steuerbemessung KUSSMAUL ET AL., Unternehmensbewertung (2008), S. 477, MEYERING, Bewertungskalküle (2011), S. 276.

[228]   Vgl. OLBRICH/HARES/PAULY, Unternehmensbewertung (2010), S. 1250 f.

[229]   Siehe etwa BRUCKMEIER/ZWIRNER/MUGLER, Erbschaftsteuerrecht (2011). DÖRNER/PFÄNDER, Bewertung (2009), sowie HENSELMANN/BARTH, Übliche Bewertungsmethoden (2009), erachten in diesem Zusammenhang sogar den Einsatz von Multiplikatorverfahren für den Zweck der Steuerbemessung als zulässig.

[230]   BT-Drucks. 16/7918 (Fn. 11), S. 38.

[231]   Vgl. hierzu auch MEYERING, Bewertungskalküle (2011), S. 276 f.

[232]   Siehe ausführlich zur Auslegung und zu den Problemen der (Neu-)Regelung OLBRICH/HARES/PAULY, Unternehmensbewertung (2010).

Beim sog. vereinfachten Ertragswertverfahren ist schließlich ein um bestimmte Aspekte korrigierter Durchschnittsertrag der letzten drei vor dem Bewertungsstichtag abgelaufenen Wirtschaftsjahre mit einem Kapitalisierungsfaktor zu multiplizieren. Der Kapitalisierungsfaktor berücksichtigt als Zinssatz einen Basiszins, der sich aus der langfristig erzielbaren Rendite öffentlicher Anleihen ableitet, und einen Risikozuschlag von 4,5 %. Das benannte Wahlrecht zwischen der „üblichen Methode" und dem sog. vereinfachten Ertragswertverfahren kann jedoch gemäß § 199 Abs. 1 BewG nur ausgeübt werden, wenn das Ergebnis des vereinfachten Ertragswertverfahrens nicht zu offensichtlich unzutreffenden Ergebnissen führt. Dies ist jedoch – abgesehen davon, daß nicht konkretisiert ist, was unter „offensichtlich unzutreffend" zu verstehen ist[233] – in Anbetracht der in dieses Verfahren eingehenden Bewertungsparameter[234] regelmäßig zu erwarten, weshalb ausschließlich die Entscheidungswertermittlung aus Sicht eines Steuerpflichtigen sachgerecht wäre. Herausforderungen für die Steuerbehörden und die Rechtsprechung sind vor allem dahingehend vorprogrammiert, daß der Entscheidungswert aus Sicht des Steuerpflichtigen gegenüber den Finanzbehörden nicht unbedingt aufgedeckt wird und das typisierte „vereinfachte Ertragswertverfahren" sowie die in der Praxis „üblichen", jedoch lediglich „scheintypisierten" DCF-Verfahren umfangreiche Argumentationsmöglichkeiten bieten.[235]

Erfolgen Unternehmensbewertungen vor dem Hintergrund einer Bemessung von erfolgsabhängigen Ausschüttungen (an die Eigner) liegt die *Ausschüttungsbemessungsfunktion* vor. Hierunter fallen unter anderem Unternehmensbewertungen, die im Rahmen der Erstellung von Einzelabschlüssen nach HGB durchgeführt werden, weil die deutsche handelsrechtliche Jahresabschlußerstellung primär[236] den Zweck der Ausschüttungsbemessung verfolgt.[237] Die dabei zu beachtenden Bewertungsnormen sollen einerseits im Interesse der Gewinnberechtigten einen Schutz vor Gewinnverkürzung bieten und andererseits der Ausschüttungsbegrenzung – nicht nur im Sinne der Gläubiger – dienen.[238] Obwohl der Ausschüttungsbemessungszweck bisher überwog, wurden diese Unternehmensbewertungen der Bilanz-, Informations- oder Kommunikationsfunktion zugeordnet.[239] Zur Ausschüttungsbemessungsfunktion zählen zudem Bewertungen von Sacheinlagen bei Gründung und Kapitalerhöhung[240] sowie auch die Unternehmensbe-

---

[233] Der Hinweis auf einen „offensichtlich unzutreffenden" Wert setzt voraus, daß ein – wie auch immer ermittelter – „offensichtlich zutreffender" Wert ex ante bekannt ist und somit auch ermittelt wurde. Vgl. hierzu kritisch MEYERING, Bewertungskalküle (2011), S. 279 f. Siehe auch HECHT/VON CÖLLN, Fallstricke (2010), S. 1084 f.

[234] Siehe hierzu z. B. DÖRNER, Erbschaftsteuerreform (2009), S. 5 f.

[235] Vgl. OLBRICH/HARES/PAULY, Unternehmensbewertung (2010), S. 1252–1256, WAGNER, Möglichkeiten und Grenzen (2011), S. 86 f.

[236] Hierbei ist zu beachten, daß es sich im HGB nicht um „einen eindeutigen primären bzw. dominanten Jahresabschlusszweck" handelt, sondern der Gesetzgeber einen Kompromiß anstrebt, der „die divergierenden Interessen der Abschlussadressaten [..] zu berücksichtigen" sucht [beide Zitate aus: BAETGE/KIRSCH/THIELE, Bilanzen (2011), S. 106]. Siehe weiterführend zu den Beziehungen innerhalb des Zwecksystems im deutschen handelsrechtlichen Einzelabschluß BAETGE/KIRSCH/THIELE, Bilanzen (2011), S. 100–102, sowie auch SCHILDBACH, Jahresabschluss (2009), S. 8–39.

[237] Vgl. MINDERMANN/BRÖSEL, Jahresabschlusserstellung (2012), S. 3 f.

[238] Vgl. MOXTER, Grundsätze ordnungsgemäßer Rechnungslegung (2003), S. 3 f. und S. 7.

[239] Vgl. COENENBERG/SIEBEN, Unternehmungsbewertung (1976), Sp. 4063, SIEBEN, Funktionen der Bewertung (1983), S. 539, SIEBEN, Unternehmensbewertung (1993), Sp. 4316.

[240] Siehe hierzu z. B. LUTZ/MATSCHKE, Bewertung von Sacheinlagen (1992).

wertungen im Hinblick auf die Bestimmung eines angemessenen Ausgleichs nach § 304 AktG, wonach außenstehenden Aktionären im Falle eines Gewinnabführungsvertrages wiederkehrende Geldleistungen als Ausgleichszahlungen zustehen.

In der Literatur werden die Informationsfunktion und die Kommunikationsfunktion als Nebenfunktionen der Unternehmensbewertung bisher weder eindeutig definiert, noch begrifflich differenziert. Vor diesem Hintergrund soll sich hier überblicksartig mit den Begriffen „Information" und „Kommunikation" auseinandergesetzt werden. Nach WITTMANN[241], der den pragmatischen Aspekt[242] betont, ist *Information* zweckorientiertes Wissen, welches als Teilmenge des verfügbaren allgemeinen Wissens zur Vorbereitung zielorientierten Handelns dient.[243] Als *Kommunikation*[244] wird schließlich der Übermittlungs-, Bereitstellungs- oder Austauschprozeß bezeichnet, mit dem relevante Informationen zur richtigen Zeit in der richtigen Form am richtigen Ort verfügbar gemacht werden sollen. Somit wird die Information erst durch eine zielgerichtete Kommunikation zur wertvollen Ressource. Eine Information ist also im Sinne der Pragmatik zweckorientiertes Wissen, welches erzeugt, von einem Kommunikator in Signale umgewandelt und schließlich mit Hilfe des Prozesses der Kommunikation an einen Rezipienten übermittelt wird, damit dieser auf Basis dieses Wissens zielorientierte Handlungen vorbereiten kann. Kommunikation ist demnach kein Selbstzweck, sondern dient lediglich der Übermittlung, der Bereitstellung oder dem Austausch von Informationen und ist somit „Mittel zum Zweck". Damit der Empfänger zielorientierte Handlungen vorbereiten kann, ist die Aufgabe des Senders nicht in der Kommunikation mit dem Empfänger zu sehen, sondern dem Sender obliegt die Versorgung des Empfängers mit Informationen (wozu der Prozeß „Kommunikation" erforderlich ist). Im Hinblick auf die Nebenfunktionen der Unternehmensbewertung liegt entsprechend keine Kommunikationsfunktion, sondern eine Informationsfunktion vor.

---

[241] Siehe ausführlich WITTMANN, Information (1959), S. 13 ff., WITTMANN, Wissen (1979), Sp. 2264. Vgl. auch BODE, Information (1993), S. 275 f., GEMÜNDEN, Information (1993), sowie KEUPER, Information (2002), VINCENTI, Prognoseunsicherheit (2004), S. 157–164, KEUPER/BRÖSEL, Informationslieferant für das Wissensmanagement (2005).

[242] Innerhalb des Forschungsfeldes der Sprachtheorie umfaßt die Semiotik als Wissenschaft der allgemeinen Zeichentheorie die Teilgebiete „Syntax" („Syntaktik"), „Semantik" und „Pragmatik". Während sich die *Syntaktik* mit der Information als Verbindung sprachlicher, mathematischer, logischer und anderer Zeichen beschäftigt, kommt der *Semantik* die Aufgabe zu, den Bedeutungsinhalt einer Information zu betrachten. Im Rahmen der *Pragmatik* wird einer Information schließlich eine auf den Adressaten bezogene Ziel- oder Zweckorientierung zugeordnet. Vgl. FANK, Informationsmanagement (2001), S. 28–31, MERTEN, Kommunikationswissenschaft (2007), S. 45 und S. 149–153.

[243] Vgl. ROLLBERG, Unternehmensführung (1996), S. 40. Siehe zu Definitionen und (anderen) Abgrenzungsmöglichkeiten von „Wissen" und „Information" STELZER, Informations- versus Wissensmanagement (2003), m. w. N. Zur Definition von Wissen siehe WITTMANN, Wissen (1979).

[244] Vgl. ROLLBERG, Unternehmensführung (1996), S. 40. Siehe auch KARMASIN, Wahrheit (1993), S. 138–144, REICHWALD, Kommunikation (1993).

Die *Informationsfunktion* als Nebenfunktion der Unternehmensbewertungstheorie umfaßt somit jene Bewertungen von Unternehmen oder Unternehmensteilen, welche darauf zielen, Werte zu ermitteln, die einem Subjekt als Information im Sinne von zweckorientiertem Wissen zur Vorbereitung von zielorientiertem Handeln dient. Bezieht sich diese Handlungsvorbereitung auf die Planung und die Entscheidungsfindung im Hinblick auf den Kauf oder Verkauf von Unternehmen oder Unternehmensteilen, grenzt sich die Informationsfunktion insofern von der Hauptfunktion der Entscheidung ab, als bei der Informationsfunktion nicht das Unternehmen bewertet wird, welches in Teilen oder als Ganzes erworben oder veräußert werden soll, sondern lediglich die Unternehmen oder die Unternehmensteile, die von diesem wiederum als Beteiligungen gehalten werden. Der Informationsfunktion werden somit jene Unternehmensbewertungen subsumiert, welche die Bewertung von Unternehmen oder abgrenzbaren Unternehmens(an)teilen im Rahmen der Rechnungslegung betreffen, die primär darauf ausgerichtet sind, den Eigen- und/oder Fremdkapitalgebern normierte planungs- und entscheidungsrelevante Informationen, also Normwerte, zukommen zu lassen. Vor dem Hintergrund der Informationsaufgaben des HGB-Konzernabschlusses[245] sowie der Jahresabschlüsse nach US-GAAP[246] und nach IFRS[247] sind Unternehmensbewertungen, die im Rahmen der Bilanzierung (z. B. zur Ermittlung von Geschäfts- oder Firmenwerten) nach diesen Normen durchzuführen sind, dieser Funktion zuzuordnen. Die für die Wertermittlung geltenden Konventionen oder Normen, welche für die an diesem Informationsprozeß beteiligten Personen (Informationssender und -empfänger) relevant sind, ergeben sich aus dem jeweiligen Rechnungslegungssystem oder sind aus dessen Zielen und Regelungen (deduktiv) abzuleiten.[248] An der Ermittlung dieser Normwerte sind mit dem Normgeber sowie dem Sender und dem Adressaten der normierten Information im Sinne des Informationswertes drei Subjekte beteiligt, die grundsätzlich nicht identisch sind.

---

[245] Vgl. SCHILDBACH, Konzernabschluss (2008), S. 13–16.
[246] Vgl. SFAC 1, insbesondere SFAC 1.9 und SFAC 1.32–54.
[247] Vgl. IAS 1.7 und Rahmenkonzept § 12–14.
[248] Vgl. BRÖSEL, Unternehmenswert (2009).

In *Abbildung 22* ist hierzu das Modell des „Informationswertes" am Beispiel des IFRS dargestellt.[249] Als Normgeber agiert das IASB, welches die Konventionen für die Bewertung im Sinne der Informationsfunktion zur Verfügung stellt, weil es der Ansicht ist, daß die potentiellen Adressaten über entsprechende Informationsbedarfe im Hinblick auf den abzubildenden realen Sachverhalt verfügen. Diese Normen sind in den IFRS kodifiziert und dienen einerseits dazu, daß das bilanzierende Unternehmen [welches den Informations(ab)sender und somit den Normanwender I darstellt] den realen Sachverhalt (beispielsweise das zu bilanzierende Tochterunternehmen) in einem „Informationswert" abbilden kann (Kodierung). Diese Abbildung erfolgt in Form der Bilanzierung unter Beachtung der Konventionen in den Schritten „Ansatz", „bilanzielle Bewertung" und „Ausweis". Andererseits dienen die durch das IASB kodifizierten Normen den Adressaten der normierten Information, also den Abschlußadressaten (Informationsadressaten und somit Normanwender II), die ihnen übermittelten Werte zu interpretieren (Dekodierung), um somit eine Vorstellung über den realen Sachverhalt im Sinne von zweckgerichtetem Wissen zu erlangen. Auf Basis dieser Vorstellungen und anderer Informationen soll der Adressat schließlich planen und fundierte zielorientierte Entscheidungen treffen können.[250]

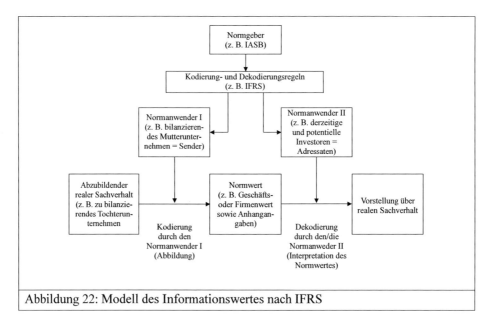

Abbildung 22: Modell des Informationswertes nach IFRS

---

[249]   Vgl. beispielsweise MANDL, Ermittlung des Nutzungswertes (2005), BALLWIESER, IFRS-Bilanzierung (2006). Siehe darüber hinaus zur Unternehmensbewertung im Rahmen von US-GAAP unter anderem BAETGE/KÜMMEL, Unternehmensbewertung (2003). An dieser Stelle sei z. B. auf KLINGELHÖFER, Wertorientiertes Controlling (2006), OLBRICH, Fragwürdigkeit (2006), OLBRICH, Wertorientiertes Controlling (2006), BRÖSEL/MÜLLER, Goodwillbilanzierung (2007), verwiesen, die sich kritisch mit der Übernahme der Ergebnisse des Niederstwerttestes nach IAS 36 für die „wertorientierte" Unternehmenssteuerung auseinandersetzen. Siehe auch OLBRICH, Zeitwertbestimmung (2011).

[250]   Zu den möglichen Auswirkungen der Bewertung im Rahmen der Nebenfunktion „Informationsfunktion" auf die Hauptfunktionen siehe BRÖSEL/KLASSEN, Auswirkungen des IFRS 3 und des IAS 36 (2006), BRÖSEL/MÜLLER, Goodwillbilanzierung (2007).

1.3.3 Empirische Analyse der Funktionen in der Bewertungspraxis

Im Jahre 2006 wurde von BRÖSEL/HAUTTMANN eine umfangreiche Erhebung zur Unternehmensbewertung durchgeführt, um den Kenntnisstand zur funktionalen Lehre sowie deren Umsetzung in der Praxis zu reflektieren.[251] Zu diesem Zweck wurden 480 Fragebögen an die 400 größten Unternehmen Deutschlands im Sinne von Nichtbanken und Nichtversicherungen, die 50 größten Banken Deutschlands sowie an die 30 größten Versicherungen Deutschlands verschickt. Die Auswahl der angeschriebenen Unternehmen richtete sich nach deren Umsatzstärke im Jahre 2004.

Es wurde davon ausgegangen, daß diese (größten) Unternehmen im Unterschied zu vielen kleinen und mittleren Unternehmen einerseits überhaupt Unternehmensbewertungen durchführen und andererseits in zahlreiche Transaktionen mit signifikantem Volumen involviert sind. Tatsächlich gaben von den antwortenden Unternehmen nur eine Bank und eine Versicherung an, in den letzten drei Jahren keinen Unternehmenskauf oder -verkauf durchgeführt zu haben. In Anbetracht des Fragebogenumfangs konnte eine erfreuliche Rücklaufquote von 11,88 % registriert werden, denn letztlich hatten 57 von 480 angeschriebenen Unternehmen einen ausgefüllten und auswertbaren Fragebogen zurückgesandt.[252]

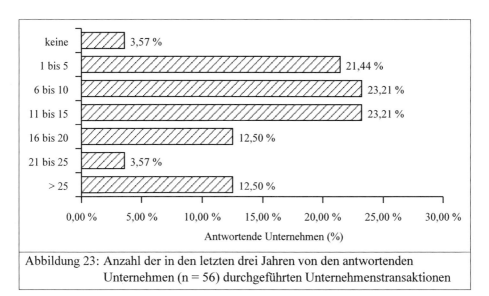

Abbildung 23: Anzahl der in den letzten drei Jahren von den antwortenden
Unternehmen (n = 56) durchgeführten Unternehmenstransaktionen

---

[251] Siehe zu dieser Studie BRÖSEL/HAUTTMANN, Empirische Analyse (2007), sowie die Auswertungsergebnisse im Anhang dieses Buches.

[252] Siehe zur Rücklaufquote dieser Studie und zur ausführlichen Beschreibung der Studienteilnehmer BRÖSEL/HAUTTMANN, Empirische Analyse (2007), S. 225 f.

Abbildung 23[253] zeigt die Anzahl der Unternehmenstransaktionen, welche die an der Studie beteiligten Unternehmen in den letzten drei Jahren (2003 bis 2005) durchgeführt haben. Die Prozentsätze beziehen sich dabei auf die Gesamtzahl der Unternehmen, die diese Frage beantwortet haben (56 von 57). Demnach haben über 50 % der antwortenden Unternehmen in den letzten drei Jahren mehr als zehn ·Unternehmenstransaktionen durchgeführt.

Die von den Unternehmen diesbezüglich angegebenen Transaktionsvolumina der letzten drei Jahre in Mio. Euro[254] werden schließlich in der *Abbildung 24*[255] dargestellt. Von den hier antwortenden 50 Unternehmen verzeichneten 62 % in den Jahren 2003 bis 2005 ein Transaktionsvolumen von über 100 Mio. €, 40 % der Unternehmen haben in diesem Zeitraum sogar Transaktionen von über 500 Mio. € durchgeführt.

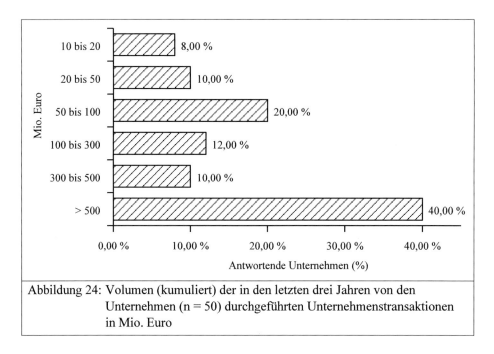

Abbildung 24: Volumen (kumuliert) der in den letzten drei Jahren von den
               Unternehmen (n = 50) durchgeführten Unternehmenstransaktionen
               in Mio. Euro

Da also in den letzten drei Jahren 29 der beteiligten Unternehmen mehr als zehn Unternehmenstransaktionen durchgeführt haben und zudem 20 Unternehmen ein Transaktionsvolumen von jeweils über 500 Mio. € realisierten, gewährt diese Studie einen aussagekräftigen Einblick in das Unternehmensbewertungsvorgehen durch große deutsche Unternehmen. Dies bestätigt auch die Tatsache, daß etwa 80 % der antwortenden Unternehmen „häufig" oder „sehr häufig" (andere) Unternehmen zum Kauf angeboten

---

[253] Quelle: *Brösel/Hauttmann*, Empirische Analyse (2007), S. 225. Vgl. die Erhebungsdaten zur Frage B6 im Anhang.

[254] Vgl. die Erhebungsdaten zur Frage B7 im Anhang.

[255] Quelle: *Brösel/Hauttmann*, Empirische Analyse (2007), S. 225. Die Prozentsätze beziehen sich dabei wiederum nicht auf die Gesamtzahl der Studienteilnehmer, sondern auf die Gesamtzahl der Unternehmen, die diese Frage beantwortet haben. Dies betrifft auch die nachfolgenden Auswertungen, sofern keine anderen Hinweise gegeben sind.

bekommen.[256] Hinsichtlich der Auswertungsergebnisse ist insgesamt zu beachten, daß diese nur auf einer geringen Zahl von Unternehmen beruhen. Mit Blick auf die Anzahl und das Volumen der Unternehmensbewertungen der Probanden in den letzten drei Jahren kann allerdings konstatiert werden, daß diese sich (vermutlich sogar überdurchschnittlich) stark mit Problemen der Unternehmensbewertung konfrontiert sehen. An dieser Stelle des Buches und in weiteren relevanten Abschnitten wird auf die Ergebnisse dieser Studie eingegangen.[257]

Die nachfolgende *Abbildung 25*[258] zeigt, welche (Haupt-)Aufgaben die antwortenden Unternehmen mit Unternehmensbewertungen verfolgen. Die Tatsache, daß alle Unternehmen, die einen Fragebogen zurückgesandt haben, die Frage nach dem Zweck von Unternehmensbewertungen beantwortet haben und zumindest eine der drei vorgegebenen Aufgaben mit ihren Bewertungen verfolgen, zeigt, daß die funktionale Bewertungstheorie nicht etwa in der deutschen Literatur übertrieben stark herausgestellt wird, sondern hinsichtlich ihrer Problemsicht von den in der Realität vorzufindenden Bedingungen ausgeht.

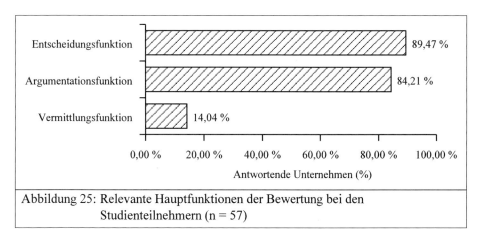

Abbildung 25: Relevante Hauptfunktionen der Bewertung bei den
          Studienteilnehmern (n = 57)

An dieser Stelle sollen jene sechs der 57 Unternehmen dezidiert betrachtet werden, die (überraschenderweise) angaben, keine Konzessionsgrenzen, also keine Entscheidungswerte, zu ermitteln. Alle sechs Unternehmen gaben zudem an, keine Schiedswerte zu ermitteln. Fünf der sechs Unternehmen ermitteln ausschließlich Argumentationswerte, das sechste Unternehmen ermittelt einerseits Argumentationswerte und führt andererseits Unternehmensbewertungen als „Grundlage für die Finanzierung des Unternehmens" durch. Alle sechs Unternehmen haben in den letzten drei Jahren Unternehmenstransaktionen durchgeführt, zwei dieser Unternehmen zwar „nur" eine bis fünf Transaktion(en), diese jedoch mit einem hohen Transaktionsvolumen. Die Ermittlung von Argumentationswerten, ohne vorab die eigene Konzessionsgrenze zu ermitteln, ist insofern problematisch, als die Gefahr besteht, daß im Rahmen von Verhandlungen im-

---

[256]   Vgl. die Erhebungsdaten zur Frage B1 im Anhang.

[257]   Nachfolgende Ausführungen erfolgen in enger Anlehnung an oder sind teilweise entnommen aus *BRÖSEL/HAUTTMANN*, Empirische Analyse (2007), S. 226–228.

[258]   Quelle: *BRÖSEL/HAUTTMANN*, Empirische Analyse (2007), S. 226. Vgl. die Erhebungsdaten zur Frage C2 im Anhang.

mer die eigene Konzessionsgrenze als „letzte" Rückzugslinie beachtet werden muß. Nur wenn Verhandlungsteilnehmer ihren eigenen Entscheidungswert kennen und auch beachten, stellen Argumentationswerte keine Instrumente der Übervorteilung dar.

Die neun der 57 Unternehmen, die angabegemäß keine Argumentationswerte berechnen, ermitteln ausschließlich Konzessionsgrenzen. Sechs dieser neun Unternehmen haben in einer nachfolgenden Frage[259] des Fragebogens jedoch Angaben zu den Verfahren zur Argumentationswertermittlung gemacht. Sieben dieser neun Unternehmen haben gar bei einer weiteren Frage[260] eine Rangliste hinsichtlich der für sie bedeutendsten Unternehmensbewertungsverfahren im Rahmen der Argumentationsfunktion erstellt. Dieses bei der Auswertung der Fragebögen zu beobachtende Vorgehen spiegelt auch die Beachtung der Argumentationsfunktion in der Theorie wider: Oftmals werden die „Augen der Wissenschaft" davor verschlossen, daß Verhandlungspartner mit Unternehmensbewertungen und damit verbundenen parteiisch gefärbten Informationen beeinflußt werden sollen.

Im Hinblick auf die Nebenfunktionen der Unternehmensbewertung wurde den an der Studie teilnehmenden Unternehmen im Fragebogen die Möglichkeit gegeben, abgesehen von den vorgegebenen Hauptaufgaben noch weitere Aufgaben anzuführen, die mit Unternehmensbewertungen verfolgt werden.[261] Der Aspekt „Bewertung im Rahmen des ‚Impairment Test'" wurde dabei als einziger Sachverhalt mehrfach (von drei Unternehmen) genannt.[262] Die im Rahmen des „Impairment"-Tests durchgeführten Unternehmensbewertungen lassen sich als sog. Informationsfunktion den Nebenfunktionen der funktionalen Bewertungstheorie zuordnen. Im Zusammenhang mit den „Sonstigen Nennungen" ist zudem auf eine Nennung hinzuweisen, wonach ein Unternehmen mit der Unternehmensbewertung den Zweck „Spannweite für Verhandlungen" verfolgt. Da es zur Ermittlung von Argumentationswerten erforderlich ist, die Spannweite von Verhandlungen dahingehend auszuloten, daß sowohl die Kenntnis des eigenen Entscheidungswertes erforderlich ist als auch Vermutungen über den gegnerischen Entscheidungswert anzustellen sind, kann hierbei ein enger Zusammenhang mit der Argumentationsfunktion unterstellt werden.[263]

Die im Mittelpunkt der funktionalen Unternehmensbewertungstheorie stehende Zweckorientierung sollte sich aus theoretischer Sicht vor allem dadurch offenbaren, daß die Wahl des Bewertungsverfahrens hauptsächlich von „der Aufgabe" (also „der Funktion" oder auch synonym „dem Zweck" der Bewertung) geleitet wird. Die sachgerechte Wahl des Bewertungsverfahrens muß sich somit z. B. danach richten, ob Konzessionsgrenzen oder Argumentationswerte zu ermitteln sind. Vor diesem Hintergrund wurden die Unternehmen befragt, von welchen Kriterien sie die Wahl des Bewertungsverfahrens abhängig machen. Die Ergebnisse sind in *Abbildung 26*[264] transparent dargestellt.

---

[259]   Vgl. die Erhebungsdaten zur Frage C14 im Anhang.

[260]   Vgl. die Erhebungsdaten zur Frage C16 im Anhang.

[261]   Vgl. die weiteren Erhebungsdaten zur Frage C2 im Anhang.

[262]   Vgl. zum „Impairment Test" z. B. WIRTH, Firmenwertbilanzierung (2005), BRÖSEL/KLASSEN, Auswirkungen des IFRS 3 und des IAS 36 (2006).

[263]   Nachrichtlich: Dieses Unternehmen hat zudem angegeben, Argumentationswerte zu ermitteln.

[264]   Quelle: BRÖSEL/HAUTTMANN, Empirische Analyse (2007), S. 227. Vgl. die Erhebungsdaten zur Frage C3 im Anhang.

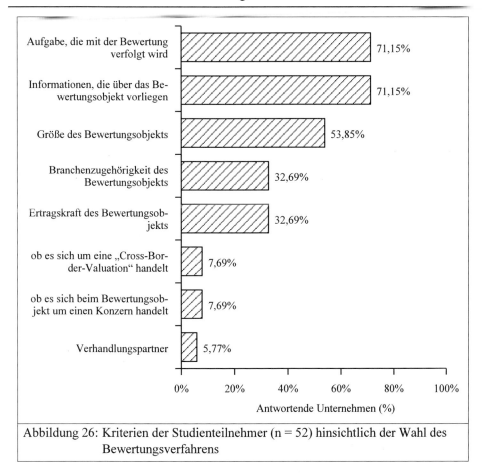

Abbildung 26: Kriterien der Studienteilnehmer (n = 52) hinsichtlich der Wahl des Bewertungsverfahrens

Daß über 70 % der antwortenden Unternehmen (37 von 52) die Wahl des Bewertungsverfahrens von der mit der Bewertung verfolgten Aufgabe abhängig machen, unterstreicht noch einmal, daß die Betonung der Zweckorientierung von Unternehmensbewertungen im Rahmen der funktionalen Bewertungslehre mit den Anforderungen in der Praxis grundsätzlich korrespondiert. Ob sich dies jedoch auch konkret in den für die jeweilige Funktion eingesetzten Verfahren widerspiegelt, wird nachfolgend noch im Kapitel II „Entscheidungsfunktion und Entscheidungswert" und im Kapitel IV „Argumentationsfunktion und Argumentationswert" dieses Buches betrachtet. Weitere bedeutende Kriterien für die antwortenden Unternehmen sind die Informationen, die über das Bewertungsobjekt vorliegen, sowie die Größe des Bewertungsobjekts.

Die angeschriebenen Unternehmen sollten nunmehr – soweit sie der Meinung waren, daß mehrere Aspekte für die Wahl des Bewertungsverfahrens relevant sind – aus den Kriterien eine Rangordnung der drei wichtigsten Aspekte erstellen, welche für die

Wahl der Bewertungsmethode von Bedeutung sind. In der *Abbildung 27*[265] sind die ersten vier Plätze der bedeutendsten Aspekte im Sinne einer Gesamtwertung aufgeführt, die sich aus Sicht der hier antwortenden 34 Unternehmen ergibt.

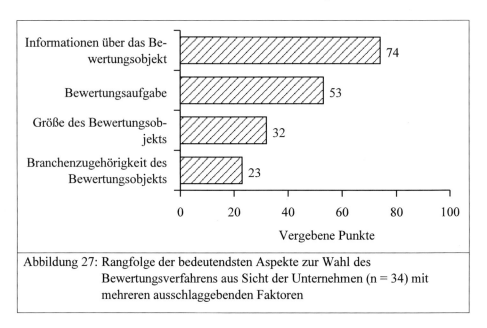

Abbildung 27: Rangfolge der bedeutendsten Aspekte zur Wahl des Bewertungsverfahrens aus Sicht der Unternehmen (n = 34) mit mehreren ausschlaggebenden Faktoren

Die Ergebnisse zeigen, daß der Praxis grundsätzlich die Problematik der Zweckorientierung der Unternehmensbewertung bewußt ist. Ob diese Ausrichtung sich auch bei der Wahl der (des) Bewertungsverfahren(s) innerhalb der jeweiligen Bewertungsfunktion insofern widerspiegelt, als hierbei die theoretischen Schwachstellen der einzelnen Verfahren berücksichtigt werden, soll an dieser Stelle noch offenbleiben. Schließlich ist bedenklich, daß es Unternehmen gibt, welche angabegemäß zwar Argumentationswerte, aber keine Entscheidungswerte ermitteln. Für diese Unternehmen besteht in Verhandlungen die Gefahr, daß durch das Verhandlungsergebnis und die anschließende Transaktion die Konzessionsgrenze verletzt wird. Die Ergebnisse hinsichtlich der Argumentationsfunktion machen darüber hinaus deutlich, daß die Unternehmen nicht immer explizit zugeben wollen, daß Bewertungen (auch) zu Zwecken der Beeinflussung der Verhandlungspartner erstellt und eingesetzt werden.

---

[265]   Quelle: *BRÖSEL/HAUTTMANN*, Empirische Analyse (2007), S. 228. Vgl. weiterführend die Erhebungsdaten zur Frage C4 im Anhang. Die Auswertung erfolgte hier nach dem „Scoring-Verfahren". Den Rangreihen der Unternehmen wurden dabei Punkte zugeordnet: für die jeweils erstgenannten Aspekte wurden fünf Punkte, für die zweitgenannten Aspekte je vier Punkte usw. sowie schließlich für die fünfgenannten Aspekte je ein Punkt vergeben.

1.4 Anlässe der Unternehmensbewertung

1.4.1 Erfordernis der Systematisierung von Bewertungsanlässen

Die Anlässe für Unternehmensbewertungen sind – wie bereits der *Abbildung 17* zu entnehmen ist – vielgestaltig.[266] Es war bis in die 1970er Jahre üblich, mögliche Anlässe einer Unternehmensbewertung, wie Kauf eines Unternehmens, Verschmelzung mehrerer Unternehmen, Enteignung aus öffentlichen Gründen, Einbringung eines Unternehmens als Sacheinlage, Abfindung beim zwangsweisen Ausscheiden von Minderheitsgesellschaftern, Ausschluß eines lästigen Gesellschafters usw., aufzuzählen und kurz zu erläutern. In der Regel ergaben sich hieraus keine weiteren Folgerungen für die Ausführungen der jeweiligen Autoren; denn im Anschluß daran wurde die Betrachtung zumeist eingeschränkt auf den Fall des Erwerbs und der Veräußerung eines ganzen Unternehmens.[267]

Für die (weitere) *modelltheoretische Analyse unterschiedlicher Unternehmensbewertungsfunktionen* ist es jedoch unerläßlich, Gemeinsamkeiten und Unterschiede solcher Anlässe offenzulegen. Die Erörterung von Unternehmensbewertungsproblemen in Abhängigkeit vom jeweiligen Bewertungszweck muß auf genau definierten Ausgangssituationen basieren, so daß die Adäquanz vorgeschlagener Vorgehensweisen intersubjektiv überprüfbar wird. Schließlich ist eine Unternehmensbewertungsrechnung – wie jede andere Rechnung auch – *zweckorientiert* und folglich *nicht* allgemeingültig. Der Rechnungszweck läßt sich aber nur mit Blick auf den Rechnungsanlaß sinnvoll konkretisieren, und das Rechnungsergebnis muß entsprechend wiederum im Zusammenhang mit dem Rechnungszweck und dem Rechnungsanlaß beurteilt werden.

Eine grundlegende Unterscheidung von Anlässen wurde bereits mit der Differenzierung in Haupt- und Nebenfunktionen vorgenommen. Gemeinsam ist den beispielhaft erwähnten recht unterschiedlichen Anlässen, daß es sich um *Anlässe* handelt, welche die *Eigentumsverhältnisse des Unternehmens* betreffen. Es sind jeweils Situationen, in denen es um die *Lösung von interpersonalen Konflikten über die Bedingungen einer erwogenen oder schon eingetretenen Änderung solcher Eigentumsverhältnisse* geht. Diese Anlässe lassen sich also den Hauptfunktionen zuordnen. Daneben kann es aber – wie bereits erläutert – auch *Anlässe* geben, *die nicht mit Erwägungen zur Änderung der Eigentumsverhältnisse in Zusammenhang stehen* (Nebenfunktionen).

Innerhalb der Hauptfunktionen geht es somit um interpersonale Konfliktsituationen, also um strittige Auseinandersetzungen über die Bedingungen, unter denen es zu einer Veränderung der Eigentumsverhältnisse an einem Unternehmen kommen kann oder soll. Die funktionale Unternehmensbewertung ist vor diesem Hintergrund also keine Gleichgewichtstheorie, sondern eine Theorie, welche die reale Welt so nimmt, wie

---

[266] Siehe auch *HERING*, Unternehmensbewertung (2006), S. 16 f., der in betriebswirtschaftliche, persönliche und gesetzliche Anlässe unterscheidet.

[267] So z. B. *MÜNSTERMANN*, Wert und Bewertung (1966), S. 18. MÜNSTERMANN präsentiert zugleich aber auch eine Systematik der Bewertungsanlässe nach dem Kriterium der „Abhängigkeit oder Unabhängigkeit vom Willen des Unternehmers" (S. 13), wobei er so in Anlässe aufgrund unternehmerischer Entscheidungen und in andere Finanzierungsfälle unterscheidet.

sie ist: *unvollkommen!*[268] Die betrachteten Anlässe sind folglich entscheidungsabhängig *und* interpersonal konfliktär. Um aber einer solch hochkomplexen Welt wenigstens in der Theorie nicht hilflos ausgesetzt zu sein, hat MATSCHKE schon frühzeitig eine Systematisierung der Hauptfunktionsanlässe vorgeschlagen. Dieses Ordnungsraster soll gleichgelagerte von zu unterscheidenden Fällen trennen und somit die modelltheoretische Analyse sowie die Ableitung adäquater Bewertungsmodelle unterstützen. Die Anlässe der Hauptfunktionen lassen sich

1. hinsichtlich der *Art der Eigentumsveränderung* in Konfliktsituationen vom Typ des Kaufs/Verkaufs und vom Typ der Fusion/Spaltung,
2. im Hinblick auf den *Grad der Verbundenheit* in jungierte (verbundene) und disjungierte (unverbundene) Konfliktsituationen,
3. im Hinblick auf den *Grad der Komplexität* in eindimensionale und mehrdimensionale Konfliktsituationen,
4. im Hinblick auf den *Grad der Dominanz* in dominierte und nicht dominierte Konfliktsituationen sowie
5. im Hinblick auf die *Abgrenzbarkeit des Umfangs des Bewertungsobjekts* in limitierte und nicht limitierte Konfliktsituationen

klassifizieren.[269]

Abbildung 28 enthält diese Klassifikation der Unternehmensbewertungsanlässe der Hauptfunktionen, die im weiteren näher erläutert wird.

---

[268]   Vgl. MATSCHKE, Grundsätze (2003), S. 7 f.

[269]   Vgl. MATSCHKE, Entscheidungswert (1975), S. 30–75, im Hinblick auf die ersten drei Systematisierungsvorschläge. Die Differenzierung in dominierte und nicht dominierte Konfliktsituationen erfolgte schließlich erstmals in MATSCHKE, Arbitriumwert (1979), S. 30–42. Der Typ der Fusion wurde um den Typ der Spaltung ergänzt durch MANDL/RABEL, Unternehmensbewertung (1997), S. 14 f. Zur Unterscheidung in „limitiert" und „nicht limitiert" siehe OLBRICH/HEINZ, Ermittlung des Entscheidungswerts (2009), S. 548, HARES, Bewertungstheorie (2011), S. 80 f. Siehe zu den Typen von Konfliktsituationen auch MATSCHKE/BRÖSEL, Wycena przedsiębiorstwa (2011), S. 41–47. Auf die Differenzierung in dominierte und nicht dominierte Konfliktsituationen wird mittlerweile auch in der ausländischen Literatur zurückgegriffen; so etwa von ZARZECKI/GRUDIŃSKI, Wartość godziwa jako standard wartości (2011), S. 669 f.

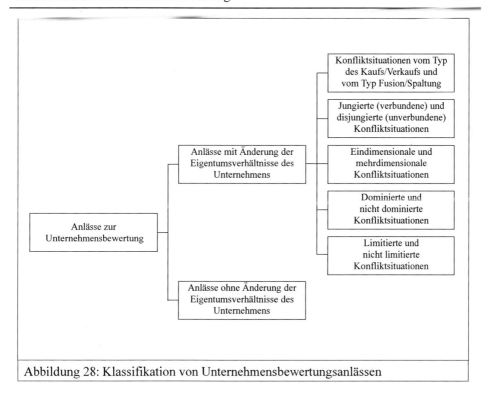

Abbildung 28: Klassifikation von Unternehmensbewertungsanlässen

Von besonderer Bedeutung sind dabei die Unterscheidungen in Konfliktsituationen vom Typ des Kaufs/Verkaufs und vom Typ der Fusion/Spaltung einerseits und in dominierte und nicht dominierte Konfliktsituationen andererseits, die in der Literatur vielfach aufgegriffen wurden,[270] wobei die tatsächliche Quelle zumeist gar nicht mehr bekannt gemacht wird.[271] Da die genannten Ausprägungen kombiniert angewandt werden können und sollten, ergibt sich ein breites theoretisches Fundament für *aufgaben- und situationsspezifische Unternehmensbewertungsmodelle*. Somit kann jeder Bewertungsanlaß im Rahmen der Hauptfunktionen dezidiert analysiert werden.[272]

---

[270] So z. B. *BÖRNER*, Unternehmensbewertung (1980), S. 113, *SIEBEN*, Unternehmensbewertung (1993), Sp. 4320 f., *KRAG/KASPERZAK*, Unternehmensbewertung (2000), S. 128–136.

[271] So z. B. *MANDL/RABEL*, Unternehmensbewertung (1997), S. 14, mit Blick auf die Unterscheidung Typ des Kaufs/Verkaufs und Typ der Fusion, die dort indes *KÜNNEMANN*, Unternehmensbewertung (1985), zugeschrieben wird.

[272] So auch *REICHERTER*, Fusionsentscheidung (2000), S. 119: „Das Ziel der Systematisierung kann darin gesehen werden, den der Unternehmungsbewertung zugrundeliegenden Anlaß tiefergehender zu analysieren und darauf aufbauend Implikationen für ein zweckmäßiges Vorgehen der Unternehmungsbewertung abzuleiten. Neben der systematisierten Darstellung finden sich in der älteren Literatur der Unternehmungsbewertung unsystematische Aufzählungen und Erläuterungen einzelner Bewertungsanlässe mit dem Zweck, das Anwendungsgebiet der Unternehmungsbewertung lediglich beispielhaft zu beschreiben und deren Notwendigkeit zu verdeutlichen. Ziel der Autoren ist es allerdings nicht, eine nach unterschiedlichen Anlässen differenzierte Betrachtung der Unternehmungsbewertung durchzuführen."

1.4.2 Systematisierung der Anlässe der Hauptfunktionen

1.4.2.1 Konfliktsituationen vom Typ des Kaufs/Verkaufs sowie vom Typ der Fusion/Spaltung

Bei einer *Konfliktsituation vom Typ des Kaufs/Verkaufs*[273] werden die Eigentumsverhältnisse des zu bewertenden Unternehmens in der Weise geändert, daß die eine Konfliktpartei (Verkäufer) ihr Eigentum an dem Unternehmen zugunsten der anderen Konfliktpartei (Käufer) aufgibt und dafür vom Käufer eine Gegenleistung (Preis i. w. S.) erhält. *Prototypen* für solche Konfliktsituationen vom Typ des Kaufs/Verkaufs sind der Erwerb[274] und die Veräußerung eines ganzen Unternehmens oder eines Gliedbetriebes (wie einer Betriebsstätte, Niederlassung oder Filiale). Aber auch Enteignungen privater und Privatisierungen staatlicher Unternehmen sowie ferner der Gesellschafterausschluß im Sinne des Ausschlusses eines „lästigen" Gesellschafters oder des zwangsweisen Ausscheidens von Minderheitskapitalgesellschaftern gehören dazu. Im Mittelpunkt dieses Konflikttyps steht in aller Regel die Höhe der vom Käufer zu erbringenden *geldgleichen* Gegenleistung (Preis i. e. S.).

In den *Konfliktsituationen vom Typ der Fusion/Spaltung* kommt es hingegen nicht zu einem derartigen Wechsel der Eigentümer, sondern es ergeben sich i. d. R. für die gleichen Anteilseigner nach der Beendigung des Konflikts veränderte Eigentumsverhältnisse. Bei einer *Konfliktsituation vom Typ der Fusion*[275] werden mehrere zu bewertende Unternehmen vereinigt oder zusammengeschlossen, und es sollen die Eigentumsverhältnisse in der Weise geändert werden, daß die Eigentümer dieser zu vereinigenden Unternehmen direkt oder indirekt Eigentum an der sich aus der Vereinigung ergebenden neuen wirtschaftlichen Einheit erhalten sollen. *Prototypen* für solche Konfliktsituationen vom Typ der Fusion sind Verschmelzungen von Unternehmen mit unterschiedlichen Gesellschafterzusammensetzungen sowie Unternehmensgründungen, bei denen ganze Unternehmen als Sacheinlage eingebracht werden.[276]

---

[273] Zur erweiterten Interpretation der Konfliktsituationen vom Typ des Kaufs/Verkaufs als Konfliktsituationen vom Typ des Erwerbs/der Veräußerung siehe Brösel/Dechant, Bewertung von Telekommunikationsunternehmungen (2003), S. 136, Brösel/Burchert, Akquisition (2004), S. 340 f.

[274] In der Literatur wird hierbei häufig nur die Sicht des Käufers eingenommen. Mit der Verkäufersicht befassen sich unter anderem Kraus-Grünewald, Verkäuferposition (1994), Schildbach, Der Verkäufer und das Unternehmen (1995), Hering/Olbrich, Bewertung von Mehrstimmrechten (2001), Hering/Olbrich, Börsengang junger Unternehmen (2002), Brösel/Matschke, Sicht des präsumtiven Verkäufers (2003), Olbrich, Unternehmungsverkauf (2005), Hering, Unternehmensbewertung (2006), S. 71–84.

[275] Zu den Verfahren der Unternehmensbewertung im Rahmen der Fusion (engl. „Merger") vgl. Matschke, Entscheidungswert (1975), S. 327–336, Nonnenmacher, Verschmelzung (1982), Matschke, Bewertung ertragsschwacher Unternehmungen (1984), Yagil, Model for Mergers (1987), Reicherter, Fusionsentscheidung (2000), sowie insbesondere Hering, Fusion (2004), der zudem insbesondere auf S. 160–165 die Kapitalerhöhung ohne Bezugsrechtsgewährung für die Alteigentümer als Unterfall der Fusion betrachtet. Während sich die modelltheoretischen Überlegungen für den Fall des Unternehmenserwerbs i. d. R. mit geringen Modifikationen auf den Fall der Unternehmensveräußerung übertragen lassen, liegt in den Fällen der Fusion und der Spaltung jeweils eine „deutlich andersartige Bewertungssituation vor, für die neue Modelle aufgestellt werden müssen" [Quelle: Hering, Fusion (2004), S. 148]. Siehe zur Fusion auch Matschke/Witt, Entscheidungswertermittlung bei der Vereinigung (2004), Hering, Unternehmensbewertung (2006), S. 85–122, sowie Kuhner/Maltry, Unternehmensbewertung (2006), S. 11–29.

[276] Vgl. Matschke, Anlässe und Konzeptionen (2008), S. 852.

Auch der praktisch bedeutsame Fall, daß zwar das Eigentum am zu bewertenden Unternehmen im rechtlichen Sinne aufgegeben, dafür aber Eigentum am übernehmenden Unternehmen erworben wird (weil die Gegenleistung aus Anteilen am übernehmenden Unternehmen besteht), gehört hierhin, denn die bisherigen Eigentümer des übernommenen Unternehmens sind weiterhin – wenn auch indirekt und abgeschwächt – an den Risiken und Chancen hinsichtlich ihres ehemaligen Unternehmens beteiligt. Ferner ist der Eintritt eines neuen Gesellschafters in ein bestehendes Unternehmen, ohne daß bisherige Gesellschafter ihr finanzielles Engagement zugunsten des eintretenden Gesellschafters verringern oder aufgeben, zu diesem Konflikttyp zu zählen.[277] Die *Verteilung der Einflußrechte (Eigentumsanteile)* und damit letztlich die Verteilung der Zukunftserfolge der zu vereinigenden Unternehmen auf die Konfliktparteien steht im Mittelpunkt des zu lösenden interpersonalen Konflikts in den Fällen einer Konfliktsituation vom Typ der Fusion.

In Rückgriff auf einen Vorschlag aus der Literatur[278] kann der Typ der Fusion noch um den *Typ der Spaltung* ergänzt werden, so daß vom Typ der Fusion/Spaltung zu sprechen ist. Mit dem Begriff der Spaltung kann dabei grundsätzlich die *Realteilung* eines Unternehmens oder die *Ausgliederung* von Teilen des bisherigen Unternehmens auf die *bisherigen* Eigentümer verstanden werden. Eine Ausgliederung mit Übergabe an Dritte ist hingegen ein Beispiel der Konfliktsituation vom Typ des Kaufs/Verkaufs.

Eine interpersonelle Konfliktsituation vom Typ der Spaltung liegt freilich nur dann vor, wenn sich die Verteilung der Eigentumsrechte an den durch Spaltung entstandenen Unternehmen von derjenigen vor der Spaltung unterscheidet (*Eigentumsstrukturänderung*). Eine Eigentumsstrukturänderung kann i. d. R. folgende Ausprägungen annehmen:

1. Die bisherigen Eigentümer sind in einem anderen als dem bisherigen Anteilsverhältnis an den neuen Gesellschaften beteiligt (*Eigentumsstrukturänderung bei einer verhältnisändernden oder nicht-verhältniswahrenden Spaltung aufgrund veränderter Beteiligungsquoten*). Eine Sonderform dieser Ausprägung ist die Eigentumstrennung. Bei dieser Variante erfolgt eine vollständige Trennung der Gesellschafter, d. h., die einen bekommen etwas, die anderen bekommen etwas anderes (vgl. *Abbildung 29*).

2. Auch wenn die bisherigen Eigentümer im selben Anteilsverhältnis wie bisher an den neuen Gesellschaften beteiligt sind, kann es zu einer Eigentumsstrukturänderung kommen, weil der kumulierte Einkommensstrom der entstehenden Unternehmen etwa hinsichtlich Höhe und/oder Struktur von dem zu spaltenden Unternehmen abweicht (*Eigentumsstrukturänderung bei einer verhältniswahrenden Spaltung aufgrund veränderter Zukunftserfolge*).

Gemeinsam ist beiden Varianten, die auch kombiniert auftreten können, folgende Wirkung: Die bisherigen Gesellschafter sind zukünftig in unterschiedlicher Weise an den Chancen und Risiken der neu entstandenen Unternehmen beteiligt.

---

[277] Siehe hierzu ausführlich HERING, Einräumung einer Beteiligung (2006).

[278] Vgl. MANDL/RABEL, Unternehmensbewertung (1997), S. 14 f. Zu Motiven der Spaltung siehe ausführlich BYSIKIEWICZ/KEUPER, Spiegelbild der Verschmelzung (2006). Siehe darüber hinaus z. B. KASERER/BÜHNER, Unternehmensabspaltungen (2003). Zur Bewertung im Fall der Spaltung siehe vor allem BYSIKIEWICZ, Spaltung (2008).

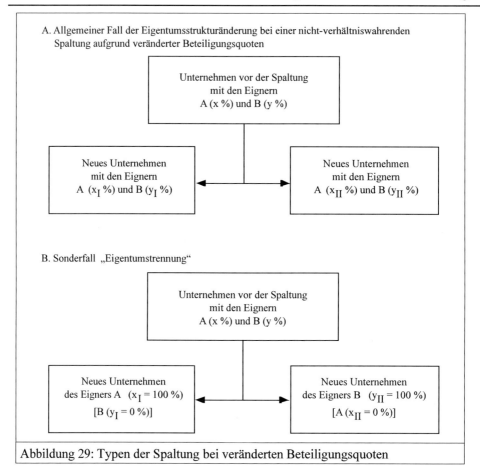

A. Allgemeiner Fall der Eigentumsstrukturänderung bei einer nicht-verhältniswahrenden Spaltung aufgrund veränderter Beteiligungsquoten

Unternehmen vor der Spaltung
mit den Eignern
A (x %) und B (y %)

Neues Unternehmen
mit den Eignern
A (x$_I$ %) und B (y$_I$ %)

Neues Unternehmen
mit den Eignern
A (x$_{II}$ %) und B (y$_{II}$ %)

B. Sonderfall „Eigentumstrennung"

Unternehmen vor der Spaltung
mit den Eignern
A (x %) und B (y %)

Neues Unternehmen
des Eigners A   (x$_I$ = 100 %)
[B (y$_I$ = 0 %)]

Neues Unternehmen
des Eigners B   (y$_{II}$ = 100 %)
[A (x$_{II}$ = 0 %)]

Abbildung 29: Typen der Spaltung bei veränderten Beteiligungsquoten

1.4.2.2 Nicht dominierte und dominierte Konfliktsituationen

Die Unterscheidung in dominierte und nicht dominierte Konfliktsituationen dient der Beschreibung der Machtverhältnisse zwischen den konfligierenden Parteien im Hinblick auf die Änderung der Eigentumsverhältnisse am zu bewertenden Unternehmen. Es geht also darum, ob eine solche Änderung einseitig durchgeführt werden kann, d. h., die Situation hinsichtlich der Eigentumsänderung von einer Partei beherrscht wird oder nicht. Es kann sich hierbei um Konfliktsituationen vom Typ des Kaufs/Verkaufs sowie vom Typ der Fusion/Spaltung handeln – je nachdem, ob es um Barabfindungen oder um Abfindungen in Gesellschaftsanteilen (insbesondere in Aktien) geht.[279]

Eine *nicht dominierte Konfliktsituation*[280] ist gegeben, wenn *keine* der beteiligten Konfliktparteien eine Veränderung der Eigentumsverhältnisse des zu bewertenden Unternehmens allein durchsetzen kann, d. h. ohne Mitwirkung und gegen den erklärten Willen der anderen konfligierenden Partei. In einer nicht dominierten Konfliktsituation kommt eine Veränderung der Eigentumsverhältnisse im Verhandlungswege nur bei einem alle Parteien zufriedenstellenden Einigungsvorschlag zustande. Es muß eine *gemeinsam vorteilhafte Lösung* gefunden werden. Prototypen nicht dominierter Konfliktsituationen sind die Veräußerung oder der Erwerb eines Unternehmens sowie die Verschmelzung oder die Spaltung von mehreren Unternehmen in freier unternehmerischer Verantwortung und Entscheidung.

Bei einer *dominierten Konfliktsituation*[281] kann eine der beteiligten Konfliktparteien aufgrund ihrer Machtverhältnisse eine Änderung der Eigentumsverhältnisse des zu bewertenden Unternehmens *auch gegen den erklärten Willen der anderen Parteien* erzwingen.[282] Eine solche einseitig erzwingbare Änderung der Eigentumsverhältnisse ist im Rechtsstaat nur aufgrund gesetzlicher Legitimation möglich. Diese gestattet es einer der Parteien, die Eigentumsänderung entweder *unmittelbar* vorzunehmen, wobei den anderen Parteien die Möglichkeit eingeräumt wird, die Bedingungen der Eigentumsänderung gerichtlich prüfen zu lassen, oder *mittelbar*, d. h. mit Hilfe von Gerichten, die eine Partei anrufen kann, um auf diese Weise die unter bestimmten Voraussetzungen erlaubte einseitige Veränderung der Eigentumsverhältnisse des zu bewertenden Unterneh-

---

[279] Vgl. *Matschke*, Arbitriumwert (1979), S. 39.

[280] Vgl. *Matschke*, Arbitriumwert (1979), S. 31–33, *Matschke*, Unternehmungsbewertung in dominierten Konfliktsituationen (1981), S. 117 f.

[281] Vgl. bezogen auf die weiteren Erläuterungen *Matschke*, Arbitriumwert (1979), S. 33–42.

[282] Hierzu zählt jedoch nicht der Fall der sog. feindlichen oder unfreundlichen Übernahmen („Hostile Takeover"), denn diese „Unfreundlichkeit" bezieht sich nicht auf die Eigner einer Gesellschaft, sondern beschreibt, daß die Übernahme „lediglich" gegen den Willen der Unternehmensführung (z. B. des Vorstandes), des Aufsichtsrates oder der Belegschaft der Zielgesellschaft durchgeführt wird. Siehe hierzu *Achleitner/Wirtz/Wecker*, M&A-Management (2004), S. 482 f.

mens durchzusetzen. Die dominierte Partei kann nicht die Eigentumsänderung als solche, sondern nur die Bedingungen ihrer Realisation beeinflussen.[283]

Eine *dominierte Konfliktsituation der ersten Art*, nämlich die Eigentumsänderung *unmittelbar* einseitig vornehmen zu können, stellt der Fall einer Kündigung eines oHG-Gesellschafters (§ 132 HGB) dar, der dann aus der Gesellschaft ausscheidet (§ 131 Abs. 3 Nr. 3 HGB), sofern sich die Bemessung des Abfindungsanspruches mangels anderer vertraglicher Regelungen nach § 738 BGB[284] bestimmt. Dabei stehen auf der einen Seite der kündigende Gesellschafter, der die Eigentumsänderung durch eine einseitige Erklärung erwirkt (dominierende Partei), und auf der anderen Seite die übrigen Gesellschafter, welche die Kündigung und das Ausscheiden nicht verhindern können (dominierte Partei/-en). Eine gleichgelagerte dominierte Konfliktsituation liegt vor, wenn über das Vermögen eines Gesellschafters einer oHG das Insolvenzverfahren eröffnet wird (Gesellschafterkonkurs, § 131 Abs. 3 Nr. 2 HGB) oder ein Privatgläubiger eines oHG-Gesellschafters von seinem unter bestimmten Bedingungen[285] gegebenen Recht Gebrauch macht, die Gesellschaft mit einer Frist von sechs Monaten zum Ende des Geschäftsjahrs zu kündigen (Privatgläubigerkündigung, § 131 Abs. 3 Nr. 4 HGB i. V. m. § 135 HGB). Der Gemeinschuldner scheidet dann mit dem Zeitpunkt der Eröffnung des Insolvenzverfahrens oder nach Ablauf der Kündigungsfrist aus der Gesellschaft aus. Sein Abfindungsanspruch bemißt sich wiederum nach § 738 BGB.

Eine *dominierte Konfliktsituation der zweiten Art*, nämlich die Eigentumsänderung einseitig mit Hilfe von Gerichten *mittelbar* durchsetzen zu können, stellt der gerichtlich auf Antrag der übrigen oHG-Gesellschafter ausgesprochene Ausschluß eines „lästigen" Gesellschafters dar. § 140 HGB in Verbindung mit § 133 HGB gestattet den zwangs-

---

[283] Dominierte Konfliktsituationen sind somit diejenigen, in denen vorrangig Normen aus Gesetzgebung und Rechtsprechung oder aus bestehenden Verträgen von großer Bedeutung und folglich in der Konfliktsituation zu beachten sind. Vgl. im Hinblick auf die Bedeutung unter anderem SIEBEN, Abfindung (1966), SIEBEN, Ausgleich (1969), SCHMITZ, Ausgleich (1973), BEYERLE, Unternehmensbewertung (1981), MATSCHKE, Unternehmungsbewertung in dominierten Konfliktsituationen (1981), OLBRICH, Zugewinnausgleich (1982), SEISLER, Abfindung (1983), BUSSE VON COLBE, Rechtsprechung (1984), RÄNSCH, Bewertung von Unternehmen (1984), SIEBEN/LUTZ, Ertragsschwaches Unternehmen (1984), HACKMANN, Rechtsprechung (1987), NEUHAUS, Unternehmensbewertung und Abfindung (1990), BUSSE VON COLBE, Resonanz (1992), PILTZ, Rechtsprechung (1994), SCHWETZLER, Barabfindung (1996), LAUSTERER, Unternehmensbewertung (1997), BVerfG, Beschluß des Ersten Senats vom 27. April 1999 (1 BvR 1613/94), RODLOFF, Börsenkurs (1999), BUNGERT/ECKERT, Börsenwert (2000), GROSSFELD, Gesellschaftsrecht (2002), BÖCKING, Barabfindung (2003), GENG, Ausgleich und Abfindung (2003), LOHMANN, Wertermittlung (2008).

[284] Siehe hierzu BRÄHLER, Unternehmensbewertung nach § 738 BGB (2008). § 738 BGB lautet:
„(1) Scheidet ein Gesellschafter aus der Gesellschaft aus, so wächst sein Anteil am Gesellschaftsvermögen den übrigen Gesellschaftern zu. Diese sind verpflichtet, dem Ausscheidenden die Gegenstände, die er der Gesellschaft zur Benutzung überlassen hat, nach Maßgabe des § 732 zurückzugeben, ihn von den gemeinschaftlichen Schulden zu befreien und ihm dasjenige zu zahlen, was er bei der Auseinandersetzung erhalten würde, wenn die Gesellschaft zur Zeit des Ausscheidens aufgelöst worden wäre. Sind gemeinschaftliche Schulden noch nicht fällig, so können die übrigen Gesellschafter dem Ausscheidenden, statt ihn zu befreien, Sicherheit leisten.
(2) Der Wert des Gesellschaftsvermögens ist, soweit erforderlich, im Wege der Schätzung zu ermitteln."

[285] Bedingungen sind nach § 135 HGB: 1. erfolglose Zwangsvollstreckung innerhalb der letzten sechs Monate in das bewegliche Vermögen des Gesellschafters und 2. Erwirkung der „Pfändung und Überweisung des Anspruchs auf dasjenige [..], was dem Gesellschafter bei der Auseinandersetzung zukommt" durch Vorlage eines nicht bloß vorläufig vollstreckbaren Schuldtitels durch den Privatgläubiger des in Rede stehenden Gesellschafters.

wegen Ausschluß, wenn ein wichtiger Grund[286] vorliegt, d. h., die Klage der übrigen Gesellschafter berechtigt ist. Da der wichtige Grund kein schuldhaftes Verhalten des „lästigen" Gesellschafters zu beinhalten braucht, soll er grundsätzlich nicht schlechter gestellt werden als ein aus einem anderen Grund ausscheidender Gesellschafter. Der Abfindungsanspruch basiert, sofern vertraglich nichts Abweichendes vereinbart wurde, wiederum auf § 738 BGB.

Weitere Beispiele dominierter Konfliktsituationen sind etwa *Enteignungsfälle* sowie – praktisch sicherlich z. Z. in Deutschland wenig bedeutsam – *Vergesellschaftungsfälle*. Nach Artikel 14 Abs. 3 GG ist eine Enteignung zum Wohl der Allgemeinheit zulässig. Artikel 15 GG gestattet zum Zwecke der Vergesellschaftung die Überführung von Grund und Boden, Naturschätzen und Produktionsmitteln in Gemeineigentum oder in andere Formen der Gemeinwirtschaft.

Eine weitere dominierte Konfliktsituation ist die *Eingliederung einer AG* in eine andere AG (zukünftige Hauptgesellschaft), die 95 % des Grundkapitals der einzugliedernden Gesellschaft hält, nach § 320 AktG (Eingliederung durch Mehrheitsbeschluß). Mit der Handelsregistereintragung der Eingliederung gehen alle Aktien, die sich nicht in der Hand der Hauptgesellschaft befinden, auf diese über (§ 320a AktG). Die Minderheitsaktionäre scheiden zwangsweise aus, haben aber nach § 320b AktG Anspruch auf eine *angemessene Abfindung*, die grundsätzlich in eigenen Aktien der Hauptgesellschaft zu gewähren ist. Falls die Hauptgesellschaft jedoch eine abhängige Gesellschaft ist, sind den ausgeschiedenen Aktionären eigene Aktien der Hauptgesellschaft oder eine angemessene *Barabfindung* anzubieten. Zwischen diesen beiden Abfindungsarten können die ausgeschiedenen Aktionäre frei wählen (§ 320b Abs. 1 Satz 3 AktG).

Nach § 327a AktG kann die Hauptversammlung einer AG oder KGaA auf Verlangen eines Hauptaktionärs, dem 95 % des Grundkapitals gehören, die *Übertragung der Aktien der Minderheitsaktionäre auf den Hauptaktionär* gegen Gewährung einer angemessenen Barabfindung beschließen (sog. aktienrechtlicher „Squeeze Out"[287]). Der Hauptaktionär legt die Höhe der Barabfindung fest (§ 327b AktG). Vor der Einberufung der Hauptversammlung muß der Hauptaktionär dem Vorstand der Gesellschaft eine Verpflichtung eines Kreditinstituts übermitteln, daß die Minderheitsaktionäre nach Eintragung des Übertragungsbeschlusses, mit dem die Aktien auf den Hauptaktionär übergehen, die festgelegte Barabfindung unverzüglich erhalten werden. Jeder ausgeschiedene Minderheitsaktionär kann nach § 327f AktG die gerichtliche Nachprüfung der Abfindung beantragen.

Im Falle sog. Konzernverschmelzungen nach § 62 UmwG gibt es Erleichterungen zum Ausschluß von Minderheitsgesellschaftern (sog. verschmelzungsrechtlicher „Squeeze Out"). Nach § 62 Abs. 1 UmwG kann die übernehmende Aktiengesellschaft als Muttergesellschaft auf einen Verschmelzungsbeschluß zur Aufnahme einer übertragenden Tochtergesellschaft verzichten, wenn sie 90 % des Stammkapitals oder Grundkapitals der Tochtergesellschaft hält. In solchen Fällen kann die Hauptversammlung der

---

[286] Vgl. hierzu HARTMANN, Der lästige Gesellschafter (1972), S. 2–45. Ein wichtiger Grund ist nach § 140 HGB „ein Umstand [..], der nach § 133 für die übrigen Gesellschafter das Recht begründet, die Auflösung der Gesellschaft zu verlangen", wobei § 133 Abs. 2 HGB regelt: „Ein solcher Grund ist insbesondere vorhanden, wenn [...] [der in Rede stehende] Gesellschafter eine ihm nach dem Gesellschaftsvertrag obliegende wesentliche Verpflichtung vorsätzlich oder aus grober Fahrlässigkeit verletzt oder wenn die Erfüllung einer solchen Verpflichtung unmöglich wird."

[287] Siehe hierzu z. B. WILTS/SCHALDT/NOTTMEIER, Squeeze-outs (2002), S. 621 f.

übertragenden Tochtergesellschaft innerhalb von drei Monaten nach Abschluß des Verschmelzungsvertrags nach § 62 Abs. 5 UmwG einen Beschluß gemäß § 327a Abs. 1 Satz 1 AktG fassen, wenn der übernehmenden Gesellschaft als Hauptaktionär 90 % des Grundkapitals gehören. Die Verpflichtungen aus den §§ 327a bis 327f AktG bleiben unberührt.

Den dominierten Konfliktsituationen sollen auch die folgenden Fälle zugeordnet werden. Diese unterscheiden sich von den bisherigen dadurch, daß der Beschluß der Mehrheitsgesellschafter *kein* zwangsweises Ausscheiden der Minderheitsgesellschafter zur Folge hat. Es bleibt vielmehr in der Entscheidung der Minderheitsgesellschafter, in der Gesellschaft zu verbleiben oder aber auszuscheiden. Freilich tangiert nach Ansicht des Gesetzgebers der Beschluß der Mehrheitsgesellschafter die Eigentumsrechte der Minderheit so sehr, daß den Minderheitsgesellschaftern das *Recht zum Ausscheiden gegen angemessene Abfindung* eingeräumt wird.

In bezug auf das *Umwandlungsgesetz* gilt nach § 29 Abs. 1 UmwG, daß bei einer *Verschmelzung* eines Rechtsträgers im Wege der Aufnahme durch einen Rechtsträger anderer Rechtsform der übernehmende Rechtsträger jedem Anteilsinhaber, der gegen den Verschmelzungsbeschluß des übertragenden Rechtsträgers Widerspruch zur Niederschrift erklärt hat (*widersprechende Gesellschafter*), den Erwerb seiner Anteile oder Mitgliedschaften gegen eine *angemessene Barabfindung* anzubieten hat. Wenn der übernehmende Rechtsträger aufgrund seiner Rechtsform eigene Anteile oder Mitgliedschaften nicht erwerben kann, ist die Barabfindung für den Fall anzubieten, daß der Anteilsinhaber sein Ausscheiden aus dem Rechtsträger erklärt. Das Angebot nach § 29 UmwG kann nur innerhalb von zwei Monaten nach Bekanntmachung der Eintragung der Verschmelzung angenommen werden (§ 31 UmwG). Die Angemessenheit der Barabfindung ist stets durch einen Verschmelzungsprüfer zu prüfen (§ 30 Abs. 2 UmwG); auf Antrag hat ein Gericht die angemessene Barabfindung zu bestimmen (§ 34 UmwG). Die Regelungen gelten analog für eine Verschmelzung durch Neugründung (§ 36 UmwG).

Auch durch *Formwechsel* kann ein Rechtsträger eine andere Rechtsform erhalten (§ 190 UmwG). Der formwechselnde Rechtsträger hat jedem Anteilsinhaber, der gegen den Umwandlungsbeschluß Widerspruch zur Niederschrift erklärt (*widersprechende Gesellschafter*), den Erwerb seiner umgewandelten Anteile oder Mitgliedschaften gegen eine angemessene Barabfindung anzubieten (§ 207 UmwG). Wenn der Rechtsträger aufgrund seiner neuen Rechtsform eigene Anteile oder Mitgliedschaften nicht erwerben kann, ist die Barabfindung für den Fall anzubieten, daß der Anteilsinhaber sein Ausscheiden aus dem Rechtsträger erklärt (§ 207 Abs. 1 Satz 2 UmwG). Das Angebot nach § 207 UmwG kann nur innerhalb von zwei Monaten nach Bekanntmachung der Eintragung angenommen werden (§ 209 UmwG). Die gerichtliche Nachprüfung der Angemessenheit ist nach § 212 UmwG möglich.

Unterstellt nach § 291 AktG i. V. m. § 293 AktG eine AG oder eine KGaA durch qualifizierten Mehrheitsbeschluß[288] der Hauptversammlung die Leitung ihrer Gesellschaft einem anderen Unternehmen (*Beherrschungsvertrag*) oder verpflichtet sie sich, ihren ganzen Gewinn an ein anderes Unternehmen abzuführen (*Gewinnabführungsvertrag*), werden wesentliche Mitgliedschaftsrechte der Minderheit (*außenstehende Aktio-*

---

[288] Mehrheit von mindestens 75 % des bei der Beschlußfassung vertretenen Grundkapitals (§ 293 Abs. 1 Satz 2 AktG).

näre) berührt. Der Gesetzgeber verlangt deshalb im § 305 Abs. 1 AktG, daß solche Unternehmensverträge – neben einer Verpflichtung zu einer jährlich wiederkehrenden Ausgleichszahlung (§ 304 AktG)[289] – die Verpflichtung enthalten müssen, auf Verlangen eines außenstehenden Aktionärs, dessen Aktien gegen eine im Unternehmensvertrag bestimmte *angemessene Abfindung* zu erwerben:

1. Diese Abfindung muß nach § 305 Abs. 2 Nr. 1 AktG in *Aktien des anderen Vertragsteils* bestehen, wenn dieser eine nicht abhängige und nicht in Mehrheitsbesitz stehende AG oder KGaA mit Sitz in einem Mitgliedsstaat der Europäischen Union oder in einem anderen Vertragsstaat des Abkommens über den Europäischen Wirtschaftsraum ist.

2. Die Abfindung muß nach § 305 Abs. 2 Nr. 2 AktG entweder in *Aktien der herrschenden oder mit Mehrheit beteiligten Gesellschaft* oder als *Barabfindung* gewährt werden, wenn der andere Vertragsteil eine abhängige oder in Mehrheitsbesitz stehende AG oder KGaA mit Sitz in einem Mitgliedsstaat der Europäischen Union oder in einem anderen Vertragsstaat des Abkommens über den Europäischen Wirtschaftsraum ist.

3. In allen anderen Fällen muß nach § 305 Abs. 2 Nr. 3 AktG eine *Barabfindung* vorgesehen werden. Dies gilt z. B. dann, wenn der andere Vertragsteil eine Gesellschaft außerhalb der benannten Wirtschaftsräume oder keine AG oder KGaA ist, aber auch, wenn der andere Vertragsteil von einer Gesellschaft abhängig ist, die nicht eine AG oder KGaA ist.

Abgesehen von stimmrechtsbezogenen Vorzugsaktien ist mit jeder Aktie genau ein Stimmrecht verknüpft.[290] Praktische Bedeutung haben bei den stimmrechtsbezogenen Vorzugsaktien die stimmrechtslosen Vorzugsaktien (§ 12 Abs. 1 AktG) und die sog. *Mehrstimmrechtsaktien.* Letztere sind grundsätzlich unzulässig (§ 12 Abs. 2 AktG), aber es kann sie aus der Vergangenheit geben (z. B. aufgrund Ausgabe vor Inkrafttreten des AktG 1937). Ausnahmen von diesem Verbot regelte ursprünglich § 12 Abs. 2 Satz 2 AktG, wonach derartige Wertpapiere von der für die Wirtschaft zuständigen obersten Behörde des Landes, in dem die Gesellschaft ihren Sitz hatte, weiterhin genehmigt werden konnten, sofern die Papiere zur „Wahrung überwiegender gesamtwirtschaftlicher Belange erforderlich" waren. Mehrstimmrechtsaktien stellen dabei weniger ein Finanzierungsinstrument als ein Herrschaftsinstrument dar. Die Mehrstimmrechtsaktien sollen eine Veränderung der Stimmrechtsverhältnisse in der Hauptversammlung ermöglichen, ohne daß der betreffende Aktionär über die ansonsten für diese Stimmenzahl erforderliche Kapitalbeteiligung verfügen muß.[291] Wirksam sind Mehrstimmrechtsaktien immer dann, wenn Beschlüsse mit einfacher oder qualifizierter Mehrheit der Stimmen gefaßt werden müssen, ohne daß zugleich auch eine Kapitalmehrheit erforderlich ist. Die Ausnahmeregelung zur Genehmigung von Mehrstimmrechtsaktien wurde durch Art. 1 Nr. 3 KonTraG vom 27. April 1998 aufgehoben, weshalb eine Neuschaffung nunmehr ausgeschlossen ist. Zudem regelte § 5 Abs. 3 Satz 1 EGAktG in Verbin-

---

[289] Die Bemessung dieser Ausgleichszahlung wurde in Abschnitt 1.3.2 der Ausschüttungsbemessungsfunktion zugeordnet.

[290] Vgl. hierzu ausführlich MATSCHKE, Finanzierung (1991), S. 82–86.

[291] Siehe zu Beispielen für Gesellschaften mit Mehrstimmrechtsaktien MATSCHKE, Finanzierung (1991), S. 85.

dung mit Art. 11 Nr. 1 KonTraG eine Möglichkeit zur (erleichterten) Abschaffung bestehender Mehrstimmrechtsaktien.[292]

Die Abschaffung der Mehrstimmrechte kann demnach entweder durch Fristablauf oder durch Beseitigung mittels Satzungsänderung erfolgen.[293] Ein *Erlöschen durch Fristablauf* (§ 5 Abs. 1 EGAktG) erfolgte zum 1. Juni 2003, wenn nicht zuvor die Hauptversammlung ihr Fortbestehen mit qualifizierter Mehrheit des bei der Abstimmung vertretenen Grundkapitals beschlossen hatte. Inhaber der Mehrstimmrechtsaktien waren von dieser Beschlußfassung jedoch ausgeschlossen. „Die Hauptversammlungsentscheidung über die Fortgeltung der Mehrstimmrechte fällt also ohne eine Teilnahme der davon betroffenen Anteilseigner."[294] Unabhängig vom Erlöschen durch Fristablauf kann eine *Beseitigung mittels Satzungsänderung* erfolgen. Die Hauptversammlung konnte (und kann auch weiterhin) gemäß § 5 Abs. 2 EGAktG durch einen Beschluß „einer Mehrheit, die mindestens die Hälfte des bei der Beschlußfassung vertretenen Grundkapitals umfaßt, aber nicht der Mehrheit der abgegebenen Stimmen" bedarf, eine entsprechende Satzungsänderung erwirken. Zwar findet bei dieser Abstimmung keine Ausgrenzung der Mehrheitsaktionäre statt, diese werden jedoch nur mit ihrem Anteil am Grundkapital berücksichtigt. Im Falle der Abschaffung der Mehrstimmrechte und ihrer Transformation in Einstimmrechtsaktien liegt somit eine dominierte Konfliktsituation vor.[295] Die betroffenen Anteilseigner haben dabei nach § 5 Abs. 3 EGAktG gegenüber der Gesellschaft einen Anspruch auf einen Ausgleich, „der den besonderen Wert der Mehrstimmrechte angemessen berücksichtigt", weshalb es sich hierbei speziell um eine Konfliktsituation vom Typ des Kaufs/Verkaufs handelt. Die ehemaligen Mehrstimmrechtsinhaber „verkaufen" ihre Rechte an die bisherigen Einstimmrechtsaktionäre.

HERING/OLBRICH[296] differenzieren in diesem Zusammenhang die dominierten Konfliktsituationen, in denen sich die gegenüberstehenden Parteien aus mehreren Subjekten zusammensetzen, im Hinblick auf den *Grad der Fragmentierung*, um zu analysieren, wie die vorherrschende Machtasymmetrie konkret ausgestaltet ist. Demnach handelt es sich um eine *nicht fragmentierte* dominierte Konfliktsituation, wenn die Konfliktparteien eindeutig in eine dominierende und in eine dominierte Partei getrennt werden können. Hingegen wird von einer *fragmentierten* dominierten Konfliktsituation gesprochen, wenn keine derart scharfe Unterscheidung der Parteien möglich ist, weil mindestens eine der Gruppen der sich gegenüberstehenden Parteien sowohl dominierte als auch dominierende Subjekte umfaßt. Erfolgt beispielsweise die Versagung des Fortgeltungsbeschlusses gemäß § 5 Abs. 1 EGAktG nicht einmütig, liegt eine fragmentierte dominierte Konfliktsituation vor. Die Gruppe der Verkäufer (Mehrstimmrechtsinhaber) besteht

---

[292] Vgl. auch HERING/OLBRICH, Bewertung von Mehrstimmrechten (2001), S. 20 f.

[293] Vgl. hierzu HERING/OLBRICH, Bewertung von Mehrstimmrechten (2001), S. 21 f.

[294] HERING/OLBRICH, Bewertung von Mehrstimmrechten (2001), S. 22.

[295] Vgl. zu diesem Fall HERING/OLBRICH, Aktionärsabfindung (2001), HERING/OLBRICH, Bemessung der Abfindung (2001), HERING/OLBRICH, Bewertung von Mehrstimmrechten (2001), HERING/OLBRICH, Entschädigung der Mehrstimmrechte (2003), HERING/OLBRICH, Unsicherheitsproblem bei der Entschädigung (2003), HERING/OLBRICH, Wert der Mehrstimmrechte (2003), sowie darüber hinaus HENSELMANN, Bewertung von Mehrstimmrechten (2001), LÖWE/THOSS, Entzug von Mehrstimmrechten (2003), ARNOLD, Entschädigung von Mehrstimmrechten (2003), MIRSCHEL/KLINGELHÖFER/LERM, Bewertung (2004).

[296] Vgl. HERING/OLBRICH, Bewertung von Mehrstimmrechten (2001), S. 23–25. Siehe hierzu auch OLBRICH/RAPP, Wandlung (2011), S. 478 f.

ausschließlich aus dominierten Personen, die Gruppe der Käufer umfaßt neben den dominierenden Subjekten[297] auch dominierte Subjekte[298].

Darüber hinaus unterscheidet OLBRICH[299] die dominierten Konfliktsituationen weiter in dominierte Konfliktsituationen aufgrund transaktionsinternen Zwangs und in dominierte Konfliktsituationen aufgrund transaktionsexternen Zwangs, wobei letztere Ausprägung zu einer Erweiterung der dominierten Situationen im Vergleich zur klassischen Betrachtung führt. Während der *dominierten Konfliktsituation aufgrund transaktionsinternen Zwangs* jene Fälle von Eigentumsänderungen subsumiert werden, die eine an der Verhandlung beteiligte Partei gegen den Willen einer anderen Partei herbeiführen kann, wie z. B. beim oben betrachteten Ausschluß von Minderheitsgesellschaftern gemäß §§ 327a bis 327f AktG, werden der *dominierten Konfliktsituation aufgrund transaktionsexternen Zwangs* jene Situationen zugeordnet, in der „zwar keine der Vertragsparteien eine Übereignung gegen den Willen der anderen Partei zu verwirklichen vermag, ein solcher Eigentumswechsel aber durch Sachverhalte außerhalb der Verhandlungssphäre veranlaßt werden kann"[300]. So ist es beispielsweise denkbar, daß sich ein Eigner, bei dem es sich um eine natürliche Person fortgeschrittenen Alters handelt, aufgrund einer ärztlichen Prognose eines baldigen Ablebens „zwangsweise" zum Verkauf seines Unternehmens entschließen muß.

Für einen Aktienerwerber (Bieter) kann sich aufgrund des Wertpapiererwerbs- und Übernahmegesetz (WpÜG) die Situation ergeben, daß aus einer nicht dominierten Konfliktsituation eine dominierte Konfliktsituation wird.[301] Aus einer für den Aktienerwerber zunächst nicht dominierten Konfliktsituation vom Typ des Kaufs resultiert beim Überschreiten der Kontrollgrenze von 30 % der Stimmrechte (§ 29 Abs. 2 WpÜG) die Verpflichtung, den weiteren Aktionären der sogenannten Zielgesellschaft ein Pflichtangebot (§ 35 WpÜG) abzugeben. Es handelt sich somit für den Bieter um eine dominierte Konfliktsituation, weil er dann „eine Änderung der Eigentumsverhältnisse als solche nicht mehr verhindern [kann], sondern [mit seinem Angebot] lediglich noch die Bedingungen beeinflussen kann."[302] Der Bieter wird also von den anderen Aktionären dominiert. Wenn der Bieter durch ein Übernahme- oder Pflichtangebot 95 % des stimmberechtigten Grundkapitals der Zielgesellschaft erhalten hat, können hingegen auf seinen Antrag durch Gerichtsbeschluss die übrigen[303] Aktien gegen eine angemessene[304] Abfindung auf ihn übertragen werden, so daß er ein Ausschlußrecht hat. Vom Bieter muß freilich ein solcher Antrag auf Ausschluß innerhalb von drei Monaten nach Ablauf der

---

[297] Dominierende Subjekte sind Einstimmrechtsaktionäre, die gegen den Fortgeltungsbeschluß gestimmt haben.

[298] Dominierte Subjekte sind Einstimmrechtsaktionäre, die schließlich für den Fortgeltungsbeschluß gestimmt haben.

[299] Vgl. OLBRICH, Unternehmungsverkauf (2005), S. 227 f. Siehe zudem auch die Argumentation von OLBRICH, Scheidung (2005), S. 413, hinsichtlich der Zuordnung einer Unternehmensbewertung bei Scheidung des Unternehmers zur dominierten oder nicht dominierten Konfliktsituation.

[300] OLBRICH, Unternehmungsverkauf (2005), S. 227.

[301] Siehe ausführlich OLBRICH/HEINZ, Ermittlung des Entscheidungswerts (2009).

[302] OLBRICH/HEINZ, Ermittlung des Entscheidungswerts (2009), S. 547.

[303] Nach § 39a Abs. 1 S. 2 WpÜG gilt dies auch für die „übrigen Vorzugsaktien ohne Stimmrecht".

[304] Als „angemessen" gilt dabei nach § 39a Abs. 2 S. 3 WpÜG diejenige Gegenleistung seines Übernahme- oder Pflichtangebots, die dazu geführt hat, daß der Bieter 90 % der stimmberechtigten Aktien des Grundkapitals erwerben konnte.

Annahmefrist des Angebots gestellt werden. Umgekehrt haben die Aktionäre, die das Übernahme- oder Pflichtangebot nicht angenommen haben, das Recht, drei Monate nach Ablauf der Annahmefrist dem Bieter ihre Aktien anzudienen: „Der Käufer vermag die Minderheit durch das Ausschlussrecht gemäß § 39a WpÜG hinauszudrängen, während diese sich auf das Andienungsrecht des § 39c WpÜG berufen und dadurch vice versa von ihm verlangen kann, ihre verbliebenen Anteile aufzukaufen. Somit können beide Seiten eine Änderung der Eigentumsverhältnisse einerseits erzwingen, sie andererseits aber auch nicht verhindern."[305] Ab einer Beteiligung von 95 % besteht die Konstellation, daß sowohl der Bieter als auch die Minderheiten nicht nur dominieren, sondern zugleich dominiert werden. Aus dem Ausschlußrecht nach § 39a WpÜG (sog. übernahmerechtlicher „Squeeze Out") des Bieters und dem Andienungsrecht nach § 39c WpÜG der verbliebenen Minderheitsaktionäre ergibt sich schließlich eine weitere bewertungsrelevante Differenzierung der dominierten Konfliktsituation, die OLBRICH/ HEINZ als symmetrisch-dominierte Konfliktsituation bezeichnen und so gegenüber den sonstigen, die sie asymmetrisch-dominierte Konfliktsituationen nennen, abgrenzen.[306]

Die beschriebenen Ausprägungen der dominierten Konfliktsituationen sind in *Abbildung 30* noch einmal zusammenfassend dargestellt.

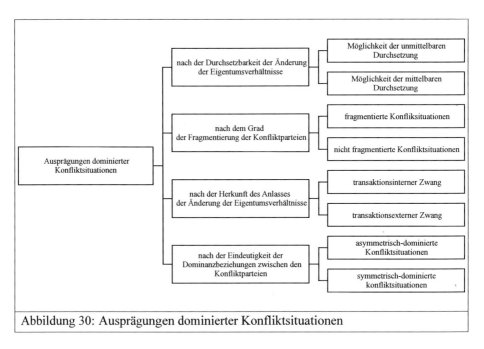

Abbildung 30: Ausprägungen dominierter Konfliktsituationen

In *Abbildung 31* findet eine Zuordnung der wesentlichen, hier erläuterten dominierten Konfliktsituationen zu Konfliktsituationen vom Typ des Kaufs/Verkaufs oder vom Typ der Fusion/Spaltung statt.

---

[305] *OLBRICH/HEINZ*, Ermittlung des Entscheidungswerts (2009), S. 547.

[306] Vgl. *OLBRICH/HEINZ*, Ermittlung des Entscheidungswerts (2009), S. 547 f.

Dominierte Konfliktsituationen vom Typ des Kaufs/Verkaufs	*Dominierte Konfliktsituationen vom Typ der Fusion/Spaltung*
• Ausscheiden eines oHG-Gesellschafters unter Fortführung der oHG gegen Abfindung nach § 738 BGB 　1. bei Gesellschafterkündigung (§ 132 HGB), 　2. bei Eröffnung des Gesellschafterkonkurses (§ 131 Abs. 3 HGB), 　3. bei Privatgläubigerkündigung (§ 135 HGB) 　4. durch Gerichtsbeschluß beim sog. „lästigen" Gesellschafter (§ 140 HGB) • Enteignung gemäß Artikel 14 Abs. 3 GG • Vergesellschaftung gemäß Artikel 15 GG • Zwangsweises Ausscheiden der Minderheitsaktionäre gegen Barabfindung 　1. bei Eingliederung einer AG in eine andere AG, die 95 % des Grundkapitals hält und eine abhängige Gesellschaft ist (§ 320 AktG) 　2. auf Verlangen des Hauptaktionärs, der 95 % des Grundkapitals hält (§ 327a AktG) • Verpflichtung zum Erwerb der Aktien ausscheidungsberechtigter außenstehender Aktionäre bei Abschluß eines Beherrschungs- oder Gewinnabführungsvertrages gegen Barabfindung, 　1. wenn der andere Vertragsteil eine abhängige oder in Mehrheitsbesitz stehende AG oder KGaA ist (§ 305 Abs. 2 Nr. 2 AktG) 　2. wenn der andere Vertragsteil z. B. eine ausländische Gesellschaft, keine AG oder KGaA ist, aber auch wenn der andere Vertragsteil von einer Gesellschaft abhängig ist, die nicht eine AG oder KGaA ist (§ 305 Abs. 2 Nr. 3 AktG) • Verpflichtung zum Erwerb der Anteile oder Mitgliedschaften widersprechender Gesellschafter gegen Barabfindung bei Verschmelzung gemäß § 29 UmwG • Verpflichtung zum Erwerb der umgewandelten Anteile oder Mitgliedschaften widersprechender Gesellschafter gegen Barabfindung beim Formwechsel gemäß § 207 UmwG • Transformation von Mehr- in Einstimmrechtsaktien gemäß § 5 EGAktG • zwangsweiser Verkauf eines Unternehmens durch natürliche Person fortgeschrittenen Alters	• Zwangsweises Ausscheiden der Minderheitsaktionäre gegen Aktien der Hauptgesellschaft bei Eingliederung einer AG in eine andere AG, die 95 % des Grundkapitals hält (§ 320 AktG) • Verpflichtung zum Erwerb der Aktien ausscheidungsberechtigter außenstehender Aktionäre bei Abschluß eines Beherrschungs- oder Gewinnabführungsvertrages 　1. gegen Aktien des anderen Vertragsteils, wenn diese eine inländische nicht abhängige und nicht in Mehrheitsbesitz stehende AG oder KGaA ist (§ 305 Abs. 2 Nr. 1 AktG) 　2. gegen Aktien der herrschenden oder mit Mehrheit beteiligten Gesellschaft mit Sitz im Inland, wenn der andere Vertragsteil eine abhängige oder in Mehrheitsbesitz stehende AG oder KGaA ist (§ 305 Abs. 2 Nr. 2 AktG)

Abbildung 31: Zuordnung dominierter Konfliktsituationen zu Konfliktsituationen vom Typ des Kaufs/Verkaufs und vom Typ der Fusion/Spaltung

1.4.2.3 Nicht jungierte und jungierte Konfliktsituationen

Ausgangspunkt für die Unterscheidung in *jungierte (verbundene) und disjungierte (unverbundene) Konfliktsituationen* waren die Ergebnisse einer bereits für die Jahre 1970 und 1971 vorgenommenen Befragung im Rahmen der Dissertation von MATSCHKE,[307] aus der sich ergab, daß die konfligierenden Parteien recht häufig zugleich in anderen Konfliktsituationen präsumtive Käufer, Verkäufer oder Fusionspartner waren, d. h. sehr oft zugleich mehrere Unternehmen kaufen, verkaufen und/oder mit ihnen fusionieren wollten. Eine isolierte, nur auf eine einzige Konfliktsituation bezogene Betrachtung ist unter diesen Umständen nicht problemadäquat. Die Möglichkeit jungierter oder verbundener Konfliktsituationen, d. h. die Möglichkeit, daß sich eine Konfliktpartei zugleich noch in anderen Konfliktsituationen vom Typ des Kaufs/Verkaufs oder vom Typ der Fusion befindet und daß folglich Rückwirkungen aus der einen auf die andere Situation zu beachten sind, wurde bis dahin in der Unternehmensbewertungstheorie nicht gesehen und bis heute – abgesehen von wenigen Ausnahmen[308] – auch nicht vertiefend analysiert.

Es wird vielmehr stillschweigend unterstellt, daß das Entscheidungssubjekt ein Unternehmen unter der Bedingung einer einzigen Konfliktsituation vom Typ des Kaufs/Verkaufs oder vom Typ der Fusion/Spaltung bewertet, die in *keiner* Beziehung zu anderen Konfliktsituationen vom Typ des Kaufs/Verkaufs oder vom Typ der Fusion/Spaltung steht. Solche Konfliktsituationen werden als *unverbundene oder disjungierte Konfliktsituationen* bezeichnet.

Wird hingegen davon ausgegangen, daß die konfligierenden Parteien zugleich mehrere Unternehmen kaufen, verkaufen und/oder fusionieren wollen, ist eine isolierte, nur auf eine Konfliktsituation bezogene Unternehmensbewertung nicht sachgerecht, weil dabei die Interdependenzen zwischen den Konfliktsituationen außer acht gelassen werden. Es ist zu berücksichtigen, daß Vereinbarungen in anderen Konfliktsituationen vom Typ des Kaufs/Verkaufs oder der Fusion/Spaltung das Entscheidungsfeld des Entscheidungssubjekts und somit das nach einer Einigung über einen Kauf/Verkauf oder eine Fusion/Spaltung des Unternehmens wieder zu erreichende Zielniveau, auf dessen Einhaltung bei der Bestimmung des Entscheidungswertes zu achten ist, beeinflussen. In solchen *verbundenen oder jungierten Konfliktsituationen* läßt sich der Entscheidungswert des Unternehmens für die eine Konfliktsituation nur unter Bezugnahme auf mögli-

---

[307] Vgl. MATSCHKE, Entscheidungswert (1975), S. 34–38.

[308] Ausnahmen finden sich bisher allein bei MATSCHKE, Entscheidungswert (1975), S. 336–356 (MATSCHKE betrachtet die Fälle „Kauf-Kauf" und „Verkauf-Verkauf" mit jeweils zwei Bewertungsobjekten, die uniforme und übereinstimmende Zahlungsströme generieren.), BRÖSEL, Medienrechtsbewertung (2002), S. 98–106 (BRÖSEL setzt sich mit dem Fall „Kauf-Kauf" auseinander, wobei zwei Bewertungsobjekte mit periodenindividuellen und voneinander differierenden Zahlungsströmen berücksichtigt werden) sowie HERING, Unternehmensbewertung (2006), S. 127–132 (HERING analysiert den Fall „Kauf-Verkauf"). Siehe zudem FREY, Kunstbewertung (2011), S. 186–199. TOLL, Investitionstheoretische Unternehmensbewertung (2011), S. 142–191, untersucht den Fall „Kauf-Verkauf" unter Berücksichtigung der Einkommens- oder Vermögensmaximierung als Zielsetzung. Eine theoretische Lücke bilden insbesondere noch jene Situationen, in denen die Fusion und die Spaltung mit anderen Ausprägungen von Konfliktsituationen kombiniert werden. Diese Lücke reduzieren BYSIKIEWICZ, Spaltung (2008), S. 205–254, im Hinblick auf die jungierte Konfliktsituation vom Typ „Spaltung-Verkauf" und TOLL, Investitionstheoretische Unternehmensbewertung (2011), S. 192–252, bezogen auf Typ „Kauf-Fusion" sowie „Verkauf-Fusion", wobei jeweils Einkommens- oder Vermögensmaximierung als Zielsetzung zugrunde gelegt werden.

che Vereinbarungen in den anderen Konfliktsituationen korrekt bestimmen. Der Entscheidungswert ist dann eine *bedingte Größe*.

Bezogen auf jeweils ein Entscheidungssubjekt und unter der Annahme, daß es nur noch in einer einzigen anderen Konfliktsituation vom Typ des Kaufs/Verkaufs oder vom Typ der Fusion steht, lassen sich folgende zehn jungierte Konfliktsituationen unterscheiden (vgl. *Abbildung 32*), wobei es wegen der Symmetrie nicht darauf ankommt, welchen Typ die „1. Konfliktsituation" und welchen Typ die „2. Konfliktsituation" charakterisiert:

- jungierte Konfliktsituationen vom Typ „Kauf-Kauf" oder „Verkauf-Verkauf" oder „Fusion-Fusion" oder „Spaltung-Spaltung" und
- jungierte Konfliktsituationen vom Typ „Verkauf-Kauf" oder „Fusion-Kauf" oder „Fusion-Verkauf" oder „Fusion-Spaltung" oder „Spaltung-Kauf" oder „Spaltung-Verkauf".

1. Konflikt-situation	2. Konfliktsituation			
	Typ „Kauf"	Typ „Verkauf"	Typ „Fusion"	Typ „Spaltung"
Typ „Kauf"	Typ „Kauf-Kauf"	Typ „Kauf-Verkauf"	Typ „Kauf-Fusion"	Typ „Kauf-Spaltung"
Typ „Verkauf"	Typ „Verkauf-Kauf"	Typ „Verkauf-Verkauf"	Typ „Verkauf-Fusion"	Typ „Verkauf-Spaltung"
Typ „Fusion"	Typ „Fusion-Kauf"	Typ „Fusion-Verkauf"	Typ „Fusion-Fusion"	Typ „Fusion-Spaltung"
Typ „Spaltung"	Typ „Spaltung-Kauf"	Typ „Spaltung-Verkauf"	Typ „Spaltung-Fusion"	Typ „Spaltung-Spaltung"

Abbildung 32: Klassifikation verbundener Konfliktsituationen

1.4.2.4 Eindimensionale und mehrdimensionale Konfliktsituationen

Käufe und Verkäufe sowie Fusionen oder Spaltungen von Unternehmen sind – selbst wenn nur die Konflikte zwischen den Parteien betrachtet werden und bei Mehrpersonenparteien von Konfliktmöglichkeiten innerhalb der Parteien abstrahiert wird – sehr komplexe Konfliktsituationen. Hinsichtlich der Anzahl der in diesen Situationen relevanten Einigungsbedingungen wird in der Theorie in eindimensionale und mehrdimensionale Konfliktsituationen unterschieden.

Eine Einigung zwischen den Parteien hängt in der Realität grundsätzlich von vielen Faktoren ab, die als *konfliktlösungsrelevante Sachverhalte* bezeichnet werden. Von denen sind der *(Bar-)Preis für das Unternehmen bei Käufen und Verkäufen* sowie die *Verteilung der Eigentumsanteile am Unternehmen nach einer Fusion oder an den Unternehmen nach einer Spaltung* zwar sehr wichtige, aber nicht die einzigen für eine Einigung zwischen den Parteien bedeutsamen Bedingungen.[309] Dies hat sich nicht zuletzt auch im Zusammenhang mit der Privatisierung in den 1990er Jahren in den sog. neuen Bundesländern gezeigt, wobei Fragen des unternehmerischen Konzepts und damit des Erhalts von Arbeitsplätzen oder Fragen nach Höhe und Art von Investitionsverpflichtungen sowie in bezug auf die Gewährung von Subventionen ganz wesentlich für die Einigung waren.

---

[309] REICHERTER, Fusionsentscheidung (2000), S. 121, spricht in diesem Zusammenhang treffend von Einigungsbedingungen, die „Schlüssel zur Lösung" des Konflikts sind.

Auch die bereits erwähnte Erhebung von MATSCHKE[310] bestätigte, daß es sinnvoll ist, Unternehmensbewertungssituationen als *mehrdimensionale Konfliktsituationen* zu beschreiben. Demgegenüber wird in der Theorie mit wenigen Ausnahmen[311] und zumeist auch stillschweigend die (eher einer „basarmäßigen Konfrontation" der Parteien gleichende) *eindimensionale Konfliktsituation*, und zwar vom Typ des Kaufs/Verkaufs, unterstellt.[312] Das heißt, traditionellerweise wird die Konfliktsituationsabhängigkeit des Unternehmenswertes nur rudimentär beachtet, weil im Rahmen von Konfliktsituationen vom Typ des Kaufs/Verkaufs meist nur der (gegenwärtig zahlbare) Barpreis als (einziger) konfliktlösungsrelevanter Sachverhalt betrachtet und dementsprechend der Unternehmenswert stets als ein gegenwärtiges Geldäquivalent für das Unternehmen angesehen wird.

Zu den anderen Problembereichen in realen Konfliktsituationen gehört in *Kauf-/Verkaufsituationen* etwa die Verständigung über die *zivilrechtliche Übernahmeform* (Vermögenserwerb, Beteiligungserwerb)[313], wenn das Bewertungsobjekt eine Kapitalgesellschaft ist.[314] Ein weiteres praktisch bedeutsames Verhandlungsproblem ist die *Verständigung über die Abgrenzung des zu erwerbenden/veräußernden Unternehmens* (Umfang des Unternehmens) und damit die Ausgrenzung der nicht zu übernehmenden Unternehmensteile. Weitere Verhandlungsbereiche können die künftige *Zusammensetzung der Geschäftsleitung* des Unternehmens und eine eventuelle weitere Mitwirkung des Verkäufers betreffen, ferner die *Verständigung* zwischen Erwerber und Veräußerer *über geschäftspolitische Interessen* außerhalb des Tätigkeitsbereichs des zu erwerbenden/veräußernden Unternehmens, die *Vereinbarung/Nichtvereinbarung von (zeitlichen, regionalen) Wettbewerbsverboten* sowie die *Flexibilisierung von Kaufpreisbestandteilen* aufgrund ihrer Abhängigkeit von künftigen Ereignissen.[315] In jüngster Zeit sind es nicht zuletzt aber auch Fragen der Gestaltung hinsichtlich der finanziellen und zeitlichen *Verantwortung des Veräußerers bei festgestellten Umweltaltlasten und bei Altla-*

---

[310]   Vgl. MATSCHKE, Entscheidungswert (1975), S. 34–38.

[311]   Vgl. hierzu beispielsweise MATSCHKE, Entscheidungswert (1975), S. 55–69 und S. 356–386, HINTZE, Paretooptimale Vertragsgestaltung (1992), HINTZE, Unternehmenskauf (1992), MATSCHKE, Ermittlung mehrdimensionaler Entscheidungswerte (1993), KRAUS-GRÜNEWALD, Unternehmenswert (1995), S. 1843, ULRICH, Unternehmensbewertung (1995), TILLMANN, Unternehmensbewertung (1998), OLBRICH, Unternehmungswert (1999), S. 177–182, REICHERTER, Fusionsentscheidung (2000), S. 232–243, BRÖSEL, Medienrechtsbewertung (2002), S. 143–147, HERING, Unternehmensbewertung (2006), S. 132–134, sowie BYSIKIEWICZ, Spaltung (2008), S. 188–204.

[312]   Obwohl die mehrdimensionale Konfliktsituation die Realität ungleich besser abbilden würde. Vgl. MATSCHKE, Grundsätze (2003), S. 12 f.

[313]   Zur Unterscheidung zwischen Vermögenserwerb („Asset Deal") und Beteiligungserwerb („Share Deal") siehe ACHLEITNER/WIRTZ/WECKER, M&A-Management (2004), S. 480 f.

[314]   Vgl. zu diesem Problem HERZIG/HÖTZEL, Gestaltungsinstrumente (1990).

[315]   Siehe hierzu BEHRINGER, Earn-out-Klauseln (2004). So kann ein (fixer) Basiskaufpreis durch ein- oder mehrmalige (variable) Zahlungen ergänzt werden, die sich in Abhängigkeit von der Erreichung vereinbarter Zielgrößen in einem festgelegten Zeitraum oder auch zu einem gewissen Zeitpunkt nach der Unternehmensveräußerung ergeben. Entsprechende vertragliche Vereinbarungen werden auch „Earn Out-Klauseln" genannt. Vgl. hierzu auch LACHER/POPPE, Unternehmenskauf (1988), die von der „Methode des ‚realisierten' Ertragswerts" sprechen, sowie PEEMÖLLER, Stand und Entwicklung (1993), S. 415, und FUNK, Unternehmensbewertung (1995), S. 512, der es als „Ergebnisgarantie" bezeichnet.

sienverdacht.[316] Im Zusammenhang mit der Übernahme eines ertragsschwachen sanierungsfähigen Unternehmens können sowohl die noch *vom Verkäufer vorzunehmenden Maßnahmen* als auch dessen *finanzielle Beteiligung an den* vom Käufer geplanten weiteren *zur Unternehmenssanierung erforderlichen Maßnahmen* konfliktlösungsrelevant sein. Weitere für die Konfliktlösung bedeutsame Bedingungen sind Regelungen zu Haftungsfragen[317] und Zusicherungen in bezug auf Vollständigkeit der Angaben, betriebliche Altersversorgung[318], Freistellungen von Verbindlichkeiten und vieles andere mehr.[319]

Selbst wenn es einzig und allein um die Höhe des Entgelts in einer Verhandlung gehen sollte, bleibt zu beachten, daß die *Entgeltzahlung*[320] vielfältig gestaltbar ist (z. B. Aufteilung in einen sofort fälligen Barpreis und/oder in später fällige Raten-, Zeitrenten- oder Leibrentenzahlungen, Länge der Laufzeit einer Zeitrente und Höhe des Steuerzinssatzes). Jede beteiligte Konfliktpartei ist also gut beraten, wenn sie wegen der (unterschiedlichen) steuerlichen Konsequenzen versucht, die Auswirkungen solcher Entgeltgestaltungen auf eine rationale Verhandlungsführung abzuschätzen.[321]

Auch dann, wenn eine Einigung über den Preis als einzigem konfliktlösungsrelevanten Sachverhalt im Verhandlungswege mit Hilfe eines bestimmten *traditionellen Unternehmensbewertungsverfahrens* und über die *Verständigung von für dieses Verfahren bedeutsamen Parametern* (wie z. B. Zukunftserfolg, Kalkulationszinsfuß, Art und Höhe der Risiko- und Inflationsberücksichtigung, Einbeziehung eines Substanzwertes) gesucht wird, ist es für Käufer wie Verkäufer mehr als ratsam, sich in Vorbereitung der Verhandlung Klarheit darüber zu verschaffen, welcher Verhandlungsspielraum sich in bezug auf diese Parameter ergeben kann und welche Extensionen dieser Parameter gerade noch akzeptabel sind, damit der jeweilige Grenzpreis nicht verletzt wird.

---

[316] Zum Problem der Gestaltung der Umweltaltlastenverantwortung vgl. SCHLEMMINGER, Gestaltung (1991), EBENROTH/WOLFF, Umweltaltlastenverantwortung (1992), S. 43–50, TILLMANN, Unternehmensbewertung (1998). Siehe weiterführend KLINGELHÖFER, Entsorgung (2000), KLINGELHÖFER, Finanzwirtschaftliche Bewertung (2006).

[317] Vgl. hierzu MÜLLER, Versicherungsfunktionen (1984).

[318] Siehe hierzu z. B. LÖCHERBACH, Altersversorgung bei der Unternehmensbewertung (1993), REICHERTER, Pensionsverpflichtungen (2003).

[319] Vgl. HOLZAPFEL/PÖLLATH, Unternehmenskauf (2010), S. 363–442.

[320] Siehe zur Entscheidungswertermittlung unter Berücksichtigung der Entgeltgestaltung – insbesondere unter Berücksichtigung der zeitlichen Struktur der Zahlung(en) – TOLL, Zahlungsstruktur des Verkaufspreises (2008), TOLL, Unternehmensbewertung (2010), TOLL, Investitionstheoretische Unternehmensbewertung (2011).

[321] Dieses Problem der steueroptimalen Entgeltgestaltung thematisiert DIRRIGL, Steueroptimale Entgeltvereinbarung (1989), der von einem (nicht problematisierten) Grenzpreis im Sinne des Sofort-Barpreises des jeweiligen Entscheidungssubjekts (Erwerber, Veräußerer) ausgeht. Dazu leitet er für die Parteien äquivalente (nutzengleiche) Entgeltgestaltungen her, die auch die mit diesen Entgeltgestaltungen zusammenhängenden Steuerwirkungen mit Hilfe sog. Äquivalenzkalküle berücksichtigen.

Die beispielhaft erwähnten konfliktlösungsrelevanten Sachverhalte[322] lassen sich in zwei Gruppen einteilen:

1. in solche, die das Entscheidungsfeld unmittelbar verändern (*originäre konfliktlösungsrelevante Sachverhalte* wie zivilrechtliche Übernahmeform, Höhe und Gestaltungsformen des Entgelts, Umfang des in Rede stehenden Unternehmens, Verständigung über geschäftspolitische Interessen außerhalb dieses Unternehmens, Regelungen über zeitliche und regionale Wettbewerbsverbote, Regelungen hinsichtlich der finanziellen und zeitlichen Verantwortung bei Altlasten sowie Regelungen über vorher durchzuführende Sanierungsmaßnahmen), und

2. in solche, die dazu dienen, Extensionen der originären konfliktlösungsrelevanten Sachverhalte zu begründen oder aus ihnen herzuleiten (*derivative konfliktlösungsrelevante Sachverhalte* wie Parameter eines Unternehmensbewertungsverfahrens, auf dessen Basis die Parteien argumentieren) und damit nur mittelbar entscheidungsfeldverändernd wirken.

Wirken Parameter (im Falle einer Einigung darauf in interpersonalen Konfliktsituationen) unmittelbar entscheidungsfeldverändernd, sind sie also den *originären konfliktlösungsrelevanten Sachverhalten* zuzuordnen. Damit es zu einer Änderung der Eigentumsverhältnisse an einem Unternehmen kommt, ist es somit für die konfligierenden Parteien erforderlich, sich über diese Parameter zu verständigen. Deshalb stehen die originären Sachverhalte zueinander in einem *Komplementaritäts- oder Ergänzungsverhältnis*. Einigungen in interpersonalen Konfliktsituationen führen zu *Veränderungen der Entscheidungsfelder* (Menge der Handlungsalternativen) der am Konflikt beteiligten Parteien. So gibt ein Unternehmensverkäufer das Unternehmen als Instrument seiner Zielerfüllung auf und erhält dafür Geldleistungen, die ihm neue Handlungsmöglichkeiten erschließen. Der Käufer erwirbt das Unternehmen und mit diesem zugleich neue Aktionsmöglichkeiten, muß aber wegen des zu zahlenden Preises auf sonst offenstehende Handlungsmöglichkeiten verzichten. Zwischen der Höhe des für das Unternehmen zu zahlenden Preises und der Veränderung der Entscheidungsfelder nach einer Einigung besteht eine enge Beziehung. Je höher der zu zahlende Preis ist, auf desto mehr Handlungsmöglichkeiten muß der Käufer infolge des Unternehmenskaufes verzichten und desto mehr Handlungsmöglichkeiten werden für den Verkäufer in einer Geldwirtschaft realisierbar.

Eine solche enge Beziehung zwischen Entscheidungsfeldveränderungen und der Extension konfliktlösungsrelevanter Sachverhalte oder Variablen bei einer Einigung muß aber nicht bei allen konfliktlösungsrelevanten Sachverhalten gegeben sein. Hierbei handelt es sich um die *derivativen konfliktlösungsrelevanten Sachverhalte*, die nur mittelbar das Entscheidungsfeld des Bewertungssubjekts verändern. Sie dienen vielmehr dazu, bestimmte Extensionen entscheidungsfeldverändernder, originärer konfliktlösungsrelevanter Sachverhalte herzuleiten oder zu begründen. Damit stehen sie in einer *Mittel-Zweck-Beziehung* zu den originären konfliktlösungsrelevanten Sachverhalten. Hierzu gehören beispielsweise die Variablen „Bewertungsverfahren", „Zukunftserfolg" und „Kapitalisierungszinsfuß", die das Entscheidungsfeld einer Konfliktpartei nur mittelbar verändern und der Herleitung des originären Sachverhalts „Kaufpreis" dienen.

---

[322] Vgl. *MATSCHKE*, Entscheidungswert (1975), S. 57–69, *TILLMANN*, Unternehmensbewertung (1998), S. 157–159, *REICHERTER*, Fusionsentscheidung (2000), S. 181–183, *BRÖSEL/BURCHERT*, Akquisition (2004), S. 352.

Für einen positiven Verhandlungsabschluß ist es nicht notwendig, daß sich die Parteien letztlich über derivative konfliktlösungsrelevante Sachverhalte einig sein müssen, weil die Substitution eines originären Sachverhalts (wie im Beispiel die Höhe des Preises) durch verschiedene derivative Sachverhalte (etwa „Bewertungsverfahren", „Zukunftserfolg" und „Kapitalisierungszinsfuß") nur dazu dienen kann, die Standpunkte der Parteien anzunähern, um sich danach – ohne weiteren Rückgriff darauf – auf einen bestimmten Preis zu verständigen. Auf die Rolle, die derivative und originäre konfliktlösungsrelevante Sachverhalte im Rahmen der Verhandlung spielen, wird in Kapitel 4 eingegangen.

1.4.2.5 Limitierte und nicht limitierte Konfliktsituationen

OLBRICH/HEINZ[323] haben im Zusammenhang mit dem WpÜG darauf hingewiesen, daß sich für einen Aktienerwerber (Bieter) die Situation ergeben kann, daß „ein zunächst eigeninitiativer Erwerb einer bestimmten Anteilshöhe im Anschluß einen verpflichtenden Erwerb weiterer Anteile nach sich zieht."[324] Aus einer für den Aktienerwerber zunächst *nicht dominierten Konfliktsituation vom Typ des Kaufs*[325] resultiert beim Überschreiten der Kontrollgrenze von 30 % der Stimmrechte (§ 29 Abs. 2 WpÜG) die Verpflichtung, den weiteren Aktionären der sogenannten Zielgesellschaft ein Pflichtangebot (§ 35 WPÜG) abzugeben. Hierbei gerät der Bieter nunmehr in die Situation, nicht mehr die Anzahl der Aktien bestimmen zu können, die er aufgrund des Pflichtangebots zu übernehmen hat. Wegen dieser Besonderheit führen OLBRICH/HEINZ zur Charakterisierung der Konfliktsituation das *Kriterium der Abgrenzung des Bewertungsobjekts* ein und unterscheiden in *Konfliktsituationen mit limitiertem und nicht limitiertem Umfang*. Solange der Bieter unterhalb der Kontrollgrenze bleibt, ist das Bewertungsobjekt für ihn abgegrenzt. OLBRICH/HEINZ sprechen von „limitiert", weil der Aktienerwerber nur die (begrenzte) Anzahl an Aktien übernimmt, die er übernehmen will. Im Falle der Überschreitung der Kontrollgrenze und damit seiner Verpflichtung zur Abgabe eines Pflichtangebots liegt hingegen eine *Konfliktsituation vom Typ des nicht limitierten Umfangs* vor, weil der Bieter *alle* Aktien übernehmen muß, die ihm angeboten werden; er aber *nicht* weiß, wie viele Aktien ihm *tatsächlich* angeboten werden. Zugleich handelt es sich für ihn – wie bereits dargestellt – um eine *dominierte Konfliktsituation*. Das heißt, liegt eine Konfliktsituation vom Typ des nicht limitierten Umfangs für den Bieter vor, ist diese für ihn zugleich auch eine dominierte Konfliktsituation, denn er kann ein Pflichtangebot nicht etwa mit einer angestrebten Quote konditionieren.[326]

---

[323] Vgl. *OLBRICH/HEINZ*, Ermittlung des Entscheidungswerts (2009), S. 548. Siehe zur Unterscheidung in limitiert und nicht limitierte Konfliktsituationen auch *OLBRICH/RAPP*, Wandlung (2011), S. 479 f.

[324] *OLBRICH/HEINZ*, Ermittlung des Entscheidungswerts (2009), S. 545.

[325] Der Einfachheit halber wird davon ausgegangen, daß vom Bieter eine Geldleistung angeboten wird.

[326] Da nachfolgend ausschließlich „nicht limitierte" Konfliktsituationen betrachtet werden, wird die diesbezügliche Unterscheidung im weiteren Verlauf der Ausführungen vernachlässigt.

Die wesentlichen Ausprägungen der Bewertungssituationen im Rahmen der Hauptfunktionen werden in der *Abbildung 33*[327] zusammengefaßt. Um die den späteren Ausführungen zugrundeliegenden Konfliktsituationen transparent darzustellen, wird an den
entsprechenden Stellen auf den sog. Konfliktwürfel[328] zurückgegriffen.

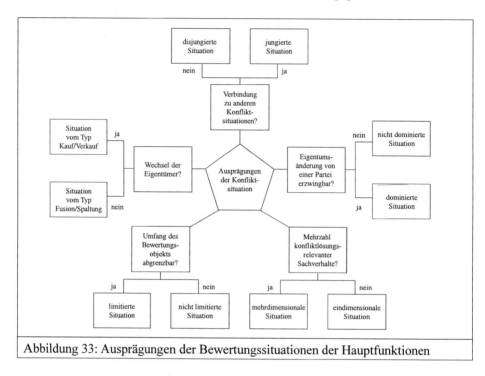

Abbildung 33: Ausprägungen der Bewertungssituationen der Hauptfunktionen

---

[327] Erstellt in Anlehnung an OLBRICH/HEINZ, Ermittlung des Entscheidungswertes (2009), S. 548.
[328] Siehe zum Vorschlag des Konfliktwürfels REICHERTER, Fusionsentscheidung (2000), S. 122.

1.4.3   Systematisierung der Anlässe der Nebenfunktionen

Während in der Unternehmensbewertungsliteratur hinsichtlich der Nebenfunktionen bisher schon ein (wenn auch nur exemplarischer) Katalog vorlag, ist der Versuch einer Systematisierung der Anlässe, wie sie beispielsweise für die Hauptfunktionen existiert und vorab dargestellt wurde, bisher unterblieben. Allerdings müssen auch jene Anlässe, denen Bewertungssituationen zugrunde liegen, die nicht primär auf eine Änderung der Eigentumsverhältnisse am Unternehmen ausgerichtet sind, nachhaltig analysiert werden, um ein sowohl zweckentsprechendes als auch hinsichtlich des konkreten Anlasses theoretisch fundiertes Vorgehen daraus abzuleiten. Nachfolgend soll ein derartiger Systematisierungsvorschlag unterbreitet werden, wobei eingangs überprüft wird, ob Bestandteile der Systematik der Hauptfunktionen übernommen werden können.

Da es im Rahmen der Nebenfunktionen nicht primär um Änderungen der Eigentumsverhältnisse geht, ist die Unterscheidung im Hinblick auf die Art der Eigentumsänderung (Kauf/Verkauf sowie Fusion/Spaltung) nicht möglich. Zudem besteht bei den Nebenfunktionen kein Einigungsbedarf in einem interpersonellen Konflikt, weshalb keine strittigen Auseinandersetzungen über die Bedingungen einer Änderung der Eigentumsverhältnisse und demnach auch keine *konfliktlösungs*relevanten Sachverhalte vorliegen. Als wesentlicher *bewertungs*relevanter Sachverhalt gilt bei den Nebenfunktionen i. d. R. nur der in Geldeinheiten ausgedrückte Wert für ein vorab abgegrenztes Bewertungsobjekt. Somit kann die Unterscheidung im Hinblick auf die Art der Komplexität (eindimensionale sowie mehrdimensionale Bewertungssituation) ebenso wie die Unterscheidung hinsichtlich des Grades der Dominanz (nicht dominiert sowie dominiert) in dem im Rahmen der Hauptfunktionen verstandenen Sinne vernachlässigt werden.[329]

Im Unterschied dazu ist auch bei Nebenfunktionen – wie nachfolgend dargestellt wird – eine Differenzierung hinsichtlich des Grades der Verbundenheit in disjungierte (unverbundene) und jungierte (verbundene) Bewertungssituationen erforderlich. Darüber hinaus können die Bewertungsanlässe der Nebenfunktionen – wie an *Abbildung 34* aufgezeigt – beispielsweise hinsichtlich ihres Zwecks (ihrer Funktion oder ihrer Aufgabe), des Vorgehens ihrer Ermittlung, des Grades der Normierung, der Stellung vom Bewertungssubjekt und/oder vom Bewertungsadressaten zum zu bewertenden Unternehmen sowie der Frequenz der Bewertung unterteilt werden.

---

[329] Hieraus kann nicht geschlossen werden, daß diese Differenzierungen und andere hier nicht betrachtete Unterscheidungen im Laufe der weiteren Entwicklung der Unternehmensbewertungstheorie, insbesondere vor dem Hintergrund der stetig zunehmenden Relevanz der Unternehmensbewertung für andere Teildisziplinen der Betriebswirtschaftslehre, nicht an Bedeutung für die Systematisierung der Bewertungsanlässe von Nebenfunktionen gewinnen werden.

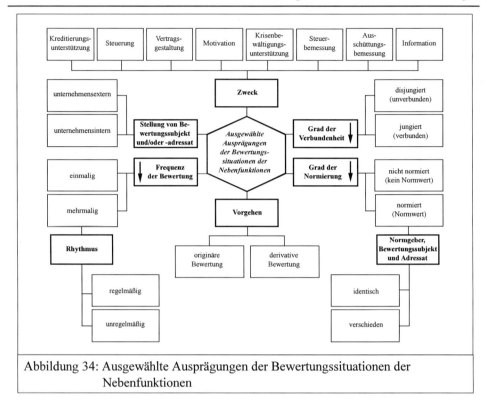

Abbildung 34: Ausgewählte Ausprägungen der Bewertungssituationen der
             Nebenfunktionen

Während bei den Hauptfunktionen der Bewertungsanlaß jeden Zweck der Bewertung (Entscheidung, Vermittlung und Argumentation) tangieren kann, ist dieses bei den Nebenfunktionen nicht zu erwarten. Hierbei ist jeder (Neben-)Zweck grundsätzlich isoliert zu betrachten, was jedoch nicht ausschließen soll, daß ein Rückgriff auf die Hauptfunktionen und die in diesem Zusammenhang vorliegenden Forschungsergebnisse erforderlich sein kann. Die Bewertungsanlässe können im Hinblick auf den *Zweck der Bewertung* – wie bereits ausführlich dargestellt – in die Kreditierungsunterstützungs-, die Steuerungs-, die Vertragsgestaltungs-, die Motivations-, die Krisenbewältigungsunterstützungs-, die Steuerbemessungs-, die Ausschüttungsbemessungs- sowie die Informationsfunktion unterschieden werden.

Mit der Abgrenzung von originärer und derivativer Bewertung wird eine Charakterisierung der Bewertungssituationen hinsichtlich des *Vorgehens* vollzogen. Werden ganze Unternehmen oder abgrenzbare Unternehmensteile bewertet, liegt ein originäres Bewertungsvorgehen vor, erfolgt jedoch im Rahmen der Nebenfunktion, wie gewöhnlich bei der Steuerungsfunktion, ausschließlich der Rückgriff auf die Erkenntnisse der Bewertungstheorie, soll von einem derivativen Bewertungsvorgehen gesprochen werden.

Die Differenzierung im Hinblick auf den Grad der *Normierung* der Bewertungssituation dient der Unterscheidung in normierte Werte (Normwerte) und nicht normierte Werte. Für den Fall, daß die Werte (Normwerte) durch den Bewertenden (erstes Subjekt) auf Basis von durch einen Normgeber (zweites Subjekt) vorgegebenen Konventionen (Normen) einem vermeintlich interessierten Adressaten (drittes Subjekt) zur Verfügung gestellt werden, ist zudem hinsichtlich der *Subjektidentität* zu differenzieren, ob die beteiligten Subjekte identisch oder verschieden sind.

Das Merkmal der *Frequenz* der Bewertungsdurchführung beschreibt, ob es sich um einmalige oder mehrmalige Bewertungen handelt. Während beispielsweise die Unternehmensbewertung im Rahmen der Insolvenzprüfung der einmaligen Bewertung zuzuordnen ist, sind unter anderem Bewertungen im Rahmen der Bilanzierung oder Bewertungen im Rahmen der Kreditwürdigkeitsprüfung vor dem Hintergrund des Rating[330] nach „Basel II" mehrmals durchzuführen. Erfolgt bei den mehrmaligen Bewertungen weiterhin eine Differenzierung hinsichtlich des *Rhythmus*, kann in mehrmalig regelmäßige und mehrmalig unregelmäßige durchzuführende Bewertungen unterschieden werden. Diese Abgrenzung dient beispielsweise der Prüfung, ob zur Unterstützung des Bewertungssubjekts ein standardisiertes Bewertungsvorgehen implementiert werden sollte.

Hinsichtlich des Grades der *Verbundenheit* wird hier – in Anlehnung an die Hauptfunktionen – in disjungierte (unverbundene) und jungierte (verbundene) Bewertungssituationen unterschieden. Von einer disjungierten oder unverbundenen Bewertungssituation wird gesprochen, wenn das Bewertungssubjekt bei seiner Bewertung in seinem Entscheidungsfeld durch keine andere Bewertungssituation beeinflußt wird. Eine jungierte oder verbundene Bewertungssituation liegt bei den Nebenfunktionen vor, wenn das Bewertungssubjekt bei der in Rede stehenden Situation durch eine andere Bewertungssituation (z. B. eine parallel zur Nebenfunktionsbewertung vorliegende Konfliktsituation) in seinem Entscheidungsfeld beeinflußt wird. Eine jungierte Bewertungssituation (im Rahmen der Nebenfunktion) unterscheidet sich von einer jungierten Konfliktsituation (im Rahmen der Hauptfunktionen) insofern, als bei letzterem Fall zugleich mehrere Verhandlungssituationen vorliegen, aus denen sich Interdependenzen ergeben.

Auswirkungen auf die Vorgehensweise bei der Unternehmensbewertung innerhalb der Nebenfunktionen hat zudem die *Stellung vom Bewertungssubjekt und/oder vom Bewertungsadressaten zum zu bewertenden Unternehmen*. Diese kann jeweils unternehmensintern oder unternehmensextern sein. Beispielsweise können sich hieraus aus Sicht des Bewertungssubjekts Konsequenzen hinsichtlich der zur Verfügung stehenden Daten und mit Blick auf den Bewertungsadressaten Auswirkungen auf die diesem zur Verfügung gestellten Bewertungsergebnisse ergeben.

Nunmehr soll beispielhaft der Sachverhalt „Unternehmensbewertung im Sinne der Bilanzierung des Geschäfts- oder Firmenwertes nach IFRS" in diese Systematik eingeordnet werden. Hierbei handelt es sich – wie bereits ausgeführt – um einen Normwert, der dem Zweck der Information dient und bei dem die relevanten Subjekte nicht identisch sind. Grundsätzlich liegt der Fall einer originären Bewertung vor, die mehrmals und gewöhnlich regelmäßig zu erfolgen hat, wobei dem Bewertenden aus Konzernsicht eine unternehmensinterne Stellung zuzuweisen ist und der Bewertungsadressat eine unternehmensexterne Position einnimmt.

---

[330] Vgl. z. B. BRÖSEL, Rating (2009), BRÖSEL, Bilanzanalyse (2012), S. 265–267.

1.4.4 Empirische Analyse der Anlässe der Hauptfunktionen in der Bewertungspraxis

Auf Basis der Studie von BRÖSEL/HAUTTMANN soll nunmehr analysiert werden, inwieweit die Anlässe der Hauptfunktionen in der Bewertungspraxis eine Rolle spielen. Hierbei werden die Unterscheidungen in dominierte und nicht dominierte sowie in limitierte und nicht limitierte Konfliktsituationen vernachlässigt.[331]

1.4.4.1 Konfliktsituationen vom Typ des Kaufs/Verkaufs sowie vom Typ der Fusion/Spaltung

Überraschend ist bei dieser Studie im Zusammenhang mit den Aspekten, welche bei der Wahl der Bewertungsverfahren eine Rolle spielen, daß es für keines der antwortenden Unternehmen relevant ist, ob es sich bei der in Rede stehenden Bewertungssituation um einen Bewertungsanlaß in einer Konfliktsituation vom Typ des Kaufs/Verkaufs, vom Typ der Fusion oder vom Typ der Spaltung handelt. Wie bereits ausgeführt, wird im Unterschied hierzu vor allem in der jüngeren Literatur zur Unternehmensbewertung darauf hingewiesen, daß im Hinblick auf die Fusion sowie die Spaltung zumindest umfangreiche Anpassungsmaßnahmen vorliegender Bewertungsmethoden erforderlich sind. Bezüglich der Bedeutung der Konfliktsituationen vom Typ des Kaufs, des Verkaufs sowie der Fusion und der Spaltung ergaben sich die in *Abbildung 35*[332] dargestellten Ergebnisse.

	sehr häufig	häufig	selten	kommt nicht vor	Antworten
Unternehmensbewertungen erfolgen in …					
… Situationen mit geplantem Kauf	43 (78,18 %)	11 (20,00 %)	1 (1,82 %)	0 (0,00 %)	55
… Situationen mit geplantem Verkauf	27 (50,94 %)	12 (22,64 %)	10 (18,87 %)	4 (7,55 %)	53
… Situationen mit geplanter Fusion	24 (48,00 %)	5 (10,00 %)	11 (22,00 %)	10 (20,00 %)	50
… Situationen mit geplanter Spaltung	13 (27,66 %)	5 (10,64 %)	11 (23,40 %)	18 (38,30 %)	47
Abbildung 35: Bedeutung von hinsichtlich der Art der Eigentumsveränderung verschiedenen Unternehmensbewertungsanlässen					

Die Antworten offenbaren, daß der „Prototyp" der Bewertungsanlässe weiterhin die Konfliktsituation vom Typ Kauf/Verkauf ist. So sind von den antwortenden Unternehmen fast alle „sehr häufig" oder „häufig" in Kauf- sowie über 70 % „sehr häufig" oder „häufig" in Verkaufssituationen involviert. Als weitere bewertungsrelevante Sachverhalte gelten die Fusion und die Spaltung. Von den antwortenden Unternehmen sehen sich fast 60 % sowie nahezu 40 % „sehr häufig" oder „häufig" den in der Literatur zumeist vernachlässigten Konfliktsituationen vom Typ der Fusion sowie der Spaltung gegenübergestellt.

---

[331] Nachfolgende Ausführungen erfolgen in enger Anlehnung an oder sind teilweise entnommen aus *BRÖSEL/HAUTTMANN*, Empirische Analyse (2007), S. 228–233.

[332] Quelle: *BRÖSEL/HAUTTMANN*, Empirische Analyse (2007), S. 229. Vgl. die Erhebungsdaten zur Frage C1 im Anhang.

Wird diese offenkundig sehr große Bedeutung der Konfliktsituationen vom Typ der Fusion und vom Typ der Spaltung und der damit verbundenen Besonderheiten im Bewertungsprozeß den diesbezüglich nur vereinzelten Forschungsleistungen gegenübergestellt, ergibt sich ein weites Forschungsfeld, welches es zu bestellen gilt.

1.4.4.2 Nicht jungierte und jungierte Konfliktsituationen

Abbildung 36[333] zeigt die Bedeutung jungierter Konfliktsituationen. Über 50 % der antwortenden Unternehmen gaben an, „häufig" oder „sehr häufig" gleichzeitig über den Erwerb mehrerer Unternehmen verhandelt zu haben.[334] Nur 5,36 % der antwortenden Unternehmen offenbarten hingegen, daß jungierte Verhandlungen vom Typ „Kauf/ Kauf" nicht vorkommen.[335] Dabei ist es anzunehmen, daß die Möglichkeit von gleichzeitigen Verhandlungen über den Erwerb mehrerer Unternehmen um so stärker von den Befragten betont wird, je größer die Zahl der Unternehmen ist, die diesen angeboten wird.[336] Vor diesem Hintergrund wird die Bedeutung der jungierten Situationen in der vorliegenden Studie noch unterstrichen, wenn berücksichtigt wird, daß sogar vier der elf Unternehmen, welchen nach eigenen Angaben in den letzten drei Jahren „gar kein" oder „selten" ein Unternehmen zum Kauf angeboten wurde,[337] häufig gleichzeitig über den Erwerb mehrerer Unternehmen verhandeln.

	sehr häufig	häufig	selten	kommt nicht vor	Antwor-ten
Kommt es aufgrund Ihrer Erfahrungen vor, daß gleichzeitig über den Erwerb mehrerer Unternehmen verhandelt wird?	8 (14,28 %)	21 (37,50 %)	24 (42,86 %)	3 (5,36 %)	56
Kommt es aufgrund Ihrer Erfahrungen vor, daß gleichzeitig über die Veräußerung mehrerer Unternehmen verhandelt wird?	5 (9,09 %)	9 (16,36 %)	32 (58,19 %)	9 (16,36 %)	55
Kommt es aufgrund Ihrer Erfahrungen vor, daß gleichzeitig über die Veräußerung eines Unternehmens und den Erwerb eines anderen Unternehmens verhandelt wird?	8 (14,54 %)	5 (9,09 %)	29 (52,73 %)	13 (23,64 %)	55

Abbildung 36: Bedeutung von verschiedenen Unternchmensbewertungsanlässen jungierter Ausprägung

---

[333] Quelle: *BRÖSEL/HAUTTMANN*, Empirische Analyse (2007), S. 229. Vgl. die Erhebungsdaten zur Frage C1 im Anhang.

[334] Die wachsende Bedeutung der jungierten Konfliktsituationen zeigt sich auch darin, daß in der in den Jahren 1970 und 1971 von *MATSCHKE*, Entscheidungswert (1975), S. 37, durchgeführten Umfrage erst knapp 45 % der antwortenden Unternehmen „häufig" oder „sehr häufig" gleichzeitig über den Erwerb mehrerer Unternehmen verhandelt haben.

[335] Nachrichtlich: Zumindest für zwei dieser drei Unternehmen sind jungierte Konfliktsituationen – wenn auch „selten" – relevant. Während so eines dieser Unternehmen „selten" gleichzeitig über die Veräußerung eines Unternehmens und den Erwerb eines anderen Unternehmens verhandelt, ist ein weiteres dieser Unternehmen „selten" sowohl gleichzeitig in Verhandlungen über die Veräußerung mehrerer Unternehmen als auch gleichzeitig in Verhandlungen über die Veräußerung eines Unternehmens und den Erwerb eines anderen Unternehmens involviert.

[336] Vgl. *MATSCHKE*, Entscheidungswert (1975), S. 37.

[337] Diese Angaben beziehen sich auf die Erhebungsdaten zur Frage B1 im Anhang.

Trotz aller Vorbehalte wegen der geringen Anzahl der sich an der Umfrage beteiligenden Unternehmen kann dennoch gesagt werden, daß jungierte Konfliktsituationen empirisch relevant sind, so daß die Unternehmensbewertungstheorie nicht bloß – wie weitgehend üblich – disjungierte Konfliktsituationen (stillschweigend) unterstellen, sondern explizit und vermehrt auch jungierte Konfliktsituationen in ihr Forschungsprogramm aufnehmen sollte.[338]

1.4.4.3 Eindimensionale und mehrdimensionale Konfliktsituationen

Ein weiteres Manko zahlreicher Veröffentlichungen zur Unternehmensbewertung ist – wie dargestellt – die Reduktion der Komplexität auf den finanziellen Aspekt und somit auf den (eindimensionalen) Wert im Sinne des Grenzpreises (oder im Sinne der Grenzquote). Unternehmenstransaktionen sind jedoch sehr komplexe mehrdimensionale Situationen. Im Fragebogen wurden den Unternehmen diesbezüglich in einer Liste vierzehn mögliche Sachverhalte vorgegeben, die in Verhandlungen zu Meinungsverschiedenheiten führen könnten.[339] Die Unternehmen wurden befragt, wie häufig diese Aspekte zu Differenzen zwischen den Verhandlungspartnern führen. In der *Abbildung 37*[340] ist die Auswertung der Antworten zusammengefaßt.

Bei allen Unternehmen (also bei 100 %) führen die Höhe des zu zahlenden Kaufpreises beim Kauf oder Verkauf sowie die Verteilung der Kapitalanteile bei der Fusion oder Spaltung „sehr häufig" oder „häufig" zu Meinungsverschiedenheiten.[341] Hierbei handelt es sich um originäre konfliktlösungsrelevante Sachverhalte. „Je höher der zu zahlende Preis ist, auf desto mehr Handlungsmöglichkeiten muß der Käufer infolge des Unternehmungskaufes verzichten und desto mehr Handlungsmöglichkeiten werden für den Verkäufer [...] realisierbar."[342]

Am zweithäufigsten – von 87,72 % der Unternehmen – wurde der Sachverhalt „erwarteter Zukunftserfolg" als ein Aspekt, der „sehr häufig" oder „häufig" zu Meinungsverschiedenheiten zwischen den Parteien führt, charakterisiert.[343] Bei diesem Aspekt handelt es sich um einen derivativen konfliktlösungsrelevanten Sachverhalt, der einen originären konfliktlösungsrelevanten Sachverhalt bedingt oder argumentativ begründet und somit das Entscheidungsfeld des Bewertungssubjekts nur mittelbar verändert. Die Häufigkeit von Meinungsverschiedenheiten, die hinsichtlich des derivativen Sachverhaltes „erwarteter Zukunftserfolg" bestehen, offenbart die Bedeutung dieses Aspekts für die Verhandlungen um Unternehmen.

---

[338] Vgl. hierzu auch den Abschnitt 1.4.2.3.

[339] Außerdem wurden die Unternehmen gebeten, einerseits andere konfliktlösungsrelevante Sachverhalte zu nennen, wobei diesbezüglich keine Zuordnung hinsichtlich der Häufigkeit dieser Sachverhalte erfolgte, und andererseits eine Rangfolge der aus ihrer Sicht wesentlichsten konfliktlösungsrelevanten Sachverhalte zu erstellen. Auf die entsprechenden Ergebnisse wird nachfolgend ebenfalls eingegangen.

[340] Quelle: *BRÖSEL/HAUTTMANN*, Empirische Analyse (2007), S. 230. Vgl. die Erhebungsdaten zur Frage C20 im Anhang.

[341] Vgl. zu diesem Ergebnis bereits *MATSCHKE*, Entscheidungswert (1975), S. 40 f.

[342] *MATSCHKE*, Entscheidungswert (1975), S. 57.

[343] Dies bestätigt wiederum das Ergebnis von *MATSCHKE*, Entscheidungswert (1975), S. 40 f.

Meinungsverschiedenheiten ...	sehr häufig	häufig	selten	kommt nicht vor	Ant-worten
über die Höhe des zu zahlenden Preises beim Kauf/Verkauf oder die Verteilung der Kapitalanteile bei der Fusion/Spaltung	47 (82,46 %)	10 (17,54 %)	0 (0,00 %)	0 (0,00 %)	57
über die Höhe der zukünftigen Erfolge (erwarteter Zukunftserfolg)	23 (40,35 %)	27 (47,37 %)	7 (12,28 %)	0 (0,00 %)	57
über die Höhe des Kalkulationszinssatzes	8 (14,04 %)	20 (35,08 %)	18 (31,58 %)	11 (19,30 %)	57
darüber, was alles erworben werden soll	5 (8,77 %)	22 (38,60 %)	27 (47,37 %)	3 (5,26 %)	57
über die Regelungen von Integrationsproblemen bei Fusionen	3 (5,36 %)	20 (35,71 %)	29 (51,79 %)	4 (7,14 %)	56
über die Höhe der zu erwerbenden Beteiligungsquote	3 (5,26 %)	14 (24,56 %)	34 (59,65 %)	6 (10,53 %)	57
über Wettbewerbsverbote	3 (5,26 %)	14 (24,56 %)	31 (54,39 %)	9 (15,79 %)	57
über die Weiterführung von Markennamen	3 (5,26 %)	9 (15,79 %)	35 (61,40 %)	10 (17,55 %)	57
über die anzuwendende Unternehmensbewertungsmethode	2 (3,51 %)	17 (29,82 %)	32 (56,14 %)	6 (10,53 %)	57
über die Übernahme des Spitzenmanagements	2 (3,51 %)	13 (22,81 %)	39 (68,42 %)	3 (5,26 %)	57
über die Art der Zahlung (z. B. bar oder in Anteilen)	2 (3,51 %)	11 (19,30 %)	41 (71,93 %)	3 (5,26 %)	57
über Kompetenzabgrenzungen	1 (1,82 %)	10 (18,18 %)	34 (61,82 %)	10 (18,18 %)	55
über den Zahlungszeitpunkt	1 (1,75 %)	15 (26,32 %)	37 (64,91 %)	4 (7,02 %)	57
über die Beibehaltung der Firma des Unternehmens	1 (1,75 %)	6 (10,53 %)	46 (80,70 %)	4 (7,02 %)	57

Abbildung 37: Häufigkeit von Meinungsverschiedenheiten zwischen verhandelnden Parteien hinsichtlich verschiedener konfliktlösungsrelevanter Sachverhalte

Am dritthäufigsten wurde schließlich der – ebenfalls derivative – Sachverhalt „Kalkulationszinsfuß" genannt, der bei fast 50 % der Unternehmen „sehr häufig" oder „häufig" zu Meinungsverschiedenheiten führt. Dabei ist interessant, daß 27 der 28 Unternehmen, die angaben, daß die Höhe des Kalkulationszinssatzes „sehr häufig" oder „häufig" Meinungsverschiedenheiten verursache, auch die Höhe der erwarteten Zukunftserfolge „sehr häufig" oder „häufig" für kontrovers in Verhandlungen erachten. Dies legt um so mehr die Vermutung nahe, daß die Bewertungssubjekte versuchen, die Höhe des Kaufpreises des Bewertungsobjekts als originären konfliktlösungsrelevanten Sachverhalt in mehrfacher Weise durch derivative konfliktlösungsrelevante Sachverhalte zu untermauern. Gemäß Auswertung der Fragebögen ist der Kalkulationszinsfuß jedoch auch derjenige Sachverhalt, zu dem 19,30 % der antwortenden Unternehmen (insgesamt also elf Unternehmen) – so viele Unternehmen wie bei keinem anderen Aspekt – anführten, daß dieser nicht zu Meinungsverschiedenheiten führe.

Meinungsverschiedenheiten über Wettbewerbsverbote kommen bei den Studienteilnehmern eher „selten" oder „nicht vor". Wettbewerbsverbote können z. B. in Unternehmenskaufverträgen dem Veräußerer auferlegt werden, damit die Übertragung des Unternehmens einschließlich der mit diesem verbundenen immateriellen Potenzen, insbesondere des Kundenkreises, sichergestellt werden kann. Wettbewerbsverbote müssen

sich dabei immer am Kartellverbot messen lassen und sind nur regional und zeitlich beschränkt zulässig.[344]

Meinungsverschiedenheiten über den Zahlungszeitpunkt, welche bei fast 30 % der
Unternehmen „häufig" oder „sehr häufig" vorkommen, sind oft nur schwierig von solchen über die Zahlungsart, die wiederum bei über 20 % „häufig" oder „sehr häufig" relevant sind, zu trennen, weshalb diese beiden Gegebenheiten hier zusammen behandelt
werden. Schließlich gaben drei Unternehmen zudem als nicht vorgegebene konfliktlösungsrelevante Sachverhalte weitere Aspekte hinsichtlich der Art und des Zeitpunktes
der Zahlung an („Earn Out-Klauseln", Kaufpreisadjustierungen, Kaufpreisanpassungs-
mechanismen).[345] Entsprechende Vereinbarungen können also das Risiko für den Käufer verringern und die Finanzierung erleichtern, weil hiermit häufig eine Art Ratenzah-
lung verbunden ist.[346]

In diesem Zusammenhang sind auch die „Reps and Warranties" und die „Zusiche-
rungen von Garantien" zu sehen, die von sechs Unternehmen als weitere mögliche
Streitpunkte in Verhandlungen genannt wurden. Dabei handelt es sich um vertragliche
Garantien, die ein „Instrument zur Festlegung der Soll-Beschaffenheit [des Bewertungs-
objekts] und zur Absicherung gegen Risiken und Käuferenttäuschungen"[347] darstellen.
Von drei Unternehmen wurden außerdem „Rückstellungen für Pensionen und andere
Risiken"[348], welche in der Praxis z. B. mit den Aspekten „Zusicherungen von Garanti-
en" und „Earn Out-Klauseln" verknüpft werden, als konfliktlösungsrelevant bezeichnet.
Garantien können bei Unternehmenstransaktionen z. B. hinsichtlich der Rückstellungen
für Pensionen und andere Risiken – z. B. aus der Produzentenhaftung oder aus schwe-
benden Geschäften – vereinbart werden.

Ein Unternehmen gab als Streitpunkt in Verhandlungen zudem „Escrows" an. Hierbei handelt es sich um Treuhandkonten, auf die ein Teil des Kaufpreises überwiesen
wird. Etwaige Ansprüche des Käufers aus Garantiezusagen, aber auch Ansprüche des
Verkäufers auf Kaufpreiszahlung – z. B. nach Maßgabe der „Earn Out-Klauseln" – können auf diese Weise abgesichert werden.[349] Dies macht insgesamt deutlich, daß Aspekte
hinsichtlich der Art und des Zeitpunktes der Zahlung eine weit größere Bedeutung haben, als *Abbildung 37* vermuten läßt.

Daß es im Hinblick auf Kompetenzabgrenzungen[350] nur bei etwa 20 % der antwortenden Unternehmen „häufig" oder „sehr häufig" zu Meinungsverschiedenheiten
kommt, überrascht, weil von 54 antwortenden Unternehmen immerhin über 40 % angaben, nach dem Kauf des Unternehmens mit dem Verkäufer „sehr häufig" oder „häufig"
zusammenzuarbeiten.[351]

---

[344] Vgl. SEDEMUND, Kartellrecht (2005), S. 818.

[345] Vgl. LABBÉ, Earn-Out-Ansatz (2004), KNACKSTEDT, Klein- und Mittelunternehmen (2009),
       S. 95–99.

[346] Vgl. z. B. BALLWIESER, Kaufpreisgestaltung (2008), S. 97 f.

[347] BERENS/SCHMITTING/STRAUCH, Funktionen (2011), S. 96.

[348] Zur Bedeutung von Pensionsverpflichtungen bei der Unternehmensbewertung und den Möglich-
       keiten der Bewerter, diese in ihren Entscheidungskalkül zu integrieren, vgl. REICHERTER, Pensions-
       verpflichtungen (2003).

[349] Vgl. WITTE/BULTMANN, Escrow Account (2005).

[350] Siehe hierzu z. B. BLASCHE/SÖNTGERATH, Einflussnahme (2009), für den Fall der Verschmelzung.

[351] Vgl. die Erhebungsdaten zur Frage C1 im Anhang.

Wie bereits erwähnt, wurde den Unternehmen die Möglichkeit geboten, noch weitere (nicht vorgegebene) Aspekte anzugeben, die zu Meinungsverschiedenheiten führen können. In diesem Zusammenhang führten zwei Unternehmen Aspekte der Unternehmenskultur an. Die Tatsache, daß nur zwei Unternehmen darauf hingewiesen haben, soll die Bedeutung dieser Faktoren nicht schmälern, denn im Rahmen von Verhandlungen um Unternehmen können zahlreiche Ausprägungen der Unternehmenskultur, wie kulturpolitische Symbole des Bewertungsobjekts (z. B. soziale Einrichtungen des Unternehmens und deren Weiterführung nach der Transaktion), konfliktlösungsrelevant sein.[352]

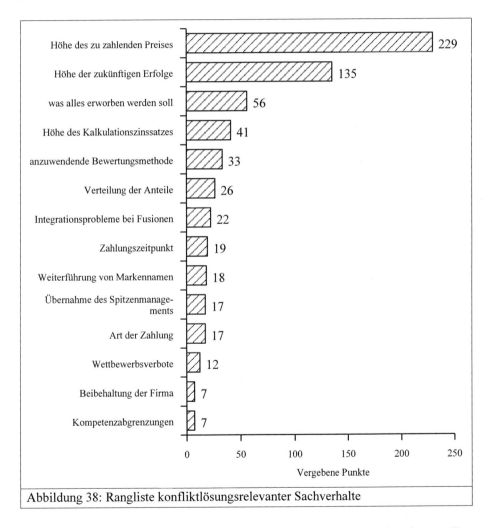

Abbildung 38: Rangliste konfliktlösungsrelevanter Sachverhalte

Um die relative Bedeutung der konfliktlösungsrelevanten Aspekte festzustellen, wurden die Unternehmen gebeten, eine Rangordnung der aus ihrer Sicht bedeutendsten

---

[352]   Vgl. ausführlich OLBRICH, Unternehmungswert (1999).

fünf Meinungsverschiedenheiten in Verhandlungen zu erstellen. Die *Abbildung 38*[353] zeigt die Zusammenfassung der erstellten Rangreihen, wobei die Aggregation wiederum auf Basis des „Scoring-Verfahrens" erfolgte. Auffällig ist vor allem der große Abstand zwischen den Rängen zwei und drei. 47 der 49 antwortenden Unternehmen führen entweder die „Höhe des zu zahlenden Kaufpreises" (229 Punkte) oder die „Höhe der zukünftigen Erfolge" (135 Punkte) auf dem ersten Platz an.[354]

Meinungsverschiedenheiten, welche die Abgrenzung des Bewertungsobjekts betreffen, folgen erst mit einigem Abstand auf Rang drei (56 Punkte). Abgrenzungsprobleme können z. B. dann auftreten, wenn der präsumtive Erwerber keinerlei Interesse an bestimmten Teilen des Bewertungsobjekts zeigt. „Während die Theorie der Unternehmungsbewertung – meist stillschweigend – davon ausgeht, daß der Umfang des Bewertungsobjektes feststeht und daß auf dieser Basis der Unternehmungserfolg und der Entscheidungswert der Unternehmung ermittelt werden, ist die Bestimmung dessen, was alles veräußert werden soll und was bei einer Fusion mit eingebracht werden soll, häufig Gegenstand der Verhandlungen zwischen den Parteien."[355]

Daß Meinungsverschiedenheiten über anzuwendende Unternehmensbewertungsmethoden (33 Punkte) eine vordere Plazierung einnehmen, kann mit Blick auf die durch die Unternehmen zu Argumentationszwecken eingesetzten Bewertungsverfahren gesehen werden.

Die Verteilung der Kapitalanteile (26 Punkte) ist im Vergleich zur Kaufpreishöhe (229 Punkte) deshalb seltener kontrovers, weil die Konfliktsituationen vom Typ der Fusion oder Spaltung – also Situationen, in denen die Höhe der Beteiligungsquote meist die wichtigste Rolle spielt – im Gegensatz zu den Konfliktsituationen vom Typ Kauf/ Verkauf bei den antwortenden Unternehmen grundsätzlich nicht von so großer Bedeutung sind. Einen mittleren Platz in der Rangliste der Meinungsverschiedenheiten nehmen entsprechend auch Regelungen von Integrationsproblemen bei Fusionen (22 Punkte) ein. Auch wenn sich die Integrationsprobleme nur auf eine spezielle bewertungsrelevante Situation beziehen, die zudem nicht für alle befragten Unternehmen relevant ist, sollte ihr Konfliktpotential dennoch nicht vernachlässigt werden.

„Nur wenige Autoren bemühen sich, die Anlässe einer Unternehmungsbewertung zu systematisieren"[356], führt MATSCHKE bereits 1975 aus. Hieran hat sich bis heute nicht viel geändert. Die Ergebnisse haben gezeigt, daß die Bedeutung der Konfliktsituationen vom Typ Fusion/Spaltung sowie der jungierten (verbundenen) und mehrdimensionalen Konfliktsituationen in der Praxis nicht zu unterschätzen ist. Diesbezüglich besteht jedoch auf Seiten der Wissenschaft weiterhin ein immenses Forschungspotential.

---

[353] Quelle: BRÖSEL/HAUTTMANN, Empirische Analyse (2007), S. 232. Vgl. die Erhebungsdaten zur Frage C21 im Anhang. Den Rangreihen der Unternehmen wurden dabei wiederum Punkte zugeordnet: für die jeweils erstgenannten Aspekte fünf Punkte, für die zweitgenannten Aspekte je vier Punkte usw. sowie schließlich für die fünf genannten Aspekte je ein Punkt.

[354] Nachrichtlich: Insgesamt wurde die „Höhe des zu zahlenden Kaufpreises" von 42 der 49 Unternehmen als wichtigster Aspekt genannt. Fünf der 49 Unternehmen sehen in den „Zukunftserfolgen" den bedeutendsten konfliktlösungsrelevanten Sachverhalt. Die Sachverhalte „Kalkulationszins" sowie „Haftung, Gewährleistungen" wurden von jeweils einem Unternehmen als am bedeutendsten eingestuft.

[355] Diese Aussage von MATSCHKE, Entscheidungswert (1975), S. 42, hat sich damit insgesamt bestätigt.

[356] MATSCHKE, Entscheidungswert (1975), S. 30.

1.5 Matrix der funktionalen Unternehmensbewertung und Methoden der Unternehmensbewertung im Überblick

1.5.1 Matrix der funktionalen Unternehmensbewertung

In den folgenden Kapiteln 2 bis 4 werden die Hauptfunktionen der Unternehmensbewertung erläutert. Nachdem die Merkmale der Hauptfunktionen und ihrer zugehörigen Wertarten jeweils im ersten Abschnitt des Kapitels analysiert werden, erfolgt die Darstellung der Ermittlung der Werte. Um diesen Bewertungsprozeß zu veranschaulichen, wird auf die sog. „Matrix der funktionalen Unternehmensbewertung" zurückgegriffen. Für jede Hauptfunktion werden anschließend ausgewählte Bewertungsverfahren vorgestellt, mit denen die entsprechenden Werte generiert werden können. An dieser Stelle sollen die Matrix der funktionalen Unternehmensbewertung präsentiert sowie ein erster Überblick über die wesentlichen Methoden der Unternehmensbewertung gegeben werden.

Unabhängig davon, welcher Unternehmenswert in Anbetracht des verfolgten Zwecks ermittelt werden soll, kann der Prozeß der Unternehmensbewertung (i. w. S.) gewöhnlich in drei Schritte unterteilt werden:[357]

Schritt 1: Ermittlung der relevanten Daten,

Schritt 2: Transformation der ermittelten Daten in den gesuchten Unternehmenswert (Unternehmensbewertung i. e. S.)[358] sowie

Schritt 3: Verwendung des ermittelten Unternehmenswertes.

Nur wenn bei diesen Schritten von der jeweiligen Funktion der Unternehmensbewertung ausgegangen wird, lassen sich Verfahrensregeln zur Bewertung sinnvoll ableiten.[359] Werden deshalb in einem Koordinatensystem schließlich die Variablen „Unternehmensbewertungsfunktionen" und „Bewertungsschritte" abgetragen, ergibt sich eine „Matrix der funktionalen Unternehmensbewertung".

---

[357] Vgl. hierzu HERING, Unternehmensbewertung (2006), S. 4. Ähnlich auch HINZ/BEHRINGER, Unternehmensbewertung (1999), S. 23 f.

[358] HAESELER/HÖRMANN, Infragestellung (2009), S. 524, sehen hingegen nicht die Transformation, sondern die „Prognose der Zahlungsstromsalden", einem Teilbereich des hier benannten 1. Schrittes, als eigentliche Bewertung.

[359] Vgl. MATSCHKE, Unternehmungsbewertung in dominierten Konfliktsituationen (1981), S. 115.

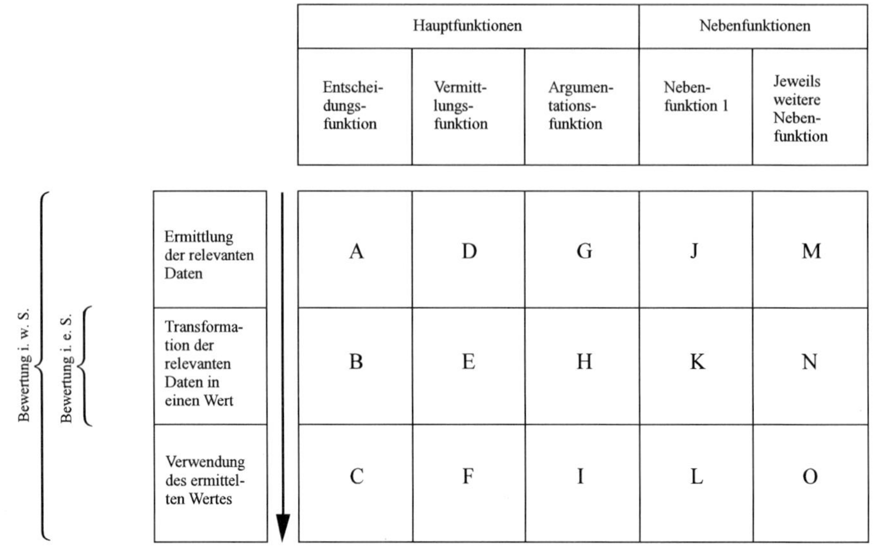

	Hauptfunktionen			Nebenfunktionen	
	Entschei-dungs-funktion	Vermitt-lungs-funktion	Argumen-tations-funktion	Neben-funktion 1	Jeweils weitere Neben-funktion
Ermittlung der relevanten Daten	A	D	G	J	M
Transforma-tion der relevanten Daten in einen Wert	B	E	H	K	N
Verwendung des ermittel-ten Wertes	C	F	I	L	O

Abbildung 39: Matrix der funktionalen Unternehmensbewertung

Diese Matrix, die in *Abbildung 39*[360] veranschaulicht ist, ermöglicht eine transparente Darstellung des Bewertungsprozesses und unterstützt die Erläuterung der einzelnen Bewertungsschritte in Abhängigkeit von der mit der Unternehmensbewertung verfolgten Aufgabenstellung. Hierbei ist einerseits zu beachten, daß sich die Schritte in der Realität nicht so eindeutig abgrenzen lassen. Andererseits erfolgen die Schritte nicht immer nur in eine Richtung, was nachfolgend am Beispiel der Entscheidungswertermittlung erläutert wird.

---

[360] Da sich die nachfolgenden Ausführungen ausschließlich auf die Hauptfunktionen konzentrieren, werden die Nebenfunktionen in der abgebildeten Matrix komprimiert dargestellt.

Im Hinblick auf eine Verhandlung um ein Unternehmen ist zu konstatieren, daß den Parteien zu Verhandlungsbeginn weder alle möglichen konfliktlösungsrelevanten Sachverhalte noch die möglichen Ausprägungen hinsichtlich der letztendlich relevanten Einigungsbedingungen bekannt sind. Deshalb gilt es, die Menge der möglichen Konfliktlösungen und die „Parameter des Möglichen" im Laufe der Verhandlungen erst zu entdecken. Um eine rationale Verhandlungsführung und eine aktive Einflußnahme auf den Ablauf des Konfliktlösungsprozesses um das Bewertungsobjekt zu gewährleisten, sollten vor Beginn der Verhandlungen Hypothesen über die relevanten Einigungsbedingungen und deren mögliche Extensionen aufgestellt und daraufhin entsprechende Entscheidungswerte ermittelt werden.[361] Da beispielsweise ein präsumtiver Erwerber im Verhandlungsprozeß zudem neue Erkenntnisse über das in Rede stehende Unternehmen generieren kann und – vor allem im Falle langwieriger Verhandlungen – sich nebenher konfliktunabhängige Veränderungen in seinem Entscheidungsfeld ergeben können,[362] ist der Entscheidungswert eine dynamische Grenze (und in Anbetracht der in der Realität herrschenden Unsicherheit sogar eine dynamische Bandbreite), welche sich im Laufe der Verhandlung durchaus mehrmals und in unterschiedliche Richtungen verschieben kann.[363] Der Bewertungsprozeß kann somit mehrmals die Schritte 1 (Feld A der Matrix) und 2 (Feld B der Matrix) durchlaufen.

---

[361] Vgl. *MATSCHKE*, Ermittlung mehrdimensionaler Entscheidungswerte (1993), S. 11 f., *TILLMANN*, Unternehmensbewertung (1998), S. 141 und S. 157, *BRÖSEL/BURCHERT*, Akquisition (2004), S. 352.

[362] So ist „[d]ie Mehrzahl realer Planungssituationen [..] dadurch gekennzeichnet, daß nach dem [erstmaligen] Planungszeitpunkt – aber auch während der Phase [... der Verhandlungen] – dem Entscheidungsträger neue Informationen bekannt werden. Diese können sich auf Daten, zusätzliche oder veränderte Handlungsalternativen, Wirkungszusammenhänge, Bewertungsaspekte oder Ziele beziehen und dazu führen, daß die [... ursprünglich] als optimal ermittelte Alternativenauswahl schon kurze Zeit später Anpassungsbedarf aufweist. Eine solche Situation, mit zeitlichen Veränderungen im Entscheidungsfeld, über die [... zu Planungs- oder Verhandlungsbeginn] keine vollständigen Informationen vorliegen, wird als zeitlich offenes oder verkürzt offenes Entscheidungsfeld bezeichnet. [...] Von eher geringerer Bedeutung ist die Offenheit bezüglich der Zielsetzung, weil diese tendenziell deutlich stabiler ist als beispielsweise die Daten und sie vom Entscheidungsträger selbst bestimmt wird. [... Im Rahmen der Verhandlung ist somit vor allem die] problemimmanente Instabilität des Entscheidungsfeldes im Zeitablauf" [Quelle: *SCHLÜCHTERMANN*, Planung (1996), S. 3 f.] zu berücksichtigen. Siehe hierzu auch *LAUX*, Unsicherheit (1971), S. 526.

[363] Vgl. *BRÖSEL/BURCHERT*, Akquisition (2004), S. 351.

1.5.2   Methoden der Unternehmensbewertung im Überblick

Fallen Begriffe wie „Zukunftserfolgswert", „Ertragswert", „Substanzwert" und „Kombinationswert" sowie die damit verbundenen Ermittlungsmethoden, bleibt zunächst offen, für welche Aufgabenstellung die ermittelte Wertgröße von Belang ist. *Methoden der Unternehmensbewertung* beziehen sich schließlich auf die Art der Ermittlung eines Unternehmenswertes und nicht auf den Zweck oder die Aufgabenstellung, die mit dieser Bewertung verfolgt wird. Letzterer spielt aber im Hinblick auf die Wahl der jeweiligen Bewertungsmethode eine entscheidende Rolle,[364] denn die Ziele, die sich aus dem jeweiligen Bewertungszweck ergeben, bestimmen die Methoden, auf welche zur Bewertung des Unternehmens zurückgegriffen werden muß. Dabei ist zu prüfen, ob die jeweilige Methode und die ihr zugrundeliegenden Prämissen dem Bewertungszweck gerecht werden und ob die eventuell durch eine zweckmäßigere Methode erzielbaren Verbesserungen bezüglich des Unternehmenswertes vernachlässigt werden können.[365] Im Hinblick auf die Matrix der Unternehmensbewertung sind die zweckbezogenen Bewertungsmethoden jeweils dem zweiten Schritt, der Transformation der ermittelten Daten in den gesuchten Unternehmenswert (Unternehmensbewertung i. e. S.), zuzuordnen.

In der theoretischen und praktischen Literatur zur Unternehmensbewertung hat sich im Laufe der Jahre eine Vielzahl von unterschiedlichen Bewertungsmethoden herausgebildet. Diese Methoden lassen sich hinsichtlich des Vorgehens – wie in *Abbildung 40* dargestellt – grundsätzlich in die Einzel- und die Gesamtbewertungsverfahren sowie in die diese Methoden kombinierenden Bewertungsverfahren – auch Kombinations- oder Mischverfahren[366] genannt – unterscheiden.[367]

---

[364]   Vgl. *Mandl/Rabel*, Methoden der Unternehmensbewertung (2012), S. 88. Anderer Ansicht ist *Gorny*, der verschiedene theoriegeleitete und auch nicht theoriegeleitete Bewertungsverfahren unter der Bezeichnung „allgemeine Bewertungsmethoden" zusammenfaßt. Diese sollen sich nach *Gorny*, Unternehmensbewertung (2002), S. 20, dadurch auszeichnen, „daß sie unabhängig von dem zugrundeliegenden Bewertungszweck Anwendung finden können."

[365]   Vgl. *Hering/Vincenti*, Wertorientiertes Controlling (2004), S. 344, *Hering*, Unternehmensbewertung (2006), S. 252.

[366]   Vgl. *Mandl/Rabel*, Methoden der Unternehmensbewertung (2012), S. 86–88.

[367]   Eine weitere Unterscheidungsmöglichkeit ist die Differenzierung in die substanzorientierten („Asset Approach"), die ertragsorientierten („Income Approach") und die marktorientierten („Market Approach") Bewertungsverfahren; so unter anderem in Anlehnung an die angloamerikanische Bewertungsliteratur von *Gorny*, Unternehmensbewertung (2002), S. 20–54, demonstriert.

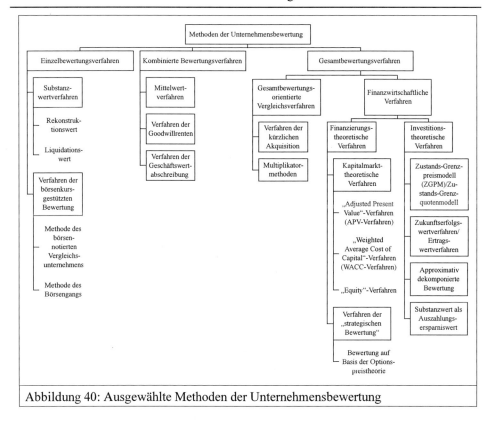

Abbildung 40: Ausgewählte Methoden der Unternehmensbewertung

1. Bei den *Einzelbewertungsverfahren* wird versucht, einen Unternehmenswert aus
   a) den realisierten Preisen einzelner Unternehmensanteile, insbesondere aus Aktien, abzuleiten oder
   b) aus der Summe der isoliert ermittelten Werte der einzelnen Unternehmensbestandteile (materielle und immaterielle Produktionsfaktoren) zu bestimmen.

   Im Fall 1a) ergibt sich unter anderem das bereits dargestellte Problem, daß realisierte Preise keinen Bezug zu Werten aufweisen, die noch zu ermitteln sind. Da im Fall 1b) die Unternehmen oder die abgrenzbaren Unternehmensteile, welche als komplexe Untereinheiten des Unternehmens zu verstehen sind, in ihre Einzelteile zerlegt werden, besteht beispielsweise die Gefahr, daß positive, aber auch negative Verbundeffekte nicht erfaßt werden.

2. Bei den *Mischverfahren* werden Unternehmenswerte durch Kombination von Gesamt- und Einzelbewertungsverfahren ermittelt.[368] Sie lassen sich einteilen
   a) in das Mittelwertverfahren,
   b) in die Verfahren der Goodwillrenten (Übergewinnverfahren) und
   c) in die Verfahren der Geschäftswertabschreibung.

---

368 Vgl. *MANDL/RABEL*, Methoden der Unternehmensbewertung (2012), S. 86.

3. Hingegen werden die zu bewertenden Unternehmen oder die zu bewertenden ab-
    grenzbaren Unternehmensteile bei den *Gesamtbewertungsverfahren*, die in

    a) die gesamtbewertungsorientierten Vergleichsverfahren und

    b) die finanzwirtschaftlichen Verfahren

    unterteilt werden können, jeweils als Bewertungseinheit betrachtet.[369]

Die finanzwirtschaftlichen Bewertungsverfahren haben dabei in Theorie und Praxis eine besondere Bedeutung. Je nachdem, ob diese Verfahren auf die Erkenntnisse der Finanzierungstheorie oder der Investitionstheorie zurückgreifen, muß strikt in finanzierungstheoretische und in investitionstheoretische Bewertungsverfahren unterschieden werden.[370]

Im Rahmen der *Finanzierungstheorie*[371] geht es um die Erklärung von Marktprozessen und Marktergebnissen unter idealisierten Vorstellungen. Zentrale Aspekte dieser finanzierungstheoretischen Erklärungsmodelle sind der hypothetische, objektive Marktgleichgewichtspreis, hier als „Marktwert" bezeichnet, und die Perspektive eines aggregierten, vollkommenen und vollständigen Gesamtmarktes, deren Marktteilnehmer homogene Entscheidungsfelder und Erwartungen besitzen. Da die auf der Finanzierungstheorie basierenden Bewertungsmodelle von den individuellen Verhältnissen des Bewertungssubjekts abstrahieren, können sie grundsätzlich nicht als Entscheidungsmodelle dienen[372].

Im Unterschied dazu ist die *Investitionstheorie*[373] darauf ausgerichtet, die Vorteilhaftigkeit von Zahlungsströmen wirtschaftlich zu beurteilen, um Entscheidungen zu unterstützen, die unter realen, also unvollkommenen Bedingungen zu treffen sind. Als zentrale Vorteilhaftigkeitskennzahl der Investitionstheorie gilt der Kapitalwert, mit dem eine Entscheidungsunterstützung bei der Lösung realer betriebswirtschaftlicher Problemstellungen gegeben werden soll. Diese werden unter weitestmöglicher Berücksichtigung der Ziele und des Entscheidungsfeldes, also der Restriktionen, der Handlungsmöglichkeiten und der Erwartungen des Entscheidungssubjekts, analysiert. Bewertungsmethoden, die auf der Investitionstheorie beruhen, beziehen somit die individuellen Verhältnisse des Bewertungssubjekts in den Bewertungskalkül ein.

Die wesentlichen Unterschiede von Finanzierungs- und Investitionstheorie sind in *Abbildung 41* zusammengefaßt. Sie machen jetzt schon deutlich, daß eine Ermittlung des Entscheidungswertes nicht mit Hilfe finanzierungstheoretischer Verfahren erfolgen kann. Daß diese Verfahren trotzdem zur Bewertung von Unternehmen Anwendung finden können, wird im Kapitel 4 gezeigt.

---

[369] Vgl. MANDL/RABEL, Methoden der Unternehmensbewertung (2012), S. 53.

[370] Vgl. zu nachfolgenden Ausführungen zur Finanzierungs- und zur Investitionstheorie unter anderem HERING/VINCENTI, Wertorientiertes Controlling (2004), S. 343 f.

[371] Siehe zur Finanzierungstheorie im Rahmen der Unternehmensbewertung auch HERING, Unternehmensbewertung (2006), S. 151–243 und S. 249–254.

[372] Vgl. HERING/VINCENTI, Wertorientiertes Controlling (2004), S. 344.

[373] Vgl. ausführlich HERING, Investitionstheorie (2008). Siehe zur Bedeutung der Investitionstheorie im Rahmen der Unternehmensbewertung BUSSE VON COLBE, Investitionskalkül (1966), KUSSMAUL, Gesamtbewertung (1996), HERING, Unternehmensbewertung (2006), S. 248–252.

	Finanzwirtschaft	
	Finanzierungstheorie	Investitionstheorie
Hauptziel	Erklärung von Marktprozessen und Marktergebnissen	Entscheidungsunterstützung bei der Lösung realer betriebswirtschaftlicher Probleme
unterstellte Bedingungen	idealisierte Verhältnisse	reale unvollkommene Verhältnisse
Zweck	Ermittlung eines hypothetisch objektiven Marktgleichgewichtspreises	wirtschaftliche Beurteilung der Vorteilhaftigkeit von Zahlungsströmen
Perspektive	aggregierter Gesamtmarkt	Verhältnisse des Entscheidungssubjekts

Abbildung 41: Wesentliche Unterschiede zwischen der Finanzierungs- und der Investitionstheorie

Ein Grundverständnis für die *marktwertorientierte Bewertung* wurde bereits in Abschnitt 1.2.4 vermittelt. Die dort dargestellten CAPM- und MODIGLIANI-MILLER-Welten sind auf eben diese Finanzierungstheorie zurückzuführen und bilden die theoretische Basis der sog. *„Discounted Cash Flow"-Verfahren* (DCF-Verfahren)[374], die als (kapitalmarkt-)*theoriegeleitete Verfahren zur Ermittlung von Marktwerten* gelten können. Zu den verschiedenen DCF-Verfahren zählen unter anderem der APV-Ansatz (APV = „Adjusted Present Value" = angepaßter Barwert), der WACC-Ansatz (WACC = „Weighted Average Cost of Capital" = gewogene durchschnittliche Kapitalkosten) sowie der Equity-Ansatz („Equity" = Eigenkapital). Während der Equity-Ansatz, wie der Name vermuten läßt, bereits den „Eigenkapitalwert" ermittelt, handelt es sich beim APV- und beim WACC-Ansatz um Verfahren, bei denen vom ermittelten Unternehmensgesamtwert V der „Marktwert" des Fremdkapitals FK zu subtrahieren ist, um schließlich den gesuchten „Eigenkapital(markt)wert" EK zu bestimmen: EK = V – FK. Es handelt sich hierbei um Verfahren der Brutto-Erfolgsbewertung, während das Equity-Verfahren ein Verfahren der Netto-Erfolgsbewertung darstellt.

Neben diesen theoriegeleiteten Methoden der Marktwertermittlung gibt es weitere Vorgehensweisen, bei denen jedoch eine Theorieorientierung sehr zu wünschen übrig läßt.[375] Diese werden in der Literatur auch als *Vergleichsverfahren*[376] bezeichnet, welche Unternehmenswerte im Sinne „potentieller Marktpreise" – insbesondere mit Blick auf nichtbörsennotierte Unternehmen – über branchenbezogene (Umsatz-, Gewinn- oder z. B. Cash-flow-)Multiplikatoren „vergleichbarer" Unternehmen (sog. *Multiplikatormethoden*, auch „Market Multiples Approach") oder aus (geschätzten oder realisierten) Marktpreisen vergleichbarer Unternehmen herleiten wollen. Letztere Verfahren lassen sich wiederum in einzel- und gesamtbewertungsorientierte Vergleichsverfahren unterscheiden. Bei den *einzelbewertungsorientierten Vergleichsverfahren*, die auch als

---

[374] Siehe etwa KRUSCHWITZ/LÖFFLER, Discounted Cash Flow (2006).

[375] Zur Theorielosigkeit von Multiplikatoren siehe z. B. auch BALLWIESER, Sicht der Betriebswirtschaftslehre (2001), S. 17 f.

[376] Vgl. MANDL/RABEL, Unternehmensbewertung (1997), S. 42–46, ferner OLBRICH, Bedeutung des Börsenkurses (2000).

Verfahren der börsenkursgestützten Bewertung bezeichnet werden, soll „über das Konstrukt des ‚Börsenwertes' eine Verbindung zwischen dem Preis einer Aktie und dem Wert der Gesellschaft"[377] hergestellt werden. Diese in der angelsächsischen Welt beliebten Verfahren sollen Unternehmenswerte aus den Börsenkursen („Methode des börsennotierten Vergleichsunternehmens" – „Similar Public Company Approach") oder den Emissionspreisen („Methode des Börsengangs" – „Initial Public Offering Approach") „vergleichbarer Unternehmen" ableiten. Den gesamtbewertungsorientierten Vergleichsverfahren werden neben den Multiplikatormethoden jene Verfahren subsumiert, die versuchen, Unternehmenswerte aus tatsächlich realisierten Transaktionspreisen „vergleichbarer" (ganzer) Unternehmen abzuleiten („Methode der kürzlichen Akquisition" – „Recent Acquisitions Approach").

Abbildung 42 strukturiert die Verfahren der marktorientierten Wertermittlung, die bereits im Gesamtüberblick der ausgewählten Methoden (*Abbildung 40*) zu sehen waren.

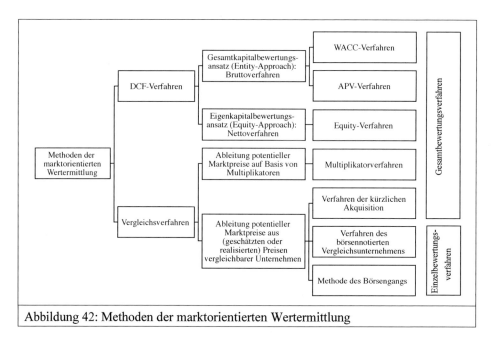

Abbildung 42: Methoden der marktorientierten Wertermittlung

---

[377] *OLBRICH*, Bedeutung des Börsenkurses (2000), S. 459.

1.5.3 Empirische Analyse der Auswahl des Bewertungsverfahrens in der Bewertungspraxis

Bevor schließlich darauf eingegangen wird, welche Methoden der Unternehmensbewertung aus theoretischen Sicht im Rahmen der einzelnen Hauptfunktionen einzusetzen sind sowie welche Verfahren schließlich in der Praxis im Rahmen der Entscheidungsfunktion und im Rahmen der Argumentationsfunktion angewendet und inwieweit hierbei die theoretischen Erkenntnisse der funktionalen Unternehmensbewertungstheorie berücksichtigt werden, sei zunächst der Frage nachgegangen, ob die Unternehmen die Auswahl des Bewertungsverfahrens überhaupt von theoretischen Überlegungen abhängig machen.

Wie *Abbildung 43*[378] zeigt, gaben über 80 % der hier antwortenden 51 Unternehmen (also 42 von 51 Unternehmen) an, daß sie sich bei der Wahl der Bewertungsmethode primär von praktischen Überlegungen leiten lassen. Bei knapp 4 % der antwortenden Unternehmen (zwei Unternehmen) halten sich praktische und theoretische Überlegungen im Hinblick auf die Methodenwahl die Waage. Nur knapp 14 % (sieben Unternehmen) lassen sich primär von theoretischen Überlegungen leiten.

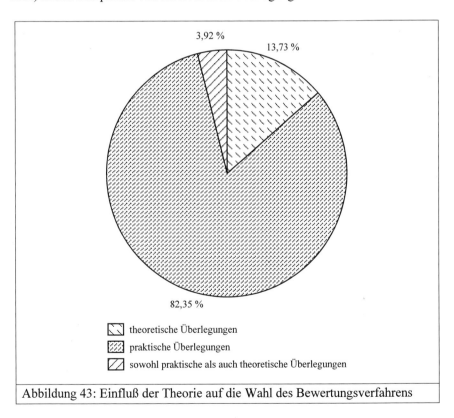

3,92 %

13,73 %

82,35 %

⊠ theoretische Überlegungen

▨ praktische Überlegungen

▨ sowohl praktische als auch theoretische Überlegungen

Abbildung 43: Einfluß der Theorie auf die Wahl des Bewertungsverfahrens

---

[378] Quelle: *BRÖSEL/HAUTTMANN*, Empirische Analyse (2007), S. 233. Vgl. die Erhebungsdaten zur Frage C13 im Anhang.

Praktikabilität läßt sich aus dem Nutzen-Aufwand-Postulat, einem Grundprinzip der Betriebswirtschaftslehre, ableiten. Komplexitätsreduktion und somit Aufwandsreduktion ist in der Unternehmensbewertung unabdingbar.[379] Eine erforderliche Komplexitätsreduktion darf jedoch nicht als Primat der Praktikabilität ausgelegt werden, vielmehr sollte eine fundierte Unternehmensbewertung in der Praxis immer dem Motto folgen: „So viel Theorie (oder theoretische Fundierung) wie möglich, so viel Praktikabilität wie nötig!" So gesehen ist die erforderliche Praktikabilität immer als das „notwendige Übel" anzusehen. Die Tatsache, daß sich die große Mehrheit der Unternehmen primär von praktischen Überlegungen leiten läßt, stimmt somit nachdenklich und läßt befürchten, daß die theoretische Rechtfertigung angewandter Verfahren in den Hintergrund rückt und schließlich die Ziele des Unternehmens bei der Bewertung nicht konsequent verfolgt werden.

---

[379] Vgl. *BALLWIESER*, Komplexitätsreduktion (1990).

1.6   Ausgewählte Kontrollfragen

Aufgabe 1 (30 Punkte) – Bewertungsobjekt und Bewertungssubjekt

a) Was sind die Bewertungsobjekte im Rahmen der Unternehmensbewertung? Wie werden sie definiert, und wie sind sie abzugrenzen? (5 Punkte)
b) Als prototypische Bewertungsobjekte gelten das „Unternehmen als Ganzes" sowie „abgrenzbare Unternehmensteile". Begründen Sie, warum dies kein Widerspruch ist! (10 Punkte)
c) Erläutern Sie Unterschiede und Gemeinsamkeiten der Bewertung eines Unternehmens als Ganzes und der Bewertung einzelner Aktien! (10 Punkte)
d) Sie werden beauftragt, den Wert eines Unternehmens zu bestimmen. Diskutieren Sie den Begriff „Bewertungssubjekt"! (5 Punkte)

Aufgabe 2 (20 Punkte) – Wertbegriff

a) Was ist unter dem ökonomischen Begriff des subjektiven Wertes zu verstehen? Wo liegen die historischen Wurzeln der subjektiven Werttheorie? (5 Punkte)
b) Skizzieren Sie die Inhalte der verschiedenen Interpretationen des ökonomischen Wertbegriffs! (15 Punkte)

Aufgabe 3 (60 Punkte) – Unternehmensbewertungskonzeptionen

a) Erläutern Sie kurz die objektive Unternehmensbewertungskonzeption und die Gründe ihrer Ablösung! (5 Punkte)
b) Wodurch zeichnet sich die subjektive Unternehmensbewertung aus? Gehen Sie dabei auf die drei Grundprinzipien der subjektiven Konzeption ein. Warum und wie kam es zur Ablösung dieser Konzeption? (15 Punkte)
c) Nehmen Sie in Form eines kleinen Aufsatzes zu folgendem Thema Stellung: „Kritische Gegenüberstellung der marktwertorientierten Bewertungs- und der funktionalen Unternehmensbewertungskonzeption." Gliedern Sie Ihre Ausführungen! (30 Punkte)
d) Erläutern Sie kurz das CAPM und den Ansatz von Modigliani/Miller! Stellen Sie dabei die Prämissen dieser beiden „Welten" kritisch gegenüber! (10 Punkte)

Aufgabe 4 (9 Punkte) – Hauptfunktionen

Erläutern Sie kurz die Hauptfunktionen der Unternehmensbewertung nach der klassischen Funktionenlehre!

Aufgabe 5 (20 Punkte) – Ansichten des Instituts der Wirtschaftsprüfer

a) Stellen Sie die von den Wirtschaftsprüfern nach Ansicht des IDW im Rahmen von Unternehmensbewertungen zu verfolgenden Funktionen kritisch den Hauptfunktionen der Funktionenlehre gegenüber! (10 Punkte)

b) Vergleichen Sie die Stellungnahmen zur Unternehmensbewertung (HFA 2/1983, IDW S 1 i. d. F. 2000, 2005, 2008) in wichtigen Aspekten miteinander! (10 Punkte)

Aufgabe 6 (20 Punkte) – Nebenfunktionenkatalog

a) Worin unterscheiden sich Haupt- und Nebenfunktionen? Welche Nebenfunktionen wurden bislang in der Literatur exemplarisch genannt? (5 Punkte)

b) Erläutern Sie kurz fünf mögliche Nebenfunktionen der Unternehmensbewertung! (15 Punkte)

Aufgabe 7 (20 Punkte) – Vertragsgestaltungsfunktion

a) Was ist Gegenstand der Vertragsgestaltungsfunktion nach SIEBEN/LUTZ? (4 Punkte)

b) Welche Wirkungen ergeben sich aus unterschiedlichen Regelungen in bezug auf potentiell ausscheidende und verbleibende Gesellschafter? (16 Punkte)

Aufgabe 8 (18 Punkte) – Systematisierung der Bewertungsanlässe

a) Stellen Sie mit wenigen Worten dar, warum es einer Systematisierung von Bewertungsanlässen bedarf! (3 Punkte)

b) Gliedern Sie die Anlässe der Hauptfunktionen der Unternehmensbewertung nach fünf Aspekten, und erläutern Sie die sich ergebenden unterschiedlichen Typen von Konfliktsituationen hinsichtlich ihrer allgemeinen Merkmale und anhand je eines Beispiels! (15 Punkte)

Aufgabe 9 (20 Punkte) – Grad der Dominanz

a) Unterscheiden Sie Bewertungsanlässe im Hinblick auf den Grad der Dominanz! (4 Punkte)

b) Unterscheiden Sie stimmrechtsbezogene Vorzugsaktien hinsichtlich ihrer Art und praktischen Bedeutung! Erläutern Sie am Beispiel der Transformation von Mehrstimmrechts- in Einstimmrechtsaktien die Differenzierung von Bewertungsanlässen im Hinblick auf den Grad der Fragmentierung! (12 Punkte)

c) Nennen und erläutern Sie eine weitere Unterteilung dominierter Konfliktsituationen! (4 Punkte)

2. Kapitel:

Entscheidungsfunktion und Entscheidungswert

„Ein Mensch, der seine Grenzen kennt, wird sie nicht so schnell überschreiten." Leo N. Tolstoi

Überblick

Das zweite Kapitel setzt sich mit der ersten Hauptfunktion der funktionalen Unternehmensbewertung, der *Entscheidungsfunktion*, auseinander. Im Rahmen dieser Funktion wird der *Entscheidungswert des Unternehmens* ermittelt. Dieser Wert stellt die Grenze der Konzessionsbereitschaft einer Partei in einer ganz speziellen Konfliktsituation dar. Zudem bildet er die Grundlage der Herleitung von Arbitrium- und Argumentationswerten, den Werten der weiteren Hauptfunktionen. Deshalb wird die Entscheidungsfunktion auch als Basisfunktion der funktionalen Unternehmensbewertung bezeichnet. Vor diesem Hintergrund werden im *Abschnitt 2.1* die Grundlagen der Entscheidungsfunktion vermittelt. Hierbei steht die Darstellung der Merkmale des Entscheidungswertes im Mittelpunkt der Betrachtung. Anschließend wird aufgezeigt, wie mehrdimensionale Entscheidungswerte zu bestimmen sind (*Abschnitt 2.2*). Zentraler Aspekt dieses Abschnitts ist das allgemeine Modell zur Entscheidungswertermittlung nach MATSCHKE. Nachfolgender *Abschnitt 2.3* befaßt sich mit den Berechnungsmöglichkeiten eindimensionaler Entscheidungswerte in einer nicht dominierten, disjungierten Konfliktsituation vom Typ des Kaufs/Verkaufs. Bevor schließlich im *Abschnitt 2.5* wiederum ausgewählte Kontrollfragen zur Anwendung und Vertiefung des vermittelten Lehrstoffes gestellt werden, setzt sich der *Abschnitt 2.4* mit speziellen Problemen der Entscheidungswertermittlung auseinander.

Lernziele

Nach dem Studium dieses Kapitels sollten Sie unter anderem in der Lage sein,

1. den Begriff „Entscheidungswert" zu definieren und dessen Merkmale zu erklären,
2. zu erläutern, wann der Entscheidungswert einen Grenzpreis darstellt und wie sich letzterer aus dem Gegenwartswert ableiten läßt,
3. die Bedeutung von Nutzwerten, Zielen und Entscheidungsfeldern für den Entscheidungswert schlüssig darzustellen,
4. das allgemeine Modell des Entscheidungswertes nach MATSCHKE zu erklären,
5. investitionstheoretische Modelle zur Entscheidungswertermittlung anzuwenden und kritisch zu würdigen,
6. den Unterschied zwischen Zukunftserfolgswertverfahren und Ertragswertverfahren zu deuten,
7. die unterschiedlichen Ausprägungen des Substanzwertes und deren jeweilige Bedeutung für die Entscheidungswertermittlung darzustellen sowie
8. die Anforderungen an die Entscheidungswertermittlung in verschiedenen (z. B. in jungierten und/oder mehrdimensionalen sowie vom Typ der Fusion/Spaltung) Konfliktsituationen zu analysieren.

2.1   Grundlagen

Der *Entscheidungswert*[1] *des Unternehmens* ist das Ergebnis einer Unternehmensbewertung im Rahmen der Entscheidungsfunktion.[2] Der Begriff stellt *nicht* auf das Bewertungsverfahren, sondern auf den Zweck des Unternehmensbewertungskalküls ab. Innerhalb der Entscheidungsfunktion werden einem ganz bestimmten Entscheidungssubjekt – dem Bewertungsinteressenten – in einer ganz speziellen Entscheidungs- und Konfliktsituation, die auf eine Änderung der Eigentumsverhältnisse gerichtet ist, individuelle Grundlagen für rationale Entscheidungen zur Verfügung gestellt (oder durch dieses Subjekt ermittelt), die zum Entscheidungszeitpunkt speziell auf dieses Subjekt, diese Situation und dieses Vorhaben ausgerichtet sind.

Allgemein zeigt ein *Entscheidungswert* einem Entscheidungssubjekt bei gegebenem Zielsystem und Entscheidungsfeld an, *unter welchen Bedingungen oder unter welchem Komplex von Bedingungen die Durchführung einer bestimmten Handlung das ohne diese Handlung erreichbare Niveau der Zielerfüllung (Nutzwert, Erfolg) gerade noch nicht mindert.*[3]

---

[1]   Wie bereits skizziert, wird der Begriff „Entscheidungswert" von ENGELS, Bewertungslehre (1962), S. 110, in die Literatur eingeführt, aber nicht definiert. ENGELS gebraucht diesen Begriff sowohl im Sinne von Grad der Zielerfüllung (Nutzwert) als auch im Sinne einer Grenze der Konzessionsbereitschaft (Entscheidungswert im eigentlichen Sinne). So heißt es bei ihm (S. 107) einerseits: „Der Wert eines Gegenstandes besteht in der Wertänderung, die das Entscheidungsfeld durch Hinzufügung dieses Gegenstandes erfahren würde." und andererseits (S. 111): „Als ‚Wert einer Investition' bezeichnen wir denjenigen Geldbetrag, der für diese Investition gerade noch bezahlt werden könnte, ohne daß sich der Wert des Entscheidungsfeldes vermindert." In die Unternehmensbewertungsliteratur hat MATSCHKE den Begriff des Entscheidungswertes zunächst als eine spezielle Grenze der Konzessionsbereitschaft eingeführt und dabei auch den Begriff „Entscheidungsgrenze" verwendet: „Die Aufgabe der Unternehmungsbewertung aus der Sicht des Käufers besteht in der Ermittlung eines Entscheidungswertes, der angibt, wieviel er maximal für die Unternehmung zahlen kann, ohne einen geringeren Erfolg als aus dem Basisprogramm zu erhalten. [...] Hingegen will der Verkäufer wissen, wieviel er mindestens verlangen müßte [...] Der Verkäufer erhält die Entscheidungsgrenze (Wert), wenn er den zu verlangenden Preis minimiert, der Käufer, wenn er den zahlbaren Preis maximiert"; so MATSCHKE, Kompromiß (1969), S. 59. In dieser Deutung als „Preisobergrenze" des Käufers und als „Preisuntergrenze" des Verkäufers benutzt schließlich auch ENGELEITER, Unternehmensbewertung (1970), S. 80, den Begriff „Entscheidungswert": „Für den Käufer stellt dieser Entscheidungswert im allgemeinen die Preisobergrenze dar, für den Verkäufer die Preisuntergrenze." Allgemein als Grenze der Konzessionsbereitschaft, d. h., ohne ausschließlich auf den Bereich der Unternehmensbewertung und den Preis abzustellen, wurde der Begriff „Entscheidungswert" von MATSCHKE, Gesamtwert als Entscheidungswert (1972), definiert und in MATSCHKE, Entscheidungswert (1975), formalisiert.

[2]   Umfassende Analysen der Entscheidungsfunktion liefern vor allem MATSCHKE, Entscheidungswert (1975), und HERING, Unternehmensbewertung (2006).

[3]   Vgl. MATSCHKE, Gesamtwert als Entscheidungswert (1972), S. 147. Der Entscheidungswert basiert somit auf den investitionstheoretischen Grundsätzen der Zielsetzungs- und Entscheidungsfeldbezogenheit. Vgl. zur Verknüpfung von Unternehmensbewertung und Investitionsrechnung MATSCHKE, Investitionsplanung (1993), S. 182 f., sowie zur erforderlichen investitionstheoretischen Fundierung von Unternehmensbewertungen HERING, Unternehmensbewertung (2006), S. 21–150. Zur uneingeschränkten Gültigkeit der Investitionstheorie für die Unternehmensbewertung vgl. auch COENENBERG, Unternehmensbewertung (1992), S. 107, HELBLING, Unternehmensbewertung (1998), S. 564.

Entscheidungswerte können für zwei Arten von Handlungen bestimmt werden:

- für Handlungen, deren Realisation ausschließlich vom Willen des Entscheidungssubjekts selbst abhängt. Es geht dann um die *optimale Ressourcenallokation*. Entscheidungswerte für diesen Zweck sind z. B. SCHMALENBACHS „Betriebswert", dessen „optimale Geltungszahl" oder dessen „wertmäßige Kosten" zur Bewertung relativ knapper Produktionsfaktoren.[4]

- für Handlungen, die nur realisiert werden können, wenn sich das Entscheidungssubjekt zuvor mit einem anderen über die Bedingungen verständigt hat, unter denen die Realisation der Handlung möglich ist, d. h. für Handlungen, deren Durchführung die *Lösung eines interpersonalen Konflikts* voraussetzt.

In der Literatur wird der Begriff vornehmlich im Zusammenhang mit interpersonalen Konfliktsituationen gebraucht. Durch eine Einigung verspricht sich in solchen Konfliktsituationen jedes der beteiligten Entscheidungssubjekte einen höheren Grad an Zielerfüllung als ohne Einigung.

Gegenstand des Verhandlungs- und Einigungsprozesses zwischen den Parteien können *nicht* die Nutzwerte selber sein, sondern nur die *konfliktlösungsrelevanten Sachverhalte*, die über ihre bewirkte Änderung der Entscheidungsfelder auch die erreichbaren Nutzwerte der Parteien verändern. Bei rationaler Handlungsweise wird das Entscheidungssubjekt in einer nicht dominierten Konfliktsituation nur dann einer Einigung zustimmen, wenn der nach einer Einigung erreichbare Grad der Zielerfüllung (Nutzwert) nicht geringer als ohne Einigung ist. Um eine Abwägung zwischen verschiedenen Konfliktlösungen vornehmen zu können, muß das Entscheidungssubjekt Vorstellungen davon entwickeln, wie verschiedene Ausprägungen der konfliktlösungsrelevanten Sachverhalte nach einer Einigung darauf den Grad der erreichbaren Zielerfüllung verändern. Insbesondere ist es für eine rationale Verhandlungsführung notwendig, daß sich jeder Verhandlungspartner insbesondere über diejenigen Ausprägungen der konfliktlösungsrelevanten Sachverhalte versucht Klarheit zu verschaffen, die bei einer entsprechenden Einigung darauf gerade noch zu demjenigen Grad an Zielerfüllung führen, den er auch ohne Einigung (also im Falle der Nicht-Einigung) erreichen kann.

Welche Ausprägungen der konfliktlösungsrelevanten Sachverhalte ein Entscheidungssubjekt gerade noch akzeptieren kann, gibt sein Entscheidungswert an. Dabei ist es durchaus möglich, daß es viele Kombinationen hinsichtlich der konfliktlösungsrelevanten Sachverhalte gibt, für die dies gilt. In diesem Fall würde die Menge solcher kritischen Kombinationen den Entscheidungswert bilden. Der Entscheidungswert nennt die *Grenzeinigungsbedingungen des betrachteten Entscheidungssubjekts* in der zugrundeliegenden Entscheidungssituation, d. h., er beinhaltet die *äußerste Grenze der Konzessionsbereitschaft*. Als Konzessionsgrenze ist der Entscheidungswert eine *höchstsensible Information*. Er ist demgemäß vertraulich zu halten („Wert hinter vorgehaltener Hand"[5]) und sollte folglich der anderen Seite möglichst nicht bekannt werden, um die eigene Verhandlungsposition nicht zu schwächen.

---

[4] Vgl. hierzu MATSCHKE, Lenkungspreise (1993). Siehe zur pretialen Lenkung bereits frühzeitig SCHMALENBACH, Verrechnungspreise (1908/1909).

[5] Vgl. SIEBEN, Unternehmensstrategien (1988), S. 86.

Den Entscheidungswert charakterisieren schließlich *vier Merkmale*:[6]

1. Er ist eine kritische Größe (*Merkmal des Grenzwertes oder der Konzessionsgrenze*).

2. Er wird im Hinblick auf eine bestimmte vorgesehene Handlung ermittelt (*Merkmal der Handlungsbezogenheit*).

3. Er ist auf ein bestimmtes Entscheidungssubjekt und dessen Zielsystem bezogen (*Merkmal der Subjekt- und Zielsystembezogenheit*).

4. Er gilt nur für das konkrete, zum Entscheidungszeitpunkt bestehende Entscheidungsfeld[7] des Entscheidungssubjekts und für die daraus – im Hinblick auf die zu betrachtende Handlung – ableitbaren Alternativen (*Merkmal der Entscheidungsfeldbezogenheit*).

Wenn es zu einer *Einigung zum Entscheidungswert einer Partei* kommt, dann kann diese Partei sich freilich gegenüber der „Nicht-Einigung" *nicht* verbessern.[8] Das Entscheidungssubjekt steht mithin den Konfliktlösungen „Einigung zu Grenzbedingungen" und „Nicht-Einigung" *indifferent* gegenüber. Diese Indifferenz ergibt sich, weil der Nutzwert (Erfolg) als Ausdruck der erreichbaren Zielerfüllung bei einer „Einigung zu Grenzbedingungen" und bei „Nicht-Einigung" übereinstimmen.

In Konfliktsituationen des Kaufs/Verkaufs eines Unternehmens spielt die Höhe des möglichen Preises eines Unternehmens eine besondere und (meist auch) dominierende Rolle, so daß bei der Ermittlung des Entscheidungswertes oftmals ausschließlich auf die Bestimmung einer mit rationalem Handeln vereinbaren Preisgrenze abgestellt wird. Strittig ist in dieser Verhandlungssituation, die in der Literatur fast ausschließlich betrachtet wird, allein der Preis.[9] Aufgrund dieser modellhaften (starken) Vereinfachung der tatsächlichen Konfliktsituation wird der *Entscheidungswert* zu einem *kritischen Preis* der jeweiligen Verhandlungspartei: zur *Preisobergrenze (Grenzpreis) aus der Sicht eines präsumtiven Käufers* und zur *Preisuntergrenze (Grenzpreis) aus der Sicht des präsumtiven Verkäufers*. Mit anderen Worten: Aus der Sicht des präsumtiven Käufers ist der Entscheidungswert als Preisobergrenze genau der Preis, den er gerade noch zahlen kann, ohne durch den Erwerb einen wirtschaftlichen Nachteil hinnehmen zu müssen.[10] Aus der Sicht des präsumtiven Verkäufers ist er hingegen eine Preisuntergrenze und somit dcr Preis, den er mindestens erhalten muß, ohne einen wirtschaftlichen Nachteil durch die Veräußerung zu erleiden.

---

[6] Vgl. MATSCHKE, Gesamtwert als Entscheidungswert (1972), S. 147, MATSCHKE, Entscheidungswert (1975), S. 26.

[7] Siehe hierzu unter anderem SIEBEN/SCHILDBACH, Entscheidungstheorie (1994), S. 15–45, insbesondere S. 42–45.

[8] Es sei denn, der Nutzwert ist minimal größer, weil die Nutzenfunktion unstetig ist.

[9] Siehe analog auch zur Reduzierung von Investitionsentscheidungsproblemen auf monetäre Aspekte OSSADNIK, Investitionsentscheidungen (1988), S. 63, MATSCHKE, Investitionsplanung (1993), S. 21.

[10] Vgl. MATSCHKE, Kompromiß (1969), S. 59, MATSCHKE, Geldentwertung (1986), S. 549. Einen entsprechenden Zweck aus Sicht eines präsumtiven Käufers übernimmt der sog. *Existenzwert* bereits frühzeitig bei FRYDAG, Bewertung (1937), S. 129: „Unter Existenzwert ist der Wert zu verstehen, den ein Landwirt in Rücksicht auf seine Vermögens- und Familienverhältnisse für ein Gut im Maximum bezahlen kann, so daß er aus dem Ertrage gerade die Kosten seines Lebensunterhaltes zu bestreiten vermag, ohne daß sich im Verlaufe der Jahre sein Vermögen verändert. Er ist also ein aus dem Ertragswert abgeleiteter Wert."

Jede Partei kennt freilich nur ihre eigene Preisgrenze, möglicherweise nicht als Punktgröße, sondern nur als Intervallgröße. Es ist schließlich zu beachten, daß es aufgrund der in der Realität herrschenden Unsicherheit über zukünftige entscheidungsrelevante Sachverhalte *ex ante* nicht möglich ist, einen *eindeutigen* Wert zu ermitteln. Wird von der Ermittlung *eines* Wertes gesprochen, welcher der Entscheidungsunterstützung dient, ist deshalb unter dem Begriff des Entscheidungswertes – selbst, wenn lediglich die Höhe des Preises als konfliktlösungsrelevanter Sachverhalt gilt – vielmehr eine *Bandbreite möglicher Werte* zu verstehen.[11] Dies soll für die nachfolgende Veranschaulichung noch vernachlässigt werden.

Wenn die Preisobergrenze P_{max} des präsumtiven Käufers die Preisuntergrenze P_{min} des präsumtiven Verkäufers übersteigt, also $P_{max} > P_{min}$ gilt, gibt es einen Einigungsbereich in bezug auf die Höhe des Preises P. Eine für beide Seiten vorteilhafte Transaktion, d. h. ein Kauf/Verkauf, ist dann möglich, wenn es den Parteien gelingt, dies zu erkennen und sich auf einen Preis zu verständigen, der die Bedingung $P_{max} \geq P \geq P_{min}$ erfüllt und möglichst nicht mit einer der Preisgrenzen übereinstimmt, also ein „mittlerer Preis" ist (vgl. *Abbildung 44*).

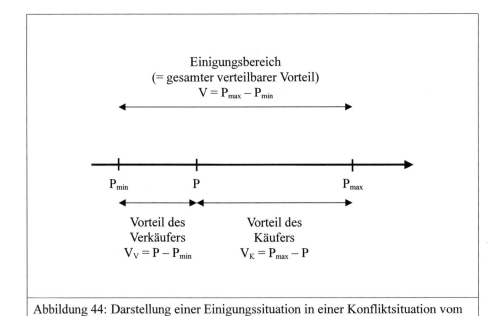

Abbildung 44: Darstellung einer Einigungssituation in einer Konfliktsituation vom Typ des Kaufs/Verkaufs mit dem Preis als einzigem konfliktlösungsrelevanten Sachverhalt

In einem solchen Fall spart der Käufer etwas im Vergleich zum Entscheidungswert; sein Vorteil beträgt $V_K = P_{max} - P$. In Höhe dieser Differenz kann er etwa zusätzliche Investitionen tätigen oder sonst etwas machen, das ihm einen zusätzlichen, ohne Einigung nicht erreichbaren Nutzen bringt (z. B. konsumieren). Auch für den Verkäufer ist

---

[11] Vgl. HERING, Unternehmensbewertung (2006), S. 7–14, insbesondere S. 8 f. Anderer Ansicht sind SCHMIDT/TERBERGER, Grundzüge (1997), S. 303 f.

eine solche Einigung vorteilhaft. Denn er erhält mehr, als er mindestens verlangen müßte; sein Vorteil beträgt $V_V = P - P_{min}$. Auch der Verkäufer kann sich dann zusätzlich etwas leisten, was ihm ohne Einigung auf den Preis P nicht möglich gewesen wäre. Beide profitieren folglich von der Einigung auf P. Der gesamte verteilbare Vorteil kann in dieser einfachen Konfliktsituation an der (den Parteien indes meist unbekannten) Differenz zwischen den Preisgrenzen gemessen werden: $V = P_{max} - P_{min}$. Dies ist der gemeinsam erzielbare Wohlfahrtsgewinn aufgrund der Einigung. Der Vorteil des einen kann c. p. aber nur zu Lasten des anderen erhöht werden.[12] Er entfiele gänzlich auf eine Partei, wenn der Einigungspreis mit dem Entscheidungswert einer der Parteien übereinstimmte, also entweder $P = P_{max}$ oder $P = P_{min}$ wäre. Der Einigungsbereich schrumpft in der zugrundegelegten Konfliktsituation auf einen einzigen Punkt zusammen, wenn die Entscheidungswerte der Parteien übereinstimmen, also $P_{max} = P_{min}$ gilt. Auch in einer solchen Situation ist eine Einigung noch möglich, nämlich auf $P_{max} = P = P_{min}$, aber keine Partei könnte sich hierbei verbessern.

Aus einer solchen Verhandlungssituation, in der allein die Höhe des Barpreises strittig ist, erwächst eine eher basarmäßige Konfrontation der Parteien.[13] Weitaus besser dürfte deshalb die in *Abbildung 45*[14] dargestellte mehrdimensionale, disjungierte Konfliktsituation vom Typ des Kaufs/Verkaufs die Realität beschreiben.

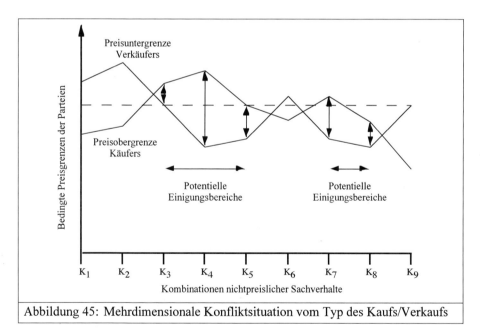

Abbildung 45: Mehrdimensionale Konfliktsituation vom Typ des Kaufs/Verkaufs

---

[12] In einer potentiellen Einigungssituation mit $P_{max} > P_{min}$ gibt es Interessenharmonie, sich zu einigen, aber einen Interessengegensatz in bezug auf die Ausgestaltung der Einigung, also in bezug auf die Preishöhe. Da den Parteien die Größe des gesamten Vorteils unbekannt bleibt, mildert der „Dunst der Unwissenheit" über die Konzessionsgrenze diesen Interessengegensatz jedoch.

[13] Vgl. hierzu MATSCHKE, Grundsätze (2003), S. 12–14.

[14] Quelle: MATSCHKE, Grundsätze (2003), S. 13.

Um diese Situation graphisch noch zu bewältigen, wurden alle nichtpreislichen konfliktlösungsrelevanten Sachverhalte zu verschiedenen Kombinationen auf der Abszisse nominal zusammengefaßt. Die Preisgrenzen der konfligierenden Parteien sind dann als bedingte Größen zu interpretieren. Je nachdem, wie die nichtpreislichen Komponenten aussehen, könnte der Käufer mehr oder weniger bieten, und müßte der Verkäufer mehr oder weniger fordern. Im Beispiel gäbe es zwei potentielle Einigungsbereiche, nämlich einerseits bei den Kombinationen K_3, K_4 und K_5 sowie andererseits bei den Kombinationen K_7 und K_8 der nichtpreislichen Sachverhalte, denn in diesen Fällen ist die Preisobergrenze des Käufers jeweils größer als die Preisuntergrenze des Verkäufers. Eine solche mehrdimensionale Situation ist alles andere als eine Basarsituation, denn hier ist Kreativität von beiden Seiten gefordert, um die potentiellen Einigungsbereiche überhaupt zu entdecken. Daß dies gelingt, ist keineswegs sicher, denn nur in der Theorie ergibt sich ein solch klares Bild der Verhandlungssituation. Die in den Verhandlungsprozeß involvierten Parteien wissen kaum etwas davon. Der Betrachter der *Abbildung 45* ist demgegenüber im Vorteil. Er kann sogar erkennen, wenn er die eingezeichnete gestrichelte Linie als vorgesehenen Einigungspreis interpretiert, daß dieser Preis zwar mit K_3, K_4, K_5 und K_7, nicht aber mit K_8 vereinbar ist und daß der erreichbare gesamte Vorteil als Differenz der Preisgrenzen sehr unterschiedlich verteilt werden würde: bei K_3 nur zugunsten des Käufers, bei K_5 nur zugunsten des Verkäufers und bei K_7 erhält der Verkäufer so viel wie bei K_5, der Käufer hingegen mehr als bei K_5. Wünschenswert für die Parteien wäre, daß sie in der betrachteten Situation die Kombination K_4 der nichtpreislichen konfliktlösungsrelevanten Sachverhalte finden und sich darauf verständigen, denn diese Lösung wäre im Vergleich zu den anderen paretooptimal. Daß es gelingt, ist indes ungewiß.

Abschließend ist festzuhalten, daß der Entscheidungswert nicht nur das Ergebnis im Rahmen der Entscheidungsfunktion ist, sondern daß er darüber hinaus auch den zentralen Wert (*Basiswert*) der funktionalen Unternehmensbewertungstheorie repräsentiert, weil er – wie später in den Kapiteln 3 und 4 dargestellt wird – die Grundlage und ein unverzichtbares Element der Vermittlungs- sowie der Argumentationsfunktion bildet.[15]

Nach dieser Veranschaulichung des Entscheidungswertes soll nunmehr das Problem seiner Ermittlung behandelt werden, wobei Ausgangspunkt nicht die einfachste, sondern die am meisten komplexe Situation ist, nämlich die Ermittlung eines mehrdimensionalen Entscheidungswertes. Die dabei entwickelte Methodik kann grundsätzlich in allen anderen Fällen angewandt werden,[16] freilich gibt es für die weniger komplexen Situationen einfacher zu handhabende Vorgehensweisen, so daß diese in solchen Fällen bevorzugt werden sollten.

---

[15] Vgl. SIEBEN, Entscheidungswert (1976), S. 504.
[16] Vgl. MATSCHKE, Entscheidungswert (1975), S. 387–390.

2.2 Ermittlung mehrdimensionaler Entscheidungswerte

2.2.1 Nutzwerte als Basis des Entscheidungswertkalküls

2.2.1.1 Begriff des Nutzwertes

Der Entscheidungswert des Unternehmens soll angeben, welchen Vereinbarungen bezüglich der konfliktlösungsrelevanten Sachverhalte eine Partei gerade noch zustimmen könnte, ohne daß sie nach einem Kauf/Verkauf oder nach einer Fusion/Spaltung des Unternehmens ein geringeres Zielniveau als bei Nichteinigung über den Kauf/Verkauf oder die Fusion/Spaltung des Unternehmens erwarten muß. Seine Ermittlung setzt voraus, daß die Partei (Bewertungssubjekt, Entscheidungssubjekt) bestimmen kann, welchen *Grad an Zielerfüllung* sie ohne Kauf/Verkauf oder ohne Fusion/Spaltung des Unternehmens erreichen könnte und welchen Grad an Zielerfüllung sie nach einem Kauf/Verkauf oder nach einer Fusion/Spaltung des Unternehmens in Abhängigkeit von unterschiedlichen Extensionen der (originären) konfliktlösungsrelevanten Variablen erwarten könnte. Das heißt, die Partei muß in der Lage sein, dem Handlungsprogramm ohne Kauf/Verkauf oder Fusion/Spaltung des Unternehmens sowie dem Handlungsprogramm einschließlich des Kaufs/Verkaufs oder der Fusion/Spaltung des Unternehmens – letzterem in Abhängigkeit von den Extensionen der (originären) konfliktlösungsrelevanten Variablen – *Kennziffern der Vorziehenswürdigkeit*, die Erfolg, Nutzen, Grad der Zielerfüllung oder *Nutzwert*[17] genannt werden, zuzuordnen. Eine solche Zuordnung wird auch als Erfolgsermittlung bezeichnet. Sie ist stets subjektiv, kann aber unter bestimmten Umständen von Dritten nachvollzogen werden und ist insofern grundsätzlich intersubjektiv überprüfbar.

2.2.1.2 Zielplan und Entscheidungsfeld als Bestimmungsgrößen des Nutzwertes

Eine solche intersubjektive Überprüfbarkeit ist möglich, wenn ein außenstehender Dritter (zum Beispiel ein Bewertungsgutachter) über Informationen verfügt:[18]
- im Hinblick auf das vom Entscheidungssubjekt „Gewollte" (Zielplaninformationen) und
- im Hinblick auf das vom Entscheidungssubjekt „Mögliche" (Entscheidungsfeldinformationen).

Der *Zielplan*[19] ist ein Abbild des Entscheidungssubjekts. Er enthält Informationen über die das Entscheidungssubjekt interessierenden Sachverhalte und die sie charakterisierenden Merkmale (Ergebnisdefinition) einerseits sowie Informationen über die Inten-

---

[17] Vgl. SIEBEN/LÖCHERBACH/MATSCHKE, Bewertungstheorie (1974), Sp. 841.

[18] Vgl. SIEBEN, Erfolgseinheiten (1968), S. 14: „Die im Zielplan verankerten Axiome repräsentieren das Gewollte. Die Daten des Entscheidungsfeldes determinieren das Mögliche." Siehe hierzu auch die Ausführungen in Abschnitt 1.1.

[19] Vgl. SIEBEN, Erfolgseinheiten (1968), S. 12: „Die Verwendung des Ausdrucks Zielplan anstelle des Terminus Ziel dient der Betonung des Umstandes, daß auch im Ziel nur Plandaten enthalten sind. Der Zielträger kommt nämlich nicht umhin, schon heute Annahmen darüber zu treffen, was er morgen für erstrebenswert hält."

sität des Strebens danach (Präferenzen) andererseits. Die *Ergebnisdefinition* gibt an, für welche Sachverhalte sich das Entscheidungssubjekt interessiert – sei es, weil es diese anstrebt, oder sei es, weil es diese vermeiden möchte. Häufig wird vereinfachend nur ein einziger interessierender Sachverhalt zugrunde gelegt (*homogene Ergebnisdefinition*, einfache Zielsetzung). Im Rahmen der Unternehmensbewertung ist dies zumeist eine finanzwirtschaftliche Überschußgröße, die jedoch – wie später noch zu zeigen sein wird – durchaus unterschiedlich definiert wird. Realistischer, aber auch erheblich aufwendiger und schwieriger in der Handhabung ist es, davon auszugehen, daß gleichzeitig mehrere Sachverhalte entscheidungserheblich sind (*heterogene Ergebnisdefinition*, mehrfache Zielsetzung, zu einer möglichen inhaltlichen Kategorisierung vgl. *Abbildung 46*[20]). Dies gilt insbesondere dann, wenn der Unternehmenserwerb strategisch motiviert ist und an die Stelle nicht unmittelbar monetär meßbarer Sachverhalte Abschätzungen allgemeiner Art über den Beitrag des zu bewertenden Unternehmens zur Verwirklichung eines strategischen unternehmerischen Ziels treten.

Inhaltliche Kategorisierung von Ergebnisdefinitionen (Formalzielinhalte):
Beschreibung der Kriterien, mit deren Hilfe Alternativen hinsichtlich ihrer Vorziehenswürdigkeit beurteilt werden.

Technische Ziele beziehen sich auf quantitative und qualitative Eigenschaften von Produkten, Produktionsfaktoren, Produktionspotentialen sowie Produktionsprozessen und konkretisieren sich etwa in Produktqualitäts-, Kapazitätsauslastungs- und Betriebsmittelflexibilitätszielen.

Wirtschaftliche Ziele beziehen sich auf monetäre und nicht monetäre Eigenschaften von markt- und unternehmensbezogenen Handlungen und drücken sich im Gewinnstreben, im Streben nach Markt- oder Kostenführerschaft und in Wachstums- oder Sicherheitszielen aus.

Soziale Ziele beziehen sich auf die im Unternehmen arbeitenden Menschen und die gesellschaftliche Umwelt des Unternehmens und sind als Humanisierungsziele, individuelle Entfaltungsziele und gesellschaftliche Akzeptanzziele darstellbar.

Ökologische Ziele betreffen die Inanspruchnahme der natürlichen Umwelt als Ressourcenlieferant und als Aufnahmemedium von Rückständen aus Produktions- und Konsumtionsprozessen und konkretisieren sich etwa als Restriktionen zur Reduktion des Ressourcenverbrauchs sowie der im- und emissionsbezogenen Umweltbelastung.

Abbildung 46: Inhaltliche Kategorisierung von Ergebnisdefinitionen
           (Formalzielinhalte)

---

[20] In Anlehnung an ZELEWSKI, Grundlagen (2008), S. 12 f. Siehe darüber hinaus auch MATSCHKE, Betriebswirtschaftslehre, Bd. I (2007), S. 61–63.

Für eine intersubjektiv überprüfbare Erfolgsermittlung ist es notwendig, daß die Ergebnisdefinition eine *Identifizierung der interessierenden Sachverhalte* aus der Menge aller Sachverhalte erlaubt, welche die alternativen Handlungsmöglichkeiten des Entscheidungssubjekts charakterisieren. Die Ergebnisdefinition muß deshalb den (oder die) interessierenden Sachverhalt(e) eindeutig festlegen. Hierzu gehört, daß die Ergebnisdefinition genau angibt, *was* als interessierende Sachverhalte anzusehen ist (inhaltliche Umschreibung), *wie* die interessierenden Sachverhalte gemessen werden sollen (Meßvorschrift), *wann* sie gemessen werden sollen (zeitlicher Gültigkeitsbereich) und *wo* sie gemessen werden sollen (sachlicher oder räumlicher Gültigkeitsbereich).

Das *Entscheidungsfeld* ist ein Abbild der Handlungsmöglichkeiten (Alternativen) des Entscheidungssubjekts und der sonstigen Umstände (Umwelt) einerseits und der aufgrund einer Zuordnungsvorschrift (Ergebnisfunktion) den Alternativen in Abhängigkeit von der Umwelt zugeordneten Ausprägungen der interessierenden Sachverhalte (beurteilungserhebliche oder präferenzrelevante Konsequenzen, Ergebnisse, Ergebniskonstellation, Ergebnismatrix) andererseits. Ist $\mathfrak{A}$ die Menge aller Alternativen a_i mit $i \in \{1, ..., m\}$, $\mathfrak{Z}$ die Menge aller Umweltzustände z_j mit $j \in \{1, ..., n\}$, $\mathfrak{K}$ die Menge aller möglichen präferenzrelevanten Konsequenzen oder Ergebniskonstellationen e_{ij}, so ordnet die Ergebnisfunktion $f: \mathfrak{A} \times \mathfrak{Z} \rightarrow \mathfrak{K}$ jeder Kombination (a_i, z_j) eine Ergebniskonstellation $e_{ij} \in \mathfrak{K}$ zu, d. h., es gilt: $e_{ij} = f(a_i, z_j)$.

Jede Nutzwertermittlung bezieht sich auf eine bestimmte Alternative, die sich durch die ihr zugeordneten, prognostizierten interessierenden Sachverhalte bestimmter Art, bestimmter Höhe, bestimmten zeitlichen Anfalls und bestimmter Sicherheit charakterisieren läßt. Die beurteilungserheblichen Konsequenzen können folglich durch vier verschiedene Merkmale näher beschrieben werden: 1. Art, 2. Höhe, 3. Zeit und 4. Sicherheit. Die subjektive Beurteilung dieser Merkmale werden *Präferenzen* genannt. Präferenzen drücken subjektive Vorlieben in bezug auf diese Merkmale aus und ermöglichen, die bei einer Alternative identifizierten Ergebnisse, die sich – im allgemeinen Fall einer heterogenen Ergebnisdefinition – hinsichtlich ihrer Höhe, ihres zeitlichen Anfalls, ihres Sicherheitsgrades und ihrer Art unterscheiden können, zu einer Kennziffer der Vorziehenswürdigkeit, dem Nutzwert pro Alternative, zu verschmelzen.

Bei einer *homogenen Ergebnisdefinition* kann es erforderlich sein, drei Präferenzen zu formulieren: Höhenpräferenz, Zeitpräferenz, Ungewißheits-/Sicherheitspräferenz. Im Falle einer *heterogenen Ergebnisdefinition* wird noch die Artenpräferenz erforderlich. Diese Präferenzen können Präferenzen niederer Ordnung sein, wenn sie voneinander unabhängig formuliert sind, oder Präferenzen höherer Ordnung, wenn mehrere Merkmale einer gemeinsamen, kombinierten Beurteilung unterworfen werden.

Eine *Artenpräferenz* ist nur bei heterogener Ergebnisdefinition erforderlich. „Die Artenpräferenz drückt die relative Vorteilhaftigkeit aus, die Ergebnisse ausschließlich aufgrund unterschiedlicher Artenmerkmale für den Entscheidungsträger haben."[21] Artenpräferenzen können etwa in kardinaler Form als lineare und nichtlineare Zielgewichtungen und in ordinaler Form als lexikographische Ordnung formuliert sein. Auch Punktbewertungsverfahren (Scoring-Modelle) oder Verfahren der Transformation von bonitären Zielen in monetäre Größen (Pricing Out-Verfahren, Zahlungsbereitschaftsanalysen) dienen letztlich der Abbildung der Artenpräferenz.

---

[21] SIEBEN/SCHILDBACH, Entscheidungstheorie (1994), S. 26 (Hervorhebungen im Original).

Mit der *Höhenpräferenz* legt das Entscheidungssubjekt die Rangfolge unterschiedlicher Extensionen eines interessierenden Sachverhalts fest. „Die Höhenpräferenz gibt an, wie der jeweilige Entscheidungsträger diese Ergebnisse allein wegen ihrer unterschiedlichen Höhenmerkmale im Hinblick auf ihre Vorteilhaftigkeit für ihn beurteilt, wie sich also ceteris paribus bei Variation nur der Höhe von Ergebnissen deren Grad an Erwünschtheit für den Entscheidungsträger ändert."[22] Solche Höhenpräferenzen konkretisieren sich etwa als Extremierungsvorschriften (Maximierungs-, Minimierungsziele), als Vorschriften, welche die Richtung einer besseren Beurteilung beschreiben (Meliorisierungs- oder Verbesserungsziele), oder als Vorschriften, welche ein wünschenswertes Niveau im Sinne eines zu über- oder zu unterschreitenden Anspruchsniveaus (Satisfizierungsziele) oder ein genau zu erreichendes Niveau (Punktziele) festlegen.[23]

In Ungewißheitssituationen (Risiko-, Unsicherheits- und Spielsituationen) werden in Abhängigkeit von externen Umweltentwicklungen (Umweltzuständen, gegnerischen Handlungen) unterschiedliche, alternative Ergebniskonstellationen erwartet. In einer solchen Situation wird eine *Sicherheits- oder Ungewißheitspräferenz* erforderlich. „Die Sicherheitspräferenz spiegelt die subjektive Einstellung des Entscheidungsträgers zu der Tatsache wider, daß als Konsequenz der Wahl einer Aktion jeweils eine Menge verschiedener möglicher Ergebnisse (Ergebniskombinationen) erwartet werden muß. Die Sicherheitspräferenz beschreibt die relative Vorziehenswürdigkeit, die den zu vergleichenden Mengen möglicher Ergebnisse (Ergebniskombinationen) einzig auf Grund der Ungewißheit ihres Eintritts für den Entscheidungsträger zukommt."[24] Konkretisieren läßt sich die Sicherheitspräferenz etwa als Erwartungswertprinzip (Risikoneutralität, BAYES-Regel)[25], als (μ, σ)-Prinzip zur Erfassung von Risikofreude oder Risikoaversion, als Minimax-Prinzip (WALD-Regel) bei Unsicherheitsaversion oder als Maximax-Prinzip bei Unsicherheitssympathie. Weitere Regeln sind z. B. die HURWICZ-Regel, bei der die Präferenz über einen Optimismus-Pessimismus-Index erfaßt wird, die Regel des geringsten Bedauerns (SAVAGE-NIEHANS-Regel) und die Regel des unzureichenden Grundes (LAPLACE-Regel).[26]

---

[22] *SIEBEN/SCHILDBACH*, Entscheidungstheorie (1994), S. 25 (Hervorhebungen im Original).

[23] Vgl. *ZELEWSKI*, Grundlagen (2008), S. 13 f.

[24] *SIEBEN/SCHILDBACH*, Entscheidungstheorie (1994), S. 26 (Hervorhebungen im Original).

[25] Beim klassischen Erwartungswertprinzip werden die Alternativen auf Basis des Erwartungswertes der Ergebnisse beurteilt, d. h., die Ergebnisse werden mit den Eintrittswahrscheinlichkeiten gewichtet. Beim axiomatisch herleitbaren BERNOULLI-Prinzip erfolgt zunächst eine Transformation der Ergebnisse in – auf den Bereich [0, 1] definierte – Nutzengrößen und anschließend eine Gewichtung dieser Nutzengrößen mit den Eintrittswahrscheinlichkeiten, so daß hier Höhen- und Sicherheitspräferenz verschmolzen sind und das BERNOULLI-Prinzip als Beispiel für die Anwendung sog. Präferenzen höherer Ordnung gelten kann. Zur Diskussion um das Verständnis des BERNOULLI-Prinzips vgl. *BERNOULLI*, Speciem theoriae novae (1738), *REICHERTER*, Fusionsentscheidung (2000), S. 231 f., *HERING*, Investitionstheorie (2008), S. 266 f.

[26] Vgl. *MATSCHKE*, Betriebswirtschaftslehre, Bd. I (2007), S. 51–61.

Eine *Zeitpräferenz* ist schließlich erforderlich, wenn Ergebnisse zeitlich verschieden erwartet werden. „Die Zeitpräferenz zeigt die relative Vorteilhaftigkeit auf, die zu unterschiedlichen Zeitpunkten eintretende Ergebnisse allein wegen des jeweiligen Zeitpunkts ihres Eintritts für den Entscheidungsträger besitzen."[27] Eine solche Zeitpräferenz kann sich darin ausdrücken, daß eine *wünschenswerte zeitliche Struktur* der angestrebten Sachverhalte vorgegeben wird, etwa als steigendes, fallendes, konstantes oder sonstwie determiniertes Konsumeinkommen. Die Zeitpräferenz kann aber auch in Form gleichbleibender, steigender, fallender oder schwankender *zeitabhängiger Gewichtungsfaktoren* erfaßt werden. Die Minderschätzung künftiger Zahlungen wird im ökonomischen Bereich häufig über eine Multiplikation der erwarteten künftigen Zahlungen mit Hilfe von geometrisch fallenden zinsabhängigen Gewichtungsfaktoren (Abzinsungsfaktoren) erfaßt. Diese Minderschätzung kommt bereits in der wiedergegebenen Äquivalenzbeziehung

$$N\left(\left[1\right]_0\right) = N\left(\left[1+i\right]_1\right)$$

oder

$$\left[1\right]_0 \sim \left[1+i\right]_1$$

zum Ausdruck, aus der sich der einperiodige Abzinsungsfaktor $[1/(1+i)]$ herleitet, der besagt, daß $(1+i)$ risikolose Geldeinheiten am Ende der Periode (im Zeitpunkt $t = 1$) genau so hoch eingeschätzt werden, wie eine risikolose Geldeinheit zu Beginn dieser Periode (im Zeitpunkt $t = 0$). Sofern diese einperiodige subjektive Gewichtung über die Zeit konstant bleibt, ergeben sich folgende Äquivalenzrelationen:

$$\left[1\right]_0 \sim \left[1+i\right]_1$$

$$\left[1\right]_0 \sim \left[(1+i)^2\right]_2$$

$$\left[1\right]_0 \sim \left[(1+i)^3\right]_3$$

$$\ldots$$

$$\left[1\right]_0 \sim \left[(1+i)^t\right]_t.$$

---

[27] *Sieben/Schildbach*, Entscheidungstheorie (1994), S. 27 (Hervorhebungen im Original).

In der *Abbildung 47* sind die Bestimmungsgrößen des Nutzwertes und die zu ihm führenden Ermittlungsschritte noch einmal überblicksartig und schematisch zusammengefaßt. Hinsichtlich der Elemente der Ergebnismatrix ist zu sagen, daß diese Skalare, Vektoren oder auch Matrizen sein können.

Interessiert sich das Entscheidungssubjekt nur für eine einzige Ergebnisart und ist der zeitliche Gültigkeitsbereich der dann homogenen Ergebnisdefinition auf einen einzigen Zeitpunkt beschränkt, geben die Ergebniskonstellationen e_{ij} die Ergebnishöhe $H_{ij}(r)$ je Alternative a_i und je Umweltzustand z_j an, wobei mit $r \in \{1, ..., R\}$ die jeweils angesprochene Höhenklasse bezeichnet wird, d. h., die Elemente der Ergebnismatrix sind dann *skalare Größen*.

Bei homogener Ergebnisdefinition mit einem zeitlichen Gültigkeitsbereich, der mehrere Zeitpunkte $t \in \{1, ..., T\}$ umfaßt, sind die Ergebniskonstellationen e_{ij} *(Zeilen-)Vektoren*. Deren Elemente $H_{ijt}(r)$ geben an, daß bei der Alternative a_i und dem Umweltzustand z_j im Zeitpunkt t der interessierende Sachverhalt in einer Höhe anfällt, die zur Höhenklasse r gehört. Für jede Alternative a_i, jeden Umweltzustand z_j und jeden Zeitpunkt t kann r verschieden sein.

(Spalten-)Vektoren sind die Ergebniskonstellationen e_{ij}, wenn eine heterogene Ergebnisdefinition mit einem zeitlichen Gültigkeitsbereich von nur einem Zeitpunkt gegeben ist. Die Elemente $H_{ijv}(r)$ sind dann die erwartete Ergebnishöhe je interessierender Ergebnisart E_v mit $v \in \{1, ..., V\}$, je Alternative a_i und je Umweltzustand z_j. Dabei kann die angesprochene Höhenklasse r je Alternative, Umweltzustand oder Ergebnisart unterschiedlich sein.

Bei heterogener Ergebnisdefinition mit einem zeitlichen Gültigkeitsbereich, der mehrere Zeitpunkte $t \in \{1, ..., T\}$ umfaßt, sind die Ergebniskonstellationen e_{ij} *Matrizen*. Deren Elemente $H_{ijtv}(r)$ geben die erwartete Ergebnishöhe der verschiedenen interessierenden Ergebnisarten E_v zu den Zeitpunkten t je Alternative a_i und je Umweltzustand z_j an, wobei die angesprochene Höhenklasse r je Alternative, Umweltzustand, Zeitpunkt oder Ergebnisart unterschiedlich sein kann.

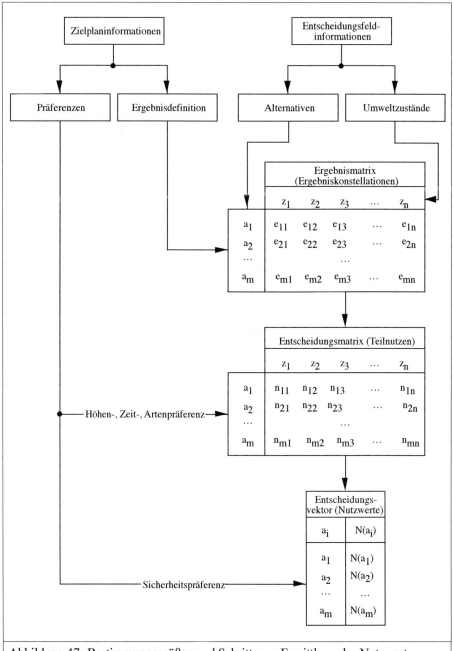

Abbildung 47: Bestimmungsgrößen und Schritte zur Ermittlung des Nutzwertes
einer Alternative

2.2.2 Allgemeines Modell zur Ermittlung eines mehrdimensionalen Entscheidungswertes

2.2.2.1 Entscheidungswertermittlung als zweistufiger Kalkül

An dieser Stelle sei das allgemeine Modell der Ermittlung des Entscheidungswertes nach MATSCHKE[28] präsentiert, aus dem alle anderen Entscheidungswertermittlungsmethoden hergeleitet werden können. Es bedingt weder Festlegungen hinsichtlich der Ziele und Entscheidungsfelder der Konfliktparteien noch im Hinblick auf die Anzahl und die Art der konfliktlösungsrelevanten Sachverhalte. Sein Anwendungsbereich ist auch keineswegs auf Unternehmensbewertungsprobleme beschränkt, vielmehr ist es auf beliebige entscheidungsabhängige und interpersonal konfliktäre Situationen ohne Zwangscharakter anwendbar.

Der *Entscheidungswert als Konzessionsgrenze* ist immer dann erforderlich, wenn das Entscheidungssubjekt eine von ihm vorgesehene Handlung nur dann realisieren kann, wenn es sich mit einem oder mehreren anderen Entscheidungssubjekten über die Bedingungen der Realisation dieser Handlung verständigt, d. h., sich auf eine bestimmte Konstellation der konfliktlösungsrelevanten Sachverhalte einigt. Mit der Einigung wollen die beteiligten Konfliktparteien eine Verbesserung ihrer Situation (Nutzensteigerung) gegenüber der Nicht-Einigung erreichen. Bei rationalem Verhalten wird der erwartete Nutzen bei Nicht-Einigung deshalb zum Vergleichsmaßstab für jede mögliche Konstellation der konfliktlösungsrelevanten Sachverhalte.

Der Entscheidungswert läßt sich daher auf der Basis eines zweistufigen Konzepts ermitteln:

- Die *erste Stufe* umfaßt die Ermittlung des Vergleichsmaßstabs im Sinne des für die Konfliktpartei *erreichbaren Nutzenniveaus ohne Einigung*. Hierbei wird von der *Ermittlung des Basisprogramms* gesprochen.[29]
- Die *zweite Stufe* umfaßt die Ermittlung der aus der Sicht einer Konfliktpartei abzulehnenden, vorzuziehenden oder indifferent zu beurteilenden Festlegungen der konfliktlösungsrelevanten Sachverhalte, weil sich bei einer Einigung darauf aus der Sicht dieser Konfliktpartei ein geringeres, höheres oder gleich hohes Nutzenniveau erreichen läßt. *Von besonderem Interesse* für eine Verhandlungsführung sind dabei diejenigen möglichen Festlegungen der konfliktlösungsrelevanten Sachverhalte, die

---

[28] Dieses für die funktionale Unternehmensbewertung zentrale Konzept des mehrdimensionalen Entscheidungswertes wurde von MATSCHKE im Rahmen seiner 1973 angenommenen (und 1975 publizierten) Kölner Dissertation entwickelt. Vgl. MATSCHKE, Entscheidungswert (1975), S. 387–390. Siehe zudem SIEBEN/LÖCHERBACH/MATSCHKE, Bewertungstheorie (1974), Sp. 845–849, MATSCHKE, Arbitriumwert (1979), S. 49–55. Aufgegriffen wurde dieses Konzept unter anderem von HINTZE, Paretooptimale Vertragsgestaltung (1992), HINTZE, Unternehmenskauf (1992), ULRICH, Unternehmensbewertungen (1995), OLBRICH, Unternehmungswert (1999), REICHERTER, Fusionsentscheidung (2000), BRÖSEL, Medienrechtsbewertung (2002). Hinsichtlich der graphischen Darstellung des Algorithmus wird verwiesen auf REICHERTER, Fusionsentscheidung (2000), S. 186.

[29] Die erstmalige Verwendung des Begriffs „Basisprogramm" erfolgte in MATSCHKE, Bewertung aus entscheidungstheoretischer Sicht (1967/68), S. 27, wobei inhaltlich auf JAENSCH und SIEBEN Bezug genommen wurde. JAENSCH, Unternehmungsbewertung (1966), S. 664 f., spricht allerdings nicht von der Ermittlung des Basisprogramms, sondern von der Bestimmung des Mindestrentenstroms; SIEBEN, Bewertungsmodelle (1967), S. 126–134, spricht vom Vergleichsprogramm, Optimalprogramm oder optimalen Programm statt vom Basisprogramm.

nach einer Einigung darauf zum gleichen Nutzenniveau wie ohne Einigung oder – im Falle von Unstetigkeitsbeziehungen – zu dem im Vergleich dazu geringstmöglich höheren Nutzenniveau führen, denn sie bilden in der Verhandlung die Grenze der Konzessionsbereitschaft, den *Entscheidungswert*. Es ist üblich geworden, in bezug auf die zweite Stufe, soweit sie zum Entscheidungswert führt, von der *Ermittlung des Bewertungsprogramms* zu sprechen.[30]

2.2.2.2 Ermittlung des Basisprogramms

Ohne Einigung, d. h. ohne Kauf, Verkauf, Fusion oder Spaltung des Unternehmens, kann das Entscheidungssubjekt zwischen Handlungsmöglichkeiten aus der Alternativenmenge[31] $\mathfrak{A} = \{a_1, ..., a_i, ..., a_k\}$ wählen. Jeder Alternative $a_i \in \mathfrak{A}$ ordnet das Entscheidungssubjekt aufgrund der erwarteten Ergebniskonstellationen und seiner Präferenzen einen bestimmten Nutzwert $N(a_i)$ zu. Bei rationaler Handlungsweise wird es diejenige Alternative auswählen, deren Nutzwert am größten ist. Für die optimale Alternative a_{opt} gilt daher: $N(a_{opt}) = \max\{N(a_i) \mid a_i \in \mathfrak{A}\}$, d. h., es handelt sich um die Alternative mit dem größten Nutzen. Die optimale Alternative a_{opt} mit dem Nutzwert $N(a_{opt})$ wird Basisprogramm genannt. Der Erfolg (Nutzwert) des Basisprogramms ist bei rationalem Handeln des Entscheidungssubjekts nach einer Einigung mindestens wieder zu erreichen. Er wird zum Vergleichsmaßstab für jede Einigungslösung. Der Vergleich erfolgt auf der Nutzebene.

Wenn das betrachtete Entscheidungssubjekt der präsumtive Käufer ist, so ist das zu bewertende Unternehmen nicht Bestandteil seines Basisprogramms (beste Handlungsmöglichkeit ohne Kauf des Unternehmens). Wird die Bewertung aus der Sicht eines präsumtiven Verkäufers durchgeführt, ist das zu bewertende Unternehmen (noch) Bestandteil seines Basisprogramms (beste Handlungsmöglichkeit ohne Verkauf des Unternehmens). Ebenso wird im Falle der Konfliktsituation vom Typ der Fusion innerhalb der Basisprogrammermittlung von unfusionierten Unternehmen und im Rahmen der Konfliktsituation vom Typ der Spaltung an dieser Stelle vom (noch) nicht gespaltenen Unternehmen ausgegangen.

2.2.2.3 Ermittlung des Bewertungsprogramms

Eine Einigung zwischen den Konfliktparteien beruht auf einer Verständigung über die originären[32] konfliktlösungsrelevanten Sachverhalte $S_1, ..., S_n$, welche die konkreten Ausprägungen $s_1, ..., s_n$ annehmen können. Jede der sich gegenseitig ausschließenden Kombinationen $(s_1, ..., s_n) \in S_1 \times ... \times S_n$ der Extensionen der konfliktlösungsrelevanten Sachverhalte stellt eine mögliche Einigungslösung in der betrachteten Konfliktsituation dar, die durch die konfliktlösungsrelevanten Sachverhalte $S_1, ..., S_n$ näher

---

[30] Der Begriff „Bewertungsprogramm" stammt von SIEBEN, Bewertungsmodelle (1967), S. 126–134, der vom Bewertungsprogramm, aber auch vom Alternativprogramm spricht.

[31] Es wird bei der weiteren Darstellung zur Vereinfachung jeweils von endlichen Alternativenmengen ausgegangen.

[32] Das Problem der Substitution von originären durch derivative konfliktlösungsrelevante Sachverhalte findet in der weiteren Darstellung keine Berücksichtigung.

beschrieben wird. Die Menge aller möglichen Konfliktlösungen ist: $\mathfrak{S} := S_1 \times \ldots \times S_n$
oder $\mathfrak{S} = \{(s_1, \ldots, s_n) \mid (s_1, \ldots, s_n) \in S_1 \times \ldots \times S_n\}$.

Die Menge $\mathfrak{S}$ kann als Menge aller möglichen Verträge interpretiert werden. Nach einer Verständigung auf eine ganz bestimmte Konfliktlösung $(s_1, \ldots, s_n) \in \mathfrak{S}$, also auf einen konkreten Vertragsinhalt, kann das Entscheidungssubjekt unter einer Menge $\mathfrak{B}(s_1, \ldots, s_n) = \{b_1, \ldots, b_j, \ldots, b_p\}$ von Handlungsmöglichkeiten $b_j(s_1, \ldots, s_n)$ wählen, denen es wiederum aufgrund der erwarteten Ergebniskonstellationen und seiner Präferenzen einen bestimmten Erfolg $N(b_j(s_1, \ldots, s_n))$ zuordnet. Bei rationaler Handlungsweise entscheidet sich das Entscheidungssubjekt für diejenige Handlungsmöglichkeit $b_j(s_1, \ldots, s_n)$ aus der Menge $\mathfrak{B}(s_1, \ldots, s_n)$ der nach einer Einigung auf die Konfliktlösung $(s_1, \ldots, s_n)$ verfügbaren Handlungsmöglichkeiten, deren Nutzwert am größten ist.

Der Nutzwert $N(b_j(s_1, \ldots, s_n))$ dieser – bezogen auf die betrachtete Konfliktlösung – optimalen Alternative $b_{opt}(s_1, \ldots, s_n)$ ist gemäß der Gleichung
$$N(b_{opt}(s_1, \ldots, s_n)) = \max\{N(b_j(s_1, \ldots, s_n)) \mid b_j(s_1, \ldots, s_n) \in \mathfrak{B}(s_1, \ldots, s_n)\} \text{ oder}$$
$$N(b_{opt}(s_1, \ldots, s_n)) =: f(s_1, \ldots, s_n)$$
eine Funktion f der Konfliktlösung $(s_1, \ldots, s_n)$. Auf diese Weise kann einer Konfliktlösung $(s_1, \ldots, s_n)$ ein bestimmter Nutzwert $f(s_1, \ldots, s_n)$ eindeutig zugeordnet werden, der gleich dem Nutzwert der besten Handlungsmöglichkeit $b_{opt}(s_1, \ldots, s_n)$ ist, die das Entscheidungssubjekt nach einer Einigung auf die Konfliktlösung $(s_1, \ldots, s_n)$ ergreifen könnte.

Ob eine Konfliktlösung $(s_1, \ldots, s_n)$ aus der Sicht des Entscheidungssubjekts freilich akzeptabel ist, d. h. als Einigungslösung aus seiner Sicht überhaupt in Frage kommt, hängt davon ab, wie groß der Nutzwert $N(b_{opt}(s_1, \ldots, s_n))$ im Vergleich zum Nutzwert $N(a_{opt})$ seines Basisprogramms ist:

- Gilt $N(b_{opt}(s_1, \ldots, s_n)) < N(a_{opt})$, ist die Konfliktlösung $(s_1, \ldots, s_n)$ für das Entscheidungssubjekt nicht akzeptabel.
- Gilt hingegen $N(b_{opt}(s_1, \ldots, s_n)) \geq N(a_{opt})$, ist die Konfliktlösung $(s_1, \ldots, s_n)$ für das Entscheidungssubjekt akzeptabel.

Diejenigen im Hinblick auf eine Konfliktlösung $(s_1, \ldots, s_n)$ nicht dominierten Handlungsmöglichkeiten $b_{opt}(s_1, \ldots, s_n)$, die dazu führen, daß der Nutzwert $N(b_{opt}(s_1, \ldots, s_n))$ mit dem Nutzwert $N(a_{opt})$ des Basisprogramms gerade übereinstimmt oder, wenn die Funktion $N(b_{opt}(s_1, \ldots, s_n)) = f(s_1, \ldots, s_n)$ unstetig ist, minimal größer als der Erfolg des Basisprogramms ist, bilden das Bewertungsprogramm $\mathfrak{B}^*$ des Entscheidungssubjekts:[33]
$$\mathfrak{B}^* := \{b_{opt}(s_1, \ldots, s_n) \mid N(b_{opt}(s_1, \ldots, s_n)) = \min\{N(b_{opt}(s'_1, \ldots, s'_n)) \mid$$
$$N(b_{opt}(s'_1, \ldots, s'_n)) \geq N(a_{opt}) \text{ sowie } (s'_1, \ldots, s'_n) \in \mathfrak{S},$$
$$b_{opt}(s'_1, \ldots, s'_n) \in \mathfrak{B}(s'_1, \ldots, s'_n) \text{ und } a_{opt} \in \mathfrak{A}\}\}.$$

Das Bewertungsprogramm $\mathfrak{B}^*$ ist grundsätzlich eine mehrelementige Menge, die alle optimalen Alternativen umfaßt, die in Abhängigkeit von den Konfliktlösungen zum gleichen – oder minimal höheren – Nutzen wie aus dem Basisprogramm führen.

---

[33] Das Bewertungsprogramm wird im Rahmen der Entscheidungswertermittlung bei der Fusion auch Fusionsprogramm genannt. Vgl. *HERING*, Fusion (2004).

Das Bewertungsprogramm $\mathfrak{B}^*$ ist zugleich eine Teilmenge der dem Entscheidungssubjekt in Abhängigkeit von den Konfliktlösungen $\mathfrak{S}$ insgesamt offenstehenden Handlungsmöglichkeiten $\mathfrak{B}^* \subset \bigcup_{(s_1, \ldots, s_n) \in \mathfrak{S}} \mathfrak{B}(s_1, \ldots, s_n)$.

Für einen Käufer gilt, daß das zu bewertende Unternehmen Bestandteil seines Bewertungsprogramms wird, für einen Verkäufer hingegen, daß es kein Bestandteil seines Bewertungsprogramms mehr ist. Im Falle der Konfliktsituation vom Typ der Fusion ist das fusionierte, d. h., das sich nach der Fusion ergebende Unternehmen Bestandteil des Bewertungsprogramms (Fusionsprogramms); im Rahmen der Konfliktsituation vom Typ der Spaltung ist das in Rede stehende Unternehmen in gespaltener Form (Eigentumsstrukturänderung) oder mindestens eines der durch Spaltung neu entstandenen Unternehmen (Eigentumstrennung) im Bewertungsprogramm enthalten.

2.2.2.4 Mehrdimensionaler Entscheidungswert

Der Entscheidungswert $\mathfrak{W}$ für das zu bewertende Unternehmen aus der Sicht des Entscheidungssubjekts ist dementsprechend diejenige Menge aller Konfliktlösungen $(s_1, \ldots, s_n)$, für die der Nutzwert $N(b_{opt}(s_1, \ldots, s_n))$ gleich dem oder minimal größer als der Nutzwert $N(a_{opt})$ des Basisprogramms ist:

$$\mathfrak{W} := \{(s_1, \ldots, s_n) \mid N(b_{opt}(s_1, \ldots, s_n)) = \min\{N(b_{opt}(s'_1, \ldots, s'_n))\mid$$
$$N(b_{opt}(s'_1, \ldots, s'_n)) \geq N(a_{opt}) \text{ sowie } (s'_1, \ldots, s'_n) \in \mathfrak{S},$$
$$b_{opt}(s'_1, \ldots, s'_n) \in \mathfrak{B}(s'_1, \ldots, s'_n) \text{ und } a_{opt} \in \mathfrak{A}\}\}.$$

Der grundsätzlich ebenfalls mehrelementige Entscheidungswert $\mathfrak{W}$ ist eine Teilmenge der Menge $\mathfrak{S}$ aller Konfliktlösungen, also $\mathfrak{W} \subset \mathfrak{S}$.

Unter Berücksichtigung des Entscheidungswertes $\mathfrak{W}$ kann das Bewertungsprogramm auch definiert werden als:

$$\mathfrak{B}^* := \{b_{opt}(s_1, \ldots, s_n) \mid (s_1, \ldots, s_n) \in \mathfrak{W}\}.$$

Die Ermittlung eines mehrdimensionalen Entscheidungswertes $\mathfrak{W}$ als Teilmenge aller möglichen Konfliktlösungen $\mathfrak{S} = \{(s_1, \ldots, s_n)\}$ setzt ein Modell der Konfliktsituation im Sinne einer Beschreibung der konfliktlösungsrelevanten Sachverhalte $S_1, \ldots, S_n$ und deren konkreter Ausprägungen $s_1, \ldots, s_n$ sowie die Kenntnis der Funktion $N(b_{opt}(s_1, \ldots, s_n)) = f(s_1, \ldots, s_n)$ und die Kenntnis des Nutzwertes $N(a_{opt})$ des Basisprogramms voraus.

Wegen seiner Abhängigkeit vom Zielplan (Ergebnisdefinition und Präferenzen) und vom Entscheidungsfeld [$\mathfrak{A}$ und $\mathfrak{B}(s_1, \ldots, s_n)$] sowie deren grundsätzlich möglichen Veränderungen im Zeitablauf ist auch der *Entscheidungswert* $\mathfrak{W}$ grundsätzlich als *zeitabhängig* anzusehen.

Da das Konzept des mehrdimensionalen Entscheidungswertes nach einem *Modell der Konfliktsituation* verlangt, kann und sollte das Entscheidungssubjekt vor Beginn einer Verhandlung *Hypothesen über konfliktlösungsrelevante Sachverhalte und deren mögliche Ausprägungen* formulieren, um positive oder negative Verhandlungsziele zu definieren und um den Verhandlungsablauf aktiv zu beeinflussen. Auf der Basis dieser Hypothesen lassen sich auch Vorstellungen über die gerade noch akzeptablen Konfliktlösungen, d. h. über den Entscheidungswert, entwickeln. Diese Vorstellungen sind aber bedingte Aussagen und zu korrigieren, wenn sich die ihnen zugrundegelegten Hypothe-

sen in der Verhandlung als nicht haltbar erweisen. Anders ausgedrückt, der Entscheidungswert ist nur in dem Maße brauchbar, wie das ihm zugrundeliegende Modell der
Konfliktsituation der Realität entspricht. Auch hier gilt schließlich: *garbage into, garbage out of*.

Selbst wenn von der Zeitabhängigkeit des Entscheidungswertes abstrahiert wird,
wäre die Vorstellung, daß das Entscheidungssubjekt seinen jeweiligen Entscheidungswert und die Menge der aus seiner Sicht zumutbaren Konfliktlösungen zu Beginn eines
Verhandlungsprozesses *vollständig* kennt, sicherlich wenig realistisch. Denn *Verhand-
lungsprozesse sind und bleiben Entdeckungsprozesse*, d. h. Prozesse einer gemeinsamen
Problemstrukturierung und kreativen Problemlösung durch die Verhandlungspartner.
Ebensowenig kann vorausgesetzt werden, daß von *vornherein* bekannt ist, welche konkrete Gestalt Vereinbarungen in bezug auf die konfliktlösungsrelevanten Sachverhalte
annehmen könnten. Die Menge aller möglichen Konfliktlösungen ist daher *nicht* von
vornherein als bekannt anzusehen, sondern muß entdeckt werden. Demgemäß wird sich
auch die Kenntnis des Entscheidungswertes als Menge der gerade noch akzeptablen
Konfliktlösungen im Verhandlungsprozeß ändern, weil das Entscheidungssubjekt abzuwägen hat, ob neue ins Auge gefaßte Lösungen für ihn akzeptabel, gerade noch akzeptabel oder gar nicht akzeptabel sind. *Die Ermittlung des Entscheidungswertes und der
Menge der zumutbaren Konfliktlösungen ist daher realistischerweise nicht als ein vor
Verhandlungsbeginn schon abgeschlossener Vorgang zu verstehen.*

2.2.2.5 Menge der zumutbaren Konfliktlösungen

Für eine rationale Verhandlungsführung ist die Menge der zumutbaren Konflikt-
lösungen vielleicht noch bedeutsamer als der Entscheidungswert, weil sie nicht bloß die
Grenze der Konzessionsbereitschaft angibt, sondern dem Entscheidungssubjekt auch
Hinweise gibt, welche Konfliktlösungen angestrebt werden sollten.

Die aus der Sicht eines Entscheidungssubjekts zumutbaren, weil akzeptablen Konfliktlösungen sind definiert als Menge

$\mathfrak{S}_z := \{(s_1, ..., s_n) \mid f(s_1, ..., s_n) \geq f(s'_1, ..., s'_n)$ sowie $(s'_1, ..., s'_n) \in \mathfrak{W}$ und
$\quad (s_1, ..., s_n) \in \mathfrak{S}\}$,

wobei auch hier gilt, daß der Entscheidungswert $\mathfrak{W}$ eine Teilmenge der Menge $\mathfrak{S}_z$ der
zumutbaren Konfliktlösungen ist, also $\mathfrak{W} \subset \mathfrak{S}_z$. Aus dieser Definition folgt, daß der
Nutzwert $f(s_1, ..., s_n)$ einer zumutbaren Konfliktlösung mindestens gleich dem Nutz-
wert des Basisprogramms $f(s_1, ..., s_n) \geq N(a_{opt})$ ist.

*Die Partei kann einer zumutbaren Konfliktlösung zustimmen, weil eine solche Zu-
stimmung nicht im Widerspruch zu ihrem Rationalverhalten steht.* Das bedeutet freilich
nicht, daß sie allen zumutbaren Konfliktlösungen indifferent gegenübersteht. Indifferenz besteht nur in bezug auf solche zumutbaren Konfliktlösungen, die zum Entscheidungswert gehören, und auch dann nur, wenn deren Nutzwert genau mit demjenigen
des Basisprogramms übereinstimmt. Konfliktlösungen, die im Falle einer Einigung darauf zu einem höheren Nutzwert als dem des Basisprogramms führen, werden präferiert.
In der Verhandlung wird sich demgemäß die Partei bemühen, eine Einigung auf eine
Konfliktlösung herbeizuführen, die für sie *besonders vorteilhaft* ist. Voraussetzung dafür ist freilich, daß diese Konfliktlösung zugleich auch für die andere Partei zumutbar
ist, d. h. zu der Menge der möglichen Einigungslösungen gehört.

2.2.2.6 Menge der Einigungslösungen

Aus der Sicht von q am Konflikt beteiligten Entscheidungssubjekten ergibt sich die mögliche Einigungsmenge $\mathfrak{E}$ als Schnittmenge der Mengen, welche die aus der Sicht jeder einzelnen Konfliktpartei zumutbaren Konfliktlösungen beinhalten:

$$\mathfrak{E} := \mathfrak{S}_{z1} \cap \mathfrak{S}_{z2} \cap \ldots \cap \mathfrak{S}_{zq}.$$

Eine Einigung zwischen den Konfliktparteien ist demgemäß in einer nicht dominierten Konfliktsituation bei rationalem Verhalten aller Konfliktparteien nur dann zu erwarten, wenn die Einigungsmenge *keine* leere Menge ist, also $\mathfrak{E} \neq \varnothing$ gilt.

In Verhandlungen bleiben meist nicht bis zum Ende alle Verhandlungsparameter offen. Vielfach kommen die Verhandlungspartner im Laufe der Verhandlungen zu Teillösungen, die zwar noch unter dem Vorbehalt der Gesamteinigung stehen, aber doch im wesentlichen als Fixpunkte[34] in der weiteren Verhandlung gelten können. Eine solche *sukzessive Verhandlungsführung*, deren Ergebnis Teillösungen in bezug auf bestimmte konfliktlösungsrelevante Sachverhalte sind, zieht aber auch nach sich, daß unter Berücksichtigung dieser Teillösungen für die verbleibenden konfliktlösungsrelevanten Sachverhalte der Bereich der zumutbaren Konfliktlösungen und damit auch die Einigungsmenge geringer wird. Die anfängliche Komplexität des Verhandlungsproblems reduziert sich auf diese Weise.

Dies sei kurz am Beispiel[35] erläutert, in dem drei konfliktlösungsrelevante Sachverhalte „Höhe des Barpreises P", „Umfang des Unternehmens U" und „Vereinbarung über einen Wettbewerbsausschluß W" für eine Einigung bedeutsam sein sollen.

Es geht um den *von keiner der Verhandlungsparteien dominierten Kauf/Verkauf eines Unternehmens*, das aus drei weitgehend selbständigen Teilbetrieben U_1, U_2 und U_3 besteht, wobei der Verkäufer einen Teilbetrieb behalten möchte und überhaupt nur einem Verkauf zustimmen wird, wenn der Teilbetrieb U_1 übernommen wird. Der „*Umfang des Unternehmens U"* kann also nur die folgenden Ausprägungen annehmen:

- U_{12}, d. h. Verkauf der Teilbetriebe U_1 und U_2, so daß U_3 beim Verkäufer verbleibt,
- U_{13}, d. h. Verkauf der Teilbetriebe U_1 und U_3, so daß der Verkäufer U_2 behält.

Außerdem ist neben der „*Höhe des Barpreises P"* noch das Problem des Ausschlusses der gegenseitigen Konkurrenz auf bestimmten Gebieten Verhandlungsgegenstand, wobei sich auf diesen Wettbewerbsausschluß W verständigt werden kann (W_1) oder auch nicht (W_2). Eine solche „*Vereinbarung über einen Wettbewerbsausschluß W"* hat Einfluß auf den erwarteten Nutzwert des Unternehmens aus Käufersicht sowie auf die Höhe des bei einem Verkauf zu kompensierenden Nutzens des Unternehmens aus Ver-

---

[34] Daß solche Vorablösungen im späteren Verhandlungsablauf wegen der „Ausgewogenheit" der Gesamtlösung wieder verändert werden können, wird dabei durchaus zugelassen. HOLZAPFEL/PÖLLATH, Unternehmenskauf (2010), S. 481 (Hervorhebungen im Original), sprechen davon, „dass die Parteien gut daran tun, [...] möglichst noch vor detaillierten Verhandlungen [...] den Rahmen ihrer Preisvorstellungen abzutasten und einander [...] mitzuteilen", meinen indes aber, daß „der Kaufpreis nicht zahlenmäßig eindeutig festgelegt sein [sollte], bevor man nicht voneinander weiß, ob man in allen elementaren Fragen der Vertragsgestaltung jedenfalls grundsätzlich wirklich einer Meinung ist." Zugleich raten sie, „den Kaufpreis auch nicht erst am Schluss in den ansonsten ausgehandelten Vertrag ein[zu]setzen", denn „wenn der Vertrag im Übrigen verhandelt ist, fällt jedes Preiszugeständnis [...] um so schwerer, als man sich nicht mehr [...] durch einen Vorteil in irgendeiner anderen Vertragsbestimmung gewissermaßen schadlos halten kann." Sie stellen jedoch fest (S. 482): „Oft tendieren die Parteien dazu, den Kaufpreis zu früh, wenn nicht gar als erstes zu vereinbaren."

[35] Vgl. MATSCHKE, Arbitriumwert (1979), S. 81–105.

käufersicht, wobei diese Einflüsse wiederum unterschiedlich sein können, je nach vereinbartem Umfang des Unternehmens.[36]

Die Menge $\mathfrak{S}$ der möglichen Konfliktlösungen kann dann wie folgt umschrieben werden:

$\mathfrak{S} = \{(P; U; W) | P \in \{P | P > 0\}; U \in \{U_{12}, U_{13}\}; W \in \{W_1, W_2\}\}$,

wobei W hier ein konfliktlösungsrelevanter Sachverhalt und nicht der Entscheidungswert $\mathfrak{W}$ ist. *Die Ermittlung der Menge der zumutbaren Konfliktlösungen soll hier nicht präsentiert werden, sondern nur das Ergebnis.*[37]

Abbildung 48 enthält die aus der Sicht des Käufers zumutbaren Konfliktlösungen.

Höhe des Barpreises	Umfang des Unternehmens	Vereinbarung über Wettbewerbs- ausschluß
$P \leq 18.500$ GE	U_{12}, U_{13}	W_1, W_2
18.500 GE $< P \leq 20.800$ GE	U_{12}, U_{13}	W_2
18.500 GE $< P \leq 20.800$ GE	U_{13}	W_1
20.800 GE $< P \leq 21.500$ GE	U_{13}	W_1, W_2
21.500 GE $< P \leq 23.000$ GE	U_{13}	W_1
Abbildung 48: Menge der zumutbaren Konfliktlösungen aus Käufersicht		

Die Menge der zumutbaren Konfliktlösungen aus Käufersicht läßt sich für das Beispiel allgemein definieren als

$\mathfrak{S}_{zK} = \{(P; U; W) | N_K(b_{opt}(P; U; W)) \geq N_K(a_{opt}) = 2.600^{38}$ und $(P; U; W) \in \mathfrak{S}\}$

oder

$\mathfrak{S}_{zK} = \{(P; U; W) | (P; U; W) \in$
$\quad \{(P \in \{P | P \leq 18.500\}; U \in \{U_{12}, U_{13}\}; W \in \{W_1, W_2\}),$
$\quad (P \in \{P | 18.500 < P \leq 20.800\}; U \in \{U_{12}, U_{13}\}; W \in \{W_2\}),$
$\quad (P \in \{P | 18.500 < P \leq 20.800\}; U \in \{U_{13}\}; W \in \{W_1\}),$
$\quad (P \in \{P | 20.800 < P \leq 21.500\}; U \in \{U_{13}\}; W \in \{W_1, W_2\}),$
$\quad (P \in \{P | 21.500 < P \leq 23.000\}; U \in \{U_{13}\}; W \in \{W_1\})\}\}.$

Der Nutzwert $f(s_1, \ldots, s_n)$, den der Käufer mit jeder dieser für ihn zumutbaren Konfliktlösungen verbindet, ist durchaus unterschiedlich, aber jeweils nicht kleiner als der Nutzwert des Basisprogramms, der bezogen auf das zugrundeliegende Beispiel annahmegemäß $N(a_{opt}) = 2.600$ beträgt.

---

[36]   Vgl. *MATSCHKE*, Arbitriumwert (1979), S. 83 und 87.

[37]   Vgl. *MATSCHKE*, Arbitriumwert (1979), S. 81–109. Siehe auch *MATSCHKE*, Entscheidungswert (1975), S. 367–384. Der Basisprogrammerfolg des Käufers beträgt $N_K(a_{opt}) = 2.600$.

[38]   Aus Gründen der Übersichtlichkeit sei im Rahmen dieses Beispiels innerhalb der Ausführungen im Text auf die Einheit „GE" (= Geldeinheiten) (hier zugleich auch: „NE" = Nutzeneinheiten) verzichtet.

$(s_1, ..., s_n)$	$f(s_1, ..., s_n)$	$(s_1, ..., s_n) \in \mathfrak{W}$
$(P=18.500; U_{12}; W_1)$	2.600	ja
$(P=18.500; U_{13}; W_1)$	3.050	nein
$(P=18.500; U_{12}; W_2)$	2.830	nein
$(P=18.500; U_{13}; W_2)$	2.900	nein
$(P=21.500; U_{13}; W_1)$	2.750	nein
$(P=23.000; U_{13}; W_1)$	2.600	ja
Abbildung 49: Nutzwerte der zumutbaren Konfliktlösungen aus Käufersicht		

Wie in *Abbildung 49* dargestellt, gilt so im Beispiel für die Konfliktlösung (P = 18.500; U_{12}; W_1) ein Nutzwert f(P = 18.500; U_{12}; W_1) = 2.600 = $N(a_{opt})$, d. h., diese Konfliktlösung gehört zu denjenigen, die den Entscheidungswert $\mathfrak{W}$ bilden. Der Konfliktlösung (P = 18.500; U_{13}; W_1) wird hingegen ein Nutzwert f(P = 18.500; U_{13}; W_1) = 3.050 > $N(a_{opt})$ zugeordnet. In bezug auf die Konfliktlösung (P = 18.500; U_{12}; W_2) gilt im Beispiel f(P = 18.500; U_{12}; W_2) = 2.830 > $N(a_{opt})$, und der Konfliktlösung (P = 18.500; U_{13}; W_2) wird ein Nutzwert f(P = 18.500; U_{13}; W_2) = 2.900 > $N(a_{opt})$ zugeordnet. Die Konfliktlösung (P = 21.500; U_{13}; W_1) hat einen Nutzwert f(P = 21.500; U_{13}; W_1) = 2.750 > $N(a_{opt})$, die Konfliktlösung (P = 23.000; U_{13}; W_1) wiederum einen Nutzwert f(P = 23.000; U_{13}; W_1) = 2.600 = $N(a_{opt})$, so daß diese ebenfalls Element des Entscheidungswertes des Käufers ist.

Abbildung 50 bildet nunmehr die zumutbaren Konfliktlösungen aus der Sicht des Verkäufers ab:

Höhe des Barpreises	Umfang des Unternehmens	Vereinbarung über Wettbewerbs-ausschluß
$P \geq 21.285,71$ GE	U_{12}, U_{13}	W_1, W_2
19.680 GE $\leq P <$ 21.285,71 GE	U_{13}	W_2
18.400 GE $\leq P <$ 21.285,71 GE	U_{12}, U_{13}	W_1
14.800 GE $\leq P <$ 18.400 GE	U_{12}	W_1
Abbildung 50: Menge der zumutbaren Konfliktlösungen aus Verkäufersicht		

Die Menge der zumutbaren Konfliktlösungen aus Verkäufersicht läßt sich für das Beispiel allgemein definieren als

$\mathfrak{S}_{ZV} = \{(P; U; W) \mid N_V(b_{opt}(P; U; W)) \geq N_V(a_{opt}) = 3.450$ und $(P; U; W) \in \mathfrak{S}\}$

oder

$\mathfrak{S}_{ZV} = \{(P; U; W) \mid (P; U; W) \in$

    $\{(P \in \{P \mid P \geq 21.285,71\}; U \in \{U_{12}, U_{13}\}; W \in \{W_1, W_2\}),$

    $(P \in \{P \mid 19.680 \leq P < 21.285,71\}; U \in \{U_{13}\}; W \in \{W_2\}),$

    $(P \in \{P \mid 18.400 \leq P < 21.285,71\}; U \in \{U_{12}, U_{13}\}; W \in \{W_1\}),$

    $(P \in \{P \mid 14.800 \leq P < 18.400\}; U \in \{U_{12}\}; W \in \{W_1\})\}\}.$

Der Basisprogrammerfolg des Verkäufers beträgt $N_V(a_{opt}) = 3.450$.[39] Auch aus der Sicht des Verkäufers sind im Beispiel die jeweiligen zumutbaren Konfliktlösungen unterschiedlich erstrebenswert, was hier im einzelnen jedoch nicht gezeigt werden soll.

In der *Abbildung 51* sind die dann möglichen Einigungslösungen aufgeführt, die den Parteien aber grundsätzlich unbekannt sind.

Höhe des Barpreises	Umfang des Unternehmens	Vereinbarung über Wettbewerbs-ausschluß
$14.800\ GE \leq P < 18.400\ GE$	U_{12}	W_1
$18.400\ GE \leq P \leq 18.500\ GE$	U_{12}, U_{13}	W_1
$18.500\ GE \leq P < 19.680\ GE$	U_{13}	W_1
$19.680\ GE \leq P \leq 21.500\ GE$	U_{13}	W_1, W_2
$21.500\ GE < P \leq 23.000\ GE$	U_{13}	W_1

Abbildung 51: Menge der möglichen Einigungslösungen

Die Einigungsmenge $\mathfrak{E}$ umfaßt alle Konfliktlösungen (P; U; W), die sowohl aus der Sicht des Käufers als auch aus der Sicht des Verkäufers zumutbar sind. Die Einigungsmenge $\mathfrak{E}$ ist also gleich der Schnittmenge der Mengen $\mathfrak{S}_{zK}$ und $\mathfrak{S}_{zV}$:

$\mathfrak{E} = \mathfrak{S}_{zK} \cap \mathfrak{S}_{zV}$.

Diese Einigungsmenge ist im Beispiel nicht leer, so daß eine Einigung grundsätzlich möglich ist:

$\mathfrak{E} = \{(P; U; W) \mid (P; U; W) \in$

    $\{(P \in \{P \mid 14.800 \leq P < 18.400\}; U \in \{U_{12}\}; W \in \{W_1\}),$

    $(P \in \{P \mid 18.400 \leq P \leq 18.500\}; U \in \{U_{12}, U_{13}\}; W \in \{W_1\}),$

    $(P \in \{P \mid 18.500 < P < 19.680\}; U \in \{U_{13}\}; W \in \{W_1\}),$

    $(P \in \{P \mid 19.680 \leq P \leq 21.500\}; U \in \{U_{13}\}; W \in \{W_1, W_2\})$

    $(P \in \{P \mid 21.500 < P \leq 23.000\}; U \in \{U_{13}\}; W \in \{W_1\})\}\}$.

In der *Abbildung 52* sind die Mengen der zumutbaren Konfliktlösungen der beiden Parteien sowie die Einigungsmengen im zweidimensionalen Raum dargestellt. Auf der Abszisse ist der konfliktlösungsrelevante Sachverhalt „Höhe des Barpreises P" als kardinal meßbare Größe abgebildet. Auf der Ordinate sind die möglichen Kombinationen der Sachverhalte „Umfang des Unternehmens U" und „Vereinbarung über einen Wettbewerbsausschluß W" als nominal meßbare Größen dargestellt. Die Einigungsmengen werden in dieser Abbildung in den Überlappungsbereichen deutlich. Die Pfeile verdeutlichen jeweils die Präferenzrichtungen von Käufer und Verkäufer. So strebt der Verkäufer nach einem möglichst hohen Preis, jedoch mindestens nach seinem Grenzpreis. Der Käufer darf nicht mehr als seinen Grenzpreis zahlen, um sich gegenüber seinem Basisprogrammerfolg nicht zu verschlechtern, wobei er einen möglichst gering(er)en Preis begehrt.

---

[39]   Vgl. *MATSCHKE*, Arbitriumwert (1979), S. 87–89.

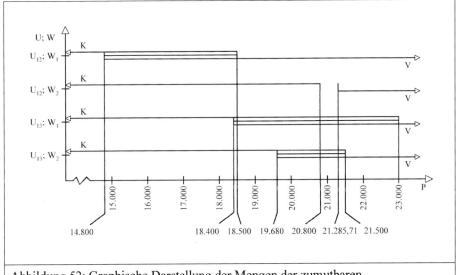

Abbildung 52: Graphische Darstellung der Mengen der zumutbaren
Konfliktlösungen $\mathfrak{S}_{zK}$ und $\mathfrak{S}_{zV}$ sowie der Einigungsmenge $\mathfrak{E}$

Falls die Parteien sich *vorab schon auf den Umfang U_{12} des Unternehmens geeinigt* haben sollten, bedeutet dies im Beispiel (vgl. *Abbildung 50 und 51*), daß sie bezogen auf den konfliktlösungsrelevanten Sachverhalt „Vereinbarung über einen Wettbewerbsausschluß W" keinen Verhandlungsspielraum mehr hätten, sondern im Rahmen der weiteren Verhandlung erkennen müßten, daß eine Vereinbarung auf den Umfang U_{12} eine Verständigung auf die Ausprägung W_1 nach sich ziehen muß. Denn mit Blick auf U_{12} und W_2 gibt es keinen Überlappungsbereich hinsichtlich des Preises: Der Käufer könnte dann maximal nur P = 20.800 zahlen, der Verkäufer müßte aber mindestens P = 21.285,71 verlangen.

Haben sich die Parteien *auf den Umfang U_{12} und auf W_1 verständigt*, ergibt sich hinsichtlich der Höhe des Barpreises nur noch ein Verhandlungsspielraum im Bereich von „14.800 ≤ P ≤ 18.500", wobei 14.800 die Preisuntergrenze aus Verkäufersicht und 18.500 die Preisobergrenze aus Käufersicht in dieser Konstellation darstellt. Diese Beschränkung des Verhandlungsspielraums hinsichtlich der Höhe des Barpreises aufgrund der vorhergehenden Teileinigungen ist also von den Parteien im weiteren Verhandlungsverlauf zu erkennen, damit es insgesamt zu einer Verständigung über den Kauf/Verkauf des Unternehmens zwischen ihnen kommen kann.

Finden die Parteien eine solche einigende Lösung wie z. B. (P = 16.000; U_{12}; W_1), bedeutet dies freilich nicht, daß es keine bessere gegeben hätte, d. h. Konfliktlösungen, bei denen (wenigstens) eine Partei im Vergleich zur gefundenen einen höheren Nutzwert $N(b_{opt}(P; U; W))$ hätte erreichen können, ohne daß sich die (verbleibenden) anderen verschlechtern.

In einem solchen Falle würde die von den Parteien im Verhandlungswege gefundene Lösung dominiert werden.[40] Anders ausgedrückt, *von den Parteien gefundene Einigungslösungen müssen nicht paretoeffizient sein.*[41] Wenn dies der Fall ist, haben die Parteien quasi einen Teil des von ihnen erreichbaren Verhandlungsgewinns aus Unkenntnis des tatsächlich gegebenen Verhandlungsspielraums „verschenkt". Ist die Einigungsmenge bekannt, kann unter Umständen durch die Prüfung auf Dominanz die Anzahl der in Frage kommenden Einigungslösungen erheblich reduziert werden. Dies wäre insbesondere mit Blick auf die Aufgabenstellung eines vermittelnden Dritten von Bedeutung. Vor diesem Hintergrund wird im Rahmen des dritten Kapitels auf dieses Beispiel zurückgegriffen.

---

[40] Vgl. hierzu MATSCHKE, Arbitriumwert (1979), S. 92–109, HINTZE, Paretooptimale Vertragsgestaltung (1992), S. 424–427. Bezogen auf das Beispiel [siehe hierzu MATSCHKE, Arbitriumwert (1979), S. 81–92], das hier nur in Auszügen dargestellt wird, gilt, daß für alle P mit $19.680 \leq P \leq 21.500$ die Konfliktlösungen $(P; U_{13}; W_1)$ dominant besser als die Konfliktlösungen $(P; U_{13}; W_2)$ sind und daß außerdem die Konfliktlösungen $(P; U; W) \in \{(P; U_{12}; W_1) \mid 14.800 \leq P \leq 18.400\}$ durch die Konfliktlösungen $(P; U; W) \in \{(P; U_{13}; W_1) \mid 18.400 \leq P \leq 20.000\}$ dominiert werden [vgl. MATSCHKE, Arbitriumwert (1979), S. 100 und S. 104], so daß in bezug auf die beispielhaft genannte Einigungslösung $(P = 16.000; U_{12}; W_1)$ gelten würde, daß sie eine dominierte Konfliktlösung ist, d. h., der Käufer könnte mehr zahlen, im Beispiel z. B. $P = 19.680$, und beide Parteien würden dennoch besser dastehen, wenn statt des Umfangs U_{12} der Umfang U_{13} vereinbart worden wäre [vgl. MATSCHKE, Arbitriumwert (1979), S. 84 und S. 88]:

Konfliktlösung	Erfolg $N_K[b_{opt}(P; U; W)]$ des Käufers [Basisprogrammerfolg $N_K(a_{opt}) = 2.600$ GE]	Erfolg $N_V[b_{opt}(P; U; W)]$ des Verkäufers [Basisprogrammerfolg $N_V(a_{opt}) = 3.450$ GE]
$(P = 16.000; U_{12}; W_1)$	2.850 GE	3.600 GE
$(P = 19.680; U_{13}; W_1)$	2.932 GE	3.610 GE

Abbildung 53: Paretoeffizienz von Einigungslösungen

[41] Dies Problem ist Gegenstand der Dissertation von HINTZE; vgl. HINTZE, Unternehmenskauf (1992). MATSCHKE hat im Zusammenhang mit der Ermittlung eines Arbitriumwertes vom Grundsatz der ausschließlichen Berücksichtigung von effizienten Konfliktlösungen als Bestandteil des Grundsatzes der parteienbezogenen Angemessenheit gesprochen. Vgl. MATSCHKE, Arbitriumwert (1979), S. 98.

2.2.3   Zahlenbeispiel einer nicht dominierten, disjungierten, mehrdimensionalen Konfliktsituation vom Typ des Kaufs

Die jetzt betrachtete Konfliktsituation ähnelt derjenigen einer Übernahme eines Unternehmens der ehemaligen DDR von der damaligen Treuhandanstalt, ist aber in ihrer Struktur erheblich einfacher gehalten. In bezug auf die Treuhandanstalt galt von Gesetzes wegen, daß sie neben ihrer Primäraufgabe – der Privatisierung der ehemals volkseigenen Wirtschaft[42] – weitere Kriterien zu beachten hatte:[43] Herstellung der Wettbewerbsfähigkeit vieler Unternehmen, Sicherung und Schaffung von Arbeitsplätzen, Bereitstellung von Grund und Boden für wirtschaftliche Zwecke, Förderung der Strukturanpassung der Wirtschaft an die Erfordernisse des Marktes, Erzielung eines möglichst hohen Verwertungserlöses aus der Privatisierung.[44] Es handelte sich also um einen vielschichtigen und z. T. interpretationsbedürftigen gesetzlichen Auftrag der Treuhandanstalt. Die daraus resultierenden Wertfindungsprobleme aus der Sicht der Treuhandanstalt[45] lassen sich als Problem der Ermittlung einer „mehrdimensionale[n] Grenze der Konzessionsbereitschaft, die die gerade noch akzeptable Konstellation bzw. die gerade noch akzeptablen Konstellationen in bezug auf die Verhandlungsparameter umschließt"[46], darstellen. Hier soll dieses Problem eines mehrdimensionalen Entscheidungswertes jedoch nicht aus der Sicht der Treuhandanstalt, sondern aus der *Sicht eines potentiellen Übernehmers* und zudem stark abstrahierend aufgegriffen werden.

Neben dem Problem der Abgrenzung des zu bewertenden Unternehmens ergeben sich aus der Analyse eines „typischen Kaufvertragsmusters"[47] der Treuhandanstalt weitere *Verhandlungsprobleme*, die in einen mehrdimensionalen Entscheidungswert eines Käufers Eingang finden sollten:

* Höhe des Kaufpreises und Elemente seiner Modifikation. Zu diesen *Elementen der Kaufpreismodifikation* sind zu rechnen:
  * Regelungen hinsichtlich der Ausgleichsverbindlichkeiten und Ausgleichsforderungen aus der DM-Eröffnungsbilanz des zu erwerbenden Unternehmens,
  * Freistellung der Treuhand von Bürgschaften für gewährte Kredite an das Unternehmen,
  * Übernahme einer Freistellungsverpflichtung durch die Treuhandanstalt zugunsten des Erwerbers bis zur Höhe des Rückstellungsbetrags für erkannte Risiken (wie z. B. unterlassene Instandhaltung, bekannte Altlasten, vorliegende Sozial-

---

[42] Daß die Privatisierung die Primäraufgabe der Treuhandanstalt ist, ergibt sich aus der Präambel des Treuhandgesetzes vom 17. Juni 1990 und aus Artikel 25 des Einigungsvertrages vom 31. August 1990. Die „unternehmerische Tätigkeit des Staates durch Privatisierung so rasch und so weit wie möglich zurückzuführen", wird dort an erster Stelle genannt.

[43] Diese ergeben sich aus dem Treuhandgesetz und der Bundeshaushaltsordnung. Vgl. hierzu SIEBEN, Privatisierung von Unternehmen (1992), S. 2041 f.

[44] In der Präambel des Treuhandgesetzes ist noch die Hoffnung verankert, daß durch die Privatisierung so viele Finanzmittel gewonnen werden könnten, daß nach ihrer Nutzung für Strukturanpassungen der Wirtschaft und für die Sanierung des Staatshaushalts noch ein „verbrieftes Anteilsrecht" finanziert werden könnte, um die durch die Währungsumstellung reduzierten DDR-Mark-Beträge aufzuwerten.

[45] Vgl. SIEBEN, Privatisierung von Unternehmen (1992).

[46] SIEBEN, Privatisierung von Unternehmen (1992), S. 2051.

[47] Vgl. zum weiteren HOLZAPFEL/PÖLLATH, Recht und Praxis (1992), S. 420–436.

pläne, erforderliche Rekultivierungen; mögliche Folge dieser Regelung: Kaufpreiserhöhung bei Realisierung eines geringeren Risikos!),

- Vereinbarung einer Abtretung aller wertberichtigten Forderungen an die Treuhandanstalt oder Festlegung einer Kaufpreiserhöhung bei erneuter Zahlungsfähigkeit des Schuldnerunternehmens,
- Neubewertungsklausel in bezug auf Immobilien mit der Folge einer Kaufpreiserhöhung bei Wertsteigerungen,
- Abschöpfung eines Mehrerlöses (Spekulationsgewinns) für den Fall der Einzel-
verwertung wesentlicher Unternehmensteile innerhalb der Spekulationsfrist von
bis zu fünf Jahren sowie
- Regelungen hinsichtlich der finanziellen Haftung der Treuhandanstalt im Zusammenhang mit nicht rückstellungsmäßig erfaßten Risiken aus der Beseitigung
von Umweltaltlasten.[48]

- Beschäftigungsverpflichtungen und Investitionsverpflichtungen. Die zeitlich befristeten Beschäftigungs- und Investitionsverpflichtungen des Erwerbers sind dabei
pönalisiert, d. h., es werden Vertragsstrafen fällig, wenn der Erwerber die Zahl der
garantierten Beschäftigten oder die Höhe der vereinbarten Investitionen bezogen
auf einen vereinbarten Referenzzeitraum nicht einhält.[49]

Im Vergleich zu dieser gerade knapp umrissenen realen Konfliktsituation im Falle
einer Übernahme eines Unternehmens der ehemaligen DDR von der Treuhandanstalt[50]
ist die im folgenden zugrundegelegte Konfliktsituation erheblich einfacher gehalten,
weil nur von den konfliktlösungsrelevanten Sachverhalten *„Höhe des Barpreises"* und
„Garantie einer bestimmten Anzahl von Arbeitsplätzen" ausgegangen wird. Der präsumtive Erwerber steht dabei annahmegemäß in *keiner* anderen Verhandlung, welche
sein Zielsystem und vor allem sein Entscheidungsfeld beeinflußt. Da die Konfliktsituation von keiner Partei beherrscht wird, liegt mithin – wie im Konfliktwürfel vom Typ
des Kaufs/Verkaufs der *Abbildung 54* transparent dargestellt – eine nicht dominierte,
mehrdimensionale (zweidimensionale), disjungierte Konfliktsituation vom Typ des
Kaufs vor.

---

[48]   Zum letzteren Problembereich vgl. generell EBENROTH/WOLFF, Umweltaltlastenverantwortung
       (1992).

[49]   Vgl. zu beispielhaften Vertragsformulierungen einschließlich möglicher Vertragsstrafen HOLZ-
       APFEL/PÖLLATH, Recht und Praxis (1992), S. 428 f.

[50]   Zu einer breiteren Analyse dieser Konfliktsituation bei der Übernahme eines ehemals volkseigenen
       Betriebes von der Treuhandanstalt siehe BURCHERT, Transformation der ehemals volkseigenen Be-
       triebe (1996), der einen multikontextualen Ansatz bei der Analyse dieser Problem- und Konflikt-
       situation wählt.

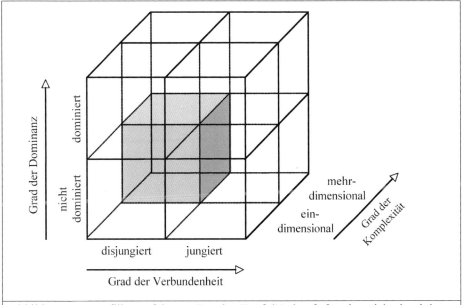

Abbildung 54: Konfliktwürfel vom Typ des Kaufs/Verkaufs für eine nicht dominierte, disjungierte, mehrdimensionale Konfliktsituation

Während hinsichtlich der Treuhandanstalt aufgrund ihres gesetzlichen Auftrags davon auszugehen war, daß die Sicherung von Arbeitsplätzen Bestandteil ihres Zielplans gewesen ist,[51] braucht dies für den Erwerber nicht zu gelten, d. h., in bezug auf den Erwerber soll angenommen werden, daß er ausschließlich nach einem möglichst großen finanziellen Überschuß aus dem Unternehmen strebt. *Das Problem der Ermittlung eines mehrdimensionalen Entscheidungswertes aus der Sicht des Erwerbers wird also unter dieser Voraussetzung nicht noch zusätzlich durch das Problem der Berücksichtigung einer mehrfachen Zielsetzung kompliziert.*

In einer mehrdimensionalen Konfliktsituation ist es durchaus möglich, daß eine Partei den Wünschen der anderen Partei in bezug auf einen konfliktlösungsrelevanten Sachverhalt – zumindest innerhalb bestimmter Ausprägungen – unproblematisch nachkommen könnte, weil sich durch eine Vereinbarung auf diese Ausprägungen des Sachverhalts für sie keine (*Indifferenzfall*) oder sogar positive (*Harmoniefall*) Auswirkungen auf das Entscheidungsfeld ergeben.[52] Daß die betreffende Partei diese Fälle dennoch verhandlungstaktisch nutzen könnte, also für Zustimmungen dazu sich Zugeständnisse bei anderen, für sie bedeutungsvollen konfliktlösungsrelevanten Sachverhalten „erkaufen" möchte, ist klar, soll aber hier nicht weiter verfolgt werden, weil dies den Argumentationsspielraum der Partei, nicht aber ihre Grenze der Konzessionsbereitschaft, d. h. ihren Entscheidungswert, betrifft.

---

51 Vgl. SIEBEN, Privatisierung von Unternehmen (1992), S. 2047 f.
52 Vgl. HINTZE, Paretooptimale Vertragsgestaltung (1992), S. 415.

Traditionell wird in der Literatur unterstellt, daß der Preis (oder die entsprechende Gestaltung der Entgeltzahlung) allein konfliktlösungsrelevant ist.[53] In der vorliegenden Konfliktsituation ist jedoch – wie in fast allen realen Konfliktsituationen – die „Höhe des Kaufpreises" nur eine von mehreren (hier: von zwei) Einigungsbedingungen. Damit es zur Übereignung des in Rede stehenden Unternehmens kommt, ist es für die konfligierenden Parteien erforderlich, sich über die Extensionen der als originäre konfliktlösungsrelevante Sachverhalte bezeichneten Bedingungen zu verständigen. *Müssen sich die konfligierenden Parteien in dieser Situation auf u konfliktlösungsrelevante Sachverhalte einigen, werden von den jeweiligen Parteien bezüglich des u-ten Sachverhalts bedingte Konzessionsgrenzen ermittelt, indem für die (u − 1) übrigen Sachverhalte bestimmte Konstellationen vorgegeben werden.*[54] Im Beispiel heißt dies konkret: Wenn der Erwerber mit der Treuhandanstalt auch über die Zahl der von ihm für eine gewisse Zeit zu garantierenden Arbeitsplätze eine Vereinbarung zu treffen hat, muß er sich Gedanken darüber machen, wie sich der bewertungsrelevante Zahlungsstrom des Unternehmens (d. h. sein finanzieller Überschuß aus dem Unternehmen, also sein erwarteter Zukunftserfolg des Unternehmens) unter Berücksichtigung der Beschäftigtenzahl gestalten könnte. Für das Beispiel soll der in *Abbildung 55* dargestellte Zusammenhang zwischen der Anzahl der beschäftigten Arbeitnehmer und dem Zukunftserfolg des zu bewertenden Unternehmens gelten.

---

[53] Diese eindimensionale Sichtweise überwindet MATSCHKE, Entscheidungswert (1975), S. 356–386, MATSCHKE, Arbitriumwert (1979), S. 81 f., MATSCHKE, Ermittlung mehrdimensionaler Entscheidungswerte (1993). In der Literatur werden die Ideen von MATSCHKE aufgegriffen und finden in unterschiedlichen Situationen Anwendung; siehe beispielsweise OLBRICH, Unternehmungswert (1999), S. 177–182, REICHERTER, Fusionsentscheidung (2000), S. 233–243, BRÖSEL, Medienrechtsbewertung (2002), S. 143–147, HERING, Unternehmensbewertung (2006), S. 132–134.

[54] Vgl. MATSCHKE, Ermittlung mehrdimensionaler Entscheidungswerte (1993), S. 17.

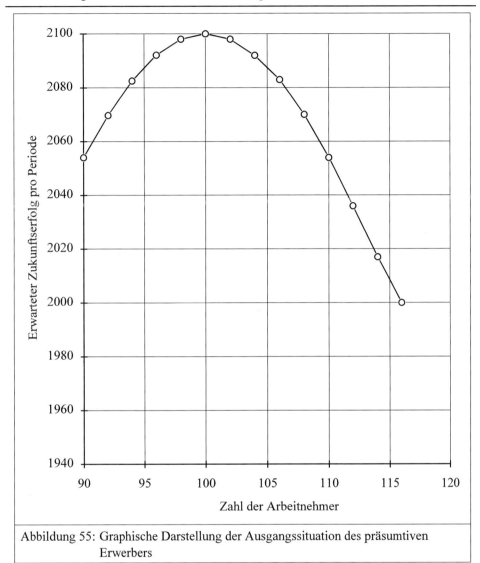

Abbildung 55: Graphische Darstellung der Ausgangssituation des präsumtiven Erwerbers

Von der in der Realität wünschenswerten zeitlich differenzierten Schätzung des Zukunftserfolgs wird dabei im Beispiel (und somit auch in *Abbildung 55*) aus Gründen der Vereinfachung abgesehen, d. h., die darin ausgedrückten Zusammenhänge sollen zeitinvariant sein. Unproblematisch ist aus der Sicht des Erwerbers in diesem Beispiel – ohne Berücksichtigung anderer konfliktlösungsrelevanter Sachverhalte – jede Arbeitsplatzgarantie, solange die Zahl der garantierten Arbeitsplätze A nicht über 100 liegt. Denn er würde nach einem Kauf des (weiterhin als „isoliert" unterstellten) Unternehmens grundsätzlich die aus seiner Sicht optimalen, d. h. für ihn zum höchsten (rein finanziellen) Zukunftserfolg führenden Planungen verwirklichen wollen und können. *Eine Arbeitsplatzgarantie mit A ≤ 100 bringt für ihn keine Beschränkungen*, weil er ohnehin 100 Arbeitnehmer beschäftigen würde, um seinen Zukunftserfolg zu maximieren.

Es handelt sich hierbei aus der Sicht des Erwerbers um den erwähnten *Indifferenzfall* und nicht um den Harmoniefall. Letzterer Fall liegt deshalb nicht vor, weil für den Erwerber die *Zahl der Arbeitsplätze kein Zielplanbestandteil* sein soll und weil die Arbeitsplatzgarantie ja *nicht* bedeutet, daß die Zahl der Arbeitsplätze dadurch nach oben limitiert wird.

Bis zu einer Arbeitsplatzgarantie $A \leq 100$ gilt deshalb, daß der maximal zahlbare Preis $P_{max}(A \leq 100)$ gleich dem Zukunftserfolgswert ZEW_K^* des aus den optimalen (Fortführungs- und eventuell Zerschlagungs-)Planungen resultierenden gesamten bewertungsrelevanten Zahlungsstroms des Unternehmens ist und aus dem (im Beispiel als stets gleichbleibend angenommenen) Zukunftserfolg (Einzahlungsüberschuß) pro Periode von $ZE_K^* = 2.100$ herzuleiten ist. Bei einem Kalkulationszinsfuß von $i_K = 0,1$ ergibt sich dann

$$P_{max}(A \leq 100) = ZEW_K^* = ZE_K^* \cdot \frac{1}{i_K} = 2.100 \cdot \frac{1}{0,1} = 21.000.$$

Unter welchen Bedingungen die Ermittlung des maximal zahlbaren Preises durch eine Kapitalisierung des vom Erwerber erwarteten finanziellen Überschusses aus dem Unternehmen, also mit Hilfe des Zukunftserfolgswertes, erfolgen kann und dabei gleichzeitig dem allgemein umschriebenen zweistufigen Vorgehen der Entscheidungswertermittlung entspricht, wird noch ausführlich zu diskutieren sein, d. h., diese Vorgehensweise soll an dieser Stelle – wie in der Literatur üblich – nicht weiter problematisiert werden.

Die Arbeitsplatzgarantie wird im Beispiel für den Erwerber belastend, wenn mehr als 100 Arbeitsplätze zu garantieren sind, also bei $A > 100$. Denn dann könnte der Erwerber seine optimalen (Fortführungs- und eventuell Zerschlagungs-)Planungen zumindest innerhalb der vertraglich garantierten Zeit, sofern er nicht vertragsbrüchig werden will,[55] nicht verwirklichen, und er muß im Vergleich dazu (ZE_K^*) während der Garantiezeit einen Rückgang des Zukunftserfolgs $\Delta ZE_K(A)$ hinnehmen. Dies bedeutet, daß sein maximal zahlbarer Preis $P_{max}(A)$ bei einer vereinbarten Arbeitplatzgarantie $A > 100$ geringer sein muß als bei einer Arbeitsplatzgarantie $A \leq 100$. Diese Veränderung des Zukunftserfolgswertes $\Delta ZEW_K(A)$ und damit des maximal zahlbaren Preises $\Delta P_{max}(A)$ bei einer Arbeitsplatzgarantie $A > 100$ kann im Beispiel nach folgender Formel – also unter Verwendung des *Rentenbarwertfaktors für eine endlich nachschüssige Rente*[56] – bestimmt werden:

$$\Delta P_{max}(A \leq 100) = \Delta ZEW_K(A) = \Delta ZE_K(A) \cdot \frac{(1 + i_K)^T - 1}{i_K \cdot (1 + i_K)^T}$$

oder

---

[55] Der Vertragsbruch als mögliche Strategie sei hier ausgeschlossen, d. h., es wird angenommen, daß die vereinbarten Pönale davor „abschreckend" genug seien.

[56] Vgl. MATSCHKE, Investitionsplanung (1993), S. 175.

$$\Delta P_{max}(A \le 100) = \Delta ZEW_K(A) = \Delta ZE_K(A) \cdot \frac{(1+0,1)^5 - 1}{0,1 \cdot (1+0,1)^5} = \Delta ZE_K(A) \cdot 3,7908,$$

wobei T hierbei die Länge des Garantiezeitraums angibt (im Beispiel fünf Jahre).

A	$ZE^*_K(A)$	$\Delta ZE_K(A)$	$ZEW^*_K(A \le 100)$	$\Delta ZEW_K(A)$	$P_{max}(A)$
100	2.100	0	21.000	0,0	21.000,00
102	2.098	-2	21.000	-7,6	20.992,42
104	2.092	-8	21.000	-30,3	20.969,67
106	2.083	-17	21.000	-64,4	20.935,56
108	2.070	-30	21.000	-113,7	20.886,28
110	2.054	-46	21.000	-174,4	20.825,62
112	2.036	-64	21.000	-242,6	20.757,39
114	2.017	-83	21.000	-314,6	20.685,36
116	2.000	-100	21.000	-379,1	20.620,92

Abbildung 56: Ausgangssituation und zweidimensionaler Entscheidungswert des Erwerbers

Wird von den in der *Abbildung 56* zugrundegelegten Zahlenwerten hinsichtlich des Zukunftserfolgs $ZE^*_K(A)$ sowie von einem Garantiezeitraum von fünf Jahren ausgegangen, ergibt sich unter Berücksichtigung eines Kalkulationszinsfußes $i_K = 0,1$ der in *Abbildung 57* graphisch dargestellte nichtlineare Zusammenhang zwischen der Preisobergrenze des Erwerbers und der Zahl der garantierten Arbeitsplätze.

In der *Abbildung 57* ist neben dem Entscheidungswert des Erwerbers noch der (hier nicht hergeleitete) Entscheidungswert der Treuhandanstalt dargestellt. Für den Erwerber würde gelten, daß er Konfliktlösungen unterhalb seines Entscheidungswertes präferiert, während die Treuhandanstalt Konfliktlösungen oberhalb ihres Entscheidungswertes anstrebt. *Die möglichen Einigungslösungen liegen innerhalb des von beiden Entscheidungswerten abgegrenzten Bereichs.* Bezogen auf die Zahl der garantierten Arbeitsplätze hieße dies, daß die Einigungslösungen im Bereich $105 \le A \le 114$ liegen, so daß der Erwerber für die Garantiezeit mehr Arbeitnehmer beschäftigen müßte, als seine optimalen (Fortführungs- und eventuell Zerschlagungs-)Planungen vorsehen. Den *größten Verhandlungsspielraum hinsichtlich des Preises* hätten die Parteien im Beispiel bei einer Zahl von 108 garantierten Arbeitsplätzen, denn dann ständen sich eine Mindestpreisforderung von 20.780,00 GE und ein Höchstpreisangebot von 20.886,28 GE gegenüber, so daß sich ein Verhandlungsspielraum von 106,28 GE ergibt.

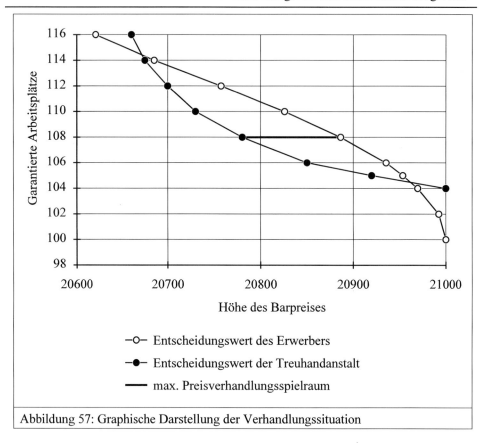

Abbildung 57: Graphische Darstellung der Verhandlungssituation

Unabhängig davon, daß der Veräußerer (hier die damalige Treuhandanstalt) dem Erwerber seine höchstsensiblen Entscheidungsgrenzen schwerlich offenbaren wird, erweist sich der Verhandlungsprozeß in mehrdimensionalen Konfliktsituationen für den Erwerber selbst hinsichtlich seiner eigenen Entscheidungswerte und der aus seiner Sicht zumutbaren Konfliktlösungsmengen als Entdeckungsprozeß. Sollen die vor Verhandlungsbeginn ermittelten mehrdimensionalen Entscheidungswerte in der Verhandlung zur Beurteilung der eventuell vom Veräußerer unterbreiteten Einigungsvorschläge und zur Entscheidungsunterstützung dienen, müssen die getroffenen Hypothesen über die relevanten Einigungsbedingungen und deren Extensionen möglichst realitätsnah sein. Grundsätzlich ist davon auszugehen, daß sich die Ermittlung der zumutbaren Konfliktlösungsmengen und des Entscheidungswertes in der Realität verhandlungsbegleitend vollzieht.[57]

---

[57]   Vgl. hierzu ausführlich MATSCHKE, Ermittlung mehrdimensionaler Entscheidungswerte (1993), S. 11 f., BRÖSEL, Medienrechtsbewertung (2002), S. 147.

2.3 Ermittlung eindimensionaler Entscheidungswerte in nicht dominierten, disjungierten Konfliktsituationen vom Typ des Kaufs/Verkaufs

2.3.1 Ermittlungsschritte innerhalb der Matrix der funktionalen Unternehmensbewertung

2.3.1.1 Überblick

Im Hinblick auf die „Matrix der funktionalen Unternehmensbewertung"[58] ergeben sich innerhalb der Entscheidungsfunktion folgende Bewertungsschritte (Bewertung i. w. S.):[59]

Schritt 1 (Feld A der Matrix): Analyse der Ziele und des Entscheidungsfeldes sowie Abgrenzung und Quantifizierung der relevanten Zukunftserfolge,

Schritt 2 (Feld B der Matrix): Transformation der ermittelten Zukunftserfolge in den Entscheidungswert des Unternehmens (Bewertung i. e. S.) sowie

Schritt 3 (Feld C der Matrix): Verwendung

    a) zur Abwägung von (subjektivem) Entscheidungswert und (objektivem) Preis im Rahmen der Entscheidungsfunktion,

    b) als Basiswert zur Ermittlung von Arbitriumwerten im Rahmen der Vermittlungsfunktion und/oder

    c) als Basiswert zur Ermittlung von Argumentationswerten im Rahmen der Argumentationsfunktion.

2.3.1.2 Schritte im Detail

2.3.1.2.1 Erster Schritt

Für das Bewertungssubjekt sind bei der Bewertung alle durch das Bewertungsobjekt hervorgerufenen künftigen Erfolge von Bedeutung. Das Bewertungsobjekt stiftet dem Bewertungssubjekt einen künftigen Nutzen und trägt damit zu dessen Zielerfüllung bei. Die Ermittlung dieser für das Bewertungssubjekt relevanten Erfolge aus dem Bewertungsobjekt steht gewöhnlich nicht im Mittelpunkt der Bewertungstheorie. Abgrenzung und Quantifizierung des durch die zu bewertenden Unternehmen gestifteten Nutzens (*Schritt 1 sowie Feld A der Matrix*) obliegen vielmehr den Fachleuten der jeweili-

---

[58] Vgl. hierzu *Abbildung 39.*
[59] Vgl. *BRÖSEL/DECHANT*, Bewertung von Telekommunikationsunternehmungen (2003), S. 135.

gen Branche.[60] Die Gewinnung der Zukunftserfolge, die dabei zu berücksichtigenden wechselseitigen Abhängigkeiten, die Ermittlung von Wertsteigerungspotentialen und die Schätzung der Veränderungen der Zukunftserfolge während des im Rahmen der Bewertung zu betrachtenden Zeitraums werden gewöhnlich in der Literatur vernachlässigt.[61] Die Qualität eines im nachfolgenden Schritt (Schritt 2) durch bestimmte auf investitionstheoretischen Methoden basierende Modelle ermittelten Entscheidungswertes des Unternehmens wird jedoch durch die Qualität der Informationen sowie der abgegrenzten und quantifizierten künftigen Erfolge determiniert,[62] die für die Bewertung i. e. S. zur Verfügung gestellt werden. Dabei ist zu beachten, daß die Schwierigkeit der Entscheidungswertermittlung – insbesondere von jungen Unternehmen – in der Problematik der Abschätzung der Zukunftserfolge (Schritt 1) und nicht – wie vielfach irrtümlich angenommen[63] – in der Frage der Bewertungsmethodik (Schritt 2) liegt.[64]

Der Entscheidungswert ist eine *relative Größe*, die einer Subjekt-Objekt-Objekt-Beziehung entspringt.[65] Der präsumtive Erwerber als Subjekt erhofft sich unter Berücksichtigung seines Ziel- und Präferenzsystems aus dem Objekt, dem Bewertungsgegenstand, einen bestimmten Nutzen. Der Entscheidungswert resultiert dabei aus dem Vergleich des Bewertungsobjekts mit den im Rahmen des Entscheidungsfeldes alternativ zur Verfügung stehenden Objekten hinsichtlich des Niveaus der Zielerfüllung. Wofür sich das Bewertungssubjekt schließlich interessiert (und auch nicht interessiert), ist also abhängig von seinem Zielplan.[66] Was es realisieren kann, wird hingegen durch sein Ent-

---

[60] Zu branchenspezifischen Möglichkeiten der Abgrenzung und Quantifizierung von Zukunftserfolgen siehe beispielsweise DECHANT/TROST, Wirtschaftlichkeitsbewertung (2001), BRÖSEL/DECHANT, Bewertung von Telekommunikationsunternehmungen (2003), DECHANT/STELZER/TROST, Besonderheiten der Netzökonomie (2004), DECHANT/STELZER/TROST, Heuristische Erlösprognosen (2004), KÖSTER, Unternehmensbewertung (2006), S. 831 f., KURELJUSIC, Bewertung von Versicherungsunternehmen (2009), S. 458–461, DRUKARCYK/ERNST, Branchenorientierte Unternehmensbewertung (2010), FOX, Bewertung (2010), S. 37–66, FREY, Kunstbewertung (2011), S. 136–156. Siehe zur Unternehmens- und Umweltanalyse im Rahmen der Unternehmensbewertung z. B. BALLWIESER, Unternehmensbewertung (2011), S. 17–60. Im Hinblick auf die Entscheidungswertermittlung ist zu beachten, daß Branchenspezifika lediglich bei der Abgrenzung und Quantifizierung der Zukunftserfolge zu beachten sind. Dies ist beispielsweise bei der Bewertung von Arztpraxen im Hinblick auf die Gebührenordnung der Ärzte der Fall. Vgl. KNIEF, Bewertung (2009, S. 866. Branchenspezifische Bewertungsmethoden existieren jedoch nicht. So bereits HINTNER, Bewertung (1966), S. 3: „Es gibt keine Sonderverfahren für Unternehmen dieses oder jenes Geschäftszweiges."

[61] Siehe hierzu auch DECHANT/TROST, Wirtschaftlichkeitsbewertung (2001), S. 234.

[62] Siehe auch GROSSFELD, Recht (2011), S. 5.

[63] Vgl. beispielsweise RUDOLF/WITT, Bewertung (2002), S. VII und S. 11.

[64] So weisen HERING/OLBRICH, Börsengang junger Unternehmen (2002), S. 156, darauf hin, daß es bei der Bewertung von jungen Unternehmen der sog. „Neuen Ökonomie" im Sinne der Entscheidungsfunktion keiner „neuen" Bewertungsverfahren bedarf, sondern hierbei lediglich höhere Anforderungen an die Prognose der Zukunftserfolge gestellt werden müssen. Siehe hierzu unter anderem auch OLBRICH, Unternehmungsnachfolge (2002), S. 695, HERING/OLBRICH/STEINRÜCKE, Valuation (2006).

[65] Siehe hierzu MATSCHKE, Gesamtwert als Entscheidungswert (1972), S. 147, SIEBEN, Unternehmensstrategien (1988), S. 87. Zur Abhängigkeit des Wertes vom Entscheidungsfeld siehe bereits VON WAHL, Bewertung (1966), S. 3.

[66] Zur Abhängigkeit des Wertes vom Ziel der jeweiligen Subjekte siehe auch VON WAHL, Bewertung (1966), S. 5 f., WINKLER, Bewertung von Unternehmungen (1973), S. 12 f.

scheidungsfeld determiniert.[67] Der Schritt 1 umfaßt somit auch eine *Analyse der Ziele und des Entscheidungsfeldes des Bewertungssubjekts.*

In den *Zielplänen* der Bewertungssubjekte sind deren Wertesysteme abgebildet, die für die Unternehmensbewertung relevant sind. Im Rahmen der Unternehmensbewertungstheorie wird überwiegend unterstellt,[68] daß sich das Interesse der Bewertungssubjekte vornehmlich auf finanzielle Vorteile oder auf einen finanziellen Nutzen richtet, d. h., Bewertungssubjekte streben nach einem Zufluß, der in Form von Zahlungen an den oder die Eigner (Entnahmen oder Ausschüttungen) sowie in Form von Auszahlungsersparnissen des Eigners oder der Eigner auftreten und gemessen werden kann.[69] Mit dem daraus resultierenden Vorteilsstrom wird dem Eigner oder den Eignern die Möglichkeit gegeben, seine oder ihre Konsumbedürfnisse zu befriedigen. Zur Operationalisierung der gewöhnlich unterstellten einfachen finanziellen Zielsetzung lassen sich mit der Vermögens- und der Einkommensmaximierung zwei auf dem unvollkommenen Kapitalmarkt i. d. R. nicht äquivalente unmittelbar zahlungsstromorientierte *Varianten der Wohlstandsmaximierung* unterscheiden:[70]

- Bei der *Vermögensmaximierung* wird unter der Restriktion eines fest vorgegebenen Entnahmestroms das Ziel verfolgt, eine entsprechend der Konsumpräferenz gewichtete Ausschüttung zu maximieren. Die Summe der gewichteten Ausschüttungen entspricht der Zielfunktion. Der für jeden Zeitpunkt vorzugebende Gewichtungsfaktor spiegelt dabei die subjektive Wertschätzung einer Ausschüttung in Relation zu den sonstigen Ausschüttungszeitpunkten wider. Als Spezialfälle der Vermögensmaximierung erweisen sich die Endwert- sowie die Barwertmaximierung.

- Hingegen wird bei der *Einkommensmaximierung* unter der Restriktion fest vorgegebener Ausschüttungen zu definierten Zeitpunkten dasjenige Investitions- und Finanzierungsprogramm gesucht, welches die Breite eines Entnahmestroms maxi-

---

[67] Vgl. zu nachfolgenden Ausführungen MATSCHKE/BRÖSEL, Folgen von „Basel II" (2003), S. 163 f.

[68] Vgl. HERING, Unternehmensbewertung (2006), S. 1 und 23–25.

[69] Die Bewertung orientiert sich deshalb an Zahlungs- und nicht an Erfolgsströmen. Erfolgsgrößen tragen im Falle der Thesaurierung von Gewinnen nicht direkt zur Bedürfnisbefriedigung bei, weil thesaurierte Gewinne in der entsprechenden Periode nicht für Konsumzwecke zur Verfügung stehen. Die unbereinigte Berücksichtigung von Erfolgsgrößen führt zu Doppelzählungen, weil sowohl thesaurierte Gewinne als auch daraus resultierenden künftigen Mehrgewinne erfaßt werden. Vgl. MATSCHKE, Arbitriumwert (1979), S. 194–196, BALLWIESER/LEUTHIER, Grundprinzipien der Unternehmensbewertung (1986), S. 549. Bei korrektem Ansatz von kalkulatorischen Zinsen auf die durch Thesaurierung entstandene Kapitalbindung kann sich die Bewertung alternativ an Erfolgsströmen orientieren. Vgl. LÜCKE, Investitionsrechnungen (1955), HAX, Einfluß (1969), KLOOCK, Mehrperiodige Investitionsrechnungen (1981), S. 876–883, KLOOCK/MALTRY, Kalkulatorische Zinsrechnung (1998), S. 89–93. Da bei der Verwendung von Erfolgsgrößen ausgiebige Nebenrechnungen erforderlich sind, werden gewöhnlich als Rechengröße zweckmäßigerweise die Zahlungen gewählt. Vgl. HERING, Investitionstheorie (2008), S. 235. Zum sog. LÜCKE-Theorem auf dem unvollkommenen Kapitalmarkt siehe insbesondere HERING, Investitionstheorie (2008), S. 235–238. Siehe zu diesem Theorem auch ZWIRNER/MUGLER, Unternehmensbewertung (2011), S. 2560–2563.

[70] Vgl. HERING, Investitionstheorie (2008), S. 19–22. Siehe auch ROLLBERG, Operativ-taktisches Controlling (2012), S. 51 f.

miert. Die Relation der zu ermittelnden Entnahmebeträge steht dabei schon vorab fest.[71]

Für die *Wahl zwischen diesen Zielsetzungen* sind die individuellen Präferenzen des Bewertungssubjekts ausschlaggebend. „Ein Entnahmeziel, welches entweder das Endvermögen oder die Konsumausschüttungen zu maximieren trachtet und dabei die jeweils andere Größe fest vorgibt, kommt den Interessen der Eigner in bezug auf Vermögen und Einkommen prinzipiell entgegen und besitzt dabei den Vorzug der Operationalität und Flexibilität. Es korrespondiert außerdem mit dem beobachtbaren Verhalten deutscher Aktiengesellschaften, möglichst eine feste Dividende [...] zu zahlen und im übrigen zugunsten des zu maximierenden Endvermögens oder Kurswerts zu thesaurieren."[72]

Soll ein Unternehmen (*Bewertungsobjekt*) durch ein anderes Unternehmen erworben werden, muß sich die Leitung des erwerbenden Unternehmens nach den individuellen (Entnahme und Konsum-)Präferenzen der Unternehmenseigner (*Bewertungssubjekt und Meßebene der Zielerfüllung*) richten. Ist jedoch schon die Darstellung der erforderlichen Konsumnutzenfunktion eines Einzelnen schwierig, vergrößern sich die Probleme bei einer Vielzahl von Bewertungssubjekten. Dabei wären einerseits die bei den einzelnen Anteilseignern anfallenden Steuern und andererseits die Präferenzen im Hinblick auf die Ausschüttungspolitik zu berücksichtigen.[73] „Das mehrheitlich gewünschte Verhältnis von Ausschüttung zu Thesaurierung kann durchaus auf den Hauptversammlungen in Erfahrung gebracht werden."[74] Grundsätzlich können hierbei jedoch Interessengegensätzen aus inhomogenen Gesellschafterstrukturen resultieren. Vor diesem Hintergrund „erweist es sich oftmals als sinnvoll [...] nicht auf die widerstreitenden Interessen der einzelnen Anteilseigner abzustellen, sondern [entweder einen repräsentativen Eigner zu unterstellen oder] das Unternehmen selbst als Wirtschaftssubjekt zu betrachten, [...] um auf diese Weise pragmatisch den Interessen der Gesamtheit der Anteilseigner [weitgehend] nachzukommen."[75]

Die *Wahl der „richtigen" Zielsetzung* entzieht sich der Theorie der Bewertung, weil hier Werturteile über subjektive Präferenzen gefällt werden müßten. Wird durch entsprechend formulierte Restriktionen sichergestellt, daß die Entnahmen nicht zu einem Verlust der Unternehmenssubstanz führen, erweisen sich sowohl die Vermögensmaximierung als auch die Einkommensmaximierung als geeignete Zielsetzungen. Die Bewertungssubjekte sind aber angehalten, die für sie relevante Zielsetzung vor dem Bewertungsprozeß möglichst genau zu spezifizieren, weil diese die Höhe des Entscheidungswertes beeinflußt, wie später in Abschnitt 2.4.3 verdeutlicht werden soll.

---

[71] Einkommensmaximierung muß als Zielsetzung unter Unsicherheit ökonomisch nicht zweckmäßig sein, weil die Höhe der in einzelnen Zuständen oder Zeitpunkten maximal möglichen Entnahmen den Einkommensstrom limitieren kann, obwohl in anderen Zuständen zusätzliche Entnahmen möglich sind, die jedoch nicht positiv bewertet werden. Vgl. KLINGELHÖFER, Investitionsbewertung (2003), S. 286, Fn. 25. Dieses Problem der „Flaschenhalsoptimierung" kann unter der Zielsetzung Einkommensmaximierung auch bei Sicherheit auftreten. Vgl. HERING, Investitionstheorie (2008), S. 160 f.

[72] HERING, Unternehmensbewertung (2006), S. 24.

[73] Siehe KLINGELHÖFER, Wertorientiertes Controlling (2006), S. 590 f.

[74] HERING, Unternehmensbewertung (2006), S. 24.

[75] KLINGELHÖFER, Wertorientiertes Controlling (2006), S. 591 (Hervorhebungen im Original).

Neben den Zielen des Bewertungs- und Entscheidungssubjekts determiniert auch dessen individuelles *Entscheidungsfeld* den Wert eines Unternehmens. Es ist durch finanz- und realwirtschaftliche Handlungsmöglichkeiten und -beschränkungen geprägt.[76] Der realwirtschaftliche Aktionsraum ergibt sich unter anderem aus der derzeitigen Ausstattung mit Gütern und Personal sowie der Gesamtheit der Möglichkeiten, weitere Güter zu erwerben oder zu veräußern sowie Mitarbeiter einzustellen oder gegebenenfalls auch zu entlassen. Ausprägungen von finanzwirtschaftlichen Handlungsmöglichkeiten und -beschränkungen sind z. B. die zur Verfügung stehenden liquiden Mittel, Geldanlage- und Kreditaufnahmemöglichkeiten sowie Kreditbeschränkungen. Dabei ist auch zu beachten, daß Kreditgeber i. d. R. bei steigendem Verschuldungsgrad erhöhte Sollzinsen verlangen. Aufgrund der Unvollkommenheit des Kapitalmarktes ist der finanzwirtschaftliche Aktionsraum von Unternehmen darüber hinaus durch die folgenden bewertungsrelevanten Einschränkungen gekennzeichnet:[77]

1. Soll- und Habenzins weichen voneinander ab, und das Kapital ist knapp. Hierdurch ergibt sich schließlich bei der Anwendung von Partialmodellen ein wesentliches Problem, das auf das *Dilemma der wertmäßigen Kosten oder der Lenkpreistheorie*[78] zurückzuführen ist: Die zur Bewertung mit Partialmodellen, wie z. B. dem Zukunftserfolgswertverfahren, erforderlichen investitionstheoretisch korrekten Steuerungs- oder Kalkulationszinsfüße werden erst durch Lösung des dazugehörigen Totalmodells definiert.[79]

2. Es besteht das Erfordernis einer *permanenten Zahlungsfähigkeit* (Liquidität).

3. Zudem können *Interdependenzen, Ganzzahligkeitsforderungen und Ausschlußbedingungen bei Wahlproblemen* den finanzwirtschaftlichen (aber auch den realwirtschaftlichen) Aktionsraum beeinflussen.

In der Realität ist das Entscheidungsfeld bei der Bewertung durch seine Offenheit geprägt. In einem *offenen Entscheidungsfeld*[80] sind im Bewertungszeitpunkt weder alle Handlungsmöglichkeiten und -beschränkungen bekannt, noch können die Zahlungskonsequenzen der bekannten Handlungsmöglichkeiten eindeutig vorhergesagt werden. Der Zukunftserfolg – und damit auch der Entscheidungswert – wird unter anderem durch die ungewissen Änderungen im Zins- und Lohnniveau, mit fortschreitender Zeit eintretende, bisher noch unbekannte Finanzierungs- und Investitionsmöglichkeiten sowie die unsicheren Zahlungskonsequenzen aus dem zu bewertenden Unternehmen und anderen Investitionsmaßnahmen beeinflußt. Die vorliegende *Unsicherheit* ist durch folgende Merkmale gekennzeichnet:[81]

---

[76] Vgl. HERING, Unternehmensbewertung (2006), S. 25–30.

[77] Vgl. BURCHERT/HERING/HOFFJAN, Finanzwirtschaftliche Probleme (1998), S. 247.

[78] Vgl. HAX, Lineare Programmierung (1964), S. 441.

[79] „Sobald man diese Steuerungsgrößen kennt, braucht man sie nicht mehr. Insofern sind Lenkpreise entweder interessant und unbekannt oder bekannt und uninteressant", so ROLLBERG, Operativ-taktisches Controlling (2012), S. 37 (Hervorhebungen im Original). Weitere Probleme, die sich bei der Bewertung mit Partialmodellen z. B. durch Strukturverschiebungen ergeben, werden an späterer Stelle dargestellt.

[80] Vgl. zu den nachfolgenden Ausführungen zum unvollkommenen Kapitalmarkt unter Unsicherheit HERING, Unternehmensbewertung (2006), S. 28–30. Zum offenen Entscheidungsfeld siehe auch ADAM, Planung (1996), S. 15–25, und ROLLBERG, Unternehmensplanung (2001), S. 187 f.

[81] Vgl. HERING, Investitionstheorie (2008), S. 11–16. Siehe ausführlich zur Unsicherheit bei der Prognose VINCENTI, Prognoseunsicherheit (2004), S. 47–156.

1. Die (Erfolgs-)Erwartungen sind mehrwertig.
2. Nicht alle Entscheidungsvariablen und Nebenbedingungen sind bekannt.
3. Der Zeitraum der Planung ist offen.

Spätestens jetzt wird deutlich, warum eingangs des Kapitels ausgeführt wurde, daß eine *„optimale" Lösung* eines Bewertungsproblems bei Vorliegen von Unsicherheit *ex ante nicht definiert* ist. Die Lösung des Problems unter Unsicherheit kann allenfalls heuristisch erfolgen, wobei mit zweckmäßigen Verfahren nach „befriedigenden" oder „guten", aber nicht nach eindeutig „richtigen", optimalen Lösungen zu suchen ist. Es wird erforderlich, das offene Entscheidungsfeld künstlich durch plausible Annahmen sukzessiv einzuengen oder zu schließen.[82]

Auch die Abgrenzung des Planungszeitraums sollte pragmatisch durch eine sinnvolle Wahl des Planungshorizonts erfolgen. Bei der Festsetzung eines endlichen Planungshorizonts besteht die Gefahr, daß zeitlich vertikale Interdependenzen zwischen dem gewählten Planungszeitraum und den Perioden jenseits des Planungshorizonts unberücksichtigt bleiben. Bei der Abgrenzung des Planungszeitraums stehen die Planer des Unternehmens vor einem *Planungshorizontdilemma*: Zuverlässige Informationen sind i. d. R. nur für kurze Planungszeiträume zu erhalten; die Berücksichtigung zeitlicher Interdependenzen bedingt jedoch einen möglichst langen Planungszeitraum. Die Entscheidung über den Planungshorizont entwickelt sich daher zu einem eigenständigen Entscheidungsproblem.[83]

Die zur Bewertung von Unternehmen ausschlaggebenden Zukunftserfolge lassen sich zudem in Anbetracht der in der Realität vorzufindenden Unsicherheit nur näherungsweise quantifizieren.[84] Für die Entscheidungswertermittlung ist es deshalb hilfreich, wenn die zur Verfügung gestellten Erfolgserwartungen „durch eine sorgfältige Analyse der Wahrscheinlichkeit bestimmter"[85] Erfolgsdeterminanten auf eine Bandbreite eingeengt werden. Durch fundierte Schätzungen der Verteilung dieser Erfolgsgrößen

---

[82]   Siehe zu Problemen der Entscheidungswertermittlung und zu den deshalb erforderlichen „Typisierungen" HENSELMANN, Gründe und Formen (2006).

[83]   Vgl. HERING, Investitionstheorie (2008), S. 14 f., ROLLBERG, Simultane Planung (1999), S. 106, ROLLBERG, Operativ-taktisches Controlling (2012), S. 51.

[84]   Zur Prognose der Zukunftserfolge in der Unternehmensbewertung siehe unter anderem BRETZKE, Prognoseproblem (1975), KLEBER, Prognoseprobleme (1989), VINCENTI, Prognoseunsicherheit (2004), KUHNER/MALTRY, Unternehmensbewertung (2006), S. 93–126, BALLWIESER, Unternehmensbewertung (2011), S. 17–60, HOMMEL/DEHMEL, Unternehmensbewertung (2011), S. 89–113.

[85]   MOXTER, Unternehmensbewertung 2 (1983), S. 117.

innerhalb dieser Bandbreite ist eine zusätzliche Verminderung der Mehrwertigkeit möglich. Eine Einengung auf faktische Einwertigkeit ist dabei *nicht* anzustreben.[86]

Basis der Gewinnung der Zukunftserfolge ist sowohl für präsumtive Erwerber als auch für präsumtive Veräußerer die Bestimmung von Wertsteigerungspotentialen im Rahmen einer *ganzheitlichen Unternehmensanalyse*,[87] wobei einerseits im Sinne einer strategischen Erfolgsträchtigkeit Chancen und Risiken sowie Stärken und Schwächen zu identifizieren sind und andererseits die taktische Umsetzbarkeit der geplanten Strategien untersucht werden muß. Hierbei gilt es, für das „als Ganzes" zu bewertende Unternehmen realisierbare positive und negative Verbundeffekte ausfindig zu machen, welche sich im Zusammenwirken der einzelnen Produktionsfaktoren des zu bewertenden Unternehmens sowie auch im Zusammenwirken mit den Bestandteilen des übrigen Investitions- und Finanzierungsprogramms des Bewertungssubjekts ergeben.[88] Wertsteigerungspotentiale ergeben sich einerseits, wenn negative Verbundeffekte reduziert werden können, und andererseits, wenn andere Bewertungssubjekte mögliche positive Ver-

---

[86] „Je weniger befähigt ein Unternehmensbewerter ist, um so ausgeprägter wird sein Ehrgeiz sein, einwertige Ertragsprognosen abzugeben: Er wird sich nicht damit begnügen, Bandbreiten möglicher künftiger Ertragsgrößen anzuführen und die Wahrscheinlichkeiten dieser alternativen Ertragsgrößen zu benennen; er wird vielmehr Wissen über die Zukunft fingieren und so, Wahrsagern nicht unähnlich, zu einwertigen Ertragsprognosen kommen. Ein wenig befähigter Bewerter muß stets befürchten, daß man ihm bei einer vom Mandanten als zu schwach empfundenen Bandbreiteneinengung Unvermögen vorhält; denn bei Gutachtenempfängern ist die Vorstellung recht verbreitet, eine sorgfältige Ertragsvorschau könne in sehr engen Bandbreiten möglicher künftiger Erträge münden. Der Laie will eine Ertragsvorschau, die z. B. Erträge zwischen 50 Mio. DM und 100 Mio. DM als gleich wahrscheinlich einstuft, nicht akzeptieren; allenfalls eine enge Bandbreite, etwa Erträge zwischen 50 Mio. DM und 60 Mio. DM, also faktisch einwertige Ertragsprognosen, hält der Laie für ein mögliches Ergebnis einer wirklich sorgfältigen Ertragsvorschau. Die Bestimmung enger Bandbreiten möglicher künftiger Erträge ist im allgemeinen ein Zeichen dafür, daß dem Bewerter die ganze Spanne möglicher künftiger Ertragsbeeinflussungen nicht recht bewußt wurde; es wird eher die Enge des Bewerterhorizonts sichtbar als die Qualität der Informationen des Bewerters. [...] Viele Unternehmensbewerter pflegen den von ihnen prognostizierten einwertigen jährlichen Ertrag ‚nachhaltig‘ zu nennen. Dabei bleibt jedoch offen, wodurch außer der Einwertigkeit, dieser ‚nachhaltige‘ Ertrag gekennzeichnet ist. Es besteht nicht die geringste Klarheit darüber, wie die Spanne möglicher künftiger Ertragsgrößen reduziert wird auf eine einzige, die ‚nachhaltige‘ Ertragsgröße. [...] Ein Unternehmensbewerter, der, statt die Vielfältigkeit von möglichen künftigen Erträgen zu erforschen, von vornherein zum Mittel einwertiger Ertragsprognose greift, macht sich seine Aufgabe zu leicht. Er immunisiert sein Ergebnis; nur ein Wahrsager kann einem Wahrsager widersprechen. Einwertige Ertragsprognosen sind nicht realitätsgerecht: die Ertragserwartungen sind bei Unternehmensbewertungen stets mehrwertig. Diese Mehrwertigkeit, also Unsicherheit der Ertragserwartungen kann zwar durch eine sorgfältige Analyse der Wahrscheinlichkeit bestimmter Ertragsdeterminanten eingeengt werden: es lassen sich extrem niedrige und extrem hohe Erträge als ‚äußerst unwahrscheinlich‘ erkennen, und es mögen sich innerhalb einer solchen Bandbreite möglicher Erträge Wahrscheinlichkeitsabstufungen vornehmen lassen. Aber es gelingt keinesfalls eine Einengung zur Einwertigkeit. Wer einen ‚nachhaltigen‘ Ertrag auf der Basis durchschnittlicher Vergangenheitserträge ermittelt, verletzt das Prinzip der Zukunftsbezogenheit selbst dann, wenn der durchschnittliche Vergangenheitsertrag als ‚bestmögliche Schätzung des Zukunftsertrags‘ ausgegeben wird: Die Schein-Zukunftsbezogenheit offenbart sich in der Einwertigkeit; der Zukunftsertrag stellt sich, weil unsicher, nicht einwertig dar." Quelle: MOXTER, Unternehmensbewertung 2 (1983), S. 116–118.

[87] Siehe weiterführend OLBRICH, Unternehmungsnachfolge (2002), S. 695–699, BORN, Unternehmensbewertung (2003), S. 47–73, KOCH, Due Diligence (2011). Siehe auch KITTNER, Unternehmensbewertung (1997).

[88] Siehe hierzu ausführlich WINKLER, Bewertung von Unternehmungen (1973), S. 7–10, KÜTING, Analyse von Verbundeffekten (1981), DIRRIGL, Synergieeffekte (1990), WEBER, Unternehmensbewertung (1991), ACHENBACH, Unternehmensübernahmen (2003).

bundeffekte nicht erkennen oder nicht erkannt haben oder – vor allem im Hinblick auf differierende Entscheidungsfelder – aufgrund fehlender Fähigkeiten und Mittel – also bestehender Restriktionen – nicht für sich erschließen können. Da die dafür möglicherweise erforderlichen Restrukturierungsmaßnahmen, die unter anderem auf organisatorischer, rechtlicher, finanz- oder güterwirtschaftlicher Ebene notwendig sein können, i. d. R. langfristiger Natur sind, müssen diese in die langfristigen Planungen des Bewertungssubjekts eingebettet werden, was die Planungs- und Zukunftsabhängigkeit von Entscheidungswerten verdeutlicht. Einer besonderen Berücksichtigung bedürfen in diesem Zusammenhang jene Auswirkungen auf Unternehmenszusammenschlüsse, die sich vor dem Hintergrund verschiedener Unternehmenskulturen beispielsweise durch einen Kulturschock infolge einer Kollision der Wertmuster von Käufer- und Akquisitionsunternehmen ergeben können.[89]

Die Charakteristika vieler Branchen und Märkte wie Schnelllebigkeit, eine hohe Wettbewerbsintensität und ein rasanter technologischer Wandel verschärfen die ohnehin vorliegenden Probleme der Ermittlung der zukünftigen Erfolge. Vergangenheitsorientierte mathematisch-statistische *Prognoseverfahren* erweisen sich als unbrauchbar. Sollen mit der Bewertung sinnvolle Ergebnisse erzielt werden, ist der aus dem Unternehmen resultierende Zukunftserfolg zweckentsprechend abzugrenzen und zu quantifizieren.[90] Doch welche zukünftigen Erfolge sind bei der Bewertung konkret zu berücksichtigen?

Prinzipiell ist für das Bewertungssubjekt gemäß dem *Gesamtertragsprinzip*[91] unter dem künftigen Erfolg die *Summe aller Vorteile* zu verstehen, die dem Subjekt aus dem Unternehmen als Ganzes in Zukunft zufließen werden.[92] Unter diese Vorteile fallen sowohl finanzielle als auch nichtfinanzielle Elemente. Ausgehend vom individuellen Zielsystem des Bewertungssubjekts wäre es somit eigentlich erforderlich, alle interessierenden Sachverhalte zu identifizieren und deren Gewichtung zu bestimmen. Aufgrund mangelnder Quantifizierungsmöglichkeiten erweist sich die Beurteilung der

---

[89] Siehe hierzu umfassend OLBRICH, Unternehmungswert (1999), OLBRICH, Bewertung von Akquisitionsobjekten (2002).

[90] Die Grundsätze (Prinzip der Gesamtbewertung, Synergieberücksichtigungsprinzip sowie Zufluß- oder Ausschüttungsprinzip), die in diesem Zusammenhang zu berücksichtigen sind, werden im fünften Kapitel erläutert. Zum bestehenden Prognoseproblem und möglichen Lösungsansätzen siehe SIEBEN ET AL., Expertensystemtechnologie (1989), SIEBEN ET AL., Expertensystemgestützte Ergebnisprognose (1990), DIEDRICH, Prognoseproblem (1993), DIEDRICH, Künstliche Intelligenz (1993), KUHNER, Prognosen (2006).

[91] Vgl. MOXTER, Unternehmensbewertung 2 (1983), S. 75–78.

[92] Allein in diesem einen Satz werden die in Abschnitt 1.2.2 erläuterten Prinzipien der entscheidungsorientierten Unternehmensbewertung – das Prinzip der Subjektivität, das Prinzip der Zukunftsbezogenheit und schließlich das Prinzip der Gesamtbewertung – deutlich.

nichtfinanziellen Vorteile, wie z. B. des Prestigegewinns, als besonders schwierig.[93] Wenn komplexitätsreduzierend unterstellt wird, daß sich das Interesse des Bewertungssubjekts im Sinne der innerhalb der Zielanalyse bestimmten zahlungsstromorientierten Variante der Wohlstandsmaximierung vornehmlich auf *finanzielle Vorteile* oder auf einen finanziellen Nutzen richtet, können (und müssen) zur (investitionstheoretisch fundierten) Ermittlung eines Entscheidungswertes regelmäßig nur die monetären Konsequenzen herangezogen werden.[94] Es ist allerdings darauf hinzuweisen, daß diese vereinfachte Annahme jedoch keinesfalls dazu führen darf, nichtfinanzielle Vorteile zu vernachlässigen oder unberücksichtigt zu lassen. Vielmehr sollen durch den Entscheidungsträger neben dem Entscheidungswert, in dem lediglich finanzielle Vorteile berücksichtigt werden, auch die nichtfinanziellen Vorteile bei der Preisbestimmung abgewogen werden, denn grundsätzlich besteht der Zukunftserfolg aus den gesamten Vorteilserwartungen.

Vor diesem Hintergrund dienen als *Rechengröße* zur Entscheidungswertermittlung somit ausschließlich *Zahlungsgrößen*.[95] Ein- und Auszahlungen sind intersubjektiv nachprüfbar, weil sie weder bilanziellen Bewertungseinflüssen noch ebensolchen Periodisierungsüberlegungen unterliegen. Die Beschränkung auf Geldzu- und -abflüsse als relvante finanzielle Größen vermeidet – auch im Hinblick auf das erläuterte LÜCKE-Theorem – die Gefahr von Doppelzählungen.[96] Als Zahlungsgrößen kommen sowohl Einzahlungsüberschüsse als auch Auszahlungsersparnisse in Betracht.[97] Rechnungswesenorientierte Erfolgsgrößen haben dabei nur einen Einfluß auf die Bewertung, wenn sie die Höhe der Zahlungen, z. B. durch erfolgsabhängige Steuerzahlungen,[98] beeinflussen.[99] Das in Rede stehende Unternehmen wird im Rahmen der Bewertung als ein *unsicherer künftiger Zahlungsstrom* gedeutet. Der relevante Zahlungsstrom, der

---

[93]   Dies erkennt bereits FRYDAG, Bewertung (1937), S. 144, der darauf verweist, daß bestimmte Aspekte im Ertragswert schwerlich berücksichtigt werden können. Im Rahmen der Bewertung von landwirtschaftlichem Grundbesitz zählt er beispielsweise auf, daß Landgut als Wohnsitz („Geringe Raumknappheit und Gartenland ist für kinderreiche Familien von besonderem Vorteil."), als Arbeitsplatz („Es ermöglicht volle Ausnutzung der Arbeitskraft einer Familie. Nahrungsmittel stehen billig und gut zur Verfügung. Das Leben ist gesund.") und im Sinne einer „ideellen Rente" („Liebhaberwert"; „Vor dem Krieg hatte dieser Wertzuschlag vor allem psychologisch bedingte Beweggründe, die sich um den Komplex ‚standesgemäß' gruppierten.") besondere Vorteile für bestimmte Bewertungssubjekte hat. Siehe zu einem Ansatz zur Berücksichtigung qualitativer Aspekte bei der Ermittlung mehrdimensionaler Entscheidungswerte SCHREYER, Berücksichtigung qualitativer Informationen (2013).

[94]   Vgl. zur Bewertung von Unternehmen, die durch die Dominanz nichtfinanzieller über finanzielle Ziele gekennzeichnet sind, NADVORNIK/VOLGGER, Bewertung ertragsschwacher Unternehmen (2007).

[95]   Vgl. HERING, Unternehmensbewertung (2006), S. 30–34.

[96]   Vgl. hierzu das Beispiel in MOXTER, Unternehmensbewertung 2 (1983), S. 79 f.

[97]   Einzahlungsüberschüsse können selbstverständlich auch negativ sein, wobei es sich dann konkret um Auszahlungsüberschüsse handelt. Vgl. zu dieser Problematik ALTENBURGER, Unternehmen mit Auszahlungsüberschüssen (2012), S. 262 f.

[98]   Zur ausführlichen Darstellung des grundsätzlichen Einflusses von Steuern auf die Entscheidungswertermittlung siehe DIRRIGL, Bewertung von Beteiligungen (1988), und WAMELING, Berücksichtigung von Steuern (2004). Siehe zudem SIEGEL, Einfluß von stillen Reserven (1994), S. 1487–1497, SIEGEL, Steuern (1997), HERZIG, Unternehmenswert (1999), GÜNTHER, Steuerliche Implikationen (2003), KÜNNEMANN, Steuern (2003). Aktuelle Beiträge zur Berücksichtigung von Steuern in der Unternehmensbewertung beziehen sich zumeist auf die Argumentationsfunktion. Eine Ausnahme bilden WAMELING/PATEK (2013).

[99]   Vgl. auch HERING, Unternehmensbewertung (2006), S. 30.

diesem Unternehmen zuzurechnen ist, ergibt sich aus den kontinuierlich oder diskontinuierlich auftretenden Einzahlungen und Auszahlungen, die auf die eventuelle (Kauf- oder Verkaufs-)Entscheidung zurückzuführen sind. Dargestellt am Beispiel der Auszahlungen für das Personal, handelt es sich nicht nur um die Auszahlungen für die Mitarbeiter des zu bewertenden Unternehmens, sondern auch um jene Auszahlungen, die innerhalb des eventuell bereits im Besitz des Bewertungssubjekts stehenden Unternehmens zusätzlich aufgrund des Erwerbs anfallen (z. B. im Falle des Erwerbs eines ausländischen Unternehmens für in Deutschland einzustellende Mitarbeiter, die etwa mit der internationalen Personalführung betraut werden).

2.3.1.2.2 Zweiter Schritt

Die so ermittelten Informationen über Streuungen, Bandbreiten und Interdependenzen der künftigen Erfolge im Sinne von Zahlungsüberschüssen bilden den *Ausgangspunkt* zur Entscheidungswertermittlung i. e. S. Nunmehr müssen diese Informationen in einen Wert transformiert werden, welcher als Entscheidungsgrundlage dienen kann. Diese Transformation der aus fundierten Schätzungen ermittelten qualitativen und quantitativen Informationen über künftige Erfolge in einen Wert, der die mit der Bewertung verfolgte Funktion, die Entscheidungsfunktion, erfüllt, wird als Hauptaufgabe der Bewertung angesehen (*Schritt 2 sowie Feld B der Matrix*). Hierzu eignen sich nur Verfahren, welche darauf ausgerichtet sind, die Vorteilhaftigkeit von Zahlungsströmen unter realen, also unvollkommenen Bedingungen zu beurteilen und dabei die Ziele und das Entscheidungsfeld des Entscheidungssubjekts weitestgehend zu berücksichtigen.[100] Zur Transformation ist somit ausschließlich der Rückgriff auf die investitionstheoretischen Verfahren, wie z. B. auf das Zustands-Grenzpreismodell (ZGPM), das Zukunftserfolgswertverfahren oder die approximativ dekomponierte Bewertung, gerechtfertigt, weil nur innerhalb dieser Verfahren das Zielsystem und das Entscheidungsfeld des Bewertungssubjekts hinreichend berücksichtigt werden, wobei „das rechte Maß zwischen theoretischer Exaktheit und den Erfordernissen praktischer Anwendbarkeit"[101] gefunden werden muß.

Die im Rahmen dieser Transformation zu berücksichtigenden Erfolgsschätzungen sind unter Unsicherheit durch mehrwertige Erwartungen geprägt.[102] Grundlage der Bewertung bilden die zur Verfügung gestellten Erfolgserwartungen, die (schon unter Anwendung subjektiver Komplexitätsreduktion)[103] auf subjektive Bandbreiten eingeengt und denen bestenfalls durch fundierte Schätzungen ermittelte Eintrittswahrscheinlichkeiten zugeordnet worden sind. Verfahren zur Berücksichtigung der Mehrwertigkeit der Zukunftserwartungen des Bewertungssubjekts, die das somit vorliegende zielsetzungsdefekte[104] Bewertungsproblem schließlich auf heuristischem Wege zu lösen versuchen,

---

[100]   Vgl. zu diesen Anforderungen schon HAX, Lineare Programmierung (1964), S. 430.

[101]   HERING, Unternehmensbewertung (2006), S. 4.

[102]   Diese Unsicherheit wird im Rahmen der Unternehmensbewertung (wie in der Finanzwirtschaft) auch als Risiko bezeichnet. Vgl. BAETGE/KRAUSE, Berücksichtigung des Risikos (1994), S. 435.

[103]   Bezüglich der im Vorfeld vollzogenen Komplexitätsreduktion sei insbesondere auf die diskontinuierliche Betrachtung eventuell kontinuierlich anfallender Zahlungsströme hingewiesen. Vgl. MATSCHKE, Investitionsplanung (1993), S. 58.

[104]   Zu Strukturdefekten bei Entscheidungsproblemen siehe ADAM, Planung (1996), S. 10–15.

lassen sich in die Unsicherheit verdichtende und in die Unsicherheit aufdeckende (oder offenlegende) Verfahren unterteilen (vgl. *Abbildung 58*).[105]

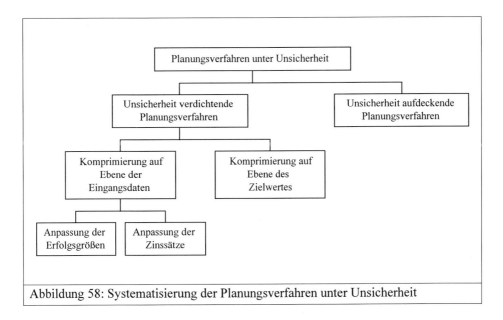

Abbildung 58: Systematisierung der Planungsverfahren unter Unsicherheit

Bei den *die Unsicherheit verdichtenden Planungsverfahren* wird diese entweder auf der Ebene der Eingangsdaten oder auf der Ebene des Zielwertes komprimiert. Die Berücksichtigung des Unsicherheitsproblems auf der *Ebene der Eingangsdaten* kann einerseits durch die Verwendung von mit Sicherheitszu- oder -abschlägen korrigierten Planungsdaten oder andererseits durch die Einengung der für unsicher gehaltenen Parameter auf faktische Einwertigkeit erfolgen. Diese „Berichtigung" der Erfolgsgrößen oder der Zinssätze ermöglicht anschließend eine Bewertung mit deterministischen Modellen.

Die *Anpassung der Erfolgsgrößen* findet z. B. im Rahmen der Sicherheitsäquivalenzmethode statt. Hierbei erfolgt eine Aggregation der in Bandbreiten oder als subjektive Wahrscheinlichkeitsverteilungen vorliegenden Größen in sog. *Sicherheitsäquivalente*. Auf der Basis des *BERNOULLI-Prinzips* und mit der erforderlichen Kenntnis der Risikopräferenzen des Entscheidungssubjekts werden die unsicheren Zukunftserfolgsströme in einen sicheren Strom transformiert, den das Bewertungssubjekt als gleichwertig einschätzt. Mit anderen Worten, unter dem sicherheitsäquivalenten Erfolg wird derjenige sichere Erfolg verstanden, der dem Bewertungssubjekt genausoviel wie die geschätzte unsichere Erfolgsbandbreite wert ist. Soll die Entscheidungswertfindung nicht zu einem intuitiven Abwägungsprozeß führen, sind – was enorme praktische Schwierigkeiten erwarten läßt – bei der Bestimmung der Sicherheitsäquivalente die Risikonutzen-

---

[105] Siehe zu nachfolgenden Ausführungen zur Berücksichtigung der Unsicherheit die ausführliche Analyse von Planungsmethoden unter Unsicherheit in HERING, Investitionstheorie (2008), S. 255–325, sowie die zusammenfassenden Darstellungen in ROLLBERG, Simultane Planung (1999), S. 106–110, ROLLBERG, Unternehmensplanung (2001), S. 189–193, und ROLLBERG, Operativ-taktisches Controlling (2012), S. 225–230.

funktionen des Bewertungssubjekts oder – bei mehreren Subjekten – aller Bewertungssubjekte zu berücksichtigen.[106]

Die *Anpassung der Zinssätze* erfolgt z. B. bei der subjektiven Risikozuschlagsmethode und bei der pseudo-objektiven Risikozuschlagmethode (CAPM). Hierbei werden zur Wertermittlung die Erwartungswerte der Einzahlungsüberschüsse sowie mehr
oder weniger willkürlich risikoangepaßte Zinssätze verwendet. Die Höhe des gewählten
Zu- oder Abschlags zur Berücksichtigung des Risikos ist allerdings nicht rational begründbar.[107] Die *Nachteile beider Methoden*, bei denen die Unsicherheit auf der Ebene
der Eingangsdaten komprimiert wird, bestehen schließlich darin, daß Planungsdaten
willkürlich korrigiert, Parameterstreuungen nicht berücksichtigt sowie die Dynamik der
Zustände im Zeitablauf nicht abgebildet werden und somit die Aussagefähigkeit des ermittelten (Punkt-)Wertes gering ist.[108]

Die Komprimierung der Unsicherheit auf der *Ebene des Zielwertes* erfolgt hingegen dergestalt, daß die Informationen über die Bandbreiten und über die Verteilung der
mehrwertigen Eingangsgrößen des Bewertungsproblems ausdrücklich dazu genutzt
werden, um hieraus einen einheitlichen Punktwert als Handlungsempfehlung zu bestimmen. Unter diese Methoden fallen beispielsweise die stochastische Optimierung und die
unscharfe lineare Optimierung. Die stochastische Optimierung interpretiert die einzelnen Eingangsdaten des Bewertungsproblems als Zufallsvariable mit bekannten Wahr-

---

[106]   Siehe BALLWIESER, Wahl des Kalkulationszinsfußes (1981), S. 101–103, BALLWIESER, Management
        Buy-Out (1991), S. 88–93. Vgl. außerdem zur Anwendung und Kritik SIEGEL, Unsicherheits-
        berücksichtigung (1992), S. 23 f.

[107]   Vgl. zur Risikozuschlagmethode und zur Kritik SIEBEN/SCHILDBACH, Bewertung ganzer Unterneh-
        mungen (1979), S. 460, SIEGEL, Unsicherheitsberücksichtigung (1992), S. 22 f., HERING, Investiti-
        onstheorie (2008), S. 278–296. Beim Risikozuschlag auf den Kalkulationszinsfuß wächst der
        damit konforme äquivalente Abschlag vom abzuzinsenden Zukunftserfolg aufgrund des Zinses-
        zinseffekts im Zeitablauf. Vgl. hierzu MATSCHKE, Entscheidungswert (1975), S. 202–226.

[108]   Diese Vorgehensweisen werden jedoch auch durch das IDW vorgeschlagen. Vgl. INSTITUT DER
        WIRTSCHAFTSPRÜFER, IDW S 1 i. d. F. 2008, S. 282 f. Siehe zur „künstlichen" Diskussion über Si-
        cherheitsäquivalent- und Risikozuschlagmethode SCHWETZLER, Unternehmensbewertung unter
        Unsicherheit (2000), KÜRSTEN, Unternehmensbewertung unter Unsicherheit (2002), SCHWETZLER,
        Ende des Ertragswertverfahrens? (2002), DIEDRICH, Sicherheitsäquivalentmethode (2003), WIESE,
        Sicherheitsäquivalentmethode (2003). Vgl. in diesem Zusammenhang auch SCHWETZLER, Stochasti-
        sche Verknüpfung (2000), SCHWETZLER, Risiko (2002), TSCHÖPEL, Risikoberücksichtigung (2004),
        NIETERT, Unternehmensbewertung (2005). Siehe zudem WILHELM, Unternehmensbewertung
        (2005), welcher gar der Ansicht ist, „Fragen, wie die nach dem Verhältnis von […] Sicherheits-
        äquivalentmethode und Risikoprämienverfahren sowie nach der Präzisierung der der ökonomi-
        schen Bedeutung des ,sich im Zeitablauf auflösenden Risikos', […] soweit geklärt zu haben, dass
        eine weitere Debatte nicht mehr als marginale Beiträge zu liefern im Stande sein wird" (S. 654).

scheinlichkeitsverteilungen, um letztendlich die mehrwertigen Erwartungen zu einem Punktwert zu verdichten.[109]

---

[109] Vgl. ROLLBERG, Simultane Planung (1999), S. 107, HERING, Investitionstheorie (2008), S. 301–303. Während die aufgezeigten Ansätze versuchen, *„scharfe"* Unsicherheit zu explizieren, beschäftigt sich die *Fuzzy Set-Theorie* mit der modelltheoretischen Erfassung von *Unschärfe*. Ein Attribut, z. B. „hoher Zukunftserfolg", oder eine Relation, z. B. „wesentlich geringerer Kalkulationszins", sind als unscharf zu definieren, wenn die Menge der Elemente, auf die das Attribut oder die Relation zutrifft, nicht klar von der Menge der nichtzutreffenden Objekte abgrenzbar ist. Vgl. KEUPER, Fuzzy-PPS-Systeme (1999), S. 41 f. Diese nicht eindeutig erfaßbaren Aspekte (Mangel an begrifflicher Schärfe), deren Quantifizierung im Rahmen der Zielfunktionsermittlung nicht gelungen ist, werden auch als Imponderabilien bezeichnet. Neben dem Mangel an Informationen (im Sinne der Unsicherheit) ist in realen Entscheidungssituationen auch ein Mangel an begrifflicher Schärfe zu verzeichnen (Unschärfe).
„Die Fuzzy-Set-Theorie, d. h. die Theorie zur Beschreibung und Verknüpfung unscharfer Mengen, die von ZADEH 1965 [Siehe ZADEH, Fuzzy Set (1965), und ZADEH, Fuzzy Sets and Systems (1965).] entwickelt wurde, kann als Verallgemeinerung der klassischen Mengenlehre oder der dualen Logik angesehen werden, wobei der Einsatz der Fuzzy-Set-Theorie in der Modellbildung darauf abzielt, lexikale Unsicherheit abzubilden, die Modellkomplexität zu reduzieren, dichotome Ansätze zu relaxieren, bedeutungserhaltendes Schließen zu ermöglichen sowie approximative Lösungen zu generieren. Im Gegensatz zur Dichotomie des CANTORschen Mengenbegriffs [CANTOR, Mengenlehre (1985)], bei dem eine Aussage entweder wahr oder falsch sein kann (tertium non datur) bzw. ein Element in einer Menge enthalten ist (Zugehörigkeitswert 1) oder nicht (Zugehörigkeitswert 0), wird in der Fuzzy-Set-Theorie mit Hilfe von Zugehörigkeitsfunktionen der Zugehörigkeitsgrad eines Elements zu einer Menge ausgewiesen. Da die Übergänge der Zugehörigkeit fließend sind, wird diese Menge als unscharfe Menge bezeichnet. Eine unscharfe Aussage kann somit ‚ziemlich wahr' und gleichzeitig ‚etwas falsch' sein", so KEUPER, Unternehmensbewertung (2002), S. 461 (Hervorhebungen im Original).
Im Unterschied zur stochastischen Optimierung erfolgt die Komprimierung der Unschärfe im Rahmen der auf die Fuzzy Logic zurückzuführenden *unscharfen linearen Optimierung* unter Berücksichtigung der Bandbreiten der einzelnen Koeffizienten des Bewertungsproblems. Vgl. HERING, Investitionstheorie (2008), S. 304–307. Siehe auch BUSCHER/ROLAND, Fuzzy Sets (1993), STEINRÜCKE, Fuzzy Sets (1997), BUSCHER, Unscharfe Daten (1999), S. 90–94, und vor allem KEUPER, Fuzzy-PPS-Systeme (1999), S. 93–107. Über die Anzahl der zu berücksichtigenden Bandbreiten je Koeffizient (α-Schnitte) kann die in den unscharfen Koeffizienten enthaltene Vagheit mehr oder weniger exakt ausgewiesen werden. Eine Komprimierung des unscharfen Zielwertes ist unter Berücksichtigung des damit einhergehenden Informationsverlustes mit Hilfe von Defuzzifizierungsmethoden möglich.
Darüber hinaus besteht die Möglichkeit mit Hilfe *wissensbasierter Fuzzy-Systeme*, in deren Wissensbasis qualitatives, unscharfes Wissen in Form linguistischer Variablen und unscharfer Regeln hinterlegt ist, Lösungen zu generieren, welche die realiter herrschende Unschärfe inhalts-erhaltend abbilden. Auch hierbei können die unscharfen Ergebnisse unter Berücksichtigung des damit einhergehenden Informationsverlustes defuzzyfiziert, d. h. auf einen pseudodetermi-nistischen Punktwert komprimiert, werden. Vgl. KEUPER, Fuzzy-PPS-Systeme (1999), S. 108–118. Einen partialanalytischen unscharfen Weg finden hingegen *unscharfe kapitalwertbasierte Ansätze* zur Unternehmensbewertung. Vgl. hierzu ausführlich KEUPER, Unternehmensbewertung (2002). Ziel dieser Ansätze ist nicht, die generellen Probleme partialanalytischer Modelle zu relaxieren, sondern vielmehr Unschärfe inhaltserhaltend in partialanalytische Ansätze zu integrieren, inhalts-erhaltend zu verarbeiten und im Ergebnis mathematisch exakt zu explizieren. Dies gelingt KEUPER durch die mathematische Arithmetik auf Basis von Umkehrfunktionen. Die Unschärfe im Ergebnis wird inhaltserhaltend auf Basis unscharfer Eingangsdaten expliziert. Dabei liegt die Aufgabe eines unscharfen, kapitalwertbasierten Unternehmensbewertungsverfahrens nicht darin, ein eindeutiger Entscheidungsempfehlungskalkül zu sein, sondern vielmehr darin, – als Informationsbeibehal-tungs- und Informationsvisualisierungsinstrument sowie als entscheidungsunterstützendes Werk-zeug – bestehende Bewertungsverfahren um die exakte Berücksichtigung und Visualisierung der realiter vorzufindenden Unschärfen zu ergänzen. Vor diesem Hintergrund ist die graphische Visua-lisierung der einem Entscheidungswert inhärenten Unschärfe von erheblicher Bedeutung.

Bei allen Varianten der die Unsicherheit verdichtenden Verfahren wird unter Informationsverlust versucht, die mehrwertigen Erwartungen des komplexen Bewertungsproblems in einem Punktwert zu komprimieren, um somit die *Unsicherheit künstlich „wegzurechnen"*. Dem Bewertungssubjekt wird schließlich ein einwertiger Wert mit eher geringer Aussagekraft geliefert.[110]

Als Ergebnis der die *Unsicherheit aufdeckenden (oder die Unsicherheit offenlegenden) Planungsverfahren* wird dem Entscheidungssubjekt der Entscheidungswert hingegen als Bandbreite oder (bestenfalls) als Verteilung zur Verfügung gestellt. Da der ermittelte Entscheidungswert dem Entscheidungssubjekt zur Entscheidungsunterstützung dienen soll und der nachfolgende dritte Schritt im Hinblick auf die „Abwägung von (subjektivem) Entscheidungswert und (objektivem) Preis" transparente Informationsgrundlagen erfordert, sollte die Unsicherheit des Bewertungsproblems im Schritt 2 der Entscheidungswertermittlung nicht informationsverringernd verdichtet, sondern in vollem Umfang aufgedeckt werden. Aufgrund der mangelnden Zweckmäßigkeit von die Unsicherheit verdichtenden Planungsverfahren liegt die Verwendung von die Unsicherheit aufdeckenden Planungsverfahren nahe. Diese Verfahren schaffen die notwendige „Transparenz hinsichtlich der subjektiv für möglich gehaltenen Entscheidungskonsequenzen [... und dienen somit] in anschaulicher und nachvollziehbarer Form"[111] als Entscheidungsgrundlage.[112] Vor diesem Hintergrund werden in diesem Kapitel die Unsicherheit offenlegenden Verfahren, worunter z. B. die Sensitivitätsanalyse und die Risikoanalyse fallen, vorgestellt und im Rahmen der Entscheidungswertermittlung angewandt.

---

[110] Für MOXTER sind zwar einwertige Erfolgsprognosen nicht realitätsgerecht, eine Komprimierung der Daten auf einen Punktwert als Entscheidungswert hält er indessen für statthaft. Vgl. MOXTER, Unternehmensbewertung 2 (1983), S. 117 und S. 156.

[111] HERING, Investitionstheorie (2008), S. 260 (Hervorhebungen im Original).

[112] Siehe zur Befürwortung der die Unsicherheit offenlegenden Planungsmethoden innerhalb der Unternehmensbewertung unter anderem FRANK, Unternehmungsbewertung (1965), S. 827, COENENBERG, Monte-Carlo-Simulation (1970), S. 804, COENENBERG, Informationsproblem (1971), GROSSKOPF, Simulation (1973), S. 116–122, BALLWIESER, Komplexitätsreduktion (1990), S. 161 f., SIEGEL, Grundlagen (1991), S. 237, SIEGEL, Unsicherheitsberücksichtigung (1992), S. 26, SIEGEL, Komplexitätsreduktion (1994), S. 468–476, BREMER, Unternehmensbewertung (1996), S. 59–61, HALLER, Immaterielle Vermögenswerte (1998), S. 582, HERING, Unternehmensbewertung (2006), S. 41–43, KNACKSTEDT, Klein- und Mittelunternehmen (2009), S. 60 und S. 168 f., RÜCKLE, Risikoprobleme (2010), S. 558 f., SIEGEL, Unsicherheit (2010), S. 614 f., ASCHAUER/PURTSCHER, Unternehmensbewertung (2011), S. 79, FREY/RAPP, Unternehmenswert (2011), S. 2107, HARES, Bewertungstheorie (2011), S. 105–107, HERING/SCHNEIDER/TOLL, Investitionsrechnung (2011). FISCHER-WINKELMANN, Sollen impliziert Können (2009), S. 357, bezeichnet „einwertige" Unternehmenswerte als „Selbsttäuschung". Siehe zudem BARTHEL, Subprime-Krise (2009), S. 1031 f., wobei dieser allerdings den Standpunkt vertritt, durch Methodenpluralismus eine entsprechende Bandbreite zu erhalten; vgl. auch BARTHEL, Prognosen (2010), S. 1203, BARTHEL, Methodenpluralismus (2011). Ein solches Vorgehen wird hier allerdings nicht als die Unsicherheit aufdeckendes Verfahren verstanden. Verwunderlich ist jedoch, daß BARTHEL, Unternehmenswert (2011), S. 2108, der Unsicherheitsaufdeckung auf Ebene eines einzigen Bewertungsverfahrens ablehnend gegenübersteht.

2.3.1.2.3 Dritter Schritt

Die Verwendung des ermittelten Entscheidungswertes ist nunmehr davon abhängig, welche Funktion mit der Unternehmensbewertung verfolgt wird. Im Rahmen der Entscheidungsfunktion[113] endet die Verhandlungs- und Entscheidungsphase schließlich mit der *nicht formalisierbaren* Abwägung zwischen objektivem Preis als Verhandlungsgegenstand und subjektivem Entscheidungswert als Verhandlungsbasis (*Schritt 3 sowie Feld C der Matrix*), in welche die individuellen Risikoneigungen des Entscheidungsträgers einfließen.[114] Mit dem Entscheidungswert werden diesem als Ergebnis einer investitionstheoretisch gestützten Bewertung quantitative Informationen über das in Rede stehende Unternehmen zur Verfügung gestellt. Diese „sind deshalb für die betroffenen Parteien als Ausgangsbasis für die Verhandlungen anzusehen."[115]

Fundierte Entscheidungen über die Vorteilhaftigkeit einer Veränderung der Eigentumsverhältnisse an einem Unternehmen verlangen zusätzlich eine Analyse der qualitativen Aspekte. Eine Entscheidung setzt somit die Betrachtung (und Beachtung) quantitativer und qualitativer Aspekte voraus. Der ermittelte Entscheidungswert stellt gleichwohl das wichtigste, aber nicht das alleinige ökonomische Kriterium dar. Mit Rücksicht auf die nichtfinanziellen Ziele des Bewertungssubjekts ist es beispielsweise denkbar, daß ein präsumtiver Erwerber ein höheres Entgelt als den in Anbetracht der rein finanziellen Aspekte ermittelten Grenzpreis akzeptiert.[116]

---

[113] In Kapitel 3 und 4 wird auf die Verwendung des ermittelten Wertes in der Vermittlungs- und in der Argumentationsfunktion eingegangen.

[114] Vgl. HERING, Unternehmensbewertung (2006), S. 42.

[115] KUSSMAUL, Gesamtbewertung (1996), S. 266 (Hervorhebungen im Original).

[116] Vgl. MOXTER, Unternehmensbewertung 2 (1983), S. 75 f.

2.3.2   Charakterisierung der Konfliktsituation

Nach der Darstellung des allgemeinen Modells zur Entscheidungswertermittlung nach MATSCHKE im Abschnitt 2.2 werden nunmehr im weiteren Verlauf des Abschnitts 2.3 darauf basierende, speziellere Methoden zur Entscheidungswertermittlung vorgestellt, die im Hinblick auf die Matrix der funktionalen Unternehmensbewertung den *Schritt 2 der Entscheidungswertermittlung* betreffen. Hierzu sei eingangs die nachfolgend betrachtete Konfliktsituation charakterisiert.

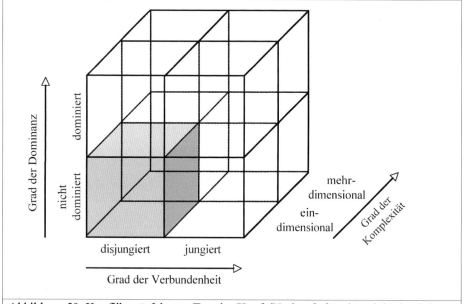

Abbildung 59: Konfliktwürfel vom Typ des Kaufs/Verkaufs für eine nicht dominierte, disjungierte, eindimensionale Konfliktsituation

Es wird im weiteren von einer nicht dominierten, disjungierten, eindimensionalen Konfliktsituation vom Typ Kauf/Verkauf (vgl. *Abbildung 59*) ausgegangen, in der ausschließlich die Höhe des Barpreises für das Unternehmen im Bewertungszeitpunkt für eine Einigungslösung relevant ist:

- *„Nicht dominiert"* bedeutet, daß keine Partei die Eigentumsänderung durch einseitige Handlungen herbeiführen kann. Die Eigentumsänderung durch Kauf/Verkauf kommt nur bei einer freiwilligen und damit für beide Seiten vorteilhaften Vereinbarung zustande.
- *„Disjungiert"* heißt, daß die Entscheidungssubjekte „Käufer" und „Verkäufer" gleichzeitig nicht noch mit Dritten in Verhandlungen um den Erwerb oder die Veräußerung sowie die Fusion oder Spaltung eines anderen (und auch desselben) Unternehmens stehen.
- *„Eindimensional"* bedeutet, daß der einzig strittige Punkt in der Verhandlung, von dem die Einigung zwischen den Parteien abhängt, die Höhe des Barpreises ist, den der Käufer an den Verkäufer zu zahlen hat.

- Es wird unterstellt, daß der *Bewertungszeitpunkt, der Entscheidungszeitpunkt* über Kauf/Verkauf und – im Falle einer Einigung – auch der *Zahlungszeitpunkt* für den Preis *übereinstimmen*. Im weiteren wird dieser Zeitpunkt mit t = 0 festgelegt.

Zur weiteren Vereinfachung wird zunächst angenommen, daß das zu bewertende Unternehmen vom *Käufer isoliert fortgeführt* wird, so daß sog. *positive Synergieeffekte (Kombinationseffekte) nicht gegeben* sind, weil eine wirtschaftliche Integration in einen größeren Unternehmensverbund beim Käufer nicht möglich oder von ihm nicht vorgesehen ist. In gleicher Weise wird für den *Verkäufer* unterstellt, daß das zu bewertende Unternehmen nicht aus einem größeren Unternehmensverbund herausgelöst wird, so daß folglich *keine (negativen) Rückwirkungen (negative Synergieeffekte[117]) auf andere Aktivitäten des Verkäufers* zu beachten sind. Die beiden letzteren Annahmen führen dazu, daß die Bewertung unter Zugrundelegung des *Prinzips der isolierten Bewertung („Stand-alone-Prinzip")* zulässig wird. Dabei muß jedoch betont werden, daß sich die Anwendbarkeit dieses Prinzips aus der *gewählten* Konstellation ergibt und daß allgemein auftretende positive oder negative Kombinationseffekte zu beachten sind.

Weitere vom Käufer oder Verkäufer realisierbare Investitionsaktivitäten (Investitionsobjekte) werden zugelassen, stehen aber im weiteren auch unter der Annahme des „Stand alone-Prinzips", d. h., gegenseitige Beeinflussungen untereinander und zum zu bewertenden Unternehmen gibt es nicht, so daß der Nutzwert des Unternehmens und/ oder die Nutzwerte solcher weiterer Investitionsobjekte sich addieren lassen (*Annahme der Nutzwertadditivität*) und folglich die weiteren Investitionsobjekte untereinander und mit dem zu bewertenden Unternehmen grundsätzlich beliebig kombinierbar sind (*Annahme der beliebigen Kombinierbarkeit*). Diese weiteren Investitionsobjekte jeder Partei sollen beliebig teilbar sein (*Annahme der beliebigen Teilbarkeit*), wobei z. T. von dieser Prämisse abgesehen wird, und grundsätzlich für jede Partei individuell sein (*Prinzip der Subjektbezogenheit*), was die Möglichkeit ihrer Übereinstimmung nicht ausschließt.

Hinsichtlich des *Zielplans* (Ergebnisdefinition, Präferenzen) werden zunächst keine Konkretisierungen und damit Einschränkungen benötigt und gemacht. Die Nutzwertermittlung wird aber auch nicht weiter thematisiert. Vielmehr wird davon ausgegangen, daß die jeweiligen Nutzwerte – bezogen auf das Unternehmen wie auf die weiteren Investitionsobjekte – den Parteien bekannt sind (*Annahme der Kenntnis der Nutzwerte*).

Diese Annahme verlangt aufgrund der Ausführungen zur Nutzwertermittlung nach zusätzlichen Ausführungen. Im Rahmen der Erläuterung der Ergebnisfunktion wurde gezeigt, daß die Ergebniskonstellationen – wird vom Einfluß der Umwelt abgesehen – von den Alternativen abhängen. Der Begriff „*Alternative*" wird dabei im entscheidungstheoretischen Sinne *als exkludierende Kombination der Handlungsparameter des Entscheidungssubjekts* benutzt. Ergebniskonstellationen – und damit letztlich auch Nutzwerte – lassen sich dann grundsätzlich nicht bestimmten (Sach-)Investitionsobjekten oder bestimmten Institutionen wie Unternehmen, sondern nur bestimmten Kombinatio-

---

[117] Hierzu sei auf OLBRICH, Unternehmungswert (1999), S. 21 f., Fn. 50, hinzuweisen, der in diesem Zusammenhang ausführt: „Gelegentlich findet sich in der Literatur [...] statt der Unterscheidung zwischen positiver und negativer Synergie die Differenzierung in ‚Synergie' und ‚Dyssynergie'. Einer solchen Einteilung kann hier nicht gefolgt werden, denn der aus dem Griechischen stammende Begriff der Synergie bedeutet nichts anderes als ‚Zusammenwirken' (syn = zusammen, ergon = Werk) und sagt daher noch nichts darüber aus, ob die dadurch erzeugten Effekte positiver oder negativer Art sind."

nen von Handlungsparametern des Entscheidungssubjekts zuordnen, die es mit dem Investitionsobjekt oder innerhalb der Institution „Unternehmen" plant.

Wenn dennoch etwa in der Investitionstheorie vom Zahlungsstrom eines
(Sach-)Investitionsobjekts oder in der Unternehmensbewertungstheorie vom *Zahlungsstrom eines Unternehmens* gesprochen wird, impliziert dies nicht bloß eine auf Zahlungen fixierte Ergebnisdefinition des Entscheidungssubjekts, sondern es setzt auch bestimmte zahlungsverursachende Maßnahmen des Entscheidungssubjekts und damit eine
bestimmte Kombination seiner Handlungsparameter voraus, soweit diese Parameter die
einzelne (Sach-)Investition oder das jeweilige Unternehmen betreffen. Bei rationaler
Handlungsweise des Entscheidungssubjekts darf dabei beispielsweise der angesprochene Zahlungsstrom des Unternehmens nicht das Resultat irgendeiner der möglichen
Kombinationen der das Unternehmen betreffenden Handlungsparameter des Entscheidungssubjekts sein, sondern es muß sich um die optimale Kombination dieser Handlungsparameter aus der Sicht des Entscheidungssubjekts handeln. Gleiches gilt auch,
wenn die Ergebnisdefinition erweitert wird und dementsprechend die Ergebniskonstellationen nicht bloß Zahlungsgrößen beinhalten.

Es muß folglich davon ausgegangen werden, daß das (Sach-)Investitionsobjekt und
das zu bewertende Unternehmen als organisatorische, wirtschaftliche und rechtliche
Einheit (firmenbezogener Unternehmensbegriff) jeweils eine Menge von (investi-
tionsobjekt- und unternehmensbezogenen) Alternativen repräsentiert, denen sich Ergebniskonstellationen und Nutzwerte zurechnen lassen, und daß – bei rationalem Handeln –
der *Nutzwert der jeweiligen optimalen (investitionsobjekt- und unternehmensbezogenen) Alternative* gemeint ist, wenn vom Nutzwert eines (Sach-)Investitionsobjekts oder
eines Unternehmens gesprochen wird (*Annahme der Optimalplanung aus der Sicht des
Entscheidungssubjekts*). Diese Annahme der Optimalplanung folgt aus dem Prinzip des
Rationalverhaltens und ist zudem erforderlich, um eine eineindeutige Zuordnung von
Nutzwerten zu Objekten (zu Investitionsobjekten oder zu Unternehmen als Bewertungsobjekt) zu erreichen.

Die Annahmen der Nutzwertadditivität und der beliebigen Kombinierbarkeit sowie
der beliebigen Teilbarkeit implizieren ihrerseits, daß die Optimalplanung sich in bezug
auf *alle Handlungsaktivitäten* des Entscheidungssubjekts aus einer Kombination der in-
vestitionsobjekt- und unternehmensbezogenen Teil-Optimalplanungen ergibt.

Ferner soll angenommen werden, daß das Entscheidungssubjekt im Bewertungszeitpunkt über einen *bestimmten Fonds an finanziellen Mitteln für Investitionszwecke
(Investitionskapital)* verfügt, wobei dies Eigenmittel sein sollen. Von der Möglichkeit
der Beschaffung weiteren Kapitals (insbesondere von Fremdkapital) soll bei der nachfolgenden Darstellung des Grundmodells (noch) abgesehen werden. Die Liquiditätsbedingung wird lediglich hinsichtlich des Entscheidungszeitpunktes $t = 0$ expliziert,
hinsichtlich der Zukunft wird die Zahlungsfähigkeit als stets gegeben unterstellt. Diese
Annahmen hinsichtlich der Kapitalausstattung des Entscheidungssubjekts für Investitionszwecke und der Gewährleistung der Zahlungsfähigkeit erlauben eine sehr einfache
Darstellung der grundsätzlichen Vorgehensweise bei der Ermittlung des Entscheidungswertes als Preisgrenze (Preisobergrenze, Preisuntergrenze), ohne daß sich dadurch gravierende Einschränkungen in bezug auf die gewonnenen Erkenntnisse ergeben. Das,
was gezeigt werden soll, kann auf dieser Basis erläutert werden.

2.3.3 Bewertungsverfahren

2.3.3.1 Grundmodelle der Grenzpreisbestimmung

2.3.3.1.1 Grundmodell des Entscheidungswertkalküls

2.3.3.1.1.1 Ermittlung des Basisprogramms

Es werden im weiteren folgende Symbole benutzt:

U	zu bewertendes Unternehmen
N_U	Nutzwert des Unternehmens aus der Sicht des Bewertungssubjekts
I_b	für das Bewertungssubjekt verfügbare Investitionsobjekte mit $b \in \{1, ..., B\}$
z_b	Anzahl der vom Bewertungssubjekt erwerbbaren Investitionsobjekte I_b mit $0 \leq z_b \leq z_{bmax}$ (bei beliebiger Teilbarkeit) oder $z_b \in \{0, 1, 2, ..., z_{bmax}\}$ (bei Ganzzahligkeit)
P_b	für das Investitionsobjekt I_b im Bewertungszeitpunkt $t = 0$ zu zahlender Preis, Investitionsbetrag pro Einheit des Investitionsobjekts
N_b	dem Investitionsobjekt I_b vom Entscheidungssubjekt zugeordneter Nutzwert
z_U	Variable zur Charakterisierung des Kaufs/Verkaufs des Unternehmens
K	Betrag des dem Bewertungssubjekt im Bewertungszeitpunkt $t = 0$ zur Verfügung stehenden Investitionskapitals
N_{Ba}	Nutzwert des Basisprogramms aus der Sicht des Bewertungssubjekts
N_{Be}	Nutzwert des Bewertungsprogramms aus der Sicht des Bewertungssubjekts
P_U	noch auszuhandelnder Preis des Unternehmens U
Abbildung 60: Übersicht der in der Grundmodelldarstellung verwendeten Symbole	

Aufgrund der getroffenen Annahmen steht im Bewertungszeitpunkt $t = 0$ lediglich zur Disposition, wieviel Einheiten der Investitionsobjekte I_b gekauft werden sollen, falls das Unternehmen U nicht gekauft/verkauft werden soll (*Ermittlung des Basisprogramms*), und wie viele Einheiten der Investitionsobjekte I_b gekauft werden sollen, wenn das zu bewertende Unternehmen zum maximal zahlbaren Preis P_{Umax} (Entscheidungswert des Käufers) gekauft/zum minimal zu fordernden Preis P_{Umin} (Entscheidungswert des Verkäufers) verkauft wird (*Ermittlung des Bewertungsprogramms*).

Die im Grundmodell zu berücksichtigenden *Handlungsparameter* sind dann:

1. „Kauf der Investitionsobjekte I_b", welche die Werte $0 \leq z_b \leq z_{bmax}$ (für $b \in \{1, ..., B\}$) bei beliebiger Teilbarkeit annehmen können, sowie
2. „Kauf/Verkauf des Unternehmens U", der die Werte $z_U \in \{0, 1\}$ aus der Sicht des Käufers/Verkäufers annehmen kann. Aus der *Sicht des Käufers* bedeutet $z_U = 0$, daß das Unternehmen U *nicht* gekauft werden soll, und $z_U = 1$, daß es gekauft werden soll. Aus der *Sicht des Verkäufers* bedeutet $z_U = 1$, daß das Unternehmen *nicht* verkauft werden soll, und $z_U = 0$, daß es verkauft werden soll.

Unter den gesetzten Annahmen kann im Modell folgende *Zielfunktion* zur Bestimmung des Basisprogramms formuliert werden:

(1) $\sum_b z_b \cdot N_b + z_U \cdot N_U \to \max!$

Der Nutzen aus der Sicht des Bewertungssubjekts ist zu maximieren, was nichts anderes als die *Annahme des Rationalverhaltens* ist. Dabei sind folgende *Nebenbedingungen* zu beachten:

(2) $\sum_b z_b \cdot P_b \leq K,$

die im Bewertungszeitpunkt t = 0 das finanzielle Gleichgewicht sichert[118], d. h., der Kapitalbedarf darf nicht größer als das Investitionskapital K sein, und die B Nebenbedingungen

(3) $0 \leq z_b \leq z_{bmax}$ für $b \in \{1, ..., B\},$

welche die Beschränkungen hinsichtlich der Anzahl der im Bewertungszeitpunkt zu erwerbenden Investitionsobjekte I_b angeben, sowie die Nebenbedingung

(4.1) $z_U = 0,$

falls das Basisprogramm für den Käufer bestimmt werden soll, oder die Nebenbedingung

(4.2) $z_U = 1,$

falls das Basisprogramm für den Verkäufer bestimmt werden soll.

Dieser Ansatz kann letztlich wegen (4.1) und (4.2) sowohl mit Blick auf den Käufer als auch mit Blick auf den Verkäufer vereinfacht werden (siehe Zielfunktion), was hier aber unterbleiben soll, um die einheitliche Darstellungsweise der Ermittlung des Basisprogramms in bezug auf beide Parteien beibehalten zu können. Die Lösung dieses Ansatzes führt schließlich zum Basisprogramm, dessen Nutzwert N_{Ba} bei der Ermittlung des Entscheidungswertes zur Mindestanforderung wird.[119]

2.3.3.1.1.2 Ermittlung des Bewertungsprogramms

Der Ansatz (*Zielfunktion*) zur Ermittlung des Bewertungsprogramms lautet:

(1.1) $P_U \to \max!$

aus der Sicht des Käufers und

(1.2) $P_U \to \min!$

aus der Sicht des Verkäufers, wobei folgende *Nebenbedingungen* zu beachten sind:

(2) $\sum_b z_b \cdot N_b + z_U \cdot N_U \geq N_{Ba},$

um zu gewährleisten, daß sich das Bewertungssubjekt bei einem Kauf/Verkauf des Unternehmens zum Entscheidungswert P_{Umax}/P_{Umin} nicht schlechter als ohne Kauf/Verkauf stellt,[120] ferner:

---

[118]   Hinsichtlich der weiteren Zeitpunkte soll die Zahlungsfähigkeit per Annahme gegeben sein.

[119] N_{Ba} gibt den Nutzwert bei Nicht-Einigung an und entspricht folglich $N(a_{opt})$.

[120]   Wenn P_{Umax} oder P_{Umin} erreicht sind, ist – von Unteilbarkeitsproblemen abgesehen – die Gleichheitsbedingung erfüllt.

$$(3.1) \sum_b z_b \cdot P_b \leq K - P_U$$

oder

$$(3.2) \sum_b z_b \cdot P_b \leq K + P_U,$$

um das finanzielle Gleichgewicht im Bewertungszeitpunkt bei einem Kauf (3.1) oder Verkauf (3.2) des Unternehmens zu sichern, sowie den B Nebenbedingungen

$$(4) \, 0 \leq z_b \leq z_{bmax} \text{ für } b \in \{1, \ldots, B\},$$

die den Erwerb der Investitionsobjekte I_b auf die jeweils vorhandene Anzahl beschränken, und schließlich die Nebenbedingung

$$(5.1) \, z_U = 1$$

oder

$$(5.2) \, z_U = 0,$$

falls das Bewertungsprogramm für den Käufer (5.1) oder für den Verkäufer (5.2) bestimmt werden soll.

Die Nebenbedingung (3. 1) drückt aus, daß der entgeltliche Erwerb, also $P_U > 0$, des Unternehmens durch den Käufer dessen finanziellen Spielraum für die Realisation anderer Investitionsobjekte ($K - P_U$) einschränkt. Umgekehrt gilt für den Verkäufer, wie aus der Nebenbedingung (3.2) ersehen werden kann, daß die entgeltliche Veräußerung des Unternehmens faktisch zur Vergrößerung des Investitionskapitals K führt. Während der Käufer auf Investitionsobjekte, deren Realisation ohne den Kauf des Unternehmens vorgesehen war, verzichten muß, erhält der Verkäufer die Möglichkeit, Investitionsobjekte zu erwerben, die ohne den Verkauf des Unternehmens für ihn wegen des begrenzten Investitionskapitals nicht zu realisieren waren.

Der Kauf/Verkauf des Unternehmens hat indes nicht bloß finanzielle Auswirkungen, sondern auch Auswirkungen auf den Nutzen, die durch die Nebenbedingung (2) berücksichtigt werden. So erhält/verliert der Käufer/Verkäufer durch den Kauf/Verkauf des Unternehmens den für ihn geltenden Nutzwert N_U des Unternehmens. Dementsprechend kann der Käufer auf den Erwerb von Investitionsobjekten verzichten, deren Realisation ohne den Kauf des Unternehmens vorgesehen war, während der Verkäufer neue Investitionsobjekte erwerben muß, um die Nutzwertabnahme infolge des Verkaufs des Unternehmens zu kompensieren.

Auch dieser mathematische Ansatz kann wegen der Bedingungen (5.1) und (5.2) letztlich hinsichtlich der Nebenbedingung (2) vereinfacht werden, was jedoch hier wiederum unterbleiben soll, weil es an dieser Stelle um die Darstellung der Struktur der Aufgabenstellung und nicht um Fragen der Lösungstechnik geht.

2.3.3.1.1.3 Zahlenbeispiel

a. Bewertung aus der Sicht eines Käufers

(1) Allgemeine Bewertungsmethodik

Für das Entscheidungssubjekt (Käufer) soll folgende Entscheidungssituation hinsichtlich der in Frage kommenden (jetzt zunächst als *nicht* teilbar angenommenen) Investitionsobjekte I_b sowie des zu bewertenden Unternehmens U gelten:

Investitionsobjekte I_b	Preis P_b je Einheit der Investitionsobjekte in Geldeinheiten (GE)	Nutzwert N_b je Einheit der Investitionsobjekte in Nutzeneinheiten (NE)	Maximal mögliche Anzahl z_{bmax} der Investitionsobjekte
Investitionsobjekt I_1	2.000 GE	6.000 NE	1
Investitionsobjekt I_2	3.000 GE	6.000 NE	1
Investitionsobjekt I_3	5.000 GE	6.000 NE	1
Unternehmen U	?	6.000 NE	
Abbildung 61: Entscheidungssituation des Käufers			

Das im Bewertungszeitpunkt vorhandene Investitionskapital K des Käufers beträgt K = 5.000 Geldeinheiten (GE).

Der mathematische *Ansatz zur Bestimmung des Basisprogramms aus der Sicht des Käufers* lautet – unter Beachtung der möglichen Vereinfachungen wegen $z_U = 0$ bei Bestimmung des Basisprogramms aus der Käufersicht – für das Beispiel:

$$(1)\ z_1 \cdot 6.000 + z_2 \cdot 6.000 + z_3 \cdot 6.000 \rightarrow max!$$

unter den Nebenbedingungen

$$(2)\ z_1 \cdot 2.000 + z_2 \cdot 3.000 + z_3 \cdot 5.000 \leq 5.000$$

$$(3)\ z_b \in \{0,1\} \text{ für } b \in \{1,2,3\}.$$

Die *Annahme der Nichtteilbarkeit* der Investitionsobjekte I_b ist hier eingeführt worden, um die nachfolgende Ermittlung des Entscheidungswertes als Preisobergrenze auch in Analogie zum allgemeinen Modell eines mehrdimensionalen Entscheidungswertes vornehmen zu können und so dieses Modell mit Blick auf eine einfachere Konfliktsituation zu rekapitulieren und noch verständlicher zu machen.

In dieser gegebenen Entscheidungssituation existieren für den Käufer nur acht Alternativen a_i (mit $i \in \{1, 2, ..., 8\}$) im Sinne exkludierender Kombinationen der Handlungsparameter „Kauf der Investitionsobjekte I_b", welche die Werte $z_b \in \{0, 1\}$ für $b \in \{1, 2, 3\}$ annehmen können.[121] Dabei bedeutet $z_b = 0$, daß das Investitionsobjekt I_b nicht gekauft wird, und $z_b = 1$, daß der Kauf des Investitionsobjekts I_b vorgesehen ist. Von diesen im Beispiel aufgrund der Kombinatorik acht möglichen, sich gegenseitig ausschließenden Kombinationen der Handlungsparameter (Alternativen) kann der Käufer indes die Alternativen a_6, a_7 und a_8 (vgl. *Abbildung 62*) nicht durchführen, weil deren Kapitalbedarf das verfügbare Investitionskapital von K = 5.000 GE übersteigt und folg-

---

[121] Denn bei drei Objekten gibt es maximal $2^3 = 8$ Kombinationen.

lich für den Käufer wegen fehlender Finanzierbarkeit nicht realisierbar sind. Das Entscheidungsfeld (ohne Unternehmenserwerb) $\mathfrak{A} = \{a_i \mid \Sigma z_b \cdot P_b \leq K\}$ bilden im Beispiel folglich nur die Alternativen a_1 bis a_5: $\mathfrak{A} = \{a_1, a_2, a_3, a_4, a_5\}$.

In der *Abbildung 62* sind die das *Entscheidungsfeld des Käufers* bildenden Alternativen fett umrandet und grau unterlegt:

Alternative a_i	Nutzwert $N(a_i)$	Kapitalbedarf der Alternative $\Sigma z_b \cdot P_b$
$a_1 = (z_1=0, z_2=0, z_3=0)$	0 NE	0 GE
$a_2 = (z_1=1, z_2=0, z_3=0)$	6.000 NE	2.000 GE
$a_3 = (z_1=0, z_2=1, z_3=0)$	6.000 NE	3.000 GE
$a_4 = (z_1=0, z_2=0, z_3=1)$	6.000 NE	5.000 GE
$a_5 = (z_1=1, z_2=1, z_3=0)$	12.000 NE	5.000 GE
$a_6 = (z_1=1, z_2=0, z_3=1)$	12.000 NE	7.000 GE > K
$a_7 = (z_1=0, z_2=1, z_3=1)$	12.000 NE	8.000 GE > K
$a_8 = (z_1=1, z_2=1, z_3=1)$	18.000 NE	10.000 GE > K

Abbildung 62: Alternativenmenge $\mathfrak{A}$ des Käufers

Alternative a_1 ist die Unterlassensalternative, a_2 bis a_5 sind verschiedene Durchführungsalternativen. Nicht finanzierbar sind die Kombinationen a_6 bis a_8; sie stellen daher keine Handlungsmöglichkeiten dar. Die optimale Alternative a_{opt} ist im Beispiel die Alternative a_5, die den Erwerb der Investitionsobjekte I_1 und I_2 beinhaltet und das *Basisprogramm des Käufers* darstellt: $a_{opt} = \{a_i \mid \max\{N(a_i) \mid a_i \in \mathfrak{A}\}$.

Der Nutzwert $N(a_{opt})$ dieser optimalen Alternative ist der Nutzwert N_{Ba} des Basisprogramms: $N_{Ba} = N(a_{opt}) = \max\{N(a_i) \mid a_i \in \mathfrak{A}\}$.

Daß die optimale Alternative a_{opt}, d. h. das Basisprogramm, unter den Bedingungen des Grundmodells auch ohne explizite Ermittlung der Menge $\mathfrak{A}$ aller Alternativen des Käufers direkt bestimmt werden kann, wird später noch erläutert.

Der *mathematische Ansatz zur Berechnung des Entscheidungswertes* lautet unter den Bedingungen des Zahlenbeispiels:

$(1)\ P_U \rightarrow \max!$

unter den Nebenbedingungen

$(2)\ z_1 \cdot 6.000 + z_2 \cdot 6.000 + z_3 \cdot 6.000 + z_U \cdot 6.000 \geq 12.000$

$(3)\ z_1 \cdot 2.000 + z_2 \cdot 3.000 + z_3 \cdot 5.000 \leq 5.000 - P_U$

$(4)\ z_b \in \{0,1\}$ für $b \in \{1, 2, 3\}$

$(5)\ z_U = 1.$

Die Lösung kann auch hier wieder ohne mathematische Optimierungsansätze allein auf Basis der Kombinatorik gefunden werden, was nachfolgend auch geschehen soll, um die Vorgehensweise bei der Ermittlung eines mehrdimensionalen Entscheidungswertes auf die vorliegende eindimensionale Konfliktsituation übertragen zu können und so zusätzlich zu verdeutlichen.

In der *Abbildung 63* sind alle Alternativen $\mathfrak{B}(P) = \{b_j(P)\}$ aufgeführt, über die der Käufer unter den gesetzten Bedingungen nach einer Verständigung auf einen bestimmten Preis P verfügen könnte, wobei hier auch negative Preise zugelassen sind; in einem solchen Fall erhält der Käufer noch etwas, wenn er das Unternehmen übernimmt, was durchaus vorkommen kann:

Preis P	Alternativenmenge $\mathfrak{B}(P) = \{b_j(P)\}$	Nutzwert $N(b_j(P))$
−5.000	$\mathfrak{B}(P = -5.000) = \{b_1 = (z_1 = 1, z_2 = 1, z_3 = 1, z_U = 1)\}$	24.000 NE
−3.000	$\mathfrak{B}(P = -3.000) = \{b_2 = (z_1 = 0, z_2 = 1, z_3 = 1, z_U = 1)\}$	18.000 NE
−2.000	$\mathfrak{B}(P = -2.000) = \{b_3 = (z_1 = 1, z_2 = 0, z_3 = 1, z_U = 1)\}$	18.000 NE
0	$\mathfrak{B}(P = 0) = \{b_4 = (z_1 = 1, z_2 = 1, z_3 = 0, z_U = 1);$	18.000 NE
	$b_5 = (z_1 = 0, z_2 = 0, z_3 = 1, z_U = 1)\}$	12.000 NE
2.000	$\mathfrak{B}(P = 2.000) = \{b_6 = (z_1 = 0, z_2 = 1, z_3 = 0, z_U = 1)\}$	12.000 NE
3.000	$\mathfrak{B}(P = 3.000) = \{b_7 = (z_1 = 1, z_2 = 0, z_3 = 0, z_U = 1)\}$	12.000 NE
5.000	$\mathfrak{B}(P = 5.000) = \{b_8 = (z_1 = 0, z_2 = 0, z_3 = 0, z_U = 1)\}$	6.000 NE
Abbildung 63: Alternativenmenge $\mathfrak{B}(P)$ des Käufers		

Aus der *Abbildung 63* ist zu entnehmen, daß – aufgrund der Ganzzahligkeitsannahme – die Menge $\mathfrak{B}(P) = \{b_j(P)\}$ außer beim Preis P = 0 nur ein Element enthält. Die Menge $\mathfrak{B}(P = 0)$ ist zweielementig, wobei die Alternative $b_5 = (z_1 = 0, z_2 = 0, z_3 = 1, z_U = 1)$ dominant schlechter ist als die Alternative $b_4 = (z_1 = 1, z_2 = 1, z_3 = 0, z_U = 1)$ und folglich für P = 0 nicht in Betracht kommt; d. h., dem Preis P = 0 ist der Nutzwert der – bezogen auf diese Konfliktlösung – besten Alternative $N(b_{opt}(P = 0)) = N(b_4) = 18.000$ zuzuordnen. Die Alternative b_1 ist nur dann erreichbar, wenn der Käufer vom Verkäufer einen Betrag in Höhe von 5.000 GE erhält, d. h., bei der Darstellung der Menge $\mathfrak{B}(P)$ der Handlungsmöglichkeiten nach einem Kauf in Abhängigkeit von der Höhe des vereinbarten Preises P wird von der Restriktion, daß der Käufer i. d. R. einen Preis P > 0 zu zahlen hat, abstrahiert.

Neben dieser *Dominanzbeziehung zwischen Alternativen bezogen auf den gleichen Preis* (hier P = 0) gibt es aber noch *weitere Dominanzbeziehungen* zwischen den in *Abbildung 63* aufgeführten Alternativen. So wird der Nutzwert von $N(b_j(P)) = 18.000$ bei den Preisen $P \in \{0, -2.000, -3.000\}$ erreicht. In diesem Fall dominiert die Konfliktlösung P = 0 die anderen Konfliktlösungen (wegen $P_U \rightarrow$ max!), so daß dem Nutzwert von $N(b_j(P)) = 18.000$ nur der Preis P = 0 zugeordnet werden darf. Im Hinblick auf den Nutzwert $N(b_j(P)) = 12.000$ gilt, daß er bei den Preisen $P \in \{2.000, 3.000\}$ mit Hilfe der Alternativen $\{b_6 = (z_1 = 0, z_2 = 1, z_3 = 0, z_U = 1), b_7 = (z_1 = 1, z_2 = 0, z_3 = 0, z_U = 1)\}$ erreicht wird, d. h., auch hier liegt eine Dominanzbeziehung vor.

Werden solche Dominanzbeziehungen beachtet, d. h., die dominierten Alternativen außer acht gelassen, ergibt sich die in *Abbildung 64* aufgeführte *Menge der nicht dominierten Alternativen für den Käufer* sowie die eineindeutige Zuordnung eines bestimmten Nutzwertes zu einer Konfliktlösung (hier eines bestimmten Preises i. H. v. P).

Preis P	Alternativenmenge $\mathfrak{B}(P) = \{b_j(P)\}$	Nutzwert $N(b_j(P))$
–5.000	$\mathfrak{B}(P = -5.000) = \{b_1 = (z_1 = 1, z_2 = 1, z_3 = 1, z_U = 1)\}$	24.000 NE
0	$\mathfrak{B}(P = 0) = \{b_4 = (z_1 = 1, z_2 = 1, z_3 = 0, z_U = 1)\}$	18.000 NE
3.000	$\mathfrak{B}(P = 3.000) = \{b_7 = (z_1 = 1, z_2 = 0, z_3 = 0, z_U = 1)\}$	12.000 NE
5.000	$\mathfrak{B}(P = 5.000) = \{b_8 = (z_1 = 0, z_2 = 0, z_3 = 0, z_U = 1)\}$	6.000 NE
Abbildung 64: Menge nicht dominierter Alternativen $\mathfrak{B}(P)$ des Käufers		

Genau zum gleichen Nutzwert wie das Basisprogramm führt die Alternative $b_7 = (z_1 = 1, z_2 = 0, z_3 = 0, z_U = 1)$. Sie stellt folglich das *Bewertungsprogramm* dar: $\mathfrak{B}^* = \{b7\}$, das im Beispielfall eine einelementige Menge ist. Die *Menge der zulässigen Konfliktlösungen* $\mathfrak{S}_z$ bilden alle Preise, die zu einem Nutzwert $N(b_j(P)) \geq N_{Ba} = 12.000$ NE führen: $\mathfrak{S}_z = \{P \mid P \leq 3.000\}$. Der *Entscheidungswert* ist dann $\mathfrak{W} = \{P = 3.000\}$.

(2) Spezielle Bewertungsmethodik: Tabellarische Methode
Unter den Bedingungen des Grundmodells können Basisprogramm und Bewertungsprogramm auch ohne den – hier aus Gründen des Vergleichs mit dem allgemeinen Vorgehen bei der Ermittlung eines mehrdimensionalen Entscheidungswertes vorgenommenen – Rückgriff auf die Mengen $\mathfrak{A}$ und $\mathfrak{B}(P) = \{b_j(P)\}$ und auch ohne Rückgriff auf einen linearen Optimierungsansatz ermittelt werden, was nachfolgend geschehen soll. Die optimale Alternative a_{opt}, d. h. das *Basisprogramm*, wird dabei unter den Bedingungen des Grundmodells direkt ermittelt, denn die zugrundeliegende Situation kann als Situation mit einem einzigen bekannten relativ knappen Faktor (*Situation mit einem bekannten Engpaßfaktor*) charakterisiert werden. Der *relativ knappe Faktor*, um dessen bestmögliche Verwendung auf die Investitionsobjekte I_b es geht, ist das Investitionskapital K.

Die *Regel zur Verwendung eines bekannten Knappheitsfaktors* lautet: *Verwende den knappen Faktor in der Reihenfolge der relativen Zielbeiträge seiner verschiedenen Verwendungsmöglichkeiten! Beginne dabei mit der Verwendung, die den höchsten relativen Zielbeitrag aufweist!*

Der *relative Zielbeitrag* ist der Zielbeitrag der jeweiligen Verwendungsmöglichkeit pro Einsatzeinheit des knappen Faktors. Voraussetzung für die Anwendung dieser generellen Regel ist die *beliebige Teilbarkeit sowohl des knappen Faktors als auch der in Frage kommenden Verwendungsmöglichkeiten*. Diese Bedingung ist im Grundmodell erfüllt, wenngleich bei der gerade erläuterten allgemeinen Bewertungsmethodik außer Kraft gesetzt gewesen. In der *Abbildung 65* sind die relativen Zielbeiträge der Investitionsobjekte I_b aufgeführt. Die Inanspruchnahme des knappen Faktors (Investitionskapital K) durch die Investitionsobjekte drückt sich in deren Preis P_b aus.

Investitionsobjekte I_b	Preis P_b je Einheit der Investitionsobjekte in Geldeinheiten (GE)	Nutzwert N_b je Einheit der Investitionsobjekte in Nutzeneinheiten (NE)	Relativer Zielbeitrag N_b/P_b
Investitionsobjekt I_1	2.000 GE	6.000 NE	3 NE/GE
Investitionsobjekt I_2	3.000 GE	6.000 NE	2 NE/GE
Investitionsobjekt I_3	5.000 GE	6.000 NE	1,2 NE/GE
Abbildung 65: Relative Zielbeiträge der Investitionsobjekte			

Wird die genannte Regel berücksichtigt, sollte der knappe Faktor zunächst zugunsten des Investitionsobjekts I_1, danach – soweit noch verfügbar – zugunsten des Investitionsobjekts I_2 und schließlich – soweit immer noch verfügbar – zugunsten des Investitionsobjekts I_3 eingesetzt werden. Da im Beispiel der knappe Faktor K = 5.000 GE beträgt, muß er folglich zunächst zum Erwerb des Investitionsobjekts I_1 (mit P_1 = 2.000 und einem relativen Zielbeitrag von N_1/P_1 = 3) und danach zum Erwerb des Investitionsobjekts I_2 (mit P_2 = 3.000 und N_2/P_2 = 2) benutzt werden. Dann ist sein Vorrat aufgebraucht, so daß das Investitionsobjekt I_3 nicht mehr zum Zuge kommt. Diese Vorgehensweise liegt der sog. *tabellarischen Bewertungsmethode* zugrunde (vgl. *Abbildung 66*):[122]

	Kapitalbedarf (–) und Kapitalbedarfsdeckung (+) in Geldeinheiten (GE) im Zeitpunkt t = 0 (Spalte 1)	Nutzwerte in Nutzeneinheiten (NE) (Spalte 2)
Investitionsobjekt I_1	-2.000 GE	6.000 NE
Investitionsobjekt I_2	-3.000 GE	6.000 NE
Investitionskapital K	5.000 GE	
Nutzwert N_{Ba}		12.000 NE
Abbildung 66: Basisprogramm des Käufers		

Der Nutzwert des Basisprogramms von N_{Ba} = 12.000 NE wird zur Mindestanforderung an das Bewertungsprogramm, in dem das zu bewertende Unternehmen enthalten sein muß. Die zu beantwortende Frage lautet: *Wieviel an finanziellen Mitteln kann der Käufer maximal für den Erwerb des Unternehmens bereitstellen, ohne daß bei einem Erwerb des Unternehmens zur Preisobergrenze der Nutzwert geringer wird als im Basisprogramm?*

Zur Beantwortung dieser Frage kann unmittelbar auf die Regel zur Verwendung eines Knappheitsfaktors zurückgegriffen werden, freilich jetzt nicht in der Situation der Aufnahme von Investitionsobjekten in das Basisprogramm, sondern in der *Situation der*

---

[122] Die tabellarische Bewertungsmethode wurde zuerst von SIEBEN angewendet. Vgl. SIEBEN, Prospektive Erfolgserhaltung (1964), S. 638, SIEBEN, Abfindung (1966), S. 7. Siehe beispielsweise auch WAGNER, Zweckmäßigkeit von Bewertungskalkülen (1973).

Verdrängung von Investitionsobjekten aus dem Basisprogramm, d. h. im Sinne des Verzichts auf eine bislang vorgesehene Verwendung des knappen Faktors „Investitionskapital" und damit der Freisetzung von Kapital für neue Verwendungszwecke wie dem möglichen Erwerb des zu bewertenden Unternehmens.

Bei der Aufnahme der Investitionsobjekte in das Basisprogramm sah die *optimale Aufnahmeregel* ein Vorgehen entsprechend der Rangfolge der relativen Zielbeiträge vor, wobei mit der Aufnahme desjenigen Investitionsobjekts begonnen wurde, dessen relativer Zielbeitrag am höchsten ist. Nunmehr verlangt die *optimale Verdrängungsregel*,[123] daß sich bei einem Verzicht ebenfalls am relativen Zielbeitrag orientiert werden muß, und zwar in dem Sinne, daß zunächst auf diejenige vorgesehene, d. h. im Basisprogramm enthaltene Verwendung des knappen Faktors verzichtet wird, die den geringsten relativen Zielbeitrag aufweist. Entsprechend wird bei weiteren Verdrängungen verfahren. Die Verdrängung von Investitionsobjekten aus dem Basisprogramm des Käufers wird schließlich beendet, wenn der Nutzwert N_{Be} des Bewertungsprogramms, in dem das zu bewertende Unternehmen enthalten ist, gerade so groß wie der Nutzwert N_{Ba} des Basisprogramms ist. Wenn die Bedingung $N_{Be} = N_{Ba}$ gilt, dann entspricht der Nutzwert N_{VO} der verdrängten Investitionsobjekte, die das sog. Vergleichsobjekt bilden, gerade dem Nutzwert N_U des zu bewertenden Unternehmens als Bewertungsobjekt: $N_U = N_{VO}$. Zugleich gilt, daß das, was durch die Verdrängung an Investitionskapital freigesetzt wird, für einen Erwerb des Unternehmens bereitgestellt werden kann.

Wird der optimalen Verdrängungsregel gefolgt, werden diejenigen Investitionsobjekte durch die Aufnahme des Unternehmens aus dem Basisprogramm verdrängt, die bezogen auf ihren Nutzwert die größte Kapitalbindung aufweisen, d. h., es wird so – im Hinblick auf den Nutzwert N_U des Unternehmens – der größtmögliche Kapitalbetrag für den Unternehmenserwerb freigesetzt. Diesen Betrag könnte der Käufer äußerstenfalls auch für das zu bewertende Unternehmen zahlen; er entspricht dem Entscheidungswert des Käufers als Preisobergrenze.

Anders ausgedrückt: *Der Entscheidungswert P_{max} des Käufers ergibt sich im Grundmodell aus dem Preis P_{VO} der aus dem Basisprogramm verdrängten erfolgsgleichen Investitionsobjekte (Vergleichsobjekt).*

Die Bestimmung der Preisobergrenze P_{max} (Entscheidungswert des Käufers) beinhaltet die Übertragung des Preises P_{VO} der verdrängten Investitionsobjekte auf das nutzwertgleiche zu bewertende Unternehmen (Bewertungsobjekt): „Der Preis des Vergleichsobjektes wird zum Wert des Bewertungsobjektes."[124] Dies gilt – wie noch zu zeigen sein wird – auch aus der Sicht des Verkäufers. Daher kann allgemein der *Entscheidungswert als Preisgrenze* als eine *Relation zwischen Bewertungssubjekt, Bewertungsobjekt und Vergleichsobjekt* charakterisiert werden.[125]

In der *Abbildung 67* sind die zum Bewertungsprogramm hinführenden Schritte gemäß der *tabellarischen Bewertungsmethode* aufgeführt:

---

[123] Vgl. SIEBEN, Bewertungsmodelle (1967), S. 134, MATSCHKE, Entscheidungswert (1975), S. 260.

[124] SIEBEN, Bewertungsmodelle (1967), S. 143.

[125] SIEBEN, Erfolgseinheiten (1968), S. 285: „Die Abhängigkeit des Wertes von der Umgebung im Entscheidungsfeld erlaubt es, ihn [...] als Objekt-Subjekt-Objekt-Beziehung zu kennzeichnen. Die Voraussetzung seiner Ermittlung ist die Existenz von Vergleichsobjekten. Vergleichsmaßstab ist der Zielplan."

	Kapitalbedarf (−) und Kapitalbedarfs- deckung (+) in Geldeinheiten (GE) im Zeitpunkt t = 0 (Spalte 1)	Nutzwerte in Nutzeneinheiten (NE) (Spalte 2)
1. Schritt: Aufnahme des Bewertungsobjekts		
Investitionsobjekt I_1	-2.000 GE	6.000 NE
Investitionsobjekt I_2	-3.000 GE	6.000 NE
Investitionskapital K	5.000 GE	
Unternehmen U		6.000 NE
Nutzwert $N_{Ba} + N_U$		18.000 NE
2. Schritt: Verdrängung des Investitionsobjekts I_2		
Investitionsobjekt I_1	-2.000 GE	6.000 NE
Investitionskapital K	5.000 GE	
Unternehmen U		6.000 NE
Nutzwert $N_{Be} = N_{Ba}$		12.000 NE
Abbildung 67: Bewertungsprogramm des Käufers (Ermittlung mit Hilfe der tabellarischen Methode)		

Der Entscheidungswert des Käufers ist gleich dem Preis der aus dem Basisprogramm verdrängten nutzwertgleichen Investitionsobjekte, im Beispiel gleich dem Preis P_2 des Investitionsobjekts I_2. Er läßt sich mittels tabellarischer Bewertungsmethode bestimmen, indem die Größen des Basisprogramms von denen des Bewertungsprogramms subtrahiert werden (vgl. *Abbildung 68*).

	Kapitalbedarf (−) und Kapitalbedarfs- deckung (+) in Geldeinheiten (GE) im Zeitpunkt t = 0 (Spalte 1)	Nutzwerte in Nutzeneinheiten (NE) (Spalte 2)
Bewertungsprogramm		
Investitionsobjekt I_1	-2.000 GE	6.000 NE
Investitionskapital K	5.000 GE	
Unternehmen U		6.000 NE
./. Basisprogramm		
Investitionsobjekt I_1	-2.000 GE	6.000 NE
Investitionsobjekt I_2	-3.000 GE	6.000 NE
Investitionskapital K	5.000 GE	
= Entscheidungswert P_{max}	3.000 GE	
Abbildung 68: Entscheidungswert des Käufers		

Anhand dieser tabellarischen Bewertung wird ersichtlich, was die Charakterisierung des Entscheidungswertes als Subjekt-Objekt-Objekt-Relation bedeutet. Es findet eine Übertragung des beim Vergleichsobjekt geltenden Verhältnisses zwischen Zielbeitrag (Nutzen) und Kapitaleinsatz (Preis) auf das Bewertungsobjekt statt:

$$P_{max} = \frac{N_U}{\dfrac{N_{VO}}{P_{VO}}} = P_{VO} \text{ wegen } N_U = N_{VO},$$

im Beispiel:

$$P_{max} = \frac{6.000\,NE}{\dfrac{6.000\,NE}{3.000\,GE}} = 3.000\,GE.$$

Dabei kann sich das „Vergleichsobjekt" durchaus aus mehreren verdrängten Investitionsobjekten zusammensetzen. Im Beispiel ist das Vergleichsobjekt das aus dem Basisprogramm verdrängte Objekt I_2.

b. Bewertung aus der Sicht eines Verkäufers

Die Bestimmung des Entscheidungswertes als Preisuntergrenze des Verkäufers soll unter Zugrundelegung des folgenden Zahlenbeispiels (vgl. *Abbildung 69*) erläutert werden:[126]

Investitionsobjekte I_b	Preis P_b	Nutzwert N_b	Anzahl z_{bmax}	Relativer Zielbeitrag N_b/P_b
Investitionsobjekt I_1	1.000 GE	5.000 NE	1	5 NE/GE
Investitionsobjekt I_2	2.000 GE	6.000 NE	1	3 NE/GE
Investitionsobjekt I_3	4.000 GE	8.000 NE	1	2 NE/GE
Unternehmen U	?	5.000 NE		
Investitionskapital K	1.000 GE			
Abbildung 69: Entscheidungssituation des Verkäufers				

Die Investitionsobjekte sind beliebig teilbar. Der mathematische *Ansatz zur Bestimmung des Basisprogramms aus der Sicht des Verkäufers* lautet für das Beispiel:

(1) $z_1 \cdot 5.000 + z_2 \cdot 6.000 + z_3 \cdot 8.000 + z_U \cdot 5.000 \rightarrow$ max!

unter den Nebenbedingungen

(2) $z_1 \cdot 1.000 + z_2 \cdot 2.000 + z_3 \cdot 4.000 \leq 1.000$

(3) $0 \leq z_b \leq 1$ für $b \in \{1, 2, 3\}$

(4) $z_U = 1$.

---

[126] Es soll sich um das gleiche Unternehmen handeln, dessen Entscheidungswert als Preisobergrenze des Käufers gerade ermittelt wurde. In dem hier zugelassenen Fall einer heterogenen Ergebnisdefinition sind indes die Nutzwerte dann intersubjektiv *nicht* vergleichbar; zudem hat der Verkäufer grundsätzlich ein *anderes* Entscheidungsfeld als der Käufer.

Dieser Ansatz beinhaltet die Nutzwertmaximierung unter Beachtung der Liquidi-
tätsnebenbedingung im Zeitpunkt t = 0 und der Beschränkung hinsichtlich der erwerb-
baren Investitionsobjekte I_b. Das Unternehmen ist wegen $z_U = 1$ im Basisprogramm des
Verkäufers enthalten. Dieser Programmierungsansatz könnte wiederum wegen $z_U = 1$
vereinfacht werden, was hier jedoch nicht geschehen soll, weil die weitere Vorgehensweise anhand der *tabellarischen Bewertungsmethode* erläutert wird.

Die Aufnahme der Investitionsobjekte geschieht entsprechend den relativen
Zielbeiträgen, d. h., das vorhandene Investitionskapital des Verkäufers i. H. v. K =
1.000 sollte zum Erwerb des Investitionsobjekts I_1 genommen werden. Das *Basisprogramm des Verkäufers* sieht dann wie folgt aus (vgl. *Abbildung 70*):

	Kapitalbedarf (–) und Kapitalbedarfs- deckung (+) in Geldeinheiten (GE) im Zeitpunkt t = 0 (Spalte 1)	Nutzwerte in Nutzeneinheiten (NE) (Spalte 2)
Investitionsobjekt I_1	-1.000 GE	5.000 NE
Investitionskapital K	1.000 GE	
Unternehmen U		5.000 NE
Nutzwert N_{Ba}		10.000 NE
Abbildung 70: Basisprogramm des Verkäufers		

In der *Abbildung 71* sind die zum Bewertungsprogramm des Verkäufers hinführenden Schritte gemäß der *tabellarischen Bewertungsmethode* aufgeführt:

	Kapitalbedarf (–) und Kapitalbedarfs- deckung (+) in Geldeinheiten (GE) im Zeitpunkt t = 0 (Spalte 1)	Nutzwerte in Nutzeneinheiten (NE) (Spalte 2)
1. Schritt: Herausnahme des Bewertungsobjekts		
Investitionsobjekt I_1	-1.000 GE	5.000 NE
Investitionskapital K	1.000 GE	
Nutzwert $N_{Ba} - N_U$		5.000 NE
2. Schritt: Hereinnahme des Investitionsobjekts I_2		
Investitionsobjekt I_1	-1.000 GE	5.000 NE
Investitionskapital K	1.000 GE	
Investitionsobjekt I_2	-1.667 GE	5.000 NE
Nutzwert $N_{Be} = N_{Ba}$		10.000 NE
Abbildung 71: Bewertungsprogramm des Verkäufers (Ermittlung mit Hilfe der tabellarischen Methode)		

Der *Entscheidungswert des Verkäufers* ist gleich dem *Preis der anstelle des zu bewertenden Unternehmens in das Bewertungsprogramm aufzunehmenden nutzwertgleichen Investitionsobjekte*, im Beispiel gleich dem Preis P_2 des Investitionsobjekts I_2. Er läßt sich mittels tabellarischer Bewertungsmethode bestimmen, wenn die Größen des Bewertungsprogramms von denen des Basisprogramms subtrahiert werden (vgl. *Abbildung 72*):

	Kapitalbedarf (–) und Kapitalbedarfsdeckung (+) in Geldeinheiten (GE) im Zeitpunkt t = 0 (Spalte 1)	Nutzwerte in Nutzeneinheiten (NE) (Spalte 2)
Basisprogramm		
Investitionsobjekt I_1	-1.000 GE	5.000 NE
Investitionskapital K	1.000 GE	
Unternehmen U		5.000 NE
./. Bewertungsprogramm		
Investitionsobjekt I_1	-1.000 GE	5.000 NE
Investitionskapital K	1.000 GE	
Investitionsobjekt I_2	-1.667 GE	5.000 NE
= Entscheidungswert P_{min}	1.667 GE	
Abbildung 72: Entscheidungswert des Verkäufers		

Im Beispiel müßte der Verkäufer folglich mindestens einen Preis von P_{min} = 1.667 GE für das zu bewertende Unternehmen fordern. Erhält er diesen Betrag, kann er damit das Investitionsobjekt I_2 erwerben, dessen Nutzwert so groß wie der Nutzwert des Bewertungsobjekts ist, so daß es zu einer Kompensation kommt. Erhält er mehr, kann er nach einem Verkauf insgesamt einen Nutzwert erreichen, der denjenigen seines Basisprogramms (N_{Ba}) übersteigt. Das *Vergleichsobjekt des Verkäufers* bilden diejenigen nutzwertgleichen Investitionsobjekte, in die der Verkäufer nach einem Verkauf des Bewertungsobjekts zum Entscheidungswert P_{min} investieren müßte. Es handelt sich um die *besten, bislang von ihm nicht in Anspruch genommenen Investitionsobjekte.*

Anhand der tabellarischen Bewertung wird deutlich, daß auch beim Verkäufer die Charakterisierung des Entscheidungswertes als Subjekt-Objekt-Objekt-Relation eine *Übertragung des beim Vergleichsobjekt geltenden Verhältnisses zwischen Zielbeitrag und Kapitaleinsatz (Preis) auf das Bewertungsobjekt* bedeutet:

$$P_{min} = \frac{N_U}{\dfrac{N_{VO}}{P_{VO}}} = P_{VO} \text{ wegen } N_U = N_{VO},$$

im Beispiel:

$$P_{min} = \frac{5.000\,NE}{\dfrac{5.000\,NE}{1.667\,GE}} = 1.667\,GE.$$

Auch hier gilt, daß das Vergleichsobjekt aus *mehreren* Reinvestitionsmöglichkeiten bestehen kann.

2.3.3.1.2 Grundmodell des Gegenwartswertkalküls

2.3.3.1.2.1 Zur Strukturgleichheit des Preisgrenzenkalküls mit dem Gegenwartswertkalkül

Aus den Beispielen der Ermittlung des Entscheidungswertes als Preisobergrenze P_{max} des Käufers oder als Preisuntergrenze P_{min} des Verkäufers ergibt sich allgemein, daß der *Preisgrenzenkalkül* eine Übertragung des beim Vergleichsobjekt geltenden Verhältnisses zwischen Zielbeitrag und Kapitaleinsatz (Preis) auf das Bewertungsobjekt beinhaltet.

Die *formale Struktur des Preisgrenzenkalküls* lautet:

*   für den Käufer:

$$P_{max} = \frac{N_U}{\dfrac{N_{VO}}{P_{VO}}} = P_{VO} \text{ wegen } N_U = N_{VO}$$

und

*   für den Verkäufer:

$$P_{min} = \frac{N_U}{\dfrac{N_{VO}}{P_{VO}}} = P_{VO} \text{ wegen } N_U = N_{VO}.$$

Ausdrücklich sei noch einmal darauf hingewiesen, daß die in diesen Kalkülen verwendeten Größen aus der Sicht des jeweiligen Bewertungssubjekts (Käufer oder Verkäufer) zu interpretieren sind und folglich *nicht* übereinstimmen (müssen), auch wenn auf eine parteienbezogene Indizierung verzichtet wurde. Das Vergleichsobjekt ist *jeweils* die optimale Ausweichinvestition der betreffenden Partei. Diese entspricht beim Käufer den nutzwertgleichen, aus dem Basisprogramm verdrängten Investitionsobjekten und beim Verkäufer den nutzwertgleichen, anstelle des Unternehmens in das Bewertungsprogramm aufzunehmenden Investitionsobjekten.

Diese Preisgrenzenkalküle lassen sich unmittelbar in die Struktur eines Gegenwartswertkalküls (auf Rentenbasis) überführen. Der *Gegenwartswert* ist der heutige Wert aller (nach dem Bewertungszeitpunkt anfallenden) künftigen Zahlungen. Diese werden abgezinst, ihre Barwerte werden summiert. Die Strukturgleichheit von Preisgrenzenkalkül und Gegenwartswertkalkül ergibt sich, wenn die jeweilige Nutzengröße N als Einzahlungsüberschuß (Zukunftserfolg ZE) und das jeweilige Verhältnis zwischen Zielbeitrag und Kapitaleinsatz (Preis) als subjektiver, also von den Vergleichsobjekten des jeweiligen Bewertungssubjekts abhängiger Knappheitspreis des Kapitals r_{VO} interpretiert werden:

- für den Käufer:

$$P_{max} = \frac{ZE_U}{r_{VO}} = P_{VO} \text{ wegen } ZE_U = ZE_{VO} \text{ und } r_{VO} = \frac{ZE_{VO}}{P_{VO}}$$

und

- für den Verkäufer:

$$P_{min} = \frac{ZE_U}{r_{VO}} = P_{VO} \text{ wegen } ZE_U = ZE_{VO} \text{ und } r_{VO} = \frac{ZE_{VO}}{P_{VO}}.$$

Im Gegenwartswertkalkül ergibt sich der relative Zielbeitrag aus der optimalen Ausweichinvestition und ist vom Bewertungssubjekt als Kalkulationszinsfuß i zu verwenden.[127] Wird dies berücksichtigt, ergeben sich folgende Gegenwartswertkalküle (auf Rentenbasis) zur Bestimmung der Preisgrenzen (mit i als Kalkulationszinsfuß aus Käufer- i_K oder Verkäufersicht i_V):

- für den Käufer K:

$$P_{max} = \frac{ZE_K}{i_K} = ZE_K \cdot \frac{1}{i_K}$$

und

- für den Verkäufer V:

$$P_{min} = \frac{ZE_V}{i_V} = ZE_V \cdot \frac{1}{i_V}.$$

Diese Formeln repräsentieren das Grundmodell einer rein finanzwirtschaftlichen Unternehmensbewertung. ZE_K und ZE_V sind dabei die bewertungsrelevanten finanzwirtschaftlichen Überschüsse (Zukunftserfolge) des Unternehmens aus der Sicht des Käufers K und des Verkäufers V. i_K und i_V bilden die Vergleichsobjekte von Käufer K und Verkäufer V ab, d. h. deren jeweilige optimale Ausweichinvestition. $1/i_K$ und $1/i_V$ sind als kaufmännische Kapitalisierungsformeln zu interpretieren, d. h. als Ergebnis der unendlichen Reihe der Abzinsungsfaktoren $\Sigma(1+i_K)^{-t}$ und $\Sigma(1+i_V)^{-t}$ (für $t \to \infty$). Dies verlangt wiederum, daß die Zukunftserfolge ZE_K und ZE_V in Form einer gleichbleibenden nachschüssigen ewigen Rente erwartet werden.

---

[127] „Sie lassen sich entweder als Mischzinsfüße oder als Initialverzinsungen [...] interpretieren", so HERING, Unternehmensbewertung (2006), S. 54. Vgl. auch MATSCHKE, Kompromiß (1969), S. 62.

2.3.3.1.2.2 Zur erweiterten Interpretation des Begriffs „Vergleichsobjekt" auf der Basis des Gegenwartswertkalküls

a. Bewertung aus der Sicht eines Käufers

Auf der Basis des Gegenwartswertkalküls wird das Vergleichsobjekt ebenso wie das zu bewertende Unternehmen, d. h. das Bewertungsobjekt, als *Zahlungsstrom* abgebildet. Eine Investition ist dabei ein spezieller Zahlungsstrom, der durch anfängliche Auszahlungsüberschüsse und spätere Einzahlungsüberschüsse gekennzeichnet ist. Im einfachsten Fall einer (Normal-)Investition[128] folgt der Anfangsauszahlung a_{S0} als Preis des Investitionsobjekts im Zeitpunkt $t = 0$ eine der Nutzungsdauer T entsprechende Anzahl von Einzahlungsüberschüssen e_{St} (mit $t = 1, ..., T$): $(- a_{S0}, + e_{S1}, ..., + e_{ST})$.

Das *Vergleichsobjekt des Käufers* ist im Preisgrenzenkalkül als diejenigen nutzwertgleichen Investitionsobjekte charakterisiert worden, die aus dem Basisprogramm zu verdrängen sind, d. h. als diejenigen, auf die der Käufer zugunsten des Unternehmens verzichten würde. Unter den Bedingungen des Gegenwartswertkalküls sind die *aus dem Basisprogramm verdrängten Investitionen (Vergleichsobjekt)* durch den folgenden Zahlungsstrom darstellbar: $-(-a_{VO0}, +e_{VO1}, ..., +e_{VOT})$ mit $(+e_{VO1}, ..., +e_{VOT}) = (+e_{U1}, ..., +e_{UT})$, wobei der Index VO für das Vergleichsobjekt und der Index U für das zu bewertende Unternehmen steht. Das Vergleichsobjekt des Käufers wird also formal durch einen Zahlungsstrom $-(-a_{VO0}, +e_{VO1}, ..., +e_{VOT}) = (+a_{VO0}, -e_{VO1}, ..., -e_{VOT})$ charakterisiert, der mit einer Anfangseinzahlung i. H. v. $+a_{VO0}$ beginnt und dem Auszahlungsüberschüsse (negative Einzahlungsüberschüsse) i. H. v. $(-e_{VO1}, ..., -e_{VOT})$ folgen. Diese Charakterisierung entspricht derjenigen einer Finanzierungsmaßnahme. Das bedeutet aber auch, daß unter den Prämissen des Gegenwartswertkalküls grundsätzlich das *Vergleichsobjekt des Käufers nicht bloß aus verdrängten Investitionen, sondern auch aus zusätzlichen, d. h. für das Basisprogramm noch nicht in Anspruch genommenen Finanzierungsmöglichkeiten* bestehen kann. Da sich die Verdrängung von Investitionsobjekten aus dem Basisprogramm und die zusätzliche Hereinnahme von Finanzierungsmöglichkeiten in das Bewertungsprogramm *nicht* gegenseitig ausschließen, kann das *Vergleichsobjekt folglich auch aus einer Kombination dieser beiden Möglichkeiten hergeleitet* werden.

Zur Verdeutlichung dieser Aussagen soll folgende Bewertungssituation aus der Sicht eines Käufers dienen, in der neben verschiedenen (beliebig teilbaren) Investitionsmöglichkeiten auch verschiedene (beliebig teilbare) Kapitalaufnahmemöglichkeiten existieren (vgl. *Abbildung 73*):

---

[128] Als Normalzahlungsreihen (entsprechend auch als Normalinvestitionen) werden Zahlungsreihen mit genau einem Vorzeichenwechsel bezeichnet. Vgl. z. B. *MATSCHKE*, Investitionsplanung (1993), S. 230.

Investitionsobjekte I_b	Maximaler Investitions-betrag P_b	Laufende Investitions-einzahlung e_{bt}	Interner Zins e_{bt}/P_b
Investitionsobjekt I_1	200.000 GE	100.000 GE	0,5
Investitionsobjekt I_2	200.000 GE	80.000 GE	0,4
Investitionsobjekt I_3	100.000 GE	2.000 GE	0,02
Finanzierungs-möglichkeiten F_c	Maximaler Kapitalaufnahme-betrag K_c	Laufende Finanzierungs-auszahlung a_{ct}	Interner Zins a_{ct}/K_c
Eigenkapital K	100.000 GE		
Fremdkapital F_1	100.000 GE	5.000 GE	0,05
Fremdkapital F_2	800.000 GE	56.000 GE	0,07
		Zukunftserfolg ZE_K	
Unternehmen U	?	100.000 GE	

Abbildung 73: Entscheidungssituation des Käufers

Das Basisprogramm (vgl. *Abbildung 74*) bilden die Investitionsobjekte I_1 und I_2, zu deren Finanzierung das Eigenkapital, die Fremdfinanzierungsmöglichkeit F_1 sowie Teile der Fremdfinanzierungsmöglichkeit F_2 eingesetzt werden. Eine Realisation des Investitionsobjekts I_3 lohnt sich nicht:

	Kapitalbedarf (−) und Kapitalbedarfs-deckung (+) in Geldeinheiten (GE) im Zeitpunkt t = 0 (Spalte 1)	Laufende Investi-tionseinzahlung und Finanzierungsaus-zahlung in den Zeit-punkten t > 1 (Spalte 2)
Investitionsobjekt I_1	-200.000 GE	100.000 GE
Investitionsobjekt I_2	-200.000 GE	80.000 GE
Eigenkapital K	100.000 GE	
Fremdkapital F_1	100.000 GE	-5.000 GE
Fremdkapital F_2	200.000 GE	-14.000 GE
Nutzwert N_{Ba}		161.000 GE

Abbildung 74: Basisprogramm des Käufers

Aus der Fremdfinanzierung F_2 stehen noch 600.000 GE zu einem Zinssatz von 7 % zur Verfügung. Bevor das Bewertungssubjekt auf Anlagen des Basisprogramms (Investitionsobjekt I_1 mit internem Zins von 50 %, Investitionsobjekt I_2 mit internem Zins von 40 %) verzichtet, sollte es folglich erst weiteres Fremdkapital F_2 aufnehmen. Da nach einer solchen Aufnahme von zusätzlichem Fremdkapital F_2 noch eine Erfolgsdifferenz i. H. v. 58.000 GE verbleibt: $N_{Be,vorläufig} - N_{Ba} = 58.000$ GE (= 100.000 GE aus dem Unternehmen – 42.000 GE Zinsen für Zusatz-Fremdkapital), sollte der Käufer zudem noch auf Teile des Investitionsobjekts I_2 verzichten, so daß sich das *Bewertungsprogramm* im Beispiel nach folgenden Schritten ergibt (vgl. *Abbildung 75*):

	Kapitalbedarf (−) und Kapitalbedarfsdeckung (+) in Geldeinheiten (GE) im Zeitpunkt $t = 0$ (Spalte 1)	Laufende Investitionseinzahlung und Finanzierungsauszahlung in den Zeitpunkten $t > 1$ (Spalte 2)
1. Schritt: Hereinnahme des Bewertungsobjekts		
Investitionsobjekt I_1	-200.000 GE	100.000 GE
Investitionsobjekt I_2	-200.000 GE	80.000 GE
Eigenkapital K	100.000 GE	
Fremdkapital F_1	100.000 GE	-5.000 GE
Fremdkapital F_2	200.000 GE	-14.000 GE
Unternehmen U		100.000 GE
Nutzwert $N_{Ba} + N_U$		261.000 GE
2. Schritt: Aufnahme weiteren Fremdkapitals		
Investitionsobjekt I_1	-200.000 GE	100.000 GE
Investitionsobjekt I_2	-200.000 GE	80.000 GE
Eigenkapital K	100.000 GE	
Fremdkapital F_1	100.000 GE	-5.000 GE
Fremdkapital F_2	200.000 GE	-14.000 GE
Unternehmen U		100.000 GE
Zusatz-Fremdkapital F_2	600.000 GE	-42.000 GE
Nutzwert $N_{Be,vorläufig}$		219.000 GE
3. Schritt: Verdrängung von Teilen des Investitionsobjekts I_2		
Investitionsobjekt I_1	-200.000 GE	100.000 GE
Investitionsobjekt I_2	-55.000 GE	22.000 GE
Eigenkapital K	100.000 GE	
Fremdkapital F_1	100.000 GE	-5.000 GE
Fremdkapital F_2	200.000 GE	-14.000 GE
Unternehmen U		100.000 GE
Zusatz-Fremdkapital F_2	600.000 GE	-42.000 GE
Nutzwert $N_{Be} = N_{Ba}$		161.000 GE

Abbildung 75: Bewertungsprogramm des Käufers (Ermittlung mit Hilfe der tabellarischen Methode)

Werden die Beträge des Basisprogramms von denen des Bewertungsprogramms subtrahiert, ergibt sich der Entscheidungswert P_{max} des Unternehmens aus der Käufersicht i. H. v. 745.000 GE (= Zusatz-Fremdkapital 600.000 GE + Preis der verdrängten Investitionsobjekte 145.000 GE) (vgl. *Abbildung 76*):

	Kapitalbedarf (−) und Kapitalbedarfsdeckung (+) in Geldeinheiten (GE) im Zeitpunkt t = 0 (Spalte 1)	Laufende Investitionseinzahlung und Finanzierungsauszahlung sowie Zukunftserfolg des Unternehmens in den Zeitpunkten t > 1 (Spalte 2)
Bewertungsprogramm		
Investitionsobjekt I_1	-200.000 GE	100.000 GE
Investitionsobjekt I_2	-55.000 GE	22.000 GE
Eigenkapital K	100.000 GE	
Fremdkapital F_1	100.000 GE	-5.000 GE
Fremdkapital F_2	200.000 GE	-14.000 GE
Unternehmen U		100.000 GE
Zusatz-Fremdkapital F_2	600.000 GE	-42.000 GE
./. Basisprogramm		
Investitionsobjekt I_1	-200.000 GE	100.000 GE
Investitionsobjekt I_2	-200.000 GE	80.000 GE
Eigenkapital K	100.000 GE	
Fremdkapital F_1	100.000 GE	-5.000 GE
Fremdkapital F_2	200.000 GE	-14.000 GE
= Entscheidungswert P_{max}	745.000 GE	
Abbildung 76: Entscheidungswert des Käufers		

Auch wenn in den nächsten Abschnitten dargestellt wird, daß es im Rahmen einer entscheidungsorientierten Unternehmensbewertung weniger auf den durchschnittlichen (internen) Zins des Vergleichsobjekts, sondern letztlich auf periodenspezifische Grenzzinsfüße ankommt, soll im nachfolgenden Beispiel zur Vereinfachung auf den internen Zins des Vergleichsobjekts als Kalkulationszinsfuß zurückgegriffen werden. Dieser beträgt im Beispiel für den Käufer:

$$i_K = 0,07 \cdot \frac{600.000}{745.000} + 0,4 \cdot \frac{145.000}{745.000} = 0,13422819.$$

Unter Verwendung dieses Zinssatzes ergibt sich folgender Gegenwartswertkalkül zur Bestimmung der Preisobergrenze des Käufers:

$$P_{max} = \frac{ZE_K}{i_K} = \frac{100.000\,GE}{0,13422819} = 745.000\,GE.$$

b. Bewertung aus der Sicht eines Verkäufers

Die Überlegungen zur Verallgemeinerung des Begriffs „Vergleichsobjekt" unter den Prämissen des Gegenwartswertkalküls lassen sich auch auf die Bewertungssituation des Verkäufers übertragen. Das *Vergleichsobjekt des Verkäufers* ist im Preisgrenzenkalkül als *diejenigen nutzwertgleichen Investitionsobjekte charakterisiert worden, die anstelle des Unternehmens in das Bewertungsprogramm aufzunehmen sind.*

Unter den Bedingungen des Gegenwartswertkalküls können die in das Bewertungsprogramm aufzunehmenden Investitionen (Vergleichsobjekt) durch den folgenden Zahlungsstrom dargestellt werden: $(-a_{VO0}, +e_{VO1}, ..., +e_{VOT})$ mit $(+e_{VO1}, ..., +e_{VOT}) = (+e_{U1}, ..., +e_{UT})$, wobei der Index VO für das Vergleichsobjekt aus Verkäufersicht und der Index U für das zu bewertende Unternehmen steht. Ein solcher das Vergleichsobjekt des Verkäufers charakterisierender Zahlungsstrom ergibt sich auch, wenn vom Zahlungsstrom einer (verdrängten) Fremdfinanzierungsmöglichkeit ausgegangen wird: $-(+a_{VO0}, -e_{VO1}, ..., -e_{VOT}) = (-a_{VO0}, +e_{VO1}, ..., +e_{VOT})$.

Unter den Prämissen des Gegenwartswertkalküls kann grundsätzlich das *Vergleichsobjekt des Verkäufers nicht bloß aus aufzunehmenden Investitionsobjekten, sondern auch aus den aus dem Basisprogramm zu verdrängenden Finanzierungsmöglichkeiten (Entschuldungsmöglichkeiten) bestehen.* Da sich die Aufnahme von Investitionsobjekten in das Bewertungsprogramm und die Verdrängung von im Basisprogramm enthaltenen Finanzierungsmöglichkeiten *nicht* gegenseitig ausschließen, kann das Vergleichsobjekt des Verkäufers folglich auch aus einer Kombination dieser beiden Möglichkeiten hergeleitet werden.

Zur Verdeutlichung dieser Aussagen soll folgende Bewertungssituation aus der Sicht eines Verkäufers (mit beliebig teilbaren Investitions- und Finanzierungsmöglichkeiten) dienen (vgl. *Abbildung 77*):

Investitionsobjekte I_b	Maximaler Investitionsbetrag P_b	Laufende Investitionseinzahlung e_{bt}	Interner Zins e_{bt}/P_b
Investitionsobjekt I_1	200.000 GE	120.000 GE	0,6
Investitionsobjekt I_2	200.000 GE	100.000 GE	0,5
Investitionsobjekt I_3	500.000 GE	40.000 GE	0,08
Finanzierungsmöglichkeiten F_c	Maximaler Kapitalaufnahmebetrag K_c	Laufende Finanzierungsauszahlung a_{ct}	Interner Zins a_{ct}/K_c
Eigenkapital K	100.000 GE		
Fremdkapital F_1	200.000 GE	20.000 GE	0,1
		Zukunftserfolg ZE_V	
Unternehmen U	?	100.000 GE	

Abbildung 77: Entscheidungssituation des Verkäufers

Kommt es zu keinem Verkauf des Unternehmens, dann wird der Verkäufer das folgende Basisprogramm (einschließlich Unternehmen) realisieren (vgl. *Abbildung 78*), wobei das Investitionsobjekt I_2 wegen der nicht ausreichenden Finanzierungsmöglichkeiten nur teilweise realisierbar ist:

	Kapitalbedarf (−) und Kapitalbedarfsdeckung (+) in Geldeinheiten (GE) im Zeitpunkt t = 0 (Spalte 1)	Laufende Investitionseinzahlung und Finanzierungsauszahlung in den Zeitpunkten t > 1 (Spalte 2)
Investitionsobjekt I_1	-200.000 GE	120.000 GE
Investitionsobjekt I_2	-100.000 GE	50.000 GE
Unternehmen U		100.000 GE
Eigenkapital K	100.000 GE	
Fremdkapital F_1	200.000 GE	-20.000 GE
Nutzwert N_{Ba}		250.000 GE

Abbildung 78: Basisprogramm des Verkäufers

Im Bewertungsprogramm des Verkäufers ist das Unternehmen nicht mehr enthalten. Der dadurch gegebene Nutzwertverlust wird durch andere Maßnahmen, nämlich durch die vollständige Aufnahme des Investitionsobjekts I_2, die Verdrängung der Fremdfinanzierungsmöglichkeit F_1 sowie die teilweise Aufnahme des Investitionsobjekts I_3, ausgeglichen (vgl. *Abbildung 79*):

	Kapitalbedarf (−) und Kapitalbedarfs-deckung (+) in Geldeinheiten (GE) im Zeitpunkt t = 0 (Spalte 1)	Laufende Investitions-einzahlung und Finanzierungs-auszahlung in den Zeitpunkten t > 1 (Spalte 2)
1. Schritt: Herausnahme des Bewertungsobjekts		
Investitionsobjekt I_1	-200.000 GE	120.000 GE
Investitionsobjekt I_2	-100.000 GE	50.000 GE
Eigenkapital K	100.000 GE	
Fremdkapital F_1	200.000 GE	-20.000 GE
Nutzwert $N_{Ba} - N_U$		150.000 GE
2. Schritt: Aufnahme weiterer Teile des Investitionsobjekts I_2		
Investitionsobjekt I_1	-200.000 GE	120.000 GE
Investitionsobjekt I_2	-100.000 GE	50.000 GE
Eigenkapital K	100.000 GE	
Fremdkapital F_1	200.000 GE	-20.000 GE
Zusatz-Investitionsobjekt I_2	-100.000 GE	50.000 GE
Nutzwert $N_{Be, vorläufig}$		200.000 GE
3. Schritt: Verzicht auf Fremdfinanzierung F_1		
Investitionsobjekt I_1	-200.000 GE	120.000 GE
Investitionsobjekt I_2	-100.000 GE	50.000 GE
Eigenkapital K	100.000 GE	
Zusatz-Investitionsobjekt I_2	-100.000 GE	50.000 GE
Nutzwert $N_{Be, vorläufig}$		220.000 GE
4. Schritt: Aufnahme von Teilen des Investitionsobjekts I_3		
Investitionsobjekt I_1	-200.000 GE	120.000 GE
Investitionsobjekt I_2	-100.000 GE	50.000 GE
Eigenkapital K	100.000 GE	
Zusatz-Investitionsobjekt I_2	-100.000 GE	50.000 GE
Zusatz-Investitionsobjekt I_3	-375.000 GE	30.000 GE
Nutzwert $N_{Be} = N_{Ba}$		250.000 GE
Abbildung 79: Bewertungsprogramm des Verkäufers (Ermittlung mit Hilfe der tabellarischen Methode)		

Werden die Beträge des Bewertungsprogramms von denen des Basisprogramms subtrahiert, ergibt sich der Entscheidungswert P_{min} des Unternehmens aus Verkäufersicht i. H. v. 675.000 GE (= Preis der aufzunehmenden Investitionsobjekte 475.000 GE + verdrängtes Fremdkapital 200.000 GE) (vgl. *Abbildung 80*):

| | Kapitalbedarf (−) und Kapitalbedarfs-deckung (+) in Geldeinheiten (GE) im Zeitpunkt t = 0 | Laufende Investitions-einzahlung und Finanzierungs-auszahlung sowie Zukunftserfolg des Unternehmens in den Zeitpunkten t > 1 |
	(Spalte 1)	(Spalte 2)
Basisprogramm		
Investitionsobjekt I_1	-200.000 GE	120.000 GE
Investitionsobjekt I_2	-100.000 GE	50.000 GE
Unternehmen U		100.000 GE
Eigenkapital K	100.000 GE	
Fremdkapital F_1	200.000 GE	-20.000 GE
./. Bewertungsprogramm		
Investitionsobjekt I_1	-200.000 GE	120.000 GE
Investitionsobjekt I_2	-100.000 GE	50.000 GE
Eigenkapital K	100.000 GE	
Zusatz-Investitionsobjekt I_2	-100.000 GE	50.000 GE
Zusatz-Investitionsobjekt I_3	-375.000 GE	30.000 GE
= Entscheidungswert P_{min}	675.000 GE	
Abbildung 80: Entscheidungswert des Verkäufers		

Nachfolgend sei wiederum auf den internen Zins des Vergleichsobjekts zurückgegriffen. Dieser beträgt im Beispiel für den Verkäufer:

$$i_v = 0,5 \cdot \frac{100.000}{675.000} + 0,1 \cdot \frac{200.000}{675.000} + 0,08 \cdot \frac{375.000}{675.000} = \frac{100.000}{675.000} = 0,14814815.$$

Unter Verwendung dieses Zinssatzes ergibt sich folgender Gegenwartswertkalkül zur Bestimmung der *Preisuntergrenze* des Verkäufers:

$$P_{min} = \frac{ZE_v}{i_v} = \frac{100.000\,GE}{0,14814815} = 675.000\,GE.$$

Ein Problem bei der Anwendung des Gegenwartswertkalküls zur Bestimmung des Entscheidungswertes des Verkäufers wird freilich sehr deutlich: Zur richtigen Bestimmung der Preisuntergrenze mit Hilfe des Gegenwartswertkalküls muß das Vergleichsobjekt, das über den Kalkulationszinsfuß in den Kalkül eingeht, bekannt sein, denn die beim Vergleichsobjekt geltende Relation zwischen Zukunftserfolg und Preis wird auf das Bewertungsobjekt übertragen. Da der Preis des erfolgsgleichen Vergleichsobjekts den Entscheidungswert determiniert, verlangt folglich der Gegenwartswertkalkül vorab diejenige Information, die eigentlich erst mit seiner Hilfe gewonnen werden soll. Das bedeutet, daß der Gegenwartswertkalkül kein eigenständiges, sondern nur ein abgeleitetes Verfahren der Entscheidungswertermittlung ist, weil es die im Sinne der Entscheidungswertermittlung richtige Lösung in bezug auf den anzuwendenden Kalkulationszinsfuß voraussetzt.

2.3.3.2 Zustands-Grenzpreismodell – ein Totalmodell

2.3.3.2.1 Grundlagen

Nachfolgend werden schließlich die auf den dargestellten Grundmodellen zur Ermittlung mehr- und eindimensionaler Entscheidungswerte beruhenden investitionstheoretischen Verfahren der Unternehmensbewertung dargestellt. Zu diesen Verfahren gehören das Totalmodell „Zustands-Grenzpreismodell" (ZGPM)[129], das Partialmodell „Zukunftserfolgswertverfahren" sowie das heuristische Modell „Approximativ dekomponierte Bewertung". All diesen Modellen liegt die Absicht zugrunde, Zahlungsströme unter Rückgriff auf (finanz-)mathematische Erkenntnisse wirtschaftlich zu bewerten, um Entscheidungen zu unterstützen, die unter realen Bedingungen und somit auch unter weitestmöglicher Berücksichtigung der Ziele sowie des Entscheidungsfeldes des Entscheidungssubjekts im Bewertungskalkül zu treffen sind. Vor diesem Hintergrund sollen diese Verfahren in Anbetracht der Anforderungen in realen Entscheidungssituationen und im Hinblick auf die Merkmale des Entscheidungswertes jeweils hinsichtlich der folgenden *sechs Modellanforderungen*[130] kritisch gewürdigt werden:

1. *Subjekt- und Zielsystem- sowie Handlungsbezogenheit:* Das Modell sollte in der jeweiligen Konfliktsituation (Merkmal der Handlungsbezogenheit) eine Unternehmensbewertung unter expliziter Beachtung der Prinzipien der Gesamtbewertung, der Zukunftsbezogenheit und der Subjektivität ermöglichen, wobei die Ziele der präsumtiven Erwerber zwingend berücksichtigt werden müssen (Merkmal der Subjekt- und Zielsystembezogenheit).

2. *Entscheidungsfeldbezogenheit und Grenzwertermittlung:* Der mit dem Modell zu ermittelnde Wert des Unternehmens soll als Grenze der Verhandlungsbereitschaft (Merkmal des Grenzwertes) ausschließlich für das konkrete Entscheidungsfeld des Bewertungssubjekts und für die daraus ableitbaren Alternativen gültig sein (Merkmal der Entscheidungsfeldbezogenheit).

---

[129] Während das ZGPM auf die Bewertung von Unternehmen hinsichtlich der Grenzpreisbestimmung bei einem Erwerb oder einer Veräußerung zielt, kann mit dem in Abschnitt 2.4.5 näher betrachteten und auf dem Fundament des ZGPM entwickelten Zustands-Grenzquotenmodell (ZGQM) die Grenzquote bei der Fusion und – mit entsprechenden Anpassungen – bei der Spaltung ermittelt werden. Siehe zum ZGQM auch HERING, Fusion (2004).

[130] Vgl. zu diesen Anforderungen BRÖSEL, Medienrechtsbewertung (2002), S. 85. Siehe zu den ersten beiden Modellanforderungen die dargestellten Merkmale des Entscheidungswertes. Zur vierten und fünften Anforderung an die Modelle siehe LEUTHIER, Interdependenzproblem (1988), S. 4. Während die ersten drei Anforderungen hauptsächlich die hinreichende Genauigkeit (*theoretische Exaktheit*) des jeweiligen Modells bezwecken, streben die Anordnungen 4 bis 6 demgegenüber nach der erforderlichen Praktikabilität (*praktische Anwendbarkeit*).

3. *Möglichkeit der Verknüpfung mit Unsicherheit offenlegenden Methoden:* Damit der zu ermittelnde Unternehmenswert in anschaulicher Form als Entscheidungsgrundlage dient, sollen die Auswirkungen der in der Realität herrschenden Unsicherheit durch Verknüpfung geeigneter Verfahren mit diesem Modell transparent offengelegt werden können.

4. *Vertretbarer Informationsbeschaffungs- und Informationsverarbeitungsaufwand:* Der Aufwand für die Beschaffung und die Verarbeitung der erforderlichen Informationen sind in ökonomisch vertretbaren Grenzen zu halten.

5. *Rechenbarkeit der Kalküle:* Die Lösbarkeit des Modells soll gegeben sein.

6. *Gewährung unternehmensindividueller Entscheidungsunterstützung:* Entscheidungskompetenzen im Hinblick auf Eigentumsänderungen von Unternehmen können innerhalb des Unternehmens unterschiedlich eingebunden sein. Das Bewertungsmodell sollte deshalb die unternehmensindividuell gewünschte/erforderliche zentrale und/oder dezentrale Entscheidungsunterstützung gewähren.

Basierend auf dem Grundkonzept des Entscheidungswertes nach MATSCHKE[131] formuliert HERING[132] zur Bewertung von Zahlungsströmen ein allgemeines Zustands-Grenzpreismodell (ZGPM),[133] mit dem der Grenzpreis von Unternehmen in zwei einfachen Schritten berechnet werden kann. HERING greift dazu auf die Totalmodelle zur Grenzpreisbestimmung von LAUX/FRANKE sowie von JAENSCH und MATSCHKE zurück.

LAUX/FRANKE[134] schlagen zur Ermittlung des Grenzpreises von Unternehmen basierend auf den simultanen Planungsansätzen von WEINGARTNER und HAX[135] ein einziges gemischt-ganzzahliges Totalmodell vor. Darin wird der gesuchte Preis des Unternehmens fortlaufend variiert, bis aus Sicht des Bewertungssubjekts der Kauf (oder der Verkauf) des Bewertungsobjekts unvorteilhaft wird.

---

[131] Vgl. MATSCHKE, Entscheidungswert (1975), S. 387–390.

[132] Siehe die entsprechende Darstellung der linearen Optimierungsansätze z. B. in HERING, Unternehmensbewertung (2006), S. 48–50 und S. 57–59 (jeweils aus Käufersicht) sowie S. 71 f. und S. 81 f. (aus Verkäufersicht).

[133] Vgl. HERING, Unternehmensbewertung (2006), S. 44–84 und S. 255 f. Siehe auch HERING, Konzeptionen der Unternehmensbewertung (2000), S. 437–439, HERING, Zustands-Grenzpreismodell. (2000), S. 363–370, sowie auch MIRSCHEL/LERM, Zustandsgrenzpreismodell (2004). Siehe zur Erweiterung des Modells um nichtfinanzielle Aspekte z. B. BRÖSEL, Medienrechtsbewertung (2002), S. 91–98, HERING, Produktionsfaktoren (2002), S. 74–78, und um nichtlineare Aspekte PFAFF/PFEIFFER/GATHGE, Zustands-Grenzpreismodelle (2002). Zur Anwendung des ZGPM siehe z. B. OLBRICH, Kauf der Mantelgesellschaft (2001), S. 1329–1331, OLBRICH, Unternehmungsnachfolge (2002), S. 686–688, BRÖSEL/MATSCHKE, Sicht des präsumtiven Verkäufers (2003), BRÖSEL/MATSCHKE, Ermittlung des Entscheidungswertes (2004), S. 61–65, MIRSCHEL/KLINGELHÖFER/LERM, Bewertung (2004), S. 8–24. Siehe weiterführend ROLLBERG, Ressourcenbewertung (2005), ROLLBERG/LERM, Bewertung von Fusions- und Akquisitionsvorhaben (2006), S. 246–248 und S. 262–265, MIRSCHEL/ROLLBERG, Bewertung (2007), KLINGELHÖFER/LERM/MIRSCHEL, Bewertung (2009), ROLLBERG, Bewertung von Unternehmensteilverkäufen (2009), ROLLBERG, Operativ-taktisches Controlling (2012), S. 71–147, insb. S. 139–147. Schließlich wurde das Modell durch INWINKL/KORTEBUSCH/SCHNEIDER, Zustands-Grenzpreismodell (2009), um sog. Agency-Konflikte erweitert. Zum branchenspezifischen Einsatz des Modells siehe vor allem KEUPER/PAPE, Bewertung (2008), KEUPER/PAPE, Modelle (2009), PAPE, Finanzwirtschaftliche Bewertung (2009), KEUPER/PAPE/RÖDER, Wohnungsunternehmen (2010).

[134] Vgl. LAUX/FRANKE, Problem der Bewertung (1969).

[135] Vgl. WEINGARTNER, Mathematical Programming (1963), HAX, Lineare Programmierung (1964).

JAENSCH und MATSCHKE[136] hingegen entwickelten Modelle, in denen der Grenzpreis mit Hilfe des bereits beschriebenen zweistufigen Konzepts berechnet wird. Im ersten Schritt wird als sog. Basisprogramm das Investitions- und Finanzierungsprogramm ermittelt, welches den Zielfunktionsbeitrag maximiert, ohne daß es zu einer Änderung der Eigentumsverhältnisse kommt. Im zweiten Schritt wird (im Falle der Kaufsituation) das Bewertungsobjekt in das Investitionsprogramm des präsumtiven Käufers aufgenommen oder (im Falle der Verkaufssituation) aus dem Investitionsprogramm des präsumtiven Verkäufers entfernt. Hierbei erfolgt die Bestimmung eines maximal zahlbaren Kaufpreises als Entscheidungswert des präsumtiven Käufers oder Verkäufers, bei dem der Zielfunktionsbeitrag des Basisprogramms mindestens wieder zu erreichen ist. Ergebnis dieses Schritts ist das sog. Bewertungsprogramm.

Im ZGPM von HERING werden Basisprogramm (1. Schritt) und Bewertungsprogramm (2. Schritt) auf der Grundlage der mehrperiodigen, simultanen Planungsansätze von WEINGARTNER und HAX mit Hilfe der linearen Optimierung[137] ermittelt. Es bleibt jedoch zu beachten: „Ein alle betrieblichen Zusammenhänge erschöpfend abbildendes Totalmodell gibt es auf Grund der beschränkten menschlichen Informationsgewinnungs- und -verarbeitungskapazität nicht und wird es auch niemals geben."[138]

Die Nutzung der Methoden der linearen Optimierung wie auch die Modellierung als Totalmodell dienen dabei der Erkenntnisgewinnung hinsichtlich der Zusammenhänge und stellen insofern weder eine Empfehlung für die Praxis noch eine Aufforderung an die Praxis dar, auf gleicher methodischer Basis vorzugehen.[139] Die auf modelltheoretischer Basis gewonnenen Erkenntnisse sollten jedoch herangezogen werden, um die notwendigen Vereinfachungen, die sich im praktischen Handeln ergeben, hinsichtlich ihres Aufgabenbezugs theoretisch fundiert zu beurteilen.

Die deterministische Variante dieses Modells ermöglicht als „Zeitpunkt-Grenzpreismodell" die Bewertung (quasi-)sicherer Zahlungsströme. Werden verallgemeinernd die Zeitpunkte als Zustände interpretiert, geht das ursprüngliche Modell in ein strukturgleiches allgemeines ZGPM über und eignet sich so – unter Berücksichtigung eines Systems von Restriktionen – zur Bewertung (beliebig strukturierter) unsicherer Zahlungsströme. Bevor nachfolgend die formelle Darstellung und eine transparente beispielhafte Anwendung des ZGPM erfolgt, wird das Modell einleitend verbal aus Käufer- und Verkäufersicht dargestellt, um sowohl die Verknüpfung zum allgemeinen Modell nach MATSCHKE deutlich zu machen als auch das Verständnis für die spätere Formulierung der linearen Ansätze zu erhöhen.

---

[136] Vgl. JAENSCH, Unternehmungsbewertung (1966), MATSCHKE, Bewertung (1967), S. 14 f., MATSCHKE, Gesamtwert (1972), S. 153–155, MATSCHKE, Entscheidungswert (1975), S. 253–257. Siehe auch SIEBEN, Bewertungsmodelle (1967).

[137] Siehe beispielsweise zur linearen Optimierung DANTZIG, Lineare Programmierung (1966), MÜLLER-MERBACH, Operations Research (1973), WITTE/DEPPE/BORN, Lineare Programmierung (1975), NEUMANN/MORLOCK, Operations Research (2002), S. 52–76.

[138] ROLLBERG, Unternehmensplanung (2001), S. 4.

[139] Es sei an dieser Stelle an eine frühe Bemerkung von LEFFSON, Ermittlung des Ertragswertes (1950), S. 160 f., erinnert, wenngleich nur mutatis mutandis: „Es muß allerdings nachdrücklich betont werden, daß die entwickelte Methode niemals sklavisch nachgeahmt werden darf, es müssen jeweils neben den Besonderheiten der Branche auch Zeitpunkt, Entwicklungsrichtung, Rechtsverhältnisse usw. berücksichtigt werden. Wie für jegliche Anwendung betriebswirtschaftlicher Erkenntnisse gilt auch hier, daß an die Stelle sorgfältiger Erwägungen niemals ein starres Schema treten kann."

Im *ersten Schritt* wird als *Basisprogramm* das Investitions- und Finanzierungsprogramm berechnet, welches den Zielfunktionsbeitrag maximiert, ohne daß es zu einer Änderung der Eigentumsverhältnisse kommt. Für die Ermittlung des Basisprogramms ist ein entsprechender linearer Optimierungsansatz zu formulieren und schließlich zu lösen. Im Mittelpunkt dieses Ansatzes steht die Frage, welches maximale Nutzenniveau das Bewertungssubjekt ohne Einigung in der Konfliktsituation erreichen kann. Nachdem der Bewerter hierzu die *Rahmenbedingungen* (z. B. den Planungszeitraum sowie den Bewertungs-, Entscheidungs- und Erwerbszeitpunkt) festgelegt oder ermittelt hat, muß er schließlich die Zielfunktion sowie die Handlungsmöglichkeiten und die zu beachtenden Restriktionen als Nebenbedingungen für den linearen Optimierungsansatz formulieren.

Die *Zielfunktion* zur Ermittlung des Basisprogramms ergibt sich in Abhängigkeit vom *Zielsystem* des Bewertungssubjekts. Im Rahmen des ZGPM muß sich das Bewertungssubjekt, wie in Abschnitt 2.3.1.2.1 dargestellt, zwischen den beiden Varianten der Wohlstandsmaximierung, also zwischen Vermögensmaximierung und Einkommensmaximierung, entscheiden.

Hat sich der Bewerter für eine zweckmäßige Zielsetzung entschieden, sind die sich aus dem *Entscheidungsfeld* ergebenden Handlungsmöglichkeiten und die Handlungsbeschränkungen zu eruieren, um die *Nebenbedingungen* zu formulieren. In das Modell müssen somit die dem Bewertungssubjekt in der Ausgangssituation zur Verfügung stehenden Investitions- und Finanzierungsobjekte als Variablen mit ihren gegebenen Kapazitätsgrenzen sowie die Nichtnegativitäts- und Ganzzahligkeitsbedingungen aufgenommen werden. Zu den Nebenbedingungen zählen auch in jedem Zeitpunkt Kreditaufnahmemöglichkeiten, die unbeschränkte Kassenhaltung und verfügbare verzinsliche Geldanlagen. Zu beachten ist, daß das Bewertungsobjekt im Investitionsprogramm des präsumtiven *Käufers nicht* (Verkäufers hingegen zwingend)[140] enthalten ist. Vordisponierte Zahlungen – z. B. aus dem laufenden Geschäftsbetrieb und bestehenden Darlehensverpflichtungen – sind in einem festen Zahlungssaldo zu berücksichtigen, welcher unabhängig von den zu beurteilenden Objekten ist sowie positiv, negativ oder null sein kann. Zu jedem Zeitpunkt sollen die Rückflüsse aus den Investitions- und Finanzierungsobjekten sowie der Saldo aus bereits vordisponierten Zahlungen ausreichen, um die Ausschüttung an den oder die Eigner zu ermöglichen. Mit anderen Worten, das finanzielle Gleichgewicht im Sinne der ständigen Zahlungsfähigkeit muß in jedem Zeitpunkt durch die Einhaltung von Liquiditätsnebenbedingungen[141] gewahrt werden.

Mit Hilfe des auf der GAUßschen Elimination beruhenden *Simplexalgorithmus* kann das diesbezüglich formulierte Optimierungsproblem gelöst werden. Ergebnis ist das Basisprogramm, das bei Durchführung der in ihm enthaltenen Investitions- und Finanzierungsmaßnahmen zum maximalen Zielfunktionswert führt. *Der Erwerb* (Die Veräußerung) des zu bewertenden Unternehmens ist nur dann ökonomisch vertretbar, wenn das

---

[140] Präsumtive Käufer und präsumtive Verkäufer haben unterschiedliche Basis- und Bewertungsprogramme. Entsprechend unterscheiden sich auch Schritt 1 und Schritt 2 des ZGPM. Hier erfolgt primär die ZGPM-Darstellung aus der Sicht des Käufers. Um die Ansicht des Verkäufers einzunehmen, sind die kursiv hervorgehobenen Ausführungen durch die Klammerausdrücke zu ersetzen.

[141] Es ist zu berücksichtigen, daß die Liquidität des Bewertungssubjekts aufgrund der zeitpunktbezogenen Betrachtungsweise des Modells nicht permanent, sondern jeweils nur am Periodenanfang und -ende sichergestellt ist.

Bewertungssubjekt mit dem anschließend zu ermittelnden Bewertungsprogramm mindestens wieder den Zielwert erreicht, der sich aus dem Basisprogramm ergibt.

Im *zweiten Schritt* wird im Falle einer *Kaufsituation* (Verkaufssituation) das Bewertungsobjekt *in das* (aus dem) Investitionsprogramm des präsumtiven *Käufers aufgenommen* (Verkäufers eliminiert). Hierbei erfolgt die Ermittlung des *maximal zahlbaren*
(minimal zu fordernden) Kaufpreises als Entscheidungswert des präsumtiven *Käufers*
(Verkäufers), bei dem der Zielfunktionsbeitrag des *Basisprogramms* mindestens wieder
zu erreichen ist. Ergebnis dieses Schritts ist das Bewertungsprogramm, welches in der
Kaufsituation zwingend das Bewertungsobjekt enthält (Verkaufssituation das Bewertungsobjekt nicht beinhaltet). Wiederum sind also Zielfunktion und Nebenbedingungen
für das Optimierungsproblem zu formulieren.

Im Falle *eines Erwerbs* (einer Veräußerung) des Unternehmens *zahlt* (erhält) das
Bewertungssubjekt dafür im Erwerbszeitpunkt den Preis, der hier annahmegemäß den
einzigen konfliktlösungsrelevanten Sachverhalt darstellen soll. Gesucht wird als Entscheidungswert deshalb die *Preisobergrenze* (Preisuntergrenze) aus Sicht des präsumtiven *Käufers* (Verkäufers). Dieser Wert entspricht dem *maximal zahlbaren* (minimal zu
fordernden) Preis, den das Bewertungssubjekt für den aus dem zu bewertenden Unternehmen resultierenden Zahlungsstrom gerade noch akzeptieren kann, wobei es sich
nicht schlechter stellen darf als bei Durchführung des im ersten Schritt ermittelten
Basisprogramms. Entsprechend ist die *Zielfunktion* zu formalisieren.

Mit *dem Erwerb* (der Veräußerung) des in Rede stehenden Unternehmens und dessen *Integration in das* (Entnahme aus dem) Investitions- und Finanzierungsprogramm
muß aus Sicht des Bewertungssubjekts mindestens wieder der durch das Basisprogramm erreichte Zielfunktionswert realisiert werden. Diese Bedingung wird in den nunmehr zu formulierenden gemischt-ganzzahligen linearen Optimierungsansatz aufgenommen. Unter Berücksichtigung der übrigen Nebenbedingungen des ursprünglichen
Entscheidungsfeldes liefert das Modell im zweiten Schritt – wiederum mit Hilfe des
Simplexalgorithmus – den Entscheidungswert und das Bewertungsprogramm. Das Bewertungsobjekt ist letztlich im umstrukturierten optimalen Investitions- und Finanzierungsprogramm des präsumtiven *Käufers* (Verkäufers nicht) enthalten.

2.3.3.2.2 Modell aus Sicht des präsumtiven Käufers

2.3.3.2.2.1 Darstellung

Es soll nun die Ermittlung von Basis- und Bewertungsprogramm für einen präsumtiven Käufer mit dem ZGPM in einer eindimensionalen, disjungierten Konfliktsituation
mit dem Preis als einzigem konfliktlösungsrelevanten Sachverhalt auf Basis einer rein
finanzwirtschaftlichen Zielsetzung, hier speziell des *Ziels der Entnahmemaximierung*,
formalisiert betrachtet werden.[142] Während die in Abschnitt 2.3.3.1 erfolgte Modellierung letztlich die Zeitdimension ausgeklammert hatte, weil die Nutzwertbestimmung als
gegeben angesehen worden war, soll nun ein explizit mehrperiodig formuliertes Modell
betrachtet werden. Der *Planungshorizont* soll T Perioden umfassen. Zu jedem Zeitpunkt
soll der Käufer Investitions- sowie Finanzierungsentscheidungen treffen können. Es sei

---

142 Vgl. HERING, Unternehmensbewertung (2006), S. 47–50. Zur Anwendung der Vermögensmaximierung siehe z. B. KLINGELHÖFER/WITT, Unternehmensbewertung (2007), S. 536–538.

zusätzlich angenommen, daß es dabei jeweils eine Kapitalanlage- wie Kapitalaufnahmemöglichkeit gibt, die betragsmäßig unbeschränkt ist, andere sollen hingegen nur in bestimmtem Umfang verfügbar sein, so daß Kapazitätsbeschränkungen x_{Kj}^{max} je Investitions- oder Finanzierungsobjekt zu beachten sind.[143] Die (positiven oder negativen) Zahlungen g_{Kjt} pro Einheit eines Investitions- oder Finanzierungsobjekts j, das der Käufer im Zeitpunkt t realisieren kann, sollen bekannt und unabhängig davon sein, in welcher Weise sie zu einem Investitions- und Finanzierungsprogramm kombiniert werden. Das heißt, die *Linearitätshypothese* soll gelten, so daß Synergien zwischen den Objekten aufgrund einer bestimmten Zusammenstellung nicht existieren. In jedem Zeitpunkt des Planungszeitraums soll zudem ein fester, also entscheidungsunabhängiger Zahlungssaldo beliebiger Höhe erwartet werden, so daß diese entscheidungsunabhängigen Zahlungen b_{Kt} positiv, negativ oder auch null sein können.

Der betrachtete Käufer soll als *Zielfunktion* nach einem möglichst breiten Entnahmestrom EN für Konsumzwecke streben, wobei die gewünschten Entnahmen zu jedem Zeitpunkt des Planungshorizonts eine *vorgegebene Struktur als Ausdruck seiner Zeitpräferenz* aufweisen sollen. Die tatsächlichen Entnahmen eines Zeitpunkts ergeben sich dann aus der realisierbaren Breite des Entnahmestroms EN, die als Lösung des Basisprogramms resultiert, multipliziert mit dem zeitlichen Strukturfaktor w_{Kt}, also als $w_{Kt} \cdot EN$ für t = 0, 1, …, T. Hinsichtlich der gewünschten zeitlichen Struktur werden keine einschränkenden Annahmen gemacht, so daß gleichbleibende Entnahmen wie auch wachsende Entnahmen, fallende Entnahmen oder Entnahmen in unregelmäßiger Höhe, stets aber in vorgegebener Struktur, zugrunde gelegt werden können. Durch die Setzung des Gewichtungsfaktors w_{KT} am Planungshorizont kann sichergestellt werden, daß ein genügend großes Endvermögen vorhanden ist, das in praxi eine Unternehmensfortführung über den Planungshorizont T hinaus gewährleisten würde. Wenn z. B. w_{KT} = a + 1/i gesetzt wird, dann hieße das, daß im Zeitpunkt T eine Entnahmemöglichkeit i. H. v. $w_{KT} \cdot EN = a \cdot EN + EN/i$ zur Verfügung stehen soll. Während $a \cdot EN$ der Konsumbetrag im Zeitpunkt T ist, kann EN/i dann als ein Kapitalbetrag interpretiert werden, aus dessen Anlage im Zeitpunkt T zum Zinsfuß i ein gleichbleibender Rentenstrom der Breite EN in unbegrenzter Zukunft erwirtschaftet werden kann.

Da Investitions- und Finanzierungsentscheidungen nicht bloß zu Beginn des Planungshorizonts, wie bei der bisherigen Betrachtung, sondern zu jedem späteren Zeitpunkt t > 0 auch zugelassen werden, muß durch Restriktionen nicht bloß die Realisierbarkeit des Anfangsprogramms, sondern die *jederzeitige Zahlungsfähigkeit* auch in späteren Zeitpunkten gewährleistet werden.

---

[143] Selbst die Berücksichtigung einer Kassenhaltung kann durch die Zahlungsreihe (–1, 1) erfolgen.

Es kann dann folgender *mathematischer Ansatz für die Ermittlung des Basispro-gramms* aus Käufersicht aufgestellt werden:

Zielfunktion:

$$EN_K^{Ba} \to max!$$

Restriktionen:

(1) *Sicherung der jederzeitigen Zahlungsfähigkeit:*

Die Summe der Einzahlungsüberschüsse aus zu realisierenden Investitions- und Finanzierungsobjekten sowie aus entscheidungsunabhängigen Zahlungen darf nicht kleiner als die Entnahmen sein:

- im Zeitpunkt t = 0:

$$\underbrace{-\sum_{j=1}^{J} g_{Kj0} \cdot x_{Kj}}_{\substack{\text{Einzahlungsüberschüsse} \\ \text{aus zu realisierenden} \\ \text{Investitions- und Finan-} \\ \text{zierungsobjekten}}} + \underbrace{w_{K0} \cdot EN_K^{Ba}}_{\substack{\text{gewünschte} \\ \text{Entnahmen}}} \leq \underbrace{b_{K0}}_{\substack{\text{entscheidungs-} \\ \text{unabhängige} \\ \text{Zahlungen}}} \cdot$$

Es wird hier zugelassen, daß bereits im Zeitpunkt t = 0 eine Entnahme i. H. v. $w_{K0} \cdot EN_K^{Ba}$ erfolgen kann. b_{K0} kann als anfänglich zur Verfügung stehendes eigenes Investitionskapital interpretiert werden.

- in den Zeitpunkten t = 1, 2, ..., T:

$$\underbrace{-\sum_{j=1}^{J} g_{Kjt} \cdot x_{Kj}}_{\substack{\text{Einzahlungsüberschüsse} \\ \text{aus zu realisierenden} \\ \text{Investitions- und Finan-} \\ \text{zierungsobjekten}}} + \underbrace{w_{Kt} \cdot EN_K^{Ba}}_{\substack{\text{gewünschte} \\ \text{Entnahmen}}} \leq \underbrace{b_{Kt}}_{\substack{\text{entscheidungs-} \\ \text{unabhängige} \\ \text{Zahlungen}}} \cdot$$

Die Struktur der gewünschten Entnahmen in der Zukunft lautet $w_{K1} : w_{K2} : ... : w_{KT-1} : w_{KT}$. Wenn z. B. $w_{KT} = a + 1/i$ gesetzt wird, kann $w_{KT} \cdot EN_K^{Ba}$ als Entnahmebetrag $a \cdot EN_K^{Ba}$ sowie als Kapitalbetrag EN_K^{Ba}/i interpretiert werden, aus dessen verzinslicher Anlage ein gleichbleibender ewiger Entnahmestrom der Breite EN_K^{Ba} erwirtschaftet wird. b_{Kt} können als in der Zukunft vorgesehene Eigenkapitalerhöhungen, aber auch als autonome künftige Auszahlungsverpflichtungen interpretiert werden, wobei auch $b_{Kt} = 0$ zugelassen wird.

(2) *Kapazitätsgrenzen:*

Die Anzahl x_{Kj} der zu realisierenden Investitions- und Finanzierungsobjekte darf die jeweilige Kapazitätsobergrenze (für j =1, 2, ... J) nicht verletzen:

$$x_{Kj} \leq x_{Kj}^{max} \cdot$$

Ist eine Kapitalanlage- oder Kapitalaufnahmemöglichkeit unbeschränkt, entfällt eine solche Restriktion.

(3) *Nichtnegativität:*

Die Handlungsvariablen sowie der Entnahmestrom sollen nicht negativ werden:

$$x_{Kj} \geq 0$$

$$EN_K^{Ba} \geq 0.$$

Das *Ergebnis dieses Ansatzes* sind die zu realisierenden Investitionen und Finanzierungen, die zusammen das *Basisprogramm* des Käufers bilden. Aus dem Basisprogramm erwartet der Käufer einen Entnahmestrom mit der maximalen Breite von $EN_K^{Ba\,max}$. Die aus dem Basisprogramm in den einzelnen Zeitpunkten t erwarteten Entnahmen haben folglich die Höhe $w_{Kt} \cdot EN_K^{Ba\,max}$.

Ein rational handelnder Käufer könnte für das zu bewertende Unternehmen jeden Preis $P \leq P_{max}$ zahlen, nach dessen Zahlung er dennoch mindestens wieder einen Nutzen wie aus dem Basisprogramm erhält. Der Nutzen aus dem Basisprogramm drückt sich für den Käufer im Vektor $(w_{K0} \cdot EN_K^{Ba\,max}; \; w_{K1} \cdot EN_K^{Ba\,max}; \; w_{K2} \cdot EN_K^{Ba\,max}; \; ...;$ $w_{KT} \cdot EN_K^{Ba\,max})$ seiner aus dem Basisprogramm erwarteten Entnahmen aus, wobei diese ausschließlich wegen der vorgegebenen Strukturfaktoren w_{Kt} durch $EN_K^{Ba\,max}$ determiniert sind. Es reicht daher bei der Ermittlung des Bewertungsprogramms aus, zu verlangen, daß die Breite des Entnahmestroms EN aus dem Bewertungsprogramm wenigstens so groß wie $EN_K^{Ba\,max}$ ist.

Es kann dann folgender *Ansatz für die Ermittlung des Bewertungsprogramms* und des Entscheidungswertes des Käufers aufgestellt werden, wenn die aus dem Unternehmen in t erwarteten Zahlungen als Zahlungsvektor $g_{UK} = (0; g_{UK1}; g_{UK2}; ...; g_{UKT})$[144] bezeichnet werden:

Zielfunktion:

$P \rightarrow max!$

Der Preis, den der Käufer maximal zahlen könnte, aber i. d. R. nicht zahlen möchte, wird ebenfalls unter Restriktionen bestimmt.

Restriktionen:

(1) *Sicherung der jederzeitigen Zahlungsfähigkeit*:

Die Summe der Einzahlungsüberschüsse aus zu realisierenden Investitions- und Finanzierungsobjekten und aus entscheidungsunabhängigen Zahlungen sowie aus dem zu bewertenden Unternehmen darf nicht kleiner als die Entnahmen sein:

* im Zeitpunkt t = 0 unter Berücksichtigung des noch nicht bekannten Preises P:

$$-\sum_{j=1}^{J} g_{Kj0} \cdot x_{Kj} + P + w_{K0} \cdot EN_K^{Be} \leq b_{K0}.$$

* in den Zeitpunkten t = 1, 2, …, T:

$$-\sum_{j=1}^{J} g_{Kjt} \cdot x_{Kj} + w_{Kt} \cdot EN_K^{Be} \leq b_{Kt} + g_{UKt}.$$

(2) *Einhaltung des Entnahmestroms $EN_K^{Ba\,max}$ des Basisprogramms*:

Die Entnahmemöglichkeiten des Basisprogramms sollen auch durch das Bewertungsprogramm, also bei einem Erwerb des Unternehmens zum Grenzpreis, wieder erreicht werden:

$$EN_K^{Be} \geq EN_K^{Ba\,max}.$$

---

144   In t = 0 würde zudem der erst noch auszuhandelnde Preis P anfallen.

(3) *Kapazitätsgrenzen*:

Die Anzahl der zu realisierenden Investitions- und Finanzierungsobjekte darf die jeweilige Kapazitätsobergrenze (für j =1, 2, ... J) nicht verletzen:

$$x_{Kj} \leq x_{Kj}^{max}.$$

Ist eine Kapitalanlage- oder Kapitalaufnahmemöglichkeit unbeschränkt, entfällt eine solche Restriktion.

(4) *Nichtnegativität*:

Die Handlungsvariablen sollen nicht negativ werden, zudem wird der Fall der Subventionierung des Käufers durch den Verkäufer (negativer Kaufpreis) ausgeschlossen:[145]

$$x_{Kj} \geq 0$$

$$P \geq 0.$$

Der Erwerb wird also als *Investition* und *nicht* als *Subvention des Käufers* durch den Verkäufer (*negativer Kaufpreis*) modelliert. Auf die Nichtnegativitätsbedingung des Preises kann indes verzichtet werden. Bei einer dann zugelassenen Subventionierung des Erwerbs entspräche ein negativer „maximal zahlbarer Preis" inhaltlich der „geringsten erforderlichen Subvention", die der Käufer verlangen müßte, damit die Übernahme der Unternehmung von ihm bei rationalem Handeln in Betracht gezogen darf.

Die *optimale Lösung* des Modells liefert einerseits den maximal zahlbaren Preis P_{max}, d. h. den *Entscheidungswert aus Käufersicht*, und außerdem dasjenige Investitions- und Finanzierungsprogramm, das der Käufer realisieren sollte, wenn er tatsächlich einen Preis in Höhe seines Entscheidungswertes zahlen müßte. Dieses Programm ist das sog. *Bewertungsprogramm des Käufers*.

2.3.3.2.2.2 Zahlenbeispiel

Zur Veranschaulichung wird nun die Vorgehensweise der Ermittlung des Entscheidungswertes mit dem ZGPM aus der Sicht eines präsumtiven Käufers an einem transparenten Beispiel[146] mit mehrperiodigem Planungszeitraum (T = 4) unter der *Annahme (quasi-)sicherer Erwartungen* erläutert. Auf unvollkommenen Märkten bedeutet Sicherheit, daß das Entscheidungssubjekt auf die Berücksichtigung mehrwertiger Erwartungen verzichtet und nur mit einer bestimmten Datenkonstellation rechnet. Diese Quasi-Sicherheit ist auf dem unvollkommenen Kapitalmarkt von den individuellen Erwartungen des Bewertungssubjekts geprägt und deshalb subjektiv definiert. Für das Bewertungssubjekt ist das Entscheidungsfeld dadurch annahmegemäß geschlossen. Es geht in einer unsicheren Umwelt davon aus, alle Handlungsalternativen mit deren Zahlungskonsequenzen vorauszusehen. Irrtümer sind nicht ausgeschlossen. In Ermangelung vollkommener Voraussicht des Entscheidungssubjekts wird bei (subjektiver) Sicherheit ein endlicher Planungshorizont festgesetzt.

Das Bewertungssubjekt verfügt im Bewertungszeitpunkt t = 0, der gleichzeitig auch den Entscheidungs- und Erwerbszeitpunkt darstellen soll, bereits über ein kleines Unter-

---

[145] Da der Entnahmestrom des Basisprogramms nichtnegativ ist, gilt dies auch für den Entnahmestrom des Bewertungsprogramms, so daß auf eine gesonderte Bedingung verzichtet werden kann.

[146] Beispiel entnommen aus BRÖSEL/MATSCHKE, Ermittlung des Entscheidungswertes (2004).

nehmen KU, welches es auch selbst als Geschäftsführer leitet und woraus ein ewiger Einzahlungsüberschuß aus der Innenfinanzierung (IF) i. H. v. 30 Geldeinheiten (GE) resultiert. Im Zeitpunkt t = 0 hat es die Möglichkeit, eine Investition AK zu tätigen. Die Zahlungsreihe dieser Investition beträgt einschließlich des dafür zu zahlenden Preises (−100, +30, +40, +50, +55). In t = 0 besitzt das Bewertungssubjekt aus dem Familienvermögen zusätzlich 10 GE als Eigenmittel (EM). Angenommen sei, daß die Hausbank des Geschäftsführers in t = 0 ein – nur im Ganzen verfügbares – endfälliges Darlehen ED i. H. v. 50 GE bei jährlich zu zahlenden Zinsen von 8 % p. a. für Investitionen des Bewertungssubjekts mit einer Gesamtlaufzeit von vier Perioden (Jahren) zur Verfügung stellt. Weitere finanzielle Mittel sind als Betriebsmitteldarlehen unbegrenzt zu einem kurzfristigen Sollzins von 10 % p. a. erhältlich (KA_t). Finanzinvestitionen (GA_t) können bei der Hausbank des Geschäftsführers in beliebiger Höhe zu einem Habenzins von 5 % p. a. getätigt werden.

Das Bewertungssubjekt strebt seinerseits zur Sicherung seiner Existenz grundsätzlich einen uniformen Einkommensstrom an (*Einkommensmaximierung*). Im Zeitpunkt T = 4 ergibt sich:[147]

$$\overline{w}_T \cdot EN = EN + \frac{EN}{i} \implies \overline{w}_T = 1 + \frac{1}{i} = 1 + \frac{1}{0,05} = 21,$$

so daß die gewünschte zeitliche Struktur lautet: $w_{K0} : w_{K1} : w_{K2} : w_{K3} : w_{K4} = 1 : 1 : 1 : 1 : 21$. Das heißt, die letzte Ausschüttung soll zusätzlich zur normalen Ausschüttung EN den Barwert[148] einer ewigen Rente auf Basis eines Zinssatzes von 5 % enthalten, um das Einkommen EN auch außerhalb des Planungszeitraums zu gewährleisten, denn für t > 4 wird im Beispiel der pauschal geschätzte Kalkulationszinsfuß von i = 5 % p. a. berücksichtigt.

Das Bewertungssubjekt steht im Zeitpunkt t = 0 vor der Entscheidung, ein weiteres Unternehmen U zu erwerben. Für dieses Unternehmen wurde für den Planungszeitraum der Zahlungsstrom (0, 60, 40, 20, 20) geschätzt. Darüber hinaus wird aus ihm ab t = 5 eine ewige Rente von 20 GE erwartet. Gesucht ist der maximal zahlbare Preis P_{max} für das Unternehmen U.

In der nachfolgenden Tabelle sind die Daten des Beispiels zusammengefaßt. Um vertikale Interdependenzen zwischen dem gewählten Planungszeitraum und den Perioden jenseits des Planungshorizonts nicht zu zerschneiden, wurden der ewige Zahlungsüberschuß aus der Innenfinanzierung und die ab dem Zeitpunkt t = 5 erwartete ewige Rente aus dem zu bewertenden Unternehmen U ebenfalls über den Faktor 21 (somit inklusive der jeweiligen im Zeitpunkt t = 4 eigentlich anfallenden Zahlung) im Zeitpunkt t = 4 berücksichtigt. Die nach dem Zeitpunkt t > T = 4 zu erwartenden Zahlungen sind deshalb auch mit Hilfe des pauschal geschätzten Kalkulationszinsfußes von i = 5 % p. a. im Beispiel (siehe *Abbildung 81*) erfaßt.

---

[147] Vgl. HERING, Unternehmensbewertung (2006), S. 48.

[148] Als *Barwert* oder Gegenwartswert wird der gegenwärtige Wert eines in der Zukunft erwarteten Geldbetrags bezeichnet. Der Barwert wird durch zeitentsprechende Abzinsung des künftigen Geldbetrags mit einem Kapitalisierungszinsfuß ermittelt. Der Barwert ist somit das gegenwärtige Äquivalent eines künftigen Geldbetrags. Durch die Ermittlung von Barwerten können Geldbeträge, die zu verschiedenen künftigen Zeitpunkten erwartet werden, vergleichbar und addierbar gemacht werden. Vgl. MATSCHKE, Barwert (2004).

t	AK	ED	GA_0	GA_1	GA_2	GA_3	KA_0	KA_1	KA_2	KA_3	EM	IF	U
0	-100	50	-1				1				10	30	P?
1	30	-4	1,05	-1			-1,1	1				30	60
2	40	-4		1,05	-1			-1,1	1			30	40
3	50	-4			1,05	-1			-1,1	1		30	20
4	55	-54				1,05				-1,1		630	420
Grenze	1	1	∞	∞	∞	∞	∞	∞	∞	∞	1	1	1

Abbildung 81: Daten des Zahlenbeispiels aus Käufersicht

Zur Bestimmung des *Basisprogramms* des Käufers ist mit dem vorliegenden Datenmaterial ein gemischt-ganzzahliger linearer Optimierungsansatz zu formulieren, welcher mit Hilfe des Simplexalgorithmus gelöst werden kann:

$EN \rightarrow max!$

$$100 \cdot AK - 50 \cdot ED + 1 \cdot GA_0 - 1 \cdot KA_0 + 1 \cdot EN \qquad\qquad\qquad \leq 40$$

$$-30 \cdot AK + 4 \cdot ED - 1{,}05 \cdot GA_0 + 1 \cdot GA_1 + 1{,}1 \cdot KA_0 - 1 \cdot KA_1 + 1 \cdot EN \quad \leq 30$$

$$-40 \cdot AK + 4 \cdot ED - 1{,}05 \cdot GA_1 + 1 \cdot GA_2 + 1{,}1 \cdot KA_1 - 1 \cdot KA_2 + 1 \cdot EN \quad \leq 30$$

$$-50 \cdot AK + 4 \cdot ED - 1{,}05 \cdot GA_2 + 1 \cdot GA_3 + 1{,}1 \cdot KA_2 - 1 \cdot KA_3 + 1 \cdot EN \quad \leq 30$$

$$-55 \cdot AK + 54 \cdot ED - 1{,}05 \cdot GA_3 + 1{,}1 \cdot KA_3 + 21 \cdot EN \qquad\qquad \leq 630$$

$$GA_0,\ GA_1,\ GA_2,\ GA_3,\ KA_0,\ KA_1,\ KA_2,\ KA_3,\ EN \qquad\qquad \geq 0$$

$$AK,\ ED \in \{0;\ 1\}.$$

Aus dem Basisprogramm des Käufers entspringt ein uniformer Einkommensstrom der Breite EN^{max} = 32,6133 GE. Das Vermögen zum Ende des Planungszeitraums i. H. v. 652,2665 GE ist bei einem Zinssatz von 5 % p. a. Ursprung einer ewigen Rente der ermittelten Breite von EN^{max}. Die Investition AK ist zu realisieren. Dabei wird auf die Innenfinanzierung IF, die Eigenmittel EM und das endfällige Darlehen ED sowie in t = 0 und t = 1 auf einperiodige Kredite KA zurückgegriffen. In t = 2 und t = 3 erfolgen jeweils einperiodige Geldanlagen GA. Der Zahlungssaldo beträgt zu den Zeitpunkten t = 0, 1, 2, 3 jeweils 0 GE, so daß die Liquiditätsbedingung eingehalten ist, in t = 4 ergibt sich nach Abzug der Entnahme i. H. v. EN^{max} ein Zahlungsmittelüberschuß von 652,2665 GE. Der vollständige Finanzplan (VOFI) des Basisprogramms ist in der nachfolgenden *Abbildung 82* dargestellt.

	t = 0	t = 1	t = 2	t = 3	t = 4
Eigenmittel EM	10				
Innenfinanzierung IF	30	30	30	30	630
Investition AK	-100	30	40	50	55
Darlehen ED	50	-4	-4	-4	-54
Betriebskredit KA	42,6133	23,488			
Geldanlage GA			-7,5499	-51,3141	
KA-, GA-Rückzahlung		-46,8747	-25,8368	7,9274	53,8798
Entnahme EN	-32,6133	-32,6133	-32,6133	-32,6133	-32,6133
Zahlungssaldo	0	0	0	0	652,2665
Schuldenstand aus KA	42,6133	23,488			
Guthabenstand aus GA			7,5499	51,3141	
Endvermögen EN/0,05					652,2665

Abbildung 82: Vollständiger Finanzplan des Basisprogramms des Käufers
mit Ganzzahligkeitsbedingungen für AK und ED

Bei Aufnahme des zu bewertenden Unternehmens U in das *Bewertungsprogramm* des Käufers muß die Breite des uniformen Einkommensstroms seines Basisprogramms mindestens wieder erreicht werden. Zur Ermittlung des Bewertungsprogramms ist der nunmehr zu formulierende lineare Ansatz wiederum mit dem Simplexalgorithmus zu lösen.

$P \rightarrow \max!$

$$100 \cdot AK - 50 \cdot ED + 1 \cdot GA_0 - 1 \cdot KA_0 + 1 \cdot EN + P \qquad \leq 40$$

$$-30 \cdot AK + 4 \cdot ED - 1,05 \cdot GA_0 + 1 \cdot GA_1 + 1,1 \cdot KA_0 - 1 \cdot KA_1 + 1 \cdot EN \qquad \leq 90$$

$$-40 \cdot AK + 4 \cdot ED - 1,05 \cdot GA_1 + 1 \cdot GA_2 + 1,1 \cdot KA_1 - 1 \cdot KA_2 + 1 \cdot EN \qquad \leq 70$$

$$-50 \cdot AK + 4 \cdot ED - 1,05 \cdot GA_2 + 1 \cdot GA_3 + 1,1 \cdot KA_2 - 1 \cdot KA_3 + 1 \cdot EN \qquad \leq 50$$

$$-55 \cdot AK + 54 \cdot ED - 1,05 \cdot GA_3 + 1,1 \cdot KA_3 + 21 \cdot EN \qquad \leq 1.050$$

$$EN \qquad \geq 32,6133$$

$$GA_0, \ GA_1, \ GA_2, \ GA_3, \ KA_0, \ KA_1, \ KA_2, \ KA_3, \ P \qquad \geq 0$$

$$AK, \ ED \in \{0; 1\}.$$

Der dabei ermittelte *Grenzpreis* P_{max} für das zu bewertende Unternehmen U beträgt 391,5313 GE. Das Bewertungssubjekt investiert in t = 0 sowohl in das Unternehmen U als auch – wie schon im Basisprogramm – in das Objekt AK. Neben der Innenfinanzierung IF, den Eigenmitteln EM und dem endfälligen Darlehen ED wird in allen Planungsperioden auf einperiodige Kredite KA zurückgegriffen. Der VOFI des *Bewertungsprogramms* ist der nachfolgenden *Abbildung 83* zu entnehmen.

	t = 0	t = 1	t = 2	t = 3	t = 4
Eigenmittel EM	10				
Innenfinanzierung IF	30	30	30	30	630
Unternehmen U		60	40	20	420
Investition AK	-100	30	40	50	55
Darlehen ED	50	-4	-4	-4	-54
Betriebskredit KA	434,1446	394,1724	360,2030	332,8366	
Geldanlage GA					
KA-Rückzahlung		-477,5591	-433,5897	-396,2233	-366,1202
Entnahme EN	-32,6133	-32,6133	-32,6133	-32,6133	-32,6133
Zahlungssaldo	-391,5313	0	0	0	652,2665
Schuldenstand aus KA	434,1446	394,1724	360,2030	332,8366	
Guthabenstand aus GA					
Endvermögen EN/0,05					652,2665

Abbildung 83: Vollständiger Finanzplan des Bewertungsprogramms des Käufers mit Ganzzahligkeitsbedingungen für AK und ED

Es wurde im Grundmodell gezeigt, daß sich der Entscheidungswert als maximal zahlbarer Preis aus der Käufersicht ermitteln läßt, wenn von den Daten des Bewertungsprogramms diejenigen des Basisprogramms abgesetzt werden. Dies soll mit Blick auf das Zahlenbeispiel nachfolgend gemacht werden, um zu erkennen, welche Veränderungen vorgenommen werden müssen, um vom Basisprogramm zum Bewertungsprogramm zu gelangen. Die Differenzgrößen geben das an, was in der Unternehmensbewertungstheorie das „Vergleichsobjekt" genannt wird (siehe *Abbildung 84*). Dessen Zahlungsstrom entspricht mit Blick auf die Zeitpunkte t > 0 vom Betrag her demjenigen des zu bewertenden Unternehmens, so daß Erfolgsgleichheit zwischen Bewertungs- und Vergleichsobjekt herrscht. Vom Vorzeichen her ist er spiegelbildlich zu dem des zu bewertenden Unternehmens. Denn der Käufer muß auf den Zahlungsstrom des Vergleichsobjekts verzichten, wenn es zum Erwerb des Bewertungsobjekts kommt. Die zum Zeitpunkt t = 0 freigesetzten Mittel beim Vergleichsobjekt drücken die Höhe der Preisobergrenze für das zu bewertende Unternehmen aus. Werden die Zahlungsströme von Bewertungs- und Vergleichsobjekt addiert, ergeben sich für die Zeitpunkte t > 0 wegen der Erfolgsgleichheit Zahlungssalden von 0 GE, im Zeitpunkt t = 0 ergibt sich hingegen ein Zahlungssaldo in Höhe des Entscheidungswertes.

	t = 0	t = 1	t = 2	t = 3	t = 4
Bewertungsprogramm des Käufers					
Eigenmittel EM	10				
Innenfinanzierung IF	30	30	30	30	630
Unternehmen U		60	40	20	420
Investition AK	-100	30	40	50	55
Darlehen ED	50	-4	-4	-4	-54
Betriebskredit KA	434,1446	394,1724	360,2030	332,8366	
Geldanlage GA					
KA-Rückzahlung		-477,5591	-433,5897	-396,2233	-366,1202
Entnahme EN	-32,6133	-32,6133	-32,6133	-32,6133	-32,6133
Zahlungssaldo	391,5313	0	0	0	652,2665
./. Basisprogramm des Käufers					
Eigenmittel EM	10				
Innenfinanzierung IF	30	30	30	30	630
Investition AK	-100	30	40	50	55
Darlehen ED	50	-4	-4	-4	-54
Betriebskredit KA	42,6133	23,488			
Geldanlage GA			-7,5499	-51,3141	
KA-, GA-Rückzahlung		-46,8747	-25,8368	7,9274	53,8798
Entnahme EN	-32,6133	-32,6133	-32,6133	-32,6133	-32,6133
Zahlungssaldo	0	0	0	0	652,2665
= Vergleichsobjekt (Veränderungen zwischen beiden Programmen)					
Δ Eigenmittel EM	0	0	0	0	0
Δ Innenfinanzierung IF	0	0	0	0	0
Δ Investition AK	0	0	0	0	0
Δ Darlehen ED	0	0	0	0	0
Δ Betriebskredit KA	391,5313	370,6844	360,203	332,8366	0
Δ Geldanlage GA	0	0	7,5499	51,3141	0
Δ KA-Rückzahlung	0	-430,6844	-407,7529	-404,1507	-420
Δ Entnahme EN	0	0	0	0	0
= Zahlungssaldo der Veränderungen (Vergleichsobjekt)	391,5313	-60	-40	-20	-420
Unternehmen U		60	40	20	420
Entscheidungswert P_{max}	391,5313	0	0	0	0

Abbildung 84: Ermittlung des Vergleichsobjekts des Käufers
mit Ganzzahligkeitsbedingungen für AK und ED

Das Vergleichsobjekt zum zu kaufenden Unternehmen stellen im Beispiel zusätzlich aufgenommene Betriebskredite in den Zeitpunkten $t = 0$, $t = 1$, $t = 2$ und $t = 3$ sowie nicht mehr durchgeführte Geldanlagen in den Zeitpunkten $t = 2$ und $t = 3$ dar. Die aus den zusätzlichen Fremdmitteln sowie aus den verdrängten Investitionen erwarteten künftigen Zahlungen entsprechen den Einzahlungsüberschüssen des Unternehmens, so daß der sich im Zeitpunkt $t = 0$ aus dem Vergleichsobjekt ergebende Zahlungssaldo die Höhe des maximal zahlbaren Preises abbildet. Aus diesem „Preis" des Vergleichsobjekts leitet sich der Entscheidungswert P_{max} des Käufers in Höhe von 391,5313 GE her. Der interne Zins des Vergleichsobjekts des Käufers beträgt $r_K = 0,098301$. Die entscheidungsorientierte Interpretation des Begriffs „Vergleichsobjekt" hat also *nichts* mit einem „vergleichbaren" Unternehmen zu tun, wie der Begriff in der Literatur oftmals fälschlich verstanden wird. Es geht folglich bei der Entscheidungswertermittlung nicht darum, zum zu bewertenden Unternehmen ein „vergleichbares" Unternehmen zu finden[149]. *Das „Vergleichsobjekt" im Rahmen der Entscheidungswertermittlung bilden vielmehr alle Maßnahmen der Umgestaltung des Basisprogramms zum Bewertungsprogramm.*

Werden die erwarteten Zahlungen aus dem zu bewertenden Unternehmen mit dem internen Zins dieses „Vergleichsobjekts" abgezinst, ergibt sich ein Zukunftserfolgswert in Höhe des maximal zahlbaren Preises, also des Entscheidungswertes (siehe *Abbildung 85*).

t	0	1	2	3	4
Unternehmen U		60	40	20	420
r_K	0,098301				
$(1 + r_K)^{-t}$	1	0,910497	0,829006	0,754807	0,687250
Barwerte		54,6298	33,1602	15,0961	288,6451
Zukunftserfolgswert	391,5313				

Abbildung 85: Ermittlung des Entscheidungswertes aus Käufersicht
auf Basis des internen Zinses des Vergleichsobjekts
mit Ganzzahligkeitsbedingungen für AK und ED

In einer Abwandlung des vorstehenden Beispiels sei im folgenden auf die Ganzzahligkeitsbedingungen *verzichtet*, um die Auswirkungen dieser Restriktionen aufzuzeigen. Im Basis- und im Bewertungsansatz werden nunmehr die Nebenbedingungen $AK, ED \in \{0,1\}$ durch die Nebenbedingungen $AK, ED \leq 1$ ersetzt.

Unter Berücksichtigung dieser Änderung entspringt aus dem Basisprogramm ein uniformer Einkommensstrom der Breite $EN^{max}_{ohne\ G} = 32,6176\ GE$ (statt bisher $EN^{max}_{mit\ G} = 32,6133\ GE$). Es kommt somit zu einer *Erhöhung des Einkommensstroms*.[150]

Das Vermögen zum Ende des Planungszeitraums i. H. v. 652,3520 GE ist bei einem

---

[149]   Damit werden gewöhnlich Risikozuschläge zum Kalkulationszinsfuß begründet.

[150]   Dieses Beispiel verdeutlicht zugleich ein allgemeines Problem, nämlich, daß sich durch den Wegfall „einengender" Restriktionen (hier der Ganzzahligkeit für AK und ED) der optimale Zielfunktionswert (hier die Breite des Einkommensstrom) i. d. R. verbessert (zumindest *nicht* verschlechtert).

Zinssatz von 5 % p. a. Ursprung einer ewigen Rente der ermittelten Breite von $EN_{\text{ohne G}}^{\max}$.

In *Abbildung 86* ist der VOFI des Basisprogramms ohne Ganzzahligkeitsrestriktionen dargestellt. Auf die Eigenmittel EM und die Innenfinanzierung IF wird hierbei zurückgegriffen. Die Investition AK ist vollständig zu realisieren. Im Unterschied zum Basisprogramm mit Ganzzahligkeitsrestriktionen (vgl. *Abbildung 82*) berücksichtigt worden ist, wird nunmehr das endfällige Darlehen ED nicht vollständig, sondern nur zu 85,5360 % in Anspruch genommen. In den Zeitpunkten t = 0 und t = 1 werden jeweils einperiodige Kredite KA aufgenommen, im Zeitpunkt t = 3 erfolgt eine einperiodige Geldanlage GA. Im Zeitpunkt t = 2 ist der Zahlungssaldo bereits ausgeglichen, weshalb weder die Aufnahme eines einperiodigen Kredites noch eine einperiodige Geldanlage erforderlich ist.

	t = 0	t = 1	t = 2	t = 3	t = 4
Eigenmittel EM	10				
Innenfinanzierung IF	30	30	30	30	630
Investition AK	-100	30	40	50	55
Darlehen ED	42,7680	-3,4214	-3,4214	-3,4214	-46,1894
Betriebskredit KA	49,8496	30,8736			
Geldanlage GA				-43,9610	
KA-, GA-Rückzahlung		-54,8346	-33,9610		46,1591
Entnahme EN	-32,6176	-32,6176	-32,6176	-32,6176	-32,6176
Zahlungssaldo	0	0	0	0	652,3520
Schuldenstand aus KA	49,8496	30,8736			32,6176
Guthabenstand aus GA				43,9610	
Endvermögen EN/0,05					652,3520

Abbildung 86: Vollständiger Finanzplan des Basisprogramms des Käufers
ohne Ganzzahligkeitsbedingungen für AK und ED

Wird unter diesen Bedingungen das zu bewertende Unternehmen U in das Bewertungsprogramm aufgenommen, muß der (nunmehr leicht erhöhte) uniforme Einkommensstrom der Breite $EN_{\text{ohne G}}^{\max} = 32,6176$ GE mit diesem wieder erreicht werden.

	t = 0	t = 1	t = 2	t = 3	t = 4
Eigenmittel EM	10				
Innenfinanzierung IF	30	30	30	30	630
Unternehmen U		60	40	20	420
Investition AK	-100	30	40	50	55
Darlehen ED	50	-4	-4	-4	-54
Betriebskredit KA	434,0726	394,0975	360,1248	332,7549	
Geldanlage GA					
KA-Rückzahlung		-477,4799	-433,5073	-396,1373	-366,0304
Entnahme EN	-32,6176	-32,6176	-32,6176	-32,6176	-32,6176
Zahlungssaldo	391,4550	0	0	0	652,3520
Schuldenstand aus KA	434,0726	394,0975	360,12481	332,7549	
Guthabenstand aus GA					
Endvermögen EN/0,05					652,3520

Abbildung 87: Vollständiger Finanzplan des Bewertungsprogramms des Käufers ohne Ganzzahligkeitsbedingungen für AK und ED

Der so ermittelte Grenzpreis $P_{max}^{ohne\ G}$ für das bewertete Unternehmen beträgt 391,4550 GE. Der VOFI des zugehörigen Bewertungsprogramms findet sich in *Abbildung 87*.

Im Vergleich zum Grenzpreis, der im Ausgangsbeispiel mit Berücksichtigung der Ganzzahligkeit ermittelt wurde ($P_{max}^{mit\ G} = 391,5313$ GE), ergibt sich nunmehr eine Verminderung des maximal zahlbaren Preises um 0,0763 GE, obwohl sich die Breite des Einkommensstroms durch den Wegfall der Ganzzahligkeitsbedingungen um 0,0043 erhöht hat. Der Grund für dieses zunächst unplausibel erscheinende Ergebnis ist, daß die ceteris-paribus-Bedingung nicht eingehalten ist. Durch den Wegfall der Ganzzahligkeitsrestriktionen haben sich im Beispiel Basis- und Bewertungsprogramm des Käufers in ihrer Zusammensetzung geändert – und damit auch das Vergleichsobjekt im entscheidungstheoretischen Sinne.[151]

In *Abbildung 88* ist die Herleitung des Vergleichsobjekts ohne die Ganzzahligkeitsbedingungen dargestellt, um die unterschiedliche Höhe des Grenzpreises im Vergleich zum Ausgangsbeispiel mit Ganzzahligkeitsbedingungen (vgl. *Abbildung 84*) noch besser nachvollziehen zu können.

---

[151]   Vgl. *Abbildungen 84 und 88.*

	t = 0	t = 1	t = 2	t = 3	t = 4
Bewertungsprogramm des Käufers					
Eigenmittel EM	10				
Innenfinanzierung IF	30	30	30	30	630
Unternehmen U		60	40	20	420
Investition AK	-100	30	40	50	55
Darlehen ED	50	-4	-4	-4	-54
Betriebskredit KA	434,0726	394,0975	360,1248	332,7549	
Geldanlage GA					
KA-Rückzahlung		-477,4799	-433,5073	-396,1373	-366,0304
Entnahme EN	-32,6176	-32,6176	-32,6176	-32,6176	-32,6176
Zahlungssaldo	391,4550	0	0	0	652,3520
./. Basisprogramm des Käufers					
Eigenmittel EM	10				
Innenfinanzierung IF	30	30	30	30	630
Investition AK	-100	30	40	50	55
Darlehen ED	42,7680	-3,4214	-3,4214	-3,4214	-46,1894
Betriebskredit KA	49,8496	30,8736			
Geldanlage GA				-43,9610	
KA-, GA-Rückzahlung		-54,8346	-33,9610		46,1591
Entnahme EN	-32,6176	-32,6176	-32,6176	-32,6176	-32,6176
Zahlungssaldo	0	0	0	0	652,3520
= Vergleichsobjekt (Veränderungen zwischen beiden Programmen)					
Δ Eigenmittel EM	0	0	0	0	0
Δ Innenfinanzierung IF	0	0	0	0	0
Δ Investition AK	0	0	0	0	0
Δ Darlehen ED	7,2320	-0,5786	-0,5786	-0,5786	-7,8106
Δ Betriebskredit KA	384,2230	363,2239	360,1248	332,7549	0
Δ Geldanlage GA	0	0	0	43,9610	0
Δ KA-Rückzahlung	0	-422,6453	-399,5463	-396,1373	-412,1894
Δ Entnahme EN	0	0	0	0	0
= Zahlungssaldo der Veränderungen (Vergleichsobjekt)	391,4550	-60	-40	-20	-420
Unternehmen U		60	40	20	420
Entscheidungswert P_{max}	391,4550	0	0	0	0

Abbildung 88: Ermittlung des Vergleichsobjekts des Käufers
ohne Ganzzahligkeitsbedingungen für AK und ED

2.3.3.2.3 Modell aus Sicht des präsumtiven Verkäufers

2.3.3.2.3.1 Darstellung

Das mathematische Modell[152] für die Ermittlung des Basisprogramms aus Verkäufersicht unterscheidet sich formal von demjenigen des Käufers nur dadurch, daß in diesem die aus dem zu bewertenden Unternehmen erwarteten Zahlungen $g_{UV} = (0;\ g_{UV1};\ g_{UV2};\ \ldots;\ g_{UVT})$ enthalten sind, wobei diese als Bestandteil der autonomen Zahlungen b_{Vt} aufgefaßt werden können, also nicht gesondert modelliert werden müssen:

Zielfunktion:

$$EN_V^{Ba} \to max!$$

Restriktionen:

(1) *Sicherung der jederzeitigen Zahlungsfähigkeit:*

Summe der Einzahlungsüberschüsse aus den zu realisierenden Investitions- und Finanzierungsobjekten und aus entscheidungsunabhängigen Zahlungen (einschließlich solcher aus dem Bewertungsobjekt) ≥ Entnahmen

- im Zeitpunkt t = 0:

$$\underbrace{-\sum_{j=1}^{J} g_{Vj0} \cdot x_{Vj}}_{\substack{\text{Einzahlungsüberschüsse}\\ \text{aus zu realisierenden}\\ \text{Investitions- und Finan-}\\ \text{zierungsobjekten}}} + \underbrace{w_{V0} \cdot EN_V^{Ba}}_{\substack{\text{gewünschte}\\ \text{Entnahmen}}} \le \underbrace{b_{V0}}_{\substack{\text{entscheidungs-}\\ \text{unabhängige}\\ \text{Zahlungen}}}.$$

Es wird folglich zugelassen, daß bereits im Zeitpunkt t = 0 eine Entnahme i. H. v. $w_{V0} \cdot EN_V^{Ba}$ erfolgen kann. b_{V0} kann als anfänglich zur Verfügung stehendes eigenes Investitionskapital des Verkäufers interpretiert werden.

- in den Zeitpunkten t = 1, 2, …, T:

$$\underbrace{-\sum_{j=1}^{J} g_{Vjt} \cdot x_{Vj}}_{\substack{\text{Einzahlungsüberschüsse}\\ \text{aus zu realisierenden}\\ \text{Investitions- und Finan-}\\ \text{zierungsobjekten}}} + \underbrace{w_{Vt} \cdot EN_V^{Ba}}_{\substack{\text{gewünschte}\\ \text{Entnahmen}}} \le \underbrace{b_{Vt}}_{\substack{\text{entscheidungs-}\\ \text{unabhängige}\\ \text{Zahlungen}}}.$$

Die Struktur der gewünschten Entnahmen in der Zukunft wird durch $w_{V1} : w_{V2} :$ … : $w_{VT-1} : w_{VT}$ abgebildet. Die Größen b_{Vt} umfassen die Zahlungen aus dem Bewertungsobjekt, aber auch mögliche in der Zukunft vorgesehene Eigenkapitalzuführungen oder auch autonome künftige Auszahlungsverpflichtungen.

(2) *Kapazitätsgrenzen:*

Anzahl der realisierten Investitions- und Finanzierungsobjekte ≤ Kapazitätsobergrenze für j = 1, 2, …. J:

$$x_{Vj} \le x_{Vj}^{max}.$$

(3) *Nichtnegativität:*

$$x_{Vj} \ge 0$$

$$EN_V^{Ba} \ge 0.$$

---

[152] Vgl. *HERING*, Unternehmensbewertung (2006), S. 71 f.

Das Ergebnis dieses Modells ist das *Basisprogramm* des präsumtiven Verkäufers mit der für dieses geltenden maximalen Breite des Entnahmestroms $EN_V^{Ba\ max}$. Die realisierbaren Entnahmen haben dann in den einzelnen Zeitpunkten t die Höhe $w_{Vt} \cdot EN_V^{Ba\ max}$, und zwar in der vom Verkäufer gewünschten zeitlichen Struktur. Die zu realisierenden Investitionen und Finanzierungen bilden zusammen mit seinem Unternehmen sein Basisprogramm.

Ein rational handelnder Verkäufer ist bereit, das zu bewertende Unternehmen für einen Preis P abzugeben, wenn er nach einem Verkauf zu diesem Preis mindestens wieder den Nutzen wie mit seinem Basisprogramm realisieren kann. Gesucht wird der geringste Preis, der diese Bedingung erfüllt. Der Nutzen seines Basisprogramms drückt sich in dem für ihn geltenden Vektor $(w_{V0} \cdot EN_V^{Ba\ max};\ w_{V1} \cdot EN_V^{Ba\ max};\ w_{V2} \cdot EN_V^{Ba\ max};$ ...$;\ w_{VT} \cdot EN_V^{Ba\ max})$ seiner erwarteten Entnahmen ohne Unternehmensverkauf aus. Bei der Ermittlung des Bewertungsprogramms ist daher – wegen der vorgegebenen gewünschten zeitlichen Entnahmestruktur – zu verlangen, daß die Breite des Entnahmestroms EN aus dem Bewertungsprogramm wenigstens so groß wie $EN_V^{Ba\ max}$ ist.

Es kann dann folgendes Modell für die Ermittlung des Bewertungsprogramms und des Entscheidungswertes des Verkäufers aufgestellt werden, wenn die aus dem Unternehmen in t erwarteten Zahlungen mit $g_{UV} = (0;\ g_{UV1};\ g_{UV2};\ ...;\ g_{UVT})$[153] bezeichnet werden:

Zielfunktion:

$P \rightarrow min!$

Restriktionen:

(1) *Sicherung der jederzeitigen Zahlungsfähigkeit:*

Summe der Einzahlungsüberschüsse aus Investitions- und Finanzierungsobjekten und aus entscheidungsunabhängigen Zahlungen sowie aus dem Preis für das zu bewertende Unternehmen (in t = 0) $\geq$ Entnahmen

- im Zeitpunkt t = 0:

$$-\sum_{j=1}^{J} g_{Vj0} \cdot x_{Vj} + w_{V0} \cdot EN_V^{Be} \leq b_{V0}.$$

- in den Zeitpunkten t = 1, 2, ..., T:

$$-\sum_{j=1}^{J} g_{Vjt} \cdot x_{Vj} + w_{Vt} \cdot EN_V^{Be} \leq b_{Vt}.$$

(2) *Einhaltung des Entnahmestroms* $EN_V^{Ba\ max}$ *des Basisprogramms:*

$$EN_V^{Be} \geq EN_V^{Ba\ max}.$$

(3) *Kapazitätsgrenzen:*

Anzahl der realisierten Investitions- und Finanzierungsobjekte $\leq$ Kapazitätsobergrenze für j = 1, 2, ... J:

$$x_{Vj} \leq x_{Vj}^{max}.$$

---

[153] In t = 0 würde zudem der erst noch auszuhandelnde Preis für das Unternehmen anfallen.

(4) *Nichtnegativität:*

$$x_{vj} \geq 0$$

$$P \geq 0.$$

Der optimalen Lösung können der *Entscheidungswert* P_{min} und die Zusammensetzung des *Bewertungsprogramms* aus Verkäufersicht entnommen werden. Durch die hier verlangte Nichtnegativität des Preises schließt der Verkäufer eine Subventionierung des Käufers aus. Auf diese Bedingung kann, wie schon mit Blick auf den Käufer erläutert wurde, verzichtet werden.

2.3.3.2.3.2 Zahlenbeispiel

Auch die Vorgehensweise der Ermittlung des Entscheidungswertes aus Verkäufersicht soll an einem einfachen transparenten Beispiel[154] mit einem mehrperiodigen Planungszeitraum (T = 4) ebenfalls unter Annahme (quasi-)sicherer Erwartungen erläutert werden. Das Bewertungssubjekt, der präsumtive Verkäufer, verfügt im Bewertungszeitpunkt sowohl über ein kleines (KU) als auch über ein mittleres Unternehmen (MU), welche voneinander unabhängig sind, die er beide selbst als Geschäftsführer GF leitet und woraus ein ewiger Einzahlungsüberschuß aus der Innenfinanzierung (IF) i. H. v. insgesamt 30 Geldeinheiten (GE) in jedem Zeitpunkt resultiert. Aufgrund der hohen Arbeitsbelastung als Geschäftsführer beider Unternehmen plant GF, sich von dem Unternehmen KU zu trennen.

Das zu veräußernde Unternehmen KU steuert im Planungszeitraum den rückläufigen Zahlungsstrom (0 GE, 12 GE, 11 GE, 12 GE, 10 GE) und darüber hinaus ab t = 5 eine ewige Rente von 10 GE bei. Im Zeitpunkt t = 0 besteht die Möglichkeit, im Rahmen der Geschäftstätigkeit des ihm verbleibenden Unternehmens MU eine Investition AK zu tätigen. Die Zahlungsreihe dieser Investition beträgt einschließlich des dafür zu zahlenden Preises (–100 GE, +30 GE, +40 GE, +50 GE, +55 GE). Im Entscheidungszeitpunkt besitzt das Bewertungssubjekt aus dem Familienvermögen zusätzlich 10 GE als Eigenmittel (EM). Angenommen sei, daß die Hausbank des GF in t = 0 ein – nur im Ganzen verfügbares – endfälliges Darlehen ED i. H. v. 50 GE bei jährlich zu zahlenden Zinsen von 8 % p. a. für Investitionen des Bewertungssubjekts mit einer Gesamtlaufzeit von vier Perioden (Jahren) zur Verfügung stellt. Weitere finanzielle Mittel sind als Betriebsmitteldarlehen unbegrenzt zu einem kurzfristigen Sollzins von 10 % p. a. erhältlich (KA_t). Darüber hinaus sind in beliebiger Höhe Finanzinvestitionen (GA_t) bei der Hausbank zu einem Habenzins von 5 % p. a. möglich. Die Ausgangsdaten des Zahlenbeispiels sind nachfolgend zusammengefaßt (siehe *Abbildung 89*).

---

[154] Beispiel entnommen aus *Brösel/Matschke*, Sicht des präsumtiven Verkäufers (2003), S. 2241 f.

t	AK	ED	GA_0	GA_1	GA_2	GA_3	KA_0	KA_1	KA_2	KA_3	EM	IF	davon	
													MU	KU
0	-100	50	-1				1				10	30	30	P?
1	30	-4	1,05	-1			-1,1	1				30	18	12
2	40	-4		1,05	-1			-1,1	1			30	19	11
3	50	-4			1,05	-1			-1,1	1		30	18	12
4	55	-54				1,05				-1,1		630	420	210
Grenze	1	1	∞	∞	∞	∞	∞	∞	∞	∞	1	1	1	1

Abbildung 89: Daten des Zahlenbeispiels aus Verkäufersicht

Zur Sicherung seiner Existenz strebt das Bewertungssubjekt seinerseits einen uniformen Einkommensstrom an, der in den Zeitpunkten 0 bis 4 die gleiche Entnahme EN vorsieht. Im Zeitpunkt T = 4 soll zusätzlich zur normalen Ausschüttung EN der Barwert einer ewigen Rente von 5 % p. a. erwirtschaftet werden, um das Einkommen EN auch außerhalb des Planungszeitraums zu gewährleisten. Die gewünschte zeitliche Entnahmestruktur lautet daher: $w_{V0} : w_{V1} : w_{V2} : w_{V3} : w_{V4} = 1 : 1 : 1 : 1 : 21$.

Gesucht ist der mindestens zu fordernde Preis P_{min} für das zu veräußernde Unternehmen KU. Aus dem vorliegenden Datenmaterial ergibt sich zur Bestimmung des Basisprogramms der nachfolgende gemischt-ganzzahlige lineare Optimierungsansatz, der mit Hilfe des Simplexalgorithmus gelöst werden kann:

EN → max!

$$100 \cdot AK - 50 \cdot ED + 1 \cdot GA_0 - 1 \cdot KA_0 + 1 \cdot EN \qquad \leq 40$$

$$-30 \cdot AK + 4 \cdot ED - 1{,}05 \cdot GA_0 + 1 \cdot GA_1 + 1{,}1 \cdot KA_0 - 1 \cdot KA_1 + 1 \cdot EN \qquad \leq 30$$

$$-40 \cdot AK + 4 \cdot ED - 1{,}05 \cdot GA_1 + 1 \cdot GA_2 + 1{,}1 \cdot KA_1 - 1 \cdot KA_2 + 1 \cdot EN \qquad \leq 30$$

$$-50 \cdot AK + 4 \cdot ED - 1{,}05 \cdot GA_2 + 1 \cdot GA_3 + 1{,}1 \cdot KA_2 - 1 \cdot KA_3 + 1 \cdot EN \qquad \leq 30$$

$$-55 \cdot AK + 54 \cdot ED - 1{,}05 \cdot GA_3 + 1{,}1 \cdot KA_3 + 21 \cdot EN \qquad \leq 630$$

$$GA_0,\ GA_1,\ GA_2,\ GA_3,\ KA_0,\ KA_1,\ KA_2,\ KA_3,\ EN \qquad \geq 0$$

$$AK,\ ED \in \{0;\ 1\}.$$

Hieraus resultiert folgender VOFI des Basisprogramms des Verkäufers (siehe *Abbildung 90*):[155]

---

[155] Daß das Basisprogramm des Verkäufers mit dem des Käufers (s. *Abbildung 82*) übereinstimmt, ergibt sich ausschließlich aus der für beide Parteien zugrunde gelegten identischen Datenkonstellation des Zahlenbeispiels (vgl. *Abbildungen 81 und 89*), zudem einschließlich der identischen gewünschten Entnahmestrukturen, ist also rein beispielbedingt.

	t = 0	t = 1	t = 2	t = 3	t = 4
Eigenmittel EM	10				
Innenfinanzierung IF	30	30	30	30	630
Investition AK	-100	30	40	50	55
Darlehen ED	50	-4	-4	-4	-54
Betriebskredit KA	42,6133	23,4880			
Geldanlage GA			-7,5499	-51,3141	
KA-, GA-Rückzahlung		-46,8747	-25,8368	7,9274	53,8798
Entnahme EN	-32,6133	-32,6133	-32,6133	-32,6133	-32,6133
Zahlungssaldo	0	0	0	0	652,2665
Schuldenstand aus KA	42,6133	23,4880			
Guthabenstand aus GA			7,5499	51,3141	
Endvermögen EN/0,05					652,2665

Abbildung 90: Vollständiger Finanzplan des Basisprogramms des Verkäufers
mit Ganzzahligkeisbedingungen für AK und ED

Dem *Basisprogramm* entspringt ein uniformer Einkommensstrom der Breite $EN_V^{Ba\ max}$ = 32,6133 GE. Das Guthaben zum Ende des Planungszeitraums i. H. v. 652,2665 GE ermöglicht bei einem Zinssatz von 5 % p. a. eine ewige Rente in der ermittelten Breite von $EN_V^{Ba\ max}$. Im Rahmen des Basisprogramms ist die Investition AK im Unternehmen MU zu realisieren. Dabei wird auf die Innenfinanzierung IF, die Eigenmittel EM und das endfällige Darlehen ED sowie in t = 0 und t = 1 auf einperiodige Kredite KA zurückgegriffen. In t = 2 und t = 3 erfolgen jeweils einperiodige Geldanlagen GA.

Die Breite des uniformen Einkommensstroms des Basisprogramms muß auch im Bewertungsprogramm mindestens wieder erreicht werden, wenn das Unternehmen KU durch den GF veräußert wird. Zur Ermittlung des Bewertungsprogramms bedarf es des folgenden linearen Ansatzes, der wiederum mit dem Simplexalgorithmus gelöst werden kann:

$P \rightarrow min!$

$$100 \cdot AK - 50 \cdot ED + 1 \cdot GA_0 - 1 \cdot KA_0 + 1 \cdot EN - P \qquad \leq 40$$

$$-30 \cdot AK + 4 \cdot ED - 1,05 \cdot GA_0 + 1 \cdot GA_1 + 1,1 \cdot KA_0 - 1 \cdot KA_1 + 1 \cdot EN \qquad \leq 18$$

$$-40 \cdot AK + 4 \cdot ED - 1,05 \cdot GA_1 + 1 \cdot GA_2 + 1,1 \cdot KA_1 - 1 \cdot KA_2 + 1 \cdot EN \qquad \leq 19$$

$$-50 \cdot AK + 4 \cdot ED - 1,05 \cdot GA_2 + 1 \cdot GA_3 + 1,1 \cdot KA_2 - 1 \cdot KA_3 + 1 \cdot EN \qquad \leq 18$$

$$-55 \cdot AK + 54 \cdot ED - 1,05 \cdot GA_3 + 1,1 \cdot KA_3 + 21 \cdot EN \qquad \leq 420$$

$$EN \qquad \geq 32,6133$$

$$GA_0,\ GA_1,\ GA_2,\ GA_3,\ KA_0,\ KA_1,\ KA_2,\ KA_3,\ P \qquad \geq 0$$

$$AK,\ ED \in \{0;\ 1\}.$$

Der für das Unternehmen KU ermittelte mindestens zu fordernde Preis P_{min} beträgt unter den Ganzzahligkeitsbedingungen 196,1261 GE und bildet den *Entscheidungswert* aus Sicht des potentiellen Verkäufers GF. Das Bewertungsobjekt KU ist nicht mehr im umstrukturierten optimalen Investitions- und Finanzierungsprogramm, dem sog. *Bewertungsprogramm*, enthalten.

	t = 0	t = 1	t = 2	t = 3	t = 4
Eigenmittel EM	10				
Innenfinanzierung IF	30	30	30	30	630
Unternehmen KU		-12	-11	-12	-210
Investition AK	-100	30	40	50	55
Darlehen ED					
Betriebskredit KA					
Geldanlage GA	-103,5128	-124,0751	-156,6655	-199,8855	
GA-Rückzahlung		108,6884	130,2788	164,4988	209,8798
Entnahme EN	-32,6133	-32,6133	-32,6133	-32,6133	-32,6133
Zahlungssaldo	-196,1261	0	0	0	652,2665
Schuldenstand aus KA					
Guthabenstand aus GA	103,5128	124,0751	156,6655	199,8855	
Endvermögen EN/0,05					652,2665

Abbildung 91: Vollständiger Finanzplan des Bewertungsprogramms des Verkäufers mit Ganzzahligkeisbedingungen für AK und ED

Der VOFI des Bewertungsprogramms ist der *Abbildung 91* zu entnehmen.[156] Dieses stellt sich wie folgt dar: Das Bewertungssubjekt, welches über den Mindestentnahme-strom von 32,6133 GE verfügen kann, investiert in t = 0 in das Objekt AK, vereinnahmt dabei (mindestens) den Grenzpreis für das KU und greift neben der nunmehr nur noch aus dem Unternehmen MU resultierenden Innenfinanzierung IF auf die Eigenmittel EM zurück. In allen Planungsperioden kann zudem Geld zu 5 % p. a. angelegt werden.

Auch für den Verkäufer läßt sich zeigen, welche Maßnahmen aus seiner Sicht das „Vergleichsobjekt" bilden. Hierzu sind die Werte des Bewertungsprogramms des Ver-käufers von denjenigen seines Basisprogramms abzusetzen, so daß die Umstrukturie-rungen erkennbar werden (siehe *Abbildung 92*).

---

[156] Wäre bei einem Verkauf zudem ein etwaiger Veräußerungsgewinn durch den Verkäufer in Höhe der Differenz zwischen dem vereinnahmten Kaufpreis und dem (steuerlichen) Buchwert zu ver-steuern, ist der ermittelte Grenzpreis um eine entsprechende Steuerzahlung zu erhöhen, denn auch unter Berücksichtigung der zu zahlenden Steuern darf sich der präsumtive Verkäufer nicht schlechter als ohne Verkauf stellen. Der Grenzpreis unter Berücksichtigung der Veräußerungs-gewinnbesteuerung P_{min} berechnet sich dabei – ohne Berücksichtigung von eventuell bestehen-den Freibetragsregelungen und Begünstigungsgrenzen sowie Verlustvorträgen – aus der Summe des bereits ermittelten Grenzpreises ohne Berücksichtigung der Veräußerungsgewinnbesteuerung P_{min} und der Veräußerungsgewinnbesteuerung selbst, die sich wiederum in Abhängigkeit vom Steuersatz s, dem Buchwert BW und dem letztlich vereinbarten Kaufpreis ergibt, wobei diesbezüglich der Grenzpreis unter Berücksichtigung der Veräußerungsgewinnbesteuerung P_{min}^{St} in die Formel einzubeziehen ist: $P_{min}^{St} = P_{min} + s \cdot (P_{min}^{St} - BW)$. Durch einfache Umformung der Gleichung ergibt sich schließlich: $P_{min}^{St} = (P_{min} - s \cdot BW)/(1-s)$. Wäre im obigen Beispiel etwa ein Steuersatz s = 20 % sowie ein Buchwert BW von 150 GE zu beachten, dann ergäbe sich folgender Grenzpreis unter Berücksichtigung der Veräußerungsge-winnbesteuerung: $P_{min}^{St} = (196,1261 - 0,2 \cdot 150)/(1-0,2) = 207,6576$. Für den in diesem Grenzfall vereinnahmten Veräußerungsgewinn in Höhe von $P_{min}^{St} - BW = 207,6576 - 150 = 57,6576$ wäre bei einem Steuersatz von 20 % eine Veräußerungsgewinnbesteuerung in Höhe von 11,5315 GE ab-zuführen. Wird P_{min}^{St} um diesen Betrag reduziert, ergibt sich schließlich der ursprünglich ermittelte Betrag für $P_{min} = 196,1261$, welcher dem Verkäufer zufließen muß, damit dieser auch nach dem Verkauf seinen Mindestrentenstrom realisieren kann.
Siehe hierzu auch MOXTER, Unternehmensbewertung 2 (1983), S. 179 f., OLBRICH, Unterneh-mungsverkauf (2005), S. 159 f., WAMELING, Berücksichtigung von Steuern (2005), S. 252–285, HERING, Unternehmensbewertung (2006), S. 266.

	t = 0	t = 1	t = 2	t = 3	t = 4
Basisprogramm des Verkäufers					
Eigenmittel EM	10				
Innenfinanzierung IF	30	30	30	30	630
Investition AK	-100	30	40	50	55
Darlehen ED	50	-4	-4	-4	-54
Betriebskredit KA	42,6133	23,4880			
Geldanlage GA			-7,5499	-51,3141	
KA-, GA-Rückzahlung		-46,8747	-25,8368	7,9274	53,8798
Entnahme EN	-32,6133	-32,6133	-32,6133	-32,6133	-32,6133
Zahlungssaldo	0	0	0	0	652,2665
./. Bewertungsprogramm des Verkäufers					
Eigenmittel EM	10				
Innenfinanzierung IF	30	30	30	30	630
Unternehmen KU		-12	-11	-12	-210
Investition AK	-100	30	40	50	55
Darlehen ED					
Betriebskredit KA					
Geldanlage GA	-103,5128	-124,0751	-156,6655	-199,8855	
GA-Rückzahlung		108,6884	130,2788	164,4988	209,8798
Entnahme EN	-32,6133	-32,6133	-32,6133	-32,6133	-32,6133
Zahlungssaldo	-196,1261	0	0	0	652,2665
= Vergleichsobjekt (Veränderungen zwischen beiden Programmen)					
Δ Eigenmittel EM	0	0	0	0	0
Δ Innenfinanzierung IF	0	0	0	0	0
Δ Investition AK	0	0	0	0	0
Δ Darlehen ED	50	-4	-4	-4	-54
Δ Betriebskredit KA	42,6133	23,4880	0	0	0
Δ Geldanlage GA	103,5128	124,0751	149,1156	148,5714	0
Δ KA-, GA-Rückzahlung	0	-155,5631	-156,1156	-156,5714	-156
Entnahme EN	0	0	0	0	0
Zahlungssaldo der Veränderungen (Vergleichsobjekt)	196,1261	-12	-11	-12	-210
Unternehmen KU		12	11	12	210
Entscheidungswert P$_{min}$	196,1261	0	0	0	0

Abbildung 92: Ermittlung des Vergleichsobjekts des Verkäufers mit Ganzzahligkeisbedingungen für AK und ED

Das „Vergleichsobjekt" des Verkäufers bilden das *nicht mehr* im Zeitpunkt t = 0 aufzunehmende Darlehen ED, die *verdrängten* Betriebskredite KA in den Zeitpunkten t = 0 und t = 1 sowie *zusätzliche* Geldanlagen GA als noch nicht genutzte Investitionen in den Zeitpunkten t = 0, t = 1, t = 2 und t = 3. Die aus den verdrängten Krediten sowie den neu durchzuführenden Investitionen per Saldo erwarteten künftigen Zahlungen entsprechen betragsmäßig den durch den Verkauf entgehenden Einzahlungsüberschüssen des zu bewertenden Unternehmens KU, so daß wieder Erfolgsgleichheit zwischen Bewertungs- und Vergleichsobjekt gegeben ist, denn die Zahlungen von Bewertungs- und Vergleichsobjekt gleichen sich in den Zeitpunkten t > 0 aus. Es verbleibt nur im Zeitpunkt t = 0 eine Differenz in Höhe des Entscheidungswertes. Der „Preis" des Vergleichsobjekts gibt den Entscheidungswert P_{min} des Verkäufers des Unternehmens KU i. H. v. 196,1261 GE an. Der interne Zins des Vergleichsobjekts des Verkäufers beträgt $r_V = 0{,}062051907$. Werden die erwarteten Zahlungen aus dem Unternehmen mit diesem internen Zins des Vergleichsobjekt abgezinst, so ergibt sich der Zukunftserfolgswert in Höhe des minimal zu fordernden Preises wie in *Abbildung 93* dargestellt.

t	0	1	2	3	4
Unternehmen KU		12	11	12	210
r_V	0,06205191				
$(1 + r_V)^{-t}$	1	0,941574	0,886561	0,834762	0,785990
Barwerte		11,2989	9,7522	10,0171	165,0579
Zukunftserfolgswert	196,1261				

Abbildung 93: Ermittlung des Entscheidungswertes aus Verkäufersicht
auf Basis des internen Zinses des Vergleichsobjekts
mit Ganzzahligkeisbedingungen für AK und ED

Auch im Hinblick auf die Verkäufersicht wird nunmehr das vorstehende Beispiel dahingehend abgewandelt, daß auf die Ganzzahligkeitsbedingungen verzichtet wird. Im Basis- und im Bewertungsansatz werden wiederum die Nebenbedingungen AK, ED $\in \{0,1\}$ durch die Nebenbedingungen AK, ED ≤ 1 ersetzt.

Im Ergebnis resultiert aus dem Basisprogramm des Verkäufers ein uniformer Einkommensstrom der Breite $EN_{ohne\,G}^{Ba\,max} = 32{,}6176$ GE (statt bisher $EN_{mit\,G}^{Ba\,max} = 32{,}6133$ GE). Die Verzicht auf die Ganzzahligkeitsbedingungen führt somit wiederum zu einer Erhöhung des Einkommensstroms.

	t = 0	t = 1	t = 2	t = 3	t = 4
Eigenmittel EM	10				
Innenfinanzierung IF	30	30	30	30	630
Investition AK	-100	30	40	50	55
Darlehen ED	42,7680	-3,4214	-3,4214	-3,4214	-46,1894
Betriebskredit KA	49,8496	30,8736			
Geldanlage GA				-43,9610	
KA-, GA-Rückzahlung		-54,8346	-33,9610		46,1591
Entnahme EN	-32,6176	-32,6176	-32,6176	-32,6176	-32,6176
Zahlungssaldo	0	0	0	0	652,3520
Schuldenstand aus KA	49,8496	30,8736			32,6176
Guthabenstand aus GA				43,9610	
Endvermögen EN/0,05					652,3520
Abbildung 94: Vollständiger Finanzplan des Basisprogramms des Verkäufers ohne Ganzzahligkeitsrestriktionen für AK und ED					

Der VOFI des Basisprogramms ist in *Abbildung 94* dargestellt. Wesentlicher Unterschied zum Basisprogramm, in welchem die Ganzzahligkeit berücksichtigt wurde (vgl. *Abbildung 90*), ist, daß das endfällige Darlehen ED nicht vollständig, sondern lediglich zu 85,5360 % in Anspruch genommen wird.

Die Breite des uniformen Einkommensstroms des „revidierten" Basisprogramms ist schließlich auch mit dem Bewertungsprogramm – also für den Fall, daß das Unternehmen KU durch den GF veräußert wird – zu erreichen. Die Lösung des die Ganzzahligkeit *nicht* berücksichtigenden Bewertungsansatzes führt zu einem Entscheidungswert $P_{min}^{ohne\,G}$ für das bewertete Unternehmen KU aus Sicht des Verkäufers i. H. v. 196,2159 GE. Dies entspricht einer Erhöhung des mindestens zu fordernden Preises um 0,0898 GE im Vergleich zum Grenzpreis $P_{min}^{mit\,G} = 196,1261$, der unter der Berücksichtigung der Ganzzahligkeitsrestriktionen (vgl. *Abbildung 91*) ermittelt wurde.

Abbildung 95 stellt den VOFI des Bewertungsprogramms ohne Ganzzahligkeitsrestriktionen für AK und ED dar.

	t = 0	t = 1	t = 2	t = 3	t = 4
Eigenmittel EM	10				
Innenfinanzierung IF	30	30	30	30	630
Unternehmen KU		-12	-11	-12	-210
Investition AK	-100	30	40	50	55
Darlehen ED					
Betriebskredit KA					
Geldanlage GA	-103,5983	-124,1607	-156,7511	-199,9711	
GA-Rückzahlung		108,7782	130,3687	164,5887	209,9696
Entnahme EN	-32,6176	-32,6176	-32,6176	-32,6176	-32,6176
Zahlungssaldo	-196,2159	0	0	0	652,3520
Schuldenstand aus KA					
Guthabenstand aus GA	103,5983	124,1607	156,7511	199,9711	
Endvermögen EN/0,05					652,3520

Abbildung 95: Vollständiger Finanzplan des Bewertungsprogramms des Verkäufers ohne Ganzzahligkeitsrestriktionen für AK und ED

Auch für den Verkäufer läßt sich für diesen Fall zeigen, welche Maßnahmen aus seiner Sicht das „Vergleichsobjekt" bilden. Hierzu sind die Werte des Bewertungsprogramms des Verkäufers von denjenigen seines Basisprogramms abzusetzen, so daß die Umstrukturierungen (siehe *Abbildung 96*) und im Vergleich zur Situation mit den Ganzzahligkeitsrestriktionen (siehe *Abbildung 92*) auch die Gründe für den veränderten Entscheidungswert $P_{min}^{ohne\,G}$ erkennbar werden.

	t = 0	t = 1	t = 2	t = 3	t = 4
Basisprogramm des Verkäufers					
Eigenmittel EM	10				
Innenfinanzierung IF	30	30	30	30	630
Investition AK	-100	30	40	50	55
Darlehen ED	42,7680	-3,4214	-3,4214	-3,4214	-46,1894
Betriebskredit KA	49,8496	30,8736			
Geldanlage GA				-43,9610	
KA-, GA-Rückzahlung		-54,8346	-33,9610		46,1591
Entnahme EN	-32,6176	-32,6176	-32,6176	-32,6176	-32,6176
Zahlungssaldo	0	0	0	0	652,3520
./. Bewertungsprogramm des Verkäufers					
Eigenmittel EM	10				
Innenfinanzierung IF	30	30	30	30	630
Unternehmen KU		-12	-11	-12	-210
Investition AK	-100	30	40	50	55
Darlehen ED					
Betriebskredit KA					
Geldanlage GA	-103,5983	-124,1607	-156,7511	-199,9711	
GA-Rückzahlung		108,7782	130,3687	164,5887	209,9696
Entnahme EN	-32,6176	-32,6176	-32,6176	-32,6176	-32,6176
Zahlungssaldo	-196,2159	0	0	0	652,3520
= Vergleichsobjekt (Veränderungen zwischen beiden Programmen)					
Δ Eigenmittel EM	0	0	0	0	0
Δ Innenfinanzierung IF	0	0	0	0	0
Δ Investition AK	0	0	0	0	0
Δ Darlehen ED	42,7680	-3,4214	-3,4214	-3,4214	-46,1894
Δ Betriebskredit KA	49,8496	30,8736	0	0	0
Δ Geldanlage GA	103,5983	124,1607	156,7511	156,0101	0
Δ KA-, GA-Rückzahlung	0	-163,6128	-164,3297	-164,5887	-163,8106
Entnahme EN	0	0	0	0	0
Zahlungssaldo der Veränderungen (Vergleichsobjekt)	196,2159	-12	-11	-12	-210
Unternehmen KU		12	11	12	210
Entscheidungswert P_{min}	196,2159	0	0	0	0

Abbildung 96: Ermittlung des Vergleichsobjekts des Verkäufers
ohne Ganzzahligkeitsrestriktionen für AK und ED

2.3.3.2.4 Berücksichtigung von Unsicherheit

Die Zukunftserwartungen des Bewertungssubjekts sind unter Unsicherheit durch Mehrwertigkeit geprägt. Wie in Abschnitt 2.3.1.2.2 ausgeführt, können diese mehrwertigen Erwartungen bei der Bewertung von Unternehmen durch Unsicherheit verdichtende und durch Unsicherheit offenlegende Methoden berücksichtigt werden. Da es Ziel der Bewertung im Rahmen der Entscheidungsfunktion ist, dem Entscheidungssubjekt anschauliche und transparente Entscheidungsgrundlagen vorzulegen, sind die die Unsicherheit offenlegenden oder aufdeckenden Methoden den die Unsicherheit verdichtenden Methoden vorzuziehen. Anhand der deterministischen Variante des ZGPM wurde bisher die Bewertung (quasi-)sicherer Zahlungsströme beispielhaft demonstriert. Wie bereits skizziert, geht das ursprüngliche Modell in ein strukturgleiches allgemeines ZGPM über, wenn die Zeitpunkte verallgemeinernd als Zustände interpretiert werden. Das ZGPM eignet sich dann – unter Berücksichtigung eines Systems von Restriktionen – zur Bewertung (beliebig strukturierter) unsicherer Zahlungsströme. Im Rahmen der totalanalytischen Betrachtung soll nun jedoch dargestellt werden, wie die Sensitivitätsanalyse auf einfache Weise mit der deterministischen Variante des ZGPM verknüpft werden kann.[157]

Die *Sensitivitätsanalyse*[158], mit der die Empfindlichkeit der Bewertungsergebnisse (oder allgemeiner: der Planungsergebnisse) auf die Veränderung der Planungseingangsdaten untersucht wird, läßt sich in zwei Arten unterscheiden:

1. Ist die Frage zu beantworten, innerhalb welcher Grenzen die Eingangsdaten des Modells schwanken dürfen, ohne daß sich die Struktur der optimalen Lösung ändert, wird von der *Sensitivitätsanalyse der ersten Art* gesprochen. Mit der Beantwortung dieser Frage liefert die Analyse Informationen über die Stabilität der optimalen Lösung, wobei nach den kritischen Werten für die unsicheren Eingangsparameter des Planungsproblems gesucht wird. Um den einfachsten Fall einer Sensitivitätsanalyse der ersten Art handelt es sich, wenn die Schwankungsbreite eines einzelnen Koeffizienten zu ermitteln ist. Hierzu wird von der Konstanz aller übrigen Daten, also der Ceteris-paribus-Prämisse, ausgegangen. Soweit im Hinblick auf das vorliegende Totalmodell nicht die Tableaukoeffizienten von Basisvariablen betroffen sind, lassen sich derartige isolierte Schwankungsbreiten recht einfach berechnen. Sind jedoch die Tableaukoeffizienten von Basisvariablen Gegenstand der Untersuchung im Rahmen der Ermittlung isolierter Schwankungsbreiten oder handelt es sich gar um eine mehrparametrische Sensitivitätsanalyse der ersten Art, bereitet die Berechnung größere Schwierigkeiten und wird außerdem schnell unübersichtlich.[159] Da reale Bewertungsprobleme sich dadurch auszeichnen, daß grundsätzlich mehr als ein Koeffizient unsicher ist, erweist sich die Sensitivitätsanalyse der ersten Art für das vorliegende Problem als *unzureichendes Lösungsverfahren*.[160]

---

[157] Vgl. hierzu BRÖSEL, Medienrechtsbewertung (2002), S. 124–129.

[158] Siehe zu nachfolgenden Ausführungen DINKELBACH, Programmierung (1969), GAL, Sensitivitätsanalyse (1973), MÜLLER-MERBACH, Operations Research (1973), S. 150–153, DINKELBACH, Sensitivitätsanalysen (1979), sowie insbesondere HERING, Investitionstheorie (2008), S. 308–320.

[159] Vgl. auch ELLINGER/BEUERMANN/LEISTEN, Operations Research (2003), S. 120.

[160] Siehe HERING, Investitionstheorie (2008), S. 309–311.

2. Die *Sensitivitätsanalyse der zweiten* Art soll hingegen die Frage beantworten, welche neue optimale Lösung sich aufgrund der Änderung eines oder mehrerer Koeffizienten ergibt. Die Analyse zielt somit auf die Ermittlung des Streubereichs der optimalen Lösung und gibt Auskunft darüber, wie sich alternative Datenkonstellationen auf die Struktur der Optimallösung der Planung auswirken. Hierfür bestehen grundsätzlich zwei verschiedene Möglichkeiten: Einerseits ist der sich durch die geänderte Datenbasis ergebende lineare Optimierungsansatz mit Hilfe des Simplexalgorithmus von Beginn an neu zu lösen; andererseits kann die optimale Lösung ausgehend vom bisherigen Optimaltableau ermittelt werden.[161]

Die Sensitivitätsanalyse der zweiten Art wird nunmehr im Totalmodell an einem einfachen Beispiel dargestellt. Da sich die Entscheidungswertermittlung durch die mehrwertige Struktur der Erwartungen zu komplexen Problemstellungen ausweitet, wird es aus Praktikabilitätsgründen als vertretbar angesehen, sich bei der Abschätzung der zukünftigen Erfolge auf eine *„Handvoll"* von Möglichkeiten – beispielsweise eine realistische, eine pessimistische und eine optimistische Variante – zu beschränken und die dazugehörigen Entscheidungswerte zu ermitteln.[162] Eine derartige Vorgehensweise entspricht einer einfachen Sensitivitätsanalyse der zweiten Art, weil hierbei der Einfluß modifizierter Eingangsdaten auf die Problemlösung dargestellt wird.

Als Ausgangspunkt der Betrachtung soll das Zahlenbeispiel des Abschnitts 2.3.3.2.2.2 mit Ganzzahligkeitsbedingungen dienen, das die Sicht des Käufers in der nicht dominierten, disjungierten, eindimensionalen Konfliktsituation vom Typ des Kaufs/Verkaufs darstellt. Die in *Abbildung 81* zur Verfügung gestellten Daten sollen die realistische Variante aufzeigen.[163] Für das Basisprogramm wurde nach entsprechender Lösung des linearen Optimierungsansatzes ein uniformer Einkommensstrom der Breite EN_{real}^{max} = 32,6133 GE ermittelt.[164] Dieser Einkommensstrom wird nach Aufnahme des zu bewertenden Unternehmens U in das Bewertungsprogramm mindestens wieder erreicht, wenn der Preis für U den Wert von 391,5313 GE nicht übersteigt. Der Grenzpreis des Unternehmens U beträgt für die realistische Eingangsdatenvariante entsprechend P_{max}^{real} = 391,5313 GE.[165]

Nunmehr sei angenommen, daß darüber hinaus zwei weitere Konstellationen der Eingangsdaten durch fundierte Schätzungen gewonnen werden konnten. Hierbei handelt es sich um eine pessimistische und eine optimistische Eingangsdatenvariante. Dabei darf nicht nur für das Unternehmen U eine entsprechend positive oder negative Entwicklung der Erfolge unterstellt werden, vielmehr sind *sämtliche* Eingangsdaten konsistent anzupassen. Mit anderen Worten, die Zahlungsreihen *aller* Objekte des Modells sind unter Berücksichtigung *einheitlicher* Annahmen zu ermitteln. Korrelieren etwa die Erfolge der Investition AK und des Unternehmens U im Beispiel positiv miteinander,

---

[161] Vgl. z. B. KREKÓ, Lineare Optimierung (1973), S. 233. Siehe zu einem Lösungsalgorithmus, der ohne Einführung von künstlichen Variablen auskommt, sowie zum dafür erforderlichen theoretischen Fundament HERING, Investitionstheorie (2008), S. 312–315.

[162] Vgl. MATSCHKE, Wertarten nach der Art ihrer Ermittlung (2008), S. 856.

[163] Die Indizierung wird nachfolgend vereinfacht.

[164] Vgl. hierzu auch den in *Abbildung 82* dargestellten vollständigen Finanzplan des Basisprogramms vom Käufer.

[165] Siehe zur Berechnung die Ausführungen in Abschnitt 2.3.3.2.2.2; vgl. insbesondere den in *Abbildung 83* abgebildeten vollständigen Finanzplan des Bewertungsprogramms.

ist es unplausibel, wenn unter der Annahme verminderter Einzahlungsüberschüsse des Unternehmens U die Zahlungsreihe der Investition AK gemäß der realistischen Variante zur Entscheidungswertermittlung herangezogen wird.

In der *pessimistischen Variante* wird durch das Bewertungssubjekt für das Bewertungsobjekt „Unternehmen U" in den Perioden t = 0 bis 4 der Zahlungsstrom (0, 60, 35, 15, 19) sowie eine ewige Rente ab t = 5 i. H. v. 19 GE erwartet. Die Zahlungsreihe aus der zusätzlich möglichen Investition AK beträgt einschließlich des dafür zu zahlenden Preises (– 100, 25, 30, 40, 50). Als Einzahlungsüberschüsse aus der Innenfinanzierung (IF) des vorhandenen kleinen Unternehmens KU werden 30 GE in t = 0 sowie in jedem darauffolgenden Zeitpunkt 20 GE erwartet. Im Entscheidungszeitpunkt besitzt das Bewertungssubjekt, das ansonsten über ein zur (sog. realistischen) Ausgangssituation unverändertes Entscheidungsfeld verfügt, 10 GE als Eigenmittel (EM). Die zur Ermittlung des maximal zahlbaren Preises P_{max}^{pess} vorliegenden Daten der pessimistischen Variante sind in *Abbildung 97* zusammengefaßt.

t	AK	ED	GA_0	GA_1	GA_2	GA_3	KA_0	KA_1	KA_2	KA_3	EM	IF	U
0	-100	50	-1				1				10	30	P?
1	25	-4	1,05	-1			-1,1	1				20	60
2	30	-4		1,05	-1			-1,1	1			20	35
3	40	-4			1,05	-1			-1,1	1		20	15
4	50	-54				1,05				-1,1		420	399
Grenze	1	1	∞	∞	∞	∞	∞	∞	∞	∞	1	1	1

Abbildung 97: Pessimistische Daten des Zahlenbeispiels aus Käufersicht

Zur Berechnung des maximal zahlbaren Preises P_{max}^{pess} für das Unternehmen U in der pessimistischen Variante sind im ersten Schritt das Basisprogramm anzupassen und der daraus resultierende maximale Zielfunktionswert EN_{pess}^{max} zu bestimmen. Aus dem Basisprogramm[166] ergibt sich schließlich, daß in der pessimistischen Variante ein uniformer Strom der Breite EN_{pess}^{max} = 21,8643 GE erzielbar ist (siehe *Abbildung 98*). Auch nach Aufnahme des Unternehmens U in das Bewertungsprogramm muß ein Einkommensstrom mindestens in dieser Höhe dauerhaft möglich sein.

---

[166] Die Lösung läßt sich entweder durch völlige Neuberechnung des linearen Optimierungsansatzes mit Hilfe des Simplexalgorithmus oder ausgehend vom bisherigen Basisprogramm-Optimaltableau mit dem von HERING dargestellten Lösungsalgorithmus ermitteln; siehe *HERING*, Investitionstheorie (2008), S. 312–315.

	t = 0	t = 1	t = 2	t = 3	t = 4
Eigenmittel EM	10				
Innenfinanzierung IF	30	20	20	20	420
Investition AK	-100	25	30	40	50
Darlehen ED	50	-4	-4	-4	-54
Betriebskredit KA	31,8643	15,9151			
Geldanlage GA			-6,6291	-41,0962	
KA-, GA-Rückzahlung		-35,0508	-17,5066	6,9605	43,151
Entnahme EN	-21,8643	-21,8643	-21,8643	-21,8643	-21,8643
Zahlungssaldo	0	0	0	0	437,2867
Schuldenstand aus KA	31,8643	15,9151			
Guthabenstand aus GA			7,5499	51,3141	
Endvermögen EN/0,05					437,2867

Abbildung 98: Vollständiger Finanzplan des Basisprogramms des Käufers aus pessimistischer Sicht

Nach Formulierung und Berechnung des Bewertungsprogramms läßt sich der entsprechende Grenzpreis des Unternehmens U für die pessimistische Eingangsdatenvariante i. H. v. P_{max}^{pess} = 368,9157 GE ermitteln (siehe *Abbildung 99*).

	t = 0	t = 1	t = 2	t = 3	t = 4
Eigenmittel EM	10				
Innenfinanzierung IF	30	20	20	20	420
Unternehmen U		60	35	15	399
Investition AK	-100	25	30	40	50
Darlehen ED	50	-4	-4	-4	-54
Betriebskredit KA	400,7800	361,7223	338,7589	323,4991	
Geldanlage GA					
KA-Rückzahlung		-440,8580	-397,8946	-372,6348	-355,8490
Entnahme EN	-21,8643	-21,8643	-21,8643	-21,8643	-21,8643
Zahlungssaldo	368,9157	0	0	0	437,2867
Schuldenstand aus KA	400,7800	361,7223	338,7589	323,4991	
Guthabenstand aus GA					
Endvermögen EN/0,05					437,2867

Abbildung 99: Vollständiger Finanzplan des Bewertungsprogramms des Käufers aus pessimistischer Sicht

Das Bewertungssubjekt erwartet schließlich in der *optimistischen Variante* für das Bewertungsobjekt „Unternehmen U" in den Perioden t = 0 bis 4 den Zahlungsstrom (0, 62, 45, 25, 21) sowie eine ewige Rente ab t = 5 i. H. v. 21 GE. Für die zusätzlich mögliche Investition AK einschließlich des dafür zu zahlenden Preises beträgt die Zahlungsreihe (−100, 35, 45, 55, 60). Aus der Innenfinanzierung (IF) des vorhandenen kleinen Unternehmens KU erwartet das Bewertungssubjekt als Einzahlungsüberschuß 30 GE in t = 0 sowie in jedem darauffolgenden Zeitpunkt 40 GE. Das übrige Entscheidungsfeld bleibt annahmegemäß unverändert, d. h., im Entscheidungszeitpunkt besitzt das Bewertungssubjekt 10 GE als Eigenmittel (EM), hat weiterhin – neben einer in jedem Zeitpunkt bestehenden unbegrenzten (Betriebsmittel-)Kreditaufnahmemöglichkeit (KA_t) zu einem Sollzins von 10 % p. a. – in t = 0 die Option, ein nur im Ganzen verfügbares endfälliges Darlehen ED i. H. v. 50 GE bei jährlich zu zahlenden Zinsen von 8 % p. a. mit einer Gesamtlaufzeit von vier Perioden aufzunehmen, und kann in jedem Zeitpunkt Finanzinvestitionen (GA_t) in beliebiger Höhe zu einem Habenzins von 5 % p. a. tätigen. *Abbildung 100* faßt die zur Ermittlung des maximal zahlbaren Preises P_{max}^{opt} vorliegenden Daten dieser Variante zusammen.

t	AK	ED	GA_0	GA_1	GA_2	GA_3	KA_0	KA_1	KA_2	KA_3	EM	IF	U
0	-100	50	-1				1				10	30	P?
1	35	-4	1,05	-1			-1,1	1				40	62
2	45	-4		1,05	-1			-1,1	1			40	45
3	55	-4			1,05	-1			-1,1	1		40	25
4	60	-54				1,05				-1,1		840	441
Grenze	1	1	∞	∞	∞	∞	∞	∞	∞	∞	1	1	1

Abbildung 100: Optimistische Daten des Zahlenbeispiels aus Käufersicht

Wird zur Berechnung des Entscheidungswertes P_{max}^{opt} der optimistischen Variante auf diese Datenkonstellation zurückgegriffen, resultiert ein möglicher Entnahmestrom i. H. v. EN_{opt}^{max} = 42,9435 GE. Die dafür durchzuführenden Investitionen und Finanzierungen ergeben sich aus der *Abbildung 101*.

	t = 0	t = 1	t = 2	t = 3	t = 4
Eigenmittel EM	10				
Innenfinanzierung IF	30	40	40	40	840
Investition AK	-100	35	45	55	60
Darlehen ED	50	-4	-4	-4	-54
Betriebskredit KA	52,9435	30,1813			
Geldanlage GA			-4,8571	-53,1565	
KA-, GA-Rückzahlung		-58,2378	-33,1994	5,1000	55,8143
Entnahme EN	-42,9435	-42,9435	-42,9435	-42,9435	-42,9435
Zahlungssaldo	0	0	0	0	858,8708
Schuldenstand aus KA	52,9435	30,1813			
Guthabenstand aus GA			-4,8571	-53,1565	
Endvermögen EN/0,05					858,8708

Abbildung 101: Vollständiger Finanzplan des Basisprogramms des Käufers
aus optimistischer Sicht

Aus dem zu ermittelnden Bewertungsprogramm muß der ohne Einigung in der Konfliktsituation zu realisierende Erfolg (= Basisprogrammerfolg) mindestens wieder erreicht werden. Gemäß Berechnung des zur Ermittlung des Bewertungsprogramms erforderlichen linearen Optimierungsansatzes liegt für das Unternehmen letztendlich ein „optimistischer" Entscheidungswert P_{max}^{opt} i. H. v. 415,5432 GE vor. Bewertungsprogramm und Entscheidungswert können der *Abbildung 102* entnommen werden.

	t = 0	t = 1	t = 2	t = 3	t = 4
Eigenmittel EM	10				
Innenfinanzierung IF	30	40	40	40	840
Unternehmen U		62	45	25	441
Investition AK	-100	35	45	55	60
Darlehen ED	50	-4	-4	-4	-54
Betriebskredit KA	468,4867	425,2789	384,7503	350,1688	
Geldanlage GA					
KA-Rückzahlung		-515,3354	-467,8068	-423,2253	-385,1857
Entnahme EN	-42,9435	-42,9435	-42,9435	-42,9435	-42,9435
Zahlungssaldo	415,5432	0	0	0	858,8708
Schuldenstand aus KA	468,4867	425,2789	384,7503	350,1688	
Guthabenstand aus GA					
Endvermögen EN/0,05					858,8708

Abbildung 102: Vollständiger Finanzplan des Bewertungsprogramms des Käufers aus optimistischer Sicht

Dem Entscheidungsträger können nach Durchführung dieser einfachen Sensitivitätsanalyse der zweiten Art im Totalmodell mit P_{max}^{real} = 391,5313 GE sowie P_{max}^{pess} = 368,9157 GE und P_{max}^{opt} = 415,5432 GE gleich drei Werte zur Entscheidungsunterstützung zur Verfügung gestellt werden.[167] Diesem obliegt es daraufhin, unter Einfluß seiner individuellen Risikoneigung und der zusätzlichen Analyse qualitativer Aspekte, eine Abwägung zwischen dem Preis und der mit diesen Werten aufgezeigten möglichen Bandbreite des Entscheidungswertes durchzuführen.[168] Liegt bei einem überschaubaren Totalmodell eine Vielzahl weiterer Datensätze vor, besteht die Möglichkeit, die optimale Lösung für jeden Datensatz zu berechnen, zu dokumentieren und anschließend statistisch auszuwerten. Dabei ermittelte Häufigkeitsverteilungen stellen wertvolle quantitative Informationen zur Entscheidungsfindung unter Unsicherheit dar.

---

[167] Darüber hinaus besteht die Möglichkeit, für jede dieser drei sich gegenseitig ausschließenden Grundsituationen (Szenarien) eine eigene *Szenarioanalyse* durchzuführen und diese getrennt voneinander zu analysieren; vgl. *MATSCHKE*, Arbitriumwert (1979), S. 121 f., *SIEBEN/SCHILDBACH*, Bewertung ganzer Unternehmungen (1979), S. 460 f., *HERING*, Unternehmensbewertung (2006), S. 138. Hierbei können den Eingangsdaten je eines Szenarios entsprechende Schwankungsbreiten unterstellt werden; vgl. *HERING*, Investitionstheorie (2008), S. 330 f. Zur Szenariotechnik siehe beispielsweise *SCHERM*, Szenario-Technik (1992), und *GÖTZE*, Szenario-Technik (1993). In Anbetracht der Vielzahl von alternativ möglichen Szenarien sollte die Analyse ebenfalls auf möglichst wahrscheinliche und somit gleichermaßen plausible Datensituationen beschränkt werden.

[168] Vgl. *HERING*, Unternehmensbewertung (2006), S. 41 f.

Die den auf Basis der sog. realistischen Eingangsdatenvariante ermittelten Entscheidungswert beinhaltende mögliche Bandbreite ist zur Entscheidungsunterstützung bei mehrwertigen Erwartungen einem verdichteten einwertigen Entscheidungswert überlegen. Bei der Anwendung der Sensitivitätsanalyse der zweiten Art bleibt zu beachten, daß mit der Bandbreite allein die Ergebnisse der subjektiv für möglich gehaltenen Datensituationen dargestellt, aber dem Entscheidungsträger keine Entscheidungen abgenommen werden. Darüber hinaus wurde im Beispiel angenommen, daß mehrwertige Erwartungen lediglich hinsichtlich der Zahlungskonsequenzen bekannter Objekte vorliegen. Unsicherheit besteht in der Realität beispielsweise auch bezüglich der realwirtschaftlichen Restriktionen. Die Berücksichtigung realwirtschaftlicher Restriktionen kann im Totalmodell jedoch schon unter Quasi-Sicherheit zu einer erheblichen Komplexität führen.[169] Fordert der Entscheidungsträger neben der ihm vorgelegten möglichen Bandbreite des Entscheidungswertes zusätzliche anschauliche Informationen, wie z. B. Häufigkeitsverteilungen, sind ein erhöhter Rechenaufwand und eine entsprechend zur Verfügung gestellte Vielzahl von sorgfältig ermittelten und plausiblen Eingangsdaten notwendig. Bei der Berücksichtigung der Unsicherheit erscheint eine Verminderung von Komplexität und Rechenaufwand dringend erforderlich.

2.3.3.2.5 Kritische Würdigung

Nach der Betrachtung des allgemeinen ZGPM als einfaches Totalmodell zur Entscheidungswertermittlung im Rahmen der Unternehmensbewertung soll dieses – im Hinblick auf die eingangs des Abschnitts 2.3.3.2.1 formulierten *sechs Modellanforderungen* – kritisch gewürdigt werden.[170]

1. *Subjekt- und Zielsystem- sowie Handlungsbezogenheit:* Auf einem unvollständigen Kapitalmarkt kann durch das dargestellte allgemeine ZGPM der Entscheidungswert eines Unternehmens unter expliziter Beachtung der Prinzipien der Gesamtbewertung, der Zukunftsbezogenheit und der Subjektivität als Grenzpreis berechnet werden. Der mit diesem zweistufigen zahlungsstromorientierten Totalmodell ermittelte Wert ist durch die vom Prinzip der Subjektivität geforderte Zielsystem-, Entscheidungsfeld- und Handlungsbezogenheit gekennzeichnet. Mit Hilfe einer entsprechenden Formulierung der Zielfunktion ist unter Berücksichtigung des Zielsystems des Bewertungssubjekts die Wahl zwischen den Zielen Vermögens- und Einkommensmaximierung möglich. Folglich erfüllt das formulierte Totalmodell die erste Modellanforderung.

2. *Entscheidungsfeldbezogenheit und Grenzwertermittlung:* Im beschriebenen mehrperiodigen Modell können ferner die alternativen Investitions- und alle Finanzierungsmöglichkeiten sowie die finanziellen Objektinterdependenzen des Entscheidungsfeldes simultan erfaßt und relativ wirklichkeitsnah abgebildet werden. Die Gewährleistung der Zahlungsfähigkeit ist durch die Liquiditätsrestriktionen zu je-

---

[169] Vgl. BRÖSEL, Medienrechtsbewertung (2002), S. 91–131. Siehe allgemein zur zentralistischen Unternehmensplanung mit einem Totalmodell ROLLBERG, Integrierte Unternehmensplanung (2002), S. 3–5.

[170] Zur kritischen Würdigung des ZGPM vgl. unter anderem HERING, Konzeptionen der Unternehmensbewertung (2000), S. 440 f., BRÖSEL, Medienrechtsbewertung (2002), S. 129–131.

dem betrachteten Zeitpunkt t gesichert.[171] Eine Integration weiterer linear abbildbarer Restriktionen in das Modell ist theoretisch durchführbar.[172] Mit dem Modell wird die Grenze der Verhandlungsbereitschaft des Bewertungssubjekts in der vorliegenden Konfliktsituation bestimmt. Die zweite Modellanforderung wird durch das vorgestellte Totalmodell ebenfalls erfüllt.

3. *Möglichkeit der Verknüpfung mit Unsicherheit offenlegenden Methoden:* Während der Entscheidungswert unter der Annahme von Quasi-Sicherheit nach Berechnung durch das ZGPM[173] eine einwertige Größe darstellt, erfordert die in der Realität herrschende Unsicherheit eine Interpretation der Zeitpunkte als Zustände oder nach einer Verknüpfung von adäquaten die Unsicherheit aufdeckenden Verfahren mit der vorgestellten deterministischen Variante des Totalmodells. Am Beispiel der Sensitivitätsanalyse der zweiten Art wurde gezeigt, wie das Modell mit dem entsprechenden Verfahren kombiniert werden kann, um den Entscheidungsträgern als Ergebnis des Bewertungsprozesses in Form von möglichen Bandbreiten oder Häufigkeitsverteilungen des Entscheidungswertes wichtige quantitative Informationen zur Entscheidungsunterstützung zukommen zu lassen. Da somit Möglichkeiten gegeben sind, die Auswirkungen der Unsicherheit im Rahmen der Anwendung des Totalmodells transparent darzustellen, genügt das Totalmodell auch der dritten Modellanforderung.

4. *Vertretbarer Informationsbeschaffungs- und Informationsverarbeitungsaufwand:* Um die Interdependenzen und deren Auswirkungen auf den Grenzpreis im Totalmodell möglichst realitätsnah abzubilden und zu berücksichtigen, wäre im Hinblick auf reale Konfliktsituationen eine enorme Anzahl von Restriktionen zu formulieren. Zur Berechnung des gesuchten Entscheidungswertes muß das Simultanmodell anschließend mit den entsprechenden Daten „gefüttert" werden. Im Rahmen der Datenbeschaffung sind sowohl alle zu disponierenden Objekte als auch alle den Planungszeitraum mit ihren Zahlungskonsequenzen beeinflussenden, bereits getätigten Investitions- und Finanzierungsobjekte dem Modell zur Verfügung zu stellen. Vor diesem Hintergrund ist das Totalmodell vor allem innerhalb von großen Unternehmen hinsichtlich des Informationsbeschaffungs- und Informationsverarbeitungsaufwandes in der praktischen Anwendung durch erhebliche Schwächen gekennzeichnet,[174] zumal die mehrwertigen Erwartungen die benötigte Datenmenge noch vergrößert. Aufgrund des somit zumeist nicht vertretbaren Aufwands kann der vierten Modellanforderung nur bei einfachen Modellen, insbesondere in kleinen und mittleren Unternehmen (KMU), entsprochen werden, was in Anbetracht der Spezifika dieser Unternehmen im Abschnitt 2.4.2 noch verdeutlicht wird.

---

[171] Es ist zu berücksichtigen, daß die Liquidität aufgrund der zeitpunktbezogenen Betrachtungsweise des Modells nicht permanent, sondern jeweils nur am Periodenanfang und am Periodenende sichergestellt ist. Vgl. zum Ausmaß dieses Problems ROLLBERG, Simultane Planung (1999), S. 104.

[172] Vgl. MATSCHKE, Investitionsplanung (1993), S. 288. Siehe darüber hinaus zur Erweiterung des Modells um nichtlineare Aspekte PFAFF/PFEIFFER/GATHGE, Zustands-Grenzpreismodelle (2002).

[173] In der deterministischen Variante des Modells werden die Zustände als Zeitpunkte definiert.

[174] Vgl. hierzu und zur vermeintlich hierauf beruhenden mangelnden Akzeptanz von Totalmodellen in der Praxis BALLWIESER/LEUTHIER, Grundprinzipien der Unternehmensbewertung (1986), S. 607. Siehe ferner SERFLING/PAPE, Ertragswertverfahren (1995), S. 941, LEUTHIER, Interdependenzproblem (1988), S. 123–125.

5. *Rechenbarkeit der Kalküle:* Auch oder gerade wenn sämtliche für die Lösung des formulierten Modells erforderlichen Daten und Informationen beschafft und verarbeitet werden konnten, erreichen wirklichkeitsnah formulierte Totalmodelle vor allem in großen Unternehmen schon unter der Annahme von Quasi-Sicherheit schnell eine enorme Komplexität. Die anschließende rechentechnische Lösung des Optimierungsproblems kann deshalb (noch) Schwierigkeiten bereiten, die vor allem durch die zahlreichen einzuhaltenden Ganzzahligkeitsbedingungen hervorgerufen werden.[175] Wird außerdem von einem offenen Entscheidungsfeld ausgegangen, erhöht sich der Rechenaufwand zusätzlich. Bis die zur Problemlösung erforderlichen Rechnerkapazitäten und Lösungstechniken zur Verfügung stehen, kann auch die fünfte Modellanforderung nur durch einfache Totalmodelle erfüllt werden.

6. *Gewährung unternehmensindividueller Entscheidungsunterstützung:* Totalmodelle sind grundsätzlich für Unternehmen mit zentralen Entscheidungsinstanzen konzipiert, deren Leitungsorgan sich jegliche Entscheidungskompetenz vorbehält.[176] In Unternehmen mit dezentraler Entscheidungsorganisation kann das ZGPM in der komplexen Form jedoch der entsprechenden sechsten Modellanforderung i. d. R. nicht gerecht werden. Darüber hinaus ist zu beachten, daß bei der Formulierung des Totalmodells angenommen wird, daß zum Planungs- oder Bewertungszeitpunkt auch sämtliche Entscheidungen über alternative Investitions- und Finanzierungsmöglichkeiten anstehen.[177] Demgegenüber sind solche Entscheidungen in der Realität jedoch kontinuierlich zu treffen, was eine fortwährende Aufstellung und Lösung des komplexen Totalmodells erfordern würde.

2.3.3.3 Zukunftserfolgswertverfahren – ein Partialmodell

2.3.3.3.1 Darstellung

In Anbetracht der Notwendigkeit einer Reduktion der Komplexität des Bewertungskalküls wird im Rahmen der Entscheidungswertermittlung i. d. R. auf das Partialmodell „*Zukunftserfolgswertverfahren*" zurückgegriffen. Die Bezeichnung „Zukunftserfolgswertverfahren" ist – historisch gesehen – die „neue" Bezeichnung für das investitionstheoretisch fundierte Partialmodell der Unternehmensbewertung, welches den ursprünglichen Terminus „*Ertragswertverfahren*"[178] ersetzen sollte.[179] Mit der Bezeichnung „Zukunftserfolgswertverfahren" wollten sich Vertreter der subjektiven Bewertungslehre einerseits stärker – vor allem im Hinblick auf die Zukunftsbezogenheit – von der objektiven Lehre abgrenzen, andererseits sollte sich deutlicher von der ursprünglich herrschenden Meinung distanziert werden, daß „Erträge" bewertungsrelevant seien.[180]

---

[175] Siehe ROLLBERG, Simultane Planung (1999), S. 106. Die Weiterentwicklung der Lösungstechniken ist somit unerläßliche Voraussetzung der präktischen Anwendung komplexer Totalmodelle. Vgl. LEUTHIER, Interdependenzproblem (1988), S. 111 f.

[176] Vgl. LEUTHIER, Interdependenzproblem (1988), S. 127–130.

[177] Vgl. LEUTHIER, Interdependenzproblem (1988), S. 198.

[178] SCHMALENBACH, Finanzierungen (1937), S. 34, spricht vom „Zukunftsertragswert".

[179] Siehe hierzu vor allem BUSSE VON COLBE, Zukunftserfolg (1957).

[180] Vgl. zur historischen Entwicklung des Übergangs von Bilanzgewinnen auf Zahlungsgrößen im Rahmen der Unternehmensbewertung MOXTER, Unternehmensbewertung 2 (1983), S. 81 f. Der Begriff der „Erträge" meinte dabei stets „Ertragsüberschüsse", also eine Gewinngröße.

Ob nun die Bezeichnung „(Zukunfts-)Erfolg" letzterem Anspruch genügt, sei dahingestellt, denn schließlich geht es dem Bewertungssubjekt um den zukünftigen Nutzen oder – gewöhnlich operationalisiert – um die zukünftigen Zahlungsüberschüsse.[181] Im Hinblick auf die Bezeichnung „Erfolg" darf beim Zukunftserfolgswert deshalb nicht auf Erfolgsgrößen des Rechnungswesens geschlossen werden. Vielmehr ist es zur Vermeidung begrifflicher Mißverständnisse ratsam, die bei der Berechnung unterstellte Rechengröße und die zugrundeliegenden Annahmen ausdrücklich zu benennen.[182]

Mit *Blick auf die Vorschläge des IDW* ergibt sich ein weiterer Grund, die Bezeichnung „Zukunftserfolgswertverfahren" gegenüber dem Terminus „Ertragswertverfahren" zu bevorzugen, denn das IDW legt dem Ertragswertverfahren hinsichtlich des Bewertungssubjekts und der zu verwendenden Ertragsüberschüsse streng typisierte Annahmen zugrunde. Wenn bei der Unternehmenswertermittlung also an die künftigen Erfolge des Unternehmens im Sinne von Einzahlungsüberschüssen des Unternehmens für ihre Eigner (unter Berücksichtigung der subjektiven Alternativrendite oder endogener Grenzzinsfüße[183] von Basis-/Bewertungsprogramm) angeknüpft wird, handelt es sich im Ergebnis um den *Zukunftserfolgswert*. Werden Ertragsüberschüsse des Unternehmens auf der Basis typisierter Annahmen für ein ebenfalls typisiertes Bewertungssubjekt (grundsätzlich im Sinne der Eigner) zugrunde gelegt, wie dies der Vorgehensweise der Wirtschaftsprüfer gemäß IDW S 1[184] entspricht, wird vorrangig der Begriff („objektivierter") „*Ertragswert*" benutzt.[185]

Die Begriffe „Ertragswert" und „Ertragswertverfahren" sowie „Zukunftserfolgswert" und „Zukunftserfolgswertverfahren" werden neuerdings auch in Verbindung mit dem sog. Equity-Ansatz des *Discounted Cash Flow-Verfahrens* verwendet.[186] Es bestehen zwar sowohl Gemeinsamkeiten zum Zukunftserfolgswert als auch zum (traditionellen) Ertragswert – nämlich im Hinblick auf die Anwendung des Gegenwartswertkalküls –, jedoch sollten die konzeptionellen Unterschiede insbesondere zwischen dem Zukunftserfolgswert- und dem DCF-Equity-Ansatz nicht übersehen werden: Der Zukunftserfolgswert ist auf die Ermittlung eines Entscheidungswertes, der DCF-Equity-Marktwert auf die Ermittlung von Argumentationswerten (oder möglicherweise eines Arbitriumwertes) ausgerichtet. Der traditionelle („objektivierte") Ertragswert wird von den Wirtschaftsprüfern wiederum als (Ausgangs-)Wertgröße angesehen, an die weiterführende Überlegungen der Parteien anknüpfen können. Es ist daher alles andere als hilfreich, wenn durch die Verwendung gleicher Begriffe diese inhaltlichen Unterschiede verwischt werden, weil daraus zwangsläufig Mißverständnisse resultieren müssen. Vor diesem Hintergrund ist vor allem davor zu warnen, die DCF-Verfahren, die auf einem finanzierungstheoretischen Fundament ruhen, trotz gravierender konzeptioneller Unter-

---

[181] So werden die Begriffe „Zukunftserfolgswertverfahren" und „Ertragswertverfahren" in der Unternehmensbewertungsliteratur weithin synonym verwendet.

[182] Siehe so HERING, Unternehmensbewertung (2006), S. 30–34.

[183] Zur Betrachtung der Lenkungseigenschaft endogener Zinssätze vgl. WEINGARTNER, Mathematical Programming (1963), und HAX, Lineare Programmierung (1964).

[184] Vgl. INSTITUT DER WIRTSCHAFTSPRÜFER, IDW S 1 i. d. F. 2008 (2008).

[185] Während der Terminus des Entscheidungswertes den Zweck des Bewertungskalküls hervorhebt, stellen der Zukunftserfolgswert und der Ertragswert begrifflich auf das spezielle Wertermittlungsverfahren ab. Vgl. MATSCHKE, Entscheidungswert (1975), S. 23 f.

[186] Vgl. SIEBEN, Discounted Cash Flow-Verfahren (1995).

schiede als Zukunftserfolgswertverfahren zu bezeichnen,[187] denn letzteres Verfahren vermag im Unterschied zu den DCF-Verfahren unter Berücksichtigung der Erkenntnisse der Investitionstheorie fundierte Entscheidungswerte zu ermitteln.[188]

„Die Interpretation des [... Zukunftserfolgswertes ZEW_K] als Entscheidungswert oder Grenzpreis bei vollkommenem Kapitalmarkt ergibt sich [...], wenn man auf den Begriff des Kapitalwerts zurückgreift. Der Unternehmenskauf zum Preis P stellt eine vorteilhafte Investition dar, wenn der Kapitalwert C aus Sicht des Käufers nichtnegativ ist: $C_K = -P + ZEW_K \geq 0 \mid P \leq ZEW_K \Rightarrow P_K^* = ZEW_K$. Der [... Zukunftserfolgswert] ist also als *kritischer Preis* P_K^* die *Preisobergrenze*, die der Käufer gerade noch akzeptieren kann, ohne daß der Kauf für ihn ökonomisch nachteilig wird. Umgekehrt überlegt sich der Verkäufer, daß gelten muß: $C_V = P - ZEW_V \geq 0 \mid P \geq ZEW_V \Rightarrow P_V^* = ZEW_V$. Für den Verkäufer bildet sein [... Zukunftserfolgswert] ebenfalls den kritischen Preis P_V^*, nämlich die *Preisuntergrenze*. Der (subjektive, also für Käufer und Verkäufer nicht notwendig identische) Grenzpreis P^* definiert in der Kalkulation beider Seiten jeweils die kritische Anfangsaus- oder -einzahlung, bei der das Vorzeichen des Kapitalwerts wechselt. Das Einigungsintervall für die Preisverhandlungen wird durch die jeweiligen Entscheidungswerte begrenzt: Im Bereich $ZEW_V \leq P \leq ZEW_K$ ist die Unternehmensübereignung zum Preis P für Käufer und Verkäufer ein vorteilhaftes Geschäft mit nichtnegativem Kapitalwert.

Das gleiche gilt, wenn auf dem vollkommenen Kapitalmarkt an Stelle eines im Zeitablauf unveränderlichen Zinses i mehrere, periodenspezifisch unterschiedliche Kalkulationszinsfüße gegeben sind. Bei der Berechnung des [... Zukunftserfolgswertes] hat dann jede Periode t ihren eigenen Kalkulationszinsfuß i_t."[189]

Zukunftserfolgswert und Ertragswert sind formal als *Varianten des Gegenwartswertkalküls* aufzufassen. Gemeinsam ist dem Zukunftserfolgswert und dem Ertragswert auch, daß sie 1. auf dem *Prinzip der Bewertungseinheit*, also der Bewertung des Unternehmens als Ganzes, und 2. auf dem *Prinzip der Zukunftsbezogenheit* beruhen.

---

[187] Entsprechendes Vorgehen findet sich z. B. bei COENENBERG/SCHULTZE, Methoden (2006), S. 482–488, die den Zukunftserfolgswert auf Basis von „Cash Flows" und von kapitalmarkttheoretisch abgeleiteten Kalkulationszinsfüßen ermitteln.

[188] Siehe zum einfachen Brückenschlag vom Kapitalwertverfahren zum Zukunftserfolgswertverfahren HERING, Unternehmensbewertung (2006), S. 37 f. Dem Irrtum, daß die DCF-Methoden ihren Ursprung „im Kapitalwertkalkül der dynamischen Investitionsrechnung haben", unterliegt z. B. auch SCHMIDT, Discounted Cash-flow-Methode (1995), S. 1114.

[189] HERING, Unternehmensbewertung (2006), S. 37 f. (Hervorhebungen im Original hier kursiv dargestellt). Die Symbolik wurde, soweit erforderlich, der hier benutzten angepaßt.

Im einfachsten Fall einer Schätzung des Zukunftserfolgs ZE oder des Netto-Ertrags (Ertragsüberschusses) E als *ewige Rente*[190] erfolgt die Ermittlung des Zukunftserfolgswertes ZEW oder des Ertragswertes EW durch Anwendung der *kaufmännischen Kapitalisierungsformel*:

$$ZEW = \frac{ZE}{i} \text{ oder } EW = \frac{E}{i^*}.$$

Inhaltlich unterscheiden sich beide Werte, weswegen in den Formeln auch unterschiedliche Symbole hinsichtlich der zu kapitalisierenden Größe (ZE oder E) und des Kapitalisierungszinsfußes (i und i*) benutzt worden sind. Die weitere (formelmäßige) Darstellung soll ausschließlich mit Blick auf den Zukunftserfolgswert vorgenommen werden.

Der Ermittlung des Zukunftserfolgswertes mit Hilfe der kaufmännischen Kapitalisierungsformel liegt implizit eine bestimmte *Unternehmenserhaltungskonzeption* zugrunde, nämlich die sog. *Erfolgskapitalerhaltung*. Der Begriff „Erfolgskapital" wird dabei konkretisiert durch den Zukunftserfolgswert. Erfolgskapitalerhaltung ist gegeben, wenn lediglich die Zinsen (i · ZEW) auf das zu erhaltende Kapital (ZEW) entnommen werden. Denn generell wird ein bestimmter Kapitalstock nicht verringert, wenn nur die Zinsen entnommen werden, und er erhöht sich auch nicht, wenn es tatsächlich zur Entnahme dieser Zinsen kommt. Der Kapitalstock am Anfang (t = 0) eines Betrachtungszeitraums und an seinem Ende (t = T) stimmt dann überein. Da T beliebig gewählt werden darf, soll der Einfachheit halber hier T = 1 gesetzt werden. Es kann gezeigt werden, daß die Kapitalisierung der Zukunftserfolge mit Hilfe der kaufmännischen Kapitalisierungsformel die Erhaltung des Erfolgskapitals impliziert. Das Erfolgskapital ZEW_1 im Endzeitpunkt (t = 1) muß dann dem Erfolgskapital ZEW_0 im Anfangszeitpunkt (t = 0) entsprechen, wenn es zur Gewinnentnahme kommt:

$$ZEW_0 = \frac{ZE}{1+i} + \frac{ZEW_1}{1+i} \text{ mit } ZEW_0 = ZEW_1 = ZEW$$

oder

$$ZEW \cdot \left(1 - \frac{1}{1+i}\right) = \frac{ZE}{1+i} \text{ oder } ZEW \cdot \frac{i}{1+i} = \frac{ZE}{1+i}$$

oder

$$ZEW = \frac{ZE}{1+i} \cdot \frac{1+i}{i} = \frac{ZE}{i}.$$

---

[190] Siehe in diesem Zusammenhang auch die Diskussion in der Literatur zwischen KRUSCHWITZ/LÖFFLER, Unendliche Probleme (1998), KRUSCHWITZ/LÖFFLER, Replik (1999), und MATSCHKE/HERING, Unendliche Probleme (1999), sowie BLAUFUS, Probleme mit der Unendlichkeit (2002), und SIEGEL, Paradoxa (2000), KRUSCHWITZ/LÖFFLER, Bewertung ewig lebender Unternehmen (2003). Siehe bereits BANKMANN, Gedanke der ewigen Rente (1963). Im Zusammenhang mit der ewigen Rente sei vor der *Fehlinterpretation als Lebensdauer* eines Unternehmens gewarnt. „Ewige Rente" bedeutet nicht, daß der Bewerter der Auffassung ist, ein Unternehmen würde unendlich lange existieren. Dies wäre ein kardinaler Denkfehler. „Unendlichkeit" ist ein Gedankenkonstrukt und keine Realannahme zur voraussichtlichen Lebensdauer. Schließlich ist bekannt, daß Menschen und menschenähnliche Vorgänger erst seit wenigen Millionenjahren existieren. Aus naturwissenschaftlichen Gründen wird unser Sonnensystem in langer, aber endlicher Zeit nicht mehr existieren. Die Menschheit und ihre „Kulturprodukte" wie Unternehmen werden gewiß bereits vorher nicht mehr existieren. Lediglich die „Unendlichkeit" als Gedankenkonstrukt hat kein Ende und soll dazu dienen, Grenzwertbetrachtungen durchzuführen, also Konvergenzprozesse zu analysieren.

Im Falle eines zeitlich begrenzten Unternehmens (sog. „*Heimfallunternehmen*") sind die entsprechenden finanzmathematischen Formeln anzuwenden – je nachdem, ob von gleichbleibenden oder differenzierten Schätzungen der zu kapitalisierenden Größe (ZE) ausgegangen wird:

$$ZEW = \sum_{t=1}^{T} \frac{ZE_t}{\left(1+i\right)^t} \ \text{oder} - \text{bei} \ ZE_t = ZE = const. - ZEW = ZE \cdot \frac{\left(1+i\right)^T - 1}{i \cdot \left(1+i\right)^T}.$$

Eventuell ist noch ein besonderer Liquidationserlös am Ende des Betrachtungszeitraums zu berücksichtigen, wovon hier jedoch abgesehen werden soll.

Falls die Kalkulationszinsfüße zeitabhängig sind, ergibt sich folgende Berechnungsformel:

$$ZEW = \sum_{t=1}^{T} \frac{ZE_t}{\prod_{\tau=1}^{t} \left(1+i_\tau\right)}.$$

Wenn die Schätzungen der abzuzinsenden Größen einem *Phasenmodell* folgen, wobei zunächst eine differenzierte (bis t = T) und nachfolgend eine vereinfachte gleichbleibende Schätzung (bis t = ∞) der Zukunftserfolge ZE_t durchgeführt wird, lautet die *Berechnungsformel bei zeitstabilen Zinsfüßen*:

$$ZEW = \sum_{t=1}^{T} \frac{ZE_t}{\left(1+i\right)^t} + \frac{ZE_{T+1}}{i} \cdot \frac{1}{\left(1+i\right)^T}.$$

Der hintere Term kann dabei als Barwert eines anzustrebenden (Ziel-)Verkaufserlöses (Endwert, „Terminal Value") am Ende der ersten Phase (zum Zeitpunkt T) gedeutet werden.

Wird davon ausgegangen, daß die Erfolgsgrößen wachsen, kann dies bei der Berechnung berücksichtigt werden. Es soll hierzu zunächst der Barwert eines mit der Rate w wachsenden Zukunftserfolgs ZE_t ab einem beliebigen Zeitpunkt t hinsichtlich der nachfolgenden n Perioden bestimmt werden. Die *Formel für die Berechnung einer solchen endlichen wachsenden Rente* lautet:

$$BW_0 = ZE_t \cdot \frac{1}{(1+i)^t} + ZE_t \cdot (1+w) \cdot \frac{1}{(1+i)^{t+1}} + ZE_t \cdot (1+w)^2 \cdot \frac{1}{(1+i)^{t+2}}$$

$$+ \ldots + ZE_t \cdot (1+w)^n \cdot \frac{1}{(1+i)^{t+n}}$$

$$BW_0 = ZE_t \cdot \left[\frac{1}{(1+i)^t} + (1+w) \cdot \frac{1}{(1+i)^{t+1}} + (1+w)^2 \cdot \frac{1}{(1+i)^{t+2}} + \ldots + (1+w)^n \cdot \frac{1}{(1+i)^{t+n}} \right]$$

$$BW_0 = ZE_t \cdot \frac{1}{(1+i)^t} \cdot \left[1 + (1+w) \cdot \frac{1}{(1+i)^1} + (1+w)^2 \cdot \frac{1}{(1+i)^2} + \ldots + (1+w)^n \cdot \frac{1}{(1+i)^n} \right]$$

$$BW_0 = ZE_t \cdot \frac{1}{(1+i)^t} \cdot \left[1 + \frac{(1+w)}{(1+i)^1} + \frac{(1+w)^2}{(1+i)^2} + \ldots + \frac{(1+w)^n}{(1+i)^n} \right].$$

Für den Klammerausdruck in der vorstehenden Formel wird unter der Bedingung $i \neq w$ die *Summenformel S einer geometrischen Reihe* gesucht, die nachfolgend *hergeleitet* werden soll. Es sei:

$$S = 1 + \frac{(1+w)}{(1+i)^1} + \frac{(1+w)^2}{(1+i)^2} + \ldots + \frac{(1+w)^n}{(1+i)^n}$$

$$\frac{1+w}{1+i} \cdot S = \frac{(1+w)}{(1+i)^1} + \frac{(1+w)^2}{(1+i)^2} + \ldots + \frac{(1+w)^n}{(1+i)^n} + \frac{(1+w)^{n+1}}{(1+i)^{n+1}}$$

$$S - \frac{1+w}{1+i} \cdot S = 1 - \frac{(1+w)^{n+1}}{(1+i)^{n+1}}$$

$$S \cdot \left(1 - \frac{1+w}{1+i}\right) = 1 - \left(\frac{1+w}{1+i}\right)^{n+1}$$

$$S \cdot \left(\frac{1+i-(1+w)}{1+i}\right) = 1 - \left(\frac{1+w}{1+i}\right)^{n+1}$$

$$S \cdot \left(\frac{i-w}{1+i}\right) = 1 - \left(\frac{1+w}{1+i}\right)^{n+1}$$

$$S = \left[1 - \left(\frac{1+w}{1+i}\right)^{n+1}\right] \cdot \left(\frac{1+i}{i-w}\right).$$

Wird dieser Summenausdruck in die Berechnungsformel für den Barwert einer ab dem Zeitpunkt t für n Perioden mit der Rate w wachsenden Rente i. H. v. ZE_t eingesetzt, dann ergibt sich:

$$BW_0 = ZE_t \cdot \frac{1}{(1+i)^t} \cdot \left[\left(1 - \left(\frac{1+w}{1+i}\right)^{n+1}\right) \cdot \frac{(1+i)}{i-w}\right] = ZE_t \cdot \frac{1}{(1+i)^{t-1}} \cdot \frac{1}{i-w} \cdot \left(1 - \left(\frac{1+w}{1+i}\right)^{n+1}\right).$$

Diese Formel ist anwendbar, sofern die *Wachstumsrate w und der Kalkulationszinsfuß i nicht übereinstimmen*, also $w \neq i$ gilt. Bei endlicher Betrachtung darf die Wachstumsrate durchaus größer als der Kalkulationszinsfuß sein, zumal beide Größe inhaltlich keinerlei Bezüge aufweisen.[191]

Bei unendlicher Betrachtung muß jedoch die Prämisse $i > w$ gesetzt werden, um den Barwert einer ab dem Zeitpunkt t unendlich wachsenden Rente als Grenzwert herleiten zu können:

$$BW_0 = \lim_{\substack{n \to \infty \\ \text{bei } w < i}} \left[ZE_t \cdot \frac{1}{(1+i)^{t-1}} \cdot \frac{1}{i-w} \cdot \left(1 - \left(\frac{1+w}{1+i}\right)^{n+1}\right)\right] = ZE_t \cdot \frac{1}{(1+i)^{t-1}} \cdot \frac{1}{i-w}$$

$$\text{wegen } \lim_{\substack{n \to \infty \\ \text{bei } w < i}} \left[\frac{1}{i-w} \cdot \left(1 - \left(\frac{1+w}{1+i}\right)^{n+1}\right)\right] = \frac{1}{i-w}.$$

---

[191] Wegen des Terms $\frac{1}{i-w}$ wird die Wachstumsrate w fälschlich auch als „Zinsabschlag" gedeutet.

Werden dieser Grenzwert bei der finanzmathematischen Berechnung des Zukunftserfolgswertes ZEW berücksichtigt sowie entsprechend dem Phasenmodell zunächst eine
Phase mit differenzierten Schätzungen der Zukunftserfolge bis zum Zeitpunkt T und ab
T + 1 ein unendlich wachsender Zukunftserfolg unterstellt, ergibt sich folgende Formel
für den Zukunftserfolgswert:

$$ZEW = \sum_{t=1}^{T} \frac{ZE_t}{(1+i)^t} + ZE_{T+1} \cdot \frac{1}{(1+i)^{(T+1)-1}} \cdot \frac{1}{i-w} = \sum_{t=1}^{T} \frac{ZE_t}{(1+i)^t} + \frac{ZE_{T+1}}{(1+i)^T} \cdot \frac{1}{i-w}.$$

Wenn T = 0 gesetzt wird, dann beginnt der Wachstumsprozeß (nachschüssig) in Periode 1 und der Zukunftserfolg ZE_1 ist die Wachstumsbasis, so daß sich dann für den
Zukunftserfolgswert folgende Formel ergibt:[192]

$$ZEW = ZE_1 \cdot \frac{1}{i-w} = \frac{ZE_1}{i-w}.$$

Der Ausdruck 1/(i – w) entspricht dabei der kaufmännischen Kapitalisierungsformel im Wachstumsfall. Sie setzt also eine nachschüssige Zahlungsweise voraus und
stellt finanzmathematisch die Summe aller Abzinsungsfaktoren bei zeitstabiler Wachstumsrate, einer flachen Zinsstruktur und einem zeitlich unbegrenztem Zeitraum des
Wachstumsprozesses ab t = 1 dar.

Ist die Wachstumsrate w (zufällig) gleich der Inflationsrate g, kann die Differenz (i
– w) (vereinfachend)[193] als Realzins gedeutet werden. Dieser aus der Berechnungsformel einer unendlich wachsenden Rente herleitbare Zusammenhang war Ausgangspunkt
für vielfältige Mißverständnisse hinsichtlich der Berücksichtigung eines sog. Inflations-
abschlags vom Kalkulationszinsfuß[194] und einer unfruchtbaren Diskussion um Nominal-

---

[192] Diese Formel wird in (didaktisch meist eingängigen) anglo-amerikanischen sowie in deutschen
(meist weniger eingängigen) zeitgenössischen Lehrbüchern als GORDON-Wachstum-Modell („GOR-
DON Growth Model") bezeichnet, so als hätte GORDON die Finanzmathematik erfunden, statt diese
nur angewendet zu haben. Da die („Undergraduate"-)Studenten aber anscheinend nur lernen sollen, wie sie vorzugehen haben, und folglich nicht mit Hintergründen belastet werden sollen, liegt
es nahe, als Gedankenstütze den Namen eines „Erfinders" zu nehmen, statt ihnen zu erklären, was
der Inhalt der angewandten Formel ist und auf welchen Prämissen diese basiert. Siehe entsprechend kritisch HAESELER/HÖRMANN, Prüfstand (2010), S. 43–47 sowie S. 57–61.

[193] Wenn von einem gleichbleibenden Nominalzins i und einer ewigen Geldentwertungsrate g = w
ausgegangen wird, gilt für den Realzins i** = (i – g)/(1 + g) und folglich (i – w) = (i – g) ·
(1 + g). Für kleine g ist der Unterschied zwischen (i – g) als approximativem Realzins und tatsäch-
lichem Realzins i** freilich vernachlässigbar, was sicherlich zu der Fehldeutung von (i – g) als Realzins beigetragen hat; z. B. bei i = 0,10 und g = 0,02 gilt i – g = 0,08 und i** = (i – g) / (1 + g) =
0,078431. Ein weiterer Grund für das Mißverständnis dürfte gewesen sein, daß 1/(i – g) als Kehr-
wert eines „Realzinses" (i – g) fehlinterpretiert und nicht als Ausdruck der Summe der Abzinsungsfaktoren im Wachstumsfall mit g = w erkannt wird. Der sog. Inflationsabschlag vom Kalkulationszinsfuß ist daher ein – anscheinend unausrottbares – finanzmathematisches Mißverständnis.

[194] Vgl. MATSCHKE, Arbitriumwert (1976), S. 224–230, MATSCHKE, Geldentwertung (1986). Ferner
BALLWIESER, Wahl des Kalkulationszinsfußes (1981), BALLWIESER, Geldentwertung (1988), ADERS,
Preisstabilität und Inflation (1998), FRIEDL/SCHWETZLER, Inflation (2009), HOMMEL/DEHMEL, Unternehmensbewertung (2011), S. 193–217. Siehe zudem SCHÜLER/LAMPENIUS, Wachstumsannahmen (2007).

rechnung oder Realrechnung[195] bei der Unternehmensbewertung, denn Nominalrechnung oder Realrechnung führen bei einer Wachstumsrate entsprechend der Inflationsrate stets zu übereinstimmenden Ergebnissen.

Im nachfolgendem Beispiel (vgl. *Abbildung 103*) wird davon ausgegangen, daß der Zukunftserfolg der ersten Periode mit ZE_1 = 200 geschätzt und die erwartete Wachstumsrate des Erfolgs im ersten Jahrzehnt w = 0,05 beträgt. Ab der elften Periode wird mit einem Zukunftserfolg in Höhe der zehnten Periode als unendliche gleichbleibende Rente gerechnet. Es ergibt sich dann ein Zukunftserfolgswert i. H. v. ZEW = 2.684,17. Zur Kontrolle ist dieser auch unter Berücksichtigung der angegebenen Formel für den Barwert einer endlichen, wachsenden nachschüssigen Rente berechnet worden.

Wachstumsrate w	0,05	Kalkulationszins i	0,1
Periode t	Zukunftserfolg ZE_t	Abzinsungsfaktor $(1 + i)^{-t}$	Barwert $ZE_t \cdot (1 + i)^{-t}$
1	200	0,909091	181,818182
2	210	0,826446	173,553719
3	220,5	0,751315	165,664914
4	231,525	0,683013	158,134690
5	243,10125	0,620921	150,946750
6	255,256313	0,564474	144,085534
7	268,019128	0,513158	137,536191
8	281,420085	0,466507	131,284546
9	295,491089	0,424098	125,317067
10	310,265643	0,385543	119,620837
Zwischensumme			1.487,962430
11 → ∞	3.102,656432	0,385543	1.196,208367
Zukunftserfolgswert ZEW			2.684,170797
Kontrolle über Formel			2.684,170797
Abbildung 103: Zukunftserfolgswert eines wachsenden Unternehmens			

---

[195] Bei der Nominalrechnung werden nicht inflationsbereinigte nominale Erfolge abgezinst; bei der Realrechnung findet eine Scheingewinnelimination durch Umrechnung der prognostizierten nominalen Erfolge ZE_t in Erfolge ZE^*_t mit der Kaufkraft zum Bewertungsstichtag t = 0 statt (Anwendung der *Konzeption der realen Geldkapitalerhaltung*): $ZE^*_t = ZE_t /(1 + g)^t$. Ist $ZE_1 = ZE_0 \cdot (1 + w)$, $ZE_2 = ZE_0 \cdot (1 + w)^2$, $ZE_3 = ZE_0 \cdot (1 + w)^3$, ..., $ZE_T = ZE_0 \cdot (1 + w)^T$, so ist $ZE^*_1 = ZE_1/(1 + g)$ $= ZE_0 \cdot (1 + w)/(1 + g)$, $ZE^*_2 = ZE_2/(1 + g)^2 = ZE_0 \cdot (1 + w)^2/(1 + g)^2$ usw. Bei inflationsproportionalem Wachstum (also w = g) folgt dann $ZE^*_1 = ZE^*_2 = ... = ZE^*_T = ZE^*$, so daß bei T → ∞ die Realrechnung zum Zukunftserfolgswert $ZEW = ZE^*/i^{**}$ oder $ZEW = ZE^*_1/[(i – w)/(1 + g)]$ oder (wegen w = g) $ZEW = ZE_0 \cdot (1 + g)/(i – w)$ der geldwertstabilen Zukunftserfolge ZE^* und damit aber auch zum Zukunftserfolgswert $ZEW = ZE_1/(i – w)$ der Nominalrechnung bei gleichbleibendem Erfolgswachstum führt.

Wird in diesem Beispiel der Wachstumsprozeß durchgängig (also über alle Perioden) angenommen, berechnet sich der Zukunftserfolgswert mit:

$$ZEW = \frac{ZE_1}{i-w} = \frac{200}{0,1-0,05} = \frac{200}{0,05} = 4.000.$$

Mit Blick auf den *Ertragswert*, also im Rahmen der „objektiven" Unternehmensbewertungskonzeption, sei angemerkt, daß bei seiner Ermittlung zum Teil auch vom Ertragsüberschuß vor Abzug der Finanzierungsaufwendungen ausgegangen wird, so daß dann ein Bruttoertragswert (Gesamtkapitalertragswert) bestimmt wird. Dies ist ein ähnliches Vorgehen wie bei der sog. marktwertorientierten Bewertung bei Bestimmung des Marktwertes des Gesamtkapitals. Dieser Bruttoertragswert BEW ergibt sich aus der Kapitalisierung der Ertragsüberschüsse E (nach Zinsen) zuzüglich der Zinsen Z, d. h. als Barwert der Bruttoerfolge (Gesamtkapitalerfolge). Auf der Basis des Rentenmodells und eines einheitlichen Kalkulationszinses resultiert:

$$BEW = \frac{E}{i^*} + \frac{Z}{i^*} = \frac{E+Z}{i^*} = \frac{BE}{i^*}.$$

Hierbei wird vorausgesetzt,[196] daß die Schulden des Unternehmens im Bewertungszeitpunkt auch in Zukunft in gleicher Höhe bestehen werden und daß zudem nur verzinsliche Schulden vorhanden sind; unverzinsliche Schulden müßten folglich noch hinzugerechnet werden. Hinsichtlich der Wahl des Kapitalisierungszinsfußes i^* zur Ermittlung des Bruttoertragswertes gibt es verschiedene Vorschläge: „Für die Kapitalisierung der Bruttoerfolge kann der Kalkulationszinsfuß des Betriebseigners gewählt werden oder ein Satz, der sich aus den Zinsfüßen des Betriebseigners und der Fremdkapitalgeber als ein nach den Kapitalanteilen gewogenes Mittel zusammensetzt. Dabei werden die Zinssätze der Gläubiger durch die marktübliche Effektivverzinsung gleichartigen Fremdkapitals repräsentiert und entsprechen meist den nominellen vom Unternehmen zu zahlenden Sätzen. Bei langfristigem Fremdkapital wie Obligationen können Abweichungen vorkommen. Die Zinssätze der Gläubiger sind i. d. R. niedriger als der Zinsfuß für das Eigenkapital, weil sie eine geringere Risikoprämie enthalten und der Unternehmer auf die Dauer nur mit Fremdkapital arbeitet, wenn er eine über dem von ihm zu zahlenden Zins liegende Rendite erzielt."[197] Das heißt, die Vorgehensweise ist sehr „modern" und entspricht – wie im vierten Kapitel zu sehen sein wird – im Grunde des sog. WACC-Ansatzes der DCF-Methoden, oder anders formuliert, der WACC-Ansatz ist ziemlich *abgestandener „alter Wein" in brüchigen neuen Schläuchen.*[198]

---

[196] Vgl. Busse von Colbe, Zukunftserfolg (1957), S. 98–100, Sieben, Substanzwert (1963), S. 28 f.

[197] Busse von Colbe, Zukunftserfolg (1957), S. 99.

[198] Was vielen deutschen Anhängern des WACC-Ansatzes wohl mangels Kenntnis der älteren deutschen Unternehmensbewertungsliteratur verborgen bleibt.

2.3.3.3.2 Zusammenhang zwischen Total- und Partialmodell

2.3.3.3.2.1 Herleitung der Zukunftserfolgswertformel

Im Vergleich zum Totalmodell erfährt eine Unternehmensbewertung durch das dargestellte Partialmodell „Zukunftserfolgswertverfahren" eine erhebliche Komplexitätsreduktion. Bislang wurde jedoch die Anwendung der Zukunftserfolgswertformel, d. h. letztlich die Anwendung der finanzmathematischen Methode des Gegenwartswertkalküls, nicht problematisiert. Die Methode wurde vorgegeben, und ihre Anwendbarkeit wurde unterstellt. Dies ist das übliche Vorgehen in Theorie und Praxis.

Die Frage, die sich freilich stellt, lautet: *Weshalb ist dieses Vorgehen eigentlich gerechtfertigt? Kann nachgewiesen werden, daß der Gegenwartswertkalkül ein sinnvolles Verfahren ist, um den Entscheidungswert aus Käufer- oder Verkäufersicht bei einer rein finanzwirtschaftlichen Zielsetzung als Zukunftserfolgswert zu ermitteln, wie dies üblicherweise und in aller Regel ungeprüft unterstellt wird? Wie können die für die Entscheidungswertermittlung notwendigen Kalkulationszinsfüße i ermittelt werden?*[199] *Bleiben – und wenn ja, warum – die Interessen der Bewertungssubjekte bei Anwendung des Zukunftserfolgswertverfahrens gewahrt?*

Denn nur wenn dieser Nachweis gelingt, also bei theoretischer Begründung der Zukunftserfolgswertformel, ist ihre Verwendung als Methode zur Ermittlung des Entscheidungswertes gerechtfertigt. Möglicherweise können dann auch ihre Anwendungsgrenzen deutlich herausgearbeitet werden, so daß erkennbar wird, welche Prämissen bei ihrer Anwendung gelten. Was ergibt sich, wenn diese Prämissen nicht im strengen Sinne erfüllt sind? Ist die Zukunftserfolgswertformel trotzdem noch hilfreich? In der Tat läßt sich zeigen, daß für den Fall, daß der Entscheidungswert mit Hilfe der Zukunftserfolgswertformel nicht exakt ermittelt werden kann, mit diesem Verfahren immerhin noch ein Bereich größenmäßig abgesteckt werden kann, in dem der Entscheidungswert liegt.

Vorangestellt werden soll, daß das *Dualitätstheorem der linearen Optimierung*[200] dem Bewertungssubjekt ermöglicht, mit dem Zukunftserfolgswertverfahren den durch das zu bewertende Unternehmen induzierten Zahlungsstrom dezentral zu beurteilen. Bei Verwendung der investitionstheoretisch korrekten Steuerungszinsfüße bleiben dabei die Interessen der Eigner als Bewertungssubjekte gewahrt.[201] Im Unterschied zum Totalmodell, in dem der Nutzen des Basisprogramms mit dem des Bewertungsprogramms verglichen wird, erfolgt beim Zukunftserfolgswertverfahren eine Gegenüberstellung des

---

[199] Im Hinblick auf den Kalkulationszinsfuß lassen sich bereits in der historischen Literatur diametrale Ansichten finden. So führt etwa KOLBE, Ermittlung (1959), S. 7, aus: „Es hat den Anschein, als ob sich das Problem des Kapitalisierungszinsfußes jeder Lösungsmöglichkeit entzöge." Demgegenüber urteilt GELHAUSEN, Probleme der Bewertung (1948), S. 6, bereits frühzeitig: „Die Frage nach dem Kapitalisierungszinsfuß kann theoretisch als durchaus gelöst angesehen werden."

[200] Siehe zur Dualitätstheorie unter anderem DANTZIG, Lineare Programmierung (1966), S. 148–155, KREKÓ, Lineare Optimierung (1973), S. 213–218, WITTE/DEPPE/BORN, Lineare Programmierung (1975), S. 119–147, DINKELBACH, Operations Research (1992), S. 13–19, NEUMANN/MORLOCK, Operations Research (2002), S. 76–86, HERING, Investitionstheorie (2008), S. 142–165. Wie nachfolgend dargestellt wird, verknüpft die Dualitätstheorie der linearen Optimierung das investitionstheoretische Totalmodell „ZGPM" mit dem investitionstheoretischen Partialmodell „Zukunftserfolgswertverfahren". Vgl. z. B. HERING, Unternehmensbewertung (2006), S. 50–57. Siehe auch BRÖSEL, Medienrechtsbewertung (2002), S. 157–166.

[201] Vgl. HERING, Unternehmensbewertung (2006), S. 34.

Bewertungsobjekts mit dem vorteilhaftesten alternativen Investitions- und Finanzierungsprogramm.

Der *Zukunftserfolgswert* entspricht dem Barwert der mit den Kalkulationszinsfüßen abgezinsten künftigen Erfolge des Bewertungsobjekts im Sinne von Einzahlungsüberschüssen. Die Kalkulationszinsfüße dienen als Vergleichsmaßstab und resultieren aus der besten alternativen Kapitalverwendungsmöglichkeit des Entscheidungssubjekts.

Als Kalkulationszinsfüße auf dem unvollkommenen Kapitalmarkt kommen für das Zukunftserfolgswertverfahren die theoretisch richtigen Lenkpreise im Sinne der endogenen Grenzzinsfüße des Basisprogramms des ZGPM in Betracht.[202] Diese werden auf dem unvollkommenen Kapitalmarkt somit durch das Entscheidungsfeld und durch die individuellen Konsumpräferenzen (also die Zielfunktion) der Bewertungssubjekte determiniert.[203]

Erwartet beispielsweise das Bewertungssubjekt aus dem zu bewertenden Unternehmen als Zukunftserfolg den Zahlungsstrom $g = (0, g_1, g_2, ..., g_t, ..., g_n)$ mit g_t als Zahlungsüberschuß im Zeitpunkt t, ergibt sich – wenn an dieser Stelle noch von Umstrukturierungen beim Übergang vom Basis- zum Bewertungsprogramm[204] abgesehen wird – unter Berücksichtigung der endogenen Grenzzinsfüße des Basisprogramms i_t^{Ba} oder des Bewertungsprogramms i_t^{Be} der Zukunftserfolgswert ZEW gemäß folgender Formel der „vereinfachten" Bewertung:[205]

$$ZEW = \sum_{t=1}^{T} \frac{g_t}{\prod_{\tau=1}^{t}\left(1 + i_\tau^{Ba}\right)} = \sum_{t=1}^{T} \frac{g_t}{\prod_{\tau=1}^{t}\left(1 + i_\tau^{Be}\right)}.$$

Die Kenntnis der Grenzzinsfüße einer jeden Periode ist also die Grundlage der (dezentralen) Anwendung des Partialmodells „Zukunftserfolgswertverfahren". Die Ermittlung der für die einzelnen Perioden gültigen endogenen Grenzzinsfüße erfordert allerdings die Berechnung des Basis- oder des Bewertungsprogramms als optimales Investitions- und Finanzierungsprogramm. Da die Steuerungszinsfüße erst durch die optimale Lösung des Totalmodells selbst definiert werden, wird vom *Dilemma der wertmäßigen Kosten oder der Lenkpreistheorie*[206] gesprochen.

---

[202] Gemäß dem Marginalprinzip sind die Grenzobjekte des besten alternativen Portefeuilles als Vergleichsobjekte heranzuziehen. Vgl. hierzu MOXTER, Unternehmensbewertung 2 (1983), S. 141, sowie ausführlich HERING, Unternehmensbewertung (2006), S. 50–57. Zur Wahl des Kalkulationszinses in der Praxis der Unternehmensbewertung siehe die empirische Analyse in PRIETZE/WALKER, Kapitalisierungszinsfuß (1995), S. 205–211.

[203] Vgl. HERING, Investitionstheorie (2008), S. 22, und nachdrücklich MATSCHKE/HERING, Unendliche Probleme (1999), S. 921.

[204] Umstrukturierungen führen dazu, daß die Grenzzinsfüße des Basisprogramms in einzelnen oder gar in allen Perioden von denen des Bewertungsprogramms abweichen. Mit Hilfe des Zukunftserfolgswertverfahrens läßt sich dann aus methodischen Gründen nur ein Bereich für den Entscheidungswert abstecken.

[205] Vgl. hierzu die Ausführungen zur „vereinfachten" Bewertung sowie die Formel (21) in LAUX/FRANKE, Problem der Bewertung (1969), S. 210–214.

[206] Siehe HIRSHLEIFER, Investment Decision (1958), S. 340, HAX, Lineare Programmierung (1964), ROLLBERG, Unternehmensplanung (2001), S. 136–143, HERING, Investitionstheorie (2008), S. 136–142, und allgemein zu Lenkpreisen MATSCHKE, Lenkungspreise (1993).

Die Ermittlung der Grenzzinsfüße und der Nachweis der Anwendbarkeit der Zukunftserfolgswertmethode wie auch ihrer Grenzen erfordert einen Rückgriff auf das mathematische Optimierungsmodell, das Totalmodell „ZGPM", wobei dessen Beziehung zur Partialbetrachtung auf Basis der finanzmathematischen Zukunftserfolgswertmethode analysiert werden muß. HERING ist diesen Beziehungen in seiner Habilitationsschrift nachgegangen.[207] Der Schlüssel des Brückenschlags ist die bereits genannte *Dualitätstheorie der linearen Optimierung*, denn: „Jeder linearen Optimierungsaufgabe (*Primalproblem*) ist ein eng verwandtes *duales* Problem zugeordnet, das Rückschlüsse auf in der optimalen Lösung gültige Zusammenhänge ermöglicht."[208] Dies soll nun anhand des Primalproblems der Ermittlung des maximal zahlbaren Preises P_{max} aus Käufersicht demonstriert werden.

Der Ansatz des Bewertungsprogramms, also für das *Primalproblem*, lautet aus Käufersicht:

$P \to max!$

(1)   Liquiditätsrestriktionen

(1a) $-\sum_{j=1}^{J} g_{Kj0} \cdot x_{Kj} + P + w_{K0} \cdot EN_K^{Be} \leq b_{K0}$ (für t = 0)

(1b) $-\sum_{j=1}^{J} g_{Kjt} \cdot x_{Kj} + w_{Kt} \cdot EN_K^{Be} \leq b_{Kt} + g_{UKt}$ (für t = 1, ..., T)

(2)   Sicherung des Entnahmestroms

$EN_K^{Be} \geq EN_K^{Ba\,max}$

(3)   Kapazitätsrestriktionen

$x_{Kj} \leq x_{Kj}^{max}$ (für j = 1, ..., J)

(4)   Nichtnegativität

(4a) $x_{Kj} \geq 0$ (für j = 1, ..., J)

(4b) $EN_K^{Be} \geq 0$

(4c) $P \geq 0$.

Die festzulegenden Variablen im Primalproblem sind die Anzahl der zu realisierenden Investitions- und Finanzierungsobjekte x_{Kj}, die Breite des Entnahmestroms EN_K^{Be} aus dem Bewertungsprogramm sowie der potentielle Preis P des Bewertungsobjekts. Um P maximal werden zu lassen, muß in der optimalen Lösung – bei unterstellter beliebiger Teilbarkeit der zu realisierenden Investitionen und Finanzierungen – die Entnahmerestriktion (2) als Gleichung erfüllt sein, d. h., der Entnahmestrom aus dem Bewertungsprogramm ist genau so breit wie der maximale Entnahmestrom des Basisprogramms: $EN_K^{Be} = EN_K^{Ba\,max}$.

---

[207]   Vgl. für die nachfolgende Darstellung HERING, Unternehmensbewertung (2006), S. 50–57.

[208]   HERING, Unternehmensbewertung (2006), S. 50 (Hervorhebungen im Original, hier nachvollzogen). Siehe auch WEINGARTNER, Mathematical Programming (1963).

Das zugehörige *Dualproblem*[209] lautet dann:

$$K := \underbrace{\overbrace{\sum_{t=0}^{T} b_{Kt} \cdot d_t}^{\text{Liquiditätsrestriktionen}} + \sum_{t=1}^{T} g_{UKt} \cdot d_t}_{\substack{\text{bewertete autonome} \\ \text{Zahlungen}} \quad \substack{\text{bewertete Unternehmens-} \\ \text{zahlungen}}} - \underbrace{\overbrace{\delta \cdot EN_K^{Ba\,max}}^{\substack{\text{Entnahmestrom-} \\ \text{restriktion}}}}_{\text{bewerteter Entnahmestrom}} + \underbrace{\overbrace{\sum_{j=1}^{J} x_{Kj}^{max} \cdot u_j}^{\substack{\text{Kapazitäts-} \\ \text{restriktionen}}}}_{\text{bewertete Kapazität}} \to \min!$$

(1)   Restriktion der Zahlungen (Investitionen und Finanzierungen)

$$-\sum_{t=0}^{T} g_{Kjt} \cdot d_t + u_j \geq 0 \qquad \text{(für } j = 1, \ldots, J)$$

(2)   Restriktion der Gewichtungsfaktoren des Entnahmestroms

$$\sum_{t=0}^{T} w_{Kt} \cdot d_t - \delta \geq 0$$

(3)   Dualvariablenrestriktionen der Liquiditätsrestriktionen

(3a) $d_0 \geq 1$ (für t = 0)

(3b) $d_t \geq 0$ (für t = 1, …, T)

(4a)   Dualvariablenrestriktionen der Kapazitätsrestriktionen

        $u_j \geq 0$ (für j = 1, …, J)

(4b)   Dualvariablenrestriktion der Sicherung des Entnahmestroms

        $\delta \geq 0$.

Die autonomen Zahlungen b_{Kt} entsprechen den rechten Seiten der Zahlungsrestriktionen des Bewertungsprogramms ohne den Zahlungen aus dem zu bewertenden Unternehmen, d. h. den rechten Seiten der Zahlungsrestriktionen des Basisprogramms. In der Zielfunktion des Dualproblems stehen die bewerteten rechten Seiten der Restriktionen des Primalproblems. Die festzulegenden Variablen des Dualproblems sind die Dualvariablen d_t (für die Liquiditätsrestriktionen in t = 0, …, T), u_j (für die Kapazitätsrestriktionen mit j = 1, … J) und δ (für die Restriktion der Sicherung des Entnahmestroms). Die Dualvariablen sind im Optimum des Dualproblems so festzulegen, daß die Summe der bewerteten rechten Seiten der Restriktionen, d. h. die Opportunitätskosten K der Inanspruchnahme dieser Restriktionen, möglichst klein wird. Die optimale Lösung des Dualproblems ist dann K^{min}.

Aufgrund der Bedingungen $EN_K^{Be} = EN_K^{Ba\,max}$ und $EN_K^{Be} \geq 0$ im Primalproblem sowie wegen $EN_K^{Ba\,max} > 0$ als Optimallösung des Basisprogramms folgt, daß die im Dualproblem zum Entnahmestrom gehörende Restriktion (2) im Optimum des Dualproblems als Gleichung erfüllt sein muß:

$$\sum_{t=0}^{T} w_{Kt} \cdot d_t - \delta = 0$$

---

[209] Vgl. *GALE/KUHN/TUCKER*, Linear Programming (1951), *ELLINGER/BEUERMANN/LEISTEN*, Operations Research (2003), S. 59–66.

und

$$\delta = \sum_{t=0}^{T} w_{Kt} \cdot d_t.$$

Es gilt nun aber, daß das Maximum des Primalproblems (mit Lösung: P_{max}) gleich dem Minimum des Dualproblems (mit Lösung: K^{min}) ist. Wegen dieser Beziehung kann die Definitionsgleichung von K zur Berechnung von P_{max} genutzt werden. Wenn die Lösung für δ berücksichtigt wird, ergibt sich die folgende Berechnungsgleichung für den Entscheidungswert P_{max}:

$$P_{max} = \sum_{t=0}^{T} b_{Kt} \cdot d_t + \sum_{t=1}^{T} g_{UKt} \cdot d_t + \sum_{j=1}^{J} x_{Kj}^{max} \cdot u_j - EN_K^{Ba\,max} \cdot \sum_{t=0}^{T} w_{Kt} \cdot d_t.$$

In der optimalen Lösung des Primalproblems gilt $P = P_{max} > 0$, so daß die Liquiditätsrestriktion (1a) des Primalproblems streng erfüllt ist. Aus dem *Satz des komplementären Schlupfs* folgt dann, daß im Dualproblem die Restriktion (3a) mit ihrer Untergrenze erfüllt sein muß, so daß $d_0 = 1$ gilt. Die Dualvariable $d_0 = 1$ bedeutet inhaltlich, daß heutige Zahlungen in gleicher Höhe, also mit ihrem Zahlungsbetrag bewertet, in die Berechnung von P_{max} eingehen. Für die anderen Dualwerte d_t der Zeitpunkte t = 1, ..., T gilt dann auch die Beziehung $d_t/d_0 =: \rho_{Kt}^{Be}$. Die Größen ρ_{Kt}^{Be} sind als für das Bewertungsprogramm geltende Abzinsungsfaktoren zu interpretieren, die aus den endogenen periodischen Grenzzinsfüßen i_{Kt}^{Be} des Bewertungsprogramms des Käufers hergeleitet werden können:[210]

$$\rho_{Kt}^{Be} = \frac{1}{\prod_{\tau=1}^{t}(1+i_{K\tau}^{Be})}.$$

Das heißt, 1 GE des Zeitpunkts t > 0 ist dann ρ_{Kt}^{Be} GE im Zeitpunkt t = 0 wert, so daß künftige Zahlungen mit ihrem Barwert in die Berechnung von P_{max} eingehen, also umgerechnet werden.

Für Investitions- und Finanzierungsobjekte j, die im Bewertungsprogramm enthalten sind, gilt, daß die Restriktion (1) des Dualproblems mit ihrer Untergrenze erfüllt ist:

$$-\sum_{t=0}^{T} g_{Kjt} \cdot d_t + u_j = 0 \quad \Leftrightarrow \quad u_j = \sum_{t=0}^{T} g_{Kjt} \cdot d_t$$

und daß diese einen nichtnegativen Kapitalwert $C_{Kj}^{Be} \geq 0$ im Zeitpunkt t = 0 haben. Da C_{Kj}^{Be} einen heutigen Geldbetrag verkörpert, folgt aus der Lenkpreistheorie $C_{Kj}^{Be} \cdot d_0 = u_j$ und – wegen $d_0 = 1$ – folglich die Identität von u_j und C_{Kj}^{Be}.

Bei unvorteilhaften Investitions- und Finanzierungsobjekten ist die Restriktion (1) des Dualproblems *nicht* streng (mit ihrer Untergrenze) erfüllt. Daraus folgt, daß die Restriktion (4a) des Dualproblems mit ihrer Untergrenze erfüllt sein muß, so daß für *unvorteilhafte* Investitions- und Finanzierungsobjekte, deren Kapitalwert negativ ist, die

---

[210] Vgl. ROLLBERG, Unternehmensplanung (2001), S. 178 f., HERING, Investitionstheorie (2008), S. 182–185.

Dualvariable u_j den Wert 0 annimmt. Wird dies berücksichtigt, kann die Berechnungsgleichung für P_{max} auch geschrieben werden:

$$P_{max} = \sum_{t=0}^{T} b_{Kt} \cdot d_t + \sum_{t=1}^{T} g_{UKt} \cdot d_t + \sum_{j=1}^{J} x_{Kj}^{max} \cdot u_j - EN_K^{Ba\,max} \cdot \sum_{t=0}^{T} w_{Kt} \cdot d_t$$

oder wegen $\dfrac{d_t}{d_0} =: \rho_{Kt}^{Be}$ und $d_0 = 1$ sowie $C_{Kj}^{Be} = \sum_{t=0}^{T} g_{Kjt} \cdot \rho_{Kt}^{Be}$

$$P_{max} = \sum_{t=0}^{T} b_{Kt} \cdot \rho_{Kt}^{Be} + \sum_{t=1}^{T} g_{UKt} \cdot \rho_{Kt}^{Be} + \sum_{C_{Kj}^{Be}>0} x_{Kj}^{max} \cdot C_{Kj}^{Be} - EN_K^{Ba\,max} \cdot \sum_{t=0}^{T} w_{Kt} \cdot \rho_{Kt}^{Be}.$$

Eine Umstellung führt zu folgender Berechnungsgleichung für den Entscheidungswert P_{max}, der sog. „komplexen" Formel der Bewertung:[211]

$$P_{max} = \overbrace{\underbrace{\sum_{t=1}^{T} g_{UKt} \cdot \rho_{Kt}^{Be}}_{\substack{\text{Zukunftserfolgs-}\\\text{wert des zu bewer-}\\\text{tenden Unternehmens}}} + \underbrace{\sum_{t=0}^{T} b_{Kt} \cdot \rho_{Kt}^{Be} + \sum_{C_{Kj}^{Be}>0} x_{Kj}^{max} \cdot C_{Kj}^{Be}}_{\substack{\text{Kapitalwert des sonstigen Bewertungs-}\\\text{programms}}}}^{\substack{\text{Kapitalwert des Bewertungsprogramms}\\\text{(vor Berücksichtigung eines Preises für}\\\text{das zu bewertende Unternehmen)}}} - \underbrace{\sum_{t=0}^{T} w_{Kt} \cdot EN_K^{Ba\,max} \cdot \rho_{Kt}^{Be}}_{\substack{\text{Kapitalwert des Basis-}\\\text{programms}}}.$$

Diese Formel besagt, daß der maximal zahlbare Preis P_{max} als Differenz zwischen dem Kapitalwert des Bewertungsprogramms (vor Berücksichtigung eines Preises für das zu bewertende Unternehmen) und dem Kapitalwert des Basisprogramms berechnet werden kann, welches aufzugeben ist, wenn das Unternehmen erworben werden soll. Der Zukunftserfolgswert des zu bewertenden Unternehmens ist dabei Teil des Kapitalwertes des Bewertungsprogramms (vor Berücksichtigung eines Preises für das zu bewertende Unternehmen) und stimmt grundsätzlich nicht mit dem Entscheidungswert P_{max} aus Käufersicht überein. Im für den Käufer ungünstigsten Verhandlungsfall, wenn der auszuhandelnde Preis P mit dem Entscheidungswert P_{max} übereinstimmt, ist das Bewertungsprogramm sein optimales Programm nach einer solchen Einigung. Die tabellarische Vorgehensweise mit der Differenzbildung zwischen Bewertungsprogramm und Basisprogramm (vgl. *Abbildung* 84) spiegelt sich in dieser Berechnungsgleichung wider.

---

[211] Vgl. HERING, Unternehmensbewertung (2006), S. 52. Siehe auch LAUX/FRANKE, Problem der Bewertung (1969), S. 214–218, hier Formel (30). Eine weiterführende Korrektur der Zukunftserfolgswertmethode kann aufgrund von Problemerweiterungen, etwa einer Einbeziehung der Bestimmung eines optimalen Produktionsprogramms, erforderlich sein. BRÖSEL leitet deshalb die „komplexe korrigierte" Formel der Bewertung her, die erforderlich ist, wenn nichtfinanzielle Restriktionen zu berücksichtigen sind. Vgl. BRÖSEL, Medienrechtsbewertung (2002), S. 157–166, insbesondere S. 163 f. Von nichtfinanziellen Restriktionen sei jedoch hier und im weiteren abstrahiert.

Eine weitere Umstellung bringt folgende Berechnungsgleichung für den Entscheidungswert P_{max} aus Käufersicht:

$$P_{max} = \underbrace{\sum_{t=1}^{T} \overbrace{g_{UKt}}^{\substack{\text{Zahlung} \\ \text{des Bewer-} \\ \text{tungsobjekts}}} \cdot \overbrace{\rho_{Kt}^{Be}}^{\substack{\text{Abzin-} \\ \text{sungs-} \\ \text{faktor}}}}_{\substack{\text{Zukunftserfolgswert ZEW} \\ \text{des Bewertungsobjekts}}} + \underbrace{\sum_{t=0}^{T} b_{Kt} \cdot \rho_{Kt}^{Be} + \sum_{\substack{C_{Kj}^{Be} > 0}} \overbrace{x_{Kj}^{max} \cdot C_{Kj}^{Be}}^{\substack{\text{Summe der} \\ \text{positiven} \\ \text{Kapitalwerte}}}}_{\substack{\text{Kapitalwert des Bewertungs-} \\ \text{programms (ohne Bewertungsobjekt)}}} - \underbrace{\sum_{t=1}^{T} w_{Kt} \cdot EN_{K}^{Ba\,max} \cdot \rho_{Kt}^{Be}}_{\substack{\text{Kapitalwert des} \\ \text{Basisprogramms}}} .$$

$$\underbrace{}_{\substack{\text{Kapitalwertänderung durch Umstrukturierung} \\ \text{vom Basis- zum Bewertungsprogramm} \geq 0}}$$

Danach ergibt sich der maximal zahlbare Preis P_{max} als Entscheidungswert des Käufers aus dem Zukunftserfolgswert des Unternehmens ZEW unter Berücksichtigung der Kapitalwertdifferenz aufgrund von Umstrukturierungen vom Basis- zum Bewertungsprogramm des Käufers:

$$P_{max} = ZEW_{U}^{K}(\rho_{Kt}^{Be}) + \Delta KW_{K}^{Be-Ba}$$

mit $\Delta KW_{K}^{Be-Ba} \geq 0$, so daß gilt:

$$ZEW_{U}^{K}(\rho_{Kt}^{Be}) = P_{max} - \Delta KW_{K}^{Be-Ba} .$$

Kommt es zu Umstrukturierungen zwischen Basis- und Bewertungsprogramm mit einem positiven Kapitalwert, folgt aus dieser Beziehung, daß der mit Hilfe der endogenen Grenzzinsfüße des Bewertungsprogramms ermittelte Zukunftserfolgswert *kleiner* als der Entscheidungswert des Käufers im Sinne des maximal zahlbaren Preises ist:

$$ZEW_{U}^{K}(\rho_{Kt}^{Be}) \leq P_{max} .$$

Der Zukunftserfolgswert auf Basis der endogenen Grenzzinsfüße des Bewertungsprogramms stellt daher eine Untergrenze für den Entscheidungswert des Käufers dar.

Die Frage ist nun, ob sich auch eine *Obergrenze für den Entscheidungswert des Käufers* ermitteln läßt. Dies ist in der Tat der Fall. Ausgangspunkt ist hierbei das Dualproblem zur Bestimmung des Basisprogramms des Käufers.[212] Es kann auf diese Weise gezeigt werden, daß die Kapitalwertdifferenz ΔKW_{K}^{Be-Ba} tatsächlich, wie in der Berechnungsgleichung bereits unterstellt, nichtnegativ ist. Die Obergrenze für den Entscheidungswert des Käufers entspricht dem – mit den im Basisprogramm geltenden Abzinsungsfaktoren errechneten – Zukunftserfolgswert $ZEW_{U}^{K}(\rho_{Kt}^{Ba})$, der sich mit der sog. Formel der „vereinfachten" Bewertung (unter Berücksichtigung der endogenen Grenzzinsfüße des Basisprogramms) ermitteln läßt:

$$P_{max} \leq \underbrace{\sum_{t=1}^{T} \overbrace{g_{UKt}}^{\substack{\text{Zahlung} \\ \text{des Bewer-} \\ \text{tungsobjekts}}} \cdot \overbrace{\rho_{Kt}^{Ba}}^{\substack{\text{Abzin-} \\ \text{sungs-} \\ \text{faktor}}}}_{\substack{\text{Zukunftserfolgswert} \\ \text{des Bewertungsobjekts}}} = ZEW_{U}^{K}(\rho_{Kt}^{Ba}) .$$

---

[212] Vgl. hierzu HERING, Unternehmensbewertung (2006), S. 55–57. Im Unterschied zu HERING – der den Beweis mit Hilfe des zweistufigen Ansatzes führt – wählen LAUX/FRANKE, Problem der Bewertung (1969), S. 218–223, hierzu einen parametrischen Ansatz.

Daraus folgt in Kurzform:

$$ZEW_U^K(\rho_{Kt}^{Ba}) \geq P_{max}.$$

Daß der Zukunftserfolgswert auf Basis der endogenen Grenzzinsfüße des Basisprogramms die Obergrenze für den Entscheidungswert P_{max} aus Käufersicht bilden muß, ergibt sich bereits aus der plausiblen Überlegung heraus, daß ansonsten, also wenn P_{max} größer als der Zukunftserfolgswert wäre, der Erwerb zu P_{max} – wegen eines dann negativen Kapitalwertes – unvorteilhaft ist.

Der Entscheidungswert P_{max} des Käufers muß folglich innerhalb folgender Grenzen liegen:[213]

$$ZEW_U^K(\rho_{Kt}^{Be}) \leq P_{max} \leq ZEW_U^K(\rho_{Kt}^{Ba})$$

oder

$$\underbrace{\sum_{t=1}^{T} g_{UKt} \cdot \overbrace{\frac{1}{\prod_{\tau=1}^{t}\left(1+i_{K\tau}^{Be}\right)}}^{\substack{\text{Abzinsungs-}\\\text{faktor}}}}_{\substack{\text{Zukunftserfolgswert}\\\text{des Bewertungsobjekts}\\\text{auf Basis der endogenen}\\\text{Grenzzinsfüße des}\\\text{Bewertungsprogramms}}} \leq P_{max} \leq \underbrace{\sum_{t=1}^{T} g_{UKt} \cdot \overbrace{\frac{1}{\prod_{\tau=1}^{t}\left(1+i_{K\tau}^{Ba}\right)}}^{\substack{\text{Abzinsungs-}\\\text{faktor}}}}_{\substack{\text{Zukunftserfolgswert}\\\text{des Bewertungsobjekts}\\\text{auf Basis der endogenen}\\\text{Grenzzinsfüße des}\\\text{Basisprogramms}}}.$$

Die Untergrenze bildet der Zukunftserfolgswert auf Basis der endogenen Grenzzinsfüße des Bewertungsprogramms, die Obergrenze der Zukunftserfolgswert auf Basis der endogenen Grenzzinsfüße des Basisprogramms (jeweils berechnet mit der Formel der „vereinfachten" Bewertung). Kann also *nicht* von übereinstimmenden Grenzzinsfüßen in Basis- und Bewertungsprogramm ausgegangen werden, läßt sich das Bewertungsproblem nur durch ein Totalmodell lösen.[214] Sind die endogenen Grenzzinsfüße des Basisprogramms bekannt und können diejenigen des Bewertungsprogramms ihrer Höhe nach abgeschätzt werden, kann die „vereinfachte" Bewertungsformel der Zukunftserfolgswertmethode genutzt werden, um den Bereich, in dem der Entscheidungswert P_{max} des Käufers liegt, (hoffentlich möglichst eng) abzugrenzen.

Stimmen die endogenen Grenzzinsfüße beider Programme überein, dann werden Umstrukturierungen zwischen Basis- und Bewertungsprogramm zum Kapitalwert von null durchgeführt, d. h., es gilt dann $\Delta KW_K^{Be-Ba} = 0$.[215] In einer solchen Situation kann die „vereinfachte" Bewertungsformel des Zukunftserfolgswertes als Methode zur Bestimmung des *exakten* Entscheidungswertes im Sinne des maximal zahlbaren Preises aus Käufersicht eingesetzt werden.

---

[213]   Vgl. *HERING*, Unternehmensbewertung (2006), S. 57. Siehe zu diesem Intervall *BRÖSEL*, Medienrechtsbewertung (2002), S. 166, falls nichtfinanzielle Restriktionen bei der Bewertung zu berücksichtigen sind.

[214]   Vgl. zum Versagen der Marginalanalyse bei der Grenzpreisermittlung beispielsweise auch *LAUX/FRANKE*, Problem der Bewertung (1969), S. 206 f., *MOXTER*, Unternehmensbewertung 2 (1983), S. 143, *LEUTHIER*, Interdependenzproblem (1988), S. 140 f.

[215]   Bei einer Kapitalwertdifferenz von null werden somit nur Grenzobjekte verdrängt oder zusätzlich aufgenommen.

Uneingeschränkt anwendbar ist die „vereinfachte" Bewertungsformel der Zukunftserfolgswertmethode zur Bestimmung des Entscheidungswertes des Käufers immer im Falle eines *vollkommenen Kapitalmarktes*. Denn unter der Prämisse des vollkommenen Kapitalmarktes werden Grenzgeschäfte stets auf Basis des jeweiligen geltenden Marktzinssatzes i abgewickelt, so daß dann – bei einer zur Vereinfachung unterstellten stabilen Zinsstruktur – gilt:

$$\rho_{Kt}^{Be} = \rho_{Kt}^{Ba} = (1+i)^{-t}.$$

Die Herleitung der Berechnungsgleichung für P_{max} erfolgte auf Basis der Zielsetzung der *Entnahmemaximierung*. Strukturgleiche Berechnungsgleichungen lassen sich aber auch auf Basis anderer Zielsetzungen ermitteln, was hier jedoch unterbleiben soll.[216] Zu beachten ist dabei freilich, daß unter der Prämisse unvollkommener Kapitalmärkte die möglichen Grenzgeschäfte von der jeweils verfolgten Zielsetzung abhängig sind, so daß die *endogenen Grenzzinsfüße grundsätzlich zielabhängig* sind.

Strukturgleiche Berechnungsgleichungen führen daher im konkreten Anwendungsfall folglich keineswegs auch zu numerisch übereinstimmenden endogenen Grenzzinsfüßen und daher auch nicht zwangsläufig zu gleichen Bewertungsresultaten.

Vielmehr ist auf dem unvollkommenen Kapitalmarkt je nach Zielsetzung mit *unterschiedlichen* Bewertungsergebnissen zu rechnen. Die Konsumpräferenzen des Bewertungssubjekts determinieren schließlich den Entscheidungswert oder auch die Ober- und Untergrenzen des Entscheidungswertes des Unternehmens.[217]

Analoge Überlegungen wie aus Käufersicht können auch im Hinblick auf den Entscheidungswert P_{min} des Verkäufers angestellt werden, wobei wiederum die Entnahmemaximierung zugrunde gelegt wird.[218] Ausgehend vom Dualproblem des Bewertungsprogramms aus Verkäufersicht ergibt sich folgende *„komplexe" Berechnungsformel* für den Entscheidungswert P_{min}:

$$P_{min} = \underbrace{\sum_{t=1}^{T} w_{Vt} \cdot EN_V^{Ba\,max} \cdot \rho_{Vt}^{Be}}_{\substack{\text{Kapitalwert des} \\ \text{Basisprogramms} \\ \text{(mit Bewertungsobjekt)}}} - \underbrace{\left(\overbrace{\sum_{t=0}^{T} b_{Vt} \cdot \rho_{Vt}^{Be}}^{} + \overbrace{\sum_{C_{Vj}^{Be}>0} x_{Vj}^{max} \cdot C_{Vj}^{Be}}^{\substack{\text{Summe der} \\ \text{positiven} \\ \text{Kapitalwerte}}} - \overbrace{\sum_{t=1}^{T} g_{UVt} \cdot \rho_{Vt}^{Be}}^{\substack{\text{Zahlung} \quad \text{Abzin-} \\ \text{des Bewer-} \;\; \text{sungs-} \\ \text{tungsobjekts} \;\; \text{faktor}}} \right)}_{\substack{\text{Kapitalwert des Bewertungs-} \\ \text{programms}}} .$$

Kapitalwert des Bewertungsprogramms (+ Bewertungsobjekt)

Zukunftserfolgswert des Bewertungsobjekts

---

[216] Vgl. hierzu HERING, Unternehmensbewertung (2006), S. 57–63, für die Zielsetzung der Vermögens- oder Endwertmaximierung.

[217] Vgl. HERING, Unternehmensbewertung (2006), S. 62 f.

[218] Vgl. hierzu HERING, Unternehmensbewertung (2006), S. 73–76.

Es sei hierbei daran erinnert, daß in den autonomen Zahlungssalden b_{Vt} noch die Unternehmenszahlungen g_{UVt} enthalten sind. Der Abgang des Unternehmens im Falle des Verkaufs wird in der Formel durch die Subtraktion des Zukunftserfolgswertes berücksichtigt. Diese Formel für P_{min} besagt, daß der Entscheidungswert als minimal zu fordernder Preis aus Verkäufersicht sich als Differenz zwischen dem Kapitalwert des Basisprogramms (also einschließlich des zu bewertenden Unternehmens) und dem Kapitalwert des Bewertungsprogramms (also ausschließlich des zu bewertenden Unternehmens) errechnen läßt, so daß sich hier ebenfalls die Vorgehensweise bei der tabellarischen Methode widerspiegelt.

Die Herausnahme des Unternehmens bewirkt eine Reduktion des Kapitalwertes (vgl. den rechten Klammerausdruck). Der zu erzielende Preis für das Unternehmen muß diese Reduktion (mindestens) kompensieren. Durch den Verkauf muß also mindestens ein solch hoher Preis erzielt werden, daß die Summe aus diesem (in $t = 0$ zu vereinnahmenden) Preis und aus dem Kapitalwert des Bewertungsprogramms nach Abgang des zu bewertenden Unternehmens die Höhe des Kapitalwertes des Basisprogramms wieder erreicht. Der Preis, für den dies gilt, ist der mindestens zu fordernde Preis, d. h. der Entscheidungswert P_{min} des Verkäufers:

$$P_{min} + \underbrace{\left(\sum_{t=0}^{T} b_{Vt} \cdot \rho_{Vt}^{Be} + \sum_{C_{Vj}^{Be}>0} x_{Vj}^{max} \cdot C_{Vj}^{Be} - \underbrace{\sum_{t=1}^{T} g_{UVt} \cdot \rho_{Vt}^{Be}}_{\substack{Zukunftserfolgswert \\ des\ Bewertungsobjekts}} \right)}_{\substack{Kapitalwert\ des\ Bewertungs- \\ programms}} = \underbrace{\sum_{t=1}^{T} w_{Vt} \cdot EN_{V}^{Ba\ max} \cdot \rho_{Vt}^{Be}}_{\substack{Kapitalwert\ des \\ Basisprogramms \\ (mit\ Bewertungsobjekt)}} .$$

Gelingt (nur) dies, dann ist eine Indifferenzsituation zwischen Nicht-Verkaufssituation (abgebildet durch das Basisprogramm) und Verkaufssituation (abgebildet durch das Bewertungsprogramm einschließlich des Preises P_{min}) entstanden. Diese Formeln können in eine Berechnungsgleichung umformuliert werden, die analog zu der aus Käufersicht aufgebaut ist:

$$P_{min} = \underbrace{\sum_{t=1}^{T} g_{UVt} \cdot \rho_{Vt}^{Be}}_{\substack{Zukunftserfolgswert \\ des\ Bewertungsobjekts}} + \underbrace{\sum_{t=1}^{T} w_{Vt} \cdot EN_{V}^{Ba\ max} \cdot \rho_{Vt}^{Be} - \left(\sum_{t=0}^{T} b_{Vt} \cdot \rho_{Vt}^{Be} + \sum_{C_{Vj}^{Be}>0} x_{Vj}^{max} \cdot C_{Vj}^{Be} \right)}_{\substack{Kapitalwertänderung\ durch\ Umstrukturierung \\ vom\ Basis-\ zum\ Bewertungsprogramm\ \leq 0}} .$$

In dieser Formel wird der Entscheidungswert P_{min} als Zukunftserfolgswert zuzüglich der Kapitalwertänderung durch Umstrukturierungen definiert, wobei diese Kapitalwertänderung gleich null ist, wenn die Umstrukturierung nur zu einem Austausch von Grenzgeschäften führt, oder aber negativ ist, wenn die Umstrukturierung darüber hinausgeht.

In der Kurzform lautet die Berechnungsgleichung:

$$P_{min} = ZEW_{U}^{V}(\rho_{Vt}^{Be}) + \Delta KW_{V}^{Be-Ba} \quad mit \ \Delta KW_{V}^{Be-Ba} \leq 0.$$

Kommt es zu Umstrukturierungen mit einem negativen Kapitalwert, also $\Delta KW_{V}^{Be-Ba} < 0$, folgt daraus, daß der mit Hilfe der endogenen Grenzzinsfüße des Bewertungsprogramms ermittelte Zukunftserfolgswert auf Basis der „vereinfachten" Bewertungsformel *größer* als der Entscheidungswert des Verkäufers im Sinne des minimal zu fordernden Preises ist:

$$ZEW_U^V(\rho_{Vt}^{Be}) \geq P_{min}.$$

Der Zukunftserfolgswert auf Basis der endogenen Grenzzinsfüße des Bewertungsprogramms stellt daher eine Obergrenze für den Entscheidungswert des Verkäufers dar.

Analog zu den Überlegungen aus Käufersicht kann für den Entscheidungswert des Verkäufers ebenfalls eine Untergrenze bestimmt werden, wobei Ausgangspunkt das Dualproblem zur Bestimmung des Basisprogramms aus Verkäufersicht ist. Diese Untergrenze lautet:

$$P_{min} \geq \sum_{t=1}^{T} \overbrace{g_{UVt}}^{\substack{\text{Zahlung}\\\text{des Bewer-}\\\text{tungsobjekts}}} \cdot \overbrace{\rho_{Vt}^{Ba}}^{\substack{\text{Abzin-}\\\text{sungs-}\\\text{faktor}}}.$$

$$\underbrace{\phantom{\sum_{t=1}^{T} g_{UVt} \cdot \rho_{Vt}^{Ba}}}_{\substack{\text{Zukunftserfolgswert}\\\text{des Bewertungsobjekts}}}$$

Daraus folgt in Kurzform:

$$ZEW_U^V(\rho_{Vt}^{VBa}) \leq P_{min}.$$

Der Entscheidungswert des Verkäufers muß folglich innerhalb folgender Grenzen liegen:[219]

$$ZEW_U^V(\rho_{Vt}^{Ba}) \leq P_{min} \leq ZEW_U^V(\rho_{Vt}^{Be})$$

oder

$$\underbrace{\sum_{t=1}^{T} g_{UVt} \cdot \overbrace{\frac{1}{\prod_{\tau=1}^{t}\left(1+i_{V\tau}^{Ba}\right)}}^{\substack{\text{Abzinsungs-}\\\text{faktor}}}}_{\substack{\text{Zukunftserfolgswert}\\\text{des Bewertungsobjekts}\\\text{auf Basis der endogenen}\\\text{Grenzzinsfüße des}\\\text{Basisprogramms}}} \leq P_{min} \leq \underbrace{\sum_{t=1}^{T} g_{UVt} \cdot \overbrace{\frac{1}{\prod_{\tau=1}^{t}\left(1+i_{V\tau}^{Be}\right)}}^{\substack{\text{Abzinsungs-}\\\text{faktor}}}}_{\substack{\text{Zukunftserfolgswert}\\\text{des Bewertungsobjekts}\\\text{auf Basis der endogenen}\\\text{Grenzzinsfüße des}\\\text{Bewertungsprogramms}}}.$$

Zusammenfassend kann daher gesagt werden, daß die („vereinfachte") Zukunftserfolgswertmethode unter der Bedingung, daß es zu *keinen* Umstrukturierungen kommt (oder nur zu solchen, die zu keiner Kapitalwertdifferenz zwischen Basis- und Bewertungsprogramm führen, d. h. nur Grenzgeschäfte betreffen), als Methode zur Ermittlung des Entscheidungswertes in einer eindimensionalen disjungierten Konfliktsituation vom Typ des Kaufs/Verkaufs bei rein finanzwirtschaftlicher Zielsetzung *uneingeschränkt* geeignet ist. Kommt es hingegen zu positiven (Käufer) oder negativen (Verkäufer) Kapitalwertänderungen, dann kann die („vereinfachte") Zukunftserfolgswertmethode immerhin noch zur Abschätzung des Bereichs genommen werden, innerhalb dessen der jeweilige Entscheidungswert (P_{max} oder P_{min}) liegt.

---

[219] Vgl. *HERING*, Unternehmensbewertung (2006), S. 76.

2.3.3.3.2.2 Zahlenbeispiel

In dem mehrperiodigen Zahlenbeispiel der Entscheidungswertermittlung aus Käufersicht ohne Ganzzahligkeitsrestriktionen für AK und ED[220] wurde ein maximal zahlbarer Preis von 391,4550 GE berechnet. Aus dem Dualansatz zum *Basisprogramm* (vgl. *Abbildung 86*) ergeben sich die endogenen Grenzzinsfüße der ersten und zweiten Periode i. H. v. 10 %, der dritten Periode i. H. v. 6,39 % sowie der vierten Periode i. H. v. 5 %.[221] Im *Bewertungsprogramm* bilden hingegen ausschließlich die Aufnahme von Betriebsmitteldarlehen KA zu 10 % die Grenzgeschäfte (vgl. *Abbildung 87*). In der nachfolgenden Tabelle werden die Daten des Beispiels zusammengefaßt sowie die Ober- und Untergrenze für den maximal zahlbaren Preis aus Käufersicht bestimmt (siehe *Abbildung 104*).

Zeit		0	1	2	3	4
Unternehmen U			60	40	20	420
Endogene Grenzzinsfüße des Basisprogramms						
i_{Kt}^{Ba}			0,1	0,1	0,0639	0,05
Abzinsungsfaktoren ρ_{Kt}^{Ba}			0,909091	0,826446	0,776808	0,739817
Barwerte			54,5455	33,0579	15,5362	310,7233
$ZEW_U^K(\rho_{Kt}^{Ba})$		413,8628				
Endogene Grenzzinsfüße des Bewertungsprogramms						
i_{Kt}^{Be}			0,1	0,1	0,1	0,1
Abzinsungsfaktoren ρ_{Kt}^{Be}			0,909091	0,826446	0,751315	0,683013
Barwerte			54,5455	33,0579	15,0263	286,8657
$ZEW_U^K(\rho_{Kt}^{Be})$		389,4953				
Abbildung 104: Ober- und Untergrenze für den Entscheidungswert P_{max}						

---

[220]   Siehe Abschnitt 2.3.3.2.2.2.

[221]   Aus der Lösung des Dualproblems zum Basisprogramm ergeben sich für die Liquiditätsrestriktionen folgende (gerundete) Dualpreise: $d_0 = 0,05249704$, $d_1 = 0,04772458$, $d_2 = 0,04338599$, $d_3 = 0,0407805$, $d_4 = 0,03883866$. Die jeweiligen Abzinsungsfaktoren für die Periode t sind $\rho_t = d_t/d_0$. Die endogenen Grenzzinsfüße i_t für die Periode t ergeben sich aus der Beziehung $i_t = \rho_{t-1}/\rho_t - 1$. *Nachrichtlich*: Während im *Bewertungsprogramm* $d_0 = 1$ gilt, weil die Zielfunktion (P → max!) einen Transaktionspreis zu t = 0 extremiert und eine zusätzliche Geldeinheit diesen Grenzpreis 1 : 1 veränderte, ist d_0 im *Basisprogramm* bei *Einkommensmaximierung* (EN → max!) hingegen ein *Annuitätenfaktor*, der als Schattenpreis angibt, um welchen Betrag der zu maximierende Entnahmestrom breiter wird, wenn in t = 0 eine zusätzliche Geldeinheit zur Verfügung stehen würde. Im Beispiel beträgt dieser Annuitätenfaktor 0,05249704. Mit anderen Worten: Die einzelnen Dualwerte d_t hängen *immer* von der Zielfunktion ab und sind darum in *Basis- und Bewertungsprogramm* grundsätzlich *verschieden*. Nichtsdestotrotz sind die Quotienten d_t/d_0 sowohl im Basis- als auch im Bewertungsprogramm *immer* als *Abzinsungsfaktoren* interpretierbar; im Falle der „vereinfachten" Bewertung stimmen diese sogar per definitionem in Basis- und Bewertungsprogramm überein.

Wie erwartet, gilt: $ZEW_U^K(\rho_{Kt}^{Be}) \leq P_{max} \leq ZEW_U^K(\rho_{Kt}^{Ba})$ oder mit den Zahlenwerten des Beispiels: $389{,}4953 < P_{max} = 391{,}4550 < 413{,}8628$.

Es sei nachdrücklich noch einmal betont, daß es sich hierbei um eine *methodisch* bedingte Bandbreite bei Anwendung des Partialmodells „Zukunftserfolgswertverfahren" handelt. Diese Bandbreite wurde unter der *Sicherheitsannahme* abgeleitet.[222]

In der nachfolgenden *Abbildung 105* sind die Daten für die „komplexe" Berechnungsformel aufbereitet, die als Ergebnis unmittelbar den Entscheidungswert des Käufers P_{max} liefert:[223]

---

[222] Diese Bandbreite darf also *nicht* mit der Bandbreite des Entscheidungswertes verwechselt werden, die sich im Rahmen der *Sensitivitätsanalyse* (auf Basis pessimistischer, realistischer und optimistischer Eingangsdaten) unter der *Unsicherheitsannahme* ergibt.

[223] Zur Verdeutlichung der Aussage, daß die Betriebskredite KA die Grenzgeschäfte darstellen, sind auch deren zusammengefaßte Zahlungen erwähnt und deren Kapitalwert berechnet worden.

Zeit	0	1	2	3	4
Rechte Seite der Zahlungsrestriktionen des Bewertungsprogramms (ohne Zahlungen aus dem zu bewertenden Unternehmen)					
b_{Kt}		40	30	30	30	630
Abzinsungsfaktoren ρ_{Kt}^{Be}		1	0,9090909	0,8264463	0,7513148	0,6830135
Barwerte $b_{Kt} \cdot \rho_{Kt}^{Be}$		40	27,272727	24,793388	22,539444	430,29848
Barwertsumme $\sum b_{Kt} \cdot \rho_{Kt}^{Be}$	544,9040				
Kapitalwerte der im Bewertungsprogramm enthaltenen Objekte					
Investition AK	-100	30	40	50	55
Abzinsungsfaktoren ρ_{Kt}^{Be}		1	0,9090909	0,8264463	0,7513148	0,6830135
Barwerte Investition AK	-100	27,2727	33,0579	37,5657	37,5657
Kapitalwert Investition AK	35,4621				
Darlehen ED	50	-4	-4	-4	-54
Abzinsungsfaktoren ρ_{Kt}^{Be}		1	0,9090909	0,8264463	0,7513148	0,6830135
Barwerte Darlehen ED	50	-3,6364	-3,3058	-3,0053	-36,8827
Kapitalwert Darlehen ED	3,1699				
Betriebskredite KA	434,1446	-83,3867	-73,3867	-63,3867	-366,1202
Abzinsungsfaktoren ρ_{Kt}^{Be}		1	0,9090909	0,8264463	0,7513148	0,6830135
Barwerte Betriebskredite	434,1446	-75,8061	-60,6502	-47,6234	-250,0650
Kapitalwert Betriebskredite	0				
Entnahmen $w_{Kt} \cdot EN_K^{Ba\,max}$	32,6176	32,6176	32,6176	32,6176	684,9696
Abzinsungsfaktoren ρ_{Kt}^{Be}		1	0,9090909	0,8264463	0,7513148	0,6830135
Barwerte Entnahmen	32,6176	29,6524	26,9567	24,5061	467,8435
Kapitalwert Basisprogramm	581,5762				
$ZEW_U^K (\rho_{Kt}^{Be})$	389,4953				
+ Barwertsumme $\sum b_{Kt} \cdot \rho_{Kt}^{Be}$	544,9040	Barwertsumme des			
+ Kapitalwert Investition AK	35,4621	+ sonstigen Bewer-		583,5360	
+ Kapitalwert Darlehen ED	3,1699	tungsprogramms			
− Kapitalwert Basisprogramm	-581,5762				
Summe = P_{max}	391,4550				

Abbildung 105: Komponenten der „komplexen" Berechnungsformel für den Käufer

In dem mehrperiodigen Zahlenbeispiel der Entscheidungswertermittlung aus Verkäufersicht ohne Ganzzahligkeitsrestriktionen für AK und ED[224] wurde ein minimal zu fordernder Preis von 196,2159 GE ermittelt. Aus dem Dualansatz zum *Basisprogramm* (vgl. *Abbildung 94*) ergeben sich die endogenen Grenzzinsfüße der ersten und zweiten Periode i. H. v. 10 %, der dritten Periode i. H. v. 6,39 % sowie der vierten Periode i. H. v. 5 %.[225] Im Bewertungsprogramm bilden hingegen ausschließlich die kurzfristigen Geldanlagen GA zu 5 % die Grenzgeschäfte (vgl. *Abbildung 95*).

In der nachfolgenden Tabelle werden die Daten des Beispiels zusammengefaßt und die Ober- und Untergrenze für den minimal zu fordernden Preis aus Verkäufersicht bestimmt (siehe *Abbildung 106*).

Zeit	0	1	2	3	4
Unternehmen KU		12	11	12	210
Endogene Grenzzinsfüße des Basisprogramms					
$i_{V\tau}^{Ba}$		0,1	0,1	0,0639	0,05
Abzinsungsfaktoren $\rho_{V\tau}^{Ba}$		0,9090909	0,8264463	0,7768082	0,7398174
Barwerte		10,9091	9,0909	9,3217	155,3616
$ZEW_{KU}^{V}(\rho_{V\tau}^{Ba})$	184,68335				
Endogene Grenzzinsfüße des Bewertungsprogramms					
$i_{V\tau}^{Be}$		0,05	0,05	0,05	0,05
Abzinsungsfaktoren $\rho_{V\tau}^{Be}$		0,952381	0,9070295	0,8638376	0,8227025
Barwerte		11,4286	9,9773	10,3661	172,7675
$ZEW_{KU}^{V}(\rho_{V\tau}^{Be})$	204,53947				
Abbildung 106: Ober- und Untergrenze für den Entscheidungswert P_{min}					

Wie erwartet, gilt: $ZEW_{KU}^{V}(\rho_{V\tau}^{Ba}) \leq P_{min} \leq ZEW_{KU}^{V}(\rho_{V\tau}^{Be})$ oder mit den Zahlenwerten des Beispiels: $184,6833 < P_{min} = 196,2159 < 204,5395$.

In der nachfolgenden *Abbildung 107* sind die Daten für die „komplexe" Berechnungsformel aufbereitet, die als Ergebnis unmittelbar den Entscheidungswert des Verkäufers P_{min} liefert:[226]

---

[224] Siehe Abschnitt 2.3.3.2.3.2.

[225] Aus der Lösung des Dualproblems zum Basisprogramm ergeben sich für die Liquiditätsrestriktionen folgende (gerundete) Dualpreise: $d_0 = 0,05249704$, $d_1 = 0,04772458$, $d_2 = 0,04338599$, $d_3 = 0,0407805$, $d_4 = 0,03883866$. Die jeweiligen Abzinsungsfaktoren für die Periode t sind $\rho_t = d_t/d_0$. Die endogenen Grenzzinsfüße i_t für die Periode t ergeben sich aus der Beziehung $i_t = \rho_{t-1}/\rho_t - 1$.

[226] Zur Verdeutlichung der Aussage, daß die kurzfristigen Geldanlagen GA die Grenzgeschäfte darstellen, sind auch deren zusammengefaßte Zahlungen erwähnt und deren Kapitalwert berechnet worden.

Zeit	0	1	2	3	4
Rechte Seite der Zahlungsrestriktionen des Bewertungsprogramms (einschließlich Zahlungen aus dem zu bewertenden Unternehmen KU)					
b_{Vt}	40	30	30	30	630
Abzinsungsfaktoren ρ_{Vt}^{Be}	1	0,952381	0,907029	0,863838	0,822702
Barwerte $b_{Vt} \cdot \rho_{Vt}^{Be}$	40	28,5714	27,2109	25,9151	518,3026
= Barwerte $b_{Vt} \cdot \rho_{Vt}^{Be}$	640,0000				
Kapitalwerte der im Bewertungsprogramm enthaltenen Objekte					
Investition AK	-100	30	40	50	55
Abzinsungsfaktoren ρ_{Vt}^{Be}	1	0,952381	0,907029	0,863838	0,822702
Barwerte Investition AK	-100	28,5714	36,2812	43,1919	45,2486
= Kapitalwert Investition AK	53,2931				
Geldanlagen GA	-103,5983	-15,3825	-26,3824	-35,3824	209,9696
Abzinsungsfaktoren ρ_{Vt}^{Be}	1	0,952381	0,9070295	0,8638376	0,8227025
Barwerte Geldanlagen	-103,5983	-14,6500	-23,9296	-30,5646	172,7425
= Kapitalwert Geldanlagen	0				
Entnahmen $w_{Vt} \cdot EN_V^{Ba\ max}$	32,6176	32,6176	32,6176	32,6176	684,9696
Abzinsungsfaktoren ρ_{Vt}^{Be}	1	0,952381	0,9070295	0,8638376	0,8227025
Barwerte Entnahmen	32,6176	31,0644	29,5851	28,1763	563,5262
= Kapitalwert Basisprogramm	684,9696				

$ZEW_{KU}^V(\rho_{Vt}^{Be})$	204,5395	
+ Kapitalwert Basisprogramm	684,9696	Kapitalwertänderung durch
– Kapitalwert Investition AK	-53,2931	+ Umstrukturierung vom Basis-
– Barwertsumme $\sum b_{Vt} \cdot \rho_{Vt}^{Be}$	-640,0000	zum Bewertungsprogramm -8,3235
Summe = P_{min}	196,2159	

Abbildung 107: Komponenten der „komplexen" Berechnungsformel für den Verkäufer

2.3.3.3.3 Berücksichtigung von Unsicherheit

Traditionellerweise wird die Unsicherheit bei der Ermittlung des Zukunftserfolgswertes durch Kürzungen der Unternehmenserfolge und/oder durch Erhöhungen des Kapitalisierungszinsfußes berücksichtigt,[227] wobei auf die die Unsicherheit verdichtende
Planungsverfahren zurückgegriffen wird. Auf diese Weise wird jedoch die mehrwertige
Struktur der Erwartungen nicht deutlich. Sachdienlicher ist es, zur Unsicherheitserfas-
sung verschiedene Varianten künftiger Unternehmensentwicklung zu durchdenken und
deren Auswirkungen auf den Unternehmenserfolg abzuschätzen, wobei entsprechend
verschiedener Zeithorizonte differenziert vorgegangen werden kann.[228] Nachfolgend
wird dargestellt, wie die Risikoanalyse, ein die Unsicherheit offenlegendes Planungsverfahren, im Rahmen des Zukunftserfolgswertverfahrens genutzt werden kann.

Mit Hilfe der *Risikoanalyse* wird auf simulativem oder analytischem Wege aus den
gegebenen Verteilungen der Planungseingangsgrößen eine statistische Verteilung für
den Zielwert abgeleitet.[229] Aufgrund der großen Anzahl unsicherer Parameter bei der
Unternehmensbewertung scheidet die analytische Methode für die Entscheidungswertermittlung aus, weshalb sich die Darstellung auf die *simulative Risikoanalyse* beschränkt. Grundlage dieser Analyse sind die durch Expertenschätzungen zur Verfügung
gestellten Eingangsdaten und deren Wahrscheinlichkeitsverteilungen für ihre möglichen
Ausprägungen sowie gegebenenfalls Informationen über die zwischen den Parametern
bestehenden stochastischen Abhängigkeiten. Für die unsicheren Parameter werden mit
Hilfe einer *Monte-Carlo-Simulation*[230] in zahlreichen Rechenläufen auf der Basis der
gegebenen Wahrscheinlichkeitsverteilung iterativ und computergestützt Zufallszahlen
gezogen sowie für jeden Zufallsprozeß der entsprechende Entscheidungswert berechnet.
Aus den sich nach einer hinreichenden Anzahl von Berechnungsexperimenten ergebenden Entscheidungswerten läßt sich eine Häufigkeitsverteilung des Zielwertes ermitteln.
Die statistische Auswertung der Simulation bietet den Entscheidungsträgern zwar keine
bedingte Entscheidungsempfehlung, durch die mögliche graphische Aufarbeitung der
Ergebnisse wird jedoch eine anschauliche Entscheidungsgrundlage geliefert, die auf den
subjektiv für möglich gehaltenen Eingangsdaten und deren Wahrscheinlichkeitsverteilungen basiert.[231] Liegen mehrere Expertenschätzungen mit unterschiedlichen Eingangsdaten und Wahrscheinlichkeitsverteilungen vor, ergibt sich bei wiederholtem

---

[227] Diese Vorgehensweise impliziert generell eine *risikoaverse* Einstellung des Entscheidungssubjekts. Eine *Erhöhung des Kapitalisierungszinsfußes* führt indes nur dann zu dem „beabsichtigten"
Effekt der Reduktion des Entscheidungswertes, wenn die Zukunftserfolge *durchgängig* positiv
sind. Ist das nicht der Fall, dann würde der Barwert der *negativen* Zukunftserfolge *reduziert* und
ceteris paribus der Entscheidungswert *erhöht*, also ein Effekt erreicht, den ein risikoaverses Entscheidungssubjekt gerade *nicht* erreichen möchte. Vgl. ALTENBURGER, Unternehmen mit Auszahlungsüberschüssen (2012).

[228] Vgl. MATSCHKE, Wertarten nach Art ihrer Ermittlung (2008), S. 856.

[229] Vgl. unter anderem HERTZ, Risk Analysis (1964), DIRUF, Risikoanalyse (1972), KEPPE/WEBER, Risikoanalyse (1993), HERING, Investitionstheorie (2008), S. 320–325. Siehe zudem BAMBERG/
DORFLEITNER/KRAPP, Unternehmensbewertung (2006).

[230] Vgl. COENENBERG, Monte-Carlo-Simulation (1970), S. 799, DIRUF, Risikoanalyse (1972),
S. 828–832, DOMSCHKE/DREXL, Operations Research (2011), S. 226. Siehe zur Funktionsweise und
zu den Softwareanforderungen HENSELMANN/KLEIN, Monte-Carlo-Simulation (2010). Zu didaktischen Zwecken reicht bereits ein Programm mit Rechenblatt- und Zufallszahlengeneratorfunktion.

[231] Vgl. HERING, Investitionstheorie (2008), S. 320 f.

Durchführen der Risikoanalyse eine Menge ähnlicher Häufigkeitsverteilungen, deren Gesamtheit dem Entscheidungsträger zur Verfügung gestellt werden kann.[232]

Nunmehr sei die Anwendung der simulativen Risikoanalyse[233] im Rahmen des Zukunftserfolgswertverfahrens an einem einfachen Zahlenbeispiel veranschaulicht. Ein präsumtiver Erwerber will den Entscheidungswert für ein Unternehmen U im Sinne eines Grenzpreises bestimmen und befindet sich in einer nicht dominierten, disjungierten, mehrdimensionalen Konfliktsituation vom Typ des Kaufs. Das zu bewertende Unternehmen zeichne sich für die Zeitpunkte t = 1 bis 3 durch eine Zahlungsreihe g_t mit den voneinander stochastisch unabhängigen *normalverteilten* Erwartungswerten (80, 60, 50) und den dazugehörigen Standardabweichungen (5, 4, 4) aus.[234] Ab der vierten Periode wird – und das als unendliche Rente – ein voraussichtlich *gleichverteilter* Zahlungsstrom zwischen 28 und 32 erwartet.[235] In den ersten drei Perioden wird für die endogenen Steuerungszinsfüße i_t bei einem Erwartungswert von 10 % eine symmetrische *Dreiecksverteilung*[236] unterstellt, wobei keine Umstrukturierungen beim Übergang vom Basis- zum Bewertungsprogramm erwartet werden. Während das Intervall der endogenen Steuerungszinsfüße für die erste Periode auf [10 % ± 0,5 %, also zwischen 9,5 % und 10,5 %], für die zweite Periode auf [10 % ± 0,75 %, also zwischen 9,25 % und 10,75 %] und für die dritte Periode [10 % ± 1,0 %, also zwischen 9,0 % und 11,0 %] eingegrenzt werden kann, wird für alle darauffolgenden Perioden ebenfalls die Spanne [9,0 %; 11,0 %] erwartet, jedoch unter der Annahme der *Gleichverteilung*. Die gesetz-

---

[232]   Vgl. HERING, Unternehmensbewertung (2006), S. 40 f.

[233]   Vgl. zur beispielhaften Anwendung der simulativen Risikoanalyse bei der Unternehmensbewertung COENENBERG, Monte-Carlo-Simulation (1970), S. 798–803, SIEGEL, Unsicherheitsberücksichtigung (1992), S. 24–26. Die hier dargestellte Vorgehensweise erfolgte in Anlehnung an BRÖSEL, Medienrechtsbewertung (2002), S. 167–172, HERING, Investitionstheorie (2008), S. 321–325.

[234]   Die gezogenen Werte (Quantile der Normalverteilung) lassen sich mit Hilfe von Rechenblattfunktionen wie *Norminvert(gezogene Zufallszahl; Mittelwert; Standardabweichung)* im Programm Excel bestimmen.

[235]   Der mit Hilfe einer Zufallszahl D(x) gezogene Wert errechnet sich aus: $x = a + (b - a) \cdot D(x)$. a ist dabei die untere und b die obere Grenze des Schätzintervalls.

[236]   Die Wahrscheinlichkeitsdichtefunktion einer Dreiecksverteilung lautet:

$$P(x) = \begin{cases} \dfrac{2 \cdot (x - a)}{(b - a) \cdot (c - a)} & \text{für } a \leq x < c \\[2mm] \dfrac{2 \cdot (b - x)}{(b - a) \cdot (b - c)} & \text{für } c < x \leq b \end{cases}.$$

Für die Verteilungsfunktion gilt:

$$D(x) = \begin{cases} \dfrac{(x - a)^2}{(b - a) \cdot (c - a)} & \text{für } a \leq x < c \\[2mm] 1 - \dfrac{(b - x)^2}{(b - a) \cdot (b - c)} & \text{für } c < x \leq b \end{cases}.$$

a ist dabei die untere Grenze und b die obere Grenze des zulässigen Intervalls. c ist der Wert mit der höchsten Eintrittswahrscheinlichkeit. Bei einer symmetrischen Dreiecksverteilung gilt $c = \dfrac{a + b}{2}$. Die gezogene Zufallszahl entspricht einem Wert der Verteilungsfunktion. Der gezogene Zufallswert ergibt sich durch Auflösen von D(x) nach x: $x = a + \sqrt{D(x) \cdot (b - a) \cdot (c - a)}$ für den Bereich $a \leq x < c$ und $x = b - \sqrt{(1 - D(x)) \cdot (b - a) \cdot (b - c)}$ für den Bereich $c < x \leq b$.

ten Annahmen bilden folglich eine im Zeitablauf größer werdende Informations-unsicherheit ab.

Unter Rückgriff auf die „vereinfachte" Formel

$$ZEW_U = \frac{g_1}{1+i_1} + \frac{g_2}{\left(1+i_1\right)\cdot\left(1+i_2\right)} + \frac{g_3}{\left(1+i_1\right)\cdot\left(1+i_2\right)\cdot\left(1+i_3\right)}$$

$$+ \frac{g_{4\to\infty}}{i_{4\to\infty}} \cdot \frac{1}{\left(1+i_1\right)\cdot\left(1+i_2\right)\cdot\left(1+i_3\right)}$$

zur Ermittlung des Zukunftserfolgswertes lassen sich nach eintausend Simulations-schritten (der Monte-Carlo-Simulation) die nachfolgend ausgewerteten Ergebnisse be-rechnen. Die durch die Berechnungsexperimente ermittelte *Spannweite* des Entschei-dungswertes liegt zwischen ZEW_{Umin} = 342,3663638 und ZEW_{Umax} = 440,0005635. Der *Median* beträgt $ZEW_{U\ Median}$ = 385,536727.[237] In *Abbildung 108* ist die simulativ geschätzte *Häufigkeitsfunktion des Zukunftserfolgswertes als Entscheidungswert* gra-phisch veranschaulicht.[238] Diese repräsentative Darstellung des Zukunftserfolgswertes besitzt in Anbetracht der vorliegenden Unsicherheit einen höheren Aussagegehalt als eine Punktschätzung und auch als eine Bandbreite.

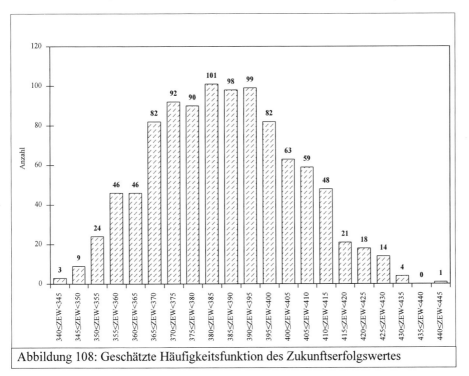

Abbildung 108: Geschätzte Häufigkeitsfunktion des Zukunftserfolgswertes

---

[237]   Der *Mittelwert* der Ergebnisse liegt bei 385,915; die *Standardabweichung* beträgt 18,194.

[238]   Vgl. hierzu auch die Abbildung in HERING, Unternehmensbewertung (2006), S. 41. Zu nachfolgen-den graphischen Darstellungsformen siehe vor allem BRÖSEL, Medienrechtsbewertung (2002), S. 170–172, OLBRICH, Unternehmungsverkauf (2005), S. 230–236, HERING, Investitionstheorie (2008), S. 322–324.

Abbildung 109 stellt mit der *Verteilungsfunktion des Entscheidungswertes (Zukunftserfolgswertes)* ein weiteres Instrument für die Auswertung der Risikoanalyse dar. Das Diagramm zeigt auf der Ordinate die geschätzte Wahrscheinlichkeit an, mit der ein auf der Abszisse dargestelltes Entgelt in Höhe dieses Zukunftserfolgswertes dazu führt, daß sich das Entscheidungssubjekt durch den Erwerb des Unternehmens gegenüber dem ohne Einigung realisierten Nutzenniveau verschlechtert.

Es sind in der *Abbildung 109* zwei Situation beispielhaft herausgehoben.

Situation 1: Wenn der präsumtive Käufer für das zu bewertende Unternehmen einen Preis von P = 367,7209 zahlt, könnte nach den Ergebnissen der Simulation dieser Preis in 17,43 % der Fälle zu hoch sein.

Situation 2: Zahlt der Käufer für das Unternehmen einen Preis von P = 404,1088, muß er nach den Ergebnissen der Simulation davon ausgehen, daß in 82,76 % der Fälle dieser Preis als überhöht anzusehen ist.

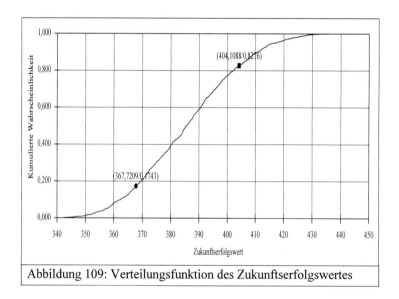

Abbildung 109: Verteilungsfunktion des Zukunftserfolgswertes

Eine umgekehrte Darstellung liefert *Abbildung 110* mit dem *Risikoprofil des Zukunftserfolgswertes* als Entscheidungswert. Dieses Profil zeigt die Wahrscheinlichkeiten an, mit denen bei einer entsprechenden Preisvereinbarung mindestens das Niveau der ohne Einigung realisierbaren Zielerfüllung erreicht wird. Die beiden Situationen aus *Abbildung 109* sind hier ebenfalls herausgehoben.

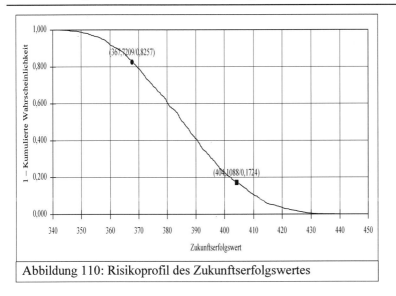

Abbildung 110: Risikoprofil des Zukunftserfolgswertes

Die simulative Risikoanalyse approximiert unter Verwendung eines Zufallszahlengenerators aus der Wahrscheinlichkeitsverteilung der unsicheren Eingangsparameter eine repräsentative stabile Wahrscheinlichkeitsverteilung des Zielwertes.[239] Liegen zuverlässige Informationen sowie Schätzungen über die Eingangsdaten vor, erweist sich die computergestützte Risikoanalyse im Rahmen eines einfachen Partialmodells als wertvolles und unproblematisch handhabbares Instrument zur Entscheidungsunterstützung. Wie in den vorangegangenen Ausführungen und Abbildungen demonstriert, lassen sich die Ergebnisse der Analyse anschaulich darstellen und leicht interpretieren. Die Unsicherheit des Bewertungsproblems wird dabei nicht informationsverringernd verdichtet, sondern in vollem Umfang aufgedeckt. Finanzwirtschaftliche Erfolgskonsequenzen werden somit transparent aufgezeigt. Nunmehr obliegt dem Entscheidungsträger die „nicht rational nachprüfbare Abwägung zwischen dem unsicheren Entscheidungswert und einem in die Bandbreite fallenden sicheren Preis"[240].

2.3.3.3.4 Kritische Würdigung

Im Rahmen der kritischen Würdigung der Totalmodelle wurde festgestellt, daß diese – im Falle einer komplexen Modellformulierung – sowohl den Anforderungen an einen vertretbaren Informationsbeschaffungs- und Informationsverarbeitungsaufwand sowie an die Rechenbarkeit der Kalküle *nicht* entsprechen als auch generell dezentraler Entscheidungsorganisation entsagen. Aufgrund der innerhalb der totalanalytischen Betrachtungen gewonnenen Erkenntnisse wurde mit dem Zukunftserfolgswertverfahren ein Partialmodell dargestellt und analysiert, welches nunmehr – ebenfalls vor dem Hin-

---

[239] Vgl. *ROTHE*, Simulative Risikoanalyse (1999), S. 284.

[240] *HERING*, Unternehmensbewertung (2006), S. 42.

tergrund der eingangs des Abschnitts 2.3.3.2.1 formulierten *sechs Modellanforderun-gen* – eine kritische Würdigung erfahren soll.[241]

1. *Subjekt- und Zielsystem- sowie Handlungsbezogenheit:*

Das Bewertungssubjekt kann unter Beachtung der Prinzipien der Gesamtbewer-tung, der Zukunftsbezogenheit und der Subjektivität mit dem „vereinfachten" Zu-kunftserfolgswertverfahren den Entscheidungswert eines Unternehmens ermitteln. Das Dualitätstheorem der linearen Optimierung ermöglicht dabei dem Bewertungs-subjekt eine handlungsbezogene dezentrale Beurteilung der durch das zu bewerten-de Unternehmen induzierten Zahlungsströme bei gleichzeitiger Verfolgung der für die Eigner getroffenen operationalisierten Zielsetzung.[242] Die Ermittlung des Ent-scheidungswertes mit dem „vereinfachten" Verfahren des Zukunftserfolgswertes ist jedoch an drei Bedingungen geknüpft:

a) Die investitionstheoretisch korrekten Steuerungszinsfüße sind bekannt oder kön-nen hinreichend zuverlässig geschätzt werden und müssen in die Berechnung einfließen.

b) Durch die Aufnahme des Bewertungsobjekts kommt es hinsichtlich der Grenz-objekte *nicht* zu Umstrukturierungen beim Übergang vom Basis- zum Bewer-tungsprogramm.

c) Die Handlungsmöglichkeiten sind *nicht* durch nichtfinanzielle Restriktionen be-grenzt.

Die Wahrung der Interessen der Eigner setzt demnach – bei der Ermittlung des Ent-scheidungswertes auf einem unvollkommenen Kapitalmarkt mit der Formel der „vereinfachten" Bewertung – vor allem die Kenntnis der endogenen Grenzzinsfüße und deren Konstanz beim Übergang vom Basis- zum Bewertungsprogramm voraus. Aufgrund des Dilemmas der Lenkpreistheorie werden die Steuerungszinsfüße aber erst durch die Lösung des Totalmodells definiert. Ist darüber hinaus die Stetigkeit nicht gegeben, muß der Grenzpreis vielmehr mit der Formel der „komplexen" Be-wertung berechnet werden. Aus dem Totalmodell sind dafür – neben den entspre-chenden endogenen Grenzzinsfüßen – die Informationen über die durch die Um-strukturierungen beim Übergang vom Basis- auf das Bewertungsprogramm hervor-gerufene Kapitalwertänderung erforderlich. Mit der Formel der „vereinfachten" Be-wertung ist unter diesen Bedingungen bei Annahme von Quasi-Sicherheit und in Kenntnis der endogenen Grenzzinsfüße immerhin noch eine Intervallabschätzung möglich. Die Erfüllung der ersten Modellanforderung durch das Partialmodell er-fordert i. d. R. die Lösung des entsprechenden Totalmodells oder die Kenntnis von dessen Lösungsstruktur.[243]

---

[241] Vgl. *BRÖSEL*, Medienrechtsbewertung (2002), S. 173–176. Zur differenzierten Auseinandersetzung mit der in der Literatur zu findenden Kritik am Zukunftserfolgswertverfahren siehe *OLBRICH*, Un-ternehmungswert (1999), S. 18. Allgemein zur Beurteilung dezentralistischer Unternehmungspla-nung vgl. *ROLLBERG*, Unternehmensplanung (2001), S. 143 f., *ROLLBERG*, Integrierte Unterneh-mensplanung (2002), S. 5–8.

[242] Hierbei ist zu berücksichtigen, daß sich die endogenen Grenzzinsfüße in Abhängigkeit von der ge-troffenen Zielsetzung (Vermögens- oder Einkommensmaximierung) ergeben und dementspre-chend bei unterschiedlichen Zielen *nicht* identisch sein müssen.

[243] Vgl. z. B. *COENENBERG/SIEBEN*, Unternehmungsbewertung (1976), Sp. 4068, sowie m. w. N. *MOX-TER*, Unternehmensbewertung 2 (1983), S. 142–144.

2. *Entscheidungsfeldbezogenheit und Grenzwertermittlung:*
Gewöhnlich berücksichtigt das Zukunftserfolgswertverfahren mit den Kalkulationszinsfüßen nur die „Knappheitspreise" des Kapitals. Ergeben sich aus dem Entscheidungsfeld weitere, nichtfinanzielle Restriktionen, dann sind zudem – um den
Grenzpreis zu ermitteln – die entsprechenden „Knappheitspreise" dieser nichtfinanziellen Restriktionen einzubeziehen. BRÖSEL hat nachgewiesen, daß die Beachtung
der nichtfinanziellen Interdependenzen eine entsprechende Modifikation des Zukunftserfolgswertverfahrens bedingt.[244] Wenn bei der Ermittlung der sachgerechten
Grenze der Verhandlungsbereitschaft neben finanziellen Restriktionen weitere Bedingungen zu berücksichtigen sind, wird die Lösung des zugehörigen Totalmodells
unentbehrlich. Bezüglich der im Rahmen der kritischen Würdigung nachfolgend
noch zu betrachtenden Modellanforderungen wird hiervon und von einem möglichen Basiswechsel abstrahiert. In diesem Fall kann zur Berechnung des Zukunftserfolgswertes auf die „vereinfachte" Formel zurückgegriffen werden.

3. *Möglichkeit der Verknüpfung mit Unsicherheit offenlegenden Methoden:*
Lassen sich die zur Entscheidungswertberechnung auf Partialmodellbasis erforderlichen Eingangsdaten (also auch die Kalkulationszinsfüße) und deren Wahrscheinlichkeitsverteilungen über ihre möglichen Ausprägungen hinreichend zuverlässig
schätzen und liegen gegebenenfalls Informationen über die zwischen den Parametern bestehenden stochastischen Abhängigkeiten vor, können die zur Verfügung gestellten Informationen beispielsweise mit Hilfe der simulativen Risikoanalyse zu einer repräsentativen Wahrscheinlichkeitsverteilung des Zielwertes approximiert
werden. Die computergestützte simulative Risikoanalyse erweist sich dabei als
wertvolles und einfach handhabbares Instrument zur Entscheidungsunterstützung,
deren Ergebnisse sich anschaulich darstellen und leicht interpretieren lassen. „Außerdem kann die Risikoanalyse insgesamt natürlich auch noch einer Sensitivitätsanalyse [...] unterzogen werden"[245]. Die Unsicherheit des Bewertungsproblems
wird in Übereinstimmung mit der dritten Modellanforderung in vollem Umfang
aufgedeckt.

4. *Vertretbarer Informationsbeschaffungs- und Informationsverarbeitungsaufwand:*
Zur Berechnung des Entscheidungswertes erfordert das Zukunftserfolgswertverfahren unter o. g. Bedingungen Informationen über die erwarteten Zukunftserfolge sowie die „Knappheitspreise" des Kapitals (und erforderlichenfalls der nichtfinanziellen Restriktionen). Die Menge der notwendigen Daten erscheint somit übersichtlich. Soll nicht auf ein Totalmodell zurückgegriffen werden, sind die Knappheitspreise zu schätzen, wobei der Informationsbeschaffungs- und Informationsverarbeitungsaufwand im Sinne dieser Modellanforderung in vertretbaren Grenzen gehalten
werden kann.

5. *Rechenbarkeit der Kalküle:*
Liegen fundierte Schätzungen der genannten Eingangsdaten vor, ist die Rechenbar-
keit der Kalküle – wiederum unter Vernachlässigung eventuell zu verzeichnender
Umstrukturierungen beim Übergang vom Basis- zum Bewertungsprogramm – mit

---

[244] Im Hinblick auf nichtfinanzielle Restriktionen bei der Bewertung und die dabei erforderliche Anwendung der sog. Formel der „komplexen korrigierten" Bewertung siehe *BRÖSEL*, Medienrechtsbewertung (2002), S. 160–165, *KLINGELHÖFER*, Finanzwirtschaftliche Bewertung (2006), S. 127–130.

[245] *HERING*, Investitionstheorie (2008), S. 321.

der „vereinfachten" Formel des Zukunftserfolgswertverfahrens gegeben. Für die Anwendung der simulativen Risikoanalyse sollte auf geeignete Computerprogramme zurückgegriffen werden, die heutzutage auf jedem Standardcomputer installiert und verwendet werden können. Das Partialmodell genügt demnach auch der fünften Modellanforderung.

6. *Gewährung unternehmensindividueller Entscheidungsunterstützung:*
Mit dem Partialmodell „Zukunftserfolgswertverfahren" können Unternehmen aufgrund des Dualitätstheorems der linearen Optimierung isoliert bewertet und somit dezentral beurteilt werden (soweit keine Umstrukturierungen vom Basis- zum Bewertungsprogramm bei Aufnahme oder Eliminierung des Bewertungsobjekts in das oder aus dem Investitions- und Finanzierungsprogramm zu verzeichnen sind)[246]. Dabei kommt den endogenen Grenzzinssätzen (und den „Knappheitspreisen" der nichtfinanziellen Restriktionen) eine Lenkungsfunktion zu. Die Lenkpreise sind subjektiv, weil ihre Existenz und ihre Quantifizierung von der gewählten Zielfunktion des Bewertungssubjekts und von dessen individuellem Entscheidungsfeld abhängig sind.[247] Partialmodelle ermöglichen unter Verwendung der investitionstheoretisch korrekten Lenkpreise eine Unterstützung der dezentralen Entscheidungsinstanzen im Sinne der sechsten Modellanforderung.[248]

Vor dem Hintergrund der Entscheidungsunterstützung und im Interesse einer erforderlichen Reduktion der Komplexität des Bewertungskalküls sollte ein Modell vorgestellt werden, das die dezentrale Bewertung von Unternehmen ermöglicht. Es wurde gezeigt, daß die exakte Ermittlung des Entscheidungswertes durch ein Partialmodell die Lösung des korrespondierenden Totalmodells voraussetzt. Als problematisch erwiesen sich insbesondere das Dilemma der Lenkpreistheorie sowie die gegebenenfalls durch das Bewertungsobjekt ausgelösten Umschichtungen im Investitions- und Finanzierungsprogramm. Das Partialmodell wird durch die erforderliche Lösung des Totalmodells redundant. Wie jedoch im Rahmen der Betrachtung des Totalmodells ausgeführt wurde, kann dessen Lösung an der auftretenden Komplexität scheitern. Das Problem der Unternehmensbewertung ist dann ein lösungsdefektes Problem.[249] Zur Entscheidungswertermittlung ist deshalb – vor allem in divisionalen Unternehmen – nach heuristischen Lösungsmöglichkeiten zu suchen. Basierend auf der approximativen Dekomposition soll nunmehr ein Modell vorgestellt werden, mit dem versucht wird, die dargestellten Hindernisse auf heuristischem Wege zu überwinden.

---

[246] Ansonsten sollte zumindest eine dezentrale Abschätzung der Ober- und Untergrenzen des Entscheidungswertes möglich sein.

[247] Siehe SCHMALENBACH, Pretiale Wirtschaftslenkung (1947), ADAM, Kostenbewertung (1970), S. 25–33, MATSCHKE, Lenkungspreise (1993), ROLLBERG, Unternehmensplanung (2001), S. 136–143, HERING, Unternehmensbewertung (2006), S. 27, HERING, Investitionstheorie (2008), S. 3–6.

[248] Darüber hinaus kann sich aus dieser Möglichkeit der Entscheidungsdelegation an die Divisionen eine Verringerung des Informationsverarbeitungsaufwands ergeben, weil die Informationen nunmehr dort verarbeitet werden können, wo sie auch beschafft werden. Vgl. LEUTHIER, Interdependenzproblem (1988), S. 206.

[249] Vgl. zu strukturdefekten Problemstellungen ADAM, Planung (1996), S. 10–15.

2.3.3.4 Approximativ dekomponierte Unternehmensbewertung – ein heuristisches Modell

2.3.3.4.1 Grundlagen

Total- oder Simultanmodelle stellen an die zentralen Entscheidungsinstanzen hinsichtlich der Datenbeschaffung und -verarbeitung sowie der anschließenden rechentechnischen Lösung des Optimierungsproblems vor allem in großen Unternehmen[250] enorme bis unerfüllbare Anforderungen. „Es ist zudem zweifelhaft, ob das theoretisch perfektionierte Simultanmodell in praktischen Bewertungssituationen gegenüber konkurrierenden (weniger anspruchsvollen) Bewertungsansätzen um so viel bessere Ergebnisse zu liefern vermag, daß die erhöhten Kosten der Modellerstellung und -lösung gerechtfertigt sind."[251] In divisionalen Unternehmen ist darüber hinaus aufgrund der erfolgten Delegation von Verantwortung eine betriebswirtschaftlich fundierte dezentrale Entscheidungsunterstützung erforderlich. Die partialanalytische Betrachtung hat allerdings gezeigt, daß dezentrale Entscheidungen nach fundierten Schätzungen der „Schattenpreise" knapper Faktoren – insbesondere der Knappheitspreise des Kapitals im Sinne der periodenindividuellen Kalkulationszinsfüße – verlangen. Diese Lenkpreise ergeben sich wiederum erst aus den Zielfunktionskoeffizienten des Totalmodells. Für eine dezentrale Entscheidungsunterstützung ist die Überbrückung des Dilemmas der Lenkpreistheorie somit unerläßlich.

Hierzu kann im Hinblick auf die Unternehmensbewertung mit der *approximativ dekomponierten Bewertung* ein investitionstheoretisch fundiertes Vorgehen gewählt werden, welches *das rechte Maß der Abwägung zwischen erforderlicher Praktikabilität sowie hinreichender Genauigkeit* findet.[252] Dieses Verfahren beruht auf dem Modell der approximativen Dekomposition[253], einer Kombination der hierarchischen und der iterativen Koordination.

Hierarchische Koordinationsverfahren[254] zeichnen sich grundsätzlich dadurch aus, daß ein Planungssystem in mindestens zwei Teilsysteme zerlegt wird und globalere Pläne vorgelagerter Ebenen die Planungsalternativen für die detaillierteren Pläne nachgelagerter Ebenen einengen. Die gebildeten Planungsebenen stehen zumindest hinsichtlich eines zu konkretisierenden Sachverhalts in einem Verhältnis der Über- und Unterordnung zueinander. Der von oben nach unten durchlaufende Planungsprozeß ist bei der

---

[250] Zur möglichen Anwendung dieser Verfahren in kleinen und mittleren Unternehmen wird im Abschnitt 2.4.2 eingegangen.

[251] LEUTHIER, Interdependenzproblem (1988), S. 199.

[252] Zu dieser Anforderung siehe auch BALLWIESER, Möglichkeiten der Komplexitätsreduktion (1980), S. 50, HERING, Unternehmensbewertung (2006), S. 4.

[253] Siehe zur Darstellung der approximativen Dekomposition unter anderem HERING, Investitionstheorie (2008), S. 226–234 und S. 326–341, sowie MATSCHKE/HERING/KLINGELHÖFER, Finanzplanung (2002), S. 221–228, und als Basis der Bewertung HERING, Unternehmensbewertung (2006), S. 135–142. Siehe auch BRÖSEL, Medienrechtsbewertung (2002), S. 179–193.

[254] Vgl. GÄFGEN, Theorie (1974), S. 212–214, KOCH, Unternehmensplanung (1982), S. 32–39, LEUTHIER, Interdependenzproblem (1988), S. 202 f., BALLWIESER, Komplexitätsreduktion (1990), S. 32–37, ROLLBERG, Unternehmensplanung (2001), S. 23 f., BRÖSEL, Medienrechtsbewertung (2002), S. 177 f., LAUX/LIERMANN, Organisation (2005), S. 199–202. Die hierarchische Planung wird auch als *Top-down-Planung* oder als *retrograde Planung* bezeichnet; vgl. hierzu LAUX/LIERMANN, Organisation (2005), S. 199, MATSCHKE, Betriebswirtschaftslehre, Bd. I (2007), S. 253 f.

hierarchischen Koordination auf der obersten Hierarchieebene zu initiieren. Dabei werden die Ziele des Planungsprozesses gesetzt, zu deren Verwirklichung ein globaler Gesamtplan erarbeitet wird, der die als am wichtigsten angesehenen Interdependenzen zu berücksichtigen versucht. Der auf oberster Stufe entwickelte Rahmenplan ist anschließend auf der nachgeordneten Ebene für ihre jeweiligen Teilbereiche zu präzisieren. Hierbei sollte den zwischen den entsprechenden Teilbereichen auftretenden Interdependenzen Rechnung getragen werden. Sind weitere Hierarchieebenen vorhanden, werden die mittlerweile erarbeiteten Pläne an die nächstuntergeordnete Stufe weitergegeben, um die Problemstellungen somit immer präziser zu formulieren sowie letztendlich ein konkretes Handlungsprogramm festlegen und die erforderlichen Entscheidungen dezentral treffen zu können.

Demgegenüber wird bei der Planung mit Hilfe von *sequentiellen Koordinationsverfahren*[255] „entweder ein Gesamtplan in eine Folge von Teilplänen im Zeitablauf zerlegt oder ein Gesamtkomplex wird nach und nach bearbeitet"[256], wobei mit der Planung in einem bestimmten Teilbereich (z. B. im vermeintlichen Engpaßbereich) zu beginnen ist. Nach Festlegung der Entscheidungsvariablen dieses Bereichs wird die Planung in einem zweiten Teilbereich fortgesetzt, wobei die gegebenenfalls aus dem bereits erstellten Teilplan resultierenden Restriktionen zu berücksichtigen sind. Unter Beachtung der Einschränkungen des Entscheidungsfeldes, die sich jeweils aus den bereits erstellten Teilplänen ergeben, werden sukzessiv alle Teilpläne erarbeitet und dabei bestmöglich an die bestehende Teilplanmenge angepaßt. Werden Planungsprozesse innerhalb der Koordinationssysteme streng, d. h. ohne Rückkopplung und lediglich einmal, durchlaufen, lassen sich Interdependenzen zwischen den Teilbereichen nicht vollständig berücksichtigen. Die erstellten Gesamtpläne können somit Unzulänglichkeiten und Inkonsistenzen aufweisen, die schlechtestenfalls dazu führen, daß die Realisation von bestimmten Teilplänen unmöglich wird.

Ein Ausweg zur Behebung dieser Mängel findet sich in den *iterativen (oder zirkulären) Koordinationsverfahren*[257]. Bei diesen Verfahren wird während des Planungsprozesses unter Umständen mehrmals an vorgelagerte Stellen der Planungshierarchien oder -sequenzen zurückgekehrt, um die Rahmendaten einzelner Teilpläne zu variieren und darauf aufbauend modifizierte Teilpläne zu erstellen.

Das *heuristische Verfahren* der approximativen dekomponierten Bewertung wird dabei – ebenso wie das Verfahren der approximativen Dekomposition selbst – „als Strukturierungsregel verstanden, mit deren Hilfe ein schlechtstrukturiertes, zunächst nicht lösbares Ausgangsproblem schrittweise in wohlstrukturierte und damit lösbare Unterprobleme transformiert wird; diese Unterprobleme sind [...] dadurch charakterisiert, daß ihre Lösung eine als befriedigend angesehene Bewältigung des Ausgangspro-

---

[255] Vgl. hierzu LEUTHIER, Interdependenzproblem (1988), S. 203 f., BALLWIESER, Komplexitätsreduktion (1990), S. 37–39. Siehe zur sequentiellen Planung, wofür auch der Terminus „Sukzessivplanung" verwendet wird, ferner GÄFGEN, Theorie (1974), S. 214–217, LAUX/LIERMANN, Organisation (2005), S. 194–199.

[256] BALLWIESER, Komplexitätsreduktion (1990), S. 37 f.

[257] Vgl. hierzu LEUTHIER, Interdependenzproblem (1988), S. 204 f., BALLWIESER, Komplexitätsreduktion (1990), S. 39, MATSCHKE, Betriebswirtschaftslehre, Bd. I (2007), S. 253 f. LEUTHIER spricht dabei von rekursiven Koordinationsmechanismen; siehe zur Verwendung des Terminus der *Rekursion* auch BITZ, Strukturierung (1977), S. 107 f., MATSCHKE, Investitionsplanung (1993), S. 45 f.

blems verspricht."[258] Nachfolgend sei die approximative Dekomposition unter Unsicherheit erläutert. Anschließend wird anhand der approximativ dekomponierten Bewertung gezeigt, wie die Unternehmensbewertung mit der approximativen Dekomposition unter Unsicherheit verknüpft werden kann.

2.3.3.4.2 Heuristische Planungsmethode der approximativen Dekomposition unter Berücksichtigung von Unsicherheit

Das Verfahren der approximativen Dekomposition[259] zur Investitions- und Finanzierungsplanung verknüpft zur Überbrückung des Dilemmas der Lenkpreistheorie Total- und Partialplanung in divisionalen Unternehmungen miteinander.[260] Im Vergleich dazu führt eine *exakte Dekomposition*[261] des Problems zu denselben Schwierigkeiten wie ein komplexes Totalmodell und stellt somit kein effizientes Lösungsverfahren dar. Zur Wahrung der Flexibilität des planenden Unternehmens und zur Berücksichtigung zeitlicher Strukturen innerhalb des Planungsprozesses ist diese Synthese von Total- und Partialmodell – flankiert durch die die Unsicherheit offenlegenden Verfahren der Sensitivitäts- und Risikoanalyse – in die *rollierende Planung* des Unternehmens einzubinden.[262] Vorbereitende Maßnahmen zur Durchführung der approximativen Dekomposition sind die „Hierarchisierung" sowie die „Festlegung wesentlicher Rahmenvariablen".

---

[258] OLBRICH, Unternehmungswert (1999), S. 81.

[259] Die Ausführungen zu diesem Verfahren erfolgen in enger Anlehnung an BRÖSEL, Medienrechtsbewertung (2002), S. 179–193. Siehe als Basis HERING, Investitionstheorie (2008), S. 226–234 (approximative Dekomposition unter Sicherheit) und S. 326–341 (unter Unsicherheit), sowie HERING, Unternehmensbewertung (2006), S. 135–142 (unter Unsicherheit). Siehe auch BRÖSEL, Finanzwirtschaftliche Aspekte (2009), S. 97–104. Zur praktischen Anwendung der approximativen Dekomposition siehe HERING/SCHNEIDER/OSTMEYER, Approximative Dekomposition (2010).
Die approximative Dekomposition bildet auch das Fundament der sog. *interdivisionalen Koordination* in einem von ROLLBERG präsentierten hierarchischen Planungsansatz als Kompromiß zwischen zentralistischer und dezentralistischer Unternehmensplanung. Diese auf der Lenkpreistheorie basierende Heuristik verknüpft dabei die intrabetriebliche, interdivisionale Koordination der Ivestitions- und Finanzplanung mit der intradivisionalen, interfunktionalen Koordination der Absatz-, Produktions- und Beschaffungsplanung in einem divisionalen Konzern. Vgl. das Modell unter Sicherheit in ROLLBERG, Unternehmensplanung (2001), S. 153–185, ROLLBERG, Operativ-taktisches Controlling (2012), S. 192–222, sowie die anwendungsbezogene Heuristik zur integrierten Unternehmensplanung unter Unsicherheit in ROLLBERG, Unternehmensplanung (2001), S. 195–204, ROLLBERG, Operativ-taktisches Controlling (2012), S. 232–240.

[260] Der Mittelweg zwischen zentraler und dezentraler Planung wird als einzige Möglichkeit zur Überbrückung des Dilemmas der Lenkpreistheorie angesehen. Siehe unter anderem ADAM, Kostenbewertung (1970), S. 194 f., KOCH, Unternehmensplanung (1982), S. 59 f., und HERING, Investitionstheorie (2008), S. 329.

[261] Vgl. hierzu DANTZIG/WOLFE, Decomposition Principle (1960), MÜLLER-MERBACH, Operations Research (1973), S. 522–526.

[262] Vgl. zur rollierenden Planung JACOB, Flexibilitätsüberlegungen (1967), S. 19 f., INDERFURTH, Investitionsplanung (1982), S. 41–43, ROLLBERG, Unternehmensplanung (2001), S. 193–195, HERING, Investitionstheorie (2008), S. 326 f. Siehe allgemein zur Flexibilität BOGASCHEWSKY/ROLLBERG, Management (1998), S. 10 f., ROLLBERG, Unternehmensplanung (2001), S. 13.

Diese Vorbereitungen und die Durchführungsschritte,[263] die in *Abbildung 111*[264] dargestellt sind, seien im folgenden näher erläutert. Die bei der approximativen Dekomposition iterativ zu durchlaufenden Phasen sind dabei in der Abbildung grau unterlegt.

Vorbereitung der approximativen Dekomposition
• Hierarchisierung
• Zentrale Festlegung wesentlicher Rahmenvariablen

Durchführung der approximativen Dekomposition
1. Ermittlung der entscheidungsunabhängigen Parameter und Vorselektion
2. Zentrale Ermittlung der Zinssatzbandbreiten
3. Dezentrale Investitionsrechnung mit Kapitalwerten
4. Rückkopplung oder Abbruch
5. Investitionsentscheidung der Zentrale

Abbildung 111: Grundlagen und Schritte der approximativen Dekomposition

---

Hierarchisierung[265]

Im Rahmen der *Hierarchisierung*[266] wird das Planungssystem des Unternehmens in
zwei Teilsysteme – die „Zentrale Planungsinstanz" und die „Dezentralen Planungsinstanzen" (Divisionen) – zerlegt, die hinsichtlich der Entscheidungskompetenz in einem Verhältnis der Über- und Unterordnung zueinander stehen. Den Hierarchiestufen
sind die Kompetenzen, die Aufgaben und die erforderlichen Planungsinstrumente zuzuweisen. In Anbetracht des hierarchischen Verhältnisses ist der Zentrale Weisungsbefug-
nis einzuräumen; ferner wird ihr die Entscheidungskompetenz für die potentiellen
Grenzobjekte sowie für die größten und wichtigsten strategischen Objekte[267] anvertraut.

---

[263] Die Unterteilung des Verfahrens der approximativen Dekomposition in *Vorbereitung (Verfahrens-grundlagen) und Durchführung (Verfahrensschritte)* erfolgt, um die für das Verfahren grundsätz-lich erforderlichen Voraussetzungen deutlich herauszustellen und eine mögliche Integration in be-stehende Planungssysteme zu erleichtern. Der eigentliche Planungsprozeß beginnt mit dem ersten Durchführungsschritt. Mit den Vorbereitungsmaßnahmen werden lediglich die Voraussetzungen zur Durchführung des Verfahrens geschaffen. Aus Gründen der Planungsstetigkeit sind die im Rahmen der erstmaligen Vorbereitung getroffenen Festlegungen vor nachfolgenden Planungspro-zessen nur in begründeten Fällen zu revidieren.

[264] In enger Anlehnung an BRÖSEL, Medienrechtsbewertung (2002), S. 180, basierend auf HERING, Un-ternehmensbewertung (2006), S. 136. Siehe auch HERING, Investitionstheorie (2008), S. 327.

[265] Vgl. zu den nachfolgenden Ausführungen zur Hierarchisierung sowie zur Aufgabenverteilung zwi-schen Zentrale und Divisionen HERING, Investitionstheorie (2008), S. 328 f. Siehe auch ROLLBERG, Unternehmensplanung (2001), S. 197, BRÖSEL, Medienrechtsbewertung (2002), S. 181–183, HE-RING, Unternehmensbewertung (2006), S. 137.

[266] Vgl. zum Terminus des hierarchischen Systems RIEPER, Hierarchische Systeme (1979), S. 21.

[267] Vgl. zu strategischen Großobjekten BLOHM/LÜDER/SCHAEFER, Investition (2006), S. 210–226.

Auf *zentraler Unternehmensebene* ist als Planungsinstrument ein kleines, gut über-
schau- und beherrschbares Totalmodell[268] zu lösen, das als Ergebnis die für die Partialplanung erforderlichen Lenkpreise (Zinssatzbandbreiten) erzeugt. Bei der Formulierung
des Optimierungsansatzes als Totalmodell sollte sich auf die wesentlichsten Restriktionen beschränkt werden.[269] Der lineare Ansatz ähnelt – aus Sicht der präsumtiven Käufer
und der präsumtiven Verkäufer – einem vereinfachten Totalmodell zur Ermittlung des
Basisprogramms und kann aufgrund der mehrwertigen Erwartungen mit der Sensitivitätsanalyse der zweiten Art kombiniert werden.[270]

Da die Lenkpreise durch die Grenzobjekte determiniert werden, ist es ausreichend,
nur die Variablen *potentieller Grenzobjekte* und *strategisch bedeutsamer Objekte* in das
Totalmodell aufzunehmen.[271] Als Grenzobjekte im Hinblick auf die Liquiditätsnebenbedingungen kommen in erster Linie Großfinanzierungen, unbegrenzte Geldanlagemög-
lichkeiten und Betriebsmittelkredite sowie große Sachinvestitionen in Betracht. Die
Zentrale hat darüber zu entscheiden, welche der durch die Divisionen gemeldeten potentiellen Grenzobjekte als Variable in das Totalmodell einfließen und welche wiederum
um aufgrund geringerer Bedeutung in den Kompetenzbereich der Divisionen zurückfal-
len. Die *Kriterien* für die von den Divisionen zu meldenden potentiellen Grenzobjekte
und strategisch bedeutsamen Objekte sollten klar definiert, plausibel und einfach sein.
Zur Klassifizierung können z. B. die Merkmale „Strategische Bedeutung" und „Finanzieller Projektumfang" in Erwägung gezogen werden.

Innerhalb der *Divisionen* werden dezentral mit den vorgegebenen „Knappheitspreisen" und unter Anwendung des Partialmodells „Kapitalwertmethode" die Kapitalwerte
der Objekte berechnet und selbständig Vorteilhaftigkeitsentscheidungen getroffen. Das
Kapitalwertverfahren ist aufgrund der unsicheren Erwartungen mit der simulativen Risikoanalyse[272] zu kombinieren. Die Entscheidungskompetenz der Divisionen beschränkt
sich dabei auf Objekte, die nicht zu den potentiellen Grenzobjekten sowie den strategisch bedeutenden Investitions- und Finanzierungsobjekten zählen. Die Divisionen sind
dazu verpflichtet, die Objekte, die nicht in ihren Kompetenzbereich fallen, der Zentrale
zu melden.[273]

---

[268] Als Totalmodell sollte hinsichtlich der *Ganzzahligkeit* ein relaxierter Ansatz gewählt werden, weil
davon auszugehen ist, daß unter Unsicherheit das Ganzzahligkeitsproblem durch die Auswirkungen der mehrwertigen Erwartungen stark überlagert wird. Ergibt die Lösung des Totalmodells, daß
Objekte nur teilweise zu realisieren sind, kann die Zentrale Entscheidungsunterstützung beispielsweise von den Divisionen einfordern (z. B. Verzicht auf ein Grenzobjekt zugunsten eines anderen
nun vollständig zu realisierenden Grenzobjekts). Vgl. zur Relativierung des Ganzzahligkeitspro-
blems HERING, Investitionstheorie (2008), S. 241–244.

[269] Kriterium für den *Umfang* des von der Zentrale zu lösenden Totalproblems ist – neben der Qualifi-
kation der dort tätigen Mitarbeiter – die Leistungsfähigkeit der zur Verfügung stehenden Informa-
tionssysteme. Vgl. HERING, Investitionstheorie (2008), S. 226, hier insbesondere Fn. 1.

[270] Siehe zur Anwendung der Sensitivitätsanalyse der zweiten Art im Totalmodell die Ausführungen
in Abschnitt 2.3.3.2.4.

[271] Vgl. hierzu ROLLBERG, Unternehmensplanung (2001), S. 176, HERING, Investitionstheorie (2008),
S. 229 f.

[272] Siehe zur Anwendung der simulativen Risikoanalyse im Partialmodell die Ausführungen in Abschnitt 2.3.3.3.3.

[273] Vgl. HERING, Investitionstheorie (2008), S. 225 f.

Zentrale Festlegung wesentlicher Rahmenvariablen[274]

Nachdem die Hierarchisierung abgeschlossen ist und den Hierarchiestufen die jeweiligen Kompetenzen, Aufgabenstellungen und Planungsinstrumente zugewiesen wurden, sind *durch die Zentrale* die wesentlichen Rahmenvariablen für den hierarchischen Planungsprozeß mit Rückkopplung vorzugeben. Die Zentrale entscheidet über die dem Totalmodell zugrundezulegende, den Wünschen der Eigentümermehrheit entsprechende *Zielsetzung*. Als geeignete Zielsetzungen erweisen sich – auch hier – die Vermögens- und die Einkommensmaximierung.[275]

Neben der Festlegung der Zielsetzung hat die Zentrale über den *Rhythmus der rollierenden Planung* zu entscheiden. Hierbei ist zwischen der Zweckmäßigkeit und der Erforderlichkeit des Planungsprozesses abzuwägen. Aufgrund des notwendigen Zeitaufwands erscheint es nicht sachdienlich, die Schritte der approximativen Dekomposition in allzu kurzen Abständen wiederholt auszuführen. Hinsichtlich einer unerläßlichen Flexibilität sollte das Planungsproblem jedoch nicht in zu großen Zeitabständen aufgeworfen werden. Praktikabel erscheint es insbesondere vor dem Hintergrund der bei den privaten Unternehmen im Rahmen des externen Rechnungswesens üblich gewordenen Quartalsberichterstattungen, den Prozeß einmal im Quartal (oder mindestens einmal jährlich) zu initiieren.

Weiterhin hat die Zentrale einen zweckmäßigen *Planungshorizont* und letztendlich die *Länge der Planungsperiode* pragmatisch zu bestimmen. Während der Planungszeitraum aufgrund der eingeschränkten Prognosemöglichkeiten fünf (bis eventuell zehn) Jahre nicht überschreiten wird, kommen als Planungsperioden – je nach Rhythmus der rollierenden Planung – Quartale, Halbjahre oder Jahre in Betracht.

Ermittlung der entscheidungsunabhängigen Parameter und Vorselektion[276]

Mit Beginn eines jeden Planungsprozesses sind die *entscheidungsunabhängigen Parameter* festzustellen. Dafür sind der Zentrale durch die Divisionen die Bandbreiten der nicht mehr disponiblen, fixen Zahlungsreihen (Zahlungsüberschüsse oder Liquiditätsbedarfe) mitzuteilen. Ferner sind an die Zentrale Informationen über erkennbare potentielle Grenzobjekte und strategisch bedeutende Objekte weiterzugeben. Da den Divisionen zu Planungsbeginn noch keine Steuerungszinsfüße vorliegen, sind potentielle Grenzobjekte anhand der Lenkpreise des Kapitals der Vorperiode zu bestimmen.

Im Rahmen der zu Beginn des Planungsverfahrens erforderlichen *Ermittlung der Bandbreiten nicht mehr disponibler fixer Zahlungsreihen sowie potentieller Grenzobjekte* kann durch die Divisionen auf heuristischem Wege eine Vorselektion eindeutig

---

[274] Vgl. zu den nachfolgenden Ausführungen zur zentralen Festlegung der Rahmenvariablen HERING, Investitionstheorie (2008), S. 327 f. Siehe auch HERING, Unternehmensbewertung (2006), S. 136, sowie BRÖSEL, Medienrechtsbewertung (2002), S. 183 f.

[275] Siehe zu diesen möglichen Varianten der Wohlstandsmaximierung die Ausführungen in Abschnitt 2.3.1.2.1. Als wesentliche Rahmenbedingungen sind – im Zusammenhang mit der Entscheidung über die Zielsetzung – durch die Zentrale im Falle der Einkommensmaximierung zugleich die Gewichtungsfaktoren für eine gewünschte zeitliche (Entnahme-)Struktur festzulegen. Auch im Falle der Vermögensmaximierung sind die Ausschüttungen entsprechend der Konsumpräferenzen der Eigner zu gewichten. Siehe HERING, Unternehmensbewertung (2006), S. 57 f.

[276] Siehe zu den nachfolgenden Ausführungen zur Ermittlung der entscheidungsunabhängigen Parameter und zur Vorselektion HERING, Investitionstheorie (2008), S. 328, sowie BRÖSEL, Medienrechtsbewertung (2002), S. 184 f.

nachteiliger und eindeutig vorteilhafter Objekte erfolgen. Unter Anwendung der Erkenntnisse der Lenkpreistheorie sollte so beispielsweise versucht werden, die *Spannweite der endogenen Lenkpreise* auf ein geschlossenes Intervall $i_{St} \geq i_t \geq i_{Ht}$ einzuschränken: Normalinvestitionen erweisen sich dabei als eindeutig vorteilhaft, wenn ihr auf den Sollzinsfüßen i_{St} basierender Kapitalwert positiv ist; ergibt sich unter Berücksichtigung der Habenzinsfüße i_{Ht} ein negativer Kapitalwert, ist diese Investition jedoch eindeutig unvorteilhaft. Eine Normalfinanzierung ist hingegen eindeutig vorteilhaft, wenn ihr unter Berücksichtigung der Habenzinsfüße i_{Ht} berechneter Kapitalwert positiv ist; eindeutig unvorteilhaft ist sie, wenn der Kapitalwert unter Verwendung der Sollzinsfüße i_{St} dagegen negativ ist.[277] Hierbei besteht auch die Möglichkeit des Rückgriffs auf die in der Vorperiode ermittelten Lenkpreise. Für stark verschuldete Unternehmen bietet sich zur Vorselektion der Einsatz der (gegebenenfalls bekannten) Sollzinsbandbreite an.[278] Die nicht mehr disponiblen fixen Zahlungsreihen müssen gleichermaßen diejenigen Objekte enthalten, die aus strategischen Gründen – unabhängig vom Kapitalwert – realisiert werden sollen.[279]

Zentrale Ermittlung der Zinssatzbandbreiten[280]

Die Zentrale ermittelt auf Grundlage der ihr zur Verfügung gestellten Daten die *Bandbreiten der endogenen Grenzzinsfüße*. Hierbei bedient sie sich des vorliegenden (einfachen) Basisansatzes in Verbindung mit umfassenden Sensitivitätsanalysen der zweiten Art. Die durch die Divisionen gemeldeten entscheidungsunabhängigen Daten werden im Totalmodell berücksichtigt. Die Zentrale hat außerdem darüber zu entscheiden, ob die vorliegenden potentiellen Grenzobjekte in das Simultanmodell aufgenommen oder als zu unbedeutend an die Divisionen zurückgewiesen werden.

Bei der Auswahl der innerhalb der durchzuführenden *Berechnungsexperimente* zu analysierenden Datensätze sind die Interdependenzen zwischen den Objekten zu beachten, damit die zu einem Risikoausgleich beitragenden Diversifikationspotentiale identifiziert werden können. Um den Informationsverarbeitungs- und Rechenaufwand der Zentrale in Grenzen zu halten, sind die Datenkonstellationen nicht willkürlich auszuwählen; es sollte sich vielmehr mit vorstellbaren und wahrscheinlichen Situationen begnügt werden. Aus Praktikabilitätsgründen ist darüber hinaus die Zahl der Szenarien, für die eine Sensitivitätsanalyse durchgeführt wird, stark einzuschränken. Denkbar ist z. B. die Ausführung der Analyse für drei bis fünf sich gegenseitig ausschließende Grundsituationen, die eine realistische (oder möglichst neutrale), eine pessimistische sowie eine optimistische Eingangsdatenvariante beinhalten sollten.[281]

---

[277] Vgl. zur Kapitalwertabschätzung für Normalzahlungsreihen HERING, Investitionstheorie (2008), S. 223–225, sowie zum Beweis dieser Aussage HERING, Investitionstheorie (2008), S. 356–358.

[278] Vgl. HERING, Investitionstheorie (2008), S. 228.

[279] Vgl. ROLLBERG, Unternehmensplanung (2001), S. 175.

[280] Vgl. zu den nachfolgenden Ausführungen zur zentralen Ermittlung der Zinssatzbandbreiten HERING, Investitionstheorie (2008), S. 329–331. Siehe auch ROLLBERG, Unternehmensplanung (2001), S. 200, BRÖSEL, Medienrechtsbewertung (2002), S. 185–187, sowie HERING, Unternehmensbewertung (2006), S. 137 f.

[281] Vgl. MATSCHKE, Wertarten nach der Art ihrer Ermittlung (2008), S. 856, und m. w. N. HERING, Unternehmensbewertung (2006), S. 138.

Zur *statistischen Auswertung der Rechenergebnisse* sind die jeweiligen Optimallösungen aller Berechnungsexperimente in einem fortlaufenden Protokoll zu dokumentieren. Als aufzeichnungsrelevant gelten beispielsweise folgende Daten einer jeden Koeffizientenkonstellation: Optimum der jeweiligen Zielfunktion, endogene Grenzzinsfüße, Lenkpreise der Zeitrestriktionen, Vorteilhaftigkeitsindex der einzelnen Investitions- und Finanzierungsobjekte (Vergabe von Indizes für die Objekte bei jeder Lösung: +1 für ein voll zu realisierendes Objekt, 0 jeweils für Grenzobjekte, −1 für nicht zu realisierende Objekte) und Sicherheitsindex[282] (für jedes Objekt, dessen Kapitalwert[283] eine zu Beginn festzulegende Schwelle unterschreitet).

Aus den Ergebnisprotokollen der Szenarien lassen sich fundierte Informationen über die periodenspezifischen endogenen Lenkpreise, die im Rahmen des Totalmodells als vorteilhaft erkannten Objekte sowie die Bandbreite oder die Verteilung des Zielfunktionswertes entnehmen. Als Ergebnis dieses Schritts der approximativen Dekomposition werden den Divisionen die Lenkpreisbandbreiten sowie die gegebenenfalls vorliegenden qualifizierten Annahmen über die Verteilung der Steuerungszinsfüße (i_1, i_2, ..., i_n) zur dezentralen Lenkpreissteuerung vorgegeben.

Dezentrale Investitionsrechnung mit Kapitalwerten[284]

Die Divisionen müssen – unter Rückgriff auf die ihr von der Zentrale zur Verfügung gestellten Intervalle (Bandbreiten) oder Verteilungen der Zinsfüße – für die in ihrem Kompetenzbereich stehenden Objekte Investitionsentscheidungen nach dem Kapitalwertkriterium fällen. Aufgrund der mehrwertigen Erwartungen greifen die Divisionen hierbei auf die Methode der simulativen Risikoanalyse zurück, um den Kapitalwert nicht künstlich zu einem einwertigen Zielwert zu verdichten, sondern unter Aufdeckung der Unsicherheit als Bandbreite oder Verteilung darzustellen.[285]

Ziel der von den Divisionen durchzuführenden Investitionsrechnungen ist, die generell rechnerisch unvorteilhaften oder vorteilhaften Objekte zu identifizieren und hinsichtlich der Objekte, deren Kapitalwertbandbreite sowohl positive als auch negative Werte annimmt, eine Entscheidung vorzubereiten, welche die Entscheidungsträger der Divisionen in Anbetracht ihrer individuellen Risikoneigung zu treffen haben. Neben den Kapitalwertprofilen können zu dieser nicht formalisierbaren „unternehmerischen" Entscheidung weitere Kriterien[286] herangezogen werden, wobei gleichwohl zu beachten ist, daß der Kapitalwert das wichtigste ökonomische Kriterium darstellt.[287] Bei den Ent-

---

[282] Sinn des Sicherheitsindex ist, das planende Unternehmen vor existenzbedrohenden Fehlentscheidungen zu schützen. Siehe HERING, Investitionstheorie (2008), S. 330.

[283] Hierzu ist für jedes Objekt innerhalb eines jeden Berechnungsexperiments auch der Kapitalwert zu berechnen.

[284] Vgl. zu den nachfolgenden Ausführungen zur dezentralen Investitionsrechnung mit Kapitalwerten HERING, Investitionstheorie (2008), S. 331–333. Siehe auch ROLLBERG, Unternehmensplanung (2001), S. 200 f., BRÖSEL, Medienrechtsbewertung (2002), S. 187 f., sowie HERING, Unternehmensbewertung (2006), S. 138 f.

[285] Im übrigen besteht die Möglichkeit, auf die im Rahmen der Vorselektion beschriebenen Erkenntnisse der Lenkpreistheorie zurückzugreifen.

[286] Folgende Faktoren können beispielsweise in die Abwägung einbezogen werden: „Strategische Erwägungen" oder Sicherheitsziele wie „Verhinderung essentieller Risiken", „Diversifikation" und „Flexibilität".

[287] Vgl. BRÖSEL/HERING/MATSCHKE, Wirtschaftlichkeitsanalyse (1999), S. 192 f.

scheidungen müssen von der Division auch die außerdem existenten, bisher im vereinfachten Basisansatz vernachlässigten nichtfinanziellen Restriktionen beachtet werden. Innerhalb vorangegangener Iterationsdurchläufe getroffene Objektbeurteilungen sind gegebenenfalls zu revidieren. Da mit einem Kapitalwertprofil nicht festgestellt werden kann, ob ein Grenzobjekt vorliegt, ist es im Rahmen des Verfahrens grundsätzlich erforderlich, daß die Divisionen für jedes zur Disposition stehende Objekt eine eindeutige Entscheidung trifft.

Aus den vermeintlich vorteilhaften Investitions- und Finanzierungsobjekten der Division ergibt sich für jede Periode des Planungszeitraums ein saldierter Zahlungsüberschuß oder Finanzbedarf. Diese Werte sind als neutrale Punktschätzung, als Bandbreite oder beispielsweise als Erwartungswert mit prozentualer Abweichungstoleranz zu ermitteln. Als Resultat dieses Dekompositionsschritts werden der Zentrale letztendlich die auf Basis der vorgegebenen Bandbreiten oder Verteilungen der Lenkpreise wahrscheinlich vorteilhaften oder sonstigen dezentral für vorteilhaft befundenen Investitions- und Finanzierungsobjekte jeder Division als summierte Zahlungs- und Zeitreihenbandbreite oder -verteilung übermittelt. Um eine „Aufblähung" des Basisansatzes der Zentrale zu vermeiden, sollten weitere potentielle Grenzobjekte nur in Ausnahmefällen an die Zentrale gemeldet werden.[288] Der hierarchische Aufbau der approximativen Dekomposition wird in *Abbildung 112*[289] verdeutlicht.

Rückkopplung oder Abbruch[290]

Die eingegangenen Meldungen jeder Division werden auf zentraler Ebene im simultanen Basisansatz in kumulierter Form berücksichtigt. Nunmehr entscheidet die Zentrale über Weiterführung (Rückkopplung) oder Beendigung (Abbruch) der Iteration: Stellt die zentrale Entscheidungsinstanz fest, daß die Divisionen ihre Investitions- und Finanzierungsentscheidungen nicht wesentlich verändert haben, ist das iterative Verfahren abzubrechen. Im nächsten Schritt sind die Investitionsentscheidungen der Zentrale zu treffen; ansonsten werden die Lenkpreisbandbreiten erneut zentral ermittelt. Unterscheiden sich diese „nicht wesentlich"[291] vom Ergebnis des letzten Durchlaufs, ist die Iteration an dieser Stelle abzubrechen und zu den zentralen Investitionsentscheidungen überzugehen. Anderenfalls sind den Divisionen die neuen Lenkpreisintervalle mitzuteilen; die dezentrale Investitionsrechnung mit Kapitalwerten ist zu wiederholen. In *Abbildung 113*[292] wird diese Vorgehensweise graphisch veranschaulicht.

---

[288] Vgl. HERING, Investitionstheorie (2008), S. 230.

[289] In enger Anlehnung an ROLLBERG, Unternehmensplanung (2001), S. 181.

[290] Vgl. zu den nachfolgenden Ausführungen zu Rückkopplung oder Abbruch HERING, Investitionstheorie (2008), S. 333–336. Siehe auch BRÖSEL, Medienrechtsbewertung (2002), S. 188 f., sowie HERING, Unternehmensbewertung (2006), S. 139 f.

[291] Dieses unscharf formulierte Abbruchkriterium sichert die Endlichkeit des Verfahrens, weil die Zentrale entscheiden muß, ob weitere Iterationsschritte zu einem – den Planungsaufwand rechtfertigenden – wesentlich besseren Ergebnis führen.

[292] In enger Anlehnung an BRÖSEL, Medienrechtsbewertung (2002), S. 189.

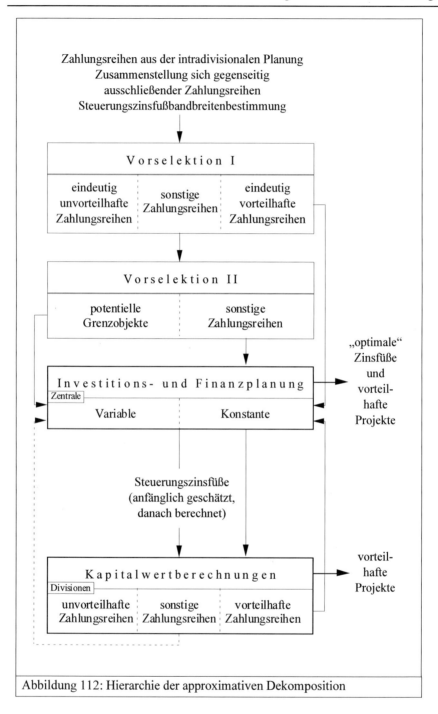

Abbildung 112: Hierarchie der approximativen Dekomposition

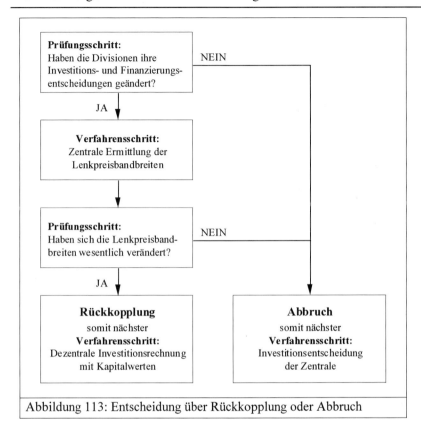

Abbildung 113: Entscheidung über Rückkopplung oder Abbruch

Der iterative Prozeß kann also beendet werden, wenn sich die Entscheidungen innerhalb der Divisionen oder die sich aus dem vereinfachten Totalmodell ergebenden Lenkpreise nicht wesentlich ändern. Ansonsten ist das Verfahren nach einer gewissen Anzahl von Koordinationsrunden mit der bis dahin erreichten besten Lösung abzubrechen, wenn die approximative Dekomposition nicht gegen stabile Lenkpreisvektoren konvergiert.[293] Nach spätestens zwei bis drei Rückkopplungen ist zu erwarten, daß die Entscheidungsträger der Divisionen unbeeindruckt von den – aus ihrer Sicht gegebenenfalls unbeachtlichen – Änderungen der Lenkpreisbandbreiten an ihren Entscheidungen festhalten werden, die sie mittels sorgsamer Abwägung aller qualitativen und quantitativen Argumente bereits getroffen haben. „Dem Koordinationserfordernis ist im Unsicherheitsfall bereits hinreichend Genüge getan, wenn überhaupt Rückkopplungsschritte erfolgen."[294]

---

[293] Vgl. HERING, Investitionstheorie (2008), S. 232, sowie BRÖSEL, Programmplanung (2001), S. 387 f.

[294] HERING, Unternehmensbewertung (2006), S. 140. Siehe allgemein zum Abschluß eines Iterationsprozesses und m. w. N. BALLWIESER, Komplexitätsreduktion (1990), S. 39.

Investitionsentscheidung der Zentrale[295]

Nach dem Abbruch der Iteration hat die Zentrale hinsichtlich der im Totalmodell verbliebenen Investitions- und Finanzierungsobjekte über alle in t = 0 zu disponierenden Objekte zu befinden. Die Zentrale muß also nicht nur über sämtliche in t = 0 beginnenden Zahlungsströme definitiv entscheiden, sondern auch über jene Objekte urteilen, die unter Umständen im nächsten Durchlauf der rollierenden Planung nicht mehr disponibel sind. Zur Entscheidung sind – wie auf dezentraler Ebene – quantitative und qualitative Faktoren gegeneinander abzuwägen. Besonders bei strategischen Investitionsobjekten könnte qualitativen Faktoren eine höhere Bedeutung zukommen als innerhalb der Divisionen. Bezüglich der quantitativen Faktoren ist auf das während der letztmaligen zentralen Ermittlung der Lenkpreisbandbreiten erstellte Protokoll zurückzugreifen. In diesem Protokoll wurden, neben dem Optimum der jeweiligen Zielfunktion und den damit korrespondierenden Lenkpreisen, für jedes Objekt die Vorteilhaftigkeits- und Sicherheitsindizes festgehalten.

Werden die einzelnen Vorteilhaftigkeitsindizes eines Objekts summiert, welche per definitionem darüber informieren, ob ein Objekt im Laufe der Berechnungsexperimente unvorteilhaft (– 1), vorteilhaft (+ 1) oder ein Grenzobjekt (0) gewesen ist, ergibt sich für die jeweilige Maßnahme ein Gesamtindex. Zur Beurteilung der Objekte läßt sich der *Vorteilhaftigkeitsgrad eines Objekts* VG_{Objekt} als Quotient aus diesem Gesamtindex und der Anzahl der protokollierten Datensätze bestimmen:

$$VG_{Objekt} = \frac{\text{Summe der Vorteilhaftigkeitsindizes des Objekts}}{\text{Anzahl der protokollierten Datensätze}}$$

$$= \frac{\text{Gesamtindex des Objekts}}{\text{Anzahl der protokollierten Datensätze}}.$$

Der Vorteilhaftigkeitsgrad eines Objekts, der prinzipiell im Wertebereich [–100 %, +100 %] liegt, offenbart die Wahrscheinlichkeit, mit der ein Objekt vorteilhaft oder unvorteilhaft ist. Aus dem Gesamtindex und dem Vorteilhaftigkeitsgrad eines Objekts ergeben sich für die Entscheidungsinstanz der Zentrale folgende Informationen: Hatte das Objekt in allen Berechnungsexperimenten des letzten Durchlaufs einen positiven Kapitalwert, beträgt der Vorteilhaftigkeitsgrad +100 %; verfügte das Objekt nie über einen positiven Kapitalwert, ergibt sich ein Grad der Vorteilhaftigkeit von –100 %. Objekte mit einem deutlich positiven Vorteilhaftigkeitsgrad und somit auch Gesamtindex sind in den meisten Konstellationen vorteilhaft; Objekte mit einem deutlich negativen Grad der Vorteilhaftigkeit und Gesamtindex sind in den meisten Konstellationen entsprechend unvorteilhaft.

---

[295] Vgl. zu den nachfolgenden Ausführungen zur Investitionsentscheidung der Zentrale HERING, Investitionstheorie (2008), S. 336–338. Siehe auch ROLLBERG, Unternehmensplanung (2001), S. 201 f., BRÖSEL, Medienrechtsbewertung (2002), S. 189–191, sowie HERING, Unternehmensbewertung (2006), S. 140 f.

Der *Sicherheitsindex eines Objekts* SI_{Objekt}, der Auskunft darüber gibt, wie oft der Kapitalwert eines Objekts eine zu Verfahrensbeginn festgelegte Schwelle unterschreitet, kann hinsichtlich einer verbesserten Aussagefähigkeit ins Verhältnis zur Anzahl der im Protokoll registrierten Datensätze gesetzt werden.[296] Die Entscheidung sollte nur auf Objekte fallen, deren Kapitalwert nie oder nur selten die besagte Schwelle unterschritten hat.

Die ermittelte Lösung ist nunmehr auf die Einhaltung der Liquiditäts- und Ganzzahligkeitsbedingungen[297] sowie weiterer bisher vernachlässigter Restriktionen zu überprüfen. Die *Herstellung des Zahlungsgleichgewichts* erfordert nicht nur eine Entscheidung über die Objekte mit einem positiven Vorteilhaftigkeitsgrad, sondern auch die zentrale Auswahl der entsprechenden Grenzobjekte. Zur Ermittlung der zu den vorteilhaften Objekten passenden Grenzobjekte können mit Hilfe des bereits verwendeten Ergebnisprotokolls Korrelationskoeffizienten zwischen den Vorteilhaftigkeitsindizes berechnet werden. Als geeignete Grenzobjekte erweisen sich diejenigen Objekte, die mit den als vorteilhaft befundenen Objekten stark korrelieren. Alternativ kann als Entscheidungskriterium auf die Summe der absoluten Differenzen der entsprechenden Vorteilhaftigkeitsindizes zurückgegriffen werden. Je größer diese Summe ist, um so seltener haben die beiden Objekte in der optimalen Lösung das gleiche Kapitalwertvorzeichen. Entsprechend eignen sich Objektkombinationen mit einer kleinen Differenzensumme als brauchbare Paare.

Wurden die erforderlichen Investitionsentscheidungen durch die Zentrale getroffen, können die Divisionen über das Ende und das Ergebnis des Planungsprozesses in Kenntnis gesetzt werden. Die zuletzt genutzten Lenkpreisbandbreiten sind für den Zeitraum bis zum nächsten Durchlauf des Planungsprozesses im Rahmen der rollierenden Planung als gültige dezentrale Kalkulationsgrundlage des Unternehmens zu bestätigen.[298] Der beschriebene Informationsfluß und der Ablauf der Investitions- und Finanzierungsplanung mit Hilfe der approximativen Dekomposition unter Unsicherheit sind in *Abbildung 114*[299] graphisch dargestellt.

Der mit der approximativen Dekomposition zwischen zentraler und dezentraler Planung gefundene Kompromiß ermöglicht eine lenkpreistheoretisch fundierte Lösung des Planungsproblems. Als Totalmodell fungiert ein vereinfachter linearer Optimierungsansatz, der überschaubar und mit leistungsfähiger Software lösbar ist. Dezentral werden die Objekte innerhalb der Divisionen nach dem Kapitalwertkriterium geordnet und entsprechend darüber entschieden. Das Partialmodell greift dabei auf theoretisch begründete „Knappheitspreise" zurück. Das Verfahren der approximativen Dekomposition stellt einen wirtschaftlichen Planungsprozeß dar, der den Ausgangspunkt für die Bewertung von Unternehmen bildet.

---

[296] $$SI_{Objekt} = \frac{\text{Anzahl der Unterschreitungen einer Kapitalwertschwelle}}{\text{Anzahl der protokollierten Datensätze}}.$$

[297] Vgl. hierzu ROLLBERG, Unternehmensplanung (2001), S. 180, der ein „schlichtes Auf- und Abrunden der nichtganzzahligen Ergebnisse oder [...] eine nachträgliche gemischt-ganzzahlige lineare Optimierung des ‚kleinen' Totalmodells" empfiehlt.

[298] Siehe auch ROLLBERG, Unternehmensplanung (2001), S. 180.

[299] In enger Anlehnung an BRÖSEL, Medienrechtsbewertung (2002), S. 192.

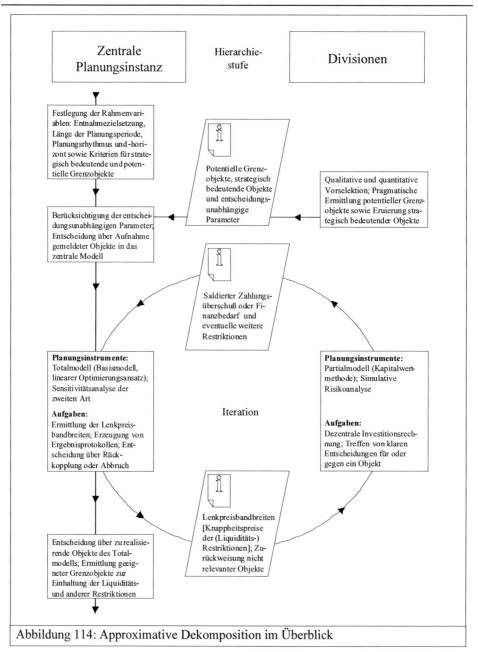

Abbildung 114: Approximative Dekomposition im Überblick

2.3.3.4.3 Verknüpfung der Unternehmensbewertung mit der approximativen Dekomposition unter Berücksichtigung von Unsicherheit

Im Anschluß an die Ausführungen zur Investitions- und Finanzierungsplanung mittels approximativer Dekomposition wird aufgezeigt, wie sich die Entscheidungswertermittlung von Unternehmen in das vorgestellte heuristische Planungsgefüge einbinden läßt. Die Unternehmensbewertung sei dabei als *zweistufiger Prozeß* dargestellt. Als *erster Schritt* ist die Zuordnung des zu bewertenden Unternehmens zur zentralen oder dezentralen Entscheidungsinstanz erforderlich; nach der Klärung der Zuständigkeit wird anschließend mit der investitionstheoretisch geleiteten Grenzpreisschätzung in einem *zweiten Schritt* die eigentliche Bewertung durchgeführt.[300]

Zuordnung der Bewertungsobjekte zur relevanten Hierarchieebene

Die Investitions- und Finanzierungsplanung erfolgte durch die Verknüpfung von Total- und Partialmodell auf zwei Hierarchieebenen. Ist eine Unternehmensbewertung erforderlich, muß deshalb in einem ersten Schritt festgestellt werden, welche Hierarchiestufe die entsprechende Entscheidungskompetenz über das Bewertungsobjekt besitzt. Für diese Zuordnung ist auf die Erkenntnisse des Abschnitts 2.3.3.3.2 zurückzugreifen: Demnach wird die Anwendbarkeit des Zukunftserfolgswertverfahrens zur Ermittlung des Entscheidungswertes beeinträchtigt, wenn sich die endogenen Lenkpreise beim Übergang vom Basis- zum Bewertungsprogramm verändern. Die Zuordnung zur zentralen oder der jeweiligen dezentralen Entscheidungsinstanz muß folglich in Abhängigkeit von der aus dem Bewertungsobjekt resultierenden „Gefahr" eines Basiswechsels und demzufolge in Anbetracht des individuellen Entscheidungsfeldes des Bewertungssubjekts erfolgen. Das zu bewertende Unternehmen ist somit insbesondere hinsichtlich seines finanziellen Volumens der entsprechenden Planungshierarchiestufe zuzuweisen.

Ist bei dem präsumtiven Erwerb oder bei der präsumtiven Veräußerung des Bewertungsobjekts voraussichtlich kein Basiswechsel bezüglich der finanziellen Grenzobjekte zu erwarten, kann die Bewertung des in Rede stehenden Unternehmens dezentral durch die Divisionen erfolgen. In den Kompetenzbereich der *Divisionen* fallen somit diejenigen „kleinen" Bewertungsobjekte, deren Erwerb oder Veräußerung „die Grenzobjekte des zentralen Simultanansatzes voraussichtlich nicht tangiert"[301]. Führt hingegen der Zu- oder Abgang des zu bewertenden Unternehmens vermutlich zu einer Umstrukturierung des zentralen Totalmodells bezüglich der finanziellen Grenzobjekte, ist eine Bewertung durch die *zentrale Entscheidungsinstanz* erforderlich. „Große" und strategisch bedeutende Unternehmen sind deshalb der zentralen Entscheidungsinstanz zuzuweisen. Da bei einer Veränderung der endogenen Lenkpreise beim Übergang vom Basis- zum Bewertungsprogramm die Methode des Zukunftserfolgswertes versagt, ist der Entscheidungswert des entsprechenden Unternehmens dort mit Hilfe eines geeigneten Totalmodells (des linearen Ansatzes zur Ermittlung des Bewertungsprogramms) zu bestimmen.

---

[300] Vgl. zu nachfolgenden Ausführungen zur Einbindung der Bewertung in das Verfahren der approximativen Dekomposition HERING, Unternehmensbewertung (2006), S. 143–148, Siehe auch HERING, Zustands-Grenzpreismodell (2000), S. 371–373, BRÖSEL, Medienrechtsbewertung (2002), S. 193–198.

[301] HERING, Unternehmensbewertung (2006), S. 143.

Im Anschluß an die Zuordnung der Bewertungsobjekte zu den hierarchischen Planungsinstanzen findet die investitionstheoretisch geleitete Grenzpreisschätzung statt. Je nachdem, ob das Bewertungsobjekt der Zentrale oder den entsprechenden Divisionen zugewiesen wurde, ist somit folgendes Vorgehen bei der Bewertung zu unterscheiden:

Investitionstheoretisch geleitete Grenzpreisschätzung der Divisionen

In Analogie zum Kapitalwertkriterium als dezentralem Planungswerkzeug im Rahmen der approximativen Dekomposition ist der Entscheidungswert des Unternehmens dezentral mit der „vereinfachten" Formel des Zukunftserfolgswertes zu ermitteln. Hierbei wird – unter Rückgriff auf die aus dem letzten Planungslauf der heuristischen Programmplanung bekannten Bandbreiten und Verteilungen der Lenkpreise sowie in Verbindung mit den die Unsicherheit offenlegenden Verfahren der Risikoanalyse (oder der Sensitivitätsanalyse) – der Zukunftserfolgswert dezentral als Dichtefunktion oder als Bandbreite berechnet. Die möglichst graphisch zu unterlegenden Informationen über die ermittelten Dichtefunktionen oder Bandbreiten der Zukunftserfolgswerte dienen anschließend den Entscheidungsträgern auf dezentraler Ebene als transparente Entscheidungsgrundlage im Verhandlungsprozeß um den Erwerb oder die Veräußerung des in Rede stehenden Unternehmens.

Investitionstheoretisch geleitete Grenzpreisschätzung der Zentrale

Im Gegensatz dazu erfolgt die zentrale Ermittlung des Entscheidungswertes unter Rückgriff auf das aus dem Investitions- und Finanzierungsplanungsprozeß vorliegende Simultanmodell, welches hierbei als Ansatz zur Ermittlung des sog. Basisprogramms dient. Den Ausgangspunkt der Berechnungen bildet das bei der letztmaligen zentralen Ermittlung der Lenkpreisbandbreiten erstellte Ergebnisprotokoll. Dieses weist für jedes innerhalb der Sensitivitätsanalyse durchgeführte Berechnungsexperiment das Optimum der Zielfunktion aus. Nunmehr ist mit Hilfe eines Bewertungsansatzes für jede Datenkonstellation und ihren korrespondierenden Zielfunktionswert ein entsprechender Grenzpreis zu ermitteln. Dabei ist das Bewertungsobjekt im Falle des präsumtiven Erwerbs in den linearen Optimierungsansatz derart zu integrieren, daß es zu einem garantierten Bestandteil des Bewertungsprogramms wird, oder im Falle der geplanten Veräußerung entsprechend nicht im zu formulierenden Optimierungsansatz aufzunehmen.

Die jeweiligen Lenkpreise des Bewertungsprogramms sind sachgerecht zu proto-kollieren.[302] Der Grenzpreis läßt sich nach einer ausreichenden Zahl von Berechnungs-experimenten als – gegebenenfalls nach Szenarien gegliederte – Bandbreite oder mögli-cherweise sogar als Dichtefunktion darstellen. Werden die protokollierten Lenkpreise des Basisprogramms mit den ebenfalls aufgezeichneten korrespondierenden Werten des Bewertungsprogramms verglichen, ergeben sich die beiden folgenden Auswertungs-möglichkeiten:

1. Sind die Bandbreiten oder Verteilungen der endogenen Lenkpreise des Basis- und des Bewertungsprogramms annähernd gleich, ist die Ermittlung des Entscheidungs-wertes als abgeschlossen zu betrachten. Die vorliegende Bandbreite oder Dichte-funktion des Entscheidungswertes gilt als approximativ zuverlässige quantitative Entscheidungsgrundlage für die zentralen Entscheidungsträger.

2. Wenn sich die Bandbreiten oder Verteilungen der endogenen Lenkpreise von Ba-sis- und Bewertungsprogramm jedoch deutlich voneinander unterscheiden, ist unter Umständen zu erwarten, daß die Unternehmensbewertung die dezentralen Investiti-ons- und Finanzierungsentscheidungen der Divisionen tangiert: Eine Änderung der Lenkpreise, die auf den möglichen Erwerb oder die mögliche Veräußerung des zu bewertenden Unternehmens zurückzuführen ist, kann sich auch auf das Investiti-ons- und Finanzierungsprogramm der Divisionen auswirken. Deshalb sind diesen die veränderten Bandbreiten der Lenkpreise mitzuteilen und entsprechende Rück-meldungen zu erbitten. Zur Protektion der zentralen Bewertung haben die dezentra-len Entscheidungsinstanzen den Schritt der approximativen Dekomposition „De-zentrale Investitionsrechnung mit Kapitalwerten" zu durchlaufen und der Zentrale die hypothetische Reaktion auf die vermeintliche Realisierung des Unterneh-menserwerbs oder der Unternehmensveräußerung hinsichtlich ihrer dezentralen In-vestitions- und Finanzierungsentscheidungen in Form von summierten Zahlungsrei-henbandbreiten oder -verteilungen zu melden. Um den Entscheidungswert präziser zu schätzen, werden die eingehenden Meldungen jeder Division durch die zentrale Ebene auf der „Rechten Seite" des simultanen Bewertungsansatzes berücksichtigt und die Grenzpreisbandbreiten oder -dichtefunktionen wiederholt ermittelt. Erge-ben sich hierbei wiederum stark veränderte Lenkpreisbandbreiten, ist eine erneute Rückkopplung notwendig. Da die Lenkpreissteuerung durch das Unsicherheitspro-blem stark überlagert wird, ist zu erwarten, daß die Divisionen ihre Entscheidungen nicht allzu oft ändern werden. Eine fortwährende Rekursion ist demzufolge un-wahrscheinlich. Als Ergebnis dieses Prozesses liegt mit der ermittelten Bandbreite oder Dichtefunktion eine investitionstheoretisch fundierte Schätzung des Entschei-dungswertes vor, die den Entscheidungsträgern in den Verhandlungssituationen eine approximativ zuverlässige quantitative Entscheidungshilfe bietet.

Das in *Abbildung 115*[303] zusammenfassend dargestellte Modell der approximativ dekomponierten Bewertung wird nachfolgend einer kritischen Würdigung unterzogen.

---

[302] Die Protokollierung soll eine Vergleichbarkeit der korrespondierenden Grenzpreise von Basis- und Bewertungsprogramm ermöglichen.

[303] In enger Anlehnung an BRÖSEL, Medienrechtsbewertung (2002), S. 198.

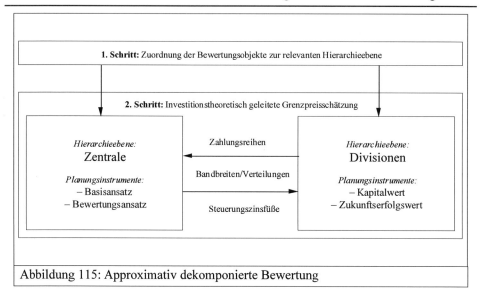

Abbildung 115: Approximativ dekomponierte Bewertung

2.3.3.4.4 Kritische Würdigung

Heuristiken generieren grundsätzlich keine optimale Lösung von Problemstellungen, zumal im offenen Entscheidungsfeld ex ante kein Optimum definiert ist. Somit erweist sich die kritische Würdigung einer Heuristik selbst als strukturdefektes Problem.[304] Die Beurteilung der Qualität der Unternehmensbewertung mit Hilfe der approximativen Dekomposition beschränkt sich insofern auf die in Abschnitt 2.3.3.2.1 formulierten *sechs Modellanforderungen*.[305]

1. *Subjekt- und Zielsystem- sowie Handlungsbezogenheit:*
   Die Investitions- und Finanzierungsplanung mittels approximativer Dekomposition und die darauf aufbauende approximativ dekomponierte Bewertung weisen sowohl zentrale als auch dezentrale Komponenten auf. Auf zentraler Ebene werden die Interessen der Eigner explizit durch die Formulierung der Zielfunktionen in den Simultanmodellen gewahrt. Da die Berücksichtigung der Ziele von Eignern in einem Partialmodell aufgrund des Dilemmas der Lenkpreistheorie die Lösung des zugehörigen Totalmodells erfordert, approximiert der Algorithmus die notwendige pretiale Lenkung durch den Informationsfluß zwischen den hierarchischen Planungs- und Entscheidungsinstanzen. Die durch das vereinfachte Totalmodell ermittelten Lenkpreise werden den Divisionen – in Form von Bandbreiten oder gegebenenfalls vorliegenden qualifizierten Annahmen über deren Verteilung – für die Berücksichti-

---

[304] Siehe BERENS, Heuristiken (1992), S. 18 und S. 24–87, sowie ROLLBERG, Unternehmensplanung (2001), S. 153 f., und HERING, Investitionstheorie (2008), S. 340.

[305] Vgl. zur kritischen Würdigung der approximativen Dekomposition HERING, Investitionstheorie (2008), S. 233 f. und S. 340 f., sowie HERING, Zustands-Grenzpreismodell (2000), S. 372 f., BRÖSEL, Medienrechtsbewertung (2002), S. 198–201, HERING, Unternehmensbewertung (2006), S. 141 f. Siehe auch BRÖSEL, Programmplanung (2001), S. 388. Siehe darüber hinaus zur hierarchischen Unternehmensplanung als Kompromiß zwischen zentralistischer Unternehmensplanung mit einem Totalmodell und dezentralistischer Unternehmensplanung mit Partialmodellen ROLLBERG, Integrierte Unternehmensplanung (2002), S. 8–18.

gung im Partialmodell zur Verfügung gestellt. Somit ist gewährleistet, daß die – unter Beachtung der Prinzipien der Gesamtbewertung, der Zukunftsbezogenheit und der Subjektivität – zentral und dezentral berechneten Entscheidungswerte der Unternehmen im Einklang mit der operationalisierten Zielsetzung der Eigner in der entsprechenden Handlungssituation stehen. Die dargestellte Heuristik erweist sich als lenkpreistheoretisch fundiert und erfüllt die erste Modellanforderung.

2. *Entscheidungsfeldbezogenheit und Grenzwertermittlung:*
Mit dem aufgezeigten Brückenschlag zwischen der approximativ dekomponierten Planung und der Unternehmensbewertung wurde eine Heuristik dargestellt, die es erlaubt, das subjektive Entscheidungsfeld des Bewertungssubjekts so weit wie möglich bei der Ermittlung des unsicheren Entscheidungswertes zu berücksichtigen. Das heuristische Verfahren stellt entsprechend eine zweckadäquate Methode zur Ermittlung der Grenze der Verhandlungsbereitschaft dar, welche hinsichtlich der im Totalmodell enthaltenen wesentlichen Restriktionen auch die zweite Modellanforderung erfüllt.

3. *Möglichkeit der Verknüpfung mit Unsicherheit offenlegenden Methoden:*
Die Einbindung der Unternehmensbewertung in die Investitions- und Finanzierungsplanung mittels approximativer Dekomposition stellt ein heuristisches Modell dar, das keinen konkreten Entscheidungsvorschlag generiert, sondern vielmehr eine Schätzung der Bandbreiten oder Dichtefunktionen der Entscheidungswerte ermöglicht, um somit den Entscheidungsträgern die aus den Bewertungsobjekten resultierenden Chancen und Risiken anschaulich darzulegen. Zur transparenten Offenlegung der in der Realität herrschenden Unsicherheit kann die heuristische Synthese von Total- und Partialmodell durch die die Unsicherheit aufdeckenden Verfahren der Sensitivitäts- und Risikoanalyse flankiert werden. Die Einbindung des Prozesses in die rollierende Planung des Bewertungssubjekts fördert darüber hinaus dessen Flexibilität und ermöglicht die Berücksichtigung zeitlicher Strukturen innerhalb der Planung. Ergebnis der approximativ dekomponierten Bewertung unter Unsicherheit ist ein investitionstheoretisch fundiert geschätzter Entscheidungswert des zu bewertenden Unternehmens als Bandbreite oder Dichtefunktion. Das vorgestellte Verfahren erfüllt somit auch die dritte Modellanforderung.

4. *Vertretbarer Informationsbeschaffungs- und Informationsverarbeitungsaufwand:*
Die sich durch das Modell bietende Möglichkeit der Dekomposition des Bewertungsproblems und die damit verbundene Delegation von Entscheidungskompetenzen auf dezentrale Hierarchieebenen bewirken eine Vereinfachung bezüglich der Schnittstelle zwischen Informationsbeschaffung und Informationsverarbeitung: Die Verarbeitung der Informationen kann dort erfolgen, wo diese anfallen oder beschafft werden. Die Anforderungen an die Planungs- und Entscheidungsinstanzen werden deshalb hinsichtlich der Informationsverarbeitung wesentlich verringert. Die Verlagerung der Entscheidungskompetenzen auf die Divisionen vermag ferner eine verstärkte Motivation der dezentralen Planungs- und Entscheidungsinstanzen hervorzurufen. Dieser Motivationsschub kann zu positiven Auswirkungen auf die Beschaffung von Informationen sowie auf die Umsetzung der getroffenen Entscheidungen in die Realität führen.[306] Die „Grundschwierigkeiten der Prognose [... sind

---

[306] Vgl. zu diesen Vorteilen LEUTHIER, Interdependenzproblem (1988), S. 206.

jedoch auch mit diesem] Verfahren nicht aus der Welt zu schaffen"[307]. Vor dem
Hintergrund der geschilderten Vorteile ist davon auszugehen, daß der Informations-
beschaffungs- und Informationsverarbeitungsaufwand in vertretbaren Grenzen gehalten werden kann und das Modell der vierten Modellanforderung genügt.[308]

5. *Rechenbarkeit der Kalküle:*

    Als Basis- und Bewertungsprogramm fungieren vereinfachte und überschaubare li-
    neare Optimierungsansätze, deren Lösung mit leistungsfähiger Software möglich
    ist. Der Umfang dieser zentral kontrollierten Totalmodelle kann während des ge-
    samten Prozesses konstant gehalten werden. Dezentral kommen die einfach „re-
    chenbaren" Partialmodelle des Kapitalwertes und des Zukunftserfolgswertes zum
    Einsatz. Zur Offenlegung der Unsicherheit können sowohl die überschaubaren To-
    talmodelle als auch die einfachen Partialmodelle mit leistungsfähigen computerge-
    stützten Verfahren kombiniert werden. Die Rechenbarkeit der Kalküle ist während
    des gesamten Bewertungsprozesses gegeben; das Modell wird somit auch der fünf-
    ten Modellanforderung gerecht.

6. *Gewährung unternehmensindividueller Entscheidungsunterstützung:*

    Die bei der approximativen Dekomposition vorhandene Verknüpfung zwischen
    zentralen und dezentralen Komponenten ermöglicht (und erfordert) sowohl bei der
    Investitions- und Finanzierungsplanung als auch bei der Bewertung von Unterneh-
    men die Unterstützung zentraler und dezentraler Entscheidungsinstanzen. In Ab-
    hängigkeit von Bedeutung und Größe des Bewertungsobjekts erfolgt die hierarchi-
    sche Zuordnung zu der entsprechenden Planungs- und Entscheidungsinstanz. Die
    auf der approximativen Dekomposition basierenden Koordinationsprozesse können
    somit die Flexibilität des Bewertungssubjekts fördern und die sechste Modellanfor-
    derung erfüllen. Trotz der möglichen Delegation von Entscheidungskompetenzen
    auf die Divisionen stellt „die Heuristik recht hohe Anforderungen an die
    Marktübersicht und Erfahrung der Mitarbeiter in der Unternehmenszentrale [...].
    Das ganze Verfahren steht und fällt vor allem mit der Qualität der zentral geschätz-
    ten"[309] Lenkpreise.

---

[307] *HERING*, Unternehmensbewertung (2006), S. 145.

[308] Vgl. ferner zu den verhältnismäßig geringen Anforderungen des Verfahrens an die Prognosequali-
       tät *HERING*, Unternehmensbewertung (2006), S. 142.

[309] *HERING*, Unternehmensbewertung (2006), S. 142.

2.3.3.5 Empirische Analyse des Einsatzes von Bewertungsverfahren zur Entscheidungswertermittlung in der Praxis

2.3.3.5.1 Eingesetzte Verfahren zur Ermittlung von Entscheidungswerten

Eine von der Wirtschaftsprüfungsgesellschaft ERNST & YOUNG unter 147 deutschen Unternehmen und 53 unternehmensnahen Personen durchgeführte Studie[310] zeigt, daß etwa die Hälfte der getätigten Transaktionen als gescheitert angesehen werden muß. Als ein wesentlicher „Erfolgskiller" wurden – neben dem schlechten Integrationsmanagement – Versäumnisse bei der Ermittlung „realistischer" Unternehmenswerte in der Phase der Transaktionsvorbereitung identifiziert. Die mangelnde Kenntnis und Anwendung theoretisch fundierter Bewertungsverfahren zur Ermittlung von Konzessionsgrenzen (Grenzpreisen oder Grenzquoten) sind demnach bedeutende Ursachen für die *beträchtliche Mißerfolgsquote* bei Unternehmenstransaktionen.

Dieses machen auch die Ergebnisse der Studie von BRÖSEL/HAUTTMANN[311] deutlich, auf die nunmehr wieder – im Hinblick auf die Entscheidungswertermittlung – eingegangen werden soll. Schon frühere Studien[312] lassen erahnen, daß die Verfahren aus der angelsächsischen Bewertungspraxis – trotz erheblicher Bedenken im Schrifttum, vor allem hinsichtlich der hierbei zugrunde gelegten Prämissen – in Deutschland immer mehr an Bedeutung gewinnen und sogar zur Entscheidungswertermittlung eingesetzt werden, obwohl der Nachweis der Untauglichkeit dieser Verfahren im theoretisch fundierten Schrifttum erbracht ist. In der vorliegenden Studie von BRÖSEL/HAUTTMANN wurde diese wachsende Popularität jedoch nicht nur wiederholt nachgewiesen, sondern es wurde vielmehr auch untersucht, wie die DCF-Verfahren von den Bewertern eingeschätzt werden, um mögliche *Gründe für deren steigende Verbreitung* (und die damit verbundene Fehlanwendung) im Rahmen der Entscheidungsfunktion herausstellen zu können.

Die grundsätzliche Bedeutung des Entscheidungswertes wird durch die Befragungsergebnisse unterstrichen, denn fast 90 % der antwortenden Unternehmen – so viel wie bei keiner anderen Funktion – bezwecken gemäß den Erhebungsdaten mit Unternehmensbewertungen die Ermittlung von Entscheidungswerten.[313] Aus theoretischer Sicht sind jedoch lediglich die in den vorangegangenen Abschnitten dargestellten *investitionstheoretisch fundierten Verfahren im Rahmen der Entscheidungswertermittlung anwendbar*, weil nur diese darauf ausgerichtet sind, Zahlungsströme wirtschaftlich zu beurteilen, um damit schließlich die Entscheidungsfindung in realen betriebswirtschaftlichen Problemstellungen – unter weitestmöglicher Berücksichtigung der Ziele und des Entscheidungsfeldes des Bewertungssubjekts – zu unterstützen.

Entgegen diesen theoretisch fundierten Erkenntnissen werden in der Praxis jedoch häufig im Rahmen der Entscheidungsfunktion Bewertungsverfahren eingesetzt, welche

---

[310] Vgl. *ERNST & YOUNG*, Handeln (2006), S. 16–21.

[311] Siehe *BRÖSEL/HAUTTMANN*, Empirische Analyse (2007).

[312] Vgl. z. B. *PEEMÖLLER/BÖMELBURG/DENKMANN*, Unternehmensbewertung (1994), S. 742 f., wobei hier nicht in Entscheidungs- und Argumentationsfunktion unterschieden wird.

[313] Vgl. die Erhebungsdaten zur Frage B1 im Anhang.

grundsätzlich *nicht* zur Entscheidungswertermittlung dienen können. Dies zeigen eindrucksvoll auch die Ergebnisse der Befragung von BRÖSEL/HAUTTMANN[314].

Welche Verfahren der Unternehmensbewertung ...	… kennen Sie?	… verwenden Sie?	… verwenden Sie zur Ermittlung von Konzessionsgrenzen?
Antwortende Unternehmen pro Teilfrage	53	53	41
Alle Prozentangaben beziehen sich auf die Zahl der antwortenden Unternehmen pro Teilfrage.			
1. Substanzwertverfahren			
1a Ermittlung des Rekonstruktionswertes	43 (81,13 %)	9 (16,98 %)	4 (9,76 %)
1b Ermittlung des Liquidationswertes	51 (96,23 %)	19 (35,85 %)	10 (24,39 %)
1c Ermittlung des Auszahlungsersparniswertes	21 (39,60 %)	3 (5,66 %)	2 (4,88 %)
2. Multiplikatorverfahren („Market Multiples Approach")			
2a Gewinn-Multiplikatorverfahren (EBIT u. ä.)	51 (96,23 %)	42 (79,25 %)	25 (60,98 %)
2b Umsatz-Multiplikatorverfahren	48 (90,57 %)	32 (60,38 %)	15 (36,59 %)
2c Verfahren mit einem anderen Multiplikator	40 (75,47 %)	21 (39,60 %)	11 (26,83 %)
2d Verfahren mit gewichtetem Multiplikator	32 (60,38 %)	11 (20,75 %)	7 (17,07 %)
3. Verfahren der börsengestützten Bewertung			
3a Methode des korrigierten Börsenwertes („Stock and Debt"-Methode)	29 (54,72 %)	9 (16,98 %)	8 (19,51 %)
3b Methode des börsennotierten Vergleichsunternehmens („Similar Public Company Approach")	39 (73,58 %)	20 (37,74 %)	14 (34,15 %)
3c Methode des Börsengangs („Initial Public Offering Approach"; IPO-Ansatz)	31 (58,49 %)	7 (13,21 %)	3 (7,32 %)
4. Verfahren der kürzlichen Akquisition („Recent Acquisitions Approach", „Comparable Acquisition Method")	36 (67,92 %)	27 (50,94 %)	16 (39,02 %)
5. Kombinierte Bewertungsverfahren			
5a Mittelwertverfahren	24 (45,28 %)	5 (9,43 %)	1 (2,44 %)
5b Verfahren der Goodwillrenten (Übergewinnverfahren, Stuttgarter Verfahren u. ä.)	34 (64,15 %)	3 (5,66 %)	1 (2,44 %)
5c Verfahren der Geschäftswertabschreibung	12 (22,64 %)	1 (1,89 %)	1 (2,44 %)
6. „Discounted Cash Flow"-Verfahren (DCF-Verfahren)			
6a „Adjusted Present Value"-Ansatz (APV-Ansatz; ein Bruttoverfahren)	34 (64,15 %)	13 (24,53 %)	7 (17,07 %)
6b „Free Cash Flow"-Verfahren	51 (96,23 %)	46 (86,79 %)	37 (90,24 %)
6c „Total Cash Flow"-Verfahren	36 (67,92 %)	13 (24,53 %)	8 (19,51 %)
6d „Flow to Equity"-Ansatz	35 (66,04 %)	16 (30,19 %)	13 (31,71 %)
7. Investitionstheoretische Verfahren			
7a Zukunftserfolgswertverfahren	28 (52,83 %)	7 (13,21 %)	2 (4,88 %)
7b Zustands-Grenzpreismodell (ZGPM) oder Zustands-Grenzquotenmodell (ZGQM)	9 (16,98 %)	1 (1,89 %)	1 (2,44 %)
7c Approximativ dekomponierte Bewertung	6 (11,32 %)	1 (1,89 %)	1 (2,44 %)
8. Residualgewinnmodelle			
8a „Market Value Added"-Verfahren (MVA-Ansatz) und „Economic Value Added"-Verfahren (EVA-Ansatz)	41 (77,36 %)	16 (30,19 %)	8 (19,51 %)
8b „Cash Value Added"-Verfahren (CVA-Ansatz) und „Cash Flow Return on Investment"-Konzept (CFROI)	32 (60,38 %)	10 (18,87 %)	5 (12,20 %)
8c „Earnings less Riskfree Interest Charge Approach" (ERIC-Konzept)	20 (37,74 %)	1 (1,89 %)	1 (2,44 %)
9. Verfahren der strategischen Bewertung (Ansätze auf Basis von Realoptionsmodellen)	20 (37,74 %)	3 (5,66 %)	2 (4,88 %)
10. Ertragswertverfahren nach IDW	42 (79,25 %)	21 (39,62 %)	13 (31,71 %)
11. Sonstige	0 (0,00 %)	0 (0,00 %)	0 (0,00 %)

Abbildung 116: Bekanntheitsgrad von Verfahren und deren Einsatz zur Bestimmung des Entscheidungswertes im Detail

---

[314] Nachstehende Ausführungen erfolgen in enger Anlehnung an oder sind teilweise entnommen aus BRÖSEL/HAUTTMANN, Empirische Analyse (2007), S. 234–238.

Den Unternehmen wurde hierzu in Tabellenform eine Liste aller gängigen Verfahren der Unternehmensbewertung vorgegeben. In diesem Zusammenhang sollten sie angeben, welche Verfahren sie kennen, grundsätzlich anwenden sowie speziell zur Ermittlung von Konzessionsgrenzen verwenden. In der *Abbildung 116*[315] werden die Antworten detailliert wiedergegeben. Das „Free Cash Flow"-Verfahren als DCF-Variante erweist sich dabei als die in der Praxis mit Abstand *populärste* Methode zur Ermittlung von Konzessionsgrenzen.

Immerhin kennt über die Hälfte (53 %) der 53 antwortenden Unternehmen von den drei investitionstheoretischen Verfahren zumindest das Zukunftserfolgswertverfahren. Von den sieben Unternehmen, welche die Auswahl der Unternehmensbewertungsmethode primär von theoretischen Überlegungen abhängig machen,[316] kennen fünf das Zukunftserfolgswertverfahren.[317] Im Hinblick auf den Einsatz der investitionstheoretischen Verfahren im Rahmen der Entscheidungsfunktion ergibt sich folgendes Bild, welches sehr bedenklich ist: Trotz der relativ hohen Bekanntheit ermitteln nur zwei Unternehmen (4,88 % der diese Teilfrage beantwortenden Unternehmen) – ein Industrieunternehmen und eine (Universal-)Bank – ihre Konzessionsgrenze mittels Zukunftserfolgswertverfahren.[318] Die anderen zwei investitionstheoretischen Verfahren bilden vom Bekanntheitsgrad her im Vergleich zu allen anderen Bewertungsverfahren die „Schlußlichter". Knapp 17 % der antwortenden Unternehmen kennen das ZGPM, etwa 11 % der antwortenden Unternehmen ist die approximativ dekomponierte Bewertung bekannt. Letzteres kann dadurch begründet sein, daß es sich hierbei um innovative Verfahren handelt, die erst im Jahre 1999 erstmalig in Veröffentlichungen zu finden sind.[319] Die approximativ dekomponierte Bewertung wird – wie auch das ZGPM – nur von der (Universal-)Bank zur Ermittlung von Konzessionsgrenzen verwendet, welche auch auf das Zukunftserfolgswertverfahren zurückgreift.

---

[315]   Quelle: *BRÖSEL/HAUTTMANN*, Empirische Analyse (2007), S. 235. Vgl. die Erhebungsdaten zur Frage C14 im Anhang.

[316]   Vgl. die Erhebungsdaten zur Frage C13 im Anhang.

[317]   Nachrichtlich: Die beiden übrigen, aus eigener Sicht primär „theoretisch ausgerichteten" Unternehmen kennen keines der drei in der Tabelle angegebenen investitionstheoretischen Verfahren.

[318]   Nachrichtlich: Nur eines dieser beiden Unternehmen ist aus eigener Sicht bei der Wahl der Bewertungsverfahren primär „theoretisch ausgerichtet".

[319]   Vgl. *HERING*, Finanzwirtschaftliche Unternehmensbewertung (1999).

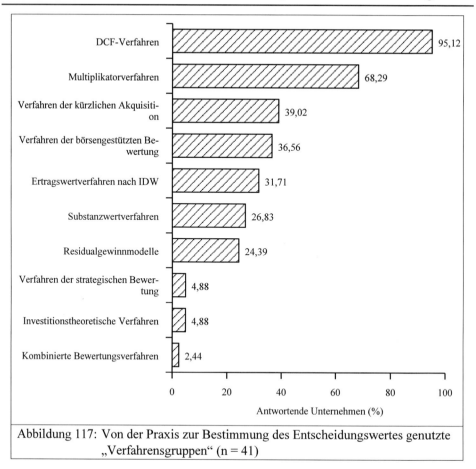

Abbildung 117: Von der Praxis zur Bestimmung des Entscheidungswertes genutzte „Verfahrensgruppen" (n = 41)

Für *Abbildung 117*[320] wurden die einzelnen Verfahren systematisch übergeordneten Methodengruppen zugeordnet. Die Abbildung zeigt somit komprimiert das in der Praxis verbreitete Vorgehen zur Bestimmung von Konzessionsgrenzen, wobei sich auch hier die Prozentangaben auf die Zahl der bezüglich dieser Frage auswertbaren Antworten (41) beziehen. Es wird dabei ersichtlich, welche geringe Bedeutung investitionstheoretische Verfahren in der Praxis haben, die nur von knapp 5 % der Antwortenden zur Entscheidungswertermittlung genutzt werden. Demgegenüber setzen etwa 95 % der Unternehmen die DCF-Verfahren und etwa 70 % sogar diverse Multiplikatorverfahren [sic!] im Rahmen dieser Funktion ein.[321] Hierbei ist zu berücksichtigen, daß Mehrfachnennungen möglich waren und viele Unternehmen konzeptionell völlig unterschiedliche Verfahren für diesen Zweck gleichzeitig anwenden. Die Ergebnisse lassen jedoch keinesfalls einen Rückschluß darauf zu, inwieweit diese Verfahren zur Entscheidungswert-

---

[320] Quelle: *BRÖSEL/HAUTTMANN*, Empirische Analyse (2007), S. 236. Vgl. wiederum die Erhebungsdaten zur Frage C14 im Anhang.

[321] Nachrichtlich: Alle sieben Unternehmen, die aus eigener Sicht bei der Wahl der Bewertungsverfahren primär „theoretisch ausgerichtet" sind, „wählten" im Hinblick auf die Bedeutung der Verfahren zur Entscheidungswertermittlung die DCF-Verfahren auf den ersten Rang.

ermittlung angewendet werden können. „Schließlich wird eine Methode nicht dadurch besser, weil andere den gleichen Fehler begehen."[322]

Um die relative (praktische) Bedeutung der Bewertungsverfahren für den Fall beurteilen zu können, daß mehrere Verfahren zur Entscheidungswertermittlung eingesetzt werden, wurden die Unternehmen gebeten, eine Rangfolge mit den aus ihrer Sicht bedeutendsten drei Verfahren zur Ermittlung von Konzessionsgrenzen zu erstellen.[323] Schließlich gibt – sofern mehrere Verfahren eingesetzt werden – die Anwendung eines Verfahrens keinen unmittelbaren Hinweis auf die Bedeutung, die dem einzelnen Verfahren zugebilligt wird. Die Auswertung der in der *Abbildung 118*[324] dargestellten Ergebnisse erfolgt wieder auf Basis der „Scoring-Methode". Die Gesamtpunktzahl wurde vor dem Hintergrund nachfolgender Auswertungen insofern relativiert, als diese jeweils ins Verhältnis zur Anzahl der antwortenden Unternehmen gesetzt wurde.[325]

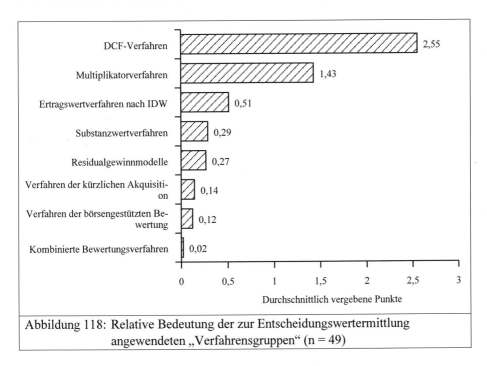

Abbildung 118: Relative Bedeutung der zur Entscheidungswertermittlung angewendeten „Verfahrensgruppen" (n = 49)

---

[322]   *KLINGELHÖFER*, Wertorientiertes Controlling (2006), S. 596.

[323]   Vgl. die Erhebungsdaten zur Frage C11 im Anhang. Demnach werden von mehr als 60 % der diese Frage beantwortenden Unternehmen „sehr häufig" oder „häufig" *mehrere* Unternehmensbewertungsverfahren zur Ermittlung von Entscheidungswerten eingesetzt.

[324]   Quelle: *BRÖSEL/HAUTTMANN*, Empirische Analyse (2007), S. 237. Vgl. die Erhebungsdaten zur Frage C15 im Anhang. Da viele Unternehmen in ihren erstellten Rangfolgen nicht die spezielle Variante einer „Methodengruppe" – z. B. Gewinn-Multiplikatorverfahren als „Spielart" der Multiplikatorverfahren – angaben, wurde bei der Auswertung nicht nach den einzelnen Varianten, sondern den „Methodengruppen" differenziert. Den Rangreihen der Unternehmen wurden dabei wie folgt Punkte zugeordnet: für die jeweils erstgenannte Verfahrensgruppe drei Punkte, für die zweitgenannte Verfahrensgruppe je zwei Punkte sowie schließlich für die dritt- und somit letztgenannten Verfahrensgruppe je ein Punkt.

[325]   Beispielsweise ergibt sich somit hinsichtlich der DCF-Verfahren: Gesamtpunktzahl (125) : Anzahl der antwortenden Unternehmen (49) = durchschnittlich vergebene Punkte (2,55).

Mit der *Abbildung 118* wird wiederum die dominierende Rolle der DCF-Verfahren innerhalb der Praxis unterstrichen. Von 49 Unternehmen, welche eine auswertbare Rangliste der bedeutendsten Verfahren zur Entscheidungswertermittlung erstellten, nahmen 45 Unternehmen die DCF-Verfahren in diese auf. Insgesamt finden sich die DCF-Verfahren allein bei 37 Unternehmen auf dem ersten Rang der bedeutendsten Verfahren zur Entscheidungswertermittlung wieder.[326] Hinsichtlich der investitionstheoretischen Verfahren ist zu konstatieren, daß diese in den Ranglisten der antwortenden Unternehmen zur Entscheidungswertermittlung grundsätzlich keine Berücksichtigung finden.

Überraschend ist zudem, daß die *Multiplikatormethoden* hinsichtlich ihrer Bedeutung bei der Entscheidungswertermittlung den zweiten (Gesamt-)Rang einnehmen. Die Beliebtheit der Multiplikatormethoden kann etwa durch das damit verbundene einfache Vorgehen sowie die dafür erforderlichen geringen Informationen erklärt werden. Da zudem die Größe des Bewertungsobjekts für die Befragungsteilnehmer ein wichtiges Kriterium[327] bei der Auswahl der Bewertungsmethode darstellt, ist darüber hinaus anzunehmen, daß Bewertungssubjekte bei relativ unbedeutenden Transaktionen zu diesem theoretisch unfundierten Bewertungswerkzeug greifen. Entsprechend wird in der Literatur darauf verwiesen, daß Multiplikatormethoden vor allem zur Bewertung kleinerer Unternehmen herangezogen werden.[328] Das Multiplikatorverfahren wird zudem aufgrund der damit verbundenen Anspruchslosigkeit in der Anwendung in weiten Teilen der Praxis als ein für bestimmte Branchen gut geeignetes Verfahren angesehen. Die Bedeutung dieses Bewertungsverfahrens korrespondiert somit auch mit der Bedeutung des Kriteriums „Branchenzugehörigkeit des Bewertungsobjekts", das für viele Unternehmen bei der Methodenwahl eine große Rolle spielt.

Insgesamt haben 38 der hier antwortenden 49 Unternehmen die Multiplikatorverfahren in ihre Rangliste der bedeutendsten drei Verfahren zur Entscheidungswertermittlung aufgenommen, davon vier Unternehmen auf dem ersten, 24 Unternehmen auf dem zweiten sowie zehn Unternehmen auf dem dritten Rang. Trotz ihrer Popularität ist ein Einsatz im Rahmen der Entscheidungsfunktion *nicht* sinnvoll, weil Multiplikatorverfahren auf zahlreichen Vereinfachungen sowie Vergangenheitsgrößen basieren und sowohl den Subjekt- als auch den Zukunftsbezug gänzlich vernachlässigen. Ein Unternehmen, das die Multiplikatorverfahren auf dem dritten Platz seiner Rangliste aufführte, vermerkte im Fragebogen, daß es die Multiplikatorverfahren auch nur „zur ersten Indikation" anwende.

Im Hinblick auf die vorherige Auswertung kann festgestellt werden,[329] daß das Ertragswertverfahren nach IDW zwar nur von knapp 32 % der antwortenden Unterneh-

---

[326] Nachrichtlich: Die DCF-Verfahren nehmen zudem innerhalb der Ranglisten der Unternehmen sechs Mal den zweiten Rang und zwei Mal den dritten Rang ein. Neben den DCF-Verfahren finden sich die Multiplikatorverfahren vier Mal auf dem ersten Rang wieder, das Ertragswertverfahren nach IDW ist von drei Unternehmen als das zur Entscheidungswertermittlung bedeutendste Verfahren eingestuft worden. Zudem wurden das Substanzwertverfahren und die Residualgewinnmodelle von jeweils zwei Unternehmen sowie das Verfahren der kürzlichen Akquisition von einem Unternehmen auf dem ersten Rang plaziert.

[327] Vgl. die Bedeutung der Kriterien „Informationen, die über das Bewertungsobjekt vorliegen", „Größe des Bewertungsobjekts" und „Branchenzugehörigkeit des Bewertungsobjekts" hinsichtlich der Wahl des Bewertungsverfahrens innerhalb der Erhebungsdaten zur bereits ausgewerteten Frage C4 im Anhang.

[328] Vgl. *KUHNER/MALTRY*, Unternehmensbewertung (2006), S. 268.

[329] Vgl. die Erhebungsdaten zur Frage C14 im Anhang.

men zur Entscheidungswertermittlung herangezogen wird, es allerdings hinsichtlich der relativen Bedeutung als drittwichtigstes Verfahren in der Praxis anzusehen ist. Das Ertragswertverfahren nach IDW haben 13 Unternehmen in ihren Ranglisten berücksichtigt, davon drei Unternehmen auf dem ersten, sechs Unternehmen auf dem zweiten sowie vier Unternehmen auf dem dritten Rang. Beim Ertragswertverfahren nach IDW handelt es sich um ein auf dem Barwertkalkül basierendes Verfahren, dem jedoch streng typisierte Annahmen zugrunde liegen. Das IDW hat sog. Grundsätze zur Durchführung von Unternehmensbewertungen erarbeitet, mit welchen sich ausführlich im fünften Kapitel dieses Buches befaßt wird und die für Unternehmensbewertungen durch Wirtschaftsprüfer, welche (freiwilliges) Mitglied im IDW sind, faktisch als verbindlich gelten. Im Hinblick auf dieses Verfahren ist zu berücksichtigen, daß nach standesüblichem Selbstverständnis die eigentliche Basisfunktion des Wirtschaftsprüfers in der Ermittlung „objektivierter" Unternehmenswerte – und nicht in der Ermittlung individueller Entscheidungswerte – liegt. Zudem erfolgt die Ermittlung des vermeintlichen Entscheidungswertes i. d. R. erst in einem zweiten Bewertungsschritt, also nach der Bestimmung und auf Basis des „objektivierten" Unternehmenswertes. Dabei müssen nach den Vorgaben des IDW Prämissen und Typisierungen berücksichtigt werden, die einen Verstoß gegen das Subjektivitätsprinzip (oder zumindest bedeutende Beeinträchtigungen dieses Prinzips) darstellen.

Es scheint insgesamt jedoch der Fall zu sein, daß nicht nur Wirtschaftsprüfer nach den Richtlinien des IDW Bewertungen durchführen, denn von den zwölf Unternehmen, die das Ertragswertverfahren nach IDW in ihren Ranglisten der bedeutendsten Verfahren zur Entscheidungswertermittlung berücksichtigten,[330] gaben zwei an, Unternehmensbewertungen ausschließlich durch eigene Mitarbeiter durchführen zu lassen; acht weitere dieser zwölf Unternehmen offenbarten, Unternehmensbewertungen vornehmlich durch eigene Mitarbeiter durchführen zu lassen und nur vereinzelt auf externe Berater zurückzugreifen.

In der zusammengefaßten Rangliste sind auf dem fünften Platz die *Residualgewinnmodelle* zu finden. Dies überrascht insofern, als es sich hierbei – abgesehen von der in der Theorie nachgewiesenen Untauglichkeit ihrer Prämissen zur Entscheidungswertermittlung – nicht einmal um originäre Unternehmensbewertungsmodelle, sondern um vermeintliche Unternehmenssteuerungsmodelle handelt. Als einziges Unternehmen gab die bereits mehrfach benannte Universalbank an, alle in der Tabelle aufgeführten Verfahren zur Bestimmung von Konzessionsgrenzen zu verwenden, wobei sie die Residualgewinnmodelle für die bedeutendsten Verfahren der Ermittlung von Entscheidungswerten hält.

Bezüglich der Ergebnisse zu den bedeutendsten Verfahren zur Entscheidungswertermittlung soll nun beleuchtet werden, ob sich die Bedeutung der Verfahren aus Sicht der „aktiveren" Unternehmen von der Bedeutung der Verfahren aus Sicht der „weniger aktiven" Unternehmen unterscheidet. Als „aktivere" Unternehmen sollen jene gelten, die in den letzten drei Jahren ein Transaktionsvolumen von über 500 Mio. Euro realisierten[331] und in diesem Zeitraum zugleich mehr als zehn Transaktionen durchgeführt

---

[330] Der Anteil grenzüberschreitender Transaktionen liegt bei diesen zwölf Unternehmen mit 46,5 % unter dem Durchschnitt aller antwortenden Unternehmen (54,7 %). Vgl. die Erhebungsdaten zur Frage B8 im Anhang.

[331] Vgl. die Erhebungsdaten zur Frage B7 im Anhang.

haben.[332] Im Rahmen der Befragung erfüllen 17 Unternehmen beide Kriterien („Transaktionsvolumen" und „Anzahl durchgeführter Bewertungen"), was bei diesen eine größere „Professionalität" hinsichtlich von Unternehmensbewertungen erwarten läßt. Zu dieser Gruppe gehören neben neun Industrieunternehmen unter anderem auch zwei Banken und eine Versicherung. Der Anteil der grenzüberschreitenden Transaktionen dieser 17 „aktiveren" Unternehmen liegt mit durchschnittlich 66,79 % deutlich über dem Durchschnitt aller Unternehmen (54,7 %),[333] was zudem auf eine größere Erfahrung im Hinblick auf die internationale Bewertungspraxis schließen läßt, aber auch zu einem größeren Einfluß internationaler Entwicklungen (und somit zu Fehlentwicklungen) führen kann.

In *Abbildung 119*[334] werden die innerhalb der Ranglisten zu den bedeutendsten Verfahren zur Ermittlung von Entscheidungswerten durch die „aktiveren" Unternehmen durchschnittlich vergebenen Punkte mit denen der „weniger aktiven" Unternehmen verglichen, um festzustellen, ob diese mutmaßlich professionelleren Unternehmen die Unternehmensbewertungsmethoden anders einschätzen als die anderen Unternehmen. Innerhalb dieser Abbildung können Verfahrensgruppen identifiziert werden, die bei den „aktiveren" (und gleichzeitig „internationaler ausgerichteten") Unternehmen eine weitaus höhere Bedeutung haben als bei den „weniger aktiven" Unternehmen. Hierzu zählen mit den DCF-Verfahren, den Residualgewinnmodellen und den Verfahren der kürzlichen Akquisition vor allem die „moderneren" angelsächsischen Verfahren. Ebenso gut lassen sich jene Verfahrensgruppen erkennen, die hingegen bei den „aktiveren" Unternehmen eine weitaus geringere Bedeutung als bei den „weniger aktiven" Unternehmen haben. Hierzu zählen vor allem die Multiplikatorverfahren und die Substanzwertverfahren. Daß insbesondere die Multiplikatorverfahren bei den 17 mutmaßlich professionellsten Unternehmen weniger Beachtung finden, kann als Anzeichen gedeutet werden, daß diese deren Schwächen bereits erkannt haben und/oder diese im „internationalen Geschäft" eine geringere Berücksichtigung finden. Allerdings sind auch die nachrückenden „moderneren" Verfahren angelsächsischer Prägung *nicht* zur Entscheidungswertermittlung geeignet.

---

[332]   Vgl. die Erhebungsdaten zur Frage B6 im Anhang.
[333]   Vgl. die Erhebungsdaten zur Frage B8 im Anhang.
[334]   Quelle: BRÖSEL/HAUTTMANN, Empirische Analyse (2007), S. 238.

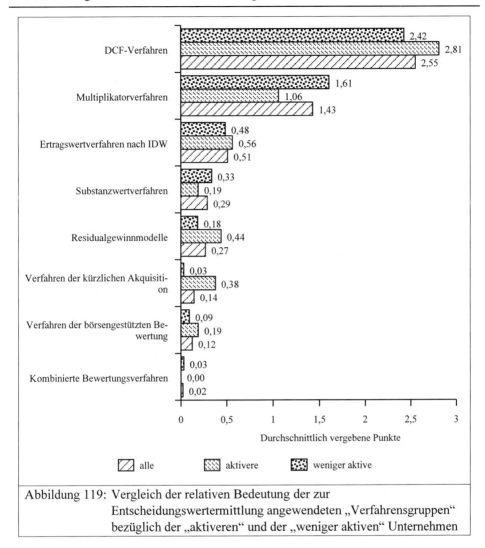

Abbildung 119: Vergleich der relativen Bedeutung der zur
Entscheidungswertermittlung angewendeten „Verfahrensgruppen"
bezüglich der „aktiveren" und der „weniger aktiven" Unternehmen

Soziale Bewährtheit[335] zeichnet sich schlicht durch Nachahmung aus. Dies meint also den viel zitierten Herdentrieb[336], welcher z. B. Ende der 1990er Jahre einer der Gründe für die „Spekulationsblase" an den internationalen Finanzmärkten war. Für die Herleitung von Entscheidungswerten sei der Praxis angeraten, sich nicht von den eventuell „sperrig klingenden" Namen der investitionstheoretischen Bewertungsverfahren, wie dem Zustands-Grenzpreismodell oder dem Verfahren der approximativ dekomponierten Bewertung, abschrecken zu lassen und diese den DCF-Verfahren vorzuziehen. Denn die DCF-Methoden sind – dies sei als Memento wiederholt – zur Ermittlung von Entscheidungswerten ungeeignet.

---

[335] Vgl. CIALDINI, Überzeugen (2010), S. 155–214.
[336] Siehe hierzu ZHU, Herdenverhalten (2009).

2.3.3.5.2 Analyse möglicher Gründe für die Beliebtheit der DCF-Verfahren zur Entscheidungswertermittlung

Insgesamt stellte sich bei der Auswertung[337] heraus, daß die DCF-Verfahren in der deutschen Bewertungspraxis dominieren. Die investitionstheoretischen Verfahren kommen – trotz ihrer Überlegenheit aufgrund der theoretischen Fundierung – hingegen kaum zur Anwendung. Theoretische Fundierung stellt für das Gros der antwortenden Unternehmen bedenklicherweise auch kein relevantes Kriterium bei der Wahl des Bewertungsverfahrens dar. Die Bedeutung der „moderneren" angelsächsischen Verfahren ist zudem bei den „aktiveren" Unternehmen größer als bei den „weniger aktiven" Unternehmen.

Um die Gründe für die Beliebtheit der DCF-Verfahren zu ermitteln, wurden die Unternehmen gebeten, zu verschiedenen Aspekten, welche diese Verfahren betreffen, Stellung zu beziehen. Wesentliche Ergebnisse hierzu sind in der *Abbildung 120*[338] dargestellt.

Eigenschaften der DCF-Verfahren:	ist für mich kei- ne Eigen- schaft der DCF-Ver- fahren	ist ein Vorteil	ist ein Nachteil	spielt kei- ne Rolle	weiß nicht	Nennun- gen
Internationalität	1 1,75 %	51 89,48 %	0 0,00 %	5 8,77 %	0 0,00 %	57
Zukunftsorientierung	2 3,51 %	55 96,49 %	0 0,00 %	0 0,00 %	0 0,00 %	57
fehlende investitionstheoretische Fundierung	9 16,07 %	1 1,79 %	5 8,93 %	39 69,64 %	2 3,57 %	56
kapitalmarkttheoretische Fundierung der DCF-Verfahren	2 3,51 %	27 47,37 %	3 5,26 %	24 42,11 %	1 1,75 %	57
Ableitung der Cash-flows aus den Jahresabschlüssen und damit verbundene bilanzpolitische Beeinflussungsmöglichkeit	5 8,77 %	5 8,77 %	24 42,11 %	23 40,35 %	0 0,00 %	57
Uneinheitliche Definition der Cash-flows in der Literatur	3 5,26 %	2 3,51 %	25 43,86 %	27 47,37 %	0 0,00 %	57
Ableitung der Kalkulationszinsen aus dem Kapitalmarkt	5 8,77 %	31 54,38 %	8 14,04 %	11 19,30 %	2 3,51 %	57
fehlende Verfügbarkeit von Marktdaten	8 14,54 %	0 0,00 %	27 49,09 %	18 32,73 %	2 3,64 %	55
Komplexität der DCF-Verfahren	4 7,02 %	2 3,51 %	12 21,05 %	39 68,42 %	0 0,00 %	57

Abbildung 120: Beurteilung einzelner Aspekte der DCF-Methoden

---

[337] Nachstehende Ausführungen erfolgen in enger Anlehnung an oder sind teilweise entnommen aus BRÖSEL/HAUTTMANN, Empirische Analyse (2007), S. 293–298.

[338] Quelle: BRÖSEL/HAUTTMANN, Empirische Analyse (2007), S. 294. Vgl. die Erhebungsdaten zur Frage C19 im Anhang. Die Prozentangaben beziehen sich jeweils auf die Anzahl der Nennungen. Eine Mehrfachnennung ergab sich hinsichtlich des Aspekts „Ableitung der Cash-flows aus den Jahresabschlüssen und damit verbundene bilanzpolitische Beeinflussungsmöglichkeit". Dieser Aspekt wurde von einem Unternehmen sowohl als Vorteil als auch als Nachteil gesehen.

Den DCF-Methoden kommt in der internationalen Bewertungspraxis die überragende Bedeutung zu.[339] Fast 90 % der antwortenden Unternehmen bewerten die Internationalität dieser Methoden als Vorteil. Selbst 13 der 17 Unternehmen, deren M&A-Schwerpunkt ausschließlich in Deutschland liegt, sehen in der internationalen Verbreitung einen Vorteil. Dies legt den Schluß nahe, daß die Popularität der DCF-Verfahren sich auch aus einer gewissen Modeabhängigkeit ergibt. Viele Unternehmen verwenden womöglich die DCF-Verfahren zur Entscheidungswertermittlung, weil diese eben gerade „en vogue" sind oder weil sie aufgrund ihrer angelsächsischen Herkunft als besonders glaubwürdig (und geeignet) empfunden werden. Die mit den DCF-Verfahren verbundene Zukunftsbezogenheit war derjenige Aspekt, der als einziger fast einstimmig als Vorteil gesehen wurde.

Zu berücksichtigen ist jedoch, wie bereits ausgeführt, daß die DCF-Verfahren nicht den investitionstheoretischen Bewertungsverfahren zuzuordnen sind, sondern den kapitalmarkttheoretischen, welche auf den Erkenntnissen der neoklassischen Finanzierungstheorie fußen. Diese Zuordnung der DCF-Verfahren ist fundamental für deren Verständnis, denn finanzierungstheoretische Modelle sind Erklärungsmodelle und keine Entscheidungsmodelle. Mit ihnen sollen und können keine subjektiven Unternehmenswerte ermittelt werden. Ziel ist vielmehr die Simulation von Marktwerten oder von objektiven Marktpreisen; schon deswegen sind die DCF-Verfahren zur Ermittlung subjektiver Konzessionsgrenzen grundsätzlich ungeeignet. Auch wenn 47,37 % der antwortenden Unternehmen die kapitalmarkttheoretische Fundierung als Vorteil der DCF-Methoden erachten, kann dies nicht über die Tatsache hinwegtäuschen, daß es sich bei diesen schlicht um Verfahren handelt, deren Modellannahmen realitätsfremd und teilweise auch inkonsistent miteinander verknüpft sind.

Von den 27 der Unternehmen, welche die kapitalmarkttheoretische Fundierung als vorteilhaft beurteilen, halten wiederum sieben die *fehlende investitionstheoretische Fundierung* nicht für eine Eigenschaft der DCF-Verfahren; diese sieben Unternehmen unterliegen vermutlich dem in der Literatur weit verbreiteten Mißverständnis: Zwar basieren DCF-Verfahren – ebenso wie investitionstheoretische Partialmodelle – auf dem Gegenwartswert- oder Barwertkalkül, allerdings beruhen die DCF-Verfahren deshalb noch lange nicht auf investitionstheoretischen Modellen, wie z. B. dem Kapitalwertmodell. Die richtige Verortung der DCF-Verfahren scheint in der Praxis jedoch eher von untergeordneter Bedeutung zu sein, denn für 42,11 % sowie für 69,64 % der Unternehmen spielt die kapitalmarkttheoretische sowie die investitionstheoretische Fundierung überhaupt keine Rolle. Die Ignoranz gegenüber theoretischer Fundierung wurde bereits innerhalb der Auswertungen zur Frage verdeutlicht, inwiefern sich die Unternehmen bei der Wahl von Methoden von theoretischen Überlegungen leiten lassen.

Grundsätzlich werden im Rahmen der DCF-Methoden sog. Cash-flows als Zähler verwendet. Diese werden gewöhnlich aus dem Jahresüberschuß abgeleitet, weshalb eine bilanzpolitische Beeinflussung der Cash-flows mittelbar möglich ist. Diese Ableitung und die somit bestehende *Möglichkeit der bilanzpolitischen Beeinflussung der Cash-flows* wurden von einer knappen Mehrheit der Unternehmen als Nachteil bewertet, wobei ein Unternehmen dies sowohl als Nachteil als auch als Vorteil ansieht. So ist es denkbar, daß dieses Unternehmen die Beeinflussung für andere Aufgaben der Unterneh-

---

[339] Vgl. *HÖLSCHER*, Unternehmensbewertung (1998), S. 261–263.

mensbewertung, z. B. für Argumentationszwecke, als Vorteil ansieht.[340] Im Hinblick auf die Ermittlung von vermeintlichen Entscheidungswerten mittels DCF-Verfahren ist darüber hinaus bedenklich, daß *keine einheitliche Definition von Cash-flows* existiert. 47,37 % der Unternehmen halten diese Unschärfe des Cash-flow-Begriffs jedoch für unerheblich.

Trotz aller entscheidungstheoretischen Bedenken, die hinsichtlich der Ableitung der Kalkulationszinsfüße für das DCF-Verfahren mit dem Rückgriff auf den Kapitalmarkt bestehen, erachten nur etwa 14 % der antwortenden Unternehmen die *Ableitung der Kalkulationszinsen aus dem Kapitalmarkt* für nachteilig, über 50 % der Unternehmen begrüßen diese Ableitung sogar. Die *fehlende Verfügbarkeit von Marktdaten* wird hingegen von den Unternehmen als der größte Nachteil der DCF-Verfahren gesehen. Zu den zur Ermittlung der Kalkulationszinssätze benötigten Daten zählen z. B. die Beta-Faktoren. Diese werden nicht nur für einzelne große börsennotierte Unternehmen von Informationsdiensten und Finanzdienstleistern angeboten, sondern auch nivellierend für ganze Branchen. Wird ein Bewertungsobjekt nicht an der Börse gehandelt, verweisen die Vertreter der Ansätze meist auf Vergleichswerte für ähnliche Unternehmen oder Branchen. Die Beta-Faktoren für ganze Branchen gelten in Deutschland als wenig stabil und weichen oft erheblich von den Betas einzelner Unternehmen ab.[341]

Die DCF-Verfahren beruhen auf einer Fülle von Vereinfachungen, die besonders bei den zugrunde liegenden Prämissen sichtbar werden. Die grundlegenden Einwände werden zwar deutlich in der Literatur geäußert, jedoch werden auch immer spezifischere und komplexere Ansätze konstruiert, sodaß die Auseinandersetzung mit den DCF-Methoden häufig einer „art pour l'art" gleicht.[342] In der Praxis wird die damit verbundene *Komplexität der DCF-Verfahren* überwiegend gleichgültig in Kauf genommen, denn fast 70 % der antwortenden Unternehmen gaben an, daß die Komplexität keine Rolle spiele.

Schließlich ist anzumerken, daß häufig – auch bei kontroversen Aspekten – die Antwort „spielt keine Rolle" gewählt wurde. Dies läßt vermuten, daß es vielen Unternehmen schwer gefallen ist, die Eigenschaften der DCF-Verfahren zu beurteilen. Ursachen könnten sein, daß sich einige Unternehmen mit der kapitalmarkttheoretischen Basis dieser Verfahren nicht auseinandersetzen und die Popularität der DCF-Methoden Merkmale eines Mode-Phänomens aufweist. Diese mangelnde Reflektion der theoretischen Basis der DCF-Verfahren kann auch als Unbekümmertheit ausgelegt werden. Eine solche ist jedoch bedenklich, weil zweckorientiert ermittelte Unternehmenswerte die Basis erfolgreicher Transaktionen sind.

---

[340] Nachrichtlich: Das Unternehmen hat entsprechend auch bei der Frage C6 angegeben, eine entsprechende Beeinflussung praktiziert zu haben.

[341] Vgl. BALLWIESER, Unternehmensbewertung (2011), S. 99.

[342] Vgl. HERING, Atmende Finanzierung (2005), S. 199.

2.3.3.5.3 Berücksichtigung von Risiken bei der Ermittlung von Entscheidungswerten

Bei den investitionstheoretischen Verfahren der Unternehmensbewertung ist – ebenso wie bei den DCF-Methoden und dem Ertragswertverfahren nach IDW – eine der schwierigsten Aufgaben die Prognose zukünftiger finanzieller Überschüsse. Diese sind unsicher und ihre Unsicherheit nimmt zu, je länger sich der Prognosezeitraum erstreckt.[343] Die Unsicherheit zukünftiger Zahlungen wird in der Unternehmensbewertung häufig mit dem Begriff „Risiko" gleichgesetzt,[344] was einer wirkungsbezogenen Risikoauffassung entspricht. Vor dem Hintergrund der Unsicherheitsberücksichtigung im Rahmen der Unternehmensbewertung wurden die Unternehmen befragt, in welcher Form sie sich das Ergebnis einer Entscheidungswertermittlung wünschen. Die Ergebnisse sind in *Abbildung 121*[345] dargestellt.

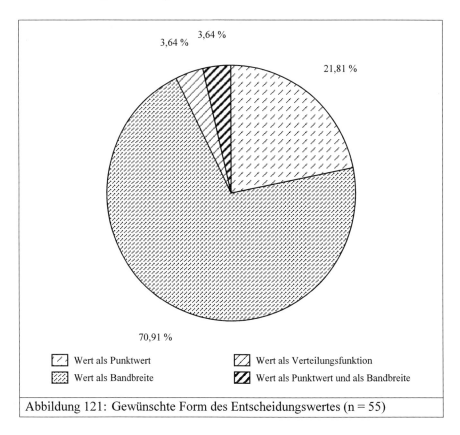

Abbildung 121: Gewünschte Form des Entscheidungswertes (n = 55)

---

[343] Vgl. *MANDL/RABEL*, Unternehmensbewertung (1997), S. 211.

[344] Vgl. *MANDL/RABEL*, Unternehmensbewertung (1997), S. 212.

[345] Quelle: *BRÖSEL/HAUTTMANN*, Empirische Analyse (2007), S. 296. Vgl. die Erhebungsdaten zur Frage C18 im Anhang.

Über 70 % der 55 antwortenden Unternehmen (konkret 39) wünschen sich den Unternehmenswert als Bandbreite. Zwölf Unternehmen, also fast 22 %, präferieren den Entscheidungswert ausschließlich als Punktwert. Zwei der Unternehmen (3,64 %) möchten den Entscheidungswert sowohl im Sinne eines Punktwertes als auch als Bandbreite zur Verfügung gestellt bekommen. Die übrigen zwei antwortenden Unternehmen bevorzugen den Entscheidungswert als Verteilungsfunktion.

Wie die Ergebnisse der Befragung zeigen, werden Entscheidungswerte als Bandbreiten von den befragten Unternehmen mit großer Mehrheit bevorzugt. Um die Bereiche von Entscheidungswerten transparent darstellen zu können, eignen sich besonders die bereits dargestellten Verfahren der Risiko- und der Sensitivitätsanalyse, welche zur Entscheidungswertermittlung mit investitionstheoretischen Bewertungsmodellen kombiniert werden sollten. Eine solche Bandbreite ergibt sich somit durch die Berechnung des Wertes mit ein und demselben Verfahren, welches im Hinblick auf die Entscheidungswertermittlung ein investitionstheoretisches Modell sein sollte, mit verschiedenen als möglich erachteten Eingangsdatenkombinationen.

Da von mehr als 60 % der Unternehmen „sehr häufig" oder „häufig" *mehrere Bewertungsverfahren* zur Entscheidungswertermittlung eingesetzt werden,[346] ist zu befürchten, daß die gewünschte Bandbreite sich aus den unterschiedlichen Ergebnissen verschiedener Bewertungsverfahren ergibt. In diesem Zusammenhang sei nochmals darauf hingewiesen, daß die Ermittlung von verschiedenen Werten mit verschiedenen Bewertungsverfahren, die mehr oder weniger (oder gar nicht) zur Ermittlung von Entscheidungswerten dienlich sein können, und deren (graphische) Abbildung als Bandbreite kein sinnvolles Vorgehen darstellt: Ein solcher Methodenpluralismus deckt weder die Unsicherheit auf, noch dient es der Entscheidungsunterstützung. Dieses Vorgehen verdeutlicht nur die bestehende Unsicherheit im Hinblick auf die Anwendung des „richtigen" Verfahrens, aber bildet keinesfalls die Unsicherheit der Zukunft sachgerecht ab.

Die bisher thematisierten Risiken resultierten aus der Prognose zukünftiger Ereignisse. Zwar sollten bei der Bewertung finanzielle Überschüsse nicht einfach auf Basis von Vergangenheits- und Ist-Daten hochgerechnet werden, jedoch bedeutet dies nicht, daß eine Vergangenheits- und Lageanalyse unnötig ist. Eine solche Analyse ist gewöhnlich Basis der Bewertung und erfolgt mit Hilfe von sog. *Due-Diligence-Reviews*, bei denen im Zusammenhang mit Unternehmenstransaktionen detailliert Daten erfaßt und ausgewertet werden, um die mit der Transaktion verbundenen Risiken abschätzen zu können. Die im Rahmen dieser „Reviews" aufgedeckten Risiken verschieben die Akzentuierung des oben eingeführten Risikobegriffs und legen eine ursachenorientierte Risikoauffassung nahe.[347]

„Due-Diligence-Reviews" erfolgen nicht nur bei Akquisitionen ganzer Unternehmen, sondern auch beim Erwerb von (beträchtlichen) Unternehmensanteilen oder bei geplanten Fusionen und Spaltungen.[348] Bestehend aus mehreren „Teilreviews" soll die „Due Diligence" dem Bewertungssubjekt ein umfassendes Gesamtbild über das potentielle Investitionsobjekt vor allem in finanzieller, (steuer-)rechtlicher, organisatorischer

---

[346]   Dieses Ergebnis wird mit den Antworten zur Frage C11 belegt.
[347]   Eine Risikodefinition, welche die ursache- und die wirkungsbezogenen Dimensionen vereint, findet sich z. B. bei DIEDERICHS, Risikomanagement (2010), S. 10.
[348]   Vgl. GANZERT/KRAMER, Due Diligence (1995), S. 577.

und ökologischer Hinsicht vermitteln.[349] Eine besondere Bedeutung hat in diesem Zu-sammenhang die sog. *Financial Due Diligence*, deren Gegenstand die Analyse vergan-gener und gegenwärtiger Finanzdaten des Unternehmens, insbesondere aus den Jahres-abschlußunterlagen, und seines Umfelds ist. Wie schon ausführlich dargelegt wurde, vollzieht sich die Entscheidungswertermittlung in mehrdimensionalen Konfliktsituatio-nen. „Due-Diligence-Reviews" stellen dabei ein Instrument dar, mit dessen Hilfe mögli-che Einigungsbereiche für zahlreiche konfliktlösungsrelevante Sachverhalte aufgezeigt werden können. So bildet die „Due Diligence" meist die Grundlage für die bereits be-schriebenen Zusicherungen von Garantien, welche Investoren gegen Risiken nach der Unternehmenstransaktion absichern soll.

Die Unternehmen wurden schließlich gefragt, in welchem Prozentsatz sie *Verhand-lungen um den Kauf, den Verkauf, die Fusion oder die Spaltung nach einer „Due Dili-gence" abbrechen*.[350] Im Durchschnitt erfolgt dies bei 36,71 % der antwortenden Unter-nehmen; vermutlich, weil die aufgedeckten Risiken das Bewertungsobjekt „in einem anderen Licht" erscheinen lassen. Die angeschriebenen Unternehmen wurden außerdem gefragt, in wieviel Prozent der Fälle im Anschluß an die „Due Diligence" eine Unter-nehmensbewertung durchgeführt wird, falls die Verhandlungen nicht abgebrochen wur-den.[351] In durchschnittlich 89,41 % der Fälle erfolgt eine Unternehmensbewertung. Für den Fall, daß zwar die Verhandlungen weitergeführt werden, jedoch keine Unterneh-mensbewertung im Anschluß an eine „Due Diligence" erfolgt, verwiesen die jeweiligen Unternehmen darauf, daß entweder zu 75 % Plausibilitätsüberlegungen zur Abschät-zung der Kaufpreisbandbreite oder zu 25 % intuitive Entscheidungen über die Annahme des Angebotes erfolgen. In Anbetracht der von den Unternehmen alternativ verwende-ten Verfahren zur Entscheidungswertermittlung, welche größtenteils nicht auf einer in-vestitionstheoretischen Basis beruhen, wird so zumindest ein Kosten-Nutzen-Postulat erfüllt. Schließlich ist es mehr als fraglich, ob die Ergebnisse der kapitalmarkttheoreti-schen und von anderen – aus theoretischer Sicht in gleicher Weise – zur Entscheidungs-wertermittlung ungeeigneten Verfahren eine höhere Entscheidungsnützlichkeit im Ver-gleich zu Plausibilitätsüberlegungen, mit denen die Kaufpreisbandbreite abgeschätzt wird, oder zu einer intuitiven Entscheidung über die Annahme des Angebotes aufwei-sen.

---

[349] Zu den einzelnen „Teilreviews" vgl. BERENS/HOFFJAN/STRAUCH, Durchführung (2011).
[350] Vgl. die Erhebungsdaten zur Frage B2 im Anhang.
[351] Vgl. die Erhebungsdaten zur Frage B3 im Anhang.

2.4   Ausgewählte Probleme bei der Entscheidungswertermittlung

Nachdem im Abschnitt 2.2 die Ermittlung mehrdimensionaler Entscheidungswerte thematisiert und im Abschnitt 2.3 die allgemeinen Möglichkeiten zur Ermittlung eindimensionaler Entscheidungswerte analysiert wurden, werden im jetzigen Abschnitt 2.4 ausgewählte Probleme der Entscheidungswertermittlung betrachtet. Zuerst (Abschnitt 2.4.1) werden spezielle Varianten des Zukunftserfolgswertes als Entscheidungswert aufgezeigt. Im Abschnitt 2.4.2 wird dargestellt, warum das ZGPM besonders für die Entscheidungswertermittlung von kleinen und mittleren Unternehmen geeignet ist. Die folgenden Abschnitte stellen dann die durch Änderungen im Zielsystem (Abschnitt 2.4.3) und im Entscheidungsfeld (Abschnitt 2.4.4) hervorgerufenen Auswirkungen auf den Entscheidungswert an transparenten Zahlenbeispielen dar. Hierzu wird auf das ZGPM zurückgegriffen. Bevor schließlich in Abschnitt 2.4.6 verschiedene jungierte Konfliktsituationen untersucht werden, befaßt sich Abschnitt 2.4.5 mit der Entscheidungswertermittlung im Rahmen der Konfliktsituationen vom Typ der Fusion sowie vom Typ der Spaltung.

2.4.1   Spezielle Varianten des Zukunftserfolgswertes als Entscheidungswert

2.4.1.1 Vorbemerkungen

Der Entscheidungswert als Grenzpreis ist in einer Kauf-/Verkaufssituation derjenige Preis, den ein präsumtiver Käufer des Unternehmens maximal zahlen könnte oder den ein potentieller Verkäufer des Unternehmens mindestens fordern müßte. Erfolgt der Kauf/Verkauf des Unternehmens zu dem jeweiligen Grenzpreis, nimmt der künftige Nutzen des Käufers/Verkäufers im Vergleich zur Situation ohne Kauf/Verkauf nicht ab, sondern wird (wenigstens und gerade noch) in gleicher Höhe erwartet. Unter der Voraussetzung, daß der Bewertungsinteressent (Käufer, Verkäufer) den Nutzen des Unternehmens an den künftig, aufgrund seiner Zukunftsplanungen erwarteten Einzahlungsüberschüssen des Unternehmens mißt, läßt sich der Entscheidungswert als Grenzpreis mit einem Partialmodell dadurch ermitteln, daß die erwarteten Einzahlungsüberschüsse des Unternehmens mit Hilfe des Kapitalisierungszinsfußes des Bewertungsinteressenten abgezinst werden. Der Kapitalisierungszinsfuß ist aus der für das Bewertungssubjekt bestehenden besten erfolgsgleichen Alternative (optimale Ausweichinvestition, Vergleichsalternative, Vergleichsobjekt)[352] zum Kauf oder Verkauf des zu bewertenden

---

[352] Es sei noch einmal daran erinnert, daß der Begriff „Ausweichinvestition" aus der Sicht des Käufers die aus dem Basisprogramm verdrängten Investitionen und die zusätzlich in das Bewertungsprogramm aufgenommenen Fremdmittel umfaßt. Aus der Sicht des Verkäufers stellt die „Ausweichinvestition" die zusätzlich in das Bewertungsprogramm aufgenommenen Investitionen und die aus dem Basisprogramm verdrängten Fremdmittel dar. Ebenso wichtig ist die Erinnerung daran, daß die Anwendung des Gegenwartswertkalküls die Kenntnis der optimalen Ausweichinvestition voraussetzt, also die Lösung des eigentlichen Problems, weil daraus der richtige, d. h. der zum Entscheidungswert führende Kalkulationszinsfuß herzuleiten ist; anderenfalls lassen sich auf Basis der endogenen Grenzzinsfüße von Basis- und Bewertungsprogramm nur Grenzen für den Entscheidungswert bestimmen.

Unternehmens abzuleiten. Dies ist ein ganz zentraler Unterschied zu der sog. markt-wertorientierten Bewertung, weil bei dieser der Kalkulationszins aus den Kapitalkosten des Bewertungsobjekts hergeleitet wird, also *selbstreferentiell* und aus diesem Grunde *für Entscheidungszwecke unbrauchbar* ist.

Der Entscheidungswert als Preisgrenze entspricht im investitionstheoretischem Sinne dem Zukunftserfolgswert des Unternehmens aus der Sicht des Käufers oder des Ver-käufers und kann formal wie folgt präzisiert werden, wobei bei den Symbolen zur Ver-einfachung der Formeln auf die Kennzeichnung des Bewertungsinteressenten (Käufer, Verkäufer), für den der Entscheidungswert ermittelt wird und für den er folglich auch nur gilt, verzichtet wird:

$$ZEW_U = \sum_{t=1}^{\infty} \frac{ZE_{Ut}}{q^t} - \underbrace{\left(\overbrace{\sum_{t=1}^{\infty} \frac{ZE_{Vt}}{q^t} - a_{VO,0}}^{0} \right)}_{0}$$

$$\text{mit } q = 1 + i = 1 + r_{VO} \text{ und } \sum_{t=1}^{\infty} \frac{ZE_{Ut}}{q^t} = \sum_{t=1}^{\infty} \frac{ZE_{Vt}}{q^t},$$

so daß gilt :

$$\sum_{t=1}^{\infty} \frac{ZE_{Vt}}{q^t} - a_{VO,0} = 0$$

und damit auch:

$$ZEW_U = \sum_{t=1}^{\infty} \frac{ZE_{Ut}}{q^t} \text{ und } ZEW_U = a_{VO,0}.$$

Es bedeuten:

ZEW_U = Zukunftserfolgswert, Entscheidungswert, Grenzpreis,

ZE_{Ut} = Einzahlungsüberschuß des Unternehmens im Zeitpunkt t,

ZE_{Vt} = Einzahlungsüberschuß der Vergleichsalternative im Zeitpunkt t,

$a_{VO,0}$ = Anfangsauszahlung (Preis) der Vergleichsalternative,

i = Kalkulationszinsfuß des Bewertungssubjekts sowie

r_{VO} = interner Zinsfuß der Vergleichsalternative.

Die Berechnungsformel für den Zukunftserfolgswert ZEW_U des zu bewertenden Unternehmens ist um einen Klammerterm erweitert worden, der den Kapitalwert des Vergleichsobjekts darstellt. Dieser Kapitalwert des Vergleichsobjekts ist wegen $i = r_{VO}$ indes gleich null. Die Erweiterung der Formel hat also keine Auswirkungen auf die Größe des Entscheidungswertes; sie macht jedoch klar, daß der Preis des Vergleichs-objekts den Entscheidungswert determiniert und erlaubt nachfolgend weitere Umformu-lierungen, um zu anderen Berechnungsvarianten des Entscheidungswertes kommen zu können. Zugleich gilt die Gleichheit der abgezinsten Zukunftserfolge von Bewertungs-und Vergleichsobjekt,[353] so daß deren Differenz ebenfalls gleich null ist.

---

[353] Es wird hierbei aus Vereinfachungsgründen nur auf den Fall aus Käufersicht abgestellt, außerdem besteht das Vergleichsobjekt ausschließlich aus „verdrängten Investitionen".

Bevor nachfolgend spezielle *Varianten des Zukunftserfolgswertes* dargestellt werden, erfolgen als Grundlage dafür Ausführungen zu unterschiedlichen *Ausprägungen des Substanzwertes.* In diesem Zusammenhang soll auch ein weiteres Mißverständnis ausgeräumt werden, denn in der Literatur wird vereinzelt die Meinung vertreten, daß eine auf Zahlungsströmen basierende Bewertung die Unternehmensfortführung voraussetzt und das Zukunftserfolgswertverfahren die Substanz nicht berücksichtigt.[354] Diese Autoren unterliegen jedoch einem Irrtum, denn bei „dem auf Zerschlagungsplanungen basierenden Liquidationswert [...] handelt es sich [..] ebenfalls um einen Zukunftserfolgswert"[355], weil – wie nachfolgend unter anderem gezeigt wird – bei diesem auch jene Zahlungsströme, die aus der Veräußerung von nichtbetriebsnotwendigem Vermögen[356] resultieren, bei der Diskontierung zu berücksichtigen sind und die teilweise oder vollständige Zerschlagung eines akquirierten Unternehmens lediglich eine spezielle Form der zukünftigen Verwendung durch das Bewertungssubjekt darstellt.[357]

---

[354] Vgl. so beispielsweise *VIEL/BREDT/RENARD*, Bewertung 5 (1975), S. 60, *BAETGE/KRUMBHOLZ*, Akquisition und Unternehmensbewertung (1991), S. 25, *SERFLING/PAPE*, Traditionelle Verfahren der Unternehmensbewertung (1995), S. 815, *SPIELBERGER*, Kauf (1996), S. 155, *HASE*, Integration (2002), S. 49.

[355] *OLBRICH*, Unternehmungswert (1999), S. 18.

[356] Der Begriff des *betriebsnotwendigen Vermögens* im Rahmen der Unternehmensbewertung ist nicht mit demjenigen in der Kostenrechnung identisch. Als *betriebsnotwendig* gilt im Rahmen der Unternehmensbewertung das, wovon sich das Bewertungssubjekt nach dem Erwerb des Unternehmens *nicht* trennen möchte. Das betriebsnotwendige Vermögen ist also jenes Vermögen, welches das Bewertungssubjekt in Anbetracht seines Unternehmenskonzeptes (Fortführungsstrategie) weiterhin nutzen möchte. Als *nichtbetriebsnotwendiges Vermögen* gilt hingegen jenes, für welches das Unternehmenskonzept (Zerschlagungsstrategie) des Bewertungssubjekts eine baldige Trennung vorsieht (Zerschlagung, Liquidation). Hierbei handelt es sich somit um dasjenige Vermögen, das das Bewertungssubjekt nicht mehr benötigt, also in Zukunft nicht mehr für betriebliche Zwecke nutzen will und von dem es sich folglich durch Veräußerung trennen kann und will. Ein *Beispiel:* Werkswohnungen – im kostenrechnerischen Sinne nichtbetriebsnotwendiges Vermögen – würden hinsichtlich ihrer Zahlungen (eventuell Einzahlungen aus der Vermietung und Auszahlungen der Bewirtschaftung) in den Fortführungswert einzubeziehen sein, wenn das Bewertungssubjekt sich davon nicht trennen will, sondern diese für seine Arbeitnehmer weiterhin vorhalten möchte. Sieht hingegen das Unternehmenskonzept eine baldige Trennung von diesen Wohnungen vor, handelt es sich innerhalb der Unternehmensbewertung um nichtbetriebsnotwendiges Vermögen, weshalb für die Unternehmensbewertung die Höhe der Liquidationserlöse und ihr Zuflußzeitpunkt relevant sind.

[357] Vgl. *OLBRICH*, Unternehmungswert (1999), S. 17 f., sowie *SCHMALENBACH*, Finanzierungen (1937), S. 36–38 und S. 46–48, *BUSSE VON COLBE*, Zukunftserfolg (1957), S. 24 f., *OLBRICH*, Unternehmensbewertung (1981), S. 82.

2.4.1.2 Substanzwerte als Basis spezieller Varianten des Zukunftserfolgswertes als Entscheidungswert

2.4.1.2.1 Substanzwertbegriffe im Überblick

Besonders schillernd und häufig auch Quelle von (vermeidbaren) Mißverständnissen ist der Begriff „*Substanzwert*". Anknüpfungspunkt der Bewertung ist die Substanz, d. h. das (betriebsnotwendige und nichtbetriebsnotwendige) Vermögen des Unternehmens, wobei der Substanzbegriff nicht auf materielle Realgüter beschränkt ist, sondern auch immaterielle Realgüter sowie Nominalrepräsentanten wie Forderungen mit umfaßt. Hinsichtlich des Substanzwertes i. w. S. lassen sich grundsätzlich drei verschiedene Aspekte unterscheiden:[358]

1. Wird die Bewertung unter dem *Aspekt der Rekonstruktion* des gesamten (im Bewertungszeitpunkt vorgefundenen) Unternehmens oder der Rekonstruktion des (hinsichtlich des bisherigen Unternehmenszwecks) betriebsnotwendigen Vermögens vorgenommen, ist der Substanzwert ein *Rekonstruktionswert* (Reproduktionswert).

2. Wird auf die Bewertung unter dem *Aspekt der Zerschlagung* des ganzen Unternehmens oder der Veräußerung des nichtbetriebsnotwendigen Vermögens (in Einzelteilen oder auch von Komplexen) vorgenommen, ist der Substanzwert ein *Liquidationswert* (Zerschlagungswert) des gesamten Unternehmens oder des nichtbetriebsnotwendigen Vermögens. Mit Blick auf den Zerschlagungswert des ganzen Unternehmens wird auch davon gesprochen, daß dies der Mindestunternehmenswert sei.

3. Erfolgt die Bewertung unter dem *Aspekt der Unternehmensfortführung* im Hinblick darauf, wieviel an künftigen Ausgaben durch Nutzung der vorhandenen Substanz im Vergleich zu einer Neuerrichtung (als optimaler Ausweichinvestition) durch einen konkreten Kaufinteressenten als Bewertungssubjekt erspart werden kann, ist der Substanzwert ein *Ausgabenersparniswert* (im Sinne eines Auszahlungsersparniswertes).[359] Es wird also beurteilt, welche künftigen Ausgaben vermieden (betragsmäßiger Substitutionseffekt) oder zeitlich hinausgeschoben werden können (zeitlicher Substitutionseffekt).

Die eigentliche *Kritik am Substanzwert*[360] gilt dem Netto-Teil-Rekonstruktions-Altwert (fiktive Eigenkapitalgröße), einer Ausprägung des Substanzwertes unter dem Aspekt der Rekonstruktion. Diese auch als Substanzwert i. e. S. bezeichnete Größe ist wegen ihres fehlenden Bezugs zur Zielerfüllung und zu anderen Handlungsalternativen von Verkäufer und Käufer nicht zur Fundierung unternehmerischer Kauf- oder Verkaufsentscheidungen geeignet. Die Ablehnung des Substanzwertes i. e. S. als Entscheidungsbasis bedeutet nicht, daß die vorhandene Substanz für die Bewertung eines Unter-

---

[358] Vgl. hierzu und im folgenden MATSCHKE, Wertarten nach Art ihrer Ermittlung (2008), S. 857–860, MATSCHKE, Substanzwert (2004).

[359] Der Substanzwert als *Auszahlungsersparniswert* beruht auf SIEBEN, Substanzwert (1963), S. 79–97, der die Begriffe „Ausgaben" und „Auszahlungen" synonym verwendet, weshalb hier der Begriff „Ausgabenersparniswert" benutzt wird. Siehe zudem das „geflügelte Wort" von SIEBEN in SIEBEN ET AL., Podiumsdiskussion (1977), S. 280: „Substanz substituiert Ausgabe". Vgl. auch SIEBEN, Substanzwert (1963), S. 80.

[360] Vgl. SIEBEN, Substanzwert (1963). Siehe auch MATSCHKE, Entscheidungswert (1975), S. 227–248, mit Blick auf die Berücksichtigung des Konkurrenzrisikos.

nehmens irrelevant ist. *Substanzwert und Substanz sind zwei verschiedene Kategorien und sollten nicht miteinander verwechselt werden.* Denn je besser die vorhandene Substanz den unternehmerischen Vorstellungen des jeweiligen Bewertungsinteressenten entspricht, desto günstiger wirkt sich das Vorhandensein von Substanz auf die Höhe und zeitliche Struktur der Zahlungsströme des zu bewertenden Unternehmens aus. Substanz kann einerseits die Einzahlungen aus der vollständigen oder teilweisen Zerschlagung des Bewertungsobjekts erhöhen und andererseits künftige Auszahlungen (z. B. wegen eines vorhandenen Reservegrundstücks) ersparen oder deren zeitlichen Anfall hinauszögern (z. B. hinsichtlich neuer benötigter Maschinen). Auf solchen betragsmäßigen und zeitlichen ökonomischen Effekten beruht die Bedeutung der Substanz für die Unternehmensbewertung.[361]

2.4.1.2.2 Substanzwertbegriffe im Detail

2.4.1.2.2.1 Substanzwert als Rekonstruktionswert

Der Substanzwert als Rekonstruktionswert ist dabei noch vielfältig begrifflich ausdifferenziert (vgl. *Abbildung 122*):
1. Voll-Rekonstruktionswert versus Teil-Rekonstruktionswert,
2. Brutto-Teil-Rekonstruktionswert versus Netto-Teil-Rekonstruktionswert,
3. Brutto-Teil-Rekonstruktions-Neuwert versus Netto-Teil-Rekonstruktions-Altwert (Substanzwert i. e. S.).

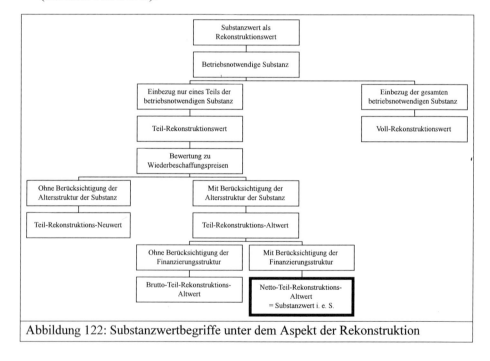

Abbildung 122: Substanzwertbegriffe unter dem Aspekt der Rekonstruktion

---

[361] Vgl. auch *HERING*, Unternehmensbewertung (2006), S. 69–71 und 84. Siehe auch *HOMMEL/DEHMEL*, Unternehmensbewertung (2011), S. 58.

Der *Substanzwert als Rekonstruktionswert (Reproduktionswert)* soll angeben, wieviel Kapital aufgewendet werden müßte, um das zu bewertende Unternehmen im Bewertungszeitpunkt wiederherzustellen. Nach herrschender Meinung wird dabei von denjenigen Vermögensteilen ausgegangen, die 1. als betriebsnotwendig (im Sinne des bisherigen Unternehmenskonzepts) gelten (Normalsubstanz)[362] und 2. einzeln bewertbar sind. Als Wertansatz werden die Wiederbeschaffungspreise des Bewertungsstichtages genommen. Da zumeist das Inventar der Handelsbilanz als Mengenschema und Ausgangspunkt der Substanzwertermittlung[363] dient, welches die nicht bilanzierungsfähigen Vermögenswerte nicht beinhaltet, ist der Substanzwert als Rekonstruktionswert regelmäßig lediglich ein *Teil-Rekonstruktionswert*. Diesem wird als gedankliches Gebilde der *Voll-Rekonstruktionswert* gegenübergestellt, wenn auch die nicht bilanzierungsfähigen Vermögenswerte (einschließlich der sog. Betriebsorganisation) einbezogen werden.[364] FRITZ SCHMIDT[365] sah in einem solchen Voll-Rekonstruktionswert den *marktmäßig objektivierten Ertragswert des Unternehmens*, weil durch die Konkurrenz letztlich nur eine Normalrendite auf den Voll-Rekonstruktionswert erwirtschaftet werden könne.

Der durch Einzelbewertung ermittelte Teil-Rekonstruktionswert nennt den Kapitalbetrag, der erforderlich ist, um die in die Bewertung einbezogene Substanz neuwertig wiederzubeschaffen (*Teil-Rekonstruktions-Neuwert*). Da die abnutzbaren Vermögensteile des zu bewertenden Unternehmens jedoch eine davon abweichende Altersstruktur und eine unterschiedliche Beschaffenheit (Grad der Abnutzung, technologischer Zustand usw.) aufweisen, wird dies durch den Abzug kalkulatorischer Abschreibungen berücksichtigt. Der sich so ergebende Substanzwert wird *Teil-Rekonstruktions-Altwert* genannt. Dieser gibt das zur Finanzierung einer identischen Reproduktion der in die Substanzwertermittlung einbezogenen Vermögensteile insgesamt benötigte Kapital an. Die Art der Finanzierung dieses Kapitalbedarfs bleibt dabei noch außer Betracht (*Brutto-Teil-Rekonstruktions-Altwert*).[366] Der Brutto-Teil-Rekonstruktions-Altwert gibt an, was die Errichtung des Unternehmens (mit Blick auf die vorgenommene Abgrenzung der einbezogenen Vermögensteile) unter den Verhältnissen des Bewertungsstichtages kosten würde. Um die Art der Finanzierung bei der Substanzwertermittlung zu berücksichtigen, werden zwei Vorgehensweisen vorgeschlagen:

1. Es wird vom tatsächlich vorhandenen gesamten Fremdkapital des zu bewertenden Unternehmens ausgegangen.
2. Es wird eine als „normal" erachtete Eigen-/Fremdkapitalrelation zugrunde gelegt.[367]

---

[362] Die nichtbetriebsnotwendigen Vermögensbestandteile (Überschußsubstanz) werden regelmäßig zu Liquidationswerten berücksichtigt. Zu den Begriffen „Normalsubstanz" und „Überschußsubstanz" vgl. *TITTEL*, Firmenwert (1949), S. 77.

[363] Vgl. *SIEBEN*, Substanzwert (1963), S. 24.

[364] Vgl. im einzelnen *SIEBEN*, Substanzwert (1963), S. 19 f.

[365] *SCHMIDT*, Tageswertbilanz (1951), S. 124 f. SCHMIDT spricht vom „Ersatzwert des Vermögens", vom „Ersatzvermögenswert" und auch vom „Gesamtreproduktionswert".

[366] Vgl. im einzelnen *SIEBEN*, Substanzwert (1963), S. 29–30.

[367] Auch hierbei ist eine Vorwegnahme der Vorgehensweise hinsichtlich der „modernen" DCF-Verfahren zu sehen, nur daß jetzt von der „Zielkapitalstruktur" gesprochen wird. Als Vertreter der Berücksichtigung einer „normalen" Finanzierungsstruktur ist insbesondere KURT KOLBE zu nennen. Vgl. *KOLBE*, Gesamtwert (1954), *KOLBE*, Ermittlung (1959).

Durch Abzug der tatsächlichen (herrschende Meinung) oder der bei „normaler Finanzierung" vertretbaren Schulden (Mindermeinung) ergibt sich der Substanzwert als *Netto-Teil-Rekonstruktions-Altwert*.[368] Der Substanzwert als Netto-Teil-Rekonstruktions-Altwert stellt mithin ein auf dem Wege der Einzelbewertung der Vermögensteile ermitteltes fiktives Eigenkapital des zu bewertenden Unternehmens dar. *Wenn der Begriff „Substanzwert" im Zusammenhang mit den Kombinationsverfahren benutzt wird, dann ist regelmäßig diese fiktive Eigenkapitalgröße gemeint, weshalb der Netto-Teil-Rekonstruktions-Altwert als Substanzwert i. e. S. bezeichnet werden kann. Die Kritik am Substanzwert als Rekonstruktionswert richtet sich vor allem gegen diese Wertgröße.*

Der Substanzwert i. e. S. ist eine Wertgröße, die vom Gedanken der Rekonstruktion geleitet wird. Basis ist dabei jedoch nicht, was in der Vergangenheit für die bewertete Substanz tatsächlich an Anschaffungskosten angefallen ist. Das heißt, es wird zwar auf das Mengengerüst der Handelsbilanz, nicht jedoch auf das Preisgerüst als Ausgangspunkt der Wertermittlung zurückgegriffen. Dies geschieht aus drei Gründen:

1. Die historischen Anschaffungs- oder Herstellungskosten in der Bilanz sind durch die *Preis- und allgemeinen Geldwertschwankungen* in der Vergangenheit beeinflußt. Der Bilanzwert ein und derselben Anlage kann sich aus Preisen verschiedener Perioden zusammensetzen. Bei nicht abnutzbarem Anlagevermögen können es sehr weit zurückliegende Preise sein, die als Anschaffungskosten aktiviert sind.

2. Mit Blick auf die Gegenstände des Anlagevermögens gilt, daß es sich zumeist um Restwerte handelt, wobei die *Abschreibungen gemäß dem Prinzip der zeitlichen Verteilung* der Anschaffungs- oder Herstellungskosten vorgenommen werden, so daß die Relation „Restbuchwert zu historischen Anschaffungs- oder Herstellungskosten" nur sehr zufällig ein Indikator der tatsächlichen Wertminderung und weiteren Brauchbarkeit des Vermögensgegenstandes darstellen kann.

3. Dies gilt um so mehr, wenn zudem berücksichtigt wird, daß die Bilanzwerte auch *Resultat vergangener Bilanzpolitik* sind.

Aus diesen Gründen wird regelmäßig das Preisgerüst des Bewertungsstichtages bei der Rekonstruktion zugrunde gelegt. „Das allgemeine Ziel der Substanzbewertung besteht darin, die ‚augenblickliche Kapitalbindung' im Betrieb festzustellen. Als Ausgangspunkt ihrer Bestimmung ist nach allgemeiner Überzeugung der Tagesbeschaffungswert gleicher, zum Bewertungsstichtag am Markte befindlicher Güter zu wählen. Zielsetzung und Ermittlungsgrundlagen des Substanzwertes sind demzufolge statisch orientiert."[369]

In dieser *Gegenwartsorientierung* des Substanzwertes (i. e. S.) wird häufig ein Vorzug gegenüber zukunftsorientierten Wertgrößen wie dem Zukunftserfolgswert oder dem Ertragswert gesehen. Die Vertreter dieser Ansicht „glauben, daß durch die Ausschaltung künftiger Umstände eine erhöhte Sicherheit bei der Wertermittlung gewährleistet sei, und leiten daraus eine größere Zuverlässigkeit dieser Wertgröße ab."[370] Hierbei wird jedoch die leichtere und einfachere und somit sichere Ermittlung der Wertgröße

---

[368]   Die Bezeichnung „Netto-Teil-Rekonstruktions-Altwert" ergibt sich somit wie folgt: Der Term „Netto" bezieht sich darauf, daß die Art der Finanzierung im Vergleich zu „Brutto-Werten" nicht außer Betracht bleibt. Der Term „Teil" zeigt, daß, im Unterschied zu „Voll-Werten", das nicht bilanzierungsfähige Vermögen nicht berücksichtigt wird. Es handelt sich um einen „Altwert", weil die Altersstruktur und der derzeitige Zustand im Hinblick auf die Substanz berücksichtigt werden.

[369]   *Sieben*, Substanzwert (1963), S. 32.

[370]   *Sieben*, Substanzwert (1963), S. 32 f.

mit der Zuverlässigkeit und Aussagekraft derselben verwechselt. Anders formuliert: *Eine einfacher zu ermittelnde Wertgröße ohne Aussagekraft hat keinen Vorzug gegenüber einer schwieriger zu ermittelnden Wertgröße, die aber zweckgerichtet ist.*

Mit Blick darauf, was denn rekonstruiert werden soll, gibt es mehrere Vorschläge:
1. die gleichartige Rekonstruktion,
2. die leistungsäquivalente Rekonstruktion und
3. die erfolgsgleiche Rekonstruktion.[371]

Vorherrschend sind Überlegungen der gleichartigen und leistungsäquivalenten Rekonstruktion, so daß an dieser Stelle nur darauf eingegangen werden soll.

Bei *gleichartiger Rekonstruktion* werden die Wiederbeschaffungspreise der vorhandenen Vermögensgegenstände (und Schulden) genommen, soweit sie feststellbar sind. Wenn sich solche nicht feststellen lassen, erfolgt im Hinblick auf die Vermögensgegenstände eine Umindizierung der historischen Anschaffungswerte auf das heutige Preisniveau. „Die Hypothese der gleichartigen Rekonstruktion erhebt jeden einzelnen Betrieb zu seinem eigenen Wertmaßstab; damit werden [...] Einflüsse, die vom technischen Fortschritt auf den Wert der betrieblichen Substanz ausgehen, übersehen. Dadurch können paradoxe Ergebnisse zustande kommen: Je rückständiger, umwegiger und unzweckmäßiger ein Produktionsapparat angelegt ist, kurz, je mehr Substanz er bei gleicher Zweckerfüllung bindet, desto höher wird, gemessen am Marktzeitwert gleicher Gegenstände, der Rekonstruktionswert einer Unternehmung sein. In Wirklichkeit kann nur das Gegenteil zutreffen, da unter solchen Umständen auch künftighin höhere laufende Ausgaben zu erwarten sein werden."[372] Auf einen Widerspruch, der dieser Vorgehensweise der gleichartigen Rekonstruktion inhärent ist, macht SIEBEN aufmerksam: „Die Preise der Güter entnimmt sie der Gegenwart, den Stand der Technik hingegen der Vergangenheit."[373] Es wird versucht, diesem Widerspruch durch nachträglich vorgenommene allgemeine oder auf den jeweiligen Vermögensgegenstand bezogene Abschläge Rechnung zu tragen.

Die *leistungsäquivalente Rekonstruktion* „beruht auf einer Gegenüberstellung des Bewertungsobjektes mit einem in seiner Leistung vergleichbaren Objekt"[374]. Dabei kann der Vergleich einerseits als Zustands- oder als Kostenvergleich und andererseits als Gruppen- oder als Einzelvergleich gestaltet werden. Vorherrschend ist der *Zustandsvergleich von Einzelobjekten* (insbesondere von Vermögensgegenständen des Anlagevermögens). Es wird grundsätzlich „für jeden einzelnen Vermögensgegenstand im Betrieb getrennt [ein] Wert aus der Gegenüberstellung mit einem Vergleichsobjekt ermittel[t]"[375], wobei der Sachverständige den Zustand des vorhandenen mit dem des jeweiligen Vergleichsobjekts abgleicht. „Dabei sollen Konstruktion, Material und Arbeitsweise überprüft und den entsprechenden Eigenschaften der Vergleichsanlage gegenübergestellt werden. Aus dieser Gegenüberstellung und den Marktpreisen der Vergleichsobjekte leitet der Bewerter dann auf dem Wege einer direkten Schätzung den Wert der betrieblichen Substanz ab. Welcher Denkvorgang eine solche Wertfindung ermöglichen soll, wird jedoch [...] nirgends erwähnt; die Bewertungspraxis verschanzt

---

[371] Vgl. SIEBEN, Substanzwert (1963), S. 34–44.

[372] SIEBEN, Substanzwert (1963), S. 35.

[373] SIEBEN, Substanzwert (1963), S. 36.

[374] SIEBEN, Substanzwert (1963), S. 38.

[375] SIEBEN, Substanzwert (1963), S. 41.

sich hinter der ‚Erfahrung'."[376] Eine Substanzbewertung auf der Basis eines zustandsbe-zogenen Einzelvergleichs weist im übrigen ähnliche Mängel wie die gleichartige Re-konstruktion auf.

Ein Bewertungsansatz, der auf einem einzelobjektbezogenen Kostenvergleich be-ruht, ist der sog. *kalkulatorische Wert* nach ERICH SCHNEIDER[377], wobei Letzterer einen Gedanken von KURT RUMMEL[378] aufgreift. Der kalkulatorische Wert ist ein kritischer Wert und kann als auf ein Einzelobjekt bezogener Entscheidungswert im Sinne einer Preisobergrenze interpretiert werden. Ausgangspunkt seiner Berechnung ist eine Äqui-valenzbedingung: „Der kalkulatorische Wert einer Anlage im Kalkulationszeitpunkt ist [..] der Wert, bei dem die durchschnittlichen jährlichen Nettoausgaben für die alte Anla-ge und für die Vergleichsanlage gleich groß sind."[379] Die durchschnittlichen Nettoaus-gaben setzen sich dabei aus dem Kapitaldienst im Sinne der Annuität des Investitions-volumens sowie der durchschnittlichen laufenden Betriebs- und Instandhaltungsaufwen-dungen zusammen, so daß die Äquivalenzbedingung lautet:

$$KW \cdot \frac{i \cdot (1+i)^{t_{alt}}}{(1+i)^{t_{alt}} - 1} + B_{alt} = A_0^{neu} \cdot \frac{i \cdot (1+i)^{t_{neu}}}{(1+i)^{t_{neu}} - 1} + B_{neu}$$

mit

KW	= gesuchter kalkulatorischer Wert des Bewertungsobjekts,
A_0^{neu}	= Investitionsvolumen (Anschaffungsausgaben) des Vergleichsobjekts,
B_{alt}, B_{neu}	= laufende Betriebs- und Instandhaltungsausgaben von Bewertungs- und Vergleichsobjekt,
t_{alt}	= Restnutzungsdauer des Bewertungsobjekts sowie
t_{neu}	= optimale Nutzungsdauer des Vergleichsobjekts.

Die Begriffe „Bewertungsobjekt" und „Vergleichsobjekt" beziehen sich in diesem Zusammenhang auf eine maschinelle Anlage und *nicht* auf das Unternehmen insgesamt. Voraussetzung dafür, daß eine Anlage einen (positiven) kalkulatorischen Wert hat, ist, daß die laufenden Betriebs- und Instandhaltungsausgaben der alten Anlage kleiner als die durchschnittlichen (annuitären) Ausgaben des (neuwertigen) Vergleichsobjekts sind:

$$B_{alt} < A_0^{neu} \cdot \frac{i \cdot (1+i)^{t_{neu}}}{(1+i)^{t_{neu}} - 1} + B_{neu} .$$

Wenn diese Bedingung gilt, ist die Fortführung der vorhandenen und möglicher-weise im Rahmen des Unternehmenserwerbs zu übernehmenden Anlage als Bewer-tungsobjekt gegenüber einem (sofortigen) Ersatz durch das Vergleichsobjekt vorteilhaft, wenn deren Preis geringer als der kalkulatorische Wert KW ist.

Aus der Theorie hinsichtlich des optimalen Ersatzzeitpunktes ist dieses Kriterium bekannt.[380] Basis für dieses Fortführungskriterium ist jedoch, anders als der erste An-

---

[376] SIEBEN, Substanzwert (1963), S. 38.

[377] Vgl. SCHNEIDER, Wirtschaftlichkeitsrechnung (1973), S. 110–115.

[378] Vgl. RUMMEL, Ermittlung des Zeitwertes (1949). ERICH SCHNEIDER verweist auf RUMMEL, Bewer-tung von Anlagen (1929/30), sowie auf SCHMALENBACH, Selbstkostenrechnung (1934).

[379] SCHNEIDER, Wirtschaftlichkeitsrechnung (1973), S. 113.

[380] Vgl. MATSCHKE, Investitionsplanung (1993), S. 124–136, insbesondere S. 136.

schein dies vermuten läßt, *nicht* eine einzige andere (neue) Anlage als Vergleichsobjekt, sondern eine unendliche identische Investitionskette, wobei den Investitionen nur Auszahlungen[381] zugeordnet werden können. Der rechte Ausdruck des Fortführungskriteriums entspricht dann inhaltlich den Zinsen auf den optimalen (minimal negativen) Kapitalwert dieser Kette als Vergleichs- oder Ersatzobjekt. Dabei ist t_{neu} als optimale Nutzungsdauer jedes Kettengliedes zu deuten.[382] Das heißt, bei der Ermittlung des kalkulatorischen Wertes einer (alten) Anlage findet ein Vergleich mit *sämtlichen* Nachfolgern im Sinne einer unendlichen identischen Investitionskette statt.

Wird die angegebene Äquivalenzbedingung nach dem gesuchten kalkulatorischen Wert KW als Grenzpreis für die zu bewertende vorhandene Anlage aufgelöst, ergibt sich:

$$KW = \left(\left[A_0^{neu} \cdot \frac{i \cdot (1+i)^{t_{neu}}}{(1+i)^{t_{neu}} - 1} + B_{neu} \right] - B_{alt} \right) \cdot \frac{(1+i)^{t_{alt}} - 1}{i \cdot (1+i)^{t_{alt}}}$$

$$KW = \left(A_0^{neu} \cdot \frac{i \cdot (1+i)^{t_{neu}}}{(1+i)^{t_{neu}} - 1} - \left(B_{alt} - B_{neu} \right) \right) \cdot \frac{(1+i)^{t_{alt}} - 1}{i \cdot (1+i)^{t_{alt}}}.$$

Sind die laufenden Betriebs- und Instandhaltungsausgaben des (neuen) Vergleichsobjekts B_{neu} kleiner als beim (alten) Bewertungsobjekt B_{alt}, hat das Bewertungsobjekt nur dann einen (positiven) kalkulatorischen Wert, wenn der Kapitaldienst für das Vergleichsobjekt größer als die durch Nutzung des Vergleichsobjekts realisierbare periodische Ersparnis ($B_{alt} - B_{neu}$) hinsichtlich der Betriebs- und Instandhaltungsausgaben ist. Ansonsten sind die Nicht-Übernahme des alten Objekts und die Anschaffung des neuen Vergleichsobjekts ökonomisch sinnvoller, weil das Beurteilungsobjekt dann für einen Erwerber keinen Nutzen stiftet.

Der Ausdruck in der großen runden Klammer gibt an, um welchen Betrag der Kapitaldienst des Vergleichsobjekts die durch das Vergleichsobjekt realisierbare Ersparnis an Betriebs- und Instandhaltungsausgaben pro Periode übersteigt. Es handelt sich um die annuitären Mehrausgaben, die anfallen werden, falls das Beurteilungsobjekt *nicht* übernommen wird und statt dessen das Vergleichsobjekt erworben werden muß. Anders ausgedrückt: Der Term in der großen runden Klammer stellt die annuitäre gesamte Ausgabenersparnis bei einem Erwerb des Bewertungsobjekts dar, also den periodischen Vorteil für das Bewertungssubjekt, den es in der Restlaufzeit des Beurteilungsobjekts erzielen könnte.[383] Die Abzinsung dieses Vorteils über die Restlaufzeit des Bewertungsobjekts ergibt den kritischen maximal zahlbaren Preis i. H. v. KW. Die Barwertsumme wird deshalb in der Formel aus der annuitären Ausgabenersparnis des Bewertungsobjekts mit Hilfe des für ihn geltenden Rentenbarwertfaktors berechnet.

Im Falle eines Erwerbs des Bewertungsobjekts genau zum kalkulatorischen Wert KW als Entscheidungswert (Preisobergrenze für die vorhandene Anlage) ergibt sich ein Kapitalwert von Null, und die Äquivalenzbedingung zwischen Bewertungs- und Ver-

---

[381] Bei ERICH SCHNEIDER stimmen wegen der Annahme fehlender Kreditierungen Ausgaben und Auszahlungen sowie Einnahmen und Einzahlungen stets überein. Vgl. wegen dieser Annahme SCHNEIDER, Wirtschaftlichkeitsrechnung (1973), S. 7.

[382] Vgl. MATSCHKE, Investitionsplanung (1993), S. 124–136, insbesondere S. 135.

[383] Es handelt sich um die Ausgaben-/Auszahlungsersparnis *vor* Berücksichtigung des möglichen Kapitaldienstes der alten Anlage, der von deren Übernahmepreis (maximal in Höhe des kalkulatorischen Wertes) abhängig ist.

gleichsobjekt ist erfüllt. Jeder Erwerb des Bewertungsobjekts unterhalb des kalkulatorischen Wertes bringt dem Erwerber hingegen einen positiven Kapitalwert und damit einen zusätzlichen Nettonutzen.

An einem Beispiel soll die Ermittlung des kalkulatorischen Wertes einer Anlage erläutert werden. Es gelten die in *Abbildung 123* dargestellten Daten.

Daten der zu bewertenden Anlage als Bewertungsobjekt:	
Voraussichtliche Restnutzungsdauer t_{alt} in Jahren	5
Laufende Betriebs- und Instandhaltungsausgaben pro Periode in EUR	12.000,00
Daten des Vergleichsobjekts:	
Voraussichtliche Nutzungsdauer t_{neu} in Jahren	10
Laufende Betriebs- und Instandhaltungsausgaben pro Periode in EUR	8.000,00
Investitionsvolumen A_0 in EUR	120.000,00
Kapitaldienst als Annuität des Investitionsvolumens in EUR	19.529,45
Finanzmathematische Daten:	
Kalkulationszinssatz i	0,1
Wiedergewinnungsfaktor bezogen auf das Vergleichsobjekt (mit t_{neu} = 10)	0,162745
Rentenbarwertfaktor bezogen auf das Bewertungsobjekt (mit t_{alt} = 5)	3,790787
Berechnung des kalkulatorischen Wertes:	
Ersparnis bei Betriebs- und Instandhaltungsausgaben des Vergleichsobjekts in EUR ($B_{alt} - B_{neu}$)	4.000,00
Gesamte durchschnittliche Ausgabenersparnis beim Bewertungsobjekt in EUR [= Kapitaldienst − ($B_{alt} - B_{neu}$)]	15.529,45
Kalkulatorischer Wert des Bewertungsobjekts in EUR	58.868,82
Kontrollrechnung:	
Kapitaldienst des Bewertungsobjekts auf Basis des kalkulatorischen Wertes in EUR	15.529,45
Laufende Betriebs- und Instandhaltungsausgaben pro Periode in EUR	12.000,00
Durchschnittliche laufende Ausgaben des Bewertungsobjekts in EUR	27.529,45
Kapitaldienst des Vergleichsobjekts in EUR	19.529,45
Laufende Betriebs- und Instandhaltungsausgaben pro Periode in EUR	8.000,00
Durchschnittliche laufende Ausgaben des Vergleichsobjekts in EUR	27.529,45

Abbildung 123: Ermittlung des kalkulatorischen Wertes einer Anlage

Im Rahmen der traditionellen Substanzwertermittlung spielt die Bewertung der einzelnen Vermögensgegenstände mit investitionstheoretisch ermittelten kalkulatorischen Werten indes keine Rolle, weil diese Vorgehensweise der vorherrschenden Gegenwarts- und Vergangenheitsorientierung der Substanzwertermittlung widerspricht, denn der kalkulatorische Wert ist ein spezieller, d. h. auf Auszahlungsbasis ermittelter, einzelobjektbezogener Zukunftserfolgswert. Er entspricht eigentlich dem Inhalt dessen, was den *steuerlichen Teilwertbegriff* ausmacht. Schließlich gibt er an, was ein Erwerber im Rahmen des (aus seiner Sicht maximalen) Kaufpreises für das Unternehmen für einen einzelnen Vermögensgegenstand isoliert (maximal) zahlen könnte. Nach § 6 Abs. 1 Satz 3 EStG wird der Teilwert[384] wie folgt definiert: „Teilwert ist der Betrag, den ein Erwerber des ganzen Betriebs im Rahmen des Gesamtkaufpreises für das einzelne Wirtschaftsgut ansetzen würde; dabei ist davon auszugehen, daß der Erwerber den Betrieb fortführt."

Auch heute ist der Substanzwert auf der Basis des Rekonstruktionswertes keineswegs obsolet, obwohl er schon seit Jahrzehnten massiver Kritik aus theoretischer Sicht ausgesetzt ist. Hier ist insbesondere GÜNTER SIEBEN hervorzuheben. Er hat die Funktionen (vgl. *Abbildung 124*), die dem Substanzwert (in seinen verschiedenen Spielarten) zugeschrieben werden und „die allein schon durch ihre Vielzahl den Eindruck einer besonderen Bedeutung dieser Wertgröße für die Ermittlung des betrieblichen Gesamtwertes erwecken mußten"[385], im einzelnen untersucht und kommt zu folgender abschließender Beurteilung: „Das Ergebnis ist radikaler als das aller bisherigen Untersuchungen. Es besagt, daß keine der genannten Funktionen des Substanzwertes für sich allein eine Ermittlung dieser Wertgröße rechtfertigt, zumal sämtliche Aufgaben […] mit Hilfe der reinen Erfolgsbewertung zuverlässiger erfüllt werden können. Somit ist weder die Kenntnis des Substanzwertes als Summe der Rekonstruktionswerte der in der Unternehmung gebundenen Vermögensteile eine notwendige Voraussetzung noch der Substanzwert eine besonders geeignete Hilfsgröße für die Errechnung des Zukunftserfolgswertes."[386]

---

384 Zum Teilwert vgl. z. B. BREITHECKER/SCHMIEL, Steuerbilanz (2003), S. 196, sowie PEUTHER/HURLE-BAUS/HERING, Teilwertermittlung (2010). Siehe auch § 10 BewG.

385 SIEBEN, Substanzwert (1963), S. 78. Zur Analyse der einzelnen Funktionen des Substanzwertes vgl. SIEBEN, Substanzwert (1963), S. 49–78.

386 SIEBEN, Substanzwert (1963), S. 78.

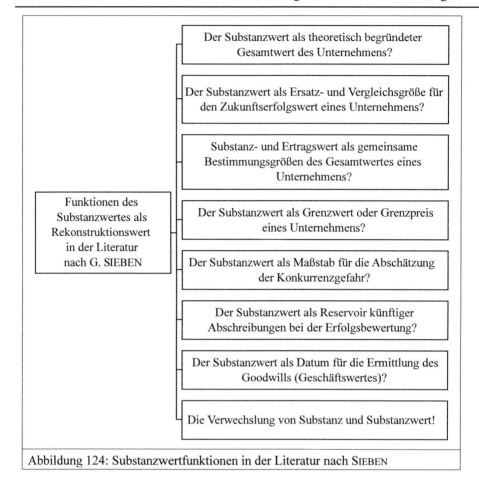

Abbildung 124: Substanzwertfunktionen in der Literatur nach SIEBEN

„Der Kardinalfehler […] besteht jedoch darin, daß viele glauben, im Substanzwert einen Wert gefunden zu haben, der sie von der Notwendigkeit einer Meinungsbildung über die zukünftige Entwicklung des Bewertungsobjekts enthebt. […] Wer den Substanzwert an die Stelle des Erfolgswertes setzt, trifft bewußt oder unbewußt ganz bestimmte Annahmen über die Zukunft. Er unterstellt stillschweigend, daß sich der Sachwert künftig in angemessener Höhe verzinst […] Leider haben auch Bequemlichkeit und die Scheu vor einer verbindlichen und im Zeitablauf nachprüfbaren Aussage, wie sie mit der Erfolgsbewertung verbunden ist, zu der allzu großen Beliebtheit des Substanzwertes beigetragen. Eine gewisse Nonchalance gegenüber den Interessen der an der Bewertung beteiligten Parteien bezeugen auch Äußerungen, in denen es als das ,wahre Ziel', das die Bewertungspraktiker erreichen müßten, hingestellt wird, eine möglichst einfache Technik zu erarbeiten und sich alsdann über die systematische Anwendung dieser Methode zu einigen; dies sei wichtiger als nach idealen oder den angemessensten Bewertungsmethoden zu forschen. Durch vereinfachte Bewertungsverfahren glaubt [... man], einen der ,störendsten Nachteile der gegenwärtigen praktischen Handhabung' ausschalten zu können, nämlich ,die oft erheblichen Abweichungen zwischen den Folgerungen zweier Bewertungssachverständiger'. Daß dabei i. d. R. eine Partei zugunsten der anderen geschädigt wird, bleibt unerwähnt.“[387]

Diese kritischen Aussagen von SIEBEN haben an Aktualität nichts eingebüßt. Auch heute wird die *Harmonisierung der Bewertungsverfahren*, die früher bereits von den Wirtschaftsprüfern auf europäischer Ebene angestrebt worden ist,[388] wieder als besonders wichtig angesehen. Dieses Mal von *Vertretern der Unternehmensberaterbranche* [aus Theorie (sic!) und Praxis], die beispielsweise hinsichtlich der von ihnen propagierten marktwertorientierten Bewertung eine Harmonisierung der Bewertungsmethoden im Sinne des Entity- und Equity-Ansatzes „gerade im Hinblick auf ihren parallelen Einsatz in Deutschland nicht nur [als] sinnvoll, sondern [als] notwendig“[389] erachten. Denn auch heute gilt: Es stört das Geschäft, wenn Bewertungsergebnisse stark differieren! Die Vereinheitlichung der Vorgehensweisen soll zur Vereinheitlichung der Bewertungsresultate und damit zur Abwehr von oder der Vorbeugung gegenüber Kritik helfen. Es geht also um die Immunisierung der DCF-Verfahren vor berechtigter Kritik und damit letztlich um die pekuniären Interessen der Bewerter, nicht hingegen um die Interessen der Bewertungssubjekte.

2.4.1.2.2.2 Substanzwert als Liquidationswert

Der *Substanzwert als Liquidationswert* gibt den Wert der veräußerbaren Substanz an und beruht darauf, welche Nettoeinzahlungen bei einer Liquidation des Bewertungsobjekts erzielt werden können. Bei einer längeren (mehrjährigen) Liquidationsperiode müssen die zu erwartenden Liquidationserlöse und die mit der Liquidation verbundenen Auszahlungen abgezinst berücksichtigt werden:

$$LW = \sum_{t=0}^{T_L} \frac{\left(LE_t - LA_t\right)}{\left(1+i\right)^t}$$

mit

LW	= Liquidationswert der veräußerbaren Substanz,
LE_t, LA_t	= Liquidationseinzahlungen, Liquidationsauszahlungen im Zeitpunkt t,
T_L	= Liquidationszeitraum.

Falls das Unternehmen insgesamt zerschlagen werden soll, weil die Fortführung schlechter als die Zerschlagung ist, bezieht sich der Liquidationswert auf die gesamte veräußerbare Substanz (*Gesamt-Liquidationswert*), falls das Unternehmen hingegen grundsätzlich fortgeführt werden soll, auf die für das jeweilige Fortführungskonzept nicht (mehr) betriebsnotwendige veräußerbare Substanz (*Teil-Liquidationswert*). Die möglichen Ausprägungen des Substanzwertes unter den Aspekten der Liquidation sind in *Abbildung 125* dargestellt.

---

[387] *SIEBEN*, Substanzwert (1963), S. 53 f.

[388] Vgl. *UNION EUROPÉENNE DES EXPERTS COMPTABLES, ECONOMIQUES ET FINANCIERS (U.E.C.)*, Bewertung (1961).

[389] *KADEN ET AL.*, Discounted Cash Flow-Methode (1997), S. 500 f.

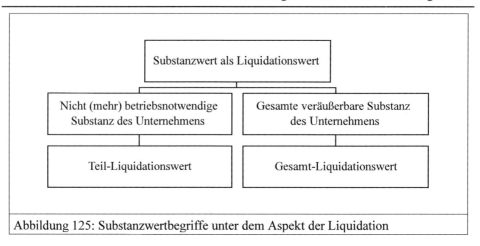

Abbildung 125: Substanzwertbegriffe unter dem Aspekt der Liquidation

Im Falle einer (Gesamt/Teil-)Liquidation muß stets bedacht werden, daß es zu vorzeitigen Auflösungen von Vertragsbeziehungen mit überhöhten Auszahlungen (z. B. aufgrund eines Sozialplans) kommen kann und daß generell die im Falle einer Liquidation zu erwartenden Auszahlungsverpflichtungen nicht oder nicht vollständig ihren Niederschlag im Rechnungswesen als Verbindlichkeiten gefunden haben.

Unabhängig davon ist der Substanzwert als Liquidationswert ein von den besonderen Umständen der Veräußerung [Liquidationszeitpunkt, Dringlichkeit der Liquidation (Notverkäufe unter Zeitdruck), Liquidationsstrategie wie Einzelliquidation oder Liquidation von Vermögenskomplexen (z. B. Filialen, sonstige, als selbständige Einheiten herauslösbare Komplexe), aktuelle Marktsituation hinsichtlich der veräußerbaren Vermögensgegenstände usw.][390] abhängiger Wert und als solcher nur schwer abschätzbar. Insbesondere gilt nicht, daß der Liquidationswert aus der Sicht des Unternehmensverkäufers gleich demjenigen aus der Sicht eines präsumtiven Käufers sein muß, der das Unternehmen nicht (oder anders) fortführen möchte, denn auch mit Blick auf die Liquidation muß grundsätzlich davon ausgegangen werden, daß die Verwertungsabsichten und Verwertungsmöglichkeiten sowohl sachlich als auch zeitlich parteienspezifisch sind. *Der Liquidationswert ist daher keine vom Bewertungssubjekt unabhängige Größe.*

Die in bezug auf den Substanzwert als *(Gesamt-)Liquidationswert* gebräuchliche Aussage, daß er die Wertuntergrenze des Unternehmens bilde, geht implizit davon aus, daß der Liquidationswert parteienunabhängig festgestellt werden kann, und bezieht sich generell auf einen Vergleich zwischen Zerschlagung und Fortführung, wobei der Fortführungswert (Zukunftserfolgswert der Fortführung aus der Sicht eines jeden möglichen Bewertungsinteressenten) geringer als der unterstellterweise für jeden Bewertungsinteressenten übereinstimmende Liquidationswert sein muß, so daß folglich eine Gesamtliquidation aus der Sicht eines jedes Bewertungsinteressenten die vorziehenswerte Alternative darstellt. Dies sind selbstverständlich heroische Annahmen.

Bei einer *Teilliquidation* muß schon von vornherein davon ausgegangen werden, daß wegen der verschiedenen Fortführungskonzepte auch der Umfang der veräußerbaren Substanz und folglich der jeweilige Teil-Liquidationswert subjektiv geprägt und

---

[390] Siehe beispielsweise *BREITHECKER/SCHMIEL*, Steuerbilanz (2003), S. 27 f., die insbesondere auf die Zerschlagungsintensität und Zerschlagungsgeschwindigkeit hinweisen.

verschieden sein wird. Im Rahmen der traditionellen Unternehmensbewertung wird freilich die bisherige, vom Verkäufer geprägte Unternehmenskonzeption als Basis der Bewertungsüberlegungen genommen und in die Zukunft fortgeschrieben. Die veräußerbare Substanz entspricht bei dieser Vorgehensweise der im Rahmen dieser Fortführungsstrategie entbehrlichen (und daher nichtbetriebsnotwendigen) Substanz. Durch diese Sicht- und Herangehensweise wird das Problem der Parteienabhängigkeit des Liquidationswertes quasi automatisch ausgeschlossen, aber tatsächlich nicht sinnvoll gelöst.

Wird von den speziellen Zerschlagungsmöglichkeiten eines konkreten Bewertungssubjekts (Käufer, Verkäufer) ausgegangen, dann ist der Liquidationswert – wie im Abschnitt 2.4.1.3 gezeigt wird – eine *spezielle Variante des Zukunftserfolgswertes* und keine gesonderte Wertgröße.[391] Im Falle der Gesamtliquidation tritt er an die Stelle des Zukunftserfolgswertes der besten Fortführungsstrategie des Bewertungssubjekts. Im Falle der Teilliquidation fungiert er als Ergänzung zu dieser Wertgröße.

2.4.1.2.2.3 Substanzwert als Ausgabenersparniswert

Von einer ökonomischen Bedeutung der Substanz geht auch der von SIEBEN geprägte *Substanzwert als Ausgabenersparniswert*[392] aus. Der Ausgabenersparniswert knüpft dementsprechend an die vorhandene und nach dem Unternehmenskonzept des jeweiligen Bewertungssubjekts zugleich auch (künftig noch) betriebsnotwendige Substanz an. Der sich daraus und unter Berücksichtigung der künftigen Planungen des Bewertungssubjekts ergebende Auszahlungsstrom für das zu bewertende Unternehmen wird mit demjenigen Auszahlungsstrom verglichen, der sich ergeben würde, wenn der Bewertungsinteressent ein einzahlungsgleiches Unternehmen (allgemeiner: sein bestes Vergleichsobjekt[393]) neu errichten würde. Die vorhandene Substanz des zu bewertenden Unternehmens beinhaltet für diesen Bewertungsinteressenten dann einen ökonomischen Vorteil, wenn der abgezinste Auszahlungsstrom des zu bewertenden Unternehmens geringer als der abgezinste Auszahlungsstrom seines Vergleichsobjekts ist.

Der Substanzwert als Ausgabenersparniswert verallgemeinert das Konzept des kalkulatorischen Wertes. Während der kalkulatorische Wert einen Einzelbewertungsansatz darstellt, beruht der Ausgabenersparniswert nach SIEBEN auf einem Gesamtbewertungsansatz. Diese Wertgröße knüpft an die ökonomische Bedeutung der vorhandenen und vom betrachtenden Subjekt auch künftig brauchbaren Substanz an: „Substanz substitu-

---

[391] Die Quellen des Zukunftserfolgswertes sind dann die Fortführung (Fortführungswert) und die Veräußerung (Zerschlagungswert). Vgl. hierzu auch SCHMALENBACH, Beteiligungsfinanzierung (1966), S. 38, der zwischen „Ertrag durch Bewirtschaftung" und „Ertrag durch Verkauf" unterscheidet.

[392] Einen eigenen Begriff für seine Konzeption des Substanzwertes hat SIEBEN nicht geprägt. SIEBEN setzt die Begriffe „Ausgaben" und „Auszahlungen" gleich; vgl. SIEBEN, Substanzwert (1963), S. 79–97, sowie SIEBEN, Wesen des Substanzwertes (1992), S. 85–88. Der Begriff „Ausgabenersparniswert" stammt von MATSCHKE, Wertarten nach Art ihrer Ermittlung (2008), S. 859 (s. ebenda, 1. Auflage (1992), S. 874). Siehe ferner auch DIEDRICH, Substanzwertorientierte Verfahren (1991), NADVORNIK/VOLGGER, Bewertung ertragsschwacher Unternehmen (2007), S. 343–347.

[393] Auch in diesem Zusammenhang wird der Begriff „Vergleichsobjekt" im entscheidungstheoretischen Sinne gebraucht. Die „Neuerrichtung" wäre im Basisprogramm des Käufers als Grenzobjekt enthalten, auf das zugunsten des zu bewertenden Unternehmens im Bewertungsprogramm verzichtet wird, so daß die „Neuerrichtung" das (einzige) aus dem Basisprogramm „verdrängte" Investitionsobjekt darstellt.

iert künftige Ausgaben; darauf beruht ihre ökonomische Bedeutung"[394], heißt es bei SIE-
BEN. Für den Substanzwert als Ausgabenersparniswert trifft keines der Definitionsmerk-
male des Rekonstruktionswertes zu: „Er kann nicht mehr als eine objektive, gegen-
wartsbezogene und nach dem Prinzip der Einzelbewertung zu ermittelnde Wertgröße
gekennzeichnet werden; vielmehr ist er als eine subjektive, zukunftsbezogene und global zu bestimmende Wertkategorie aufzufassen."[395]

Berechnet wird der Ausgabenersparniswert als Differenz zwischen den künftigen
Ausgaben des Bewertungsobjekts und des Vergleichsobjekts, wobei die Neuerrichtung
als Vergleichsobjekt betrachtet wird: „Soll mit der Übernahme der Substanz für den Investor überhaupt ein Nutzen verbunden sein, muß der Barwert der Ausgabenreihe bei
Neuerrichtung höher sein als der Barwert der Ausgabenreihe bei Verwendung eines gegebenen Sachapparates. Die Differenz beider Barwerte gibt die Höhe der vorgeleisteten
Ausgaben an."[396] Vorausgesetzt wird hierbei, daß die Einzahlungsreihen von Ver-
gleichs- und Bewertungsobjekt übereinstimmen.

Auch wenn SIEBEN auf die Neuerrichtung als Vergleichsobjekt abstellt, ist sein
Konzept unabhängig von einer solchen Konkretisierung anwendbar; heranzuziehen ist
allgemein der Ausgabenstrom des Vergleichsobjekts. Als Berechnungsformel ergibt
sich:

$$AEW = ABW_{VO} - ABW_U = \left(a_{VO0} + \sum_{t=1}^{\infty} \frac{a_{VOt}}{(1+i)^t} \right) - \sum_{t=1}^{\infty} \frac{a_{Ut}}{(1+i)^t}$$

mit

AEW   = Ausgabenersparniswert des Unternehmens,

ABW_{VO}, ABW_U = Ausgabenbarwert von Vergleichsobjekt VO, Bewertungsobjekt U.

Mit Blick auf die Ausgaben von Bewertungsobjekt und Vergleichsobjekt kann eine
Trennung in verschiedene Gruppen vorgenommen werden:
1. in einmalig (z. B. bei Grundstücken) oder wiederholt (z. B. bei Maschinen) anfallende Investitionsausgaben,
2. in laufende periodische Ausgaben (z. B. für Personal, Material, Fremdleistungen,
   Steuern),
3. in Ausgaben, die einzelnen Vermögensgegenständen (z. B. Betriebs- und Instandhaltungsausgaben einer Maschine) zugerechnet werden können, sowie
4. in Ausgaben, die nur dem Bewertungsobjekt oder dem Vergleichsobjekt insgesamt
   (z. B. Finanzierungsausgaben, Steuern) zuzurechnen sind.

Die Berechnung des Ausgabenersparniswertes soll an einem Zahlenbeispiel[397] demonstriert werden (vgl. *Abbildung 126*), wobei der Kalkulationszinsfuß i = 0,1 und der
Planungshorizont unbegrenzt sein sollen.

---

[394]   *SIEBEN*, Substanzwert (1963), S. 80.
[395]   *SIEBEN*, Substanzwert (1963), S. 81.
[396]   *SIEBEN*, Substanzwert (1963), S. 81 f.
[397]   Vgl. *SIEBEN*, Substanzwert (1963), S. 83–88.

Daten des Bewertungsobjekts:			
Investitionsausgaben:			
Einmalige Investitionsausgaben (in t = 0):	0		
Wiederholte Investitionsausgaben:		Zeitpunkt des Beginns des Investitionszyklus	Optimale Nutzungsdauer
Objekt I	75	15	25
Objekt II	180	10	10
Objekt III	100	3	5
Objekt IV	60	0	3
Laufende periodische Ausgaben (beginnend ab t = 1):			
Objektbezogene Ausgaben (z. B. Betriebs- und Instandhaltungsausgaben):			
Objekt I	5		
Objekt II	20		
Objekt III	10		
Objekt IV	5		
Gesamtbezogene Ausgaben (Steuern etc.):	15		
Daten des Vergleichsobjekts:			
Investitionsausgaben:			
Einmalige Investitionsausgaben (in t = 0):			
Objekt A	50		
Objekt B	30		
Objekt C	100		
Objekt D	20		
Wiederholte Investitionsausgaben:		Zeitpunkt des Beginns des Investitionszyklus	Optimale Nutzungsdauer
Objekt I	75	0	25
Objekt II	180	0	10
Objekt III	100	0	5
Objekt IV	60	0	3
Laufende periodische Ausgaben (beginnend ab t = 1):			
Objektbezogene Ausgaben (z. B. Betriebs- und Instandhaltungsausgaben):			
Objekt A	1		
Objekt B	6		
Objekt C	2		
Objekt D	0		
Objekt I	5		
Objekt II	20		
Objekt III	10		
Objekt IV	5		
Gesamtbezogene Ausgaben (Steuern etc.):	15		
Abbildung 126: Beispiel zur Berechnung des Ausgabenersparniswertes			

Es soll zunächst der Ausgabenbarwert des Vergleichsobjekts ermittelt werden. Er setzt sich aus mehreren Komponenten zusammen:

1. *Barwert der gesamtbezogenen laufenden Ausgaben:*

$$\sum_{t=1}^{\infty} \frac{a_{VOt}^{gesamt}}{(1+i)^t} = 15 \cdot \frac{1}{0,1} = 150.$$

2. *Barwert der objektbezogenen laufenden Ausgaben:*

$$\sum_{t=1}^{\infty} \frac{a_{VOt}^{objekt}}{(1+i)^t} = 49 \cdot \frac{1}{0,1} = 490.$$

3. *Barwert der einmaligen Investitionsausgaben (Objekte A bis D):*
    Da im Beispiel nur einmalige Investitionsausgaben zum Zeitpunkt t = 0 erwartet werden, ergibt sich:

$$\sum_{k=A}^{D} a_{VOk}^{objekt} = 50 + 30 + 100 + 20 = 200,$$

    anderenfalls müßte auch eine Barwertberechnung durchgeführt werden.

4. *Barwert der wiederholten Investitionsausgaben (Objekte I bis IV):*
    Die wiederholten Investitionsausgaben bilden eine unendliche identische Investitionskette, deren Barwert dem Barwert einer ewigen Rente in Höhe der Investitionsausgaben im Abstand der optimalen Nutzungsdauer entspricht, wobei diese Kette beim Vergleichsobjekt im Bewertungszeitpunkt t = 0 beginnt. Für den Barwert einer solchen endlichen Investitionskette erhalten wir:

$$a + \frac{a}{(1+i)^{t_{opt}}} + \frac{a}{(1+i)^{2 \cdot t_{opt}}} + \frac{a}{(1+i)^{3 \cdot t_{opt}}} + \ldots + \frac{a}{(1+i)^{n \cdot t_{opt}}} = \sum_{m=0}^{n} \frac{a}{(1+i)^{m \cdot t_{opt}}}$$

$$\sum_{m=0}^{n} \frac{a}{(1+i)^{m \cdot t_{opt}}} = a \cdot \frac{1 - \dfrac{1}{(1+i)^{(n+1) \cdot t_{opt}}}}{1 - \dfrac{1}{(1+i)^{t_{opt}}}} = a \cdot \frac{(1+i)^{(n+1) \cdot t_{opt}} - 1}{\left((1+i)^{t_{opt}} - 1\right) \cdot (1+i)^{n \cdot t_{opt}}}.$$

    Daraus kann als Grenzwert die Formel für eine unendliche identische Kette hergeleitet werden:

$$\lim_{n \to \infty} \sum_{m=0}^{n} \frac{a}{(1+i)^{m \cdot t_{opt}}} = \lim_{n \to \infty} a \cdot \frac{1 - \dfrac{1}{(1+i)^{(n+1) \cdot t_{opt}}}}{1 - \dfrac{1}{(1+i)^{t_{opt}}}} = a \cdot \frac{1}{1 - \dfrac{1}{(1+i)^{t_{opt}}}} = a \cdot \frac{(1+i)^{t_{opt}}}{(1+i)^{t_{opt}} - 1}.$$

Wird die letztere Formel auf die Objekte I bis IV angewandt, ergeben sich die in *Abbildung 127* dargestellten Barwerte, wenn die angegebenen optimalen Nutzungsdauern zugrunde gelegt werden.

	Objekt I	Objekt II	Objekt III	Objekt IV
Investitionsausgabe	75	180	100	60
Optimale Nutzungsdauer	25	10	5	3
Barwert der Kette	82,63	292,94	263,80	241,27
Barwert der wiederholten Investitionsausgaben (Objekte I bis IV):				880,63
Abbildung 127: Barwert der wiederholten Investitionen beim Vergleichsobjekt				

Der Barwert der wiederholten Investitionsausgaben beträgt 880,63.[398]

5. *Barwert aller Ausgaben beim Vergleichsobjekt:*
   Die Summation ergibt einen Ausgabenbarwert beim Vergleichsobjekt von insgesamt 1.720,63.
   Entsprechend ist der Ausgabenbarwert des Bewertungsobjekts zu ermitteln. Auch er setzt sich aus mehreren Komponenten zusammen:

1. *Barwert der gesamtbezogenen laufenden Ausgaben:*

$$\sum_{t=1}^{\infty} \frac{a_{Ut}^{gesamt}}{\left(1+i\right)^t} = 15 \cdot \frac{1}{0,1} = 150.$$

2. *Barwert der objektbezogenen laufenden Ausgaben:*
   Beim Bewertungsobjekt für die Objekte I bis IV:

$$\sum_{t=1}^{\infty} \frac{a_{Ut}^{objekt}}{\left(1+i\right)^t} = 40 \cdot \frac{1}{0,1} = 400.$$

3. *Barwert der einmaligen Investitionsausgaben:*
   Einmalige Investitionsausgaben zum Zeitpunkt t = 0 treten im Beispiel beim Bewertungsobjekt (annahmegemäß) nicht auf.

4. *Barwert der wiederholten Investitionsausgaben (Objekte I bis IV):*
   Bei der Berechnung des Barwertes der wiederholten Investitionsausgaben kann an die hergeleitete Formel für eine unendliche identische Kette angeknüpft werden:

$$\lim_{n \to \infty} \sum_{k=0}^{n} \frac{a}{\left(1+i\right)^{k \cdot t_{opt}}} = \lim_{n \to \infty} a \cdot \frac{1 - \dfrac{1}{\left(1+i\right)^{(n+1) \cdot t_{opt}}}}{1 - \dfrac{1}{\left(1+i\right)^{t_{opt}}}} = a \cdot \frac{1}{1 - \dfrac{1}{\left(1+i\right)^{t_{opt}}}} = a \cdot \frac{\left(1+i\right)^{t_{opt}}}{\left(1+i\right)^{t_{opt}} - 1}.$$

Es muß jedoch nunmehr berücksichtigt werden, daß die Investitionskette beim Bewertungsobjekt erst später beginnt, nämlich nachdem die Restlaufzeit t_{alt} der vorhandenen Objekte I bis IV abgelaufen ist. Es ergibt sich dann folgende Berechnungsformel:

$$\lim_{n \to \infty} \sum_{m=0}^{n} \left[\frac{a}{\left(1+i\right)^{m \cdot t_{opt}}} \cdot \frac{1}{\left(1+i\right)^{t_{alt}}} \right] = \frac{1}{\left(1+i\right)^{t_{alt}}} \cdot \lim_{n \to \infty} \sum_{m=0}^{n} \frac{a}{\left(1+i\right)^{k \cdot t_{opt}}} = a \cdot \frac{\left(1+i\right)^{t_{opt}}}{\left(1+i\right)^{t_{opt}} - 1} \cdot \frac{1}{\left(1+i\right)^{t_{alt}}}.$$

---

[398] Hinweis: Es wird – hier wie überhaupt in diesem Buch – immer mit den ungerundeten (Zwischen-)Ergebnissen gerechnet.

Wird die letztere Formel auf die Objekte I bis IV beim Bewertungsobjekt angewandt, ergeben sich die in *Abbildung 128* dargestellten Barwerte.

	Objekt I	Objekt II	Objekt III	Objekt IV
Investitionsausgabe	75	180	100	60
Optimale Nutzungsdauer	25	10	5	3
Restlaufzeit	15	10	3	0
Barwert der Kette	19,78	112,94	198,19	241,27
Barwert der wiederholten Investitionsausgaben (Objekte I bis IV):				572,19
Abbildung 128: Barwert der wiederholten Investitionen beim Bewertungsobjekt				

Der Barwert der wiederholten Investitionsausgaben beträgt 572,19.

5. *Barwert aller Ausgaben beim Bewertungsobjekt:*

Die Summation ergibt einen Ausgabenbarwert beim Bewertungsobjekt von insgesamt 1.122,19.

Der *Substanzwert als Ausgabenersparniswert* des zu bewertenden Unternehmens errechnet sich dann im Beispiel wie folgt:

	Laufende Ausgaben		Investitionsausgaben		Barwert-summe
	gesamt-bezogen	objekt-bezogen	einmalig	wieder-holt	
ABW_{VO} =	150 +	490 +	200 +	880,63 =	1.720,63
ABW_{U} =	150 +	400 +	0 +	572,19 =	1.122,19
AEW =	0 +	90 +	200 +	308,45 =	598,45
Abbildung 129: Substanzwert als Ausgabenersparniswert im Beispiel					

Die wertbestimmenden Faktoren, welche die Höhe des Ausgabenersparniswertes determinieren, lassen sich in diesem Beispiel einfach lokalisieren:

1. Die vorhandene Substanz erspart im Beispiel die beim Vergleichsobjekt vorzunehmenden einmaligen Investitionsausgaben im Bewertungszeitpunkt i. H. v. 200 sowie objektbezogene laufende Ausgaben mit einem Barwert von 90.

2. Zusätzlich ergibt sich eine Barwertersparnis bei den Objekten I bis IV von 308,45, weil die Investitionszyklen hinsichtlich der wiederholt vorzunehmenden Investitionsausgaben beim Bewertungsobjekt später als beim Vergleichsobjekt einsetzen, d. h., die vorhandene Substanz verzögert den zeitlichen Anfall von Auszahlungen:

	Objekt I	Objekt II	Objekt III	Objekt IV	Summe
$ABW_{VO, I\ bis\ IV}$ =	82,63 +	292,94 +	263,80 +	241,27 =	880,63
$ABW_{U, I\ bis\ IV}$ =	19,78 +	112,94 +	198,19 +	241,27 =	572,19
$AEW_{I\ bis\ IV}$ =	62,85 +	180 +	65,60 +	0 =	308,45
Abbildung 130: Wertbestimmende Faktoren des Ausgabenersparniswertes					

Bei den anderen Ausgaben ergeben sich im Beispiel keine Differenzen.

2.4.1.3 Darstellung spezieller Varianten

2.4.1.3.1 Entscheidungswert als Zukunftserfolgswert der besten Fortführungs- und Zerschlagungsstrategie

Wenn das Unternehmen unter Nutzung des betriebsnotwendigen Vermögens entsprechend den Planungen des Bewertungssubjekts fortgeführt und das nichtbetriebsnotwendige Vermögen im Sinne seiner bestmöglichen Verwertung einzeln veräußert wird, ergibt sich:

$$ZEW_U = ZEW_{UF} + ZEW_{UZ} = \sum_{t=1}^{\infty} \frac{ZE_{UFt}}{q^t} + \sum_{t=0}^{T} \frac{ZE_{UZt}}{q^t}$$

mit $ZE_{UFt} + ZE_{UZt} = ZE_{Ut}$,

wobei jetzt gilt:

ZEW_{UF} = Zukunftserfolgswert des Unternehmens der besten Fortführungsstrategie (hinsichtlich des betriebsnotwendigen Vermögens),

ZEW_{UZ} = Zukunftserfolgswert des Unternehmens der besten Zerschlagungsstrategie (hinsichtlich des nichtbetriebsnotwendigen Vermögens),

ZE_{UFt} = Einzahlungsüberschuß des Unternehmens im Zeitpunkt t aus der Nutzung des betriebsnotwendigen Vermögens,

ZE_{UZt} = Einzahlungsüberschuß des Unternehmens im Zeitpunkt t aus der Zerschlagung (Einzelveräußerung, Liquidation) des nichtbetriebsnotwendigen Vermögens sowie

T = Liquidationszeitraum für das nichtbetriebsnotwendige Vermögen.

Der Entscheidungswert als Zukunftserfolgswert ZEW_U ist dann gleich dem Zukunftserfolgswert der besten Fortführungsstrategie ZEW_{UF} (Zukunftserfolgswert i. e. S.) zuzüglich des Zukunftserfolgswertes der besten Zerschlagungsstrategie ZEW_{UZ}. Letzterer gibt den Liquidationswert des *nichtbetriebsnotwendigen Vermögens* aus der Sicht des jeweiligen Bewertungsinteressenten an, d. h. desjenigen Vermögens, das das Bewertungssubjekt nicht mehr benötigt, also in Zukunft nicht mehr für betriebliche Zwecke nutzen will und von dem es sich folglich durch Veräußerung trennen kann und will. Bei der formalen Darstellung des Liquidationswertes wird berücksichtigt, daß die Liquidation sofort einsetzen und sich über einen bestimmten Zeitraum, hier von 0 bis T, erstrecken kann.

Mit dieser Darstellungsweise des (Gesamt-)Zukunftserfolgswertes des Unternehmens als Summe aus Fortführungswert und Zerschlagungswert wird an SCHMALEN-BACHS Differenzierung zwischen den beiden Nutzungsarten „Ertragsbewirtschaftung" und „Veräußerung" des Vermögens als Erfolgsquellen angeknüpft.[399] Auch wenn diese Trennung für die formale und inhaltliche Seite im strengen Sinne unbedeutend und entbehrlich ist, dürfte diese gedankliche Trennung im Hinblick auf die praktische Ermittlung (z. B. hinsichtlich der zur Anwendung kommenden Prognosetechniken) indes hilfreich sein.

---

[399] Vgl. *SCHMALENBACH*, Finanzierungen (1937), S. 36–38.

2.4.1.3.2 Entscheidungswert als Liquidationswert des gesamten Unternehmens

Wenn die Gesamtzerschlagung des Unternehmens sinnvoller als eine (vollständige oder teilweise, geschäftspolitisch unveränderte oder veränderte) Fortführung des Unternehmens ist, dann ist das *gesamte Vermögen* des zu bewertenden Unternehmens als *nichtbetriebsnotwendig* einzuschätzen. Der Entscheidungswert ist dann gleich dem Liquidationswert LW_U des (gesamten) Unternehmens:

$$ZEW_U = LW_U = \sum_{t=0}^{T} \frac{e_{ULt}}{q^t} - \sum_{t=0}^{T} \frac{a_{ULt}}{q^t} \text{ mit } e_{ULt} - a_{ULt} = ZE_{Ut},$$

wobei jetzt gilt:

LW_U = Liquidationswert des (gesamten) Unternehmens auf Basis der besten Liquidationsstrategie,

e_{ULt} = Liquidationseinzahlungen des Unternehmens im Zeitpunkt t

a_{ULt} = Liquidationsauszahlungen des Unternehmens im Zeitpunkt t,

ZE_{Ut} = (gesamter) Einzahlungsüberschuß des Unternehmens im Zeitpunkt t sowie

T = Liquidationszeitraum.

Da die Liquidation sich über einen Zeitraum erstrecken kann, ist grundsätzlich der Liquidationswert als Barwert zu bestimmen. Auch bei dieser Schreibweise ist berücksichtigt, daß die Liquidation unmittelbar einsetzen kann.

Der Gesamt-Liquidationswert ist ein spezieller Zukunftserfolgswert, der die zahlungsmäßigen Konsequenzen der Veräußerung im Sinne der Veräußerung einzelner Vermögensgegenstände und/oder von Teilvermögenskomplexen widerspiegelt. Bei seiner Ermittlung wird von der Hypothese ausgegangen, daß eine (irgendwie geartete) Fortführung des Unternehmens als Ganzes auf unbestimmte Zeit vom Bewertungssubjekt als weniger vorteilhaft angesehen und folglich nicht beabsichtigt wird.[400] Dies schließt nicht aus, daß eine Strategie der allmählichen Schließung des Unternehmens vorgesehen ist, so daß das Bewertungsobjekt dann als *Sonderfall eines Heimfallunternehmens* gedeutet werden kann, dessen Zukunftserfolgswert durch den Gesamtliquidationswert abgebildet wird.

---

[400]   Vgl. hierzu auch die Aussagen zum Prinzip der Gesamtbewertung in Abschnitt 1.2.2.

2.4.1.3.3 Entscheidungswert als Voll-Rekonstruktionswert eines zukunftserfolgsgleichen Unternehmens

Wenn die beste Vergleichsalternative in der *erfolgsgleichen Rekonstruktion* (Reproduktion) des zu bewertenden Unternehmens gesehen wird, ergibt sich der Entscheidungswert wie folgt, wobei der Einfachheit halber beim Vergleichsobjekt von einer Errichtungsdauer gleich null ausgegangen wird:

$$ZEW_U = \sum_{t=1}^{\infty} \frac{ZE_{Ut}}{q^t} - \left(\sum_{t=1}^{\infty} \frac{ZE_{VOt}}{q^t} - a_{V0} \right) \text{ mit } \sum_{t=1}^{\infty} \frac{ZE_{Ut}}{q^t} = \sum_{t=1}^{\infty} \frac{ZE_{VOt}}{q^t}$$

oder

$$ZEW_U = a_{VO0},$$

wobei jetzt gilt:

a_{VO0} = Vollrekonstruktionswert eines erfolgsgleichen Unternehmens (Vergleichsobjekt)

und

$$a_{VO0} = \sum_{i=1}^{n} W_{iV}$$

mit

W_{iVO} = Anschaffungskosten des Wirtschaftsguts i beim Vergleichsobjekt.

Der Entscheidungswert läßt sich unter dieser Voraussetzung als *Voll-Rekonstruktionswert* (Voll-Reproduktionswert) ermitteln. Er gibt an, was im Bewertungszeitpunkt investiert werden müßte, um ein zum Bewertungsobjekt erfolgsgleiches Unternehmen zu errichten, und wird als Summe der Anschaffungskosten aller Wirtschaftsgüter (einschließlich adjunkter Vermögensgüter[401] wie Organisation und originärer Goodwill) des Vergleichsobjekts berechnet.

Wichtig ist hier der Hinweis, daß *Erfolgsgleichheit als Gleichheit der Barwerte der Zukunftserfolge* definiert ist, so daß Gleichheit aller Zukunftserfolge von Bewertungs- und Vergleichsobjekt im Zeitablauf nicht vorausgesetzt werden muß, aber zulässig ist. Die Annahme der Erfolgsgleichheit führt weg von der Vorstellung, daß es sich um den Voll-Rekonstruktionswert eines physisch gleichartigen oder leistungsäquivalenten Unternehmens handeln muß, d. h., daß es um einen „Nachbau" des Bewertungsobjekts geht. Damit ist aber auch eine Loslösung von dem Gedanken möglich, daß der Ausgangspunkt bei der Ermittlung des Voll-Rekonstruktionswertes in den vorhandenen Wirtschaftsgütern des Bewertungsobjekts und deren Wiederbeschaffungskosten zu suchen ist oder liegen muß.

Eine solche physische (und zugleich erfolgsgleiche) Rekonstruktion wird zwar nicht ausgeschlossen, wichtig ist jedoch, daß sie *nicht* vorausgesetzt wird. Eine erfolgsgleiche Rekonstruktion muß auch nicht an den Tätigkeitsbereich des zu bewertenden Unternehmens anknüpfen, sondern sie ist an der allgemeinen Frage der Entscheidungswertermittlung orientiert: *Was müßte das Bewertungssubjekt für einen barwertgleichen Zukunftserfolgsstrom anderweitig aufwenden?* Dieser Betrag kann zwar über den Voll-

---

[401] Zum Begriff der adjunktiven Vermögensteile vgl. JACOB, Methoden (1960), S. 212; hergeleitet vom lateinischen Wort *adiungere* = an-, hinzufügen, verbinden, beigesellen, beifügen, innerlich verknüpfen; *adiunctus* = (eng) verbunden.

Rekonstruktionswert eines erfolgsgleichen Unternehmens als Vergleichsobjekt bestimmt werden, aus der angegebenen Berechnungsgleichung resultiert jedoch, daß dabei
stets folgende Beziehung gelten muß:

$$a_{VO0} = \sum_{i=1}^{n} W_{iVO} = \sum_{t=1}^{\infty} \frac{ZE_{VOt}}{q^t} = \sum_{t=1}^{\infty} \frac{ZE_{Ut}}{q^t}.$$

Das heißt, der Voll-Rekonstruktionswert eines erfolgsgleichen Unternehmens als
Vergleichsobjekt entspricht dem Barwert der Zukunftserfolge. Mit anderen Worten: Die
scheinbare Substanzbewertung über den Voll-Rekonstruktionswert entpuppt sich tatsächlich als Zukunftserfolgsbewertung. Der Begriff des Voll-Reproduktionswertes im
Zusammenhang mit der Ermittlung eines Entscheidungswertes hat insofern einen von
der traditionellen Interpretation durchaus differierenden Inhalt, weil die entscheidungsorientierte Deutung *nicht* auf die physische Rekonstruktion abstellt, diese aber durchaus
einschließt.

Dies soll an einem Zahlenbeispiel erläutert werden (vgl. *Abbildung 131*). Die künftigen Ein- und Auszahlungen sowie die einzelnen Zukunftserfolge von Bewertungs-
und Vergleichsobjekt stimmen nicht überein.[402] Beim Bewertungsobjekt weisen die
Zukunftserfolge die Struktur $ZE_{U1} : ZE_{U2} : ZE_{U3} = 48{,}755 : 121{,}886 : 73{,}132 = 2 : 5 : 3$
auf. Die Struktur beim Vergleichsobjekt lautet: $ZE_{VO1} : ZE_{VO2} : ZE_{VO3} = 116{,}499 :$
$87{,}374 : 29{,}125 = 4 : 3 : 1$. Die Errichtung des erfolgsgleichen Vergleichsobjekts im
Sinne des Voll-Rekonstruktionswertes kostet $a_{VO0} = 200$. Der interne Zinsfuß des Vergleichsobjekts als optimale Ausweichinvestition beträgt $r_{VO} = 0{,}1$. Der Barwert der Zukunftserfolge ist bei beiden Objekten: 200, so daß Erfolgsgleichheit besteht.

Solange die Errichtung dieses Vergleichsobjekts mit seiner spezifischen Zu-
kunftserfolgsstruktur die optimale Ausweichinvestition ist, ergibt sich ein Entscheidungswert i. H. v. 200.

---

[402]   Solche Zahlungsstrukturunterschiede sind unerheblich bei einem vollkommenen Kapitalmarkt und
stabiler oder flacher Zinsstruktur.

Zeit	0	1	2	3
Abzinsungsfaktoren	1	0,9090909	0,8264463	0,7513148
Bewertungsobjekt:				
Einzahlungen		200,000	300,000	250,000
Auszahlungen		151,245	178,114	176,868
Zukunftserfolg		48,755	121,886	73,132
Barwert des Zukunftserfolgs		44,322	100,733	54,945
Barwertsumme	200			
Vergleichsobjekt:				
Einzahlungen		300,000	200,000	100,000
Auszahlungen		183,501	112,626	70,875
Zukunftserfolg		116,499	87,374	29,125
Barwert des Zukunftserfolgs		105,908	72,210	21,882
Barwertsumme	200			
Voll-Rekonstruktionswert	200			
davon: Sachanlagen	150			
Vorräte	10			
Organisation	30			
Sonstiges	10			
Interner Zins r_{VO}	0,1			

Abbildung 131: Voll-Rekonstruktionswert als Entscheidungswert

2.4.1.3.4 Entscheidungswert als Ausgabenersparniswert

Ist die beste Vergleichsalternative in der *Rekonstruktion eines einzahlungsgleichen Unternehmens* zu sehen, gilt für den Entscheidungswert:

$$ZEW_U = \left[\sum_{t=1}^{\infty} \frac{e_{Ut}}{q^t} + \sum_{t=1}^{\infty} \frac{-a_{Ut}}{q^t} \right] - \left(\sum_{t=1}^{\infty} \frac{e_{VOt}}{q^t} + \sum_{t=1}^{\infty} \frac{-a_{VOt}}{q^t} - a_{VO0} \right)$$

oder wegen $\sum_{t=1}^{\infty} \frac{e_{Ut}}{q^t} = \sum \frac{e_{VOt}}{q^t}$

$$ZEW_U = \sum_{t=1}^{\infty} \frac{-a_{Ut}}{q^t} - \left(\sum_{t=1}^{\infty} \frac{-a_{VOt}}{q^t} - a_{VO0} \right)$$

$$ZEW_U = AEW_U = \left(a_{VO0} + \sum_{t=1}^{\infty} \frac{a_{VOt}}{q^t} \right) - \sum_{t=1}^{\infty} \frac{a_{Ut}}{q^t},$$

wobei jetzt gilt:

e_{Ut} = Einzahlungen des Unternehmens im Zeitpunkt t,

a_{Ut} = Auszahlungen des Unternehmens im Zeitpunkt t,

e_{VOt} = Einzahlungen des Vergleichsobjekts im Zeitpunkt t,

a_{VOt} = Auszahlungen des Vergleichsobjekts im Zeitpunkt t sowie

AEW_U = Ausgabenersparniswert des Unternehmens.

Unter der Voraussetzung gleicher Barwerte der künftigen Einzahlungen[403] von Unternehmen und Vergleichsalternative ist der Entscheidungswert gleich der Differenz zwischen dem Barwert aller Auszahlungen der Vergleichsalternative (Klammerausdruck in der letzten Formel) und dem Barwert aller Auszahlungen des zu bewertenden Unternehmens. Die *Differenzgröße stellt den Ausgabenersparniswert des Unternehmens dar, der folglich eine spezielle Ausprägung des Zukunftserfolgswertes ist.* Im Vergleich zur Neuerrichtung eines einzahlungsgleichen Unternehmens werden aufgrund der vorhandenen Substanz Ausgaben (Auszahlungen) erspart, so daß ein Käufer bei übereinstimmenden Einzahlungsbarwerten von Unternehmen und Vergleichsalternative maximal einen Preis in Höhe des Barwertes der Ausgabenersparnis zahlen könnte.

2.4.1.3.5 Entscheidungswert als Summe aus Ausgabenersparniswert und Einnahmenmehr-/-minderwert des Unternehmens

Unter Verwendung der Ausgangsformel läßt sich der Entscheidungswert auch wie folgt formulieren:

$$ZEW_U = \sum_{t=1}^{\infty} \frac{ZE_{Ut}}{q^t} - \left(\sum_{t=1}^{\infty} \frac{ZE_{VOt}}{q^t} - a_{VO0} \right) \text{ bei } \sum_{t=1}^{\infty} \frac{ZE_{Ut}}{q^t} = \sum_{t=1}^{\infty} \frac{ZE_{VOt}}{q^t}$$

$$\text{mit } q = 1 + i = 1 + r_{VO}$$

oder

$$ZEW_U = a_{VO0}$$

oder

$$ZEW_U = \left(\sum_{t=1}^{\infty} \frac{e_{Ut}}{q^t} - \sum_{t=1}^{\infty} \frac{a_{Ut}}{q^t} \right) - \left(\sum_{t=1}^{\infty} \frac{e_{VOt}}{q^t} - \sum_{t=1}^{\infty} \frac{a_{VOt}}{q^t} - a_{VO0} \right)$$

oder

$$ZEW_U = \left[\left(a_{VO0} + \sum_{t=1}^{\infty} \frac{a_{VOt}}{q^t} \right) - \sum_{t=1}^{\infty} \frac{a_{Ut}}{q^t} \right] + \left[\sum_{t=1}^{\infty} \frac{e_{Ut}}{q^t} - \sum_{t=1}^{\infty} \frac{e_{VOt}}{q^t} \right]$$

oder

$$ZEW_U = \left[a_{VO0} + \sum_{t=1}^{\infty} \frac{a_{VOt} - a_{Ut}}{q^t} \right] + \left[\sum_{t=1}^{\infty} \frac{e_{Ut} - e_{VOt}}{q^t} \right]$$

oder

$$ZEW_U = AEW_U + EMW_U$$

oder

$$ZEW_U = \sum_{t=1}^{\infty} \frac{ZE_{Ut}}{q^t} = \sum_{t=1}^{\infty} \frac{e_{Ut}}{q^t} - \sum_{t=1}^{\infty} \frac{a_{Ut}}{q^t}$$

$$\text{wegen } \sum_{t=1}^{\infty} \frac{ZE_{Vt}}{q^t} - a_{VO0} = 0 \text{ bei } q = 1 + r_{VO}$$

---

[403] Die Übereinstimmung der periodischen Einzahlungen, also $e_{Ut} = e_{VOt}$ für alle t, wird nicht verlangt.

mit

ZEW_U = Zukunftserfolgswert des Unternehmens,

AEW_U = Ausgabenersparniswert des Unternehmens,

EMW_U = Einnahmenmehr-/-minderwert des Unternehmens sowie

a_{V00} = Preis des besten erfolgsgleichen Vergleichsobjekts.

Der Entscheidungswert als *Zukunftserfolgswert* des Unternehmens ist inhaltlich als Preis des besten erfolgsgleichen Vergleichsobjekts zum zu bewertenden Unternehmen zu interpretieren und läßt sich als *Ausgabenersparniswert zuzüglich des Einnahmenmehr-/-minderwertes*[404] *des Unternehmens* im Vergleich zur besten Vergleichsalternative berechnen.

Der Ausgabenersparniswert ist folglich *im allgemeinen Fall*, daß die Barwerte der künftigen Einzahlungen vom zu bewertenden Unternehmen und von der besten Vergleichsalternative nicht übereinstimmen, ein *unselbständiger Teil* des Zukunftserfolgswertes des Unternehmens und als solcher dann *nicht* entscheidungsrelevant. Der Ausgabenersparniswert kann dann, wenn die Barwerte der künftigen Einzahlungen vom zu bewertenden Unternehmen und der besten Vergleichsalternative nicht übereinstimmen, größer oder kleiner als der Zukunftserfolgswert (Entscheidungswert) des Unternehmens sein.

Der Ausgabenersparniswert ist größer (kleiner) als der Entscheidungswert, wenn der Barwert der künftigen Einzahlungen des Unternehmens kleiner (größer) als der Barwert der künftigen Einzahlungen der besten Vergleichsalternative ist, so daß sich ein Einnahmenminderwert (Einnahmenmehrwert) des Unternehmens ergibt. Erst der um den Einnahmenmehr-/-minderwert korrigierte Ausgabenersparniswert ist gleich dem Entscheidungswert des Unternehmens und kann als Barwert aller Einzahlungsüberschüsse des Unternehmens (Zukunftserfolgswert), d. h. als Differenz zwischen dem Barwert aller künftigen Einzahlungen und dem Barwert aller künftigen Auszahlungen des Unternehmens (auf Basis des internen Zinsfußes der besten erfolgsgleichen Alternative als Kapitalisierungszinsfuß), ermittelt werden.

---

[404] Es wird hier nur aus Gründen des sprachlichen Gleichklangs zum Begriff „Ausgabenersparniswert" von Einnahmenmehr-/-minderwert statt vom Einzahlungsmehr-/-minderwert gesprochen.

2.4.2   Bewertung kleiner und mittlerer Unternehmen

2.4.2.1 Bewertungsrelevante Besonderheiten

Die für kleine und mittlere Unternehmen (KMU) im deutschen Sprachraum verwendeten Begriffe[405] sind nicht annähernd so vielfältig, wie die für KMU im Rahmen von quantitativen Abgrenzungsversuchen vorliegenden Obergrenzen.[406] Obschon die Abgrenzung der KMU von Großunternehmen mit Hilfe der numerischen Meßgrößen auf den ersten Blick relativ einfach erscheint, kann eine sinnvolle Differenzierung nur mit qualitativen Merkmalen erfolgen, weil diese gleichzeitig den Vorteil haben, den „Einblick in das Wesen der Betriebe"[407] zu erleichtern.[408] Da im Rahmen einer qualitativen Abgrenzung weniger die Richtigkeit, sondern vielmehr die Zweckmäßigkeit im Mittelpunkt steht,[409] lassen sich in der betriebswirtschaftlichen Literatur[410] auch eine Vielzahl qualitativer Abgrenzungsmerkmale finden. Nachfolgend sind vier Kriterien zusammengefaßt, welche die wesentlichsten bewertungsrelevanten *Besonderheiten kleiner und mittlerer Unternehmen* charakterisieren.[411]

- *Personalunion von Eigentümer(n) und Geschäftsführer(n):*
  Eigentümer leiten ihre kleinen und mittleren Unternehmen gewöhnlich selbst. Die Unternehmen stellen im Sinne der persönlichen Einkommensquelle die wirtschaftliche Existenzgrundlage des Inhabers dar. Gelegentlich ist deshalb der Übergang zwischen betrieblicher und privater Sphäre fließend, weshalb ein besonderes Augenmerk auf die Abgrenzung zwischen den Sphären zu legen ist.[412] Der Eigentü-

---

[405]   Hierzu zählen z. B. „klein- und mittelgroße Unternehmen", „Klein- und Mittelunternehmen", „Mittel- und Kleinbetriebe", „Mittelstand" sowie die Abkürzung „KMU", die nachfolgend synonym gebraucht werden. Vgl. auch DECHANT, Investitions-Controlling (1998), S. 12 f.

[406]   Vgl. beispielsweise die Größenklassen hinsichtlich der „Zahl der beschäftigten Arbeitnehmer" und des „Jahresumsatzes" etwa gemäß § 267 HGB, der Empfehlungen der EUROPÄISCHEN UNION sowie der Kriterien des INSTITUTS FÜR MITTELSTANDSFORSCHUNG, Bonn, und des BUNDESVERBANDES DEUTSCHER BANKEN.

[407]   MUGLER, Klein- und Mittelbetriebe (1998), S. 19.

[408]   Zu quantitativen Abgrenzungskriterien und den damit verbundenen Problemen vgl. MATSCHKE/ BRÖSEL, Folgen von „Basel II" (2003), S. 158, sowie auch DINTNER/SCHORCHT, Controlling in mittelständischen Unternehmen (1999), S. 87, und VINCENTI, Mittelständische Unternehmen (2002), S. 30–32.

[409]   Vgl. FRANK, Strategische Partnerschaften (1994), S. 18.

[410]   Siehe ausführlich PFOHL, Abgrenzung (2006), sowie z. B. auch das INSTITUT DER WIRTSCHAFTSPRÜFER, Stellungnahme HFA 6/1997 (1998), S. 27.

[411]   Vgl. zu nachfolgenden Kriterien MATSCHKE/BRÖSEL, Folgen von „Basel II" (2003), S. 159, BRÖSEL/ MATSCHKE, Sicht des präsumtiven Verkäufers (2003), S. 2178 f., BRÖSEL/MATSCHKE, Ermittlung des Entscheidungswertes (2004), S. 50 f., BRÖSEL, Grundlagen (2008), S. 65–68. Differenziertere qualitative Kriterien finden sich bei KNACKSTEDT, Klein- und Mittelunternehmen (2009), S. 22–43. Siehe auch RÖSSLE, Betrieb (1934), S. 886, und BURCHERT/HERING/HOFFJAN, Finanzwirtschaftliche Probleme (1998), S. 241. Zur Bewertung von KMU siehe zudem NIEHUES, Unternehmensbewertung (1993), HELBLING, Unternehmensbewertung (1998), S. 188–192, HERING, Konzeptionen der Unternehmensbewertung (2000), KELLER/HOHMANN, Bewertung von KMU (2004), BAETGE/KIRSCH, Bewertung von kleinen und mittleren Unternehmen (2006), KUP, Unternehmensbewertung (2007), BEHRINGER, Unternehmensbewertung (2009), KNACKSTEDT, Klein- und Mittelunternehmen (2009), RÜCKLE, Risikoprobleme (2010), S. 556–558, HELBLING, Besonderheiten (2012). Eine empirische Erhebung zur Bewertung von KMU durch den steuerberatenden Berufsstand findet sich in FISCHER-WINKELMANN/BUSCH, Die praktische Anwendung (2009), S. 715–725.

[412]   Vgl. INSTITUT DER WIRTSCHAFTSPRÜFER, IDW S 1 i. d. F. 2008 (2008), S. 290.

mer, der zwar regelmäßig über beträchtliche branchenspezifische, seltener jedoch über ausgeprägte betriebswirtschaftliche Kenntnisse verfügt, nimmt i. d. R. unmittelbar am Betriebsgeschehen teil und ist deshalb auch in die Konfliktsituation zwingend und auf Dauer eingebunden.

- *Gravierende Unvollkommenheit des Kapitalmarktes:*
Für die betrachteten Unternehmen stellt das Vermögen der Unternehmenseigner und von deren Familien eine wesentliche und gewöhnlich stark begrenzte Kapitalbasis dar. Zusätzliches Fremd- oder Eigenkapital aufzunehmen und kurzfristige Liquiditätsengpässe zu überbrücken, fällt diesen Unternehmen im Vergleich zu (börsennotierten) Großunternehmen schwer. Diese Finanzierungsprobleme beruhen aus neoinstitutionalistischer Sicht auf asymmetrischen Informationsverteilungen, welche für kleine und mittlere Unternehmen weitaus charakteristischer als für große Unternehmen sind. Aus den Informationsproblemen resultieren die Existenz von Finanzintermediären und das Vorhandensein eines unvollkommenen Kapitalmarktes. Letzterer bewirkt, daß das Kapital knapp ist sowie Soll- und Habenzins voneinander abweichen.[413] Die Unvollkommenheit des Kapitalmarktes stellt insbesondere für KMU, die gewöhnlich auch keinen Zugang zum anonymen Kapitalmarkt haben, ein erhebliches Finanzierungshemmnis dar.
- *Eigentümer als zentrale Entscheidungsinstanz:*
Für den Eigentümer sind kleine und mittlere Unternehmen aufgrund ihrer Größe weitgehend überschaubar. Die Beziehungen zwischen dem Eigner und seinen Mitarbeitern lassen sich als eng und informell charakterisieren. Die Organisationsstruktur ist durch kurze und direkte Anweisungs- und Informationswege gekennzeichnet. Zumeist stellt der Eigner die zentrale Entscheidungsinstanz dar und behält sich jegliche Entscheidungskompetenz vor.
- *Wesentliche Abhängigkeit des Unternehmenserfolgs vom Eigentümer:*
Da zwischen dem Eigentümer und dem Umfeld des kleinen oder mittleren Unternehmens ein enges Netz persönlicher Kontakte besteht, sind die Erfolge des Unternehmens erheblich von der Person des Eigentümers abhängig. Verläßt der ursprüngliche Inhaber im Zuge eines Eigentümerwechsels das KMU, ist ein wesentlicher Verlust von Wissen[414] sowie Netzwerken (z. B. Kunden- und Lieferantenkontakte) zu erwarten. Eine Trendextrapolation auf Basis der Ergebnisse vorangegangener Perioden kann deshalb gar nicht oder nur sehr eingeschränkt als Prognosehilfe für zukünftige Erfolge herangezogen werden. Darüber hinaus ist die Unsicherheit im Vergleich zu Großunternehmen signifikant höher, weil KMU unter anderem weniger diversifiziert sowie aufgrund ihrer hohen Eigen- und Fremdkapitallücken und ihrer spezifischen Liquiditätsschwierigkeiten krisenanfälliger sind. Zudem stehen den KMU oftmals geringere Planungsressourcen als Großunternehmen zur Verfügung.

Aus den aktuellen Entwicklungen,[415] die sich z. B. durch „Basel II" sowie durch die Problematik der Unternehmensnachfolge ergeben, resultieren erhebliche Änderungen in den Rahmenbedingungen für kleine und mittlere Unternehmen. Hieraus können zwar

---

[413]   Siehe weiterführend *HERING*, Investitionstheorie (2008), S. 131–135.

[414]   Siehe zur Bedeutung von Wissen in KMU *KEUPER/BRÖSEL*, Informationslieferant für das Wissensmanagement (2005).

[415]   Vgl. zu diesen Ausführungen *BRÖSEL/BURCHERT*, Akquisitionen (2004), S. 333.

Auswirkungen auf die Bedeutung der hier dargestellten qualitativen Kriterien resultieren, einzelne Kriterien erübrigen sich deshalb jedoch nicht. Da sich beispielsweise als
Folge von „Basel II" eine Konditionenspreizung ergeben kann, wird sich die Bedeutung
des gravierend unvollkommenen Kapitalmarktes für ein KMU weiter erhöhen, wenn
aufgrund der geringen Bonität eines kleinen oder mittleren Unternehmens negative
Auswirkungen auf die Kreditkonditionen und/oder gar auf den zur Verfügung gestellten
Kreditumfang zu erwarten sind, oder aber auch leicht verringern, wenn ein KMU infolge einer verbesserten Einstufung beim anstehenden Rating auf günstigere Kreditkonditionen hoffen kann.[416] Zudem wird auch in Anbetracht der anstehenden Unternehmens-
nachfolgen[417] die Bedeutung der Abhängigkeit des Unternehmenserfolgs vom Eigentümer als Kriterium nicht negiert, vielmehr gewinnt dieses Merkmal sogar für die unmittelbar betroffenen und auch die nicht unmittelbar betroffenen KMU weiter an Gewicht;
für letztere, weil hieraus ein gewaltiger Wettbewerbsvorteil resultieren kann, und für er-
stere, weil versucht werden muß, die bestehenden Netzwerke weitgehend aufrechtzuer-
halten.

2.4.2.2 Zustands-Grenzpreismodell im Lichte der bewertungsrelevanten Besonderheiten

Zur Bewertung kleiner und mittlerer Unternehmen bedarf es also eines Bewer-
tungsmodells, das allen aufgeführten qualitativen Besonderheiten gleichermaßen gerecht wird. Ob dies durch das allgemeine ZGPM erfüllt wird, soll nunmehr im Hinblick
auf die einzelnen bewertungsrelevanten Besonderheiten kleiner und mittlerer Unternehmen überprüft werden:[418]

* *Personalunion von Eigentümer(n) und Geschäftsführer(n)*:
  Während bei großen Unternehmen die Unternehmensleitung im Auftrag der Eigentümer Unternehmensbewertungen im Falle von angestrebten Eigentumsänderungen
  durchzuführen hat und dabei die (gelegentlich heterogenen) Ziele mehrerer Eigner
  eruieren und beachten sollte, besteht im Falle der Personalunion der Vorteil, daß
  dem Geschäftsführer des KMU seine eigenen Präferenzen (als Eigner) bewußt sind
  (oder zumindest bewußt sein sollten). Die Unternehmensleitung ist somit bei kleinen und mittleren Unternehmen meist selbst die Meßebene der Zielerfüllung. Sie
  muß mit einer entsprechenden Formulierung der Zielfunktion (Wahl zwischen den
  Zielen „Vermögensmaximierung" und „Einkommensmaximierung") ihr eigenes
  Zielsystems abbilden. Da im allgemeinen ZGPM als Rechengröße auf Ausschüttungen an den Eigentümer und auf Entnahmen des Eigners (also auf Zahlungen)
  zurückgegriffen wird, ist berücksichtigt, daß das zu bewertende kleine oder mittlere
  Unternehmen die persönliche Einkommensquelle des Inhabers darstellt. Da Simultanmodelle hohe Anforderungen an den Nutzer im Hinblick auf fundierte methodische Kenntnisse der linearen Programmierung stellen, kann es hinsichtlich der bei
  den KMU-Eignern teilweise weniger ausgeprägten betriebswirtschaftlichen Kennt-

---

[416] Vgl. insbesondere *MATSCHKE/BRÖSEL*, Folgen von „Basel II" (2003), S. 171 f.

[417] Siehe ausführlich zur Unternehmensnachfolge *HERING/OLBRICH*, Unternehmensnachfolge (2003),
       OLBRICH, Unternehmungsverkauf (2005).

[418] Vgl. hierzu *MATSCHKE/BRÖSEL*, Folgen von „Basel II" (2003), S. 169 f., *BRÖSEL/MATSCHKE*, Sicht
       des präsumtiven Verkäufers (2003), S. 2180, *BRÖSEL/MATSCHKE*, Ermittlung des Entscheidungs-
       wertes (2004), S. 64 f. Siehe auch *BRÖSEL/MATSCHKE/OLBRICH*, Valuation (2012).

nisse erforderlich sein, daß diese auf die Hilfe Dritter zurückgreifen müssen.[419] Im Rahmen der Entscheidungswertermittlung sollten sie sich solchen externen Beratern anvertrauen, welche die investitionstheoretischen Verfahren nicht nur beherrschen, sondern auch konsequent im Sinne der klassischen funktionalen Bewertungstheorie anwenden.

- *Gravierende Unvollkommenheit des Kapitalmarktes:*
  Die Anwendung von Partialmodellen bedarf auf dem unvollkommenen Kapitalmarkt der Kenntnis der Grenzzinsfüße einer jeden Periode, was wiederum die Lösung eines Totalmodells impliziert. Im beschriebenen mehrperiodigen Totalmodell werden die alternativen Investitions- und alle Finanzierungsmöglichkeiten sowie die finanziellen Objektinterdependenzen des Entscheidungsfeldes simultan erfaßt und relativ wirklichkeitsnah abgebildet. Somit ist eine separate Ermittlung der (sich als Kuppelprodukt ergebenen) Grenzzinsfüße nicht erforderlich. Darüber hinaus ist die Gewährleistung der Zahlungsfähigkeit durch die Liquiditätsrestriktionen zu jedem betrachteten Zeitpunkt t gesichert. Auch eine Integration weiterer linear abbildbarer Restriktionen in das Modell ist theoretisch (und bei kleinen und mittleren Unternehmen auch praktisch) durchführbar.
- *Eigentümer als zentrale Entscheidungsinstanz:*
  Totalmodelle sind grundsätzlich für Unternehmen mit zentralen Entscheidungsinstanzen konzipiert, deren Leitungsorgan sich jegliche Entscheidungskompetenz vorbehält. Zur Berechnung des gesuchten Entscheidungswertes muß das Simultanmodell mit den entsprechenden Daten „gefüttert" werden. Da sich einerseits die kleinen und mittleren Unternehmen aufgrund ihrer Größe für den Eigner als überschaubar darstellen und andererseits die Bewertung kleiner oder mittlerer Unternehmen in der Realität nicht zum Tagesgeschäft gehört, sind der Informationsbeschaffungs- und Informationsverarbeitungsaufwand i. d. R. vertretbar sowie eine fortwährende Aufstellung und Lösung des Totalmodells nicht erforderlich.
- *Wesentliche Abhängigkeit des Unternehmenserfolgs vom Eigentümer:*
  Die in der Realität für kleine und mittlere Unternehmen signifikante Unsicherheit, die insbesondere auf der vorliegenden Abhängigkeit des Unternehmenserfolgs vom Eigner basiert, erfordert ein Modell, welches den Entscheidungsträgern als Ergebnis des Bewertungsprozesses in Form von möglichen Bandbreiten oder Häufigkeitsverteilungen des Entscheidungswertes wichtige quantitative Informationen zur Entscheidungsunterstützung zukommen läßt. Da sich das ZGPM des aus der Finanzierungstheorie herrührenden Gedankens zustandsabhängiger Zahlungsströme bedient, erweist es sich zur Bewertung von Unternehmen unter Unsicherheit als besonders geeignet. Zudem sind mit der Risikoanalyse und der Sensitivitätsanalyse adäquate Unsicherheit aufdeckende Verfahren gegeben, die mit dem ZGPM verknüpft werden können und die Auswirkungen der Unsicherheit auf das Bewertungsergebnis transparent darstellen.

Die investitionstheoretisch geleitete Entscheidungswertermittlung mit Hilfe des ZGPM ist für die Bewertung kleiner und mittlerer Unternehmen besonders geeignet.

---

[419] Vgl. DECHANT, Investitions-Controlling (1998), S. 143.

2.4.3   Auswirkungen auf den Entscheidungswert durch Änderungen im Zielsystem

2.4.3.1 Entscheidungswertermittlung bei Vermögensmaximierung aus Sicht des präsumtiven Käufers

2.4.3.1.1 Darstellung

Während sich bisher auf die finanzwirtschaftliche Zielsetzung „Entnahmemaximierung" im Rahmen der Entscheidungswertermittlung konzentriert wurde, erfolgt nun die Darstellung der Entscheidungswertermittlung bei *Vermögensmaximierung*. Bevor an einem Beispiel die Auswirkungen von Änderungen im Zielsystem auf den Entscheidungswert verdeutlicht werden, wird die Ermittlung von Basis- und Bewertungsprogramm mit dem ZGPM für einen präsumtiven Käufer in einer eindimensionalen, disjungierten Konfliktsituation mit dem Preis als einzigem konfliktlösungsrelevanten Sachverhalt formalisiert.[420]

Der *Planungshorizont* wird mit T Perioden festgelegt. Der präsumtive Käufer soll in jedem Zeitpunkt t bestimmte Finanzierungs- und Investitionsentscheidungen treffen können, die einerseits nur in begrenztem Umfang verfügbar sind, so daß Kapazitätsbeschränkungen je Investitions- oder Finanzierungsobjekt j zu beachten sind, und andererseits betragsmäßig unbeschränkt (Kapitalanlage- und Kapitalaufnahmemöglichkeit) sind. Es gilt wiederum die Linearitätshypothese, weil Synergien zwischen den Objekten annahmegemäß nicht existieren. Das heißt, die (positiven oder negativen) Zahlungen g_{Kjt} pro Einheit eines Investitions- oder Finanzierungsobjekts j, das der Käufer im Zeitpunkt t realisieren kann, sollen bekannt und unabhängig davon sein, in welcher Weise sie zu einem Investitions- und Finanzierungsprogramm kombiniert werden. Darüber hinaus wird in jedem Zeitpunkt des Planungszeitraums ein fester (entscheidungsunabhängiger) Zahlungssaldo erwartet. Diese entscheidungsunabhängigen Zahlungen können positiv, negativ oder auch null sein und werden formal mit b_{Kt} abgebildet. Durch Restriktionen ist nicht nur die Realisierbarkeit des Anfangsprogramms, sondern auch die *jederzeitige Zahlungsfähigkeit* in späteren Zeitpunkten zu gewährleisten.

Als *Zielfunktion* möchte der präsumtive Käufer nunmehr die Summe GKE seiner gewichteten Konsumentnahmen maximieren. In seine Zielfunktion geht dabei im Zeitpunkt t die Konsumentnahme KE_t mit dem jeweiligen Gewicht w_{Kt} ein. Als Spezialfall dieser Vermögensmaximierung gilt die Endwertmaximierung, für die gilt: $w_{KT} = 1$ und $w_{Kt} = 0$ für t < T. Die mit der Gewichtung vorgegebene Struktur ist hierbei wiederum ein Ausdruck der Zeitpräferenz des präsumtiven Käufers.

Als Nebenbedingungen können schließlich feste Entnahmevorgaben (z. B. als Prozentsatz des Grundkapitals festgelegte Dividendenzahlungen) berücksichtigt werden. Die Berücksichtigung dieser von vornherein feststehenden Auszahlungen EN_{Kt} erfolgt

---

[420]   Vgl. *HERING*, Unternehmensbewertung (2006), S. 57–59.

insofern, daß diese von der Konstante b_{Kt} abgezogen werden müssen. Durch die entsprechende Gewichtung am Planungshorizont kann wiederum sichergestellt werden, daß ein genügend großes Endvermögen vorhanden ist, welches in praxi eine Unternehmensfortführung über den Planungshorizont T hinaus gewährleisten würde.

Zur *Ermittlung des Basisprogramms* aus Sicht des präsumtiven Käufers ist folgendes *mathematisches Modell* aufzustellen:

Zielfunktion:

$$GKE \rightarrow max!; \; GKE := \sum_{t=0}^{T} w_{Kt} \cdot KE_t.$$

Die Struktur der in der Zukunft gewünschten Konsumentnahmen lautet:

$$w_{K0} : w_{K1} : w_{K2} : \dots : w_{KT\text{-}1} : w_{KT}.$$

Restriktionen:

(1) *Sicherung der jederzeitigen Zahlungsfähigkeit in den Zeitpunkten t = 0, 1, 2, ..., T:*

$$-\sum_{j=1}^{J} g_{Kjt} \cdot x_{Kj} + KE_t \leq b_t - EN_{Kt}.$$

(2) *Kapazitätsgrenzen:*

Anzahl der realisierten Investitions- und Finanzierungsobjekte $\leq$ Kapazitätsobergrenze für j =1, 2, ...ˑJ:

$$x_{Kj} \leq x_{Kj}^{max}.$$

(3) *Nichtnegativität:*

$$x_{Kj} \geq 0,$$

$$GK_t \geq 0.$$

Durch Lösung dieses Ansatzes ergibt sich das *Basisprogramm* des präsumtiven Käufers mit dem maximalen Zielfunktionswert GKE^{max}, der mit dem nunmehr zu ermittelnden Bewertungsprogramm mindestens wieder zu erreichen ist.

Zur *Ermittlung des Bewertungsprogramms sowie des Grenzpreises* P^{max} aus Käufersicht für das zu bewertende Unternehmen, für das als zukünftige Erfolge die Zahlungen $g_{UK} = (0; g_{UK1}; g_{UK2}; \dots; g_{UKT})$ geschätzt wurden, ist der nachfolgende Ansatz zu lösen:

Zielfunktion:

$$P \rightarrow max!$$

Restriktionen:

(1) *Sicherung der jederzeitigen Zahlungsfähigkeit:*

Summe der Einzahlungsüberschüsse aus zu realisierenden Investitions- und Finanzierungsobjekten und aus entscheidungsunabhängigen Zahlungen sowie aus dem zu bewertenden Unternehmen $\geq$ Entnahmen

- im Zeitpunkt t = 0:

$$-\sum_{j=1}^{J} g_{Kj0} \cdot x_{Kj} + P + KE_0 \leq b_0 - EN_{K0}.$$

- in den Zeitpunkten t = 1, 2, ..., T:

$$-\sum_{j=1}^{J} g_{Kjt} \cdot x_{Kj} + KE_t \leq b_t - EN_{Kt} + g_{UKt}.$$

(2) *Einhaltung des maximalen Zielfunktionswertes des Basisprogramms* GKE^{max}:

$$\sum_{t=0}^{T} w_{Kt} \cdot KE_t \geq GKE^{max}.$$

(3) *Kapazitätsgrenzen*:

Anzahl der realisierten Investitions- und Finanzierungsobjekte $\leq$ Kapazitätsober-grenze für j =1, 2, ... J:

$$x_{Kj} \leq x_{Kj}^{max}.$$

(4) *Nichtnegativität*:

$$x_{Kj} \geq 0,$$

$$P \geq 0.$$

Somit wird wiederum der Fall der Subventionierung des Käufers durch den Ver-käufer (negativer Kaufpreis) bei dieser Modellierung ausgeschlossen.

2.4.3.1.2 Zahlenbeispiel

Zur Veranschaulichung sei an dieser Stelle auf das die Ganzzahligkeit berücksichti-gende Zahlenbeispiel des Abschnitts 2.3.3.2.2.2 zurückgegriffen. In Abweichung zu diesem Beispiel werden lediglich die Ziele des Bewertungssubjekts geändert, um die Auswirkung der Änderungen im Zielsystem des Bewertungssubjekts auf den Entschei-dungswert transparent darzustellen.

Die Änderung der Ziele stellen sich konkret wie folgt dar: Auf Wunsch des Bewer-tungssubjekts wird die Zielfunktion von der Einkommensmaximierung zur Vermögens-maximierung „geändert". Grundsätzlich wünscht sich das Bewertungssubjekt feste Aus-zahlungsbeträge EN_{Kt} in folgender Höhe für die Zeitpunkte t = 0 bis t = 4: (10; 10; 10; 10; 210). Diese werden auf der „rechten Seite" des Ansatzes berücksichtigt. Die zeitli-che Struktur der darüber hinaus gewünschten Konsumentnahmen sei: $w_{K0} : w_{K1} : w_{K2} : w_{K3} : w_{K4} = $ 0 : 12 : 11 : 10 : 0. Statt der Maximierung der Breite des Entnahmestroms geht es um die Maximierung der gewichteten Konsumentnahmen der Zukunft.

Es ist folgender Optimierungsansatz zur Ermittlung des Basisprogramms zu lösen:

$$GKE \rightarrow max!; \ GKE := w_{K0} \cdot KE_0 + w_{K1} \cdot KE_1 + w_{K2} \cdot KE_2 + w_{K3} \cdot KE_3 + w_{K4} \cdot KE_4$$

$$= 0 \cdot KE_0 + 12 \cdot KE_1 + 11 \cdot KE_2 + 10 \cdot KE_3 + 0 \cdot KE_4$$

$100 \cdot AK - 50 \cdot ED + 1 \cdot GA_0 - 1 \cdot KA_0 + KE_0$	≤ 30
$-30 \cdot AK + 4 \cdot ED - 1,05 \cdot GA_0 + 1 \cdot GA_1 + 1,1 \cdot KA_0 - 1 \cdot KA_1 + KE_1$	≤ 20
$-40 \cdot AK + 4 \cdot ED - 1,05 \cdot GA_1 + 1 \cdot GA_2 + 1,1 \cdot KA_1 - 1 \cdot KA_2 + KE_2$	≤ 20
$-50 \cdot AK + 4 \cdot ED - 1,05 \cdot GA_2 + 1 \cdot GA_3 + 1,1 \cdot KA_2 - 1 \cdot KA_3 + KE_3$	≤ 20
$-55 \cdot AK + 54 \cdot ED - 1,05 \cdot GA_3 + 1,1 \cdot KA_3 + KE_4$	≤ 420

GA_0, GA_1, GA_2, GA_3, KA_0, KA_1, KA_2, KA_3, KE_0, KE_1, KE_2, KE_3, $KE_4 \geq 0$

AK, $ED \in \{0; 1\}$.

Aus dem Basisprogramm ergeben sich die gewünschten festen Auszahlungen EN und folgende Konsumentnahmen $KE_0 = 0$, $KE_1 = 24$, $KE_2 = 56$, $KE_3 = 448,7273$ und $KE_4 = 0$. Unter Berücksichtigung der Gewichtung: $0 \cdot KE_0 = 0 \cdot 0 = 0$, $12 \cdot KE_1 = 12 \cdot 24 = 288$, $11 \cdot KE_2 = 11 \cdot 56 = 616$, $10 \cdot KE_3 = 10 \cdot 448,7273 = 4.487,273$ und $0 \cdot KE_4 = 0 \cdot 0 = 0$ läßt sich der maximale Zielfunktionswert des Basisprogramms $GKE^{max} = 5.391,2730$ errechnen.

Der VOFI des Basisprogramms ist in der *Abbildung 132* dargestellt:

	t = 0	t = 1	t = 2	t = 3	t = 4
Eigenmittel EM	10				
Innenfinanzierung	30	30	30	30	630
feste Auszahlungen EN	-10	-10	-10	-10	-210
Investition AK	-100	30	40	50	55
Darlehen ED	50	-4	-4	-4	-54
Betriebskredit KA	20			382,7273	
Geldanlage GA					
KA-, GA-Rückzahlung		-22			-421
Konsumentnahme KE	0	-24	-56	-448,7273	0
Zahlungssaldo	0	0	0	0	0
Schuldenstand aus KA	20			382,7273	
Guthabenstand aus GA					

Abbildung 132: Vollständiger Finanzplan des Basisprogramms des Käufers bei Vermögensmaximierung

Nach der Aufnahme des zu bewertenden Unternehmens U in das Bewertungsprogramm muß der Zielfunktionswert des Basisprogramms $GKE^{max} = 5.391,2730$ mindestens wieder erreicht werden. Das Bewertungsprogramm kann mit folgendem Ansatz gelöst werden:

$P \rightarrow max!$

$$100 \cdot AK - 50 \cdot ED + 1 \cdot GA_0 - 1 \cdot KA_0 + KE_0 + P \qquad \leq 40$$

$$-30 \cdot AK + 4 \cdot ED - 1,05 \cdot GA_0 + 1 \cdot GA_1 + 1,1 \cdot KA_0 - 1 \cdot KA_1 + KE_1 \qquad \leq 90$$

$$-40 \cdot AK + 4 \cdot ED - 1,05 \cdot GA_1 + 1 \cdot GA_2 + 1,1 \cdot KA_1 - 1 \cdot KA_2 + KE_2 \qquad \leq 70$$

$$-50 \cdot AK + 4 \cdot ED - 1,05 \cdot GA_2 + 1 \cdot GA_3 + 1,1 \cdot KA_2 - 1 \cdot KA_3 + KE_3 \qquad \leq 50$$

$$-55 \cdot AK + 54 \cdot ED - 1,05 \cdot GA_3 + 1,1 \cdot KA_3 + KE_4 \qquad \leq 1.050$$

$$0 \cdot KE_0 + 12 \cdot KE_1 + 11 \cdot KE_2 + 10 \cdot KE_3 + 0 \cdot KE_4 \qquad \geq 5.391,2730$$

GA_0, GA_1, GA_2, GA_3, KA_0, KA_1, KA_2, KA_3, $P \qquad \geq 0$

AK, $ED \in \{0; 1\}$.

Aus dem Bewertungsprogramm ergeben sich neben den festen Auszahlungen EN folgende Konsumentnahmen $KE_0 = 0$, $KE_1 = 24$, $KE_2 = 56$, $KE_3 = 448,7273$ und $KE_4 = 0$. Unter Berücksichtigung der Gewichtung: $0 \cdot KE_0 = 0 \cdot 0 = 0$, $12 \cdot KE_1 = 12 \cdot 24 = 288$, $11 \cdot KE_2 = 11 \cdot 56 = 616$, $10 \cdot KE_3 = 10 \cdot 448,7273 = 4.487,273$ und $0 \cdot KE_4 = 0 \cdot 0 = 0$ ist der maximale Zielfunktionswert des Basisprogramms $GKE^{max} = 5.391,2730$ wieder erreicht. Der ermittelte Grenzpreis für das zu bewertende Unternehmen U beträgt nunmehr 389,4952 GE. Im Vergleich zum Grenzpreis bei der Verfolgung der Zielsetzung „Einkommensmaximierung", welcher bei 391,5313 GE lag, ergibt sich eine Differenz von 2,0361 GE. Die Änderung des Zielsystems führt bei gleichbleibendem Entscheidungsfeld somit zu einer Verminderung des Grenzpreises aus Sicht des präsumtiven Käufers.

In der *Abbildung 133* ist der VOFI des Bewertungsprogramms für den Fall der Vermögensmaximierung dargestellt.

	t = 0	t = 1	t = 2	t = 3	t = 4
Eigenmittel EM	10				
Innenfinanzierung IF	30	30	30	30	630
feste Auszahlungen EN	-10	-10	-10	-10	-210
Unternehmen U	-389,4952	60	40	20	420
Investition AK	-100	30	40	50	55
Darlehen ED	50	-4	-4	-4	-54
Betriebskredit KA	409,4952	368,4447	365,2892	764,5454	
Geldanlage GA					
KA-, GA-Rückzahlung		-450,44472	-405,28917	-401,81812	-841
Konsumentnahme KE	0	-24	-56	-448,7273	0
Zahlungssaldo	0	0	0	0	0
Schuldenstand aus KA	409,4952	368,4447	365,2892	764,5454	
Guthabenstand aus GA					

Abbildung 133: Vollständiger Finanzplan des Bewertungsprogramms des Käufers bei Vermögensmaximierung

2.4.3.2 Entscheidungswertermittlung bei Vermögensmaximierung aus Sicht des präsumtiven Verkäufers

2.4.3.2.1 Darstellung

Das mathematische Modell[421] zur Ermittlung des Basisprogramms aus Verkäufersicht unter Berücksichtigung der finanzwirtschaftlichen Zielsetzung „*Vermögensmaximierung*" unterscheidet sich vom entsprechenden Ansatz aus Käufersicht wiederum nur dadurch, daß die aus dem zu bewertenden Unternehmen erwarteten Zahlungen $g_{UV} = (0; g_{UV1}; g_{UV2}; ...; g_{UVT})$ enthalten sind. Diese können – wie bereits aus Verkäufersicht mit der Zielstellung „Einkommensmaximierung" dargestellt – als Bestandteil der autonomen Zahlungen b_{Vt} aufgefaßt werden, was eine gesonderte Formulierung erspart:

Zielfunktion:

$$GKE \rightarrow max!; \quad GKE := \sum_{t=0}^{T} w_{Vt} \cdot KE_t .$$

Die Struktur der in der Zukunft gewünschten Konsumentnahmen lautet entsprechend

$$w_{V0} : w_{V1} : w_{V2} : ... : w_{VT-1} : w_{VT} .$$

Restriktionen:

(1) *Sicherung der jederzeitigen Zahlungsfähigkeit in den Zeitpunkten t = 0, 1, 2, ..., T:*

$$-\sum_{j=1}^{J} g_{Vjt} \cdot x_{Vj} + KE_t \leq b_t - EN_{Vt} .$$

Die Summe der Einzahlungsüberschüsse aus den zu realisierenden Investitions- und Finanzierungsobjekten sowie aus den entscheidungsunabhängigen Zahlungen, die solche aus dem Bewertungsobjekt enthalten, darf somit in jedem Zeitpunkt die Entnahmen nicht übersteigen.

(2) *Kapazitätsgrenzen:*

Anzahl der realisierten Investitions- und Finanzierungsobjekte ≤ Kapazitätsobergrenze für j = 1, 2, ... J:

$$x_{Vj} \leq x_{Vj}^{max} .$$

(3) *Nichtnegativität:*

$$x_{Vj} \geq 0,$$

$$GK_t \geq 0.$$

Durch Lösung dieses Ansatzes ergeben sich das Basisprogramm aus Sicht des präsumtiven Verkäufers, welches das zu bewertende Unternehmen enthält, sowie der maximale Zielfunktionswert GKE^{max}, der mit dem nunmehr zu ermittelnden Bewertungsprogramm mindestens wieder zu erreichen ist.

---

[421] Vgl. *HERING*, Unternehmensbewertung (2006), S. 81 f.

Zur *Ermittlung des Bewertungsprogramms sowie des Grenzpreises* P_{min} aus Verkäufersicht für das zu bewertende Unternehmen ist der nachfolgende Ansatz zu lösen:
Zielfunktion:
$P \rightarrow min!$
Restriktionen:
(1) *Sicherung der jederzeitigen Zahlungsfähigkeit:*
   • im Zeitpunkt t = 0:

$$-\sum_{j=1}^{J} g_{Vj0} \cdot x_{Vj} - P + KE_0 \leq b_{V0} - EN_{V0}.$$

   • in den Zeitpunkten t = 1, 2, ..., T:

$$-\sum_{j=1}^{J} g_{Vjt} \cdot x_{Vj} + KE_t \leq b_{Vt} - EN_{Vt} - g_{UVt}.$$

(2) *Einhaltung des Zielfunktionswertes* GKE^{max} *des Basisprogramms:*

$$\sum_{t=0}^{T} w_{Vt} \cdot KE_t \geq GKE^{max}.$$

(3) *Kapazitätsgrenzen:*
   Anzahl der realisierten Investitions- und Finanzierungsobjekte ≤ Kapazitätsobergrenze für j = 1, 2, ... J:

$$x_{Vj} \leq x_{Vj}^{max}.$$

(4) *Nichtnegativität:*

$$x_{Vj} \geq 0$$

$$P \geq 0.$$

Der Fall der Subventionierung des Käufers durch den Verkäufer (negativer *Entscheidungswert* P_{min}) ist somit wieder ausgeschlossen.

2.4.3.2.2 Zahlenbeispiel

Auch zur Veranschaulichung der Entscheidungswertermittlung bei der Zielsetzung „Vermögensmaximierung" aus Sicht des Verkäufers sei auf das korrespondierende, die Ganzzahligkeit berücksichtigende Zahlenbeispiel (Zielsetzung „Einkommensmaximierung") des Abschnitts 2.3.3.2.3.2 zurückgegriffen. In Abweichung zu diesem Beispiel seien ebenfalls lediglich veränderte Ziele des Bewertungssubjekts berücksichtigt. Somit werden die Auswirkungen der Änderungen im Zielsystem des Bewertungssubjekts auf den Entscheidungswert unterstrichen.

Die Änderung der Ziele stellen sich konkret wie folgt dar: Das Bewertungssubjekt strebt statt der Einkommensmaximierung die Vermögensmaximierung an. Es wünscht sich feste Auszahlungsbeträge EN_{Vt} in folgender Höhe für die Zeitpunkte t = 0 bis t = 4: (10; 10; 10; 10; 210), welche wieder auf der „rechten Seite" des Ansatzes zu berücksichtigen sind. Die zeitliche Struktur der darüber hinaus gewünschten Konsumentnahmen sei nunmehr: $w_{V0} : w_{V1} : w_{V2} : w_{V3} : w_{V4} = 0 : 12 : 11 : 10 : 0$.

Folgender Optimierungsansatz ist zur Ermittlung des Basisprogramms des Verkäufers zu lösen:

$$GKE \rightarrow max!; \quad GKE := w_{V0} \cdot KE_0 + w_{V1} \cdot KE_1 + w_{V2} \cdot KE_2 + w_{V3} \cdot KE_3 + w_{V4} \cdot KE_4$$

$$= 0 \cdot KE_0 + 12 \cdot KE_1 + 11 \cdot KE_2 + 10 \cdot KE_3 + 0 \cdot KE_4$$

$$100 \cdot AK - 50 \cdot ED + 1 \cdot GA_0 - 1 \cdot KA_0 + KE_0 \qquad\qquad \leq 30$$

$$-30 \cdot AK + 4 \cdot ED - 1,05 \cdot GA_0 + 1 \cdot GA_1 + 1,1 \cdot KA_0 - 1 \cdot KA_1 + KE_1 \qquad \leq 20$$

$$-40 \cdot AK + 4 \cdot ED - 1,05 \cdot GA_1 + 1 \cdot GA_2 + 1,1 \cdot KA_1 - 1 \cdot KA_2 + KE_2 \qquad \leq 20$$

$$-50 \cdot AK + 4 \cdot ED - 1,05 \cdot GA_2 + 1 \cdot GA_3 + 1,1 \cdot KA_2 - 1 \cdot KA_3 + KE_3 \qquad \leq 20$$

$$-55 \cdot AK + 54 \cdot ED - 1,05 \cdot GA_3 + 1,1 \cdot KA_3 + KE_4 \qquad\qquad \leq 420$$

$$GA_0, GA_1, GA_2, GA_3, KA_0, KA_1, KA_2, KA_3, KE_0, KE_1, KE_2, KE_3, KE_4 \geq 0$$

$$AK, ED \in \{0; 1\}.$$

Aus dem Basisprogramm ergeben sich die gewünschten Auszahlungen EN und folgende Konsumentnahmen $KE_0 = 0$, $KE_1 = 24$, $KE_2 = 56$, $KE_3 = 448,7273$ und $KE_4 = 0$. Unter Berücksichtigung der Gewichtung: $0 \cdot KE_0 = 0 \cdot 0 = 0$, $12 \cdot KE_1 = 12 \cdot 24 = 288$, $11 \cdot KE_2 = 11 \cdot 56 = 616$, $10 \cdot KE_3 = 10 \cdot 448,7273 = 4.487,273$ und $0 \cdot KE_4 = 0 \cdot 0 = 0$ läßt sich der maximale Zielfunktionswert des Basisprogramms $GKE^{max} = 5.391,2730$ errechnen.

In der *Abbildung 134* ist der VOFI des Basisprogramms des präsumtiven Verkäufers veranschaulicht:

	t = 0	t = 1	t = 2	t = 3	t = 4
Eigenmittel EM	10				
Innenfinanzierung IF	30	30	30	30	630
feste Auszahlungen EN	-10	-10	-10	-10	-210
Investition AK	-100	30	40	50	55
Darlehen ED	50	-4	-4	-4	-54
Betriebskredit KA	20			382,7273	
Geldanlage GA					
KA-, GA-Rückzahlung		-22			-421
Konsumentnahme KE	0	-24	-56	-448,7273	0
Zahlungssaldo	0	0	0	0	0
Schuldenstand aus KA	20			382,7273	
Guthabenstand aus GA					

Abbildung 134: Vollständiger Finanzplan des Basisprogramms des Verkäufers bei Vermögensmaximierung

Wird schließlich das zu bewertende Unternehmen veräußert, muß der maximale Zielfunktionswert des Basisprogramms $GKE^{max} = 5.391,2730$ mindestens wieder erreicht werden. Das Bewertungsprogramm kann mit folgendem Ansatz gelöst werden:

$P \rightarrow \min!$

$100 \cdot AK - 50 \cdot ED + 1 \cdot GA_0 - 1 \cdot KA_0 + KE_0 - P$ $\qquad \leq 40$

$-30 \cdot AK + 4 \cdot ED - 1{,}05 \cdot GA_0 + 1 \cdot GA_1 + 1{,}1 \cdot KA_0 - 1 \cdot KA_1 + KE_1$ $\qquad \leq 18$

$-40 \cdot AK + 4 \cdot ED - 1{,}05 \cdot GA_1 + 1 \cdot GA_2 + 1{,}1 \cdot KA_1 - 1 \cdot KA_2 + KE_2$ $\qquad \leq 19$

$-50 \cdot AK + 4 \cdot ED - 1{,}05 \cdot GA_2 + 1 \cdot GA_3 + 1{,}1 \cdot KA_2 - 1 \cdot KA_3 + KE_3$ $\qquad \leq 18$

$-55 \cdot AK + 54 \cdot ED - 1{,}05 \cdot GA_3 + 1{,}1 \cdot KA_3 + KE_4$ $\qquad \leq 420$

$0 \cdot KE_0 + 12 \cdot KE_1 + 11 \cdot KE_2 + 10 \cdot KE_3 + 0 \cdot KE_4$ $\qquad \geq 5.391{,}2730$

$GA_0, \; GA_1, \; GA_2, \; GA_3, \; KA_0, \; KA_1, \; KA_2, \; KA_3, \; P$ $\qquad \geq 0$

$AK, \; ED \in \{0; \; 1\}.$

Aus dem Bewertungsprogramm des präsumtiven Verkäufers ergeben sich folgende Konsumentnahmen $KE_0 = 0$, $KE_1 = 24$, $KE_2 = 56$, $KE_3 = 448{,}7273$ und $KE_4 = 0$, die unter Berücksichtigung der Gewichtung zu dem mit dem Basisprogramm bereits erreichten Zielfunktionswert $GKE^{max} = 5.391{,}2730$ führen. Darüber hinaus wird die gewünschte feste Auszahlung EN in entsprechender Höhe gewährleistet.

Der Grenzpreis für das zu bewertende Unternehmen beträgt nun mit der Zielsetzung der „Vermögensmaximierung" 192,4345 GE. Dieser weicht um 3,6916 GE vom Grenzpreis ab, der sich i.H.v. 196,1261 GE bei der Verfolgung der Zielsetzung „Einkommensmaximierung" ergab. Aus der Sicht des Verkäufers führt die Änderung des Zielsystems bei gleichbleibendem Entscheidungsfeld im Beispiel zu einer Verminderung des mindestens zu fordernden Grenzpreises.

Abbildung 135 zeigt den VOFI des Bewertungsprogramms für den Fall der Vermögensmaximierung aus Sicht des Verkäufers.

	t = 0	t = 1	t = 2	t = 3	t = 4
Eigenmittel EM	10				
Innenfinanzierung IF	30	30	30	30	630
feste Auszahlungen EN	-10	-10	-10	-10	-210
Unternehmen KU	192,4345	-12	-11	-12	-210
Investition AK	-100	30	40	50	55
Darlehen ED	0	0	0	0	0
Betriebskredit KA				240,9091	
Geldanlage GA	-122,4345	-142,5562	-142,6840		
KA-, GA-Rückzahlung		128,5562	149,6840	149,8182	-265
Entnahme EN	0	-24	-56	-448,7273	0
Zahlungssaldo	0	0	0	0	0
Schuldenstand aus KA				240,9091	
Guthabenstand aus GA	122,4345	142,5562	142,684	0	

Abbildung 135: Vollständiger Finanzplan des Bewertungsprogramms des Verkäufers bei Vermögensmaximierung

2.4.4 Auswirkungen auf den Entscheidungswert durch Änderungen im Entscheidungsfeld

2.4.4.1 Vorbemerkungen

Bewertungsverfahren, die vermeintliche Marktwerte generieren sollen, abstrahieren weitgehend bis vollständig vom Zielsystem und vom Entscheidungsfeld des Bewertungssubjekts. Daß die Berücksichtigung dieser subjektiven Aspekte jedoch bei der Entscheidungswertermittlung von erheblicher Bedeutung ist, sollen nachfolgende Bewertungsbeispiele anschaulich demonstrieren. Anhand mehrerer Zahlenbeispiele werden sowohl aus Sicht eines präsumtiven Käufers (Abschnitt 2.4.4.2.1) als auch aus Sicht eines präsumtiven Verkäufers (Abschnitt 2.4.4.2.2) die Auswirkungen von Änderungen im Entscheidungsfeld auf die Höhe des Entscheidungswertes dargestellt. Hierzu wird auf das investitionstheoretische Totalmodell „ZGPM" zurückgegriffen, welches das Entscheidungsfeld bei der Entscheidungswertberechnung explizit berücksichtigt. Änderungen des Entscheidungsfeldes können sich sowohl aufgrund *unternehmensextern*[422]

---

[422] Hierunter fallen diejenigen Entscheidungen und Handlungen von Dritten, die eine Veränderung des Entscheidungsfeldes des Bewertungssubjekts bewirken. Dies soll hier am Beispiel „Basel II" demonstriert werden. „Basel II" bezeichnet die vom BASLER AUSSCHUSS FÜR BANKENAUFSICHT vorgelegte (neue) Eigenkapitalempfehlung für Kreditinstitute, denen die Notenbankgouverneure der Zehnergruppe (G10) und die Leiter der Aufsichtsbehörden dieser Länder im Juni 2004 zugestimmt haben. „Basel II" ist vor allem auf eine risikogerechte Eigenkapitalunterlegung der Banken ausgerichtet und – nach der noch für 2006 mit dem „CRD-Umsetzungsgesetz" (7. KWG-Novelle") vollzogenen Umsetzung in nationales Recht – zum 1. Januar 2007 in Kraft getreten. „Basel II" führt bei den Kreditinstituten zu einer sich am Risiko der Geschäfte des Instituts [und dem diesbezüglich gewählten Bemessungsansatz (Standardansatz, IRB-Basisansatz oder fortgeschrittener Ansatz)] orientierenden und somit veränderten Eigenkapitalunterlegung. Eigenkapital ist Risikokapital. Eigenkapitalrenditeforderungen sind höher als Fremdkapitalrenditeforderungen, weil die Eigenkapitalgeber in Anbetracht des von ihnen zu tragenden (höheren) Risikos eine Risikoprämie fordern. Führt „Basel II" bei Kreditinstituten schließlich zu einer Erhöhung der Eigenkapitalunterlegung, ergibt sich ein Anstieg der durchschnittlichen „Kapitalkosten" und somit ein Anstieg der Darlehenszinsen aufgrund höherer Risikoprämien. Diese Tendenz wird jedoch abgeschwächt, weil eine zunehmende Eigenkapitalunterlegung zu einer Verminderung des Risikos und entsprechend zu einer reduzierten Risikoprämie pro Einheit „Eigenkapital" führt. Während sich diese beiden Effekte auf einem – in der Realität indes nicht vorhandenen – vollkommenen Kapitalmarkt gänzlich ausgleichen würden, folgt aus der Umsetzung von „Basel II" insbesondere für Unternehmen mit geringer Bonität eine *negative Veränderung der Kreditkonditionen*. Neben diesen negativen Auswirkungen von „Basel II" auf die Kreditkonditionen solcher Unternehmen besteht die Gefahr, daß es für einige Unternehmen nunmehr noch problematischer wird, überhaupt Fremdkapital von Kreditinstituten zu erhalten. In Anbetracht einer solchen *Kreditrationierung* durch die Kreditinstitute für Unternehmen mit sehr geringer Bonität müssen die betroffenen Unternehmen verstärkt nach Kreditsubstituten suchen. Abgesehen von den dargestellten negativen Auswirkungen auf die Kreditkonditionen und auf den zur Verfügung gestellten Kreditumfang ist gleichwohl absehbar, daß Kreditinstitute Unternehmen mit sehr guter Bonität *Kredite zu günstigeren Konditionen* als bisher zur Verfügung stellen, weil die bisherige Quersubvention „schlechter" Kredite durch „gute" Kredite entfällt. Zu den unternehmensextern verursachten Sachverhalten zählen im Hinblick auf „Basel II" – neben den vor allem durch die individuelle Bonität geprägten differenzierteren Kreditkonditionen, die zu der dargestellten Konditionenspreizung führen – auch die dem Unternehmen möglicherweise auferlegten Kosten für das Rating selbst. Siehe hierzu und m. w. N. N. BRÖSEL/MATSCHKE, Sicht des präsumtiven Verkäufers (2003), S. 2177 f. Zu „Basel II" siehe beispielsweise auch BRÖSEL/ROTHE, Bankbetrieb (2003), S. 388–393. Mögliche Kreditrationierungen und ähnliche Maßnahmen der Banken müssen jedoch nicht allein auf „Basel II" zurückzuführen sein; sie können auch in der grundsätzlich zu verzeichnenden stärkeren Risikoorientierung der Kreditwirtschaft begründet sein.

als auch aufgrund *unternehmensintern*[423] verursachter Sachverhalte ergeben. Es wird weiterhin von einer nicht dominierten, disjungierten, eindimensionalen Konfliktsituation vom Typ des Kaufs/Verkaufs (vgl. hierzu bereits den Konfliktwürfel in *Abbildung 59*) ausgegangen, in der ausschließlich die Höhe des Barpreises für das Unternehmen im Bewertungszeitpunkt für eine Einigungslösung relevant ist.

2.4.4.2 Zahlenbeispiele

2.4.4.2.1 Käufersicht

Nunmehr sei aus der Perspektive eines präsumtiven Käufers gezeigt,[424] wie sich – möglicherweise durch „Basel II" ergebende – Modifikationen des Entscheidungsfeldes des Bewertungssubjekts auf den Wert eines Unternehmens auswirken können. Hierzu erfolgt ein Rückgriff auf die Daten der in Abschnitt 2.3.3.2.2.2 dargestellten, die Ganzzahligkeit berücksichtigende Situation, die nunmehr als Ausgangssituation bezeichnet wird. Die ausgewählten möglichen Entscheidungsfeldänderungen werden schließlich als separate Datenkonstellationen (Abwandlungen) betrachtet. Das heißt, Basis- und Bewertungsprogramm sowie Entscheidungswert werden wiederholt unter systematisch zu variierenden Ceteris-paribus-Bedingungen berechnet. Nachfolgend werden sowohl die negative (Abwandlung A) als auch die positive (Abwandlung B) Veränderung der Konditionen der Finanzierung und die Kreditrationierung (Abwandlung C) als Beispiele unternehmensextern verursachter entscheidungsfeldverändernder Sachverhalte betrachtet. Zudem erfolgen die Darstellungen der Veränderung der Breite des Zahlungsstroms des zu bewertenden Unternehmens (Abwandlung D), der Veränderung der Breite des Zahlungsstroms des sich bereits im Vermögen des Entscheidungs-

---

[423] Diesen Sachverhalten werden die Entscheidungen und Handlungen des Bewertungssubjekts subsumiert, die eine Veränderung seines Entscheidungsfeldes hervorrufen können. Dies soll hier wieder mit Blick auf „Basel II" kurz erläutert werden. Nach der Konkretisierung der Vorschläge von „Basel II" haben die Kreditinstitute damit begonnen, die Kreditvergabe von der Einstufung des (potentiellen) Kunden innerhalb eines Rating abhängig zu machen. Auch wenn hinsichtlich der Kriterien für ein mögliches Rating keine einheitlichen detaillierten Vorgaben und Ansichten bestehen, gilt es insbesondere für KMU, aktiv geeignete Maßnahmen zu ergreifen, um den Anforderungen im Rahmen der Rating hinreichend Rechnung zu tragen. Zur Vorbereitung auf ein solches Rating besteht bei KMU, insbesondere in den Bereichen „Controlling" und „Risikomanagement", ein immenser Handlungsbedarf. Mit der Einrichtung adäquater Controllingsysteme vergrößern KMU beispielsweise nicht nur die Chance auf eine verbesserte Einstufung beim Rating und demzufolge auf günstigere Kreditkonditionen, wirksame Controllinginstrumente können zudem auch als Chance für das KMU verstanden werden, sich Wettbewerbsvorteile gegenüber den Mitbewerbern auf der Ebene der „gewöhnlichen" Geschäftstätigkeit zu verschaffen. Dies ist möglich, wenn sich für die Geschäftsleitung durch die Implementierung geeigneter Instrumente die Transparenz der Unternehmenssituation erhöht und somit Schwächen (und auch Stärken) oder Risiken (und natürlich auch Chancen) schneller identifiziert sowie geeignete (Gegen-)Maßnahmen frühzeitig eingeleitet werden können. Die in Vorbereitung des Rating vollzogenen Schritte – wozu neben der Ausgestaltung adäquater Controllinginstrumente und der Implementierung eines wirksamen Risikomanagementsystems z. B. auch die Verbesserung der Führungsstruktur sowie die Verbesserung der Positionierung im Markt durch aktive und qualifizierte Kommunikation gehören können – führen i. d. R. kurzfristig zu Auszahlungen, vermindern daher sowohl die Transparenzlücke der Kreditinstitute als auch der Eigner des Unternehmens selbst und lassen zudem (oder gerade deshalb) mittel- und langfristig auf erhöhte Zahlungsüberschüsse aus dem KMU hoffen. Siehe hierzu und m. w. N. *BRÖSEL/MATSCHKE*, Sicht des präsumtiven Verkäufers (2003), S. 2177 f.

[424] Die nachfolgenden Ausführungen wurden weitgehend entnommen aus *MATSCHKE/BRÖSEL*, Folgen von „Basel II" (2003), S. 172–178.

subjekts befindlichen Unternehmens (Abwandlung E) sowie der gleichzeitigen Veränderung der Breite der Zahlungsströme des zu bewertenden Unternehmens *und* des sich bereits im Vermögen des Entscheidungssubjekts befindlichen Unternehmens (Abwandlung F). Letztere drei Abwandlungen können den unternehmensintern verursachten entscheidungsfeldverändernden Sachverhalten zugeordnet werden, soweit sie vom Entscheidungssubjekt „veranlaßt" sind.

Abwandlung A: Negative Veränderung der Konditionen der Finanzierung

Bei der Abwandlung A wird abweichend von den Ursprungsdaten der *Abbildung 81* angenommen, daß die finanzierenden Banken dem Bewertungssubjekt Finanzierungsmöglichkeiten zu erhöhten Zinsen zur Verfügung stellen: Das weiterhin nur im Ganzen verfügbare endfällige Darlehen ED wird mit 50 GE und jährlich zu zahlenden Zinsen von nunmehr 9 % p. a. (Ausgangssituation 8 % p. a.) gewährt. Weitere finanzielle Mittel KA stehen zwar nach wie vor unbegrenzt, aber nur noch mit einem Zinssatz von 11 % p. a. (Ausgangssituation 10 % p. a.) zur Disposition. Die veränderten Daten sind in *Abbildung 136* zusammengestellt.[425]

t	AK	ED	GA$_0$	GA$_1$	GA$_2$	GA$_3$	KA$_0$	KA$_1$	KA$_2$	KA$_3$	EM	IF	U
0	-100	50	-1				1				10	30	P?
1	30	-4,5	1,05	-1			-1,11	1				30	60
2	40	-4,5		1,05	-1			-1,11	1			30	40
3	50	-4,5			1,05	-1			-1,11	1		30	20
4	55	-54,5				1,05				-1,11		630	420
Grenze	1	1	∞	∞	∞	∞	∞	∞	∞	∞	1	1	1

Abbildung 136: Daten des Zahlenbeispiels aus Käufersicht – Abwandlung A

Die Veränderungen des Entscheidungsfeldes wirken sich auf die Breite des aus dem Basisprogramm entspringenden uniformen Einkommensstroms aus. Unter den abgewandelten Bedingungen ist ein Einkommensstrom EN_A^{max} = 32,4980 GE (Ausgangssituation EN^{max} = 32,6133 GE) und zum Ende des Planungszeitraums ein Guthaben von 649,9594 GE (Ausgangssituation 652,2665 GE) – woraus bei einem Kalkulationszinssatz von 5 % p. a. eine ewige Rente in Höhe der ermittelten EN_A^{max}-Breite resultiert – erzielbar. Der Erwerb des Akquisitionsobjekts AK erweist sich auch bei der Abwandlung A als optimal. Dabei wird auf die Innenfinanzierung IF und die Eigenmittel EM sowie – nunmehr zu höheren Zinssätzen – auf das endfällige Darlehen ED und in t = 0 sowie t = 1 auf einperiodige Kredite KA zurückgegriffen. Wie aus dem in *Abbildung 137* dargestellten VOFI des Basisprogramms der Abwandlung A ersichtlich ist, erfolgen zudem ab t = 2 jeweils einperiodige Geldanlagen GA.

---

[425]   Innerhalb dieser und der nachfolgenden Abbildungen des Abschnitts 2.4.4.2, welche die jeweilige Datenbasis enthalten, sind die Änderungen zur Ausgangssituation sowie das Bewertungsobjekt (grau unterlegt) hervorgehoben.

	t = 0	t = 1	t = 2	t = 3	t = 4
Eigenmittel EM	10				
Innenfinanzierung IF	30	30	30	30	630
Investition AK	-100	30	40	50	55
Darlehen ED	50	-4,5	-4,5	-4,5	-54,5
Betriebskredit KA	42,4980	24,1707			
Geldanlage GA			-6,1725	-49,4832	
KA-, GA-Rückzahlung		-47,1727	-26,8295	6,4812	51,9574
Entnahme EN	-32,4980	-32,4980	-32,4980	-32,4980	-32,4980
Zahlungssaldo	0	0	0	0	649,9594
Schuldenstand aus KA	42,4980	24,1707			
Guthabenstand aus GA			6,1725	49,4832	
Endvermögen EN/0,05					649,9594

Abbildung 137: Vollständiger Finanzplan des Basisprogramms des Käufers
– Abwandlung A

Wird das zu bewertende Unternehmen U in das Bewertungsprogramm aufgenommen, muß die Breite des uniformen Einkommensstroms des Basisprogramms (EN_A^{max} = 32,4980 GE) mindestens wieder erreicht werden. Der Grenzpreis P_{max}^A des Unternehmens U beträgt bei der Abwandlung A 380,0363 GE (Ausgangssituation P_{max} = 391,5313 GE). Im Bewertungsprogramm investiert das Bewertungssubjekt im Zeitpunkt t = 0 in das Unternehmen U und in das Akquisitionsobjekt AK. Neben der Innenfinanzierung IF und den Eigenmitteln EM wird – wie nachfolgend in *Abbildung 138* dargestellt – auf das endfällige Darlehen ED und in allen Planungsperioden auf einperiodige Kredite KA zurückgegriffen.

	t = 0	t = 1	t = 2	t = 3	t = 4
Eigenmittel EM	10				
Innenfinanzierung IF	30	30	30	30	630
Unternehmen U		60	40	20	420
Investition AK	-100	30	40	50	55
Darlehen ED	50	-4,5	-4,5	-4,5	-54,5
Betriebskredit KA	422,5343	386,0111	355,4703	331,5700	
Geldanlage GA					
KA-Rückzahlung		-469,0131	-428,4723	-394,5720	-368,0426
Entnahme EN	-32,4980	-32,4980	-32,4980	-32,4980	-32,4980
Zahlungssaldo	380,0363	0	0	0	649,9594
Schuldenstand aus KA	422,5343	386,0111	355,4703	331,5700	
Guthabenstand aus GA					
Endvermögen EN/0,05					649,9594

Abbildung 138: Vollständiger Finanzplan des Bewertungsprogramms des Käufers
– Abwandlung A

Fazit: Die negative Veränderung der Finanzierungskonditionen führt (im Beispiel) zu einer Wertminderung. Der maximal zahlbare Preis sinkt.

Abwandlung B: Positive Veränderung der Konditionen der Finanzierung

Im Unterschied zur Ausgangssituation, die in *Abbildung 81* dargestellt ist, soll für die Abwandlung B angenommen werden, daß die Hausbank dem Bewertungssubjekt im Falle des Erwerbs des Unternehmens U ein zusätzliches endfälliges Darlehen zED zur Verfügung stellt. Dieses könnte in t = 0 – nur im Ganzen und für die Dauer von vier Perioden – i. H. v. 300 GE gewährt werden. Die Zinsen wären jährlich i. H. v. 8 % p. a. fällig. Da in der Ausgangssituation zusätzliche Mittel nur im Rahmen einer unbegrenzten Kreditlinie zu 10 % p. a. aufgenommen werden konnten, ergibt sich durch diese zusätzliche Kapitalaufnahmemöglichkeit eine positive Veränderung der Finanzierungskonditionen. Eine Zusammenfassung der Daten der Abwandlung B zeigt *Abbildung 139*.

t	AK	ED	zED	GA_0	GA_1	GA_2	GA_3	KA_0	KA_1	KA_2	KA_3	EM	IF	U
0	-100	50	300	-1				1				10	30	P?
1	30	-4	-24	1,05	-1			-1,1	1				30	60
2	40	-4	-24		1,05	-1			-1,1	1			30	40
3	50	-4	-24			1,05	-1			-1,1	1		30	20
4	55	-54	-324				1,05				-1,1		630	420
Grenze	1	1	1	∞	∞	∞	∞	∞	∞	∞	∞	1	1	1

Abbildung 139: Daten des Zahlenbeispiels aus Käufersicht – Abwandlung B

Da im vorliegenden Fall angenommen wird, daß sich die zusätzliche Finanzierungsmöglichkeit zu verbesserten Konditionen nur bietet, wenn das zu bewertende Unternehmen erworben wird, kommt es im Vergleich zur Ausgangssituation *nicht* zu einer Veränderung des Basisprogramms und des damit realisierbaren uniformen Einkommensstroms EN_B^{max} = 32,6133 GE. Der VOFI des Basisprogramms der Abwandlung B entspricht somit dem in *Abbildung 140* noch einmal dargestellten Basisprogramm der Ausgangssituation (vgl. auch *Abbildung 82*).

	t = 0	t = 1	t = 2	t = 3	t = 4
Eigenmittel EM	10				
Innenfinanzierung IF	30	30	30	30	630
Investition AK	-100	30	40	50	55
Darlehen ED	50	-4	-4	-4	-54
zusätzliches Darlehen zED					
Betriebskredit KA	42,6133	23,488			
Geldanlage GA			-7,5499	-51,3141	
KA-, GA-Rückzahlung		-46,8747	-25,8368	7,9274	53,8798
Entnahme EN	-32,6133	-32,6133	-32,6133	-32,6133	-32,6133
Zahlungssaldo	0	0	0	0	652,2665
Schuldenstand aus KA	42,6133	23,488			
Guthabenstand aus GA			7,5499	51,3141	
Endvermögen EN/0,05					652,2665

Abbildung 140: Vollständiger Finanzplan des Basisprogramms des Käufers – Abwandlung B

Der Einkommensstrom $EN_B^{max} = 32,6133$ GE wird mit dem Bewertungsprogramm in der vorliegenden Abwandlung bei einem Grenzpreis P_{max}^B für das Unternehmen U von 410,5505 GE (Ausgangssituation P_{max} = 391,5313 GE) erreicht. Das Bewertungsprogramm beinhaltet dabei – neben dem Bewertungsobjekt U – das Objekt AK, die endfälligen Darlehen ED und zED sowie in allen Planungsperioden einperiodige Kredite KA. *Abbildung 141* zeigt den VOFI des Bewertungsprogramms der Abwandlung B.

	t = 0	t = 1	t = 2	t = 3	t = 4
Eigenmittel EM	10				
Innenfinanzierung IF	30	30	30	30	630
Unternehmen U		60	40	20	420
Investition AK	-100	30	40	50	55
Darlehen ED	50	-4	-4	-4	-54
zusätzliches Darlehen zED	300	-24	-24	-24	-324
Betriebskredit KA	153,1638	109,0935	70,6162	38,2911	
Geldanlage GA					
KA-Rückzahlung		-168,4802	-120,0029	-77,6778	-42,1202
Entnahme EN	-32,6133	-32,6133	-32,6133	-32,6133	-32,6133
Zahlungssaldo	410,5505	0	0	0	652,2665
Schuldenstand aus KA	153,1638	109,0935	70,6162	38,2911	
Guthabenstand aus GA					
Endvermögen EN/0,05					652,2665

Abbildung 141: Vollständiger Finanzplan des Bewertungsprogramms des Käufers – Abwandlung B

Fazit: Die positive Veränderung der Finanzierungskonditionen führt (im Beispiel) zu einer Werterhöhung. Der maximal zahlbare Preis steigt.

Abwandlung C: Kreditrationierung

Abweichend zur Ausgangssituation soll als Abwandlung C derjenige Fall betrachtet werden, in dem die finanzierende Bank das Kreditangebot für das Bewertungssubjekt rationiert. Diesem stehen neben den Eigenmitteln EM, der Innenfinanzierung IF und dem endfälligen Darlehen ED von 50 GE – im Unterschied zur Ausgangssituation der *Abbildung 81* – weitere finanzielle Mittel (KA_t) zu einem kurzfristigen Sollzins von (weiterhin) 10 % p. a. nicht mehr unbegrenzt (wie in der Ausgangssituation), sondern nur noch bis zu maximal 300 GE zur Verfügung. Die veränderten Daten zeigt *Abbildung 142*.

t	AK	ED	GA_0	GA_1	GA_2	GA_3	KA_0	KA_1	KA_2	KA_3	EM	IF	U
0	-100	50	-1				1				10	30	P?
1	30	-4	1,05	-1			-1,1	1				30	60
2	40	-4		1,05	-1			-1,1	1			30	40
3	50	-4			1,05	-1			-1,1	1		30	20
4	55	-54				1,05				-1,1	630		420
Grenze	1	1	∞	∞	∞	∞	300	300	300	300	1	1	1

Abbildung 142: Daten des Zahlenbeispiels aus Käufersicht – Abwandlung C

Das Basisprogramm dieser Abwandlung entspricht wiederum dem der Ausgangssituation [siehe zum VOFI *Abbildung 82* und auch *Abbildung 140*], weil die Rationierung von KA nicht zur Geltung kommt (KA_0 = 42,6133 GE, KA_1 = 23,488 GE, $KA_2 = KA_3$ = 0 GE). Mit dem Basisprogramm ist deshalb in der Abwandlung C – wie auch schon in der Ausgangssituation und in der Abwandlung B – ein EN_C^{max} = 32,6133 GE erzielbar.

Mit der Aufnahme des Bewertungsobjekts U in das Investitions- und Finanzierungsprogramm des Bewertungssubjekts wirkt sich jedoch die Kreditlimitierung auf den Entscheidungswert P_{max}^C des U aus. Im Unterschied zur Ausgangssituation (P_{max} = 391,5313 GE) beträgt der Grenzpreis nunmehr lediglich P_{max}^C = 356,0692 GE. Das Bewertungssubjekt verzichtet dabei im Bewertungsprogramm auf die Investition in AK. Zur Finanzierung des Erwerbs des Unternehmens U greift das Bewertungssubjekt – neben den Eigenmitteln EM und der Innenfinanzierung IF – auf die endfälligen Darlehen ED sowie in allen Planungsperioden auf die einer Rationierung unterliegenden einperiodigen Kredite KA zurück. Dies wird im VOFI des Bewertungsprogramms verdeutlicht, der in der *Abbildung 143* dargestellt ist.

	t = 0	t = 1	t = 2	t = 3	t = 4
Eigenmittel EM	10				
Innenfinanzierung IF	30	30	30	30	630
Unternehmen U		60	40	20	420
Investition AK					
Darlehen ED	50	-4	-4	-4	-54
Betriebskredit KA	298,6825	275,1641	269,2939	282,8366	
Geldanlage GA					
KA-Rückzahlung		-328,5508	-302,6806	-296,2233	-311,1202
Entnahme EN	-32,6133	-32,6133	-32,6133	-32,6133	-32,6133
Zahlungssaldo	356,0692	0	0	0	652,2665
Schuldenstand aus KA	298,6825	275,1641	269,2939	282,8366	
Guthabenstand aus GA					
Endvermögen EN/0,05					652,2665

Abbildung 143: Vollständiger Finanzplan des Bewertungsprogramms des Käufers
– Abwandlung C

Fazit: Die Kreditrationierung führt (im Beispiel) zu einer Wertminderung. Der maximal zahlbare Preis sinkt.

Abwandlung D: Veränderung der Breite des Zahlungsstroms des zu bewertenden Unternehmens

Im Rahmen der Abwandlung D wird nunmehr unterstellt, daß sich der Zahlungsstrom des zu bewertenden Unternehmens U beispielsweise aufgrund der in Vorbereitung auf ein Rating durch den präsumtiven Käufer nach dem Kauf zu vollziehenden Maßnahmen positiv verändert. Vor diesem Hintergrund sei angenommen, daß für das zu bewertende Unternehmen für den Planungszeitraum der Zahlungsstrom (0, 62, 42, 22, 22) und darüber hinaus ab t = 5 eine ewige Rente von 22 GE erwartet wird. Hieraus ergeben sich die in *Abbildung 144* dargestellten Daten.

t	AK	ED	GA_0	GA_1	GA_2	GA_3	KA_0	KA_1	KA_2	KA_3	EM	IF	U
0	-100	50	-1				1				10	30	P?
1	30	-4	1,05	-1			-1,1	1				30	62
2	40	-4		1,05	-1			-1,1	1			30	42
3	50	-4			1,05	-1			-1,1	1		30	22
4	55	-54				1,05				-1,1		630	462
Grenze	1	1	∞	∞	∞	∞	∞	∞	∞	∞	1	1	1

Abbildung 144: Daten des Zahlenbeispiels aus Käufersicht – Abwandlung D

Da das zu bewertende Unternehmen U nicht Bestandteil des Basisprogramms des präsumtiven Käufers ist, wirkt sich die Veränderung des Zahlungsstroms des U nicht auf das Basisprogramm und auch nicht auf den – aus diesem entspringenden – uniformen Einkommensstrom aus; der VOFI des Basisprogramms der Abwandlung D ist somit mit dem in *Abbildung 82* und *Abbildung 140* dargestellten VOFI der Ausgangssituation identisch.

Mit dem Bewertungsprogramm, welches das Unternehmen U zwingend enthält, muß demnach mindestens wieder ein Entnahmestrom mit der Breite von $EN_D^{max} = 32{,}6133$ GE erreicht werden. Aufgrund des veränderten Zahlungsstroms des U ergibt sich für das Unternehmen U bei der Abwandlung D ein Grenzpreis $P_{max}^D = 425{,}1916$ GE (Ausgangssituation $P_{max} = 391{,}5313$ GE). Im Bewertungsprogramm der Abwandlung D investiert das Bewertungssubjekt im Zeitpunkt t = 0 in das Unternehmen U und in das Objekt AK. Zur Finanzierung der Investitionen werden – wie im nachfolgend dargestellten VOFI des Bewertungsprogramms (*Abbildung 145*) ersichtlich – die Innenfinanzierung IF, die Eigenmittel EM, das endfällige Darlehen ED und in allen Planungsperioden einperiodige Kredite KA benötigt.

	t = 0	t = 1	t = 2	t = 3	t = 4
Eigenmittel EM	10				
Innenfinanzierung IF	30	30	30	30	630
Unternehmen U		62	42	22	462
Investition AK	-100	30	40	50	55
Darlehen ED	50	-4	-4	-4	-54
Betriebskredit KA	467,8049	429,1987	396,7319	371,0184	
Geldanlage GA					
KA-Rückzahlung		-514,5854	-472,1186	-436,4051	-408,1202
Entnahme EN	-32,6133	-32,6133	-32,6133	-32,6133	-32,6133
Zahlungssaldo	425,1916	0	0	0	652,2665
Schuldenstand aus KA	467,8049	429,1987	396,7319	371,0184	
Guthabenstand aus GA					
Endvermögen EN/0,05					652,2665

Abbildung 145: Vollständiger Finanzplan des Bewertungsprogramms des Käufers
– Abwandlung D

Fazit: Die (positive) Veränderung der Breite des Zahlungsstroms des zu bewertenden Unternehmens führt (im Beispiel) zu einer Werterhöhung. Der maximal zahlbare Preis steigt.

Abwandlung E: Veränderung der Breite des Zahlungsstroms des sich bereits im Vermögen des Entscheidungssubjekts befindlichen Unternehmens

Nunmehr wird als Abwandlung E jene Situation betrachtet, in der das Bewertungssubjekt – beispielsweise in Vorbereitung auf ein anstehendes Rating – in dem bereits in seinem Besitz befindlichen kleinen Unternehmen Maßnahmen ergriffen hat, die zu einem Wettbewerbsvorteil und schließlich ab t = 1 zu (erhöhten) ewigen Einzahlungsüberschüssen IF von insgesamt 33 GE je Periode (Ausgangssituation 30 GE je Periode) führen werden. Dabei wird angenommen, daß im Rahmen dieser Maßnahmen die bisher verfügbaren Eigenmittel EM = 10 GE vollständig aufgebraucht wurden. Entsprechend ergeben sich die in *Abbildung 146* dargestellten Daten.

t	AK	ED	GA_0	GA_1	GA_2	GA_3	KA_0	KA_1	KA_2	KA_3	EM	IF	U
0	-100	50	-1				1				0	30	P?
1	30	-4	1,05	-1			-1,1	1				33	60
2	40	-4		1,05	-1			-1,1	1			33	40
3	50	-4			1,05	-1			-1,1	1		33	20
4	55	-54				1,05				-1,1		693	420
Grenze	1	1	∞	∞	∞	∞	∞	∞	∞	∞	1	1	1

Abbildung 146: Daten des Zahlenbeispiels aus Käufersicht – Abwandlung E

Durch die im Entscheidungsfeld zu verzeichnenden Modifikationen verändert sich im Vergleich zur Ausgangssituation auch der aus dem Basisprogramm entspringende uniforme Einkommensstrom. Unter den Bedingungen der Abwandlung E ergibt sich aus dem Basisprogramm ein EN_E^{max} = 34,9264 GE (Ausgangssituation EN^{max} = 32,6133 GE) und der in *Abbildung 147* dargestellte VOFI.

	t = 0	t = 1	t = 2	t = 3	t = 4
Eigenmittel EM					
Innenfinanzierung IF	30	33	33	33	693
Investition AK	-100	30	40	50	55
Darlehen ED	50	-4	-4	-4	-54
Betriebskredit KA	54,9264	36,3455	5,9065		
Geldanlage GA				-37,5764	
KA-, GA-Rückzahlung		-60,4191	-39,9801	-6,4972	39,4552
Entnahme EN	-34,9264	-34,9264	-34,9264	-34,9264	-34,9264
Zahlungssaldo	0	0	0	0	698,5288
Schuldenstand aus KA	54,9264	36,3455	5,9065		
Guthabenstand aus GA				37,5764	
Endvermögen EN/0,05					698,5288

Abbildung 147: Vollständiger Finanzplan des Basisprogramms des Käufers
              – Abwandlung E

Um den im Vergleich zur Ausgangssituation höheren Einkommensstrom EN_E^{max} = 34,9264 GE bei Aufnahme des Bewertungsobjekts in das Bewertungsprogramm mit diesem mindestens wieder zu erreichen, darf aus Sicht des Bewertungssubjekts für das zu bewertende Unternehmen U im Beispiel maximal ein Preis P_{max}^E = 390,7785 GE (Ausgangssituation P_{max} = 391,5313 GE) gezahlt werden. Im Bewertungsprogramm sind dabei – neben dem Investitionsobjekt AK und dem zu bewertenden Unternehmen U – die Innenfinanzierung IF, das endfällige Darlehen ED und in allen Planungsperioden einperiodige Kredite KA enthalten. In *Abbildung 148* ist der VOFI des Bewertungsprogramms der Abwandlung E abgebildet.

	t = 0	t = 1	t = 2	t = 3	t = 4
Eigenmittel EM					
Innenfinanzierung IF	30	33	33	33	693
Unternehmen U		60	40	20	420
Investition AK	-100	30	40	50	55
Darlehen ED	50	-4	-4	-4	-54
Betriebskredit KA	445,7049	406,2019	372,7485	345,9498	
Geldanlage GA					
KA-Rückzahlung		-490,2755	-446,8221	-410,0234	-380,5448
Entnahme EN	-34,9264	-34,9264	-34,9264	-34,9264	-34,9264
Zahlungssaldo	390,7785	0	0	0	698,5288
Schuldenstand aus KA	445,7049	406,2019	372,7485	345,9498	
Guthabenstand aus GA					
Endvermögen EN/0,05					698,5288

Abbildung 148: Vollständiger Finanzplan des Bewertungsprogramms des Käufers
– Abwandlung E

Fazit: Die (positive) Veränderung der Breite des Zahlungsstroms des sich bereits im Vermögen des Bewertungssubjekts befindlichen Unternehmens führt (im Beispiel) zu einer Wertminderung des Bewertungsobjekts. Der maximal zahlbare Preis sinkt.

Abwandlung F: **Veränderung der Breite der Zahlungsströme des zu bewertenden Unternehmens und des sich bereits im Vermögen des Entscheidungssubjekts befindlichen Unternehmens**

Schließlich wird als Abwandlung F jene Situation betrachtet, in der das Bewertungssubjekt – beispielsweise in Vorbereitung auf ein anstehendes Rating – in dem bereits in seinem Besitz befindlichen kleinen Unternehmen Maßnahmen ergriffen hat und im zu erwerbenden Unternehmen Maßnahmen ergreifen will, die zu Wettbewerbsvorteilen und schließlich ab t = 1 zu (erhöhten) ewigen Einzahlungsüberschüssen aus dem bereits vorhandenen Unternehmen IF von insgesamt 33 GE je Periode (Ausgangssituation 30 GE je Periode) sowie für das zu bewertende Unternehmen U zur Zahlungsreihe (0, 62, 42, 22, 22) und darüber hinaus ab t = 5 zu einer ewigen Rente von 22 GE führen werden. Dabei wird angenommen, daß zur Finanzierung der Maßnahmen, die im Hinblick auf das bereits im Vermögen des Bewertungssubjekts stehende Unternehmen ergriffen wurden, die bisher i. H. v. 10 GE verfügbaren Eigenmittel vollständig aufgebraucht werden. *Abbildung 149* zeigt die entsprechenden Daten.

t	AK	ED	GA_0	GA_1	GA_2	GA_3	KA_0	KA_1	KA_2	KA_3	EM	IF	U
0	-100	50	-1				1				0	30	P?
1	30	-4	1,05	-1			-1,1	1				33	62
2	40	-4		1,05	-1			-1,1	1			33	42
3	50	-4			1,05	-1			-1,1	1		33	22
4	55	-54				1,05				-1,1		693	462
Grenze	1	1	∞	∞	∞	∞	∞	∞	∞	∞	1	1	1

Abbildung 149: Daten des Zahlenbeispiels aus Käufersicht – Abwandlung F

Der Ansatz zur Ermittlung des optimalen Investitions- und Finanzierungsprogramms der Abwandlung F gleicht dem der Abwandlung E. Somit entspringt dem Basisprogramm der Abwandlung F ebenfalls ein uniformer Einkommensstrom $EN_F^{max} =$ 34,9264 GE (Ausgangssituation $EN^{max} = 32,6133$ GE). Der VOFI des Basisprogramms der Abwandlung F entspricht demnach dem der Abwandlung E, der bereits in *Abbildung 147* dargestellt wurde.

Das Bewertungssubjekt kann schließlich für das zu bewertende Unternehmen U maximal ein Preis $P_{max}^F = 424,4388$ GE (Ausgangssituation $P_{max} = 391,5313$ GE) zahlen, ohne daß es sich im Nutzen verschlechtert. Bei diesem Grenzpreis wird mit dem Bewertungsprogramm der Einkommensstrom EN_F^{max} des Basisprogramms wieder erreicht. Neben dem Investitionsobjekt AK und dem zu bewertenden Unternehmen U sind im Bewertungsprogramm die Innenfinanzierung IF, das endfällige Darlehen ED und in allen Planungsperioden einperiodige Kredite KA zu realisieren. *Abbildung 150* stellt den VOFI des Bewertungsprogramms der Abwandlung F dar.

	t = 0	t = 1	t = 2	t = 3	t = 4
Eigenmittel EM					
Innenfinanzierung IF	30	33	33	33	693
Unternehmen U		62	42	22	462
Investition AK	-100	30	40	50	55
Darlehen ED	50	-4	-4	-4	-54
Betriebskredit KA	479,3652	441,2282	409,2775	384,1316	
Geldanlage GA					
KA-Rückzahlung		-527,3018	-485,3511	-450,2052	-422,5448
Entnahme EN	-34,9264	-34,9264	-34,9264	-34,9264	-34,9264
Zahlungssaldo	424,4388	0	0	0	698,5288
Schuldenstand aus KA	479,3652	441,2282	409,2775	384,1316	
Guthabenstand aus GA					
Endvermögen EN/0,05					698,5288

Abbildung 150: Vollständiger Finanzplan des Bewertungsprogramms des Käufers – Abwandlung F

Fazit: Die (positive) Veränderung der Breite der Zahlungsströme des sich bereits im Vermögen des Bewertungssubjekts befindlichen Unternehmens *und* des zu bewertenden Unternehmens führt (im Beispiel) zu einer Werterhöhung beim Bewertungsobjekt. Der maximal zahlbare Preis steigt.

In *Abbildung 151* ist eine die berechneten Ergebnisse widerspiegelnde Synopse dargestellt.[426] Hierbei werden für die Ausgangssituation sowie die Abwandlungen A bis F den jeweils erwarteten Zukunftserfolgen des zu bewertenden Unternehmens U die entsprechende Breite des Entnahmestroms und der dazugehörige maximal zahlbare Preis als Entscheidungswert gegenübergestellt. Darüber hinaus können der Synopse die Tendenzen der Zukunftserfolge sowie der Breite des Entnahmestroms und des Entscheidungswertes der Abwandlungen A bis F im Vergleich zur Ausgangssituation entnommen werden. Die Synopse macht auch deutlich, daß gleiche Zukunftserfolge *nicht* zu identischen Grenzpreisen führen müssen, wenn die dabei zu berücksichtigenden Entscheidungsfelder voneinander *abweichen*.

		Ausgangs-situation	Abwandlungen					
			A	B	C	D	E	F
für das zu be-	$t = 0$	P?	P?	P?	P?	P?	P?	P?
wertende Unter-	$t = 1$	60	60	60	60	62	60	62
nehmen ge-	$t = 2$	40	40	40	40	42	40	42
schätzte Zu-	$t = 3$	20	20	20	20	22	20	22
kunftserfolge	$t = 4$	420	420	420	420	462	420	462
Tendenz		–	→	→	→	↑	→	↑
Entnahme-strom	EN^{max}	32,6133	32,4980	32,6133	32,6133	32,6133	34,9264	34,9264
Tendenz		–	↓	→	→	→	↑	↑
Entscheidungs-wert	P_{max}	391,5313	380,0363	410,5505	356,0692	425,1916	390,7785	424,4388
Tendenz		–	↓	↑	↓	↑	↓	↑

Abbildung 151: Synopse der Auswirkungen der Entscheidungsfeldveränderungen aus Käufersicht

---

[426] In diesem Zusammenhang bedeuten ↑ = Anstieg, ↓ = Verminderung und → = unverändert, jeweils im Vergleich zur Ausgangssituation.

2.4.4.2.2 Verkäufersicht

Nunmehr sei die Verkäufersicht dargestellt.[427] Hierzu wird auf das die Ganzzahligkeit berücksichtigende Beispiel des Abschnitts 2.3.3.2.3.2 zurückgegriffen, welches hier als *Ausgangssituation* gelten soll. Es sei – wiederum unter Zuhilfenahme des ZGPM – gezeigt, wie sich Modifikationen im Entscheidungsfeld des Bewertungssubjekts auf den Wert eines zum Verkauf stehenden Unternehmens auswirken können. Verschiedene ausgewählte Entscheidungsfeldänderungen werden als separate Datenkonstellationen (Abwandlungen) betrachtet. Nachfolgend werden sowohl eine negative (Abwandlung A) als auch eine positive (Abwandlung B) Veränderung der Konditionen der Finanzierung sowie die Kreditrationierung (Abwandlung C) als unternehmensextern entscheidungsfeldändernde Sachverhalte dargestellt. Als unternehmensintern entscheidungsfeldändernde Sachverhalte werden zudem die Veränderung der Breite des Zahlungsstroms des zu bewertenden Unternehmens (Abwandlung D), die Veränderung der Breite des Zahlungsstroms des im Vermögen des Entscheidungssubjekts verbleibenden Unternehmens (Abwandlung E) sowie jene Variante betrachtet, bei der sich sowohl die aus dem zu bewertenden Unternehmen als auch die aus dem im Vermögen des Bewertungssubjekts verbleibenden Unternehmen resultierenden Zahlungsstrombreiten verändern (Abwandlung F).

Abwandlung A: Negative Veränderung der Konditionen der Finanzierung

Abweichend von den Ursprungsdaten der *Abbildung 89* wird bei der Abwandlung A angenommen, daß die finanzierenden Banken dem Bewertungssubjekt Finanzierungsmöglichkeiten nur noch zu erhöhten Zinsen zur Verfügung stellen: Das weiterhin nur im Ganzen verfügbare endfällige Darlehen ED wird mit 50 GE und jährlich zu zahlenden Zinsen von nunmehr 9 % p. a. (statt ursprünglich 8 % p. a.) gewährt. Weitere finanzielle Mittel KA stehen zwar auch künftig unbegrenzt, jedoch nur noch mit einem Zinssatz von 11 % p. a. (statt bisher 10 % p. a.) zur Disposition. Für ED ergibt sich in der Abwandlung A – im Unterschied zur *Abbildung 89* – somit die Zahlungsreihe (50 GE, –4,5 GE, –4,5 GE, –4,5 GE, –54,5 GE) und für KA_t jeweils (1 GE, –1,11 GE). In *Abbildung 152* sind die Daten der Abwandlung A dargestellt.

t	AK	ED	GA_0	GA_1	GA_2	GA_3	KA_0	KA_1	KA_2	KA_3	EM	IF	davon	
													MU	KU
0	-100	50	-1				1				10	30	30	P?
1	30	-4,5	1,05	-1			-1,11	1				30	18	12
2	40	-4,5		1,05	-1			-1,11	1			30	19	11
3	50	-4,5			1,05	-1			-1,11	1		30	18	12
4	55	-54,5				1,05				-1,11		630	420	210
Grenze	1	1	∞	∞	∞	∞	∞	∞	∞	∞	1	1	1	1

Abbildung 152: Daten des Zahlenbeispiels aus Verkäufersicht – Abwandlung A

---

[427] Die nachfolgenden Ausführungen wurden teilweise entnommen aus BRÖSEL/MATSCHKE, Sicht des präsumtiven Verkäufers (2003), S. 2241–2244.

Die Entscheidungsfeldveränderungen wirken sich auf die Breite des aus dem Basisprogramm entspringenden uniformen Einkommensstroms aus. Unter den abgewandelten Bedingungen ist ein $EN_A^{max} = 32,4980$ GE (Ausgangssituation $EN^{max} = 32,6133$ GE) und zum Ende des Planungszeitraums ein Guthaben von 649,9594 GE (Ausgangssituation 652,2665 GE) – woraus bei einem Kalkulationszinssatz von 5 % p. a. eine ewige Rente in Höhe der ermittelten EN_A^{max}-Breite resultiert – erzielbar. Der Erwerb des Akquisitionsobjekts AK erweist sich auch im Basisprogramm der Abwandlung A als optimal. Dabei wird auf die aus beiden Unternehmen des Bewertungssubjekts (GF) resultierende Innenfinanzierung IF und die Eigenmittel EM sowie – nunmehr zu höheren Zinssätzen – auf das endfällige Darlehen ED sowie in t = 0 und t = 1 auf einperiodige Kredite KA zu 11 % p. a. zurückgegriffen. Anschließend erfolgen ab t = 2 jeweils einperiodige Geldanlagen GA. *Abbildung 153* zeigt den VOFI des Basisprogramms der Abwandlung A.

	t = 0	t = 1	t = 2	t = 3	t = 4
Eigenmittel EM	10				
Innenfinanzierung IF	30	30	30	30	630
Investition AK	-100	30	40	50	55
Darlehen ED	50	-4,5	-4,5	-4,5	-54,5
Betriebskredit KA	42,4980	24,1707			
Geldanlage GA			-6,1725	-49,4832	
KA-, GA-Rückzahlung		-47,1727	-26,8295	6,4812	51,9574
Entnahme EN	-32,4980	-32,4980	-32,4980	-32,4980	-32,4980
Zahlungssaldo	0	0	0	0	649,9594
Schuldenstand aus KA	42,4980	24,1707			
Guthabenstand aus GA			6,1725	49,4832	
Endvermögen EN/0,05					649,9594

Abbildung 153: Vollständiger Finanzplan des Basisprogramms des Verkäufers – Abwandlung A

Wird das KU veräußert, muß die Breite des uniformen Einkommensstroms des Basisprogramms von $EN_A^{max} = 32,4980$ GE wieder erreicht werden. Der mindestens zu vereinnahmende Grenzpreis des KU beträgt in der Abwandlung A nur noch $P_{min}^A = 193,7037$ GE (Ausgangssituation $P_{min} = 196,1261$ GE). Das Bewertungssubjekt investiert in t = 0 in das Objekt AK und greift neben den Eigenmitteln auf die verbleibende Innenfinanzierung IF zurück. In allen Planungsperioden kann zudem Geld zu 5 % p. a. angelegt werden (vgl. zum VOFI des Bewertungsprogramms *Abbildung 154*).

	t = 0	t = 1	t = 2	t = 3	t = 4
Eigenmittel EM	10				
Innenfinanzierung IF	30	30	30	30	630
Unternehmen KU		-12	-11	-12	-210
Investition AK	-100	30	40	50	55
Darlehen ED					
Betriebskredit KA					
Geldanlage GA	-101,2057	-121,768	-154,3585	-197,5784	
GA-Rückzahlung		106,2660	127,8565	162,0764	207,4574
Entnahme EN	-32,4980	-32,4980	-32,4980	-32,4980	-32,4980
Zahlungssaldo	-193,7037	0	0	0	649,9594
Schuldenstand aus KA					
Guthabenstand aus GA	101,2057	121,7680	154,3585	197,5784	
Endvermögen EN/0,05					649,9594

Abbildung 154: Vollständiger Finanzplan des Bewertungsprogramms des
Verkäufers – Abwandlung A

Fazit: Die (negative) Veränderung der Finanzierungskonditionen führt (im Beispiel) zu einer Wertminderung. Der minimal zu fordernde Preis sinkt.

Abwandlung B: Positive Veränderung der Konditionen der Finanzierung

Im Unterschied zur Ausgangssituation der *Abbildung 89* soll für die Abwandlung B angenommen werden, daß die Hausbank dem Bewertungssubjekt neben ED ein weiteres (zusätzliches) endfälliges Darlehen zED zur Verfügung stellt. Dieses wird in t = 0 – nur im Ganzen und für die Dauer von zwei Perioden – i. H. v. 30 GE gewährt. Die Zinsen sind jährlich i. H. v. 8 % p. a. fällig. Da in der Ausgangssituation erforderliche Mittel mit dem ED und darüber hinaus nur im Rahmen einer unbegrenzten Kreditlinie zu 10 % p. a. aufgenommen werden konnten, ergibt sich durch diese zusätzliche Kapitalaufnahmemöglichkeit eine positive Veränderung der Finanzierungskonditionen. Die Zahlungsreihe dieser zusätzlichen Finanzierungsmöglichkeit zED lautet (30,0 GE, –2,4 GE, –32,4 GE, 0 GE, 0 GE). Die Daten der Abwandlung B zeigt *Abbildung 155* im Überblick.

t	AK	ED	zED	GA$_0$	GA$_1$	GA$_2$	GA$_3$	KA$_0$	KA$_1$	KA$_2$	KA$_3$	EM	IF	davon	
														MU	KU
0	-100	50	30	-1				1				10	30	30	P?
1	30	-4	-2,4	1,05	-1			-1,1	1				30	18	12
2	40	-4	-32,4		1,05	-1			-1,1	1			30	19	11
3	50	-4				1,05	-1			-1,1	1		30	18	12
4	55	-54					1,05				-1,1		630	420	210
Grenze	1	1	1	∞	∞	∞	∞	∞	∞	∞	∞	1	1	1	1

Abbildung 155: Daten des Zahlenbeispiels aus Verkäufersicht – Abwandlung B

Im vorliegenden Fall ergibt sich aus dem Basisprogramm ein $EN_B^{max} = 32{,}6523$ GE (Ausgangssituation $EN^{max} = 32{,}6133$ GE) und zum Ende des Planungszeitraums ein Guthaben von 653,0459 GE (Ausgangssituation 652,2665 GE). Auch hier erweist sich im Basisprogramm der Erwerb des Akquisitionsobjekts AK als optimal. Das Bewertungssubjekt finanziert sich nunmehr durch die Innenfinanzierung IF, die Eigenmittel EM, die endfälligen Darlehen ED und zED sowie in $t = 0$ durch einen einperiodigen Kredit ($KA_0 = 12{,}6523$ GE). Ab $t = 1$ erfolgen jeweils einperiodige Geldanlagen GA (vgl. *Abbildung 156*).

	t = 0	t = 1	t = 2	t = 3	t = 4
Eigenmittel EM	10				
Innenfinanzierung IF	30	30	30	30	630
Investition AK	-100	30	40	50	55
Darlehen ED	50	-4	-4	-4	-54
zusätzliches Darlehen zED	30	-2,4	-32,4		
Betriebskredit KA	12,6523				
Geldanlage GA		-7,0302	-8,3294	-52,0936	
KA-, GA-Rückzahlung		-13,9175	7,3817	8,7459	54,6982
Entnahme EN	-32,6523	-32,6523	-32,6523	-32,6523	-32,6523
Zahlungssaldo	0	0	0	0	653,0459
Schuldenstand aus KA	12,6523				
Guthabenstand aus GA		7,0302	8,3294	52,0936	
Endvermögen EN/0,05					653,0459

Abbildung 156: Vollständiger Finanzplan des Basisprogramms des Verkäufers – Abwandlung B

Der Einkommensstrom $EN_B^{max} = 32{,}6523$ GE wird mit dem Bewertungsprogramm in der vorliegenden Abwandlung B bei einem Grenzpreis des Unternehmens KU von $P_{min}^B = 196{,}9446$ GE (Ausgangssituation $P_{min} = 196{,}1261$ GE) erreicht. Das Bewertungsprogramm beinhaltet dabei das Objekt AK, die verbleibende Innenfinanzierung IF und die Eigenmittel EM sowie in allen Planungsperioden einperiodige Geldanlagen GA zum Zinssatz von 5 % p. a. *Abbildung 157* zeigt den VOFI des Bewertungsprogramms der Abwandlung B.

	t = 0	t = 1	t = 2	t = 3	t = 4
Eigenmittel EM	10				
Innenfinanzierung IF	30	30	30	30	630
Unternehmen KU		-12	-11	-12	-210
Investition AK	-100	30	40	50	55
Darlehen ED					
zusätzliches Darlehen zED					
Betriebskredit KA					
Geldanlage GA	-104,2923	-124,8546	-157,4450	-200,6650	
GA-Rückzahlung		109,5069	131,0973	165,3173	210,6982
Entnahme EN	-32,6523	-32,6523	-32,6523	-32,6523	-32,6523
Zahlungssaldo	-196,9446	0	0	0	653,0459
Schuldenstand aus KA					
Guthabenstand aus GA	104,2923	124,8546	157,4450	200,6650	
Endvermögen EN/0,05					653,0459

Abbildung 157: Vollständiger Finanzplan des Bewertungsprogramms des Verkäufers – Abwandlung B

Fazit: Die (positive) Veränderung der Finanzierungskonditionen führt (im Beispiel) zu einer Werterhöhung. Der minimal zu fordernde Preis steigt.

Abwandlung C: Kreditrationierung

Als Abwandlung C soll abweichend zur Ausgangssituation derjenige Fall betrachtet werden, in dem die finanzierende Bank das Kreditangebot für das Bewertungssubjekt rationiert. Dem Bewertungssubjekt stehen neben den Eigenmitteln EM, der Innenfinanzierung IF und dem endfälligen Darlehen ED (i. H. v. 50 GE) – im Unterschied zur Ausgangssituation der *Abbildung 89* – weitere finanzielle Mittel (KA_t) zu einem kurzfristigen Sollzins von (weiterhin) 10 % p. a. nicht mehr unbegrenzt, sondern nur noch bis zu maximal 30 GE zur Verfügung. Die Daten der Abwandlung C sind der *Abbildung 158* zu entnehmen.

t	AK	ED	GA_0	GA_1	GA_2	GA_3	KA_0	KA_1	KA_2	KA_3	EM	IF	davon	
													MU	KU
0	-100	50	-1				1				10	30	30	P?
1	30	-4	1,05	-1			-1,1	1				30	18	12
2	40	-4		1,05	-1			-1,1	1			30	19	11
3	50	-4			1,05	-1			-1,1	1		30	18	12
4	55	-54				1,05				-1,1	630	420	210	210
Grenze	1	1	∞	∞	∞	∞	30	30	30	30	1	1	1	1

Abbildung 158: Daten des Zahlenbeispiels aus Verkäufersicht – Abwandlung C

Das Bewertungssubjekt muß nunmehr im Basisprogramm – mangels sich durch die Rationierung ergebender finanzieller Mittel – auf die Investition in das Objekt AK verzichten und tätigt – unter Inanspruchnahme von Innenfinanzierung und Eigenmitteln – in jeder Periode Finanzinvestitionen in gleicher Höhe ($GA_0 = GA_1 = GA_2 = GA_3 = -9{,}5238$ GE). Aus dem Basisprogramm entspringt ein $EN_C^{max} = 30{,}4762$ GE (Ausgangssituation $EN^{max} = 32{,}6133$ GE) und zum Ende des Planungszeitraums ein Guthaben von 609,5238 GE (Ausgangssituation 652,2665 GE). Zum VOFI des Basisprogramms der Abwandlung C vgl. *Abbildung 159*.

	t = 0	t = 1	t = 2	t = 3	t = 4
Eigenmittel EM	10				
Innenfinanzierung IF	30	30	30	30	630
Investition AK					
Darlehen ED					
Betriebskredit KA					
Geldanlage GA	-9,5238	-9,5238	-9,5238	-9,5238	
KA-, GA-Rückzahlung		10	10	10	10
Entnahme EN	-30,4762	-30,4762	-30,4762	-30,4762	-30,4762
Zahlungssaldo	0	0	0	0	609,5238
Schuldenstand aus KA					
Guthabenstand aus GA	9,5238	9,5238	9,5238	9,5238	
Endvermögen EN/0,05					609,5238

Abbildung 159: Vollständiger Finanzplan des Basisprogramms des Verkäufers – Abwandlung C

Durch die Kreditlimitierung sinkt der Grenzpreis im Vergleich zur Ausgangssituation auf $P_{min}^C = 151{,}2463$ GE ($P_{min} = 196{,}1261$ GE). Infolge des Ausscheidens des Bewertungsobjekts KU aus dem Investitions- und Finanzierungsprogramm des Bewertungssubjekts und des daraus resultierenden Kaufpreiszuflusses ergibt sich im Bewertungsprogramm die Möglichkeit zur Investition in AK. Zudem sind im Bewertungsprogramm die verbleibende Innenfinanzierung IF, die Eigenmittel EM sowie in allen Planungsperioden einperiodige Geldanlagen GA enthalten (vgl. *Abbildung 160*).

	t = 0	t = 1	t = 2	t = 3	t = 4
Eigenmittel EM	10				
Innenfinanzierung IF	30	30	30	30	630
Unternehmen KU		-12	-11	-12	-210
Investition AK	-100	30	40	50	55
Darlehen ED					
Betriebskredit KA					
Geldanlage GA	-60,7701	-81,3325	-113,9229	-157,1429	
GA-Rückzahlung		63,8087	85,3991	119,6191	165
Entnahme EN	-30,4762	-30,4762	-30,4762	-30,4762	-30,4762
Zahlungssaldo	-151,2463	0	0	0	609,5238
Schuldenstand aus KA					
Guthabenstand aus GA	60,7701	81,3325	113,9229	157,1429	
Endvermögen EN/0,05					609,5238

Abbildung 160: Vollständiger Finanzplan des Bewertungsprogramms des Verkäufers – Abwandlung C

Fazit: Die Kreditrationierung führt (im Beispiel) zu einer Wertminderung. Der minimal zu fordernde Preis sinkt.

Aus den betrachteten Abwandlungen A, B und C ist zu erkennen, daß sich der Grenzpreis ändert, weil durch die veränderten, zusätzlich zur Verfügung stehenden oder rationierten Objekte die jeweiligen Zielfunktionswerte der Basisprogramme variieren. Eine Aufnahme der entsprechenden Objekte in die Bewertungsprogramme erfolgt in den betrachteten Abwandlungen nicht und ist somit keine zwingende Voraussetzung für eine Änderung des Entscheidungswertes.

Abwandlung D: Veränderung der Breite des Zahlungsstroms des zu bewertenden Unternehmens

Im Rahmen der Abwandlung D wird nunmehr unterstellt, daß der Zahlungsstrom des zu bewertenden Unternehmens KU durch vom präsumtiven Verkäufer – beispielsweise in Vorbereitung auf ein Rating – vollzogene Maßnahmen positiv beeinflußt wird. Als „verbesserter" Zahlungsstrom, der sich aus dem zu bewertenden Unternehmen KU ergibt, wird für t = 1 bis 4 die Zahlungsreihe (13 GE, 12 GE, 13 GE, 231 GE) geschätzt. Es sei angenommen, daß für diese Maßnahme im Zeitpunkt t = 0 Eigenmittel i. H. v. 5 GE verwendet werden. *Abbildung 161* stellt die Daten der Abwandlung D im Überblick dar.

t	AK	ED	GA_0	GA_1	GA_2	GA_3	KA_0	KA_1	KA_2	KA_3	EM	IF	davon	
													MU	KU
0	-100	50	-1				1				5	30	30	P?
1	30	-4	1,05	-1			-1,1	1				31	18	13
2	40	-4		1,05	-1			-1,1	1			31	19	12
3	50	-4			1,05	-1			-1,1	1		31	18	13
4	55	-54				1,05				-1,1		651	420	231
Grenze	1	1	∞	∞	∞	∞	∞	∞	∞	∞	1	1	1	1

Abbildung 161: Daten des Zahlenbeispiels aus Verkäufersicht – Abwandlung D

Mit dem Basisprogramm der Abwandlung D ist ein EN_D^{max} = 33,3019 GE (Ausgangssituation EN^{max} = 32,6133 GE) und zum Ende des Planungszeitraums ein Guthaben von 666,0374 GE (Ausgangssituation 652,2665 GE) erzielbar. Im Basisprogramm ist das Objekt AK enthalten. Das Bewertungssubjekt greift hierbei auf die Innenfinanzierung IF (für t = 0 bis 4 nunmehr: 30 GE, 31 GE, 31 GE, 31 GE, 651 GE), das endfällige Darlehen ED, die verminderten Eigenmittel EM (5 GE) sowie in t = 0 und t = 1 auf einperiodige Kredite KA zu einem Zinssatz von 10 % p. a. zurück. Ab t = 2 erfolgen jeweils einperiodige Geldanlagen GA (vgl. *Abbildung 162*).

	t = 0	t = 1	t = 2	t = 3	t = 4
Eigenmittel EM	5				
Innenfinanzierung IF	30	31	31	31	651
Investition AK	-100	30	40	50	55
Darlehen ED	50	-4	-4	-4	-54
Betriebskredit KA	48,3019	29,4339			
Geldanlage GA			-1,3208	-45,0850	
KA-, GA-Rückzahlung		-53,1320	-32,3773	1,3869	47,3393
Entnahme EN	-33,3019	-33,3019	-33,3019	-33,3019	-33,3019
Zahlungssaldo	0	0	0	0	666,0374
Schuldenstand aus KA	48,3019	29,4339			
Guthabenstand aus GA			1,3208	45,0850	
Endvermögen EN/0,05					666,0374

Abbildung 162: Vollständiger Finanzplan des Basisprogramms des Verkäufers – Abwandlung D

Auch hierbei muß nach der Veräußerung des Bewertungsobjekts mindestens wieder ein Entnahmestrom des Basisprogramms von EN_D^{max} = 33,3019 GE erreicht werden. Aufgrund der Veränderungen ergibt sich bei der Abwandlung D ein Grenzpreis von P_{min}^D = 215,5856 GE (Ausgangssituation P_{min} = 196,1261 GE). Im Bewertungsprogramm der Abwandlung D investiert das Bewertungssubjekt im Zeitpunkt t = 0 in das Objekt AK; zudem sind hierin die verbleibende Innenfinanzierung IF (für t = 0 bis 4 nunmehr: 30 GE, 18 GE, 19 GE, 18 GE, 420 GE) und die restlichen Eigenmittel EM (5 GE) sowie jeweils einperiodige Geldanlagen GA enthalten (vgl. *Abbildung 163*).

	t = 0	t = 1	t = 2	t = 3	t = 4
Eigenmittel EM	5				
Innenfinanzierung IF	30	31	31	31	651
Unternehmen KU		-13	-12	-13	-231
Investition AK	-100	30	40	50	55
Darlehen ED					
Betriebskredit KA					
Geldanlage GA	-117,2837	-137,8460	-170,4365	-213,6564	
GA-Rückzahlung		123,1479	144,7384	178,9583	224,3393
Entnahme EN	-33,3019	-33,3019	-33,3019	-33,3019	-33,3019
Zahlungssaldo	-215,5856	0	0	0	666,0374
Schuldenstand aus KA					
Guthabenstand aus GA	117,2837	137,8460	170,4365	213,6564	
Endvermögen EN/0,05					666,0374

Abbildung 163: Vollständiger Finanzplan des Bewertungsprogramms des
Verkäufers – Abwandlung D

Fazit: Die (positive) Veränderung der Breite des Zahlungsstroms des zu bewertenden Unternehmens führt (im Beispiel) zu einer Werterhöhung. Der minimal zu fordernde Preis steigt.

Abwandlung E: Veränderung der Breite des Zahlungsstroms des im Vermögen des Entscheidungssubjekts verbleibenden Unternehmens

Abwandlung E zeigt jene Situation, in der das Bewertungssubjekt – etwa in Vorbereitung auf ein anstehendes Rating – in dem in seinem Besitz verbleibenden mittleren Unternehmen (MU) Maßnahmen ergriffen hat, die zu einem Wettbewerbsvorteil und schließlich – bei im Vergleich zur Ausgangssituation unveränderten zukünftigen Erfolgen aus dem zu bewertenden Unternehmen – ab t = 1 zu (erhöhten) ewigen Einzahlungsüberschüssen IF von insgesamt 32 GE je Periode führen werden (für t = 0 bis t = 4: 30 GE, 32 GE, 32 GE, 32 GE, 672 GE). Dabei wird angenommen, daß im Rahmen dieser Maßnahmen die bisher i. H. v. 10 GE verfügbaren Eigenmittel zur Hälfte aufgebraucht wurden (EM = 5 GE). *Abbildung 164* faßt diese Situation zusammen.

t	AK	ED	GA_0	GA_1	GA_2	GA_3	KA_0	KA_1	KA_2	KA_3	EM	IF	davon	
													MU	KU
0	-100	50	-1				1				5	30	30	P?
1	30	-4	1,05	-1			-1,1	1				32	20	12
2	40	-4		1,05	-1			-1,1	1			32	21	11
3	50	-4			1,05	-1			-1,1	1		32	20	12
4	55	-54				1,05				-1,1		672	462	210
Grenze	1	1	∞	∞	∞	∞	∞	∞	∞	∞	1	1	1	1

Abbildung 164: Daten des Zahlenbeispiels aus Verkäufersicht
– Abwandlung E

Durch die im Entscheidungsfeld zu verzeichnenden Modifikationen verändert sich im Vergleich zur Ausgangssituation auch der aus dem Basisprogramm entspringende uniforme Einkommensstrom. Unter den Bedingungen der Abwandlung E ergeben sich aus dem Basisprogramm ein Einkommensstrom EN_E^{max} = 34,2500 GE (Ausgangssituation EN^{max} = 32,6133 GE) und zum Ende des Planungszeitraums ein Guthaben von 684,9992 GE (Ausgangssituation 652,2665 GE), woraus bei einem Kalkulationszinssatz von 5 % p. a. eine ewige Rente in Höhe der ermittelten EN_E^{max}-Breite resultiert. Der Erwerb des Akquisitionsobjekts AK erweist sich auch bei dieser Abwandlung als optimal. Dabei wird auf die Innenfinanzierung IF und auf das endfällige Darlehen ED sowie in t = 0 und t = 1 auf einperiodige Kredite KA zurückgegriffen. Anschließend erfolgen ab t = 2 einperiodige Geldanlagen GA (vgl. *Abbildung 165*).

	t = 0	t = 1	t = 2	t = 3	t = 4
Eigenmittel EM	5				
Innenfinanzierung IF	30	32	32	32	672
Investition AK	-100	30	40	50	55
Darlehen ED	50	-4	-4	-4	-54
Betriebskredit KA	49,2500	30,4249			
Geldanlage GA			-0,2826	-44,0468	
KA-, GA-Rückzahlung		-54,1749	-33,4674	0,2968	46,2492
Entnahme EN	-34,2500	-34,2500	-34,2500	-34,2500	-34,2500
Zahlungssaldo	0	0	0	0	684,9992
Schuldenstand aus KA	49,2500	30,4249			
Guthabenstand aus GA			0,2826	44,0468	
Endvermögen EN/0,05					684,9992

Abbildung 165: Vollständiger Finanzplan des Basisprogramms des Verkäufers
– Abwandlung E

Um den Einkommensstrom EN_E^{max} auch nach der Veräußerung des Bewertungsobjekts mit dem Bewertungsprogramm mindestens wieder zu erreichen, muß aus Sicht des Bewertungssubjekts für das zu bewertende Unternehmen minimal ein Preis P_{min}^E =

195,4955 GE (Ausgangssituation P_{min} = 196,1261 GE) verlangt werden. Im Bewertungsprogramm sind das Investitionsobjekt AK, die Innenfinanzierung IF (für t = 0 bis
4 nunmehr: 30 GE, 20 GE, 21 GE, 20 GE, 462 GE), die Eigenmittel EM (5 GE) und in
allen Planungsperioden einperiodige Geldanlagen GA enthalten (vgl. *Abbildung 166*).

	t = 0	t = 1	t = 2	t = 3	t = 4
Eigenmittel EM	5				
Innenfinanzierung IF	30	32	32	32	672
Unternehmen KU		-12	-11	-12	-210
Investition AK	-100	30	40	50	55
Darlehen ED					
Betriebskredit KA					
Geldanlage GA	-96,2455	-116,8078	-149,3983	-192,6182	
GA-Rückzahlung		101,0578	122,6483	156,8682	202,2492
Entnahme EN	-34,2500	-34,2500	-34,2500	-34,2500	-34,2500
Zahlungssaldo	-195,4955	0	0	0	684,9992
Schuldenstand aus KA					
Guthabenstand aus GA	96,2455	116,8078	149,3983	192,6182	
Endvermögen EN/0,05					684,9992

Abbildung 166: Vollständiger Finanzplan des Bewertungsprogramms des
Verkäufers – Abwandlung E

Fazit: Die (positive) Veränderung der Breite des Zahlungsstroms des im Vermögen
des Entscheidungssubjekts verbleibenden Unternehmens MU führt (im Beispiel) zu einer Wertminderung des zu bewertenden Unternehmens KU. Der minimal zu fordernde
Preis sinkt.

**Abwandlung F: Veränderung der Breite des Zahlungsstroms des zu
                    bewertenden und des im Vermögen des
                    Entscheidungssubjekts verbleibenden Unternehmens**

Schließlich wird als Abwandlung F jene Situation betrachtet, in der das Bewertungssubjekt – in Vorbereitung auf ein anstehendes Rating – in beiden der im Entscheidungszeitpunkt in seinem Besitz befindlichen Unternehmen Maßnahmen ergriffen hat,
die zu einem Wettbewerbsvorteil und schließlich ab t = 1 zu (erhöhten) ewigen Einzahlungsüberschüssen führen werden. An der Innenfinanzierung IF, aus der ab t = 1 insgesamt 33 GE je Periode resultieren (für t = 0 bis 4: 30 GE, 33 GE, 33 GE, 33 GE, 693
GE), ist das zur Veräußerung vorgesehene Unternehmen für den Zeitraum t = 1 bis 4
wie folgt beteiligt: 13 GE, 12 GE, 13 GE, 231 GE. Im Rahmen dieser Maßnahmen wurden die bisher i. H. v. 10 GE verfügbaren Eigenmittel vollständig aufgebraucht (EM =
0). Die Daten der Abwandlung F werden in *Abbildung 167* zusammengefaßt.

t	AK	ED	GA_0	GA_1	GA_2	GA_3	KA_0	KA_1	KA_2	KA_3	EM	IF	davon	
													MU	KU
0	-100	50	-1				1				0	30	30	P?
1	30	-4	1,05	-1			-1,1	1				33	20	13
2	40	-4		1,05	-1			-1,1	1			33	21	12
3	50	-4			1,05	-1			-1,1	1		33	20	13
4	55	-54				1,05				-1,1		693	462	231
Grenze	1	1	∞	∞	∞	∞	∞	∞	∞	∞	1	1	1	1

Abbildung 167: Daten des Zahlenbeispiels aus Verkäufersicht – Abwandlung F

Die Bedingungen der Abwandlung F bewirken im Basisprogramm einen Einkommensstrom von $EN_F^{max} = 34,9264$ GE (Ausgangssituation $EN^{max} = 32,6133$ GE) und zum Ende des Planungszeitraums ein Guthaben von 698,5288 GE (Ausgangssituation 652,2665 GE). Auch hier ist der Erwerb des Akquisitionsobjekts AK optimal. Dabei wird auf die Innenfinanzierung IF und auf das endfällige Darlehen ED sowie in t = 0, t = 1 und t = 2 auf einperiodige Kredite KA zurückgegriffen. Anschließend erfolgt in t = 3 eine einperiodige Geldanlage GA i. H. v. 37,5764 GE (vgl. *Abbildung 168*).

	t = 0	t = 1	t = 2	t = 3	t = 4
Eigenmittel EM	0				
Innenfinanzierung IF	30	33	33	33	693
Investition AK	-100	30	40	50	55
Darlehen ED	50	-4	-4	-4	-54
Betriebskredit KA	54,9264	36,3455	5,9065		
Geldanlage GA				-37,5764	
KA-, GA-Rückzahlung		-60,4191	-39,9801	-6,4972	39,4552
Entnahme EN	-34,9264	-34,9264	-34,9264	-34,9264	-34,9264
Zahlungssaldo	0	0	0	0	698,5288
Schuldenstand aus KA	54,9264	36,3455	5,9065		
Guthabenstand aus GA				37,5764	
Endvermögen EN/0,05					698,5288

Abbildung 168: Vollständiger Finanzplan des Basisprogramms des Verkäufers – Abwandlung F

Ergebnisse des Bewertungsprozesses sind in der Abwandlung F ein Grenzpreis $P_{min}^F = 214,7016$ GE (Ausgangssituation $P_{min} = 196,1261$ GE) und ein Bewertungsprogramm, in dem die Innenfinanzierung IF und in allen Planungsperioden einperiodige Geldanlagen GA enthalten sind. Der VOFI des Bewertungsprogramms der Abwandlung F ist in *Abbildung 169* dargestellt.

	t = 0	t = 1	t = 2	t = 3	t = 4
Eigenmittel EM	0				
Innenfinanzierung IF	30	33	33	33	693
Unternehmen KU		-13	-12	-13	-231
Investition AK	-100	30	40	50	55
Darlehen ED					
Betriebskredit KA					
Geldanlage GA	-109,7752	-130,3374	-162,9279	-206,1478	
GA-Rückzahlung		115,2638	136,8543	171,0742	216,4552
Entnahme EN	-34,9264	-34,9264	-34,9264	-34,9264	-34,9264
Zahlungssaldo	-214,7016	0	0	0	698,5288
Schuldenstand aus KA					
Guthabenstand aus GA	109,7752	130,3374	162,9279	206,1478	
Endvermögen EN/0,05					698,5288

Abbildung 169: Vollständiger Finanzplan des Bewertungsprogramms des
Verkäufers – Abwandlung F

Fazit: Die (positiven) Veränderungen der Breite der Zahlungsströme des zu bewertenden und des im Vermögen des Entscheidungssubjekts verbleibenden Unternehmens führen (im Beispiel) zu einer Werterhöhung für das Bewertungssubjekt. Der minimal zu fordernde Preis steigt.

Die *Abbildung 170* stellt eine die Ergebnisse der in der Literatur weitgehend vernachlässigten Analyse aus Verkäufersicht widerspiegelnde Synopse dar.[428] Hierbei werden für die Ausgangssituation sowie für die Abwandlungen A bis F wiederum jeweils die erwarteten Zukunftserfolge des zu bewertenden Unternehmens, die entsprechende Breite des Entnahmestroms und der bei der Veräußerung des KU mindestens zu erzielende Preis als Entscheidungswert gegenübergestellt. Darüber hinaus können der Synopse die Tendenzen der Zukunftserfolge sowie der Breite des Einkommensstroms und des Entscheidungswertes der Abwandlungen A bis F im Vergleich zur Ausgangssituation entnommen werden. Auch die Synopse der Verkaufssituation macht deutlich, daß gleiche Zukunftserfolge *nicht* zu identischen Grenzpreisen führen müssen, wenn die dabei zu berücksichtigenden Entscheidungsfelder voneinander abweichen.

---

[428] In diesem Zusammenhang bedeuten ↑ = Anstieg, ↓ = Verminderung und → = unverändert, jeweils im Vergleich zur Ausgangssituation.

		Ausgangs-situation	Abwandlungen					
			A	B	C	D	E	F
für das zu be-	$t = 0$	P?	P?	P?	P?	P?	P?	P?
wertende Unter-	$t = 1$	12	12	12	12	13	12	13
nehmen ge-	$t = 2$	11	11	11	11	12	11	12
schätzte Zu-	$t = 3$	12	12	12	12	13	12	13
kunftserfolge	$t = 4$	210	210	210	210	231	210	231
Tendenz		–	$\rightarrow$	$\rightarrow$	$\rightarrow$	$\uparrow$	$\rightarrow$	$\uparrow$
Entnahme-strom	EN^{max}	32,6133	32,4980	32,6523	30,4762	33,3019	34,2500	34,9264
Tendenz		–	$\downarrow$	$\uparrow$	$\downarrow$	$\uparrow$	$\uparrow$	$\uparrow$
Entscheidungs-wert	P_{min}	196,1261	193,7037	196,9446	151,2463	215,5856	195,4955	214,7016
Tendenz		–	$\downarrow$	$\uparrow$	$\downarrow$	$\uparrow$	$\downarrow$	$\uparrow$
Abbildung 170: Synopse der Auswirkungen der Entscheidungsfeldveränderungen aus Verkäufersicht								

2.4.5 Entscheidungswertermittlung in Konfliktsituationen vom Typ der Fusion und vom Typ der Spaltung

2.4.5.1 Konfliktsituation vom Typ der Fusion

2.4.5.1.1 Darstellung

HERING weist in einem in 2004 erschienenen Aufsatz berechtigterweise darauf hin, daß die Begriffe „Fusion" und „Verschmelzung" in keinem der bis dahin vorliegenden einschlägigen deutschsprachigen Lehrbücher zur Unternehmensbewertung im Inhalts- und Stichwortverzeichnis zu finden sind,[429] denn trotz der großen Bedeutung von Unternehmenszusammenschlüssen in der Praxis wurde und wird dieser Sachverhalt im Bereich der Unternehmensbewertungstheorie bislang stiefmütterlich behandelt.[430] „Fusionen lassen sich wie auch Kooperationen in den größeren Zusammenhang der Unternehmungsverbindungen oder des Unternehmungszusammenschlusses einordnen, wobei es sich bei der Fusion allerdings um eine Form der Konzentration handelt, die von einer wirtschaftlichen Integration begleitet wird und mit dem Verlust der rechtlichen Selbständigkeit zumindest einer der beteiligten Unternehmungen einhergeht. Nach Abschluß einer Fusion bilden die beteiligten Unternehmungen eine wirtschaftliche und rechtliche Einheit, die sich nicht zuletzt durch eine gemeinsame Firma äußert. Der Zusammenschluß von Unternehmungen durch eine Fusion ist damit enger als bei Unternehmungsverbindungen, durch die eine der Unternehmungen zwar ihre wirtschaftliche Selbständigkeit einbüßt, jedoch formalrechtlich selbständig bleibt, wie dies bspw. bei einer Konzernierung auf Grund kapitalmäßiger Beherrschungsmacht der Fall ist. Wirkungsmäßig kann jedoch ein solcher Zusammenschluß der Fusion gleichkommen."[431]

Im Falle der Konfliktsituation vom Typ der Fusion geht es – wie bereits in Abschnitt 1.4.2.1 dargestellt – bei der Unternehmensbewertung um die Verteilung der Einflußrechte (also der direkten und der indirekten Eigentumsanteile) an dem Unternehmen und damit letztlich um die Verteilung der Zukunftserfolge des Unternehmens, welches nach der Fusion vorliegt. Die Konfliktsituation der Fusion wird dabei sehr weit definiert (Fusion i. w. S.); so fällt auch der Eintritt eines neuen Gesellschafters in ein bestehendes Unternehmen unter diese Konfliktsituation, falls die bisherigen Gesellschafter ihr finanzielles Engagement im Unternehmen zugunsten des eintretenden Gesellschafters nicht

---

[429] Ausnahmen bilden neben dem vorliegenden Lehrbuch HERING, Unternehmensbewertung (2006), und KUHNER/MALTRY, Unternehmensbewertung (2006). KUHNER/MALTRY befassen sich zwar mit „Fusionswellen als wirtschaftsgeschichtliches Phänomen" (S. 11–14) und suchen die „ökonomische Logik von Fusionen in einzelnen Erklärungsansätzen" (S. 14–21), aber diese Ausführungen haben keine Auswirkungen auf die von ihnen vorgestellten Bewertungsverfahren.

[430] Vgl. HERING, Fusion (2004), S. 148. Auch in der angelsächsischen Literatur erfolgte bisher keine theoretisch fundierte Berücksichtigung dieses Sachverhalts, obwohl dort „Mergers" in einem Atemzug mit „Acquisitions" genannt werden. Siehe aber bereits MATSCHKE, Entscheidungswert (1975), S. 327–336, der die Grenzquotenermittlung in der Konfliktsituation vom Typ der Fusion auf der Basis ewiger gleichbleibender Zukunftserfolge erörtert; siehe zudem weiterführend zur Arbitriumwertbestimmung im Falle der Fusion MATSCHKE, Arbitriumwert (1979), S. 299–308. Vgl. auch GÖPPL, Unternehmensbewertung (1980), S. 243–245. Siehe zur Fusion als Entscheidungsprozeß auch WEGMANN/SCHMITZ, Sanierungsfusion (1989).

[431] REICHERTER, Fusionsentscheidung (2000), S. 45, m. w. N.

verringern oder aufgeben. Der Fusion i. e. S.[432] sind schließlich die Verschmelzung durch Aufnahme (Übertragung)[433] und die Verschmelzung durch Neugründung[434] zuzuordnen. Letztere kann in die Fusion durch Gründung einer Neugesellschaft und in die Fusion durch Gründung einer Holding-Neugesellschaft unterteilt werden. Diese wesentlichen Sachverhalte, die unter die Konfliktsituationen vom Typ der Fusion i. w. S. fallen, sind – ohne Anspruch auf Vollständigkeit – in der *Abbildung 171* dargestellt.

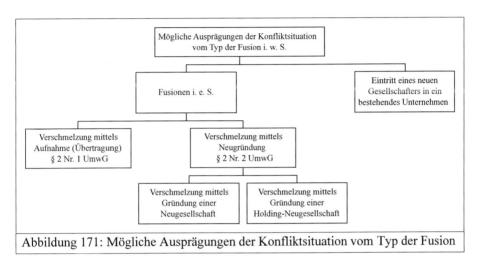

Abbildung 171: Mögliche Ausprägungen der Konfliktsituation vom Typ der Fusion

Die Arten der Fusion i. e. S. sollen hier an einem einfachen Beispiel („Zweierfusion") näher erläutert werden.[435] Angenommen sei, daß zwei, eine Fusion durchführende (Konflikt-)Parteien FDP_A und FDP_B vor dieser Fusion Anteile an zwei Unternehmen A und B haben. FDP_A hält alle Anteile am Unternehmen A (Altgesellschaft A), und FDP_B hält alle Anteile am Unternehmen B (Altgesellschaft B). A und B sollen nunmehr zu einer neuen ökonomischen Einheit (Neugesellschaft) verschmolzen (fusioniert) werden (vgl. *Abbildung 172*[436]). Bei allen Arten der Fusion i. e. S. ist die Anzahl der beteiligten Unternehmen und auch der beteiligten Konfliktparteien nicht auf zwei beschränkt. Es ist also durchaus möglich, mehrere Unternehmen, die wiederum mehrere Eigner haben können, miteinander zu verschmelzen.

---

[432] Fusionen sind grundsätzlich kodifiziert im ersten Teil des zweiten Buches des UmwG (§§ 2 bis 38 UmwG: „Allgemeine Vorschriften") sowie im zweiten Teil des ersten Buches des UmwG (§§ 39 bis 122 l UmwG: „Besondere Vorschriften"). Siehe zu Arten von Umwandlungen die übersichtlichen Darstellungen von RÜCKLE/HENCKEL, Unternehmensumwandlungen (2005).

[433] Vgl. §§ 4 bis 35 UmwG.

[434] Vgl. §§ 36 bis 38 UmwG.

[435] Vgl. nachfolgend beispielsweise MATSCHKE, Arbitriumwert (1979), S. 299, REICHERTER, Fusionsentscheidung (2000), S. 47–49.

[436] In enger Anlehnung an MATSCHKE, Arbitriumwert (1979), S. 299.

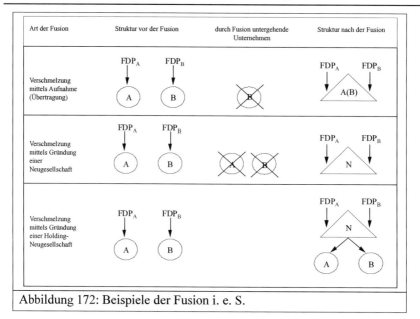

Abbildung 172: Beispiele der Fusion i. e. S.

Erfolgt die *Verschmelzung durch Aufnahme (Übertragung)*, wird eines der vor der Fusion bestehenden Unternehmen (beispielsweise Altgesellschaft B) auf das andere (im Beispiel Altgesellschaft A) übertragen. FDP_B erhält dafür Kapitalanteile von A, welches nach der Fusion rechtlich bestehen bleibt. Die Altgesellschaft B (übertragende Gesellschaft), deren sämtliche Aktiva und Passiva auf die Gesellschaft A (übernehmende Gesellschaft) übertragen werden, erlischt durch Eintragung der Verschmelzung ins Handelsregister oder wird liquidiert.

Bei der *Fusion durch Gründung einer Neugesellschaft* werden die Altgesellschaften (hier Altgesellschaft A und Altgesellschaft B) liquidiert oder sie erlöschen, nachdem eine neue Gesellschaft (hier Neugesellschaft N) gegründet wurde, in welche die Vermögen der Altgesellschaften (A und B) als Ganzes übertragen wurden. Beide untergehenden Gesellschaften werden als übertragende Gesellschaften bezeichnet. Die neue Gesellschaft, die alle Aktiva und Passiva der bisherigen Gesellschaften übernimmt, gilt somit als übernehmende Gesellschaft. Die Konfliktparteien FDP_A und FDP_B werden mit Kapitalanteilen der Neugesellschaft N abgefunden.

Schließlich werden die Altgesellschaften (hier Altgesellschaft A und Altgesellschaft B) bei der *Fusion durch Gründung einer Holding-Neugesellschaft* zu Tochtergesellschaften einer neu gegründeten Holdinggesellschaft N. Die Konfliktparteien FDP_A und FDP_B verlieren so ihre Anteile an den Altgesellschaften und erhalten dafür Kapitalanteile der Holding-Neugesellschaft N.

Nachfolgend wird eine nicht dominierte, disjungierte, eindimensionale Konfliktsituation vom Typ der Fusion betrachtet (vgl. hierzu schon den Konfliktwürfel vom Typ des Kaufs/Verkaufs in *Abbildung 59*), in der im Bewertungszeitpunkt ausschließlich die Höhe der Beteiligungsquote an dem durch die Fusion entstehenden Unternehmen für die einzelnen Verhandlungspartner konfliktlösungsrelevant ist. Der jeweilige Entscheidungswert der Eigentümer der zu fusionierenden Unternehmen ist deshalb nicht – wie in den bisher betrachteten Konfliktsituationen vom Typ des Kaufs/Verkaufs – der Preis, sondern jeweils die *minimale Beteiligungsquote*[437] α_{min} am neuen, durch die Fusion entstehenden Unternehmen (und an dessen Ausschüttungsstrom), welche gewährleistet, daß der betrachtete Eigentümer als Bewertungssubjekt durch die Vereinigung (Fusion) nicht schlechter als ohne Vereinigung gestellt wird.[438]

Es sei im vorliegenden Fall angenommen, daß sich zwei Konfliktparteien gegenüberstehen und eine Verschmelzung mittels Gründung einer Neugesellschaft anstreben. Die Sicht, die hier eingenommen wird, ist die der Konfliktpartei, welche das Unternehmen Ü als Eigentum besitzt und die im weiteren als Bewertungssubjekt bezeichnet wird. Zur Vereinfachung sei zunächst unterstellt, daß das Unternehmen Ü einem Alleineigentümer gehört.

Dem Bewertungssubjekt steht eine zweite Konfliktpartei gegenüber, welche ein zweites Unternehmen, das Unternehmen Z, in die Fusion einbringt und ebenfalls Alleineigentümer ist. Die Bewertung aus der Sicht des Alleineigentümers von Unternehmen Z wird im folgenden indes nicht thematisiert.

Beide Unternehmen, Ü und Z, sollen auf das neu zu gründende Unternehmen F, die Fusionsgesellschaft, verschmolzen werden. Die Konfliktparteien sollen anschließend an der sich aus der Vereinigung ergebenden neuen wirtschaftlichen Einheit F beteiligt werden.

Zur Lösung des Entscheidungsproblems sei auf das nunmehr vorzustellende *Zustands-Grenzquotenmodell* (ZGQM) nach HERING zurückgegriffen, welches auf dem allgemeinen ZGPM beruht.[439] Das Vorgehen der Unternehmensbewertung in der Konfliktsituation vom Typ der Fusion kann dabei aus der Sicht des Alleineigentümers Ü in drei Schritte unterteilt werden:

1. Ermittlung der maximal für das Bewertungssubjekt möglichen Entnahmen $EN_Ü$ beim einzubringenden Unternehmen Ü (*Vor-Fusionsprogramm*[440]): Welchen Nutzen, im Sinne von $EN_Ü$, kann das Bewertungssubjekt ohne Einigung über die Fusion in der Konfliktsituation maximal aus dem Unternehmen Ü ziehen? Dieser Er-

---

[437] Nachfolgend werden die Begriffe „minimale Anteilsquote", „kritische Beteiligungsquote" und auch „Grenzquote der Beteiligung" synonym verwendet.

[438] Vgl. *MATSCHKE*, Entscheidungswert (1975), S. 327–336, *HERING*, Fusion (2004), S. 148 f.

[439] Vgl. zu den nachfolgenden Ausführungen *HERING*, Fusion (2004), S. 148–160, *HERING*, Unternehmensbewertung (2006), S. 85–122. Vgl. auch *REICHERTER*, Fusionsentscheidung (2000), S. 196–202, *ROLLBERG/LERM*, Bewertung von Fusions- und Akquisitionsvorhaben (2006), S. 246–261, *HERING*, Grenzquotenermittlung (2008), *ROLLBERG*, Fundierung (2008), *HERING/TOLL*, Bewertung einer Wagniskapitalbeteiligung (2009), *HERING/TOLL*, Fusionsgrenzquote (2009), *TOLL*, Fusionsentscheidungswertermittlung (2010), *ROLLBERG*, Operativ-taktisches Controlling (2012), S. 140–145. Die Autoren nennen die beiden linearen Optimierungsprobleme zur Bestimmung der erwarteten Entnahmen des übertragenden Unternehmens (Basisprogramm) und des zu fusionierenden Unternehmens (Fusionsprogramm) schließlich Basisansatz und Fusionsansatz. Siehe zudem *ROLLBERG/LERM/TIMM*, Unternehmensverschmelzung (2008), *HERING/TOLL/SCHNEIDER*, Bewertung einer Wagniskapitalbeteiligung (2012).

[440] Es wird hier der (üblichen) unternehmenszentrierten Darstellung gefolgt, um das Modell nicht zu komplex werden zu lassen. Strenggenommen bezieht sich das Vor-Fusionsprogramm nicht bloß auf Aktivitäten, die das Unternehmen Ü betreffen, sondern auf alle Aktivitäten des Bewertungssubjekts, so daß auch „private" Kapitalanlage- und -aufnahmeaktivitäten einbezogen werden müßten. Deren Einbezug wird zugelassen, aber nicht explizit modelliert, denn Zweck des Vor-Fusionsprogramms (wie des Basisprogramms generell) ist die Optimierung des Zahlungsstroms für das Bewertungssubjekt ohne Fusion.

folg ist nach der Fusion wieder zu erreichen, soll sich das Entscheidungssubjekt nicht schlechter stellen als vor der Fusion; der Erfolg des Vor-Fusionsprogramms (als Basisprogramm) wird so zur Nebenbedingung.

2. Ermittlung der maximal möglichen Entnahmen EN_F des nach der Fusion entstehenden Unternehmens F (*Fusionsprogramm*[441]): Welchen Nutzen, im Sinne von EN_F, können alle Konfliktparteien insgesamt nach der Einigung in der Konfliktsituation maximal aus dem Unternehmen F ziehen?

3. Ermittlung der *minimalen Grenzquote* α_{min} (und des *Bewertungsprogramms*): Mit welchem Anteil α_{min} muß das Bewertungssubjekt am Nutzen EN_F des aus dem nach der Fusion entstehenden Unternehmens F mindestens beteiligt werden, ohne daß es sich dabei schlechter stellt als bei Unterlassung dieser Handlung (also ohne Fusion, wobei das Subjekt Entnahmen i. H. v. EN_0 erzielen kann)?

Diese drei Schritte werden nunmehr allgemein erläutert. Im nachfolgenden Abschnitt 2.4.5.1.2 werden die Schritte schließlich an einem transparenten Beispiel verdeutlicht.

Voraussetzung für die Ermittlung der minimalen Beteiligungsquote α_{min} am durch die Fusion entstehenden Unternehmen F ist aus Sicht des Bewertungssubjekts, also nachfolgend des Alleineigners von Ü, die Bestimmung der Entnahmen EN_0, die es aus dem zu übertragenden Unternehmen Ü in den zukünftigen Zuständen s erwartet. Im *ersten Schritt* ist deshalb das optimale Investitions- und Finanzierungsprogramm des übertragenden Unternehmens Ü zu bestimmen, welches zum für das Bewertungssubjekt, hier dem Alleineigentümer, maximalen Nutzenniveau ohne Einigung führt. Dieser Basisansatz führt zu dem *Vor-Fusionsprogramm* für das Unternehmen Ü aus der Sicht des Bewertungssubjekts.

Geplant wird im nachfolgend dargestellten Modell über einen Raum von S zukünftig unsicheren Zuständen[442] s (oder alternativ über S Perioden). Das Bewertungssubjekt, welches Entnahmemaximierung anstrebt, verfügt über die Möglichkeit, J verschiedene Investitions- und Finanzierungsobjekte j im Unternehmen Ü durchzuführen. Für jedes Objekt j mit g_{js} als Zahlungsüberschuß im Zustand s gilt die zustandsbezogene Zahlungsreihe $g_j := (g_{j0}, g_{j1}, ..., g_{js}, ..., g_{jS})$. Wie oft ein Objekt j realisiert wird, gibt die Entscheidungsvariable x_j an, wobei x_j^{max} die gegebenenfalls existierende Obergrenze darstellt.[443] Zudem fällt in jedem Zustand s ein autonomer Zahlungssaldo b_s beliebiger Größe an. Das Bewertungssubjekt strebt nach einem möglichst breiten Entnahmestrom EN zu Konsumzwecken, wobei in jedem Zustand s eine Ausschüttung $\overline{w}_s^{\text{Ü}} \cdot EN_0$ aus dem Unternehmen Ü erfolgen soll.

---

[441] Die Aussage in Fn. 377 gilt analog.

[442] Vgl. zur Zustandsstruktur und deren Zustandekommen KLINGELHÖFER, Investitionsbewertung (2003), S. 284–286.

[443] Für Objekte ohne obere Begrenzung entfällt diese Restriktion.

Der lineare Ansatz zur Bestimmung des *Vor-Fusionsprogramms* als Programm zur Optimierung des Entnahmestroms des Unternehmens U aus Sicht seines Alleineigentümers lautet wie folgt:

max. Entn; Entn $:= EN_{\ddot{U}}$

unter den

1. Liquiditätsnebenbedingungen:

$$-\sum_{j=1}^{J_{\ddot{U}}} g_{js}^{\ddot{U}} \cdot x_{j,\ddot{U}} + \bar{w}_s^{\ddot{U}} \cdot EN_{\ddot{U}} \le b_{s,\ddot{U}} \qquad \forall s \in \{0; 1; 2; ...; S\}$$

2. Kapazitätsrestriktionen:

$$x_{j,\ddot{U}} \le x_{j,\ddot{U}}^{max} \qquad \forall j \in \{1; 2; ...; J_{\ddot{U}}\}$$

3. Nichtnegativitätsnebenbedingungen:

$$x_{j,\ddot{U}} \ge 0 \qquad \forall j \in \{1; 2; ...; J_{\ddot{U}}\}$$

$$EN_{\ddot{U}} \ge 0.$$

Ergebnis des Ansatzes ist die maximale Breite $EN_{\ddot{U}}^{max}$ des Entnahmestroms und die Festlegung der dafür erforderlichen Maßnahmen j.

Nunmehr sind in einem *zweiten Schritt* das sog. *Fusionsprogramm* und damit die erwarteten Entnahmen EN_F, welche die Gesamtheit aller Eigentümer des durch die Fusion neu entstehenden Unternehmens F, zu dem Ü und Z vereinigt werden, maximal erhalten können, zu ermitteln. Hierbei kann sich das Problem ergeben, daß das fusionierte Unternehmen[444] eine andere Zielsetzung verfolgt (z. B. Vermögensmaximierung) als die in die Fusion eingebrachten Unternehmen ohne Fusion verfolgen würden, weil beispielsweise das Bewertungssubjekt aufgrund der Stimmen- und Herrschaftsverhältnisse nicht in der Lage ist, die über die Entnahmegewichte $\bar{w}_s^{\ddot{U}}$ gesteuerte ursprünglich gewünschte Struktur des Entnahmestroms im nach der Fusion entstandenen, fusionierten Unternehmen F durchzusetzen.

Nachfolgend ist der sog. *Fusionsansatz* zur Bestimmung des Fusionsprogramms für das Unternehmen F dargestellt. Dieser unterscheidet sich formal zwar nur im Hinblick auf den Index F, welcher auf das fusionierte Unternehmen hinweist; materiell ist aber anzunehmen, daß der Ansatz mit stark abweichendem Datenmaterial gefüllt wird, weil das fusionierte Unternehmen F, also das Unternehmen nach der Fusion, insbesondere größer als das eingebrachte Unternehmen Ü ist.

---

[444] Als *fusioniertes Unternehmen* wird das Unternehmen bezeichnet, welches Ergebnis des Fusionsprozesses ist, also hier das Unternehmen F.

Der lineare Ansatz zur Bestimmung des *Fusionsprogramms* als Programm zur Optimierung des Entnahmestroms des Unternehmens F auf Basis einer für F bereits vereinbarten Zahlungsstromstruktur[445] lautet wie folgt:

$$\text{max. Entn; Entn} := EN_F$$

unter den

1. Liquiditätsnebenbedingungen:

$$-\sum_{j=1}^{J_F} g_{js}^F \cdot x_{j,F} + w_s^F \cdot EN_F \leq b_{s,F} \qquad \forall s \in \{0; 1; 2; ...; S\}$$

2. Kapazitätsrestriktionen:

$$x_{j,F} \leq x_{j,F}^{max} \qquad \forall j \in \{1; 2; ...; J_F\}$$

3. Nichtnegativitätsnebenbedingungen:

$$x_{j,F} \geq 0 \qquad \forall j \in \{1; 2; ...; J_F\}$$

$$EN_F \geq 0.$$

Sind die maximal möglichen Entnahmen des einzubringenden Unternehmens Ü des Bewertungssubjekts $EN_{\ddot{U}}^{max}$ und des nach der Fusion entstehenden Unternehmens F EN_F^{max} ermittelt, kann letztlich – in einem *dritten Schritt* – die Grenzquote α_{min} berechnet werden.[446]

Im Spezialfall, daß der Vektor $\overrightarrow{EN_F}$ der Entnahmen des fusionierten Unternehmens F ein Vielfaches des Vektors $\overrightarrow{EN_{\ddot{U}}}$ der Entnahmen des übertragenden Unternehmens Ü darstellt, entspricht die minimale Beteiligungsquote α_{min} des bisherigen Alleineigentümers am zu übertragenden Unternehmen Ü dem folgenden Quotienten („*triviale*" Bewertungsformel):[447]

$$\alpha_{min} = \frac{EN_{\ddot{U}}^{max}}{EN_F^{max}}.$$

Gibt es statt nur eines Eigentümers mehrere Alteigentümer von Ü, wird aber ansonsten weiter vom genannten Spezialfall ausgegangen, entspricht die minimale Beteiligungsquote α_{min} in Abhängigkeit vom jeweiligem Anteil β eines Alteigentümers dem

---

[445] An dieser Stelle sei angenommen, daß die Gewichtungen $\bar{w}_s^F$ für das mit der Fusion entstehende Unternehmen F bereits vereinbart worden sind. In der realen Konfliktsituation handelt es sich hierbei um originäre konfliktlösungsrelevante Sachverhalte, welche Ergebnisse des Verhandlungsprozesses sind. Je nach Verhandlungsergebnis hinsichtlich der Gewichtungsfaktoren $\bar{w}_s^F$ ist eine entsprechende Grenzquote zu bestimmen. Diesbezüglich liegen bei vor der Verhandlung nicht festgelegten Gewichtungen $\bar{w}_s^F$ grundsätzlich mehrdimensionale Konfliktsituationen vor. Hier und im nachfolgenden Beispiel sei die Komplexität reduziert und entsprechend unterstellt, daß die Gewichtungen für das mit der Fusion entstehende Unternehmen F bereits festgelegt sind, weshalb von einer eindimensionalen Konfliktsituation gesprochen werden kann.

[446] Vgl. hierzu bereits Matschke, Entscheidungswert (1975), S. 329–336.

[447] So bereits Matschke, Entscheidungswert (1975), S. 335.

folgenden Quotienten (erweiterte „triviale" Bewertungsformel):[448]

$$\alpha_{min} = \frac{\beta \cdot EN_{\ddot{U}}^{max}}{EN_F^{max}}.$$

Der betrachtete Spezialfall liegt jedoch nur dann vor, wenn beide Unternehmen, also Ü und F, die gleiche Zielsetzung verfolgen und zudem die Struktur des gewünschten Ausschüttungsstroms bei Ü und F übereinstimmt, d. h., wenn $\overline{w}_s^{\ddot{U}} = \overline{w}_s^F \; \forall \; s$ gilt.

Eine solche Strukturgleichheit ist aber für die Ermittlung der minimalen Beteiligungsquote eines *bestimmten* Eigentümers *nicht* zwingend. Vielmehr muß die minimale Beteiligungsquote auch dann ermittelt werden, wenn die Entnahmezielsetzung des in die Fusion eingebrachten Unternehmens Ü *nicht* mit der des fusionierten Unternehmens F übereinstimmt, also beispielsweise für mindestens ein s die Beziehung $\overline{w}_s^{\ddot{U}} \neq \overline{w}_s^F$ gilt, oder das Unternehmen Ü ohne Fusion das Ziel „Einkommensmaximierung" verfolgt, während das Unternehmen F nach der Fusion „Vermögensmaximierung" anstrebt[449], oder der betrachtete Eigentümer (als Minderheitsgesellschafter) gar nicht die Macht besitzt, Einfluß auf die Struktur des Ausschüttungsstroms von Ü oder von F zu nehmen, so daß dessen Gestaltung außerhalb seiner Möglichkeiten liegt.

„Um in dieser Situation den zur Grenzquotenbestimmung unumgänglichen wirtschaftlichen Vergleich zwischen dem alten und dem zeit-zustandsmäßig anders verteilten neuen Zahlungsstrom zu ermöglichen, muß auf das private Entscheidungsfeld der Anteilseigner zurückgegriffen werden. Nur durch ergänzende private Finanzumschichtungen kann es den Alt-Anteilseignern gelingen, den Dividendenstrom der fusionierten Gesellschaft wieder in die von ihnen ursprünglich präferierte Einkommensstruktur zu transformieren."[450] Das heißt, die bisher ausschließlich unternehmenszentrierte Betrachtung muß dann um eine auf einen bestimmten (einflußlosen[451]) Alteigentümer bezogene Betrachtung ergänzt werden.

In Abhängigkeit von der privaten Zielsetzung[452], die völlig losgelöst von der des Unternehmens Ü sein kann, und dem privaten Entscheidungsfeld des betrachteten (einflußlosen) Anteilseigners ist durch einen Basisansatz (als sein privates Vor-Fusionsprogramm) der Umfang x_j^{priv} der privaten Geschäfte[453] zu ermitteln, die dieser tätigt, solan-

---

[448] Auf eine Indizierung der verschiedenen Alteigentümer wird aus Vereinfachungsgründen verzichtet. Gibt es mehrere Alteigentümer, muß mit Blick auf das Vor-Fusionsprogramm zudem unterstellt werden, daß die gewünschte Entnahmestruktur $\overline{w}_s^{\ddot{U}}$ des Unternehmens Ü derjenigen entspricht, auf die sich die Alteigentümer von Ü verständigt haben, um bei der Modellierung als eindimensionale Konfliktsituation bleiben zu können.

[449] Vgl. *HERING*, Fusion (2004), S. 151 f.

[450] *HERING*, Fusion (2004), S. 152.

[451] Die „Einflußlosigkeit" bezieht sich darauf, daß er nicht die Struktur des Entnahmestroms bestimmen kann. Zu Praxisproblemen und denkbaren Vertragsgestaltungsmöglichkeiten im Hinblick auf die Einflußnahme einer Fusionspartei siehe *BLASCHE/SÖNTGERATH*, Einflussnahme (2009).

[452] Vgl. auch *HERING*, Unternehmensbewertung (2006), S. 88–93, sowie *MATSCHKE/WITT*, Entscheidungswertermittlung (2004), S. 262 f. Siehe dort auch weiterführend den Anwendungsfall bei der Vereinigung öffentlich-rechtlicher Sparkassen.

[453] „Privat" sind alle Geschäfte, die nicht in die Optimierung des Entnahmestroms von Ü einbezogen sind und die nicht in die Fusion eingebracht werden, so daß diese dem Bewertungssubjekt losgelöst von den Unternehmen Ü und F zur Verfügung stehen.

ge er am zu übertragenden Unternehmen Ü beteiligt ist. Der Zahlungsstrom, den der betrachtete (einflußlose) Alteigentümer aus dem Unternehmen Ü erwartet, sei $g_s^{\text{Ü priv}} = \beta \cdot \overline{w}_s^{\text{Ü}} \cdot EN_{\text{Ü}}^{\max}$ und ist für ihn ein Datum. Die konkrete Höhe hängt von der Größe des Anteils β am Unternehmen Ü und von dessen Ausschüttungspolitik $\overline{w}_{\text{Ü}}^{\text{Ü}} \cdot EN_{\text{Ü}}^{\max}$ ab. Der zustandsbezogene Zahlungsüberschuß eines privaten Objekts j sei g_{js}^{priv}, dessen realisierte Anzahl sei x_j^{priv} mit der Obergrenze $x_j^{\text{priv max}}$. Der zustandsunabhängige autonome private Zahlungsstrom sei $b_{s,\text{priv}}$. Bei Entnahmemaximierung als unterstellter privater Zielsetzung ergibt sich folgender Ansatz für das private Vor-Fusionsprogramm des (einflußlosen) Alteigentümers:

$$\text{max. Entn; Entn} := EN_{\text{priv}}$$

unter den

1. Liquiditätsnebenbedingungen:

$$-\sum_{j=1}^{J^{\text{priv}}} g_{js}^{\text{priv}} \cdot x_j^{\text{priv}} + \overline{w}_s^{\text{priv}} \cdot EN_{\text{priv}} \leq b_s^{\text{priv}} + g_s^{\text{Ü priv}}$$

oder

$$-\sum_{j=1}^{J^{\text{priv}}} g_{js}^{\text{priv}} \cdot x_j^{\text{priv}} + \overline{w}_s^{\text{priv}} \cdot EN_{\text{priv}} \leq b_s^{\text{priv}} + \beta \cdot \overline{w}_s^{\text{Ü}} \cdot EN_{\text{Ü}}^{\max} \qquad \forall s \in \{0; 1; 2; ...; S\}$$

2. Kapazitätsrestriktionen:

$$x_j^{\text{priv}} \leq x_j^{\text{priv max}} \qquad \forall j \in \{1; 2; ...; J^{\text{priv}}\}$$

3. Nichtnegativitätsnebenbedingungen:

$$x_j^{\text{priv}} \geq 0 \qquad \forall j \in \{1; 2; ...; J^{\text{priv}}\}$$

$$EN_{\text{priv}} \geq 0.$$

Das Ergebnis dieses Basisansatzes ist ein optimaler privater Entnahmestrom $\overline{w}_s^{\text{priv}} \cdot EN_{\text{priv}}^{\max}$ ohne Fusion, der sich aus der Transformation der autonomen privaten Zahlungen b_s^{priv} und den Zahlungen $\beta \cdot \overline{w}_s^{\text{Ü}} \cdot EN_{\text{Ü}}^{\max} = g_s^{\text{Ü priv}}$ aus dem Unternehmen Ü ergibt. Die Transformation in den optimalen, d. h. in den der gewünschten Struktur $\overline{w}_s^{\text{priv}}$ entsprechenden privaten Entnahmestrom wird ermöglicht durch private Kapitalanlage- und Kapitalaufnahmen, die hierfür durchgeführt werden.

Gibt es keine privaten zustandsunabhängigen Zahlungen und werden zugleich keine privaten Kapitalanlage- und Kapitalaufnahmen getätigt, weil es keine vorteilhaften privaten Finanzgeschäfte gibt oder weil die gewünschte private Struktur der Zahlungen derjenigen des Unternehmens Ü entspricht, also $\overline{w}_s^{\text{priv}} = \overline{w}_s^{\text{Ü}}$ gilt, dann folgt als optimale Lösung $EN_{\text{priv}}^{\max} = \beta \cdot EN_{\text{Ü}}^{\max}$. Dieses Modell offenbart damit zugleich die restriktiven Annahmen, auf denen die zuvor betrachtete unternehmenszentrierte Vorgehensweise beruht.

Nach dem privaten Vor-Fusionsprogramm ist ein privates Fusionsprogramm zu formulieren, in das der optimale Entnahmestrom EN_{priv}^{max} des privaten Vor-Fusionsprogamms einzubeziehen ist. Statt des Entnahmestroms aus dem Unternehmen Ü ist jetzt der vom (einflußlosen) Alteigentümer wiederum als Datum hinzunehmende Entnahmestrom $g_s^{F\,priv} = \alpha \cdot \overline{w}_s^F \cdot EN_F^{max}$ des Unternehmens F zu berücksichtigen, der von der noch unbekannten Beteiligungsquote α sowie der Ausschüttungspolitik $\overline{w}_s^F \cdot EN_F^{max}$ des Unternehmens F abhängt.

Bei Entnahmemaximierung als unterstellter privater Zielsetzung ergibt sich folgender Ansatz für das private Fusionsprogramm zur Bestimmung der minimalen Beteiligungsquote des betrachteten (einflußlosen) Anteilseigners („bewertungssubjektzentrierter Bewertungsansatz"):

min. A; A := α

unter den

1. Liquiditätsnebenbedingungen:

$$\sum_{j=1}^{J^{priv}} g_{js}^{priv} \cdot x_j^{priv} + \alpha \cdot \overline{w}_s^F \cdot EN_F^{max} \geq \overline{w}_s^{priv} \cdot EN_{priv}^{max} - b_s^{priv} \qquad \forall s \in \{0;\,1;\,2;\,...;\,S\}$$

2. Kapazitätsrestriktionen:

$$-x_j^{priv} \geq -x_j^{priv\,max} \qquad \forall j \in \{1;\,2;\,...;\,J^{priv}\}$$

3. Nichtnegativitätsnebenbedingungen:

$$x_j^{priv} \geq 0 \qquad \forall j \in \{1;\,2;\,...;\,J^{priv}\}$$

$$\alpha \geq 0.$$

Unter der – die Anwendbarkeit einschränkenden – Voraussetzung, daß die private Struktur der gewünschten Zahlungen derjenigen des Unternehmens Ü entspricht, kann die minimale Beteiligungsquote auch mit Hilfe des folgenden privaten Veränderungsprogramms bestimmt werden, das an das Ergebnis des unternehmenszentrierten Fusionsprogramms anknüpft. Es gilt dabei, daß die Struktur der Entnahmen aus dem Fusionsunternehmen F nicht der gewünschten Struktur – nämlich der wie aus Unternehmen Ü – entspricht. Unter dieser Voraussetzung ist es selbst dann, wenn private zustandsunabhängige Zahlungen vom Bewertungssubjekt erwartet werden und zudem im privaten Entscheidungsfeld Kapitalanlage- und Kapitalaufnahmeentscheidungen mit positiven Kapitalwert realisiert werden können, nicht erforderlich, ein privates Vor-Fusionsprogramm aufzustellen. Schließlich wäre durch die privaten Aktivitäten nur das Niveau des privaten Entnahmestroms ohne Fusion betroffen, nicht aber dessen Struktur. Eine solche bloße Niveauveränderung ist entscheidungsirrelevant. Entscheidungsrelevant wäre hingegen die Diskrepanz zwischen der Struktur des Entnahmestroms aus dem Unternehmen F und der privat gewünschten Struktur wie aus Ü. Zur individuellen Bestimmung seiner Mindestbeteiligungsquote müßte der (einflußlose) Alteigentümer des Unternehmens Ü diejenigen Transaktionen einbeziehen, die es ihm gestatten, den aus dem Unternehmen F erwarteten Entnahmestrom in die von ihm gewünschte Struktur des Unternehmens Ü zu überführen. Hierbei hat er jedoch zu berücksichtigen, welcher Handlungsspielraum ihm im privaten Entscheidungsfeld für solche Umstrukturierungen des Entnahmestroms noch verblieben ist.

Mit Hilfe von solchen privaten Finanzumschichtungen (Kapitalanlagen, Kapitalaufnahmen), d. h. den (noch) möglichen Erhöhungen bis zur Obergrenze privater Geschäfte (positive private Geschäfte) oder den möglichen Verminderungen bis zur zulässigen Untergrenze[454] (negative private Geschäfte), und unter Berücksichtigung der im privaten Vor-Fusionsprogramm eventuell[455] noch nicht ausgeschöpften zustandsunabhängigen privaten Zahlungen $\Delta b_{s\,opt}^{priv} = h_s^{priv} - b_{s\,opt}^{priv}$ lassen sich die Struktur des Ausschüttungsstroms des fusionierten Unternehmens F in die (vom Anteilseigner gewünschte) Struktur des zu übertragenden Unternehmens Ü transformieren sowie die minimal zu fordernde Anteilsquote am fusionierten Unternehmen aus Sicht des Eigentümers mit folgendem linearen Optimierungsansatz („unternehmenszentrierter Bewertungsansatz mit Berücksicht privater Umstrukturierungen") bestimmen:[456]

min. A; A := α

unter den

1. Liquiditätsnebenbedingungen:

$$\underbrace{\sum_{j=1}^{J^{priv}} g_{js}^{priv} \cdot x_j^{pos} - \sum_{j=1}^{J^{priv}} g_{js}^{priv} \cdot x_j^{neg} + \overline{w}_s^{priv} \cdot EN_{priv}^{max}}_{\text{Änderungen der Zahlungen aus privatem Vor-Fusionsprogramm}} + \underbrace{\alpha \cdot \overline{w}_s^F \cdot EN_F^{max}}_{\substack{\text{Zahlungen aus} \\ \text{Fusionsunternehmen}}}$$

$$- \underbrace{\left(\beta \cdot \overline{w}_s \cdot EN_{\ddot{U}}^{max} + \overline{w}_s^{priv} \cdot EN_{priv}^{max}\right)}_{\text{angestrebte Entnahmen}} \geq -\Delta b_{s\,opt}^{priv}$$

oder

$$\sum_{j=1}^{J^{priv}} g_{js}^{priv} \cdot x_j^{pos} - \sum_{j=1}^{J^{priv}} g_{js}^{priv} \cdot x_j^{neg} + \alpha \cdot \overline{w}_s^F \cdot EN_F^{max} \geq -\Delta b_{s\,opt}^{priv} + \beta \cdot \overline{w}_s \cdot EN_{\ddot{U}}^{max}$$

oder bei $\Delta b_{s\,opt}^{priv} = 0$, was im weiteren gelten soll,

$$\sum_{j=1}^{J^{priv}} g_{js}^{priv} \cdot x_j^{pos} - \sum_{j=1}^{J^{priv}} g_{js}^{priv} \cdot x_j^{neg} + \alpha \cdot \overline{w}_s^F \cdot EN_F^{max} \geq \beta \cdot \overline{w}_s \cdot EN_{\ddot{U}}^{max} \qquad \forall s \in \{0;\,1;\,2;\,...;\,S\}.$$

$\Delta b_{s\,opt}^{priv} = 0$ bedeutet, daß im privaten Vor-Fusionsprogramm die Liquiditätsbedingungen streng erfüllt sind, so daß die privaten zustandsabhängigen Zahlungen vollständig zur Generierung des optimalen privaten Entnahmestroms $\overline{w}_s^{priv} \cdot EN_{priv}^{max}$ genutzt werden.

2. Beschränkungen der Erhöhungen der privaten Geschäfte:

$$-x_j^{pos} \geq -(x_j^{priv\,max} - x_{j\,opt}^{priv}) \qquad \forall j \in \{1,\,2,\,...,\,J^{priv}\}.$$

---

[454] Existiert eine Untergrenze für die Durchführung eines Geschäftes, entspricht die Obergrenze für eine Verringerung dieses Objekts der Differenz aus der tatsächlichen Durchführung und dieser Untergrenze.

[455] Werden die „Zustände" als „Zeitpunkte" gedeutet und eine Kassenhaltung, also die zinslose Geldübertragung von Zeitpunkt zu Zeitpunkt, zugelassen, dann gilt stets $\Delta b_{s\,opt}^{priv} = b_s^{priv} - b_{s\,opt}^{priv} = 0$.

[456] Vgl. hierzu HERING, Unternehmensbewertung (2006), S. 89 sowie S. 98–101.

Die Konstante $x^{priv}_{j\,opt}$ drückt aus, in welcher Höhe das private Geschäft j im (nicht modellierten) privaten Vor-Fusionsprogramm bereits (in optimaler Weise) in Anspruch genommen worden ist, so daß weitere Erhöhungen nur in dem noch nicht genutzten Umfang $(x^{priv\,max}_{j} - x^{priv}_{j\,opt})$ möglich sind.

3. Beschränkungen der Verminderung der privaten Geschäfte

$$-x^{neg}_{j} \geq -x^{priv}_{j\,opt} \qquad \forall\, j \in \left\{1,\, 2,\, ...,\, J^{priv}\right\}.$$

Da (hier) eine positive Untergrenze nicht definiert ist, kann eine Verminderung des privaten Geschäfts j bis zur realisierten Höhe $x^{priv}_{j\,opt}$ im (nicht modellierten) privaten Vor-Fusionsprogramm erfolgen.

4. Nichtnegativitätsbedingungen:

$$x^{pos}_{j}, x^{neg}_{j} \geq 0 \qquad \forall\, j \in \left\{1,\, 2,\, ...,\, J^{priv}\right\}$$

$$\alpha \geq 0.$$

„Der vorstehende Bewertungsansatz minimiert (analog zum oben behandelten trivialen Fall) die Beteiligungsquote α für den Anteilseigner unter Einhaltung der Nebenbedingungen, daß in jedem Zustand der ihm zufließende Zahlungsstrom nach der Fusion (einschließlich möglicher Umstrukturierungen im privaten Vermögensbereich) seine Ausschüttung [... $\overline{w}^{Ü}_{s} \cdot EN^{max}_{Ü}$] vor der Fusion nicht unterschreitet."[457] Es gilt dabei:

$$\underbrace{\underbrace{\sum_{j=1}^{J^{priv}} g^{priv}_{js} \cdot x^{pos}_{j} - \sum_{j=1}^{J^{priv}} g^{priv}_{js} \cdot x^{neg}_{j}}_{\substack{\text{Zahlungsstromveränderung aufgrund}\\\text{privater Finanzumschichtungen}}} + \underbrace{\alpha \cdot \overline{w}^{F}_{s} \cdot EN^{max}_{F}}_{\substack{\text{Ausschüttungen gemäß}\\\text{Anteil }\alpha\text{ am optimalen}\\\text{Entnahmestrom des}\\\text{Fusionsunternehmens F}}}}_{\substack{\text{Zahlungsüberschuß des Anteilseigners}\\\text{aus dem Unternehmen F (nach Fusion)}}} \geq \underbrace{\beta \cdot \overline{w}^{Ü}_{s} \cdot EN^{max}_{Ü}}_{\substack{\text{Zahlungsüberschuß}\\\text{des Anteilseigners}\\\text{aus dem}\\\text{Unternehmen Ü in}\\\text{Abhängigkeit von}\\\text{seinem Anteil }\beta}}.$$

Während der Ansatz zur Ermittlung des Vor-Fusionsprogramms des Unternehmens Ü die Zielfunktion des Alleineigners explizit enthält[458], spiegelt sich die Zielfunktion eines (einflußlosen) Anteilseigners des Unternehmens F im jetzigen unternehmenszentrierten Bewertungsansatz unter Berücksichtigung privater Umstrukturierungen nur noch implizit durch die Prämisse, daß seine gewünschte private Struktur der des Unternehmens Ü entspricht, sowie in den Obergrenzen für Erhöhungen oder Verminderungen der privaten Geschäfte wider, die sich aus dem privaten (aber explizit nicht modellierten) Vor-Fusionsprogramm ergeben.[459] Der Anteilseigner versucht, die Struktur des Entnahmestroms aus dem Unternehmen F seiner gewünschten Struktur, nämlich derjenigen des Unternehmens Ü, anzupassen.

Sind am zu übertragenden Unternehmen mehrere Eigentümer beteiligt, müssen zur Bestimmung der vom Unternehmen insgesamt zu fordernden minimalen Beteiligungsquote am fusionierten Unternehmen die individuellen minimalen Beteiligungsquoten

---

[457] HERING, Fusion (2004), S. 153 (Hervorhebungen im Original). Siehe dort auch zur nachfolgenden Formel. Ferner HERING, Unternehmensbewertung (2006), S. 89.

[458] Gleiches gilt in bezug auf den privaten Vor-Fusionsansatz eines einflußlosen Anteilseigners.

[459] Im Falle einer dualen Ausartung des Basisansatzes des Anteilseigners ist kein eindeutiger optimaler Entnahmeplan ermittelbar, so daß die kleinste der für jeden dieser Ausschüttungspläne bestimmten minimalen Beteiligungsquoten gewählt werden muß.

sämtlicher Eigner ermittelt und addiert werden. Eine auf diese Weise bestimmte minimale Beteiligungsquote des zu übertragenden Unternehmens am fusionierten Unternehmen stellt zwar keinen der Alteigentümer nach einer Fusion schlechter, könnte jedoch zu Konflikten zwischen den Anteilseignern des zu übertragenden Unternehmens führen, falls das Verhältnis der individuellen Beteiligungsquoten der Eigentümer nicht ihren Anteilen am Unternehmen entspricht. Um solche Konflikte zu vermeiden, muß die höchste sich ergebende Grenzquote für das Gesamtunternehmen durch Hochrechnung der individuellen Grenzquoten auf das Gesamtkapital des Altunternehmens gebildet werden.[460]

Wie bereits am Beispiel der Konfliktsituation vom Typ des Kaufs/Verkaufs in Abschnitt 2.3.3.3.2 dargestellt, besteht ein Zusammenhang zwischen dem Totalmodell (dort ZGPM) und dem Partialmodell (dort Zukunftserfolgswertverfahren). Die Zukunftserfolgswertformel ließ sich auf Basis der Dualitätstheorie der linearen Optimierung herleiten, wonach jedem Primalproblem ein eng verwandtes Dualproblem zugeordnet werden kann. Auch im Fall der Fusion läßt sich über diesen Zusammenhang aus dem ZGQM eine „komplexe" Bewertungsformel zur Ermittlung der Grenzquote herleiten.[461] Die minimale Beteiligungsquote α_{min} ergibt sich dabei als Quotient aus dem auf das Bewertungssubjekt bezogenen anteiligen Kapitalwert des zu bewertenden Unternehmens Ü ohne Fusion und dem Kapitalwert der Umstrukturierungen im privaten Programm sowie dem Kapitalwert des fusionierten Unternehmens F nach der Fusion. Während sich der *Kapitalwert nach der Fusion* aus den mit den endogenen Abzinsungsfaktoren ρ_s^{priv} des privaten Programms abgezinsten Ausschüttungen des fusionierten Unternehmens F ergibt, läßt sich der *Kapitalwert ohne Fusion* als Kapitalwert aus den mit den endogenen Abzinsungsfaktoren ρ_s^{priv} des privaten Programms abgezinsten Ausschüttungen des eingebrachten Unternehmens Ü berechnen. Der *Kapitalwert der Umstrukturierungen im privaten Programm* beschreibt die sich beim Übergang vom Basis- zum Bewertungsprogramm gegebenenfalls vollziehenden positiven Veränderungen der Kapitalwerte bei einer Erhöhung oder einer Verminderung der privaten Umstrukturierungsgeschäfte j. Die *„komplexe"* Bewertungsformel, die sich aus dem unternehmenszentrierten Bewertungsansatz unter Einschluß privater Umstrukturierungen ergibt, stellt sich schließlich wie folgt dar:

$$\alpha_{min} = \frac{\overbrace{\beta \cdot \sum_{s=0}^{S} \overline{w}_s^{\ddot{U}} \cdot EN_{\ddot{U}}^{max} \cdot \rho_s^{priv}}^{\substack{\text{Anteil } \beta \text{ des Bewertungssubjekts} \\ \text{am Kapitalwert ohne Fusion} = \\ \text{Kapitalwert der Ausschüttungen des} \\ \text{eingebrachten Unternehmens } \ddot{U}}} - \overbrace{\sum_{C_j^{priv}>0} \left[(x_j^{priv\,max} - x_{j\,opt}^{priv}) \cdot C_j^{priv\,pos} + x_{j\,opt}^{priv} \cdot C_j^{priv\,neg} \right]}^{\substack{\text{Kapitalwert der Umstrukturierungen im privaten} \\ \text{Programm zur Anpassung der Ausschüttungen} \\ \text{des Fusionsunternehmens F an die (privat) gewünschte} \\ \text{Struktur des eingebrachten Unternehmens } \ddot{U}}}}{\underbrace{\sum_{s=0}^{S} \overline{w}_s^{F} \cdot EN_F^{max} \cdot \rho_s^{priv}}_{\substack{\text{Kapitalwert nach der Fusion} = \\ \text{Kapitalwert der Ausschüttungen} \\ \text{des Fusionsunternehmens F}}}} .$$

---

[460] Vgl. *HERING*, Fusion (2004), S. 153.
[461] Vgl. zur Herleitung *HERING*, Fusion (2004), S. 153–156.

Gibt es ohne Fusion keine optimalen privaten Geschäfte, vereinfacht sich diese Formel:

$$\alpha_{min} = \frac{\overbrace{\beta \cdot \sum_{s=0}^{S} \overline{w}_s^{\ddot{U}} \cdot EN_{\ddot{U}}^{max} \cdot \rho_s^{priv}}^{\substack{\text{Anteil } \beta \text{ des Bewertungssubjekts} \\ \text{am Kapitalwert ohne Fusion =} \\ \text{Kapitalwert der Ausschüttungen des} \\ \text{eingebrachten Unternehmens } \ddot{U}}} - \overbrace{\sum_{C_j^{priv} > 0} x_j^{priv\,max} \cdot C_j^{priv}}^{\substack{\text{Kapitalwert der Umstrukturierungen im privaten} \\ \text{Programm zur Anpassung der Ausschüttungen} \\ \text{des Fusionsunternehmens F an die (privat) gewünschte} \\ \text{Struktur des eingebrachten Unternehmens } \ddot{U}}}}{\underbrace{\sum_{s=0}^{S} \overline{w}_s^{F} \cdot EN_{F}^{max} \cdot \rho_s^{priv}}_{\substack{\text{Kapitalwert nach der Fusion =} \\ \text{Kapitalwert der Ausschüttungen} \\ \text{des Fusionsunternehmens F}}}},$$

weil die nach einer Fusion eventuell durchzuführenden privaten Umstrukturierungen dann nur noch positive private Geschäfte sein können.

Diese Formel besagt, daß die minimal zu fordernde Beteiligungsquote einer Partei sinkt, wenn es vorteilhafte private Umstrukturierungen gibt. Eine sinkende Beteiligungsquote erhöht jedoch unter sonst gleichen Bedingungen die Chancen für eine vorteilhafte Einigung im Fusionsfall, weil der Verhandlungsspielraum größer wird.

Sollte der Kapitalwert aller Umstrukturierungen im privaten (Veränderungs-)Programm gleich null sein, kann diese „komplexe" Bewertungsformel auch in die „vereinfachte" Bewertungsformel für die Grenzquote bei der Fusion überführt werden. Wenn also kein Grenzobjekt des privaten Umstrukturierungsprogramms an seine Obergrenze stößt oder – allgemeiner – Umstrukturierungen insgesamt zum Kapitalwert von 0 führen, ergibt sich die „vereinfachte" Bewertungsformel:[462]

$$\alpha_{min} = \frac{\overbrace{\beta \cdot \sum_{s=0}^{S} \overline{w}_s^{\ddot{U}} \cdot EN_{\ddot{U}}^{max} \cdot \rho_s^{priv}}^{\substack{\text{Anteil } \beta \text{ des Bewertungssubjekts} \\ \text{am Kapitalwert ohne Fusion =} \\ \text{Kapitalwert der Ausschüttungen des} \\ \text{eingebrachten Unternehmens } \ddot{U}}}}{\underbrace{\sum_{s=0}^{S} \overline{w}_s^{F} \cdot EN_{F}^{max} \cdot \rho_s^{priv}}_{\substack{\text{Kapitalwert nach der Fusion =} \\ \text{Kapitalwert der Ausschüttungen} \\ \text{des fusionierten Unternehmens F}}}}$$

und für $\beta = 1$, also für einen (dann freilich nicht mehr einflußlosen) Alleineigentümer:

$$\alpha_{min} = \frac{\overbrace{\sum_{s=0}^{S} \overline{w}_s^{\ddot{U}} \cdot EN_{\ddot{U}}^{max} \cdot \rho_s^{priv}}^{\substack{\text{Kapitalwert ohne Fusion =} \\ \text{Ausschüttungen des} \\ \text{eingebrachten Unternehmens } \ddot{U}}}}{\underbrace{\sum_{s=0}^{S} \overline{w}_s^{F} \cdot EN_{F}^{max} \cdot \rho_s^{priv}}_{\substack{\text{Kapitalwert nach der Fusion =} \\ \text{Kapitalwert der Ausschüttungen} \\ \text{des fusionierten Unternehmens F}}}} = \frac{\text{Kapitalwert des Unternehmens } \ddot{U} \text{ ohne Fusion}}{\text{Kapitalwert des fusionierten Unternehmens F}}.$$

---

[462] Siehe hierzu ausführlich *HERING*, Fusion (2004), S. 152–156.

„Komplexe" und „vereinfachte" Formel erlauben also unterschiedlich strukturierte Ausschüttungsströme vor und nach der Fusion. Diese Formeln können schließlich wieder in die bereits dargestellte „triviale" Bewertungsformel überführt werden, wenn kein Rückgriff auf das private (Veränderungs-)Programm erforderlich ist, weil für alle Zustände s $\overline{w}_s^{\ddot{U}} = \overline{w}_s^F$ gilt:

$$\alpha_{min} = \cfrac{\beta \cdot \displaystyle\sum_{s=0}^{S} \overline{w}_s^{\ddot{U}} \cdot EN_{\ddot{U}}^{max} \cdot \rho_s^{priv} - \overset{\substack{\text{Kapitalwert der}\\\text{Umstrukturierungen}\\\text{im privaten Programm}}}{\overbrace{0}}}{\displaystyle\sum_{s=0}^{S} \overline{w}_s^F \cdot EN_F^{max} \cdot \rho_s^{priv}} = \frac{\beta \cdot EN_{\ddot{U}}^{max}}{EN_F^{max}} \cdot \frac{\displaystyle\sum_{s=0}^{S} \overline{w}_s^{\ddot{U}} \cdot \rho_s^{priv}}{\displaystyle\sum_{s=0}^{S} \overline{w}_s^F \cdot \rho_s^{priv}} = \frac{\beta \cdot EN_{\ddot{U}}^{max}}{EN_F^{max}}.$$

Werden die Zustände s als Zeitpunkte t interpretiert und wird – wie üblich – angenommen, daß zum Bewertungszeitpunkt t = 0 keine Ausschüttungen erfolgen, dann ergibt sich folgende Bestimmungsformel für die minimale Beteiligungsquote $\alpha_{min}^{\ddot{U}}$ des Alleineigentümers von Unternehmen Ü:

$$\alpha_{min}^{\ddot{U}} = \frac{\displaystyle\sum_{t=1}^{T} \overline{w}_t^{\ddot{U}} \cdot EN_{\ddot{U}}^{max} \cdot \rho_t^{priv\ddot{U}}}{\displaystyle\sum_{t=1}^{T} \overline{w}_t^F \cdot EN_F^{max} \cdot \rho_t^{priv\ddot{U}}} = \frac{\begin{array}{c}\text{Zukunftserfolgswert des Unternehmens Ü}\\\text{aus Sicht des Alleineigentümers von Ü}\end{array}}{\begin{array}{c}\text{Zukunftserfolgswert des fusionierten Unternehmens F}\\\text{aus Sicht des Alleineigentümers von Ü}\end{array}}.$$

Die vom Alleineigentümer Ü minimal zu fordernde Beteiligungsquote entspricht der Relation des Zukunftserfolgswertes seines Unternehmens Ü zu dem des Fusionsunternehmens F, jeweils bewertet aus seiner Sicht.

Analog läßt sich die vom Alleineigentümer Z minimal zu fordernde Beteiligungsquote für die Einbringung seines Unternehmens Z bestimmen:

$$\alpha_{min}^{Z} = \frac{\displaystyle\sum_{t=1}^{T} \overline{w}_t^{Z} \cdot EN_{Z}^{max} \cdot \rho_t^{privZ}}{\displaystyle\sum_{t=1}^{T} \overline{w}_t^F \cdot EN_F^{max} \cdot \rho_t^{privZ}} = \frac{\begin{array}{c}\text{Zukunftserfolgswert des Unternehmens Z}\\\text{aus Sicht des Alleineigentümers von Z}\end{array}}{\begin{array}{c}\text{Zukunftserfolgswert des fusionierten Unternehmens F}\\\text{aus Sicht des Alleineigentümers von Z}\end{array}}.$$

Wenn $\alpha_{min}^{\ddot{U}} + \alpha_{min}^{Z} \leq 1$ gilt, ergibt sich ein Einigungsbereich und Verhandlungsspielraum in Höhe von $1 - (\alpha_{min}^{\ddot{U}} + \alpha_{min}^{Z})$. Sofern $\overline{w}_t^{\ddot{U}} = \overline{w}_t^{Z} = \overline{w}_t^F$ und $\rho_t^{priv\ddot{U}} = \rho_t^{privZ}$ für alle t übereinstimmen, ist dies nur der Fall, wenn das Fusionsunternehmen F nach Ansicht der (Alt-)Alleineigentümer von Ü und Z insgesamt einen breiteren Entnahmestrom verspricht, als von diesen aus den Unternehmen Ü und Z gemeinsam ohne Fusion erwartet wird, also die Fusion aus der individuellen Sicht jedes (Alt-)Alleineigentümers Vorteile generiert. Dies kann durchaus auch dann der Fall sein, wenn ihre Einschätzungen über die künftigen Entnahmen betragsmäßig nicht übereinstimmen.

Abschließend soll noch die komplexe Formel auf Basis des privaten Fusionsprogramms (*bewertungssubjektzentrierter Bewertungsansatz*) für einen Alleineigentümer hergeleitet werden, um zu zeigen, daß die bisherigen Darlegungen widerspruchsfrei sind.

Es gilt folgende duale Zielfunktion für das private Fusionsprogramm:

$$\max Y; \quad Y := \sum_{s=0}^{S} \left(\overline{w}_s^{\text{priv}} \cdot EN_{\text{priv}}^{\max} - b_{s\,\text{priv}} \right) \cdot d_s^{\text{priv}} - \sum_{j}^{J^{\text{priv}}} x_{j\,\text{opt}}^{\text{priv}} \cdot u_j^{\text{priv}}.$$

Hat der primale Ansatz eine minimale Lösung $\alpha_{\min}$, gilt $\alpha_{\min} = Y$. Nach dem Satz vom komplementären Schlupf folgt dann:

$$\sum_{s=0}^{S} \overline{w}_s^{F} \cdot EN_{F}^{\max} \cdot d_s^{\text{priv}} = 1$$

und nach Division mit d_0^{priv}:

$$\sum_{s=0}^{S} \overline{w}_s^{F} \cdot EN_{F}^{\max} \cdot \frac{d_s^{\text{priv}}}{d_0^{\text{priv}}} = \frac{1}{d_0^{\text{priv}}}.$$

Die Ausdrücke $\dfrac{d_s^{\text{priv}}}{d_0^{\text{priv}}}$ können inhaltlich als Abzinsungsfaktoren ρ_s^{priv} interpretiert wer-

den. Die transformierten Dualvariablen $\dfrac{u_j^{\text{priv}}}{d_0^{\text{priv}}}$ hinsichtlich der Kapazitätsrestriktionen

lassen sich als auf eine Einheit bezogene Kapitalwerte deuten. Im optimalen Programm sind nur Objekte j mit positiven Kapitalwerten enthalten. Es gilt daher weiter:

$$\sum_{s=0}^{S} \left(\overline{w}_s^{\text{priv}} \cdot EN_{\text{priv}}^{\max} - b_{s\,\text{priv}} \right) \cdot \rho_s^{\text{priv}} - \sum_{C_j^{\text{priv}} > 0} x_j^{\text{priv max}} \cdot C_j^{\text{priv}} = \frac{1}{d_0^{\text{priv}}} \cdot \alpha_{\min}$$

oder

$$\sum_{s=0}^{S} \left(\overline{w}_s^{\text{priv}} \cdot EN_{\text{priv}}^{\max} - b_{s\,\text{priv}} \right) \cdot \rho_s^{\text{priv}} - \sum_{C_j^{\text{priv}} > 0} x_j^{\text{priv max}} \cdot C_j^{\text{priv}} = \sum_{s=0}^{S} \overline{w}_s^{F} \cdot EN_{F}^{\max} \cdot \rho_s^{\text{priv}} \cdot \alpha_{\min}$$

oder

$$\alpha_{\min} = \frac{\overbrace{\sum_{s=0}^{S} \left(\overline{w}_s^{\text{priv}} \cdot EN_{\text{priv}}^{\max} - b_{s\,\text{priv}} \right) \cdot \rho_s^{\text{priv}}}^{\substack{\text{Kapitalwert des privaten} \\ \text{Vor-Fusionsprogramms (einschließlich} \\ \text{des Unternehmens Ü)}}} - \overbrace{\sum_{C_j^{\text{priv}} > 0} x_j^{\text{priv max}} \cdot C_j^{\text{priv}}}^{\substack{\text{Kapitalwert der} \\ \text{privaten Umstrukturierungen} \\ \text{nach der Fusion}}}}{\underbrace{\sum_{s=0}^{S} \overline{w}_s^{F} \cdot EN_{F}^{\max} \cdot \rho_s^{\text{priv}}}_{\substack{\text{Kapitalwert des} \\ \text{Fusionsunternehmens F}}}}.$$

Voraussetzungsgemäß entspricht die gewünschte private Entnahmestruktur $\overline{w}_s^{\text{priv}} = \overline{w}_s^{\ddot{U}}$ derjenigen der Ausschüttungen des Unternehmens Ü. Gibt es keine privaten zustandsabhängigen Zahlungen $b_{s\,\text{priv}} = 0$ und ohne Fusion keine vorteilhaften privaten Geschäfte, dann gilt $EN_{\text{priv}}^{\max} = EN_{\ddot{U}}^{\max}$, so daß folgt:

$$\alpha_{min} = \frac{\overbrace{\sum_{s=0}^{S} \overline{w}_s^{\ddot{U}} \cdot EN_{\ddot{U}}^{max} \cdot \rho_s^{priv}}^{\substack{\text{Kapitalwert des privaten} \\ \text{Vor-Fusionsprogramms (einschließlich} \\ \text{des Unternehmens } \ddot{U})}} - \overbrace{\sum_{C_j^{priv}>0} x_j^{priv\,max} \cdot C_j^{priv}}^{\substack{\text{Kapitalwert der} \\ \text{privaten Umstrukturierungen} \\ \text{nach der Fusion}}}}{\underbrace{\sum_{s=0}^{S} \overline{w}_s^{F} \cdot EN_{F}^{max} \cdot \rho_s^{priv}}_{\substack{\text{Kapitalwert des} \\ \text{Fusionsunternehmens F}}}} .$$

Diese sich aus dem bewertungssubjektzentrierten Bewertungsansatz ergebende Formel entspricht der komplexen Formel aus dem unternehmenszentrierten Bewertungsansatz unter Berücksichtigung privater Umstrukturierungen, so daß beide Vorgehensweisen zueinander widerspruchsfrei sind.

2.4.5.1.2 Zahlenbeispiel

Nachfolgend sollen die Ausführungen zur Fusion an einem einfachen Zahlenbeispiel unter der Annahme (quasi-)sicherer Erwartungen verdeutlicht werden. Das Bewertungssubjekt, welches mit einem Planungszeitraum von vier Perioden plant, besitzt im Bewertungszeitpunkt (t = 0) ein Unternehmen Ü als alleiniger Gesellschafter ($\beta = 1$). Dieses stellt im Rahmen der Fusion eines der zu übertragenden Unternehmen dar. Aus dem Unternehmen Ü resultiert in t = 0 ein Zufluß von 40 GE und anschließend (ab t = 1) ein ewiger Einzahlungsüberschuß i. H. v. 30 Geldeinheiten je Zeitpunkt. Im Zeitpunkt t = 0 hat das Bewertungssubjekt zudem die Möglichkeit, eine (beliebig teilbare) Investition AK zu tätigen, mit welcher – bei voller Inanspruchnahme – die den für AK zu zahlenden Preis beinhaltende Zahlungsreihe (–100 GE, +30 GE, +40 GE, +50 GE, + 55 GE) generiert werden kann. Das Bewertungssubjekt kann bei seiner Hausbank für den betrieblichen Bereich in t = 0 ein (beliebig teilbares) endfälliges Darlehen ED von bis zu 50 GE bei jährlich zu zahlenden Zinsen i. H. v. 8 % p. a. mit einer Gesamtlaufzeit von vier Perioden aufnehmen. Geldanlagen (GA_t) sind für betriebliche Zwecke unbegrenzt zu einem Habenzins von 5 % p. a. möglich; finanzielle Mittel können zudem unbegrenzt zu einem kurzfristigen Sollzins von 10 % p. a. aufgenommen werden (KA_t). Das Bewertungssubjekt strebt Einkommensmaximierung an, wobei die gewünschte zeitliche Struktur $w_0^{\ddot{U}} : w_1^{\ddot{U}} : w_2^{\ddot{U}} : w_3^{\ddot{U}} : w_4^{\ddot{U}} = 1 : 1 : 1 : 1 : 21$ lautet. Die letzte Ausschüttung soll wiederum zusätzlich zur normalen Ausschüttung den Barwert einer ewigen Rente auf Basis des Zinssatzes von 5 % p. a. enthalten.[463] Die Ausgangsdaten sind in *Abbildung 173* zusammenfassend dargestellt.

---

[463] Dies wird auch entsprechend im Hinblick auf den ewigen Einzahlungsstrom des Unternehmens Ü berücksichtigt.

t	AK	ED	GA_0	GA_1	GA_2	GA_3	KA_0	KA_1	KA_2	KA_3	Ü
0	-100	50	-1				1				40
1	30	-4	1,05	-1			-1,1	1			30
2	40	-4		1,05	-1			-1,1	1		30
3	50	-4			1,05	-1			-1,1	1	30
4	55	-54				1,05				-1,1	630
Grenze	1	1	∞	∞	∞	∞	∞	∞	∞	∞	1

Abbildung 173: Daten zur Ermittlung des Vor-Fusionsprogramms

Im erforderlichen *ersten Schritt* ist nun das Vor-Fusionsprogramm (Basis-programm) zu ermitteln. Dies kann über den nachfolgend dargestellten gemischt-ganz-zahligen linearen Optimierungsansatz erfolgen, welcher wiederum mit dem Simplex-algorithmus zu lösen ist:

$$\max. \text{Entn}; \quad \text{Entn} := EN_Ü$$

unter den Nebenbedingungen:

$$100 \cdot AK - 50 \cdot ED + 1 \cdot GA_0 - 1 \cdot KA_0 + 1 \cdot EN_Ü \leq 40$$

$$-30 \cdot AK + 4 \cdot ED - 1,05 \cdot GA_0 + 1 \cdot GA_1 + 1,1 \cdot KA_0 - 1 \cdot KA_1 + 1 \cdot EN_Ü \leq 30$$

$$-40 \cdot AK + 4 \cdot ED - 1,05 \cdot GA_1 + 1 \cdot GA_2 + 1,1 \cdot KA_1 - 1 \cdot KA_2 + 1 \cdot EN_Ü \leq 30$$

$$-50 \cdot AK + 4 \cdot ED - 1,05 \cdot GA_2 + 1 \cdot GA_3 + 1,1 \cdot KA_2 - 1 \cdot KA_3 + 1 \cdot EN_Ü \leq 30$$

$$-55 \cdot AK + 54 \cdot ED - 1,05 \cdot GA_3 + 1,1 \cdot KA_3 + 21 \cdot EN_Ü \leq 630$$

$$GA_t, KA_t, EN_Ü \geq 0 \quad \forall t$$

$$AK, ED \leq 1.$$

Aus dem Vor-Fusionsprogramm entspringt ein uniformer Einkommensstrom der Breite $EN_Ü^{max} = 32,6176$ GE. Zum Ende des Planungszeitraums liegt zudem ein Vermö-gen i. H. v. 652,3520 GE vor, welches bei 5 % p. a. Ursprung einer ewigen Rente ist. *Abbildung 174* stellt den vollständigen Finanzplan des Vor-Fusionsprogramms dar.

	t = 0	t = 1	t = 2	t = 3	t = 4
zu übertragendes Unternehmen Ü	40	30	30	30	630
Investition AK	-100	30	40	50	55
Darlehen ED zu 0,855356	42,7680	-3,4214	-3,4214	-3,4214	-46,1894
Betriebskredit KA	49,8496	30,8736			
Geldanlage GA				-43,9610	
KA-, GA-Rückzahlung		-54,8346	-33,9610		46,1590
Entnahme $EN_Ü$	-32,6176	-32,6176	-32,6176	-32,6176	-32,6176
Zahlungssaldo	0	0	0	0	652,3520
Schuldenstand aus KA	49,8496	30,8736			
Guthabenstand aus GA				43,9610	
Endvermögen EN/0,05					652,3520

Abbildung 174: Vollständiger Finanzplan des Vor-Fusionsprogramms

Das Bewertungssubjekt befindet sich in einer Konfliktsituation vom Typ der Fusion, wobei die Beteiligungsquote den einzigen konfliktlösungsrelevanten Sachverhalt darstellen soll. Es ist in diesem Zusammenhang mit einer weiteren Konfliktpartei in Verhandlung, welche als Alleingesellschafterin das Unternehmen Z in die Fusion einbringen will. Es ist eine Fusion vom Typ der Verschmelzung mittels Gründung einer Neugesellschaft geplant. Hierzu soll das Unternehmen F (Fusionsunternehmen oder auch aufnehmendes Unternehmen) gegründet werden, in welches die Altgesellschaft Ü (des Bewertungssubjekts) und die Altgesellschaft Z (des Verhandlungspartners) zu verschmelzen sind. „Im Vorfeld der Verhandlungen entwickeln beide Fusionsparteien nun eigene Vorstellungen über die im Fall der Fusion durchzuführenden Maßnahmen (Fusionsstrategie) und das gegebene modifizierte Entscheidungsfeld"[464]:

Aus dem Unternehmen F wird von t = 0 bis 4 ein Zahlungsstrom i. H. v. (70 GE, 80 GE, 90 GE, 90 GE, 100 GE) und ab t = 5 ein ewiger Einzahlungsüberschuß von 100 GE erwartet. Dem Unternehmen F steht zudem auch die Investition AK_I zur Verfügung, wobei die Zahlungsreihe aufgrund veränderter Verbundwirkungen mit dem neuen Unternehmen F nunmehr einschließlich des Preises (–100 GE, +35 GE, +45 GE, +55 GE, +60 GE) beträgt. Zudem ist dem Fusionsunternehmen F eine Investitionsmöglichkeit AK_{II} mit der Zahlungsreihe (–80 GE, +20 GE, +40 GE, +70 GE) über drei Perioden gegeben. Auch nach der Fusion stellt die Hausbank des Bewertungssubjekts dem neuen Unternehmen F (also für den betrieblichen Bereich) in t = 0 ein endfälliges Darlehen ED von 50 GE bei jährlich zu zahlenden Zinsen i. H. v. 8 % p. a. mit einer Gesamtlaufzeit von vier Perioden zur Verfügung. Finanzielle Mittel können darüber hinaus unbegrenzt zu einem kurzfristigen Sollzins von nunmehr 9 % p. a. aufgenommen werden (KA_t); Geldanlagen (GA_t) sind weiterhin für betriebliche Zwecke zu einem Habenzins von 5 % p. a. möglich. Die Daten zur Ermittlung des Fusionsprogramms sind in *Abbildung 175* zusammengefaßt.

---

[464] *REICHERTER*, Fusionsentscheidung (2000), S. 206.

t	AK_I	AK_{II}	ED	GA_0	GA_1	GA_2	GA_3	KA_0	KA_1	KA_2	KA_3	F
0	-100	-80	50	-1				1				70
1	35	20	-4	1,05	-1			-1,09	1			80
2	45	40	-4		1,05	-1			-1,09	1		90
3	55	70	-4			1,05	-1			-1,09	1	90
4	60		-54				1,05				-1,09	2.100
Grenze	1	1	1	∞	∞	∞	∞	∞	∞	∞	∞	1

Abbildung 175: Daten zur Ermittlung des Fusionsprogramms

Es sei angenommen, daß das Bewertungssubjekt und der Verhandlungspartner in der Konfliktsituation jeweils Einkommensmaximierung anstreben. Hierbei sollen im weiteren folgende Fälle unterschieden werden:

a) Bewertungssubjekt und Verhandlungspartner einigen sich auf die zeitliche Entnahmestruktur $w_0^{F\,a)} : w_1^{F\,a)} : w_2^{F\,a)} : w_3^{F\,a)} : w_4^{F\,a)} = 1 : 1 : 1 : 1 : 21$, welche der gewünschten Struktur des Bewertungssubjekts ($w_0^{Ü} : w_1^{Ü} : w_2^{Ü} : w_3^{Ü} : w_4^{Ü} = 1 : 1 : 1 : 1 : 21$) entspricht.

b) Bewertungssubjekt und Verhandlungspartner einigen sich jeweils auf eine zeitliche Entnahmestruktur, welche nicht der gewünschten Struktur des Bewertungssubjekts ($w_0^{Ü} : w_1^{Ü} : w_2^{Ü} : w_3^{Ü} : w_4^{Ü} = 1 : 1 : 1 : 1 : 21$) entspricht. Um festzustellen, ob die Verständigung über w bei Fusionen einen Einfluß auf die minimale Quote hat, werden hier folgende Fälle betrachtet:

b1) Bewertungssubjekt und Verhandlungspartner einigen sich auf die zeitliche Struktur $w_0^{F\,b1)} : w_1^{F\,b1)} : w_2^{F\,b1)} : w_3^{F\,b1)} : w_4^{F\,b1)} = 0 : 1 : 1 : 1 : 21$.

b2) Bewertungssubjekt und Verhandlungspartner einigen sich auf die zeitliche Struktur $w_0^{F\,b2)} : w_1^{F\,b2)} : w_2^{F\,b2)} : w_3^{F\,b2)} : w_4^{F\,b2)} = 3 : 1 : 2 : 4 : 15$.

Die gewünschten unterschiedlichen zeitlichen Entnahmestrukturen erfordern unterschiedliche Optimierungsansätze und führen zu unterschiedlichen Fusionsprogrammen.

Für den Fall a) ist nachfolgender Ansatz zur Ermittlung des Fusionsprogramms (*zweiter Schritt*) zu lösen:

$$\text{max. Entn}_{F\,a)}; \text{Entn}_{F\,a)} := EN_{F\,a)}$$

unter den Nebenbedingungen:

$$100 \cdot AK_I + 80 \cdot AK_{II} - 50 \cdot ED + 1 \cdot GA_0 - 1 \cdot KA_0 + 1 \cdot EN_{F\,a)} \leq 70$$

$$-35 \cdot AK_I - 20 \cdot AK_{II} + 4 \cdot ED + 1 \cdot GA_1 - 1,05 \cdot GA_0 - 1 \cdot KA_1 + 1,09 \cdot KA_0 + 1 \cdot EN_{F\,a)} \leq 80$$

$$-45 \cdot AK_I - 40 \cdot AK_{II} + 4 \cdot ED + 1 \cdot GA_2 - 1,05 \cdot GA_1 - 1 \cdot KA_2 + 1,09 \cdot KA_1 + 1 \cdot EN_{F\,a)} \leq 90$$

$$-55 \cdot AK_I - 70 \cdot AK_{II} + 4 \cdot ED + 1 \cdot GA_3 - 1,05 \cdot GA_2 - 1 \cdot KA_3 + 1,09 \cdot KA_2 + 1 \cdot EN_{F\,a)} \leq 90$$

$$-60 \cdot AK_I + 54 \cdot ED - 1,05 \cdot GA_3 + 1,09 \cdot KA_3 + 21 \cdot EN_{F\,a)} \leq 2.100$$

$$GA_t, KA_t, EN_{F\,a)} \geq 0 \qquad \forall t$$

$$ED, AK_I, AK_{II} \leq 1.$$

Der hieraus resultierende Entnahmestrom beträgt $EN_{F\,a)}^{max} = 100,9657$ GE. Am Ende der letzten Planungsperiode liegt ein Vermögen i. H. v. 2.019,3144 GE vor, welches bei 5 % p. a. schließlich wieder Ursprung einer ewigen Rente i. H. v. $EN_{F\,a)}^{max}$ ist. *Abbildung 176* stellt den vollständigen Finanzplan des Fusionsprogramms im Fall a) dar.

	t = 0	t = 1	t = 2	t = 3	t = 4
Fusionsunternehmen F	70	80	90	90	2.100
Investition AK_I	-100	35	45	55	60
Investition AK_{II}	-80	20	40	70	
Darlehen ED	50	-4	-4	-4	-54
Betriebskredit KA	160,9657	145,4184	88,4717		
Geldanlage GA				-13,6001	
KA-, GA-Rückzahlung		-175,4526	-158,5061	-96,4342	14,2801
Entnahme $EN_{F\,a)}$	-100,9657	-100,9657	-100,9657	-100,9657	-100,9657
Zahlungssaldo	0	0	0	0	2.019,3144
Schuldenstand aus KA	160,9657	145,4184	88,4717		
Guthabenstand aus GA				13,6001	
Endvermögen EN/0,05					2.019,3144

Abbildung 176: Vollständiger Finanzplan des Fusionsprogramms (Fall a)

Fall a) entspricht dem Spezialfall, in dem der Vektor der Entnahmen des fusionierten Unternehmens $\overrightarrow{EN}_{F\,a)}$ ein Vielfaches des Vektors der Entnahmen des übertragenden Unternehmens $\overrightarrow{EN}_{\ddot{U}}$ darstellt, weil beide Verhandlungspartner mit der Einkommensmaximierung die gleiche Zielstellung verfolgen und die Struktur des Ausschüttungsstroms des Bewertungsobjekts mit dem des Fusionsunternehmens übereinstimmt, also $\overline{w}_t^{\ddot{U}} = \overline{w}_t^{F\,a)} \; \forall \; t$ gilt. Die minimale Beteiligungsquote $\alpha_{min}^{F\,a)}$ des Bewertungssubjekts ermittelt sich (im *dritten Schritt*) somit (in Abhängigkeit vom jeweiligen Anteil β des Bewertungssubjekts am zu übertragenden Unternehmen Ü, welcher hier $\beta = 1$ ist, weil das Bewertungssubjekt Alleineigentümer des Unternehmens Ü ist) unter Rückgriff auf die „triviale" Bewertungsformel wie folgt:

$$\alpha_{min}^{F\,a)} = \frac{\beta \cdot EN_{\ddot{U}}^{max}}{EN_{F\,a)}^{max}} = \frac{1 \cdot 32,6176 \text{ GE}}{100,9657 \text{ GE}} = 0,323056 = 32,3056 \%.$$

Die minimal zu fordernde Grenzquote aus Sicht des Bewertungssubjekts beträgt somit 32,3056 %. Sie läßt sich auch als Relation der Zukunftserfolgswerte auf Basis der endogenen Grenzzinsfüße des Entscheidungssubjekts bestimmen, wie dies nachfolgend in *Abbildung 177* gezeigt wird:[465]

---

[465] Es sei noch einmal daran erinnert, daß stets mit den ungerundeten (Zwischen-)Ergebnissen weiter gerechnet wird, so daß „Kontrollrechnungen" mit den gerundet angegebenen Tabellenwerten unzulässig sind.

Zeitpunkt	0	1	2	3	4
endogene Grenzzinsfüße		0,09	0,09	0,09	0,05
Abzinsungsfaktoren	1,000000	0,917431	0,841680	0,772183	0,822702
Ausschüttungen des Unternehmen Ü	32,6176	32,6176	32,6176	32,6176	684,9696
Barwerte	32,6176	29,9244	27,4536	25,1868	563,5262
Zukunftserfolgswert Ü	678,7085				
Ausschüttungen des Unternehmens F	100,9657	100,9657	100,9657	100,9657	2.120,2801
Barwerte	100,9657	92,6291	84,9808	77,9640	1.744,3597
Zukunftserfolgswert F	2.100,8993				
α_{min}	32,3056 %				

Abbildung 177: Ermittlung der minimalen Beteiligungsquote als Relation der Zukunftserfolgswerte (Fall a)

Dieser Spezialfall, bei dem die minimale Beteiligungsquote sich aus dem Verhältnis der Zukunftserfolge ergibt, liegt in den Fällen b1) und b2) nicht mehr vor. Zwar verfolgen beide Verhandlungspartner mit der Einkommensmaximierung die gleiche Zielsetzung, die Struktur des im fusionierten Unternehmen F angestrebten Ausschüttungsstroms stimmt jedoch nicht mit der Struktur des Ausschüttungsstroms überein, den das Bewertungssubjekt eigentlich anstrebt. Es gilt also mindestens in einem Zeitpunkt $\overline{w}_t^{Ü} \neq \overline{w}_t^{F\,b1)}$ und $\overline{w}_t^{Ü} \neq \overline{w}_t^{F\,b2)}$.

Im *Fall b1)* einigen sich das Bewertungssubjekt und der Verhandlungspartner auf die zeitliche Struktur $w_0^{F\,b1)} : w_1^{F\,b1)} : w_2^{F\,b1)} : w_3^{F\,b1)} : w_4^{F\,b1)} = 0 : 1 : 1 : 1 : 21$, woraus sich zur Bestimmung des Fusionsprogramms (*Schritt 2 von Fall b1*) folgender Ansatz ergibt, welcher mit dem Simplexalgorithmus gelöst werden kann:

$$\max. \text{Entn}_{F\,b1)}; \text{Entn}_{F\,b1)} := EN_{F\,b1)}$$

unter den Nebenbedingungen:

$$100 \cdot AK_I + 80 \cdot AK_{II} - 50 \cdot ED + 1 \cdot GA_0 - 1 \cdot KA_0 \leq 70$$

$$-35 \cdot AK_I - 20 \cdot AK_{II} + 4 \cdot ED + 1 \cdot GA_1 - 1,05 \cdot GA_0 - 1 \cdot KA_1 + 1,09 \cdot KA_0 + 1 \cdot EN_{F\,b1)} \leq 80$$

$$-45 \cdot AK_I - 40 \cdot AK_{II} + 4 \cdot ED + 1 \cdot GA_2 - 1,05 \cdot GA_1 - 1 \cdot KA_2 + 1,09 \cdot KA_1 + 1 \cdot EN_{F\,b1)} \leq 90$$

$$-55 \cdot AK_I - 70 \cdot AK_{II} + 4 \cdot ED + 1 \cdot GA_3 - 1,05 \cdot GA_2 - 1 \cdot KA_3 + 1,09 \cdot KA_2 + 1 \cdot EN_{F\,b1)} \leq 90$$

$$-60 \cdot AK_I + 54 \cdot ED - 1,05 \cdot GA_3 + 1,09 \cdot KA_3 + 21 \cdot EN_{F\,b1)} \leq 2.100$$

$$GA_t, KA_t, EN_{F\,b1)} \geq 0 \qquad \forall t$$

$$ED, AK_I, AK_{II} \leq 1.$$

Aus dem sich daraus ergebenden Fusionsprogramm resultiert ab t = 1 ein Entnahmestrom i. H. v. $EN_{F\,b1)}^{max} = 106,5792$ GE. In t = 4 liegt zudem ein Vermögen i. H. v. 2.131,5848 GE vor, welches bei 5 % p. a. Ursprung einer ewigen Rente i. H. v. $EN_{F\,b1)}^{max}$ ist. Auf das endfällige Darlehen ED wird im Fusionsprogramm teilweise zurückgegriffen. *Abbildung 178* stellt den vollständigen Finanzplan dieses Fusionsprogramms im Fall b1) dar.

	t = 0	t = 1	t = 2	t = 3	t = 4
Fusionsunternehmen F	70	80	90	90	2.100
Investition AK_I	-100	35	45	55	60
Investition AK_{II}	-80	20	40	70	
Darlehen ED zu 0,6130201	30,6510	-2,4521	-2,4521	-2,4521	-33,1031
Betriebskredit KA	79,3490	60,5217			
Geldanlage GA				-105,9687	
KA-, GA-Rückzahlung		-86,4904	-65,9687		111,2671
Entnahme $EN_{F\,b1)}$	0	-106,5792	-106,5792	-106,5792	-106,5792
Zahlungssaldo	0	0	0	0	2.131,5848
Schuldenstand aus KA	79,3490	60,52172			
Guthabenstand aus GA				105,9687	
Endvermögen EN/0,05					2.131,5848
Abbildung 178: Vollständiger Finanzplan des Fusionsprogramms (Fall b1)					

Da die zeitliche Struktur der Entnahmen von dem übertragenden Unternehmen und dem Fusionsunternehmen nicht mehr übereinstimmen, wenn – wie hier – auch nur in einem Zeitpunkt (t = 0), dann gestaltet sich die Berechnung der Grenzquote komplizierter. Das Bewertungssubjekt muß nunmehr auf sein privates Entscheidungsfeld zurückgreifen, um den neuen, aus dem fusionierten Unternehmen resultierenden Zahlungsstrom in die von ihm gewünschte Struktur zu transformieren. Hierzu sei angenommen, daß dem Bewertungssubjekt bei seiner Hausbank folgende (private) Möglichkeiten offenstehen: Es kann in beliebiger Höhe einperiodige Geldanlagen GA^{priv} zu einem Zinssatz i. H. v. 5 % tätigen. Zudem kann das Bewertungssubjekt bis zu einer Obergrenze von 40 GE je Periode auf einperiodige Kredite KA^{priv} zu einem Zinssatz von 11 % p. a. zurückgreifen. Zur Ermittlung der minimal zu fordernden Beteiligungsquote $\alpha_{min}^{F\,b1)}$ am Fusionsunternehmen ergibt sich im *Schritt 3 des Falles b1)* folgender Optimierungsansatz:

min. A; $A := \alpha^{F\,b1)}$

unter den Nebenbedingungen:

$$-1 \cdot GA_0^{priv} + 1 \cdot KA_0^{priv} \geq 1 \cdot 32,6176$$

$$1,05 \cdot GA_0^{priv} - 1 \cdot GA_1^{priv} - 1,11 \cdot KA_0^{priv} + 1 \cdot KA_1^{priv} + \alpha^{F\,b1)} \cdot 1 \cdot 106,5792 \geq 1 \cdot 32,6176$$

$$1,05 \cdot GA_1^{priv} - 1 \cdot GA_2^{priv} - 1,11 \cdot KA_1^{priv} + 1 \cdot KA_2^{priv} + \alpha^{F\,b1)} \cdot 1 \cdot 106,5792 \geq 1 \cdot 32,6176$$

$$1,05 \cdot GA_2^{priv} - 1 \cdot GA_3^{priv} - 1,11 \cdot KA_2^{priv} + 1 \cdot KA_3^{priv} + \alpha^{F\,b1)} \cdot 1 \cdot 106,5792 \geq 1 \cdot 32,6176$$

$$1,05 \cdot GA_3^{priv} - 1,11 \cdot KA_3^{priv} + \alpha^{F\,b1)} \cdot 21 \cdot 106,5792 \geq 21 \cdot 32,6176$$

$-KA_t^{priv} \geq -40 \qquad \forall\, t$

$GA_t^{priv},\ KA_t^{priv} \geq 0 \qquad \forall\, t$

$\alpha^{F\ b1)} \geq 0.$

Als Lösung des Ansatzes ergibt sich eine minimal zu fordernde Beteiligungsquote $\alpha_{min}^{F\ b1)} = 32,4843\ \%$. Nur wenn mindestens diese Quote vereinbart wird, stellt sich das Bewertungssubjekt nicht schlechter als ohne Fusion. Daß das Bewertungssubjekt bei dieser Quote und unter Berücksichtigung des privaten Entscheidungsfeldes die gewünschte zeitliche Entnahmestruktur nachbilden kann, zeigt der in *Abbildung 179* dargestellte vollständige Finanzplan des Bewertungsprogramms. In den grau unterlegten Feldern der Tabelle ist jener Zahlungsstrom zu erkennen, der dem Bewertungssubjekt im Falle der Nicht-Fusion, also allein aus dem Unternehmen Ü zufließen würde (siehe auch *Abbildung 174*).

	t = 0	t = 1	t = 2	t = 3	t = 4
Ausschüttung aus dem Fusionsprogramm F	0	106,5792	106,5792	106,5792	2.238,1632
davon Anteil i. H. v. 32,4843 %	0	34,6215	34,6215	34,6215	727,0514
private Kreditaufnahme KA^{priv}	32,6176	34,20164	35,9599	37,9116	
private Geldanlage GA^{priv}					
Rückzahlung KA^{priv}, GA^{priv}		-36,2055	-37,9638	-39,9155	-42,0819
gewünschte Entnahme EN^{max}	-32,6176	-32,6176	-32,6176	-32,6176	-32,6176
Zahlungssaldo	0	0	0	0	652,3520
Schuldenstand aus KA^{priv}	32,6176	34,20164	35,95992	37,91161	
Guthabenstand aus GA^{priv}					
Endvermögen EN/0,05					652,3520

Abbildung 179: Vollständiger Finanzplan des Bewertungsprogramms (Fall b1)

Zur Kontrolle, ob die minimale Beteiligungsquote zutreffend ermittelt wurde, kann auf die Relation der Zukunftserfolgswerte aus der Sicht des Bewertungssubjekts nach der Formel

$$\alpha_{min} = \frac{\beta \cdot \sum\limits_{t=0}^{T=4} \overline{w}_t^{\ddot{U}} \cdot EN_{\ddot{U}}^{max} \cdot \rho_t^{priv}}{\sum\limits_{t=0}^{T=4} \overline{w}_t^{F} \cdot EN_{F}^{max} \cdot \rho_t^{priv}}$$

mit $\beta = 1$ zurückgegriffen werden (vgl. *Abbildung 180*):

Zeitpunkt	0	1	2	3	4
endogene Grenzzinsfüße		0,11	0,11	0,11	0,11
Abzinsungsfaktoren	1,000000	0,900901	0,811622	0,731191	0,658731
Ausschüttungen des Unternehmen Ü	32,6176	32,6176	32,6176	32,6176	684,9696
Barwerte	32,6176	29,3852	26,4732	23,8497	451,2107
Zukunftserfolgswert Ü	563,5364				
Ausschüttungen des Unternehmens F b2)	0	106,5792	106,5792	106,5792	2.238,1632
Barwerte	0,0000	96,0173	86,5021	77,9298	1.474,3474
Zukunftserfolgswert F	1.734,7966				
α_{min}	32,4843 %				

Abbildung 180: Ermittlung der minimalen Beteiligungsquote als Relation der Zukunftserfolgswerte (Fall b1)

Im *Fall b2)* einigen sich das Bewertungssubjekt und der Verhandlungspartner auf die zeitliche Struktur $w_0^{F\,b2)} : w_1^{F\,b2)} : w_2^{F\,b2)} : w_3^{F\,b2)} : w_4^{F\,b2)} = 3 : 1 : 2 : 4 : 15$. Zur Bestimmung des Fusionsprogramms (*Schritt 2 von Fall b2*) ist folgender Ansatz beispielsweise mit dem Simplexalgorithmus zu lösen:

$$\text{max. Entn}_{F\,b2)} ; \quad \text{Entn}_{F\,b2)} := EN_{F\,b2)}$$

unter den Nebenbedingungen:

$$100 \cdot AK_I + 80 \cdot AK_{II} - 50 \cdot ED + 1 \cdot GA_0 - 1 \cdot KA_0 + 3 \cdot EN_{F\,b2)} \leq 70$$

$$-35 \cdot AK_I - 20 \cdot AK_{II} + 4 \cdot ED + 1 \cdot GA_1 - 1,05 \cdot GA_0 - 1 \cdot KA_1 + 1,09 \cdot KA_0 + 1 \cdot EN_{F\,b2)} \leq 80$$

$$-45 \cdot AK_I - 40 \cdot AK_{II} + 4 \cdot ED + 1 \cdot GA_2 - 1,05 \cdot GA_1 - 1 \cdot KA_2 + 1,09 \cdot KA_1 + 2 \cdot EN_{F\,b2)} \leq 90$$

$$-55 \cdot AK_I - 70 \cdot AK_{II} + 4 \cdot ED + 1 \cdot GA_3 - 1,05 \cdot GA_2 - 1 \cdot KA_3 + 1,09 \cdot KA_2 + 4 \cdot EN_{F\,b2)} \leq 90$$

$$-60 \cdot AK_I + 54 \cdot ED - 1,05 \cdot GA_3 + 1,09 \cdot KA_3 + 15 \cdot EN_{F\,b2)} \leq 2.100$$

$$GA_t, KA_t, EN_{F\,b2)} \geq 0 \qquad \forall t$$

$$ED, AK_I, AK_{II} \leq 1.$$

Als Entnahmestrom resultiert hieraus ein $EN_{F\,b2)}^{max}$ i. H. v. 96,2412 GE. In *Abbildung 181* ist der vollständige Finanzplan des Fusionsprogramms des Falls b2) dargestellt.

	$t = 0$	$t = 1$	$t = 2$	$t = 3$	$t = 4$
Fusionsunternehmen F	70	80	90	90	2.100
Investition AK_I	-100	35	45	55	60
Investition AK_{II}	-80	20	40	70	
Darlehen ED	50	-4	-4	-4	-54
Betriebskredit KA	348,7235	345,3498	397,9136	607,6905	
Geldanlage GA					
KA-, GA-Rückzahlung		-380,1086	-376,4313	-433,7258	-662,3826
Entnahme $EN_{F\,b2)}$	-288,7235	-96,2412	-192,4823	-384,9646	-1.443,6174
Zahlungssaldo	0	0	0	0	0
Schuldenstand aus KA	348,7235	345,3498	397,9136	607,6905	
Guthabenstand aus GA					

Abbildung 181: Vollständiger Finanzplan des Fusionsprogramms (Fall b2)

Zur Ermittlung der minimal zu fordernden Beteiligungsquote $\alpha_{min}^{F\,b2)}$ am Fusionsunternehmen F ist aufgrund der veränderten Entnahmestruktur wiederum ein Rückgriff auf das private Investitions- und Finanzierungsprogramm des Bewertungssubjekts erforderlich. Wird unterstellt, daß dieses dem entspricht, welches bereits im Fall b1) vorlag, ist im *Schritt 3* des Falles b2) unter Berücksichtigung der Entnahmestruktur $w_0^{F\,b2)} : w_1^{F\,b2)} : w_2^{F\,b2)} : w_3^{F\,b2)} : w_4^{F\,b2)} = 3 : 1 : 2 : 4 : 15$ folgender Optimierungsansatz zu lösen:

min. A; $A := \alpha^{F\,b2)}$

unter den Nebenbedingungen:

$-1 \cdot GA_0^{priv} + 1 \cdot KA_0^{priv} + \alpha^{F\,b2)} \cdot 3 \cdot 96,24116 \geq 1 \cdot 32,6176$

$1,05 \cdot GA_0^{priv} - 1 \cdot GA_1^{priv} - 1,11 \cdot KA_0^{priv} + 1 \cdot KA_1^{priv} + \alpha^{F\,b2)} \cdot 1 \cdot 96,24116 \geq 1 \cdot 32,6176$

$1,05 \cdot GA_1^{priv} - 1 \cdot GA_2^{priv} - 1,11 \cdot KA_1^{priv} + 1 \cdot KA_2^{priv} + \alpha^{F\,b2)} \cdot 2 \cdot 96,24116 \geq 1 \cdot 32,6176$

$1,05 \cdot GA_2^{priv} - 1 \cdot GA_3^{priv} - 1,11 \cdot KA_2^{priv} + 1 \cdot KA_3^{priv} + \alpha^{F\,b2)} \cdot 4 \cdot 96,24116 \geq 1 \cdot 32,6176$

$1,05 \cdot GA_3^{priv} - 1,11 \cdot KA_3^{priv} + \alpha^{F\,b2)} \cdot 15 \cdot 96,24116 \geq 21 \cdot 32,6176$

$-KA_t^{priv} \geq -40 \qquad \forall\, t$

$GA_t^{priv}, KA_t^{priv} \geq 0 \qquad \forall\, t$

$\alpha^{F\,b2)} \geq 0.$

Mit der veränderten Ausschüttungsstruktur im Fusionsunternehmen ergibt sich somit auch eine veränderte minimal zu fordernde Beteiligungsquote $\alpha_{min}^{F\,b2)}$. Diese beträgt im Fall b2) $\alpha_{min}^{F\,b2)} = 33,0077\,\%$. Das Bewertungssubjekt stellt sich nicht schlechter als ohne Verschmelzung, wenn bei der Fusion mindestens diese Quote vereinbart wird. In *Abbildung 182* ist wiederum dargestellt, daß das Bewertungssubjekt bei dieser Quote und unter Berücksichtigung des privaten Entscheidungsfeldes die gewünschte zeitliche Entnahmestruktur (siehe hierzu wiederum *Abbildung 174*, S. 398) nachbilden kann.

	t = 0	t = 1	t = 2	t = 3	t = 4
Ausschüttung aus dem Fusionsprogramm F b2)	288,7235	96,2412	192,4823	384,9646	1.443,6174
davon Anteil i. H. v. 33,0077 %	95,3009	31,7670	63,5339	127,0679	476,5045
private Kreditaufnahme KA^{priv}					
private Geldanlage GA^{priv}	-62,68328	-64,96681	-99,13147	-198,5383	
Rückzahlung KA^{priv}, GA^{priv}		65,8174	68,2152	104,0880	208,4652
gewünschte Entnahme EN^{max}	-32,6176	-32,6176	-32,6176	-32,6176	-32,6176
Zahlungssaldo	0	0	0	0	652,3520
Schuldenstand aus KA^{priv}					
Guthabenstand aus GA^{priv}	62,68328	64,96681	99,13147	198,5383	
Endvermögen EN/0,05					652,3520

Abbildung 182: Vollständiger Finanzplan des Bewertungsprogramms (Fall b2)

In den vorstehenden Beispielen gab es nur private Umstrukturierungen deren Kapitalwert jeweils gleich null war, so daß die minimale Beteiligungsquote sich als Relation der Zukunftserfolgswerte aus der Sicht des Bewertungssubjekts berechnen ließ. Dies soll nachfolgend auch noch am Beispiel von Fall b2) demonstriert werden:

Zeitpunkt	0	1	2	3	4
endogene Grenzzinsfüße		0,05	0,05	0,05	0,05
Abzinsungsfaktoren	1,000000	0,952381	0,907029	0,863838	0,822702
Ausschüttungen des Unternehmens Ü	32,6176	32,6176	32,6176	32,6176	684,9696
Barwerte	32,6176	31,0644	29,5851	28,1763	563,5262
Zukunftserfolgswert Ü	684,9696				
Ausschüttungen des Unternehmens F b2)	288,72348	96,24116	192,48232	384,96464	1.443,6174
Barwerte	288,7235	91,6582	174,5871	332,5469	1.187,6676
Zukunftserfolgswert F	2.075,1834				
α_{min}	33,0077 %				

Abbildung 183: Ermittlung der minimalen Beteiligungsquote als Relation der Zukunftserfolgswerte (Fall b2)

Das Beispiel macht deutlich, daß die Gewichtungen $\overline{w}_s$ originäre konfliktlösungsrelevante Sachverhalte darstellen. Unterschiedliche Gewichtungsfaktoren $\overline{w}_s$ führten in den Beispielen zu unterschiedlichen Grenzquoten: $\alpha_{min}^{F\,a)} = 32,3056$ %, $\alpha_{min}^{F\,b1)} = 32,4843$ % und $\alpha_{min}^{F\,b2)} = 33,0077$ %. Bei übereinstimmender Entnahmestruktur von Unternehmen Ü und F ergab sich $\alpha_{min}^{F\,a)} = 32,3056$ % als Grenzquote für den Alleineigner von Unternehmen Ü. Im Fall b1), in dem eine Abweichung bezogen auf einen Zeitpunkt, nämlich den Zeitpunkt t = 0, vorlag, erhöhte sich die Grenzquote leicht auf $\alpha_{min}^{F\,b1)} = 32,4843$ %. Die doch erheblichen Abweichungen der Entnahmestrukturen im Fall b2) führen auch zu einer entsprechend höheren mindestens zu fordernden Grenzquote

$\alpha_{min}^{F\,b2)}$ = 33,0077 %. Anders ausgedrückt: Stark divergierende Meinungen über die künftige Unternehmenspolitik nach einer Fusion, für die unterschiedliche Entnahmestrukturen der Unternehmen Ü und F nur als ein leicht zu zeigendes Beispiel stehen, erschweren aufgrund ihres die Grenzquote erhöhenden Einflusses eine Einigung zwischen den Konfliktparteien.

Nachfolgend werden auf Basis eines einfachen Beispiels der bewertungssubjektzentrierte Bewertungsansatz unter Einschluß der Optimierung aller privaten Aktivitäten des im weiteren jedoch als „einflußlos" angenommenen Eigentümers des Unternehmens Ü, der an diesem einen Anteil von $\beta = 0,05$ hält, und der unternehmenszentrierte Bewertungsansatz mit privaten Umstrukturierungen zur Bestimmung der minimalen Beteiligungsquote α_{min} am Fusionsunternehmen F gegenüber gestellt und auf diese Weise die Übereinstimmung beider Vorgehensweisen auch am Beispiel demonstriert. In der *Abbildung 184* sind die Daten für die Optimierung des Unternehmens Ü zusammengefaßt:

t	$x_1^{\ddot{U}}$	$x_2^{\ddot{U}}$	$x_3^{\ddot{U}}$	$x_4^{\ddot{U}}$	$x_5^{\ddot{U}}$	$x_6^{\ddot{U}}$	$b_t^{\ddot{U}}$
0	-150	50	-1	1			0
1	27	-30	1,1	-1,2	-1	1	100
2	177	-30			1,1	-1,2	200
Grenze	1	1	∞	∞	∞	∞	1

Abbildung 184: Daten zur Ermittlung des optimalen Programms des Unternehmens Ü

$x_1^{\ddot{U}}$ ist eine Investitionsmöglichkeit des Unternehmens Ü über den gesamten Planungszeitraum in der Struktur einer Festzinsanleihe. $x_2^{\ddot{U}}$ ist eine Finanzierungsmöglichkeit in der Struktur eines annuitären Darlehens. $x_3^{\ddot{U}}$ und $x_5^{\ddot{U}}$ sind kurzfristige Geldanlagen, $x_4^{\ddot{U}}$ und $x_6^{\ddot{U}}$ entsprechend kurzfristige Kreditmöglichkeiten des Unternehmens Ü. $b_t^{\ddot{U}}$ stellt die zu den einzelnen Zeitpunkten erwarteten unabhängigen Zahlungen dar.

Das optimale Programm des Unternehmens Ü ergibt sich unter Zugrundelegung der Entnahmemaximierung als Zielsetzung und einer Struktur der Ausschüttungen des Unternehmens Ü von $\overline{w}_0^{\ddot{U}}:\overline{w}_1^{\ddot{U}}:\overline{w}_2^{\ddot{U}}=1:1,1:1,21$, die zugleich der vom „einflußlosen" Anteilseigner gewünschten entsprechen soll, aus folgendem linearen Ansatz:

max . Entn; Entn := $EN_{\ddot{U}}$

unter den Nebenbedingungen:

$+150 \cdot x_1^{\ddot{U}} - 50 \cdot x_2^{\ddot{U}} + 1 \cdot x_3^{\ddot{U}} - 1 \cdot x_4^{\ddot{U}} + 1 \cdot EN_{\ddot{U}} \leq 0$

$-27 \cdot x_1^{\ddot{U}} + 30 \cdot x_2^{\ddot{U}} - 1,1 \cdot x_3^{\ddot{U}} + 1,2 \cdot x_4^{\ddot{U}} + 1 \cdot x_5^{\ddot{U}} - 1 \cdot x_6^{\ddot{U}} + 1,1 \cdot EN_{\ddot{U}} \leq 100$

$-177 \cdot x_1^{\ddot{U}} + 30 \cdot x_2^{\ddot{U}} - 1,1 \cdot x_5^{\ddot{U}} + 1,2 \cdot x_6^{\ddot{U}} + 1,21 \cdot EN_{\ddot{U}} \leq 200$

$x_1^{\ddot{U}}, x_2^{\ddot{U}} \leq 1$

$x_t^{\ddot{U}}, EN_{\ddot{U}} \geq 0 \; \forall t.$

Als Lösung ergibt sich die maximale Breite des Entnahmestroms $EN_{\ddot{U}}^{max} =$ 82,1159,[466] so daß vom Bewertungssubjekt folgende Entnahmen aufgrund seiner Beteiligung am Unternehmen i. H. v. $\beta = 0,05$ erwartet werden:

$$\beta \cdot \bar{w}_0^{\ddot{U}} \cdot EN_{\ddot{U}}^{max} = 0,05 \cdot 1 \cdot 82,1159 = 4,1058 = g_0^{\ddot{U} \, priv},$$

$$\beta \cdot \bar{w}_1^{\ddot{U}} \cdot EN_{\ddot{U}}^{max} = 0,05 \cdot 1,1 \cdot 82,1159 = 4,5164 = g_1^{\ddot{U} \, priv} \text{ und}$$

$$\beta \cdot \bar{w}_2^{\ddot{U}} \cdot EN_{\ddot{U}}^{max} = 0,05 \cdot 1,21 \cdot 82,1159 = 4,9680 = g_2^{\ddot{U} \, priv}.$$

Für das Fusionsunternehmen gelten die Daten in *Abbildung 185*:

t	x_1^F	x_2^F	x_3^F	x_4^F	x_5^F	x_6^F	x_7^F	x_8^F	b_t^F
0	-150	50	-1	1			-80	25	50
1	27	-30	1,12	-1,2	-1	1	50	-6,5	110
2	177	-30			1,12	-1,2	50	-31,5	300
Grenze	1	1	∞	∞	∞	∞	1	1	1

Abbildung 185: Daten zur Ermittlung des optimalen Programms des Unternehmens F

x_1^F und x_2^F entsprechen dabei den Investitions- und Finanzierungsmöglichkeiten, die bereits das Unternehmen Ü hat. x_7^F und x_8^F können entsprechend als die analogen Möglichkeiten beim Unternehmen Z interpretiert werden. x_3^F und x_5^F sind kurzfristige Anlagemöglichkeiten, x_4^F und x_6^F kurzfristige Verschuldungsmöglichkeiten im Falle der Fusion.

Unter Zugrundelegung einer Entnahmemaximierungszielsetzung und der Struktur $\bar{w}_0^F : \bar{w}_1^F : \bar{w}_2^F = 1 : 1,05 : 1,4$ der aus dem Fusionsunternehmen erwarteten Entnahmen ergibt sich folgender linearer Planungsansatz:

max. Entn; Entn := EN_F

unter den Nebenbedingungen:

$$+150 \cdot x_1^F - 50 \cdot x_2^F + 1 \cdot x_3^F - 1 \cdot x_4^F + 80 \cdot x_7^F - 25 \cdot x_8^F + 1 \cdot EN_F \leq 50$$

$$-27 \cdot x_1^F + 30 \cdot x_2^F - 1,12 \cdot x_3^F + 1,2 \cdot x_4^F + 1 \cdot x_5^F - 1 \cdot x_6^F - 50 \cdot x_7^F + 6,5 \cdot x_8^F + 1,05 \cdot EN_F \leq 110$$

$$-177 \cdot x_1^F + 30 \cdot x_2^F - 1,12 \cdot x_5^F + 1,2 \cdot x_6^F - 50 \cdot x_7^F + 31,5 \cdot x_8^F + 1,4 \cdot EN_F \leq 300$$

$$x_1^F, x_2^F, x_7^F, x_8^F \leq 1$$

$$x_t^F, EN_F \geq 0 \quad \forall t.$$

Die maximale Breite des Entnahmestroms aus dem Fusionsunternehmen beträgt $EN_F^{max} = 124,3902$, so daß insgesamt folgende Entnahmen zu erwarten sind:

$$\bar{w}_0^F \cdot EN_F^{max} = 1 \cdot 124,3902 = 124,3902,$$

$$\bar{w}_1^F \cdot EN_F^{max} = 1,05 \cdot 124,3902 = 130,6098 \text{ und}$$

$$\bar{w}_2^F \cdot EN_F^{max} = 1,4 \cdot 124,3902 = 174,1463.$$

---

466   Die Berechnung erfolgt mit den ungerundeten Daten.

Zur Ermittlung des optimalen privaten Vor-Fusionsprogramms sollen im Beispiel die folgenden Daten gelten:

t	x_1^{priv}	x_2^{priv}	x_3^{priv}	x_4^{priv}	x_5^{priv}	x_6^{priv}	$b_t^{priv} + g_t^{\ddot{U}\,priv}$
0	100	-300	-1	1			50
1	-5	24	1,05	-1,2	-1	1	50
2	-105	324			1,05	-1,2	50
Grenze	1	1	∞	∞	∞	∞	1

Abbildung 186: Daten zur Ermittlung des optimalen privaten Vor-Fusionsprogramms

Zur Bestimmung des optimalen privaten Vor-Fusionsprogramms ist der folgende lineare Planungsansatz auf Basis einer Entnahmemaximierungszielsetzung und einer gewünschten privaten Entnahmestruktur von $\overline{w}_0^{priv} : \overline{w}_1^{priv} : \overline{w}_2^{priv} = 1 : 1,1 : 1,21$ zu lösen:[467]

$\max. \text{Entn}; \ \text{Entn} := EN_{priv}$

unter den Nebenbedingungen:

$$-100 \cdot x_1^{priv} + 300 \cdot x_2^{priv} + 1 \cdot x_3^{priv} - 1 \cdot x_4^{priv} + 1 \cdot EN_{priv} \leq 50$$

$$5 \cdot x_1^{priv} - 24 \cdot x_2^{priv} - 1,05 \cdot x_3^{priv} + 1,2 \cdot x_4^{priv} + 1 \cdot x_5^{priv} - 1 \cdot x_6^{priv} + 1,1 \cdot EN_{priv} \leq 50$$

$$105 \cdot x_1^{priv} - 324 \cdot x_2^{priv} - 1,05 \cdot x_5^{priv} + 1,2 \cdot x_6^{priv} + 1,21 \cdot EN_{priv} \leq 50$$

$$x_1^{priv}, \ x_2^{priv} \leq 1$$

$$x_t^{priv}, \ EN_{priv} \geq 0 \qquad \forall t.$$

Die Lösung ergibt eine maximale Breite des privaten Entnahmestroms ohne Fusion des Unternehmens Ü von $EN_{priv}^{max} = 47,2797$, so daß private Entnahmen i. H. v.

$$\overline{w}_0^{priv} \cdot EN_{priv}^{max} = 1 \cdot 47,2797 = 47,2797,$$

$$\overline{w}_1^{priv} \cdot EN_{priv}^{max} = 1,1 \cdot 47,2797 = 52,0077 \text{ und}$$

$$\overline{w}_2^{priv} \cdot EN_{priv}^{max} = 1,21 \cdot 47,2797 = 57,2084$$

erwartet werden. Die Geschäfte mit einer Kapazitätsrestriktion sind dabei wie folgt in Anspruch genommen: $x_{1\,opt}^{priv} = 1$ und $x_{2\,opt}^{priv} = 0,3424$, so daß bezogen auf x_1^{priv} die Obergrenze $x_1^{priv\,max} = 1$ voll ausgeschöpft ist, während die auf x_2^{priv} bezogene Obergrenze $x_2^{priv\,max} = 1$ noch nicht voll ausgeschöpft ist. Ferner ist das Geschäft x_5^{priv} noch im Umfang $x_{5\,opt}^{priv} = 1,2100$ im optimalen privaten Vor-Fusionsprogramm enthalten.

---

[467] Dabei bilden die aus dem Unternehmen Ü erwarteten Ausschüttungen $\beta \cdot \overline{w}_t^{\ddot{U}} \cdot EN_{\ddot{U}}^{max} = g_t^{\ddot{U}\,priv}$ und die sonstigen unabhängigen privaten Zahlungen b_t^{priv} die Werte $b_t^{priv} + g_t^{\ddot{U}\,priv}$ der rechten Seite der Liquiditätsrestriktionen. Im einzelnen gilt $b_0^{priv} + g_0^{\ddot{U}\,priv} = 45,8942 + 4,1058 = 50$, $b_1^{priv} + g_1^{\ddot{U}\,priv} = 45,4836 + 4,5164 = 50$ und $b_2^{priv} + g_2^{\ddot{U}\,priv} = 45,0320 + 4,9680 = 50$.

Abbildung 187 enthält den vollständigen Finanzplan des optimalen privaten Vor-Fusionsprogramms:

	t = 0	t = 1	t = 2
$b_t^{priv} + g_2^{\ddot{U}\,priv}$	50	50	50
x_1^{priv}	100	-5	-105
x_2^{priv}	102,7203	8,2176	110,9379
x_5^{priv}		-1,2100	1,2705
EN_{priv}	-47,2797	-52,0077	-57,2084
Zahlungssaldo	0	0	0
Abbildung 187: Vollständiger Finanzplan des privaten Vor-Fusionsprogramms			

Zur Bestimmung der minimal zu fordernden Beteiligungsquote α_{min}^F am Unternehmen F muß bei bewertungssubjektzentrierter Vorgehensweise der folgende private Fusionsansatz gelöst werden:

$$\min. A; \; A := \alpha^F$$

unter den Nebenbedingungen:

$$+100 \cdot x_1^{priv} - 300 \cdot x_2^{priv} - 1 \cdot x_3^{priv} + 1 \cdot x_4^{priv} + 124,3902 \cdot \alpha^F$$
$$\geq 47,2797 - 45,8942 = 1,3855$$

$$-5 \cdot x_1^{priv} + 24 \cdot x_2^{priv} + 1,05 \cdot x_3^{priv} - 1,2 \cdot x_4^{priv} - 1 \cdot x_5^{priv} + 1 \cdot x_6^{priv} + 130,6098 \cdot \alpha^F$$
$$\geq 52,0077 - 45,4836 = 6,5240$$

$$-105 \cdot x_1^{priv} + 324 \cdot x_2^{priv} + 1,05 \cdot x_5^{priv} - 1,2 \cdot x_6^{priv} + 174,1463 \cdot \alpha^F$$
$$\geq 57,2084 - 45,0320 = 12,1764$$

$$-x_1^{priv} \geq -1$$

$$-x_2^{priv} \geq -1$$

$$x_t^{priv}, \; \alpha^F \geq 0 \; \forall t.$$

Die Werte der rechten Seite der Liquiditätsrestriktionen resultieren dabei aus der Differenz $\bar{w}_t^{priv} \cdot EN_{priv}^{max} - b_t^{priv}$. Als Lösung ergibt sich $\alpha_{min}^F = 0,0318$. Das heißt, das Entscheidungssubjekt muß für seinen Anteil $\beta_{\ddot{U}} = 0,05$ am Unternehmen Ü mindestens einen Anteil $\alpha_{min}^F = 0,0318$ am Unternehmen F erhalten, damit es sich nach der Fusion nicht schlechter stellt. Zum Einsatz gelangen die privaten unabhängigen Zahlungen b_t^{priv}. Außerdem müssen noch die Maßnahmen $x_1^{priv} = 1$, $x_2^{priv} = 0,3419$ und $x_5^{priv} = 0,8307$ im optimalen privaten Fusionsprogramm durchgeführt werden. Erhält das Bewertungssubjekt die Mindestquote von $\alpha_{min}^F = 0,0318$, dann kann es einen Entnahmestrom wie ohne Fusion realisieren.

Abbildung 188 stellt den vollständigen Finanzplan des privaten Fusionsprogramms dar:

	t = 0	t = 1	t = 2
b_t^{priv}	45,894207	45,483627	45,03199
x_1^{priv}	100	-5	-105
x_2^{priv}	-102,5663	8,2053	110,7716
x_5^{priv}		-0,8307	0,8722
$\overline{w}_t^F \cdot EN_F^{max} \cdot \alpha_F$	3,9518	4,1494	5,5325
EN_{priv}	-47,2797	-52,0077	-57,2084
Zahlungssaldo	0	0	0
Abbildung 188: Vollständiger Finanzplan des privaten Fusionsprogramms			

Statt mit dieser bewertungssubjektzentrierten Vorgehensweise läßt sich die minimal zu fordernde Beteiligungsquote, wie bereits allgemein gezeigt, auch mit folgender unternehmenszentrierten Vorgehensweise ermitteln, bei der positive (Erhöhungen) oder negative (Verminderungen) private Umstrukturierungsmaßnahmen in den Bewertungsansatz einzubeziehen sind. Diese Umstrukturierungsmaßnahmen dienen der Anpassung der aus dem Fusionsunternehmen F erwarteten Ausschüttungen in die privat gewünschte Struktur.

Um unternehmenszentriert vorzugehen und zugleich nicht in Widerspruch mit der subjektiven Rationalität zu geraten, muß bekannt sein, welche Veränderungen das Bewertungssubjekt noch privat durchführen kann. Im Beipiel ergeben sich aus den Aktivitäten des optimalen privaten Vor-Fusionsprogramm folgende Restriktionen für den unternehmenszentrieten Bewertungsansatz mit privaten Umstrukturierungsmaßnahmen:

a) bezogen auf positive private Maßnahmen (Erhöhungen):

(1) In bezug auf die Variable x_1^{priv} ergibt sich für positive Aktivitäten $x_1^{priv\ pos}$ eine

verbleibende Obergrenze von $x_1^{priv\ max} - x_{1\ opt}^{priv} = 1 - 1 = 0$ und

(2) in bezug auf die Variable x_2^{priv} für positive Aktivitäten $x_2^{priv\ pos}$ eine verbleibende

Obergrenze von $x_2^{priv\ max} - x_{2\ opt}^{priv} = 1 - 0,3424 = 0,6576$.

b) bezogen auf negative private Maßnahmen (Verminderungen):

(1) In bezug auf die Variable x_1^{priv} ergibt sich für negative Aktivitäten $x_1^{priv\ neg}$ eine

verbleibende Obergrenze von $x_{1\ opt}^{priv} - x_1^{priv\ min} = 1 - 0 = 1$ und

(2) in bezug auf die Variable x_2^{priv} für negative Aktivitäten $x_2^{priv\ neg}$ eine verbleibende

Obergrenze von $x_{2\ opt}^{priv} - x_2^{priv\ min} = 0,3424 - 0 = 0,3424$ sowie

(3) in bezug auf die Variable x_5^{priv} für negative Aktivitäten $x_5^{priv\ neg}$ eine verbleibende Obergrenze von $x_{5\ opt}^{priv} - x_5^{priv\ min} = 0,8307 - 0 = 0,8307$.

Die Daten für die Aufstellung des unternehmenszentrierten Fusionsprogramms unter Berücksichtigung privater Umstrukturierungsmaßnahmen enthält die *Abbildung 189*:

t	x_1^{priv}	x_2^{priv}	x_3^{priv}	x_4^{priv}	x_5^{priv}	x_6^{priv}	$g_t^{\ddot{U}\ priv}$	$\overline{w}_t^F \cdot EN_F^{max}$
0	100	-300	-1	1			4,1058	124,3902
1	-5	24	1,05	-1,2	-1	1	4,5164	130,6098
2	-105	324			1.05	-1,2	4,9680	174,1463
Grenze für								
$x_t^{priv\ pos}$	0	0,6576	∞	∞	∞	∞		
$x_t^{priv\ neg}$	1	0,3424	0	0	0,8307	0		

Abbildung 189: Daten zur Ermittlung des unternehmenszentrierten
               Fusionsprogramms mit privaten Umstrukturierungsmaßnahmen

Es läßt sich dann der folgende unternehmenszentrierte Bewertungsansatz unter Einbezug privater Umstrukturierungen im Beispiel aufstellen:[468]

min. A; $A := \alpha^F$

unter den Nebenbedingungen:

$+100 \cdot x_1^{priv\ pos} - 300 \cdot x_2^{priv\ pos} - 1 \cdot x_3^{priv\ pos} + 1 \cdot x_4^{priv\ pos}$

$\qquad -100 \cdot x_1^{priv\ neg} + 300 \cdot x_2^{priv\ neg} + 124,3902 \cdot \alpha^F \geq 4,1058$

$-5 \cdot x_1^{priv\ pos} + 24 \cdot x_2^{priv\ pos} + 1,05 \cdot x_3^{priv\ pos} - 1,2 \cdot x_4^{priv\ pos} - 1 \cdot x_5^{priv\ pos} + 1 \cdot x_6^{priv\ pos}$

$\qquad +5 \cdot x_1^{priv\ neg} - 24 \cdot x_2^{priv\ neg} + 1 \cdot x_5^{priv\ neg} + 130,6098 \cdot \alpha^F \geq 4,5164$

$-105 \cdot x_1^{priv\ pos} + 324 \cdot x_2^{priv\ pos} + 1,05 \cdot x_5^{priv\ pos} - 1,2 \cdot x_6^{priv\ pos}$

$\qquad +105 \cdot x_1^{priv\ neg} - 324 \cdot x_2^{priv\ neg} - 1,05 \cdot x_5^{priv\ neg} + 174,1463 \cdot \alpha^F \geq 4,9680$

$-x_1^{priv\ pos} \geq 0$

$-x_2^{priv\ pos} \geq -0,6576$

$-x_1^{priv\ neg} \geq -1$

$-x_2^{priv\ neg} \geq -0,3424$

$-x_5^{priv\ neg} \geq -0,8307$

$x_t^{priv\ pos}, x_t^{priv\ neg}, \alpha^F \geq 0 \qquad \forall t.$

Es wird hierbei an die Ergebnisse hinsichtlich der aus dem Unternehmen Ü und dem Fusionsunternehmen F erwarteten Ausschüttungen angeknüpft, und es findet eine Transformation der Struktur des Ausschüttungsstroms des Unternehmens F in die gewünschte private Struktur, die der Ausschüttungsstruktur des Unternehmens Ü entspricht, statt.

---

468 Da alle autonomen privaten Zahlungen im optimalen privaten Vorfusionsprogramm in die optimale Zahlungsstruktur transformiert sind, sind im weiteren solche nicht zu berücksichtigen.

Als Lösung ergibt sich wiederum ein Mindestanteil $\alpha^F_{min} = 0,0318$ am Unternehmen F. Das heißt, das Entscheidungssubjekt muß für seinen Anteil $\beta_{\ddot{U}} = 0,05$ am Unternehmen Ü mindestens einen Anteil $\alpha^F_{min} = 0,0318$ am Unternehmen F erhalten, damit es sich nach der Fusion nicht schlechter stellt. Außerdem müssen noch die folgenden privaten Umstrukturierungsmaßnahmen durchgeführt: $x_2^{priv\,pos} = 0,3419$, $x_2^{priv\,neg} = 0,3424$ und $x_5^{priv\,neg} = 0,3793$.

Den vollständigen Finanzplan des unternehmenszentrierten Bewertungsansatzes unter Berücksichtigung der privaten Umstrukturierungsmaßnahmen enthält *Abbildung 190*:

	t = 0	t = 1	t = 2	Obergrenze	Durchführung	Schlupf
$x_1^{priv\,pos}$	0	0	0	0	0	0
$x_1^{priv\,neg}$	0	0	0	1	0	1
$x_2^{priv\,pos}$	-102,5663	8,2053	110,7716	0,6576	0,3419	0,3157
$x_2^{priv\,neg}$	102,7203	-8,2176	-110,9379	0,3424	0,3424	0
$x_5^{priv\,neg}$		0,3793	-0,3982	0,8307	0,3793	0,4514
$\overline{w}^F_t \cdot EN^{max}_F \cdot \alpha_F$	3,9518	4,1494	5,5325			
$g_t^{\ddot{U}\,priv}$	-4,1058	-4,5164	-4,9680			
Zahlungssaldo	0	0	0			

Abbildung 190: Vollständiger Finanzplan des unternehmenszentrierten Bewertungsansatzes unter Berücksichtigung privater Umstrukturierungen

Zur Ermittlung der minimalen Beteiligungsquote des betrachteten (einflußlosen) Anteilseigners mit einem Anteil von $\beta = 0,05$ am Unternehmen Ü kann auf die komplexe Formel zurückgegriffen werden:

$$\alpha_{min} = \frac{\overbrace{\beta \cdot \sum_{t=0}^{T} \overline{w}^{\ddot{U}}_t \cdot EN^{max}_{\ddot{U}} \cdot \rho^{priv}_t}^{\substack{\text{Zukunftserfolgswert des Anteils } \beta \\ \text{am Unternehmen Ü aus Sicht des} \\ \text{Anteilseigners}} } - \overbrace{\sum_{C^{priv}_j > 0} x^{priv\,max}_j \cdot C^{priv}_j}^{\substack{\text{Kapitalwert der} \\ \text{privaten Umstrukturierungen} \\ \text{nach der Fusion}}}}{\underbrace{\sum_{t=0}^{T} \overline{w}^F_t \cdot EN^{max}_F \cdot \rho^{priv}_t}_{\substack{\text{Zukunftserfolgswert des} \\ \text{Fusionsunternehmens F}}}} = \frac{\sum_{t=0}^{T} g_t^{\ddot{U}\,priv} \cdot \rho^{priv}_t - \sum_{C^{priv}_j > 0} x^{priv\,max}_j \cdot C^{priv}_j}{\sum_{t=0}^{T} \overline{w}^F_t \cdot EN^{max}_F \cdot \rho^{priv}_t}$$

oder

$$\alpha_{min} = \frac{12,5469 - 0,0098}{394,6276} = 0,0318.$$

Die Berechnungsdaten für die komplexe Formel sind in der Abbildung 191 aufbereitet:

	t = 0	t = 1	t = 2	Summe
endogene Grenzzinssätze		0,08	0,08	
Abzinsungsfaktoren	1	0,925926	0,857339	
Barwerte				
$x_2^{priv\ pos}$	-102,5663	7,5975	94,9688	0
$x_2^{priv\ neg}$	102,7203	-7,6089	-95,1114	0
$x_5^{priv\ neg}$	0	0,3512	-0,3414	0,0098
$\overline{w}_t^F \cdot EN_F^{max}$	124,3902	120,9350	149,3024	394,6276
$g_t^{\ddot{U}\ priv}$	4,1058	4,1818	4,2593	12,5469
α_F				0,0318

Abbildung 191: Anwendung der komplexen Formel zur Bestimmung
der minimalen Anteilsquote am Unternehmen F

2.4.5.2 Konfliktsituation vom Typ der Spaltung

2.4.5.2.1 Darstellung

Ungeachtet der wirtschaftlichen Bedeutung von Unternehmensspaltungen in der Praxis finden sich in der wirtschaftswissenschaftlichen Literatur bislang nur vereinzelt modelltheoretischen Überlegungen zum Bewertungsfall der Spaltung.[469] Da die Spaltung aber „einen ihrer Art nach einzigartigen Vorgang dar[-stellt], bei dem Wirtschaftsgüter, Vermögenswerte und Verbindlichkeiten eines Rechtsträgers ohne Durchführung einer Liquidation auf mehrere hierzu neu gegründete oder bereits bestehende Unternehmensträger übertragen werden"[470], sind die bekannten Bewertungsmodelle nicht ohne Änderungen auf diesen Fall anwendbar. Deshalb werden im folgenden die Konfliktsituation vom Typ der Spaltung näher erläutert sowie Methoden zur Ermittlung des Entscheidungswertes für diese Situation vorgestellt und anhand eines Beispiels verdeutlicht.

„Das herkömmliche Verständnis der Spaltung einer Gesellschaft besteht darin, daß ihr Vermögen auf künftig mindestens zwei Gesellschaften aufgeteilt wird, an denen die Gesellschafter der bisher einen Gesellschaft [übertragender Rechtsträger] beteiligt sind."[471] Im Falle der Konfliktsituation vom Typ der Spaltung geht es – ähnlich wie im

---

[469] Vgl. zu Konfliktsituationen vom Typ der Spaltung vor allem HEURUNG, Spaltung (1997), HEURUNG, Unternehmensbewertung bei Spaltungsprozessen (1998), BYSIKIEWICZ/MATSCHKE/BRÖSEL, Spaltung (2005), BYSIKIEWICZ/MATSCHKE/BRÖSEL, Fall der Spaltung (2005), HERING, Unternehmensbewertung (2006), S. 122–127, und ausführlich BYSIKIEWICZ, Spaltung (2008), S. 139–254. Die nachfolgenden Ausführungen wurden weitgehend entnommen aus BYSIKIEWICZ/MATSCHKE/BRÖSEL, Spaltung (2005).

[470] FREITAG, Spaltungen (1998), S. 1.

[471] FREITAG, Spaltungen (1998), S. 11.

Fall der Konfliktsituation vom Typ der Fusion – bei der Unternehmensbewertung um die Verteilung der Einflußrechte (direkte oder indirekte Eigentumsanteile an den Unternehmen) und damit letztlich um die Verteilung der Zukunftserfolge der Unternehmen, welche nach der Spaltung vorliegen (*übernehmende Rechtsträger*). Wie in Abschnitt 1.4.2.1 bereits ausgeführt wurde, liegt somit eine interpersonelle Konfliktsituation vom Typ der Spaltung vor, wenn sich die Verteilung der Eigentumsanteile (im Sinne der Verteilung der Zukunftserfolge) an den durch Spaltung entstehenden Unternehmen von derjenigen vor der Spaltung unterscheidet. Dies ist der Fall, wenn die bisherigen Eigentümer zwar weiterhin an den durch Spaltung entstehenden Unternehmen beteiligt sind, jedoch in einem anderen Verhältnis (*Eigentumsstrukturänderung bei einer verhältnis-ändernden oder nichtverhältniswahrenden Spaltung*[472] *aufgrund veränderter Beteiligungsquoten*) oder wenn der kumulierte Einkommensstrom der entstehenden Unternehmen bei gleichem quotalen Verhältnis von dem des zu spaltenden Unternehmens abweicht (*Eigentumsstrukturänderung bei einer verhältniswahrenden Spaltung*[473] *aufgrund veränderter Zukunftserfolge*)[474].

Gemeinsam ist diesen beiden bewertungsrelevanten[475] Situationen folgende Wirkung: Die bisherigen Gesellschafter sind zukünftig in unterschiedlicher Weise an den Chancen und Risiken der neu entstehenden Unternehmen beteiligt. Für den einzelnen Anteilseigner stellt sich bei der *nichtverhältniswahrenden Spaltung* die Frage, wie groß sein Anteil an den einzelnen gespaltenen Unternehmen sein muß, damit er nicht schlechter als mit seinem Anteil am Ursprungsunternehmen gestellt ist. Im Hinblick auf die *verhältniswahrende Spaltung* stellt sich – weil die Quoten an den nach der Spaltung entstehenden Unternehmen schon feststehen – die Frage, ob das Bewertungssubjekt sich auf diese Quoten einlassen kann, ohne sich dadurch schlechter zu stellen als ohne Spaltung. Grundsätzlich ist hierbei in einer nicht dominierten Konfliktsituation die Einigung nicht ausgeschlossen, wenn die kumulierten Zukunftserfolge der übernehmenden Rechtsträger jene des übertragenden Rechtsträgers übersteigen (oder beispielsweise zeitlich-strukturelle Vorteile aufweisen).

Zudem kann – als Sonderform der nichtverhältniswahrenden Spaltung[476] – eine interpersonelle Konfliktsituation vom Typ der Spaltung vorliegen, wenn nach der Spal-

---

[472] Vgl. *BECHT*, Spaltung (1996), S. 327, *VEIL*, Formwechsel (1996).

[473] Vgl. *KALLMEYER*, Umwandlungsgesetz (1994), S. 1748.

[474] *Verhältniswahrend* ist hier im Sinne der gleichbleibenden Quoten zu sehen. Selten (wenn überhaupt) entsprechen die kumulierten Zukunftserfolge der entstehenden Unternehmen denen des zu spaltenden Unternehmens, so daß es auch bei gleichbleibenden Quoten zu Eigentumsstrukturänderungen kommt, weil die Bewertungssubjekte nunmehr mit dem gleichen Prozentsatz an einer anderen Basis (sei es im Hinblick auf die Höhe und/oder auf die Struktur der Zukunftserfolgsströme) beteiligt sind. Somit sind auch jene Situationen bewertungsrelevant, in denen die Gesellschafter der Ausgangsgesellschaft in dem selben Verhältnis an den übernehmenden Rechtsträgern beteiligt werden, wie sie es am übertragenden Rechtsträger schon waren.

[475] *Bewertungsrelevant* bezeichnet hier Konfliktsituationen, die entscheidungsrelevant (Entscheidungswert der Entscheidungsfunktion) und konfliktlösungsrelevant (Argumentationswert der Argumentationsfunktion und Arbitriumwert der Vermittlungsfunktion) im Sinne der Funktionenlehre sind.

[476] Daß die Eigentumstrennung eine Sonderform der nichtverhältniswahrenden Spaltung ist, soll an einem einfachen Beispiel gezeigt werden: ein übertragendes Unternehmen, an dem A und B mit jeweils 50 % beteiligt sind, wird in die übernehmenden Unternehmen U_1 und U_2 geteilt. Werden A mit 100 % und B mit 0 % an U_1 sowie A mit 0 % und B mit 100 % an U_2 beteiligt, liegt eine Spaltung vor, bei der sich die quotalen Verhältnisse geändert haben. Siehe auch *Abbildung 29*.

tung eine vollständige Trennung hinsichtlich der Gesellschafter gegeben ist, d. h., die einen bekommen etwas, die anderen bekommen etwas anderes (*Eigentumstrennung*). In diesem Fall können aus Sicht des Bewertungssubjekts konfliktlösende Sachverhalte entweder die Größe des diesem verbleibenden Unternehmensteils und der daraus resultierenden Zukunftserfolge oder aber auch die Höhe einer zu zahlenden oder zu fordernden Ausgleichszahlung sein. Ist geplant, eine Ausgleichszahlung zu vereinbaren, dann liegt wiederum eine Konfliktsituation vor, die dem Typ des Kaufs/Verkaufs zuzuordnen ist.

Die dargestellten bewertungsrelevanten Spaltungsarten sollen nunmehr im Hinblick auf die gesetzlichen Regelungen spezifiziert werden. Der *Spaltungsbegriff* wird zwar im Umwandlungsgesetz (UmwG) verwendet, aber dieses enthält keine einheitliche Definition. In der Literatur wird die Spaltung als Umstrukturierungsvorgang charakterisiert, „bei dem Wirtschaftsgüter, Vermögenswerte und Verbindlichkeiten eines Unternehmens auf mehrere hierzu neu gegründete oder bereits bestehende Unternehmen unter Vermeidung einer Liquidation"[477] übertragen werden. Das Umwandlungsgesetz enthält aber Definitionen der drei in den §§ 123–173 UmwG beschriebenen Spaltungsarten[478] „Aufspaltung", „Abspaltung" und „Ausgliederung" (siehe *Abbildung 192*).

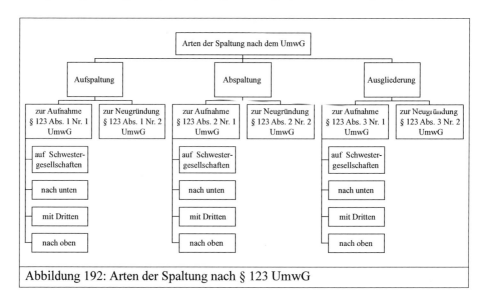

Abbildung 192: Arten der Spaltung nach § 123 UmwG

„Unter *Aufspaltung* versteht das UmwG die Übertragung des gesamten Vermögens eines Rechtsträgers auf mindestens zwei bestehende oder dadurch gegründete Rechtsträger jeweils als Gesamtheit gegen Gewährung von Anteilen der übernehmenden Rechtsträger an die Anteilsinhaber des übertragenden Rechtsträgers und unter Er-

---

[477] HEISS, Spaltung (1995), S. 13.

[478] Vgl. KALLMEYER, Umwandlungsgesetz (1994), S. 1748 f. Diese Spaltungsarten werden auch als „Split-up" (Aufspaltung), „Spin-off" und „Split-off" (Abspaltung) bezeichnet. Die Ausgliederung wird darüber hinaus in die Kategorie der „Equity Carve Outs" eingefügt. Vgl. ACHLEITNER/BASSEN/ WAHL, Corporate Restructuring (2003), S. 439–443. Siehe zudem RÜCKLE/HENCKEL, Unternehmensumwandlungen (2005).

löschen des übertragenden Rechtsträgers."[479] Die Aufspaltung nach § 123 Abs. 1 UmwG ist daher gekennzeichnet:

1. durch die vollkommene Vermögensübertragung eines aufzuspaltenden Rechtsträgers,
2. durch die Übertragung dieses Vermögens auf mindestens zwei übernehmende Rechtsträger, die schon bestehen oder neu gegründet werden, und
3. durch die Gewährung von Anteilen an den übernehmenden Rechtsträgern, welche die Anteilseigner des untergehenden (aufgespaltenen) Rechtsträgers erhalten.[480]

Die *Abspaltung* nach § 123 Abs. 2 UmwG unterscheidet sich von der Aufspaltung dadurch, daß der zu spaltende Rechtsträger mit einem Teil seines Vermögens bestehen bleibt. Die übrigen Teile werden in einem Vorgang auf einen oder mehrere bestehende oder durch die Spaltung gegründete übernehmende Rechtsträger übertragen. Als Gegenleistung erhalten die Anteilsinhaber des übertragenden Rechtsträgers wiederum Anteile an dem oder den übernehmenden oder neugegründeten Rechtsträger(n).[481]

Bei der *Ausgliederung* nach § 123 Abs. 3 UmwG bleibt der zu spaltende Rechtsträger wie bei der Abspaltung bestehen, denn nur ein Teil des Vermögens wird auf eine oder mehrere bestehende oder neu gegründete Gesellschaft(en) übertragen. Insoweit besteht kein Unterschied zur Abspaltung. Als Gegenleistung wird jedoch nicht den Anteilsinhabern des übertragenden Rechtsträgers, sondern dem übertragenden Rechtsträger selbst eine Beteiligung am übernehmenden Rechtsträger gewährt. Für den übertragenden Rechtsträger kommt es zu einem Tausch von Vermögen gegen Anteile.[482] Die Position der Anteilseigner des übertragenden Rechtsträgers bleibt hingegen unberührt, sie bleiben unverändert am übertragenden Rechtsträger beteiligt und werden somit mittelbar Anteilseigner am übernehmenden Rechtsträger.[483]

Bei jeder Spaltungsart bestehen die beiden Möglichkeiten einer Spaltung durch Übertragung des Teilvermögens auf bereits bestehende Rechtsträger (*Spaltung zur Aufnahme*) sowie durch Übertragung auf neu gegründete Rechtsträger (*Spaltung zur Neugründung*).[484] Im Hinblick auf die Spaltung zur Aufnahme lassen sich die Spaltungsarten „Aufspaltung", „Abspaltung" und „Ausgliederung" jeweils in vier weitere Arten untergliedern:

1. ein Unternehmen überträgt Anteile auf Unternehmen der gleichen Hierarchieebene (*Spaltung zur Aufnahme auf Schwestergesellschaften*),
2. ein Unternehmen überträgt Anteile auf Unternehmen, die einen Rang unter dem übertragenden Unternehmen stehen (*Spaltung zur Aufnahme „nach unten"*),
3. ein Unternehmen überträgt Anteile auf Unternehmen, die im Rang über dem Ursprungsunternehmen stehen (*Spaltung zur Aufnahme „nach oben"*), oder
4. ein Unternehmen überträgt Anteile auf Unternehmen, die nicht mit dem Ausgangsunternehmen verbunden sind (*Spaltung zur Aufnahme mit Dritten*).

---

[479] FREITAG, Spaltungen (1998), S. 14.
[480] Vgl. KALLMEYER, Umwandlungsgesetz (1994), S. 1748, NEYE, Umwandlungsgesetz (1995), S. 249, DEHMER, Umwandlungsgesetz (1996), S. 466.
[481] Vgl. DEHMER, Umwandlungsgesetz (1996), S. 467, FREITAG, Spaltungen (1998), S. 14.
[482] Vgl. DEHMER, Umwandlungsgesetz (1996), S. 467, FREITAG, Spaltungen (1998), S. 15.
[483] Vgl. KAROLLUS, Ausgliederung (1995), S. 159.
[484] Vgl. DEHMER, Umwandlungsgesetz (1996), S. 465, FREITAG, Spaltungen (1998), S. 13.

§ 123 Abs. 4 UmwG stellt klar, daß alle Unterarten der Spaltung miteinander kombiniert werden können. Eine Aufspaltung kann daher beispielsweise durch gleichzeitige Übertragung der Vermögensteile auf bestehende und auf neu gegründete Rechtsträger erfolgen.[485] Bleiben solche Kombinationen unbeachtet, lassen sich insgesamt 15 Spaltungsarten unterscheiden (vgl. *Abbildung 193*).

Ausprägung	Aufspaltung § 123 Abs. 1 UmwG	Abspaltung § 123 Abs. 2 UmwG	Ausgliederung § 123 Abs. 3 UmwG
zur Aufnahme auf Schwestergesellschaften	Fall 1	Fall 6	Fall 11
zur Aufnahme „nach unten"	Fall 2	Fall 7	Fall 12
zur Aufnahme mit Dritten	Fall 3	Fall 8	Fall 13
zur Aufnahme „nach oben"	Fall 4	Fall 9	Fall 14
zur Neugründung	Fall 5	Fall 10	Fall 15

Abbildung 193: Matrix der Spaltungsarten

Die klassische *Konfliktsituation vom Typ der Spaltung* im Sinne der funktionalen Bewertungstheorie bilden dabei nur die Spaltungsfälle der Untergruppe „durch Neugründung" [Fälle (5), (10) und (15) in *Abbildung 193*] ab. Bewertungsrelevant ist dabei insbesondere die „Aufspaltung durch Neugründung" [Fall (5)], weil bisher am aufzuspaltenden Unternehmen i. d. R. mehrere Eigner beteiligt waren. Bewertungsrelevant im Sinne der Hauptfunktionen der funktionalen Bewertungstheorie sind die – meist im Konzernverbund stattfindenden – anderen Fälle dieser Untergruppe [Fälle (10) und (15)] nur dann, wenn mehrere Gesellschafter (Minderheiten oder Streubesitz) hieran beteiligt sind.

Die weiteren Fälle der Spaltung [Fälle (1) bis (4), (6) bis (9) und (11) bis (14)] stellen vornehmlich eine Kombination aus Spaltung und Verschmelzung (Fusion) dar.[486] Dabei wird ein Vermögensteil, z. B. ein Betrieb oder Teilbetrieb[487], vom übertragenden Rechtsträger getrennt (Spaltung) und dann auf einen anderen Rechtsträger übertragen (Fusion).[488] Dieser Vorgang wird auch als „Teilfusion"[489] bezeichnet, weil hier ein auf- oder abgespaltener oder ausgegliederter Unternehmensteil mit einer anderen Gesellschaft fusioniert wird.[490]

---

[485]   Vgl. DEHMER, Umwandlungsgesetz (1996), S. 467.

[486]   Vgl. HEISS, Spaltung (1995), S. 27, KALLMEYER, Kombination von Spaltungsarten (1995), S. 81.

[487]   Zum Begriff des Teilbetriebes vgl. BLUMERS/KRAMER, Ausgliederung und Spaltung (1993).

[488]   Vgl. HEISS, Spaltung (1995), S. 27.

[489]   Vgl. NEYE, Umwandlungsgesetz (1995), S. 247, BECHT, Spaltung (1996), S. 327.

[490]   Zur Problemstellung der Ermittlung eines Entscheidungswertes bei der Fusion vgl. Abschnitt 2.4.5.1.

Eine besondere Rolle im Hinblick auf die Bewertung haben bei diesen Kombinationen aus Spaltung und Verschmelzung die drei Formen der *„Spaltung durch Aufnahme mit Dritten"* [Fälle (3), (8) und (13) in *Abbildung 193*], weil hier bei der Teilfusion – mit den „Dritten" – weitere Konfliktparteien zu berücksichtigen sind.

Die übrigen meist im Konzernverbund stattfindenden Fälle [Fälle (1), (2), (4), (6), (7), (9), (11), (12) und (14) in *Abbildung 193*] sind nur dann bewertungsrelevant im Sinne der Hauptfunktionen der Unternehmensbewertung, wenn ein Eigentumswechsel vollzogen wird.

Abzugrenzen sind die bewertungsrelevanten Fälle vom Typ der Spaltung zudem von der Konfliktsituation vom Typ des Verkaufs. Dieser Bewertungsanlaß liegt vor, wenn ein Unternehmen verkauft oder ein Unternehmensteil abgespalten oder ausgegliedert und für einen bestimmten (Kauf-)Preis, jedoch nicht für Anteile an einem anderen Unternehmen, an Dritte weitergegeben wird.

Zugrunde gelegt sei im folgenden eine nicht dominierte, disjungierte und eindimensionale Konfliktsituation vom *Typ der Spaltung im Sinne einer Aufspaltung durch Neugründung* [Fall (5)], in der im Bewertungszeitpunkt ausschließlich die Höhe der (nicht gleichbleibenden) Beteiligungsquoten an den nach der Aufspaltung neuen Unternehmen für die einzelnen Konfliktparteien relevant ist (*Fall der Eigentumsstrukturänderung bei einer verhältnisändernden oder nichtverhältniswahrenden Spaltung aufgrund veränderter Beteiligungsquoten*). Die wohl praxisrelevanteste Art einer solchen Aufspaltung ist der Fall, daß sich ein Unternehmen in zwei Gesellschaften aufspaltet. Wie *Abbildung 194* zeigt, kann sich ein Unternehmen aber auch in eine endliche Anzahl von Unternehmen aufteilen.

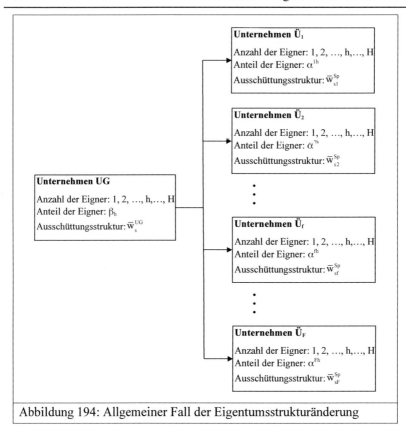

Abbildung 194: Allgemeiner Fall der Eigentumsstrukturänderung

Das Unternehmen UG vor der Spaltung (Ursprungsgesellschaft) teilt sich durch die Spaltung in F übernehmende Unternehmen (Spaltungsunternehmen) Ü auf. Vor und nach Spaltung soll die Anzahl der Eigner auf H Gesellschafter festgelegt sein. Bei der nichtverhältniswahrenden Spaltung müssen die Anteile β_h [491] der Gesellschafter am Unternehmen UG nicht den Anteilen $\alpha_{min}^{\text{Üf h}}$ an den Spaltungsunternehmen Ü_f entsprechen. Aufgrund geänderter Mehrheitsverhältnisse kann es sein, daß in einem der durch die Spaltung entstandenen Unternehmen Ü ein anderer Ausschüttungsstrom präferiert wird als in der Ursprungsgesellschaft UG. Deshalb müssen die Gewichtungsfaktoren

---

[491]   Der Anteil β_h ist der Anteil, den der Eigner oder die Spaltungspartei h ohne Spaltung am Zukunftserfolg des Unternehmens UG erhält.

$\overline{w}_s^{Sp}$ der Entnahmen, welche die Ausschüttungsstruktur festlegen, bei der Wertermittlung berücksichtigt werden.[492]

Das bereits bei der Fusion dargestellte Zustands-Grenzquotenmodell (ZGQM) dient auch hier als Grundlage für die Ermittlung eines Entscheidungswertes bei der Spaltung. Das Grenzquotenmodell ermittelt die einzelnen minimalen Beteiligungsquoten, welche die Eigentümer an den durch die Spaltung entstehenden neuen Unternehmen erwerben müssen, wenn sie ihre wirtschaftliche Position durch die Spaltung der Ursprungsgesellschaft nicht verschlechtern wollen.

Das Vorgehen zur Ermittlung der minimalen Beteiligungsquoten kann dabei in drei Schritte unterteilt werden:

1. Ermittlung der maximal möglichen Entnahmen EN_{sUG}^{max} des Ursprungsunternehmens UG ohne Spaltung (*Vor-Spaltungsprogramm*): Welchen Nutzen – im Sinne seines Anteils β_h an EN_{sUG}^{max} – kann das Bewertungssubjekt h ohne Einigung über die Spaltung in der Konfliktsituation maximal aus dem Unternehmen UG ziehen? Dieser Erfolg ist nach der Spaltung aus der Summe der Anteile an den Einzelerfolgen der entstehenden Spaltungsunternehmen $\ddot{U}_f$ wieder zu erreichen, so daß sich das Bewertungssubjekt nicht schlechter stellt als ohne Spaltung. Der anteilige Erfolg des Bewertungssubjekts am Vor-Spaltungsprogramm wird so zur Nebenbedingung für die zu fordernden Anteilsquoten nach einer Spaltung.

2. Ermittlung der maximal möglichen Entnahmen der einzelnen durch die Spaltung neu entstehenden Unternehmen $\ddot{U}_f$ (*Spaltungsprogramm*): Welchen maximal möglichen Nutzen können alle Konfliktparteien aus den Unternehmen $\ddot{U}_f$ ziehen?

3. Ermittlung der *minimalen Grenzquote* $\alpha_{min}^{\ddot{U}fh}$ (und des *Bewertungsprogramms*): Zur Ermittlung des Bewertungsprogramms findet ein Vergleich der Anteile an den Entnahmen von Vor-Spaltungs- und Spaltungsprogramm statt. Mit welchem Anteil $\alpha_{\ddot{U}fh}^{min}$ muß das Bewertungssubjekt h an dem Nutzen $EN_{s\ddot{U}f}^{Sp}$ der einzelnen durch die Spaltung entstehenden Unternehmen $\ddot{U}_f$ mindestens beteiligt werden, ohne daß

---

[492] Nachfolgend sei angenommen, daß die Gewichtungen $\overline{w}_s^{Sp}$ für die mit der Spaltung entstehenden Unternehmen bereits vereinbart worden sind. In der realen Konfliktsituation handelt es sich hierbei um originäre konfliktlösungsrelevante Sachverhalte, welche – wie schon bei der Konfliktsituation vom Typ der Fusion – Ergebnisse des Verhandlungsprozesses sind. Je nach Verhandlungsergebnis hinsichtlich der Gewichtungsfaktoren $\overline{w}_s^{Sp}$ ist eine entsprechende minimale Grenzquote zu bestimmen. Hier und im nachfolgenden Beispiel wird wiederum die Komplexität reduziert und unterstellt, daß die Gewichtungen für die anderen durch die Spaltung entstehenden Unternehmen bereits festgelegt sind, so daß von einer eindimensionalen Konfliktsituation gesprochen werden kann.

es sich dabei schlechter stellt als bei Unterlassung dieser Handlung (also ohne Spaltung)?[493]

Der Basisansatz zeigt den linearen Optimierungsansatz, der die Situation des Unternehmens UG ohne Spaltung wiedergibt. Analog zum Fall der Fusion gelten für diesen *ersten Schritt* folgende modellspezifischen Annahmen: Das Unternehmen plane über S zukünftig unsichere Zustände s (oder alternativ über S Perioden). Dem Unternehmen stehen insgesamt J Investitions- und Finanzierungsobjekte zur Verfügung. Die Zahlungsreihe des Investitions- oder Finanzierungsobjekts j sei $g_j := (g_{j0}, g_{j1}, ..., g_{js}, ..., g_{jS})$ mit g_{js} als Zahlungsüberschuß im Zustand (Zeitpunkt) s. Die Struktur- oder Entscheidungsvariable x_j gibt an, wie oft das Objekt j durchgeführt wird. Für jedes x_j kann eine Obergrenze x_j^{max} existieren. Vordisponierte Zahlungen sind in einem festen Zahlungssaldo b_s zu berücksichtigen. Sie können – wie die Größen g_{js} – positiv, null oder negativ sein. Das Bewertungssubjekt h, welches mit einem Anteil von β_h am Unternehmen UG beteiligt ist, strebt nach einem möglichst breiten Entnahmestrom EN zu Konsumzwecken. Diese Zielsetzung entspricht auch der vom Unternehmen UG,[494] wobei in jedem Zustand s eine Ausschüttung i. H. v. $\bar{w}_s^{UG} \cdot EN_{UG}^{max}$ erfolgen soll. Der lineare Ansatz zur Bestimmung des *Vor-Spaltungsprogramms* lautet wie folgt:

max. Entn; Entn $:= EN_{UG}$

unter den

1. Liquiditätsnebenbedingungen:

$$-\sum_{j=1}^{J} g_{js} \cdot x_j + \bar{w}_s^{UG} \cdot EN_{UG} \le b_s \qquad \forall s \in \{0; 1; 2; ...; S\}$$

2. Kapazitätsrestriktionen:

$$x_j \le x_j^{max} \qquad \forall j \in \{1; 2; ...; J\}$$

---

[493] Da sich durch die Spaltung mehrere Unternehmen ergeben, müssen sich die Konfliktparteien auch auf mehrere Beteiligungsquoten einigen, welche originäre konfliktlösungsrelevante Sachverhalte darstellen. Deshalb liegt bei der Spaltung grundsätzlich eine mehrdimensionale Entscheidungssituation vor. Die Ermittlung der einzelnen minimalen Grenzquoten für ein Unternehmen $\ddot{U}_1$ kann mit dem nachfolgend präsentierten Modell erfolgen, wenn für die anderen Unternehmen $\ddot{U}_h \ne \ddot{U}_1$ vermeintlich in der Verhandlung zu erreichende Beteiligungsquoten als Ceteris-paribus-Bedingungen festgelegt werden. Wird sich in den Verhandlungen über die Durchführung der Spaltung sukzessiv hinsichtlich der Anteile an den gespaltenen Unternehmen $\ddot{U}_h$ geeinigt, reduziert sich die Situation schließlich – wenn nur noch die Anteile für das letzte Unternehmen zu bestimmen sind – auf eine eindimensionale Konfliktsituation. Nachfolgend sei unterstellt, daß nur noch die Quote eines übernehmenden Unternehmens $\ddot{U}$ zu bestimmen ist und alle anderen Beteiligungsquoten folglich bereits festgelegt wurden, so daß formal eine eindimensionale Konfliktsituation gegeben ist.

[494] Würde die verfolgte Zielsetzung des Bewertungssubjekts, beispielsweise aufgrund eines zu geringen Anteils β_h, nicht der des Unternehmens UG entsprechen, müßte das Bewertungssubjekt unter Rückgriff auf sein privates Entscheidungsfeld in einem sich diesem ersten Schritt anschließenden Zwischenschritt Strukturgleichheit herstellen. Nur durch ergänzende private Finanzumschichtungen gelingt es dem Bewertungssubjekt dann, den Dividendenstrom der vorliegenden Gesellschaft in die von ihm präferierte Einkommensstruktur zu transformieren.

3. Nichtnegativitätsnebenbedingungen:

$$x_j \geq 0 \qquad \forall j \in \left\{1; 2; ...; J\right\}$$

$$EN_{UG} \geq 0.$$

Dieser Basisansatz kann mit Hilfe des Simplexalgorithmus gelöst werden. Die Lösung liefert die maximale Breite EN_{UG}^{max} des Entnahmestroms aus dem Unternehmen UG. Die zugehörige optimale Lösung heißt Vor-Spaltungsprogramm, an welcher das betrachtete Entscheidungssubjekt h mit seinem Anteil β_h beteiligt ist. Diese anteilige Entnahme muß das Entscheidungssubjekt nach der Spaltung mindestens wieder erreichen, um sich nicht durch diese schlechter zu stellen als ohne Spaltung.

Im *zweiten Schritt*, der Ermittlung des *Spaltungsprogramms*, wird für die durch die Spaltung entstehenden Unternehmen $\ddot{U}_f$ jeweils die maximal mögliche Entnahme $EN_{\ddot{U}f}^{max}$ ermittelt. Der hierzu erforderliche und mit dem Simplexalgorithmus lösbare (Spaltungs-)Ansatz, der aus Sicht des Bewertungssubjekts für jedes durch die Spaltung entstehende Unternehmen $\ddot{U}_f$ mit $f \in \left\{1; 2; ...; F\right\}$ aufgestellt werden muß, an denen das Bewertungssubjekt zukünftig beteiligt sein soll, unterscheidet sich vom Basisansatz formal nur durch den Index $\ddot{U}_f$, der das jeweilige aus der Spaltung entstandene Unternehmen kennzeichnet. Materiell, d. h. in bezug auf Variablenanzahl, Variablenobergrenzen, Entnahmegewichte und Zahlungsüberschüsse, handelt es sich um ein vom Basisansatz abweichendes lineares Modell, das die einzelnen aus dem Ursprungsunternehmen UG entstandenen Unternehmen $\ddot{U}_f$ abbildet:

$$\max . \, Entn^{\ddot{U}f}; \; Entn^{\ddot{U}f} := EN_{\ddot{U}f}$$

unter den

1. Liquiditätsnebenbedingungen:

$$-\sum_{j=1}^{J^{\ddot{U}f}} g_{js}^{\ddot{U}f} \cdot x_{j,\ddot{U}f} + \overline{w}_s^{\ddot{U}f} \cdot EN_{\ddot{U}f} \leq b_{s,\ddot{U}f} \qquad \forall \, s \in \left\{0; 1; 2; ...; S\right\}$$

2. Kapazitätsrestriktionen:

$$x_{j,\ddot{U}f} \leq x_{j,\ddot{U}f}^{max} \qquad \forall \, j \in \left\{1, 2, ..., J_{\ddot{U}f}\right\}$$

3. Nichtnegativitätsnebenbedingungen:

$$x_{j,\ddot{U}f} \geq 0 \qquad \forall \, j \in \left\{1, 2, ..., J_{\ddot{U}f}\right\}$$

$$EN_{\ddot{U}f} \geq 0.$$

Nach Ermittlung der maximal möglichen Entnahmen EN_{UG}^{max} der Ursprungsgesellschaft UG und der maximal möglichen Entnahme $EN_{\ddot{U}f}^{max}$ der jeweiligen Spaltungsunternehmen $\ddot{U}_f$ muß in einem *dritten Schritt* die *Grenzquote* $\alpha_{min}^{\ddot{U}f\,h}$ *für das Entscheidungssubjekt h am jeweiligen Unternehmen $\ddot{U}_f$* ermittelt werden.

Die Durchführung der Spaltung ist dabei aus Sicht des Entscheidungssubjekts nur dann ökonomisch vertretbar, wenn dessen jeweiligen Anteile an den Ausschüttungen

$EN_{\ddot{U}f}^{max}$ der Spaltungsunternehmen $\ddot{U}_f$ kumuliert mindestens den Zielwert EN_{UG}^{max} ergeben.

Grundsätzlich liegt hierbei ein mehrdimensionales und jungiertes Entscheidungsproblem vor, weil eine Änderung im Hinblick auf eine vereinbarte Anteilsquote (und damit eine Änderung des dem Bewertungssubjekt zustehenden Anteils am Zukunftserfolgsstrom) für ein nach der Spaltung entstehendes Unternehmen schließlich eine Änderung der Grenzquoten der anderen Spaltungsunternehmen nach sich zieht:

$$\alpha_{min}^{\ddot{U}f\,h} = f\left(\alpha_{min}^{\ddot{U}n\in\{\ddot{U}1,\,\ddot{U}2,\,...,\,\ddot{U}f,\,...,\,\ddot{U}n,\,...,\,\ddot{U}F\}\backslash\{\ddot{U}f\},h}\right) \quad \forall\; f \in \{1,\,2,\,...,\,n,\,...,\,F\}.$$

Eine einzelne Grenzquote ergibt sich somit in Abhängigkeit von den anderen vereinbarten Anteilsquoten. Aufgrund des vorliegenden Lösungsdefekts ist somit zu empfehlen, den dritten Schritt heuristisch zu lösen, indem eine jeweilige Grenzquote $\alpha_{min}^{\ddot{U}f\,h}$ unter systematisch zu variierenden Ceteris-paribus-Bedingungen, also unter systematisch zu variierenden möglichen Anteilsquoten der anderen in Rede stehenden Spaltungsunternehmen, berechnet wird. Sind die Anteilsquoten für die gerade nicht berachteten Spaltungsunternehmen vorgegeben, kann die minimal zu fordernde Anteilsquote (im Sinne einer Grenzquote) für das gerade betrachtete Spaltungsunternehmen bestimmt werden.

Wie im Rahmen der Fusion sind an dieser Stelle wieder zwei differierende Fälle zu unterscheiden:

a) Für den exemplarischen Gesellschafter h ergibt sich – wenn unterstellt wird, daß die angestrebte Struktur $\overline{w}_s^{UG} = \overline{w}_s^{\ddot{U}f}$ der Entnahmen bei allen Spaltungsunternehmen $\ddot{U}$ gleich ist und dabei derjenigen der Ursprungsgesellschaft UG entspricht – bezogen auf ein einzelnes Spaltungsunternehmen (hier beispielhaft Unternehmen $\ddot{U}_1$) folgender Bewertungsansatz zur Ermittlung der minimalen Anteilsquote (wobei die anderen Quoten vorzugeben sind und bestenfalls systematisch zu variierende Ceteris-paribus-Bedingungen darstellen):

$$\underbrace{\underbrace{\alpha_{min\,h}^{\ddot{U}1} \cdot EN_{\ddot{U}1}^{max}}_{\substack{\text{Zahlungsüberschuß des}\\\text{Anteilseigners h aus dem}\\\text{Unternehmen }\ddot{U}1}} + \underbrace{\sum_{f=2}^{F}\alpha_h^{\ddot{U}f}\cdot EN_{\ddot{U}f}^{max}}_{\substack{\text{Zahlungsüberschuß des}\\\text{Anteilseigners h aus den}\\\text{Spaltungsunternehmen }f=2,\,...\,F}}}_{\substack{\text{Zahlungsüberschuß des Anteilseigners h}\\\text{aus allen Spaltungsunternehmen }\ddot{U}f}} \geq \underbrace{\beta_h \cdot EN_{UG}^{max}}_{\substack{\text{Zahlungsüberschuß des}\\\text{Anteilseigners h aus der}\\\text{Ursprungsgesellschaft UG}}}$$

$$\alpha_{min\,h}^{\ddot{U}1} = \beta_h \cdot \frac{EN_{UG}^{max}}{EN_{\ddot{U}1}^{max}} - \frac{\sum\limits_{f=2}^{F}\alpha_h^{\ddot{U}f}\cdot EN_{\ddot{U}f}^{max}}{EN_{\ddot{U}1}^{max}}.$$

Im folgenden wird die Bestimmung der minimalen Beteiligungsquote für den Fall der Spaltung des Ursprungsunternehmens UG in zwei Unternehmen $\ddot{U}_1$ und $\ddot{U}_2$ dargestellt. Wurde sich zudem über die Höhe der Anteilsquote $\alpha_h^{\ddot{U}2}$, die der Anteilseigner h am Unternehmen $\ddot{U}_2$ erhalten soll, verständigt,[495] läßt sich auf Basis

---

[495] Wurde sich auf die Anteilsquoten an den weiteren Unternehmen noch nicht verständigt, müssen an dieser Stelle die in der Verhandlung voraussichtlich zu erzielenden Anteilsquoten in die Berechnung einfließen.

dieser Einigung die kritische Anteilsquote $\alpha_{\min\,h}^{\ddot{U}1}$ der Konfliktpartei h an dem Unternehmen $\ddot{U}_1$ ermitteln. Für die Partei h ergibt sich dann folgende Grenzquote der Beteiligung $\alpha_{\min\,h}^{\ddot{U}1}$ für das Unternehmen $\ddot{U}_1$ bei Vorgabe einer Anteilsquotefür $\ddot{U}_2$:[496]

$$\alpha_{\min\,h}^{\ddot{U}1} = \frac{\beta_h \cdot EN_{UG}^{max} - \alpha_h^{\ddot{U}2} \cdot EN_{\ddot{U}2}^{max}}{EN_{\ddot{U}1}^{max}} = \beta_h \cdot \frac{EN_{UG}^{max}}{EN_{\ddot{U}1}^{max}} - \alpha_h^{\ddot{U}2} \cdot \frac{EN_{\ddot{U}2}^{max}}{EN_{\ddot{U}1}^{max}}.$$

Im Falle der Eigentumstrennung als Sonderfall der betrachteten Situation, d. h., wenn das Entscheidungssubjekt h nicht an dem Unternehmen $\ddot{U}_2$ nach der Spaltung beteiligt ist, bestimmt sich die kritische Anteilsquote $\alpha_{\min\,h}^{\ddot{U}1}$ schließlich wegen $\alpha_h^{\ddot{U}2} = 0$ in analoger Weise wie im Fall der Fusion:

$$\alpha_{\min\,h}^{\ddot{U}1} = \beta_h \cdot \frac{EN_{UG}^{max}}{EN_{\ddot{U}1}^{max}}.$$

b) Bei der Darstellung der Fusion wurde deutlich, daß die vor der Fusion voneinander völlig unabhängigen Unternehmen unterschiedliche Entnahmestrukturen $\overline{w}_s$ haben können und es somit bei einer Fusion zu Verhandlungen über die Entnahmestruktur des Fusionsunternehmens als Bestandteil der künftigen Unternehmenspolitik kommen kann.[497] Auch im Hinblick auf die Konfliktsituation vom Typ der Spaltung kann es – beispielsweise aufgrund geänderter Mehrheitsverhältnisse in einem (oder mehreren) der Spaltungsunternehmen $\ddot{U}_f$ – zu einer vom Ursprungsunternehmen UG abweichenden Entnahmezielsetzung oder zumindest zu einer abweichenden Entnahmestruktur kommen, d. h., für mindestens einen Zustand s und für mindestens ein $\ddot{U}_f$ gilt dann: $\overline{w}_s^{UG} \neq \overline{w}_s^{\ddot{U}f}$.

Bestehen also unterschiedliche Entnahmestrukturen vor und nach der Spaltung, muß – wie schon bei den Erläuterungen zur Fusion[498] – im dritten Schritt auf das private Entscheidungsfeld der Gesellschafter zurückgegriffen werden, um einen Vergleich des Ausschüttungsstroms des Unternehmens UG ohne Spaltung mit der Summe der anders verteilten Zahlungsströme, die aus den einzelnen Unternehmen $\ddot{U}_f$ nach der Spaltung resultieren, zu ermöglichen. Das Bewertungssubjekt muß dann durch ergänzende private Finanzumschichtungen Δx_j^{priv}, wobei nachfolgend aus Gründen der Komplexitätsreduktion ausschließlich Erhöhungen privater Kapitalanlagen oder -aufnahmen bis zur Obergrenze $x_j^{priv\,max}$ modelliert werden, die Summe der neuen Ausschüttungsströme in den ursprünglichen Dividendenstrom umwandeln. Zu den Umschichtungen im privaten Entscheidungsfeld gehören in den einzelnen Zuständen s entsprechende Zahlungsüberschüsse g_{js}^{priv}. Ein beispiel-

---

[496] Durch Umstellung dieser Formel ist bei Vorgabe einer Anteilsquote an Unternehmen $\ddot{U}_1$ entsprechend die Grenzquote des Unternehmens $\ddot{U}_2$ ermittelbar.

[497] Vgl. Abschnitt 2.4.5.1.

[498] Es können hier analoge Überlegungen wie im Fusionsfall angestellt werden. Im weiteren wird jedoch nur auf den unternehmenszentrierten Ansatz mit privaten Umschichtungen eingegangen.

hafter Anteilseigner h hat dann den folgenden linearen Optimierungsansatz (*Bewertungsansatz*) zu lösen, wobei wieder beispielhaft das Unternehmen $\ddot{U}_1$ betrachtet wird und die anderen Anteilsquoten vorzugeben sind, die wiederum bestenfalls systematisch zu variierende Ceteris-paribus-Bedingungen darstellen:

$$\text{min. A; A} := \alpha_h^{\ddot{U}1}$$

unter den

1. Liquiditätsnebenbedingungen:

$$\sum_{j=1}^{J^{priv}} g_{js}^{priv} \cdot \Delta x_j^{priv} + \alpha_h^{\ddot{U}1} \cdot \overline{w}_s^{\ddot{U}1} \cdot EN_{\ddot{U}1}^{max} + \underbrace{\sum_{f=2}^{F} \alpha_h^{\ddot{U}f} \cdot \overline{w}_s^{\ddot{U}f} \cdot EN_{\ddot{U}f}^{max}}_{\text{Konstante}} \geq \beta_h \cdot \overline{w}_s^{UG} \cdot EN_{UG}^{max}$$

$$\forall s \in \left\{0, \quad 1, \quad 2, \quad ..., S\right\}$$

2. Beschränkungen der privaten Geschäfte:

$$-\Delta x_j^{priv} \geq -x_j^{priv\,max} \qquad \forall j \in \left\{1, 2, ..., J^{priv}\right\}$$

3. Nichtnegativitätsbedingungen:

$$\Delta x_j^{priv} \geq 0 \qquad \forall j \in \left\{1, \quad 2, ..., J^{priv}\right\}$$

$$\alpha_h^{\ddot{U}1} \geq 0.$$

Der vorstehende Bewertungsansatz minimiert die gesuchte Anteilsquote $\alpha_h^{\ddot{U}1}$ am Spaltungsunternehmen $\ddot{U}_1$ für den Anteilseigner h unter Einhaltung der Nebenbedingung, damit in jedem Zustand s der dem Eigner h aus den gespaltenen Unternehmen zufließende Ausschüttungsstrom einschließlich möglicher Umstrukturierungen im privaten Bereich seine Ausschüttung $\beta_h \cdot \overline{w}_s^{UG} \cdot EN_{UG}^{max}$ vor der Spaltung nicht unterschreitet:

$$\underbrace{\underbrace{\sum_{j=1}^{J^{priv}} g_{js}^{priv} \cdot \Delta x_j^{priv}}_{\substack{\text{Umschichtungen}\\\text{der privaten Kredite}\\\text{und Geldanlagen}}} + \underbrace{\sum_{f=1}^{F} \alpha_h^{\ddot{U}f} \cdot \overline{w}_s^{\ddot{U}f} \cdot EN_{\ddot{U}f}^{max}}_{\substack{\text{Ausschüttungen gemäß}\\\text{den Anteilen } \alpha_h^{\ddot{U}f} \text{ am optimalen}\\\text{Entnahmestrom } EN_{\ddot{U}f}^{max}\\\text{der Spaltungsunternehmen } \ddot{U}f}} \geq}_{\substack{\text{Zahlungsüberschuß des Anteilseigners h aus allen}\\\text{Spaltungsunternehmen } \ddot{U}f \text{ unter Berücksichtigung der}\\\text{erforderlichen Umstrukturierungen im privaten Bereich}}} \underbrace{\beta_h \cdot \overline{w}_s^{UG} \cdot EN_{UG}^{max}}_{\substack{\text{Zahlungsüberschuß des}\\\text{Anteilseigners h}\\\text{aus der Ursprungs-}\\\text{gesellschaft UG}\\\text{(ohne Spaltung)}}}.$$

Unter Rückgriff auf die Dualitätstheorie der linearen Optimierung läßt sich auch für den Fall der Spaltung eine „komplexe" Bewertungsformel zur Ermittlung der Grenzquote herleiten. Die minimale Anteilsquote ergibt sich für das Unternehmen $\ddot{U}_1$, wenn wiederum vereinfachend unterstellt wird, daß die jeweilige Anteilsquote für die weiteren durch die Spaltung entstehenden Unternehmen, hier $\ddot{U}_2$, vorgegeben sind oder bestenfalls systematisch zu variierende Ceteris-paribus-Bedingungen darstellen, wie nachfolgend ausgeführt:

$$
\alpha_{\min\ h}^{\ddot{U}1} = \frac{\overbrace{\beta_h \cdot \sum_{s=0}^{S} \overline{w}_s^{UG} \cdot EN_{UG}^{\max} \cdot \rho_s^{priv}}^{\substack{\text{Anteil } b \text{ des Bewertungssubjekts } h \\ \text{am Kapitalwert der Ausschüttungen} \\ \text{der Ursprungsgesellschaft UG}}} - \overbrace{\sum_{C_j^{priv}>0} \Delta x_j^{priv} \cdot C_j^{priv}}^{\substack{\text{Kapitalwert der} \\ \text{Umstrukturierungen} \\ \text{im privaten Programm}}}}{\underbrace{\sum_{s=0}^{S} \overline{w}_s^{\ddot{U}1} \cdot EN_{\ddot{U}1}^{\max} \cdot \rho_s^{priv}}_{\substack{\text{Kapitalwert der Ausschüttung des} \\ \text{Unternehmens } \ddot{U}_1 \text{ nach der Spaltung}}}} - \frac{\overbrace{\alpha_h^{\ddot{U}2} \cdot \sum_{s=0}^{S} \overline{w}_s^{\ddot{U}2} \cdot EN_{\ddot{U}2}^{\max} \cdot \rho_s^{priv}}^{\substack{\text{Anteil des Bewertungssubjekts } h \\ \text{am Kapitalwert der Ausschüttungen} \\ \text{des Unternehmens } \ddot{U}_2 \text{ nach der Spaltung}}}}{\underbrace{\sum_{s=0}^{S} \overline{w}_s^{\ddot{U}1} \cdot EN_{\ddot{U}1}^{\max} \cdot \rho_s^{priv}}_{\substack{\text{Kapitalwert der Ausschüttung des} \\ \text{Unternehmens } U_1 \text{ nach der Spaltung}}}}.
$$

Für den Spezialfall, für den in allen Zuständen s $\overline{w}_s^{UG} = \overline{w}_s^{\ddot{U}}$ gilt, kann aus der „komplexen" Bewertungsformel schließlich die „vereinfachte" Variante hergeleitet werden, weil kein Ausweichen auf das private Entscheidungsfeld erforderlich ist:

$$
\alpha_{\min\ h}^{\ddot{U}1} = \frac{\beta_h \cdot \sum_{s=0}^{S} \overline{w}_s^{UG} \cdot EN_{UG}^{\max} \cdot \rho_s^{priv} - 0}{\sum_{s=0}^{S} \overline{w}_s^{\ddot{U}1} \cdot EN_{\ddot{U}1}^{\max} \cdot \rho_s^{priv}} - \frac{\alpha_h^{\ddot{U}2} \cdot \sum_{s=0}^{S} \overline{w}_s^{\ddot{U}2} \cdot EN_{\ddot{U}2}^{\max} \cdot \rho_s^{priv}}{\sum_{s=0}^{S} \overline{w}_s^{\ddot{U}1} \cdot EN_{\ddot{U}1}^{\max} \cdot \rho_s^{priv}}
$$

$$
\alpha_{\min\ h}^{\ddot{U}1} = \frac{\beta_h \cdot EN_{UG}^{\max}}{EN_{\ddot{U}1}^{\max}} \cdot \frac{\sum_{s=0}^{S} \overline{w}_s^{UG} \cdot \rho_s^{priv}}{\sum_{s=0}^{S} \overline{w}_s^{\ddot{U}1} \cdot \rho_s^{priv}} - \frac{\alpha_h^{\ddot{U}2} \cdot EN_{\ddot{U}2}^{\max}}{EN_{\ddot{U}1}^{\max}} \cdot \frac{\sum_{s=0}^{S} \overline{w}_s^{\ddot{U}2} \cdot \rho_s^{priv}}{\sum_{s=0}^{S} \overline{w}_s^{\ddot{U}1} \cdot \rho_s^{priv}}
$$

$$
\alpha_{\min\ h}^{\ddot{U}1} = \beta_h \cdot \frac{EN_{UG}^{\max}}{EN_{\ddot{U}1}^{\max}} - \alpha_h^{\ddot{U}2} \cdot \frac{EN_{\ddot{U}2}^{\max}}{EN_{\ddot{U}1}^{\max}}.
$$

2.4.5.2.2 Zahlenbeispiel

Zur Veranschaulichung wird im folgenden für den Fall einer eindimensionalen[499] Konfliktsituation vom Typ der Spaltung mit der kritischen Anteilsquote als einzigem konfliktlösungsrelevanten Sachverhalt die im vorherigen Abschnitt dargestellte Vorgehensweise zur Ermittlung eines Entscheidungswertes anhand eines Beispiels unter Annahme (quasi-)sicherer Erwartungen erläutert. Dieser Entscheidungswert wird in Form einer Grenzquote auf Basis eines einfachen Totalmodells unter Berücksichtigung der finanziellen Zielsetzung der *Einkommensmaximierung* ermittelt.

Die *Abbildung 195* zeigt die in diesem Abschnitt unterstellte Konfliktsituation für die Anteilseigner X und Y, nämlich den allgemeinen Fall der Eigentumsstrukturänderung, bei dem sich das Ursprungsunternehmen UG in die Unternehmen $\ddot{U}_1$ und $\ddot{U}_2$ aufspaltet. Die Anteilsverhältnisse vor der Spaltung müssen dabei nicht zwingend mit den Beteiligungsverhältnissen der Unternehmen nach der Spaltung übereinstimmen.[500]

---

[499] Es sei also vereinfachend angenommen, daß „nur" noch die Quote für ein übernehmendes Unternehmen zu bestimmen ist, weil im Vorfeld sowohl die Entnahmestrukturen der neu entstehenden Unternehmen als auch die Beteiligungsquoten für alle, bis auf das in Rede stehende Unternehmen, festgelegt wurden.

[500] Der spezielle Fall übereinstimmender Anteilsverhältnisse kann mit diesem Modell ebenfalls abgedeckt werden.

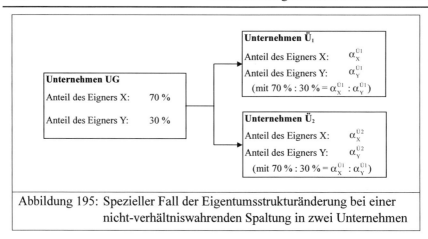

Abbildung 195: Spezieller Fall der Eigentumsstrukturänderung bei einer nicht-verhältniswahrenden Spaltung in zwei Unternehmen

Der *erste Schritt* betrifft die Bestimmung des Vor-Spaltungsprogramms, in dem die Entnahmemöglichkeiten des Unternehmens UG ohne Spaltung ermittelt werden. Der Planungshorizont beträgt vier Perioden, der Bewertungs- und der Spaltungszeitpunkt liegen in $t = 0$. Der Anteilseigner X, hier das Bewertungssubjekt, und der Anteilseigner Y streben einen uniformen Einkommensstrom an, der in den Perioden $t = 1$ bis 3 die Entnahme EN_{UG} vorsieht. Die letzte Ausschüttung $\overline{w}_4^{UG} \cdot EN_{UG}$ enthält zusätzlich zur normalen Ausschüttung EN_{UG} den Barwert einer ewigen Rente, um das Einkommen EN_{UG} auch außerhalb des Planungszeitraums zu erhalten.

Dem Unternehmen UG bieten sich zwei Investitionsmöglichkeiten I_1 und I_2 mit den Zahlungsreihen (–100 GE, 30 GE, 40 GE, 50 GE, 55 GE) und (–110 GE, 10 GE, 80 GE, 80 GE) sowie den jeweiligen Obergrenzen 30 und 25. Zur Finanzierung könnte eine Anleihe A unter folgenden Voraussetzungen aufgenommen werden: Nennbetrag 100 GE, Laufzeit 4 Jahre, Ausgabekurs 99 %, Nominalzins 6 % p. a., Tilgung zu gleichen Teilen am Ende des dritten und vierten Jahres, Obergrenze: maximal 35. Weitere finanzielle Mittel KA_t stehen einjährig unbegrenzt zu einem kurzfristigen Sollzins von 10 % p. a. zur Verfügung. Einjährige Geldanlagen GA_t sind zu 5 % p. a. unbegrenzt möglich. Die festen Zahlungsüberschüsse b_t sind zu Planungsbeginn in $t = 0$ mit +133 GE positiv und für die weiteren Zeitpunkte jeweils negativ (–55 GE, –9 GE, –9 GE, –8 GE). Gesucht wird nunmehr die uniforme, maximal pro Periode erzielbare Entnahme EN_{UG}. Die Ausgangsdaten[501] gibt *Abbildung 196* wieder.

---

[501]   Da die minimal zu fordernde Beteiligungsquote (wie der Grenzpreis im Falle der Konfliktsituation vom Typ des Kaufs/Verkaufs) ein „Wert hinter vorgehaltener Hand" ist, ermittelt das Bewertungssubjekt, hier der Anteilseigner X, diesen Wert – auf Basis seiner im Vorfeld und während der Verhandlung eruierten eigenen Vorstellungen über die im Fall der Spaltung durchzuführenden Maßnahmen (Spaltungsstrategie) – eigenständig. Bei den in die drei Schritte zur Entscheidungswertermittlung eingehenden Daten handelt es sich somit um Daten aus „Sicht des Bewertungssubjekts X".

t	I_1	I_2	GA_0	GA_1	GA_2	GA_3	KA_0	KA_1	KA_2	KA_3	A	b_t
0	-100	-110	-1				1				99	133
1	30	10	1,05	-1			-1,1	1			-6	-55
2	40	80		1,05	-1			-1,1	1		-6	-9
3	50	80			1,05	-1			-1,1	1	-56	-9
4	55					1,05				-1,1	-53	-8
Grenze	30	25	∞	∞	∞	∞	∞	∞	∞	∞	35	1

Abbildung 196: Daten zur Ermittlung des Vor-Spaltungsprogramms

Zur *Bestimmung des Vor-Spaltungsprogramms* ist die Lösung des folgenden linearen Optimierungsansatzes mit Hilfe des Simplexalgorithmus zu berechnen:

max. Ent; Ent := EN_{UG}

unter den Nebenbedingungen:

$$100 \cdot I_1 + 110 \cdot I_2 + 1 \cdot GA_0 - 1 \cdot KA_0 - 99 \cdot A \leq 133$$

$$-30 \cdot I_1 - 10 \cdot I_2 - 1,05 \cdot GA_0 + 1 \cdot GA_1 + 1,1 \cdot KA_0 - 1 \cdot KA_1 + 6 \cdot A + 1 \cdot EN_{UG} \leq -55$$

$$-40 \cdot I_1 - 80 \cdot I_2 - 1,05 \cdot GA_1 + 1 \cdot GA_2 + 1,1 \cdot KA_1 - 1 \cdot KA_2 + 6 \cdot A + 1 \cdot EN_{UG} \leq -9$$

$$-50 \cdot I_1 - 80 \cdot I_2 - 1,05 \cdot GA_2 + 1 \cdot GA_3 + 1,1 \cdot KA_2 - 1 \cdot KA_3 + 56 \cdot A + 1 \cdot EN_{UG} \leq -9$$

$$-55 \cdot I_1 - 1,05 \cdot GA_3 + 1,1 \cdot KA_3 + 53 \cdot A + 21 \cdot EN_{UG} \leq -8$$

$$I_1, I_2, GA_t, KA_t, A, EN_{UG} \geq 0 \quad \forall t$$

$$I_1 \leq 30$$

$$I_2 \leq 25$$

$$A \leq 35.$$

Dem Endtableau des Simplexalgorithmus ist das Vor-Spaltungsprogramm zu entnehmen. Aus diesem Programm entspringt ein uniformer Einkommensstrom der Breite $EN_{UG}^{max} = 118,3474$ GE. Das Guthaben zum Ende des Planungszeitraums über 2.366,9484 GE ist bei einem Zinssatz von 5 % Ursprung einer ewigen Rente i. H. v. EN_{UG}^{max}.[502] Es werden folgende Investitionen und Finanzierungen durchgeführt: Die Investitionen I_1 und I_2 sowie die Anleihe A erreichen die gesetzten Obergrenzen. In den Zeitpunkten t = 0 und t = 1 wird jeweils auf einperiodige Kredite KA_t zurückgegriffen, in den beiden folgenden Zeitpunkten werden Geldanlagen GA_t getätigt. Der vollständige Finanzplan des Vor-Spaltungsprogramms ist in *Abbildung 197* dargestellt:

---

[502] Unter Anwendung der kaufmännischen Kapitalisierungsformel ergibt sich das Guthaben zum Ende des Planungszeitraums durch: 118,3474 GE · 1/0,05 = 2.366,9484 GE.

	t = 0	t = 1	t = 2	t = 3	t = 4
Investition I_1	-3.000	900	1.200	1.500	1.650
Investition I_2	-2.750	250	2.000	2.000	
Anleihe A	3.465	-210	-210	-1.960	-1.855
Autonome Zahlungen	133	-55	-9	-9	-8
Betriebskredit KA	2.152	1.600,5474			
Geldanlage GA			-1.102,0505	-2.569,8055	
KA-, GA-Rückzahlung		-2.367,2000	-1.760,6021	1.157,1529	2.698,2958
Entnahme EN_{UG}		-118,3474	-118,3474	-118,3474	-118,3474
Zahlungssaldo	0	0	0	0	2.366,9484
Schuldenstand aus KA	2.152	1.600,5474			
Guthabenstand aus GA			1.102,0505	2.569,8055	
Endvermögen $EN_{UG}/0{,}05$					2.366,9484

Abbildung 197: Vollständiger Finanzplan des Vor-Spaltungsprogramms

Da das Bewertungssubjekt X ohne Spaltung mit dem Anteil β_h = 70 % am Unternehmen UG beteiligt ist, ergibt sich für dieses aus dem Vor-Spaltungsprogramm die in *Abbildung 198* dargestellte Ausschüttungshöhe, ohne daß es zu einer Änderung der Eigentumsverhältnisse kommen würde.

	t = 0	t = 1	t = 2	t = 3	t = 4
Entnahme EN_{UG}		-118,3474	-118,3474	-118,3474	-118,3474
Endvermögen $EN_{UG}/0{,}05$					2.366,9484
Anteil (70 %) von X an Entnahme EN_{UG}		-82,8432	-82,8432	-82,8432	-82,8432
Anteil von X (70 %) am Endvermögen $EN_{UG}/0{,}05$					1.656,8639

Abbildung 198: Anteil des X an der Ausschüttung aus dem Vor-Spaltungsprogramm

Mit dem Spaltungsprogramm werden nunmehr im *zweiten Schritt* die maximalen Entnahmen $EN_{Ü1}$ und $EN_{Ü2}$ der Spaltungsunternehmen $Ü_1$ und $Ü_2$ für die Anteilseigner X und Y ermittelt. Hierzu dient dem Bewertungssubjekt folgende Datenbasis. Das Unternehmen $Ü_1$ kann aufgrund der Spaltung die Investition I_1 und das Unternehmen $Ü_2$ die Investition I_2 durchführen.

Dabei erhöhen sich infolge positiver Spaltungseffekte die Obergrenzen für die einzelnen Investitionen, weil etwa durch die Spaltungsunternehmen eine bessere Betreuung gewährleistet werden kann.[503] Für das Unternehmen $Ü_1$ ergibt sich für die Investition I_1 eine Obergrenze von 34. Die Obergrenze für die Investition I_2 des Unternehmens $Ü_2$ soll 28 betragen. Die Geldanlage- und Finanzierungsmöglichkeiten bleiben zu den

---

[503] Es wäre auch denkbar, daß die gespaltenen Unternehmen beide Investitionen I_1 und I_2 durchführen könnten, wobei dann die Obergrenzen stark verringert wären. Ein praktisches Beispiel dafür wäre, wenn die Unternehmen die gleichen Produkte für unterschiedliche regionale Bereiche produzieren würden und deshalb Investitionen in die gleichen Maschinen erforderlich sind. Da der obige Fall eine allgemeinere Situation darstellen soll, wird hier von einer Teilung der Investitionsmöglichkeiten ausgegangen.

Konditionen ohne Spaltung bestehen. Allerdings vermindern sich aufgrund der verringerten Größe der Unternehmen die Finanzierungsmöglichkeiten über die Ausgabe einer Anleihe, so daß sich die Obergrenze für Unternehmen $\ddot{U}_1$ auf 18 reduziert und die Obergrenze für die Gesellschaft $\ddot{U}_2$ auf 14 sinkt. Der autonome Zahlungsstrom teilt sich in feste Zahlungen für die beiden Gesellschaften auf: Das Unternehmen $\ddot{U}_1$ erzielt im Planungszeitraum einen Innenfinanzierungsstrom von (73 GE, –30 GE, –5 GE, –5 GE, –4 GE), das Unternehmen $\ddot{U}_2$ hingegen die Zahlungsreihe (60 GE, –25 GE, –4 GE, –4 GE, –4 GE). Die schließlich vorliegenden Handlungsmöglichkeiten für die Unternehmen $\ddot{U}_1$ und $\ddot{U}_2$ sind in *Abbildung 199* sowie *Abbildung 200* dargestellt.

t	I_1	GA_0	GA_1	GA_2	GA_3	KA_0	KA_1	KA_2	KA_3	$A_{\ddot{U}_1}$	$b_{t\,\ddot{U}_1}$
0	-100	-1				1				99	73
1	30	1,05	-1			-1,1	1			-6	-30
2	40		1,05	-1			-1,1	1		-6	-5
3	50			1,05	-1			-1,1	1	-56	-5
4	55				1,05				-1,1	-53	-4
Grenze	34	∞	∞	∞	∞	∞	∞	∞	∞	18	1

Abbildung 199: Daten des Unternehmens $\ddot{U}_1$ zur Ermittlung des Spaltungsprogramms

t	I_2	GA_0	GA_1	GA_2	GA_3	KA_0	KA_1	KA_2	KA_3	$A_{\ddot{U}_2}$	$b_{t\,\ddot{U}_2}$
0	-110	-1				1				99	60
1	10	1,05	-1			-1,1	1			-6	-25
2	80		1,05	-1			-1,1	1		-6	-4
3	80			1,05	-1			-1,1	1	-56	-4
4					1,05				-1,1	-53	-4
Grenze	28	∞	∞	∞	∞	∞	∞	∞	∞	14	1

Abbildung 200: Daten des Unternehmens $\ddot{U}_2$ zur Ermittlung des Spaltungsprogramms

Mit der Entnahmestruktur soll weiterhin das Ziel der Einkommensmaximierung verfolgt werden. Es sei angenommen, daß sich die Konfliktparteien auf eine Struktur des Einkommensstroms einigen. Hierzu werden nachfolgend zwei Fälle unterschieden:

Fall a)　Die Konfliktparteien einigen sich jeweils für die Unternehmen $\ddot{U}_1$ und $\ddot{U}_2$ auf einen uniformen Einkommensstrom, welcher der Struktur des Unternehmens UG vor der Spaltung entspricht ($\overline{w}_0^{Sp} : \overline{w}_1^{Sp} : \overline{w}_2^{Sp} : \overline{w}_3^{Sp} : \overline{w}_4^{Sp} = 0 : 1 : 1 : 1 : 21$).

Fall b)　Die Konfliktparteien einigen sich für das Unternehmen $\ddot{U}_1$ auf die Einkommensstruktur $\overline{w}_{\ddot{U}1,0}^{Sp} : \overline{w}_{\ddot{U}1,1}^{Sp} : \overline{w}_{\ddot{U}1,2}^{Sp} : \overline{w}_{\ddot{U}1,3}^{Sp} : \overline{w}_{\ddot{U}1,4}^{Sp} = 0 : 1 : 1,3 : 1,69 : 22,197$, welche in den ersten vier Jahren eine Steigerung der Entnahmen um 30 % beinhaltet, und für Unternehmen $\ddot{U}_2$ auf $\overline{w}_{\ddot{U}2,0}^{Sp} : \overline{w}_{\ddot{U}2,1}^{Sp} : \overline{w}_{\ddot{U}2,2}^{Sp} : \overline{w}_{\ddot{U}2,3}^{Sp} : \overline{w}_{\ddot{U}2,4}^{Sp} = 0 : 1 : 1,15 : 1,3225 : 21,5209$, was in den ersten vier Jahren einer Steigerung um jeweils 15 % entspricht.

Da hier annahmegemäß eine eindimensionale disjungierte Konfliktsituation vorliegt, muß zudem der Anteil der Konfliktparteien an einem Unternehmen festgelegt werden. Deshalb wird unterstellt, daß sich die Konfliktparteien über die Anteile am Unternehmen $\ddot{U}_2$ geeinigt haben, so daß (jeweils) nur noch die individuelle minimale Beteiligungsquote für die Anteilseigner am Unternehmen $\ddot{U}_1$ ermittelt werden muß, mit denen sie als Entscheidungswert in die Spaltungsverhandlungen gehen können. Die Eigner X und Y teilen das Unternehmen $\ddot{U}_2$ folgendermaßen auf: X erhält den Anteil $\alpha_X^{\ddot{U}2}$ = 55 %, Y bekommt die Beteiligung $\alpha_Y^{\ddot{U}2}$ = 45 %.

Für den *Fall a)* ist zur *Ermittlung des ersten Teils des Spaltungsprogramms* nachfolgender Ansatz für das Unternehmen $\ddot{U}_1$ zu lösen:

$$\max. \, \text{Entn}_{\ddot{U}1}; \, \text{Entn}_{\ddot{U}1} := EN_{\ddot{U}1}^{a)}$$

unter den Nebenbedingungen

$$100 \cdot I_1 + 1 \cdot GA_0 - 1 \cdot KA_0 - 99 \cdot A \leq 73$$

$$-30 \cdot I_1 - 1,05 \cdot GA_0 + 1 \cdot GA_1 + 1,1 \cdot KA_0 - 1 \cdot KA_1 + 6 \cdot A + 1 \cdot EN_{\ddot{U}1}^{a)} \leq -30$$

$$-40 \cdot I_1 - 1,05 \cdot GA_1 + 1 \cdot GA_2 + 1,1 \cdot KA_1 - 1 \cdot KA_2 + 6 \cdot A + 1 \cdot EN_{\ddot{U}1}^{a)} \leq -5$$

$$-50 \cdot I_1 - 1,05 \cdot GA_2 + 1 \cdot GA_3 + 1,1 \cdot KA_2 - 1 \cdot KA_3 + 56 \cdot A + 1 \cdot EN_{\ddot{U}1}^{a)} \leq -5$$

$$-55 \cdot I_1 - 1,05 \cdot GA_3 + 1,1 \cdot KA_3 + 53 \cdot A + 21 \cdot EN_{\ddot{U}1}^{a)} \leq -4$$

$$I_1, \, GA_t, \, KA_t, \, A, \, EN_{\ddot{U}1}^{a)} \geq 0 \quad \forall \, t$$

$$I_1 \leq 34$$

$$A \leq 18.$$

Aus Sicht des Anteilseigners X entspringt aus dem Unternehmen $\ddot{U}_1$ nach Spaltung gemäß Lösung des Ansatzes mit dem Simplexalgorithmus ein uniformer Einkommensstrom der Breite $EN_{\ddot{U}1}^{\max \, a)}$ = 82,7713 GE, der unter den Anteilseignern X und Y aufzuteilen wäre. Das Guthaben zum Ende des Planungszeitraums über 1.655,4268 GE ist bei einem Zinssatz von 5 % p. a. Ursprung einer ewigen Rente i. H. v. $EN_{\ddot{U}1}^{\max \, a)}$.[504] Wie im Basisprogramm erreichen hier die Investition I_1 und die Anleihe A die gegebenen Obergrenzen. Der vollständige Finanzplan des Spaltungsprogramms für das Unternehmen $\ddot{U}_1$ gibt in *Abbildung 201* die Optimallösung detailliert wieder.

---

[504] Unter Anwendung der kaufmännischen Kapitalisierungsformel ergibt sich das Guthaben zum Ende des Planungszeitraums durch: 85,0114 GE · 1/0,05 = 1.655,4268 GE.

	t = 0	t = 1	t = 2	t = 3	t = 4
Investition I_1	-3.400	1.020	1.360	1.700	1.870
Anleihe A	1.782	-108	-108	-1.008	-954
Autonome Zahlungen	73	-30	-5	-5	-4
Betriebskredit KA	1.545	900,2713			
Geldanlage GA			-173,9302	-786,8554	
KA-, GA-Rückzahlung		-1.699,5000	-990,2985	182,6267	826,1981
Entnahme $EN_{Ü1}$		-82,7713	-82,7713	-82,7713	-82,7713
Zahlungssaldo	0	0	0	0	1.655,4268
Schuldenstand aus KA	1.545	900,2713			
Guthabenstand aus GA			173,9302	786,8554	
Endvermögen $EN_{Ü1}/0,05$					1.655,4268

Abbildung 201: Vollständiger Finanzplan des Unternehmens $Ü_1$ im Spaltungsprogramm (Fall a)

Nunmehr ist zur Komplettierung des Spaltungsprogramms der maximale Einkommensstrom des Unternehmens $Ü_2$ zu ermitteln. Hierzu muß folgender linearer Optimierungsansatz gelöst werden:

$$\max. Entn_{Ü2}; \quad Entn_{Ü2} := EN_{Ü2}^{a)}$$

unter den Nebenbedingungen:

$$110 \cdot I_2 + 1 \cdot GA_0 - 1 \cdot KA_0 - 99 \cdot A \leq 60$$

$$-10 \cdot I_2 - 1,05 \cdot GA_0 + 1 \cdot GA_1 + 1,1 \cdot KA_0 - 1 \cdot KA_1 + 6 \cdot A + 1 \cdot EN_{Ü2}^{a)} \leq -25$$

$$-80 \cdot I_2 - 1,05 \cdot GA_1 + 1 \cdot GA_2 + 1,1 \cdot KA_1 - 1 \cdot KA_2 + 6 \cdot A + 1 \cdot EN_{Ü2}^{a)} \leq -4$$

$$-80 \cdot I_2 - 1,05 \cdot GA_2 + 1 \cdot GA_3 + 1,1 \cdot KA_2 - 1 \cdot KA_3 + 56 \cdot A + 1 \cdot EN_{Ü2}^{a)} \leq -4$$

$$-1,05 \cdot GA_3 + 1,1 \cdot KA_3 + 53 \cdot A + 21 \cdot EN_{Ü2}^{a)} \leq -4$$

$$I_2, GA_t, KA_t, A, EN_{Ü2}^{a)} \geq 0 \quad \forall t$$

$$I_2 \leq 28$$

$$A \leq 14.$$

Das Unternehmen $Ü_2$ bringt schließlich, wenn die Investition I_2 im maximalen Umfang von 28 durchgeführt wird, einen gleichmäßigen Entnahmestrom i. H. v. $EN_{Ü2}^{max\ a)}$ = 48,3789 GE hervor, an dem Anteilseigner und Bewertungssubjekt X – annahmegemäß – den bereits vereinbarten Anteil $\alpha_X^{Ü2}$ = 55 % haben wird. Den vollständigen Finanzplan des optimalen Investitions- und Finanzierungsprogramms für das mit der Spaltung entstehende Unternehmen $Ü_2$ zeigt *Abbildung 202*.

	t = 0	t = 1	t = 2	t = 3	t = 4
Investition I_2	-3.080	280	2.240	2.240	
Anleihe A	1.386	-84	-84	-784	-742
Autonome Zahlungen	60	-25	-4	-4	-4
Betriebskredit KA	1.634	1.674,7789			
Geldanlage GA			-261,3644	-1.678,0538	
KA-, GA-Rückzahlung		-1.797,4000	-1.842,2567	274,4327	1.761,9569
Entnahme $EN_{\ddot{U}2}$		-48,3789	-48,3789	-48,3789	-48,3789
Zahlungssaldo	0	0	0	0	967,578
Schuldenstand aus KA	1.634	1.674,7789			
Guthabenstand aus GA			261,3644	1.678,0538	
Endvermögen $EN_{\ddot{U}2}/0{,}05$					967,578
Anteil von X (55,00 %) an Entnahme $EN_{\ddot{U}2}$		-26,6084	-26,6084	-26,6084	-26,6084
Anteil von X (55,00 %) am Endvermögen $EN_{\ddot{U}2}/0{,}05$					532,1676

Abbildung 202: Vollständiger Finanzplan des Unternehmens $\ddot{U}_2$ im Spaltungsprogramm (Fall a)

Damit ergibt sich im *dritten Schritt* die folgende *minimale Beteiligungsquote* des Eigners X für das Unternehmen $\ddot{U}_1$ bei einem zuvor festgelegten Anteil am Unternehmen $\ddot{U}_2$ i. H. v. 55 %:

$$\alpha_{\min X}^{\ddot{U}1\,a)} = \frac{EN_{UG}^{\max}}{EN_{\ddot{U}1}^{\max\,a)}} \cdot \beta_X - \frac{EN_{\ddot{U}2}^{\max}}{EN_{\ddot{U}1}^{\max\,a)}} \cdot \alpha_X^{\ddot{U}2}$$

$$\alpha_{\min X}^{\ddot{U}1\,a)} = \frac{118,3474}{82,7713} \cdot 0,7 - \frac{48,3789}{82,7713} \cdot 0,55$$

$$\Leftrightarrow \alpha_{\min X}^{\ddot{U}1\,a)} = 0,6794.$$

Das bedeutet, daß der Gesellschafter X mit einem Anteil von 55 % am Unternehmen $\ddot{U}_2$ mindestens 67,94 % am Unternehmen $\ddot{U}_1$ erhalten muß, damit er genauso gut wie ohne Spaltung des Unternehmens UG gestellt ist (siehe *Abbildung 198*). Dies wird im vollständigen Finanzplan des Bewertungssubjekts X (*Bewertungsprogramm*) für den Fall a) dargestellt, der in *Abbildung 203* aufgezeigt wird.

	t = 0	t = 1	t = 2	t = 3	t = 4
Entnahme $EN_{\ddot{U}1}$		82,7713	82,7713	82,7713	82,7713
Endvermögen $EN_{\ddot{U}1}/0{,}05$					1.655,4268
Entnahme $EN_{\ddot{U}2}$		48,3789	48,3789	48,3789	48,3789
Endvermögen $EN_{\ddot{U}2}/0{,}05$					967,578
Anteil von X (67,94 %) an Entnahme $EN_{\ddot{U}1}$		56,2348	56,2348	56,2348	56,2348
Anteil von X (67,94 %) am Endvermögen $EN_{\ddot{U}1}/0{,}05$					1.124,6963
Anteil von X (55,00 %) an Entnahme $EN_{\ddot{U}2}$		26,6084	26,6084	26,6084	26,6084
Anteil von X (55,00 %) am Endvermögen $EN_{\ddot{U}2}/0{,}05$					532,1676
Summe der Anteile von X an Entnahmen $EN_{\ddot{U}1}$ und $EN_{\ddot{U}2}$		-82,8432	-82,8432	-82,8432	-82,8432
Summe der Anteile von X am Endvermögen $(EN_{\ddot{U}1}+EN_{\ddot{U}2})/0{,}05$					1.656,8639
Abbildung 203: Vollständiger Finanzplan des Bewertungsprogramms des Anteilseigners X (Fall a)					

Für den *Fall b)* ist im *zweiten Schritt,* der Bestimmung des Spaltungsprogramms, mit dem folgenden linearen Optimierungsansatz die maximal mögliche Ausschüttung für das Unternehmen $\ddot{U}_1$ zu berechnen, in dem die für $\ddot{U}_1$ vereinbarte Entnahmestruktur

$$\overline{w}^{Sp}_{\ddot{U}1,0} : \overline{w}^{Sp}_{\ddot{U}1,1} : \overline{w}^{Sp}_{\ddot{U}1,2} : \overline{w}^{Sp}_{\ddot{U}1,3} : \overline{w}^{Sp}_{\ddot{U}1,4} \quad = \quad 0 : 1 : 1,3 : 1,69 : 22,197 \quad \text{berücksichtigt werden}$$

muß:

$$\max. \text{Entn}_{\ddot{U}1}; \; \text{Entn}_{\ddot{U}1} := EN^{b)}_{\ddot{U}1}$$

unter den Nebenbedingungen:

$$100 \cdot I_1 + 1 \cdot GA_0 - 1 \cdot KA_0 - 99 \cdot A \le 73$$

$$-30 \cdot I_1 - 1,05 \cdot GA_0 + 1 \cdot GA_1 + 1,1 \cdot KA_0 - 1 \cdot KA_1 + 6 \cdot A + 1 \cdot EN^{b)}_{\ddot{U}1} \le -30$$

$$-40 \cdot I_1 - 1,05 \cdot GA_1 + 1 \cdot GA_2 + 1,1 \cdot KA_1 - 1 \cdot KA_2 + 6 \cdot A + 1,3 \cdot EN^{b)}_{\ddot{U}1} \le -5$$

$$-50 \cdot I_1 - 1,05 \cdot GA_2 + 1 \cdot GA_3 + 1,1 \cdot KA_2 - 1 \cdot KA_3 + 56 \cdot A + 1,69 \cdot EN^{b)}_{\ddot{U}1} \le -5$$

$$-55 \cdot I_1 - 1,05 \cdot GA_3 + 1,1 \cdot KA_3 + 53 \cdot A + 22,197 \cdot EN^{b)}_{\ddot{U}1} \le -4$$

$$I_t, \, GA_t, \, KA_t, \, A, \, EN^{b)}_{\ddot{U}1} \ge 0 \quad \forall \, t$$

$$I_1 \le 34$$

$$A \le 18.$$

Aus diesem Spaltungsprogramm für das Unternehmen $\ddot{U}_1$ entspringt nach Lösung des Simplexalgorithmus ein Einkommensstrom der Breite $EN^{\max b)}_{\ddot{U}1} = 75{,}7676$, woraus sich unter Berücksichtigung der Entnahmestruktur die Ausschüttungen für die Eigner berechnen lassen. Zum Ende des Planungszeitraums ergibt sich zudem ein Vermögen von 1.515,3522 GE, das bei einem Zinssatz von 5 % p. a. Ursprung einer ewigen Rente i. H. v. $EN^{\max b)}_{\ddot{U}1}$ ist. Der vollständige Finanzplan des Spaltungsprogramms des Unternehmens $\ddot{U}_1$ für den Fall b) in *Abbildung 204* gibt die Optimallösung nochmals wieder.

	t = 0	t = 1	t = 2	t = 3	t = 4
Investition I_1	-3.400	1.020	1.360	1.700	1.870
Anleihe A	1.782	-108	-108	-1.008	-954
Autonome Zahlungen	73	-30	-5	-5	-4
Betriebskredit KA	1.545	893,2676			
Geldanlage GA			-165,9077	-733,1558	
KA-, GA-Rückzahlung		-1.699,5000	-982,5944	174,2031	769,8136
Entnahme $EN_{\ddot{U}1}$		-75,7676	-98,4979	-128,0473	-166,4614
Zahlungssaldo	0	0	0	0	1.515,3522
Schuldenstand aus KA	1.545	893,2676			
Guthabenstand aus GA			165,9077	733,1558	
Endvermögen $EN_{\ddot{U}1}/0,05$					1.515,3522

Abbildung 204: Vollständiger Finanzplan des Unternehmens $\ddot{U}_1$ im Spaltungsprogramm (Fall b)

Ebenso ist im Hinblick auf das Spaltungsprogramm für das Unternehmen $\ddot{U}_2$ ein linearer Ansatz zu formulieren und zu lösen, welcher jedoch die Entnahmestruktur

$$\overline{w}_{\ddot{U}2,0}^{Sp} : \overline{w}_{\ddot{U}2,1}^{Sp} : \overline{w}_{\ddot{U}2,2}^{Sp} : \overline{w}_{\ddot{U}2,3}^{Sp} : \overline{w}_{\ddot{U}2,4}^{Sp} = 0 : 1 : 1,15 : 1,3225 : 21,5209 \text{ berücksichtigen}$$

muß:

$$\max. \text{Entn}_{\ddot{U}2}; \text{Entn}_{\ddot{U}2} := EN_{\ddot{U}2}^{b)}$$

unter den Nebenbedingungen:

$$110 \cdot I_2 + 1 \cdot GA_0 - 1 \cdot KA_0 - 99 \cdot A \le 60$$

$$-10 \cdot I_2 - 1,05 \cdot GA_0 + 1 \cdot GA_1 + 1,1 \cdot KA_0 - 1 \cdot KA_1 + 6 \cdot A + 1 \cdot EN_{\ddot{U}2}^{b)} \le -25$$

$$-80 \cdot I_2 - 1,05 \cdot GA_1 + 1 \cdot GA_2 + 1,1 \cdot KA_1 - 1 \cdot KA_2 + 6 \cdot A + 1,15 \cdot EN_{\ddot{U}2}^{b)} \le -4$$

$$-80 \cdot I_2 - 1,05 \cdot GA_2 + 1 \cdot GA_3 + 1,1 \cdot KA_2 - 1 \cdot KA_3 + 56 \cdot A + 1,3225 \cdot EN_{\ddot{U}2}^{b)} \le -4$$

$$-1,05 \cdot GA_3 + 1,1 \cdot KA_3 + 53 \cdot A + 21,5209 \cdot EN_{\ddot{U}2}^{b)} \le -4$$

$$I_2, GA_t, KA_t, A, EN_{\ddot{U}2}^{b)} \ge 0 \quad \forall t$$

$$I_2 \le 28$$

$$A \le 14.$$

Für das Unternehmen $\ddot{U}_2$ ergibt sich im Fall b) ein Entnahmestrom i. H. v. $EN_{\ddot{U}2}^{max\ b)} = 46,4261$ GE, woran das Bewertungssubjekt X annahmegemäß mit dem Anteil von $\alpha_X^{\ddot{U}2} = 55\%$ beteiligt ist. Den vollständigen, die entsprechende Entnahmestruktur berücksichtigenden Finanzplan des optimalen Investitions- und Finanzierungsprogramms des mit der Spaltung entstehenden Unternehmens $\ddot{U}_2$ für den Fall b) zeigt *Abbildung 205*.

	t = 0	t = 1	t = 2	t = 3	t = 4
Investition I_2	-3.080	280	2.240	2.240	
Anleihe A	1.386	-84	-84	-784	-742
Autonome Zahlungen	60	-25	-4	-4	-4
Betriebskredit KA	1.634	1.673			
Geldanlage GA			-258,5013	-1.662,0279	
KA-, GA-Rückzahlung		-1.797,4000	-1.840,1087	271,4264	1.745,1293
Entnahme $EN_{Ü2}$		-46,4261	-53,39	-61,3985	-70,6082
Zahlungssaldo	0	0	0	0	928,5211
Schuldenstand aus KA	1.634	1.672,8261			
Guthabenstand aus GA			258,5013	1.662,0279	
Endvermögen $EN_{Ü2}/0{,}05$					928,5211
Anteil von X (55,00 %) an Entnahme $EN_{Ü2}$		-25,5343	-29,3645	-33,7692	-38,8345
Anteil von X (55,00 %) am Endvermögen $EN_{Ü2}/0{,}05$					510,6859
Abbildung 205: Vollständiger Finanzplan des Unternehmens $Ü_2$ im Spaltungsprogramm (Fall b)					

Es wird deutlich, daß die maximalen Entnahmen $EN_{Ü1}^{max\ b)}$ und $EN_{Ü2}^{max\ b)}$ weder einzeln noch kumuliert die bisher gewünschte, gleichförmige Ausschüttungsstruktur $\overline{w}_{UG,0}^{Sp} : \overline{w}_{UG,1}^{Sp} : \overline{w}_{UG,2}^{Sp} : \overline{w}_{UG,3}^{Sp} : \overline{w}_{UG,4}^{Sp} = 0 : 1 : 1 : 1 : 21$ des Ursprungsunternehmens UG besitzen. Damit ein finanzwirtschaftlicher Vergleich der gespaltenen Unternehmen und des Ursprungsunternehmens getroffen werden kann, muß das Bewertungssubjekt im *dritten Schritt* mit Hilfe von Vermögensumschichtungen in seinem privaten Entscheidungsfeld die Ausschüttungen der gespaltenen Unternehmen in die Struktur des (von ihm gewünschten) Ausschüttungsstroms des Unternehmens UG transformieren. Für das private Entscheidungsfeld des hier betrachteten Anteilseigners X gelten folgende Rahmenbedingungen: Das Bewertungssubjekt X kann überschüssige Gelder zu 5 % p. a. am Kapitalmarkt anlegen (GA^{priv}). Weiterhin besitzt es bereits in allen Zeitpunkten jeweils 5 %-Geldanlagen, die um 2 GE reduziert werden können. Weitere Liquidität (KA^{priv}) kann das Subjekt X zu einem Sollzins von 10 % p. a. erhalten.

Basis der Transformation sind die vom Entscheidungssubjekt X erwarteten Ausschüttungen aus den beiden Spaltungsunternehmen, wobei die Ausschüttungen von $Ü_1$ die Struktur $\overline{w}_{Ü1,0}^{Sp} : \overline{w}_{Ü1,1}^{Sp} : \overline{w}_{Ü1,2}^{Sp} : \overline{w}_{Ü1,3}^{Sp} : \overline{w}_{Ü1,4}^{Sp} = 0 : 1 : 1{,}3 : 1{,}69 : 22{,}197$ und die Ausschüttungen von $Ü_2$ die Struktur $\overline{w}_{Ü2,0}^{Sp} : \overline{w}_{Ü2,1}^{Sp} : \overline{w}_{Ü2,2}^{Sp} : \overline{w}_{Ü2,3}^{Sp} : \overline{w}_{Ü2,4}^{Sp} = 0 : 1 : 1{,}15 : 1{,}3225 : 21{,}5209$ aufweisen. Die durch das Bewertungssubjekt X zu fordernde minimale Anteilsquote für Unternehmen $Ü_1$ muß dabei gewährleisten, daß sich die Entnahmestruktur des Unternehmens UG $\overline{w}_{UG,0}^{Sp} : \overline{w}_{UG,1}^{Sp} : \overline{w}_{UG,2}^{Sp} : \overline{w}_{UG,3}^{Sp} : \overline{w}_{UG,4}^{Sp} = 0 : 1 : 1 : 1 : 21$ wie auch die Höhe der Ausschüttungen aus dem Unternehmen UG, die das Entscheidungssubjekt X aus seinem Anteil $\beta_X = 0{,}7$ erhält, durch seine privaten Transaktionen nachbilden lassen. Hierzu muß das Entscheidungssubjekt den folgenden Optimierungsansatz zur Ermittlung der *minimal zu fordernden Anteilsquote* $\alpha_{\min X}^{\ddot{U}1\,b)}$ lösen:

$$\min. A; \ A := \alpha_X^{\ddot{U}1\,b)}$$

unter den Nebenbedingungen:

$$-1 \cdot GA_0^{priv} + 1 \cdot KA_0^{priv} + \alpha_X^{\ddot{U}1\,b)} \cdot 0 \cdot 75{,}7676 + 0{,}55 \cdot 0 \cdot 46{,}4261 \geq 0 \cdot 0{,}7 \cdot 118{,}3474$$

$$1{,}05 \cdot GA_0^{priv} - 1 \cdot GA_1^{priv} - 1{,}1 \cdot KA_0^{priv} + 1 \cdot KA_1^{priv} + \alpha_X^{\ddot{U}1\,b)} \cdot 1 \cdot 75{,}7676$$
$$+ 0{,}55 \cdot 1 \cdot 46{,}4261 \geq 1 \cdot 0{,}7 \cdot 118{,}3474$$

$$1{,}05 \cdot GA_1^{priv} - 1 \cdot GA_2^{priv} - 1{,}1 \cdot KA_1^{priv} + 1 \cdot KA_2^{priv} + \alpha_X^{\ddot{U}1\,b)} \cdot 1{,}3 \cdot 75{,}7676$$
$$+ 0{,}55 \cdot 1{,}15 \cdot 46{,}4261 \geq 1 \cdot 0{,}7 \cdot 118{,}3474$$

$$1{,}05 \cdot GA_2^{priv} - 1 \cdot GA_3^{priv} - 1{,}1 \cdot KA_2^{priv} + 1 \cdot KA_3^{priv} + \alpha_X^{\ddot{U}1\,b)} \cdot 1{,}69 \cdot 75{,}7676$$
$$+ 0{,}55 \cdot 1{,}3225 \cdot 46{,}4261 \geq 1 \cdot 0{,}7 \cdot 118{,}3474$$

$$1{,}05 \cdot GA_3^{priv} - 1{,}1 \cdot KA_3^{priv} + \alpha_X^{\ddot{U}1\,b)} \cdot 22{,}197 \cdot 75{,}7676 + 0{,}55 \cdot 21{,}5209 \cdot 46{,}4261$$
$$\geq 21 \cdot 0{,}7 \cdot 118{,}3474$$

$$-GA_t^{priv} \geq -2 \qquad \forall t$$

$$KA_t^{priv} \geq 0 \qquad \forall t.$$

Diese Nebenbedingungen lassen sich vereinfachen zu:

$$-1 \cdot GA_0^{priv} + 1 \cdot KA_0^{priv} \geq 0$$

$$1{,}05 \cdot GA_0^{priv} - 1 \cdot GA_1^{priv} - 1{,}1 \cdot KA_0^{priv} + 1 \cdot KA_1^{priv} + \alpha_X^{\ddot{U}1\,b)} \cdot 1 \cdot 75{,}7676 \geq 57{,}3088$$

$$1{,}05 \cdot GA_1^{priv} - 1 \cdot GA_2^{priv} - 1{,}1 \cdot KA_1^{priv} + 1 \cdot KA_2^{priv} + \alpha_X^{\ddot{U}1\,b)} \cdot 1{,}3 \cdot 75{,}7676 \geq 53{,}4787$$

$$1{,}05 \cdot GA_2^{priv} - 1 \cdot GA_3^{priv} - 1{,}1 \cdot KA_2^{priv} + 1 \cdot KA_3^{priv} + \alpha_X^{\ddot{U}1\,b)} \cdot 1{,}69 \cdot 75{,}7676 \geq 49{,}0740$$

$$1{,}05 \cdot GA_3^{priv} - 1{,}1 \cdot KA_3^{priv} + \alpha_X^{\ddot{U}1\,b)} \cdot 22{,}197 \cdot 75{,}7676 \geq 1.190{,}1845$$

$$-GA_t^{priv} \geq -2 \ \forall t$$

$$KA_t^{priv} \geq 0 \qquad \forall t.$$

Schließlich ergibt sich eine – im Vergleich zum Fall a) etwas geringere – minimal zu fordernde Beteiligungsquote $\alpha_{\min X}^{\ddot{U}1\,b)} = 67{,}93455\,\%$. Nur wenn diese Quote vereinbart wird, stellt sich das Bewertungssubjekt nicht schlechter als ohne Spaltung. Daß das Bewertungssubjekt unter Berücksichtigung des privaten Entscheidungsfeldes mit dieser Quote die gewünschte zeitliche Entnahmestruktur und die Höhe seiner Ausschüttungen aus dem Unternehmen UG nachbilden kann, zeigt der vollständige Finanzplan des Bewertungsprogramms des Anteilseigners X in der *Abbildung 206*.

	t = 0	t = 1	t = 2	t = 3	t = 4
Entnahme $EN_{Ü1}$		75,7676	98,4979	128,0473	166,4614
Endvermögen $EN_{Ü1}/0,05$					1.515,3522
Entnahme $EN_{Ü2}$		46,4261	53,39	61,3985	70,6082
Endvermögen $EN_{Ü2}/0,05$					928,5211
Anteil von X (67,93455 %) an Entnahme $EN_{Ü1}$		51,4724	66,9141	86,9883	113,0848
Anteil von X (67,93455 %) am Endvermögen $EN_{Ü1}/0,05$					1.029,4477
Anteil von X (55,00 %) an Entnahme $EN_{Ü2}$		25,5343	29,3645	33,7692	38,8345
Anteil von X (55,00 %) am Endvermögen $EN_{Ü2}/0,05$					510,6859
Summe der Anteile von X an Entnahmen $EN_{Ü1}$ und $EN_{Ü2}$		77,0067	96,2786	120,7575	151,9193
Summe der Anteile von X am Endvermögen $(EN_{Ü1}+EN_{Ü2})/0,05$					1.540,1336
Einzahlung aus möglicher Reduktion privater Geldanlagen GA^{priv}		2			
Mindereinzahlung aufgrund der Reduktion privater Geldanlagen GA^{priv}			-2,1		
private Kreditaufnahme KA^{priv}		3,8365			
Geldanlage GA^{priv}			-7,1152	-45,3851	
KA^{priv}-, GA^{priv}-Rückzahlung			-4,2202	7,4708	47,6542
gewünschte Entnahme EN_{UG}^{max}	0	-82,8432	-82,8432	-82,8432	-82,8432
Zahlungssaldo	0	0	0	0	1.656,8639
Schuldenstand aus KA^{priv}		3,8365			
Guthabenstand aus GA^{priv}			7,1152	45,3851	
gewünschtes Endvermögen $EN_{UG}/0,05$					1.656,8639

Abbildung 206: Vollständiger Finanzplan des Bewertungsprogramms des Anteilseigners X (Fall b)

Das Beispiel der Spaltung mit seinen – im Fall a) – gleichen und mit seinen – im Fall b) – unterschiedlichen Entnahmegewichtungen als Ausdruck der Ausschüttungspolitiken bei den beiden Spaltungsunternehmen veranschaulicht, daß es sich nicht nur bei den Anteilsquoten, sondern auch bei den Gewichtungen um originäre konfliktlösungsrelevante Sachverhalte handelt, die zu unterschiedlichen Grenzquoten führen.

Insgesamt wird deutlich, daß es sich bei Konfliktsituationen vom Typ der Spaltung, welche hier aus didaktischen Gründen als eindimensionale Konfliktsituationen dargestellt wurden, grundsätzlich um mehrdimensionale Konfliktsituationen handelt. Im Zentrum der Verhandlungen stehen vor allem die Anteilsquoten der Eigner an den gespaltenen Unternehmen, die mit den Unternehmen verfolgten Ziele und die Strukturen der Ausschüttungsströme. Eine einzelne Anteilsquote des einen durch die Spaltung entstehenden Unternehmens determiniert die Grenzquoten der anderen durch die Spaltung entstehenden Unternehmen. Dieser Lösungsdefekt kann heuristisch überwunden werden, indem eine jeweilige Grenzquote unter systematisch zu variierenden Ceterisparibus-Bedingungen im Hinblick auf die Anteilsquoten und unter Berücksichtigung eventuell bereits vereinbarter Anteilsquoten der anderen Unternehmen berechnet wird. Zur Komplexitätsreduktion sollten dabei die Berechnungen auf die möglichen Anteilsquoten oder mögliche Anteilsquotenbereiche eingegrenzt werden.[505]

---

[505] Zur graphischen Aufbereitung der Daten – einerseits als Beteiligungsquotenfunktion und andererseits in einer EDGEWORTH-Box – und der damit verbundenen transparenten Entscheidungsunterstützung in Spaltungsverhandlungen vgl. BYSIKIEWICZ/MATSCHKE/BRÖSEL, Fall der Spaltung (2005), S. 725–728.

2.4.6 Jungierte Konfliktsituationen

2.4.6.1 Vorbemerkungen

In den vorangehenden Betrachtungen wurde jeweils nur ein Unternehmen bewertet. Eine parallele Bewertung mehrerer Objekte im Entscheidungszeitpunkt durch das Bewertungssubjekt wurde bisher ausgeschlossen. Nunmehr soll angenommen werden, daß das Entscheidungssubjekt gleichzeitig mit verschiedenen Verhandlungspartnern in Kontakt steht und dabei über mehr als eine Akquisition, Veräußerung, Fusion und/oder Spaltung nachdenkt.[506] Die entsprechenden Entscheidungswerte lassen sich in diesen Konfliktsituationen nicht mehr isoliert voneinander entwickeln. „In diesem Falle hängt nämlich die Konzessionsbereitschaft hinsichtlich eines bestimmten Bewertungsobjekts mit davon ab, welche Verhandlungsergebnisse in bezug auf die anderen Bewertungsobjekte erzielt werden. Die vorzunehmenden Bewertungen sind interdependent, weil der [...] [Entscheidungswert] jedes einzelnen Objekts vom maximalen Zielfunktionswert des zugehörigen Basisprogramms abhängt und dieser wiederum von den Verhandlungsergebnissen [..] der übrigen Bewertungsobjekte. Um aber die Preise [und Anteile] der Objekte ökonomisch vernünftig aushandeln zu können, muß man sich über ihren Wert im klaren sein, der doch durch das ganze Verfahren erst zu bestimmen ist."[507] Die *Bewertungssituationen sind somit miteinander verbunden*, weshalb von *jungierten Konfliktsituationen* gesprochen wird.[508]

Für das Entscheidungssubjekt, welches sich in x jungierten Konfliktsituationen KS_1, KS_2, ..., KS_n, ..., KS_x befindet – in denen es um den Erwerb, die Veräußerung, die Fusion und/oder die Spaltung von x Unternehmen U_1, U_2, ..., U_n, ..., U_x geht –, ist es aufgrund der bestehenden Interdependenzen erforderlich, beispielsweise neben dem Entscheidungswert für das Unternehmen U_1 auch die Entscheidungswerte für die Unternehmen in den anderen (x – 1) Konfliktsituationen zu bestimmen. Der Entscheidungswert EW_{U_1} des Unternehmens U_1 ist abhängig vom maximalen Zielfunktionswert des zugehörigen Basisprogramms. Dieser Zielfunktionswert wird wiederum durch die in den anderen (x – 1) Konfliktsituationen vereinbarten Preise und Verteilungen der Eigentumsrechte beeinflußt. Ebenso läßt sich die Beziehung zwischen dem Entscheidungswert EW_{U_2} des Unternehmens U_2 und den für die anderen (x – 2) Unternehmen (diesmal unter Berücksichtigung des für U_1 vereinbarten Preises oder der dafür vereinbarten Verteilung der Eigentumsrechte) beschreiben. Für die Entscheidungswerte EW, die von den im Entscheidungsfeld noch offenen Gestaltungsmöglichkeiten im Hinblick auf die zu vereinbarenden Preise P oder auf die zu vereinbarenden Verteilungen der Eigentumsrechte VE abhängig sind, gilt dementsprechend:

$$EW_{U_a} = f\left(P \vee VE_{U_n \in \{U_1, U_2, ..., U_a, ..., U_n, ..., U_x\} \setminus \{U_a\}}\right) \quad \forall \ U_a \in \{U_1, U_2, ..., U_a, ..., U_n, ..., U_x\}.$$

---

[506] Vgl. hierzu auch M*ATSCHKE*, Entscheidungswert (1975), S. 336–343.

[507] H*ERING*, Unternehmensbewertung (2006), S. 127.

[508] Schon frühzeitig hat M*ATSCHKE* auf die Bedeutung jungierter Konfliktsituationen hingewiesen. Siehe M*ATSCHKE*, Entscheidungswert (1975), S. 336–356, für die jungierten Situationen vom Typ „Kauf-Kauf" (S. 336–343) und vom Typ „Verkauf-Verkauf" (S. 344–356).

Während in einer disjungierten Situation die Preise und Verteilungen der Eigentumsrechte aller anderen Objekte Ceteris-paribus-Bedingungen sind, ist in der jungierten Konfliktsituation der Entscheidungswert des einen Objekts – und damit das jeweilige Basisprogramm und das korrespondierende Bewertungsprogramm – in Abhängigkeit von den ausgehandelten Preisen sowie Verteilungen der Eigentumsrechte der anderen Objekte zu bestimmen. Aufgrund des auftretenden Lösungsdefekts bietet es sich an, den vorliegenden parametrischen Optimierungsansatz heuristisch zu lösen, indem der Entscheidungswert unter systematisch zu variierenden Ceteris-paribus-Bedingungen wiederholt berechnet wird.[509]

Dieses Vorgehen soll nunmehr für folgende vereinfachte jungierte Konfliktsituationen dargestellt werden:

1. *Konfliktsituation vom Typ „Kauf-Kauf":*[510]
   Das Bewertungssubjekt ist am Erwerb von zwei unterschiedlichen Unternehmen interessiert, wobei zwischen den Bewertungsobjekten keine erfolgswirksamen Beziehungen bestehen.[511] Die mögliche Einigung soll in diesen Verhandlungen lediglich preismotiviert sein.

2. *Konfliktsituation vom Typ „Verkauf-Verkauf":*[512]
   Das Bewertungssubjekt besitzt zwei einander verschiedene Unternehmen (Bewertungsobjekte) und steht mit zwei unterschiedlichen Konfliktparteien in Verhandlung über den Verkauf von jeweils einem dieser Unternehmen, zwischen denen keine erfolgswirksamen Beziehungen bestehen. Auch hier sind die Preise die einzigen konfliktlösungsrelevanten Sachverhalte.

3. *Konfliktsituation vom Typ „Kauf-Verkauf":*[513]
   Das Bewertungssubjekt besitzt ein Unternehmen, welches es veräußern möchte und steht in diesem Zusammenhang mit einem Verhandlungspartner in Kontakt. Zur gleichen Zeit verhandelt das Bewertungssubjekt im Hinblick auf den Kauf eines anderen Unternehmens mit einer anderen Konfliktpartei. Zwischen den beiden Bewertungsobjekten bestehen wiederum keine erfolgswirksamen Beziehungen; die möglichen Einigungen sind auch hier jeweils nur preismotiviert.

Insgesamt liegen in allen Fällen nicht dominierte, *jungierte*, eindimensionale Konfliktsituationen vor. Dies wird in *Abbildung 207* im entsprechenden Konfliktwürfel verdeutlicht.

---

[509]   Siehe zum beschriebenen Vorgehen auch HERING, Unternehmensbewertung (2006), S. 127.

[510]   Diese Konfliktsituation wurde zum ersten Mal von MATSCHKE, Entscheidungswert (1975), S. 336–343, behandelt.

[511]   Zwischen den Bewertungsobjekten besteht somit keine Erfolgs- oder Ertragsabhängigkeit. Vgl. hierzu MOXTER, Unternehmensbewertung 2 (1983), S. 91–96.

[512]   Diese Konfliktsituation wurde zum ersten Mal von MATSCHKE, Entscheidungswert (1975), S. 344–356, behandelt.

[513]   Diese Konfliktsituation wurde zum ersten Mal von HERING, Finanzwirtschaftliche Unternehmensbewertung (1999), S. 68–74, behandelt.

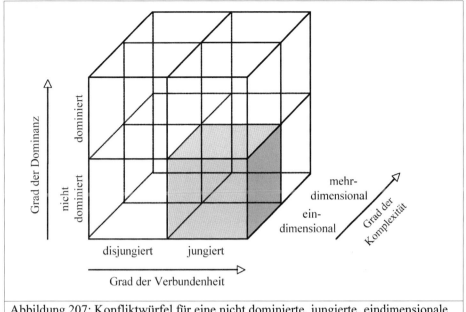

Abbildung 207: Konfliktwürfel für eine nicht dominierte, jungierte, eindimensionale Konfliktsituation

2.4.6.2 Darstellung verschiedener jungierter Situationen

2.4.6.2.1 Typ „Kauf-Kauf"

Nachfolgend wird die Vorgehensweise der Entscheidungswertermittlung in der jungierten Konfliktsituation vom Typ „Kauf-Kauf" auf Basis des ZGPM an einem transparenten Beispiel mit mehrperiodigem Planungszeitraum (T = 4) erläutert.[514] Das Bewertungssubjekt steht im Zeitpunkt t = 0 vor den Entscheidungen, ein Unternehmen U_A und/oder ein Unternehmen U_B zu erwerben. Für das Bewertungsobjekt Unternehmen U_A wurde der Zahlungsstrom (0 GE, 60 GE, 40 GE, 20 GE, 10 GE) und darüber hinaus ab t = 5 eine ewige Rente von nur einer GE ermittelt. Im Hinblick auf Unternehmen U_B beträgt die ermittelte Zahlungsreihe (0 GE, 30 GE, 40 GE, 50 GE, 15 GE); ab t = 5 wird eine ewige Rente von 2 GE erwartet. Als ewiger Einzahlungsüberschuß aus der Innenfinanzierung (IF) von bereits im Besitz des Bewertungssubjekts stehender Unternehmen werden in jedem Zeitpunkt 30 GE erzielt, wobei dieser Zahlungsstrom von den zu bewertenden Unternehmen unabhängig ist. Im Entscheidungszeitpunkt besitzt das Bewertungssubjekt zusätzlich 100 GE als Eigenmittel (EM). Weitere finanzielle Mittel (Kapitalaufnahmen KA_t) stehen unbegrenzt zu einem kurzfristigen Sollzins von 10 % p. a. zur Verfügung. Finanzinvestitionen (Geldanlagen GA_t) können in beliebiger Höhe zu einem Habenzins von 5 % p. a. getätigt werden.

---

[514] Nachfolgende Darstellung erfolgt in enger Anlehnung an BRÖSEL, Medienrechtsbewertung (2002), S. 98–106.

Das Bewertungssubjekt strebt seinerseits einen uniformen Einkommensstrom an, der in jeder Periode die Entnahme EN vorsieht. Die letzte Ausschüttung soll zusätzlich zur normalen Ausschüttung EN den Barwert einer ewigen Rente enthalten, um das Einkommen EN auch außerhalb des Planungszeitraums zu bewahren. Für t > T wird im Beispiel der pauschal geschätzte Kalkulationszinsfuß i. H. v. i = 5 % p. a. berücksichtigt. Unter Anwendung der kaufmännischen Kapitalisierungsformel ergibt sich deshalb – wie bereits schon in vielen Beispielen zuvor – in t = 4 für die Zahlungen nach dem Zeitpunkt t > T = 4 der Faktor 20 (= 1/i). Die gewünschte zeitliche Struktur der Entnahmen lautet: $\bar{w}_0 : \bar{w}_1 : \bar{w}_2 : \bar{w}_3 : \bar{w}_4 = 1 : 1 : 1 : 1 : 21$. In *Abbildung 208* sind die Daten dieses Beispiels noch einmal zusammengefaßt.[515]

t	GA_0	GA_1	GA_2	GA_3	KA_0	KA_1	KA_2	KA_3	EM	IF	U_A	U_B
0	-1				1				100	30	P?	P?
1	1,05	-1			-1,1	1				30	60	30
2		1,05	-1			-1,1	1			30	40	40
3			1,05	-1			-1,1	1		30	20	50
4				1,05				-1,1		630	30	55
Grenze	∞	∞	∞	∞	∞	∞	∞	∞	1	1	1	1

Abbildung 208: Daten der jungierten Konfliktsituation vom Typ „Kauf-Kauf"

Für das Entscheidungssubjekt ist es erforderlich, neben dem Entscheidungswert für das Unternehmen U_A auch den Grenzpreis für das Unternehmen U_B zu bestimmen, wobei zu berücksichtigen ist, daß Entscheidungswerte in jungierten Konfliktsituationen interdependent sind. Der Grenzpreis P_{max}^{UA} des Unternehmens U_A ist abhängig vom maximalen Zielfunktionswert des zugehörigen Basisprogramms. Dieser wird wiederum durch den für das Unternehmen U_B vereinbarten Preis P^{UB} beeinflußt. Ebenso läßt sich die Beziehung zwischen dem Grenzpreis des Unternehmens P_{max}^{UB} und dem für das Unternehmen U_A vereinbarten Preis P^{UA} beschreiben. Für die Grenzpreise, die von den im Entscheidungsfeld noch offenen Gestaltungsmöglichkeiten abhängig sind, gilt dementsprechend: $P_{max}^{UA} = f(P^{UB}) \land P_{max}^{UB} = f(P^{UA})$.

Bezogen auf das Beispiel ist zur Ermittlung der jungierten Entscheidungswerte P_{max}^{UA} der für das Unternehmen U_B angenommene Preis P^{UB} schrittweise zu erhöhen und der maximale Zielfunktionswert $EN_{UA}^{max}(P^{UB})$ des dazugehörigen Basisprogramms zu ermitteln. Für den entsprechenden Zielfunktionswert des Basisprogramms wird jeweils der korrespondierende Grenzpreis $P_{max}^{UA}(P^{UB})$ für das Unternehmen U_A berechnet. Dabei ist sowohl im Basis- als auch im Bewertungsprogramm zu berücksichtigen, daß für das Unternehmen U_B die Ganzzahligkeitsbedingung gilt.

---

[515] Die Werte für t = 4 ergeben sich wie folgt: für IF 30 GE + 20 · 30 GE = 630 GE, für U_A 10 GE + 20 · 1 GE = 30 GE und für U_B 15 GE + 20 · 2 GE = 55 GE.

Nachfolgend sei der lineare Optimierungsansatz zur Bestimmung des Basisprogramms bei einem Preis $P^{UB} = 0$ dargestellt, der wiederum mit Hilfe des Simplexalgorithmus gelöst werden kann:

max. Entn; Entn $:= EN_{UA}$

unter den Nebenbedingungen:

$$0 \cdot U_B + 1 \cdot GA_0 - 1 \cdot KA_0 + 1 \cdot EN_{UA} \leq 130$$

$$-30 \cdot U_B + 1 \cdot GA_1 - 1,05 \cdot GA_0 - 1 \cdot KA_1 + 1,1 \cdot KA_0 + 1 \cdot EN_{UA} \leq 30$$

$$-40 \cdot U_B + 1 \cdot GA_2 - 1,05 \cdot GA_1 - 1 \cdot KA_2 + 1,1 \cdot KA_1 + 1 \cdot EN_{UA} \leq 30$$

$$-50 \cdot U_B + 1 \cdot GA_3 - 1,05 \cdot GA_2 - 1 \cdot KA_3 + 1,1 \cdot KA_2 + 1 \cdot EN_{UA} \leq 30$$

$$-55 \cdot U_B - 1,05 \cdot GA_3 + 1,1 \cdot KA_3 + 21 \cdot EN_{UA} \leq 630$$

$$GA_t, KA_t, EN_{UA} \geq 0 \, \forall t$$

$$U_B \in \{0;1\}.$$

Als optimale Lösung ergibt sich ein Zielfunktionswert $EN_{UA}^{max}(P^{UB} = 0) = 42,0616$. Der entsprechende Ansatz zur Ermittlung des Bewertungsprogramms bei einem Preis $P^{UB} = 0$ stellt sich somit wie folgt dar:

max. W^{UA}; $W^{UA} := P_{max}^{UA}$

unter den Nebenbedingungen:

$$0 \cdot U_B + 1 \cdot GA_0 - 1 \cdot KA_0 + 1 \cdot EN_{UA} + P^{UA} \leq 130$$

$$-30 \cdot U_B + 1 \cdot GA_1 - 1,05 \cdot GA_0 - 1 \cdot KA_1 + 1,1 \cdot KA_0 + 1 \cdot EN_{UA} \leq 90$$

$$-40 \cdot U_B + 1 \cdot GA_2 - 1,05 \cdot GA_1 - 1 \cdot KA_2 + 1,1 \cdot KA_1 + 1 \cdot EN_{UA} \leq 70$$

$$-50 \cdot U_B + 1 \cdot GA_3 - 1,05 \cdot GA_2 - 1 \cdot KA_3 + 1,1 \cdot KA_2 + 1 \cdot EN_{UA} \leq 50$$

$$-55 \cdot U_B - 1,05 \cdot GA_3 + 1,1 \cdot KA_3 + 21 \cdot EN_{UA} \leq 660$$

$$EN \geq 42,0616$$

$$GA_t, KA_t \geq 0 \, \forall t$$

$$U_B \in \{0;1\}.$$

Der Grenzpreis P_{max}^{UA} für das Unternehmen U_A beträgt bei einem Preis $P^{UB} = 0$ schließlich $P_{max}^{UA}(P^{UB} = 0) = 133,2253$.

In der *Abbildung 209* sind die Zielfunktionswerte $EN_{UA}^{max}(P^{UB})$ und die korrespondierenden Grenzpreise (Entscheidungswerte) $P_{max}^{UA}(P^{UB})$ für das Unternehmen U_A sowie die endogenen Grenzzinsfüße für Basis- i_t^{Ba} und Bewertungsprogramm i_t^{Be} in Abhängigkeit von unterschiedlichen Verhandlungsresultaten für den Preis P^{UB} des Unternehmens U_B dargestellt.

P^{UB}	i_t^{Ba} in %	$EN_{UA}^{max}(P^{UB})$	$P_{max}^{UA}(P^{UB})$	i_t^{Be} in %
0	(5; 5; 5; 5)	42,0616	133,2253	(10; 5; 5; 5)
10	(5; 5; 5; 5)	41,5854	132,7924	(10; 5; 5; 5)
20	(5; 5; 5; 5)	41,1092	132,3595	(10; 5; 5; 5)
29,5287	(5; 5; 5; 5)	40,6554	131,9470	(10; 5; 5; 5)
29,5288	(5; 5; 5; 5)	40,6554	131,9470	(10; 10; 5; 5)
30	(5; 5; 5; 5)	40,6330	131,9081	(10; 10; 5; 5)
40	(5; 5; 5; 5)	40,1568	131,0817	(10; 10; 5; 5)
50	(5; 5; 5; 5)	39,6806	130,4484	(10; 10; 5; 5)
60	(5; 5; 5; 5)	39,2044	129,4288	(10; 10; 5; 5)
70	(5; 5; 5; 5)	38,7282	128,6023	(10; 10; 5; 5)
80	(5; 5; 5; 5)	38,2521	127,7759	(10; 10; 5; 5)
90	(5; 5; 5; 5)	37,7759	126,9494	(10; 10; 5; 5)
92,3353	(5; 5; 5; 5)	37,6647	126,7564	(10; 10; 5; 5)
92,3354	(10; 5; 5; 5)	37,6647	126,7564	(10; 10; 5; 5)
100	(10; 5; 5; 5)	37,2832	126,4411	(10; 10; 5; 5)
101,9072	(10; 5; 5; 5)	37,1882	126,3627	(10; 10; 5; 5)
101,9073	(10; 5; 5; 5)	37,1882	126,3627	(10; 10; 10; 5)
110	(10; 5; 5; 5)	36,7854	125,7272	(10; 10; 10; 5)
114,7722	(10; 5; 5; 5)	36,5479	125,3524	(10; 10; 10; 5)
114,7723	(10; 10; 5; 5)	36,5479	125,3524	(10; 10; 10; 5)
120	(10; 10; 5; 5)	36,2765	125,1485	(10; 10; 10; 5)
130	(10; 10; 5; 5)	35,7574	124,7585	(10; 10; 10; 5)
140	(10; 10; 5; 5)	35,2383	124,3685	(10; 10; 10; 5)
140,3542	(10; 10; 5; 5)	35,2200	124,3547	(10; 10; 10; 5)
140,3543	(10; 10; 5; 5)	35,2199	124,3547	(10; 5; 5; 5)
145	(10; 10; 5; 5)	34,9788	129,1997	(10; 5; 5; 5)
146,9940	(10; 10; 5; 5)	34,8753	131,2792	(10; 5; 5; 5)
146,9941	(10; 10; 10; 5)	34,8753	131,2792	(10; 5; 5; 5)
147	(10; 10; 10; 5)	34,8750	131,2857	(10; 5; 5; 5)
148	(10; 10; 10; 5)	34,8209	132,3709	(10; 5; 5; 5)
149,0931	(10; 10; 10; 5)	34,7619	133,5571	(10; 5; 5; 5)
149,0932	(5; 5; 5; 5)	34,7619	133,5571	(10; 5; 5; 5)
150	(5; 5; 5; 5)	34,7619	133,5571	(10; 5; 5; 5)
160	(5; 5; 5; 5)	34,7619	133,5571	(10; 5; 5; 5)
170	(5; 5; 5; 5)	34,7619	133,5571	(10; 5; 5; 5)
180	(5; 5; 5; 5)	34,7619	133,5571	(10; 5; 5; 5)
190	(5; 5; 5; 5)	34,7619	133,5571	(10; 5; 5; 5)
200	(5; 5; 5; 5)	34,7619	133,5571	(10; 5; 5; 5)

Abbildung 209: Jungierter Grenzpreis des Unternehmens U_A

Der Basisprogrammerfolg $EN_{UA}^{max}(P^{UB})$ ist beim Preis $P^{UB} = 0$ am größten. Die Breite des Entnahmestroms $EN_{UA}^{max}(P^{UB})$ – als Zielfunktionswert des Basisprogramms für die Bewertung des Unternehmens U_A – reduziert sich bei steigendem Preis P^{UB} für das Unternehmen U_B so lange, bis dieses Objekt bei einem Preis $P^{UB} > 149,0931$ aus dem Basisprogramm verdrängt wird. Bei Preisen $P^{UB} > 149,0931$ ist deshalb der Erwerb des Unternehmens U_B – unabhängig vom Verhandlungsergebnis um das Unternehmen U_A – unvorteilhaft.[516]

Bis zu einem Preis $P^{UB} \leq 140,3542$ reduziert sich sowohl der Basisprogrammerfolg $EN_{UA}^{max}(P^{UB})$ als auch der korrespondierende Entscheidungswert $P_{max}^{UA}(P^{UB})$ für das Unternehmen U_A in Abhängigkeit von dem Verhandlungsresultat P^{UB} für das Unternehmen U_B, weil das Unternehmen U_A zum entsprechenden Grenzpreis neben dem Unternehmen U_B erworben werden kann. Die Reduzierung des Basisprogrammerfolgs ist abhängig von den endogenen Grenzzinsfüßen des Basisprogramms und der Entnahmestruktur. Bei einer Erhöhung des Preises für das Unternehmen U_B beispielsweise von 0 auf 10 ergibt sich die Reduzierung von $EN_{UA}^{max}(P^{UB})$ unter Berücksichtigung von $(i_1^{Ba}; i_2^{Ba}; i_3^{Ba}; i_4^{Ba}) = (0,05;\ 0,05;\ 0,05;\ 0,05)$ wie folgt:

$$\Delta EN_{UA}^{max}(P^{UB}(0 \to 10)) = \frac{(0-10)}{1 + \dfrac{1}{1,05} + \dfrac{1}{1,05^2} + \dfrac{1}{1,05^3} + \dfrac{21}{1,05^4}} = -0,4762.$$

Wird der Preis für das Unternehmen U_B jedoch beispielsweise von 90 auf 100 erhöht, ist bei der Berechnung von $\Delta EN_{UA}^{max}(P^{UB}(90 \to 100))$ zu beachten, daß die Struktur der endogenen Grenzzinsfüße des Basisprogramms bis zum Preis $P^{UB} = 92,3353$ mit $(i_1^{Ba}; i_2^{Ba}; i_3^{Ba}; i_4^{Ba}) = (0,05;\ 0,05;\ 0,05;\ 0,05)$ konstant bleibt und ab dem Preis $P^{UB} > 92,3353$ mit $(i_1^{Ba}; i_2^{Ba}; i_3^{Ba}; i_4^{Ba}) = (0,1;\ 0,05;\ 0,05;\ 0,05)$ gegeben ist. Bei dieser Erhöhung des Preises für das Unternehmen U_B um 10 erfordert die Berechnung der Reduzierung von $\Delta EN_{UA}^{max}(P^{UB}(90 \to 100))$ die Berücksichtigung der Preisbereiche mit unterschiedlicher Zinsstruktur:

---

[516] Dieser Preis entspricht gleichzeitig dem Grenzpreis des Unternehmens U_B unter der Annahme, daß im Falle einer disjungierten Konfliktsituation nur das Unternehmen U_B bewertet werden muß und das Unternehmen U_A sich nicht im Entscheidungsfeld befindet. Für die Bestimmung dieses Preises kann ein fiktives Basisprogramm ermittelt werden, wofür nur die Innenfinanzierung, die Eigenmittel sowie die Geldanlage- und Kreditaufnahmemöglichkeiten zur Verfügung stehen. Der daraus resultierende maximale Zielfunktionsbeitrag EN^{max} beträgt 34,7619. Der entsprechende Grenzpreis von 149,0931 führt zur Aufnahme des Unternehmens U_B in das fiktive Bewertungsprogramm. Diese Ausführungen beziehen sich auch auf die Ermittlung des vergleichbaren Wertes für das Unternehmen U_A; vgl. *Abbildung 210*.

$$\Delta EN_{UA}^{max}(P^{UB}(90 \to 100)) \quad = \Delta EN_{UA}^{max}(P^{UB}(90 \to 92,3353))$$

$$+\Delta EN_{UA}^{max}(P^{UB}(92,3353 \to 100))$$

$$= \frac{(90-92,3353)}{1+\dfrac{1}{1,05}+\dfrac{1}{1,05^2}+\dfrac{1}{1,05^3}+\dfrac{21}{1,05^4}}$$

$$+\frac{(92,3353-100)}{1+\dfrac{1}{1,1}+\dfrac{1}{1,1\cdot1,05}+\dfrac{1}{1,1\cdot1,05^2}+\dfrac{21}{1,1\cdot1,05^3}}$$

$$= -0,4927.$$

Bis zum Preis $P^{UB} \leq 140,3542$ verringert sich bei einer Verminderung des Basisprogrammerfolgs $EN_{UA}^{max}(P^{UB})$ der korrespondierende Entscheidungswert $P_{max}^{UA}(P^{UB})$ entsprechend. Die Reduzierung des Grenzpreises berechnet sich in Abhängigkeit von der Entnahmestruktur, der Veränderung der Breite des Entnahmestroms und der Erhöhung des Preises P^{UB} für das Unternehmen U_B unter Berücksichtigung der Grenzzinsfüße des korrespondierenden Bewertungsprogramms. Bei der dargestellten Preiserhöhung für das Unternehmen U_B von 0 auf 10 läßt sich mit $(i_1^{Ba};i_2^{Ba};i_3^{Ba};i_4^{Ba}) = (0,1; 0,05; 0,05; 0,05)$ und $\Delta EN_{UA}^{max}(P^{UB}(0 \to 10)) = -0,4762$ folgende Verminderung für den Grenzpreis $P_{max}^{UA}(P^{UB})$ darstellen:[517]

$$\Delta P_{max}^{UA}(P^{UB}(0 \to 10)) = (0-10)+0,4762+\frac{0,4762}{1,1}+\frac{0,4762}{1,1\cdot1,05}+\frac{0,4762}{1,1\cdot1,05^2}+\frac{21\cdot0,4762}{1,1\cdot1,05^3}$$

$$= -0,4329.$$

Entsprechend ergibt sich bei der ebenfalls dargestellten Erhöhung des Preises für das Unternehmen U_B von 90 auf 100 – unter Beachtung der Verminderung des Basisprogrammerfolgs $\Delta EN_{UA}^{max}(P^{UB}(90 \to 100)) = -0,4927$ sowie der relevanten mit $(i_1^{Ba};i_2^{Ba};i_3^{Ba};i_4^{Ba}) = (0,1; 0,1; 0,05; 0,05)$ gegebenen endogenen Grenzzinsfüße des Bewertungsprogramms – als Verminderung des Grenzpreises $P_{max}^{UA}(P^{UB})$:

$$\Delta P_{max}^{UA}(P^{UB}(90 \to 100)) = (90-100)+0,4927+\frac{0,4927}{1,1}+\frac{0,4927}{1,1^2}$$

$$+\frac{0,4927}{1,1^2\cdot1,05}+\frac{21\cdot0,4927}{1,1^2\cdot1,05^2}$$

$$= -0,5083.$$

Darüber hinaus ist bei einer Preiserhöhung für das Unternehmen U_B beispielsweise von 20 auf 30 zu berücksichtigen, daß sich die Struktur der endogenen Grenzzinsfüße des Bewertungsprogramms ändert. Während innerhalb dieser Preisspanne ($20 \leq P^{UB} \leq 30$) für Preise $20 \leq P^{UB} \leq 29,5287$ die endogenen Grenzzinsfüße mit $(i_1^{Be};i_2^{Be};i_3^{Be};i_4^{Be}) =$

---

[517] Die Berechnung erfolgt hier und auch im folgenden auf Basis der ungerundeten Werte.

(0,1; 0,05; 0,05; 0,05) gegeben sind, betragen diese im Preisbereich $29,5287 < P^{UB} \leq 30$ indessen $(i_1^{Be}; i_2^{Be}; i_3^{Be}; i_4^{Be}) = (0,1; 0,1; 0,05; 0,05)$. Als Veränderung des Grenzpreises $P_{max}^{UA}(P^{UB})$ ergibt sich – unter Berücksichtigung der Reduzierung des Basisprogrammerfolgs $\Delta EN_{UA}^{max}(P^{UB}(20 \to 29,5287)) = -0,4538$ bei einer Erhöhung des Preises P^{UB} von 20 auf 29,5287 und $\Delta EN_{UA}^{max}(P^{UB}(29,5287 \to 30)) = -0,0224$ für die Erhöhung des Preises P^{UB} über 29,5287 hinaus auf 30 sowie der entsprechenden endogenen Grenzzinsfüße – folgender Wert:

$$\Delta P_{max}^{UA}(P^{UB}(20 \to 30)) = \Delta P_{max}^{UA}(P^{UB}(20 \to 29,5287)) + \Delta P_{max}^{UA}(P^{UB}(29,5287 \to 30))$$

$$= (20 - 29,5287) + 0,4538 + \frac{0,4538}{1,1} + \frac{0,4538}{1,1 \cdot 1,05} + \frac{0,4538}{1,1 \cdot 1,05^2}$$

$$+ \frac{21 \cdot 0,4538}{1,1 \cdot 1,05^3} + (29,5287 - 30) + 0,0224 + \frac{0,0224}{1,1} + \frac{0,0224}{1,1^2}$$

$$+ \frac{0,0224}{1,1^2 \cdot 1,05} + \frac{21 \cdot 0,0224}{1,1^2 \cdot 1,05^2}$$

$$= -0,4514.$$

Im Preisintervall $140,3543 < P^{UB} \leq 149,0931$ verdrängt das Unternehmen U_A das Unternehmen U_B beim Übergang vom Basisprogramm zum Bewertungsprogramm aus dem optimalen Investitions- und Finanzierungsprogramm des Bewertungssubjekts. Mit anderen Worten, der Erwerb des Unternehmens U_A ist zum entsprechenden Grenzpreis nur bei Verzicht auf das Unternehmen U_B sinnvoll. Der Entscheidungswert $P_{max}^{UA}(P^{UB})$ steigt in diesem Bereich mit zunehmendem Preis P^{UB} und entsprechend abnehmendem Entnahmestrom $EN_{UA}^{max}(P^{UB})$.

Zur Berechnung des Entscheidungswertes $P_{max}^{UB}(P^{UA})$ des Unternehmens U_B gilt der potentielle Preis P^{UA} des Unternehmens U_A als zu variierende Größe. Der *Abbildung 210* sind $EN_{UB}^{max}(P^{UA})$ und $P_{max}^{UB}(P^{UA})$ in Abhängigkeit von P^{UA} sowie die jeweiligen endogenen Grenzzinsfüße für Basis- i_t^{Ba} und Bewertungsprogramm i_t^{Be} zu entnehmen.

P^{UA}	i_t^{Ba} in %	$EN_{UB}^{max}(P^{UA})$	$P_{max}^{UB}(P^{UA})$	i_t^{Be} in %
0	(5; 5; 5; 5)	41,2087	150,3612	(10; 5; 5; 5)
10	(5; 5; 5; 5)	40,7325	149,9283	(10; 5; 5; 5)
11,6176	(5; 5; 5; 5)	40,6554	149,8583	(10; 5; 5; 5)
11,6177	(5; 5; 5; 5)	40,6554	149,8583	(10; 10; 5; 5)
20	(5; 5; 5; 5)	40,2563	149,1655	(10; 10; 5; 5)
30	(5; 5; 5; 5)	39,7801	148,3391	(10; 10; 5; 5)
40	(5; 5; 5; 5)	39,3039	147,5126	(10; 10; 5; 5)
50	(5; 5; 5; 5)	38,8277	146,6862	(10; 10; 5; 5)
60	(5; 5; 5; 5)	38,3515	145,8598	(10; 10; 5; 5)
70	(5; 5; 5; 5)	37,8753	145,0333	(10; 10; 5; 5)
80	(5; 5; 5; 5)	37,3991	144,2069	(10; 10; 5; 5)
84,4294	(5; 5; 5; 5)	37,1882	143,8408	(10; 10; 5; 5)
84,4295	(5; 5; 5; 5)	37,1882	143,8408	(10; 10; 10; 5)
90	(5; 5; 5; 5)	36,9229	143,1811	(10; 10; 10; 5)
93,2309	(5; 5; 5; 5)	36,7691	142,7985	(10; 10; 10; 5)
93,2310	(10; 5; 5; 5)	36,7691	142,7985	(10; 10; 10; 5)
100	(10; 5; 5; 5)	36,4322	142,2669	(10; 10; 10; 5)
110	(10; 5; 5; 5)	35,9344	141,4816	(10; 10; 10; 5)
120	(10; 5; 5; 5)	35,4367	140,6963	(10; 10; 10; 5)
124,3546	(10; 5; 5; 5)	35,2200	140,3543	(10; 10; 10; 5)
124,3547	(10; 5; 5; 5)	35,2199	140,3543	(10; 10; 5; 5)
130	(10; 5; 5; 5)	34,9390	145,7674	(10; 10; 5; 5)
131,2792	(10; 5; 5; 5)	34,8753	146,9940	(10; 10; 5; 5)
131,2793	(10; 5; 5; 5)	34,8753	146,9941	(10; 10; 10; 5)
133,5571	(10; 5; 5; 5)	34,7619	149,0931	(10; 10; 10; 5)
133,5572	(5; 5; 5; 5)	34,7619	149,0931	(10; 10; 10; 5)
140	(5; 5; 5; 5)	34,7619	149,0931	(10; 10; 10; 5)
150	(5; 5; 5; 5)	34,7619	149,0931	(10; 10; 10; 5)
160	(5; 5; 5; 5)	34,7619	149,0931	(10; 10; 10; 5)
170	(5; 5; 5; 5)	34,7619	149,0931	(10; 10; 10; 5)
180	(5; 5; 5; 5)	34,7619	149,0931	(10; 10; 10; 5)
190	(5; 5; 5; 5)	34,7619	149,0931	(10; 10; 10; 5)
200	(5; 5; 5; 5)	34,7619	149,0931	(10; 10; 10; 5)

Abbildung 210: Jungierter Grenzpreis des Unternehmens U_B

Die Breite des Entnahmestroms $EN_{UB}^{max}(P^{UA})$ vermindert sich mit steigendem Preis P^{UA} für das Unternehmen U_A bis dieses bei einem Preis $P^{UA} > 133,5571$ nicht mehr in das Basisprogramm aufgenommen wird. Im Preisintervall $0 \leq P^{UA} \leq 124,3546$ reduziert sich – bei Erhöhung des Preises für das Unternehmen U_A – der Entscheidungswert $P_{max}^{UB}(P^{UA})$ für das Unternehmen U_B, weil dieses zum Grenzpreis zusätzlich zum Unternehmen U_A erworben werden kann. Dagegen steigt im Intervall $124,3547 \leq P^{UA} \leq$

133,5571 der Entscheidungswert $P_{max}^{UB}(P^{UA})$, weil das Bewertungssubjekt das Unternehmen U_B nur zum entsprechenden Grenzpreis erwerben kann, wenn es zugleich auf das Unternehmen U_A verzichtet.

Zur Veranschaulichung der jungierten Konfliktsituation können die Tableaus des Beispiels in einem $[P_{max}^{UB}(P^{UA}), P_{max}^{UA}(P^{UB})]$-Koordinatensystem graphisch dargestellt werden. In der *Abbildung 211* sind fünf verschiedene Preisbereiche zu erkennen, die hinsichtlich ihrer Entscheidungsunterstützung erläutert werden.[518] Jedes vorliegende Preispaar $(P^{UB}; P^{UA})$ ist einem dieser Preisbereiche zuzuordnen.

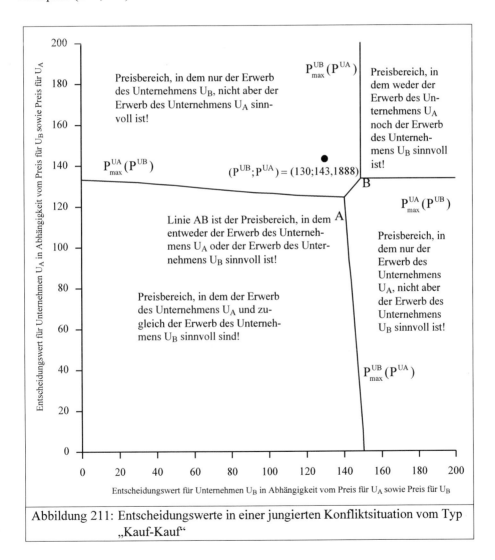

Abbildung 211: Entscheidungswerte in einer jungierten Konfliktsituation vom Typ „Kauf-Kauf"

---

518 Vgl. zu dieser graphischen Darstellungsmethode *Matschke*, Entscheidungswert (1975), S. 343.

In jungierten Konfliktsituationen ist es fehlerhaft, wenn der Entscheidungswert für beide Unternehmen kumulativ ermittelt und anschließend willkürlich auf die Objekte verteilt wird. Die Berechnung eines gemeinsamen Grenzpreises für beide Unternehmen würde die Situation *nicht* sachgerecht abbilden. Im Beispiel ergäbe sich ein gemeinsamer Grenzpreis $P_{max}^{UA+UB} = 273,1888$. Sollte für das Unternehmen U_B ein Preis $P^{UB} = 130$ vereinbart werden, läge das Entscheidungssubjekt mit der Annahme, daß für die Unternehmen U_A noch ein Preis $P^{UA} = P_{max}^{UA+UB} - P^{UB} = 273,1888 - 130 = 143,1888$ geboten werden kann, falsch, denn $P^{UA} = 143,1888$ ist größer als der jungierte Grenzpreis $P_{max}^{UA}(P^{UB} = 130) = 124,7585$ (siehe *Abbildung 209*). Die Preiskombination $(P^{UB}; P^{UA}) = (130; 143,1888)$ liegt im Preisbereich, in dem allein der Erwerb des Unternehmens U_B sinnvoll ist (siehe *Abbildung 211*). Ein Erwerb des Unternehmens U_A sollte unter diesen Bedingungen zu einem Preis $P^{UA} = 143,1888$ *nicht* akzeptiert werden, weil sich das Bewertungssubjekt sonst schlechter als bei Unterlassung dieser Handlung, also bei alleinigem Erwerb von Unternehmen U_B, stellt.

Am Beispiel der jungierten Konfliktsituation vom Typ „Kauf-Kauf" mit zwei Bewertungsobjekten wurde gezeigt, daß der Grenzpreis des einen Bewertungsobjekts jeweils in Abhängigkeit vom ausgehandelten Preis des anderen Bewertungsobjekts zu bestimmen ist. Die Ermittlung eines gemeinsamen Grenzpreises der Objekte und dessen willkürliche Aufteilung führen zu einer fehlerhaften Darstellung der Entscheidungssituation. Liegt eine jungierte Konfliktsituation mit mehr als zwei zu bewertenden Unternehmen vor, stößt jedoch nicht nur die graphische Darstellung an ihre Grenzen: Zur Komplexitätsreduktion sollten die Berechnungen sowohl auf bedeutende Bewertungsobjekte als auch auf potentielle Preisbereiche eingegrenzt werden.[519]

2.4.6.2.2 Typ „Verkauf-Verkauf"

Zur Darstellung der jungierten Konfliktsituation vom Typ „Verkauf-Verkauf"[520] sei auf folgendes Beispiel mit einem mehrperiodigen Planungszeitraum (T = 4) unter Annahme quasi-sicherer Erwartungen zurückgegriffen: Das Bewertungssubjekt, der präsumtive Verkäufer, verfügt im Bewertungszeitpunkt über drei kleine Unternehmen U_A, U_B und U_C, welche voneinander unabhängig sind. Aus diesen Unternehmen resultiert in jedem Zeitpunkt ein ewiger Einzahlungsüberschuß aus der Innenfinanzierung (IF) von insgesamt 30 Geldeinheiten (GE). Das Bewertungssubjekt plant nunmehr, sich von den Unternehmen U_A und/oder U_B zu trennen. Aus dem zu veräußernden Unternehmen U_A ergibt sich ein Zahlungsstrom von (0 GE, 8 GE, 8 GE, 8 GE, 8 GE) und darüber hinaus ab t = 5 eine ewige Rente von 8 GE. Das zu veräußernde Unternehmen U_B steuert im Planungszeitraum den Zahlungsstrom (0 GE, 12 GE, 11 GE, 12 GE, 10 GE) und darüber hinaus ab t = 5 eine ewige Rente von 10 GE bei. Das Bewertungssubjekt verfolgt eine Einkommensmaximierung. Die gewünschte zeitliche Struktur der Entnahmen lautet: $\bar{w}_0 : \bar{w}_1 : \bar{w}_2 : \bar{w}_3 : \bar{w}_4 = 1 : 1 : 1 : 1 : 21$.

---

[519] Vgl. auch *HERING*, Unternehmensbewertung (2006), S. 132.
[520] Vgl. hierzu bereits *MATSCHKE*, Entscheidungswert (1975), S. 344–356.

Das übrige Entscheidungsfeld beinhaltet folgende Objekte: Im Zeitpunkt t = 0 besteht die Möglichkeit, im Rahmen der Geschäftstätigkeit des nicht zum Verkauf stehenden Unternehmens U_C eine Investition AK zu tätigen. Die Zahlungsreihe dieser Investition beträgt einschließlich des dafür zu zahlenden Preises (–100 GE, +30 GE, +40 GE, +50 GE, +55 GE). Im Entscheidungszeitpunkt besitzt das Bewertungssubjekt zusätzlich 10 GE als Eigenmittel (EM). Angenommen sei ferner, daß eine Bank dem Bewertungssubjekt in t = 0 ein – nur im Ganzen verfügbares – endfälliges Darlehen ED von 50 GE bei jährlich nachschüssig zu zahlenden Zinsen von 8 % p. a. mit einer Gesamtlaufzeit von vier Perioden (Jahren) für betriebliche Investitionen zur Verfügung stellt. Weitere finanzielle Mittel können als Betriebsmitteldarlehen in der Höhe unbegrenzt zu einem kurzfristigen Sollzins von 10 % p. a. aufgenommen werden (KA_t). Darüber hinaus sind in beliebiger Höhe Finanzinvestitionen (GA_t) zu einem Habenzins von 5 % p. a. möglich. *Abbildung 212* faßt die Daten zusammen.

t	AK	ED	GA_0	GA_1	GA_2	GA_3	KA_0	KA_1	KA_2	KA_3	EM	IF	davon		
													U_A	U_B	U_C
0	-100	50	-1				1				10	30	P?	P?	30
1	30	-4	1,05	-1			-1,1	1				30	8	12	12
2	40	-4		1,05	-1			-1,1	1			30	8	11	11
3	50	-4			1,05	-1			-1,1	1		30	8	12	10
4	55	-54				1,05				-1,1		630	168	210	252
Grenze	1	1	∞	∞	∞	∞	∞	∞	∞	∞	1	1	1	1	1

Abbildung 212: Daten der jungierten Konfliktsituation vom Typ „Verkauf-Verkauf"

In der vorliegenden Konfliktsituation erwägt das Bewertungssubjekt somit den Verkauf der Unternehmen U_A und U_B und verhandelt diesbezüglich mit zwei verschiedenen Interessenten über jeweils eines dieser Unternehmen. Es stellt sich für das Bewertungssubjekt die Frage, welche Mindestpreise es für das jeweilige Unternehmen beachten muß, ohne sich unter Berücksichtigung des Verhandlungsstandes in der jeweils anderen Verhandlungssituation zu verschlechtern. Es ist also wieder erforderlich, neben dem Entscheidungswert für das Unternehmen U_A auch den für das Unternehmen U_B zu bestimmen, wobei auch hier zu berücksichtigen bleibt, daß die Entscheidungswerte in diesen jungierten Konfliktsituationen[521] voneinander abhängig sind. Der minimal für das Unternehmen U_A zu fordernde Preis $P_{min}^{UA}(P^{UB})$ ist vom maximalen Zielfunktionswert $EN_{UA}^{max}(P^{UB})$ des zugehörigen Basisprogramms abhängig. Dieser Zielfunktionswert wird durch den für das Unternehmen U_B vereinbarten Veräußerungspreis P^{UB} beeinflußt. Ebenso läßt sich die Beziehung zwischen dem Entscheidungswert des Unternehmens $P_{min}^{UB}(P^{UA})$ und dem für das Unternehmen U_A vereinbarten Veräußerungserlös P^{UA} beschreiben. Entsprechend gilt die bereits für die jungierte Konfliktsituation vom Typ „Kauf-Kauf" genannte Bedingung: $P_{min}^{UA} = f(P^{UB}) \wedge P_{min}^{UB} = f(P^{UA})$.

---

[521] Vgl. zu den nachfolgenden Ausführungen auch MATSCHKE, Entscheidungswert (1975), S. 336–343.

Zur Ermittlung der jungierten Entscheidungswerte wird zunächst der für das Unternehmen U_B angenommene Preis P^{UB} schrittweise erhöht, um den maximalen Zielfunktionswert $EN_{UA}^{max}(P^{UB})$ des dazugehörigen Basisprogramms zu ermitteln. Dieser Wert gibt den maximalen Entnahmewert des Entscheidungssubjekts im Basisprogramm unter der Prämisse wieder, daß das Unternehmen U_B zu dem angenommenen Preis verkauft werden könnte und daß das Unternehmen U_A weiterhin Bestandteil des optimalen Investitions- und Finanzierungsprogramms bleibt. In einem weiteren Schritt wird im Bewertungsprogramm für den entsprechenden Zielfunktionswert des Basisprogramms der korrespondierende Grenzpreis $P_{min}^{UA}(P^{UB})$ für das Unternehmen U_A berechnet. Dieser gibt an, welchen Preis das Bewertungssubjekt für das Unternehmen U_A bei einem Verkauf mindestens erzielen muß, wenn für das Unternehmen U_B der Preis P^{UB} vereinbart wurde, und dieses entweder zu diesem Preis verkauft oder – aufgrund eines zu geringen Preises P^{UB} – nicht verkauft wird.[522]

Nachfolgend sei der lineare Optimierungsansatz zur Bestimmung des Basisprogramms bei einem Preis $P^{UB} = 0$ dargestellt, der wiederum mit Hilfe des Simplexalgorithmus gelöst werden kann:

max. Entn; Entn $:= EN_{UA}(P^{UB} = 0)$

unter den Nebenbedingungen:

$$0 \cdot U_B + 100 \cdot AK - 50 \cdot ED + 1 \cdot GA_0 - 1 \cdot KA_0 + 1 \cdot EN_{UA} \leq 40$$

$$12 \cdot U_B - 30 \cdot AK + 4 \cdot ED + 1 \cdot GA_1 - 1,05 \cdot GA_0 - 1 \cdot KA_1 + 1,1 \cdot KA_0 + 1 \cdot EN_{UA} \leq 30$$

$$11 \cdot U_B - 40 \cdot AK + 4 \cdot ED + 1 \cdot GA_2 - 1,05 \cdot GA_1 - 1 \cdot KA_2 + 1,1 \cdot KA_1 + 1 \cdot EN_{UA} \leq 30$$

$$12 \cdot U_B - 50 \cdot AK + 4 \cdot ED + 1 \cdot GA_3 - 1,05 \cdot GA_2 - 1 \cdot KA_3 + 1,1 \cdot KA_2 + 1 \cdot EN_{UA} \leq 30$$

$$210 \cdot U_B - 55 \cdot AK + 54 \cdot ED - 1,05 \cdot GA_3 + 1,1 \cdot KA_3 + 21 \cdot EN_{UA} \leq 630$$

$$GA_t, KA_t, EN_{UA} \geq 0 \quad \forall t$$

$$U_B, AK, ED \in \{0;1\}.$$

Als optimale Lösung ergibt sich ein Zielfunktionswert $EN_{UA}^{max}(P^{UB} = 0) = 32,6133$. Im optimalen Investitions- und Finanzierungsprogramm des Basisprogramms ist das Unternehmen U_B weiterhin enthalten, weil es aufgrund des zu geringen Preises $P^{UB} = 0$ nicht veräußert wird. Der entsprechende Ansatz zur Ermittlung des Bewertungsprogramms bei einem Preis $P^{UB} = 0$ stellt sich somit wie folgt dar:

min. W^{UA}; $W^{UA} := P^{UA}(P^{UB} = 0)$

unter den Nebenbedingungen:

---

[522] Dabei ist sowohl im Basis- als auch im Bewertungsprogramm zu berücksichtigen, daß für das Unternehmen U_B die Ganzzahligkeitsbedingung gilt.

$$0 \cdot U_B + 100 \cdot AK - 50 \cdot ED + 1 \cdot GA_0 - 1 \cdot KA_0 + 1 \cdot EN - P^{UA} \leq 40$$

$$12 \cdot U_B - 30 \cdot AK + 4 \cdot ED + 1 \cdot GA_1 - 1,05 \cdot GA_0 - 1 \cdot KA_1 + 1,1 \cdot KA_0 + 1 \cdot EN \leq 22$$

$$11 \cdot U_B - 40 \cdot AK + 4 \cdot ED + 1 \cdot GA_2 - 1,05 \cdot GA_1 - 1 \cdot KA_2 + 1,1 \cdot KA_1 + 1 \cdot EN \leq 22$$

$$12 \cdot U_B - 50 \cdot AK + 4 \cdot ED + 1 \cdot GA_3 - 1,05 \cdot GA_2 - 1 \cdot KA_3 + 1,1 \cdot KA_2 + 1 \cdot EN \leq 22$$

$$210 \cdot U_B - 55 \cdot AK + 54 \cdot ED - 1,05 \cdot GA_3 + 1,1 \cdot KA_3 + 21 \cdot EN \leq 462$$

$$EN \leq 32,6133$$

$$GA_t, KA_t, P^{UA} \geq 0 \quad \forall t$$

$$U_B, AK, ED \in \{0;1\}.$$

Der Grenzpreis $P_{min}^{UA}(P^{UB})$ für das Unternehmen U_A beträgt bei einem Preis $P^{UB} = 0$ unter den Vorgaben des Beispiels $P_{min}^{UA}(P^{UB} = 0) = 151,5867$. In der *Abbildung 213* sind die Zielfunktionswerte EN_A^{max} und die korrespondierenden Entscheidungswerte in Form der Grenzpreise $P_{min}^{UA}(P^{UB})$ für das Unternehmen U_A (sowie die jeweiligen endogenen Grenzzinsfüße für Basis- und Bewertungsprogramm) dargestellt.

Im Abschnitt 2.3.3.3.2 wurde – unter Rückgriff auf die Lenkpreistheorie (Dualitätstheorie der linearen Optimierung) – der Zusammenhang zwischen Total- und Partialmodell erläutert. Dabei wurde deutlich, daß es, wenn es nicht zu Umstrukturierungen beim Übergang vom Basis- zum Bewertungsprogramm kommt, keiner „korrigierten" Zukunftserfolgswertformel bedarf. Die Verwendung der „einfachen" Zukunftserfolgswertformel impliziert daraufhin bei gleichen Grenzzinsfüßen und gleichen Zukunftserfolgen gleiche Zukunftserfolgswerte. In der *Abbildung 213* ist jedoch im Preisbereich $196,1261 \leq P^{UB} < 204,5396$ zu erkennen, daß der Entscheidungswert $P_{min}^{UA}(P^{UB})$ mit steigendem Preis P^{UB} und einem entsprechend steigenden Entnahmestrom $EN_{UA}^{max}(P^{UB})$ steigt, obwohl a) beim Übergang vom Basis- zum Bewertungsprogramm gleichbleibende Grenzzinsfüße vorliegen, d. h. keine Umstrukturierungen erfolgen, und b) bei den unterschiedlichen P^{UB} die gleichen Grenzzinsfüße und die gleichen Zukunftserfolge zu berücksichtigen sind. Hieraus wird die zweite Facette des Dilemmas der Lenkpreistheorie deutlich: das *Ganzzahligkeitsproblem*.[523] Aufgrund der im Beispiel für die Investition AK, das endfällige Darlehen ED und das Unternehmen U_B unterstellten Ganzzahligkeit wird die Lenkpreistheorie beeinträchtigt. Die dualen Bewertungsformeln gelten nicht mehr, weil bei *nachteiliger* Ganzzahligkeit das primale ganzzahlige Optimum vom dualen Optimum abweicht: „Sofern die optimale Lösung [… des Problems] infolge nachteiliger Ganzzahligkeitsbedingungen eine Zielwertverschlechterung im Vergleich zum kontinuierlichen Problem beinhaltet, existieren keine Steuerungszinsfüße mehr."[524] Der Bewerter muß in diesen Fällen auf das Totalmodell (oder auf heuristische Modelle) zurückgreifen.

---

[523] Vgl. hierzu ausführlich HERING, Investitionstheorie (2008), S. 191–206.

[524] HERING, Investitionstheorie (2008), S. 201. Die Zinssätze i_t^{Ba} und i_t^{Be} sind aus diesem Grund im Bereich $196,1261 \leq P^{UB} \leq 204,5395$ in *Abbildung 213* kursiv gesetzt.

P^{UB}	i_t^{Ba} in %	$EN_{UA}^{max}(P^{UB})$	$P_{min}^{UA}(P^{UB})$	i_t^{Be} in %
0	(10; 10; 5; 5)	32,6133	151,5867	(5; 5; 5; 5)
20	(10; 10; 5; 5)	32,6133	151,5867	(5; 5; 5; 5)
40	(10; 10; 5; 5)	32,6133	151,5867	(5; 5; 5; 5)
60	(10; 10; 5; 5)	32,6133	151,5867	(5; 5; 5; 5)
80	(10; 10; 5; 5)	32,6133	151,5867	(5; 5; 5; 5)
100	(10; 10; 5; 5)	32,6133	151,5867	(5; 5; 5; 5)
120	(10; 10; 5; 5)	32,6133	151,5867	(5; 5; 5; 5)
140	(10; 10; 5; 5)	32,6133	151,5867	(5; 5; 5; 5)
160	(10; 10; 5; 5)	32,6133	151,5867	(5; 5; 5; 5)
180	(10; 10; 5; 5)	32,6133	151,5867	(5; 5; 5; 5)
190	(10; 10; 5; 5)	32,6133	151,5867	(5; 5; 5; 5)
196,1260	(10; 10; 5; 5)	32,6133	151,5867	(5; 5; 5; 5)
196,1261	*(5; 5; 5; 5)*	32,6133	151,5867	*(5; 5; 5; 5)*
197	*(5; 5; 5; 5)*	32,6549	152,4606	*(5; 5; 5; 5)*
198	*(5; 5; 5; 5)*	32,7026	153,4606	*(5; 5; 5; 5)*
199	*(5; 5; 5; 5)*	32,7502	154,4606	*(5; 5; 5; 5)*
200	*(5; 5; 5; 5)*	32,7978	155,4606	*(5; 5; 5; 5)*
201	*(5; 5; 5; 5)*	32,8454	156,4606	*(5; 5; 5; 5)*
202	*(5; 5; 5; 5)*	32,8930	157,4606	*(5; 5; 5; 5)*
203	*(5; 5; 5; 5)*	32,9407	158,4605	*(5; 5; 5; 5)*
204	*(5; 5; 5; 5)*	32,9883	159,4605	*(5; 5; 5; 5)*
204,5395	*(5; 5; 5; 5)*	33,0140	160	*(5; 5; 5; 5)*
204,5396	(5; 5; 5; 5)	33,0140	160	(5; 5; 5; 5)
205	(5; 5; 5; 5)	33,0359	160	(5; 5; 5; 5)
220	(5; 5; 5; 5)	33,7502	160	(5; 5; 5; 5)
240	(5; 5; 5; 5)	34,7026	160	(5; 5; 5; 5)
260	(5; 5; 5; 5)	35,6549	160	(5; 5; 5; 5)
280	(5; 5; 5; 5)	36,6073	160	(5; 5; 5; 5)
300	(5; 5; 5; 5)	37,5597	160	(5; 5; 5; 5)

Abbildung 213: Jungierter Grenzpreis des Unternehmens U_A

Bei Preisen $0 \leq P^{UB} < 196{,}1261$[525] bleibt der Basisprogrammerfolg konstant bei $EN_{UA}^{max}(P^{UB}) = 32{,}6133$. Die Erlöse aus dem Verkauf des Unternehmens U_B sind schließlich so gering, daß das Unternehmen U_B – unabhängig vom Verhandlungsergebnis um das Unternehmen U_A – *nicht* verkauft wird, weil der Verkauf im Gegensatz zum

---

[525]   Der Preis $P^{UB} = 196{,}1261$ entspricht gleichzeitig dem Grenzpreis des Unternehmens U_B unter der Annahme, daß im Falle einer disjungierten Konfliktsituation nur das Unternehmen U_B bewertet werden muß und das Unternehmen U_A nicht veräußert werden soll. Für die Bestimmung dieses Preises kann ein fiktives Basisprogramm ermittelt werden, wofür die Innenfinanzierung, die Eigenmittel sowie die Geldanlage- und Kreditaufnahmemöglichkeiten zur Verfügung stehen. Die Entnahme EN^{max} beträgt dann 32,6133. Zum daraus resultierenden minimalen Grenzpreis von 196,1261 wird das Unternehmen U_B aus dem (fiktiven) Bewertungsprogramm entnommen. Vergleiche hierzu die Ausführungen in Abschnitt 2.3.3.2.3.2.

„Nicht-Verkauf" unvorteilhaft ist. Für das Unternehmen U_A ergibt sich ein konstanter Grenzpreis $P_{min}^{UA}(0 < P^{UB} < 196{,}1261) = 151{,}5867$. Wird dieser Verkaufspreis für das Unternehmen U_A erreicht oder sogar überschritten, kann eine Veräußerung von Unternehmen U_A zu einem Verkaufspreis $P^{UA} \geq 151{,}5867$ erfolgen, während zugleich ein Verkauf des Unternehmens U_B zu einem Verkaufspreis $P^{UB} < 196{,}1261$ nicht erfolgen sollte.

Werden Preise von $P^{UB} \geq 196{,}1261$ vereinbart, wird sich das Entscheidungssubjekt im Hinblick auf das Basisprogramm grundsätzlich zum Verkauf des Unternehmens U_B entschließen. Bei einer weiteren Erhöhung des Verkaufspreises des Unternehmens U_B steigt in diesem Preisbereich deshalb der Basisprogrammerfolg $EN_{UA}^{max}(P^{UB})$ kontinuierlich. Hinsichtlich des Bewertungsprogramms ergeben sich jedoch bei Preisen $P^{UB} \geq 196{,}1261$ zwei Möglichkeiten:

1. Im Preisbereich $196{,}1261 \leq P^{UB} \leq 204{,}5395$ wird das Unternehmen U_B aus dem Basisprogramm entnommen, d. h., es wird veräußert, wenn das Unternehmen U_A beim Entscheidungssubjekt verbleibt. Der Übergang vom Basis- zum Bewertungsprogramm und der Verkauf des Unternehmens U_A zum entsprechend errechneten Grenzpreis $P_{min}^{UA}(P^{UB})$ führen aber dazu, daß das Unternehmen U_B wieder zum Bestandteil des optimalen Investitions- und Finanzierungsprogramms, also hier des Bewertungsprogramms, wird. Das bedeutet, daß der Verkauf des Unternehmens U_A zum entsprechenden Grenzpreis nur sinnvoll ist, wenn das Unternehmen U_B zum angebotenen Preis *nicht* veräußert wird.

2. Bei Preisen $P^{UB} > 204{,}5395$ erfolgt die Veräußerung des Unternehmen U_B im Basisprogramm und – unabhängig vom vereinbarten Preis für das Unternehmen U_A – auch im Bewertungsprogramm. Der Grenzpreis $P_{min}^{UA}(P^{UB})$ für das Unternehmen U_A bleibt konstant bei 160.

Zur Berechnung des Entscheidungswertes $P_{min}^{UB}(P^{UA})$ des Unternehmens U_B gilt der noch unbekannte Kaufpreis P^{UA} des Unternehmens U_A als zu variierende Größe. Der *Abbildung 214* sind $EN_{UB}^{max}(P^{UA})$ und $P_{min}^{UB}(P^{UA})$ (sowie die jeweiligen endogenen Grenzzinsfüße von Basis- und Bewertungsprogramm) in Abhängigkeit vom Verkaufspreis P^{UA} des Unternehmens U_A zu entnehmen.[526]

Das gleiche Phänomen, wie mit Bezug auf *Abbildung 213* erläutert, ist auch in nachfolgender *Abbildung 214* zu erkennen. In ihr steigt der Grenzpreis $P_{min}^{UB}(P^{UA})$ im Preisbereich $151{,}5866 < P^{UA} < 160{,}0001$ mit steigendem Preis P^{UA} und entsprechend steigendem Entnahmestrom $EN_{UB}^{max}(P^{UA})$, obwohl gleichbleibende Grenzzinsfüße beim

---

[526] Hierbei ist die erforderliche Ganzzahligkeitsbedingung für das Unternehmen U_A zu berücksichtigen.

Übergang vom Basis- und Bewertungsprogramm zu verzeichnen sind sowie die gleichen Zukunftserfolge und Grenzzinsfüße in die Berechnung des Entscheidungswertes (in Abhängigkeit von unterschiedlichen Preisen P^{UA}) einfließen. Wegen der nachteiligen Ganzzahligkeit existieren in diesem Bereich keine Steuerungszinsfüße.

P^{UA}	i_t^{Ba} in %	$EN_{UB}^{max}(P^{UA})$	$P_{min}^{UB}(P^{UA})$	i_t^{Be} in %
0	(10; 10; 5; 5)	32,6133	196,1261	(5; 5; 5; 5)
20	(10; 10; 5; 5)	32,6133	196,1261	(5; 5; 5; 5)
40	(10; 10; 5; 5)	32,6133	196,1261	(5; 5; 5; 5)
60	(10; 10; 5; 5)	32,6133	196,1261	(5; 5; 5; 5)
80	(10; 10; 5; 5)	32,6133	196,1261	(5; 5; 5; 5)
100	(10; 10; 5; 5)	32,6133	196,1261	(5; 5; 5; 5)
120	(10; 10; 5; 5)	32,6133	196,1261	(5; 5; 5; 5)
140	(10; 10; 5; 5)	32,6133	196,1261	(5; 5; 5; 5)
150	(10; 10; 5; 5)	32,6133	196,1261	(5; 5; 5; 5)
151,5866	(10; 10; 5; 5)	32,6133	196,1261	(5; 5; 5; 5)
151,5867	*(5; 5; 5; 5)*	32,6133	196,1261	*(5; 5; 5; 5)*
152	*(5; 5; 5; 5)*	32,6330	196,5395	*(5; 5; 5; 5)*
154	*(5; 5; 5; 5)*	32,7282	198,5395	*(5; 5; 5; 5)*
156	*(5; 5; 5; 5)*	32,8235	200,5395	*(5; 5; 5; 5)*
158	*(5; 5; 5; 5)*	32,9187	202,5395	*(5; 5; 5; 5)*
159	*(5; 5; 5; 5)*	32,9663	203,5395	*(5; 5; 5; 5)*
160	*(5; 5; 5; 5)*	33,0140	204,5395	*(5; 5; 5; 5)*
160,0001	(5; 5; 5; 5)	33,0140	204,5395	(5; 5; 5; 5)
161	(5; 5; 5; 5)	33,0616	204,5395	(5; 5; 5; 5)
170	(5; 5; 5; 5)	33,4901	204,5395	(5; 5; 5; 5)
180	(5; 5; 5; 5)	33,9663	204,5395	(5; 5; 5; 5)
190	(5; 5; 5; 5)	34,4425	204,5395	(5; 5; 5; 5)
200	(5; 5; 5; 5)	34,9187	204,5395	(5; 5; 5; 5)
220	(5; 5; 5; 5)	35,8711	204,5395	(5; 5; 5; 5)
240	(5; 5; 5; 5)	36,8235	204,5395	(5; 5; 5; 5)
260	(5; 5; 5; 5)	37,7759	204,5395	(5; 5; 5; 5)
280	(5; 5; 5; 5)	38,7282	204,5395	(5; 5; 5; 5)
300	(5; 5; 5; 5)	39,6806	204,5395	(5; 5; 5; 5)

Abbildung 214: Jungierter Grenzpreis des Unternehmens U_B

Hier wird ein ähnliches Bild wie bei der Ermittlung des jungierten Grenzpreises für das Unternehmen U_B deutlich. Die Breite des Entnahmestroms $EN_{UB}^{max}(P^{UA})$ verändert sich im Preisbereich $0 \leq P^{UA} < 151{,}5867$[527] bei einer kontinuierlichen Erhöhung des Preises P^{UA} nicht, weil das Verkaufsobjekt U_B zu diesen Preisen – unabhängig vom Verhandlungsergebnis um das Unternehmen U_A – nicht veräußert wird. Der Grenzpreis für das Unternehmen U_B liegt in diesem Bereich konstant bei $196{,}1261$.

Erfolgt die Vereinbarung von Preisen $P^{UA} \geq 151{,}5867$, wird sich das Entscheidungssubjekt im Hinblick auf das Basisprogramm zum Verkauf des Unternehmens U_A entschließen. Deshalb steigt in diesem Preisbereich bei einer weiteren Erhöhung des Verkaufspreises des Unternehmens U_A der Basisprogrammerfolg $EN_{UB}^{max}(P^{UA})$ kontinuierlich. Hinsichtlich des Bewertungsprogramms ergeben sich wiederum zwei Möglichkeiten:

1. Im Preisbereich $151{,}5867 \leq P^{UA} \leq 160$ wird das Unternehmen U_A aus dem Basisprogramm entnommen, d. h., es wird veräußert, während das Unternehmen U_B beim Entscheidungssubjekt verbleibt. Der Übergang vom Basis- zum Bewertungsprogramm und der Verkauf des Unternehmens U_B zum entsprechend errechneten Grenzpreis $P_{min}^{UB}(P^{UA})$ führen jedoch dazu, daß das Unternehmen U_B wieder in das optimale Investitions- und Finanzierungsprogramm integriert wird, also zum Bewertungsprogramm gehört. Das bedeutet, daß der Verkauf des Unternehmens U_B zum entsprechenden Grenzpreis $P_{min}^{UB}(P^{UA})$ nur sinnvoll ist, wenn das Unternehmen U_A zum entsprechenden Preis P^{UA} *nicht* veräußert wird.

2. Ab einem Preis $P^{UA} > 160$ erfolgt die Veräußerung des Unternehmens U_A im Basisprogramm und – unabhängig vom vereinbarten Preis für das Unternehmen U_B – auch im Bewertungsprogramm. Der Grenzpreis $P_{min}^{UB}(P^{UA})$ für das Unternehmen U_B bleibt konstant bei $204{,}5395$.

---

[527] Der Preis $P^{UA} = 151{,}5867$ entspricht gleichzeitig dem Grenzpreis des Unternehmens U_A unter der Annahme, daß im Falle einer disjungierten Konfliktsituation nur das Unternehmen U_A bewertet werden muß und das Unternehmen U_B nicht veräußert werden soll. Für die Bestimmung dieses Preises kann ein fiktives Basisprogramm ermittelt werden, wofür die Innenfinanzierung, die Eigenmittel sowie die Geldanlage- und Kreditaufnahmemöglichkeiten zur Verfügung stehen. Die Entnahme EN^{max} beträgt dann $32{,}6133$. Zum daraus resultierenden minimalen Grenzpreis von $151{,}5867$ wird das Unternehmen U_A aus dem (fiktiven) Bewertungsprogramm entnommen.

Zur Veranschaulichung der jungierten Konfliktsituation können die Tableaus des Beispiels wieder in einem $[P_{min}^{UB}(P^{UA}); P_{min}^{UA}(P^{UB})]$-Koordinatensystem graphisch dargestellt werden. In der *Abbildung 215* sind fünf verschiedene Preisbereiche zu erkennen, die hinsichtlich ihrer Entscheidungsunterstützung erläutert werden.[528] Auf der Abszisse ist sowohl der Verkaufspreis P^{UB} für das Unternehmen U_B als auch der Entscheidungswert $P_{min}^{UB}(P^{UA})$ des Unternehmens U_B abgetragen; die Werte der Ordinate gelten folglich sowohl für den Verkaufspreis P^{UA} für Unternehmen U_A als auch für den Entscheidungswert $P_{min}^{UA}(P^{UB})$ des Unternehmens U_B. Jedes vorliegende Preispaar $(P^{UB}; P^{UA})$ als Ausdruck einer potentiellen Verhandlungskonstellation in den beiden (zeitgleich stattfindenden) Verhandlungen um den Verkauf der Unternehmen U_A und U_B ist einem dieser Preisbereiche zuzuordnen. Hervorgehoben ist die Preiskonstellation $(P^{UB}; P^{UA}) = (160; 180)$. Die Empfehlung lautet hier, das Unternehmen U_B nicht zu verkaufen, das Unternehmen U_A hingegen zu verkaufen. Denn bei $P^{UB} = 160$ beträgt der mindest zu fordernde Preis für Unternehmen U_A $P_{min}^{UA}(P^{UB} = 160) = 151,5867$, der kleiner als der erzielbare Verkaufspreis von $P^{UA} = 180$ ist, so daß dieser akzeptabel ist. Bei $P^{UA} = 180$ ist der Entscheidungswert für Unternehmen U_B $P_{min}^{UB}(P^{UA} = 180) = 204,5395$ und damit größer als der erzielbare Verkaufspreis $P^{UB} = 160$, so daß letzterer nicht akzeptabel ist.

---

[528] Daß die graphische Aufbereitung in der Situation „Verkauf-Verkauf" zu weitaus komplexeren Darstellungen führen kann, zeigen das Beispiel von *MATSCHKE*, Entscheidungswert (1975), S. 344–356, sowie die dortigen Abbildungen (S. 348, 352 und 355).

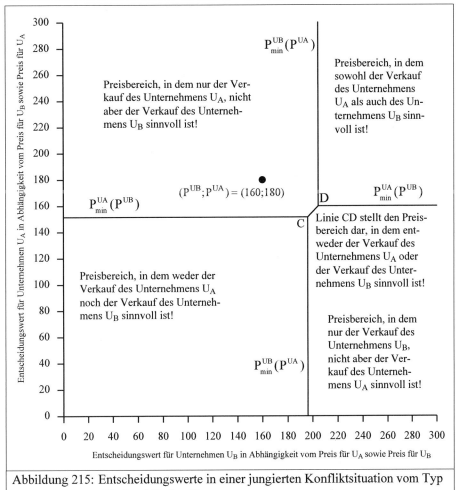

Abbildung 215: Entscheidungswerte in einer jungierten Konfliktsituation vom Typ „Verkauf-Verkauf"

2.4.6.2.3 Typ „Kauf-Verkauf"

Das grundsätzliche Vorgehen zur Berechnung von Entscheidungswerten in der jungierten Konfliktsituation vom Typ „Kauf-Verkauf" – welche auch als Typ „Verkauf-Kauf" bezeichnet werden kann – soll nunmehr mit Rückgriff auf ein Beispiel aus der Literatur betrachtet werden.[529] Das Bewertungssubjekt, welches den mehrperiodigen Planungszeitraum T = 5 berücksichtigt, verfolgt als Ziel die Einkommensmaximierung, wobei es eine Gewichtung der Entnahmen von $\bar{w}_0 : \bar{w}_1 : \bar{w}_2 : \bar{w}_3 : \bar{w}_4 : \bar{w}_5 = 0 : 1 : 1 : 1 : 1 : 21$ vorgibt.[530]

Das Bewertungssubjekt steht in Verhandlungen um den Kauf des Unternehmens U_K, für das im Planungszeitraum ein Zahlungsstrom von (0 GE, 20 GE, 20 GE, 20 GE, 20 GE, 120 GE) erwartet wird. Hierbei wird unterstellt, daß das Bewertungsobjekt in t = 5 einen Erfolg aus der laufenden Geschäftstätigkeit von 20 GE und zudem einen Liquidationserlös von 100 GE abwerfen wird, so daß sich die genannte Gesamtzahlung von 120 GE ergibt. Gesucht wird somit *einerseits* der Entscheidungswert $P_{max}^{UK}(P^{UV})$ als maximal zahlbarer Preis für das zum Kauf stehende Unternehmen U_K. Der Entscheidungswert ist dabei abhängig vom Preis P^{UV} für das zu verkaufende Unternehmen U_V.

Zur Finanzierung könnte im Entscheidungszeitpunkt t = 0 eine beliebig teilbare 6 %-Schuldverschreibung SV im Nennwert von maximal 50 GE mit einer Laufzeit von fünf Perioden emittiert werden. Weitere Mittel (Kreditaufnahmen KA) sind zu einem kurzfristigen Sollzins von 10 % p. a. erhältlich, wohingegen jährliche Finanzinvestitionen (Geldanlagen GA) nur zu einem Habenzins von 5 % p. a. zur Verfügung stehen. Der Einzahlungsüberschuß aus der Innenfinanzierung (IF) beläuft sich in jedem Zeitpunkt auf 110 GE. Darin enthalten sind die rückläufigen und von der übrigen Innenfinanzierung unabhängigen Überschüsse aus einem Unternehmen U_V, von dem sich das Bewertungssubjekt gerne trennen möchte. Das abzustoßende Unternehmen U_V steuert die Einzahlungsüberschüsse (0 GE, 30 GE, 25 GE, 20 GE, 15 GE, 20 GE) zur Innenfinanzierung des Bewertungssubjekts bei, wenn es im Portefeuille verbleibt. Gesucht wird also *andererseits* der Entscheidungswert $P_{min}^{UV}(P^{UK})$ als minimal zu fordernder Preis für das Verkaufsobjekt U_V, der vom Preis P^{UK} für das Unternehmen U_K beeinflußt wird. Im Beispiel sei angenommen, daß sowohl aus der Innenfinanzierung als auch aus dem daraus herauszulösenden Unternehmen U_V nach t = 5 keine Einzahlungsüberschüsse mehr erzielt werden können. Die Ausgangsdaten sind in *Abbildung 216*[531] zusammengefaßt.

---

[529] Nachfolgendes Beispiel und nachfolgende Ausführungen des Abschnitts 2.4.6.2.3 zur jungierten Konfliktsituation vom Typ „Kauf-Verkauf" wurden weitgehend entnommen aus HERING, Unternehmensbewertung (2006), S. 128–132. Zur Datenbasis siehe HERING, Unternehmensbewertung (2006), S. 76 f.

[530] Im Unterschied zu den bisherigen Beispielen ist das Bewertungssubjekt im Zeitpunkt t = 0 an keiner Entnahme interessiert. Ein weiterer Unterschied besteht darin, daß HERING die Ganzzahligkeitsbedingung lediglich für das im jeweiligen Schritt zu bewertende Objekt berücksichtigt. Sowohl die nachfolgend dargestellte Schuldverschreibung SV als auch das zum Verkauf stehende Unternehmen U_V bei Ermittlung des Grenzpreises für U_K und das zum Kauf stehende Unternehmen U_K bei Ermittlung des Grenzpreises für U_V können teilweise realisiert werden.

[531] In enger Anlehnung an HERING, Unternehmensbewertung (2006), S. 77.

t	SV	GA$_0$	GA$_1$	GA$_2$	GA$_3$	GA$_3$	KA$_0$	KA$_1$	KA$_2$	KA$_3$	KA$_4$	IF	davon		U$_K$
													IF–U$_V$	U$_V$	
0	50	-1					1					110	110	P?	P?
1	-3	1,05	-1				-1,1	1				110	80	30	20
2	-3		1,05	-1				-1,1	1			110	85	25	20
3	-3			1,05	-1				-1,1	1		110	90	20	20
4	-3				1,05	-1				-1,1	1	110	95	15	20
5	-53					1,05					-1,1	110	90	20	120
Grenze	1	∞	∞	∞	∞	∞	∞	∞	∞	∞	∞	1	1	1	1

Abbildung 216: Daten der jungierten Konfliktsituation vom Typ „Kauf-Verkauf"

Abbildung 217[532] zeigt, wie der vermeintliche Kaufpreis P^{UK} des Objekts U_K systematisch schrittweise erhöht wird; für jedes so abgewandelte Entscheidungsfeld wird aufs neue der optimale Erfolg des Basisprogramms $EN_{UV}^{max}(P^{UK})$ und der daraus folgende Grenzpreis des betrachteten Bewertungsobjekts, des Verkaufsobjekts, $P_{min}^{UV}(P^{UK})$ bestimmt. Hierdurch ergibt sich die entsprechende Wertetabelle, die in diskreten Schritten anzeigt, wie der Grenzpreis des Verkaufsobjekts vom noch unbekannten Preis des Kaufobjekts abhängt.

---

[532] In enger Anlehnung an HERING, Unternehmensbewertung (2006), S. 128.

P^{UK}	i_t^{Ba} in %	$EN_{UV}^{max}(P^{UK})$	$P_{min}^{UV}(P^{UK})$	i_t^{Be} in %
0	(5;5;5;5;5)	37,5592	96,5350	(5;5;5;5;5)
10	(5;5;5;5;5)	37,0592	96,5350	(5;5;5;5;5)
20	(5;5;5;5;5)	36,5592	96,5350	(5;5;5;5;5)
30	(5;5;5;5;5)	36,0592	96,5350	(5;5;5;5;5)
40	(5;5;5;5;5)	35,5592	96,5350	(5;5;5;5;5)
50	(5;5;5;5;5)	35,0592	96,5350	(5;5;5;5;5)
60	(5;5;5;5;5)	34,5592	96,5350	(5;5;5;5;5)
70	(5;5;5;5;5)	34,0592	96,5350	(5;5;5;5;5)
80	(5;5;5;5;5)	33,5592	96,5350	(5;5;5;5;5)
90	(5;5;5;5;5)	33,0592	96,5350	(5;5;5;5;5)
100	(5;5;5;5;5)	32,5592	96,5350	(5;5;5;5;5)
110	(5;5;5;5;5)	32,0592	96,5350	(5;5;5;5;5)
110,0001	(9,5460;5;5;5;5)	32,0592	96,5350	(5;5;5;5;5)
120	(9,5460;5;5;5;5)	31,5376	96,1020	(5;5;5;5;5)
130	(9,5460;5;5;5;5)	31,0159	95,6691	(5;5;5;5;5)
140	(9,5460;5;5;5;5)	30,4943	95,2361	(5;5;5;5;5)
150	(9,5460;5;5;5;5)	29,9726	94,8032	(5;5;5;5;5)
158,0973	(9,5460;5;5;5;5)	29,5502	94,4526	(5;5;5;5;5)
158,0974	(9,5459;5;5;5;5)	29,5502	94,4526	(5;5;5;5;5)
160	(8,2433;5;5;5;5)	29,4820	94,9906	(5;5;5;5;5)
164,9421	(5,0001;5;5;5;5)	29,3121	96,5350	(5;5;5;5;5)
164,9422	(5;5;5;5;5)	29,3121	96,5350	(5;5;5;5;5)
170	(5;5;5;5;5)	29,3121	96,5350	(5;5;5;5;5)
180	(5;5;5;5;5)	29,3121	96,5350	(5;5;5;5;5)
190	(5;5;5;5;5)	29,3121	96,5350	(5;5;5;5;5)
200	(5;5;5;5;5)	29,3121	96,5350	(5;5;5;5;5)

Abbildung 217: Jungierter Grenzpreis für den Verkauf von U_V

Mit steigendem Kaufpreis P^{UK} wird $EN_{UV}^{max}(P^{UK})$, die Breite des vom Basispro-gramm erzeugten Entnahmestroms, kontinuierlich reduziert. Dies gilt freilich nur so lange, wie die Akquisition überhaupt noch wirtschaftlich vorteilhaft bleibt. Ab einem Preis $P^{UK} \geq 164,9422$ lohnt sich die Akquisition nicht mehr, so daß von ihr auch kein Einfluß mehr auf das Basisprogramm ausgeht. Bis zum Preis von $P^{UK} \leq 110$ ist der Kauf hingegen so günstig, daß keine Kredite erforderlich werden und die endogenen Grenzzinsfüße von Basis- und Bewertungsprogramm übereinstimmen: Sie betragen ein-heitlich 5 %, so daß sich der Grenzpreis des Verkaufsobjekts ($P_{min}^{UV}(P^{UK}) = 96,5350$) in all diesen Fällen als Zukunftserfolgswert zu einem Zinssatz von 5 % ergibt. Jede Erhö-hung des Preises um 10 schmälert den Entnahmestrom um 0,5, denn als Annuitätenfak-tor ergibt sich bei der vorliegenden Entnahmestruktur:

$$\frac{1}{\dfrac{1}{1,05}+\dfrac{1}{1,05^2}+\dfrac{1}{1,05^3}+\dfrac{1}{1,05^4}+\dfrac{21}{1,05^5}}=0,05.$$

In den letzten fünf Zeilen der *Abbildung 217* gilt hinsichtlich der Konstanz der endogenen Grenzzinsfüße das gleiche, so daß auch hier der bereits bekannte Entscheidungswert 96,5350 als Zukunftserfolgswert resultiert.

Interessant ist die Entwicklung im mittleren Teil der Tabelle: Der Grenzpreis sinkt zunächst und steigt später wieder an. Ursache dafür sind die ab einem Preis von $P^{UK}=$ 110 auftretenden Strukturverschiebungen zwischen Basis- und Bewertungsprogramm: Die Verteuerung des Kaufobjekts U_K beeinträchtigt das Basisprogramm zuerst stärker als das Bewertungsprogramm, weil der Basisansatz zunehmend auf teurere Opportunitäten (Kredite) zurückgreifen muß, während der Bewertungsansatz wegen der Vereinnahmung des Verkaufspreises für U_V in t = 0 noch ohne Kredite auskommt. Ab einem Preis von $P^{UK} > 110$ bis zum Preis $P^{UK} \leq 158,0973$ wird zur Finanzierung des (vollständigen) Kaufs von U_K im Basisprogramm (anteilig) auf die Schuldverschreibung SV zurückgegriffen. Diese wird in diesem Bereich von P^{UK} in der ersten Periode zum Grenzobjekt des Basisprogramms, was am endogenen Grenzzinsfuß i_1^{Ba} zu erkennen ist, welcher der Initialverzinsung des Grenzobjekts „Schuldverschreibung" dieser Periode entspricht.[533] Im weiteren Verlauf schwächt sich dagegen die Einkommensschmälerung im Basisprogramm mehr und mehr ab, weil das Akquisitionsobjekt U_K selbst zum Grenzobjekt (ab $P^{UK} > 158,0973$) geworden ist und schließlich (bei $P^{UK} > 164,9421$) ganz aus der optimalen Lösung gedrängt wird. Bei Preisen $P^{UK} > 158,0973$ wird auf die Schuldverschreibung verzichtet. Es werden nur einperiodige Geldanlagen GA getätigt. Das Bewertungsprogramm greift hingegen bei Preisen $P^{UK} \leq 164,9421$ voll auf das im Vergleich zu den 5 %-Geldanlagen attraktivere Objekt U_K zurück, dessen Preissteigerung durch einen höheren Grenzpreis $P_{min}^{UV}(P^{UK})$ kompensiert werden muß. Bei Preisen $P^{UK} > 164,9421$ ist das Unternehmen U_K nicht mehr im Bewertungsprogramm enthalten.

Abbildung 217 zeigt den Grenzpreis $P_{min}^{UV}(P^{UK})$ des Verkaufsobjekts U_V für einen jeweils vorgegebenen Kaufpreis P^{UK} des Akquisitionsobjekts U_K. Um P^{UK} festlegen zu können, sollte die Unternehmensleitung aber auch den Grenzpreis $P_{max}^{UK}(P^{UV})$ des zu kaufenden Unternehmens U_K kennen, der wiederum auch von dem für das Verkaufsobjekt U_V erzielten Preis abhängt. Daher ist für U_K in entsprechender Weise ein Tableau von bedingten Grenzpreisen zu berechnen. Das Ergebnis findet sich in *Abbildung 218*[534].

---

[533] Vgl. zum Zusammenhang von endogenen Grenzzinsfüßen und der Initialverzinsung des Grenzobjekts *HERING*, Investitionstheorie (2008), S. 210–212.

[534] In enger Anlehnung an *HERING*, Unternehmensbewertung (2006), S. 130.

P^{UV}	i_t^{Ba} in %	$EN_{UK}^{max}(P^{UV})$	$P_{max}^{UK}(P^{UV})$	i_t^{Be} in %
0	(5;5;5;5;5)	29,3121	162,6512	(10;5;5;5;5)
10	(5;5;5;5;5)	29,3121	162,6512	(10;5;5;5;5)
20	(5;5;5;5;5)	29,3121	162,6512	(10;5;5;5;5)
30	(5;5;5;5;5)	29,3121	162,6512	(10;5;5;5;5)
40	(5;5;5;5;5)	29,3121	162,6512	(10;5;5;5;5)
50	(5;5;5;5;5)	29,3121	162,6512	(10;5;5;5;5)
60	(5;5;5;5;5)	29,3121	162,6512	(10;5;5;5;5)
70	(5;5;5;5;5)	29,3121	162,6512	(10;5;5;5;5)
80	(5;5;5;5;5)	29,3121	162,6512	(10;5;5;5;5)
90	(5;5;5;5;5)	29,3121	162,6512	(10;5;5;5;5)
92,1470	(5;5;5;5;5)	29,3121	162,6512	(10;5;5;5;5)
92,1471	(5;5;5;5;5)	29,3121	162,6512	(9,9999;5;5;5;5)
93	(5;5;5;5;5)	29,3121	162,9302	(8,9911;5;5;5;5)
94	(5;5;5;5;5)	29,3121	163,4994	(7,8316;5;5;5;5)
95	(5;5;5;5;5)	29,3121	164,0685	(6,6966;5;5;5;5)
96	(5;5;5;5;5)	29,3121	164,6377	(5,5851;5;5;5;5)
96,5349	(5;5;5;5;5)	29,3121	164,9421	(5,0001;5;5;5;5)
96,5350	(5;5;5;5;5)	29,3121	164,9422	(5;5;5;5;5)
100	(5;5;5;5;5)	29,4854	164,9422	(5;5;5;5;5)
110	(5;5;5;5;5)	29,9854	164,9422	(5;5;5;5;5)
120	(5;5;5;5;5)	30,4854	164,9422	(5;5;5;5;5)
130	(5;5;5;5;5)	30,9854	164,9422	(5;5;5;5;5)
140	(5;5;5;5;5)	31,4854	164,9422	(5;5;5;5;5)
150	(5;5;5;5;5)	31,9854	164,9422	(5;5;5;5;5)
160	(5;5;5;5;5)	32,4854	164,9422	(5;5;5;5;5)
170	(5;5;5;5;5)	32,9854	164,9422	(5;5;5;5;5)
180	(5;5;5;5;5)	33,4854	164,9422	(5;5;5;5;5)
190	(5;5;5;5;5)	33,9854	164,9422	(5;5;5;5;5)
200	(5;5;5;5;5)	34,4854	164,9422	(5;5;5;5;5)

Abbildung 218: Jungierter Grenzpreis für den Kauf von U_K

Bis zu einem Preis P^{UV} in Höhe des bereits bekannten Zukunftserfolgswertes 96,5350 ist der Verkauf im Basisprogramm nachteilig und daher ohne Einfluß auf $EN_{UK}^{max}(P^{UV})$. Aus Sicht des Bewertungsprogramms wird allerdings eine anteilige Inanspruchnahme von U_V als Kreditsubstitut bereits vorher, nämlich ab einem Preis von $P^{UV} = 92,1470$, attraktiv. Mit Hilfe der „komplexen Bewertung" resultiert anfänglich ein Grenzpreis von $P_{max}^{UK}(P^{UV}) = 162,6512$ für das Kaufobjekt U_K. Ab $P^{UV} > 92,1470$ steigt $P_{max}^{UK}(P^{UV})$ schrittweise bis auf 164,9421 an. Für $P^{UV} \geq 96,5350$ stimmen schließlich die endogenen Grenzzinsfüße von Basis- und Bewertungsprogramm immer überein, weil U_V jeweils vollständig verkauft wird und keine Kredite mehr vonnöten sind. Der endogene Grenzzins entspricht stets dem Habenzins 5 %. Dann ergibt sich

$P_{max}^{UK}(P^{UV})$ zwangsläufig als Zukunftserfolgswert ZEW_{UK}:

$$P_{max}^{UK}(P^{UV}) = ZEW_{UK} = \frac{20}{1,05} + \frac{20}{1,05^2} + \frac{20}{1,05^3} + \frac{20}{1,05^4} + \frac{120}{1,05^5} = 164,9422.$$

Aus der Kombination beider Tableaus geht dann der jungierte Entscheidungswert hervor: Für jedes gegebene Paar $(P^{UV}; P^{UK})$ von Preisen für U_V und U_K läßt sich anhand der Ergebnistableaus feststellen, ob eine wirtschaftlich vorteilhafte Verhandlungslösung vorliegt, d. h., ob P^{UV} über dem Grenzpreis von U_V oder P^{UK} noch unter dem Grenzpreis von U_K liegt. Falls – wie im Beispiel – nur zwei jungierte Objekte zu beurteilen sind, können die Ergebnistableaus in einem $[P_{min}^{UV}(P^{UK}); P_{max}^{UK}(P^{UV})]$-Koordinatensystem sehr anschaulich graphisch umgesetzt werden (vgl. *Abbildung 219*[535]). Auf der Abszisse ist sowohl der Verkaufspreis P^{UV} für Unternehmen U_V als auch der Entscheidungswert $P_{min}^{UV}(P^{UK})$ des Unternehmens U_V abgetragen; die Werte der Ordinate gelten folglich sowohl für den Kaufpreis P^{UK} für Unternehmen U_K als auch für den Entscheidungswert $P_{max}^{UK}(P^{UV})$ des Unternehmens U_K. Jedes vorliegende Preispaar $(P^{UV}; P^{UK})$ als Ausdruck einer potentiellen Verhandlungskonstellation in den beiden (zeitgleichen) Verhandlungen um den Verkauf des Unternehmens U_V und den Kauf des Unternehmens U_K ist einem dieser Preisbereiche zuzuordnen. Hervorgehoben ist die Preiskonstellation $(P^{UV}; P^{UK}) = (120; 150)$. Die Empfehlung lautet hier, sowohl das Unternehmen U_V zu verkaufen als auch das Unternehmen U_K zu kaufen. Denn bei $P^{UV} = 120$ beträgt der maximal zahlbare Preis $P_{max}^{UK}(P^{UV} = 120) = 164,9422$ für Unternehmen U_K, der größer als der verlangte Kaufpreis $P^{UK} = 150$ ist, so daß dieser akzeptabel ist. Bei $P^{UK} = 150$ ist der minimal zu fordernde Preis $P_{min}^{UV}(P^{UK} = 150) = 94,8032$ für Unternehmen U_V und damit kleiner als der erzielbare Verkaufspreis $P^{UV} = 120$, so daß auch dieser akzeptabel ist.

---

[535] In enger Anlehnung an *HERING*, Unternehmensbewertung (2006), S. 131.

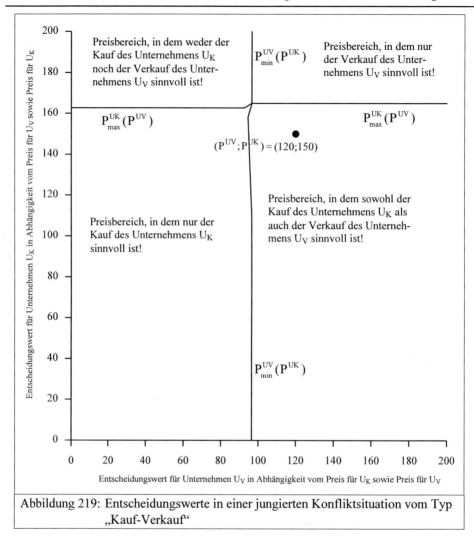

Abbildung 219: Entscheidungswerte in einer jungierten Konfliktsituation vom Typ „Kauf-Verkauf"

Die obere linke Fläche markiert den Bereich, in dem weder der Kauf noch der Verkauf wirtschaftlich vorteilhaft ist. Analog lassen sich auch die anderen drei Felder interpretieren: Beispielsweise ist bei hohem P^{UK} und P^{UV} nur der Verkauf, nicht aber der Kauf sinnvoll (Feld rechts oben). Wie aus den *Abbildungen 217* und *218* hervorgeht, stellen die beiden Zukunftserfolgswerte $ZEW_{UV} = 96{,}5350$ und $ZEW_{UK} = 164{,}9422$ jeweils zueinander kritische Preise dar. Sie definieren den Schnittpunkt der beiden im übrigen recht einförmigen Grenzpreiskurven.

2.5 Ausgewählte Kontrollfragen

Aufgabe 1 (15 Punkte) – Entscheidungswert

a) Definieren Sie den Begriff „Entscheidungswert", und stellen Sie seine Merkmale dar! (5 Punkte)

b) Erläutern Sie allgemein die Vorgehensweise bei der Ermittlung des Entscheidungswertes (im Sinne eines Grenzpreises) aus der Sicht eines präsumtiven Käufers! (10 Punkte)

Aufgabe 2 (20 Punkte) – Menge der Einigungslösungen und Entscheidungswert

a) Was kennzeichnet die Menge der zumutbaren Lösungen aus der Sicht eines Entscheidungssubjekts? Was ist unter der Menge der Einigungslösungen zu verstehen? (5 Punkte)

b) Wann wird eine Konfliktlösung aus der Menge der Einigungslösungen dominiert? (5 Punkte)

c) Erläutern Sie allgemein die Vorgehensweise bei der Ermittlung des Entscheidungswertes aus der Sicht eines präsumtiven Verkäufers! (10 Punkte)

Aufgabe 3 (15 Punkte) – Matrix der funktionalen Unternehmensbewertung

Erläutern Sie die Bewertungsschritte, die sich im Hinblick auf die Matrix der funktionalen Unternehmensbewertung bei der Entscheidungsfunktion ergeben!

Aufgabe 4 (30 Punkte) – Unternehmensbewertung unter Unsicherheit

a) Was ist ein Entscheidungsfeld? Welche Bedeutung hat es im Rahmen der Unternehmensbewertung? (5 Punkte)

b) Durch welche bewertungsrelevanten Einschränkungen ist der finanzwirtschaftliche Aktionsraum von Unternehmen gekennzeichnet? (5 Punkte)

c) Beschreiben Sie ein offenes Entscheidungsfeld! (5 Punkte)

d) Systematisieren Sie die Planungsverfahren unter Unsicherheit, und würdigen Sie ihre Zweckmäßigkeit im Hinblick auf die Entscheidungswertermittlung kritisch! (10 Punkte)

e) Erläutern Sie die Sensitivitätsanalyse, und skizzieren Sie deren Anwendung innerhalb der Entscheidungswertermittlung! (5 Punkte)

Aufgabe 5 (30 Punkte) – Entscheidungswertermittlung

Ein präsumtiver Käufer möchte ein Unternehmen bewerten, dessen künftige Einzahlungsüberschüsse für ihn unbefristet gleichbleibend mit 100 GE geschätzt werden. Als weitere, beliebig teilbare und „ewige" Handlungsmöglichkeiten stehen ihm zur Verfügung:

1. ein Investitionsobjekt I_1 mit einem maximalen Investitionsvolumen von 200 GE und künftigen laufenden Einzahlungsüberschüssen von maximal 100 GE,
2. ein Investitionsobjekt I_2 mit einem maximalen Investitionsvolumen von ebenfalls 200 GE und künftigen laufenden Einzahlungsüberschüssen von maximal 80 GE,
3. ein Investitionsobjekt I_3 mit einem maximalen Investitionsvolumen von 1.000 GE und künftigen laufenden Einzahlungsüberschüssen von maximal 50 GE,
4. Eigenkapital für Investitionszwecke von 100 GE (nur einmalig in t = 0),
5. Fremdkapital F_1 von maximal 100 GE zu 5 % Zinsen,
6. Fremdkapital F_2 von maximal 800 GE zu 7 % Zinsen sowie
7. die Kassenhaltung.

a) Stellen Sie das Basis- und das Bewertungsprogramm auf, und ermitteln Sie den Entscheidungswert als maximal zahlbaren Preis, wobei Sie frei sind, eine sinnvolle Zielsetzung für das Bewertungssubjekt zu wählen! Geben Sie den Zahlungsstrom der optimalen Alternativinvestition und deren internen Zinsfuß an! (15 Punkte)

b) Ermitteln Sie den endogenen Grenzzinsfuß des Basisprogramms und des Bewertungsprogramms, d. h., welches sind die Grenzmaßnahmen und deren Verzinsung! (10 Punkte)

c) Ermitteln Sie auf Basis der Grenzzinsfüße von Basis- und Bewertungsprogramm die Grenzen für den Entscheidungswert mit Hilfe des Barwertmodells! Vergleichen Sie das mit Ihrem Ergebnis unter a)! (5 Punkte)

Aufgabe 6 (40 Punkte) – Zustands-Grenzpreismodell

Ein Bewertungssubjekt verfügt im Bewertungszeitpunkt t = 0, der gleichzeitig auch den Entscheidungs- und eventuellen Erwerbszeitpunkt darstellen soll, bereits über ein kleines Unternehmen KU, woraus ein ewiger Einzahlungsüberschuss aus der Innenfinanzierung (IF) von 30 GE resultiert. Im Zeitpunkt t = 0 hat es die Möglichkeit, eine Investition AK zu tätigen. Die Zahlungsreihe dieser Investition beträgt einschließlich des dafür zu zahlenden Preises (−100, 30, 40, 50, 55). In t = 0 besitzt das Bewertungssubjekt zusätzlich 10 GE als Eigenmittel (EM). Angenommen sei, daß die Hausbank des Geschäftsführers in t = 0 ein – nur im Ganzen verfügbares – endfälliges Darlehen ED von 50 GE bei jährlich zu zahlenden Zinsen von 9 % p. a. für Investitionen des Bewertungssubjekts mit einer Gesamtlaufzeit von vier Perioden (Jahren) zur Verfügung stellt. Weitere finanzielle Mittel sind als Betriebsmitteldarlehen unbegrenzt zu einem kurzfristigen Sollzins von 11 % p. a. erhältlich (KA_t). Finanzinvestitionen (GA_t) können bei der Hausbank des Bewertungssubjekts in beliebiger Höhe zu einem Habenzins von 5 % p. a. getätigt werden.

Das Bewertungssubjekt strebt seinerseits ab dem Zeitpunkt t = 0 zur Sicherung seiner Existenz grundsätzlich einen uniformen Einkommensstrom an (*Einkommensmaximierung*). Da das Bewertungssubjekt den Planungshorizont t = 4 festlegt, soll die letzte Ausschüttung zusätzlich zur normalen Ausschüttung EN den Barwert einer ewigen Rente auf Basis eines Zinssatzes von 5 % enthalten, um das Einkommen EN auch außerhalb des Planungszeitraums zu gewährleisten, denn für t > 4 wird im Beispiel der pauschal geschätzte Kalkulationszinsfuß i = 5 % p. a. berücksichtigt. *Nachrichtlich:* Ein sachgerechtes Vorgehen verlangt, daß diese Annahmen auch bei jenen Objekten berücksichtigt werden, deren Zahlungen über den Planungshorizont hinausgehen.

Das Bewertungssubjekt steht im Zeitpunkt t = 0 vor der Entscheidung, ein weiteres Unternehmen U zu erwerben. Für dieses Unternehmen wurde für den Planungszeitraum der Zahlungsstrom (0, 60, 40, 20, 20) geschätzt. Darüber hinaus wird aus dem Unternehmen U ab t = 5 eine ewige Rente von 20 GE erwartet. Gesucht ist der maximal zahlbare Preis P_{max} für das Unternehmen U.

a) Erläutern Sie die Berücksichtigung von Zahlungen außerhalb des Planungshorizonts und ermitteln Sie die gewünschte zeitliche Struktur der Entnahmen: $w_0 : w_1 : w_2 : w_3 : w_4$! (5 Punkte)

b) Vervollständigen Sie die *Abbildung 220* anhand der in der Aufgabenstellung vorliegenden Daten! (5 Punkte)

t	AK	ED	GA_0	GA_1	GA_2	GA_3	KA_0	KA_1	KA_2	KA_3	EM	IF	U
0													
1													
2													
3													
4													
Grenze													

Abbildung 220: Übungsbeispiel zum ZGPM

c) Formulieren Sie den Ansatz zur Bestimmung des Basisprogramms sowie den Ansatz zur Ermittlung des Bewertungsprogramms und des Entscheidungswertes! (20 Punkte)

d) Stellen Sie die bewertungsrelevanten Besonderheiten von KMU dar! Inwieweit wird das ZGPM diesen Anforderungen gerecht? (10 Punkte)

Aufgabe 7 (45 Punkte) – Investitionstheoretische Modelle

Bearbeiten Sie das folgende Thema in Form eines kleinen Aufsatzes: „Totalanalytische, partialanalytische und heuristische Modelle zur Entscheidungswertermittlung – Darstellung und kritische Würdigung." Stellen Sie Ihren Ausführungen eine Gliederung voran!

Aufgabe 8 (20 Punkte) – Substanzwert

Bearbeiten Sie das folgende Thema in Form eines kleinen Aufsatzes: „Der Substanzwert – ein klärungsbedürftiger Begriff in der Unternehmensbewertung." Stellen Sie Ihren Ausführungen eine Gliederung voran!

Aufgabe 9 (10 Punkte) – Nicht betriebsnotwendiges Vermögen

Was ist kostenrechnerisch unter dem Begriff des nichtbetriebsnotwendigen Vermögens zu verstehen, und wie wird er im Rahmen der Unternehmensbewertung definiert und berücksichtigt?

Aufgabe 10 (20 Punkte) – Kalkulatorischer Wert

a) Was versteht ERICH SCHNEIDER unter dem kalkulatorischen Wert einer Anlage? (5 Punkte)
b) Wie kann der kalkulatorische Wert bestimmt werden? (5 Punkte)
c) Zeigen Sie auf, welche implizite Annahme hinsichtlich des Vergleichsobjekts bei der Ermittlung des kalkulatorischen Wertes einer Anlage gemacht wird! (5 Punkte)
d) Welchen Zusammenhang gibt es zwischen einem positiven kalkulatorischen Wert und der Entscheidung über das Ersatzproblem? (5 Punkte)

Aufgabe 11 (30 Punkte) – Substanzwert als Ausgabenersparniswert

a) Erläutern Sie den Substanzwert als Ausgabenersparniswert! (5 Punkte)
b) Ermitteln Sie für das nachfolgende Zahlenbeispiel den Substanzwert als Ausgabenersparniswert (Zinssatz von 10 % sowie unbegrenzter Planungshorizont)! Lokalisieren Sie abschließend die Quellen des Ausgabenersparniswertes in diesem Beispiel (siehe *Abbildung 221*)! (25 Punkte)

Daten des Bewertungsobjekts:			
Investitionsausgaben:			
Einmalige Investitionsausgaben (in t = 0):	50		
Wiederholte Investitionsausgaben:		Zeitpunkt des Beginns des Investitionszyklus	Optimale Nutzungsdauer
Objekt I	75	15	25
Objekt II	180	10	10
Laufende periodische Ausgaben (beginnend ab t = 1):			
Objektbezogene Ausgaben (z. B. Betriebs- und Instandhaltungsausgaben):			
Objekt I	7		
Objekt II	20		
Gesamtbezogene Ausgaben (Steuern etc.):	25		
Daten des Vergleichsobjekts:			
Investitionsausgaben:			
Einmalige Investitionsausgaben (in t = 0):			
Objekt A	200		
Objekt B	100		
Wiederholte Investitionsausgaben:		Zeitpunkt des Beginns des Investitionszyklus	Optimale Nutzungsdauer
Objekt I	80	0	25
Objekt II	200	0	10
Laufende periodische Ausgaben (beginnend ab t = 1):			
Objektbezogene Ausgaben (z. B. Betriebs- und Instandhaltungsausgaben):			
Objekt A	2		
Objekt B	6		
Objekt I	5		
Objekt II	20		
Gesamtbezogene Ausgaben (Steuern etc.):	20		
Abbildung 221: Übungsbeispiel zum Substanzwert als Ausgabenersparniswert			

Aufgabe 12 (45 Punkte) – Spezielle Varianten des Zukunftserfolgswertes

Bearbeiten Sie das folgende Thema in Form eines kleinen Aufsatzes: „Der Zukunftserfolgswert und seine speziellen Varianten als Entscheidungswert." Stellen Sie Ihren Ausführungen eine Gliederung voran!

Aufgabe 13 (15 Punkte) – Voll-Rekonstruktionswert

a) Was wird unter dem Voll-Rekonstruktionswert verstanden, und wie unterscheidet er sich vom Teil-Rekonstruktionswert? (4 Punkte)

b) Erläutern Sie, unter welchen Voraussetzungen die Ermittlung des Voll-Rekonstruktionswertes zum Entscheidungswert im Sinne der Preisobergrenze aus der Sicht des Käufers führt! (6 Punkte)

c) Prüfen Sie, ob im folgenden Beispiel (siehe *Abbildung 222*) diese Voraussetzungen erfüllt sind! Erläutern Sie Ihre Vorgehensweise! (5 Punkte)

Zeit	0	1	2	3
Bewertungsobjekt:				
Einzahlungen		200,000	300,000	250,000
Auszahlungen		128,248	180,413	202,165
Zukunftserfolg		71,752	119,587	47,835
Vergleichsobjekt:				
Einzahlungen		300,000	200,000	100,000
Auszahlungen		268,719	106,157	-25,123
Zukunftserfolg		31,281	93,843	125,123
Voll-Rekonstruktionswert	200			
davon: Sachanlagen	150			
Vorräte	10			
Organisation	30			
Sonstiges	10			
Interner Zins r_{VO}	0,1			

Abbildung 222: Übungsbeispiel zum Voll-Rekonstruktionswert

Aufgabe 14 (10 Punkte) – Entscheidungswertermittlung bei der Fusion

Erläutern Sie das Vorgehen und das Ergebnis bei der Entscheidungswertermittlung in einer nicht dominierten, disjungierten, eindimensionalen Konfliktsituation vom Typ der Fusion!

Aufgabe 15 (20 Punkte) – Jungierte Konfliktsituationen

Ein Entscheidungsträger hat die Möglichkeit, in der gegebenen Konfliktsituation sowohl ein Unternehmen zu verkaufen als auch ein Unternehmen zu kaufen. Er steht hierzu mit zwei verschiedenen Verhandlungspartnern im Hinblick auf jeweils eines dieser Unternehmen in Kontakt. Der einzige relevante Entscheidungsparameter im Rahmen der Verhandlungen ist jeweils der Preis. Weder der betrachtete Entscheidungsträ-

ger noch seine beiden (personenverschiedenen) Kontrahenten können eine Einigung erzwingen.

a) Beschreiben Sie zunächst in allgemeiner Weise, was für ein Typ einer Konfliktsi-
    tuation vorliegt und was in einer solchen Situation der betrachtete Entscheidungs-
    träger bei der Ermittlung der Entscheidungswerte beachten muß! (6 Punkte)

b) Die Entscheidungssituation des betrachteten Entscheidungsträgers soll sich gra-
    phisch wie folgt darstellen (siehe *Abbildung 223*):

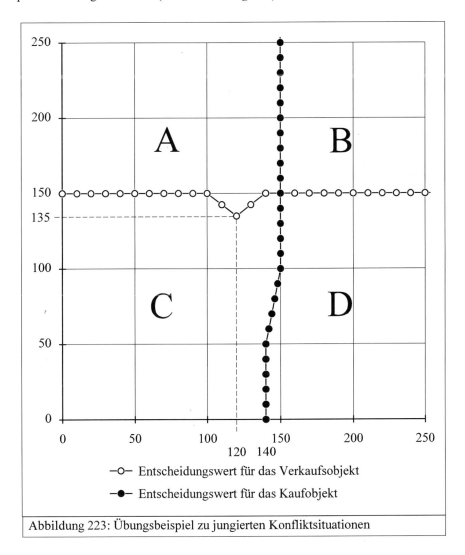

Abbildung 223: Übungsbeispiel zu jungierten Konfliktsituationen

Beschreiben Sie bitte zunächst den Verlauf der beiden Entscheidungswerte unter Verwendung der Zahlenwerte, und geben Sie dabei genau an, von welcher unabhängigen Variable der jeweilige Entscheidungswert abhängt! Diese unabhängigen Variablen tragen Sie bitte als Achsenbezeichnungen in die vorstehende Graphik ein! (6 Punkte)

c) In der vorstehenden Graphik gibt es vier Bereiche, die durch die Buchstaben A, B, C und D gekennzeichnet sind. Bitte geben Sie genau an, welche Handlungsempfehlung sich für den betrachteten Entscheidungsträger ergibt, wenn der aktuelle Verhandlungsstand mit Blick auf das Kauf- und das Verkaufsobjekt alternativ durch einen Punkt im Bereich A oder B oder C oder D als Konfliktlösung charakterisiert werden kann! *Hinweis:* Zur Erleichterung der Antwort ist es zweckmäßig, zunächst zu beschreiben, in welchen Bereichen der Kauf des Kaufobjekts und in welchen Bereichen der Verkauf des Verkaufsobjekts für den Entscheidungsträger rational ist. (8 Punkte)

3. Kapitel:

Vermittlungsfunktion und Arbitriumwert

„Guter Rat ist Goldes wert." DEUTSCHES SPRICHWORT

Überblick

Das dritte Kapitel stellt eine weitere Hauptfunktion der funktionalen Unternehmensbewertung dar: die *Vermittlungsfunktion*. Ergebnis dieser Funktion ist der *Arbitriumwert des Unternehmens*. Er gilt als ein Kompromiß, der im wesentlichen durch die Merkmale der Rationalität des Handelns und der parteienbezogenen Angemessenheit charakterisiert wird. Der einleitende Abschnitt des dritten Kapitels (*Abschnitt 3.1*) befaßt sich mit den Grundlagen der Vermittlungsfunktion und den Merkmalen des Arbitriumwertes. Im *Abschnitt 3.2* wird aufgezeigt, wie Arbitriumwerte in nicht dominierten Konfliktsituationen ermittelt werden können. Nachdem die Schritte der Arbitriumwertermittlung transparent anhand der Matrix der funktionalen Unternehmensbewertung aufgezeigt wurden, werden Bewertungsverfahren vorgestellt und arbitriumtheoretisch gedeutet, mit denen sich – ausgehend von der vorab zu ermittelnden Menge der zumutbaren Konfliktlösungen und der Menge der möglichen Einigungslösungen der Konfliktparteien – angemessene Konfliktlösungen bestimmen lassen. Anschließend werden die Unterschiede betrachtet, die sich hinsichtlich der Vermittlungsfunktion im Rahmen dominierter Konfliktsituationen ergeben (*Abschnitt 3.3*). Auch das Kapitel 3 wird mit Kontrollfragen abgerundet, die der Vertiefung des vorab dargestellten Lehrstoffes dienen sollen (*Abschnitt 3.4*).

Lernziele

Nach dem Studium dieses Kapitels sollten Sie hauptsächlich wissen,
1. wie der Begriff „Arbitriumwert" definiert ist, welche Merkmale ihn charakterisieren und welche Bedeutung der Entscheidungswert bei der Ermittlung des Arbitriumwertes hat,
2. wie die Menge der zumutbaren Konfliktlösungen und die Menge der möglichen Einigungslösungen durch den Gutachter in nicht dominierten Konfliktsituationen gefunden werden können und welche Rolle Dominanzüberlegungen dabei spielen,
3. welche Besonderheiten sich bei der Arbitriumwertermittlung in dominierten Konfliktsituationen ergeben können,
4. welche Möglichkeiten es gibt, aus der Menge der (originären oder derivativen) Einigungslösungen den Arbitriumwert zu bestimmen,
5. welche Bedeutung der Geschäftswert bei kombinierten Bewertungsverfahren hat,
6. welche kombinierten Bewertungsverfahren es gibt, wie hiermit Unternehmenswerte ermittelt und wie diese Werte arbitriumtheoretisch gedeutet werden können,
7. welche Rolle Banken bei der Arbitriumwertermittlung im Rahmen von Börsengängen spielen können und
8. wie der Arbitriumwert verwendet werden kann.

3.1   Grundlagen

Der *Arbitriumwert*[1] ist das Ergebnis einer Unternehmensbewertung im Rahmen der *Vermittlungsfunktion*. Ihm liegt die Aufgabenstellung eines Gutachters im Sinne eines unparteiischen Dritten zugrunde. Dieser hat zwischen mehreren Parteien, deren Interessen bezüglich des zu bewertenden Unternehmens divergieren, zu vermitteln, um einen *Interessenausgleich zwischen den konfligierenden Parteien* zu erleichtern oder herbeizuführen.

Der Arbitriumwert kann dabei im Falle *nicht dominierter Konfliktsituationen* in unterschiedlicher Weise für den Konflikt zwischen den Parteien relevant sein:[2]

1. Er kann als Empfehlung für eine Konfliktlösung gelten.

2. Die Parteien können sich ihm aufgrund vorheriger Festlegung unterwerfen.

3. Er kann Ausgangspunkt für weitere Verhandlungen sein.

Der Arbitriumwert wird dementsprechend als ein – i. d. R. von einem Unparteiischen – vorgeschlagener Einigungswert definiert. Er nennt die Bedingungen, auf deren Basis dieser eine Konfliktlösung zwischen den Parteien für möglich hält. *Der Arbitriumwert ist als ein Kompromiß[3] aufzufassen, der für die Parteien zumutbar ist und die Interessen dieser beteiligten Parteien angemessen wahrt.*[4]

Zumutbar sind Konfliktlösungen, die mit rationalem Handeln der beteiligten Parteien vereinbar sind. Der Arbitriumwert darf somit, um als zumutbar zu gelten, die Grenzen der Konzessionsbereitschaft der konfligierenden Parteien nicht verletzen (*Merkmal der Rationalität des Handelns*).[5] Voraussetzung dafür ist im Falle von Entscheidungsfreiheit der Konfliktparteien im Sinne einer nicht dominierten Konfliktsituation die Exi-

---

[1] Vgl. insbesondere MATSCHKE, Arbitriumwert (1979). Siehe auch MATSCHKE, Kompromiß (1969), MATSCHKE, Schiedsspruchwert (1971), KÖNIG, Vermittlungsfunktion (1977), MATSCHKE, Unternehmungsbewertung in dominierten Konfliktsituationen (1981), MOXTER, Unternehmensbewertung 2 (1983), S. 22, COENENBERG, Enteignung (1986), MANDL/RABEL, Behandlung von Verbundeffekten (1998), MANDL/RABEL, Abfindung (2001), MANDL/RABEL, Der objektivierte Unternehmenswert (2006), BYSIKIEWICZ, Spaltung (2008), S. 325–358, und schon frühzeitig MORAL, Unternehmung (1920). Siehe in diesem Zusammenhang aus juristischer Sicht vor allem GROSSFELD, Recht (2011). Siehe auch ZARZECKI, Metody (1999), S. 46–51, ZARZECKI/GRUDIŃSKI, Wartość godziwa jako standard wartości (2011), S. 669.

[2] Vgl. SIEBEN, Funktionen der Bewertung (1983), S. 541.

[3] Vgl. MATSCHKE, Kompromiß (1969), S. 58 f.

[4] Vgl. MATSCHKE, Kompromiß (1969), S. 57, MATSCHKE, Bewertung ertragsschwacher Unternehmungen (1984), S. 562. Siehe hierzu auch MORAL, Unternehmungen (1920), S. 110, WINCKELMANN, Unternehmenswert (1953), S. 182, HEUDORFER, Unternehmensbewertung (1962), S. 37. „Die Übernahme einer Vermittlerfunktion bedeutet, daß der Gutachter versuchen muß, einen Interessenausgleich zwischen den Parteien herbeizuführen. Interessenausgleich bedeutet aber, daß zunächst die Interessenlage beider Parteien bekannt sein muß", so HAVERMANN, Praxis der Unternehmensbewertung (1986), S. 165.

[5] Vgl. MATSCHKE, Arbitriumwert (1979), S. 48 f. Siehe in diesem Zusammenhang BRÄHLER, Unternehmensbewertung nach § 738 BGB (2008), zur Bestimmung des Abfindungsanspruchs eines aus einer GbR, OHG oder KG ausscheidenden Gesellschafters bei fehlenden gesellschaftsvertraglichen Regelungen. BRÄHLER erteilt dabei jedoch dem Gutachter in Ermangelung der Kenntnis von Entscheidungswerten den Freibrief, den sog. objektivierten Unternehmenswert nach IDW S 1 zu bestimmen, anstatt diesem die Schätzung der relevanten Entscheidungswerte mittels investitionstheoretisch fundierter Verfahren vorzuschlagen.

stenz eines Einigungs- oder Arbitriumbereichs[6]: Ist nur die Höhe des Preises für die
Konfliktlösung in einer nicht dominierten Konfliktsituation vom Typ des Kaufs/Ver-
kaufs relevant, muß der Arbitriumwert AW – wie in *Abbildung 224* dargestellt – zwischen dem höheren, maximal zahlbaren Preis P_{max} aus Käufersicht (Entscheidungswert
als Grenzpreis des Käufers) und dem niedrigeren, mindestens zu fordernden Preis P_{min}
aus Verkäufersicht (Entscheidungswert als Grenzpreis des Verkäufers) liegen. Im Hinblick auf dieses Merkmal ist es möglich, den Bereich der für den Arbitriumwert in Frage kommenden Konfliktlösungen einzugrenzen. Den Entscheidungswerten der Konfliktparteien kommt somit im Rahmen der Vermittlungsfunktion eine zentrale Rolle zu.

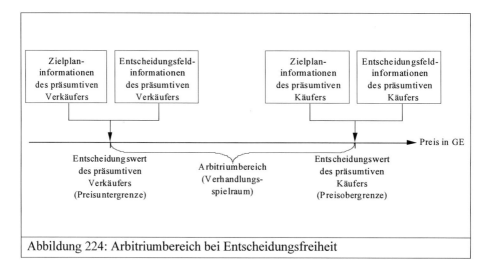

Abbildung 224: Arbitriumbereich bei Entscheidungsfreiheit

Wenn mehrere Konfliktlösungen als zumutbar gelten können, obliegt es dem Unparteiischen im Hinblick auf das *Merkmal der parteienbezogenen Angemessenheit*, den
Arbitriumwert auf der Grundlage eines gewählten Gerechtigkeitspostulats innerhalb des
Arbitriumbereichs zu bestimmen. Er sollte diejenige Konfliktlösung als Arbitriumwert
auswählen, die den Vorstellungen der konfligierenden Parteien hinsichtlich einer fairen

---

[6]   *HERING/OLBRICH*, Börsengang junger Unternehmen (2002), S. 153, sprechen auch vom *Einigungs-*
       intervall. Daß das Vorliegen eines solchen Intervalls von den Vertretern der objektiven Unterneh-
       mensbewertungskonzeption nicht beachtet wurde, zeigt das folgende Beispiel von *VOSS*, Unterneh-
       mungsbewertung (1961), S. 130 f.: „Es soll eine gutgehende Kohlengrube veräußert werden. Kauf-
       interessent ist ein Stahlwerksbesitzer in einer weit entlegenen Gegend, sagen wir in Nord-Afrika;
       dieser Stahlfabrikant möchte sich in Europa eine Kohlenbasis sichern. Die Überschüsse der Grube,
       die an sich für einen ansehnlichen Ertragswert ausreichen, werden nun aber durch die Frachtkosten
       für den Transport der Kohle von Deutschland nach Nord-Afrika aufgezehrt. – Soll der Gutachter
       diesen Umstand auch etwa ‚als tatsächliche Gegebenheit‘ hinnehmen und der Grube einen Ertrags-
       wert von 0 zumessen? Ich kann mir nicht vorstellen, daß ein Gutachter eine solche Schlußfolge-
       rung ziehen würde.“ Falls, wie VOSS anscheinend annimmt, die Kohlengrube zwar für den potenti-
       ellen Verkäufer einen Erfolgsbeitrag leistet, nicht aber für den präsumtiven Käufer, dann ist – bei
       unterstellter Einkommens- oder Vermögensmaximierung – der Wert des Unternehmens aus der
       Sicht des Verkäufers positiv, während er sich aus Sicht des präsumtiven Käufers gleich null (oder
       negativ) ist. Unter diesen Bedingungen existiert kein Einigungsbereich. Der unparteiische Gutach-
       ter, von dessen Zwecksetzung VOSS ausgeht, dürfte dann auch keinen Einigungsvorschlag unter-
       breiten. Vgl. *MATSCHKE*, Schiedsspruchwert (1971), S. 513 f.

Übereinkunft am besten entspricht.[7] Der Gutachter muß hierfür auf eine Konflikt-lösungsregel zurückgreifen, die er als übergeordnete Zielfunktion im Sinne eines Ge-rechtigkeitspostulats heranzieht.[8]

Als Zwischenfazit kann festgehalten werden: Der Arbitriumwert als Ergebnis einer Vermittlung ist mithin *in zweifacher Hinsicht parteienabhängig*. Erstens darf der Unter-nehmenswert im Rahmen der Vermittlungsfunktion die Entscheidungswerte der konfli-gierenden Parteien nicht verletzen (*Merkmal der Rationalität des Handelns*). Zweitens muß der vom Gutachter ausgewählte Arbitriumwert Gerechtigkeitspostulate für eine an-gemessene Lösung im Sinne der Parteien erfüllen (*Merkmal der parteienbezogenen An-gemessenheit*).

Es ist jedoch nicht zwingend erforderlich, daß ein neutraler Gutachter den Arbitri-umwert ermittelt. Auch ein *Argumentationswert* kann theoretisch, wenn er beispielswei-se als verbindliches (Preis-)Angebot in die Verhandlung eingebracht wird und sich die Parteien auf diesen einigen, einen Arbitriumwert darstellen. Werden jeweils die Kennt-nis und Berücksichtigung des eigenen Entscheidungswertes vorausgesetzt, kommt eine freiwillige Einigung der Parteien auf diesen (Argumentations-)Wert nur zustande, wenn die konfligierenden Parteien der Meinung sind, daß dieser Wert zugleich die Merkmale des Arbitriumwertes, also das Merkmal der Rationalität des Handelns *und* das Merkmal der parteienbezogenen Angemessenheit, erfüllt.[9] Unter diesen Bedingungen und bei an-schließender Einigung der Parteien auf diesen Arbitriumwert wird dieser schließlich zum (Markt-)Preis.

Eine Konfliktsituation, in der eine der konfligierenden Parteien eine Änderung der Eigentumsverhältnisse des zu bewertenden Unternehmens auch gegen den erklärten Willen der anderen Parteien erzwingen kann, wird als *beherrschte oder dominierte Konfliktsituation* bezeichnet.[10] Während die Relevanz der Dominanz bei der Ermittlung des Entscheidungswertes der jeweiligen Partei gering[11] oder nicht von Bedeutung ist, kommt der Beachtung des Dominanzaspektes bei der Arbitriumwertermittlung eine be-sondere Rolle zu, denn die konfligierenden Parteien müssen sich dem Arbitriumwert in dieser Situation – beispielsweise aufgrund gesetzlicher Legitimation oder vertraglicher Vereinbarung – unterwerfen. Der Arbitriumwert gilt hierbei weniger als Empfehlung

---

[7]   Vgl. MATSCHKE, Schiedsspruchwert (1971), S. 519, MATSCHKE, Arbitriumwert (1979), S. 112.

[8]   Vgl. SIEBEN, Funktionen der Bewertung (1983), S. 541. Vgl. bereits MATSCHKE, Kompromiß (1969), S. 66–77.

[9]   Vgl. hierzu HERING/OLBRICH, Börsengang junger Unternehmen (2002), S. 153–155. Im Zusammen-hang mit dem Börsengang junger Unternehmen formulieren HERING/OLBRICH, Börsengang junger Unternehmen (2002), S. 148 f. (Hervorhebungen im Original): „Im Rahmen der Vermittlungsfunk-tion sucht der Bewerter als Schiedsgutachter den Interessenausgleich zwischen den über den Ak-tienpreis verhandelnden Parteien. Der aufgrund dieser Zielsetzung bestimmte Schiedswert in Form eines Emissionspreises soll einen Kompromiss darstellen, der für alle Parteien zumutbar ist und ihre jeweiligen unterschiedlichen Interessenlagen wahrt."

[10] Vgl. zu diesen Ausführungen MATSCHKE, Arbitriumwert (1979), S. 33 f. Zur Auflösung dominierter Konfliktsituationen siehe beispielsweise auch KRAG/KASPERZAK, Unternehmensbewertung (2000), S. 131–136.

[11] Dies kann gegeben sein, wenn sich der Dominanzaspekt ausnahmsweise auf das Zielsystem oder das Entscheidungsfeld des Bewertungssubjekts auswirkt. So ist es beispielsweise denkbar, daß sich bei der in Abschnitt 1.4.2.2 dargestellten *dominierten Konfliktsituation aufgrund transaktionsex-ternen Zwangs*, also wenn etwa ein Unternehmenseigner vor dem Hintergrund einer ärztlichen Prognose seines baldigen Ablebens zum Verkauf „gezwungen" ist, die Ziele des Bewertungssub-jekts verändern und sich seine Handlungsmöglichkeiten verringern.

oder als Grundlage weiterer Verhandlungen, wie es bei der nicht dominierten Konflikt-situation der Fall ist, sondern als von den Parteien anzuerkennende Konfliktlösung, weil die den Konflikt manifestierende Eigentumsänderung als solche zumindest für die do-minierte Partei nicht disponibel ist.

Die Ausgangslage für den unparteiischen Gutachter ist somit anders als bei einer nicht dominierten Konfliktsituation, weil jetzt von der Veränderung der Eigentumsver-hältnisse des zu bewertenden Unternehmens als einer vollzogenen oder gegen den Wil-len der anderen Parteien vollziehbaren Tatsache auszugehen ist. Dies hat zur Konse-quenz, daß der Unparteiische auch dann einen Arbitriumwert vorzuschlagen hat, wenn unter gleichberechtigten Parteien *keine Einigung möglich gewesen wäre*, weil eine *alle* Parteien zufriedenstellende Konfliktlösung nicht existiert.

In diesem Zusammenhang stellt sich das *Problem der Interessenabwägung* für den unparteiischen Gutachter in besonderem Maße. Soll der Arbitriumwert nicht für alle Parteien zugleich mit rationalem Handeln unvereinbar sein, was angesichts der Tatsa-che, daß eine der Parteien gegen den Willen der anderen die Eigentumsänderung erzwingen kann, unangebracht erscheint, dann lautet die zu beantwortende Frage: *Den Interessen welcher der konfligierenden Parteien ist in einer dominierten Konfliktsituati-on, in der nach den Informationen ein aus Sicht aller Parteien akzeptabler Arbitrium-wert nicht existiert, ein Vorrang einzuräumen?*

Liegt in einer dominierten Konfliktsituation kein Einigungsbereich vor, dann wird in der Literatur[12], wie bereits MATSCHKE[13] vorgeschlagen hatte, gewöhnlich dafür plä-diert, daß der Arbitriumwert dem Entscheidungswert der dominierten Partei entspricht. „Hierdurch wird die dominierte Partei nicht schlechter gestellt als bei Unterlassung der Transaktion. Die dominierende Partei dagegen kann bei einer Verletzung ihres Ent-scheidungswerts auf die Transaktion verzichten und bedarf daher keines besonderen Schutzes. Bei der Feststellung des Schiedswertes sind ggf. auch vorhandene übergeord-nete Wertvorstellungen zu berücksichtigen, wie sie etwa durch gesetzliche Normen und die Rechtsprechung aufgestellt werden."[14]

Bevor jedoch auf die Arbitriumwertermittlung in dominierten Konfliktsituationen näher eingegangen wird (Abschnitt 3.3), soll im nachfolgenden Abschnitt 3.2 die Arbi-triumwertermittlung in nicht dominierten Konfliktsituationen erörtert werden.

---

[12] Siehe unter anderem COENENBERG, Enteignung (1986), S. 10 f., HAYN, Funktionale Wertkonzeptio-nen (2000), S. 1347, MANDL/RABEL, Abfindung (2001), S. 210, MEYER, Ermittlung von Schiedswer-ten (2005), S. 41, DRUKARCZYK/SCHÜLER, Unternehmensbewertung (2009), S. 90.

[13] Vgl. MATSCHKE, Arbitriumwert (1979), S. 49, S. 309 und insbesondere S. 316–333.

[14] MEYER, Ermittlung von Schiedswerten (2005), S. 41.

3.2 Wertermittlung in nicht dominierten Konfliktsituationen

3.2.1 Ermittlungsschritte innerhalb der Matrix der funktionalen Unternehmensbewertung

3.2.1.1 Überblick

Wird im Rahmen der Verhandlungen um ein Unternehmen in nicht dominierten Konfliktsituationen ein Schiedsgutachter als unparteiischer Dritter angerufen, damit dieser einen Interessenausgleich zwischen den Verhandlungsparteien findet oder zumindest erleichtert, soll der Gutachter denjenigen Arbitriumwert des Unternehmens vorschlagen, welcher einen zumutbaren Kompromiß darstellt und dabei die unterschiedlichen Interessen der Konfliktparteien wahrt. Im Hinblick auf die „Matrix der funktionalen Unternehmensbewertung"[15] bedarf es in dieser Situation zur Arbitriumwertermittlung i. w. S. der drei folgenden Schritte:

Schritt 1 (Feld D der Matrix):   Ermittlung der Menge der zumutbaren Konfliktlösungen aus Sicht der einzelnen konfligierenden Parteien und der Menge der möglichen Einigungslösungen (Arbitriumbereich) durch den Gutachter,

Schritt 2 (Feld E der Matrix):   Ermittlung des Arbitriumwertes (Bewertung i. e. S.) innerhalb des ermittelten Einigungsbereichs (Arbitriumbereichs) durch den Gutachter als zumutbare und angemessene Konfliktlösung sowie

Schritt 3 (Feld F der Matrix):   Verwendung des Arbitriumwertes durch die Verhandlungsparteien.

3.2.1.2 Schritte im Detail

3.2.1.2.1 Erster Schritt

Da der Arbitriumwert, um als zumutbar zu gelten, die Grenzen der Konzessionsbereitschaft der konfligierenden Parteien nicht verletzen darf (Merkmal der Rationalität des Handelns), hat der Gutachter im Falle einer nicht dominierten Konfliktsituation zunächst den Arbitriumbereich zu bestimmen, in dem der zu ermittelnde Arbitriumwert liegen muß. Die Ermittlung der Menge der zumutbaren Konfliktlösungen und der Menge der möglichen Einigungslösungen[16] durch den Gutachter stellt somit *Schritt 1 sowie Feld D* der Matrix der funktionalen Unternehmensbewertung dar. Die Menge der zumutbaren Konfliktlösungen aus Sicht der am Konflikt beteiligten Parteien ergibt sich in Abhängigkeit ihrer Entscheidungswerte, die jeweils auch gegenüber dem unparteiischen

---

[15]   Vgl. *Abbildung 39.*
[16]   Vgl. hierzu ausführlich das Modell in MATSCHKE, Arbitriumwert (1979), S. 49–92.

Gutachter Werte „hinter vorgehaltener Hand" bleiben werden.[17] Deshalb obliegt es dem Gutachter, begründete und für Dritte nachvollziehbare Vermutungen über die Entscheidungswerte der konfligierenden Parteien aufzustellen. Hierbei ist jeweils wieder entsprechend der Felder A und B der Matrix der funktionalen Unternehmensbewertung sowie der bereits im zweiten Kapitel erfolgten Ausführungen vorzugehen, wobei der Gutachter jeweils die Perspektive der konfligierenden Parteien einnehmen muß. Die jeweiligen Vermutungen über deren Zielsysteme und Entscheidungsfelder sowie die relevanten subjektbezogenen (!) Zukunftserfolge des Bewertungsobjekts sind mit Hilfe investitionstheoretisch fundierter Bewertungsverfahren in die (vermeintlichen) Entscheidungswerte der beteiligten Parteien zu transformieren.[18]

Anschließend sind hieraus jeweils die zumutbaren Konfliktlösungen der konfligierenden Parteien abzuleiten. Schließlich ergibt sich als Arbitriumbereich die mögliche Einigungsmenge $\mathfrak{E}$ als Schnittmenge der Mengen $\mathfrak{S}_z$, welche die aus der Sicht jeder einzelnen Konfliktpartei zumutbaren Konfliktlösungen beinhalten:

$$\mathfrak{E} := \mathfrak{S}_{z1} \cap \mathfrak{S}_{z2} \cap ... \cap \mathfrak{S}_{zq}.$$

Wenn die Einigungsmenge keine leere Menge ist, also $\mathfrak{E} \neq \emptyset$ gilt, ist es dem vermittelnden Gutachter möglich, einen Arbitriumwert zu bestimmen, der durch das Merkmal der Rationalität des Handelns charakterisiert wird.

Im Rahmen des Abschnitts 2.2.2.6 wurde an einem Beispiel gezeigt, daß eine sukzessive Verhandlungsführung und eine damit einhergehende Einigung auf Teillösungen den Bereich der zumutbaren Konfliktlösungen und damit die Menge der Einigungslösungen verringern. Vor diesem Hintergrund müssen die von den Parteien gefundenen Einigungslösungen nicht zwingend paretoeffizient sein, d. h., die von den Parteien auf dem Verhandlungswege ausfindig gemachten Einigungslösungen können von Lösungen dominiert werden,[19] in welchen zumindest eine Partei einen noch höheren Nutzwert hätte erreichen können. Die Parteien (oder zumindest eine Partei) „verschenken" (oder „verschenkt") somit aus Unkenntnis des tatsächlich gegebenen Verhandlungsspielraums einen Teil des von ihnen (oder ihr) erreichbaren Verhandlungsgewinns. Ein unparteiischer Gutachter sollte wegen der Geltung des Merkmals der Rationalität eine solche Situation bei der Arbitriumwertermittlung vermeiden, indem er die Konfliktlösungen der von ihm ermittelten Einigungsmenge auf Dominanzbeziehungen hin überprüft. Durch diese Prüfung auf Dominanz der potentiellen Einigungslösungen kann zudem möglicherweise die Anzahl der in Frage kommenden Einigungslösungen erheblich reduziert werden.

---

17 Siehe hierzu SCHILDBACH, Probleme der Unternehmensbewertung (1983), S. 496, der ausführt: „Der Gutachter muß sich [...] den schwierigen Informationsbeschaffungs- und Prognoseproblemen stellen [...], wenn dieser zu ermitteln hat, was die Parteien mit dem Unternehmen vorhaben, welche Erfolge dann zu erwarten sind und zu welchem Preis derartige Erfolge für die Parteien anderwärtig zu erreichen gewesen wären. Der Schiedsgutachter kann nämlich in dieser Frage nicht mit aufrichtiger Unterstützung durch die Parteien rechnen."

18 Die Vorstellungen des Unparteiischen über die Entscheidungswerte der konfligierenden Parteien und die tatsächlichen Entscheidungswerte der Parteien müssen in praxi nicht deckungsgleich sein. Bei den weiteren theoretischen Überlegungen wird jedoch von diesem Informationsproblem abstrahiert, weil es allgemeingültig nicht lösbar ist.

19 Der hier verfolgte Aspekt „Dominanz" von Konfliktlösungen darf nicht mit dem Dominanzaspekt zur Charakterisierung der Konfliktsituationen verwechselt werden, nach dem die Konfliktsituationen in dominierte und nicht dominierte unterteilt werden.

Die *Überlegungen zur Dominanz von Einigungslösungen* sollen nachfolgend an einem abstrakten Beispiel (vgl. *Abbildung 225*) erläutert werden, in dem zwischen zwei Parteien (Partei 1 und Partei 2) zu vermitteln ist.[20]

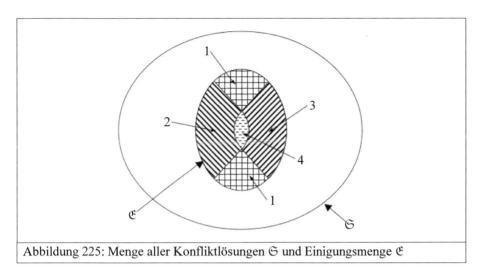

Abbildung 225: Menge aller Konfliktlösungen $\mathfrak{S}$ und Einigungsmenge $\mathfrak{E}$

In dieser *Abbildung 225* sind die Menge aller möglichen Konfliktlösungen $\mathfrak{S}$ und die Einigungsmenge $\mathfrak{E}$ dargestellt. Die Einigungsmenge $\mathfrak{E}$ ist dabei in folgende *vier Teilmengen* zerlegt worden:

Feld 1: in die Menge aller aus der Sicht der Parteien 1 und 2 indifferenten Konfliktlösungen,

Feld 2: in die Menge aller aus der Sicht der Partei 2 indifferenten und von der Partei 1 präferierten Konfliktlösungen,

Feld 3: in die Menge aller aus der Sicht der Partei 1 indifferenten und von der Partei 2 präferierten Konfliktlösungen sowie

Feld 4: in die Menge aller aus der Sicht der Parteien 1 und 2 präferierten Konfliktlösungen.

Die Konfliktlösungen von Feld 1 und 3 sind Teil des Entscheidungswertes der Partei 1, diejenigen von Feld 1 und 2 Teil des Entscheidungswertes der Partei 2.[21]

Schon bei dieser sehr groben Einteilung hinsichtlich der Präferenz – nämlich nur in indifferente und präferierte Konfliktlösungen – können die für einen Vermittlungsvorschlag in Betracht kommenden Lösungen aufgrund von Dominanzüberlegungen erheblich reduziert werden. So werden die Konfliktlösungen im Feld 1 durch die Konfliktlösungen in den Feldern 2, 3 und 4 dominiert. Während bei einer Konfliktlösung aus dem Feld 1 beide Parteien nur einen Erfolg wie ohne Eigentumsänderung erreichen, kann sich bei einer Konfliktlösung aus dem Feld 2 die Partei 1 verbessern, ohne daß sich Partei 2 gegenüber den Konfliktlösungen des Feldes 1 verschlechtert. Entsprechendes gilt für den Vergleich der Konfliktlösungen des Feldes 1 mit denen der Felder 3 und

---

[20] Siehe hierzu MATSCHKE, Arbitriumwert (1979), S. 93–98.

[21] Weitere Teile des Entscheidungswertes der Parteien können außerhalb der Einigungsmenge liegen, weil sie aus der Sicht der anderen Partei zu den nicht akzeptablen Konfliktlösungen gehören.

4. Eine weitere Aussonderung ist freilich auf der Basis der bisher gegebenen Informationen nicht möglich. Diese erlauben es nicht, etwa festzustellen, daß die Konfliktlösungen des Feldes 4 diejenigen des Feldes 2 oder 3 dominieren. Für eine solche Feststellung ist es erforderlich, die Nutzwerterwartungen der Parteien bei den von ihnen präferierten Konfliktlösungen zu spezifizieren, wie dies in der *Abbildung 226* geschieht.

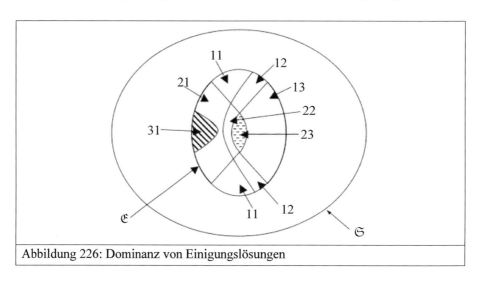

Abbildung 226: Dominanz von Einigungslösungen

In der *Abbildung 226* wird angenommen, daß die Menge der präferierten Konfliktlösungen jeder Partei in lediglich zwei Teilmengen mit unterschiedlichem Nutzwert zerlegt wird. Bei der Bezeichnung der einzelnen Felder in dieser Abbildung weist die erste Ziffer (zweite Ziffer) auf den von der Partei 1 (Partei 2) erreichten Nutzwert hin, wobei eine 1 eine indifferente Konfliktlösung, eine 2 oder 3 eine präferierte Konfliktlösung angibt. Konfliktlösungen mit einem Nutzwertniveau 3 werden Konfliktlösungen mit einem Erfolgsniveau 2 vorgezogen. Es ergeben sich dann die in nachfolgender *Abbildung 227* dargestellten Dominanzbeziehungen.

Konfliktlösungen im Feld	werden dominiert von Konfliktlösungen im Feld
11	21 und 12
12	13 und 22
13	23
21	22 und 31
22	23
Abbildung 227: Dominanzbeziehungen	

So werden die Konfliktlösungen im Feld 11 unmittelbar dominiert durch die Konfliktlösungen in den Feldern 21 und 12. Konfliktlösungen im Feld 12 werden ihrerseits aber auch dominiert, nämlich durch Konfliktlösungen in den Feldern 13 und 22. Konfliktlösungen des Feldes 21 werden ebenfalls dominiert, und zwar durch Konfliktlösungen der Felder 22 und 31. Konfliktlösungen im Feld 13 werden durch solche im Feld 23 dominiert, Konfliktlösungen im Feld 22 werden schließlich durch jene im Feld 23 dominiert. Das heißt, letztlich dominieren alle anderen Felder das Feld 11. Es verbleiben im Beispiel lediglich zwei nicht dominierte Konfliktlösungsfelder: das Feld 31 und das Feld 23. Im Feld 31 würde die Partei 1 das Präferenzniveau 3 und Partei 2 lediglich das Indifferenzniveau 1 erreichen. Bei den Konfliktlösungen im Feld 23 würden sich beide gegenüber der Indifferenzsituation verbessern. Im Vergleich mit Feld 31 würde indes die Partei 1 im Feld 23 nur das geringere Präferenzniveau 2 erreichen, während die Partei 2 sich im Vergleich dazu vom Indifferenzniveau 1 auf das Präferenzniveau 3 verbessern kann. Ob eine Konfliktlösung aus dem Feld 31 oder aus dem Feld 23 vorgeschlagen werden soll, läßt sich nur unter Hinzuziehung weiterer Auswahlkriterien entscheiden. Hier können Überlegungen zur Dominanz von Konfliktlösungen nicht mehr helfen.

Der Vorteil der Anwendung des Dominanzkriteriums ist darin zu sehen, daß alle paretoineffizienten Lösungen ausgesondert werden und so die Anzahl der für den Arbitriumwert in Frage kommenden Konfliktlösungen reduziert wird. Die letztendliche Auswahl bezieht sich dann nur auf *paretooptimale* Konfliktlösungen, in denen sich freilich der Konflikt deutlich manifestiert. Im Beispiel heißt dies für den Übergang von einer Konfliktlösung im Feld 31 zu einer Konfliktlösung im Feld 23: Eine mögliche Verbesserung der Partei 2 vom Niveau 1 auf das Niveau 3 geht einher mit der Verschlechterung der Partei 1 vom Niveau 3 auf das Niveau 2.

Die Anwendung von Dominanzüberlegungen führt dazu, daß die Einigungsmenge $\mathfrak{E}$ grundsätzlich in zwei Teilmengen zerlegt wird: in eine Teilmenge der effizienten, nicht dominierten Konfliktlösungen $\hat{\mathfrak{E}}$ und in die dazu komplementäre Teilmenge der ineffizienten, dominierten Konfliktlösungen $\overline{\mathfrak{E}}$, so daß die Einigungsmenge $\mathfrak{E}$ auch als Vereinigungsmenge dieser Teilmengen geschrieben werden kann:

$\hat{\mathfrak{E}} \subset \mathfrak{E}$ und $\overline{\mathfrak{E}} \subset \mathfrak{E}$ und $\mathfrak{E} = \hat{\mathfrak{E}} \cup \overline{\mathfrak{E}}$.

Eine Konfliktlösung $(s_1, ..., s_n)$ aus der Einigungsmenge $\mathfrak{E}$ dominiert eine andere Konfliktlösung $(s'_1, ..., s'_n)$, wenn der Nutzwert $N_j(b_{jopt}(s_1, ..., s_n))$ einer Partei j bei dieser betrachteten Konfliktlösung $(s_1, ..., s_n)$ größer ist als der Nutzwert $N_j(b_{jopt}(s'_1, ..., s'_n))$ dieser Partei j bei der anderen Konfliktlösung $(s'_1, ..., s'_n)$ für j = i sowie für alle anderen konfligierenden Parteien j ≠ i mit $i \in \{1, ..., i, ..., m\}$ gilt, daß die Nutzwerte $N_j(b_{jopt}(s_1, ..., s_n))$ der anderen Parteien j bei der Konfliktlösung $(s_1, ..., s_n)$ nicht kleiner als die Nutzwerte $N_j(b_{jopt}(s'_1, ..., s'_n))$ bei der Konfliktlösung $(s'_1, ..., s'_n)$ sind.

Die Dominanzdefinition lautet daher: $(s_1, ..., s_n) \succ (s'_1, ..., s'_n)$, wenn es $i \in \{1, ..., m\}$ gibt mit $N_i(b_{iopt}(s_1, ..., s_n)) > N_i(b_{iopt}(s'_1, ..., s'_n))$ und $N_j(b_{jopt}(s_1, ..., s_n)) \geq N_j(b_{jopt}(s'_1, ..., s'_n))$ für $j \in \{1, ..., m\}$ mit j ≠ i sowie $(s_1, ..., s_n) \in \mathfrak{E}$ und $(s'_1, ..., s'_n) \in \mathfrak{E}$.

Die Menge der nicht dominierten oder effizienten Konfliktlösungen umfaßt alle Konfliktlösungen $(s_1, ..., s_n)$, die *nicht* von irgendeiner Konfliktlösung aus der Einigungsmenge $\mathfrak{E}$ dominiert werden: $\hat{\mathfrak{E}} = \{(s_1, ..., s_n) \mid (s_1, ..., s_n) \in \mathfrak{E}$, und es gibt kein $(s'_1, ..., s'_n) \in \mathfrak{E}$ mit $(s'_1, ..., s'_n) \succ (s_1, ..., s_n)\}$.

Diese Überlegungen zur Dominanz von Konfliktlösungen sollen nunmehr unter Rückgriff auf das Beispiel[22] des Abschnitts 2.2.2.6 konkretisiert werden, in dem sich zwei Parteien im Hinblick auf den Kauf/Verkauf eines Unternehmens gegenüberstanden und mit der „Höhe des Barpreises P", dem „Umfang des Unternehmens U" und der „Vereinbarung über einen Wettbewerbsausschluß W" drei konfliktlösungsrelevante Sachverhalte zur Rede standen. *Abbildung 228* faßt noch einmal die möglichen Grenzpreise für die Konstellationen der konfliktlösungsrelevanten Sachverhalte „Umfang des Unternehmens U" und „Vereinbarung über einen Wettbewerbsausschluß W" zusammen, in denen sich Einigungsmengen ergaben.

Kurve	Umfang des Unternehmens	Vereinbarung über Wettbewerbsausschluß	Grenzpreis des Verkäufers	Grenzpreis des Käufers
I	U_{12}	W_1	14.800	18.500
II	U_{13}	W_1	18.400	23.000
III	U_{13}	W_2	19.680	21.500
Abbildung 228: Grenzpreise in Abhängigkeit von Umfang und Wettbewerbsausschluß				

Im Beispiel betrug der Nutzwert des Basisprogramms des Käufers $N_K(a_{opt}) = 2.600$ und der Nutzwert des Basisprogramms des Verkäufers $N_V(a_{opt}) = 3.450$. In der *Abbildung 229*[23] sind die zumutbaren Konfliktlösungen sowie die damit verbundenen Nutzwerte von Käufer und Verkäufer graphisch dargestellt.

Die Kurven I, II und III unterscheiden sich hinsichtlich der konfliktlösungsrelevanten Sachverhalte „Umfang des Unternehmens U" und „Vereinbarung über einen Wettbewerbsausschluß W". Die Kurven I gelten für den Umfang U_{12} und einen Wettbewerbsausschluß W_1 auf bestimmten Gebieten. Den Kurven II liegen ein Wettbewerbsausschluß W_1 auf bestimmten Gebieten sowie der Umfang U_{13} zugrunde. Die Kurven III gelten für keinen Wettbewerbsausschluß W_2 und den Umfang U_{13}.

---

[22]   Siehe als Quelle *Matschke*, Arbitriumwert (1979), S. 81–92 und S. 99–105.
[23]   Zur Datenbasis siehe *Matschke*, Arbitriumwert (1979), S. 83–89.

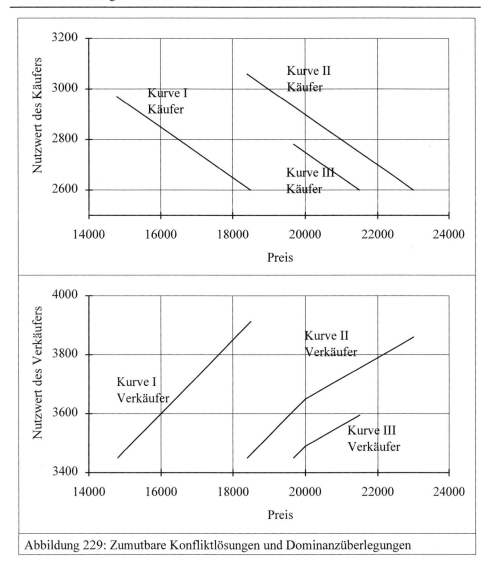

Abbildung 229: Zumutbare Konfliktlösungen und Dominanzüberlegungen

Unmittelbar ersichtlich ist, daß die Konfliktlösungen mit Blick auf die Konstellation, die den Kurven III zugrunde liegen, von denjenigen der Kurven II dominiert werden. Beide Parteien würden sich verbessern, wenn sie sich bei Preisen zwischen 19.680 $\leq P \leq$ 21.500 auf einen Wettbewerbsausschluß W_1 sowie auf den Umfang U_{13} verständigen würden, denn es gilt: $(P; U_{13}; W_1) \succ (P; U_{13}; W_2)$ für alle P mit 19.680 $\leq P \leq$ 21.500 wegen $N_K(b_{Kopt}(P; U_{13}; W_1)) > N_K(b_{Kopt}(P; U_{13}; W_2))$ und zugleich auch $N_V(b_{Vopt}(P; U_{13}; W_1)) > N_V(b_{Vopt}(P; U_{13}; W_2))$.

Um zu prüfen, ob es noch weitere dominierte Konfliktlösungen im Beispiel gibt, werden die Kurven aus der Sicht beider Parteien in ein gemeinsames Koordinatensystem eingetragen sowie der Nutzwert des Basisprogramms aus der Sicht der Parteien, $N_K(a_{Kopt}) = 2.600$ und $N_V(a_{Vopt}) = 3.450$, von den erreichbaren Nutzwerten nach einer Einigung abgezogen, so daß im weiteren der durch eine Einigung erreichbare Nutzenzuwachs der Parteien auf der Ordinate abgetragen wird (vgl. *Abbildung 230*). Ein kardinaler Nutzenvergleich zwischen Käufer und Verkäufer ist damit indes *nicht* verbunden.

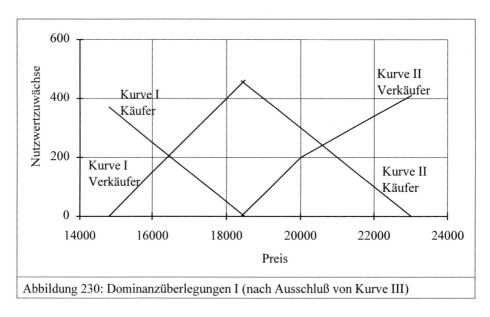

Abbildung 230: Dominanzüberlegungen I (nach Ausschluß von Kurve III)

Störend für die Beantwortung der Frage, ob es im Beispiel noch weitere dominierte Konfliktlösungen gibt, ist, daß die – hinsichtlich der Nutzwerte schon transformierten – Kurven in *Abbildung 230* für unterschiedliche Umfänge, nämlich U_{12} bei den Kurven I und U_{13} bei den Kurven II, sowie für unterschiedliche Preisintervalle gültig sind.

Um den augenscheinlichen Vergleich zu ermöglichen, sollen deshalb die Kurven I so weit nach rechts verschoben werden, daß die Kurven I und II des Verkäufers den gleichen Abszissenabschnitt aufweisen (vgl. *Abbildung 231*).

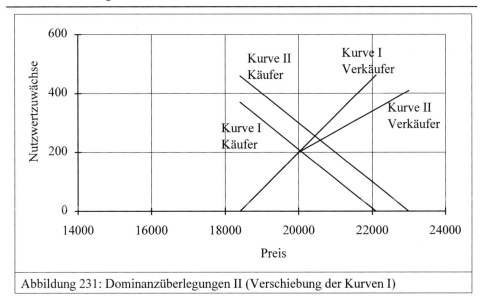

Abbildung 231: Dominanzüberlegungen II (Verschiebung der Kurven I)

In der *Abbildung 231* sind die Kurven I hinsichtlich des Preises um den Betrag 3.600 (= 18.400 − 14.800) transformiert worden, so daß die Abszissenwerte der Kurven I um diesen Betrag zu reduzieren sind, um den tatsächlichen Geltungsbereich zu erhalten. Nach dieser Transformation ist zu erkennen, daß die Kurven I zum Teil dominiert werden, weshalb für die folgenden Konfliktlösungen gilt: $(P; U; W) \in \{(P; U_{12}; W_1) \mid 14.800 \leq P \leq 16.400\}$.

Diese Konfliktlösungen werden durch die Konfliktlösungen der Kurve II $(P; U; W) \in \{(P; U_{13}; W_1) \mid 18.400 \leq P \leq 20.000\}$ dominiert. Das heißt, wenn sich im Beispiel auf einen Wettbewerbsausschluß, also W_1, verständigt wird, sollte auch der Umfang U_{13} gewählt werden. Der Einigungsbereich für den Preis liegt dann zwischen $18.400 \leq P \leq 20.000$, denn bei den Konfliktlösungen auf Kurve II $(P; U; W) \in \{(P; U_{13}; W_1) \mid 18.400 \leq P \leq 20.000\}$ kann sich der Käufer im Vergleich zu den Konfliktlösungen auf Kurve I $(P; U; W) \in \{(P; U_{12}; W_1) \mid 14.800 \leq P \leq 16.400\}$ hinsichtlich seines Nutzwertniveaus verbessern, ohne daß sich der Verkäufer verschlechtert, denn die Kurven I und II sind beim Verkäufer deckungsgleich.

In der folgenden *Abbildung 232* ist einerseits die Verschiebung der Kurven I hinsichtlich des Preises wieder aufgehoben (nicht fette Kurven), so daß der richtige Geltungsbereich für den Preis der Kurven I wieder zu erkennen ist, andererseits wurden die verbleibenden Teile der Kurven I erneut verschoben (fette Kurven), und zwar so, daß die Kurven I und II des Käufers den gleichen Abszissenabschnitt aufweisen. Die fetten Kurven I sind also hinsichtlich des Preises um den Betrag 4.500 (= 23.000 − 18.500) transformiert worden.

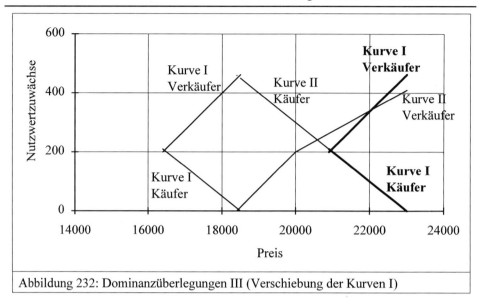

Abbildung 232: Dominanzüberlegungen III (Verschiebung der Kurven I)

Es kann nun erkannt werden, daß weitere Konfliktlösungen dominiert werden, und zwar gilt für die Konfliktlösungen $(P; U; W) \in \{(P; U_{12}; W_1) \mid 16.400 \leq P \leq 17.545,45\}$ der Kurve I (mit Nutzenzuwachs für den Verkäufer von $200 \leq \Delta N_V \leq 343,18$), daß sie durch die Konfliktlösungen $(P; U; W) \in \{(P; U_{13}; W_1) \mid 20.900 \leq P \leq 22.045,45\}$ der Kurve II (mit Nutzenzuwachs für den Verkäufer von $263 \leq \Delta N_V \leq 343,18$) dominiert werden. Der Nutzen des Käufers bleibt bei einem solchen Übergang gleich (Nutzen-zuwachs für den Käufer von $210 \geq \Delta N_K \geq 95,45$), der Nutzen des Verkäufers könnte hingegen gesteigert werden.

Ferner gilt, daß die Konfliktlösungen $(P; U; W) \in \{(P; U_{12}; W_1) \mid 17.545,45 < P \leq 18.500\}$ der Kurve I (mit Nutzenzuwachs für den Verkäufer von $343,18 \leq \Delta N_V \leq 462,5$) die folgenden Konfliktlösungen $(P; U; W) \in \{(P; U_{13}; W_1) \mid 20.045,45 < P \leq 23.000\}$ der Kurve II (mit Nutzenzuwachs für den Verkäufer von $343,18 \leq \Delta N_V \leq 410$) dominieren, denn bei gleichem Nutzen des Käufers (Nutzenzuwachs für den Käufer von $95,45 \geq \Delta N_K \geq 0$) könnte der Nutzen des Verkäufers gesteigert werden.

In der nachfolgenden *Abbildung 233* sind die Kurvenverschiebungen wieder rück-gängig gemacht worden, zugleich sind nur die nicht dominierten Konfliktlösungen dar-gestellt.

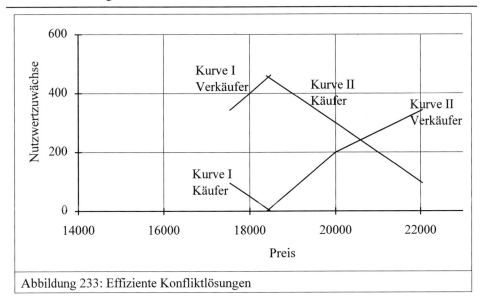

Abbildung 233: Effiziente Konfliktlösungen

Als Resultat ergibt sich abschließend folgende Menge der effizienten Konflikt-lösungen:

$$\hat{\mathfrak{E}} = \left\{ (P, U_{12}, W) \in \left\{ \begin{array}{l} (P, U_{12}, W_1) \,|\, 17.545,45 < P \leq 18.500 \text{ und} \\ (P, U_{13}, W_1) \,|\, 18.400 \leq P < 22.045,45 \end{array} \right\} \right\}.$$

Der unparteiische Gutachter sollte unter den Bedingungen des Beispiels auf jeden Fall den Wettbewerbsausschluß W_1 vorschlagen. Im Hinblick auf den Umfang U_{12} (Kurve I) liegen die zulässigen Preise im Bereich $17.545,45 < P \leq 18.500$. Bei einer Verständigung auf den Umfang U_{13} (Kurve II) gibt es Einigungsmöglichkeiten über den Preis im Bereich von $18.400 < P \leq 22.045,45$. Über Dominanzüberlegungen kann der unparteiische, vermittelnde Gutachter also die Zahl der zumutbaren Konfliktlösungen ganz erheblich reduzieren, was ihm im zweiten Schritt der Arbitriumwertermittlung zugute kommen kann.

3.2.1.2.2 Zweiter Schritt

Gemäß dem *Merkmal der parteienbezogenen Angemessenheit* muß der Gutachter den Arbitriumwert auf der Grundlage eines gewählten Gerechtigkeitspostulats innerhalb des in Schritt 1 ermittelten Einigungsbereichs bestimmen (*Schritt 2 sowie Feld E der Matrix*).[24] Der Arbitriumwert soll schließlich eine Konfliktlösung darstellen, die den Vorstellungen der Verhandlungspartner hinsichtlich einer fairen Übereinkunft am besten zu entsprechen vermag.

Wird die Differenz zwischen Preisobergrenze (Entscheidungswert des Käufers) und Preisuntergrenze (Entscheidungswert des Verkäufers) als insgesamt verteilbarer Vorteil aufgefaßt,[25] steht der Gutachter vor der Aufgabe, diesen Vorteil angemessen zu verteilen.[26] Dies kann beispielsweise unter Beachtung der Regel der absolut gleichen Teilung oder der Regel der relativ gleichen Teilung erfolgen. Es handelt sich um einfach anzuwendende und eingängige Regeln „gerechter" Teilung.

Die *Regel der absolut gleichen Teilung* des insgesamt verteilbaren Vorteils $V = P_{max} - P_{min}$ ist eine der Regeln, die dazu führt, daß der Arbitriumwert (AW) das Merkmal der parteienbezogenen Angemessenheit erfüllt. Aus dieser Regel folgt wegen der Forderung

$V_K : V_V = 1 : 1$ oder $V_K = V_V = 0,5 \cdot V$:

$AW = P_{max} - 0,5 \cdot V = P_{min} + 0,5 \cdot V$

$AW = P_{max} - 0,5 \cdot (P_{max} - P_{min}) = P_{min} + 0,5 \cdot (P_{max} - P_{min})$

$AW = 0,5 \cdot (P_{max} + P_{min})$.

Der vorgeschlagene Arbitriumwert liegt folglich genau in der Mitte zwischen dem (niedrigeren) Entscheidungswert des Verkäufers P_{min} und dem (höheren) Entscheidungswert des Käufers P_{max}.

Geht der Gutachter hinsichtlich des Merkmals der parteienbezogenen Angemessenheit jedoch davon aus, daß der Vorteil der Parteien nicht absolut, sondern relativ gleich, d. h. bezogen auf ihren jeweiligen Entscheidungswert gleich sein soll (*Regel der relativ gleichen Teilung*[27]), folgt daraus wegen der Forderung

$V_K : V_V = P_{max} : P_{min}$ oder $V_K / P_{max} = V_V / P_{min}$:

$AW = P_{max} - V \cdot P_{max} / (P_{max} + P_{min}) = P_{min} + V \cdot P_{min} / (P_{max} + P_{min})$.

Der vorgeschlagene Arbitriumwert liegt dann nicht mehr in der Mitte zwischen den Entscheidungswerten, sondern näher an dem des Verkäufers, so daß der absolute Anteil des Käufers denjenigen des Verkäufers übersteigt.

---

[24]   Vgl. ausführlich zu diesem Schritt MATSCHKE, Arbitriumwert (1979), S. 92–112.

[25]   Diese Problematik wäre z. B. in einer eindimensionalen Konfliktsituation mit dem einzigen konfliktlösungsrelevanten Sachverhalt „Barpreis" gegeben.

[26]   Siehe hierzu bereits REUTER, Berücksichtigung des Risikos (1970), S. 270, der ausführt: „De facto tritt dann vermutlich die Präferenzfunktion des Gutachters an die Stelle der Präferenzfunktionen der Kontrahenten."

[27]   Vgl. hierzu MATSCHKE, Schiedsspruchwert (1971), S. 519 f.

Bezogen auf ein Zahlenbeispiel ergeben sich folgende Ergebnisse hinsichtlich dieser beiden Teilungsregeln (vgl. *Abbildung 234*):

Es sei: $P_{max} = 500$ und $P_{min} = 300$, also $V = P_{max} - P_{min} = 200$.

Regel der absolut gleichen Teilung:
$$AW = P_{max} - 0,5 \cdot V = P_{min} + 0,5 \cdot V = 0,5 \cdot (P_{max} + P_{min})$$
$$AW = 400 \text{ und } V_K = V_V = 100.$$

Regel der relativ gleichen Teilung:
$$AW = P_{max} - V \cdot \frac{P_{max}}{P_{max} + P_{min}} = P_{min} + V \cdot \frac{P_{min}}{P_{max} + P_{min}}$$
$$AW = 500 - 200 \cdot \frac{500}{800} = 300 + 200 \cdot \frac{300}{800}$$
$$AW = 500 - 125 = 300 + 75 = 375 \text{ und } \frac{V_K}{P_{max}} = \frac{V_V}{P_{min}} = \frac{125}{500} = \frac{75}{300} = \frac{1}{4}.$$

Abbildung 234: Erläuterung der Regel der absolut gleichen Teilung sowie der Regel der relativ gleichen Teilung am Zahlenbeispiel

Hinsichtlich der hier vorliegenden vermittlungsorientierten Unternehmensbewertung kann – wie in den nachfolgenden Abschnitten noch darzustellen sein wird – unter bestimmten Voraussetzungen auf die *traditionellen Kombinationsverfahren* (kombinierte Bewertungsverfahren) zurückgegriffen werden,[28] bei denen der Unternehmenswert (UW) im Sinne des Arbitriumwertes (AW) aus der Verknüpfung von Ertragswert (EW) und Substanzwert i. e. S. (SW) gebildet wird. Dies läßt sich jeweils mit der sog. JACOBschen Normalform[29] darstellen, wobei der verfahrensspezifische Faktor a die entsprechende Gewichtung abbildet: UW = a · EW + (1 – a) · SW. Wird der Term (1 – a) wiederum durch den Faktor b ersetzt, ergibt sich schließlich: UW = a · EW + b · SW. Bei einer arbitriumtheoretischen Deutung der traditionellen Verfahren drückt sich in den Faktoren a und b die verfahrensspezifisch gewollte Verteilung des Vorteils V = P_{max} – P_{min} zugunsten des Verkäufers (Faktor a) und zugunsten des Käufers (Faktor b) aus, sofern (für den vermeintlichen Entscheidungswert des präsumtiven Käufers) EW und (für den vermeintlichen Entscheidungswert des präsumtiven Verkäufers) SW (zufälligerweise) gilt, P_{max} = EW und P_{min} = SW, so daß UW = AW ist.

---

[28]   Vgl. *MATSCHKE*, Gesamtwert der Unternehmung (1998), S. 282.

[29]   Vgl. *JACOB*, Methoden (1960).

Soweit die mit sonstigen, nicht investitionstheoretisch fundierten Bewertungsverfahren ermittelten Unternehmenswerte innerhalb des vom Schiedsgutachter vermuteten Arbitriumbereichs liegen und somit dem Merkmal der Rationalität des Handelns entsprechen sowie dem Merkmal der parteienbezogenen Angemessenheit insofern unterliegen, daß die konfligierenden Parteien sich auf dieses entsprechende Verfahren und – soweit erforderlich – auf die dafür erforderlichen Eingangsdaten einigen können, ist es auch denkbar, daß das jeweils in Rede stehende Verfahren zur Ermittlung eines Arbitriumwertes dienen kann.[30]

3.2.1.2.3 Dritter Schritt

Je nachdem, aus welchem Grund die Parteien den neutralen Gutachter angerufen haben, erfolgt schließlich die Verwendung des Arbitriumwertes (*Schritt 3 sowie Feld I der Matrix*).

Im Falle einer nicht dominierten Konfliktsituation, in der eine Eigentumsänderung die Zustimmung der Konfliktparteien erfordert, kann der Arbitriumwert AW in unterschiedlicher Weise für den Konflikt zwischen den Parteien relevant sein:[31]

1. Er kann ein bloßer Ausgangspunkt für weitere freie Verhandlungen der Parteien sein.
2. Er kann eine – letztlich unverbindliche – Empfehlung des unparteiischen Dritten für eine Konfliktlösung zwischen den Parteien sein.
3. Die Parteien können sich ihm aufgrund vorheriger Festlegung als verbindliche Konfliktlösung zwischen ihnen unterwerfen, so dass der Arbitriumwert den Charakter eines vom unparteiischen Dritten festgelegten Preises annimmt, z. B. wenn er in einem zwischen den Konfliktparteien vereinbarten schiedsgerichtlichen Verfahren einem rechtskräftigen Urteil gleicht.

Je gebundener die Parteien bei der Verwendung des Vermittlungsvorschlags des unparteiischen Dritten sind, desto strenger sind die Anforderungen, die an den Arbitriumwert zu stellen sind. Mit Blick auf die erste Aufgabenstellung dürfte es ausreichend sein, wenn der Vermittler einen Bereich von – aus seiner Sicht – zulässigen Konfliktlösungen angibt. Bei der zweiten Aufgabenstellung wird er diesen Bereich zudem durch Angemessenheitsüberlegungen einzuschränken haben, wobei von ihm alternative Vorschläge den Parteien unterbreitet werden könnten.[32] Bei der dritten Aufgabenstellung muss er hingegen eine Konfliktlösung präsentieren, die eindeutig ist, weil sie zu einem verbindlichen Tauschwert (Preis) führt. Im weiteren wird von der dritten Aufgabenstellung ausgegangen, so daß der Arbitriumwert ein vom Unparteiischen vorgeschlagener, für die Parteien verbindlichen Einigungswert ist.

---

[30] Bei gegenseitigem Einvernehmen sind somit auch finanzierungstheoretische Verfahren zur Bestimmung von Arbitriumwerten denkbar. Vgl. *HERING/BRÖSEL*, Argumentationswert (2004), S. 942. Siehe auch *HERING*, Unternehmensbewertung (2006), S. 242 f., der von der diesbezüglichen Verwendung der Bewertungsverfahren auf Basis der Optionspreistheorie (sog. Verfahren der strategischen Bewertung) vor dem Hintergrund der dabei vorhandenen erheblichen Manipulationsmöglichkeiten abrät.

[31] Vgl. *SIEBEN*, Funktionen der Bewertung (1983), S. 541, *KUSSMAUL*, Gesamtbewertung (1996), S. 266.

[32] Häufig dürfte dies aber mit einer Abkehr von der Prämisse der eindimensionalen Konfliktsituation verbunden sein

3.2.2 Ausgewählte Bewertungsverfahren

3.2.2.1 Vorbemerkungen

Im weiteren werden verschiedene Vorschläge zur Ermittlung des Arbitriumwertes des Unternehmens diskutiert. Diese Vorschläge wurden teils unmittelbar für eine vermittlungsorientierte Unternehmensbewertung und teils ohne einen solchen Bezug formuliert. Hierbei handelt es sich – wie bereits in Abschnitt 3.2.1.2.2 ausgeführt – um die *traditionellen kombinierten Bewertungsverfahren* (Mischverfahren, Kombinationsverfahren). Wird der Unternehmenswert durch eine Kombination von Ertragswert und Substanzwert (genauer: einer speziellen Variante des Substanzwertes[33]) ermittelt, ergibt sich ein sog. Kombinationswert, wobei es eine Vielzahl unterschiedlicher Kombinationswertverfahren gibt (z. B. Mittelwert im Sinne der Mittelung von Substanzwert und Ertragswert oder Stuttgarter Verfahren, das vormals für Besteuerungszwecke herangezogen wurde). Innerhalb dieser Vorbemerkungen wird einerseits die Konfliktsituation beschrieben, welche betrachtet werden soll, und andererseits werden die Bedingungen angeführt, die für eine Anwendbarkeit der traditionellen kombinierten Bewertungsverfahren erforderlich sind. Da im Rahmen der traditionellen Kombinationswertverfahren schließlich mit dem „Geschäftswert" (Goodwill) auch noch ein weiterer Begriff auftaucht, sei dieser im nachfolgenden Abschnitt 3.2.2.2 interpretiert. Daraufhin werden verschiedene traditionelle Kombinationsverfahren dargestellt (Abschnitt 3.2.2.3) und schließlich unter Rückgriff auf die sog. JACOBsche Normalform arbitriumtheoretisch gedeutet (Abschnitt 3.2.2.4).

Die Basis der folgenden Überlegungen ist eine nicht dominierte, disjungierte, eindimensionale Konfliktsituation vom Typ des Kaufs/Verkaufs, in der also keine der konfligierenden Parteien die angestrebte Änderung der Eigentumsverhältnisse des zu bewertenden Unternehmens einseitig, d. h. ohne Zustimmung der anderen Partei erreichen kann. Im Rahmen der betrachteten Konfliktsituationen stehen sich nur zwei Parteien, also der Käufer und der Verkäufer, gegenüber. Der einzige konfliktlösungsrelevante Sachverhalt ist der Barpreis des zu bewertenden Unternehmens, denn Zweck der traditionellen Unternehmensbewertungsverfahren ist die Ermittlung eines „angemessenen Verkaufspreises"[34]. *Abbildung 235* zeigt den entsprechenden Konfliktwürfel.

---

[33] Der Substanzwert, der im Zusammenhang mit den Kombinationsverfahren benutzt wird, ist eine Ausprägung des Substanzwertes unter dem Aspekt der Rekonstruktion (Netto-Teil-Rekonstruktions-Altwert = Substanzwert i. e. S.).

[34] *ELMENDORFF/THOENNES*, Einfluß der Finanzierung (1970), S. 40.

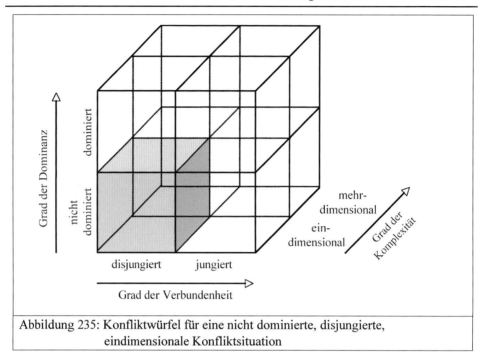

Abbildung 235: Konfliktwürfel für eine nicht dominierte, disjungierte,
                eindimensionale Konfliktsituation

Sofern der Käufer in dieser Konfliktsituation kontinuierlich seinen – im Falle einer
Einigung auf einen bestimmten Preis P – erwarteten Nutzen $N^K(b_{opt}^K(P))$ mit *fallendem*
Preis *erhöhen* kann, d. h. $N^K(b_{opt}^K(P))$ streng monoton fallend ist, und sofern für den
Verkäufer umgekehrt gilt, daß sein Nutzen $N^V(b_{opt}^V(P))$ mit *zunehmendem* Preis P monoton *ansteigt*, bilden sämtliche Preise zwischen der Preisuntergrenze des Verkäufers
P_{min} und der Preisobergrenze des Käufers P_{max} die Einigungsmenge und sind zugleich
auch effiziente Konfliktlösungen. Es gibt in einer solchen Situation in bezug auf einen
bestimmten Preis keine partiellen Interessenharmonien und damit auch keine dominier-
ten oder ineffizienten Konfliktlösungen. Die Einigungsmenge $\mathfrak{E}$ und die Menge $\hat{\mathfrak{E}}$ der
dem *Merkmal der ausschließlichen Berücksichtigung effizienter Konfliktlösungen* genü-
genden Preise stimmen dann überein: $\mathfrak{E} = \hat{\mathfrak{E}} = \left\{ P \middle| P_{min} \leq P \leq P_{max} \right\}$. Die Menge $\overline{\mathfrak{E}}$ der
ineffizienten Konfliktlösungen ist folglich leer. Damit kommt in der von den traditio-
nellen Kombinationsverfahren unterstellten eindimensionalen Konfliktsituation vom
Typ „Kauf/Verkauf" jeder Preis P, für den $P_{min} \leq P \leq P_{max}$ gilt, als Vermittlungsvorschlag, d. h. als Arbitriumwert AW des Unternehmens, in Betracht.
        Charakteristikum der traditionellen Kombinationsverfahren ist freilich, daß eine
Untersuchung der Preisgrenzen nicht erfolgt, sondern der Arbitriumwert als Preisvorschlag eine Funktion des Ertragswertes EW als Bewertung des Unternehmenserfolgs
und des Substanzwertes SW als Bewertung der Unternehmenssubstanz ist: AW = P =
f(EW, SW). EW und SW werden dabei als Größen verstanden, die keinen Bezug zu

einem konkreten Käufer oder Verkäufer haben sollen.[35] Damit gibt es also grundsätzlich keinen zwingenden Zusammenhang zwischen der Preisuntergrenze des Verkäufers und dem Substanzwert als fiktivem Eigenkapital (einschließlich stiller Reserven) einerseits sowie der Preisobergrenze des Käufers und dem Ertragswert andererseits. Der Substanzwert und die Preisuntergrenze des Verkäufers können – wie bei MORAL[36] unterstellt – übereinstimmen, sie können aber auch (weit) auseinander liegen. Dies gilt ebenso für den Ertragswert und die Preisobergrenze des Käufers.

Die Brauchbarkeit der traditionellen Bewertungsverfahren ist daher auf die Fälle beschränkt, in denen das Resultat dieser Verfahren zu einem Arbitriumwert führt, der zugleich der jeweiligen Einigungsmenge der konkreten Parteien angehört, was vom unparteiischen Gutachter folglich zu prüfen ist:

$$AW = P = f(EW, SW) \in \mathfrak{E} = \left\{ P \middle| P_{min} \leq P \leq P_{max} \right\}.$$

Wie bereits erwähnt, läßt sich die Funktion $AW = P = f(EW, SW)$ auf Basis der JACOBschen Normalform $UW = AW = SW + a \cdot (EW - SW)$ als gewogenes arithmetisches Mittel aus Ertragswert und Substanzwert $AW = a \cdot EW + (1 - a) \cdot SW$ konkretisieren.[37]

Die Brauchbarkeit der Kombinationsverfahren für die Ermittlung eines Arbitriumwertes ist *nicht* mehr gegeben, wenn Substanzwert und Ertragswert jeweils über der Preisobergrenze oder jeweils unter der Preisuntergrenze liegen, weil dann der Unternehmenswert $UW = AW = SW + a \cdot (EW - SW)$ außerhalb des zulässigen Preisbereichs $P_{min} \leq P = AW \leq P_{max}$ liegt. Die letztere Konstellation kann indes auch eintreten, wenn nur der Ertragswert EW oder lediglich der Substanzwert SW außerhalb des Einigungsbereichs liegt.

Zusammenfassend ergeben sich folgende Konstellationen, bei denen die Anwendung der Kombinationsverfahren, zum Teil freilich nur eingeschränkt, zulässig ist:

1. Fall: $SW < P_{min}$ und $EW > P_{max}$ für $0 < a < 1$,

2. Fall: $P_{min} \leq SW \leq P_{max}$ und $EW > P_{max}$ für $0 \leq a < 1$,

3. Fall: $SW < P_{min}$ und $P_{min} \leq EW \leq P_{max}$ für $0 < a \leq 1$,

4. Fall: $SW > P_{min}$ und $EW < P_{max}$ für $0 \leq a \leq 1$.

Weitere Anwendungseinschränkungen ergeben sich aus den Größenverhältnissen der Wertgrößen EW und SW zu den Preisgrenzen der Parteien und aus Verfahrensbesonderheiten.

Die *Abbildung 236* erläutert die vier Fälle graphisch im Hinblick auf den Einigungsbereich $\mathfrak{E}$, in dem der mit Hilfe der traditionellen Kombinationsverfahren be-

---

[35] Vgl. *VIEL/BREDT/RENARD*, Bewertung 5 (1975), S. 23: „Wir meinen jedoch, dieser Bestimmung eines Höchstpreises für den Erwerber oder Mindestpreises für den [Verkauf]interessenten stehe die Aufgabe des Bewerters, den objektiven Unternehmungswert ‚ohne Ansehen der Person' festzustellen, entgegen." Im Original ist, wie sich aus dem Zusammenhang ergibt, fehlerhaft von „Kaufinteressenten" die Rede.

[36] Vgl. *MORAL*, Unternehmungen (1920).

[37] Die Differenz EW – SW wird – wie im nachfolgenden Abschnitt dargestellt – auch als (originärer) Geschäftswert bezeichnet.

stimmte Arbitriumwert liegen muß, um mit rationalem Verhalten der Konfliktparteien vereinbar zu sein.

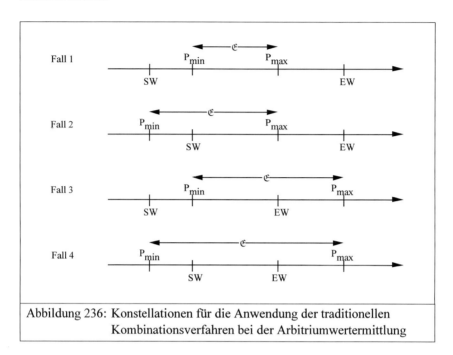

Abbildung 236: Konstellationen für die Anwendung der traditionellen
            Kombinationsverfahren bei der Arbitriumwertermittlung

Im *1. Fall* ist eine Arbitriumwertermittlung auf Basis der traditionellen Kombinationsverfahren nur zulässig, wenn der sich ergebende Wert UW = f(SW, EW) zugleich in das Intervall [P_{min}, P_{max}] fällt, so daß weder das Substanzwertverfahren noch das Ertragswertverfahren zur Bestimmung des Arbitriumwertes in Betracht kämen.

Damit im *2. Fall* die Bedingung $P_{min} \leq P = AW \leq P_{max}$ eingehalten wird, muß der Faktor a um so kleiner angesetzt werden, je mehr der Ertragswert die Preisobergrenze des Käufers übersteigt. Zur Begründung des Preisvorschlags müßte der Unparteiische dann folglich verstärkt auf den Substanzwert zurückgreifen. Das Ertragswertverfahren stände nicht zur Auswahl.

Im *3. Fall* muß der Faktor a um so mehr erhöht werden, je stärker der Substanzwert die Preisuntergrenze des Verkäufers unterschreitet. Der unparteiische Gutachter müßte folglich dann vorrangig mit dem Ertragswert seinen Preisvorschlag begründen. Das Substanzwertverfahren wäre dann ungeeignet.

Zudem kann es in den Fällen 1 bis 3 zu verfahrensbedingten Anwendungsschwierigkeiten kommen, weil die mit dem jeweiligen Verfahren verbundenen Argumentationsmuster zu keinem für beide Parteien zumutbaren Preisvorschlag im Einigungsbereich 𝔈 führen.

Nur im *4. Fall*, d. h., wenn weder Substanzwert noch Ertragswert die Preisgrenzen verletzen, gibt es keinerlei Anwendungseinschränkungen für den Einsatz der traditionellen Kombinationsverfahren zur Generierung eines Arbitriumwertes. Ausschließlich im 4. Fall ist für alle Werte des Faktors $0 \leq a \leq 1$ gewährleistet, daß der mit Hilfe der

Kombinationsverfahren ermittelte Arbitriumwert zu einem Preisvorschlag aus der Einigungsmenge führt: $\mathfrak{E} = \left\{ P \middle| P_{min} \leq P = AW = SW + a \cdot (EW - SW) \leq P_{max} \right\}$. Folglich hat ein unparteiischer Gutachter nur unter den Bedingungen des 4. Falls die Möglichkeit, zwischen *allen* traditionellen Verfahren zu wählen und dasjenige zu nehmen, das ihm am besten geeignet erscheint, das Merkmal der parteienbezogenen Angemessenheit zu konkretisieren sowie den Parteien eine zumutbare und angemessene Konfliktlösung vorzuschlagen.[38] Nur im 4. Fall sind *alle* traditionellen Verfahren *alternative* Wege, um auf ihrer Basis zu einer Lösung des Konflikts zwischen Käufer und Verkäufer zu kommen. Da im weiteren die verschiedenen Verfahren gegenübergestellt und vergleichend diskutiert werden sollen, ist es erforderlich die Bedingungen des 4. Falls nachfolgend zu unterstellen.

3.2.2.2 Geschäftswert im Rahmen der kombinierten Bewertungsverfahren

Der Begriff „Geschäftswert" (Firmenwert, Goodwill, Façonwert, Organisationswert, Betriebsmehrwert, Kapitalisierungsmehr- oder -minderwert) wird in unterschiedlichem Zusammenhang gebraucht. In diesem Abschnitt wird deshalb die Verwendung des Begriffs im Rahmen:

1. der traditionellen Kombinationsverfahren der Unternehmensbewertung,
2. der subjektiven, entscheidungsorientierten Unternehmensbewertung und
3. der Bilanzierung dargestellt.

In Verbindung mit den *traditionellen Kombinationsverfahren der Unternehmensbewertung* wird die Differenz zwischen dem Ertragswert und dem Substanzwert i. e. S. (oder auch dem gesuchten Unternehmenswert) als *originärer (selbstgeschaffener) Geschäftswert* bezeichnet.

Die *indirekte Methode* ermittelt den (originären) Geschäftswert GW_{orig} aus dem Ertragswert EW und dem Substanzwert SW oder aus dem Ertragswert EW und dem gesuchten Unternehmenswert UW wie folgt:

- gemäß Mehrheitsmeinung $GW_{orig} = EW - SW$ und

- gemäß Minderheitsmeinung $GW_{orig} = EW - UW$.

Neben dieser *indirekten Methode* der Ermittlung des originären Geschäftswertes als Restgröße gibt es auch eine *direkte Methode*, wonach der Geschäftswert dem Mehrfachen des Übergewinns („Economic Value Added") entspricht (z. B. Verfahren der Übergewinnabgeltung, Verfahren der Übergewinnverrentung, Gewinnschichtungsverfahren, „Market Value Added"-Verfahren). Der Übergewinn (Goodwillrente = GR) ist dabei gleich der Differenz zwischen dem geschätzten zukünftigen Ertrag E und den Zinsen i^* auf den Substanzwert SW (oder auch auf den gesuchten Unternehmenswert UW), also:

---

[38] Nur im 4. Fall könnten die Parteien ein bestimmtes Verfahren dem Gutachter „gefahrlos" verbindlich vorgeben.

- gemäß Mehrheitsmeinung $GR = E - i^* \cdot SW$ und

- gemäß Minderheitsmeinung $GR = E - i^* \cdot UW$.

Den *originären Geschäftswert*, der als flüchtig und dem Konkurrenzrisiko unterliegend angesehen wird,[39] zerlegt EUGEN SCHMALENBACH gedanklich:

1. in einen Teil, der dem Wert der bei der Substanzwertermittlung (als Teil-Rekonstruktionswert) unberücksichtigten immateriellen Vermögensteile (Goodwill 1, Wert der inneren und äußeren Organisation[40], adjunktive Vermögensteile) entspricht, und

2. in einen Teil, der eine über dem Kapitalisierungszinsfuß liegende Verzinsung des Kapitals in dem zu bewertenden Unternehmen (Goodwill 2, Überrendite) beinhaltet.

In der *subjektiven, entscheidungsorientierten Unternehmensbewertung*[41] wird zum Teil mit dem Geschäftswert GW die Differenz zwischen dem Zukunftserfolgswert ZEW als Entscheidungswert und dem Kaufpreis P, d. h. der Kapitalwert der Investition „Unternehmenserwerb" (Desinvestition „Unternehmensveräußerung"), bezeichnet:

---

[39] Vgl. hierzu die Methoden der laufenden und befristeten Geschäftswertabschreibung sowie das Mittelwert-Verfahren.

[40] *SCHMALENBACH*, Finanzierungen (1937), S. 32 f., zur *Bedeutung und Ermittlung des Wertes der Organisation*: „Zur Herstellung einer Unternehmung, etwa einer Weberei, gehört nicht nur, daß man die nötigen Grundstücke erwirbt, die nötigen Gebäude aufführt und die erforderliche Maschinerie anschafft, sondern auch, daß man aus diesen toten Dingen einen lebendigen Organismus macht. Dieser, der lebendige Organismus, ist es, der eine Unternehmung von einer Anhäufung von toten Gegenständen unterscheidet.

Man pflegt hierbei gewöhnlich etwas einseitig auf die Beziehungen zur Kundschaft, auf das Renommee der Firma überhaupt und allenfalls noch auf die Beziehungen zu den Lieferanten hinzuweisen. Das kann alles sehr wichtig sein, aber dennoch macht dieses allein eine Unternehmung nicht aus. Es gibt viele Unternehmungen, namentlich solche fabrikatorischer Art, bei denen die Errichtung der Außenorganisation nicht entfernt die Bedeutung hat wie der Aufbau des inneren organischen Betriebes. Beispielsweise lassen sich die Erzeugnisse der Massenindustrie gewöhnlich ohne große Bemühungen bei der Kundschaft einführen, wenn diese Waren nur gut und preiswert fabriziert werden; dieses um so schneller, je leistungsfähiger der vorhandene Großhandel ist, falls es sich überhaupt um Waren zersplitterten Bedarfs handelt.

Namentlich bei Fabrikunternehmungen, und zwar am meisten bei solchen der Massenindustrie, ist der Aufbau der äußeren viel schwieriger als der Aufbau der inneren Organisation. Der Weg vom schlüsselfertigen Neubau mit eingebauten Maschinen bis zum regelmäßigen Betriebslauf ist sehr weit. Bis an jedem Meisterposten ein geeigneter Mann, bis jeder Arbeiter an der richtigen Stelle steht, ist viel Arbeit zu leisten. [...] selbst bei geschickter Leitung und normalen Verhältnissen ist mit diesem Aufziehen ein Monate und oft Jahre dauerndes Wechseln, Ausprobieren und Erziehen des Personals verbunden; tägliche, oft stündliche Reibereien, Fehlarbeiten, unproduktives Gegeneinanderarbeiten und Unredlichkeiten sind die kostspieligen Bausteine, aus denen sich der organisatorische Aufbau einer Unternehmung zusammensetzt.

Damit ist gesagt, daß man, um die Reproduktionskosten einer Unternehmung im ganzen zu finden, sich nicht begnügen darf damit, die Reproduktionskosten des toten Inventars abzuschätzen.

Hierbei tritt ein wesentlicher Unterschied zwischen jenem toten Inventar und der lebendigen Organisation zutage. Die Kosten des toten Inventars sind im großen und ganzen zuverlässig abzuschätzen. Die voraussichtlichen Kosten der lebenden Organisation dagegen lassen sich niemals zuverlässig taxieren. [...] Man baut die lebendige Organisation einer Unternehmung nicht in der Weise auf, daß man erst das Personal und die Arbeiterschaft vollständig einschult und erst dann mit seinen Produkten an den Markt kommt. Die Organisation wird vielmehr in der Art gewonnen, wie wenn ein nicht militärisch vorbereitetes Volk angegriffen wird und sich gegen den Feind so gut hilft wie es eben geht; die Organisation entsteht während des Kampfes. Wer wollte wohl nach Jahren sagen, welcher Anteil von den Kosten auf den laufenden Betrieb und welcher Anteil auf die Erstellung der Organisation anzurechnen wäre."

[41] Vgl. *MÜNSTERMANN*, Wert und Bewertung (1966), S. 148 f.

- GW = ZEW – P aus Käufersicht oder
- GW = P – ZEW aus Verkäufersicht.

Es sollte jedoch vermieden werden, den Begriff „Geschäftswert" mit dem Begriffsinhalt „Kapitalwert" zu belegen, weil dadurch eine Quelle von möglichen Mißverständnissen entstehen kann. Denn begriffliche Klarheit ist stets eine Voraussetzung für gedankliche Klarheit.

Im Rahmen der *Bilanzierung*[42] (hier bezogen auf den *Einzelabschluß* nach deutschem Handelsrecht) wird die Differenz zwischen Kaufpreis P (als Gegenleistung für die Übernahme des Unternehmens) und Substanzwert SW^* (im Sinne der Summe des Wertes der nach handelsrechtlichen Grundsätzen bewerteten einzelnen Vermögensgegenstände abzüglich der übernommenen Schulden) *derivativer (abgeleiteter) Geschäftswert* GW_{deri} genannt (§ 246 Abs. 1 Satz 4 HGB): $GW_{deri} = P - SW^*$.

Aufgrund des für die Bilanzierung geltenden Einzelbewertungsprinzips wird der Kaufpreis auf das beim sog. „Asset Deal" erworbene bilanzierungsfähige Vermögen – soweit dies mit den Wertansatzvorschriften der Bilanz in Übereinstimmung gebracht werden kann – aufgeteilt. Der nach Berücksichtigung der übernommenen Schulden verbleibende, nicht aufteilbare (Kaufpreis-)Rest bildet den bilanziellen derivativen Geschäfts- oder Firmenwert. Als Restkaufpreisgröße, die beim Erwerb eines ganzen Unternehmens oder eines Teilbetriebs nicht aufteilbar ist, ist der derivative Geschäfts- oder Firmenwert zwar weder einzeln veräußerbar noch einzeln bewertbar, jedoch muß ein solcher handelsrechtlich (§ 246 Abs. 1 Satz 4 HGB)[43] und steuerrechtlich (§ 5 Abs. 2 EStG) aktiviert werden. Eine Abschreibung des bilanzierten derivativen Geschäftswertes hat handelsrechtlich planmäßig in der voraussichtlichen Nutzungsdauer ab dem Zugangsjahr (§ 246 Abs. 1 Satz 4 i. V. m. § 253 Abs. 3 HGB) sowie steuerrechtlich auf der Grundlage einer angenommenen betriebsgewöhnlichen Nutzungsdauer von fünfzehn Jahren linear (§ 7 Abs. 1 Satz 3 EStG) zu erfolgen.[44]

Der derivative Geschäfts- oder Firmenwert ist eine *Bilanzposition, die Fehldeutungen und Spekulationen geradezu heraufbeschwört*. In ihm spiegelt sich einerseits die Hoffnung des Erwerbers wider, mit dem Kauf des Unternehmens eine rentierliche Investition getätigt zu haben sowie zusammen mit bilanzierungsfähigen materiellen und immateriellen Gütern weitere ökonomische Potenzen (wie Kundenstamm, „Guter Ruf" der Marken) erworben zu haben, die nicht zuletzt diese Rentierlichkeit bewirken sollen. Andererseits bildet diese Größe den dafür adäquaten ökonomischen Maßstab, nämlich den Kapitalwert der Investition „Erwerb des Unternehmens" zum Erwerbszeitpunkt gerade *nicht* ab.

---

[42] Siehe hierzu beispielsweise bereits AULER, Bilanz (1927), AULER, Erwiderung (1932), und TAKE, Geschäfts- oder Firmenwert (1939).

[43] In der Literatur wurden hinsichtlich der Rechtsnatur des derivativen Geschäfts- oder Firmenwertes bisher mehrere Auffassungen unterscheiden: 1. Vermögensgegenstand, 2. Bilanzierungshilfe sowie 3. Posten besonderer Art, wobei die beiden letzten Deutungen vorherrschten. Aufgrund der Neuregelung des HGB durch das BilMoG gilt der derivative Geschäfts- oder Firmenwert mittlerweile als „Vermögensgegenstand qua Fiktion". Vgl. § 246 Abs. 1 Satz 4 HGB.

[44] Zur bilanziellen Behandlung des Geschäfts- oder Firmenwertes nach IFRS sowie nach US-GAAP siehe WIRTH, Firmenwertbilanzierung (2005), sowie RICHTER, Bewertung des Goodwill (2004).

Die Ermittlung des derivativen Geschäfts- oder Firmenwertes soll an folgendem *Beispiel* kurz erläutert werden. Die Übernahmebilanz des erworbenen Unternehmens zu Tageswerten (also nach Neubewertung von Vermögen und Schulden) hat folgendes Aussehen:

Übernahmebilanz des zu erwerbenden Unternehmens			
Aktiva	in EUR	Passiva	in EUR
Anlagevermögen:		Eigenkapital	530.000
Immaterielles Vermögen	150.000		
Sachanlagen	1.000.000	Rückstellungen:	
Finanzanlagen	75.000	Pensionsrückstellungen	180.000
Umlaufvermögen:		Sonstige Rückstellungen	26.000
Vorräte	125.000	Verbindlichkeiten:	
Forderungen	175.000	Kreditinstitute	565.000
Wertpapiere	25.000	Lieferungen & Leistungen	225.000
Kasse	10.000	Sonstige	35.000
Rechnungsabgrenzung	2.500	Rechnungsabgrenzung	1.500
Bilanzsumme	1.562.500	Bilanzsumme	1.562.500
Abbildung 237: Übernahmebilanz zu Tageswerten			

Der Kaufpreis des Unternehmens sei 750.000 EUR. Der Entscheidungswert des Käufers soll schließlich 800.000 EUR betragen, so daß ein Kapitalwert (= Geschäftswert im Sinne der subjektiven, entscheidungsorientierten Unternehmensbewertung) von 50.000 EUR ermittelt werden kann: Entscheidungswert − Kaufpreis = 800.000 EUR − 750.000 EUR.

Im Hinblick auf die Bilanzierung beträgt der derivative Geschäfts- oder Firmenwert hingegen: Kaufpreis − Eigenkapital in der Übernahmebilanz = 750.000 EUR − 530.000 EUR = 220.000 EUR. Der Kapitalwert der Investition „Erwerb des Unternehmens" ist in diesem Fall also geringer als der in der Bilanz abbildbare Geschäfts- oder Firmenwert, welcher gemäß herrschender Meinung nicht bilanzierungsfähige ökonomische Potenzen widerspiegeln soll.[45]

Unabhängig davon hat die Eröffnungsbilanz des Erwerbers folgendes Aussehen, wobei der derivative Geschäftswert zu aktivieren ist:

---

[45]   Hätte der Entscheidungswert bei 1.000.000 EUR gelegen, dann stände dem bilanzierbaren derivativen Geschäfts- oder Firmenwert von 220.000 EUR ein (höherer) Geschäftswert im Sinne der subjektiven, entscheidungsorientierten Unternehmensbewertung (= Kapitalwert der Investition) von 250.000 EUR gegenüber.

Eröffnungsbilanz des Erwerbers			
Aktiva	in EUR	Passiva	in EUR
Anlagevermögen:		Eigenkapital	750.000
Immaterielles Vermögen	150.000		
Geschäftswert	220.000		
Sachanlagen	1.000.000	Rückstellungen:	
Finanzanlagen	75.000	Pensionsrückstellungen	180.000
Umlaufvermögen:		Sonstige Rückstellungen	26.000
Vorräte	125.000	Verbindlichkeiten:	
Forderungen	175.000	Kreditinstitute	565.000
Wertpapiere	25.000	Lieferungen & Leistungen	225.000
Kasse	10.000	Sonstige	35.000
Rechnungsabgrenzung	2.500	Rechnungsabgrenzung	1.500
Bilanzsumme	1.782.500	Bilanzsumme	1.782.500
Abbildung 238: Eröffnungsbilanz des Erwerbers			

Handelsrechtlich müssen gemäß §246 Abs. 1 Satz 4 i. V. m. § 253 Abs. 3 HGB im Abschreibungsplan die Nutzungsdauer sowie die Abschreibungsmethode festgelegt werden. Der Abschreibungszeitraum beginnt im Jahr des Zugangs. *Steuerrechtlich* ist auf der Grundlage einer angenommenen betriebsgewöhnlichen Nutzungsdauer von fünfzehn Jahren linear (im Beispiel mit 14.666,67 EUR) abzuschreiben.

3.2.2.3 Kombinierte Bewertungsverfahren

3.2.2.3.1 Mittelwert-Verfahren

Das *Mittelwert-Verfahren*[46] gehört zu den Verfahren der Unternehmensbewertung, die den Unternehmenswert UW aus einer Kombination von Ertragswert EW und Substanzwert SW ableiten. Gemäß dem Mittelwert-Verfahren gilt das einfache (Mehrheitsmeinung) *arithmetische Mittel* aus (niedrigerem) Substanzwert und (höherem) Ertragswert als Wert des Unternehmens. Wegen seiner formalen Einfachheit war das Mittelwert-Verfahren in der Praxis sehr beliebt, weshalb es auch *Praktiker-Methode* genannt wird. Formal läßt sich das Mittelwert-Verfahren wie folgt beschreiben:

$$UW = \frac{EW + SW}{2} = \frac{\dfrac{E}{i^*} + SW}{2}$$

$$UW = SW + \frac{1}{2} \cdot (EW - SW).$$

Die letzte Schreibweise entspricht der sog. *JACOBschen Normalform*,[47] wonach der Unternehmenswert stets als Summe aus Substanzwert und Geschäftswert dargestellt wird: $UW = SW + GW = SW + a \cdot (EW - SW)$. Der Faktor a ist dabei verfahrensspezifisch bestimmt; im Falle des Mittelwertverfahrens gilt $a = 0{,}5$.

Zur beispielhaften Berechnung des Unternehmenswertes nach dem Mittelwertverfahren soll von folgenden Zahlenwerten ausgegangen werden:

Künftiger Ertragsüberschuß E	300.000 EUR
Kapitalisierungszinssatz i^*	6,0 %
Ertragswert EW	5.000.000 EUR
Substanzwert SW	2.000.000 EUR
Verfahrensspezifischer Faktor a	0,5
Geschäftswert GW = EW – SW	3.000.000 EUR
Unternehmenswert UW	3.500.000 EUR
Abbildung 239: Beispiel zum Mittelwert-Verfahren	

---

[46] Siehe hierzu beispielsweise *MÜNSTERMANN*, Wert und Bewertung (1966), S. 113–117, *MATSCHKE*, Entscheidungswert (1975), S. 130–134, *MATSCHKE*, Arbitriumwert (1979), S. 135–156.

[47] Vgl. *JACOB*, Methoden (1960).

Das Mittelwert-Verfahren wird aus zwei verschiedenen Gründen vorgeschlagen:

1. Es wird in ihm – ausgehend von SCHMALENBACH[48] – eine Methode zur *Berücksichtigung des Konkurrenzrisikos* (allgemeines Unternehmerrisiko) gesehen (Mehrheitsmeinung).

2. Es wird als Methode zur *Überbrückung eines Interessengegensatzes zwischen Käufer und Verkäufer* interpretiert[49] und kann damit als *Konkretisierung des Merkmals der parteienbezogenen Angemessenheit* im Rahmen einer vermittlungsorientierten Unternehmensbewertung (Arbitriumwert) verwendet werden.

---

[48] Vgl. SCHMALENBACH, Finanzierungen (1937), ferner MATSCHKE, Entscheidungswert (1975), S. 227–248. SCHMALENBACH, Finanzierungen (1937), S. 34 f.: „Es wird in der Regel notwendig sein, bei der Schätzung von Unternehmungen zwei Werte zu bestimmen: 1. den Zukunftsertragswert, 2. den Reproduktionswert. Ist der Zukunftsertragswert niedriger als der Reproduktionswert, so ist der Zukunftsertragswert der entscheidende Wert. Ist dagegen der Reproduktionswert niedriger als der Zukunftsertragswert, so ist weder der eine noch der andere Wert ohne weiteres anzusetzen. Es ist vielmehr zu untersuchen, welche Hemmungen dahin geführt haben und voraussichtlich weiter führen werden, daß diese so gut rentierende Unternehmung frei von Konkurrenz bleibt; kurzum, es ist die Konkurrenzgefahr ziffernmäßig in Ansatz zu bringen. Natürlich läuft diese Konkurrenzgefahrschätzung immer auf einen mehr oder weniger falschen Ansatz hinaus; dieser Umstand ist jedoch nicht zu beseitigen.

In der praktischen Schätzungslehre kommt dabei ein diesem Verfahren logisch entsprungenes, von ihm nur äußerlich unterschiedenes in Betracht. Da nicht nur die Konkurrenzgefahr, sondern auch der Reproduktionswert der inneren und äußeren Organisation schwer schätzbar ist, begnügt man sich damit, die sicher schätzbaren Werte, das sind im allgemeinen die konkreten Gegenstände, abschätzen zu lassen. Auf diese Weise erhält man nicht den ganzen, sondern einen Teilreproduktionswert. Diesem Teilreproduktionswert stellt man den Zukunftsertragswert gegenüber, wobei nun, da ja der Wert der Organisation fehlt, der Zukunftsertragswert regelmäßig höher ist als der Reproduktionswert; nur in Ausnahmefällen ist es umgekehrt. Nun betrachtet man die Differenz der beiden Werte und stellt über diese Erwägung darüber an, ob diese Differenz groß genug ist, um einen etwaigen Konkurrenten bestimmen zu können, die Neueinrichtung eines gleichen Unternehmens zu wagen. Man sollte auf den ersten Blick glauben, daß es völlig gleichgültig sei, ob man nach der einen oder anderen Art zu schätzen versucht, tatsächlich ist es jedoch nicht so. Man braucht nur einmal folgenden Versuch zu machen. Man frage jemanden, der von dem Werte von Grundstücken nicht viel versteht, wie hoch er dieses oder jenes gerade vor uns liegende Grundstück bewerte. Er wird diesen Versuch regelmäßig ablehnen mit der Begründung, daß er davon zu wenig verstehe. Dann frage man ihn, ob er wohl glaube, daß dieses Grundstück einen Wert von 50 000 RM habe, und nun wird man häufig merken, daß der Gefragte darauf sofort sagt, das sei zu viel oder zu wenig.

Wir wollen das besprochene Verfahren an einem Beispiel darstellen.

Gesetzt, eine Fabrikunternehmung verspreche uns einen durchschnittlichen jährlichen Ertrag von 40 000 RM. Wenn wir einen Kapitalisierungszinsfuß von 10 % zugrunde legen, so ergibt sich für diese Fabrik ein Zukunftsertragswert von 400 000 RM. Gesetzt ferner, die Taxatoren haben für diese Fabrik unter Zusammenrechnung der Werte von Grundstücken, Gebäuden, Maschinen, Werkzeugen, Vorräten und unter Berücksichtigung der laufenden Mittel, Forderungen und Schulden einen Reproduktionswert der Realien von 320 000 RM gefunden, wobei also der Reproduktionswert der Organisation nicht in Ansatz gebracht worden sei. Der Schätzer stellt jetzt folgende Erwägung an. Wenn die Unternehmung in Zukunft mit gleichen Konkurrenzverhältnissen zu rechnen hätte wie heute, so könnte man für sie 400 000 RM Wert ansetzen. Ob tatsächlich mit gleichen Konkurrenzverhältnissen zu rechnen ist, hängt davon ab, ob sich die innere und äußere Organisation dieses Unternehmens für 80 000 RM herstellen läßt. Vielleicht entscheidet der Schätzer, daß 80 000 RM für die Organisation zu reichlich bemessen seien und halbiert diese Summe, so daß also für die Unternehmung ein Wert von 360 000 RM anzusetzen ist. In diesem Falle würde also der angesetzte Wert genau in der Mitte zwischen Reproduktionswert und Zukunftsertragswert liegen.

Wenn wir hierbei das Wort Zukunftsertragswert gebrauchen, so ist das eigentlich nicht ganz richtig. Es sind ja nicht 400 000 RM, sondern 360 000 RM, die wir endgültig als Zukunftsertragswert betrachten. Genau genommen müßten wir oben die 400 000 RM als einen Zukunftsertragswert bezeichnen, bei dem die Konkurrenzgefahr unberücksichtigt geblieben ist."

[49] So MORAL, Unternehmungen (1920), beispielsweise S. 131, ferner MATSCHKE, Arbitriumwert (1979), S. 135–156.

Das *spezielle Unternehmerrisiko*, das *auch ohne neue Konkurrenten* vorhanden ist, will SCHMALENBACH durch eine Erhöhung des Kapitalisierungszinsfußes bei der Ertragswertermittlung berücksichtigen, während dem *allgemeinen Unternehmerrisiko*, das sich aus dem Auftreten neuer Konkurrenten am Markt ergeben könnte (*Konkurrenzrisiko*), durch eine Annäherung des Ertragswertes an den Substanzwert schematisch Rechnung getragen werden soll. Die Notwendigkeit für eine solche Annäherung wird von SCHMALENBACH damit begründet, daß die Spanne zwischen Ertragswert und Substanzwert als ein Indikator gelten kann, an dem sich potentielle Konkurrenten bei ihren Markteintrittsentscheidungen orientieren, und daß mit zunehmender Größe dieser Spanne auch die Wahrscheinlichkeit neuer Konkurrenz größer wird. Da nicht genau bekannt ist, um wieviel der Ertragswert unter Berücksichtigung des Konkurrenzrisikos geringer als der geschätzte Ertragswert sei, ist es nach SCHMALENBACH gerechtfertigt, der Einfachheit halber die Hälfte der genannten Spanne als konkurrenzrisikogefährdet anzusehen.

Bei SCHMALENBACH wird also die *Mittelung als Schätzverfahren zur Berücksichtigung der Konkurrenzgefahr* gedeutet, nicht aber als eine Methode, bei der zwei eigenständige Wertgrößen zusammengefaßt werden. Der durch die Mittelung entstandene Wert ist nach SCHMALENBACH ein Ertragswert, und zwar der *Ertragswert mit Berücksichtigung der Konkurrenzgefahr*, während der Ertragswert, der in diese Mittelung einbezogen wird, der *Ertragswert ohne Berücksichtigung der Konkurrenzgefahr* ist. SCHMALENBACH ist also trotz der Mittelung ein Vertreter der Ertragswertmethode. Das Mittelwert-Verfahren ist wegen der zugrundeliegenden Indikatorthese sowie wegen der schematischen und der Gefahr mehrfacher Risikoberücksichtigung *stark kritisiert* worden.[50] Eine empirisch relevante Aussage über das Konkurrenzrisiko ist mit ihm prinzipiell unmöglich.

Derjenige, der wohl als erster die *Unternehmensbewertung als ein Instrument der Vermittlung zwischen Käufer und Verkäufer* begriffen hat, war MORAL. Sein Vorschlag lief auf die Anwendung des Mittelwert-Verfahrens hinaus, bei dem als Preisvorschlag die Hälfte zwischen dem Substanzwert und dem Ertragswert genommen wird. Die einzelnen Schritte der Überlegungen von FELIX MORAL, die ihn zu diesem Ergebnis kommen lassen, sollen hier nachvollzogen werden.

MORAL definiert die „Aufgabe der Abschätzung des Wertes der industriellen Unternehmung" dahingehend, „den Tauschwert der letzteren festzustellen, d. h. denjenigen Geldwert, welcher ebensowohl den Interessen des Veräußerers der Unternehmung als auch denjenigen ihres Erwerbers entspricht"[51].

Einen *Interessengegensatz*, den es auszugleichen gilt, sieht MORAL insbesondere in der unterschiedlichen Abschätzung des allgemeinen Unternehmerrisikos durch die Parteien begründet, so daß hier auf vorherrschende Argumentationsmuster zurückgegriffen wird: „Da jedoch bei dem Verkaufe einer industriellen Unternehmung die Interessen des Veräußerers derselben und ihres Erwerbers sich stets gegenüberstehen, hat die Berechnung des Wertes der Unternehmung denjenigen Betrag zu ermitteln, welcher den Interessen beider vorgenannten Parteien gleichmäßig gerecht wird. Dieser Ausgleich findet dadurch statt, daß das Risiko berücksichtigt wird, welches mit einer jeden indu-

---

[50] Vgl. beispielsweise *MÜNSTERMANN*, Wert und Bewertung (1966), S. 115–117.

[51] *MORAL*, Unternehmungen (1920), S. 109.

striellen Unternehmung verknüpft ist."[52] „Während der Veräußerer der Unternehmung von dem bis dahin von ihm getragenen Risiko, sein in der Unternehmung angelegtes Kapital teilweise oder ganz zu verlieren, nunmehr befreit wird und das Kapital von dem Erwerber ausgezahlt erhält, übernimmt der Erwerber seinerseits dieses Risiko, indem er gegen den von ihm zu zahlenden Kaufpreis die Unternehmung eintauscht. [...] Abgesehen von dem Bestreben, einen möglichst günstigen Kaufabschluß zu erzielen, ist es daher die mehr oder minder hohe Abschätzung des Risikos der Unternehmung, welche der Differenz zwischen der Forderung des Veräußerers und dem Angebot des Erwerbers zugrunde liegt."[53]

Zum Ausgleich dieses Interessengegensatzes, der aus einer Unterschätzung des Risikos durch den Veräußerer und aus einer Überschätzung des Risikos durch den Erwerber resultiert, greift MORAL auf die legitimen Ansprüche beider Parteien zurück, die es anzuerkennen gilt: „Der bisherige Eigentümer der industriellen Unternehmung hat einen Anspruch darauf, daß er bei dem Verkaufe der Unternehmung nicht nur sein in derselben angelegtes Kapital wieder zurückerhält, sondern darüber hinaus auch noch eine Abfindung für die von ihm geschaffene Organisation der Unternehmung und die von ihm hergestellten Beziehungen zu ihrem allgemeinen Markte, welche die Grundlage für die Erwirtschaftung des Ertrages der Unternehmung bilden."[54]

Diesen – nach FELIX MORAL – *berechtigten* Ansprüchen des Verkäufers auf Auszahlung des von ihm angelegten Kapitals und auf eine Abfindung für von ihm geschaffene immaterielle Vermögensteile wie Organisation und Marktbeziehungen stellt MORAL sogleich das entgegen, was der Verkäufer *unberechtigt* verlangen könnte: „Er hat jedoch keinen Anspruch mehr darauf, daß sich sein Kapital nunmehr noch zu demselben hohen Zinsfuße verzinst, wie es aus dem Ertrage der Unternehmung bisher geschah, weil er fortan von dem Risiko der Unternehmung entbunden ist, welches mit einer jeden industriellen Unternehmung verknüpft ist."[55] Wegen des latenten unternehmerischen Risikos ist es „mithin selbstverständlich, daß von industriellen Unternehmungen angesichts dieser Gefahr eine höhere Verzinsung des in ihnen angelegten Kapitals verlangt wird, als der landesübliche Zinsfuß beträgt."[56] „Der Erwerber der Unternehmung hat also Anspruch auf einen Gegenwert für seine Übernahme des mit der Unternehmung verknüpften Risikos. Dieser Gegenwert wird ihm dadurch geboten, daß er sein Kapital aus dem Ertrage der Unternehmung höher verzinsen kann, als es ihm bei sicherer Anlage [...] zu dem landesüblichen Zinsfuße möglich wäre."[57]

Die Berücksichtigung der berechtigten Ansprüche ist nach MORAL gewährleistet, wenn „der Veräußerer einen Vermögenszuwachs und der Erwerber einen entsprechenden Einkommenszuwachs erhält."[58] Um dies zu erreichen und damit die „Unternehmung ein gleicherweise begehrenswertes Kaufobjekt für ihren neuen Erwerber wie ein befriedigendes Verkaufsgeschäft für ihren Veräußerer"[59] ist, liegt „der Tauschwert der

---

52 *MORAL*, Unternehmungen (1920), S. 128.
53 *MORAL*, Unternehmungen (1920), S. 110.
54 *MORAL*, Unternehmungen (1920), S. 128.
55 *MORAL*, Unternehmungen (1920), S. 128.
56 *MORAL*, Unternehmungen (1920), S. 129.
57 *MORAL*, Unternehmungen (1920), S. 129 f.
58 *MORAL*, Unternehmungen (1920), S. 130.
59 *MORAL*, Unternehmungen (1920), S. 141.

industriellen Unternehmung [..] in der Mitte zwischen dem reinen Werte aller ihrer Vermögensteile und ihrem kapitalisierten Ertrage."[60] „Durch die Kombination des Vermögens mit dem Ertrage der Unternehmung und durch die Wahl des 1¼–1½ -fachen des landesüblichen Zinsfußes bei der Kapitalisierung des Reinertrages der Unternehmung, ist der auf diese Art gefundene Tauschwert zugleich derjenige Wertbetrag, welcher den Interessen des Veräußerers und des Erwerbers der Unternehmung gleichmäßig gerecht wird."[61] Denn: „Der bisherige Eigentümer der Unternehmung erhält als Tauschwert ein höheres Kapital zurückgezahlt, als er in derselben angelegt hatte, und ihr Erwerber verzinst sein von ihm nunmehr in die Unternehmung eingebrachtes Kapital höher als zu dem landesüblichen Zinsfuße."[62]

An einem *Beispiel*, das auch MORAL bringt[63], soll dieser Kompromiß zwischen Verkäuferinteressen und Käuferinteressen kurz erläutert werden:

„Schuldenfreies Vermögen (4 470 000 M. – 1 875 000 M.) =   2 595 000 M.

Reinertrag =   230 000 M.

Zinsfuß für die Kapitalisierung des Reinertrages

(das 1½ fache des damals landesüblichen Zinsfußes von 4 %) =   6 %.

Zu 6 % kapitalisierter Reinertrag =   3 833 333 M.

Tauschwert der industriellen Unternehmung: 2 595 000 M.

                                                           3 833 333 "

                                                             6 428 333 M.,

hiervon die Hälfte =   3 214 167 M."[64]

In dem Beispiel erwarten Verkäufer und Käufer übereinstimmend für die Zukunft einen Erfolg (Reinertrag) von 230.000 M. Aufgrund dieses Erfolgs könnte der Verkäufer, wenn er das Unternehmen nicht verkauft, sein in dem Unternehmen angelegtes (Eigen-)Kapital[65] von 2.595.000 M. zu 8,86 % verzinsen, wobei er aber das unternehmerische Risiko tragen müßte. Für MORAL steht offensichtlich außer allen Zweifel, daß ein Verkäufer bereit wäre, einen risikobehafteten Erfolgsstrom von 230.000 M. jährlich gegen einen solchen Risiken nicht unterliegenden Strom von 103.800 M. zu tauschen; denn dann könnte er sein angelegtes Kapital risikolos zum landesüblichen Zins von 4 % verzinsen. Ist aber der jährliche sichere Erfolg von 103.000 M. das Sicherheitsäquivalent[66] des risikobehafteten jährlichen Erfolgs von 230.000 M., dann ist der vom Verkäufer minimal zu fordernde Preis P_{min} gleich dem angelegten Kapital (Reinvermögen) in Höhe des Substanzwertes SW = 2.595.000 M. Für den Käufer gilt nun, daß er bereit wäre, einen sicheren Erfolgsstrom, der ihm eine

---

[60]   MORAL, Unternehmungen (1920), S. 141.

[61]   MORAL, Unternehmungen (1920), S. 143.

[62]   MORAL, Unternehmungen (1920), S. 134 f.

[63]   Vgl. MORAL, Unternehmungen (1920), S. 143–147.

[64]   MORAL, Unternehmungen (1920), S. 147.

[65]   Das angelegte Kapital entspricht bei MORAL dem offen ausgewiesenen Eigenkapital plus den stillen Reserven, d. h., es ist der Netto-Teil-Rekonstruktions-Altwert des Unternehmens (Substanzwert i. e. S.), von ihm in Übereinstimmung mit der Begrifflichkeit im Rechnungswesen als Reinvermögen bezeichnet.

[66]   Das Sicherheitsäquivalent einer Verteilung ist derjenige sichere Geldbetrag, der in der Nutzenschätzung des Subjekts der Verteilung der unsicheren Geldbeträge gleichwertig ist. Daß der geschätzte Erfolg im Rahmen traditioneller Unternehmensbewertung als Element einer Verteilung zu begreifen ist, betont MATSCHKE, Entscheidungswert (1975), S. 164–186.

Verzinsung seines Kapitals von 4 % ermöglicht, gegen einen dem unternehmerischen Risiko ausgesetzten Erfolgsstrom zu ersetzen, der ihm eine durchschnittliche Verzinsung von 6 % verspricht.[67] Wenn aber die subjektive Relation zwischen dem sicheren Erfolg und dem einem unternehmerischen Risiko ausgesetzten Erfolg beim Käufer so ist, dann kann er für den erwarteten jährlichen Erfolg von 230.000 M., bei dem ein unternehmerisches Risiko eingegangen werden muß, maximal einen Preis von P_{max} = 3.833.333 M. zahlen, der dem Ertragswert EW des Unternehmens entspricht.

Die Anwendung des Mittelwert-Verfahrens ist dann nichts anderes als die vielfach als gerecht und angemessen angesehene Norm, einen gemeinsam erreichbaren Vorteil hälftig aufzuteilen, d. h. die Anwendung der bereits erläuterten *Regel der absolut gleichen Teilung* eines Vorteils, dessen Gesamthöhe von MORAL in der Differenz zwischen Substanzwert und Ertragswert ausgemacht wird.

Der Verkäufer erhält über seine Mindestforderung von 2.595.000 M. noch einen Betrag von 619.167 M., den MORAL als Ausgleich „für die von ihm geschaffene Organisation und günstige Entwicklung der Unternehmung"[68] deklariert. Legt der Verkäufer den erzielten Kaufpreis von 3.214.167 M. zum landesüblichen Zins von 4 % an, beträgt sein sicherer jährlicher Erfolg nach dem Verkauf 128.567 M., d. h., er erhält mehr als seinem Sicherheitsäquivalent von 103.800 M. für den risikobehafteten jährlichen Erfolg von 230.000 M. entspricht. Der Verkäufer verbessert sich also.

Besser stellt sich auch der Käufer. Er muß 619.166 M. weniger zahlen, als er maximal könnte. Dies bedeutet, daß sich sein mit dem Kauf angelegtes Kapital von 3.214.167 M. mehr als zu 6 %, nämlich bei einem jährlichen Erfolg von 230.000 M. zu 7,16 % verzinsen wird. Er wird demnach nicht bloß für die Übernahme des Risikos entschädigt, sondern erhält noch ein Plus von 1,16 %.

Die *Argumente*, die MORAL für den von ihm angestrebten Interessenausgleich zwischen Käufer und Verkäufer anführt, *dürften den weit verbreiteten Vorstellungen einer angemessenen Lösung entsprechen*. Die Forderung des Verkäufers, sein in dem Unternehmen angelegtes Kapital zurückzuerhalten, klingt bescheiden. Der Wunsch des Käufers, sein Kapital in dem Unternehmen wenigstens so verzinst zu bekommen, daß die Verzinsung eine Risikoprämie enthält, ist nicht unverständlich. Die hälftige Aufteilung eines Vorteils, den Käufer und Verkäufer gemeinsam realisieren können – und sich in einer nicht dominierten Konfliktsituation gegenseitig aber auch verweigern können –, scheint angebracht, zumal dies außerdem noch mit nicht abgegoltenen immateriellen Vermögensteilen wie Organisation und Marktbeziehungen begründet wird. Die Vereinbarkeit dieser Angemessenheitsvorstellungen ist unter den von MORAL gesetzten Bedingungen gegeben.

Allerdings muß hier noch einmal betont werden, daß es grundsätzlich *keinen* zwingenden Zusammenhang zwischen der Preisuntergrenze des Verkäufers und dem Substanzwert als Summe des angelegten Kapitals (einschließlich stiller Reserven) einerseits sowie der Preisobergrenze des Käufers und dem Ertragswert andererseits gibt. Sub-

---

[67] Zu der Äquivalenzrelation von 4 % sicherer Verzinsung zu 6 % risikobehafteter Verzinsung kommt MORAL aufgrund der Ergebnisse einer empirischen Untersuchung, die ihm zeigte, daß die effektive Verzinsung auf Basis der Emissionskurse der an der *Berliner Börse* in den Jahren 1903 bis 1912 eingeführten Aktien industrieller Unternehmen zwischen 5,7 % bei den Brauereien und Spritfabriken sowie 6,7 % bei Steine- und Zementfabriken lagen. Vgl. MORAL, Unternehmungen (1920), S. 138 f.

[68] MORAL, Unternehmungen (1920), S. 149.

stanzwert und Preisuntergrenze des Verkäufers können – wie bei MORAL – übereinstimmen, sie können aber auch (weit) auseinander liegen. Dies gilt ebenso für Ertragswert und Preisobergrenze des Käufers. Wenn $P_{min} \leq SW < EW \leq P_{max}$ gilt, kann das Mittelwertverfahren indes grundsätzlich als Verfahren zur Bestimmung des Arbitriumwertes auf Basis einer hälftigen Teilung des – i. H. v. $(EW - SW) \leq (P_{max} - P_{min})$ bestimmten – Vorteils genommen werden. Gilt jedoch $P_{min} < SW$ und $EW < P_{max}$, so kommt es nicht mehr zu einer hälftigen Aufteilung des tatsächlich bestehenden gemeinsamen Vorteils $(P_{max} - P_{min})$, sondern nur noch zur hälftigen Aufteilung des kleineren, abgegrenzten Vorteils $(EW - SW)$ und außerdem zu nichtmethodenbedingten Vorabverteilungen im Sinne der Differenzen $(P_{max} - EW)$ für den Käufer und $(SW - P_{min})$ für den Verkäufer. Gewollte und tatsächliche Vorteilsaufteilung stimmen somit nicht überein:[69]

$$V_K = \frac{EW - SW}{2} + (P_{max} - EW) \text{ und}$$

$$V_V = \frac{EW - SW}{2} + (SW - P_{min}).$$

Der erste Term bildet die methodenbedingte („gewollte") Vorteilsverteilung ab, der zweite Term gibt die nichtmethodenbedingte Vorab-Vorteilsverteilung an. Die „tatsächlichen" Vorteile V_K und V_V stimmen absolut nur dann überein, wenn die nicht methodenbedingten Vorabverteilungen (zufällig) gleich sind. Nur unter dieser Prämisse liegt dem Mittelwert-Verfahren die Regel der absolut gleichen Teilung des gesamten Vorteils $(P_{max} - P_{min})$ zugrunde.

3.2.2.3.2 Verfahren der Goodwillrenten

Nach den *Verfahren der Goodwillrenten*[70] ist der Unternehmenswert gleich dem Substanzwert (insbesondere im Sinne des Netto-Teil-Rekonstruktions-Altwertes) zuzüglich sog. Goodwillrenten (Differentialgewinne, Überrenditen, Übergewinne). Als Goodwillrente wird die Differenz zwischen dem geschätzten Zukunftsertragsüberschuß E und einem sog. Normalgewinn NG bezeichnet.

Die *verschiedenen Varianten unterscheiden sich hinsichtlich*
*   der *Art* der Berechnung der Goodwillrenten GR als Differenz zwischen Zukunftsertragsüberschuß E und Normalgewinn NG,
*   den Annahmen über deren *Höhe und zeitlichen Verlauf* sowie
*   hinsichtlich der *Berücksichtigung* der Goodwillrenten bei der Wertermittlung.

Letztendlich liegt diesen Verfahren die Vorstellung zugrunde, daß aus Gerechtigkeitsgründen nicht auf Dauer mit dem höheren, die Goodwillrente einschließenden Zukunftsertragsüberschuß E bei der Bewertung gerechnet werden sollte oder daß der geschätzte Zukunftsertragsüberschuß E durch das Konkurrenzrisiko auf einen Normalgewinn NG herabsinken wird, wobei dies plötzlich oder im Zeitablauf allmählich geschehen kann. Allmählich (linear oder progressiv) abnehmende Goodwillrenten werden im Zusammenhang mit einer besonderen Verfahrensvariante diskutiert. Bei der weiteren Darstellung wird davon aber abstrahiert, d. h., es wird von *konstanten Goodwillrenten* bis zu einem bestimmten Zeitpunkt ausgegangen.

---

[69] Vgl. hierzu MATSCHKE, Arbitriumwert (1979), S. 142–152.

[70] Vgl beispielsweise MATSCHKE, Entscheidungswert (1975), S. 149–163, MATSCHKE, Arbitriumwert (1979), S. 172–187.

Für die *Berechnung des Normalgewinns NG* und damit der Goodwillrente GR werden zwei Vorgehensweisen vorgeschlagen, wobei dabei inhaltlich von divergenten Überlegungen ausgegangen wird:

1. Die Mehrheitsmeinung geht davon aus, daß der Normalgewinn NG der *landesüblichen Verzinsung* i^* *(Normalrendite) des Substanzwertes* $NG = i^* \cdot SW$ entspricht.

   Die Berechnung des Normalgewinns auf Basis des Substanzwertes stellt inhaltlich auf den fiktiven Einsatz eines Eigenkapitals in bisheriger Höhe SW durch den Verkäufer ab.

2. Gemäß der Mindermeinung entspricht der Normalgewinn NG der *landesüblichen Verzinsung* i^* *(Normalrendite) des gesuchten Unternehmenswertes* $NG = i^* \cdot UW$.[71] Durch diese Vorgehensweise ergeben sich ein *größerer* Normalgewinn und damit eine *geringere* Goodwillrente. Auf dieser Vorgehensweise beruht z. B. auch das Stuttgarter Verfahren, worauf noch gesondert einzugehen sein wird. Die Berechnung auf der Basis des gesuchten Unternehmenswertes greift inhaltlich auf einen möglichen Kapitaleinsatz des Käufers beim Erwerb des Unternehmens zum Unternehmenswert, also zu UW = P, zurück.

Diese Ermittlungsmethoden des Normalgewinns können jeweils bei den beiden nachfolgend dargestellten Verfahren der Goodwillrenten (Verfahren I der Goodwillrenten und Verfahren II der Goodwillrenten) und ihren Varianten zur Anwendung kommen.

Bei dem *Verfahren I der Goodwillrenten* (Verfahren der Übergewinnabgeltung, Methode der verkürzten Goodwillrentendauer ohne Berücksichtigung von Zinsen und Zinseszinsen, Übergewinn-Kauf-Methode)[72] wird der Substanzwert um die nicht abgezinsten Goodwillrenten GR einer bestimmten Anzahl von Jahren T erhöht. Der Multiplikator T wird in Abhängigkeit von der „Flüchtigkeit" der Übergewinne festgelegt; beim sog. *Stuttgarter Verfahren*, das eine Variante des Verfahrens I der Goodwillrenten ist, z. B. auf fünf Jahre.

Unter *Zugrundelegung der Mehrheitsmeinung* hinsichtlich der Berechnung des Normalgewinns ergibt sich folgende Berechnungsformel für den Unternehmenswert nach dem Verfahren I der Goodwillrenten:

$$UW = SW + T \cdot GR$$

$$UW = SW + T \cdot (E - NG)$$

$$UW = SW + T \cdot (E - i^* \cdot SW)$$

---

[71] Diese Vorgehensweise liegt der sog. U.E.C-Formel zugrunde. Vgl. UNION EUROPÉENNE DES EXPERTS COMPTABLES, ECONOMIQUES ET FINANCIERS (U.E.C.), Bewertung (1961), S. 25. Später widerrufen die Autoren der U.E.C.-Kommission – in fast gleicher Zusammensetzung – diese Auffassung und berechnen den Normalgewinn auf der Basis des Substanzwertes. Vgl. so auch VIEL/BREDT/RENARD, Bewertung 2 (1967), S. 31. In der 3. Auflage [VIEL/BREDT/RENARD, Bewertung 3 (1970), S. 38], weisen VIEL/BREDT/RENARD nicht mehr darauf hin, bekennen sich aber noch zu den Überlegungen, die auch der U.E.C.-Formel zugrunde liegen: „Trotzdem halten wir dafür, daß das Problem der Unternehmensbewertung nur mittels der Methode der Übergewinnabgeltung und Übergewinnverrentung in befriedigender Weise zu lösen ist." Die 5. Auflage [VIEL/BREDT/RENARD, Bewertung 5 (1975)], weist ein solches Bekenntnis zu einer bestimmten Methode nicht mehr auf.

[72] Vgl. auch MÜNSTERMANN, Wert und Bewertung (1966), S. 125 f.

oder wegen $EW = \dfrac{E}{i^*}$

$UW = SW + T \cdot (i^* \cdot EW - i^* \cdot SW)$

$UW = SW + T \cdot i^* \cdot (EW - SW).$

Bezogen auf das Zahlenbeispiel des Abschnitts 3.2.2.3.1 (vgl. *Abbildung 239*) ergibt sich der Unternehmenswert wie in nachfolgender *Abbildung 240* dargestellt:

Künftiger Ertragsüberschuß E	300.000 EUR
Normalgewinnzinssatz i^*	6,0 %
Anzahl der Jahre T	5
Ertragswert EW	5.000.000 EUR
Substanzwert SW	2.000.000 EUR
Normalgewinn $NG = i^* \cdot SW$	120.000 EUR
Goodwillrente $GR = E - i^* \cdot SW$	180.000 EUR
Verfahrensspezifischer Faktor a	0,3
Geschäftswert $GW = UW - SW$	900.000 EUR
Unternehmenswert $UW = SW + T \cdot GR$	2.900.000 EUR
Abbildung 240: Beispiel zum Verfahren I der Goodwillrenten (Mehrheitsmeinung)	

Wird hingegen der *Minderheitsmeinung* hinsichtlich der Berechnung der Goodwillrente beim Verfahren I der Goodwillrenten gefolgt, ergibt sich die anschließend dargestellte Berechnungsformel, wobei der gesuchte Unternehmenswert auf beiden Seiten der Ausgangsgleichung enthalten ist:

$UW = SW + T \cdot GR$

$UW = SW + T \cdot (E - NG)$

$UW = SW + T \cdot (i^* \cdot EW - i^* \cdot UW)$

$UW \cdot (1 + T \cdot i^*) = SW + i^* \cdot T \cdot EW$

$UW = \dfrac{1}{1 + T \cdot i^*} \cdot SW + \dfrac{i^* \cdot T}{1 + T \cdot i^*} \cdot EW$

$UW = \dfrac{1}{1 + T \cdot i^*} \cdot SW + \dfrac{i^* \cdot T}{1 + T \cdot i^*} \cdot SW - \dfrac{i^* \cdot T}{1 + T \cdot i^*} \cdot SW + \dfrac{i^* \cdot T}{1 + T \cdot i^*} \cdot EW$

$UW = SW \cdot \left(\dfrac{1}{1 + T \cdot i^*} + \dfrac{i^* \cdot T}{1 + T \cdot i^*} \right) + \dfrac{i^* \cdot T}{1 + T \cdot i^*} \cdot (EW - SW)$

$UW = SW + \dfrac{i^* \cdot T}{1 + T \cdot i^*} \cdot (EW - SW).$

Wird dies auf das Zahlenbeispiel angewandt, erhält man einen Unternehmenswert von 2.692.308 EUR (vgl. *Abbildung 241*), welcher – aufgrund der geringeren Goodwillrente oder auch aufgrund des korrespondierend höheren Normalgewinns – unter dem Unternehmenswert gemäß der Interpretation des Verfahrens I der Goodwillrenten nach Mehrheitsmeinung liegt.

Künftiger Ertragsüberschuß E	300.000 EUR
Normalgewinnzinssatz i^*	6,0 %
Anzahl der Jahre T	5
Ertragswert EW	5.000.000 EUR
Substanzwert SW	2.000.000 EUR
Normalgewinn $NG = i^* \cdot UW$	161.538 EUR
Goodwillrente $GR = E - i^* \cdot UW$	138.462 EUR
Verfahrensspezifischer Faktor a	0,230769
Geschäftswert $GW = UW - SW$	692.308 EUR
Unternehmenswert $UW = SW + T \cdot GR$	2.692.308 EUR
Abbildung 241: Beispiel zum Verfahren I der Goodwillrenten (Minderheitsmeinung)	

Nach dem *Verfahren II der Goodwillrenten* (Verfahren der Übergewinnverrentung, Methode der verkürzten Goodwillrentendauer mit Zinsen und Zinseszinsen, U.E.C.-Verfahren)[73] gehen die Goodwillrenten einer bestimmten Anzahl von Jahren nur mit ihrem Barwert in den Unternehmenswert ein. Es ergibt sich folgende Berechnungsformel, wenn der Normalgewinn auf der Basis des Substanzwertes berechnet wird (*Mehrheitsmeinung*):

$$UW = SW + \frac{(1+i^*)^T - 1}{i^* \cdot (1+i^*)^T} \cdot GR$$

$$UW = SW + \frac{(1+i^*)^T - 1}{i^* \cdot (1+i^*)^T} \cdot (i^* \cdot EW - i^* \cdot SW)$$

$$UW = SW + \frac{(1+i^*)^T - 1}{i^* \cdot (1+i^*)^T} \cdot i^* \cdot (EW - SW)$$

$$UW = SW + \frac{(1+i^*)^T - 1}{(1+i^*)^T} \cdot (EW - SW)$$

$$UW = SW + (1 - \frac{1}{(1+i^*)^T}) \cdot (EW - SW)$$

---

[73] Vgl. auch *MÜNSTERMANN*, Wert und Bewertung (1966), S. 126–128.

oder wegen $v^T = \dfrac{1}{(1+i^*)^T}$

$$UW = SW + (1 - v^T) \cdot (EW - SW).$$

Bezogen auf das Zahlenbeispiel folgt dann:[74]

Künftiger Ertragsüberschuß E	300.000 EUR
Normalgewinnzinssatz i^*	6,0 %
Anzahl der Jahre T	5
Abzinsungsfaktor v^T	0,747258
Ertragswert EW	5.000.000 EUR
Substanzwert SW	2.000.000 EUR
Normalgewinn NG = $i^* \cdot$ SW	120.000 EUR
Goodwillrente GR = E − $i^* \cdot$ SW	180.000 EUR
Verfahrensspezifischer Faktor a	0,252742
Geschäftswert GW = UW − SW	758.225 EUR
Unternehmenswert UW = SW + RBF · GR	2.758.225 EUR
Abbildung 242: Beispiel zum Verfahren II der Goodwillrenten (Mehrheitsmeinung)	

Als Variante des Verfahrens II der Goodwillrenten ist die *Gewinnschichtungsmethode (Verfahren FRITZ)*[75] anzusehen, bei der die Goodwillrente unbefristet berücksichtigt, jedoch aus Risikogründen mit einem höheren Zinssatz i^{**} als der Normalrendite i^* kapitalisiert wird:

$$UW = \frac{NG}{i^*} + \frac{E - NG}{i^{**}} \text{ mit } i^* < i^{**}$$

oder wegen NG = $i^* \cdot$ SW und E − NG = GR

$$UW = SW + \frac{GR}{i^{**}}$$

---

[74]   RBF ist der Rentenbarwertfaktor: $\dfrac{(1+i^*)^T - 1}{i^* \cdot (1+i^*)^T}$.

[75]   Vgl. FRITZ, Kapitalisierung (1912/13), SCHMALENBACH, Kapitalisierung (1912/13), TGARTH, Kapitalisierung (1912/13), MÜNSTERMANN, Wert und Bewertung (1966), S. 123 f.

$$UW = SW + \frac{E - i^* \cdot SW}{i^{**}}$$

$$UW = SW + \frac{1}{i^{**}} \cdot (E - i^* \cdot SW)$$

oder wegen $EW = \dfrac{E}{i^*}$

$$UW = SW + \frac{1}{i^{**}} \cdot (i^* \cdot EW - i^* \cdot SW)$$

$$UW = SW + \frac{i^*}{i^{**}} \cdot (EW - SW).$$

Bei Anwendung dieses Verfahrens auf das Beispiel, wobei der zur Kapitalisierung der Goodwillrente verwendete Zinsfuß $i^{**} = 0{,}15$ sein soll, ergeben sich die in *Abbildung 243* dargestellten Ergebnisse.

Künftiger Ertragsüberschuß E	300.000 EUR
Normalgewinnzinssatz i^*	6,0 %
Goodwillrentenzinssatz i^{**}	15,0 %
Normalgewinn NG	120.000 EUR
Übergewinn, Goodwillrente GR	180.000 EUR
Ertragswert des Normalgewinns NG / i^*	2.000.000 EUR
+ Ertragswert des Übergewinns GR / i^{**}	1.200.000 EUR
= Unternehmenswert UW	3.200.000 EUR
Ertragswert EW	5.000.000 EUR
Substanzwert SW	2.000.000 EUR
Verfahrensspezifischer Faktor a	0,4
Geschäftswert GW = UW – SW	1.200.000 EUR
Unternehmenswert UW = SW + GW	3.200.000 EUR
Abbildung 243: Beispiel zur Gewinnschichtungsmethode (Verfahren FRITZ)	

Als *Zeitraum für eine befristete Berücksichtigung der Goodwillrenten* werden drei bis zehn Jahre vorgeschlagen.[76] Innerhalb dieses Zeitraums wird entweder unterstellt, daß die Goodwillrente in *konstanter Höhe* anfällt (Mehrheitsmeinung), *oder* es wird angenommen, daß die Goodwillrente *linear oder progressiv* abnimmt (Minderheitsmeinung), wobei abnehmende Goodwillrenten nur in Verbindung mit den Verfahren II der Goodwillrenten diskutiert werden. So ist die *Methode LEAKE als Verfahren II der Good-*

---

[76] Vgl. *MATSCHKE*, Entscheidungswert (1975), S. 152, m. w. N.

willrenten mit unterstellter linear fallender Goodwillrente zu kennzeichnen.[77] In den aufgeführten Berechnungsformeln und Zahlenbeispielen wird von der Mehrheitsmeinung, also von konstanten Goodwillrenten ausgegangen.

Die *Charakteristika der Verfahren der Goodwillrenten* sind, daß ein Übergewinn (eine Goodwillrente) konstatiert wird und daß diese Goodwillrente nur für eine begrenzte Dauer bei der Ermittlung des Unternehmenswertes berücksichtigt wird. Begründet wird diese *Begrenzung der Goodwillrentendauer* mit zwei voneinander zu trennenden Argumenten:[78]

1. Das *erste Argument* begründet die Tatsache einer Goodwillrente mit dem Vorhandensein goodwillerzeugender Faktoren und die Begrenzung ihrer Dauer mit dem Hinweis, daß diese *Faktoren sich schnell verflüchtigen*, wobei nicht zuletzt auch das Konkurrenzrisiko von Bedeutung ist. Die Goodwillrente sei besonders konkurrenzgefährdet; mit ihr könne grundsätzlich nicht auf Dauer gerechnet werden.

2. Das *zweite Argument* greift ebenfalls auf die Lehre von den goodwillerzeugenden Faktoren zurück und schließt nicht aus, daß mit einer Goodwillrente auf Dauer gerechnet werden kann. Die Begrenzung der Dauer der Goodwillrente wird aber befürwortet, weil der Verkäufer nur einen Anspruch auf diejenige Goodwillrente habe, die sich noch auf seine Tätigkeit zurückführen lasse, deren Wirkung aber nach einem Verkauf immer geringer werde, je mehr Zeit nach diesem vergangen sei. *Wenn auch in Zukunft eine Goodwillrente vorhanden sei, ist dies dann nicht dem Verkäufer zu verdanken, sondern den goodwillerzeugenden und goodwillerhaltenden Maßnahmen des Käufers.* Dieses zweite Argument drückt also eine *Gerechtigkeitsvorstellung* aus.

Das *Verfahren des „Market Value Added"* ist eine spezielle Variante des Verfahrens der Übergewinnverrentung.[79] Hierbei wird der Übergewinn („Economic Value Added") jedoch wie bei der FRITZschen Gewinnschichtungsmethode auf Dauer („ewig") erwartet. Das „Economic Value Added"-Verfahren (EVA-Verfahren)[80] und das darauf aufbauende „Market Value Added"-Verfahren (MVA-Verfahren) sind kapitalmarkttheoretische Modelle. Bei dem EVA-Verfahren handelt es sich jedoch nicht um eine originäre Unternehmensbewertungsmethode, sondern vielmehr um ein Konzept, das – als sog. Residualgewinnmodell[81] – für eine einzelne Berichtsperiode eine mehr oder weniger erfolgsgrößenorientierte Kennzahl im Sinne eines Übergewinns liefern soll, um im Rahmen der „wertorientierten Unternehmensführung" eine vermeintlich sinnvolle Aussage hinsichtlich der Steigerung des Unternehmenswertes in der Berichtsperiode abzugeben.

---

[77] Vgl. *LEAKE*, Commercial Goodwill (1947), S. 38 f. Anderer Meinung ist *ENGELEITER*, Unternehmensbewertung (1970), S. 48, der eine progressive Abnahme der Goodwillrenten als realistischer ansieht.

[78] Vgl. *MATSCHKE*, Arbitriumwert (1979), S. 174 f., m. w. N.

[79] Die Abzinsung des Übergewinns erfolgt mit dem sog. Gesamtkapitalkostensatz, mit dessen Hilfe auch der Normalgewinn bestimmt wird, während bei der FRITZschen Gewinnschichtungsmethode der Übergewinn mit einem erhöhten Zinssatz diskontiert wird.

[80] Es handelt sich um ein von der New Yorker Beratungsgesellschaft STERN, STEWART & CO. entwickeltes Beratungsprodukt, welches als solches sogar markenrechtlich geschützt ist.

[81] Siehe hierzu z. B. *COENENBERG/SCHULTZE*, Residualgewinn- vs. Ertragswertmethode (2003), S. 119–121.

Der „*Market Value Added*" als sog. Geschäftsmehrwert der betrieblichen Tätigkeit ergibt sich als Barwert des mit den Kapitalkostensatz k („Capital Charge") diskontierten für die zukünftigen Perioden erwarteten „Economic Value Added" EVA_t:

$$MVA = \sum_{t=1}^{\infty} \frac{EVA_t}{(1+k)^t}.$$

Wird ein konstanter ewiger EVA unterstellt, dann ergibt sich der MVA unter Berücksichtigung der kaufmännischen Kapitalisierungsformel wie folgt:

$$MVA = \frac{EVA}{k}.$$

Zur Herleitung des *Kapitalkostensatzes* k, welcher der geforderten Mindestverzinsung von Fremd- und Eigenkapitalgebern entsprechen soll, wird auf kapitalmarkttheoretische Ansätze (beispielsweise auf einen „marktgerechten" Kapitalkostensatz entsprechend dem WACC-Ansatz)[82] verwiesen, welche die Kapitalkosten als gewogenes Mittel der geforderten Eigen- und Fremdkapitalrenditen im Kapitalmarktgleichgewicht definieren.

Das *EVA-Verfahren* ist ein operatives Element des „Shareholder Value"-orientierten Controllings, welches entsprechend zur „unternehmenswertorientierten" Beurteilung und Steuerung von Unternehmen und dezentralen (Unternehmens-)Einheiten dienen soll. Mit dem EVA-Verfahren wird deshalb versucht, den auf eine Periode bezogenen „Wertbeitrag" der unternehmerischen Entscheidungen zu ermitteln.[83] Der EVA,[84] der auch als betrieblicher Übergewinn bezeichnet wird, ergibt sich als Differenz zwischen dem bereinigten (Perioden-)Betriebsergebnis des Unternehmens (oder einer dezentralen Einheit) vor Zinsen und nach Steuern ($NOPaT_t$ = „Net Operating Profit after Taxes") und den bereinigten Kapitalkosten dieser Periode. Letztere entsprechen dem Produkt aus dem (unternehmensindividuell als betriebsnotwendig definierten) investierten Kapital (NOA_t = „Net Operating Assets") und dem Kapitalkostensatz k als gewogenem Mittel aus Eigen- und Fremdkapitalrenditeforderungen. Der betriebliche Übergewinn der Periode t ergibt sich somit wie folgt: $EVA_t = NOPaT_t - NOA_t \cdot k$.

---

[82] Auf den WACC-Ansatz wird im Abschnitt 4.2.3.2.1.2 eingegangen.

[83] In der nacheilenden betriebswirtschaftlichen „Begleitforschung" zu Beratungsprodukten, auf die hier nicht weiter verwiesen werden soll, wird das EVA-Konzept ausführlich ausgewalzt. Die methodische Vorgehensweise beim EVA-Konzept ist aus der Betriebsergebnisrechnung hinreichend bekannt. Das verwendete Datenmaterial beim EVA-Konzept ist indes extern orientiert. Dennoch wird wieder einmal so getan, als sei mit dem Beratungsprodukt eine neue betriebswirtschaftliche Erkenntnis oder Methodik verbunden, was allenfalls im Hinblick auf den Ursprung als Beratungsprodukt verständlich wird. Nicht nur aus Sicht von SCHNEIDER, EVA und WACC (2009), S. 35: „verkrümmen [hierbei] deutschsprachige Manager und ihnen gefällig sein wollende Hochschullehrer ihr Rückgrat im Bückling vor angelsächsischer Pseudoweisheit". Ein weiterer Beleg jener Auswüchse „moderner" hochschulpolitischer Bestrebungen, Forschungsleistungen „in Euro" messen zu wollen.

[84] Vgl. zum Verfahren STEWART, Value (1991), STERN/SHIELY/ROSS, EVA (2001). Siehe auch die Ausführungen in GÜNTHER, Controlling (1997), S. 233–238, MANDL/RABEL, Unternehmensbewertung (1997), S. 379–381, BÖCKING/NOWAK, Economic Value Added (1999), GÖTZE/GLASER, Economic Value Added (2001).

Im Hinblick auf den MVA ergibt sich hieraus:

$$MVA = \sum_{t=1}^{\infty} \frac{NOPaT_t - NOA_t \cdot k}{(1+k)^t}$$

oder bei ewigem konstanten EVA:

$$MVA = \frac{NOPaT - NOA \cdot k}{k} = \frac{NOPaT}{k} - NOA.$$

Aus der letzteren Formel wird zugleich die indirekte Ermittlung des *„Market Value Added"* als Geschäftsmehrwert deutlich, nämlich als Differenz zwischen dem „Marktwert" des Unternehmens für die Eigen- und Fremdkapitalgeber sowie dem investierten Kapital: „Der MVA soll ein Maß für den Wert sein, den ein Unternehmen über das eingesetzte Kapital hinaus erwirtschaftet hat."[85]

Das in diese Berechnung einfließende *bereinigte Betriebsergebnis der Periode vor Zinsen und nach Steuern* ($NOPaT_t$) ist eine Einnahmen-Ausgaben-Größe, welche sich als Differenz finanzwirksamer betrieblicher Erträge und Aufwendungen ergibt, von der die Abschreibungen als einziger nichtfinanzwirksamer Posten abgezogen werden. Dies wird damit begründet, „daß Abschreibungen einerseits dem Ersatz abgenutzer [.. Anlagen] dienen und daher ‚true economic expenses' [also ‚wahre ökonomische Aufwendungen'] darstellen und andererseits zur besseren Vergleichbarkeit mit geleasten Vermögensgegenständen berücksichtigt werden müssen. Das erste Argument greift nur, wenn von Wachstum oder zumindest Substanzerhaltung ausgegangen wird [...] Gegen das zweite Argument ist einzuwenden, daß Abschreibungen periodisierte Aufwendungen darstellen und im Vergleich von Kauf versus Leasing bzw. Miete die Struktur der Zahlungsströme unterschiedlich sein wird."[86]

Die von angloamerikanischen Rechnungslegungsstandards beeinflußte Ermittlung des bereinigten Betriebsergebnisses vor Zinsen und nach Steuern, welches auch als operativer Cash-flow vor Zinsen und nach Steuern bezeichnet wird, ist in *Abbildung 244*[87] dargestellt. Wie dabei zu erkennen ist, unterliegt die Bestimmung dieser im Rahmen des EVA-Konzepts verwendeten Ergebnisses „trotz teilweiser Bereinigungen einiger Verzerrungen dennoch der buchhalterischen Abgrenzung [und vor allem den verwendeten Rechnungslegungsnormen, was ..] gerade vermieden werden sollte."[88] Hieraus ergeben sich beachtliche Ansatzpunkte für Manipulationen.[89]

---

[85]   *MANDL/RABEL*, Unternehmensbewertung (1997), S. 380.

[86]   *GÜNTHER*, Controlling (1997), S. 234 f.

[87]   In Anlehnung an *GÜNTHER*, Controlling (1997), S. 234. Siehe auch *STEWART*, Value (1991), S. 112–117.

[88]   *GÜNTHER*, Controlling (1997), S. 237.

[89]   „Denn ein positiver EVA könnte auch durch Verlängerung der zugrunde gelegten Nutzungsdauer über geringere Abschreibungen erzeugt werden", so *GÜNTHER*, Controlling (1997), S. 238.

(1)		Betriebsergebnis vor Steuern und vor Zinsen („Net Operating Profit")
(2)	±	Erhöhung/Verminderung der Wertberichtigungen auf Forderungen
(3)	±	Erhöhung/Verminderung der Differenz zwischen Wertansatz der Vorräte mit der LIFO-Methode gegenüber der FIFO-Methode[a)]
(4)	+	Abschreibungen von derivativen Geschäfts- oder Firmenwerten
(5)	±	Erhöhung/Verminderung des Barwertes kapitalisierter Forschungs- und Entwicklungsaufwendungen
(6)	±	Erhöhung/Verminderung der Rückstellungen
(7)	+	„marktwertbildende" Vorlaufkosten (z. B. Explorations- oder Markterschließungskosten)
(8)	+	Zinsanteil der Leasingraten
(9)	–	nicht anrechenbare Steuern
(10)	=	bereinigtes Betriebsergebnis nach Steuern und vor Zinsen (NOPaT)

Abbildung 244: Ermittlung des bereinigten Betriebsergebnisses im EVA-Ansatz

[a)] Ist in den USA i. d. R. eine Anhangangabe, wenn ein Unternehmen die dort dominierende LIFO- Methode verwendet.

Das *unternehmensindividuell als betriebsnotwendig definierte investierte Kapital* (NOA$_t$ = „Net Operating Assets") der Periode t wird beim EVA-Verfahren „mit dem Anfangsbestand, bei Veränderungen von über +/–20 % mit dem Durchschnittswert angesetzt."[90] Die Ermittlung des investierten Kapitals, welche wiederum auf bilanziellen Größen basiert, ist in *Abbildung 245*[91] dargestellt.

(1)		Buchwert des (betriebsnotwendigen) Anlagevermögens
(2)	+	Buchwert des (betriebsnotwendigen) Umlaufvermögens
(3)	–	nicht verzinsliche, kurzfristige Verbindlichkeiten
(4)	–	marktgängige Wertpapiere
(5)	–	Anlagen im Bau[a)]
(6)	+	Wertberichtigungen auf Forderungen
(7)	±	Differenz zwischen Wertansatz der Vorräte mit der LIFO- gegenüber der FIFO-Methode
(8)	+	kumulierte Abschreibungen von derivativen Geschäfts- oder Firmenwerten
(9)	+	kapitalisierte Miet- und Leasingaufwendungen
(10)	+	kapitalisierte Forschungs- und Entwicklungsaufwendungen
(11)	+	kapitalisierte „marktwertbildende" Vorlaufkosten
(12)	+	kumulierte außerordentliche Verluste nach Steuern
(13)	=	Net Operating Assets (NOA)

Abbildung 245: Ermittlung des investierten Kapitals im EVA-Ansatz

[a)] Bleiben unberücksichtigt, weil sie noch nicht dem operativen Geschäft dienen.

Wird zur Berechnung der Verzinsung des investierten Kapitals auf folgende Gleichung im Sinne einer Rendite des investierten Kapitals (Investitionsrendite) zurückgegriffen:[92]

---

[90] Vgl. GÜNTHER, Controlling (1997), S. 234 f.

[91] In Anlehnung an GÜNTHER, Controlling (1997), S. 235.

[92] Diese Beziehung wird auch als „STEWART's R" bezeichnet. Vgl. GÜNTHER, Controlling (1997), S. 234.

$$r_{NOA\,t} = \frac{\text{bereinigtes Betriebsergebnis der Periode t}}{\text{investiertes Kapital der Periode t}} = \frac{NOPaT_t}{NOA_t},$$

ist ein positiver EVA_t Ausdruck für eine in dieser Periode t über dem sog. Kapitalkostensatz k liegende Verzinsung $r_{NOA\,t}$ des investierten Kapitals NOA_t:

$$EVA_t = (r_{NOA\,t} - k) \cdot NOA_t.$$

Um betriebswirtschaftliche Entscheidungen auf Basis des EVA-Konzepts vermeintlich zu fundieren, werden die auf der rechten Seite dieser Gleichung zu findenden Determinanten schließlich den drei Entscheidungsebenen „Strategie", „Finanzierung" und
„Investition" zugeordnet.[93] Gemäß STEWART lassen sich daraus folgende vermeintliche
Wertsteigerungsmöglichkeiten erkennen:[94]

1. Der „Unternehmenswert" steigt mit zunehmender Investitionsrendite $r_{NOA\,t}$.
2. Der „Unternehmenswert" steigt mit Verminderung des (durchschnittlichen) „Kapi-
    talkostensatzes" k.
3. Eine Erhöhung des investierten Kapitals NOA_t ist nur „wertschaffend", wenn die
    Investitionsrendite $r_{NOA\,t}$ über dem (durchschnittlichen) Kapitalkostensatz k liegt,
    also in der betreffenden Periode eine „Überrendite" erwirtschaftet wird.
4. Eine Verminderung des investierten Kapitals NOA_t ist entsprechend „wertschaf-
    fend", wenn die Investitionsrendite $r_{NOA\,t}$ geringer als der (durchschnittliche)
    Kapitalkostensatz k ist.

Die mit dem EVA-Konzept verbreitete Aussage, daß wertsteigernde Investitionen
nur dann vorlägen, wenn die Investitionsrendite $r_{NOA\,t}$ größer als die Durchschnittskapi-
talkosten k sei, ist jedoch falsch: *Bereits der BWL-Anfänger lernt, daß es in solchen Zusammenhängen stets auf Grenz- und nicht auf Durchschnittsbetrachtungen ankommt!*
Problematisch ist bei diesem Konzept sowohl die Integration realitätsferner kapitalmarkttheoretischer Ansätze als auch der Rückgriff auf eine dem Betriebsergebnis der
Kostenrechnung ähnelnde Erfolgsgröße, die durch diverse Anpassungen aus den Daten
des externen Rechnungswesens hergeleitet wird. Es erfolgt also keine zahlungsstromorientierte Betrachtung und auch keine Berücksichtigung investitionstheoretisch fundierter Grenzzinsfüße. Beides ist jedoch Voraussetzung für eine entscheidungsorientierte Bewertung.[95]

---

[93]   Vgl. GÜNTHER, Controlling (1997), S. 234.

[94]   Vgl. STEWART, Value (1991), S. 137. Siehe auch GÜNTHER, Controlling (1997), S. 236.

[95]   Siehe zur kritischen Würdigung des EVA- und des MVA-Konzepts z. B. auch SCHNEIDER, Oh,
       EVA, EVA, schlimmes Weib (2001), HERING/VINCENTI, Wertorientiertes Controlling (2004),
       S. 351–353, SCHNEIDER, EVA und WACC (2009), S. 33–36. SCHNEIDER, Pegasus mit Klumpfuß
       (1998), S. 1476, äußert hierzu: „Dieser Economic Value Added beleidigt schon durch seine Benen-
       nung die ökonomische Wissenschaft; denn er wird aus dem Jahresabschluß abgeleitet und errech-
       net sich als fragwürdig korrigierte Gewinngröße vor sog. Finanzierungskosten des Fremd- und Ei-
       genkapitals und nach Abzug von Steuern. [...] Steuerungs- und Kontrollhilfen lassen sich unter-
       nehmungsintern überzeugender auf andere Weise herleiten. Extern sind die [zahlreichen, nicht nur
       in der Praxisliteratur empfohlenen] Umrechnungen mit Informationslücken belastet und verwirkli-
       chen hauptsächlich eine Beschäftigungstherapie und damit Umsatzförderung für Unternehmensbe-
       rater." SCHNEIDER, EVA und WACC (2009), S. 35, zudem: „Ein Mittel [...] ist dabei EVA, weil es
       zum einen geistig nicht überfordert; denn es bietet nur alten Wein in neuen Schläuchen, mit eini-
       gen Gewürzen jüngeren Geschmäckern angepasst."

Weitere Verfahren, welche auf den Über- oder Residualgewinn eines Unternehmens abstellen, sind das Konzept des „Cash Flow Return on Investment" (CFROI) und das damit einhergehende „Cash Value Added"-Verfahren (CVA-Verfahren). Das von der Unternehmensberatung BOSTON CONSULTING GROUP (BCG) entwickelte einperiodige Konzept des „Cash Flow Return on Investment" (CFROI) und das damit verbundene „Cash Value Added"-Verfahren (CVA-Verfahren) sind ebenfalls Modelle, die keine originären Unternehmensbewertungsmethoden darstellen. Es sind vielmehr Verfahren, mit denen im Rahmen der „wertorientierten Unternehmensführung" die Steigerung eines sog. Unternehmenswertes vermeintlich nachvollzogen werden kann, wobei teilweise auf kapitalmarkttheoretische Ansätze zurückgegriffen wird. Gegen diese Modelle sind vor allem jene Kritikpunkte anzuführen, welche bereits beim EVA-Verfahren angemerkt wurden und die gegen eine entscheidungsorientierte theoretische Fundierung dieser Modelle sprechen.[96]

„Der CFROI ist definiert als Brutto-Cash Flow, den ein Geschäft relativ zu dem darin investierten Kapital innerhalb eines Jahres erwirtschaftet. Der CFROI ergibt sich als interner Zinsfuß des Cash Flow-Profils eines Unternehmens oder einer einzelnen dezentralen Einheit", so GÜNTHER[97]. Obwohl das *CFROI-Konzept*, wie der Name es vermuten ließ, explizit Cash-flow-basiertes Datenmaterial berücksichtigen *sollte*, dominieren bei diesem Verfahren tatsächlich bilanziell geprägte Komponenten. Der CFROI ergibt sich aus dem Brutto-Cash-flow CF_{br}, der sog. Bruttoinvestitionsbasis BIB und den sog. ökonomischen Abschreibungen ÖA:

$$CFROI = \frac{(CF_{br} - \ddot{O}A)}{BIB}.$$

Der *Brutto-Cash-flow* CF_{br} stellt den um außerordentliche Komponenten und Scheingewinne bereinigten vereinfachten Cash-flow vor Zinsen, planmäßigen Abschreibungen, Miet- und Leasingaufwendungen sowie nach Steuern dar[98]. Die sog. *Bruttoinvestitionsbasis* BIB ergibt sich aus dem Nettowert der nicht planmäßig abschreibbaren Aktiva[99] und dem inflationsangepaßten Bruttowert des abschreibbaren Sachanlagevermögens[100] zuzüglich spezieller Korrekturen[101] zum besseren operativen Vergleich.[102]

---

[96] Vgl. zu den Verfahren LEWIS/LEHMANN, CFROI (1992), GÜNTHER, Controlling (1997), S. 213–221, SCHULTZE, Unternehmensbewertung (2003), S. 122–126. Siehe zur Darstellung und insbesondere auch zur Kritik unter anderem HACHMEISTER, Erfolgsgröße (1997), MÄNNEL, CFROI (2001), HERING/VINCENTI, Wertorientiertes Controlling (2004), S. 353 f.

[97] GÜNTHER, Controlling (1997), S. 213 (mit Hervorhebungen im Original).

[98] CF_{br} = Ergebnis nach Steuern +/− Korrekturen um außerordentliche Posten und ihre Steuerwirkungen + planmäßige Abschreibungen + Zinsaufwand + Miet- und Leasingaufwendungen + Anpassungen von FIFO und LIFO im Rahmen der Vorratsbewertung +/− Inflationsgewinne/-verluste auf Nettoliquidität.

[99] Monetäres Umlaufvermögen inklusive Vorräte + aktive Rechnungsabgrenzungsposten + Finanzanlagevermögen − nichtverzinsliche Verbindlichkeiten + Grundstücke.

[100] Buchwert des abschreibbaren Sachanlagevermögens + kumulierte Abschreibungen + Inflationsanpassung.

[101] Kapitalisierte Mietaufwendungen + eventuell selbstgeschaffenes oder erworbenes immaterielles Sachanlagevermögen.

[102] Vgl. zu den Komponenten GÜNTHER, Controlling (1997), S. 214–219.

Die sog. *ökonomischen Abschreibungen* ÖA charakterisieren den mit dem durchschnittlichen Kapitalkostensatz k zu verzinsenden Betrag, der in jeder Periode einbehalten werden muß, um hinsichtlich des abnutzbaren Vermögens am Ende der Nutzungsdauer die erforderlichen Ersatzinvestitionen vornehmen zu können. Vereinfacht wird ÖA als Quotient aus BIB und dem Rentenendwertfaktor REF für eine endliche nachschüssige Rente über n Perioden[103] bestimmt, wobei n die durchschnittliche Nutzungsdauer und der Zinssatz k das gewogene Mittel aus Eigen- und Fremdkapitalrendite angibt:

$$\ddot{O}A = \frac{BIB}{REF} \text{ mit } REF = \frac{(1+k)^n - 1}{k}$$

oder

$$\ddot{O}A = \frac{BIB}{\dfrac{(1+k)^n - 1}{k}} = BIB \cdot \frac{k}{(1+k)^n - 1}.$$

Die sog. ökonomische Abschreibung ÖA ist also nichts anderes als die (rückwärts-)verrentete Bruttoinvestitionsbasis BIB, also deren Annuität,[104] und die Bruttoinvestitionsbasis BIB folglich der nach n Perioden für die dann erforderliche Reinvestition vorgesehene Betrag. ÖA gibt also den jährlich über einen Zeitraum von n Perioden zum Zins k anzulegenden Betrag an, um nach n Perioden die Bruttoinvestitionsbasis daraus refinanzieren zu können. Konzeptionell wird jedoch die Bruttoinvestitionsbasis nicht als künftig zu investierender Betrag bestimmt, sondern als gegenwärtig zu Beginn der Betrachtungsperiode bereits investierter Betrag ermittelt. Diese Vorgehensweise ist nur dann widerspruchsfrei, wenn die Bruttoinvestitionsbasis BIB über die Zeit unverändert bleibt, also eine Strategie der Erhaltung der Bruttoinvestitionsbasis betrieben wird. Daß eine solche Strategie zielführend ist, resultiert jedoch nicht aus einem ökonomischen Kalkül, sondern aus einem impliziten Postulat. Denn der *periodenbezogene Wertzuwachs CVA* ergibt sich schließlich wie folgt:

$$CVA = (CFROI - k) \cdot BIB = CF_{br} - (\ddot{O}A + k \cdot BIB).$$

„Abschreibung und Zinsen bestimmen daher die Untergrenze des Brutto-Cashflows, der in einer Periode erwirtschaftet werden muß, um einen positiven Beitrag (CVA) zur Wertentwicklung des Unternehmens zu liefern", so zutreffend HERING/VINCENTI.[105]

Darüber hinaus ist auf ein weiteres Residualgewinnkonzept hinzuweisen, welches als *„Earnings less Riskfree Interest Charge"-Konzept* (ERIC-Konzept) von VELTHUIS entwickelt wurde und von der Gesellschaft KPMG in der Praxis unter der rechtsgeschützten Bezeichnung „ERIC" umgesetzt wird.[106] Mit der Kennzahl „ERIC" sollen die theoretischen Mängel bestehender Residualgewinnkonzepte vermeintlich beseitigt werden. Das Konzept soll eine Antwort auf die Frage liefern: „Inwieweit ist es einem Un-

---

[103]   Vgl. *MATSCHKE*, Investitionsplanung (1993), S. 190 f.

[104]   Vgl. hierzu *MATSCHKE*, Investitionsplanung (1993), S. 201 f.

[105]   *HERING/VINCENTI*, Wertorientiertes Controlling (2004), S. 354.

[106]   Vgl. *O. V.*, Wertorientierte Unternehmensführung (2004), *VELTHUIS*, Entwurf (2004), *VELTHUIS*, Value Based Management (2004), *VELTHUIS/WESNER*, Werterzielung (2004). Siehe auch *VELTHUIS*, Managemententlohnung (2003). Zur kritischen Würdigung des Konzeptes siehe *KUNZ/PFEIFFER/SCHNEIDER*, ERIC versus EVA (2007).

ternehmen gelungen, mit dem von den Aktionären zur Verfügung gestellten Kapital einen Gewinn zu erwirtschaften, der größer ist als das Ergebnis einer Anlage desselben Kapitals in sicheren Wertpapieren – etwa in Staatsanleihen?"[107] Der Residualgewinn „ERIC" unterscheidet sich von den bisher betrachteten Residualgewinnmodellen vor allem dahingehend, daß ein sog. risikofreier Zinssatz r berücksichtigt wird. Der Residualgewinn „ERIC" – als „Wertbeitrag" der unternehmerischen Entscheidung einer Periode – ergibt sich aus der Differenz zwischen einem bereinigten Gewinn vor Zinsen G_t sowie dem Produkt aus einem risikofreien Zinssatz r und dem bereinigten Gesamtkapital C_{t-1}:[108]

$$ERIC_t = G_t - r \cdot C_{t-1}.$$

ERIC ist daher als erwirtschaftete absolute Risikoprämie zu interpretieren, wobei der Vergleich mit risikolosen Staatspapieren[109] nicht gerade besonders hohe Anforderungen an die „unternehmerische" Leistung beinhaltet.

Der bereinigte Gewinn vor Zinsen G_t und das bereinigte Gesamtkapital C_{t-1} werden – wie bei den bereits betrachteten Praktikerverfahren üblich – aus Rechnungslegungsgrößen abgeleitet. Hierbei soll die „Clean Surplus"-Bedingung[110] stets eingehalten werden, nach der alle Geschäftvorfälle in voller Höhe in der Erfolgsrechnung zu berücksichtigen sind, die Reinvermögensänderungen nach sich ziehen. Bereinigungen von Erfolgsgrößen sollen nur auf eine zeitliche Umverteilung, nicht jedoch auf eine unvollständige oder gar eine Nichtberücksichtigung dieser Größen zielen. Der risikofreie Zinssatz r kann gemäß VELTHUIS/WESNER z. B. über ein branchen- und indexabhängiges Scoring-Modell ermittelt werden.[111] Eine periodische „Werterzielung" liegt entsprechend vor, wenn „ERIC" positiv ist, also wenn die Gewinne über den risikofreien Kapitalkosten liegen. Die Verwendung eines (niedrigeren) risikofreien Zinssatzes hat zur Folge, daß „ERIC" den „herkömmlichen" Wertbeitrag übersteigt.[112]

Das ERIC-Verfahren ist ein derivatives Bewertungsverfahren, mit dem eine Unternehmenswertsteigerung nachgewiesen werden soll. Eine unternehmerische Entscheidung ist demnach nur „wertschaffend", wenn sie positive Residualgewinne „ERIC" nach sich zieht. Die Aussage zur Wertschaffung bezieht sich jedoch nicht auf die für Entscheidungsfindungen notwendigen Grenzbetrachtungen. Schließlich werden beim ERIC-Konzept nicht investitionstheoretisch fundierte Steuerungszinsfüße verwendet, die sich in Abhängigkeit von der Eignerzielsetzung ergeben, sondern risikofreie Kapitalkostensätze. Darüber hinaus unterliegt der im Rahmen der ERIC-Ermittlung verwendete „bereinigte Gewinn" den Einflüssen der Jahresabschlußpolitik.

---

[107] O. V., Wertorientierte Unternehmensführung (2004), S. 6.
[108] Vgl. VELTHUIS, Entwurf (2004), S. 300.
[109] Die Staatsschuldenkrise lehrt, daß „risikolose" Staatsanleihen eine Fiktion sind.
[110] Vgl. VELTHUIS, Entwurf (2004), S. 300 f.
[111] Vgl. VELTHUIS/WESNER, Werterzielung (2004), S. 8 f.
[112] Vgl. VELTHUIS/WESNER, Werterzielung (2004), S. 10 f.

Das *Stuttgarter Verfahren*[113] diente bis zum Jahr 2008 der *Bewertung nicht börsennotierter Aktien und Anteile an Kapitalgesellschaften im Rahmen der Ermittlung des steuerlichen Vermögens* (und ist nach wie vor auch in Verträgen bei Regelungen zur Abfindungsbemessung zu finden)[114]. Mit dem Stuttgarter Verfahren sollten das Vermögen und die Ertragsaussichten der nicht börsennotierten Kapitalgesellschaft zur Schätzgrundlage des sog. *Gemeinen Wertes*[115] werden. Es hatte ursprünglich das *Berliner Verfahren*[116], das formal dem Mittelwert-Verfahren entsprach, abgelöst.[117] Das Stuttgarter Verfahren stimmt im Grundsatz mit dem Verfahren I der Goodwillrenten überein, ist jedoch hinsichtlich der Goodwillrentendauer, des Kalkulationszinsfußes, der zulässigen Bewertungsabschläge und der Ermittlung des Gewinns typisiert.

Der Gemeine Wert eines Anteils nach dem Stuttgarter Verfahren ist ein Prozentausdruck bezogen auf ein Prozent des Grund- oder Stammkapitals K der nicht börsennotierten Kapitalgesellschaft. Der „Gemeine Wert X" ist gleich dem „Vermögenswert V" zuzüglich des Fünffachen der Differenz zwischen „Ertragshundertsatz E" und einer neunprozentigen Rendite des „Gemeinen Wertes". Der „Vermögenswert V" wurde aus dem Einheitswert des Betriebsvermögens im Sinne des Bewertungsgesetzes und der „Ertragshundertsatz E" aus dem Durchschnitt der Betriebsergebnisse der letzten drei Jahre abgeleitet, und zwar jeweils bezogen auf ein Prozent des Grund- oder Stammkapitals K.[118]

---

[113] Siehe z. B. BREITHECKER/SCHMIEL, Steuerbilanz (2003), S. 299–301, HOFFMANN, Unternehmensbewertung (2006), S. 51–54, PENSEL, Stuttgarter Verfahren (2006).

[114] Vgl. zur Abschaffung des Stuttgarter Verfahrens im Steuerrecht sowie zum sog. vereinfachten Ertragswertverfahren BALLWIESER, Unternehmensbewertung (2011), S. 217–219.

[115] Der „Gemeine Wert" ist bei der steuerlichen Bewertung immer dann anzusetzen, wenn nicht ein anderer, speziellerer Wert vorgeschrieben ist. In § 9 Abs. 2 BewG wird er definiert: „Der gemeine Wert wird durch den Preis bestimmt, der im gewöhnlichen Geschäftsverkehr nach der Beschaffenheit des Wirtschaftsgutes bei einer Veräußerung zu erzielen wäre. Dabei sind alle Umstände, die den Preis beeinflussen, zu berücksichtigen. Ungewöhnliche oder persönliche Verhältnisse sind nicht zu berücksichtigen."

[116] Siehe hierzu z. B. BORK, Problem der Bewertung (1941).

[117] In Österreich wird das sog. *Wiener Verfahren 1996* zur Ermittlung des Gemeinen Wertes (nicht notierter Anteile an Kapitalgesellschaften sowie auch zur Einheitswertermittlung für das Betriebsvermögen nach den Vorschriften des österreichischen Bewertungsgesetzes) angewendet. Das Wiener Verfahren 1996 (Vorgänger war das sog. Wiener Verfahren 1972) ist ein Mittelwert-Verfahren, bei dem der Gemeine Wert im Sinne des gesuchten Unternehmenswertes UW aus dem Ertragswert EW und Substanzwert SW berechnet wird: $UW = \dfrac{EW + SW}{2}$. Siehe MANDL/RABEL, Unternehmensbewertung (1997), S. 23, und ausführlich FRABERGER, Wiener Verfahren 1996 (2001). In der Schweiz existiert zur steuerlichen Bewertung nicht notierter Anteile hingegen das sog. *Schweizer Verfahren*. Die Bewertung der Anteile UW erfolgt dort durch unterschiedliche Gewichtung von Ertragswert EW und Substanzwert SW: $UW = \dfrac{3 \cdot EW + 2 \cdot SW}{5}$. Siehe m. w. N. KUSSMAUL, Gesamtbewertung (1996), S. 309.

[118] Es gilt also bei G = Durchschnittsgewinn für den Ertragshundertsatz E:

$$E = \frac{G}{\dfrac{K}{100}} = \frac{G}{K} \cdot 100.$$

Die Goodwillrente GR wird beim Stuttgarter Verfahren für fünf Jahre (T = 5) berücksichtigt, wobei sie als Differenz zum gesuchten Unternehmenswert UW („Gemeiner Wert X") ermittelt wird. Der „Vermögenswert V" ist ein spezieller Substanzwert (i. e. S.). Der anzusetzende Zins i^* zur Normalgewinnermittlung wird beim Stuttgarter Verfahren mit 9 % vorgegeben. Die Herleitung der Berechnungsformel lautet:[119]

$$X = V + 5 \cdot (E - \frac{9}{100} \cdot X)$$

$$X = V + 5 \cdot E - 5 \cdot \frac{9}{100} \cdot X$$

$$X \cdot (1 + 5 \cdot \frac{9}{100}) = V + 5 \cdot E$$

$$X \cdot (1 + \frac{45}{100}) = X \cdot \frac{145}{100} = V + 5 \cdot E$$

$$X = \frac{100}{145} \cdot (V + 5 \cdot E) = \frac{20}{29} \cdot (V + 5 \cdot E)$$

$$X = 68,97 \ \% \cdot (V + 5 \cdot E)$$

oder nach Abrundung $\frac{20}{29} = 0,6897 \approx 0,68$

$$X = 68 \ \% \cdot (V + 5 \cdot E).$$

Wird das Stuttgarter Verfahren, welches eine normierte Variante der einfachen undiskontierten Übergewinnabgeltung darstellt,[120] in der JACOBschen Normalform geschrieben, ergibt sich:

$$UW = SW + \frac{9}{29}(EW - SW)$$

$$\text{mit } SW = V \cdot K \text{ und } EW = \frac{G}{9} \cdot 100 = \frac{E \cdot K}{9} \cdot 100.$$

An folgendem Beispiel soll die Ermittlung des Gemeinen Wertes erläutert werden:

---

[119] Siehe KUSSMAUL, Gesamtbewertung (1996), S. 310–312.
[120] Vgl. KUSSMAUL, Gesamtbewertung (1996), S. 310.

Betriebsergebnis der letzten drei Jahre:	
2000	450.000 EUR
2001	480.000 EUR
2002	420.000 EUR
Durchschnittsertrag 2000 bis 2002	450.000 EUR
– Unwägbarkeitsabschlag 15 %	-67.500 EUR
Jahresertrag G	382.500 EUR
Stammkapital (= K)	3.000.000 EUR
Ertragshundertsatz E (in v. H. des Stammkapitals) (= [G / K] · 100)	12,8 %
Einheitswert des Betriebsvermögens	3.800.000 EUR
+ / – Modifikationen	120.000 EUR
Vermögen VM	3.920.000 EUR
Vermögenswert V (in v. H. des Stammkapitals) (= [VM / K] · 100)	130,67 %
Gemeiner Wert X (= [20 / 29] · (V + 5 · E)) eines Anteils (ungerundet)	134,1 %
Gemeiner Wert X (= 68 % · (V + 5 · E)) eines Anteils (gerundet)	132,0 %
Gemeiner Wert des Stammkapitals (= X · K) (ungerundet)	4.022.414 EUR
Gemeiner Wert des Stammkapitals (= X · K) (gerundet)	3.960.000 EUR
Kapitalisierungszinsfuß i^*	9,0 %
Substanzwert SW (= V · K) (ungerundet)	3.920.000 EUR
Ertragswert EW (= G / i^* = [E · K] / 0,09) (ungerundet)	4.250.000 EUR
Geschäftswert GW = UW – SW = [9 / 29] · (EW – SW) (ungerundet)	102.414 EUR
Unternehmenswert UW (= SW + [9 / 29] · (EW – SW)) (ungerundet)	4.022.414 EUR

Abbildung 246: Beispiel zum Stuttgarter Verfahren

Daß das Stuttgarter Verfahren eine Variante des Verfahrens I der Goodwillrenten nach der Minderheitsmeinung ist, wird unmittelbar deutlich, wenn die Ausgangsgleichung der Bestimmung des Gemeinen Wertes X eines Anteils mit dem Betrag des Stammkapitals K multipliziert wird:

$$X = V + 5 \cdot (E - \frac{9}{100} \cdot X)$$

$$X \cdot K = V \cdot K + 5 \cdot (E \cdot K - \frac{9}{100} \cdot X \cdot K),$$

wobei $X \cdot K = UW$, $V \cdot K = SW$ und $E \cdot K = G$ sind, so daß folgt:

$$UW = SW + 5 \cdot (G - \frac{9}{100} \cdot UW).$$

In der Klammer steht der Betrag der Goodwillrente. Die Anzahl der Jahre der Goodwillrentenvergütung ist auf fünf Jahre normiert, der Zinssatz zur Bestimmung des Normalgewinns mit 9 % festgelegt. Der Normalgewinn wird auf Basis des zu ermittelnden Unternehmenswertes bestimmt.

3.2.2.3.3 Verfahren der laufenden und der befristeten Geschäftswertabschreibung

Die *Verfahren der laufenden (unbefristeten) und der befristeten Geschäftswertabschreibung*[121] gehören zu den Kombinationsverfahren der Unternehmensbewertung, in die Ertragswert und Substanzwert eingehen, wobei der Substanzwert zur (indirekten) Ermittlung des Geschäftswertes dient. Begründet werden die Methoden:

1. – wie bereits das Mittelwert-Verfahren – mit dem Erfordernis der Berücksichtigung der Konkurrenzgefahr,
2. mit der Verflüchtigung der den Geschäftswert bildenden Erfolgselemente sowie
3. mit der Erhaltung adjunktiver Vermögensteile (wie innere und äußere Organisation sowie Ruf des Unternehmens), deren Gegenwert bei den Methoden der laufenden und befristeten Geschäftswertabschreibung in Höhe des Geschäftswertes angesetzt wird.

Der *Unternehmenswert* ergibt sich gemäß den Verfahren der laufenden und der befristeten Geschäftswertabschreibung als Differenz zwischen den kapitalisierten Gewinnen (Ertragswert) im Sinne eines Überschusses der Erträge über alle Aufwendungen mit Ausnahme derjenigen, die zur Erhaltung der nichtbilanzierungsfähigen adjunktiven Vermögensteile erforderlich sind, und (also abzüglich) der befristet oder unbefristet (laufend) abgezinsten Geschäftswertabschreibung als Erhaltungsaufwand des adjunktiven Vermögens.

Als *Abschreibungszeitraum* für den Geschäftswert und damit als Zeitraum für die befristete Berücksichtigung der zeitanteilig berechneten Geschäftswertabschreibung bei der Unternehmenswertermittlung (*Methode GREF*)[122] werden fünf bis zehn Jahre vorgeschlagen, wobei in Anlehnung an die alte aktienrechtliche Abschreibungsregelung eines derivativen Geschäftswertes fünf Jahre als Abschreibungszeitraum T vorherrschen. Unter Verwendung der jetzt geltenden handelsrechtlichen und steuerrechtlichen Bilanzierungsvorschriften hinsichtlich eines derivativen Geschäftswertes ergibt sich eine Zeitspanne T bis zu 15 Jahren.[123]

Nach *Mehrheitsmeinung* wird die Abschreibung von der als Geschäftswert bezeichneten Differenz zwischen dem gesuchten Unternehmenswert und dem Substanzwert berechnet; nach einer *Minderheitsmeinung* gilt die Differenz zwischen Ertragswert und Substanzwert als Geschäftswert. Da der Geschäftswert nach der Minderheitsmeinung – ceteris paribus – größer ist, führt dies dazu, daß bei gleichem Verfahren der Geschäftswertabschreibung der ermittelte Unternehmenswert kleiner ist, wenn der Minderheitsmeinung und nicht der Mehrheitsmeinung zur Ermittlung des Geschäftswertes im Rahmen der Methoden der laufenden und befristeten Geschäftswertabschreibung gefolgt wird.

---

[121] Vgl. hierzu MÜNSTERMANN, Wert und Bewertung (1966), S. 117–123, MATSCHKE, Entscheidungswert (1975), S. 135–148, MATSCHKE, Arbitriumwert (1979), S. 156–171.

[122] Vgl. SCHMALENBACH, Finanzierungen (1937), S. 52, MÜNSTERMANN, Wert und Bewertung (1966), S. 120.

[123] In den steuerrechtlichen Regelungen ist ein Zeitraum von 15 Jahren kodifiziert. Gemäß Gesetzesbegründung zum BilMoG sind handelsrechtlich Abschreibungszeiträume, die fünf Jahre überschreiten, im Anhang zu begründen. Vgl. BRÖSEL/SCHMITZ, § 253 HGB (2010), Rz. 184–189, BRÖSEL/OLBRICH, § 253 HGB (2011), Rz. 519–521.

Für das *Verfahren der laufenden Geschäftswertabschreibung* ergibt sich folgende Berechnungsformel mit g als linearem Abschreibungssatz oder -faktor (1 / T) des Geschäftswertes auf der Basis der Mehrheitsmeinung:

$$UW = \frac{E - g \cdot (UW - SW)}{i^*} \quad \text{(mit E als Zukunftsertragsüberschuß)}$$

$$UW = EW - \frac{g}{i^*} \cdot UW + \frac{g}{i^*} \cdot SW$$

$$UW \cdot \left(1 + \frac{g}{i^*}\right) = EW + \frac{g}{i^*} \cdot SW$$

$$UW \cdot \frac{i^* + g}{i^*} = EW + \frac{g}{i^*} \cdot SW$$

$$UW = \frac{i^*}{i^* + g} \cdot EW + \frac{g}{i^* + g} \cdot SW$$

oder bei Erweiterung um $\dfrac{i^*}{i^* + g} \cdot SW$

$$UW = \frac{i^*}{i^* + g} \cdot EW + \frac{g}{i^* + g} \cdot SW + \frac{i^*}{i^* + g} \cdot SW - \frac{i^*}{i^* + g} \cdot SW$$

$$UW = \frac{g + i^*}{i^* + g} \cdot SW + \frac{i^*}{i^* + g} \cdot (EW - SW)$$

$$UW = SW + \frac{i^*}{i^* + g} \cdot (EW - SW).$$

Bezogen auf das Zahlenbeispiel ergibt sich unter Zugrundelegung eines Abschreibungszeitraums von T = 5:

Künftiger Ertragsüberschuß E	300.000 EUR
Kapitalisierungszinsfuß i^*	6,0 %
Abschreibungssatz g (= 1 / T)	0,2
Ertragswert EW	5.000.000 EUR
Substanzwert SW	2.000.000 EUR
Verfahrensspezifischer Faktor a	0,230769
Geschäftswert GW = UW – SW	692.308 EUR
Unternehmenswert UW	2.692.308 EUR
Künftiger Ertragsüberschuß E	300.000 EUR
– Geschäftswertabschreibung g · GW	-138.462 EUR
= Gekürzter Ertragsüberschuß	161.538 EUR
Ertragswert des gekürzten Ertragsüberschusses	2.692.308 EUR

Abbildung 247: Beispiel zum Verfahren der laufenden
Geschäftswertabschreibung (Mehrheitsmeinung)

Das Beispiel zeigt, daß der Unternehmenswert nach dem Verfahren der laufenden Geschäftswertabschreibung neben der Deutung als Kombinationswert auch als Barwert der um die Geschäftswertabschreibung gekürzten Ertragsüberschüsse interpretiert werden kann, so daß es als Variante des Ertragswertes anzusehen ist.

Die *Methode SCHNETTLER*[124] dient der *Bewertung von ertragsschwachen Unternehmen*, bei denen der künftige Ertragsüberschuß eine landesübliche Verzinsung des Substanzwertes nicht gewährleistet, so daß der Unternehmenswert geringer als der Substanzwert ist (negativer Geschäftswert). Der künftige Ertragsüberschuß wird bei der Methode SCHNETTLER um die Abschreibungs*ersparnis* aus der Übernahme der Substanz zu einem unter den Wiederbeschaffungskosten liegenden Preis (i. H. v. UW) korrigiert, indem er um den anteiligen negativen Geschäftswert unbefristet erhöht wird. Die Methode SCHNETTLER läuft formal auf die Anwendung des Verfahrens der laufenden Geschäftswertabschreibung auch für den Fall eines negativen Geschäftswertes hinaus.

Die Ausgangsberechnungsformel lautet:

$$UW = \frac{E + g \cdot (SW - UW)}{i^*}$$

oder wegen SW > UW

$$UW = \frac{E - g \cdot (UW - SW)}{i^*}.$$

---

[124] Vgl. *SCHNETTLER*, Bewertung von Betrieben (1948), *SCHNETTLER*, Behandlung positiver und negativer Geschäftswerte (1961), *MÜNSTERMANN*, Wert und Bewertung (1966), S. 122 f.

Das Verfahren wird am folgenden Beispiel erläutert:

Künftiger Ertragsüberschuß E	100.000 EUR
Kapitalisierungszinsfuß i^*	6,0 %
Abschreibungssatz g (= 1 / T)	0,2
Ertragswert EW	1.666.667 EUR
Substanzwert SW	2.000.000 EUR
Verfahrensspezifischer Faktor a	0,230769
Geschäftswert GW = UW – SW	-76.923 EUR
Unternehmenswert UW	1.923.077 EUR
Künftiger Ertragsüberschuß E	100.000 EUR
+ Erhöhung um ersparte Geschäftswertabschreibung	15.385 EUR
= Erhöhter Ertragsüberschuß	115.385 EUR
Ertragswert des erhöhten Ertragsüberschusses	1.923.077 EUR

Abbildung 248: Beispiel zur Methode SCHNETTLER

Das Beispiel zeigt, daß der Unternehmenswert nach der Methode SCHNETTLER als Variante des Verfahrens der laufenden Geschäftswertabschreibung neben der Interpretation als Kombinationswert auch als Ertragswert der um die ersparte Geschäftswertabschreibung erhöhten Ertragsüberschüsse gedeutet werden kann.

Die Berechnungsformel für das *Verfahren der befristeten Geschäftswertabschreibung* lautet, wobei t^* die Abschreibungsdauer des Geschäftswertes ist, wie folgt:

$$UW = EW - g \cdot (UW - SW) \cdot \frac{(1+i^*)^{t^*} - 1}{i^* \cdot (1+i^*)^{t^*}}$$

$$UW = EW - \frac{g}{i^*} \cdot (UW - SW) \cdot (1 - v^{t^*})$$

$$UW \cdot \left(1 + \frac{g}{i^*} \cdot (1 - v^{t^*})\right) = EW + \frac{g}{i^*} \cdot SW \cdot (1 - v^{t^*})$$

$$UW \cdot \frac{i^* + g \cdot (1 - v^{t^*})}{i^*} = EW + \frac{g}{i^*} \cdot SW \cdot (1 - v^{t^*})$$

$$UW = \frac{i^*}{i^* + g \cdot (1 - v^{t^*})} \cdot EW + \frac{i^*}{i^* + g \cdot (1 - v^{t^*})} \cdot \frac{g}{i^*} \cdot SW \cdot (1 - v^{t^*})$$

$$UW = \frac{i^*}{i^* + g \cdot (1 - v^{t^*})} \cdot EW + \frac{g \cdot (1 - v^{t^*})}{i^* + g \cdot (1 - v^{t^*})} \cdot SW$$

oder nach Erweiterung um $\dfrac{i^*}{i^* + g \cdot (1 - v^{t^*})} \cdot SW$

$$UW = \frac{i^*}{i^* + g \cdot (1 - v^{t^*})} \cdot EW + \frac{g \cdot (1 - v^{t^*})}{i^* + g \cdot (1 - v^{t^*})} \cdot SW + \frac{i^*}{i^* + g \cdot (1 - v^{t^*})} \cdot SW$$

$$- \frac{i^*}{i^* + g \cdot (1 - v^{t^*})} \cdot SW$$

$$UW = \frac{i^* + g \cdot (1 - v^{t^*})}{i^* + g \cdot (1 - v^{t^*})} \cdot SW + \frac{i^*}{i^* + g \cdot (1 - v^{t^*})} \cdot (EW - SW)$$

$$UW = SW + \frac{i^*}{i^* + g \cdot (1 - v^{t^*})} \cdot (EW - SW).$$

Angewandt auf das Zahlenbeispiel ergibt sich:

Künftiger Ertragsüberschuß E	300.000 EUR
Kapitalisierungszinsfuß i^*	6,0 %
Abschreibungssatz g	0,2
Abschreibungsdauer t^*	5
Abzinsungsfaktor v^{t^*}	0,747258
Ertragswert EW	5.000.000 EUR
Substanzwert SW	2.000.000 EUR
Verfahrensspezifischer Faktor a	0,542749
Geschäftswert GW = UW – SW	1.628.247 EUR
Unternehmenswert UW	3.628.247 EUR
Geschäftswertabschreibung g · GW	325.649 EUR
Barwert der Geschäftswertabschreibung	1.371.753 EUR
Ertragswert EW	5.000.000 EUR
– Barwert der Geschäftswertabschreibung	-1.371.753 EUR
= Unternehmenswert UW	3.628.247 EUR
Abbildung 249: Beispiel zum Verfahren der befristeten Geschäftswertabschreibung (Mehrheitsmeinung)	

3.2.2.4 Überblick über die verfahrenstypischen Faktoren und ihre arbitriumtheoretische Deutung

Entsprechend dem Vorschlag von JACOB[125] lassen sich die traditionellen Kombinationsverfahren in eine sog. Normalform bringen, wie dies auch jeweils schon geschehen ist. Der formale Unterschied zwischen den Verfahren drückt sich dabei im jeweiligen Faktor a aus.

Diese *JACOBsche Normalform* sieht den Unternehmenswert UW als Summe aus Substanzwert SW und Geschäftswert GW. Letzterer ergibt sich verfahrensspezifisch aus dem Faktor a und der Differenz zwischen dem Ertragswert EW und dem Substanzwert: $GW = a \cdot (EW - SW)$. Der Unternehmenswert stellt sich demnach wie folgt dar: $UW = SW + a \cdot (EW - SW)$.

Wird die JACOBsche Normalform umformuliert zu

$$UW = a \cdot EW + (1 - a) \cdot SW$$

$$UW = a \cdot EW + b \cdot SW \text{ mit } a + b = 1,$$

ergibt sich der Unternehmenswert UW als gewogenes arithmetisches Mittel aus dem Ertragswert EW und dem Substanzwert SW, wobei der Ertragswert mit dem Faktor a und der Substanzwert mit dem Faktor $b = (1 - a)$ gewichtet wird. Die verfahrensspezifischen Faktoren a und b sind in *Abbildung 250* zusammengestellt, wobei T die Dauer der Goodwillrentenberücksichtigung, g den Abschreibungssatz, t* die Abschreibungsdauer des Geschäftswertes, i* den Kalkulationszins sowie v^t den Abzinsungsfaktor $\dfrac{1}{(1 + i^*)^t}$

für den Zeitraum t = T oder t = t* darstellen.

---

[125] Vgl. *JACOB*, Methoden (1960).

Verfahren	Verfahrenstypische Faktoren	
	Verkäuferanteil a	Käuferanteil b = 1 – a
Ertragswertverfahren	1	0
Substanzwertverfahren	0	1
Mittelwertverfahren	0,5	0,5
Verfahren I der Goodwillrenten (Verfahren der Übergewinnabgeltung) (Mehrheitsmeinung: NG = $i^* \cdot$ SW)	$T \cdot i^*$	$(1 - T \cdot i^*)$
Verfahren I der Goodwillrenten (Verfahren der Übergewinnabgeltung) (Minderheitsmeinung: NG = $i^* \cdot$ UW)	$\dfrac{T \cdot i^*}{(1 + T \cdot i^*)}$	$\dfrac{1}{(1 + T \cdot i^*)}$
Verfahren II der Goodwillrenten (Verfahren der Übergewinnverrentung)	$(1 - v^T)$	v^T
Gewinnschichtungsmethode (Verfahren FRITZ)	$\dfrac{i^*}{i^{**}}$	$1 - \dfrac{i^*}{i^{**}}$
Stuttgarter Verfahren (ohne Rundung)	$\dfrac{9}{29}$	$\dfrac{20}{29}$
Verfahren der laufenden Geschäftswertabschreibung	$\dfrac{i^*}{(i^* + g)}$	$\dfrac{g}{(i^* + g)}$
Verfahren der befristeten Geschäftswertabschreibung	$\dfrac{i^*}{i^* + g \cdot (1 - v^{t^*})}$	$\dfrac{g \cdot (1 - v^{t^*})}{i^* + g \cdot (1 - v^{t^*})}$

Abbildung 250: Faktoren der kombinierten Bewertungsverfahren

Bei einer arbitriumtheoretischen Deutung der traditionellen Verfahren drückt sich in den Faktoren a und b die verfahrensspezifisch gewollte Verteilung des Vorteils V = P_{max} – P_{min} zugunsten des Verkäufers (Faktor a) und zugunsten des Käufers (Faktor b) aus, sofern (zufälligerweise) P_{max} = EW und P_{min} = SW gilt.[126] Von dieser gewollten Vorteilsverteilung weicht die tatsächlich erreichte Vorteilsverteilung stets dann ab, wenn der Substanzwert die Preisuntergrenze (SW > P_{min}) und/oder die Preisobergrenze den Ertragswert (P_{max} > EW) übersteigt. In solchen Fällen erhält der Verkäufer vorab einen Vorteilsbetrag X = SW – P_{min} und/oder der Käufer vorab einen Vorteilsbetrag Y = P_{max} – EW zugesprochen. Die verfahrenstypisch gewollte Verteilungsnorm a : b

---
[126] Vgl. MATSCHKE, Arbitriumwert (1979), S. 240–244.

zwischen Verkäufer und Käufer wird dann nämlich nur noch auf einen Teil des gesamten Vorteils angewandt:

$$EW - SW = \left(P_{max} - P_{min}\right) - \left(X + Y\right).$$

Unter Berücksichtigung einer solchen Vorabverteilung beträgt dann der auf den Verkäufer verteilte Vorteilsbetrag V_V:

$$V_V = X + a \cdot \left[\left(P_{max} - P_{min}\right) - \left(X + Y\right)\right]$$

mit $X = SW - P_{min}$ und $Y = P_{max} - EW$

$$V_V = \left(SW - P_{min}\right) + a \cdot \left(EW - SW\right).$$

In der eckigen Klammer steht hierbei der gesamte Vorteil $(P_{max} - P_{min})$ abzüglich der Vorabverteilungen $(X + Y)$, also ein verbleibender Restvorteil. Dieser mit Hilfe eines Kombinationsverfahrens noch zu verteilende Restvorteil entspricht der Differenz zwischen dem Ertragswert EW und dem Substanzwert SW.

Entsprechend ergibt sich der Vorteilsbetrag zugunsten des Käufers V_K:

$$V_K = Y + b \cdot \left[\left(P_{max} - P_{min}\right) - \left(X + Y\right)\right]$$

$$V_K = \left(P_{max} - EW\right) + b \cdot \left(EW - SW\right).$$

Da der Arbitriumwert AW bei Beachtung des Merkmals der Rationalität des Handelns der konfligierenden Parteien zwischen den Preisgrenzen liegen muß, kann er auch ausgedrückt werden als Preisuntergrenze zuzüglich des Vorteils des Verkäufers

$$AW = P_{min} + V_V$$

und als Preisobergrenze abzüglich des Vorteils des Käufers:

$$AW = P_{max} - V_K.$$

Die Anwendung der Kombinationsverfahren für die Ermittlung eines Arbitriumwertes AW soll an der nachfolgenden Ausgangssituation geschildert werden:

Preisobergrenze P_{max} des Käufers	5.200.000 EUR
Preisuntergrenze P_{min} des Verkäufers	1.900.000 EUR
Gesamter Vorteil V	3.300.000 EUR
Ertragswert EW	5.000.000 EUR
Substanzwert SW	2.000.000 EUR
Vorabverteilung X zugunsten des Verkäufers	100.000 EUR
Vorabverteilung Y zugunsten des Käufers	200.000 EUR
Restvorteil V − (X + Y)	3.000.000 EUR

Abbildung 251: Ausgangssituation der Arbitriumwertbestimmung

Unter Verwendung eines Kapitalisierungszinsfußes (Normalgewinnzinssatzes) i^* = 6 %, eines Goodwillrentenzinssatzes i^{**} = 15 %, eines Geschäftswertabschreibungszeitraums t^* = 5 Jahre, eines Geschäftswertabschreibungssatzes g = 0,2 und eines Goodwillrentenzeitraums T = 5 Jahre ergeben sich die nachfolgenden Arbitriumwerte AW, die gewollten Vorteilsverteilungen a : b sowie die tatsächlichen Vorteile V_K und V_V für die Parteien:

	Mittelwert-verfahren	Verfahren der laufenden Geschäftswert-abschreibung	Verfahren der befristeten Geschäftswert-abschreibung	Verfahren I der Goodwillrenten (Verfahren der Übergewinn-abgeltung) (Mehrheits-meinung: NG = i^* · SW)	Verfahren I der Goodwillrenten (Verfahren der Übergewinn-abgeltung) (Minderheits-meinung: NG = i^* · UW)
AW	3.500.000 EUR	2.692.308 EUR	3.628.247 EUR	2.900.000 EUR	2.692.308 EUR
a	0,500000	0,230769	0,542749	0,300000	0,230769
b	0,500000	0,769231	0,457251	0,700000	0,769231
V_V	1.600.000 EUR	792.308 EUR	1.728.247 EUR	1.000.000 EUR	792.308 EUR
V_K	1.700.000 EUR	2.507.692 EUR	1.571.753 EUR	2.300.000 EUR	2.507.692 EUR
	Stuttgarter Verfahren (ohne Rundung)[1]	Verfahren II der Goodwillrenten (Verfahren der Übergewinn-verrentung)	Verfahren FRITZ (Gewinn-schichtungs-methode)	Ertragswert-verfahren	Substanzwert-verfahren
AW	2.931.034 EUR	2.758.225 EUR	3.200.000 EUR	5.000.000 EUR	2.000.000 EUR
a	0,310345	0,252742	0,400000	1,000000	0,000000
b	0,689655	0,747258	0,600000	0,000000	1,000000
V_V	1.031.034 EUR	858.225 EUR	1.300.000 EUR	3.100.000 EUR	100.000 EUR
V_K	2.268.966 EUR	2.441.775 EUR	2.000.000 EUR	200.000 EUR	3.200.000 EUR

Abbildung 252: Arbitriumwerte und Vorteilsverteilungen am Beispiel (mit Vorabverteilung)

[1] Nicht vergleichbar mit dem zuvor gegebenen Beispiel zur Erläuterung des Stuttgarter Verfahrens, weil dort EW = 4.250.000 EUR und SW = 3.920.000 EUR. Es geht hier nur um die Darstellung der Auswirkungen der Verteilungsnorm a : b = 9/29 : 20/29 des Stuttgarter Verfahrens, nicht um die Anwendung des Verfahrens selbst.

Schließlich sei in *Abbildung 253* zum Vergleich dargestellt, welche Werte sich schließlich ceteris paribus ergeben würden, wenn der Ertragswert dem Entscheidungswert des Käufers entsprechen würde, also P_{max} = EW = 5.200.000 EUR ist, und der Entscheidungswert des Verkäufers dem Substanzwert gleicht, also P_{min} = SW = 1.900.000 EUR gilt.

	Mittelwert-verfahren	Verfahren der laufenden Geschäftswert-abschreibung	Verfahren der befristeten Geschäftswert-abschreibung	Verfahren I der Goodwillrenten (Verfahren der Übergewinn-abgeltung) (Mehrheits-meinung: $NG = i^* \cdot SW$)	Verfahren I der Goodwillrenten (Verfahren der Übergewinn-abgeltung) (Minderheits-meinung: $NG = i^* \cdot UW$)
AW	3.550.000 EUR	2.661.538 EUR	3.691.071 EUR	2.890.000 EUR	2.661.538 EUR
a	0,500000	0,230769	0,542749	0,300000	0,230769
b	0,500000	0,769231	0,457251	0,700000	0,769231
V_V	1.650.000 EUR	761.538 EUR	1.791.071 EUR	990.000 EUR	761.538 EUR
V_K	1.650.000 EUR	2.538.462 EUR	1.508.929 EUR	2.310.000 EUR	2.538.462 EUR
	Stuttgarter Verfahren (ohne Rundung)	Verfahren II der Goodwillrenten (Verfahren der Übergewinn-verrentung)	Verfahren FRITZ (Gewinn-schichtungs-methode)	Ertragswert-verfahren	Substanzwert-verfahren
AW	2.924.137 EUR	2.734.048 EUR	3.220.000 EUR	5.200.000 EUR	1.900.000 EUR
a	0,310345	0,252742	0,400000	1,000000	0,000000
b	0,689655	0,747258	0,600000	0,000000	1,000000
V_V	1.024.137 EUR	834.048 EUR	1.320.000 EUR	3.300.000 EUR	0 EUR
V_K	2.275.863 EUR	2.465.952 EUR	1.980.000 EUR	0 EUR	3.300.000 EUR

Abbildung 253: Arbitriumwerte und Vorteilsverteilungen am Beispiel (ohne Vorabverteilung)

3.2.3 Ausgewählte Probleme bei der Arbitriumwertermittlung

3.2.3.1 Arbitriumwertermittlung beim Börsengang

Die folgenden Ausführungen basieren vor allem auf einem Aufsatz von HERING/ OLBRICH.[127] In diesem zeigen die Autoren am Beispiel des Börsengangs[128] junger Unternehmen, wie die Hauptfunktionen der funktionalen Unternehmensbewertungs- theorie innerhalb einer Konfliktsituation miteinander verknüpft sind. Ausgangspunkt ist insbesondere die Problematik junger Unternehmen in kapitalintensiven Branchen, wie der Telekommunikation, dem elektronischen Handel und der Biotechnik. Wenn sich diese Unternehmen in der Gründungs- und Expansionsphase befinden,[129] sind sie oft- mals aufgrund der geringen Vermögensausstattung der Gründer sowie der zurückhalten- den – weil risikoscheuen – Fremdkapitalgeber auf externe Eigenkapitalgeber angewie- sen. Hierzu zählen unter anderem als sog. „Business Angels" finanzkräftige Privatleute und Wagniskapitalgesellschaften.[130] Insbesondere das Engagement letzterer Eigenkapi- talgeber ist regel- und planmäßig eher kurzfristiger Natur.[131] Eine „Wagniskapitalgesell- schaft veräußert ihr Aktienpaket – i. d. R. mit Hilfe einer Emissionsbank oder eines Bankenkonsortiums – an institutionelle und private Anleger und trennt sich auf diese Weise von ihrem Unternehmensanteil. Für den Gründer selbst ist der Börsengang von Vorteil, da die Präsenz seiner Gesellschaft in diesem Kapitalmarktsegment es ihm erlaubt, vergleichsweise einfach weiteres Eigenkapital im Zuge von Kapitalerhöhungen aufzunehmen, um das zukünftige Wachstum des Unternehmens zu finanzieren."[132]

Die Frage nach dem Wert des Unternehmens oder der Unternehmensanteile stellt sich im Rahmen dieses Börsengangs mehrmals und innerhalb verschiedener Funk- tionen:

1. Der präsumtive Aktienveräußerer (z. B. die Wagniskapitalgesellschaft) und die prä- sumtiven Aktienerwerber (z. B. institutionelle und/oder private Anleger) müssen ihre jeweiligen Grenzpreise bestimmen (*Entscheidungsfunktion*).[133]

---

[127] Vgl. *HERING/OLBRICH*, Börsengang junger Unternehmen (2002).

[128] Siehe ausführlich zum Börsengang *KOCH/WEGMANN*, Börseneinführung (2000). Im Hinblick auf die in der Praxis verwendeten Unternehmensbewertungsverfahren beim Börsengang an den sog. Neu- en Markt siehe die empirische Analyse von „Researchberichten" in *STRAUCH/LÜTKE-UHLENBROCK*, Unternehmensbewertungsverfahren (2002).

[129] Vgl. zu jungen (technologieorientierten) Unternehmen in Wachstumsbranchen insbesondere *SCHORCHT*, Risikocontrolling (2004), S. 12–21. Siehe auch *MATSCHKE*, Technologieorientierte Gründungsunternehmen (2002), S. 318–325, *MATSCHKE/BRÖSEL/BYSIKIEWICZ*, Finanzierungsalterna- tiven (2006).

[130] Vgl. *MATSCHKE*, Risikokapitalmärkte (2001), S. 112–115, *MATSCHKE*, Technologieorientierte Grün- dungsunternehmen (2002), *OLBRICH*, Gründungsfinanzierung (2002). Siehe auch *BRETTEL/JAUGEY/ ROST*, Business Angels (2000).

[131] Vgl. *WIRTZ/SALZER*, IPO-Management (2004), S. 103.

[132] *HERING/OLBRICH*, Börsengang junger Unternehmen (2002), S. 148.

[133] Vgl. weiterführend *HERING/OLBRICH*, Börsengang junger Unternehmen (2002), S. 150–153.

2. Der präsumtive Aktienveräußerer, die Bank(en) und – soweit ein entsprechender Einfluß beispielsweise über als Verbände organisierte Interessenvertreter (z. B. die Deutsche Schutzvereinigung für Wertpapierbesitz e. V.) gegeben ist – die präsumtiven Aktienerwerber bringen in den Prozeß Wertgrößen ein, die darauf ausgerichtet sind, „eine für sie jeweils möglichst günstige Festlegung des Schiedswerts [im Sinne des Emissionspreises] zu erreichen"[134] (*Argumentationsfunktion*).[135]

3. Schließlich wird unter Mitwirkung der Emissionsbank ein Arbitriumwert bestimmt, der sich als Emissionspreis in Anbetracht der (vermeintlichen) Grenzpreise der Konfliktparteien, dem Verhandlungsverlauf und dem gewählten Preisfindungsverfahren bestimmt (*Vermittlungsfunktion*).[136]

Letztere Funktion soll nachfolgend umfassender dargestellt werden, wobei davon ausgegangen wird, daß ein Einigungsintervall vorliegt, d. h., die Entscheidungswerte präsumtiver Käufer über dem Entscheidungswert des präsumtiven Verkäufers liegen. Als Arbitriumwert ist nunmehr der Emissionspreis zu ermitteln, zu welchem die Wagniskapitalgesellschaft ihre Aktien an interessierte private und/oder institutionelle Investoren veräußern wird.

Wer den Arbitriumwert *wie* bestimmt, richtet sich nach dem gewählten Emissionsverfahren. Bei einer *Selbst- oder Eigenemission*, bei der sich die Gesellschaft selbst oder die Wagniskapitalgesellschaft um die Unterbringung der Aktien bemüht, „ergibt sich der Schiedswert aus der unmittelbaren Verhandlung zwischen der Wagniskapitalgesellschaft und den von ihr angesprochenen Investoren."[137] Diese Eigenemission kann nicht bloß sehr verwaltungs- und zeitaufwendig sein, sondern birgt auch entsprechende Risiken, z. B. hinsichtlich einer nicht ausreichenden Plazierung im Markt sowie des damit verbundenen ungewissen zeitlichen und betragsmäßigen Eingangs der finanziellen Mittel, in sich.[138]

In der Praxis wird hingegen meist die *Fremdemission* gewählt, wobei die Aktien mit Hilfe eines oder mehrerer Kreditinstitute (Emissionskonsortium) an der Börse plaziert werden sollen und die jeweils eingeschalteten Banken eine entscheidende Rolle bei der Arbitriumwertermittlung spielen. Diese Rolle ist abhängig von der Art der mit dem Bankenkonsortium vereinbarten Zusammenarbeit, wobei zwischen Begebung (reiner Plazierung) und Übernahme unterschieden werden kann. Die möglichen Emissionsverfahren faßt *Abbildung 254* zusammen.

---

[134] *HERING/OLBRICH*, Börsengang junger Unternehmen (2002), S. 147.

[135] Vgl. weiterführend *HERING/OLBRICH*, Börsengang junger Unternehmen (2002), S. 155–157.

[136] Vgl. weiterführend *HERING/OLBRICH*, Börsengang junger Unternehmen (2002), S. 153–155.

[137] *HERING/OLBRICH*, Börsengang junger Unternehmen (2002), S. 153.

[138] Vgl. *MATSCHKE*, Finanzierung (1991), S. 89.

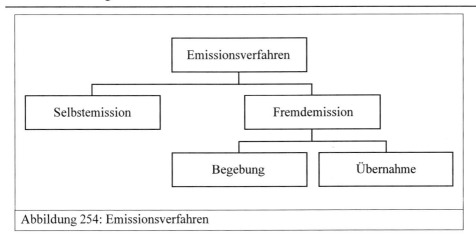

Abbildung 254: Emissionsverfahren

Werden die Aktien auf dem Wege des Eigengeschäfts übernommen, liegt eine *Übernahme* des Verkaufsrisikos durch das Übernahmekonsortium vor.[139] Hierbei garantiert das Emissionskonsortium oder die Emissionsbank „dem Verkäufer die Platzierung seiner Papiere. Gelingt es der Bank nicht, die Gesamtheit der Aktien bei Investoren unterzubringen, muss sie den nicht abgesetzten Rest folglich dem eigenen Vermögensbestand zuführen. Die Vermittlungsrolle der Bank hat hierauf aufgrund des Platzierungsrisikos Züge eines Zwischenhändlers und veranlasst sie zu einer aktiven Mitwirkung bei der Schiedswertbestimmung."[140]

Daneben besteht die Möglichkeit der *Begebung* (Plazierungs- oder Begebungskonsortium), so daß das Emissionsrisiko grundsätzlich beim Veräußerer, hier bei der Wagniskapitalgesellschaft, verbleibt, dieser aber den „Verkaufsapparat" des Emissionskonsortiums nutzen kann.[141] In diesem Fall versucht das Emissionskonsortium oder „die Emissionsbank die Aktien an interessierte Investoren zu vermitteln, ohne sie dabei in ihren eigenen Vermögensbestand zu übernehmen. Die Bank nimmt bei der Emissionspreisfindung zwischen Verkäufer und Anlegern dadurch eine Maklerrolle ein; das Risiko einer nur unzureichenden Platzierbarkeit der Aktien verbleibt beim Investor und wird nicht auf die Bank übertragen."[142]

Die konkrete Mitwirkung der Bank ergibt sich darüber hinaus in Abhängigkeit von der gewählten Methode der Emissionspreisfindung, wobei unabhängig vom jeweiligen Verfahren eine *Sorgfaltsprüfung* (sog. „Due Diligence")[143] durch die begleitende Bank (oder durch das Bankenkonsortium) erfolgen muß. Hinsichtlich der Methoden der Emissionspreisfindung kann zwischen dem Festpreisverfahren, dem Preisspannenverfahren (dem sog. „Bookbuilding") und dem Auktionsverfahren unterschieden werden (vgl. *Abbildung 255*).

---

[139] Vgl. MATSCHKE, Finanzierung (1991), S. 89.

[140] HERING/OLBRICH, Börsengang junger Unternehmen (2002), S. 153.

[141] Vgl. MATSCHKE, Finanzierung (1991), S. 89.

[142] HERING/OLBRICH, Börsengang junger Unternehmen (2002), S. 153.

[143] Vgl. hierzu beispielsweise SEBASTIAN/OLBRICH, Due Diligence (2001), BERENS/BRAUNER/STRAUCH, Due Diligence (2011), KOCH, Due Diligence (2011).

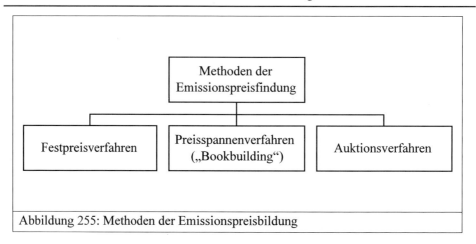

Abbildung 255: Methoden der Emissionspreisbildung

Vereinbart der Verkäufer mit der Emissionsbank, daß die Aktien zu einem fixen Preis veräußert werden, handelt es sich um das bis Mitte der 1990er Jahre in Deutschland übliche *Festpreisverfahren*.[144] Dabei ist zu konstatieren, daß sowohl die Bank als auch die Wagniskapitalgesellschaft im Hinblick auf die tatsächliche Nachfrage der Investoren nach den Wertpapieren nur über eine geringe Kenntnis verfügen und somit Schätzungen erforderlich sind. Es kann unterstellt werden, daß die Bank ein Interesse an einem Emissionspreis hat, welcher einen Abschlag auf den aus ihrer Sicht angemessenen Preis berücksichtigt. Gründe für dieses durch die Bank eventuell angestrebte „*Underpricing*" können sein,

1. daß die Bank – vor allem im Fall einer vereinbarten Übernahme der Aktien – ihr Plazierungsrisiko vermindern und deshalb mit dem Abschlag eine Veräußerung aller Aktien sicherstellen will sowie

2. daß ein Kurssteigerungspotential im Anschluß an die Emission gegeben ist, weil eine Kursstagnation oder gar ein Kurssturz zum Reputationsverlust der Bank führen könnte.

Ein Kurssteigerungspotential sollte auch im Interesse des in Rede stehenden Unternehmens sein, weil entsprechende Kursstagnationen oder Kursstürze der Reputation des Unternehmens am Kapitalmarkt abträglich wären und somit die Chancen bei zukünftigen Kapitalerhöhungen vermindern würden. Anders kann jedoch das Interesse der Wagniskapitalgesellschaft sein, die – insbesondere bei einer vereinbarten Aktienübernahme – durch das „Underpricing" einen Erlösentgang zu verzeichnen hätte.

Das *Preisspannenverfahren*[145] ist hingegen eine Möglichkeit, die bestehende Unsicherheit bezüglich der Aktiennachfrage zu vermindern. Die Bank tritt nach der durchgeführten Sorgfaltsprüfung bei diesem Verfahren an potentielle institutionelle Investoren heran, um diese über das Aktienpaket, welches zum Verkauf steht, zu informieren und dabei Hinweise im Hinblick auf die Preisvorstellungen dieser Investorenkreise zu erlangen. Auf Basis dieser Informationen setzen Bank und Veräußerer eine Bandbreite fest, in welcher schließlich der Arbitriumwert liegen soll. Diese Bandbreite darf einerseits den Entscheidungswert des Veräußerers nicht verletzen, muß also ihn erreichen

---

[144]   Vgl. hierzu m. w. N. *Hering/Olbrich*, Börsengang junger Unternehmen (2002), S. 154.

[145]   Vgl. hierzu m. w. N. *Hering/Olbrich*, Börsengang junger Unternehmen (2002), S. 154.

oder darüber liegen, und sollte andererseits aber im Hinblick auf die Erst- sowie die potentiellen Folgeerwerber der Wertpapiere noch „Kursphantasien" erlauben, also Abstand nach unten zu den Entscheidungswerten der für den Erfolg der Plazierung entscheidenden kaufkräftigen Investoren aufweisen. „Die Bank wird dabei versuchen, die gesamte Preisspanne unterhalb der von ihr geschätzten Entscheidungswerte der Investoren zu fixieren, um das Platzierungsrisiko abzubauen und nach der Emission eintretende Kurssteigerungen sicherzustellen."[146] Da es i. d. R. mehrere (viele) Investoren (institutionelle wie private Anleger) gibt, existiert zwangsläufig auch eine Bandbreite in bezug auf die Entscheidungswerte der Investoren, wobei es durchaus interessierte Investoren geben kann, deren Entscheidungswerte geringer als der Entscheidungswert des Verkäufers sein werden, so daß sie letztlich für die Plazierung irrelevant sind, und solche, deren Entscheidungswerte oberhalb liegen werden, so daß sie Käufer der Wertpapiere werden können und folglich Adressaten der Preisspannenbildung sind.

Nachdem am Kapitalmarkt die Preisspanne bekanntgegeben wurde, stellen die Bank und der Verkäufer das in Rede stehende Unternehmen den institutionellen Investoren in Informationsveranstaltungen intensiv und eingehend vor (z. B. im Rahmen von „Roadshows"). Im Unterschied dazu wird das Interesse der privaten Investoren i. d. R. nur über Werbung in den Medien und durch Kundengespräche in den Bankfilialen geweckt. In einem Auftragsbuch werden die eingehenden Zeichnungen der Aktien gesammelt sowie hinsichtlich der Art der Nachfrager, der Nachfragemengen und der Preisvorstellungen analysiert. Die anschließende Festsetzung des Preises durch die Bank muß nicht zwingend auf den höchstmöglichen Preis zielen, sondern kann auch im Hinblick auf die eventuell bestehenden Zielsetzungen von Bank(en) und Emittenten eine zweckmäßige Investorenmischung verfolgen. Eine solche *Investorenmischung* kann beispielsweise bezüglich der nationalen und internationalen Streuung oder der wahrscheinlichen Haltedauer

1. innerhalb der Gruppe der institutionellen Anleger und/oder
2. hinsichtlich des Verhältnisses zwischen Privatanlegern und institutionellen Anlegern

angestrebt sein, wobei im Rahmen der Zuteilung auch auf das Losverfahren zurückgegriffen werden kann. „Im Vergleich zur Festpreisvariante gilt für das Preisspannenverfahren, dass der Emissionspreis meist marktgerechter ausfällt, da seine endgültige Festlegung erst nach Hereinnahme der Zeichnungswünsche erfolgt."[147]

Die grundsätzlichen Überlegungen beim Preisspannenverfahren sollen nachfolgend graphisch an einem formalen Beispiel erläutert werden (vgl. *Abbildung 256*).

---

[146] *HERING/OLBRICH*, Börsengang junger Unternehmen (2002), S. 154.

[147] *HERING/OLBRICH*, Börsengang junger Unternehmen (2002), S. 154 f.

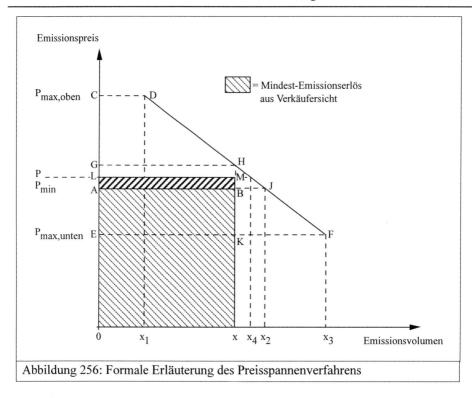

Abbildung 256: Formale Erläuterung des Preisspannenverfahrens

Der Verkäufer beabsichtigt, Anteile im Umfang von x zu emittieren. Sein Entscheidungswert pro Anteil beträgt $P_{min} = 0A$. Der gesamte Mindest-Emissionserlös aus Verkäufersicht stellt sich dann graphisch als Fläche 0ABx dar. Die Limits als Entscheidungswerte potentieller Erwerber werden vom Verkäufer und dem Bankenkonsortium zwischen $P_{max,oben}$ und $P_{max,unten}$ eingeschätzt. Bei der oberen Grenze wird das gewünschte Emissionsvolumen im Umfang $(x - x_1)$ unterschritten, bei der unteren Grenze um $(x_3 - x)$ überschritten. Der gesamte *realisierbare* Emissionserlös wäre in beiden Fällen kleiner als der geforderte Mindest-Emissionserlös des Verkäufers: Bei $P_{max,oben}$ stellt er sich als Fläche $0CDx_1$ und bei $P_{max,unten}$ als Fläche 0EKx dar, sofern der Verkäufer das Emissionsvolumen bei der Menge x beläßt, was im weiteren unterstellt wird. Die in Frage kommende Preisspanne kann im Beispiel zwischen dem Preis 0G und dem Preis 0A lokalisiert werden, wobei letzterer dem Entscheidungswert des Verkäufers entspricht. Ein Preis 0G wäre ohne „Kursphantasie", bei einem Preis 0A (generell: unterhalb 0G) bestände eine solche, weil hier eine Rationierung der Über-Nachfrage erforderlich wird. Wird als Arbitriumwert der Kurs $P = 0L$ pro Anteil festgesetzt, besteht eine größere Nachfrage, nämlich x_4, als mit dem Emissionsvolumen x befriedigt werden kann. Die Über-Nachfrage $(x_4 - x)$ muß folglich durch ein Zuteilungsverfahren reduziert werden. Der realisierte Gesamt-Emissionserlös übersteigt den Mindest-Emissionserlös aus Verkäufersicht um den Betrag ALMB.

Das *Auktionsverfahren*[148], welches auf der Versteigerung der zum Verkauf stehenden Aktien basiert, ist bislang in Deutschland bei Aktienemissionen kaum verbreitet. Im Zusammenhang mit der Abwicklung von Hauptrefinanzierungsoperationen[149] als liquiditätszuführenden Transaktionen der nationalen Zentralbanken des Euro-Währungsraums kommen jedoch Auktionsverfahren als *Ausschreibungsverfahren*[150] zum Einsatz. Das Eurosystem kann zwischen zwei Verfahren wählen: Entweder gibt die Europäische Zentralbank einen Zinssatz vor und das Volumen ist das Bietungsobjekt der Teilnehmer (*Mengentender*), oder die gewünschten Beträge werden unter Bekanntgabe eines Mindestzinssatzes eingeholt (*Zinstender, Tender mit variablem Zinssatz*).

Der *Mengentender* entspricht dem Vorgehen beim schon erläuterten *Festpreisverfahren*.[151] Im Fall des *Zinstenders* wird zudem zwischen dem holländischen Verfahren und dem amerikanischen Verfahren unterschieden. Das *amerikanische Verfahren* ist dadurch charakterisiert, daß die Zuteilung zu den angegebenen Bietungssätzen der teilnehmenden Banken erfolgt, bis der zu vergebende Gesamtbetrag erreicht ist. Eine Alternative hierzu ist das *holländische Verfahren*, bei dem die Zuteilung zu einem markträumenden einheitlichen Satz erfolgt. *Abbildung 257* gibt einen Überblick über die Varianten des Auktionsverfahrens.

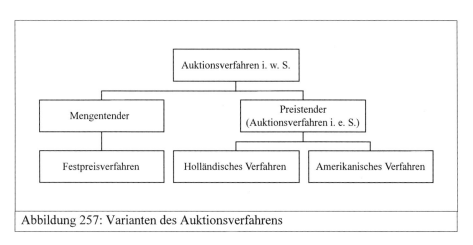

Abbildung 257: Varianten des Auktionsverfahrens

In Analogie zum Zinstender würden Konsortialbanken und Verkäufer bei einem Auktionsverfahren als *Preistender* einen Mindestpreis pro Aktie festsetzen. Interessierte institutionelle und private Anleger können in der Zeichnungsfrist eine gewünschte

---

[148] Vgl. hierzu m. w. N. *HERING/OLBRICH*, Börsengang junger Unternehmen (2002), S. 155.

[149] Es handelt sich bei den „Hauptrefinanzierungsoperationen" um liquiditätszuführende Transaktionen, die wöchentlich von den nationalen Zentralbanken der Staaten des Euro-Währungsraums durchgeführt werden und i. d. R. eine Laufzeit von einer Woche aufweisen. Vgl. *EUROPÄISCHE ZENTRALBANK*, Änderungen des geldpolitischen Handlungsrahmens (2003), S. 45–59.

[150] Dies kann in Form des „*Standardtenders*" geschehen, bei dem die Transaktionen innerhalb von 24 Stunden – von der Bekanntmachung des Tenders bis zur Bestätigung der Zuteilungsergebnisse – abgewickelt werden.

[151] Das „Festpreisverfahren" kann insofern auch als „Auktionsverfahren" charakterisiert werden, wobei sich die Auktion nicht auf den Emissionspreis, sondern auf das Emissionsvolumen bezieht. Der Begriff „Auktionsverfahren" wird im weiteren indes nur im Zusammenhang mit dem Verfahren des Preistenders benutzt.

Aktienmenge und einen damit verbundenen Höchstpreis je Aktie nennen.[152] Die
Zuteilung der Aktien an die Nachfrager erfolgt im Anschluß an die Zeichnungsfrist. Die
konkrete Ausgestaltung dieser Zuteilung könnte sich an dem holländischen oder an dem
amerikanischen Verfahren orientieren. Beim *holländischen Verfahren* würde ein einheitlicher markträumender Preis als Arbitriumwert bestimmt. Das Kennzeichen des
amerikanischen Verfahrens ist eine vollständige Preisdifferenzierung bezogen auf die
Nachfrager, weil die Zuteilung zu ihrem Gebot erfolgt. Stets würde mit der Bedienung
des Nachfragers begonnen werden, der das höchste Gebot abgegeben hat. An die entsprechend folgenden niedrigeren Gebote wird so lange zugeteilt, „bis das Ausgabevolu-
men vollständig verkauft ist."[153]

Die Varianten des Preistenderverfahrens werden in den *Abbildungen 258 und 259*
erläutert, die die Struktur des Beispiels in *Abbildung 256* modifiziert aufgreifen.

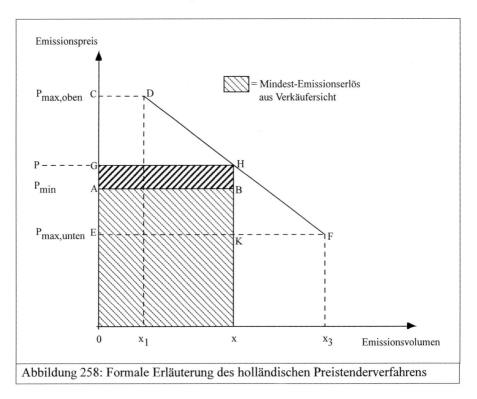

Abbildung 258: Formale Erläuterung des holländischen Preistenderverfahrens

Die Linie DE in *Abbildung 258* bildet – wie in *Abbildung 256* – wieder die Gebote
der Nachfrager ab. x ist wiederum das vom Verkäufer vorgesehene Emissionsvolumen.
Der *einheitliche markträumende Preis* beim *holländischen Verfahren* ergibt sich aus
dem niedrigsten Gebot, das bei der Unterbringung des Emissionsvolumens gerade noch

---

[152] Ein genannter Höchstpreis ist zunächst als ein Argumentationswert charakterisierbar. Wenn jedoch
nur einmal ein Angebot abgegeben werden kann und der Bietende zudem keine Informationen
über die Gebote der anderen Mitbieter hat, wird dieses Gebot nahe seinem Entscheidungswert liegen müssen. Im Beispiel und im weiteren wird unterstellt, daß ein abgegebenes Gebot dem Entscheidungswert des Bieters entspricht, um eindeutige Aussagen herleiten zu können.

[153] *HERING/OLBRICH*, Börsengang junger Unternehmen (2002), S. 155.

zum Zuge kommt. Unter den Bedingungen des Beispiels ist dies P = 0G. Der gesamte Emissionserlös beträgt dann 0GHx und übersteigt den Mindest-Emissionserlös des Verkäufers um den Betrag AGHB. Den Nachfragern verbleibt insgesamt eine Konsumentenrente i. H. v. GCDH.

Mit dem *amerikanischen Verfahren* soll die Konsumentenrente vollständig abgeschöpft werden. Die Zuteilung erfolgt deshalb zu den jeweiligen Geboten der Nachfrager und so lange, bis das vorgesehene Emissionsvolumen x erreicht ist. Die Arbitriumwerte sind folglich individuell verschieden und liegen bezogen auf die *Abbildung 259* im Bereich GC oder – auf der Nachfragekurve – im Bereich DH. Der gesamte erzielbare Emissionserlös des Verkäufers für das Emissionsvolumen x beträgt 0CDHx. Eine Konsumentenrente verbleibt den Nachfragern nicht. Um das amerikanische Verfahren durchzusetzen, bedarf es einer sehr starken Marktstellung des Verkäufers, die im Zusammenhang mit Aktienemissionen nur ausnahmsweise gegeben sein dürfte.

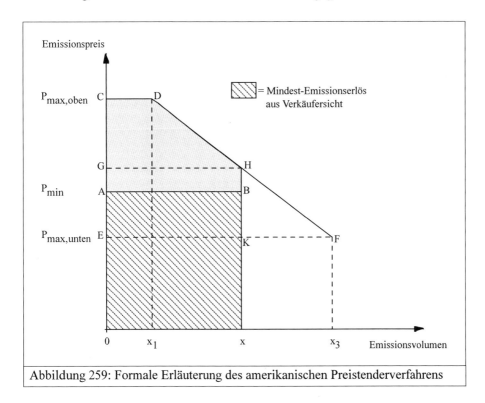

Abbildung 259: Formale Erläuterung des amerikanischen Preistenderverfahrens

Sowohl aus Bankensicht als auch aus Sicht des an die Börse gehenden Unternehmens kann es problematisch sein, daß sich die durch das Versteigerungsprinzip erfolgte Vergabe nicht an der Streuung der Aktien auf unterschiedliche Investorengruppen oder an der vermeintlichen Haltedauer der Investoren ausrichtet, sondern ausschließlich preismotiviert ist. Zudem besteht die Gefahr, daß die Versteigerung das aus Reputationsgründen im Anschluß an den Börsengang angestrebte Kurssteigerungspotential beeinträchtigt. „Im Vergleich zu Festpreis- und Preisspannenverfahren kann die Wagniskapitalgesellschaft [jedoch] mit einem Auktionsverfahren vermutlich in vielen Fällen einen höheren Verkaufserlös realisieren."[154]

„Ziel der Vermittlungsfunktion [innerhalb des Börsengangs von Unternehmen] ist die Fixierung des Emissionspreises im Sinne eines Schiedswertes. Seine Höhe resultiert aus den Grenzpreisen der Parteien, der Mitwirkung der Emissionsbank im Zuge des Preisfindungsverfahrens (z. B. Festpreis-, Preisspannen- oder Auktionsverfahren) und dem Verhandlungsverlauf. Letzterer wird außer von der jeweiligen Machtposition der Parteien insbesondere von dem Geschick beeinflusst, mit dem sich die Verhandlungsseiten argumentativ in die Preisdiskussion einbringen. Um eine aus ihrer Sicht möglichst günstige Festlegung des Schiedswerts zu erreichen, setzen die Parteien daher gezielt Wertvorstellungen in der Verhandlung ein. Ihre Generierung ist Inhalt der [im vierten Kapitel betrachteten] Argumentationsfunktion"[155].

3.2.3.2 Arbitriumwertermittlung bei „Mergers & Acquisitions"-Auktionen

Eine Vermittlungsfunktion obliegt auch den Banken und anderen Beratern, die sog. *M&A-Auktionen*[156] planen und als Auktionator durchführen. Hierbei erfolgt die Vermittlung jedoch vornehmlich im Hinblick auf die Durchführung des Prozesses und weniger hinsichtlich der Festsetzung eines angemessenen Preises, was nachfolgend gezeigt werden soll. Bei diesen Aktionen werden Unternehmen oder Unternehmensanteile auf der Basis einer Versteigerung in mehreren (gewöhnlich zwei bis vier) Bietrunden veräußert. Unter Wettbewerbsbedingungen gibt eine Gruppe präsumtiver Erwerber in den jeweiligen Bietrunden schriftliche Angebote ab, die gewöhnlich nicht öffentlich einsehbar sind. Die nächste Bietrunde erreichen jene Investoren, deren Angebote der aktuellen Runde aus Verkäufersicht attraktiv sind. Die Gruppe der potentiellen Investoren verkleinert sich deshalb i. d. R. – im Unterschied zu den in der Praxis meist steigenden Höchstgeboten – von Bietrunde zu Bietrunde. Beim Übergang zur nächsten Runde werden den sich qualifiziert habenden Bietern zusätzliche Informationen über das in Rede stehende Unternehmen – beispielsweise in sog. Datenräumen („data rooms") und in Gesprächen mit der Unternehmensleitung (in sog. Managementgesprächen) – zur Verfügung gestellt. Darüber hinaus können auf Anfrage auch Informationen gewährt werden, „wie sich ihr Gebot in etwa zu den Geboten der Mitbewerber verhält. Die Nennung konkreter Preise oder der Anzahl bzw. der Namen der Mitbewerber unterbleibt im Regelfall, um den Wettbewerbsdruck zu erhöhen."[157] *Abbildung 260*[158] zeigt das beispielhafte Vorgehen bei einer M&A-Auktion.

---

[154] *Hering/Olbrich*, Börsengang junger Unternehmen (2002), S. 155.

[155] *Hering/Olbrich*, Börsengang junger Unternehmen (2002), S. 157.

[156] Vgl. zu diesen Ausführungen *Weihe*, Auktion (2004). Siehe zudem *Scheurle/Jöstingmeier*, Auktionen (2003).

[157] *Weihe*, Auktion (2004), S. 41.

[158] In Anlehnung an *Weihe*, Auktion (2004), S. 42.

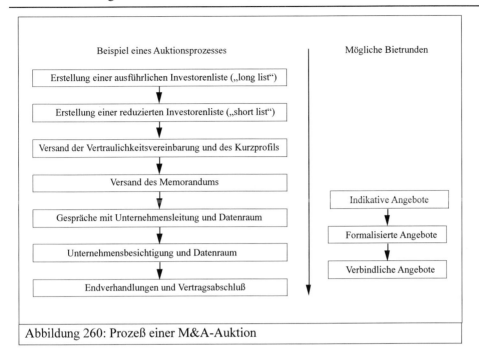

Abbildung 260: Prozeß einer M&A-Auktion

Als *Formen der M&A-Auktion*[159] werden die offene Auktion, die begrenzte Auktion und das Dual-Track-Verfahren (Zwei-Wege-Verfahren) klassifiziert (vgl. *Abbildung 261*[160]). Die offene und die begrenzte Auktion unterscheiden sich im Hinblick auf den Kreis der angesprochenen Investoren. Wird eine relativ geringe Anzahl an potentiellen Investoren (i. d. R. maximal fünf) angesprochen, liegt eine *begrenzte Auktion* vor, bei einem großen Kreis von Investoren wird von einer *offenen Auktion* gesprochen. Letztere kann wiederum in die öffentliche und die kontrollierte Auktion unterteilt werden. Während bei der *kontrollierten Auktion* ein großer Kreis potentieller Käufer gezielt und persönlich angesprochen wird, erfolgt die Veröffentlichung der Verkaufsabsicht bei der *öffentlichen Auktion* hauptsächlich durch Anzeigen in amtlichen Mitteilungsblättern und in Wirtschaftszeitungen sowie auch im Internet. Diese Form der Auktion erfreut sich insbesondere bei den Privatisierungen von Bund, Ländern und Kommunen einer wachsenden Beliebtheit. Schließlich stellt das *Dual Track-Verfahren* eine Form dar, bei der parallel zur als offene oder begrenzte Variante durchgeführten Auktion eine Börseneinführung vorbereitet wird (siehe *Abbildung 261*).

„Das Dual-Track-Verfahren kommt [also] für Eigentümer in Betracht, die sich von ihrem Anteilsbesitz entweder durch den Unternehmensverkauf (im Rahmen einer offenen oder begrenzten Auktion) oder durch die Börsenersteinführung und gegebenenfalls sukzessive Sekundärplatzierungen trennen wollen und die die endgültige Entscheidung für eine dieser Optionen erst nach nahezu vollständiger, paralleler Vorbereitung beider Optionen treffen möchten. Das Verfahren ist mit besonders hohen Kosten verbunden

---

[159] Vgl. zu diesen Ausführungen *WEIHE*, Auktion (2004), S. 44.
[160] In enger Anlehnung an *WEIHE*, Auktion (2004), S. 40.

und eignet sich daher primär für Unternehmen, die einen sehr hohen Verkaufserlös erwarten lassen."[161]

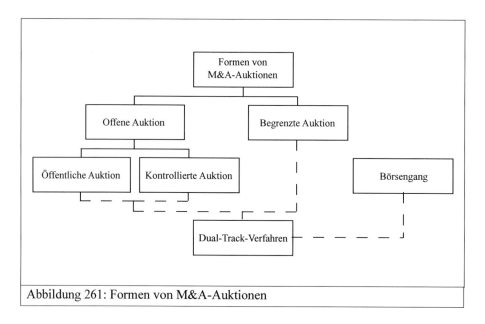

Abbildung 261: Formen von M&A-Auktionen

Insgesamt ist zu konstatieren, daß bei einer Auktion der Preis als konfliktlösungsrelevanter Sachverhalt im Mittelpunkt steht. Die Rolle der vermittelnden Bank oder des vermittelnden Beraters bezieht sich – im Unterschied zum Börsengang – weniger auf die Mitwirkung bei der Festsetzung eines Arbitriumwertes, sondern vor allem auf den sachgerechten Ablauf des Auktionsprozesses.

Arbitriumwertcharakter haben jedoch ein gegebenenfalls festzulegendes Mindestgebot und schließlich das durch den Auktionator am Ende der Auktion zu benennende Höchstgebot, welches den Zuschlag erhält. Darüber hinaus ist darauf hinzuweisen, daß die Auktionsteilnehmer ihre individuellen *Grenzpreise* „auch im Eifer des Auktions-Gefechts" immer berücksichtigen müssen. Diese geheimzuhaltenden Grenzpreise können sich in Anbetracht der sukzessiv zur Verfügung gestellten Informationen über das Bewertungsobjekt ändern, müssen sich aber nicht zwingend dadurch erhöhen. Die abgegebenen Angebote stellen grundsätzlich *Argumentationswerte* dar, die spätestens, wenn diese als verbindlich gelten, die eigene Konzessionsgrenze nicht verletzen dürfen.[162]

---

[161] *WEIHE*, Auktion (2004), S. 45.
[162] Dies scheinen die Unternehmen bei der Ersteigerung von UMTS-Lizenzen „vergessen" zu haben.

3.2.3.3 Arbitriumwertermittlung bei der Fusion ertragsschwacher Unternehmen

Das *Problem der Arbitriumwertbestimmung*[163] besteht in einer nicht dominierten Konfliktsituation vom Typ der Fusion grundsätzlich darin, den Fusionspartnern solche relativen Kapitalanteile α^N am durch die Fusion entstehenden Unternehmen N zuzuweisen, daß – im Falle von zwei Fusionspartnern 1 und 2 – für die Summe der Kapitalanteile $\alpha_1^N + \alpha_2^N = 1$ unter den Bedingungen $\alpha_1^N \geq \alpha_{min\ 1}^N$ und $\alpha_2^N \geq \alpha_{min\ 2}^N$ gilt. Materiell bedeutet dies, daß der Zukunftserfolgsstrom EN_N der Neugesellschaft N auf die Fusionspartner verteilt wird, wobei das disponible Objekt der durch die Fusion erst realisierbare Synergieeffekt ist; also unter der Annahme übereinstimmender Einkommensstromstrukturen $\overline{w}_t^{A1} = \overline{w}_t^{A2} = \overline{w}_t^N \ \forall\ t$ der Neugesellschaft N sowie der Altgesellschaften A_1 und A_2 entsprechend $EN_N - EN_{A1} - EN_{A2} \geq 0$ gilt.

Damit deutlicher wird, in welchen Grenzen – im Sinne des *Merkmals der Rationalität des Handelns* – sich die relativen Kapitalanteile der Bewertungssubjekte an der Neugesellschaft N in einer potentiellen Einigungssituation bewegen können, soll die in einer solchen Situation geltende Beziehung $\alpha_{min\ 1}^N + \alpha_{min\ 2}^N \leq 1$ durch die folgenden gleichwertigen Beziehungen $\alpha_{min\ 1}^N \leq \alpha_1^N \leq 1 - \alpha_{min\ 1}^N$ und $\alpha_{min\ 2}^N \leq \alpha_2^N \leq 1 - \alpha_{min\ 1}^N$ ersetzt werden. Der mögliche relative Kapitalanteil für den Fusionspartner 1, dem Eigner der in die Fusion eingehenden Altgesellschaft A_1, wird nach unten begrenzt durch den von diesem mindestens zu fordernden Anteil $\alpha_{min\ 1}^N$ und nach oben durch denjenigen Kapitalanteil, den der Fusionspartner 2, der Eigner der in die Fusion eingehenden Altgesellschaft A_2, diesem maximal zubilligen könnte; dies ist der Anteil $(1 - \alpha_{min\ 2}^N)$. Entsprechend ist die Beziehung für den vom Fusionspartner 2 möglichen relativen Kapitalanteil zu interpretieren.

Sofern keine durch die Fusion zusätzlich realisierbaren Vorteile zu erwarten sind, also im Spezialfall übereinstimmender Einkommensstromstrukturen die Beziehung $EN_N - EN_{A1} - EN_{A2} = 0$ gilt, gibt es unter rationalen Verhandlungspartnern keinen Verhandlungsspielraum. In einem solchen Fall muß für den Arbitriumwert gelten, daß sich $\alpha_1^N : \alpha_2^N$ wie $\alpha_{min\ 1}^N : \alpha_{min\ 2}^N$ wie $EN_{A1}/EN_N : EN_{A2}/EN_N$ wie $EN_{A1} : EN_{A2}$ verhalten.

Die diesen Relationen zugrundeliegende Aufteilungsnorm

$$\frac{\alpha_{min\ 1}^N}{(\alpha_{min\ 1}^N + \alpha_{min\ 2}^N)} : \frac{\alpha_{min\ 2}^N}{(\alpha_{min\ 1}^N + \alpha_{min\ 2}^N)}$$

kann auch genommen werden, wenn Synergieeffekte zu berücksichtigen sind. In diesem Fall ist der Nenner kleiner als 1, und damit erhält auf der Grundlage dieser Norm jede Partei einen relativen Anteil zugewiesen, der über ihrer kritischen Anteilsquote liegt. *Das Merkmal der parteienbezogenen Angemessenheit* wird hierbei im Sinne der *Regel*

---

[163] In enger Anlehnung an MATSCHKE, Bewertung ertragsschwacher Unternehmungen (1984). Siehe zu einer ähnlichen Problematik auch GROSS, Wert- und Preisermittlung (1972), DIRRIGL, Verschmelzung (1989).

der relativ gleichen Teilung des Vorteils berücksichtigt. Aber auch auf der Basis anderer Normvorstellungen kann im Falle einer potentiellen Einigungssituation ein Arbitriumwert abgeleitet werden. Letztlich dürfte es für die Parteien weniger bedeutsam sein, *wie* ein unparteiischer Gutachter zu einem für sie vorteilhaften Einigungsvorschlag gekommen ist, sondern *daß* er einen solchen akzeptablen Vorschlag unterbreitet hat.

Stehen die Anteile von α_1^N und α_2^N schließlich fest, kann daraus etwa unter Beachtung von Praktikabilitätsaspekten ein damit kompatibles angemessenes Umtauschverhältnis abgeleitet werden, in dem sich die eigentliche, materielle Konfliktlösung – Verteilung des Zukunftserfolgs der Neugesellschaft durch Festlegung relativer Kapitalanteile – widerspiegelt. Mit der materiellen Konfliktlösung sind meist eine Vielzahl von Umtauschverhältnissen vereinbar, die von den Parteien unter bilanziellen, steuerrechtlichen, aber auch Prestigeaspekten nicht gleich beurteilt werden müssen. Die Kunst der Verhandlungsparteien besteht darin, auf der Basis eines durch einen unparteiischen Gutachter vorgelegten für sie annehmbaren materiellen Einigungsvorschlags solche rechtlichen Vereinbarungen zu treffen, daß aus der Transformation des materiellen Einigungsvorschlags in diese rechtliche Vereinbarung (einschließlich der Festlegung eines Umtauschverhältnisses) weitere Vorteile erwachsen.

Den Kern der nachfolgenden Betrachtung bildet die Bewertung „ertragsschwacher" Unternehmen[164] im Rahmen der Fusion. Es soll gezeigt werden, daß „Ertragsschwäche" keine Abkehr von den theoretischen Grundlagen der funktionalen Unternehmensbewertungstheorie erfordert. Hierzu erfolgt – nach einer Definition des Begriffs des „ertragsschwachen" Unternehmens – die (darauf aufbauende) Erläuterung des Begriffs der „Sanierung". Die Fusion soll in diesem Zusammenhang als Strategie der Sanierung ertragsschwacher Unternehmen angesehen werden. Vor diesem Hintergrund wird schließlich anhand eines Beispiels die Arbitriumwertermittlung bei der Fusion „ertragsschwacher" Unternehmen dargestellt, wobei die funktionale Bewertungstheorie mit der traditionellen Betrachtungsweise von Fusionen in finanz-, buch- und bilanztechnischen Kategorien verknüpft wird.

Der Begriff des „ertragsschwachen" Unternehmens ist aus der Unternehmensbewertungsliteratur im Zusammenhang mit dem sog. Verfahren SCHNETTLER[165] und der Diskussion eines negativen originären Geschäfts- oder Firmenwertes bekannt. SCHNETTLER charakterisiert „ertragsschwache" Unternehmen als solche, bei denen „die Reinerträge nicht die landesübliche Verzinsung unter Berücksichtigung der betrieblichen Ri-

---

[164] Zur Bewertung ertragsschwacher Unternehmen vgl. unter anderem SCHNETTLER, Bewertung von Betrieben (1948), SCHNETTLER, Behandlung positiver und negativer Geschäftswerte (1961), LOITLSBERGER, Bewertung unrentabler Unternehmungen (1976), BUSSE VON COLBE, Rechtsprechung (1984), COENENBERG, Ertragsschwäche (1984), HAASE, Einfluß der Besteuerung (1984), MATSCHKE, Bewertung ertragsschwacher Unternehmungen (1984), SCHILDBACH, Ertragsschwäche der Unternehmung (1984), SIEBEN/LUTZ, Ertragsschwaches Unternehmen (1984), HAVERMANN, Praxis der Unternehmensbewertung (1986), S. 168 f., SCHÜLER, Bewertung (2003), KRUSCHWITZ/LODOWICKS/LÖFFLER, Bewertung in insolvenzbedrohter Unternehmen (2005), NADVORNIK/VOLGGER, Bewertung ertragsschwacher Unternehmen (2007), WAGNER, Die Unternehmensbewertung (2007), S. 148–150, INSTITUT DER WIRTSCHAFTSPRÜFER, IDW S 1 i. d. F. 2008 (2008), S. 289. Siehe auch OLBRICH, Kauf der Mantelgesellschaft (2001), MOSER, Behandlung von negativen Cash Flows (2004), LANGE, Unternehmenswert (2005), MANDL/RABEL, Ertragsschwache Unternehmen (2007), sowie – zumindest im Hinblick auf die Argumentationswertermittlung – DRUKARZYK/SCHÜLER, Unternehmensbewertung (2009), S. 379–418, ferner HINZ, Krise (2013).

[165] Vgl. hierzu Abschnitt 3.2.2.3.3. Ferner SCHNETTLER, Bewertung von Betrieben (1948), SCHNETTLER, Behandlung positiver und negativer Geschäftswerte (1961).

siken erreichen"[166], wobei er als Verzinsungsbasis den Substanzwert unterstellte, der in diesem Zusammenhang als ein auf dem Wege der Einzelbewertung der betriebsnotwendigen Vermögensteile ermitteltes fiktives Eigenkapital des zu bewertenden Unternehmens unter der Hypothese der „Fortführung der bisherigen Erzeugung"[167] zu verstehen ist. Nicht zuletzt durch die Untersuchungen von SIEBEN[168] und MÜNSTERMANN[169] ist nachgewiesen, daß der Substanzwert als fiktive Eigenkapitalgröße zur Fundierung unternehmerischer Entscheidungen wegen des fehlenden Bezugs zur Zielerfüllung und zu anderen Handlungsmöglichkeiten des Bewertungssubjekts ungeeignet ist. Zur Präzisierung des Begriffs „Ertragsschwäche" sollte deshalb nicht auf die traditionelle Unternehmensbewertungslehre, sondern auf die entscheidungsorientierte und investitionstheoretisch fundierte Lehre zur Ermittlung von Entscheidungswerten zurückgegriffen werden. Der Begriff der „Ertragsschwäche" läßt sich in diesem Zusammenhang und bei unterstelltem Rationalverhalten nur sinnvoll in bezug auf ein Bewertungssubjekt definieren, das sich schon vor dem Bewertungsstichtag kapitalmäßig engagiert und Eigentumsrechte am Unternehmen erworben hat.[170]

„Ertragsschwäche" dokumentiert sich in einer geringeren Verzinsung des Kapitaleinsatzes im Vergleich zur Alternativanlage des Bewertungssubjekts zum Bewertungsstichtag. Wird davon ausgegangen, daß der Begriff der „Ertragsschwäche" die Vorstellung eines „Normalertrags" voraussetzt, dessen Überschreitung „Ertragsstärke" und dessen Unterschreitung „Ertragsschwäche" impliziert,[171] ergibt sich dieser „Normalertrag" also aus der Alternativanlage des Bewertungssubjekts zum Bewertungsstichtag und hat entsprechend einen subjektiven Charakter. In der Differenz zum geringeren Zukunftserfolgswert der besten Fortführungs- und/oder Zerschlagungsstrategie drückt sich die Kapitalentwertung aus. Bei uneingeschränkter Wahlmöglichkeit zwischen Fortführung und Zerschlagung, so daß sich das Bewertungssubjekt bei ZEW > LW[172] für die Fortführung und bei ZEW < LW für die Zerschlagung entscheiden wird, heißt „Ertragsschwäche" eines Unternehmens in bezug auf ein Bewertungssubjekt, daß selbst bei bester künftiger Verwendung des Unternehmens ein Teil seines zur Begründung seiner Ei-

---

166 SCHNETTLER, Bewertung von Betrieben (1948), S. 15.

167 SCHNETTLER, Bewertung von Betrieben (1948), S. 14.

168 Vgl. SIEBEN, Substanzwert (1963).

169 Vgl. MÜNSTERMANN, Wert und Bewertung (1966), S. 102–109.

170 Aus der Sicht eines Bewertungssubjekts, das im Bewertungszeitpunkt noch vor der Entscheidung einer Begründung von Eigentumsrechten steht, gibt es unter dem Postulat rationalen Handelns keine „Ertragsschwäche" eines Unternehmens, allenfalls könnte der Begriff für ein solches Bewertungssubjekt ein Synonym für dessen arationales Handeln sein. Für ein Bewertungssubjekt, das hingegen schon Eigentumsrechte an dem zu bewertenden Unternehmen hat, ist die „Ertragsschwäche" seines Unternehmens indes keineswegs Synonym und Zeichen von arationalem Handeln, und zwar weder in bezug auf seine frühere Entscheidung, Eigentumsrechte zu erwerben, noch in bezug auf die künftige Nutzung (Fortführung, Zerschlagung) des zu bewertenden Unternehmens.

171 Vgl. COENENBERG, Ertragsschwäche (1984), S. 502, NADVORNIK/VOLGGER, Bewertung ertragsschwacher Unternehmen (2007), S. 331.

172 ZEW = Zukunftserfolgswert der besten Fortführungsstrategie, LW = Zukunftserfolgswert der besten Zerschlagungsstrategie (Liquidationswert).

gentumsrechte investierten Kapitals EK entwertet ist, weil max{ZEW, LW} < EK gilt.[173]

„Sanierung" ist darauf gerichtet, „Ertragsschwäche" zu überwinden. Sanierungsmaßnahmen zu erwägen, ist nur sinnvoll, wenn die – nicht illusionäre – Hoffnung besteht, daß generell die Fortführung besser als die Zerschlagung ist, also ZEW > LW, und daß spezielle Maßnahmen, die i. d. R. nur unter Mitwirkung oder bei Zustimmung anderer zu machen sind, zu Umstrukturierungserfolgen führen werden, so daß der solche Erfolge einschließende Zukunftserfolgswert ZEW* den Zukunftserfolgswert ZEW ohne Sanierungsmaßnahmen übertrifft. Die Fusion als Strategie der Sanierung bei „Ertragsschwäche" ist dann zu erwägen, wenn eine Sanierung ansonsten nicht möglich erscheint oder wenn die Sanierung ohne Fusion gegenüber einer Sanierung mit Fusion weniger vorteilhaft erscheint, so daß die Fusion zusätzliche Chancen für eine Sanierung eröffnet, die ansonsten nicht gegeben wären. Ob diese Chancen wirksam werden können, hängt freilich davon ab, ob es gelingt, für die im Fusionsverhandlungsprozeß auftretenden Konflikte Lösungen zu erarbeiten, mit denen die Konfliktbeteiligten – eventuell nur mehrheitlich – „leben" können. Fusionsverhandlungsprozesse – insbesondere unter Sanierungsaspekten – sind als mehrdimensionale Konfliktsituationen zu begreifen, die durch interorganisationale Konflikte (Konflikte zwischen den zu fusionierenden Unternehmen) und durch intraorganisationale Konflikte (Konflikte zwischen den Koali-

---

[173] Gemäß *NADVORNIK/VOLGGER*, Bewertung ertragsschwacher Unternehmen (2007), S. 332, können ertragsschwache Unternehmen grundsätzlich unterschieden werden in „Unternehmen, deren Ertragsschwäche verbesserbar ist [also temporäre Ertragsschwäche], und solche, deren Unrentabilität nicht verbesserbar ist [also chronische Ertragsschwäche …] Bei Ersteren gestaltet sich die Prognose der künftigen finanziellen Überschüsse i. d. R. wesentlich schwieriger, da vielfach umfassende Umgestaltungen der unrentablen Unternehmen zu berücksichtigen sind. […] Wird von der Fortführung bzw. Sanierung des Unternehmens ausgegangen, so spielt diesbezüglich die Überprüfung der im Rahmen der Unternehmenskonzepte zur Überwindung der Ertragsschwäche geplanten Maßnahmen hinsichtlich ihrer Plausibilität und Realisierbarkeit eine große Rolle, da diese Maßnahmen in entscheidender Weise die Höhe der künftigen finanziellen Überschüsse beeinflussen werden." Eine weitere Differenzierung ertragsschwacher Unternehmen ist – ebenfalls nach *NADVORNIK/VOLGGER*, Bewertung ertragsschwacher Unternehmen (2007), S. 332 – möglich, wenn diese unterteilt werden in „solche Unternehmen, die
- nachhaltig keine angemessene Verzinsung des Kapitaleinsatzes [im Hinblick auf die Alternativanlage] erbringen (minderrentierliche Unternehmen) bzw.
- nachhaltig ertraglos sind und als Verlustunternehmen bezeichnet werden bzw.
- [wie etwa im Falle von öffentlich-rechtlichen Unternehmen möglich] durch die Dominanz nicht finanzieller Ziele über finanzielle Ziele gekennzeichnet sind."

tionspartnern eines Unternehmens) gekennzeichnet sind.[174] Die Erarbeitung eines gemeinsamen Fusions- und Sanierungskonzepts wird dabei um so mehr in den Mittelpunkt des Verhandlungsprozesses rücken, je mehr die Fusion aus der Sicht aller zu fusionierenden Unternehmen als Sanierungsmaßnahme zu verstehen ist, d. h., je symmetrischer die Verhandlungspositionen sind. Je ungleichgewichtiger die Ausgangssituation ist, je mehr also nur eines der Unternehmen sanierungsbedürftig ist und je eindeutiger das ökonomische und das Machtgefälle zwischen den Unternehmen ist, desto mehr wird sich die Fusionsverhandlung einer Verhandlung über den Kauf/Verkauf des ertragsschwachen, sanierungsbedürftigen Unternehmens nähern, weil der ökonomisch stärkere Partner kein Interesse daran hat, durch detaillierte Vereinbarungen und gemeinsam erarbeitete Zukunftsplanungen hinsichtlich Integration und leistungswirtschaftlicher Nutzung des sanierungsbedürftigen Unternehmens nach der Fusion seine eigenen Erfolgserwartungen offen zu legen und auf diese Weise eventuell seine Verhandlungsposition zu schwächen.

Im weiteren werden lediglich die Eigentümer als Bewertungssubjekte und Partner des Fusionsverhandlungsprozesses betrachtet, dessen Gegenstand materiell zudem allein auf die Verteilung der Eigentumsrechte an der durch Fusion neu entstehenden Wirtschaftseinheit eingeengt wird.[175] Um die Situation weiter zu vereinfachen, soll es lediglich um die Fusion von zwei Unternehmen gehen, die jeweils nur einen einzigen Anteilseigner aufweisen.

Die Verhandlungspartner sollen mit der Einkommensmaximierung die gleiche Zielsetzung verfolgen. Ferner sollen die Strukturen der Ausschüttungsströme der „Altgesellschaft A_1" als übertragendes „ertragsschwaches" Unternehmen und der „Altgesellschaft A_2" als übernehmendes Unternehmen (vor der Fusion) mit der Ausschüttungsstruktur des Fusionsunternehmens „Neugesellschaft N", das (nach der Fusion) rechtlich dem Unternehmen A_2 entspricht, übereinstimmen, so daß $\overline{w}_t^{A1} = \overline{w}_t^{A2} = \overline{w}_t^N \; \forall \; t$ gilt. Es handelt sich in diesem Beispiel also um den Spezialfall, in dem der

---

[174] Vgl. *EICHINGER*, Fusion (1971). Diese beiden Konfliktbereiche wirken dabei wie kommunizierende Röhren, sind also nicht unabhängig voneinander zu sehen. Beteiligte an diesen Konflikten und zugleich Interessenten und Träger der Sanierung können
    1. die Gesellschafter und die Geschäftsführungen,
    2. das Management unterhalb der Geschäftsführungen und die sonstigen Arbeitnehmer, vertreten etwa durch Betriebsrat und Gewerkschaften, ferner
    3. Kreditinstitute und sonstige Geschäftspartner sowie zudem
    4. staatliche Institutionen sein.
Die Bedeutung dieser Konfliktparteien, die – trotz gemeinsamer Interessen – wiederum in sich durchaus Interessengegensätze aufweisen können, für einen erfolgreichen Abschluß der Fusionsverhandlungen, hängt von der konkreten Situation ab, in der sich diese Konfliktparteien ohne Fusion befinden und wie sehr sie auf die Sanierung durch Fusion angewiesen sind, um ihre Interessen möglichst gut wahren zu können. Gleiches gilt für den Grad ihrer Betroffenheit durch die Ertragsschwäche des Unternehmens sowie durch die Fusion als Sanierungsmaßnahme, aber auch im Hinblick auf das Ausmaß der Berücksichtigung ihrer Interessen in der Fusionsvereinbarung und in dem dieser Vereinbarung materiell zugrundeliegenden leistungs- und finanzwirtschaftlichen Fusions- und Sanierungskonzept. Von solchen, eine Sanierungsfusion durchaus erschwerenden Umständen wird im weiteren abstrahiert.

[175] Das heißt, die von den Eigentümern noch zu treffenden Regelungen sollen mit den Vorstellungen anderer Konfliktbeteiligter kompatibel sein, oder die Eigentümer können ihre Vorstellungen auch ohne Rücksicht auf andere durchsetzen.

Vektor der Entnahmen $\overrightarrow{EN}_{t,N}$ des fusionierten Unternehmens N ein Vielfaches des

Vektors der Entnahmen $\overrightarrow{EN}_{t,A1}$ des übertragenden Unternehmens A_1 und der Entnah-

men $\overrightarrow{EN}_{t,A2}$ des übernehmenden Unternehmens A_2 (vor der Fusion) ist.

Der Alleineigentümer von A_1 sei X, und der Alleineigentümer von A_2 sei Y. Die

minimale Beteiligungsquote $\alpha_{\min X}^N$ des Bewertungssubjekts X ermittelt sich (in Abhän-

gigkeit vom jeweiligen Anteil β_X^{A1} des Bewertungssubjekts am zu übertragenden Unter-

nehmen A_1, welcher hier $\beta_X^{A1} = 1$ ist) wie folgt:[176]

$$\alpha_{\min X}^N = \frac{\beta_X^{A1} \cdot EN_{A1}^{max}}{EN_N^{max}} = \frac{1 \cdot 145 \text{ GE}}{350 \text{ GE}} = \frac{145}{350} = 41,4286 \text{ \%}.$$

Analog ergibt sich die minimale Beteiligungsquote $\alpha_{\min Y}^N$ des Bewertungssubjekts

Y. Sie ermittelt sich (in Abhängigkeit vom jeweiligen Anteil β_Y^{A2} des Bewertungssub-

jekts am Unternehmen A_2, welcher hier – wiederum wegen der Alleineigentümer-

schaft – $\beta_Y^{A2} = 1$ ist) wie nachfolgend dargestellt:

$$\alpha_{\min Y}^N = \frac{\beta_Y^{A2} \cdot EN_{A2}^{max}}{EN_N^{max}} = \frac{1 \cdot 170 \text{ GE}}{350 \text{ GE}} = \frac{170}{350} = 48,5714 \text{ \%}.$$

Da für die Summe der Mindestanteilsquoten der beiden Alteigentümer[177]

$$\alpha_{\min X}^N + \alpha_{\min Y}^N = \frac{145}{350} + \frac{170}{350} = \frac{315}{350} = 0,9 < 1$$

gilt, ist eine vorteilhafte Einigung möglich.

Die bilanzielle Ausgangssituation der beiden Altgesellschaften A_1 und A_2 unmittel-

bar vor der Fusion soll sich wie folgt darstellen:

---

[176] Auf die zahlenmäßige Herleitung des Beispiels soll hier verzichtet werden. Vgl. zu dem Beispiel
       MATSCHKE, Bewertung ertragsschwacher Unternehmungen (1984), S. 563–565. Die Ermittlung kri-
       tischer Anteilsquoten als Entscheidungswerte bei einer Fusion ertragsschwacher Unternehmen
       weist keine Probleme auf, die eine Abkehr von der entscheidungsorientierten Unternehmensbewer-
       tung (siehe Abschnitt 2.4.5.1) erfordern würden.
[177] Als Information hinter „vorgehaltener Hand" kennen die Konfliktparteien X und Y nur die eigene
       Mindestquote.

Bilanz A_1			
Vermögen V_1	3.000	Grundkapital GK_1	1.450
Unterbilanz UB_1	450	Fremdkapital FK_1	2.000
	3.450		3.450
Bilanz der Altgesellschaft A_1 (vor der Fusion)			

Bilanz A_2			
Vermögen V_2	2.000	Grundkapital GK_2	1.000
		Fremdkapital FK_2	1.000
	2.000		2.000
Bilanz der Altgesellschaft A_2 (vor der Fusion)			

Abbildung 262: Bilanzen der Altgesellschaften vor der Fusion

Das mit Hilfe eines unparteiischen Gutachters als Arbitriumwert erarbeitete Einigungspaket soll folgende Vereinbarungen umfassen:

1. Da es sich um eine Fusion durch Aufnahme handeln soll, ist die Altgesellschaft A_2 rechtlich zugleich die übernehmende Gesellschaft, so daß auf den Eigentümer Y – unverändert – Aktien an der Neugesellschaft N im Umfang von $GK_{NY} = GK_2 = 1.000$ entfallen. Es braucht in einem solchen Fall nur ein Umtauschverhältnis festgelegt werden, nämlich zwischen den Aktien der übertragenden Altgesellschaft A_1 und der übernehmenden Altgesellschaft A_2. Das Umtauschverhältnis ist dabei stets ein Verhandlungsresultat, keineswegs ein sich „zwanghaft" ergebendes Bewertungsresultat.

2. Das Grundkapital der Altgesellschaft A_1 wird im Zuge der Sanierung von $GK_1 = 1.450$ auf $GK_1^* = 800$ herabgesetzt. Zugleich wird ein Umtauschverhältnis zu den Aktien der Neugesellschaft N von 8 : 6 festgelegt, so daß der Eigentümer X Aktien der Neugesellschaft N im Umfang von $GK_{NX} = GK_1^* \cdot 6/8 = 800 \cdot 6/8 = 600$ erhält. Es ergibt sich ein vorläufiges Aktienkapital von $GK_N^* = GK_{NY} + GK_{NX} = 1.000 + 600 = 1.600$.

3. Der durch die Kapitalherabsetzung bei der Altgesellschaft A_1 entstehende Sanierungs(buch)gewinn i. H. v. $GK_1 - GK_1^* = 1.450 - 800 = 650$ wird zum Ausgleich der Unterbilanz $UB_1 = 450$ sowie zum Ausgleich der außerplanmäßigen Abschreibungen aufgrund einer annahmegemäß erforderlichen Neubewertung des bilanziellen Vermögens V_1 der Altgesellschaft A_1 von $V_1 = 3.000$ auf $V_1^* = 2.800$ verwendet. Der Fusions(buch)gewinn aufgrund des Umtauschverhältnisses der Aktien der Altgesellschaft A_1 zu den Aktien der Neugesellschaft N von 8 : 6 wird in eine Rücklage $RÜ_N = 200$ eingestellt.

4. Das (vorläufige) Kapital der Neugesellschaft $GK_N^* = 1.600$ wird im Zuge der Fusion unter Ausschluß des Bezugsrechts des Eigentümers Y der Altgesellschaft A_2 um $\Delta GK_{NX} = 150$ zum Kurs von 100 % gegen Bareinlagen des Eigentümers X der Alt-

gesellschaft A_1 erhöht, so daß sich Eigentümer X in dieser Höhe unmittelbar an der Finanzierung der Sanierungsmaßnahmen beteiligt.

5. Mit diesem durch die Kapitalerhöhung ΔGK_{NX} erhaltenen zusätzlichen Kapital und mit dem zusätzlich aufgenommenen Fremdkapital $\Delta FK_N = 150$ durch die Neugesellschaft zum Zeitpunkt der Fusion sollen die geplanten Sanierungsmaßnahmen, deren Kapitalbedarf $\Delta K = 300$ beträgt, finanziert werden. Über die Belastung der Neugesellschaft N mit sanierungsbedingten Zinskosten findet indirekt eine Mitfinanzierung der Sanierung durch den Eigentümer Y statt.

Aufgrund dieser Vereinbarung ergibt sich unmittelbar nach der sofort durchgeführten Kapitalerhöhung und Fremdkapitalaufnahme folgende Bilanz der Neugesellschaft N, in der $\Delta K = 300$ die aus der Kapitalerhöhung und Fremdkapitalaufnahme resultierenden liquiden Mittel repräsentiert:

Bilanz N						
Vermögen V_1^*	2.800	$\Big\}$	Kapitalanteil X GK_{NX}	600	$\Big\}$	
Vermögen V_2	2.000	V_N 5.100	Kapitalanteil X ΔGK_{NX}	150	GK_N 1.750	
Kasse ΔK	300		Kapitalanteil Y GK_{NY}	1.000		
			Rücklagen $RÜ_N$		200	
			Fremdkapital FK_1	2.000	$\Big\}$	
			Fremdkapital FK_2	1.000	FK_N 3.150	
			Fremdkapital ΔFK_N	150		
	5.100				5.100	

Abbildung 263: Bilanz der Neugesellschaft N nach der Fusion

Bei Eintritt der mit der Fusion und Sanierung verbundenen Gewinnerwartungen $EN_N^{max} = 350$ ist künftig die Politik eines stabilen Dividendensatzes i. H. v. D = 20 % von GK_N möglich, so daß der Eigentümer X der früheren Altgesellschaft A_1 dann $(GK_{NX} + \Delta GK_{NX}) \cdot D = (600 + 150) \cdot 0,2 = 150$ erhält, also mehr als $\beta_X^{A1} \cdot EN_{A1}^{max} = 145$, und der Eigentümer Y der Altgesellschaft A_2 eine Ausschüttung von $GK_{NY} \cdot D = 1.000 \cdot 0,2 = 200$, also ebenfalls mehr als $\beta_Y^{A2} \cdot EN_{A2}^{max} = 175$. Für beide Fusionspartner ist daher die Fusion vorteilhaft.

Das materielle Verhandlungsergebnis hinsichtlich der originären konfliktlösungsrelevanten Sachverhalte „Anteilsquote" von X und Y an der Neugesellschaft N lautet im Beispiel $\alpha_X^N : \alpha_Y^N = \dfrac{15}{35} : \dfrac{20}{35}$, so daß die Mindestquoten (Entscheidungswerte) von X

$\alpha_{minX}^N = \dfrac{145}{350}$ und Y $\alpha_{minY}^N = \dfrac{170}{350}$ jeweils übertroffen werden.

Dieser ökonomische Verhandlungskern wird freilich in dem geschilderten Verhandlungsergebnis durch eine Vielzahl von Einzelvereinbarungen über „Umtauschverhältnisse", „Kapitalherabsetzung", „Verwendung eines Sanierungs- und Fusions(buch)-

gewinns" sowie „Kapitalerhöhung" und „Fremdkapitalaufnahme" geradezu „versteckt". Solche Einzelvereinbarungen dienen der Umsetzung der eigentlichen Konfliktlösung. Die Transformation des eigentlichen Verhandlungsergebnisses in eine Vielzahl von Einzelvereinbarungen ist zugleich das Bindeglied zwischen der Betrachtungsweise der Fusion in der funktionalen Unternehmensbewertungstheorie und der traditionellen Betrachtungsweise der Fusion in finanz-, buch- und bilanztechnischen Kategorien.

Wie bereits betont, ist die Festlegung des Umtauschverhältnisses ein Verhandlungsresultat und im Zusammenhang mit den anderen Vereinbarungen zu beurteilen. Es ergibt sich keineswegs „zwanghaft" aus der Wertrelation der beteiligten Gesellschaften, im Beispiel der Relation $EN_{A1}^{max} : EN_{A2}^{max} = 145 : 170$.

Eine dem entgegenstehende weitverbreitete Vorstellung gehört zunächst in den Bereich der Argumentationsfunktion. Zugleich scheint sie aber auch einer auf wenig Akzeptanzwiderstand stoßenden Vorstellung über eine *„angemessene" Konfliktlösung im Fusionsfall* zu entsprechen, so daß sie als Konkretisierung des für die Arbitriumwertbestimmung erforderlichen *Merkmals der parteienbezogenen Angemessenheit* angesehen werden kann. Unausgesprochene Voraussetzung ist dabei, daß die Fusion eine vorteilhafte Strategie darstellt, im Beispiel: $EN_{A1}^{max} + EN_{A2}^{max} < EN_{N}^{max}$.

Ist dies der Fall, dann führt eine Konfliktlösung auf Basis der Wertrelation zu einer Konfliktlösung, die mit dem *Merkmal der Rationalität des Handelns* vereinbar ist und zugleich dieser Angemessenheitsvorstellung entspricht. Der durch die Fusion erzielbare gemeinsame Vorteil, im Beispiel: $EN_{N}^{max} - (EN_{A1}^{max} + EN_{A2}^{max})$, wird dann relativ zu den Entscheidungswerten (Mindestquoten) auf die Konfliktparteien gleichverteilt.

Es kommt also die *Regel der relativ gleichen Teilung* eines Vorteils zur Anwendung.[178]

Bezogen auf das Zahlenbeispiel ergäbe sich unter dieser Vorgabe auch eine „wertrelationale" Mitfinanzierung der Sanierung über ausschließliche Fremdfinanzierung, so daß jetzt $\Delta FK = 300$ gilt, was zu einer Reduktion des Entnahmestroms nach der Fusion[179] auf $EN_N^{max} = 335$ führen soll.

Wird die Regel der relativ gleichen Teilung des Vorteils im Beispiel angelegt, muß der Eigentümer X einen Anteil von

$$\alpha_X^N = \frac{\alpha_{minX}^N}{\alpha_{minX}^N + \alpha_{minY}^N} = \frac{\dfrac{145}{335}}{\dfrac{145}{335} + \dfrac{170}{335}} = \frac{145}{335} \cdot \frac{335}{315} = \frac{145}{315} = 46,0317\%$$

und der Eigentümer Y einen Anteil von

---

[178] OSSADNIK, Verschmelzung (1997), S. 886, zieht die Regel der relativ gleichen Teilung der Regel der absolut gleichen Teilung vor: „Das Verfahren der hälftigen Aufteilung eines Synergieeffekts, das sich für den n-Verschmelzungspartner-Fall auch zum egalitären Verfahren [im Sinne der Regel der absoluten gleichen Teilung] verallgemeinern läßt, sieht vor, einen Verbundeffekt zwischen zwei (oder n) Verschmelzungspartnern hälftig (bzw. zu Anteilen 1/n) zuzurechnen. Dieses Verfahren ist in formaler Hinsicht einfach nachvollziehbar und praktikabel. Aus betriebswirtschaftlicher Sicht ist die Anwendung des Verfahrens aber auch gleichbedeutend mit dem Eingeständnis, daß differenzierende Aussagen über spezifische ‚Verdienste' der Verschmelzungspartner an der Entstehung eines Synergieeffekts nicht möglich sind und daher die Beiträge der Parteien zur Entstehung dieses Effekts (entsprechend dem Prinzip des unzureichenden Grundes) als ‚gleichwertig' zu behandeln sind. Egalitäre Aufteilung kommt somit einer Resignation vor der Synergieentstehungsproblematik gleich und genügt daher nicht dem Kriterium der Verarbeitung synergieentstehungsrelevanter Informationen.
Beträchtliche Bedeutung hat in der Praxis die ertragswertanteilige Aufteilung erlangt. Hierbei wird der Synergieeffekt im Verhältnis der Status quo-ante-Ertragswerte der beteiligten Parteien [im Sinne der Regel der relativ gleichen Teilung] aufgeteilt. Dieses Verfahren ist überprüfbar und praktikabel. Es fragt sich indes, inwieweit es in der Lage ist, synergieentstehungsrelevante Informationen zu verarbeiten. Im Rahmen dieses Verfahrens wird differenziert auf die Ertragskraft der Unternehmen Bezug genommen, d. h. einer ertragsstärkeren Partei wird ein größerer, einer ertragsschwächeren Partei ein entsprechend geringerer Anteil zugerechnet. [...]
Solange die bei den Verschmelzungspartnern bestehenden Erfolgspotentialkombinationen repräsentativ für das Kombinationskonzept der Erfolgspotentiale nach Verschmelzung sind, ist das Verfahren imstande, synergieentstehungsrelevante Informationen zu vereinbaren. Sobald allerdings die Kombinationsstruktur der Erfolgspotentiale der Altgesellschaften gänzlich aufgelöst werden und [...] eine völlig neue Kombinationsstruktur entsteht, kann das Verhältnis der Status quo-ante-Ertragswerte der Partner nicht mehr deren ‚Verdienste' an der Entstehung des Effekts zum Ausdruck bringen." Als methodische Alternative schlägt Ossadnik im letzteren Fall den „analytischen Hierarchie-Prozeß" vor. Siehe weiterführend OSSADNIK, Verschmelzung (1997), S. 886 f. Vgl. darüber hinaus OSSADNIK, Willkürfreie Konfliktlösung (1993).

[179] Die bisherige Annahme von $EN_N^{max} = 350$ beruhte auf der Eigenkapitalzuführung des Eigentümers X i. H. v. $\Delta GK_{NX} = 150$ zur Mitfinanzierung der Sanierung. Diese entfällt nun. Durch die zusätzliche (negative) Erfolgswirkung der erhöhten Fremdfinanzierung der Sanierung infolge erforderlicher erhöhter Zinsauszahlungen kommt es zur angenommenen Reduktion des nach der Fusion realisierbaren Entnahmestroms EN_N^{max}.

$$\alpha_Y^N = \frac{\alpha_{\min Y}^N}{\alpha_{\min X}^N + \alpha_{\min Y}^N} = \frac{\dfrac{170}{335}}{\dfrac{145}{335} + \dfrac{170}{335}} = \frac{170}{335} \cdot \frac{335}{315} = \frac{170}{315} = 53,9683\,\%$$

an dem Kapital der Neugesellschaft GK_N erhalten.

Da der absolute Kapitalanteil $GK_{NY} = GK_{A2} = 1.000$ für Eigentümer Y im betrachteten Fall einer Fusion durch Aufnahme unverändert bleibt, errechnet sich der absolute Kapitalanteil GK_{NX} für den Eigentümer X nach folgender Relation:

$$\frac{GK_{NX}}{GK_{A2=NY} + GK_{NX}} = \frac{\alpha_{\min X}^N}{\alpha_{\min X}^N + \alpha_{\min Y}^N}$$

oder

$$\frac{GK_{NX}}{1.000 + GK_{NX}} = \frac{145}{315} \Leftrightarrow GK_{NX} = \frac{145 \cdot 1.000}{170} = 852,9412.$$

Das Aktienkapital der Neugesellschaft ist nach der Fusion auf $GK_N = GK_{A2} + GK_{NX} = 1.000 + 852,9412 = 1.852,9412 \approx 1.853$ festzusetzen. Unter den geänderten Annahmen ist in der Bilanz der Neugesellschaft ein derivativer Geschäfts- oder Firmenwert in Höhe $GW_{deri} = 52,9412 \approx 53$ auszuweisen.[180] Die Bilanz der Neugesellschaft N unmittelbar nach der vollzogenen Fusion hat aufgrund der neuen Konfliktlösung dann folgendes Aussehen:

Bilanz N					
Vermögen V_1^*	2.800	$\left.\right\} V_N$ 5.100	Kapitalanteil X GK_{NX}	853	$\left.\right\} GK_N$ 1.853
Vermögen V_2	2.000		Kapitalanteil Y GK_{NY}	1.000	
Kasse ΔK	300		Fremdkapital FK_1	2.000	$\left.\right\} FK_N$ 3.300
Geschäftswert GW_{deri}		53	Fremdkapital FK_2	1.000	
			Fremdkapital ΔFK_N	300	
		5.153			5.153

Abbildung 264: Bilanz der Neugesellschaft N nach der Fusion (neue Konfliktlösung)

Der Grundkapitalanteil des Eigentümers X an der Neugesellschaft beträgt

$$\alpha_X^N = \frac{GK_{NX}}{GK_N} = \frac{852,9412}{1.852,9412} = 46,0317\,\% > \alpha_{\min X}^N = \frac{145}{335} = 43,2836\,\%.$$

Vom Entnahmestrom $EN_N^{\max} = 335$ nach der Fusion erhält er einen Anteil von

$$\alpha_X^N \cdot EN_N^{\max} = 154,2064 > EN_{A1}^{\max} = 145.$$

Für den Eigentümer Y gilt:

$$\alpha_Y^N = \frac{GK_{NY}}{GK_N} = \frac{1.000}{1.852,9412} = 53,9683\,\% > \alpha_{\min Y}^N = \frac{170}{335} = 50,7463\,\%.$$

---

[180] In *Abbildung 264* sind die Werte aus Platzgründen gerundet wiedergegeben.

Sein Anteil am Entnahmestrom $EN_N^{max} = 335$ nach der Fusion beträgt unter den Bedingungen der neuen Konfliktlösung $\alpha_Y^N \cdot EN_N^{max} = 180{,}7936 > EN_{A2}^{max} = 170$.

Beide Parteien verbessern sich durch die neue Konfliktlösung. Der Gesamtvorteil $V = EN_N^{max} - (EN_{A1}^{max} + EN_{A2}^{max}) = 335 - (145 + 170) = 20$ wird dabei entsprechend der *Regel der relativ gleichen Teilung* proportional zu den Mindestanteilsquoten auf die Konfliktparteien X und Y verteilt:

$$\frac{V_X}{V_Y} = \frac{154{,}2064 - 145}{180{,}7936 - 170} = \frac{9{,}2064}{10{,}7936} = \frac{\alpha_{min X}^N}{\alpha_{min Y}^N} = \frac{\dfrac{145}{335}}{\dfrac{170}{335}} = \frac{145}{170}.$$

3.2.4 Vertragstheoretische Überlegungen zur Festlegung des Arbitriumwertes[181]

3.2.4.1 Grundzüge der Vertragstheorie des bilateralen Tausches

Im Zusammenhang mit der Anwendung der traditionellen Unternehmensbewertungsverfahren (Abschnitt 3.2.2) kommt dem Unparteiischen grundsätzlich die Rolle des eigenverantwortlichen Bewerters zu, also auch des Ermittlers der Entscheidungswerte der Parteien. Hierbei aber hat er die diesbezüglichen Angaben der Parteien auf ihre Glaubwürdigkeit *eigenverantwortlich* zu überprüfen. Denn es wird vermutet, zumindest aber ist es nicht ausgeschlossen oder es wird sogar stillschweigend unterstellt, daß die Parteien dem Gutachter *nicht* wahrheitsgemäß ihren Entscheidungswert mitteilen.[182] Eine *inhaltliche* Kontrolle der Entscheidungswerte der Parteien durch den Unparteiischen soll solchen Täuschungshandlungen der Parteien vorbeugen, also sie möglichst ausschließen.

Die Aufgabenstellung der Festlegung eines für die Parteien verbindlichen Einigungswertes wurde dabei *unterstellt*, weil anhand der weniger ambitionierten Aufgabenstellungen für den Unparteiischen – wie Ermittlung eines Verhandlungsausgangspunktes für die Parteien oder einer unverbindlichen Empfehlung für eine Konfliktlösung – die Merkmale der Zumutbarkeit und der Angemessenheit des Arbitriumwertes nicht so stringent herausgearbeitet werden können.

Die Vertragstheorie des bilateralen Tausches befaßt sich mit Situationen, die der Konfliktsituation vom Typ des Kaufs/Verkaufs vergleichbar sind. Auch die Vertragstheorie ist individualistisch geprägt. In dieser Vertragstheorie geht es um die Festlegung eines für die beteiligten Parteien *verbindlichen* Einigungswertes (Preises) für ein *unteilbares* Tauschobjekt.[183] Eine eigenverantwortliche Unternehmensbewertung im Hinblick auf die Entscheidungswerte der Parteien findet hierbei jedoch durch den eingeschalteten Unparteiischen *nicht* statt, denn der Entscheidungswert jeder Partei wird als *gegeben* angesehen. Deren Ermittlung wird nicht thematisiert. Zugleich wird unterstellt, daß es sich bei den Entscheidungswerten um eine ausschließlich der jeweiligen Partei bekannte („private") Information handelt. Der Unparteiische hat lediglich *Notar- und Schiedsrichterfunktionen*. Er nimmt die *verbindlichen* Erklärungen der Parteien als Notar vertraulich entgegen und fällt unter Berücksichtigung dieser Erklärungen einen die *Parteien bindenden regelbasierten Schiedsspruch*. Dieser bindende Schiedsspruch kann entweder auf *Ablehnung eines Tausches* oder auf *Tausch mit Festlegung des verbindlichen Tauschwertes* (Preises) lauten.

Das Problem einer möglichen Täuschung des Unparteiischen durch die Parteien wird durchaus erkannt. Die Lösung wird aber *nicht* in einer inhaltlichen Kontrolle der Erklärungen der Parteien, sondern in der Wahl eines *anreizverträglichen Mechanismus* gesehen, d. h., es werden Anforderungen an den beim Schiedsspruch zur Anwendung

---

[181] Zu den nachfolgenden Ausführungen vgl. vor allem Matschke, Arbitrium- und Argumentationswert (2008), Matschke, Vertragstheorie (2009) sowie Matschke, Methoden (2013).

[182] Vgl. Schildbach, Probleme der Unternehmensbewertung (1983), S. 496.

[183] Diese „Unteilbarkeit" ergibt sich bei einer Konfliktsituation vom Typ des Kaufs/Verkaufs, bei der ausschließlich die Höhe des Preises der konfliktlösungsrelevante Sachverhalt ist, aus dem Umstand, daß der Umfang des Tauschobjekts dann bereits festliegen muß.

kommenden Mechanismus gestellt. Der gewählte Mechanismus soll einen Anreiz schaffen, daß jede Partei dem Unparteiischen aus *Eigeninteresse* wahrheitsgemäß berichtet, also ihm gegenüber ihren tatsächlichen Entscheidungswert mitteilt. Dies gelingt, wenn ein Mechanismus gewählt wird, bei dessen Anwendung *jede* Partei bei *wahrheitsgemäßer* Mitteilung ihres Entscheidungswertes ihren *erwarteten* Nutzen aus dem Tausch maximieren wird.

Ein solcher Mechanismus beinhaltet, wann ein Tausch, also ein Kauf/Verkauf des Unternehmens, stattfinden soll (*Regel zum Eigentumsübergang, Tauschregel*) und wie der Arbitriumwert als verbindlicher Tauschwert festzulegen ist (*Regel zur Tauschwertbestimmung, Preisregel*). Diese Regeln sind den Beteiligten bekannt.

Auch die Vermittlungsfunktion kennt solche Regeln, die dort Grundsatz der Rationalität des Handelns der Parteien und Grundsatz der parteienbezogenen Angemessenheit genannt werden. Der *Grundsatz der Rationalität des Handelns* entspricht der Tauschregel, weil die Beachtung dieses Grundsatzes dazu führt, daß sich keine Partei gegenüber der Ausgangssituation verschlechtert, also im Fall eines Tausches ihr Entscheidungswert nicht verletzt wird. Der *Grundsatz der parteienbezogenen Angemessenheit* stellt die Preisregel dar, welche festlegt, was als angemessen gilt und wie ein solcher angemessener Tauschwert zu bestimmen ist.

Mechanismen im Sinne der Vertragstheorie kann es beliebig viele geben, so daß eine Beschränkung auf wenige, sinnvoll erscheinende Regeln erforderlich ist. Auch hierin ähneln sich Vermittlungsfunktion und Vertragstheorie, weil es wegen des Parteienbezugs keine allgemeingültige inhaltliche Festlegung der Angemessenheit geben kann.

Die Erklärungen, welche die Parteien dem Unparteiischen gegenüber verbindlich abgeben, betreffen ihre (vermeintlichen und/oder tatsächlichen) Entscheidungswerte. Für den Unparteiischen bleibt es aber offen, ob ihm von der Partei nur ein vermeintlicher oder der tatsächliche Entscheidungswert mitgeteilt wird, weil er in seiner Notarfunktion *keine* inhaltliche Kontrolle dieses ihm berichteten Wertes vornimmt.

Strenggenommen handelt es sich bei dem Wert, welcher dem Notar mitgeteilt wird (Berichtswert), um einen *interessengeleiteten* Argumentationswert. Das heißt, es ist davon auszugehen, daß die jeweilige Partei dem Unparteiischen einen „optimierten" Argumentationswert präsentiert. Die „Optimierung" erfolgt durch jede Partei. Der „optimierte" Argumentationswert maximiert den erwarteten Vorteil der Partei unter den Bedingungen des geltenden Mechanismus, wobei die Möglichkeit von Zustandekommen und Nicht-Zustandekommen des Tausches berücksichtigt wird.

Anders als im Rahmen der Argumentationsfunktion der funktionalen Unternehmensbewertung angenommen, sind diese „optimierten" Argumentationswerte kein Ausgangspunkt für weitere verhandlungsorientierte Kommunikationen zwischen den Parteien und/oder mit dem Unparteiischen. Es findet *keine* weitere Verhandlung zwischen den Beteiligten statt, auch dann nicht, wenn der Schiedspruch einen Nicht-Tausch beinhaltet. Lautet der verbindliche Schiedsspruch des Unparteiischen auf Tausch, dann erfolgt der Tausch zu einem Preis, der das Ergebnis der im voraus festgelegten Preisbestimmungsregel ist.

Informationsasymmetrien zwischen den Parteien können in bezug auf die „Optimierung" des Argumentationswertes einbezogen werden, weil jede Partei nur ihren eigenen Entscheidungswert kennt. Bezogen auf den Entscheidungswert der anderen Partei kann die jeweilige Partei hingegen nur einen Bereich mit subjektiver Wahrscheinlichkeitsverteilung abschätzen. Auch der Unparteiische kennt die Entscheidungswerte zum Zeitpunkt der Festlegung und Anwendung des vereinbarten Mechnismus nicht. Das Problem ist, daß im Rahmen der „Optimierung" des Argumentationswertes eine Partei einen Anreiz zum Täuschen haben kann, wenn sie den Entscheidungswert der Gegenpartei kennt oder auch *im vorhinein* nur weiß, daß die Gegenpartei wahrheitsgemäß berichten wird, also dem Unparteiischen ihren Entscheidungswert mitteilen wird. Um solche Täuschungen auszuschließen, wird nach einem Mechanismus gesucht, der für *jede* Partei einen Anreiz schafft, dem Unparteiischen *wahrheitsgemäß* über ihren Entscheidungswert zu berichten, weil für sie dann der erwartete Vorteil aus dem Tausch am größten wird.

Zweck der Wahl eines *anreizverträglichen* Mechanismus ist, daß der „optimierte" Argumentationswert jeder Partei gleich dem tatsächlichen Entscheidungswert ist, so daß die Partei im besten eigenen Interesse[184] handelt, wenn sie wahrheitsgemäß dem Unparteiischen berichtet. Die Mitteilung ihres Entscheidungswertes an den Unparteiischen stellt die beste Wahl jeder Partei dar, so daß keine Partei einen Anreiz hat, ihren Entscheidungswert gegenüber dem Unparteiischen geheim zu halten.

Die Vertragstheorie befaßt sich damit, einen solchen anreizverträglichen sowie in bezug auf den festgelegten Preis effizienten Mechanismus zu gestalten oder, falls dies nicht möglich sein sollte, zu diskutieren, auf welche Anforderung(en) in bezug auf einen praktikablen Mechanismus verzichtet werden sollte oder könnte. Effizient ist ein Mechanismus, wenn es auf seiner Basis in einer potentiellen Einigungssituation mit $P_{max} > P_{min}$ zu einem Tausch und zur Festlegung eines Arbitriumwertes AW als Preis kommt, so daß beide Parteien einen Vorteil realisieren, zumindest aber keine Partei einen Nachteil erleidet.

---

[184] Dies kann unmittelbar einleuchtend dargestellt werden, wenn die Konkurrenz mehrerer Käufer um ein unteilbares Objekt betrachtet wird, also der Fall des bilateralen Tausches verlassen wird. Hierfür sei angenommen, daß 1. als Tauschregel festgelegt wird, daß ein Tausch zustande kommt, wenn der vom Verkäufer bestimmte Auktionsmindestpreis mindestens von zwei Nachfragern erreicht oder übertroffen wird. Zudem soll 2. die Preisregel vorsehen, daß alle Kaufinteressenten ein nichtöffentliches Angebot abzugeben haben, wobei derjenige mit dem höchsten Angebot den Zuschlag zum Preis des zweitbesten Angebots bekommt. Bei diesem Mechanismus hat niemand einen Vorteil, wenn er seinen Entscheidungswert gegenüber dem Auktionator verschweigt. Sowohl Käufer als auch Verkäufer können einen Vorteil erwarten, wenn es zum Tausch kommt: a) der Verkäufer in Höhe der Differenz zwischen dem Preis des zweithöchsten Angebots und seinem Auktionsmindestpreis als Entscheidungswert, b) der Käufer zwischen seinem Entscheidungswert als höchstem Angebot und dem Preis in Höhe des zweithöchsten (und somit geringeren) Angebots, den er zahlen muß. Der Verkäufer hat keinen Anreiz, dem Auktionator einen falschen, zu hohen Auktionsmindestpreis mitzuteilen, weil er Gefahr läuft, daß dann möglicherweise keine zwei höheren Angebote vorliegen, obwohl dies bei einem mitgeteilten Auktionsmindestpreis in Höhe seines tatsächlichen Entscheidungswertes der Fall gewesen wäre. Kein Kaufinteressent profitiert, wenn er weniger anbietet, als er tatsächlich maximal zu zahlen bereit ist, weil er dadurch möglicherweise nicht der Anbieter mit dem höchsten Angebot sein könnte, so daß er das Objekt und den beim Tausch realisierten Vorteil nicht erhält, obwohl er dies ansonsten erhalten hätte.

Ein anreizverträglicher Mechanismus unterstellt folglich keinen „selbstlosen Altruismus" und auch keine ausgeprägte „Liebe zur Wahrheit" bei den Parteien, sondern basiert – entsprechend den mikroökonomischen Wurzeln der Vertragstheorie[185] – auf deren „Eigennutz". Ein von ihrem Entscheidungswert abweichender Berichts- oder Argumentationswert, der an den Unparteiischen übermittelt wird, würde ihren Eigeninteressen schaden (können).

3.2.4.2 Erläuterung der „Optimierung" des dem Unparteiischen mitgeteilten Berichtswertes

Die „Optimierung" des dem Unparteiischen mitgeteilten Berichtswertes im Fall des bilateralen Tausches soll nachfolgend anhand der in *Abbildung 265* dargestellten Ausgangssituation erläutert werden.

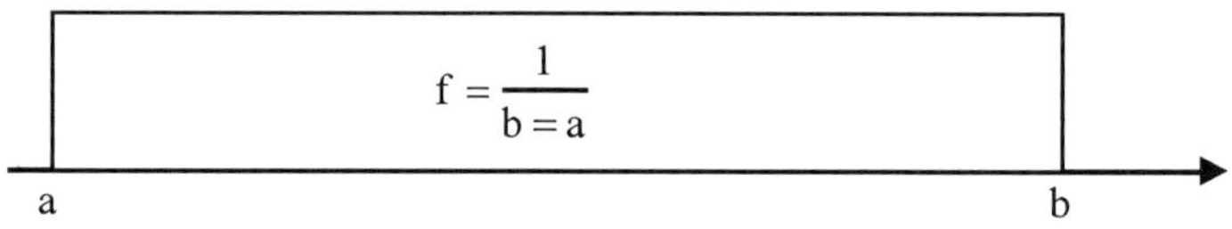

$$f = \frac{1}{b-a}$$

a   b

$[a, b]$ = allgemein bekannter Schätzbereich für die Entscheidungswerte

$f = \dfrac{1}{b-a}$ = Dichtefunktion, hier: Gleichverteilungsannahme

Abbildung 265: Ausgangssituation der „Optimierung" des Berichtswertes

Es wird angenommen, daß allgemein bekannt[186] ist, also sowohl dem Unparteiischen wie den beiden beteiligten Parteien, daß die Entscheidungswerte der Parteien in dem Bereich [a, b] liegen.[187] Jede Partei kennt dabei nur ihren eigenen Entscheidungswert, also dessen Lage in diesem Bereich. Der Unparteiische kennt keinen der beiden.

Um die Darstellung der „Optimierung" nicht zu komplizieren, soll mit Blick auf diesen Bereich die Gleichverteilungsannahme[188] bezogen auf die Lage der Entscheidungswerte gelten, so daß die Dichtefunktion $f = \dfrac{1}{b-a}$ gilt.

Der von den Parteien bei ihrer „Optimierung" des Berichtswertes zu beachtende Mechanismus wird durch die in *Abbildung 266* dargestellten Regeln zum Eigentumsübergang (Tauschregel) und zur Arbitriumwertbestimmung (Preisregel) beispielhaft konkretisiert.

---

[185] Zur Einführung in die Vertragstheorie vgl. SCHWEIZER, Vertragstheorie (1999).

[186] Nicht diskutiert wird, wie es zu diesen „offenen" Informationen gekommen ist.

[187] Ohne Einschränkung der Allgemeinheit der weiteren Überlegungen wird von einem für beide Konfliktparteien übereinstimmenden Bereich [a, b] mit a < b ausgegangen.

[188] Diese Annahme erleichtert die weiteren Herleitungen, ohne deren Aussagekraft zu beeinträchtigen.

Regel zum Eigentumsübergang (Tauschregel):

$$w(\hat{k}, \hat{v}) = \begin{cases} 1 & \text{falls } \hat{v} \leq \hat{k} \\ 0 & \text{falls } \hat{v} > \hat{k} \end{cases}$$

mit $\hat{v}$ = Berichtswert („optimierter" Argumentationswert) des Verkäufers

$\hat{k}$ = Berichtswert („optimierter" Argumentationswert) des Käufers

w = Wahrscheinlichkeit des Tausches

Regel zur Arbitriumwertbestimmung (Preisregel):

$$P_K(\hat{k}, \hat{v}) = P_V(\hat{k}, \hat{v}) = \frac{\hat{k} + \hat{v}}{2} \qquad \text{falls } \hat{v} \leq \hat{k}$$

$$P_K(\hat{k}, \hat{v}) = P_V(\hat{k}, \hat{v}) = \varnothing \qquad \text{falls } \hat{v} > \hat{k}$$

$\varnothing$ steht für keine Preisfestsetzung, weil bei $\hat{v} > \hat{k}$ kein Tausch stattfindet!

Abbildung 266: Bei der „Optimierung" zu beachtender Mechanismus

Dieser Mechanismus, nach dessen Regeln der Schiedsspruch des Unparteiischen zustande kommt, ist ebenfalls allgemein bekannt. Er beinhaltet in der Tauschregel die Aussage, daß es nur dann zum Tausch kommt, wenn der Berichtswert des Verkäufers $\hat{v}$ nicht über dem des Käufers $\hat{k}$ liegt, also ein potentieller Einigungsbereich angezeigt wird. Anderenfalls lautet der Schiedsspruch auf Nicht-Tausch.

Neben dieser Tauschregel ist von den Parteien bei der „Optimierung" die Preisregel zu beachten. Beinhaltet der Schiedsspruch den Tausch, soll gelten, daß der Preis P_K des Käufers gleich dem Preis P_V des Verkäufers ist, so daß der Verkäufer das erhält, was der Käufer zahlen muß. Das ist zwar eine gängige, aber keineswegs zwingende Regel,[189] denn grundsätzlich könnte ein Mechanismus auch unterschiedliche Preise für Käufer und Verkäufer vorsehen. Zugleich folgt aus dieser Preisregel des unterstellten Mechanismus, daß im Falle des Tausches der Arbitriumwert AW aus den Berichtswerten durch deren Mittelung $P_K(\hat{k}, \hat{v}) = P_V(\hat{k}, \hat{v}) = \frac{\hat{k} + \hat{v}}{2}$ bestimmt wird. Der Mechanismus basiert also auf einer Konkretisierung des Grundsatzes der parteienbezogenen Angemessenheit im Sinne der *Regel der absolut gleichen Verteilung eines Vorteils*. Dieser Vorteil wird dabei als Differenz $(\hat{k} - \hat{v})$ zwischen den Berichtswerten definiert. Inhaltlich sind die Berichtswerte „optimierte" Argumentationswerte der Parteien.

Nach diesem Mechanismus fällt der Unparteiische annahmegemäß seinen verbindlichen Schiedsspruch. Es soll nun untersucht werden, ob dieser Mechanismus „anreizverträglich" ist, so daß die Parteien ihren jeweiligen Entscheidungswert – mit k für den Käufer und mit v für den Verkäufer – dem Unparteiischen als Berichtswert[190] mitteilen,

---

[189] In vielen Bereichen fallen bei Kauf/Verkauf weitere Zahlungen an, die dazu führen, daß Käufer- und Verkäuferpreis auseinanderfallen. Solche weiteren Zahlungspflichten im Zusammenhang mit einem Tausch bleiben unbeachtet.

[190] Jede Partei kann nur ein einziges Mal dem Unparteiischen ihren Berichtswert mitteilen.

so daß $\hat{k} = k$ und $\hat{v} = v$ gilt. Gäbe der Mechanismus einen Anreiz zum Täuschen, dann wäre der Ehrliche, der seinen Entscheidungswert wahrheitgemäß dem Unparteiischen mitteilt, zugleich der Dumme.

Zur Prüfung der Anreizverträglichkeit wird untersucht, wie das Optimierungsergebnis lautet, wenn *eine* der Parteien weiß, daß die *andere* Partei dem Unparteiischen wahrheitsgemäß berichten wird, wobei sie deren tatsächlichen Entscheidungswert *nicht* kennt. Diese Prüfung auf Anreizverträglichkeit des gewählten Mechanismus erfolgt getrennt für jede Partei auf der Basis ihres erwarteten Vorteils (Gewinns).

Diese Prüfung auf Anreizverträglichkeit soll zunächst für den Käufer vorgenommen werden. Dem Käufer ist bekannt, daß der Verkäufer „ehrlich" ist, also wahrheitsgemäß dem Unparteiischen seinen Entscheidungswert als Berichtswert mitteilt, so daß $\hat{v} = v$ gilt. Der Käufer kennt aber *nicht* den Entscheidungswert v des Verkäufers, sondern weiß – wie jeder Beteiligte – lediglich, daß er mit der Dichtefunktion $\dfrac{1}{b-a}$ im Schätzbereich [a, b] verteilt ist.

Ob der Käufer bei dem unterstellten Mechanismus täuschen wird, hängt davon ab, ob das Maximum des erwarteten Vorteils für ihn bei einem Berichtswert $\hat{k} = k$ erreicht wird, also sein „optimierter" Argumentationswert $\hat{k}$ und sein Entscheidungswert k übereinstimmen. Ist das nicht der Fall, sondern gilt $\hat{k} < k$, dann wird er seinen Wissensvorsprung ausnutzen und täuschen.

Die vom Käufer zu maximierende Funktion seines Vorteils unter Berücksichtigung der beiden möglichen Ausprägungen des Schiedsspruchs, nämlich Tausch oder Nicht-Tausch, lautet:

$$V_K = \int_a^b \underbrace{w(\hat{k},v)}_{\substack{\text{Wahrschein-}\\ \text{lichkeit für}\\ \text{den Tausch}\\ \text{oder Nicht-}\\ \text{Tausch als}\\ \text{Schieds-}\\ \text{spruch}}} \cdot \underbrace{\left[k - P_K(\hat{k},v) \right]}_{\substack{\text{Vorteil des Käufers}\\ \text{in Abhängigkeit}\\ \text{von dem für ihn}\\ \text{geltenden}\\ \text{Schiedspreis } P_K}} \cdot \underbrace{\frac{1}{b-a}}_{\substack{\text{Dichte-}\\ \text{funktion}\\ \text{für den}\\ \text{Entschei-}\\ \text{dungs-}\\ \text{wert v des}\\ \text{Verkäufers}}} dv \to \max!$$

oder

$$V_K = \underbrace{\int_a^{\hat{k}} 1 \cdot \left[k - \frac{\hat{k}+v}{2} \right] \cdot \frac{1}{b-a} dv}_{\substack{\text{erwarteter Vorteil des Käufers beim}\\ \text{Tausch zum Schiedspreis } P_K = \frac{\hat{k}+v}{2}}} + \underbrace{\int_{\hat{k}}^b 0 \cdot \left[k - \overset{\overset{\text{Kein}}{\overset{\text{Preis!}}{\frown}}}{\varnothing} \right] \cdot \frac{1}{b-a} dv}_{\substack{\text{erwarteter Vorteil des Käufers}\\ \text{ohne zustandegekommenen}\\ \text{Tausch}}} \to \max!$$

oder

$$V_K = \int_a^{\hat{k}} \left[k - \frac{\hat{k}+v}{2} \right] \cdot \frac{1}{b-a} dv \to \max!$$

Ein erwarteter Vorteil ergibt sich für den Käufer nur, wenn der Schiedsspruch den Tausch beinhaltet. Ein Tausch kommt nach dem Mechanismus zustande, wenn $\hat{v} = v \le \hat{k}$ gilt. Der Preis ist dann gemäß dem Mittelungsprinzip bezogen auf die Berichtswerte festzulegen. Täuscht der Käufer, also $\hat{k} < k$, dann hat dies zwei Auswirkungen:

1. Der mögliche Preis ist um den Betrag $\frac{k-\hat{k}}{2}$ geringer: $\frac{\hat{k}+v}{2} < \frac{k+v}{2}$.

2. Die Wahrscheinlichkeit eines Tausches ist wegen $\hat{k} < k$ geringer, denn die obere Integralgrenze sinkt.

Bei der zu maximierenden Funktion handelt es sich um ein sog. Parameter-Integral mit der Variablen v, über die zu integrieren ist. Die Maximierungsbedingung für den Berichtswert $\hat{k}$ als „optimierten" Argumentationswert ergibt sich aus der Nullsetzung der ersten Ableitung der Integralfunktion nach dem zu „optimierenden" Berichtswert $\hat{k}$ des Käufers. Die Differentiation des Parameter-Integrals erfolgt nach der sog. LEIB-NIZ-Regel.[191]

---

[191]   Diese sei kurz erläutert. Gegeben sei folgendes Integral mit der Variablen z, über die zu integrieren ist:

$$A(x) = \int_{\alpha(x)}^{\beta(x)} f(x,z)\,dz.$$

Dann gilt für die erste Ableitung nach x:

$$\frac{dA}{dx} = \underbrace{f(x,\beta(x))\frac{d\beta}{dx}}_{\substack{\text{Änderung aufgrund}\\\text{der Änderung der}\\\text{oberen Grenze des}\\\text{Integrals}}} - \underbrace{f(x,\alpha(x))\frac{d\alpha}{dx}}_{\substack{\text{Änderung aufgrund}\\\text{der Änderung der}\\\text{unteren Grenze des}\\\text{Integrals}}} + \underbrace{\int_{\alpha(x)}^{\beta(x)} \frac{\partial}{\partial x} f(x,z)\,dz}_{\substack{\text{Änderung aufgrund}\\\text{der Änderung der}\\\text{zu integrierenden}\\\text{Funktion selber}}}.$$

Die nachfolgende Graphik erläutert die LEIBNIZ-Regel der Differentiation eines Parameter-Integrals. Die durch die dickeren Linien abgegrenzte Fläche stellt das Integral A(x) dar; die durch die gestrichelten Linien abgegrenzten Flächen sollen die drei Änderungen bei der Differentiation verdeutlichen:

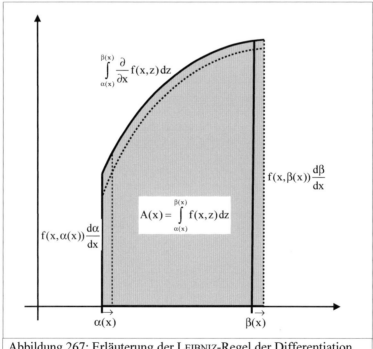

Abbildung 267: Erläuterung der LEIBNIZ-Regel der Differentiation

Da der Käufer den Entscheidungswert v des Verkäufers *nicht* kennt, muß er den *gesamten* Bereich zwischen der unteren Grenze a und dem (erst noch zu bestimmenden) „optimierten" Argumentationswert $\hat{k}$ untersuchen.[192] In diesem Bereich muß der Entscheidungswert v liegen, damit der Berichtswert $\hat{k}$ des Käufers nicht kleiner als der Entscheidungswert v des Verkäufers ist und die Regel des Eigentumsübergangs einen Tausch als Schiedsspruch indiziert. Denn nur wenn es zu einem Eigentumsübergang kommt, kann der Käufer den erwarteten Vorteil realisieren.

Die einzelnen Terme der ersten Ableitung des Parameter-Integrals nach $\hat{k}$ ergeben sich für den zugrundegelegten Mechanismus aus der LEIBNIZ-Regel wie folgt:

$$\frac{dV_K}{d\hat{k}} = \frac{1}{b-a} \cdot \underbrace{\left(k - \frac{\overbrace{\hat{k}+\hat{k}}^{\substack{\text{Einsetzen der}\\ \text{oberen Grenze } \hat{k}\\ \text{für die Variable v}}}}{2} \right) \cdot 1}_{f(x,\beta(x))\frac{d\beta}{dx}} - \underbrace{\frac{1}{b-a} \cdot \left(k - \frac{\overbrace{\hat{k}+a}^{\substack{\text{Einsetzen der}\\ \text{unteren Grenze a}\\ \text{für die Variable v}}}}{2} \right) \cdot 0}_{f(x,\alpha(x))\frac{d\alpha}{dx}} + \underbrace{\frac{1}{b-a} \cdot \int_a^{\hat{k}} \left(-\frac{1}{2} \right) dv}_{\int_{\alpha(x)}^{\beta(x)} \frac{\partial}{\partial x} f(x,z)dz.}$$

Nach Nullsetzung dieser ersten Ableitung und ihrer Vereinfachung, insbesondere durch den Wegfall des mittleren Terms, sowie der Explikation des rechten Terms durch Einsetzen der Integrationsgrenzen ergibt sich:

$$\frac{1}{b-a} \cdot \left(k - \hat{k}\right) \cdot 1 + \frac{1}{b-a} \cdot \left(-\frac{1}{2} \hat{k} - \left(-\frac{1}{2} \right) \cdot a \right) = \frac{1}{b-a} \cdot \left(k - \hat{k}\right) + \frac{1}{b-a} \cdot \left(-\frac{1}{2} \hat{k} + \frac{1}{2} \cdot a \right) = 0$$

oder

$$\left(k - \hat{k}\right) + \left(-\frac{1}{2} \cdot \hat{k} + \frac{1}{2} \cdot a \right) = 0$$

oder

$$k - \frac{3}{2} \cdot \hat{k} + \frac{1}{2} \cdot a = 0.$$

Aus dieser Optimierungsbedingung kann der optimale Argumentationswert für den Käufer durch Auflösung nach $\hat{k}$ bestimmt werden:

$$\hat{k} = \frac{2}{3} \cdot k + \frac{1}{3} \cdot a.$$

Aus der Bestimmungsgleichung für den „optimierten" Berichtswert $\hat{k}$ ergibt sich, daß der Käufer *nicht* den Entscheidungswert v des Verkäufers kennen muß. Der „optimierte" Berichtswert $\hat{k}$ des Käufers hängt nicht von ihm ab, sondern wird nur von der „offenen" Information a über die untere Grenze des Bereichs [a, b], in dem die Entscheidungswerte der Parteien liegen, und seinem, allein dem Käufer bekannten Entscheidungswert k bestimmt. Abgesehen von dem möglichen Grenzfall a = k[193] ist für

---

192 Der Untersuchungsbereich endet bei der oberen Grenze b.

193 In diesem Fall muß zudem a = v gelten, damit es zu einem (vorteilslosen!) Tausch kommt.

jede Situation mit a < k der „optimierte" Berichtswert bei Anwendung des betrachteten Mechanismus (vgl. *Abbildung 266*) kleiner als der Entscheidungswert k, so daß dieser Mechanismus *nicht* anreizverträglich ist, sondern den Käufer zum Täuschen einlädt, wenn er weiß, daß der Verkäufer „ehrlich" ist.

Dies gilt im übrigen wechselseitig. Auch der Verkäufer wird auf Basis dieses Mechanismus täuschen, wenn er weiß, daß er es mit einem „ehrlichen" Käufer zu tun hat. Der Beweis soll nachfolgend verkürzt und ohne nähere Erläuterungen geführt werden, weil die Vorgehensweise analog zu der für den Käufer ist, welche ausführlich erläutert wurde:

$$V_V = \int_a^b w(k,\hat{v}) \cdot \left[P_V(k,\hat{v}) - v \right] \cdot \frac{1}{b-a} \, dk \rightarrow \max!$$

oder

$$V_V = \int_a^{\hat{v}} 0 \cdot \left[\overbrace{\varnothing}^{\substack{\text{Kein} \\ \text{Preis}}} - v \right] \cdot \frac{1}{b-a} \, dv + \int_{\hat{v}}^b 1 \cdot \left[\frac{k+\hat{v}}{2} - v \right] \cdot \frac{1}{b-a} \, dk \rightarrow \max!$$

$$\underbrace{\hphantom{\int_a^{\hat{v}} 0 \cdot \left[\varnothing - v \right] \cdot \frac{1}{b-a} dv}}_{\substack{\text{erwarteter Vorteil des Verkäufers} \\ \text{beim Nicht-Zustandekommen} \\ \text{des Tausches}}} \qquad \underbrace{\hphantom{\int_{\hat{v}}^b 1 \cdot \left[\frac{k+\hat{v}}{2} - v \right]}}_{\substack{\text{erwarteter Vorteil des Verkäufers} \\ \text{beim Tausch zum Preis } P_V = \frac{k+\hat{v}}{2}}}$$

oder

$$V_V = \int_{\hat{v}}^b \left[\frac{k+\hat{v}}{2} - v \right] \cdot \frac{1}{b-a} \, dk \rightarrow \max!$$

Daraus folgt die Optimierungsbedingung:

$$-\frac{1}{b-a} \cdot \left(\hat{v} - v \right) + \frac{1}{b-a} \cdot \left(\frac{1}{2} \cdot b - \frac{1}{2} \cdot \hat{v} \right) = 0$$

oder

$$\left(\hat{v} - v \right) + \left(-\frac{1}{2} \cdot b + \frac{1}{2} \cdot \hat{v} \right) = 0.$$

Die Bestimmungsgleichung für den „optimierten" Berichtswert lautet dann:

$$\hat{v} = \frac{2}{3} \cdot v + \frac{1}{3} \cdot b.$$

Auch der Verkäufer muß *nicht* den tatsächlichen Entscheidungswert k des Käufers kennen. Denn sein „optimierter" Berichtswert hängt *nicht* davon, sondern nur von der „offenen" Information b über die obere Grenze des Bereichs [a, b], in dem die Entscheidungswerte der Parteien liegen, und seinem – nur ihm bekannten – Entscheidungswert v. Es ist ausreichend, wenn er über die „private" Information verfügt, daß der Verkäufer dem Unparteiischen wahrheitsgemäß berichten wird. Abgesehen von dem Grenzfall b = v[194] ist für jede Situation mit b > v der „optimierte" Berichtswert bei Anwendung des betrachteten Mechanismus (vgl. *Abbildung 266*) größer als der Entscheidungswert v, so daß dieser Mechanismus *nicht* anreizverträglich ist. Der Verkäufer wird täuschen, wenn er weiß, daß der Käufer „ehrlich" ist.

---

[194]   In diesem Fall muß zudem b = k gelten, damit es zu einem (vorteilslosen!) Tausch kommt.

Ob eine mögliche Täuschung für die täuschende Partei wirklich zu einem Zusatzvorteil führt, hängt davon ab, ob es trotz der Täuschung noch zum Tausch kommt. Das ist aber nicht zwingend, denn der Täuschende ist nicht umfassend über die konkreten Umstände informiert, weil ihm die Kenntnis des tatsächlichen Entscheidungswertes der „ehrlichen" Partei fehlt.

Dies soll an zwei Zahlenbeispielen erläutert werden:

Beispiel 1:

Es soll für den Fall, daß der Käufer täuscht, gelten:

$a = 100 = v = \hat{v}$, $b = 300$ sowie $k = 250$.

Es folgt dann:

$$\hat{k} = \frac{2}{3} \cdot k + \frac{1}{3} \cdot a = \frac{2}{3} \cdot 250 + \frac{1}{3} \cdot 100 = \frac{600}{3} = 200.$$

Es kommt wegen $\hat{v} < \hat{k}$ zum Schiedsspruch:

„Tausch zum Preis $P_K = P_V = \dfrac{\hat{k} + \hat{v}}{2} = \dfrac{200 + 100}{2} = 150."$

Beide Parteien haben zwar einen Vorteil, aber er ist nicht gleich groß; denn der Täuschende, hier der Käufer, profitiert:

$V_K = k - P_K = 250 - 150 = 100$ und

$V_V = P_V - v = 150 - 100 = 50.$

Beispiel 2:

Es soll für den Fall, daß der Verkäufer täuscht, gelten:

$a = 100$, $v = 200$, $k = 230 = \hat{k}$ sowie $b = 300$.

Es folgt dann:

$$\hat{v} = \frac{2}{3} \cdot v + \frac{1}{3} \cdot b = \frac{2}{3} \cdot 200 + \frac{1}{3} \cdot 300 = \frac{700}{3} = 233,\overline{3}.$$

Wegen $\hat{v} > \hat{k}$ kommt es aber zum Schiedsspruch: „Kein Tausch!" Ohne die Täuschung wäre jedoch ein vorteilhafter Tausch möglich gewesen, weil $v < k$ gegeben ist. Letztlich hat sich der Täuschende selbst geschädigt.

Zum Verständnis der Prüfung auf Anreizverträglichkeit eines Mechanismus soll ausdrücklich darauf hingewiesen werden, daß sie unter der Prämisse erfolgt, daß die eine Partei „ehrlich" ist und die andere Partei dies weiß!

3.2.4.3 Beispiel eines anreizverträglichen und effizienten Mechanismus: VICKREY-CLARKE-GROVES-Mechanismus

Anreizverträglich ist ein Mechanismus, wenn er keinen Anreiz zum Täuschen bietet; effizient ist er, wenn er in *jeder* potentiellen Einigungssituation mit v < k zu einer für jede Partei *vorteilhaften* Preissetzung führt, so daß P_V > v und P_K < k gilt. Der im Abschnitt 3.2.4.2 untersuchte Mechanismus hatte diese Eigenschaften nicht. Der nachfolgend betrachtete VICKREY-CLARKE-GROVES-Mechanismus[195] ist hingegen anreizverträglich und effizient:

Regel zum Eigentumsübergang (Tauschregel):

$$w(\hat{k}, \hat{v}) = \begin{cases} 1 & \text{falls } \hat{v} \leq \hat{k} \\ 0 & \text{falls } \hat{v} > \hat{k} \end{cases}$$

mit $\hat{v}$ = Berichtwert („optimierter" Argumentationswert) des Verkäufers

$\hat{k}$ = Berichtwert („optimierter" Argumentationswert) des Käufers

w = Wahrscheinlichkeit des Tausches

Regel zur Arbitriumwertbestimmung (Preisregel):

$$\left. \begin{array}{l} P_K(\hat{k}, \hat{v}) = \hat{v} \\ P_V(\hat{k}, \hat{v}) = \hat{k} \end{array} \right\} \text{falls } \hat{v} \leq \hat{k}$$

$$P_K(\hat{k}, \hat{v}) = P_V(\hat{k}, \hat{v}) = \emptyset \qquad \text{falls } \hat{v} > \hat{k}$$

$\emptyset$ steht für keine Preisfestsetzung, weil bei $\hat{v} > \hat{k}$ kein Tausch stattfindet!

Abbildung 268: VICKREY-CLARKE-GROVES-Mechanismus

Zur Prüfung der Anreizverträglichkeit dieses Mechanismus sei unterstellt, daß der Käufer weiß, daß der Verkäufer dem Unparteiischen wahrheitsgemäß seinen Entscheidungswert v als Berichtwert $\hat{v}$ mitteilt. Hat der Käufer aufgrund dieser Information einen Anreiz, dem Unparteiischen nicht seinen Entscheidungswert k, sondern einen geringeren Berichtwert $\hat{k}$ mitzuteilen? Der Ansatz zur Bestimmung des „optimierten" Berichtwertes aus Käufersicht lautet:

---

[195] Vgl. hierzu MATSCHKE, Arbitrium- und Argumentationswert (2008), MATSCHKE, Vertragstheorie (2009), sowie VICKREY, Counterspeculation (1961), CLARKE, Multipart Pricing (1971), GROVES, Incentives (1973).

$$V_K = \int_a^b w(\hat{k}, v) \cdot \left[k - P_K(\hat{k}, v) \right] \cdot \frac{1}{b-a} \, dv \rightarrow max!$$

Wahrschein-
lichkeit für
den Tausch
oder Nicht-
Tausch als
Schieds-
spruch

Vorteil des Käufers
in Abhängigkeit
von dem für ihn
geltenden
Schiedspreis P_K

Dichte-
funktion
für den
Entschei-
dungs-
wert v des
Verkäufers

oder

$$V_K = \int_a^{\hat{k}} 1 \cdot \left[k - v \right] \cdot \frac{1}{b-a} \, dv + \int_{\hat{k}}^b 0 \cdot \left[k - \overset{\text{Kein Preis!}}{\varnothing} \right] \cdot \frac{1}{b-a} \, dv \rightarrow max!$$

erwarteter Vorteil des Käufers beim
Tausch zum Schiedspreis $P_K = v$

erwarteter Vorteil des Käufers
ohne zustandegekommenen
Tausch

oder

$$V_K = \int_a^{\hat{k}} \left[k - v \right] \cdot \frac{1}{b-a} \, dv \rightarrow max!$$

Die erste Ableitung nach $\hat{k}$ ergibt sich aus der Anwendung der LEIBNIZ-Regel der Differentiation eines Parameter-Integrals:

$$\frac{dV_K}{d\hat{k}} = \frac{1}{b-a} \cdot \left(k - \overset{\text{Einsetzen der oberen Grenze }\hat{k}\text{ für die Variable v}}{\hat{k}} \right) \cdot 1 - \frac{1}{b-a} \cdot \left(k - \overset{\text{Einsetzen der unteren Grenze a für die Variable v}}{a} \right) \cdot 0 + \underbrace{\frac{1}{b-a} \cdot 0}_{\int_{\alpha(x)}^{\beta(x)} \frac{\partial}{\partial x} f(x,z) dz} \, .$$

$\underbrace{\qquad\qquad}_{f(x,\beta(x))\frac{d\beta}{dx}}$ $\underbrace{\qquad\qquad}_{f(x,\alpha(x))\frac{d\alpha}{dx}}$

Nach Vereinfachung und Nullsetzung dieser ersten Ableitung ergibt sich:

$$\frac{1}{b-a} \cdot \left(k - \hat{k} \right) = 0$$

oder

$$\left(k - \hat{k} \right) = 0$$

oder

$$\hat{k} = k.$$

In gleicher Weise läßt sich auch die Anreizverträglichkeit aus Verkäufersicht prüfen, worauf hier aber verzichtet wird.

Ist der VICKREY-CLARKE-GROVES-Mechnismus[196] anreizverträglich, ist die wahrheitsgemäße Angabe der Entscheidungswerte gegenüber dem Unparteiischen zugleich ein BAYES-NASH-Gleichgewicht. Das Vorliegen eines solchen Gleichgewichts kann ebenfalls überprüft werden. Ein BAYES-NASH-Gleichgewicht ist gegeben, wenn eine Partei keine Veranlassung hat, ihre Strategie zu ändern, sofern die Gegenpartei eine Gleichgewichtsstrategie spielt. Die Überprüfung erfolgt wiederum *getrennt* für jede

---

[196] Vgl. hierzu MATSCHKE, Arbitrium- und Argumentationswert (2008), S. 85–87.

Partei. Es soll hier die Prüfung nur aus der Verkäufersicht vorgestellt werden; die aus der Käufersicht läßt sich analog vornehmen.

Der Verkäufer soll wissen, daß der Käufer dem Unparteiischen wahrheitsgemäß berichtet, also eine Gleichgewichtsstrategie spielt. Ist es unter dieser Bedingung für den Verkäufer nützlich, nicht wahrheitsgemäß zu berichten?

Mit Blick auf den möglichen Schiedsspruch können zwei Situationen unterschieden werden:

a)   die Situation mit $v \leq k$, die zum Schiedsspruch „Tausch" führt, und
b)   die Situation mit $v > k$, aus der der Schiedsspruch „Nicht-Tausch" resultiert.

Die Prüfung, ob ein BAYES-NASH-Gleichgewicht vorliegt, erfolgt getrennt für jede dieser Situationen.

Gibt der Verkäufer in der ersten Situation einen Berichtswert $\hat{v}$ größer als seinen Entscheidungswert v an, welcher aber im Bereich $v \leq k$ liegt, dann wird nach dem Mechanismus das Unternehmen zum Verkäuferpreis $P_V = k$ verkauft. Der Verkäufervorteil bleibt unverändert, vergrößert sich also *nicht* durch die falsche Angabe. Würde der Verkäufer in dieser Situation dem Unparteiischen einen Berichtswert mitteilen, der den – ihm unbekannten – Entscheidungswert des Käufers übersteigt, käme kein Tausch zustande; ein möglicher Vorteil ginge dem Verkäufer verloren. Es ist daher für den Verkäufer *nicht* rational, dem Unparteiischen einen Berichtswert $\hat{v} > v$ zu melden.

An dieser Schlußfolgerung ändert sich nichts, wenn die zweite Situation $v > k$ betrachtet wird. Gibt der Verkäufer dem Unparteiischen in ihr einen unter oder gleich k liegenden Berichtswert an, dann würde eine Einigungssituation angezeigt und das Unternehmen zum Verkäuferpreis $P_V = k$ verkauft werden. Statt eines Vorteils erleidet der Verkäufer jedoch tatsächlich wegen $k - v < 0$ einen Nachteil. Daher wäre es für ihn besser, dem Unparteiischen wahrheitsgemäß $\hat{v} = v$ zu melden. Es würde eine Nicht-Einigungssituation mit $k < v$ angezeigt, so daß es zu keinem Tausch und folglich auch zu keinem Nachteil für den Verkäufer gekommen wäre. Letzlich würde eine solche falsche Angabe nur dem Käufer nützen, weil dessen Preis $P_K = \hat{v}$ wegen der falschen Angabe $\hat{v} < v$ im Falle des Tausches sinken würde.

In *Abbildung 269* wird das aus dem VICKREY-CLARKE-GROVE-Mechanismus folgende Ergebnis graphisch erläutert.

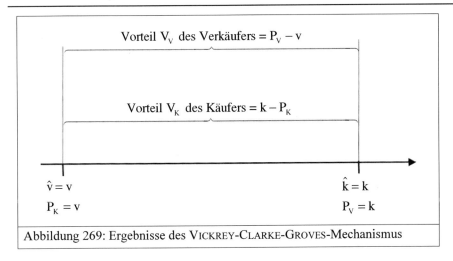

Abbildung 269: Ergebnisse des Vickrey-Clarke-Groves-Mechanismus

Die Finanzierung des Verkäuferpreises P_V erfolgt

a) durch den Käufer in Höhe von $P_K = v$ und

b) durch z. B. den Unparteiischen oder einen sonstigen Dritten[197] in Höhe der Differenz $k - v$,

so daß sich ergibt: $P_V = P_K + (k - v) = v + (k - v) = k$.

Zwar sind die Berichtswerte der Parteien bei Anwendung des Vickrey-Clarke-Grove-Mechanismus gleich ihren Entscheidungswerten, aber im Falle des Tausches wird *nicht* ein einheitlicher Preis festgesetzt. Das wäre unproblematisch, wenn der Käuferpreis stets größer als der Verkäuferpreis wäre, so daß die Differenz dem Unparteiischen als Provision zufließen könnte. Beim Vickrey-Clarke-Grove-Mechanismus ist dies aber gerade *nicht* der Fall.

Bei $\hat{v} < \hat{k}$ lautet der Schiedsspruch des Unparteiischen „Tausch zum Preis $P_K = \hat{v} = v$ und $P_V = \hat{k} = k$!" Damit gilt aber auch $P_V > P_K$. Der Verkäufer erhält mehr, als der Käufer zahlen muß. Der Käufer muß einen Preis in Höhe des (kleineren) Entscheidungswertes v des Verkäufers zahlen, der Verkäufer erhält jedoch einen Preis in Höhe des (größeren) Entscheidungswertes k des Käufers. Beide Parteien erhalten beim Zustandekommen des Tausches damit jeweils einen Vorteil in Höhe der gesamten Differenz $V = k - v$ zwischen den Entscheidungswerten:

a) Käufer: $V_K = k - P_K = k - v$ und

b) Verkäufer: $V_V = P_V - v = k - v$.

---

[197] Alternativ käme eine Gebührenlösung oder eine Transaktionssteuer in Betracht, deren Einnahmen als Finanzierungsquelle genutzt werden könnten. Es könnten sich dann aber Auswirkungen auf die Entscheidungswerte ergeben.

Bei jedem Schiedspruch, der einen Tausch beinhaltet, muß stets ein Betrag in Höhe der Preisdifferenz $P_V - P_K = k - v$ zugeschossen werden – naheliegend von dem Unparteiischen als unmittelbaren weiteren Beteiligten in dem Verfahren. Der Unparteiische müßte dann aber ein starkes *Eigeninteresse* am Zustandekommen des Tausches haben. Die Anzahl der Unparteiischen für eine Vermittlungstätigkeit mit einer solchen Finanzierungskonsequenz dürfte realiter „überschaubar" bleiben, so daß auch die Anwendung des VICKREY-CLARKE-GROVE-Mechanismus eher selten sein wird. Schließlich wird das sich bei Anwendung des VICKREY-CLARKE-GROVES-Mechanismus ergebende Finanzierungsproblem im Mechanismus *nicht* gelöst.

Wie auch immer das Finanzierungsproblem konkret gelöst würde, seine Existenz allein ist eine äußerst mißliche Konsequenz des VICKREY-CLARKE-GROVE-Mechanismus, so daß dieser Mechanismus zwar ein anreizverträglicher und effizienter, aber zugleich ein wenig praktikabler Mechanismus ist – weniger wegen seiner unterschiedlichen Preisfestsetzung, sondern weil der Verkäuferpreis stets über dem Käuferpreis liegt und damit ein Finanzierungsproblem auslöst.

3.2.4.4 Ernüchterung durch das MYERSON-SATTERTHWAITE-Theorem und der MYERSON-SATTERTHWAITE-Mechanismus als Ausweg

Aus den bisherigen Überlegungen läßt sich eine „Wunschvorstellung" für einen „guten" Mechanismus ableiten:

1. Er sollte *anreizverträglich* sein, also nicht zum Täuschen einladen, so daß eine externe Überprüfung des jeweiligen Entscheidungswertes entfallen könnte.
2. Er sollte *effizient* sein, also in jeder potentiellen Einigungssituation mit $k \geq v$ zu einem Tausch mit einer für beide Parteien vorteilhaften Preisfestsetzung führen, so daß der Tausch wohlfahrtssteigernd wirkt.
3. Er sollte nicht zuletzt aus Praktikabilitätsgründen zu einem *einheitlichen* Preis führen, so daß sich durch den Schiedsspruch für den Unparteiischen im Falle des Tausches kein Finanzierungsproblem ergibt.

Ist das Problem, einen solchen „guten" Arbitriumwert zu bestimmen, allgemeingültig lösbar? Leider nein, wie sich aus dem MYERSON-SATTERTHWAITE-Theorem[198] ergibt. Nach diesem Theorem ist es *unmöglich*, einen Mechanismus zu konstruieren, der diese drei Eigenschaften aufweist, wenn der Schätzbereich der Entscheidungswerte von Verkäufer und Käufer – bislang durchgängig als [a, b] definiert – übereinstimmt oder sich auch nur überlappt.[199] Da das MYERSON-SATTERTHWAITE-Theorem den Beweis erbringt, daß ein Mechanismus mit diesen drei „Wunschanforderungen" unmöglich ist, muß auch nicht länger nach einem solchen „Wunschmechanismus" gesucht werden.

---

[198] Vgl. hierzu MATSCHKE, Arbitrium- und Argumentationswert (2008), S. 87, MATSCHKE, Vertragstheorie (2009), S. 398, sowie MYERSON/SATTERTHWAITE, Efficient Mechanisms (1983).

[199] Wenn der Schätzbereich des Entscheidungswertes des Verkäufers mit $[a_V, b_V]$ bei $a_V < b_V$ und derjenigen des Käufers mit $[a_K, b_K]$ bei $a_K < b_K$ bezeichnet wird und zugleich $a_V < a_K < b_V < b_K$ oder $a_K < a_V < b_K < b_V$ gilt, dann überlappen sich die Schätzbereiche teilweise. Bislang wurde stets von einer vollständigen Überlappung, also $a_V = a_K = a$ und $b_V = b_K = b$ bei $a < b$ und damit $[a_V, b_V] = [a_K, b_K] = [a, b]$, ausgegangen. Eine vollständige Trennung der Schätzbereiche wäre bei $a_V < b_V < a_K < b_K$ gegeben.

Zugleich muß man wegen des MYERSON-SATTERTHWAITE-Theorems indes *nicht* resignieren. Vielmehr sollte die Schlußfolgerung gezogen werden, die Anforderungen an die Bestimmung eines Arbitriumwertes zu reduzieren, also zu fragen, auf welche der drei genannten Anforderungen könnte/sollte verzichtet werden.

Die Anreizverträglichkeitsanforderung sollte beibehalten werden. Die Parteien sollten keinen Anreiz zum Täuschen haben. Dadurch würde auch das praktisch schwer lösbare Problem, die Entscheidungswerte der Parteien durch den Unparteiischen bestimmen oder überprüfen zu lassen, entfallen.

Ein einheitlicher Preis ist zwar nicht zwingend, ein Finanzierungsproblem wie im Falle des VICKREY-CLARKE-GROVE-Mechanismus ließe sich aber dann vermeiden. Auch dürfte ein Mechanismus mit einheitlichem Preis auf weniger Akzeptanzprobleme stoßen, so daß diese Anforderung beibehalten werden sollte.

Von den drei Anforderungen scheint die Effizienzbedingung am wenigsten dringlich, so daß sie weniger streng formuliert werden sollte. Das heißt, es sollte nicht immer schon dann, wenn $k > v$ erfüllt ist, ein Tausch zustande kommen, sondern erst wenn der Vorteil $V = k - v$ aus dem Tausch eine bestimmte Mindestgröße d überschreitet. Diese Mindestgröße d des gesamten Vorteils, also $k - v \geq d$, sollte dabei aber *nicht* modellexogen vorgegeben werden, sondern sich aus den Bedingungen der jeweiligen konkreten Konfliktsituation bestimmen, also modellendogen sein, um Manipulationsversuchen vorzubeugen. Auch unter dem Aspekt der Vorsicht aufgrund der Vermögensgefahren, die mit einem Tausch für jede der Parteien verbunden sein können, scheint es angebracht, zu verlangen, daß es nur bei einem erwarteten Mindestvorteil zum Tausch kommen sollte.

Ein Mechanismus, dem diese drei – nur hinsichtlich der Effizienz abgeschwächten – Anforderungen zugrunde liegen, ist der MYERSON-SATTERTHWAITE-Mechanismus[200], dessen genauer Inhalt in *Abbildung 270* dargestellt ist.

---

[200] Vgl. hierzu MATSCHKE, Arbitrium- und Argumentationswert (2008), MATSCHKE, Vertragstheorie (2009), S. 388–402, sowie MYERSON/SATTERTHWAITE, Efficient Mechanisms (1983).

Regel zum Eigentumsübergang (Tauschregel):

$$w(\hat{k}, \hat{v}) = \begin{cases} 1 & \text{falls } \hat{v} \leq \hat{k} - d \\ 0 & \text{falls } \hat{v} > \hat{k} - d \end{cases}$$

mit $\hat{v}$ = Berichtswert („optimierter" Argumentationswert) des Verkäufers

        $\hat{k}$ = Berichtswert („optimierter" Argumentationswert) des Käufers

        w = Wahrscheinlichkeit des Tausches

        d = Mindestvorteil für einen Tausch

Regel zur Arbitriumwertbestimmung (Preisregel):

$$P_K(\hat{k}, \hat{v}) = P_V(\hat{k}, \hat{v}) = \frac{\hat{k} + \hat{v} + c}{3} \quad \text{falls } \hat{v} \leq \hat{k} - d$$

$$P_K(\hat{k}, \hat{v}) = P_V(\hat{k}, \hat{v}) = \varnothing \quad \text{falls } \hat{v} > \hat{k} - d$$

$\varnothing$ steht für keine Preisfestsetzung, weil bei $\hat{v} > \hat{k} - d$ kein Tausch stattfindet!

Die Terme d und c werden modellendogen bestimmt!

Abbildung 270: MYERSON-SATTERTHWAITE-Mechanismus

Bei diesem Mechanismus findet ein Eigentumsübergang nur statt, wenn eine positive Differenz der Berichtswerte in Höhe von $\hat{k} - \hat{v} \geq d$ vorliegt. Gibt es eine positive Differenz, welche aber kleiner als d ist, dann ist die Lösung *nicht* effizient. Denn dann lautet der Schiedsspruch nach der Tauschregel, die der Unparteiische zu beachten hat, auf „Nicht-Tausch". Erst wenn die Mindestdifferenz d erreicht wird, kommt es zum Tausch und zur Festsetzung eines einheitlichen Preises entsprechend der Preisregel. Der Käufer zahlt, was der Verkäufer erhält, so daß der Unparteiische bei Zugrundelegung des MYERSON-SATTERTHWAITE-Mechanismus kein Eigeninteresse am Tausch haben muß.

Die Terme d und c werden *nicht* modellexogen vorgegeben, was sie zum Objekt von Manipulationsversuchen der Parteien machen könnte, sondern modellendogen auf Basis der „offenen" Informationen über den Bereich [a, b] bestimmt, und zwar so, daß die beteiligten Parteien den von ihnen erwarteten Vorteil bei wahrheitsgemäßen Berichtswerten maximieren. Die Optimierungskalküle der Parteien bezogen auf die Berichtswerte sind in *Abbildung 271* verkürzt wiedergegeben, denn die Vorgehensweise entspricht derjenigen in den Abschnitten 3.2.4.2 und 3.2.4.3, wobei wiederum zur Kalkülvereinfachung die Gleichverteilungsannahme der Entscheidungswerte k und v im Bereich [a, b] zugrunde gelegt wird.

Kalkül aus Käufersicht:

- $$V_K = \int\limits_a^{\hat{k}-d} \left(k - \frac{v + \hat{k} + c}{3} \right) \cdot \frac{1}{b-a}\, dv \rightarrow \max!$$

- Optimierungsbedingung (Differentiation nach $\hat{k}$, Nullsetzung und Auflösung nach dem „optimierten" Berichtswert des Käufers)

$$k - \frac{1}{3} \cdot c + \frac{2}{3} \cdot d + \frac{1}{3} \cdot a - \hat{k} = 0, \text{ so daß}$$

$$\hat{k} = k - \frac{1}{3} \cdot c + \frac{2}{3} \cdot d + \frac{1}{3} \cdot a.$$

Kalkül aus Verkäufersicht:

- $$V_V = \int\limits_{\hat{v}+d}^{b} \left(\frac{\hat{v} + k + c}{3} - v \right) \cdot \frac{1}{b-a}\, dk \rightarrow \max!$$

- Optimierungsbedingung (Differentiation nach $\hat{v}$, Nullsetzung und Auflösung nach dem „optimierten" Berichtswert des Verkäufers)

$$v - \frac{1}{3} \cdot c - \frac{2}{3} \cdot d + \frac{1}{3} \cdot b - \hat{v} = 0, \text{ so daß}$$

$$\hat{v} = v - \frac{1}{3} \cdot c - \frac{2}{3} \cdot d + \frac{1}{3} \cdot b.$$

Abbildung 271: Optimierungskalküle der Parteien bei Anwendung des MYERSON-SATTERTHWAITE-Mechanismus

Die Terme d und c lassen sich aus den „offenen" Informationen a und b bestimmen. Dies geschieht durch Gleichsetzung der beiden Optimierungsbedingungen und deren Auflösung nach den Unbekannten d und c, wie dies in *Abbildung 272* auf Basis des Eliminationsverfahrens erläutert wird.

Gleichsetzung der Optimierungsbedingungen:

$$k - \frac{1}{3} \cdot c + \frac{2}{3} \cdot d + \frac{1}{3} \cdot a - \hat{k} = v - \frac{1}{3} \cdot c - \frac{2}{3} \cdot d + \frac{1}{3} \cdot b - \hat{v}.$$

Elimination von c und Auflösung nach d:

$$0 = k - \frac{1}{3} \cdot c + \frac{2}{3} \cdot d + \frac{1}{3} \cdot a - \hat{k}$$

$$0 = v - \frac{1}{3} \cdot c - \frac{2}{3} \cdot d + \frac{1}{3} \cdot b - \hat{v} \qquad |\cdot(-1) \text{ sowie wegen } k = \hat{k} \text{ und } v = \hat{v}$$

$$0 = \frac{4}{3} \cdot d + \frac{1}{3} \cdot a - \frac{1}{3} \cdot b$$

$$d = \frac{3}{4} \cdot \left[-\frac{1}{3} \cdot a + \frac{1}{3} \cdot b \right] = -\frac{1}{4} \cdot a + \frac{1}{4} \cdot b = \frac{b-a}{4}.$$

Elimination von d und Auflösung nach c:

$$0 = k - \frac{1}{3} \cdot c + \frac{2}{3} \cdot d + \frac{1}{3} \cdot a - \hat{k}$$

$$0 = v - \frac{1}{3} \cdot c - \frac{2}{3} \cdot d + \frac{1}{3} \cdot b - \hat{v} \qquad |+ \text{ sowie wegen } k = \hat{k} \text{ und } v = \hat{v}$$

$$0 = -\frac{2}{3} \cdot c + \frac{1}{3} \cdot a + \frac{1}{3} \cdot b$$

$$c = \frac{3}{2} \cdot \left[\frac{1}{3} \cdot a + \frac{1}{3} \cdot b \right] = \frac{1}{2} \cdot a + \frac{1}{2} \cdot b = \frac{a+b}{2}.$$

Abbildung 272: Bestimmung der Terme d und c des
MYERSON-SATTERTHWAITE-Mechanismus

Der für das Zustandekommen eines Tausches nach der Preisregel verlangte Mindestvorteil d muß ein Viertel der Differenz (b − a) betragen, also des Bereichs, in dem die Entscheidungswerte der Parteien gleichverteilt vermutet werden. Der nach der Preisregel für die einheitliche Preisfestsetzung relevante Term c wird in Höhe der Mitte des Bereichs [a, b] festgesetzt.

Da der Mechanismus selber eine „offene" Information darstellt, sind auch diese Anforderungen an die Terme d und c „offene" Informationen, welche die Parteien folglich in ihren jeweiligen Optimierungskalkül einsetzen können, so daß sie bei nutzenmaximierendem Verhalten als Berichtswert ihren Entscheidungswert dem Unparteiischen wahrheitsgemäß mitteilen werden, wie nachfolgend gezeigt wird:

$$\hat{k} = k - \frac{1}{3} \cdot c + \frac{2}{3} \cdot d + \frac{1}{3} \cdot a = k - \frac{1}{3} \cdot \frac{a+b}{2} + \frac{2}{3} \cdot \frac{b-a}{4} + \frac{1}{3} \cdot \frac{2}{2} \cdot a = k - \frac{1}{3} \cdot \frac{a+b}{2} + \frac{1}{3} \cdot \frac{a+b}{2} = k,$$

$$\hat{v} = v - \frac{1}{3} \cdot c - \frac{2}{3} \cdot d + \frac{1}{3} \cdot b = v - \frac{1}{3} \cdot \frac{a+b}{2} - \frac{2}{3} \cdot \frac{b-a}{4} + \frac{1}{3} \cdot \frac{2}{2} \cdot b = v - \frac{1}{3} \cdot \frac{a+b}{2} + \frac{1}{3} \cdot \frac{a+b}{2} = v.$$

Der MYERSON-SATTERTHWAITE-Mechanismus soll an folgendem Zahlenbeispiel erläutert werden:

1. Für den Bereich [a, b], in dem die Entscheidungswerte der Parteien vermutet werden, soll a = 100 und b = 300 und zudem die Gleichverteilungsannahme für die Dichtefunktion $f = \dfrac{1}{b-a}$ gelten.

2. Der verlangte Mindestvorteil d, damit es zum Schiedsspruch „Tausch" kommt, beträgt dann

$$d = \frac{b-a}{4} = \frac{300-100}{4} = 50.$$

Der Term d kann als verlangte „Sicherheitsmarge" mit Blick auf den Eigentumsübergang gedeutet werden.

3. Der bei der Festsetzung des einheitlichen Preises zu beachtende Term c, der mit einem Drittel in die Preisfestsetzung eingeht, wird im Beispiel in Höhe von

$$c = \frac{a+b}{2} = \frac{100+300}{2} = 200$$

festgesetzt.

4. Die Parteien teilen unter diesen Bedingungen dem Unparteiischen folgende Berichtswerte als „optimierte" Argumentationswerte mit, wobei die Entscheidungswerte selber *nur* den Parteien bekannt sind:

$$\hat{k} = k - \frac{1}{3} \cdot c + \frac{2}{3} \cdot d + \frac{1}{3} \cdot a = 300 - \frac{1}{3} \cdot 200 + \frac{2}{3} \cdot 50 + \frac{1}{3} \cdot 100 = 300$$

$$\hat{v} = v - \frac{1}{3} \cdot c - \frac{2}{3} \cdot d + \frac{1}{3} \cdot b = 100 - \frac{1}{3} \cdot 200 - \frac{2}{3} \cdot 50 + \frac{1}{3} \cdot 300 = 100.$$

5. Da im Beispiel $\hat{k} - \hat{v} > d$ gilt, lautet der Schiedsspruch auf „Tausch" zum einheitlichen Preis

$$P_K(\hat{k}, \hat{v}) = P_V(\hat{k}, \hat{v}) = \frac{\hat{k} + \hat{v} + c}{3} = \frac{300 + 100 + 200}{3} = 200.$$

6. Beide Parteien erhalten einen übereinstimmenden Anteil am gesamten Vorteil, so daß insofern im Beispiel die *Regel der absolut gleichen Teilung* zur Anwendung kommt:

$$V_K = k - P_K = 300 - 200 = 100$$
$$V_V = P_V - v = 200 - 100 = 100.$$

Freilich handelt es sich bezogen auf die jeweilige Vorteilshöhe um eine „private" Information, weil die Entscheidungswerte *nicht* aufgedeckt werden. Gleiches gilt für die nur dem Unparteiischen bekannten Berichtswerte.

7. Wenn – wie im Beispiel – der Bereich [a, b] mit dem Bereich $[\hat{v} = v, \hat{k} = k]$ wegen $a = \hat{v}$ und $\hat{k} = b$ übereinstimmt, wird der Preis genau in der Mitte der Entscheidungs- und Berichtswerte festgesetzt:

$$P_K = P_V = \frac{\hat{k} + \hat{v} + c}{3} = \frac{\hat{k} + \hat{v} + \dfrac{a+b}{2}}{3} = \frac{\hat{k} + \hat{v} + \dfrac{\hat{v} + \hat{k}}{2}}{3} = \frac{\dfrac{3 \cdot (\hat{k} + \hat{v})}{2}}{3} = \frac{\hat{k} + \hat{v}}{2}.$$

8. Erhöht sich $v = \hat{v}$ und verringert sich zugleich $k = \hat{k}$ um den gleichen absoluten Betrag, also $\Delta v = -\Delta k$, dann hat eine solche *symmetrische* Veränderung der Berichtswerte innerhalb des Bereichs [a, b] *keine* Auswirkung auf die Höhe des Preises, sofern weiterhin $\hat{k} - \hat{v} \geq d$ erfüllt ist.

Ist unter der Bedingung $\hat{k} - \hat{v} \geq d$ der Bereich [a, b] größer als der – in ihm eingeschlossene – Bereich $[\hat{v}, \hat{k}] = [v, k]$ mit $a < \hat{v}$ und $\hat{k} < b$, ohne daß eine symmetrische Veränderung vorliegt, dann bestimmt sich der Preis nach der vorgegebenen Preisregel des MYERSON-SATTERTHWAITE-Mechanismus:

$$P_K = P_V = \frac{\hat{k} + \hat{v} + c}{3} = \frac{\hat{k} + \hat{v} + \dfrac{a + b}{2}}{3} = \frac{\hat{k} + \hat{v}}{3} + \frac{a + b}{6},$$

so daß die Berichtswerte als verbindliche Preiserklärungen der Parteien zu einem Drittel und die Grenzen des Bereichs, in dem die Entscheidungswerte vermutet werden, zu einem Sechstel in die Preisfestsetzung eingehen.

Die Konsequenz ist, daß der Preis dann *nicht* mehr hälftig zwischen den Berichtswerten liegt und der gesamte Vorteil folglich auch nicht mehr absolut gleich verteilt wird.

Dies sei an dem folgenden, abgewandelten Zahlenbeispiel erläutert:

$a = 100$, $b = 300$ sowie $v = \hat{v} = 175$ und $k = \hat{k} = 250$, so daß $\hat{k} - \hat{v} = 75$ und damit weiterhin $\hat{k} - \hat{v} > d = 50$ und $c = 200$ sind.

Als Schiedsspruch des Unparteiischen resultiert ein Tausch des Unternehmens zum Preis

$$P_K = P_V = \frac{\hat{k} + \hat{v} + c}{3} = \frac{250 + 175 + 200}{3} = \frac{625}{3} = 208,\overline{3}.$$

Der gesamte Vorteil $V = k - v = 250 - 175 = 75$ wird ungleich auf die Parteien verteilt:

$$V_K = k - P_K = k - \frac{\hat{k} + \hat{v} + c}{3} = 250 - 208,\overline{3} = 41,\overline{6}$$

$$V_V = P_V - v = \frac{\hat{k} + \hat{v} + c}{3} - v = 208,\overline{3} - 175 = 33,\overline{3}.$$

3.2.4.5 Abschließende Bemerkungen zur Anwendung der Vertragstheorie des bilateralen Tausches in der Vermittlungsfunktion

Es gibt Parallelen zwischen der Vertragstheorie des bilateralen Tausches und der Vermittlungsfunktion der funktionalen Unternehmensbewertung in einer eindimensionalen nicht dominierten Konfliktsituation vom Typ des Kaufs/Verkaufs mit dem Preis als einzigem konfliktlösungsrelevanten Sachverhalt. Die Regel zum Eigentumsübergang (Tauschregel) entspricht dem Grundsatz der Rationalität des Handelns der Parteien, die Regel zur Preisbestimmung (Preisregel) dem Grundsatz der parteienbezogenen Angemessenheit.

Der Aufgabenbereich des Unparteiischen ist in der Vertragstheorie enger gefaßt. Als Schiedsrichter legt er den anzuwendenden Mechanismus im Sinne von Tausch- und Preisregel fest, überprüft bezogen auf den konkreten Fall das Vorliegen der Anwendungsvoraussetzungen für den Mechanismus und fällt den für die Parteien verbindlichen Schiedsspruch. Dieser kann auf Nicht-Tausch oder auf Tausch mit der aus der Preisregel folgenden Festsetzung eines verbindlichen Arbitriumwertes lauten.

Als Notar teilt er den Parteien die „offenen" Informationen mit und nimmt vertraulich von den Parteien die Berichtswerte entgegen. Als „offene" Informationen kennen alle Beteiligten den zur Anwendung kommenden Mechanismus, den Bereich [a, b], in dem die Entscheidungswerte vermutet werden, sowie die Dichtefunktion für die Entscheidungswerte. Im Falle der Anwendung des MYERSON-SATTERTHWAITE-Mechanismus ergeben sich daraus die Terme d und c als ebenfalls „offene" Informationen. Der Term d ist bei der Tauschregel, der Term c bei der Preisregel bedeutsam.

Die „Kunst der Vermittlung" des Unparteiischen besteht darin, einen solchen Mechanismus zu finden und festzulegen, der den Parteien keinen Anreiz zum Täuschen bietet, so daß die Parteien wahrheitsgemäß ihren Entscheidungswert dem Unparteiischen als Berichtswert mitteilen. Hiermit kann die stets problematische Überprüfung der Entscheidungswerte durch den Unparteiischen entfallen. Als Beispiele solcher anreizverträglichen Mechanismen wurden der VICKREY-CLARKE-GROVES-Mechanismus und der MYERSON-SATTERTHWAITE-Mechanismus vorgestellt und auf deren Tauglichkeit kritisch gewürdigt.

3.3 Wertermittlung in dominierten Konfliktsituationen

3.3.1 Ermittlungsschritte innerhalb der Matrix der funktionalen Unternehmensbewertung

Wird ein Schiedsgutachter als unparteiischer Dritter in dominierten Konfliktsituationen angerufen, den Arbitriumwert des Unternehmens zu bestimmen, bedarf es zur Ermittlung i. w. S. innerhalb der „Matrix der funktionalen Unternehmensbewertung"[201] folgender drei Schritte:

Schritt 1 (Feld D der Matrix): Ermittlung der Menge der zumutbaren Konfliktlösungen aus Sicht der einzelnen konfligierenden Parteien und der Menge der möglichen Einigungslösungen (Arbitriumbereich) oder – soweit es keine originäre Einigungsmenge gibt – einer derivativen, also einer modifizierten Einigungsmenge durch den Gutachter,

Schritt 2 (Feld E der Matrix): Ermittlung des Arbitriumwertes (Bewertung i. e. S.) auf Basis der (gegebenenfalls modifizierten) Einigungsmenge durch den Gutachter als angemessene und zumindest aus Sicht der schutzwürdigen Partei zumutbare Konfliktlösung sowie

Schritt 3 (Feld F der Matrix): Verwendung des Arbitriumwertes durch die Konfliktparteien.

Nachfolgend sei vor allem auf die *Unterschiede* eingegangen, die sich innerhalb der Schritte einer dominierten Konfliktsituation gegenüber den Schritten einer nicht dominierten Konfliktsituation, welche im Abschnitt 3.2.1 dargestellt wurden, ergeben. Diese Unterschiede sind vor allem festzustellen, wenn es keine aus der Sicht aller konfligierenden Parteien zumutbaren – d. h. mit rationalem Handeln aller Parteien vereinbaren – Konfliktlösungen gibt und trotzdem die Bestimmung eines Arbitriumwertes erforderlich ist.

Im Falle *dominierter Konfliktsituationen*, die bei mindestens einer Partei die Entscheidungsfreiheit unterbindet, kann es also sein, daß im *ersten Schritt* der Matrix der Unternehmensbewertung festgestellt wird, daß es keinen originären Einigungsbereich und damit auch keine mit dem Merkmal der Rationalität des Handelns aus der Sicht *aller* Konfliktparteien zu vereinbarende Lösung gibt. Die Einigungsmenge $\mathfrak{E}$ ist leer. Sofern also die Veränderung der Eigentumsverhältnisse des zu bewertenden Unternehmens auch ohne Konsens aller Parteien über die Bedingungen, unter denen die Veränderung vonstatten gehen soll, möglich ist, besteht also „die Notwendigkeit einer Vermittlung bei einem negativen Transaktionsspielraum"[202]. Ein in einer solchen Situation vorgeschlagener Arbitriumwert mutet – auf der Basis der dem unparteiischen Gutachter verfügbaren Informationen – wenigstens einer der konfligierenden Parteien arationales Handeln zu. Damit dies aber gerade nicht denjenigen Parteien zugemutet wird, deren Interessen zu schützen sind, hat der unparteiische Gutachter diejenigen Konflikt-

---

[201] Vgl. *Abbildung 39*.

[202] *SIEBEN*, Funktionen der Bewertung (1983), S. 541 (Hervorhebungen im Original).

lösungen zu bestimmen, die aus der *Sicht aller zu schützenden Parteien* $j = 1, ..., m'$[203] mit rationalem Handeln vereinbar sind. In einer solchen Situation ist das *Merkmal der Rationalität des Handelns* also dahingehend *zu modifizieren*, daß der Arbitriumwert aus der Sicht der schutzwürdigen Parteien mit rationalem Handeln kompatibel ist.[204]

Wessen Interessen in einem solchen Fall schutzwürdig sind, kann allgemein nicht festgestellt werden, sondern ergibt sich unter anderem aus den zu beachtenden Rechtsvorschriften. Der Ermittlung des Arbitriumwertes wird eine durch das *Merkmal der zu schützenden Interessen*[205] modifizierte Einigungsmenge $\mathfrak{E}'$ zugrunde gelegt:

$$\mathfrak{E}' = \left\{ (s_1, ..., s_n) \mid f_j(s_1, ..., s_n) \geq N_j(a_{opt}) \ \forall j = 1, ..., m' \ \wedge \ (s_1, ..., s_n) \in \mathfrak{S} \right\}.$$

Im *zweiten Schritt* der Matrix der funktionalen Unternehmensbewertung ist innerhalb der Einigungsmenge $\mathfrak{E}$ oder alternativ – wenn $\mathfrak{E}$ leer sein sollte – innerhalb der modifizierten Einigungsmenge $\mathfrak{E}'$ unter Berücksichtigung des *Merkmals der parteienbezogenen Angemessenheit*, ein Arbitriumwert durch den unparteiischen Gutachter zu bestimmen.

Schließlich erfolgt im *dritten Schritt* der Matrix der funktionalen Unternehmensbewertung die Verwendung des Arbitriumwertes, wobei in dominierten Konfliktsituationen drei alternative Verwendungsmöglichkeiten denkbar sind:

1. Die Parteien müssen sich dem Arbitriumwert – beispielsweise aufgrund gesetzlicher Legitimation – unterwerfen.

2. Mit dem ermittelten Arbitriumwert werden die im Vorfeld gewählten Einigungsbedingungen überprüft.

3. Der Arbitriumwert dient als Empfehlung, beispielsweise im Sinne einer Urteilsbasis für ein Gericht.

---

[203] Mit $1 \leq m' < m$. Ohne Beschränkung der Allgemeinheit der Aussage können die zu schützenden Parteien mit $1, ..., m$ und die nicht zu schützenden Parteien mit $m' + 1, ..., m$ bezeichnet werden.

[204] Vgl. MATSCHKE, Arbitriumwert (1979), S. 49. Siehe hierzu weiterführend MATSCHKE, Arbitriumwert (1979), S. 72–80.

[205] Vgl. zu nachfolgenden Ausführungen MATSCHKE, Arbitriumwert (1979), S. 59.

3.3.2 Beispiel zur Bestimmung angemessener Barabfindungen von Minderheits-Kapitalgesellschaftern

3.3.2.1 Charakterisierung der Konfliktsituation

Die Basis der folgenden Überlegungen ist eine dominierte, disjungierte, eindimensionale Konfliktsituation vom Typ des Kaufs/Verkaufs, in der eine der konfligierenden Parteien (z. B. ein Mehrheitsgesellschafter) die angestrebte Änderung der Eigentumsverhältnisse des zu bewertenden Unternehmens einseitig, d. h. auch ohne Zustimmung der anderen Partei (z. B. der Minderheitsgesellschafter) erreichen kann. Der einzige konfliktlösungsrelevante Sachverhalt ist die „angemessene Barabfindung" für den Anteil an dem zu bewertenden Unternehmen, welchen der Mehrheitsgesellschafter von den Minderheitsgesellschaftern übernehmen will. *Abbildung 273* zeigt den entsprechenden Konfliktwürfel der zugrundegelegten Konfliktsituation.

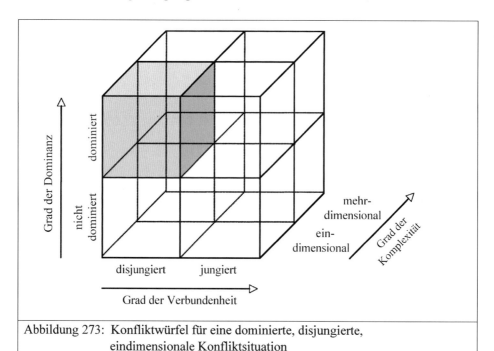

Abbildung 273: Konfliktwürfel für eine dominierte, disjungierte, eindimensionale Konfliktsituation

Die in Frage kommenden Anlässe wurden bereits im Abschnitt 1.4.2.2 angesprochen. Erinnert sei hier an die aktienrechtlichen Fälle des zwangsweisen Ausscheidens der Minderheits-Kapitalgesellschafter: a) bei der Eingliederung einer Aktiengesellschaft in eine andere, die 95 % des Grundkapitals der einzugliedernden Gesellschaft hält, durch Mehrheitsbeschluß nach §§ 320–320b AktG, wobei den ausgeschlossenen Minderheitsgesellschaftern neben Aktien der Hauptgesellschaft auch eine angemessene Barabfindung anzubieten ist, oder b) bei der Übertragung der Aktien der Minderheitsaktionäre auf den Hauptaktionär, dem 95 % des Grundkapitals gehört, gegen eine angemessene Barabfindung nach §§ 327a–327f AktG.[206] Hierzu sind auch jene Situationen zu rechnen, in denen ein Beschluß des Mehrheitsgesellschafters kein zwangsweises Ausscheiden der Minderheitsgesellschafter zur Folge hat, den Minderheitsgesellschaftern gesetzlich aber das Recht zum Ausscheiden gegen eine angemessene Abfindung eingeräumt ist. Dies gilt bei einer Verschmelzung durch Aufnahme oder Neugründung (§§ 29, 36 UmwG) sowie beim Formwechsel (§ 190 UmwG), wobei die widersprechenden Gesellschafter jeweils einen Anspruch auf eine angemessene Barabfindung geltend machen können. Nach dem Aktiengesetz können sich vergleichbare Situationen im Falle von Beherrschungsverträgen und Gewinnabführungsverträgen (§§ 291, 305 AktG) mit Blick auf die außenstehenden Aktionäre ergeben.

Die nachfolgenden Überlegungen werden auf keine spezielle rechtliche Situation abstellen. Aufbauend auf einigen Basisannahmen zur Bestimmung der angemessenen Barabfindung für den ausgeschlossenen oder ausscheidungsberechtigten Minderheits-Kapitalgesellschafter wird vielmehr ein modelltheoretischer Ansatz präsentiert, der den Bezugsrahmen für auf bestimmte Rechtssituationen abstellende Konkretisierungen und für die Beurteilung von Gerichtsurteilen bilden kann. Konkretisierungen wie auch kritische Würdigungen der gerichtlichen Praxis sollen indes nachfolgend nicht vorgenommen werden.

3.3.2.2 Basisannahmen zur Bestimmung angemessener Barabfindungen

Das Problem der Bestimmung angemessener Barabfindungen ist verschiedentlich Gegenstand von Verfahren vor dem Bundesverfassungsgericht und sonstiger Gerichte gewesen. Insbesondere aus den Beschlüssen des Bundesverfassungsgerichts ergeben sich einige zu beachtende Basisannahmen[207] zur Bestimmung angemessener Barabfindungen (vgl. *Abbildung 274*). Auch wenn die folgenden Basisannahmen Bezug zu diesen juristischen Überlegungen aufweisen, soll damit und mit den weiteren Überlegungen nicht der juristische Diskussionsstand zum Problem der angemessenen Abfin-

---

[206] Neben dem aktienrechtlichen „Squeeze out" sind alternativ – unter den entsprechenden gesetzlichen Voraussetzungen – ein übernahmerechtlicher „Squeeze out" gemäß §§ 39a–39c WpÜG oder ein verschmelzungsrechtlicher „Squeeze out" nach § 62 Abs. 5 UmwG möglich. Vgl. hierzu ausführlich KARAMI, Sueeze out (2013).

[207] Die weiteren Ausführungen erfolgen in Anlehnung an MATSCHKE, Unternehmungsbewertung in dominierten Konfliktsituationen (1981), S. 122–129.

dung referiert werden,[208] vielmehr geht es um eine modellhafte Darstellung aus der Sicht der funktionalen Unternehmensbewertungstheorie.[209]

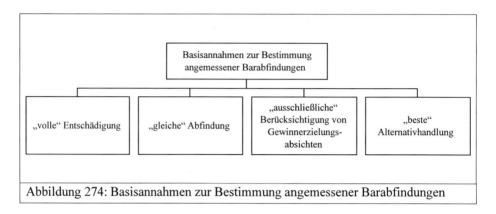

Abbildung 274: Basisannahmen zur Bestimmung angemessener Barabfindungen

Das Bundesverfassungsgericht hat in dem sog. Feldmühle-Urteil vom 7. August 1962 den Ausschluß von Minderheits-Kapitalgesellschaftern für verfassungkonform erklärt und dabei verlangt, daß die Abfindung der *„vollen" Entschädigung* zu entsprechen habe, ohne indes diesen Begriff zu operationalisieren. Der entscheidende Passus lautet: „§ 12 UmwG gibt den ausscheidenden Aktionären Anspruch auf eine ‚angemessene' Abfindung. Darunter ist nicht [...] eine geringere als die volle Abfindung zu verstehen. Im Schrifttum besteht Einigkeit darüber, daß der Ausscheidende das erhalten soll, ‚was seine gesellschaftliche Beteiligung an dem arbeitenden Unternehmen wert ist' [...]. Diese Auslegung ist auch allein mit Art. 14 GG vereinbar; denn wenn Art. 14 Abs. 3 Satz 3 GG für die Enteignung durch den Hinweis auf die Abwägung zwischen den Interessen der Allgemeinheit und der Beteiligten eine geringere als die volle Entschädigung zuläßt,

---

[208] Hierzu wird verwiesen auf RIEGER, Frage der angemessenen Abfindung (1938), KOCH, Bewertung (1939), S. 1365, BUSSE VON COLBE, Maßgeblichkeit des Börsenkurses (1964), SIEGERT, Grundlagen der angemessenen Barabfindung (1968), DRUKARCZYK, Barabfindung (1973), ZEHNER, Unternehmensbewertung (1981), REINKE, Unternehmensbewertung (1998), S. 249–253, BÖCKING/NOWAK, Bundesverfassungsgericht (2000), HOMMEL/BRAUN, Marktorientierte Unternehmensbewertung (2002), RUHNKE, Unternehmensbewertung (2002), S. 1287–1289, WILTS/SCHALDT/NOTTMEIER, Squeeze-outs (2002), S. 621 f., BÖCKING, Barabfindung (2003), insbesondere S. 68–73, MAUL, Spruchstellenverfahren (2003), MUNKERT, Unternehmensbewertung (2005), BACHL, Unternehmensbewertung (2006), FREITAG, Konzernherr (2006), MUNKERT/MUNKERT, Spruchverfahren (2006), RAAB, Unternehmensbewertung (2006), HÜTTEMANN, Rechtliche Vorgaben (2007), SCHWETZLER, Die „volle Entschädigung" (2008), HACHMEISTER/KÜHNLE/LAMPENIUS, Squeeze-Out (2009), BARTHEL, Rechtsprechung (2010), BÖDEKE/FINK, Minderheitsaktionäre (2010), MATSCHKE/BRÖSEL/KARAMI, Rechtsprechung (2010), BRÖSEL/KARAMI, Börsenkurs (2011), GROSSFELD, Recht (2011), HACHMEISTER/RUTHARDT/LAMPENIUS, Unternehmensbewertung (2011), MEINERT, Entwicklungen (2011), OLBRICH/RAPP, Berücksichtigung des Börsenkurses (2011), RUTHARDT/HACHMEISTER, Frage der rückwirkenden Anwendung von Bewertungsstandards (2011), KARAMI, Squeeze out (2013). Siehe zudem WÜSTEMANN, Rechtsprechungsentwicklungen (2007), WÜSTEMANN, Rechtsprechungsreport (2008) bis (2012), im Sinne einer seit 2007 jährlich erscheinenden Berichterstattung über die obergerichtliche Rechtsprechung bezüglich der Methoden, der zu kapitalisierenden Erfolge und der Kapitalisierungszinsfüße sowie der Berücksichtigung von Börsenkursen. Zur kommentierten Rechtsprechung in Österreich (und Deutschland) siehe BACHL, Unternehmensbewertung (2006).

[209] Vgl. ausführlich zu den Grundsätzen funktionaler Unternehmensbewertung im Spannungsfeld zwischen Rechts- und Tatsachenfragen MATSCHKE/BRÖSEL/KARAMI, Rechtsprechung (2010), S. 430–432.

fehlt doch jeder Grund für eine solche Abwägung im Verhältnis zwischen Gleichstehenden, zumal wenn der den Entschädigungsanspruch begründende Sachverhalt im eigenen Interesse des Großaktionärs liegt und von ihm herbeigeführt worden ist."[210]

In der Literatur[211] wird dieser Passus dahingehend interpretiert, daß „volle" Entschädigung – unter Berücksichtigung notwendiger Vereinfachungen – eine Abfindung zur subjektiven Preisgrenze des Abzufindenden bedeute. Eine solche Interpretation ergibt sich aus dem Wortlaut keineswegs zwingend, denn im Urteil heißt es nicht, daß der Ausscheidende nur das erhalten soll, was die Beteiligung *für ihn* wert ist, sondern es heißt: was *seine* Beteiligung wert ist.[212] Damit ist nichts über die Bezugsperson ausgesagt, für welche die Beteiligung des Ausscheidenden etwas wert sein soll oder ist. Werden in die Überlegungen lediglich die nach dem Gesetz am Konflikt beteiligten Parteien, nämlich der Mehrheits-Kapitalgesellschafter[213] und die Minderheits-Kapitalgesellschafter, einbezogen, ist die *Basisannahme der „vollen" Entschädigung* grundsätzlich dreifach interpretierbar:

1. „volle" Entschädigung = Abfindung zur Preisuntergrenze der ausscheidenden Minderheits-Kapitalgesellschafter[214],
2. „volle" Entschädigung = Abfindung zur Preisobergrenze des ausschließenden Mehrheits-Kapitalgesellschafters sowie
3. „volle" Entschädigung = Abfindung zwischen Preisuntergrenze und Preisobergrenze der Parteien.

Die *erste Interpretation* gewährleistet stets, daß die Abfindung mindestens dem Betrag entspricht, bei dem die Minderheits-Kapitalgesellschafter der Veränderung der Eigentumsverhältnisse auch bei Entscheidungsfreiheit, also in einer nicht dominierten Konfliktsituation, hätten zustimmen *können*. Sie trägt dem Gedanken, daß die Interessen der Minderheits-Kapitalgesellschafter zu schützen sind, gerade noch Rechnung, weil die Abfindung stets dem Merkmal der Rationalität des Handelns der Minderheits-Kapitalgesellschafter entspräche. Im Falle einer Nicht-Einigungssituation geht von der ersten Interpretation die stärkste Wirkung auf den Mehrheits-Kapitalgesellschafter aus, von einer nicht paretoeffizienten Eigentumsveränderung abzusehen.[215]

Bei der *zweiten und dritten Interpretation* ist die Abfindung nur dann mit dem Merkmal der Rationalität des Handelns der Minderheits-Kapitalgesellschafter zu vereinbaren, wenn die Preisobergrenze des Mehrheits-Kapitalgesellschafters die Preis-

---

[210] *BVerfG*, Urteil des Ersten Senats vom 7. August 1962 (1 BvL 16/60), S. 284. Vgl. auch *KOPPEN-BERG*, Bewertung von Unternehmen (1964), S. 31–49, zitierter Passus S. 46 f.

[211] Vgl. *SIEBEN*, Abfindung (1966), S. 8 f., *MEILICKE*, Barabfindung (1975), S. 53, *MOXTER*, Unternehmensbewertung 1 (1976), S. 162 f.

[212] *BVerfG*, Beschluß des Ersten Senats vom 27. April 1999 (1 BvR 1613/94), S. 305: „Was unter ,voller Entschädigung' zu verstehen ist, hat das Bundesverfassungsgericht im Feldmühle-Urteil nicht näher definiert. Es steht aber fest, daß von Verfassungs wegen die grundrechtlich relevante Einbuße vollständig kompensiert werden muß. Auszugleichen ist, was dem Minderheitsaktionär an Eigentum im Sinn von Art. 14 Abs. 1 GG verloren geht."

[213] Rechtlich ist es nicht zwingend der Mehrheits-Kapitalgesellschafter in persona, der die Abfindung zu leisten hat, was im weiteren aus sprachlichen Gründen unbeachtet bleiben soll.

[214] Vom Gesetz im Falle des Unternehmensvertrages als „außenstehende Aktionäre" (§ 305 AktG) und im Fall der Eingliederung als „ausgeschiedene Aktionäre" (§ 320b AktG) bezeichnet.

[215] *MOXTER*, Unternehmensbewertung 1 (1976), S. 35, hält eine „Abfindung zum Grenzpreis der ausscheidenden Gesellschafter [..] nur dann [für] ,angemessen', wenn der Grenzpreis der verbleibenden Gesellschafter [...] niedriger ist."

untergrenze der Minderheits-Kapitalgesellschafter übersteigt (oder dieser zumindest entspricht), so daß sich aus dem Schutzgedanken bereits eine Einschränkung für deren Anwendung ergibt. Aber dies bedeutet nicht, daß deshalb „volle" Entschädigung stets Abfindung zur Preisuntergrenze heißen *muß*, weil ansonsten dem Gedanken, daß speziell durch die Abfindungsregelung keine Anreize für die Mehrheits-Kapitalgesellschafter zum Ausschluß geschaffen werden sollen,[216] nicht entsprochen werden könnte. Auch wenn die Interessen der Minderheits-Kapitalgesellschafter geschützt und keine Anreize für deren Ausschluß geboten werden sollen, müssen dennoch die gesetzlich eingeräumten Rechte für die Mehrheits-Kapitalgesellschafter weiterhin nutzbar bleiben, so daß von der Interpretation des Begriffs der „vollen" Entschädigung keine prohibitiven Wirkungen ausgehen dürfen. Folglich kommt auch die generelle Deutung der „vollen" Entschädigung mit der Preisobergrenze des Mehrheits-Kapitalgesellschafters nicht in Betracht.

Der „Interessenlage der Parteien, dem Sinn der gesetzlichen Regelung und den wirtschaftlichen Folgen"[217] wird am ehesten entsprochen, wenn die *Basisannahme der „vollen" Entschädigung nicht schematisch, sondern fallbezogen interpretiert* wird.[218] Ist die Preisobergrenze *größer* als die Preisuntergrenze, führen *alle* drei Interpretationen der „vollen" Entschädigung zu paretooptimalen Lösungen, wenngleich im Falle der ersten und zweiten Interpretation nur zu *Randlösungen*. Das heißt, von der ersten Interpretation gehen in einer potentiellen Einigungssituation tendenziell unerwünschte Anreize für den Mehrheits-Kapitalgesellschafter zum Ausschluß der Minderheit und von der zweiten Interpretation tendenziell unerwünschte prohibitive Wirkungen im Hinblick auf die Nutzung der dem Mehrheits-Kapitalgesellschafter gesetzlich eingeräumten Handlungsmöglichkeiten aus, so daß in einer potentiellen Einigungssituation der dritten Interpretation der „vollen" Entschädigung Priorität eingeräumt werden dürfte,[219] auch wenn ein solcher Vorzug wohlfahrtstheoretisch nicht zwingend ist.[220]

Diese dritte Interpretation kommt im übrigen der Interpretation im juristischen Schrifttum durchaus entgegen,[221] auch wenn dies kaum so gesehen wird, denn dort wird die „volle" Entschädigung vor dem Hintergrund des § 738 BGB ausgelegt. § 738 BGB regelt die Auseinandersetzung beim Ausscheiden und verlangt, daß dem Ausscheidenden „dasjenige zu zahlen [ist], was er bei der Auseinandersetzung erhalten würde, wenn die Gesellschaft zur Zeit seines Ausscheidens aufgelöst worden wäre." Im Falle einer freiwilligen Auflösung im Sinne der Veräußerung aller Anteile („Share Deal") oder aller Vermögensteile im Ganzen oder in Teilen („Asset Deal") werden Transaktionen

---

216 Vgl. z. B. GANSWEID, Gerichtliche Überprüfung (1977), S. 335. Nach GROSSFELD, Unternehmenswert (2000), S. 266, müssen Gerichte „durch die Wahl eines entsprechenden Referenzkurses einem Missbrauch beider [konfligierenden] Seiten begegnen."

217 *LG HANNOVER*, Beschluß vom 16. Juni 1977 (22 AktE 1/70), S. 347.

218 So ist nach STEINHAUER beispielsweise auch die Entscheidung über die Zuhilfenahme von Börsenkursen oder Bewertungsverfahren im Einzelfall zu treffen. Vgl. STEINHAUER, Bewertungsgrundlage (1999), S. 306.

219 So schlägt MOXTER, Unternehmensbewertung 1 (1976), S. 34–36, die Bemessung der Abfindung als arithmetisches Mittel aus den Preisgrenzen vor.

220 Vgl. in diesem Zusammenhang zum Grundsatz eines parteienbezogenen Normwertes GROSSFELD, Recht (2011), Rn. 124.

221 So wird von einer unteren Grenze (hier: die erste Interpretation im Sinne der Preisuntergrenze) ausgegangen, bei der noch Verbundeffekte werterhöhend zu berücksichtigen sind. Vgl. GANSWEID, Gerichtliche Überprüfung (1977), S. 341.

aber nur durchgeführt, wenn der erzielbare Erlös die Preisuntergrenze des Veräußernden mindestens erreicht. In der Regel wird er sie aber übertreffen, so daß die juristische Herangehensweise im Falle einer Einigungssituation mit der dritten Interpretation der „vollen" Entschädigung kompatibel ist.

Die *Basisannahme der „gleichen" Abfindung* schließt die unterschiedliche Behandlung von Trägern gleicher Rechte und Pflichten aus. Aktien gleicher Gattung sind gleich zu behandeln. Unterschiedliche Aktiengattungen sind, falls die Rechtsunterschiede bewertungsrelevant sind, folglich unterschiedlich zu behandeln. Dies bedeutet freilich *nicht*, daß gleiche Aktien aus der Sicht unterschiedlicher Minderheits-Kapitalgesellschafter gleiche subjektive Werte aufweisen müssen, denn das Gegenteil belegt millionenfach tagtäglich der Aktienhandel.[222] Durch die Basisannahme der „gleichen" Abfindung werden indes eine Preisdifferenzierung und damit eine personelle Diskriminierung von Minderheits-Kapitalgesellschaftern mit Aktien einer Gattung durch den Mehrheits-Kapitalgesellschafter verhindert. Auch aus praktischen Überlegungen heraus ist eine „gleiche" Abfindung bei gleichen Aktien sinnvoll. Die Spruchstellen wären überfordert, wenn für jeden einzelnen Minderheits-Kapitalgesellschafter individuell verschiedene angemessene Abfindungen ermittelt werden müßten.

Es scheint nun, daß „volle" Entschädigung, unterschiedliche subjektive Anteilswerte als Preisuntergrenze der Minderheits-Kapitalgesellschafter mit Aktien gleicher Gattung sowie „gleiche" Abfindung aus Gründen der Nicht-Diskriminierung und der Praktikabilität in einem unlösbaren Dilemma zueinander stehen. Dies ist jedoch nicht der Fall, denn ökonomisch ist die *Abfindungsermittlung als Simulation einer Preisfindung* zu interpretieren. Für die Preisfindung sind in einer Wettbewerbs- und Gleichgewichtssituation die Preisvorstellungen der gerade noch zum Zuge kommenden (Grenz-)Anbieter und (Grenz-)Nachfrager entscheidend. Wird dies auf das Problem der Abfindungsregelung übertragen, ist eine „gleiche" Abfindung für alle Minderheits-Kapitalgesellschafter nur dann zugleich auch eine „volle" Entschädigung, wenn sie nicht geringer als die maximale Mindestforderung des „letzten" abzufindenden Minderheits-Kapitalgesellschafters ist. Der „Grenzanbieter" unter den Minderheits-Kapitalgesellschaftern grenzt damit die Höhe der „gleichen" Abfindung nach unten ab.[223]

Gemäß der *Basisannahme der „ausschließlichen" Berücksichtigung von Gewinnerzielungsabsichten* finden bei der Bewertung nur die „künftigen Gewinne" als Ausdruck *aller* mit dem abzufindenden Kapitalanteil verbundenen kurz- und langfristig wirksamen finanziellen Vor- und Nachteile Beachtung. Im juristischen Schrifttum[224] wird in diesem Zusammenhang von der „vermögensrechtlichen Stellung" gesprochen, die sich im Anspruch auf den Bilanzgewinn, im Recht auf Bezug neuer Aktien bei Kapitalerhöhungen sowie im Recht auf Teilhabe am Liquidationserlös manifestiert. Diese ausschließlich „vermögensrechtliche Sicht", die mit der Basisannahme der „ausschließlichen" Berücksichtigung von Gewinnerzielungsabsichten gemeint ist, stellt mit Blick auf die Minderheits-Kapitalgesellschafter keine einschränkende Annahme dar, weil bei ih-

---

[222] Vgl. *Matschke/Brösel/Karami*, Rechtsprechung (2010), S. 432 f., *Brösel/Karami*, Börsenkurs (2011), S. 420–422.

[223] Vgl. *Matschke*, Arbitrumwert (1979), S. 316–333, *Matschke/Brösel/Karami*, Rechtsprechung (2010), S. 430–432, *Brösel/Karami*, Börsenkurs (2011), S. 419 f., *Rapp*, Praxis der Abfindung (2012), S. 9 f.

[224] Vgl. *Meilicke*, Barabfindung (1975), S. 64–74.

nen nichtfinanzielle Aspekte, die sich aus den Leitungsbefugnissen ergeben können, kaum eine Rolle spielen werden. Beim Mehrheits-Kapitalgesellschafter kann dies hingegen durchaus anders sein. Da die „künftigen Gewinne" ungewiß sind, müssen die der Bewertung zugrundegelegten Prognosen so vorgenommen werden, daß die Risiken und Chancen offengelegt werden. Im weiteren wird jedoch vom Unsicherheitsproblem abstrahiert. In der Bewertungspraxis überwiegen die Unsicherheit verdichtenden Vorgehensweisen.

Die *Basisannahme der „besten" Alternativhandlung* betrifft die Frage der zum Vergleich heranzuziehenden Haltestrategie, d. h., ob bei der Bemessung der „vollen" Entschädigung davon auszugehen ist, daß die Minderheitskapitalgesellschafter ihre Anteile auf Dauer („ewig") halten werden oder daß statt dessen auch eine kurzfristige Veräußerungsmöglichkeit in Betracht gezogen wird. Diese Frage der Einbeziehung kurzfristiger Verwertungsstrategien war bis zum Beschluß des Bundesverfassungsgerichts vom 27. April 1999 strittig. Bis dahin war die langfristige Haltestrategie der einzige Bezugspunkt für die Bestimmung der angemessenen Abfindung, wobei im juristischen Schrifttum in diesem Zusammenhang regelmäßig vom *„wahren Wert"* gesprochen wird, dessen Bestimmung mit Hilfe der Ertragswertmethode – nicht zuletzt in der Deutung des Berufstands der Wirtschaftsprüfer (IDW) – die Gerichte als zulässig erachten, d. h., von einer Rezeption der ökonomischen Wertinterpretation konnte keine Rede sein.[225]

3.3.2.3 Grenzen des Börsenkurses für die Abfindungsbemessung aus Sicht der funktionalen Unternehmensbewertung

Ausgangspunkt für ökonomische Überlegungen im Rahmen der gegebenen Rechtsordnung ist der Beschluß des Bundesverfassungsgerichts vom 27. April 1999. Der Leitsatz dieses Beschlusses lautet: „Es ist mit Art. 14 Abs. 1 GG unvereinbar, bei der Bestimmung der Abfindung oder des Ausgleichs für außenstehende oder ausgeschiedene Aktionäre nach §§ 304, 305, 320b Aktiengesetz den Börsenkurs der Aktien außer Betracht zu lassen."[226] Das Bundesverfassungsgericht meint nun, daß die „‚volle' Entschädigung [..] nicht unter dem Verkehrswert liegen [darf]. Dieser kann bei börsennotierten Unternehmen nicht ohne Rücksicht auf den Börsenkurs festgesetzt werden."[227] Die Methode der Berechnung der Entschädigung muß „dem entzogenen Eigentumsobjekt gerecht werden"[228]. „Der Vermögensverlust, den der Minderheitsaktionär durch den Unternehmensvertrag oder die Eingliederung erleidet, stellt sich für ihn als Verlust des Verkehrswerts der Aktie dar. Dieser ist mit dem Börsenkurs der Aktie regelmäßig identisch. Da der Verkehrswert aber die Untergrenze der ‚wirtschaftlich vollen Entschädi-

---

[225] Zur Untauglichkeit der Vorschläge des IDW im Zusammenhang mit Schiedswerten siehe bereits MEYER, Ermittlung von Schiedswerten (2005), S. 43 f., MATSCHKE/BRÖSEL/KARAMI, Rechtsprechung (2010), S. 440–445.

[226] *BVERFG*, Beschluß des Ersten Senats vom 27. April 1999 (1 BvR 1613/94), S. 289. So spricht sich RODLOFF, Börsenkurs (1999), S. 1153, für den Börsenkurs als Untergrenze einer angemessenen Abfindung aus. Im Gegensatz dazu hält RIEGGER, Börsenkurs (1999), S. 1889 f., den Börsenkurs als Untergrenze der Abfindung für ungeeignet. Siehe zur Entwicklung der Beachtung des Börsenkurses als Bemessungsgrundlage für Abfindungsansprüche in der juristischen Literatur, in der Rechtsprechung und in der Praxis GROSSFELD, Unternehmenswert (2000). Siehe auch BÖCKING, Barabfindung (2003), S. 73–85.

[227] *BVERFG*, Beschluß des Ersten Senats vom 27. April 1999 (1 BvR 1613/94), S. 305.

[228] *BVERFG*, Beschluß des Ersten Senats vom 27. April 1999 (1 BvR 1613/94), S. 307.

gung' bildet, die Art. 14 Abs. 1 GG für die Entwertung oder Aufgabe der Anteilsrechte fordert, steht es mit diesem Grundrecht grundsätzlich nicht im Einklang, im aktienrechtlichen Spruchstellenverfahren eine Barabfindung festzusetzen, die niedriger ist als der Börsenkurs. Sonst erhielten die Minderheitsaktionäre für ihre Aktien weniger, als sie ohne die zur Entschädigung verpflichtende Intervention des Mehrheitsaktionärs bei einem Verkauf erlöst hätten."[229] Das Bundesverfassungsgericht führt ferner aus: „Das Gebot, bei der Festsetzung der angemessenen Entschädigung den Börsenkurs zu berücksichtigen, bedeutet nicht, daß er stets allein maßgeblich sein müsse. Eine Überschreitung ist verfassungsrechtlich unbedenklich. Es kann aber auch verfassungsrechtlich beachtliche Gründe geben, ihn zu unterschreiten."[230] So kann der Mehrheits-Kapitalgesellschafter im Einzelfall nachweisen, „daß der Börsenkurs nicht dem Verkehrswert entspricht, etwa weil längere Zeit praktisch überhaupt kein Handel mit den Aktien der Gesellschaft stattgefunden hat."[231]

Im Lichte dieser Ausführungen kann der Börsenkurs zur *maßgeblichen Wertuntergrenze* der „angemessenen" Abfindung werden.[232] Die Diskussion um die Beachtung des Börsenkurses bei gesellschaftsrechtlichen Bewertungsanlässen wird im Schrifttum seit langem geführt.[233] Aus ökonomischer Sicht bildet sich der Aktienkurs nach den Gesetzen von Angebot und Nachfrage aus den sich stets verändernden subjektiven Wertvorstellungen der Kapitalmarktakteure (Verkäufer und Käufer der Anteile). Er repräsentiert einen temporären Einigungspreis in einer speziellen Marktsituation hinsichtlich einer (oder mehrerer) Aktie(n) an dem zu bewertenden Unternehmen.[234] Dieser Preis liegt zwischen den Entscheidungswerten der zum Zuge kommenden Käufer und Verkäufer und/oder entspricht diesen in Bezug auf die Grenzanbieter und Grenznachfrager.[235] Das heißt, die Entscheidungswerte der im Hinblick auf einen Börsenkurs zum Zuge kommenden Käufer sind größer, die Entscheidungswerte der zum Zuge kommenden Verkäufer entsprechend kleiner als der Börsenkurs; bei den Grenzanbietern gibt es eine Übereinstimmung zwischen ihren Entscheidungswerten und dem Börsenkurs. Anders ausgedrückt: Sollten sich zum Börsenkurs die angebotenen und nachgefragten Aktienmengen nicht ausgleichen, dann sind grundsätzlich die Entscheidungswerte der zum Börsenkurs nicht zum Zuge kommenden präsumtiven Verkäufer größer und die Entscheidungswerte der nicht zum Zuge kommenden präsumtiven Käufer kleiner als der

---

[229] *BVerfG*, Beschluß des Ersten Senats vom 27. April 1999 (1 BvR 1613/94), S. 308. Vgl. auch *BGH*, Beschluß vom 12. März 2001 (II ZB 15/00). Im Leitsatz [*BGH*, Beschluß vom 12. März 2001 (II ZB 15/00), S. 1053] heißt es: „Der außenstehende Aktionär der beherrschten AG ist grundsätzlich unter Berücksichtigung des an der Börse gebildeten Verkehrswertes der Aktie abzufinden. Ihm ist jedoch der Betrag des quotal auf die Aktie bezogenen Unternehmenswertes (Schätzwertes) zuzubilligen, wenn dieser höher ist als der Börsenwert." So sehen auch BÖCKING/NOWAK, Bedeutung des Börsenkurses (2000), S. 24, den Börsenkurs höchstens als Wertuntergrenze: „Ein ausschließliches Abstellen auf den Börsenkurs zur Abfindung zwangsweise ausscheidender Minderheitsgesellschafter ist jedoch aus betriebswirtschaftlicher Sicht abzulehnen, da der Börsenkurs allenfalls die Wertuntergrenze des Abzufindenden approximieren kann."

[230] *BVerfG*, Beschluß des Ersten Senats vom 27. April 1999 (1 BvR 1613/94), S. 309.

[231] *BVerfG*, Beschluß des Ersten Senats vom 27. April 1999 (1 BvR 1613/94), S. 309.

[232] Vgl. ausführlich MATSCHKE/BRÖSEL/KARAMI, Rechtsprechung (2010), S. 432–440, GROSSFELD, Recht (2011), Rn, 1091–1114.

[233] Vgl. statt vieler m. w. N. BUSSE VON COLBE, Börsenkurs (2000).

[234] Vgl. BRÖSEL/KARAMI, Börsenkurs (2011), S. 420 f.

[235] Es wird hier zur Erläuterung auf die Einheitskursbildung eines amtlichen Kursmaklers abgestellt.

Börsenkurs. Eine solche „unterschiedliche Bewertung der Aktie durch Käufer und Verkäufer ist es, die den Handel an der Börse erst ermöglicht"[236].

Verkauft in Anbetracht dessen ein Minderheits-Kapitalgesellschafter seine Aktien-
anteile im Vorfeld der Bekanntgabe einer gesellschaftsrechtlichen Strukturmaßnahme
nicht, ist dies gerade Ausdruck seines über dem Börsenkurs liegenden (Verkäu-
fer-)Grenzpreises. Vor diesem Hintergrund mißt die funktionale Unternehmensbewertungstheorie dem Börsenkurs bei der Abfindungsbemessung keine hohe Bedeutung zu,
weil dieser den relevanten Entscheidungswert des abzufindenden „Grenzanbieters" weder entsprechen noch übersteigen dürfte.[237] Insofern ist der Börsenkurs eine Größe ohne
wirkliche Aussagekraft für die Abfindungsbemessung;[238] er ist kein Surrogat für den
Entscheidungswert des „Grenzanbieters", welcher bewertungstheoretisch gemäß dem
Grundsatz der Rationalität des Handelns den Mindestabfindungsbetrag darstellt und
welcher zugleich dem verfassungsrechtlichen Gebot der „vollen" Entschädigung für jeden abzufindenden Aktionär gerecht wird.

Warum hat das Bundesverfassungsgericht in der Angelegenheit „DAT/Altana"[239]
die Maßgeblichkeit des Börsenkurses vorgeschrieben? Nach höchstrichterlicher Auffassung muß eine Abfindung so bemessen sein, daß Minderheits-Kapitalgesellschafter
nicht weniger erhalten, als sie bei einer freien Desinvestitionsentscheidung bekommen
würden.[240] Auch wenn der „DAT/Altana"-Beschluß aus Sicht der funktionalen Unternehmensbewertungstheorie keine fundamentale Bedeutung haben sollte, war er dennoch
für die Gutachterpraxis insofern richtungweisend,[241] als eine Untersuchung aus der Zeit
vor 1999 demonstriert, daß in 60 % der Abfindungsfälle das auf Basis des „objektivierten" Ertragswertverfahrens der Wirtschaftsprüfer ermittelte Abfindungsangebot durchschnittlich um 22 % unter dem Börsenkurs lag, den Minderheits-Kapitalgesellschafter
bei einer freiwilligen Desinvestitionsentscheidung am Kapitalmarkt hätten erzielen können.[242] Hinter dem Leitgedanken der höchstrichterlichen Rechtsprechung steht kein explizit bewertungstheoretisch motiviertes Erfordernis; vielmehr soll rechtlich – stärker
als vor diesem Beschluss praktiziert – im Interesse des Minderheitenschutzes – in dominierten Konfliktsituationen – der Forderung nach „angemessener(er)" Abfindung im
Sinne von Art. 14 Abs. 1 GG entsprochen werden.

---

[236] OLBRICH, Bedeutung des Börsenkurses (2000), S. 460.

[237] Vgl. HERING/OLBRICH, Entschädigung der Mehrstimmrechte (2003), S. 1519 f., MATSCHKE/BRÖSEL/
       KARAMI, Rechtsprechung (2010), S. 433, BRÖSEL/KARAMI, Börsenkurs (2011), S. 420 f., OLBRICH/
       RAPP, Berücksichtigung des Börsenkurses (2011), S. 2007, RAPP, Praxis der Abfindung (2012),
       S. 9 f.

[238] So auch BURGER, Börsenkurs (2012).

[239] So wird der (hier oft zitierte) Beschluß des Bundesverfassungsgerichts vom 27. April 1999 (I BvR
       1613/94) auch bezeichnet. Siehe hierzu BUNGERT, ADT/Altana (2001), REUTER, Börsenkurs (2001).

[240] Vgl. BVerfG, Beschluß vom 27. April 199 (1 BvR 1613/94), S. 308.

[241] Bei der Würdigung des sog. DAT/Altana-Beschlusses muß sich folgender Sachverhalt vor Augen
       gehalten werden: Den Minderheits-Kapitalgesellschaftern war eine Abfindung von 550 DM gebo-
       ten worden; der durchschnittliche Börsenkurs des letzten Halbjahres lag bei ca. 1.000 DM. Die
       Angemessenheit dieser erheblichen Minderung der Rechts- und Vermögensposition wäre auch
       ohne Verfassungsrecht nach § 287 ZPO zu prüfen gewesen. Vgl. GROSSFELD, Unternehmenswert
       (2000), S. 261–263.

[242] Vgl. DÖRFLER ET AL., Probleme bei der Wertermittlung (1994), S. 159. Ähnlich das Ergebnis einer
       jüngeren empirischen Untersuchung durch HENSELMANN/SCHRENKER/WINKLER, Börsenkurs (2011).

Offen läßt das Bundesverfassungsgericht in seinem DAT/Altana-Beschluß die Frage des Stichtages oder eines Referenzzeitraums. Es heißt in ihm: „Ebensowenig verlangt Art. 14 Abs. 1 GG, daß gerade der Börsenkurs zum Bewertungsstichtag gemäß § 305 Abs. 2 Satz 2 AktG zur Untergrenze der Barabfindung gemacht wird."[243], und an anderer Stelle: „Zu den im Berücksichtigungszeitpunkt maßgeblichen Verhältnissen gehört aber nicht nur der Tageskurs, sondern auch ein auf diesen Tag bezogener Durchschnittswert."[244] Vor diesem Hintergrund hat der Bundesgerichtshof inzwischen aus Gründen der Rechtssicherheit – um Manipulationsrisiken möglichst wirksam begegnen zu können – einen Durchschnittskurs für maßgeblich erklärt; der Bundesgerichtshof hält dabei einen Referenzzeitraum von drei Monaten für angemessen.[245]

Diese rechtlichen Überlegungen sollen inhaltlich zu der Basisannahme der besten Vergleichshandlung dergestalt zusammengefaßt werden, daß der bei der Bemessung der angemessenen Abfindung heranzuziehende Entscheidungswert der Minderheits-Kapitalgesellschafter im Sinne eines „Grenzanbieters" dem maximalen Wert entspricht, der sich aus dem Vergleich einer langfristigen und einer kurzfristigen Haltestrategie ergibt.

3.3.2.4 Modell zur Bestimmung angemessener Barabfindungen

Im nachstehenden Modell[246] werden unter Berücksichtigung der erläuterten Basisannahmen folgende Größen benötigt, miteinander verglichen und gegebenenfalls miteinander kombiniert:

- das Barabfindungsangebot BA des Mehrheits-Kapitalgesellschafters als Abfindungsleistenden („Käufer" K),
- der Entscheidungswert des Abfindungsleistenden als Preisobergrenze P_{max},
- die maximale Mindestforderung $\max\{BK, P_{\min j}\}$ der abzufindenden Minderheits-Kapitalgesellschafter („Verkäufer" V) unter Berücksichtigung eines Börsenkurses BK, damit die Abfindung aus der Sicht aller Abzufindenden j akzeptabel ist.

Im Falle einer gerichtlichen Nachprüfung, ob eine angebotene Barabfindung BA als „angemessen" gelten kann, liegt das Barabfindungsgebot vor, die weiteren Größen sind zu schätzen.

Für die Menge $\mathfrak{S}$ aller in Betracht kommenden Konfliktlösungen gibt es im Modell grundsätzlich keine Beschränkungen, wobei im weiteren – entsprechend dem Sprachge-

---

[243] *BVerfG*, Beschluß des Ersten Senats vom 27. April 1999 (1 BvR 1613/94), S. 309. Der gesetzliche Stichtag nach § 305 Abs. 3 Satz 2 AktG ist der Zeitpunkt der Beschlußfassung der Hauptversammlung über den Beherrschungs- oder Gewinnabführungsvertrag. Nach § 320b Abs. 1 Satz 5 AktG ist es der Tag der Beschlußfassung über die Eingliederung.

[244] *BVerfG*, Beschluß des Ersten Senats vom 27. April 1999 (1 BvR 1613/94), S. 310. Vgl. zum Problem des Bezugszeitraums für die Berücksichtigung des Börsenkurses *BUNGERT/ECKERT*, Börsenwert (2000), S. 1847–1849, *GROSSFELD*, Unternehmenswert (2000), S. 266, *BUNGERT*, DAT/Altana (2001), S. 1164–1166. Siehe hierzu auch *REUTER*, Börsenkurs (2001).

[245] Gemäß dem *BGH*, Beschluß des Zweiten Zivilsenats vom 19. Juli 2010 (II ZB 18/09), in der Rechtssache „Stollwerck" ist der *normierte Börsenwert* der Aktie grundsätzlich aufgrund eines nach Umsatz gewichteten Durchschnittskurses innerhalb einer dreimonatigen Referenzperiode vor der Bekanntmachung einer Strukturmaßnahme zu ermitteln. Siehe aus ökonomischer Sicht zum Problem des Bezugszeitraums für die Berücksichtigung des Börsenkurses m. w. N. *MATSCHKE/BRÖSEL/KARAMI*, Rechtsprechung (2010), S. 434–437, *BRÖSEL/KARAMI*, Börsenkurs (2011), S. 422–428, *OLBRICH/RAPP*, Berücksichtigung des Börsenkurses (2011).

[246] Vgl. hierzu auch *MATSCHKE*, Arbitriumwert (1979), S. 309–345.

brauch – der Bereich auf Zahlungen an die Abzufindenden beschränkt wird, so daß gilt:

$$\mathfrak{S} = \left\{ \text{BA} \,\middle|\, \text{BA} > 0 \right\}.$$

Die Einigungsmenge $\mathfrak{E}$ ist der Durchschnitt der Menge $\mathfrak{S}_{zK}$ aller Konfliktlösungen, die aus der Sicht des Abfindungsleistenden als „Käufer" mit rationalem Handeln vereinbar sind, und der Menge $\mathfrak{S}_{zV}$ aller zulässigen Konfliktlösungen aus der Sicht der Abzufindenden als „Verkäufer":

$$\mathfrak{E} = \mathfrak{S}_{zK} \cap \mathfrak{S}_{zV}.$$

Aus der Sicht des Abfindungsleistenden ist die Menge der zulässigen Konfliktlösungen definiert als

$$\mathfrak{S}_{zK} = \left\{ \text{BA} \,\middle|\, \text{BA} \leq P_{max} \right\}.$$

Für die Abzufindenden j gilt unter Beachtung der Basisannahme der „besten" Alternativstrategie, wobei der Börsenkurs BK Ausdruck einer Kurzfristhaltestrategie ist und die Entscheidungswerte P_{min} für eine Langfristhaltestrategie stehen:

$$\mathfrak{S}_{zV} = \left\{ \text{BA} \,\middle|\, \text{BA} \geq \max\{\text{BK}, P_{min\,j}\} \ \ \forall\, j \right\}.$$

Eine nicht-leere Einigungsmenge setzt voraus, daß die Preisobergrenze des Abfindungsleistenden P_{max} die letztlich wirksame Preisuntergrenze $\max\{\text{BK}, P_{min\,j}\}$ aus der Sicht aller Abzufindenden überschreitet oder im Grenzfall damit übereinstimmt:

$$\mathfrak{E} = \left\{ \text{BA} \,\middle|\, \max\{\text{BK}, P_{min\,j}\} \leq \text{BA} \leq P_{max} \ \ \forall j \right\}.$$

Jedes Abfindungsangebot BA des Abfindungsleistenden, für das diese Beziehung gilt, kann als „angemessen" angesehen werden, sofern nur eine Entscheidung zwischen der Beurteilung „angemessen" oder der Beurteilung „nicht angemessen" zu treffen ist, denn alle Abzufindenden würden in diesem Fall (wenigstens) eine „volle" Entschädigung bekommen. Die Basisannahmen lassen zu, daß die Abzufindenden „besser" gestellt werden können, auch wenn sie darauf keinen (verfassungsrechtlichen) Anspruch haben.

„Angemessen" kann aber auch im Sinne einer der gängigen Teilungsnormen definiert werden. Im Falle der Anwendung der *Regel der absolut gleichen Teilung* eines Vorteils würden dann gelten:

$$\text{BA}_{angem} = \frac{\max\{\text{BK}, P_{min\,j}\} + P_{max}}{2}.$$

Wird die *Regel der relativ gleichen Teilung* eines Vorteils herangezogen, die bei Verschmelzungen zumeist ohne Diskussion als „einzig mögliche" akzeptiert wird, ergibt sich:

$$\text{BA}_{angem} = P_{max} - (P_{max} - \max\{\text{BK}, P_{min\,j}\}) \cdot \frac{P_{max}}{\max\{\text{BK}, P_{min\,j}\} + P_{max}}$$

oder – äquivalent –

$$\text{BA}_{angem} = \max\{\text{BK}, P_{min\,j}\} + (P_{max} - \max\{\text{BK}, P_{min\,j}\}) \cdot \frac{P_{min}}{\max\{\text{BK}, P_{min\,j}\} + P_{max}}.$$

Bevor auf die Ermittlung der heranzuziehenden Entscheidungswerte P_{max} und $max\{P_{min}\}$ eingegangen wird, werden die bisherigen Ausführungen an einem einfachen Zahlenbeispiel erläutert.

Es sind vier Minderheits-Kapitalgesellschafter abzufinden. Für das vorliegende Abfindungsangebot BA, den Entscheidungswert des Mehrheits-Kapitalgesellschafters P_{max} sowie für die Entscheidungswerte der Minderheits-Kapitalgesellschafter P_{min} bei einer Langfristhaltestrategie sowie des Börsenkurses BK im Falle einer Kurzfristhaltestrategie gelten folgende Zahlenwerte: $BA = 120$, $P_{max} = 150$, $max\{P_{min\,j}\} = \{100;\ 110;\ 130;\ 90\} = 130$, $BK = 125$.

Die Einigungsmenge $\mathfrak{E}$ ist im Beispiel nicht leer, so daß eine *Einigung unter Berücksichtigung des Merkmals der Rationalität für alle Konfliktbeteiligten* möglich ist:

$$\mathfrak{E} = \left\{ BA \,\middle|\, max\{BK, max\{P_{min}\}\} \le BA \le P_{max} \right\} = \left\{ BA \,\middle|\, max\{125, 130\} \le BA \le 150 \right\}.$$

Das vorliegende Abfindungsangebot $BA = 120$ ist kein Element der Einigungsmenge, so daß es als „nicht angemessen" zu qualifizieren ist. Wird die „angemessene" Barabfindung auf Basis der *Regel der absolut gleichen Teilung* des Vorteils bestimmt, ergibt sich:

$$BA_{angem} = \frac{max\{BK, P_{min\,j}\} + P_{max}}{2} = \frac{130 + 150}{2} = 140.$$

Die Anwendung der *Regel der relativ gleichen Teilung* führt im Beispiel zu folgender Konkretisierung der „angemessenen" Barabfindung:

$$BA_{angem} = P_{max} - (P_{max} - max\{BK, P_{min\,j}\}) \cdot \frac{P_{max}}{max\{BK, P_{min\,j}\} + P_{max}}$$

$$BA_{angem} = 150 - (150 - 130) \cdot \frac{150}{130 + 150} = 139,2857$$

oder – äquivalent –

$$BA_{angem} = max\{BK, P_{min\,j}\} + (P_{max} - max\{BK, P_{min\,j}\}) \cdot \frac{P_{min}}{max\{BK, P_{min\,j}\} + P_{max}}$$

$$BA_{angem} = 130 + (150 - 130) \cdot \frac{130}{130 + 150} = 139,2857.$$

Abschließend soll noch auf die Ermittlung des Entscheidungswertes des Mehrheits-Kapitalgesellschafters P_{max} sowie der Entscheidungswerte der Minderheits-Kapitalgesellschafter $P_{min\,j}$ bei einer Langfristhaltestrategie eingegangen werden. Ausgangspunkt für den Preisgrenzenkalkül der abzufindenden Minderheits-Kapitalgesellschafter ist der (maximale) Entnahmestrom EN^{max} des zu bewertenden Unternehmens, der zu erwarten ist, wenn es den Beschluß, der die Abfindung auslöst, nicht gegeben hätte. Von diesem Entnahmestrom wäre auf die abzufindenden Minderheits-Kapitalgesellschafter – Aktien nur einer Gattung unterstellt – insgesamt ein Anteil $\beta \cdot EN^{max}$ entfallen. Es wird im weiteren der Einfachheit halber unterstellt, daß die Ausschüttungsgewichtungsfaktoren im Zeitablauf übereinstimmen, also $w_1 : w_2 : \ldots : w_t : \ldots : w_T = 1 : 1 : \ldots : 1 : \ldots : 1$. Der Betrachtungszeitraum soll, um die Darstellung nicht unnötig formelmäßig zu komplizieren und die kaufmännische Kapitalisierungsformel anwenden zu können, unbegrenzt sein, also $T \rightarrow \infty$. Ferner sollen insgesamt N Aktien abfindungsberechtigt sein. Der auf eine abzufindende Aktie entfallende Ausschüttungsanteil G_V beträgt dann:

$$G_V = \frac{\beta \cdot EN^{max}}{N}.$$

Während dieser Ausschüttungsanteil pro Aktie G_V für alle abzufindenden Minderheits-Kapitalgesellschafter j (als „Verkäufer" V) bei nur einer Aktiengattung übereinstimmt,[247] sind deren Alternativanlagemöglichkeiten keineswegs zwingend gleich, so daß jeder einzelne Minderheits-Kapitalgesellschafter j seine individuelle Preisuntergrenze $P_{min\,j}$ auf der Basis seiner besten Ausweichinvestition als Vergleichsobjekt im Falle der Langfristhaltestrategie zu bestimmen hat. Mit Hilfe des internen Zinses $r_{V\,j}$ der optimalen Ausweichinvestition läßt sich dann die individuelle Preisuntergrenze $P_{min\,j}$ ermitteln:

$$P_{min\,j} = \frac{G_V}{r_{V\,j}}.$$

Für das Modell zur Bestimmung der „angemessenen" Abfindung ist eine Information über den Entscheidungswert $max\{P_{min\,j}\}$ des „Grenzanbieters" erforderlich. Um diesen bestimmen zu können, ist es – anders als im Zahlenbeispiel vorausgesetzt – *nicht* erforderlich, jeden individuellen Entscheidungswert $P_{min\,j}$ der Aktionäre j zu kennen. Vielmehr reicht es, wenn eine Information über den geringsten internen Zins $r_{V\,j}$ vorliegt, denn es gilt:

$$max\{P_{min\,j}\} = \frac{G_V}{min\{r_{V\,j}\}}.$$

Aus Praktikabilitätsgründen könnte hierzu auf den „landesüblichen Zins" abgestellt werden.[248]

Auf den Abfindungsleistenden (als „Käufer" K) entfällt in Zukunft zusätzlich der ansonsten an die Minderheits-Kapitalgesellschafter fließende Ausschüttungsstrom $N \cdot G_V = \beta \cdot EN^{max}$. Zugleich soll er den Ausschluß deswegen betreiben, um in Zukunft eine Steigerung des Ausschüttungsstroms um den Betrag ΔEN zu erreichen. ΔEN soll dabei als Kapitalwertannuität („ewige Rente") verstanden werden, deren Realisation den Ausschluß der Minderheits-Kapitalgesellschafter erfordert. Die Gesamtverbesserung aus der Sicht des Abfindungsleistenden pro Periode beträgt dann $N \cdot G_V + \Delta EN = \beta \cdot EN^{max} + \Delta EN$. Um diesen zusätzlichen Ausschüttungsstrom anderweitig realisieren zu können, hätte der Abfindungsleistende den Betrag P_K investieren müssen. Für alle N abzufindenden Aktien könnte er folglich auch den Betrag P_K maxi-

---

[247] Die Übereinstimmung gilt im Hinblick auf „tatsächliche" Ausschüttungen. Bezogen auf zukünftig „erwartete" Ausschüttungen kann es Unterschiede zwischen den einzelnen Minderheits-Kapitalgesellschaftern geben. Davon wird im weiteren jedoch abstrahiert, weil vereinfachend unterstellt wird, daß die Prognose der künftigen Ausschüttungen wie auch die Abschätzung der relevanten Kalkulationszinsfüße durch den unparteiischen Gutachter vorgenommen werden. Die letztlich in den Kalkül zur Bestimmung der angemessenen Barabfindung eingehenden Preisgrenzen der Konfliktparteien stellen daher die vom Gutachter „geschätzten" Preisgrenzen dar, auch wenn dies aus sprachlichen Gründen im Haupttext anders formuliert ist.

[248] Siehe hierzu WENGER, Basiszins (2003).

mal aufwenden, so daß gilt:

$$N \cdot P_{max} = P_K.$$

Mit P_K kann der Abfindungsleistende den nach dem Ausschluß der Minderheit pro Periode gleichbleibenden Ausschüttungsstrom $\beta \cdot EN^{max} + \Delta EN$ realisieren, wobei aufgrund der gesetzten Prämissen gilt:

$$P_K = \frac{\beta \cdot EN^{max} + \Delta EN}{r_K}$$

und r_K der interne Zins des Vergleichsobjekts aus der Sicht des Abfindungsleistenden ist. Der Entscheidungswert P_{max} für eine der abzufindenden Aktien ergibt sich dann aus folgender Beziehung:

$$P_{max} = \frac{\beta \cdot EN^{max} + \Delta EN}{r_K} \cdot \frac{1}{N}.$$

Wird der vom Abfindungsleistenden nach dem Ausscheiden der abzufindenden Aktionäre erwartete Gewinn pro abzufindender Aktie mit

$$G_K = \frac{\beta \cdot EN^{max} + \Delta EN}{N}$$

bezeichnet, bestimmt sich der Entscheidungswert des Abfindungsleistenden als Barwert dieses mit der Alternativrendite r_K kapitalisierten Gewinns:

$$P_{max} = \frac{G_K}{r_K}.$$

Das Beispiel soll nun durch die weiteren Daten ergänzt werden. Der Anteil aller abzufindenden Aktien $N = 7.500$ beträgt $\beta = 4,875\,\%$. Der Ausschüttungsstrom ohne Ausschluß der Minderheits-Kapitalgesellschafter soll $EN^{max} = 1.000.000$ betragen. Der landesübliche Zins als geringste Alternativrendite der Abzufindenden soll $\min\{r_{V\,j}\} = 5\,\%$ sein. Nach dem Ausschluß kann der Abfindungsleistende den Ausschüttungsstrom je Periode um $\Delta EN = 63.750$ erhöhen. Die Alternativrendite des Abfindungsleistenden beträgt $r_K = 10\,\%$.

Der Entscheidungswert des Abfindungsleistenden als Preisobergrenze P_{max} pro abzufindender Aktie beträgt dann:

$$P_{max} = \frac{G_K}{r_K} = \frac{\dfrac{\beta \cdot EN^{max} + \Delta EN}{N}}{r_K} = \frac{\dfrac{0,04875 \cdot 1.000.000 + 63.750}{7.500}}{0,1} = \frac{15}{0,1} = 150.$$

Auf der Basis der Langfristhaltestrategie ergibt sich aus der Sicht aller Abzufindenden dann als maximale Mindestforderung $\max\{P_{min\,j}\}$ pro Aktie:

$$\max\{P_{min\,j}\} = \frac{G_V}{\min\{r_{V\,j}\}} = \frac{\dfrac{\beta \cdot EN^{max}}{N}}{\min\{r_{V\,j}\}} = \frac{\dfrac{0,04875 \cdot 1.000.000}{7.500}}{0,05} = \frac{\dfrac{48.750}{7.500}}{0,05} = \frac{6,5}{0,05} = 130.$$

Im übrigen gelten die bereits gebrachten Darlegungen.

Ist die *Einigungsmenge* $\mathfrak{E}$ *leer*, sind die Interessen der Minderheits-Kapitalgesell-schafter zu schützen. Die Bestimmung der „angemessenen" Barabfindung hat dann auf Basis der modifizierten Einigungsmenge $\mathfrak{E}'$ zu erfolgen, die alle aus der Sicht der zu schützenden Partei zulässigen Konfliktlösungen umfaßt, also mit der Menge $\mathfrak{S}_{zV}$ der Abzufindenden übereinstimmt:

$$\mathfrak{E}' = \mathfrak{S}_{zV} = \left\{ BA \Big| BA \geq \max\{BK, P_{\min j}\} \; \forall j \right\}.$$

Die „angemessene" Abfindung muß auch in diesem Zusammenhang unter Berück-sichtigung unterschiedlicher Haltestrategien eine „volle" Entschädigung sein. Da von der Abfindungsbemessung keine prohibitiven Wirkungen zur Nutzung der gesetzlichen Möglichkeiten ausgehen sollen, ist sie in Höhe der geringsten „vollen" Entschädigung festzusetzen:

$$BA_{angem} = \left\{ BA \Big| BA = \max\{BK, P_{\min j}\} \; \forall j \right\} = \max\{BK, P_{\min j}\}.$$

Eine solche Situation würde sich – unter sonst gleichen Bedingungen – im Zahlen-beispiel ergeben, wenn z. B. $P_{max} = 90$ beträgt, weil die Verbesserung des Ausschüt-tungsstroms nach dem Ausschluß nur $\Delta EN^* = 18.750$ ist:

$$P_{max} = \frac{G_K}{r_K} = \frac{\dfrac{\beta \cdot EN^{max} + \Delta EN^*}{N}}{r_K} = \frac{\dfrac{0,04875 \cdot 1.000.000 + 18.750}{7.500}}{0,1} = \frac{9}{0,1} = 90.$$

Für die Einigungsmenge gilt dann $\mathfrak{E} = \varnothing$ und für die modifizierte Einigungsmenge $\mathfrak{E}' = \mathfrak{S}_{zV} = \left\{ BA \Big| BA \geq \max\{BK, P_{\min j}\} \; \forall j \right\} = \left\{ BA \Big| BA \geq \max\{125, 130\} \; \forall j \right\}$, so daß die angemessene Barabfindung i. H. v. $BA_{angem} = \max\{125, 130\} = 130$, also auf Basis der Langfristhaltestrategie, festzusetzen ist.

3.4   Ausgewählte Kontrollfragen

Aufgabe 1 (20 Punkte) – Arbitriumwert und Arbitriumwertermittlung

a)   Erläutern Sie, welche Aufgabenstellung im Rahmen der Vermittlungsfunktion verfolgt wird! (2 Punkte)

b)   Definieren Sie den Begriff „Arbitriumwert"! Was sind die charakteristischen Merkmale des Arbitriumwertes im Falle einer nicht dominierten Konfliktsituation? Erläutern Sie diese ebenfalls! (8 Punkte)

c)   Erläutern Sie die Vorgehensweise der Arbitriumwertermittlung im Falle einer nicht dominierten Konfliktsituation anhand der Matrix der funktionalen Unternehmensbewertung! (10 Punkte)

Aufgabe 2 (40 Punkte) – Arbitriumwertermittlung in dominierten Konfliktsituationen

a)   Was ist unter einer dominierten Konfliktsituation zu verstehen? Wie können dominierte Konfliktsituationen unterschieden werden? Erläutern Sie zwei Unterscheidungskriterien! (10 Punkte)

b)   Diskutieren Sie die Problematik, die sich bei der Arbitriumwertermittlung in den dominierten Konfliktsituationen ergeben könnte! (3 Punkte)

c)   Wie unterscheidet sich die Vorgehensweise der Arbitriumwertermittlung in dominierten Konfliktsituationen im Hinblick auf die Matrix der funktionalen Unternehmensbewertung von der Arbitriumwertermittlung in nicht dominierten Konfliktsituationen? Gehen Sie dabei nur auf die Besonderheiten ein, welche die dominierten Konfliktsituationen auszeichnen! (7 Punkte)

d)   Nennen und erläutern Sie die Basisannahmen zur Bestimmung angemessener Barabfindungen! (8 Punkte)

e)   Es liegt eine dominierte, disjungierte, eindimensionale Konfliktsituation vom Typ des Kaufs/Verkaufs vor. Es sei angenommen, daß ein Mehrheits-Kapitalgesellschafter K die j Minderheitskapitalgesellschafter V ausschließen kann. Der konfliktlösungsrelevante Sachverhalt sei die Barabfindung BA, die der Mehrheits-Kapitalgesellschafter K an die Minderheits-Kapitalgesellschafter V im Falle ihres Ausscheidens pro Anteil zahlen muß. Der Anteil der abzufindenden Aktien N = 8.000 beträgt β = 4 %. Der gleichbleibende ewige Ausschüttungsstrom ohne Ausschluß der Minderheits-Kapitalgesellschafter soll EN^{max} = 9.000.000 betragen. Der landesübliche Zins als geringste Alternativrendite der Abzufindenden soll $\min\{r_{V_j}\}$ = 5 % sein. Nach Ausschluß kann der Abfindungsleistende den Ausschüttungsstrom je Periode um ΔEN = 68.000 erhöhen. Die Alternativrendite des Abfindungsleistenden beträgt r_K = 10 %.

Bestimmen Sie aus dem gegebenen Datenmaterial die Einigungsmenge $\mathfrak{E}$ oder – wenn erforderlich – die modifizierte Einigungsmenge $\mathfrak{E}'$ für die Barabfindung BA! Finden Sie schließlich eine angemessene Barabfindung BA$_{angem}$! Begründen Sie Ihre Wahl, wenn mehrere Möglichkeiten bestehen! (12 Punkte)

Aufgabe 3 (10 Punkte) – Merkmal der parteienbezogenen Angemessenheit

a) Was besagt das Merkmal der parteienbezogenen Angemessenheit? (3 Punkte)
b) Ermitteln Sie den Arbitriumwert im Sinne eines Schiedspreises für den Fall einer eindimensionalen, nicht dominierten, disjungierten Konfliktsituation vom Typ des Kaufs/Verkaufs nach der Regel der absolut gleichen Teilung und nach der Regel der relativ gleichen Teilung, wenn der Entscheidungswert des Käufers bei 100 GE und der des Verkäufers bei 80 GE vermutet wird! Geben Sie Ihren Lösungsweg an! (4 Punkte)
c) Wie kann der Arbitriumwert schließlich durch die Konfliktparteien in dieser Konfliktsituation verwendet werden? (3 Punkte)

Aufgabe 4 (15 Punkte) – Geschäftswert

a) Welche Rolle spielt der Geschäftswert im Rahmen der traditionellen Kombinationsverfahren der Unternehmensbewertung? (5 Punkte)
b) Welche Bedeutung hat der Geschäftswert bei der subjektiven, entscheidungsorientierten Unternehmensbewertung? (2 Punkte)
c) Wann wird innerhalb der Bilanzierung vom Geschäftswert gesprochen? Welchen Abschreibungsregelungen unterliegt der Geschäftswert im handelsrechtlichen Einzelabschluß? Welche Fehlinterpretationen können sich aus dem Bilanzposten „Geschäfts- oder Firmenwert" ergeben? (8 Punkte)

Aufgabe 5 (30 Punkte) – Kombinierte Bewertungsverfahren

a) Erläutern Sie drei kombinierte Bewertungsverfahren! Gehen Sie dabei auf deren Darstellung mit der JACOBschen Normalform und die arbitriumtheoretische Deutung ein! (12 Punkte)
b) Aus welchen, hier zu erläuternden Gründen wird das Mittelwertverfahren vorgeschlagen? (6 Punkte)
c) Erläutern Sie überblicksartig die Ansichten von FELIX MORAL hinsichtlich der Unternehmensbewertung als ein Instrument der Vermittlung zwischen Käufer und Verkäufer! (7 Punkte)
d) Unter welchen Bedingungen sind die kombinierten Bewertungsverfahren nur noch eingeschränkt zur Arbitriumwertermittlung gültig? Stellen Sie kurz drei der vier Fälle graphisch dar! (5 Punkte)

Aufgabe 6 (15 Punkte) – MVA- und EVA-Verfahren

Stellen Sie das Verfahren des „Market Value Added" (MVA-Verfahren) und das Verfahren des „Economic Value Added" (EVA-Verfahren) dar! Würdigen Sie diese Verfahren und die von den Vertretern dieser Verfahren im Hinblick auf die „wertorientierte Unternehmenssteuerung" genannten Implikationen kritisch!

Aufgabe 7 (10 Punkte) – Stuttgarter Verfahren

a) Erläutern Sie das sog. Stuttgarter Verfahren! (2 Punkte)
b) Was sind die charakteristischen Merkmale dieses Verfahrens? (3 Punkte)
c) Wie bestimmt sich der Unternehmenswert nach diesem Verfahren? (5 Punkte)

Aufgabe 8 (30 Punkte) – Arbitriumwerte beim Börsengang und bei Auktionen

Bearbeiten Sie das folgende Thema in Form eines kleinen Aufsatzes: „Arbitriumwerte im Rahmen des Börsengangs junger Unternehmen und bei ‚Merger & Acquisition'-Auktionen' (M&A-Auktionen)." Stellen Sie Ihren Ausführungen eine Gliederung voran!

Aufgabe 9 (15 Punkte) – Auktionsverfahren im Rahmen des Börsengangs

a) Systematisieren Sie die Arten von Auktionsverfahren i w. S. graphisch! Erläutern Sie kurz die Besonderheiten der einzelnen Verfahren! (7 Punkte)
b) Stellen Sie eines der Auktionsverfahren i. e. S. ausführlich dar! Unterstützen Sie Ihre Ausführungen graphisch! (8 Punkte)

**Aufgabe 10 (30 Punkte) – Arbitriumwertermittlung bei der
Fusion ertragsschwacher Unternehmen**

a) Erläutern Sie das Problem der Arbitriumwertbestimmung in einer nicht dominierten Konfliktsituation vom Typ der Fusion! (10 Punkte)

b) Wie läßt sich „Ertragsschwäche" definieren? Welche Rolle spielt in diesem Zusammenhang die Fusion? (10 Punkte)

c) Erläutern Sie die Regel der relativ gleichen Teilung eines Vorteils bei einer Fusion (durch Aufnahme) zwischen den Unternehmen A_1 und A_2 (nach Fusion Unternehmen N) auf der Basis folgender Daten: $EN_{A1} = 150$, $EN_{A2} = 200$, $EN_N = 400$. Welches Umtauschverhältnis muß dann für die Aktien des übertragenden Unternehmens A_1 festgesetzt werden, wenn die Unternehmen vor der Fusion folgende Grundkapitalbeträge aufweisen: $GK_{A1} = 1.500$, $GK_{A2} = 1.500$? (10 Punkte)

4. Kapitel:

Argumentationsfunktion und Argumentationswert

„Schweigen ist das einzige Argument, das sich nicht widerlegen läßt."
CHRISTINE BRÜCKNER

Überblick

Das vierte Kapitel befaßt sich mit der dritten Hauptfunktion der funktionalen Unternehmensbewertung, der *Argumentationsfunktion*, wobei der *Argumentationswert des Unternehmens* ermittelt wird. Hierbei handelt es sich um die theoretisch bisher (noch) am wenigsten durchdrungene, aber in der realen Welt (wohl) am häufigsten praktizierte Funktion. Dafür spricht auch die Welle der nacheilenden „betriebswirtschaftlichen" Begleitforschung zu Beratungsprodukten, welche entsprechende Bewertungsverfahren „hoffähig" macht. Diese bilden daraufhin geeignete Argumentationsinstrumente im Verhandlungsprozeß, wenn dem Verhandlungspartner die fehlende oder die unzweckmäßige theoretische Fundierung dieser Methoden fremd ist. Im *Abschnitt 4.1* werden die Grundlagen der Argumentationsfunktion und die Merkmale des Argumentationswertes verdeutlicht. Anschließend wird aufgezeigt, wie Argumentationswerte ermittelt werden können (*Abschnitt 4.2*). Nach der Darstellung der Argumentationswertermittlung im Rahmen der Matrix der funktionalen Unternehmensbewertung und von Ansätzen zur Entscheidungsunterstützung im Hinblick auf die Argumentation werden zahlreiche zur Ermittlung von Argumentationswerten geeignete Bewertungsverfahren detailliert dargestellt. Schließlich folgen am Ende dieses Kapitels (*Abschnitt 4.3*) wieder ausgewählte Kontrollfragen.

Lernziele

Nach der Lektüre dieses Kapitels sollte der Leser im wesentlichen
1. wissen, was unter der Argumentationsfunktion und dem Argumentationswert zu verstehen ist und welche Merkmale letzteren charakterisieren,
2. erläutern können, wie die Ermittlung des Argumentationswertes innerhalb der Matrix der funktionalen Unternehmensbewertung dargestellt werden kann,
3. die Argumentationsfaktoren kennen, auf die im Rahmen der Unternehmensbewertungsverhandlungen zurückgegriffen werden kann,
4. einen Überblick im Hinblick auf die Verbreitung von Unternehmensbewertungsverfahren in der Praxis gewonnen haben,
5. die Unternehmensbewertungsverfahren, welche zur Argumentation dienlich sind, kennen sowie die Wirkungsmechanik dieser Verfahren insoweit einschätzen können, daß er diese einerseits zur eigenen Argumentation einsetzen kann und andererseits keine Verschlechterung des Verhandlungsergebnisses erfährt, wenn der Verhandlungspartner entsprechende Verfahren zur Argumentation verwendet.

4.1   Grundlagen

Der *Argumentationswert*[1] ist das Ergebnis einer Unternehmensbewertung im Sinne der *Argumentationsfunktion*. Als Argumentationswert[2] wird nicht eine einzelne Wertgröße, sondern die Gesamtheit von Begründungen (Argumenten) bezeichnet, die eine Verhandlungspartei mit dem Ziel der Verbesserung der eigenen Verhandlungsposition (*konstruktive Argumentationsstrategie*) oder der Schwächung der Position des Verhandlungspartners (*destruktive Argumentationsstrategie*) und somit der Erreichung eines günstigeren Verhandlungsresultates selbst vorträgt oder auch vortragen läßt.[3] Es sind parteiische Werte, deren Bedeutung innerhalb der Verhandlung in der Stützung eigener Ansichten und Forderungen mit dem Ziel der Beeinflussung[4] der Gegenseite liegt.[5]

---

[1]   Vgl. zu diesen Ausführungen MATSCHKE, Argumentationswert (1976), MATSCHKE, Argumentationsfunktion (1977), MATSCHKE, Argumentationsbasis (1977), und BRÖSEL, Argumentationsfunktion (2004). Die Literatur zur theoretischen Durchdringung der Argumentationsfunktion beschränkt sich darüber hinaus hauptsächlich auf MATSCHKE/MUCHEYER, Preisverhandlung (1977), WAGENHOFER, Einfluß von Erwartungen (1988), WAGENHOFER, Bestimmung von Argumentationspreisen (1988), HAFNER, Unternehmensbewertungen als Instrumente (1993), GORNY, Unternehmensbewertung (2002), HERING/OLBRICH, Börsengang junger Unternehmen (2002), S. 155–157, sowie zuletzt BARTHEL, Bewertungsverfahren in Verhandlungen (2004), BRÖSEL/BURCHERT, Akquisition (2004), S. 352–356, HERING/BRÖSEL, Argumentationswert (2004), BARTHEL, Argumentationsfunktion (2005), BYSIKIEWICZ, Spaltung (2008), S. 255–324, KNACKSTEDT, Klein- und Mittelunternehmen (2009), S. 210–227. Ohne explizite Nennung des Begriffs „Argumentationsfunktion" beschäftigt sich bereits SEMANN, Preisverhandlungen (1970), mit ausgewählten Aspekten dieser Funktion.

[2]   TICHY, Unternehmensbewertung (1994), S. 160, versteht hierunter irrtümlich jene „Mindestwerte" oder „Höchstwerte", unter oder über denen die Kaufpreise aus Verkäufer- oder aus Käufersicht nicht liegen sollten (also die eigentlichen Entscheidungswerte), weil diese die Basen für die Verhandlungen darstellen. Ferner äußert TICHY ebenda folgewidrig: „Der Kaufpreis ist daher ein Entscheidungswert sowohl für den Käufer als auch für den Verkäufer."

[3]   Ähnlich auch BARTHEL, Argumentationsfunktion (2005), S. 36: „Zielsetzung der Argumentationsfunktion in der Unternehmensbewertungslehre ist es, bei Vorliegen eines gemeinsamen Konfliktlösungsinteresses den Entscheidungsträger i. S. eines Bewertungsadressaten im Rahmen eines Verhandlungsprozesses von der Richtigkeit eines präsentierten Unternehmenswerts zu überzeugen, so dass dieser zu dessen Akzeptanz bereit ist", wobei er jedoch nur auf nicht dominierte Konfliktsituationen abstellt. Es ist zu beachten, daß Argumentationswerte auch in dominierten Konfliktsituationen eine große Bedeutung haben, wenn es etwa darum geht, ein von der Gegenpartei oder ein von einem vom Gericht bestellten Gutachter vorgelegtes Bewertungsgutachten in seiner Glaubwürdigkeit und Brauchbarkeit für die Lösung des Konflikts zu erschüttern. In diesem Zusammenhang dürfte der destruktiven Argumentationsstrategie eine größere Bedeutung zukommen. Eine Möglichkeit besteht dann darin, dem angegriffenen Gutachten „Scheingenauigkeit" vorzuwerfen, um in der Argumentation die Sensitivität des Bewertungsresultats von den Eingangsdaten zu betonen. Vgl. hierzu BARTHEL, Scheingenauigkeit (2010), BARTHEL, Unternehmenswert (2011), FREY/RAPP, Unternehmenswert (2011).

[4]   Vgl. zur gegenseitigen Beeinflussung der Parteien im Verhandlungsprozeß um Unternehmen ausführlich SEMANN, Preisverhandlungen (1970).

[5]   BARTHEL, Argumentationsfunktion (2005), S. 33, Fn. 10, differenziert darüber hinaus: „Der Argumentationswert wird zum Angebotswert in dem Moment, in dem er einem Bewertungsadressaten präsentiert wird. [...] Wird der Angebotswert von dem Bewertungsadressaten ‚akzeptiert', so liegt begrifflich kein ‚Wert' mehr vor, sondern ein ‚Preis' bzw. ‚Abfindungsbetrag' usw." In Hinblick auf die in Abschnitt 1.1 dargelegten subjektiven Wertbegriffe ist jedoch zu konstatieren, daß ein (in Geldeinheiten ausgedrückter) Preis allerdings auch einen Wert im Sinne eines Tauschwertes darstellt. Zudem offenbart sich in BARTHELS Äußerungen eine eher eindimensionale Betrachtung des Argumentationswertbegriffs.

Insbesondere dieser Aspekt, mit Hilfe einer Unternehmensbewertung eine Änderung des Verhaltens oder wenigstens der Sichtweise des Verhandlungspartners anzustreben, um Vorteile zu erlangen oder Nachteile abzuwenden, ist mit ein wichtiger Grund, weshalb die Argumentationsfunktion die bisher am wenigsten theoretisch durchdrungene Hauptfunktion der Unternehmensbewertung darstellt.[6] Die Ansicht, daß sich für „die Bestimmung der Argumentationswerte […] kaum allgemeine Regeln ableiten"[7] lassen, ist deshalb etwas voreilig, weil eine wirklich intensive Beschäftigung mit dieser Funktion noch gar nicht stattgefunden hat. Diese *theoretische Vernachlässigung* ist um so erstaunlicher, als daß die Aufgabenstellung, Argumentationshilfe für Verhandlungen zu leisten, wahrscheinlich um so mehr praktiziert wird. Es kann die These gewagt werden, daß *alle Gutachten*, die von einer Seite auf den Verhandlungstisch gelegt werden, von ihr gewiß deshalb eingebracht werden, weil diese sich davon eine Unterstützung ihrer eigenen Verhandlungsposition verspricht.[8] Offengelegte Gutachten sind in dem hier verstandenen Sinne „*Argumentationswerte*". Vor diesem Hintergrund muß konstatiert werden, daß es letztlich niemandem etwas nützt, die „Augen der Wissenschaft" vor dem Komplex der Beeinflussung der Gegenseite durch parteiisch gefärbte Informationen zu verschließen und diesen Bereich der Unternehmensbewertung zu ignorieren. Unternehmensbewertungen werden nun einmal als Argumentationshilfen genutzt – diese Tatsache muß in Verhandlungen, in denen Unternehmensbewertungen eine Rolle spielen, stets berücksichtigt werden.

---

[6] Siehe auch EICHMANN, Unternehmensbewertung (1992), S. 48. Zuweilen bleibt der Argumentationswert selbst in relevanten Stichwörtern von Handwörterbüchern unbeachtet. Siehe z. B. BUSSE VON COLBE, Gesamtwert der Unternehmung (1981), BALLWIESER/COENENBERG/SCHULTZE, Unternehmensbewertung (2002).

[7] MANDL/RABEL, Unternehmensbewertung (1997), S. 22. Ähnlicher Ansicht sind auch BÖRNER, Unternehmensbewertung (1980), S. 114, BALLWIESER/LEUTHIER, Grundprinzipien der Unternehmensbewertung (1986), S. 547 f. DRUKARCZYK/SCHÜLER, Unternehmensbewertung (2009), S. 91, führen aus: „Die Ermittlung solcher ‚Argumentationswerte' erscheint, im Gegensatz zur Bestimmung von Grenzpreisen und Schiedswerten, einer rationalen, über die angeführten allgemeinen Überlegungen hinausgehenden Analyse kaum zugänglich. Argumentationswerte werden im folgenden deshalb nicht beachtet." Verwunderlich nur, warum DRUKARCZYK/SCHÜLER auf den nachfolgenden Seiten ihres Buches ausschließlich Bewertungsmethoden betrachten, die vornehmlich zur Argumentation dienlich sind. Siehe eine ähnliche Begründung und ein ähnliches anschließendes Vorgehen bei BALLWIESER, Unternehmensbewertung (2011), S. 2. Im Hinblick auf die jüngeren, eher der nacheilenden betriebswirtschaftlichen „Begleitforschung" zuzuordnenden Veröffentlichungen von BALLWIESER ist in Anlehnung an BALLWIESER, Shareholder Value-Ansatz (1994), S. 1405, zu konstatieren: „Den Protagonisten [… der kapitalmarkttheoretischen Konzepte] ist die Strenge der Überlegungen des Jubilars [MOXTER] zu wünschen, damit die Leistungsfähigkeit [… der Ansätze] deutlicher herausgearbeitet werden kann." Man möchte hinzufügen: … auch die einstige Strenge von BALLWIESERS Überlegungen. Siehe hierzu ebenso kritisch wie deutlich die Ausführungen in FISCHER-WINKELMANN, Weiterentwicklung? (2006). Dort findet sich z. B. auf S. 172 (mit Hervorhebungen im Original) die Aussage im Hinblick auf die Mitwirkung von BALLWIESER am IDW S1: „Meines Erachtens müßte sich BALLWIESER entscheiden zwischen der Funktion als Wissenschaftler einerseits und der Funktion als Mitglied des AKU [=Arbeitskreis für Unternehmensbewertung] andererseits, die aufgrund der von ihm mitgetragenen IdW S1 […] unvereinbar erscheinen."

[8] Zur Dominanz der Argumentationsfunktion in der Verhandlung siehe auch BARTHEL, Bewertungsmethode (1990), S. 1147 f., BARTHEL, Argumentationsfunktion (2005), S. 32 f.

In den Verhandlungsprozeß wird gewöhnlich eine Reihe von Argumentations-werten gezielt eingebracht, welche zumeist in Form von vermeintlichen Entscheidungs-werten oder in Gestalt von scheinbar unparteiischen Arbitriumwerten präsentiert wer-den. Wird in einer Verhandlung eine Einigung angestrebt, soll die Eigentumsänderung des Unternehmens dabei aus Sicht der jeweiligen Partei gewöhnlich zu Bedingungen realisiert werden, die sich möglichst fern von der eigenen Konzessionsgrenze und mög-lichst nahe an der vermuteten Konzessionsgrenze der Gegenseite befinden. Die Ablei-tung zweckdienlicher Argumentationswerte setzt jedoch nicht nur die Kenntnis des ei-genen Entscheidungswertes[9] und eine Vermutung über den gegnerischen Entschei-dungswert,[10] sondern auch eine Vorstellung über das anzustrebende Verhandlungsresul-tat voraus. Wenn Verhandlungsteilnehmer ihre eigenen Entscheidungswerte kennen und auch beachten, stellen Argumentationswerte *keine Instrumente der Übervorteilung* dar.[11]

Ein Argumentationswert ist stets parteiisch, was nicht zwingend einseitig heißen muß. Derjenige, der Argumentationswerte benutzt, möchte sich Vorteile verschaffen, die er ansonsten gar nicht, nicht in dem Maße oder nicht so schnell erreicht hätte; oder er möchte mögliche Nachteile vermeiden oder abschwächen. Die Verhandlungsposition einer Partei kann auf verschiedene Weise gestärkt werden:

1. Es können Argumente geliefert werden, die den Verhandlungspartner zu Zuge-ständnissen oder zur Zustimmung zu einem bestimmten angestrebten Verhand-lungsresultat bewegen.

2. Die verhandelnde Partei kann aber auch Informationen erhalten, mit denen
   a) die Argumente der anderen Verhandlungsseite entkräftet,
   b) deren Verhandlungsangebote mit einsichtigen Gründen zurückgewiesen oder
   c) deren Angebote in einem für die eigene Verhandlungsführung günstigen Sinne modifiziert werden können.

Zur Beeinflussung der Gegenseite im Sinne der Beeinflussung des Verhandlungser-gebnisses kann schließlich auch die Beeinflussung des unparteiischen Gutachters und des Gerichtes gehören.[12] Der Gebrauch von Argumentationswerten ist nicht nur auf die eigentliche Verhandlung mit der Gegenseite (beispielsweise über den Kauf und Verkauf eines Unternehmens) beschränkt, sondern Argumentationswerte können auch in ver-

---

[9] Die Kenntnis des eigenen Entscheidungswertes ist insbesondere bei einer konstruktiven Argumen-tationsstrategie vonnöten, weil diese auf die Erreichung eines bestimmten Einigungsresultats ab-zielt. Aber auch im Falle einer destruktiven Argumentationsstrategie, die auf das Verhindern geg-nerischer Absichten gerichtet ist, sollte der eigene Entscheidungswert bei rationaler Verhandlungs-führung die Meßlatte sein, anhand der zu messen ist, ob eine solche Strategie letztlich den eigenen Interessen dient.

[10] Ist eine Einigung in der nicht dominierten Konfliktsituation angestrebt, muß auch ein Einigungsbe-reich existieren. Der Entscheidungswert des Nachfragers muß also über dem Entscheidungswert des Anbieters liegen.

[11] Vgl. MATSCHKE, Argumentationswert (1976), S. 520. Auch GORNY, Unternehmensbewertung (2002), S. 13, nimmt bei den Konfliktparteien „individuelle Rationalität" an. Demnach stimmen rational handelnde Verhandlungspartner keinem Preis zu, der ihre Entscheidungswerte und somit die Grenzen des Einigungsbereichs verletzt. Dies entkräftet die Ansichten von PILTZ, welcher den Argumentationswerten Einseitigkeiten und Verfälschungen unterstellt, die gegebenenfalls zu zivil-, straf- und auch standesrechtliche Konsequenzen für den Bewerter führen können. Vgl. PILTZ, Rechtsprechung (1994), S. 14.

[12] Vgl. BARTHEL, Scheingenauigkeit (2010), S. 2236. Zum Problem der möglichen Täuschung eines Unparteiischen vgl. auch die Ausführungen im Abschnitt 3.2.4.

handlungstaktischer Absicht in den diesen Konflikten vor- und nachgelagerten *Verhandlungen zwischen internen Partnern* benutzt werden.[13] *Nach der eigentlichen Verhandlung* ist es diesbezüglich denkbar, daß Argumentationswerte erforderlich sind, um sich etwa gegenüber den Aufsichtsorganen oder den Anteilseignern hinsichtlich eines erfolgten oder nicht erfolgten Unternehmenserwerbs zu rechtfertigen.

Was die *Nutzung im Vorfeld der eigentlichen Verhandlung* betrifft, setzt dies einen *mehrgliedrigen Entscheidungsträger* voraus. Argumentationswerte können dann dazu dienen, sich gegenüber übergeordneten Entscheidungsträgern (etwa gegenüber der Konzernleitung) oder innerhalb eines Entscheidungskollegiums (etwa innerhalb des Vorstands) besser durchzusetzen und diese Entscheidungsträger aus der Sicht des Argumentierenden zu der erwünschten Entscheidung, wie etwa zur Verhandlungsaufnahme oder zum Erwerb eines Unternehmens, zu bewegen.

Neben dieser *Entscheidungsbeeinflussung* können in unternehmensinternen Verhandlungsprozessen herangezogene Unternehmensbewertungen aber auch den Zweck der *Abgrenzung von Verantwortlichkeiten* haben. Einerseits kann beabsichtigt sein, die Verantwortung für eine nicht auszuschließende Fehlentscheidung frühzeitig auf möglichst viele Schultern zu verteilen, damit die eigene künftige Verhandlungsposition von einer mitgetragenen oder gar veranlaßten falschen Entscheidung möglichst wenig tangiert wird (*Teilung der Verantwortung*). Andererseits könnte es sein, daß insbesondere derjenige, der die Übernahme eines Kaufobjekts forciert hat und nach einem Erwerb auch die Leitungsverantwortung für dieses Kaufobjekt übernehmen muß, schon bei seiner befürwortenden Unternehmensbewertung für diesen Fall Vorsorge trifft, damit seine spätere Tätigkeit nicht von vornherein mit einer von ihm nur schwer einlösbaren Hypothek belastet wird (*Abwälzung der Verantwortung*). *Abbildung 275* faßt einige Möglichkeiten des Gebrauchs von Argumentationswerten zusammen.[14]

---

[13]   Vgl. MATSCHKE, Argumentationsfunktion (1977), S. 91–95. Siehe auch COENENBERG/SIEBEN, Unternehmungsbewertung (1976), Sp. 4076, BORN, Unternehmensbewertung (2003), S. 24.

[14]   Ähnlich, jedoch nicht so detailliert, sieht auch BARTHEL die inhaltliche Ausgestaltung der Argumentationsfunktion. Diese besteht nach BARTHEL, Argumentationsfunktion (2005), S. 37, „1. in der Optimierung des Verhandlungsprozesses, um bestehende Interessengegensätze im Rahmen einer Konfliktlösung über den Eigentumswechsel (des Anteils) an einem Unternehmen zu überwinden, 2. in der Herleitung glaubwürdiger Werte aufgrund von Bewertungsverfahren, um den Bewertungsadressaten (beim Bewertungsanlass Kauf/Verkauf also der Gegenseite) im Rahmen des gegenseitigen Nachgebens einen Angebotspreis fundiert erscheinen zu lassen und 3. in der zielführenden Verwendung bzw. Abwehr von Attitüden, die von Seiten der jeweiligen Parteien den Bewertungs- und Preisfindungsprozess auf einer nicht-sachlichen Ebene begleiten, um letztlich die Gegenseite zur Akzeptanz eines Angebotswerts [also eines Argumentationswertes] zu beeinflussen (d. h. die eigene Verhandlungsposition durchzusetzen)."

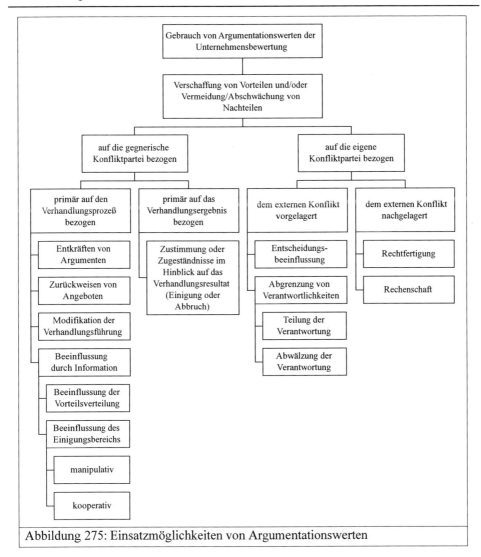

Abbildung 275: Einsatzmöglichkeiten von Argumentationswerten

Nunmehr soll beispielhaft der Aspekt der Verantwortungsabgrenzung betrachtet werden, der auf die eigene Konfliktpartei bezogen und dem externen Konflikt vorgelagert ist. Anknüpfungspunkt für eine argumentative Unternehmensbewertung zur *Abwälzung der Verantwortung* kann der bewertungsrelevante Erfolg (Gewinn)[15] des zu bewertenden Unternehmens für das Bewertungssubjekt sein. In der *Abbildung 276* sind hierzu drei verschiedene Darstellungen für den gleichen Sachverhalt gewählt, wobei es sich jedes Mal um den *gesamten bewertungsrelevanten Gewinnbeitrag des Kaufobjekts* aus der Sicht des Käuferunternehmens (des Bewertungssubjekts) handeln soll, der in realistischer Weise und ohne Manipulationsabsicht hinsichtlich seiner gesamten Höhe geschätzt wurde. Das Kaufobjekt soll durch das Käuferunternehmen in Zukunft weiterhin

---

[15]   Erfolg wird hier im Sinne von Gewinn betrachtet, weil vereinfacht angenommen wird, daß dieser dem Käuferunternehmen in voller Höhe und sofort zufließt.

rechtlich selbständig als 100 %-ige Tochter, aber wirtschaftlich als integraler Bestandteil des so erweiterten Käuferunternehmens geführt werden.

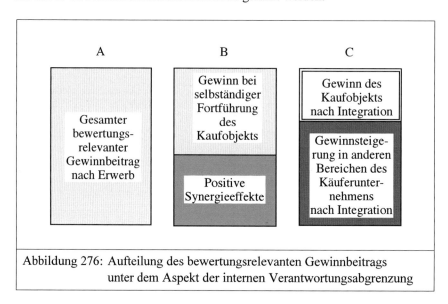

Abbildung 276: Aufteilung des bewertungsrelevanten Gewinnbeitrags
unter dem Aspekt der internen Verantwortungsabgrenzung

Bei der *Darstellung A* ist der bewertungsrelevante Gewinnbeitrag als ein Gesamtbetrag ausgewiesen. Bei der *Darstellung B* ist er in einen Betrag, der aus dem Unternehmen bei selbstständiger Fortführung des Kaufobjekts durch das Käuferunternehmen zu erwarten ist, und in eine Gewinnsteigerung als Resultat von Verbundwirkungen (Synergieeffekten) nach einem Erwerb und einer Integration des Kaufobjekts aufgeteilt. Die Darstellung B entspricht einer üblichen Aufteilung und Vorgehensweise bei der Erfolgsschätzung für Unternehmensbewertungen. Die Darstellungen A und B genügten vollauf, wenn es lediglich darum ginge, den zutreffenden Entscheidungswert aus der Sicht des Käuferunternehmens bei unterstellter Gewinnzielsetzung zu bestimmen. Soll indes die Unternehmensbewertung zugleich als interne Argumentationshilfe benutzt werden, um spätere Verantwortlichkeiten abzugrenzen, ist sowohl die Darstellung A als auch die Darstellung B dafür wenig zweckdienlich, denn aus der Darstellung B geht beispielsweise nicht hervor, ob die Gewinnsteigerung beim Kaufobjekt oder in anderen Bereichen des Käuferunternehmens zu erwarten ist.

Als *Argumentationshilfe* zur Verantwortungsabgrenzung (im Sinne einer Abwälzung der Verantwortung) für die spätere Erfolgsrealisation ist die *Darstellung C* eher geeignet. In ihr wird der gesamte bewertungsrelevante Gewinnbeitrag auf verschiedene Unternehmensbereiche aufgeteilt, in denen dieser entsteht und ausgewiesen wird. Falls derjenige, der für die Bewertung verantwortlich ist, nach einem Erwerb auch für das Kaufobjekt die Verantwortung tragen soll, unterliegt seiner unmittelbaren Verantwortung lediglich der Gewinn in Höhe der doppelt umrandeten Fläche. Dieser Gewinn könnte – innerhalb einer insgesamt realistischen Schätzung – dann von ihm eher pessimistisch geschätzt sein, während die zu erwartenden Gewinnsteigerungen in anderen Bereichen des Käuferunternehmens eher optimistisch geschätzt sind. Auf diese Weise könnte der intern Argumentierende versuchen, sowohl den von ihm gewünschten Erwerb des Kaufobjekts als auch eine *weitgehende Abwälzung der Verantwortlichkeit* für die spätere Erfolgsrealisation zu erreichen.

Im Vordergrund der argumentativen Nutzung von Unternehmensbewertungen dürften indes nicht die interne Entscheidungsbeeinflussung und interne Abgrenzung von Verantwortlichkeiten, sondern die *Verhandlungen mit Unternehmensexternen* stehen. In solchen Verhandlungen werden die Bedingungen festgelegt, unter denen die beabsichtigte Veränderung der Eigentumsverhältnisse am zu bewertenden Unternehmens vollzogen werden soll. Im Falle eines Kaufs/Verkaufs ist insbesondere die Höhe des zu zahlenden Preises sowie im Falle der Fusion/Spaltung die Verteilung der Eigentumsrechte (Anteile) Gegenstand der Verhandlungen zwischen den Parteien.

Eine Unternehmensbewertung als Argumentationshilfe wäre in solchen Verhandlungen entbehrlich, wenn die Parteien z. B. beim Kauf/Verkauf ihre jeweiligen Preisgebote unbegründet in den Raum stellen würden und eine Einigung schließlich über eine bloße Abfolge von Preiszugeständnissen beider Seiten zustande käme. In einem solchen Fall genügte es für eine rationale Verhandlungsführung der Parteien, daß sie ihren jeweiligen Entscheidungswert kennen und auch beachten. Der Käufer muß wissen, wieviel er maximal zahlen kann, der Verkäufer, wieviel er mindestens erhalten muß. Die *Abbildung 277* erläutert die gerade beschriebene Verhandlungssituation, in der eine Unternehmensbewertung als Argumentationshilfe entbehrlich ist, weil die *Einigung aus einer Abfolge unbegründeter Preisgebote* resultiert.[16]

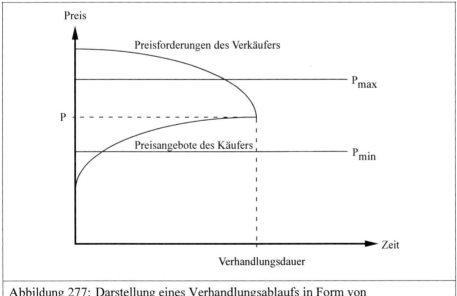

Abbildung 277: Darstellung eines Verhandlungsablaufs in Form von
Preiszugeständnissen der Konfliktparteien

---

[16] Die kontinuierliche Darstellungsweise wurde aus Vereinfachungsgründen gewählt. Vgl. auch MATSCHKE, Kompromiß (1969), S. 60.

Auf der Abszisse ist die Verhandlungsdauer abgetragen, auf der Ordinate das Verhandlungsresultat. Die Preisforderungen des Verkäufers werden mit zunehmender Verhandlungsdauer geringer, die Preisangebote des Käufers steigen. Nach einer bestimmten Verhandlungsdauer stimmen Forderung und Angebot überein. Beide Parteien haben sich auf einen bestimmten Preis geeinigt. Dieser Preis ist aus der Sicht beider Parteien akzeptabel, weil er sowohl unterhalb der Preisobergrenze des Käufers (P_{max}) als auch oberhalb der Preisuntergrenze (P_{min}) des Verkäufers liegt. Im Verhandlungsprozeß kennen die Parteien indes nur ihre eigenen Entscheidungsgrenzen.

Die der *Abbildung 277* zugrundeliegende Verhandlungssituation nach *Art des „orientalischen Teppichhandels"* scheint für „Verhandlungen" über den Preis eines zu kaufenden Unternehmens nur in Ausnahmefällen – z. B. bei den im Abschnitt 3.2.3.2 dargestellten M&A-Auktionen – zuzutreffen. Für Konfliktlösungsprozesse beim Kauf/Verkauf eines Unternehmens ist es *eher charakteristisch,*[17] daß

- die Parteien ihre Angebote begründen, wobei sie auf Unternehmensbewertungsergebnisse und -gutachten zurückgreifen, und
- die Einigung weniger über direkte Preiszugeständnisse als vielmehr über eine *kooperative Suche*[18] nach den „richtigen" Parametern einer Unternehmensbewertung im Rahmen eines bestimmten Unternehmensbewertungsverfahrens, auf dessen Anwendung sich die Parteien verständigt haben, erreicht wird sowie
- sich die *Zugeständnisse* der Parteien insbesondere *auf* diese *Bewertungsparameter beziehen.*

In solchen Verhandlungssituationen stellt der eigene Entscheidungswert für die jeweilige Partei keine ausreichende Verhandlungsgrundlage dar, *denn auf der Basis des eigenen Entscheidungswertes kann eine Partei nicht argumentieren, will sie ihre Verhandlungsposition nicht entscheidend schwächen.* Die Parteien stehen damit in der Realität vor dem Problem, wie sie einerseits ihre Gebote möglichst überzeugend und wenig angreifbar begründen, andererseits aber Rückschlüsse auf ihren eigenen Entscheidungswert aus der Begründung ihrer Gebote erschweren oder verhindern können.

Zur Lösung dieses Problems greifen die Parteien auf Argumentationswerte des Unternehmens zurück. Diese sind insofern *Kommunikationsmedien,*[19] um letztendlich die zwischen Käufer und Verkäufer bestehenden Interessengegensätze etwa hinsichtlich der Preishöhe zu überbrücken und zu einer Einigung zu gelangen. An dieser Stelle soll sogar die These aufgestellt werden, daß Argumentationswerte zu den von den Parteien anerkannten Spielregeln einer Kaufverhandlung gehören und daß sie trotz der mit ihrem Gebrauch verbundenen Beeinflussungsabsicht *keine Instrumente der Übervorteilung* darstellen, solange jede der Parteien ihren Entscheidungswert im Verhandlungsprozeß nicht außer acht läßt.

---

[17] Vgl. *Matschke*, Argumentationsfunktion (1977), S. 95–99.

[18] Mit Verweis auf *Matschke* stellt *Barthel*, Argumentationsfunktion (2005), S. 34, fest: „Zur Dekomposition des Konflikts könnte die Einigung über ein bestimmtes Bewertungsverfahren zur Preisfindung als erster Schritt in Richtung Konfliktlösung angesehen werden, was weitere kooperative Schritte eröffnet. Die unmittelbare Diskussion über den Preis sei nachteilig, da ein bloßes Nachgeben im Preis als Zeichen von Schwäche interpretiert werden könnte. Hingegen könnten Verschlechterungen der Position einer Partei bei einem Teilproblem durch Konzessionen der anderen Partei bei der Lösung anderer Teilprobleme gemindert oder sogar mehr als kompensiert werden."

[19] Vgl. auch *Kussmaul*, Gesamtbewertung (1996), S. 267.

Was die *Beeinflussungsabsicht* betrifft, scheint folgende Differenzierung angebracht:

1. Es erfolgt eine *Argumentation im Hinblick auf die Vorteilsverteilung innerhalb des vermuteten Einigungsbereichs,* und/oder

2. es erfolgt eine *Argumentation im Hinblick auf die Beeinflussung des vermuteten Einigungsbereichs.*

Die Argumentationswerte dienen im *ersten Fall* dazu, vom vermuteten, gemeinsam realisierbaren Vorteil in Höhe der Differenz zwischen Preisober- und Preisuntergrenze möglichst viel für sich zu separieren. Hierzu können in die Verhandlung beispielsweise Argumentationswerte eingebracht werden, die in der Nähe des vermuteten Entscheidungswertes der anderen Verhandlungspartei liegen und entsprechende Preisforderungen untermauern sollen. Zu einer Verhandlungsvorbereitung gehört, daß die Entscheidungssituation der anderen Seite analysiert, deren Interessenlage möglichst erkannt und deren Konzessionsgrenze(n) abgeschätzt werden. Solche Argumentationswerte dürfen aus Gründen der Glaubwürdigkeit und damit auch ihrer Brauchbarkeit als Beeinflussungsinstrument keine „Mondpreise" sein, denn wer meint, auf der Basis „von einseitigen Argumenten, die zu einem nicht realistischen Wert (‚Mondwert') umgesetzt werden"[20], den Verhandlungspartner beeindrucken zu können, dürfte einem gravierenden Irrtum unterliegen.

Die Beeinflussungsabsicht kann aber auch – wie es der *zweite Fall* ausdrücken soll – darauf gerichtet sein, den Einigungsbereich selber in einem für die eigene Verhandlungsstrategie günstigen Sinne zu beeinflussen,

1. sei es eher in *manipulativer* Absicht der Absteckung eines in Richtung auf den vermuteten Entscheidungswert der anderen Seite verschobenen Verhandlungsbereichs, oder

2. sei es mehr in *kooperativer* Absicht, einen schon bestehenden Einigungsbereich zu erweitern oder einen solchen zu schaffen und somit die möglichen Vorteile bei einer Einigung für beide Seiten zu vergrößern.[21]

Die *kooperative Verwendung* von Argumentationswerten ist besonders bedeutungsvoll. Sie kann etwa darin bestehen, daß dem Verhandlungspartner über einen Argumentationswert Informationen kommuniziert werden, die geeignet sind, einen *bestehenden Einigungsbereich* zu *erweitern.* Die Informationen könnten beispielsweise dadurch die Voraussetzungen für eine Einigung schaffen, daß der Verhandlungspartner auf ihrer Basis zu einer für eine Einigung günstigen *Revision seines eigenen Entscheidungswertes* veranlaßt wird. Der Verkäufer könnte etwa den Käufer auf Integrationsmöglichkeiten hinweisen, die dieser bislang noch nicht gesehen hat und die dessen maximal zahlbaren Preis so erhöhen würden, daß eine bisher wenig annehmbare Preisforderung des Verkäufers akzeptabel erscheint.[22]

Im Rahmen der Betrachtung der Argumentationsfunktion der Unternehmensbewertung ist daher nicht von dem letztlich wenig zweckdienlichen Bild der *Verhandlung als*

---

[20] BORN, Unternehmensbewertung (2003), S. 25, der insofern die Argumentationsfunktion mißversteht.

[21] BARTHEL, Argumentationsfunktion (2005), S. 34, hierzu: „Denkbar ist auch eine Argumentation, die die Gegenpartei über ihren Entscheidungswert aufklärt, z. B. die Beeinflussung eines bislang nicht einwilligungsbereiten Käufers durch Herausstellung der zu realisierenden Synergieeffekte."

[22] Siehe auch SEMANN, Preisverhandlungen (1970), S. 143–154.

„*Übervorteilungsveranstaltung*" auszugehen, sondern vielmehr vom positiv geprägten Bild der *Verhandlung als „kooperativer Vorteilserweiterungsveranstaltung"*. Bei dieser letzteren Sichtweise werden die gemeinsame Schaffung und die möglichst gleichgerichtete Wahrnehmung zusätzlicher Vorteile in den Mittelpunkt der Verhandlungsbemühungen gerückt. Auf diese Weise kann der – wegen der Vorteilsverteilung – stets gegebene Interessengegensatz zwischen den Verhandlungsparteien gemildert oder weniger betont und folglich auch eher überbrückt werden. „Kreativ zu verhandeln bedeutet, Differenzen zu entdecken und so aufeinander abzustimmen, daß Kooperationsgewinne entstehen."[23] In diesem Sinne sollten Argumentationswerte in die Verhandlungen eingeführt werden.

Nachfolgend seien die zahlreichen Eigenschaften zusammengefaßt und systematisiert, die Argumentationswerte charakterisieren. Diese lassen sich drei Hauptmerkmalen, dem Merkmal der Tarnung, dem Merkmal der Parteienbezogenheit und dem Merkmal der Konfliktlösungsorientierung, zuordnen. *Abbildung 278*[24] zeigt eine mögliche *Systematik der Eigenschaften des Argumentationswertes*, die auf BRÖSEL beruht.[25]

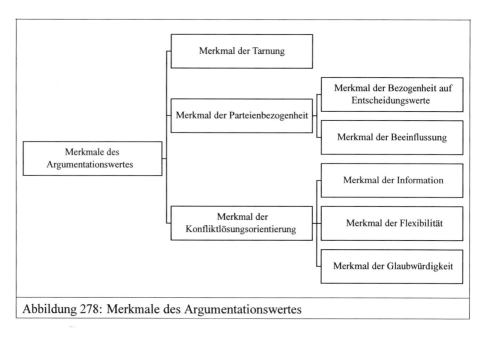

Abbildung 278: Merkmale des Argumentationswertes

Da Argumentationswerte in eine Verhandlung nicht in ihrer eigentlichen Gestalt, sondern lediglich als vermeintliche oder scheinbare Entscheidungs- oder Arbitriumwerte eingebracht werden, gilt für sie das *Merkmal der Tarnung*. „Es gehört freilich zum Mimikry des Argumentationswertes, daß er seinen wahren Charakter verleugnet."[26] Dabei ist zu beachten, daß aus der Begründung von Geboten auch Rückschlüsse

---

23   *SIEBE*, Verhandlungsberatung (1996), S. 206 f.
24   In Anlehnung an *BRÖSEL*, Argumentationsfunktion (2004), S. 519.
25   Nachfolgende Ausführungen zu den Merkmalen erfolgen in enger Anlehnung an *BRÖSEL*, Argumentationsfunktion (2004), S. 518–521.
26   *MATSCHKE*, Argumentationsfunktion (1977), S. 102.

auf den Entscheidungswert der argumentierenden Partei erschwert oder verhindert werden können.

Gemäß dem *Merkmal der Parteienbezogenheit* handelt es sich bei Argumentationswerten um Werte einer Verhandlungsseite, die auf eine konkrete Verhandlungssituation und somit auf einen konkreten Verhandlungspartner ausgerichtet sind und dabei die Verhandlungsposition im Verhandlungsprozeß stärken sollen.[27] Folgen dieser Eigenschaft sind das Merkmal der Bezogenheit auf Entscheidungswerte und das *Merkmal der Beeinflussung.* Letzteres besagt, daß mit Hilfe der Argumentationsfunktion der Unternehmensbewertung beim Verhandlungspartner eine Veränderung des Verhaltens angestrebt wird. Dieser soll durch die Argumentationswerte bewußt zu Zugeständnissen bezüglich bestimmter konfliktlösungsrelevanter Sachverhalte oder angestrebter Verhandlungsergebnisse bewegt werden. Das *Merkmal der Bezogenheit auf Entscheidungswerte* zielt in zwei Richtungen. Einerseits bildet der eigene Entscheidungswert die letzte Rückzugslinie für den Argumentationswert.[28] So sollte mit der Einbringung von Argumentationswerten in die Verhandlung weder der eigene Entscheidungswert bekanntgegeben, noch sollten der Gegenseite hiermit wertvolle Rückschlüsse auf ihn ermöglicht werden. Andererseits sind Argumentationswerte auf den vermuteten gegnerischen Entscheidungswert auszurichten.[29]

Das *Merkmal der Konfliktlösungsorientierung* äußert sich darin, daß Argumentationswerte grundsätzlich mit dem Zweck in die Verhandlung eingebracht werden, eine Einigung oder eine Nicht-Einigung[30] im Hinblick auf den Übergang des Eigentums am Bewertungsobjekt zu erzielen. Da Argumentationswerte i. d. R. keine einfach in den Raum gestellten Preisangebote, sondern begründete Preisvorstellungen darstellen, dienen sie dazu, die zwischen den Verhandlungspartnern hinsichtlich der Preishöhe oder anderer Parameter bestehenden Interessengegensätze zu überbrücken und schließlich eine Konfliktlösung zu erzielen. Dies kann durch eine mit Argumentationswerten unterstützte kooperative Suche nach konfliktlösungsrelevanten Sachverhalten und eine anschließende Einigung auf entsprechende Ausprägungen dieser Parameter erfolgen.[31] Die Konfliktlösungsorientierung spiegelt sich in den ihr untergeordneten Merkmalen der Information, der Flexibilität sowie der Glaubwürdigkeit wider.

---

[27] Vgl. MATSCHKE, Argumentationsfunktion (1977), S. 91.

[28] COENENBERG, Unternehmensbewertung (1992), S. 92, sieht nur den Bezug auf den eigenen Entscheidungswert und spricht deshalb vom „Grundsatz der Entscheidungswertbezogenheit". Vgl. so auch COENENBERG/SIEBEN, Unternehmungsbewertung (1976), Sp. 4076 (Hervorhebungen im Original), die vom „Grundsatz der Entscheidungswertbezogenheit, aber Nichtbekanntgabe des Entscheidungswertes" sprechen.

[29] Vgl. MATSCHKE, Argumentationswert (1976), S. 521, GORNY, Unternehmensbewertung (2002), S. 156. Dies erkennt auch BORN, Unternehmensbewertung (2003), S. 24.

[30] Geht eine Konfliktpartei mit dem Ziel in eine Verhandlung, daß es erst gar nicht zu einer Einigung kommen soll, können z. B. dargebotene astronomische Preisvorstellungen („Mondpreise") und entsprechende Preisbegründungen geeignete einigungsausschließende Argumentationswerte sein, die zu einer (schnelleren) Konfliktlösung im Sinne des Verhandlungsabbruchs führen. GORNY, Unternehmensbewertung (2002), S. 11, unterstellt lediglich das Interesse der Parteien an einer Einigung. Siehe ähnlich auch BALLWIESER, Unternehmensbewertung (2011), S. 2: „Vielmehr ist grundsätzlich jedes Verfahren geeignet, sofern es die zu überzeugende Partei nicht zum Anlaß nimmt, die Gespräche oder Verhandlungen abzubrechen." In den nachfolgenden Ausführungen zur Argumentationsfunktion wird davon ausgegangen, daß in der Konfliktsituation eine Einigung angestrebt wird, aber dies ist in praxi keineswegs zwingend.

[31] Vgl. auch MATSCHKE, Argumentationsfunktion (1977), S. 96 f.

Das *Merkmal der Information* zeichnet die Argumentationswerte aus, weil die Verhandlungsparteien versuchen, mit diesen Werten ihre Angebote zu begründen.[32] Demzufolge gewinnt der Verhandlungspartner Informationen über die Preisvorstellungen der anderen Partei und kann gegebenenfalls auf die von dieser Partei gewählte Verhandlungstaktik schließen. Ferner können die Verhandlungspartner aus fremden und auch aus eigenen Argumentationswerten – insbesondere, wenn diese von „unabhängigen" Gutachtern als Arbitriumwerte in den Prozeß eingebracht wurden – eventuell bisher noch unbekannte Informationen über das Bewertungsobjekt gewinnen.[33] Mit den Argumentationswerten können – wie bereits dargestellt – dem Verhandlungspartner zudem bewußt Informationen „zugespielt" werden, um den vermuteten Einigungsbereich, d. h. die Differenz zwischen dem eigenen Entscheidungswert und dem mutmaßlichen Entscheidungswert der Gegenpartei, insbesondere durch eine angestrebte Korrektur des Entscheidungswertes der Gegenpartei, zu erweitern.[34] Hierbei zeigt sich die enge Verknüpfung des Merkmals der Information mit dem Merkmal der Beeinflussung.

Das *Merkmal der Flexibilität*[35] beschreibt einerseits die Fähigkeit von Argumentationswerten, neue Informationen und Zwischenergebnisse der Verhandlung noch zu berücksichtigen. Andererseits sollten die im Rahmen der Argumentationsfunktion verwendeten Bewertungsverfahren insofern flexibel gestalt- und handhabbar sein, als sie für Argumentationen mehrere Ansatzpunkte zulassen, um gegenüber dem Verhandlungspartner nicht unglaubwürdig zu wirken. Hierbei zeigt sich die enge Verknüpfung mit dem nachfolgend dargestellten Merkmal der Glaubwürdigkeit.[36]

---

[32]   Vgl. auch MATSCHKE, Argumentationsfunktion (1977), S. 96.

[33]   Vgl. MATSCHKE, Argumentationswert (1976), S. 521.

[34]   Vgl. auch MATSCHKE, Argumentationsfunktion (1977), S. 98 f.

[35]   Vgl. auch SIEBEN, Unternehmensbewertung (1993), Sp. 4319.

[36]   So auch COENENBERG/SIEBEN, Unternehmungsbewertung (1976), Sp. 4076, sowie COENENBERG, Unternehmensbewertung (1992), S. 92, die vom „Grundsatz der Glaubwürdigkeit, aber Flexibilität des Argumentationswertes" sprechen.

Schließlich erweist sich ein Argumentationswert nur als brauchbar, wenn ihn das *Merkmal der Glaubwürdigkeit*[37] auszeichnet.[38] Argumentationswerte sollen somit überzeugende, wenig angreifbare „realistische" Werte sein, deren Ermittlung von der Gegenseite toleriert wird und welche von dieser schließlich als begründetes Angebot akzeptiert werden.[39] Hierzu eignen sich in Anbetracht des Ansehens des Berufsstandes vor allem die von Wirtschaftsprüfern erstellten Bewertungsgutachten, soweit die Verhandlungspartner nicht deren eingeschränkte Brauchbarkeit für Entscheidungszwecke erkennen. Somit werden beispielsweise die Bewertungsgutachten von Wirtschaftsprüfern als Argumentationswerte verwendet, wenn es für die Konfliktparteien von Vorteil ist, weil grundsätzlich davon ausgegangen werden kann, „daß die Zahlen und Daten des Gutachtens nicht in täuschender oder gar betrügerischer Absicht zusammengestellt worden sind"[40]. Aber auch „Wertansätze aus der Steuerbemessungsfunktion [werden] wegen der ihnen anhaftenden Autorität des Fiskus einbezogen. Aus der Kenntnis der Funktionenlehre der Unternehmensbewertung heraus kann eine solche Argumentation [jedoch] leicht entlarvt werden"[41].

---

[37] Vgl. auch SIEBEN, Unternehmensbewertung (1993), Sp. 4319, KNACKSTEDT, Klein- und Mittelunternehmen (2009), S. 221–225. Siehe hierzu ausführlich vor allem BARTHEL, Glaubwürdigkeitsattribution (2006).

[38] BARTHEL, Bewertungsverfahren in Verhandlungen (2004), S. 409 (Hervorhebungen im Original), meint hierzu: „Je mehr Verfahren bei einer Bewertungsdurchführung angewandt werden, je unterschiedlicher von der zugrunde liegenden Methodik her diese Verfahren sind und je weniger Ermessensspielräume vorhanden und infolge dessen umso höher der marktbezogene Anteil der in die Bewertung eingehenden Daten ist, [...], umso glaubwürdiger wirken auf diese Weise abgeleitete Unternehmenswerte auf den Bewertungsadressaten. Wegen der zentralen Bedeutung eines ersten Angebotswerts (Eröffnungsangebot) für den Verlauf bzw. den drohenden vorzeitigen Abbruch einer Verhandlung liegt es auf der Hand, dass durch die Verwendung mehrerer (unterschiedlicher) Verfahren die eigene Verhandlungsposition verbessert wird." Weiter führt er aus, daß „es eine Reihe von Verfahren [gibt], die in der Bewertungspraxis bezüglich bestimmter Branchen fest etabliert sind und bei denen ein Abweichen zu starken Glaubwürdigkeitseinbußen bei den Bewertungsadressaten führt, so beispielsweise für Freiberuflerpraxen, für Biotechnologie-Unternehmen oder für Versicherungsunternehmen." Zu den Auswirkungen der ca. seit 2007 zu beobachtenden Finanzkrise auf die Glaubwürdigkeit verschiedener Bewertungsgutachten siehe z. B. BARTHEL, Subprime-Krise (2009), S. 1030 f.

[39] Vgl. auch MATSCHKE, Argumentationsfunktion (1977), S. 97.

[40] MATSCHKE, Argumentationswert (1976), S. 521.

[41] SIEBEN, Funktionen der Bewertung (1983), S. 542 (Hervorhebungen im Original).

4.2   Wertermittlung

4.2.1   Ermittlungsschritte innerhalb der Matrix der funktionalen Unternehmensbewertung

4.2.1.1 Überblick

Im Rahmen der Argumentationsfunktion ergibt sich der Argumentationswert durch nachfolgende Bewertungsschritte, die in der „Matrix der funktionalen Unternehmensbewertung" (vgl. hierzu Abschnitt 1.5.1) entsprechend dargestellt werden können:

Schritt 1 (Feld G der Matrix):   Ermittlung des eigenen Entscheidungswertes und Ermittlung des vermutlichen gegnerischen Entscheidungswertes (jeweils Feld A und Feld B der Matrix der funktionalen Unternehmensbewertung),

Schritt 2 (Feld H der Matrix):   Auswahl der Argumentationsfaktoren und entsprechende Argumentationswertermittlung (Bewertung i. e. S.) sowie

Schritt 3 (Feld I der Matrix):   Verwendung der Argumentationswerte in der Verhandlung.

4.2.1.2 Schritte im Detail

4.2.1.2.1   Erster Schritt

Argumentationswerte zeichnen sich – wie im Abschnitt 4.1 analysiert – durch die aus der Parteienbezogenheit resultierende Entscheidungswerteorientierung aus. Der eigene Entscheidungswert, über den Stillschweigen zu bewahren ist, bildet einerseits die letzte Rückzugslinie für die einzusetzenden Argumentationswerte. Um schließlich ein Verhandlungsresultat möglichst nahe der gegnerischen Konzessionsgrenze zu erreichen (oder auch eine Erweiterung des vermuteten Argumentationsbereichs zu erwirken), ist andererseits eine fundierte Vermutung über den Entscheidungswert des Verhandlungspartners anzustellen. Bevor die eigentlichen Argumentationswerte ermittelt werden können, sind somit der eigene Entscheidungswert zu berechnen oder zu approximieren und der gegnerische Entscheidungswert möglichst genau zu schätzen (*Schritt 1 sowie Feld G der Matrix*). Bei der Ermittlung der Entscheidungswerte ist analog der Felder A und B der Matrix und somit der bereits im zweiten Kapitel vollzogenen Ausführungen vorzugehen. Hinsichtlich der Schätzung des gegnerischen Entscheidungswertes ist grundsätzlich die Perspektive des Verhandlungspartners einzunehmen. Das bedeutet, daß Vermutungen über dessen Zielsystem und Entscheidungsfeld sowie die Höhe, Bandbreiten, Streuungen und Interdependenzen der möglicherweise für die Gegenseite relevanten Zukunftserfolge (und Kalkulationszinsfüße) anzustellen sind. Diese Annahmen bilden die Grundlage für die investitionstheoretisch fundierte Transformation in den vermeintlichen Entscheidungswert des Verhandlungspartners.

4.2.1.2.2 Zweiter Schritt

Anschließend erfolgt – unter Berücksichtigung der ermittelten Entscheidungswerte – mit der Auswahl der Argumentationsfaktoren und der entsprechenden Ermittlung verschiedener Argumentationswerte die Bewertung i. e. S. im Rahmen der Argumentationsfunktion (*Schritt 2 sowie Feld H der Matrix*). Bezüglich der zur Beeinflussung des Verhandlungspartners eingesetzten Sachverhalte kann – wie in *Abbildung 279*[42] dargestellt – in „harte" und in „weiche" Argumentationsfaktoren[43] unterschieden werden.[44] Da als Argumentationswert die Gesamtheit von Begründungen (Argumenten) verstanden wird, die eine Verhandlungspartei mit dem Ziel der Verbesserung der eigenen Verhandlungsposition oder der Schwächung der Position des Verhandlungspartners und somit der Erreichung eines günstigeren Verhandlungsresultates selbst vorträgt oder auch vortragen läßt, ergeben sich schließlich, je nachdem, ob die Argumentationsfaktoren einzeln oder in Kombination eingesetzt werden sollen, die verschiedensten Argumentationswerte.

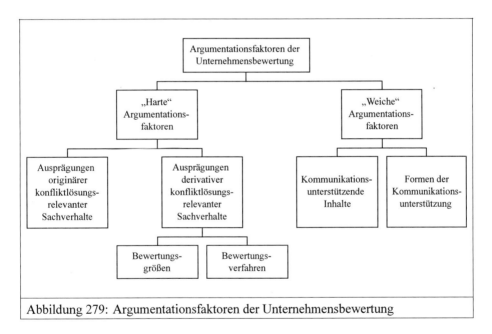

Abbildung 279: Argumentationsfaktoren der Unternehmensbewertung

Wird unterstellt, daß den Argumentationsfaktoren alle Sachverhalte zuzuordnen sind, die mittelbar oder unmittelbar eine Veränderung des Entscheidungsfeldes oder auch des Zielsystems eines Bewertungssubjekts bewirken können, sind den *„harten" Argumentationsfaktoren* die in die Verhandlung eingebrachten Ausprägungen der originären und derivativen konfliktlösungsrelevanten Sachverhalte zu subsumieren. Zu den originären konfliktlösungsrelevanten Sachverhalten zählen – neben den Kaufpreisvor-

---

[42] Vgl. BRÖSEL/BURCHERT, Akquisition (2004), S. 356.

[43] Siehe allgemein zur Unterscheidung zwischen „harten" und „weichen" Faktoren BURCHERT, Faktoren (1998), BRÖSEL/BURCHERT, Akquisition (2004), S. 342–347, m. w. N.

[44] Die Ausführungen zu den Argumentationsfaktoren erfolgen in enger Anlehnung an BRÖSEL/BURCHERT, Akquisition (2004), S. 354–356.

schlägen und den Anregungen zu Entgeltmodifikationen – beispielsweise im Rahmen
der Verhandlung aufgeworfene Investitions- und Beschäftigungsverpflichtungen. Als
derivative konfliktlösungsrelevante Sachverhalte gelten einerseits die eingesetzten Bewertungsgrößen und andererseits die verwendeten Bewertungsverfahren.[45] Sie sind mittelbar entscheidungsfeldverändernd, bilden die (materielle) Verhandlungsgrundlage und
führen zu einer direkten Unterstützung des Verhandlungsprozesses.

Versuchen die Parteien gegenüber ihren Verhandlungspartnern mit den *Bewertungsverfahren* zu argumentieren, müssen der Gegenseite zur Wertfindung scheinbar
ökonomisch fundierte Bewertungsmethoden geschickt dargeboten werden. Hierzu eignen sich insbesondere jene Verfahren, die sich trotz ihrer Unbrauchbarkeit zur Entscheidungswertermittlung einer (aus entscheidungsorientierten Aspekten unverständlichen)
„Wertschätzung" erfreuen,[46] wie beispielsweise die neoklassischen finanzierungstheoretischen Bewertungsmodelle (z. B. die Varianten der DCF-Verfahren oder das Optionspreismodell), die ausgehend von idealisierten Annahmen – beispielsweise Informationseffizienz, Vollständigkeit und Vollkommenheit der Märkte – versuchen, einen mysti-
schen objektiven Tauschwert des Unternehmens als fiktiven Marktwert zu bestimmen.[47]
Diese Verfahren genießen schließlich – wie noch darzustellen sein wird – in der Praxis
eine außerordentliche modische Beliebtheit, obwohl in der betriebswirtschaftlichen Literatur ihre Untauglichkeit hinsichtlich der Entscheidungswertermittlung hinlänglich
nachgewiesen ist.[48] Wenn die Gegenseite die weit verbreiteten finanzierungstheoretischen Verfahren also akzeptiert, stellen sie dankenswerterweise immerhin noch „ein er-
giebiges Reservoir dar, aus dem sich verschiedenste Argumentationswerte [...] schöpfen
lassen"[49].

Erfolgt die Beeinflussung der Gegenpartei hingegen über die *Bewertungsgrößen*,
versuchen die Parteien die innerhalb der investitionstheoretischen Bewertungsmodelle
(oder auch anderer Verfahren) verwendeten Rechengrößen, wie beispielsweise die abgegrenzten Zukunftserfolge oder die berücksichtigten Kalkulationszinsfüße, in ihrem

---

[45]   Vgl. HERING/OLBRICH, Börsengang junger Unternehmen (2002), S. 155–157. Siehe auch
       MATSCHKE, Argumentationswert (1976), MATSCHKE, Argumentationsbasis (1977), MATSCHKE/
       MUCHEYER, Preisverhandlung (1977).

[46]   „Bei der Argumentationshilfe-Bewertung ist [jedoch] oft kein Argument oder Verfahren zu dumm,
       um nicht trotzdem im Gutachten aufgenommen zu werden" [Quelle: BORN, Unternehmensbewer-
       tung (2003), S. 24].

[47]   COENENBERG, Unternehmensbewertung (1992), S. 108, hierzu: „Aus der Theorie des Kapitalmark-
       tes ist der Schluß abgeleitet worden, daß es keine bessere Schätzung des Unternehmenswertes gibt
       als die des Marktes. Diese These setzt indessen voraus, daß der Markt über gleich gute Informatio-
       nen wie der Gutachter verfügt und daß diese Informationen durch den Markt ebenso sachkundig
       verarbeitet werden. Diese Voraussetzungen erscheinen – trotz der in der Literatur vielfach zitierten
       These vom sogenannten effizienten Kapitalmarkt – unrealistisch".

[48]   Vgl. unter anderem SCHILDBACH, Discounted Cash-flow-Verfahren (1998), SCHNEIDER, Pegasus mit
       Klumpfuß (1998), HERING, Zustands-Grenzpreismodell (2000), KRAG/KASPERZAK, Unternehmens-
       bewertung (2000), S. 112–116, HERING/OLBRICH, Börsengang junger Unternehmen (2002), S. 156
       f., MATSCHKE/BRÖSEL, Folgen von „Basel II" (2003), S. 162, HERING/BRÖSEL, Argumentationswert
       (2004), S. 936–939, WAMELING, Berücksichtigung von Steuern (2004), S. 82–98, HERING, Atmende
       Finanzierung (2005), HERING, Unternehmensbewertung (2006), S. 151–243, CASEY, Kapital-
       markttheoretische Unternehmensbewertung (2006), RÜCKLE, Risikoprobleme (2010), S. 548 f. Zur
       Untauglichkeit von Verfahren, die vermeintlich auf die Abschätzung erzielbarer Marktpreise aus-
       gerichtet sind, im Hinblick auf die Entscheidungswertermittlung vgl. MANDL/RABEL, Methoden der
       Unternehmensbewertung (2012), S. 80 f.

[49]   HERING, Unternehmensbewertung (2006), S. 168.

Sinne zu präsentieren. Deshalb ist es wichtig, daß im Zusammenhang mit der Argumentationsfunktion den konfligierenden Parteien die *Wirkungsmechanik* von Unternehmensbewertungsverfahren, d. h. die Wirkung von Veränderungen einzelner Verfahrensparameter auf den mit diesem Verfahren ermittelbaren Unternehmenswert, bekannt ist. So führen im einfachsten Fall Erhöhungen der Zukunftserfolge und Verminderungen der Kalkulationszinsen jeweils zu höheren Werten sowie entsprechend Verminderungen der Zukunftserfolge und Erhöhungen der Zinsen jeweils zu geringeren Werten. Voraussetzung dafür ist jedoch, daß die Zukunftserfolge positiv sind. Bei negativen Zukunftserfolgen führt eine Erhöhung des Kapitalisierungszinsfußes jedoch zur Minderung des (negativen) Barwerts und damit – ceteris paribus – zu einer Erhöhung der Barwertsumme insgesamt.

Die Argumentation mit Bewertungsgrößen[50] soll nachfolgend für eine eindimensionale Konfliktsituation vom Typ des Kaufs/Verkaufs aus Sicht des präsumtiven Käufers – hier als Bewertungssubjekt bezeichnet – veranschaulicht werden. In dieser *vereinfacht dargestellten Verhandlungssituation* soll das Ziel des präsumtiven Käufers sein, den einzigen originären konfliktlösungsrelevanten Sachverhalt – den zu zahlenden Preis – mit Hilfe der Bewertungsgrößen „Einzahlungsüberschüsse", „Kalkulationszinsfüße" und „Bewertungszeitraum" argumentativ möglichst gering zu gestalten. Hierbei handelt es sich um derivative konfliktlösungsrelevante Sachverhalte. Der Verhandlungspartner – der präsumtive Verkäufer – wird in der Verhandlung durch einen Wirtschaftsprüfer unterstützt. Es sei angenommen, daß das Unternehmen – das Bewertungsobjekt – nicht auf unbegrenzte Dauer, sondern nur noch für eine bestimmte Anzahl von Jahren (T) Einzahlungsüberschüsse (g) generiert. Es sind für das Bewertungsobjekt weder beim präsumtiven Käufer noch beim präsumtiven Verkäufer positive oder negative Verbundeffekte realisierbar. Hinsichtlich der durch den präsumtiven Verkäufer vorgelegten Vergangenheitszahlen hat der präsumtive Käufer festgestellt, daß zukünftig nicht mehr so hohe Einzahlungsüberschüsse wie in den vergangenen Jahren zu generieren sind.

Angenommen sei, daß das Bewertungssubjekt bereits seinen Entscheidungswert im Vorfeld der Verhandlung bestimmt hat oder durch einen Dritten hat bestimmen lassen. Was als Ergebnis letztlich aus dem dann folgenden (Verhandlungs-)„Pokerspiel" resultiert, hängt nunmehr vor allem vom Verhandlungsgeschick der Beteiligten und von deren Kenntnissen um die formalen Zusammenhänge zwischen den Bewertungsgrößen innerhalb der Bewertungsverfahren ab, so daß es sich auf jeden Fall lohnt, nicht „blauäugig" zu verfahren. Wie die Spieler beim Pokern ihre Karten verdeckt halten, gilt dies im übertragenen Sinne auch für die Verhandlung um das in Rede stehende Unternehmen. Jegliche Argumentation des präsumtiven Käufers sollte dabei nicht auf seinen eigenen Entscheidungswert schließen lassen. Dies gilt natürlich auch für den Verhandlungspartner. Die durch diesen oder durch den von ihm beauftragten Wirtschaftsprüfer oder einem anderen Berater in die Verhandlung eingebrachten vermeintlichen Entscheidungs- oder Arbitrium- oder „objektivierten" Werte sind

---

[50] Zahlreiche Möglichkeiten zur Argumentation im Bereich der Planung [Phasenkonzepte (Zahl der Phasen, Länge der Detailplanungsphasen), Wachstumsraten, Genauigkeit der Planungen, Determinanten der Kapitalkostenwahl usw.] liefert die empirische Studie von HOMBURG/LORENZ/SIEVERS, Unternehmensbewertung (2011) S. 123–127.

kritisch vom präsumtiven Käufer zu würdigen, denn sie haben grundsätzlich Argumentationswertcharakter.[51]

Es wird unterstellt, daß die Verhandlungspartner während der bisherigen Verhandlung insofern übereingekommen sind, als beide hinsichtlich der kooperativen Preissuche eine Bewertung mit Verfahren akzeptieren, die auf dem *Barwert- oder Gegenwartswertkalkül* beruhen. Die Formel für die Bestimmung des Unternehmenswertes mit Hilfe einer Barwertsumme BW lautet allgemein:

$$BW = \frac{g_1}{(1+i)^1} + \frac{g_2}{(1+i)^2} + \frac{g_3}{(1+i)^3} + \ldots + \frac{g_t}{(1+i)^t} + \ldots + \frac{g_{T-1}}{(1+i)^{T-1}} + \frac{g_T}{(1+i)^T}.$$

Die abzuzinsenden Erfolge g_t für die einzelnen Jahre t sind g_1 für das erste Jahr, g_2 für das zweite Jahr usw. bis g_T für das letzte einbezogene Jahr. In der Formel wird unterstellt, daß alle Beträge unterschiedlich sind. Das Symbol i bezeichnet den – im Zeitablauf als konstant angenommenen – Kapitalisierungs- oder Kalkulationszinsfuß. Der Planungszeitraum, welcher der Barwertberechnung zugrunde gelegt wird, erstreckt sich über T Jahre. Es wird eine sog. nachschüssige Betrachtung unterstellt, d. h., die Beträge g fallen annahmegemäß am Jahresende an. Der Faktor $1/(1 + i)^t$ ist der Abzinsungsfaktor, der mit größer werdendem t immer kleiner wird, so daß der Barwert eines gleich großen Betrages um so geringer wird, je später er in der Zukunft erwartet wird.

Die Barwertsumme BW, um die es somit geht, hängt von drei Größen ab:

1. vom zu *diskontierenden Betrag* g, (der aus der Sicht des präsumtiven Erwerbers möglichst gering anzusetzen ist,)[52]
2. vom *Zeitraum* T, für den die Barwertsumme gebildet werden soll, (welche aus Käufersicht ebenfalls möglichst minimiert werden sollte,) und
3. vom *Kapitalisierungs- oder Kalkulationszinsfuß* i, der dabei zur Anwendung kommt (und aus Sicht des präsumtiven Käufers möglichst hoch sein sollte).[53]

Es ist nun für die Argumentation wichtig, daß der präsumtive Käufer die *Rechnungsmechanik* zutreffend einschätzen kann, d. h., daß er weiß, wie die einzelnen Ele-

---

[51] *HAKELMACHER*, WP Handbuch (2006), S. 209, hierzu mit (mehr als) einem Augenzwinkern in seinem „Alternativen WP Handbuch": „Umso bedauerlicher ist es, dass die [...] Ausführungen im WP Handbuch 2002 nicht eingestehen wollen, dass Art und Ergebnis der Unternehmensbewertung durch den vom Auftraggeber erwarteten Unternehmenswert determiniert werden." Entsprechend formuliert *HAKELMACHER*, WP Handbuch (2006), S. 210 f., mit Blick auf die Wirtschaftsprüferpraxis den „Grundsatz der resultativen Bewertung".

[52] Im Hinblick auf die in die Bewertung eingehenden Erfolge sollte der präsumtive Käufer zunächst darauf drängen, als Basis nicht die Vergangenheit, was der Lieblingsanknüpfungspunkt von Wirtschaftsprüfern ist, sondern die Zukunft, also diesbezügliche Planungsrechnungen, zu wählen. Diese sind hinsichtlich der getroffenen Annahmen im vorliegenden Beispiel nicht nur geringer, sondern aufgrund der herrschenden Unsicherheit auch besser zu „beeinflussen". Aus Sicht des präsumtiven Erwerbers schadet dabei Pessimismus in bezug auf die Einzahlungen (und auch auf die Erträge) („Je geringer, desto besser!") und in bezug auf die Auszahlungen (und auch auf die Aufwendungen) („Je höher, desto besser!") auf keinen Fall. Wenn es dann später anders läuft, so wahrscheinlich doch nur deshalb, weil der neue Eigner überaus erfolgreich gewirtschaftet hat.

[53] Wobei wiederum zu beachten ist, daß sich Zinserhöhungen bei negativen Einzahlungsüberschüssen g erhöhend auf die Barwertsumme auswirken.

mente der Barwertrechnung im Hinblick auf das Resultat zusammenwirken. Sein Ziel muß es sein, dieses Resultat möglichst gering ausfallen zu lassen.[54]

Es wird i. d. R. nicht möglich sein, bis zum Ende des Betrachtungszeitraums alles detailliert zu planen. Deshalb wird der *Planungszeitraum*, der in vorstehender Formel T Jahre dauert, häufig *in zwei Teilzeiträume zerlegt*: einen Teilzeitraum, in dem differenziert geplant wird, und einen daran anschließenden Teilzeitraum, in dem sich die Bewerter mit gröberen Planungen zufriedengeben müssen. In der nachfolgenden Formel wird dies berücksichtigt. Die Phase der detaillierten Planung mit unterschiedlichen abzuzinsenden Beträgen umfaßt τ Perioden; die sich anschließende Phase mit gröberen Planungen und in der Formel mit als gleichbleibend angenommen Beträgen g umfaßt n Perioden. Aus Konsistenzgründen mit der vorherigen Formel würde dann gelten T = τ + n.

$$BW = \underbrace{\frac{g_1}{(1+i)^1} + \frac{g_2}{(1+i)^2} + \dots + \frac{g_\tau}{(1+i)^\tau}}_{\text{Phase detaillierter, differenzierter Planungen}} + \underbrace{\frac{g}{(1+i)^{\tau+1}} + \frac{g}{(1+i)^{\tau+2}} + \dots + \frac{g}{(1+i)^{\tau+n}}}_{\text{Phase globalerer, gleichbleibender Planungen}}.$$

Diese Formel kann rechnerisch vereinfacht werden, weil mit Blick auf die zweite Phase der Ausdruck $g/(1+i)^\tau$ ausgeklammert werden kann und für die Summe der Abzinsungsfaktoren ein spezieller finanzmathematischer Ausdruck, der sog. *Rentenbarwertfaktor*[55], benutzt werden kann:

$$BW = \frac{g_1}{(1+i)^1} + \frac{g_2}{(1+i)^2} + \dots + \frac{g_\tau}{(1+i)^\tau} + \frac{g}{(1+i)^\tau} \cdot \left[\frac{1}{(1+i)^1} + \frac{1}{(1+i)^2} + \dots + \frac{1}{(1+i)^n} \right]$$

$$BW = \sum_{t=1}^{\tau} \frac{g_t}{(1+i)^t} + \frac{g}{(1+i)^\tau} \cdot \frac{(1+i)^n - 1}{i \cdot (1+i)^n}.$$

Der Rentenbarwertfaktor ist dabei eine wichtige, das Resultat BW beeinflussende Größe. Er ist um so größer, je länger die zweite Phase dauert, also n ist, und um so kleiner, je höher der Kalkulationszins i angesetzt wird. Das Interesse des präsumtiven Käufers muß es sein, den Rentenbarwertfaktor als Multiplikator des Ausdrucks $g/(1+i)^\tau$ so gering wie möglich werden zu lassen, also den Betrachtungszeitraum n möglichst klein und den Kalkulationszins i möglichst groß anzusetzen. Die Rechnungsmechanik in bezug auf das Zusammenwirken von n und i ist in der nachfolgenden *Abbildung 280* dargestellt, in der die beiden Steuerungsgrößen des Rentenbarwertfaktors in den Bereichen $1 \leq n \leq 10$ und $5{,}0\,\% \leq i \leq 10{,}0\,\%$ variieren:

---

[54]   Die Auswirkungen von Verminderungen des Zukunftserfolges und der Erhöhungen des Kalkulationszinsfußes werden von BARTHEL, Glaubwürdigkeitsattribution (2006), S. 470 (Tabelle 2), sehr anschaulich dargestellt. Vgl. hierzu auch bereits MATSCHKE, Entscheidungswert (1975), S. 202–226.

[55]   Vgl. MATSCHKE, Investitionsplanung (1993), S. 175.

n↓ i→	5,0 %	6,0 %	7,0 %	8,0 %	9,0 %	10,0 %
1	0,9523810	0,9433962	0,9345794	0,9259259	0,9174312	0,9090909
2	1,8594104	1,8333927	1,8080182	1,7832647	1,7591112	1,7355372
3	2,7232480	2,6730119	2,6243160	2,5770970	2,5312947	2,4868520
4	3,5459505	3,4651056	3,3872113	3,3121268	3,2397199	3,1698654
5	4,3294767	4,2123638	4,1001974	3,9927100	3,8896513	3,7907868
6	5,0756921	4,9173243	4,7665397	4,6228797	4,4859186	4,3552607
7	5,7863734	5,5823814	5,3892894	5,2063701	5,0329528	4,8684188
8	6,4632128	6,2097938	5,9712985	5,7466389	5,5348191	5,3349262
9	7,1078217	6,8016923	6,5152322	6,2468879	5,9952469	5,7590238
10	7,7217349	7,3600871	7,0235815	6,7100814	6,4176577	6,1445671

Abbildung 280: Rentenbarwertfaktor in Abhängigkeit von Kalkulationszins i und Betrachtungszeitraum n

Der Gesamtbetrachtungszeitraum läge in diesem Beispiel dann zwischen $\tau + 1 \leq T = \tau + n \leq \tau + 10$ Jahren, wobei τ die Länge des Betrachtungszeitraums mit detaillierter Planung ist. Der präsumtive Erwerber sollte auf jeden Fall darauf drängen, daß nicht der Betrag zum Ende der Phase der detaillierten Planung in die zweite Phase unverändert übernommen wird. Im Hinblick auf die angestrebte Verminderung des Kaufpreises sollte der präsumtive Erwerber für die *zweite Phase eine Verminderung der Erfolge* innerhalb der argumentativen Berechnung des Unternehmenswertes anstreben.

Es böten sich dann rechentechnisch zwei Möglichkeiten an:

a) Es findet eine „pauschale Kürzung" statt.

b) Es findet eine „negative Wachstumsrate" Berücksichtigung.

Bei Annahme einer *„pauschalen Kürzung"* des Betrags g_τ stellt sich die Situation dann formelmäßig wie folgt dar, wobei α der Kürzungsfaktor ist:

$$BW = \frac{g_1}{(1+i)^1} + \frac{g_2}{(1+i)^2} + \ldots + \frac{g_\tau}{(1+i)^\tau} + \frac{(1-\alpha)\cdot g_\tau}{(1+i)^\tau} \cdot \left[\frac{1}{(1+i)^1} + \frac{1}{(1+i)^2} + \ldots + \frac{1}{(1+i)^n} \right]$$

$$BW = \sum_{t=1}^{\tau} \frac{g_t}{(1+i)^t} + \frac{(1-\alpha)\cdot g_\tau}{(1+i)^\tau} \cdot \frac{(1+i)^n - 1}{i\cdot(1+i)^n}.$$

Bei $\alpha = 0,2$ hieße dies, daß für die gesamte zweite Phase mit 80 % des Betrags g_τ, der für das Ende der ersten Planungsphase gilt, gerechnet wird. In praxi dürfte diese Vorgehensweise auf „Verständnis" stoßen und ein „gegriffener" Kürzungsfaktor etwa zwischen 1/5 und 1/3 (also zwischen 20 % und 33,3 %) auf nicht allzu großen Widerstand stoßen.

Wird eine *„negative Wachstumsrate"* für die zweite Phase unterstellt, ist die Berechnung der Barwertsumme BW formal komplizierter und für den Laien weniger durchschaubar, so daß „intellektueller" Widerstand aus Unverständnis über die „komplizierte Rechnung" auftreten könnte. Formelmäßig stellt sich die Situation dann wie folgt dar:

$$BW = \frac{g_1}{(1+i)^1} + \frac{g_2}{(1+i)^2} + \ldots + \frac{g_\tau}{(1+i)^\tau} + \frac{g_\tau \cdot (1-w)}{(1+i)^{\tau+1}} + \frac{g_\tau \cdot (1-w)^2}{(1+i)^{\tau+2}} + \ldots + \frac{g_\tau \cdot (1-w)^n}{(1+i)^{\tau+n}}$$

$$BW = \frac{g_1}{(1+i)^1} + \frac{g_2}{(1+i)^2} + \ldots + \frac{g_\tau}{(1+i)^\tau} \cdot \left[1 + \frac{(1-w)}{(1+i)^1} + \frac{(1-w)^2}{(1+i)^2} + \ldots + \frac{(1-w)^n}{(1+i)^n} \right].$$

Die Summe in der großen eckigen Klammer läßt sich „handlich" – zum Rentenbarwertfaktor einer endlichen nachschüssigen (hier: negativ) wachsenden Rente – zusammenfassen. Wird dies getan, ergibt sich:

$$BW = \frac{g_1}{(1+i)^1} + \frac{g_2}{(1+i)^2} + \ldots + \frac{g_\tau}{(1+i)^\tau} \cdot \left[\left(1 - \left(\frac{1-w}{1+i} \right)^{n+1} \right) \cdot \frac{1+i}{i+w} \right].$$

An dieser Formel ist auch zu erkennen, daß bei Anwendung einer „negativen Wachstumsrate" beide Phasen durch den Ausdruck in der großen eckigen Klammer miteinander multiplikativ „verkettet" sind, während sie bei Anwendung der „pauschalen Kürzung" nur additiv verbunden sind.

Das argumentative Bestreben bei Anwendung der „negativen Wachstumsrate" muß aus der Sicht des präsumtiven Erwerbers sein, den Wert in der großen eckigen Klammer möglichst gering werden zu lassen. Dies wird erreicht, wenn die Größen i (Kalkulationszinsfuß) und w (negative Wachstumsrate) möglichst hoch angesetzt werden, die Größe n (Planungszeitraum der zweiten Phase) jedoch möglichst gering angesetzt wird. Die Rechnungsmechanik ist am Beispiel der Kalkulationszinsfüße i = 5 % in *Abbildung 281* und i = 10 % in *Abbildung 282* dargestellt.

n↓ w→	5,0 %	10,0 %	15,0 %	20,0 %	25,0 %	30,0 %
1	1,9047619	1,8571429	1,8095238	1,7619048	1,7142857	1,6666667
2	2,7233560	2,5918367	2,4648526	2,3424036	2,2244898	2,1111111
3	3,4639888	3,2215743	2,9953569	2,7846885	2,5889213	2,4074074
4	4,1340851	3,7613494	3,4248127	3,1216674	2,8492295	2,6049383
5	4,7403627	4,2240138	3,7724674	3,3784133	3,0351639	2,7366255
6	5,2888996	4,6205833	4,0539022	3,5740292	3,1679742	2,8244170
7	5,7851949	4,9604999	4,2817304	3,7230698	3,2628387	2,8829447
8	6,2342239	5,2518571	4,4661627	3,8366246	3,3305991	2,9219631
9	6,6404883	5,5015918	4,6154650	3,9231426	3,3789994	2,9479754
10	7,0080608	5,7156501	4,7363288	3,9890610	3,4135710	2,9653169

Abbildung 281: Rentenbarwertfaktor einer (negativ) wachsenden endlichen Rente bei i = 5 %

n↓ w→	5,0 %	10,0 %	15,0 %	20,0 %	25,0 %	30,0 %
1	1,8636364	1,8181818	1,7727273	1,7272727	1,6818182	1,6363636
2	2,6095041	2,4876033	2,3698347	2,2561983	2,1466942	2,0413223
3	3,2536627	3,0353118	2,8312359	2,6408715	2,4636551	2,2990233
4	3,8099814	3,4834369	3,1877732	2,9206338	2,6797649	2,4630148
5	4,2904385	3,8500848	3,4632793	3,1240973	2,8271124	2,5673731
6	4,7053787	4,1500693	3,6761704	3,2720708	2,9275766	2,6337829
7	5,0637361	4,3955113	3,8406771	3,3796878	2,9960750	2,6760436
8	5,3732267	4,5963274	3,9677959	3,4579548	3,0427784	2,7029369
9	5,6405139	4,7606315	4,0660241	3,5148762	3,0746216	2,7200507
10	5,8713529	4,8950622	4,1419277	3,5562736	3,0963329	2,7309414

Abbildung 282: Rentenbarwertfaktor einer (negativ) wachsenden endlichen Rente bei i = 10 %

Auf der Basis konkreter Daten läßt sich auch abschätzen, welche der beiden Grundannahmen („pauschale Kürzung" versus „negative Wachstumsrate") unter welchen Datenkonstellationen günstiger ist, also argumentativ angestrebt werden sollte.

In diesem Zusammenhang darf die Bedeutung der Zukunftserfolge und Kalkulationszinsen für weit in der Zukunft liegende Perioden nicht unterschätzt werden. HERING macht die Relevanz dieser in ferner Zukunft liegenden Erfolge am Beispiel eines vollkommenen Kapitalmarkts unter Unsicherheit mit Hilfe der Finanzmathematik wie folgt deutlich: „Um die Auswirkung der in realen Entscheidungsfeldern herrschenden Unsicherheit zu verdeutlichen, sei zunächst vereinfachend angenommen, der zu bewertende Zahlungsstrom entspreche einer ewigen Rente in Höhe von g. Für den [.. Zukunftserfolgswert] ergibt sich dann: BW = g/i. Im Zeitraum von t = 0 bis t = τ möge der Überschuß g zuverlässig eintreten, während danach Unsicherheit herrsche. Der [.. Zukunftserfolgswert BW] zerfällt somit in einen sicheren und einen unsicheren Teil:"[56]

$$BW = \frac{g}{i} = \underbrace{g}_{\text{sicher}} \cdot \frac{(1+i)^{\tau} - 1}{i \cdot (1+i)^{\tau}} + \underbrace{g}_{\text{unsicher}} \cdot \frac{1}{i \cdot (1+i)^{\tau}}.$$

„Das relative Gewicht des unsicheren [.. Zukunftserfolgswertbestandteils] beträgt $(1 + i)^{-\tau}$. Im allgemeinen wird τ nicht sehr groß sein, so daß bei realistischen Opportunitätssätzen i ein großer Anteil des [.. Zukunftserfolgswertes] auf dem Wunschdenken beruht, der (unsichere) Überschuß g lasse sich ad infinitum erzielen. Falls beispielsweise der überschaubare Zeitraum τ = 5 Jahre umfaßt, trägt der unsichere Teil selbst bei einem Kalkulationszinsfuß von i = 15 % noch fast 50 % zum [.. Zukunftserfolgswert] bei."[57]

---

[56]   HERING, Unternehmensbewertung (2006), S. 38 f. Siehe dort auch zu nachfolgender Formel. Die Symbole wurden, soweit erforderlich, den in diesem Buch verwendeten angepaßt.

[57]   HERING, Unternehmensbewertung (2006), S. 39. Siehe zur Bedeutung der weit in der Zukunft liegenden Zeiträume auch HARRER, Unsicherheitsmoment (1956), S. 310, LÖHR, Ertragswertverfahren (1994), S. 91, MANDL/RABEL, Unternehmensbewertung (1997), S. 155–157.

Wie bereits mehrfach angesprochen, ist die Barwertsumme BW – ceteris paribus – schließlich entscheidend von der *Höhe des Kalkulationszinses* i abhängig.[58] Laien durchschauen dies zumeist nicht oder nur schwer. Das Interesse des präsumtiven Käufers ist argumentativ auf einen möglichst hohen Kalkulationszinsfuß gerichtet. Je größer i unter sonst gleichen Umständen ist, desto geringer ist die Barwertsumme BW. Ist ein Wirtschaftsprüfer eingeschaltet, wird er i. d. R. versuchen, den Kalkulationszinssatz aus einem Basiszins BZ unter Berücksichtigung von Korrekturen K in Form von Zu- und/oder Abschlägen zu bestimmen: i = BZ + K.[59]

Der *Basiszins* wird von Wirtschaftsprüfern gern aus „einem durchschnittlich erzielbaren Zinssatz für langfristige nicht risikobehaftete Anlagen" abgeleitet, wobei auf Wertpapiere der öffentlichen Hand oder sog. Zinsstrukturkurven zurückgegriffen werden soll.[60] In aller Regel macht sich ein Wirtschaftsprüfer indes keine Mühen, seinen Zins wirklich „herzuleiten" und zahlenmäßig sozusagen „nachzuweisen". Er wird zumeist begründungslos „eingeführt", z. B.: 6 % p. a. Das war es! „In" ist zur Zeit, ihn auf Basis des „Capital Asset Pricing Model" (CAPM) – zumindest sprachmodisch – herzuleiten.[61] Das CAPM versteht im Zweifel der Wirtschaftsprüfer auch nicht, eine tatsächliche Herleitung unterbleibt folglich, aber i. d. R. sind die Laien zu „beeindrucken", weil sie erst recht nichts davon wissen. Und schließlich: Weil es „modern" ist, wird es doch auch „gut" sein. Andere Ansatzpunkte für den Basiszinssatz könnten aber auch Zinssätze sein, die den Verhandlungspartnern aus anderen Zusammenhängen bekannt sind, etwa der Kalkulationszins, der von Gerichten, Aufsichtsbehörden usw. als Autorität anerkannt ist. Hier heißt es also: Aufpassen, suchen und vergleichen![62] Der höhere Basiszins ist aus der Sicht des präsumtiven Erwerbers stets der „bessere" Zins! Auch der Laie findet ganz allgemein Gefallen an einem hohen Zins als etwas „Erstrebenswertem". Kurz: Es ist sehr oft sehr leicht, den Zins nach oben zu drücken – nach dem Motto: Ein Prozent(punkt) mehr, was ist das schon! –, weil die Zusammenhänge nicht verstanden werden und insbesondere nicht gesehen wird, daß Zuschläge zum Kalkulationszins in Abschläge vom abzuzinsenden Betrag äquivalent umgerechnet werden können. Ist es nicht möglich, den abzuzinsenden Betrag (weiter) „argumentativ" zu senken, fällt es gewöhnlich weitaus leichter, den Kalkulationszins (mehr als kompensierend) „argumentativ" zu erhöhen.

Korrekturen in Form von *Abschlägen* sollten aus Sicht des präsumtiven Erwerbers strikt abgelehnt werden. Hier wird gern mit einem „*Inflationsabschlag*" argumentiert. Und es leuchtet dem Laien doch „unmittelbar" ein, daß auch in Zukunft mit Inflation gerechnet werden muß und daß im Zins auch eine Vergütung für die Inflationsgefahren enthalten ist, die aus dem Zins herauszurechnen ist, um einen langfristig geltenden „realen" Zins ansetzen zu können, also – so lautet dann die Schlußfolgerung – ist der Basiszins um einen „Inflationsabschlag" zu kürzen, der zumeist „pauschal" angesetzt und stets völlig „aus der Luft" gegriffen wird. Diese Argumentation ist inhaltlich wie formal

---

[58] Zur Argumentationswirkung des Zinsfußes und möglichen Argumentationsaspekten siehe z. B. BALLWIESER, Komponenten und Ermittlungsprobleme (2002).

[59] Vgl. hierzu INSTITUT DER WIRTSCHAFTSPRÜFER, IDW S 1 i. d. F. 2008 (2008), S. 282 und S. 285.

[60] Vgl. hierzu INSTITUT DER WIRTSCHAFTSPRÜFER, IDW S 1 i. d. F. 2008 (2008), S. 285. Angesichts der aktuellen (Staats-)Schuldenkrise stellt sich nicht bloß theoretisch die Frage, welche öffentliche Hand kein Risiko in sich birgt.

[61] Vgl. hierzu INSTITUT DER WIRTSCHAFTSPRÜFER, IDW S 1 i. d. F. 2008 (2008), S. 282 und S. 285 f.

[62] Zur Ermittlung des risikolosen Zinses siehe z. B. BALLWIESER, Zum risikolosen Zins (2003).

höchst zweifelhaft und sollte auf keinen Fall als präsumtiver Käufer akzeptiert werden: Niemand weiß, ob und wie hoch künftig eine Geldentwertung gegeben sein wird. Niemand weiß, ob und wie diese im Zins vom Markt „verarbeitet" enthalten ist. Eine Subtraktion vom Basiszinssatz ist auf jeden Fall „rechnerisch" falsch, um zu einem Realzins zu gelangen.[63] Das eigentliche Problem ist jedoch, daß ein solcher „Inflationsabschlag" die Annahme einer „positiven Wachstumsrate" impliziert, das heißt, die Barwertsumme erhöht, was nicht im Interesse des präsumtiven Käufers liegt.

Gegen *Zuschläge* auf den Basiszinssatz sollte sich der präsumtive Erwerber folglich nicht „wehren" und hier lieber nach dem Motto verfahren: Es kann auch noch etwas mehr sein! Um entsprechende Erhöhungen der Zinsen und somit im Ergebnis auch Verminderungen des Argumentationswertes zu erreichen, eignet sich beispielsweise die Heranziehung des derivativen konfliktlösungsrelevanten Sachverhalts „Risiko". Will der präsumtive Erwerber in der Verhandlung niedrige Argumentationswerte präsentieren, kann er versuchen, dem Verhandlungspartner die besonders hohen Risiken der Transaktion glaubhaft zu machen, um diese dann als Zuschläge auf den Kalkulationszins oder als Abschläge auf die Zukunftserfolge oder bestenfalls – sollte der Verkäufer dies akzeptieren – als Abschläge auf die Zukunftserfolge *und* als Zuschläge auf den Kalkulationszins berücksichtigen. Einem einfallsreichen präsumtiven Käufer stehen hierzu verschiedene Risikoarten, insbesondere bei Auslandsakquisitionen, „zur Verfügung": z. B. politische Länderrisiken, wirtschaftliche Länderrisiken, Fremdwährungsrisiken sowie Geschäfts- und Finanzierungsrisiken.[64]

Falls solche Zuschläge (noch) nicht vorgesehen sind, sollten sie gefordert werden. Üblich und einem Wirtschaftsprüfer bestens bekannt ist der *Zuschlag aus Risikogründen* RZ.[65] 50 % des Basiszinssatzes ist ein gängiger „Standard", über den es eigentlich „keine Diskussionen" mit dem Wirtschaftsprüfer geben dürfte, denn so wird von ihm regelmäßig verfahren. Also, bei BZ = 6 % beträgt der Risikozuschlag dann RZ = 3 %, so daß sich i = 9 % ergibt. Aber andere Zuschläge können durchaus auch noch verlangt werden, wie zum Beispiel ein *(Im-)Mobilitätszuschlag* MZ, weil die Verkäuflichkeit der Anteile nicht oder nur sehr eingeschränkt gegeben ist. GmbH-Anteile sind beispielsweise generell „immobiler" als Aktien, folglich kann auch aus diesen Gründen ein Zuschlag zum Basiszins erzielt werden. Ein Zuschlag von 50 % des Basiszinssatzes darf dabei ruhig „angestrebt" werden. So wüchse der Kalkulationszinsfuß um weitere 3 % auf dann i = 12 % (= BZ + RZ + MZ = 6 % + 3 % + 3 %). Wenn der präsumtive Erwerber dies durchsetzt und schließlich ein Preis vereinbart wird, der seinen Entscheidungswert nicht verletzt und sogar möglichst weit von diesem entfernt ist, dann kann er sich „beruhigt" zurücklehnen.

Die Rolle der derivativen konfliktlösungsrelevanten Sachverhalte kann schließlich soweit gehen, daß sie im Mittelpunkt des Konfliktlösungsprozesses, d. h. der Auseinandersetzung zwischen den Parteien, stehen und daß die Extension von originären Sach-

---

[63]   Zur Wirkung der Inflation im Rahmen der Investitionsrechnung vgl. HERING, Investitionstheorie (2008), S. 94–96; ferner MATSCHKE, Geldentwertung (1986).

[64]   Vgl. zu den Risiken PEEMÖLLER/KUNOWSKI/HILLERS, Internationale Mergers & Acquisitions (1999), S. 626–630. Siehe zu denkbaren Modifikationen des Kalkulationszinsfußes auch BALLWIESER, Unternehmensbewertung (2001), Sp. 2086–2090. Siehe darüber hinaus bereits die Ausführungen von SONDERMANN, Bewertung (1961).

[65]   Zur Thematik des Risikozuschlags im Rahmen der Investitionsrechnung vgl. HERING, Investitionstheorie (2008), S. 278–296.

verhalten über eine Einigung der Parteien auf bestimmte Extensionen der derivativen Sachverhalte festgelegt wird. In diesen Fällen stützen die derivativen Sachverhalte nicht bloß die originären Variablen argumentativ ab, sondern sie substituieren diese im Konfliktlösungsprozeß weitgehend. Aus Konfliktsituationen mit nur einem originären Sachverhalt werden dann mehrdimensionale Konfliktsituationen. Der Vorteil einer *Substitution von einem originärem Sachverhalt* – beispielsweise der Höhe des zu zahlenden Preises – *durch mehrere derivative Sachverhalte* – wie beispielsweise „Zukunftserfolg", „Kapitalisierungszinsfuß", „Unternehmensbewertungsverfahren", „Risikozuschlag" – ist vor allem darin zu sehen, daß die Parteien bei einzelnen derivativen Sachverhalten nachgeben können, ohne notwendigerweise eine Verschlechterung ihrer Position im Falle einer Einigung befürchten zu müssen. Erst eine Einigung über *alle* derivativen Sachverhalte determiniert schließlich die Preishöhe und die Entscheidungsfeldveränderungen. Konzessionen oder Zugeständnisse bei einem derivativen Sachverhalt können durch Konzessionen der anderen Partei bei anderen derivativen Sachverhalten teilweise, vollständig oder mehr als kompensiert werden. Letzteres vollzieht sich besonders dann, wenn die andere Partei einerseits die Verhandlungsregel, Konzessionen zu erwidern, einhalten möchte, andererseits aber gewisse Unteilbarkeiten der derivativen Variablen eine genaue Dosierung der Konzession verhindern. Derivative konfliktlösungsrelevante Sachverhalte sind folglich geeignete Instrumente im Rahmen der Argumentationsfunktion.

Während es zunächst so scheinen möge, als ob die oben dargestellte Substitution von originären Sachverhalten oder Variablen durch mehrere derivative Variablen eine Einigung zwischen den Parteien erschwert, weil dann die Differenzen über die Extension einer originären Variable zu Meinungsverschiedenheiten über viele derivative Variablen führen können, ist nach einer genaueren Analyse der durch die Substitution bewirkten Veränderung der Konfliktsituation eher das Gegenteil zu erwarten. Hierin kann durchaus eine *Möglichkeit der Komplexitätsreduktion*[66] gesehen werden. Schließlich stellt eine gemeinsam vorgenommene Substitution der originären Variablen durch derivative Variablen den ersten Schritt in Richtung Konfliktlösung dar, weil sie bedeutet, daß sich die Parteien einig sind, auf welche Weise sie zu einem für beide akzeptablen Einigungswert für den substituierten originären konfliktlösungsrelevanten Sachverhalt kommen können. Zugleich steckt die Substitution für die Parteien einen Argumentationsspielraum ab. Argumente, die sich nicht auf die substituierenden derivativen Variablen beziehen, erscheinen dann als wenig zweckdienlich. Die Substitution könnte so dazu beitragen, den Konfliktlösungsprozeß zu kanalisieren und zu versachlichen. Den Übergang von der Konfrontation der Meinungen über eine Konfliktlösung zur kooperativen Suche einer akzeptablen Lösung dürfte die Substitution auch dadurch erleichtern, daß Konzessionen bei derivativen Variablen – nicht zuletzt wegen der schon erwähnten relativen Unbestimmtheit der Auswirkungen von Konzessionen – weniger als ein Zurückweichen vor gegnerischen Forderungen, sondern mehr als ein Eingehen auf (bessere) gegnerische Argumente angesehen werden können.

---

[66] Die Notwendigkeit einer Komplexitätsreduktion bei der Unternehmensbewertung wird besonders von BALLWIESER, Komplexitätsreduktion (1990), betont, der diese Forderung im wesentlichen auf die Ermittlung der zu bewertenden dispositionsabhängigen und zukunftsbezogenen Entnahmen aus dem Unternehmen sowie deren Transformation in parteienbezogene Grenzpreise bezieht.

Neben der Substitution von originären konfliktlösungsrelevanten Sachverhalten durch derivative konfliktlösungsrelevante Sachverhalte ist es – wie bereits in Abschnitt 2.2.3 dargestellt – in einer mehrdimensionalen Konfliktsituation zudem durchaus möglich, daß eine Partei den Wünschen der anderen Partei in bezug auf einen konfliktlösungsrelevanten Sachverhalt – zumindest innerhalb bestimmter Ausprägungen – unproblematisch nachkommen könnte, weil sich durch eine Vereinbarung auf diese Ausprägungen des Sachverhalts für sie keine (*Indifferenzfall*) oder sogar positive (*Harmoniefall*) Auswirkungen auf das Entscheidungsfeld ergeben.[67] Die betreffende Partei kann diese Fälle schließlich verhandlungstaktisch nutzen, indem sie sich für Zustimmungen im Hinblick auf den in Rede stehenden Sachverhalt Zugeständnisse bei anderen, für sie bedeutungsvollen konfliktlösungsrelevanten Sachverhalten „erkauft".

Die Vorbereitung auf eine konkrete Konfliktsituation/Verhandlung setzt ein möglichst realitätsnahes Modell dieser Konfliktsituation voraus. Ein solches Modell ist stets eine vereinfachte, die reale Komplexität reduzierende Abbildung. Auch wenn die Notwendigkeit einer Komplexitätsreduktion unbestritten ist, bleibt die *bisherige weitgehend eindimensional ausgerichtete Betrachtungsweise* des Entscheidungswertes als kritischer Preis (Grenzpreis), der die für eine Partei vorteilhaften Preise (Konfliktlösungen) von den unvorteilhaften trennt, doch problematisch, denn von vornherein nur auf den Barpreis bezogene Konfliktsituationen vom Typ des Kaufs und des Verkaufs eines Unternehmens dürfte es weitaus weniger oft geben, als sie in Lehre und Praxis der Unternehmensbewertung vorausgesetzt oder unterstellt werden. Dies hat sich nicht zuletzt bei den Privatisierungen ehemals „volkseigener" Betriebe gezeigt.[68]

Für Konfliktlösungsprozesse vom Typ des Kaufs und des Verkaufs eines Unternehmens scheint es darüber hinaus charakteristisch zu sein, daß die Parteien die Höhe des nach ihrer Meinung zu zahlenden Preises mit Hilfe von derivativen konfliktlösungsrelevanten Sachverhalten nachweisen. In solchen Konfliktsituationen, in denen der zu zahlende Preis von den Parteien mit Hilfe derivativer Variablen begründet oder gar aus deren Extension durch Formeln abgeleitet wird, genügt die Kenntnis des Grenzpreises als Verhandlungsgrundlage für die Parteien nicht. Die Parteien müssen außerdem wissen, welchen Extensionen der derivativen konfliktlösungsrelevanten Sachverhalte sie im Konfliktlösungsprozeß zustimmen könnten, ohne daß ihr Grenzpreis nach einer Einigung auf bestimmte Extensionen der derivativen Variablen und auf deren formelgemäßen Zusammenwirken verletzt wird. *Daher ist die Kenntnis von in der Praxis zur Anwendung kommenden Unternehmensbewertungsverfahren und insbesondere die Kenntnis der Mechanik solcher Bewertungsverfahren eine ganz wesentliche Basis für eine rationale Verhandlungsführung.*[69]

Die *weichen Argumentationsfaktoren* der Unternehmensbewertung zielen hingegen auf die Unterstützung der Kommunikation zwischen den Verhandlungspartnern ab. Sie sollen also die Aussicht auf einen erfolgreichen Geschäftsabschluß ergänzend verbessern. Anknüpfungspunkte sind die gewählten Inhalte und die Formen der Kommunikationsunterstützung. Beispiele für *Formen der Kommunikationsunterstützung* sind die

---

[67]   Vgl. *HINTZE*, Paretooptimale Vertragsgestaltung (1992), S. 415.

[68]   Vgl. Abschnitt 2.2.3.

[69]   Siehe auch *MATSCHKE/MUCHEYER*, Preisverhandlung (1977), S. 180 f. Mit Blick auf die Berücksichtigung des Konkurrenzrisikos bei unterschiedlichen Bewertungsverfahren vgl. *MATSCHKE*, Entscheidungswert (1975), S. 227–248.

Wahl der Medien, die Beachtung der eventuell zu berücksichtigenden (landesüblichen) Kommunikationsformen oder auch ganz allgemein die Verhaltensweisen, die von den konfligierenden Parteien in den Verhandlungen gepflegt werden. Nicht zuletzt ist in diesem Zusammenhang auch das rhetorische Geschick im Verhandlungsprozeß zu nennen, mit dem es gelingt, die Verhandlungspartner zu beeindrucken und auf diese Weise letztlich von den vorgetragenen Argumenten zu überzeugen.[70] Unter die Verhaltensweisen fallen auch die sog. Attitüden, die von den Parteien bewußt oder unbewußt in den Verhandlungen verwendet werden und „einen dominanten Einfluss auf die Konfliktlösung entwickeln können. Dazu zählen u. a. die Variation der Verhandlungsdauer, das starre Festhalten an früheren Verfahrensweisen, der (scheinbare) Verhandlungsabbruch, die Hinzuziehung ‚neutraler' Sachverständiger, die Festlegung eines bestimmten Prozederes, das eine Exit-Position nicht mehr zulässt, die vorzeitige Veröffentlichung angeblich erreichter Verhandlungsergebnisse, die Verlagerung auf andere Entscheidungsebenen, die Verlagerung der Thematik weg vom Preis auf andere Sachverhalte wie Gewährleistung, Zahlungsweise und Rücktrittsrechte sowie die Veränderung des Bewertungsobjektes (es wird nur ein Teil des Bewertungsobjektes gekauft oder Teileinheiten – wie z. B. Pensionsverpflichtungen – nicht übernommen oder – als anderes Extrem – ergänzend Sachwerte ‚draufgesattelt'). Hierzu gehören auch Strategien, Konflikte auf Kosten eines Dritten – z. B. des Fiskus – zu lösen ebenso wie die bewusste Verkomplizierung oder die nicht problemangemessene Vereinfachung der Verhandlung, Verwendung von Verzögerungstaktiken bzw. die Festlegung von Einigungszeitpunkten usw. Wie effektiv und wertmäßig weitreichend der Einsatz dieser Attitüden ist, belegt der Fall Vodafone/Mannesmann, auch wenn strafrechtlich nicht von gesetzwidriger Einflussnahme auf Entscheidungsträger ausgegangen werden kann. Letztendlich sind auch unfaire Attitüden der Gegenseite zu bedenken und zu bekämpfen [oder aber im Zweifel selbst in Erwägung zu ziehen] (z. B. Zermürbungstaktiken, Bruch der Verschwiegenheit, Direktaufnahme von Verhandlungen mit Lizenzgebern, Vermietern, leitenden Angestellten u. ä.)."[71]

Die *kommunikationsunterstützenden Inhalte* richten sich unter anderem nach dem aktuell vorliegenden Handlungsbedarf und dem jeweiligen Land, in dem ein Unternehmen erworben werden soll oder aus dem die Verhandlungspartner kommen. Ein Beispiel hierfür ist die Verwendung von Begriffen und Schlagworten als bedeutungsvermittelnde Symbole in der Kommunikation. Für derartige Symbole gilt nicht nur, daß sie eine notwendige Voraussetzung sind, um in Anbetracht komplexer Erwartungslagen Sinn zu generalisieren und damit Orientierung zu ermöglichen. Vielmehr wird durch die bewußte Wahl von Kulturelementen im Rahmen der Kommunikation mit dem Verhandlungspartner die Ausdeutung zumindest in eine bestimmte Richtung gelenkt, wenn sie auch nach wie vor variabel bleibt, denn entweder leitet sich die Bedeutung der Symbole aus der Interaktion ab oder sie entsteht aus ihr. Dabei darf jedoch nicht übersehen wer-

---

[70] SCHNEIDER, Pegasus mit Klumpfuß (1998), S. 1473 (mit Hervorhebungen im Original), führt in diesem Zusammenhang aus: „Rhetorik als ‚Kraft der Überzeugung' in Anlehnung an ARISTOTELES benennt eine Eigenschaft, über die sowohl Unternehmungsleitungen als auch wirtschaftsberatende und wirtschaftsprüfende Berufe verfügen müssen: Das Ergebnis in allen Verhandlungen hängt zumindest *auch* davon ab, Wege zur Überzeugung anderer zu finden."

[71] BARTHEL, Argumentationsfunktion (2005), S. 37, Fn. 36. Siehe zudem SEMANN, Preisverhandlungen (1970), zu Ausgangs- und Ansatzpunkten der Beeinflussung (S. 79–87), zu Grundlagen der Beeinflussung (S. 87–127) sowie zu Beeinflussungsformen (S. 127–179).

den, daß die Menschen Symbolen gegenüber auf der Grundlage der Bedeutung handeln, die diese Symbole für sie besitzen. Von weither angereiste Geschäftspartner, welche die Landessprache sprechen und die landesüblichen Kommunikationsformen beherrschen, werden zumeist wohlwollender wahrgenommen, als solche, die dies nicht können oder nicht einmal versuchen.[72] Ähnlich verhält es sich, wenn beispielsweise die deutsche Verhandlungsseite während der Einigungsgespräche um ein Unternehmen gegenüber russischen Verhandlungspartnern die Kenntnisse der russischen Kultur oder bestimmter Traditionen zumindest erkennen läßt. Hier könnte bereits ein Bekunden des Interesses an der Landeskultur als ein unterstützendes Symbol gewertet werden. Ebenso würde die Fähigkeit des Bewältigens eines Wodka-Umtrunkes aus „CTO ГРАММ"-Gläsern vom russischen Geschäftspartner als beeindruckend wahrgenommen werden,[73] was ebenfalls der Wirkung eines unterstützenden Symbols entspräche und den Geschäftsabschluß positiv beeinflussen könnte.[74]

4.2.1.2.3 Dritter Schritt

Nach der Auswahl der Argumentationsfaktoren und der entsprechenden Argumentationswertermittlung erfolgt schließlich deren Einsatz in der Verhandlung (*Schritt 3 sowie Feld F der Matrix*). Hierbei kann es sich – wie bereits dargestellt – um Verhandlungen mit internen und vor allem um Verhandlungen mit externen Partnern handeln. „Das Phänomen, das unter dem Begriff ‚Verhandlung' beschrieben wird, ist prozessualer Natur. Das wesentliche Merkmal einer Preisverhandlung ist in dem sequentiellen Austausch von Angeboten und Gegenangeboten zu sehen [...] Durch den Austausch der Angebotswerte nehmen die Parteien eine schrittweise Annäherung ihrer unterschiedlichen [...] Zielvorstellungen vor."[75] GORNY schlägt zur Modellierung der Verhandlung ein auf der mathematischen Theorie der diskreten dynamischen Systeme basierendes Modell vor, nach welchem die Angebotsstrategien der Parteien interaktiv in Abhängigkeit vom letzten Angebot des Verhandlungspartners formuliert werden.

Der Einsatz von Argumentationswerten wird demnach von den beiden Entscheidungswerten sowie dem Verhandlungsablauf und der eigenen Verhandlungsstrategie determiniert. Das zentrale Problem des dritten Schritts der Argumentationswertermittlung i. w. S. ist somit in der Auswahl einer im Hinblick auf das gewünschte Verhandlungsergebnis „zieloptimalen Angebotsstrategie zu sehen"[76], welche insbesondere von

---

[72] Vgl. BURCHERT, Symbole (1998), S. 15, m. w. N. In einigen Ländern kann dies jedoch genau das Gegenteil bewirken. Zu den Besonderheiten der Unternehmensbewertung bei grenzüberschreitenden Transaktionen siehe zudem ausführlich DJUKANOV/KEUPER, Besonderheiten (2013).

[73] Vgl. GILDE, Dienstreisen (1988), S. 32 f. CTO ГРАММ [sto gramm] = 100 Gramm.

[74] Vgl. BURCHERT, Symbole (1998), S. 19.

[75] GORNY, Unternehmensbewertung (2002), S. 157. GORNY sieht die Verhandlung als semantischen Bezugsrahmen für die Argumentationsfunktion, welche er – nur eindimensional – als bilaterales Preisfindungsproblem interpretiert. Vgl. BARTHEL, Argumentationsfunktion (2005), S. 32. Einen einleitenden Überblick über die ökonomische Theorie der Verhandlungen gibt BARTHEL, Bewertungsverfahren in Verhandlungen (2004), S. 406 f. Siehe hierzu ausführlich GORNY, Unternehmensbewertung (2002), S. 93–140, insbesondere S. 116–140. Vgl. darüber hinaus als Überblick zur Verhandlungstheorie z. B. ALTHAMMER, Theorie kooperativer Verhandlungen (1992), ALTHAMMER, Theorie nichtkooperativer Verhandlungen (1993), ILLING, Spieltheorie (1995), CRASSELT/GASSEN, Spieltheorie (2004).

[76] GORNY, Unternehmensbewertung (2002), S. 159.

der Angebotsstrategie der Gegenseite abhängig ist.[77] Gemäß dem bereits dargestellten Merkmal der Tarnung werden die Argumentationswerte dann zumeist in Form von angeblichen Entscheidungs- oder Arbitriumwerten in den Verhandlungsprozeß eingebracht, um den weiteren Verhandlungsverlauf und schließlich das Verhandlungsergebnis zu beeinflussen.[78] Zudem sollte die argumentierende Partei darauf bedacht sein, mit den Begründungen ihrer Gebote die Rückschlüsse auf den eigenen Entscheidungswert zu verhindern oder zu erschweren.

Nunmehr sei mit dem sog. *Konvergenzmodell* von BARTHEL ein einfaches Modell des Verhandlungsprozesses vorgestellt.[79] Dabei wird die Verhandlung in drei Phasen, die Bewertungsphase (Phase 1), die Beurteilungsphase (Phase 2) und die Beeinflussungsphase (Phase 3), unterteilt, wobei jedoch zu beachten ist, daß diese Phasen in der Praxis nicht immer chronologisch stringent und auch nicht immer ohne Rekursion oder Überlappung der Phasen durchlaufen werden. Wird versucht, dieses Modell in die Schritte zur Argumentationswertermittlung innerhalb der „Matrix der funktionalen Unternehmensbewertung" (vgl. hierzu Abschnitt 1.5.1) zu integrieren, ergibt sich das in *Abbildung 283*[80] dargestellte Bild.

---

[77] Vgl. hierzu ausführlich GORNY, Unternehmensbewertung (2002), S. 141–153. „Dabei ist das Problem der optimalen Strategiewahl für jede beteiligte Partei ein Entscheidungsproblem unter Unsicherheit", so BARTHEL, Argumentationsfunktion (2005), S. 32, Fn. 6. „GORNY empfiehlt als Lösung, die Verwendung subjektiver Wahrscheinlichkeiten zu vermeiden. Statt dessen sei die konservative Minimax- (bzw. Maximin)-Regel als Kriterium zu empfehlen. Hiernach sollte der Käufer (Verkäufer) jene Angebotsstrategie wählen, die den maximal (minimal) zu erwartenden Transaktionspreis minimiert (maximiert). Wegen der Abhängigkeit von den Entscheidungswerten der Parteien sollten die Ergebnisse der Minimax- (bzw. Maximin)-Regel einer Sensitivitätsanalyse unterworfen werden, die Aufschluss über die Empfindlichkeit der zieloptimalen Angebotsstrategien in Bezug auf eine Variation des (unbekannten) Entscheidungswerts der Gegenpartei gibt. Letztlich sollte die betrachtende Partei zur Vermeidung unerwünschter Konsequenzen eine solche Strategie auswählen, die global ‚fast-optimal' ist, d. h. für ein Intervall von möglichen Entscheidungswerten der Gegenpartei nur geringfügig von der jeweils lokal optimalen Angebotsstruktur abweicht", so BARTHEL, Argumentationsfunktion (2005), S. 35, weiter.

[78] Vgl. *KUSSMAUL*, Gesamtbewertung (1996), S. 267.

[79] Vgl. hierzu BARTHEL, Argumentationsfunktion (2005), S. 37 f.

[80] Vgl. auch BARTHEL, Argumentationsfunktion (2005), S. 38.

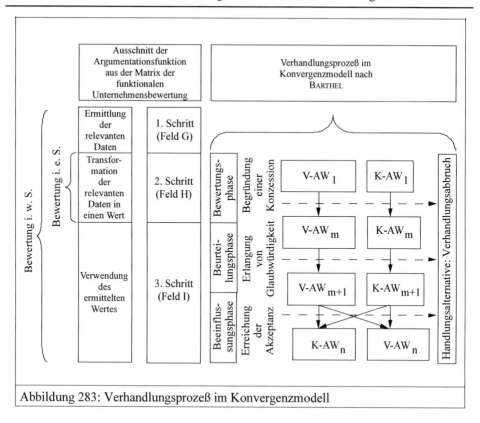

Abbildung 283: Verhandlungsprozeß im Konvergenzmodell

Das Konvergenzmodell geht im Hinblick auf die Verhandlung davon aus, daß sich ein positives Verhandlungsergebnis im Sinne einer Konfliktlösung nur bei übereinstimmenden Meinungen (Konvergenz) der Konfliktparteien hinsichtlich der originären konfliktlösungsrelevanten Sachverhalte ergibt. Die anfangs unterschiedlichen Meinungen gleichen sich dabei im Verhandlungsprozeß an, d. h. sie konvergieren. Zudem wird unterstellt, daß, wenn sich keine Übereinstimmungen ergeben und dieser Zustand von einer Konfliktpartei als endgültig angesehen wird, bis zum Zeitpunkt der rechtlichen Bindung (auch als Akzeptanz bezeichnet) jederzeit ein Verhandlungsabbruch möglich ist.

Die *Bewertungsphase* (Phase 1 des Konvergenzmodells) entspricht hauptsächlich dem zweiten Schritt der Argumentationsfunktion im Rahmen der Matrix der Unternehmensbewertung. Im Mittelpunkt dieser Phase stehen die Auswahl der Argumentationsfaktoren und die entsprechende Argumentationswertermittlung (Bewertung i. e. S.). Ziel dieser ersten Phase ist die *Begründung der Gebote und Konzessionen*. BARTHEL, der den Argumentationswert eher eindimensional im Sinne eines Preises betrachtet, geht davon aus, daß der präsumtive Käufer im Zeitablauf steigende Argumentationswerte in die Verhandlung einbringt, während beim Verkäufer hingegen sinkende Argumentationswerte zu verzeichnen sind.

Im Hinblick auf die *Abbildung 283*[81] betrifft die Bewertungsphase insbesondere jene Gebote, die sich, wie möglicherweise die Eröffnungsangebote der konfligierenden Parteien, dadurch auszeichnen, daß sie für den Verhandlungspartner (noch) nicht glaubwürdig sind. Das Eröffnungsangebot des Käufers wird in dieser Abbildung durch das Rechteck $K-AW_1$ dargestellt. Das Eröffnungsangebot des Verkäufers zeigt das Rechteck $V-AW_1$. Der im Vergleich zum Eröffnungsangebot geringere $V-AW_m$ (höhere $K-AW_m$) ist der zuletzt vom Verkäufer (Käufer) in die Verhandlung eingebrachte Wert, der vom Käufer (Verkäufer) annahmegemäß als nicht glaubwürdig angesehen wurde.

Die zweite und die dritte Phase des Konvergenzmodells betreffen den dritten Schritt der Argumentationsfunktion im Rahmen der Matrix der Unternehmensbewertung. Die *Beurteilungsphase* (Phase 2 des Konvergenzmodells) zielt auf die Erlangung von *Glaubwürdigkeit* beim Verhandlungspartner im Hinblick auf die in die Verhandlung eingebrachten Argumentationswerte auf sachlicher Ebene. „Ein solches Ergebnis besagt aber noch nicht, dass diese Partei den präsentierten und für glaubwürdig attribuierten Wert auch ‚akzeptiert‘. Hier können weitere Umweltbedingungen, Mitwirkungsrechte, emotionale Eindrücke usw. akzeptanzverhindernd wirken. Akzeptanzprobleme äußern sich in Verhaltenswiderständen. Der Fall, dass zu einem bestimmten Zeitpunkt sogar beide Parteien den von der Gegenseite präsentierten Wert als ‚glaubwürdig‘ beurteilen, ist nicht gerade selten"[82]. In der *Abbildung 283* wird der erste vom Käufer (Verkäufer) als glaubwürdig beurteilte Wert durch den vom Verkäufer (Käufer) eingebrachten Wert $V-AW_{m+1}$ ($K-AW_{m+1}$) dargestellt. Es „ergibt sich [somit] eine Wertbandbreite zwischen $V-AW_{m+1}$ und $K-AW_{m+1}$, innerhalb der jeder Wert [.. je nach Verhandlungsstärke als (akzeptierter) Einigungswert] möglich und zulässig [ist]."[83]

Die *Beeinflussungsphase* (Phase 3 des Konvergenzmodells) zielt gemäß BARTHEL schließlich auf die Erreichung von *Akzeptanz* beim Verhandlungspartner im Hinblick auf die in die Verhandlung eingebrachten Argumentationswerte. „Da es dabei annahmegemäß nicht (mehr) um die Erlangung der Glaubwürdigkeit präsentierter Werte geht, wird hier die sachliche Ebene verlassen. Diese Handlungsalternativen werden als ‚Attitüden‘ zur Erlangung von Verhandlungsmacht bezeichnet. Häufiges Beispiel für den zielgerichteten Einsatz von Attitüden ist die länderübergreifende Fusion von Großkonzernen, wenn über Einflussnahme auf hoher politischer Ebene die Handelnden zur Akzeptanz – bzw. im anderen Extrem zum Verhandlungsabbruch – ‚veranlasst‘ werden."[84] Somit ergibt sich im Grundmodell (*Abbildung 283*) je nach (größerer) Verhandlungsmacht der Wert $K-AW_n$ oder der Wert $V-AW_n$ als Verhandlungsergebnis,[85] wenn sich die konfligierenden Parteien auf diesen von der einen Verhandlungsseite eingebrachten und von der anderen Verhandlungsseite akzeptierten Wert einigen.

---

[81] Die Höhe der Angebote wird in der *Abbildung 283* jeweils durch die Breite der dargestellten Rechtecke angezeigt. Es gelte in diesem Beispiel: $V-AW_1 > V-AW_m > V-AW_{m+1} \geq V-AW_n$ sowie $K-AW_1 < K-AW_m < K-AW_{m+1} \leq K-AW_n$ und schließlich $V-AW_n \geq K-AW_n$.

[82] BARTHEL, Argumentationsfunktion (2005), S. 37.

[83] BARTHEL, Argumentationsfunktion (2005), S. 37. Die Symbole wurden den in diesem Buch verwendeten angepaßt.

[84] BARTHEL, Argumentationsfunktion (2005), S. 38.

[85] In *Abbildung 283* sind diese beiden Verhandlungsresultate als gleich angenommen worden, was jedoch, je nachdem, ob $V-AW_{m+1}$ oder $K-AW_{m+1}$ der Ausgangspunkt für die abschließenden Verhandlungsschritte ist, nicht so sein muß.

Das Konvergenzmodell macht in transparenter Weise deutlich, daß Verhandlungen *sowohl auf sachlicher als auch auf nicht-sachlicher Ebene* geführt werden. Während auf sachlicher Ebene vor allem die harten Argumentationsfaktoren eine erhebliche Rolle spielen, ist es aus Sicht des Bewertungssubjekts hinsichtlich der nicht-sachlichen Ebene erforderlich, sich im Vorfeld der Verhandlung insbesondere mit den zur Verfügung stehenden weichen Argumentationsfaktoren auseinanderzusetzen. Die Auswahl und der Einsatz harter und weicher Argumentationsfaktoren sowie deren Kombination haben einen wesentlichen Einfluß auf das Verhandlungsergebnis und auf den Vorteil, den eine Verhandlungspartei im Hinblick auf den Verhandlungsspielraum – die Differenz zwischen dem höheren Entscheidungswert des Käufers und dem geringeren Entscheidungswert des Verkäufers – für sich separieren kann.

Im nachfolgenden Abschnitt 4.2.2 sollen drei Ansätze dargestellt werden, mit denen dem Argumentierenden Entscheidungsunterstützung hinsichtlich der im Rahmen der Verhandlung und somit im Rahmen der Argumentationsfunktion zu verwendenden Bewertungsverfahren, welche den sog. harten Argumentationsfaktoren zuzuordnen sind, gegeben werden kann. Zu diesen Ansätzen, welche sowohl einzeln als auch kumulativ zu Rate gezogen werden können, zählen die Verbreitung von Bewertungsverfahren in der Praxis (Abschnitt 4.2.2.1), der Ansatz von HAFNER, der davon ausgeht, daß der Bewerter Professionalität offenbart, wenn er mit Hilfe der Bewertungsverfahren die Herleitung einer voraussichtlich am Markt erzielbaren Preisbandbreite demonstriert (Abschnitt 4.2.2.2), sowie eine verhandlungsorientierte Stärken- und Schwächenanalyse von Bewertungsverfahren nach BARTHEL (Abschnitt 4.2.2.3).

4.2.2 Entscheidungsunterstützung im Hinblick auf die in der Argumentation einzusetzenden Bewertungsverfahren

4.2.2.1 Empirische Analyse des Einsatzes von Bewertungsverfahren zur Argumentationswertermittlung in der Praxis

In der deutschsprachigen Literatur liegen mehrere empirische Studien zur Unternehmensbewertung vor. Im Hinblick auf die Verbreitung der Bewertungsverfahren in der Praxis sollen nunmehr die Ergebnisse ausgewählter Studien von PEEMÖLLER ET AL. skizziert werden. Hierbei ist zu beachten, daß diese Studien – wie die Mehrzahl der vorliegenden Studien zur Unternehmensbewertung – die Erkenntnisse der funktionalen Bewertungstheorie nicht explizit berücksichtigen. PEEMÖLLER ET AL. differenzieren also nicht hinsichtlich der mit der Bewertung verfolgten Funktion. Im Anschluß an die Darstellung der wichtigsten Ergebnisse der Studien von PEEMÖLLER ET AL. werden die dezidierten Ergebnisse der funktional ausgerichteten Studie von BRÖSEL/HAUTTMANN zur Argumentationsfunktion präsentiert.

4.2.2.1.1 Darstellung der Analysen von PEEMÖLLER ET AL.

Im Rahmen der Verhandlungen spielen – wie schon betont – die *Unternehmensbewertungsverfahren*[86] selbst eine bedeutende Rolle. Besonders gut läßt es sich mit Verfahren argumentieren, die gerade *en vogue* sind, sich also einer modischen Beliebtheit erfreuen. Diese eignen sich zur Argumentation, solange der Verhandlungspartner von einer positiven Korrelation von Beliebtheit und Brauchbarkeit überzeugt ist und schließlich das/die Verfahren akzeptiert. Im vorangegangenen Abschnitt wurde dargelegt, daß die Kenntnis von in der Praxis zur Anwendung kommenden Unternehmensbewertungsverfahren und insbesondere die Kenntnis der Mechanik solcher Bewertungsverfahren eine ganz wesentliche Basis für eine rationale Verhandlungsführung ist. Die ein bestimmtes Verfahren einsetzende Partei sollte deshalb wissen, worauf sie sich bei dessen Anwendung einläßt und welche Argumentationsmuster in dessen Rahmen möglich sind, d. h., welche Argumentationsspielräume eröffnet oder verschlossen werden. Kurz gesagt, auf der Klaviatur der Bewertungsverfahren sollte sie als damit Argumentierende meisterlich „spielen" können. Bevor deshalb jene Verfahren näher vorgestellt werden, die sich zwar nicht zur Entscheidungswertermittlung eignen, aber – aufgrund ihrer Beliebtheit – geeignete Argumentationswerte zu liefern in der Lage sind, soll nachfolgend – unter Rückgriff auf empirische Erhebungen – festgestellt werden, welche Verfahren in der Praxis überwiegend verbreitet sind.

Über die *Anwendung der Verfahren vom Berufsstand der Steuerberater in Deutschland* gibt eine *Befragung aus dem Jahr 1994/95* von PEEMÖLLER/MEYER-PRIES[87] Auskunft. Die Ergebnisse basieren auf einer Zufallsstichprobe (n = 1.200), deren Grundgesamtheit die Genossenschaftsmitglieder der DATEV E. G. (N = 32.822; Ende 1994) gewesen ist. Von den angeschriebenen 1.200 Steuerberatungskanzleien haben 433

---

[86] Die Begriffe „Methode", „Ansatz" und „Verfahren" werden nachfolgend synonym verwendet.

[87] Vgl. *PEEMÖLLER/MEYER-PRIES*, Unternehmensbewertung (1995), S. 1204; Umrechnung der Absolutzahlen entsprechend den Prozentangaben.

Kanzleien geantwortet (Rücklaufquote 36 %). Von diesen haben 218 Kanzleien (50,35 %) im Jahr 1994 keine Unternehmensbewertung durchgeführt. In die weitere Auswertung gelangten die Fragebögen derjenigen 215 Kanzleien, die nach eigenen Angaben in 1994 wenigstens eine Unternehmensbewertung durchgeführt hatten. Von diesen Steuerberatungskanzleien sind danach folgende Verfahren genutzt worden:

Bewertungsverfahren	v. H. der antwortenden Steuerberatungskanzleien (n = 215)
Liquidationswertverfahren	4,52
Substanzwertverfahren	3,91
Ertragswertverfahren	24,02
Kombinationswertverfahren	34,51
Discounted Cash-Flow-Verfahren	1,79
Stuttgarter Verfahren	21,98
Pauschale Verfahren	9,27
Summe	100,00
Abbildung 284: Bedeutung der Bewertungsverfahren nach PEEMÖLLER/MEYER-PRIES	

In einer anderen Untersuchung von PEEMÖLLER/BÖMELBURG/DENKMANN[88] sind Gruppen von Unternehmen befragt wurden, die mit Unternehmensbewertungsproblemen in besonderem Maße befaßt sind: die in Deutschland führenden Wirtschaftsprüfungsgesellschaften (WP), vorwiegend bei nationalen Transaktionen eingeschaltete „Mergers- & Acquisitions-Beratungsfirmen" (MA), Tochtergesellschaften von international tätigen (angloamerikanischen) Investmentbanken (IB), die bei größeren „Mergers- & Acquisitions-Geschäften" in Deutschland eingeschaltet werden, Unternehmensberatungsgesellschaften (UB), Banken (BA), Industrieunternehmen mit „Mergers- & Acquisitions-Aktivitäten" (IU) sowie Beteiligungsunternehmen (BU). Die Ergebnisse dieser in den Jahren 1993/94 durchgeführten Untersuchung sind in *Abbildung 285* wiedergegeben.[89]

---

[88] Vgl. PEEMÖLLER/BÖMELBURG/DENKMANN, Unternehmensbewertung (1994).

[89] PEEMÖLLER/BÖMELBURG/DENKMANN, Unternehmensbewertung (1994), S. 743; APV = Adjusted Present Value (Methode des angepaßten Gegenwarts- oder Barwertes). Eine aktuellere empirische Untersuchung zur Unternehmensbewertung im steuerberatenden Berufsstand von FISCHER-WINKELMANN/BUSCH, Die praktische Anwendung (2009), offenbart den Trend der Berufsgruppe zu den DCF-Verfahren und den Multiplikatorverfahren. Dort mußten die Probanden beispielsweise angeben, ob sie ein Verfahren „am häufigsten", „sehr häufig", „häufiger" oder „weniger häufig" anwenden. Als bevorzugte Bewertungsverfahren gelten demnach das (in der Befragung bewußt nicht spezifizierte) Ertragswertverfahren („am häufigsten": 55,00%; „sehr häufig": 30,00%; „häufiger": 6,25%; „weniger häufig": 2,50%), das Stuttgarter Verfahren („am häufigsten": 17,50%; „sehr häufig": 16,25%; „häufiger": 11,25%; „weniger häufig": 13,75%), die DCF-Verfahren („am häufigsten": 16,25%; „sehr häufig": 16,25%; „häufiger": 11,25%; „weniger häufig": 3,75%) sowie Gewinn- und Umsatzmultiplikatoren („am häufigsten": 7,50%; „sehr häufig": 11,25%; „häufiger": 15,00%; „weniger häufig": 7,50%), vgl. FISCHER-WINKELMANN/BUSCH, Die praktische Anwendung (2009), S. 644. Auch aus den Antworten auf die Frage nach der Verwendung der Verfahren zur Bewertung von KMU (hier waren Mehrfachnennungen möglich) geht eine Dominanz des Ertragswertverfahrens hervor: Ertragswertverfahren (Einsatz: 80,0%), Stuttgarter Verfahren (Einsatz: 47,5%), Gewinn- und Umsatzmultiplikatoren (Einsatz: 45,0%) sowie DCF-Verfahren (Einsatz: 40,0%), vgl. FISCHER-WINKELMANN/BUSCH, , Die praktische Anwendung (2009), S. 717.

	WP	MA	UB	IB	BU	IU	BA	Σ
Ertragswertverfahren	80 %	72 %	15 %	1 %	45 %	42 %	40 %	39 %
DCF-Methode(n)	4 %	14 %	57 %	46 %	34 %	39 %	23 %	33 %
Vergleichspreise	2 %	3 %	7 %	24 %	6 %	3 %	10 %	8 %
Börsenwert	1 %	0 %	3 %	17 %	4 %	3 %	12 %	6 %
Vergleichszahlen	2 %	0 %	5 %	7 %	4 %	8 %	5 %	5 %
Substanzwertverfahren	3 %	3 %	8 %	3 %	1 %	4 %	3 %	4 %
Liquidationswert	8 %	1 %	2 %	1 %	0 %	0 %	1 %	2 %
Kombinationsverfahren	0 %	6 %	1 %	0 %	0 %	1 %	0 %	1 %
Reproduktionswert	0 %	1 %	0 %	0 %	0 %	0 %	4 %	1 %
„APV"-Ansatz	0 %	0 %	1 %	1 %	6 %	0 %	0 %	1 %
Umsatzverfahren	0 %	0 %	1 %	0 %	0 %	0 %	2 %	0 %
Summe	100 %	100 %	100 %	100 %	100 %	100 %	100 %	100 %
Anzahl der Fragebögen	8	7	12	9	7	6	10	59

Abbildung 285: Bedeutung der Bewertungsverfahren nach PEEMÖLLER/BÖMELBURG/DENKMANN

Auch wenn Einzelangaben dieser Untersuchung aufgrund der kleinen Zahl antwortender Unternehmen je Gruppe sowie der Unklarheit, was die Bezugsbasis für die genannten Prozentangaben ist, Interpretationsprobleme aufwerfen, ermöglicht die Untersuchung einen Einblick in die Unternehmensbewertung der Praxis und zeigt für das Jahr 1993 die Dominanz des Ertragswertverfahrens und der Discounted-Cash-Flow-Methoden. Bei den Wirtschaftsprüfungsgesellschaften dominierte damals aus standesrechtlichen Gründen das Ertragswertverfahren, weil diese Gesellschaften zum Befragungszeitpunkt grundsätzlich die Stellungnahme HFA 2/1983 des Instituts der Wirtschaftsprüfer zu beachten hatten.[90] Bei der Interpretation der Ergebnisse ist ferner zu berücksichtigen, „daß oftmals mehrere Bewertungsverfahren gleichzeitig verwendet werden und die Art des herangezogenen Bewertungsverfahrens stark vom Beratungsauftrag (z. B. Gutachten, Kauf, Verkauf, nationaler oder internationaler Kontext etc.) abhängig ist."[91] „Aufgrund der Anerkennung der Discounted Cashflow-Methoden als zur Ermittlung von Unternehmenswerten geeigneten Verfahren seitens des IDW [...] ist zu vermuten, dass die Bedeutung dieser Verfahren für Wirtschaftsprüfer und Steuerberater in Zukunft weiter zunimmt."[92]

Schließlich zeigt eine Untersuchung[93] aus dem Jahr 1999 die Verwendung von Unternehmensbewertungsverfahren durch deutsche Unternehmen im Rahmen von internationalen „Mergers & Acquisitions". PEEMÖLLER/KUNOWSKI/HILLERS wählten hierzu ei-

---

[90] *INSTITUT DER WIRTSCHAFTSPRÜFER*, Stellungnahme HFA 2/1983 (1983).

[91] *PEEMÖLLER/BÖMELBURG/DENKMANN*, Unternehmensbewertung (1994), S. 742.

[92] *PEEMÖLLER/KUNOWSKI*, Ertragswertverfahren (2012), S. 281. Siehe dort auch einen Überblick über die hier dargestellten Untersuchungsergebnisse. Über diese und weitere Umfragen berichtet auch *HELBLING*, Unternehmensbewertung (1998), S. 192–200. Siehe zu einer empirischen Umfrage, die sowohl Verfahren als auch die herangezogenen Kapitalisierungszinsüße betrachtet, *PRIETZE/WALKER*, Kapitalisierungszinsfuß (1995). Zu empirischen Erhebungen in Österreich siehe *MANDL/RABEL*, Unternehmensbewertung (1997), S. 59 f. Siehe zudem *LAMPENIUS/OBERMEIER/SCHÜLER*, Basiszinssätze (2008), zu einer empirischen Untersuchung zu den Basiszinssätzen in der Unternehmensbewertung.

[93] *PEEMÖLLER/KUNOWSKI/HILLERS*, Internationale Mergers & Acquisitions (1999).

nerseits Unternehmen aus dem Industrie-, Dienstleistungs-, Handels- und Versicherungssektor als potentielle Unternehmenserwerber und andererseits Unternehmen aus der Unternehmensberatung und der Wirtschaftsprüfung (WP-Gesellschaften) sowie aus dem Universal- und Investmentbankenbereich als Berater der Verkäufer aus, an die ein entsprechender Fragebogen verschickt wurde. Als zu berücksichtigende Unternehmenserwerber wurden jene deutschen Unternehmen ausgewählt, die sich durch einen umfangreichen internationalen Beteiligungsbesitz und eine signifikante internationale Ausrichtung auszeichneten. Als Berater dieser Unternehmen wurden hingegen jene Gesellschaften berücksichtigt, deren Tätigkeitsgebiet vor allem das internationale „Mergers & Acquisitions"-Geschäft umfaßt. Die Rücklaufquote lag schließlich insgesamt bei 57 % (vgl. *Abbildung 286*).[94]

Branche	Stichproben-umfang	Rücklauf	Rücklauf-quote
Universalbanken	4	1	25 %
Investmentbanken	12	6	50 %
Unternehmensberatungen	7	2	29 %
WP-Gesellschaften	7	5	71 %
Versicherungen	5	3	60 %
Industrie/Handel/Dienstleistung	30	20	67 %
Gesamt	65	37	57 %
Abbildung 286: Rücklaufquoten der empirischen Erhebung des Jahres 1999 von PEEMÖLLER/KUNOWSKI/HILLERS			

Von den 23 antwortenden Unternehmenskäufern (Industrie-, Handels- und Dienstleistungsunternehmen sowie Versicherungen) wurden innerhalb der fünf Jahre vor der Umfrage etwa 340 Unternehmenskäufe getätigt. Hierbei führten nur drei der den Fragebogen beantwortenden Unternehmen ihre Unternehmenskäufe weitgehend ohne Hinzuziehung von externen Beratern durch. Von den Käufern wurden im Rahmen des Bewertungsvorgangs in 96 % der Fälle Investmentbanken, in 83 % der Fälle Wirtschaftsprüfungsgesellschaften und in 35 % der Fälle Unternehmensberatungsgesellschaften mit einem Beratungsmandat betraut. Wenngleich es aus den Ausführungen von PEEMÖLLER/ KUNOWSKI/HILLERS nicht explizit hervorgeht, ist anzunehmen, daß bei einer Vielzahl von Transaktionen gleich mehrere externe Berater zugleich beauftragt worden sind. Hinsichtlich der Anwendungshäufigkeit der Bewertungsverfahren ergab sich eine Dominanz der DCF-Verfahren. Hierbei bleibt jedoch unklar, ob es sich bei der Datenbasis um die Unternehmenskäufer, um die beratenden Unternehmen oder um alle Unternehmen handelt. Eine große Bedeutung kam zudem den Multiplikatorverfahren und dem Ertragswertverfahren des IDW zu (siehe *Abbildung 287*).[95]

---

[94] In enger Anlehnung an PEEMÖLLER/KUNOWSKI/HILLERS, Internationale Mergers & Acquisitions (1999), S. 622.

[95] Vgl. PEEMÖLLER/KUNOWSKI/HILLERS, Internationale Mergers & Acquisitions (1999), S. 622. Als „Comparable Acquisitions"-Verfahren werden hier jene Verfahren bezeichnet, die versuchen, potentielle Marktpreise aus den (geschätzten oder realisierten) Preisen vergleichbarer Unternehmen abzuleiten. Siehe auch *Abbildung 42*.

Bewertungsverfahren	Anwendungshäufigkeit in %
DCF-Verfahren	95
Multiplikatorverfahren	73
Ertragswertverfahren des IDW	46
„Comparable Acquisitions"-Verfahren	19
Substanzwertverfahren	16
Kombinationswertverfahren	5
Abbildung 287: Bedeutung der Bewertungsverfahren nach PEEMÖLLER/KUNOWSKI/HILLERS	

Bei der Auswertung der Ergebnisse ist zu beachten, daß mehr als 80 % der befragten Unternehmen zwei oder mehr Bewertungsverfahren verwenden. PEEMÖLLER/KUNOWSKI/HILLERS vermuten, daß dies eventuell auf für möglich erachtete Plausibilitätsprüfungen des ermittelten Unternehmenswertes oder auf die Bestimmung von Bandbreiten zurückzuführen ist. Plausibler erscheint jedoch die Begründung, daß unterschiedliche Verfahren zur Argumentation in der Verhandlung genutzt werden können, denn Plausibilitätsprüfungen und Bandbreitenbestimmungen im Hinblick auf die Entscheidungswertermittlung durchzuführen, ohne dabei auf investitionstheoretisch fundierte Verfahren zurückzugreifen, läßt jede Ermittlung von „Konzessionsgrenzen" zum Glücksspiel werden. Hinsichtlich der Anwendungshäufigkeit der Bewertungsverfahren innerhalb der „Branchen" sei auf *Abbildung 288* verwiesen.

Branche	DCF	IDW	MP	CA
Universalbanken	100 %	0 %	0 %	0 %
Investmentbanken	100 %	0 %	83 %	50 %
Unternehmensberatungen	100 %	0 %	100 %	50 %
WP-Gesellschaften	100 %	100 %	80 %	20 %
Versicherungen	33 %	100 %	33 %	33 %
Industrie/Handel/Dienstleistung	100 %	45 %	70 %	5 %
Gesamt	95 %	46 %	73 %	19 %
Abbildung 288: Anwendungshäufigkeit der Bewertungsverfahren nach Branchen				

PEEMÖLLER/KUNOWSKI/HILLERS verdeutlichen mit den dargelegten Ergebnissen die Tendenz zu den DCF-Verfahren bei („internationalen") Unternehmensbewertungen in Deutschland und äußern schließlich: „Als Grund für diese Entwicklung in der Bewertungspraxis läßt sich zunächst die beherrschende Rolle der amerikanisch geprägten, international tätigen Investmentbanken und auch Wirtschaftsprüfungsgesellschaften anführen. Das von diesen Beratungsunternehmen favorisierte Discounted Cash Flow-Verfahren hat sich zu einem internationalen Standardmodell für die Unternehmensbewertung [– für die Anwender dieser Verfahren bleibt zu hoffen, daß an dieser Stelle gemeint ist: im Rahmen der Argumentationsfunktion –] entwickelt. [...] Die mit 73 % hohe Anwendungshäufigkeit der Multiplikatoren erklärt sich aus der einfachen Anwendungen [sic! – sowohl inhaltlich als auch formell] bei ausreichenden Datenbeständen. [... Dies] ist auf den fortschreitenden Aufbau geeigneter Vergleichsdaten und die Bildung von Erfahrungswerten aus abgeschlossenen Bewertungsprojekten zurückzuführen. Insofern hat in der Bewertungspraxis eine eindeutige Hinwendung zu angelsächsischen Bewertungsmethoden stattgefunden.“[96] Wenn die Bewertungssubjekte vorab ihre Entscheidungswerte mit geeigneten investitionstheoretisch fundierten Modellen bestimmen und sich in der Verhandlung auf diese Konzessionsgrenze und schließlich auf die (Anwendungs-)Grenzen der „angelsächsischen Bewertungsmethoden“ – sei es im Rahmen der eigenen Argumentation mit diesen Verfahren oder bei der damit erfolgenden Argumentation durch den Verhandlungspartner – besinnen, dann stellt dies keine tragische Entwicklung dar, sondern erweitert die Möglichkeiten der Verhandelnden innerhalb der Argumentationsfunktion.

4.2.2.1.2 Darstellung der spezifischen Analyse zur Argumentationsfunktion von BRÖSEL/HAUTTMANN

4.2.2.1.2.1 Eingesetzte Verfahren zur Ermittlung von Argumentationswerten

BRÖSEL/HAUTTMANN[97] analysieren – im Unterschied zu PEEMÖLLER ET AL. – die Erhebungsdaten ihrer Studie aus Sicht der funktionalen Bewertungstheorie. Dabei werden die Argumentationsfunktion und die Argumentationswerte explizit betrachtet. Demnach ermitteln nur neun aller 57 antwortenden Unternehmen – hierzu zählen allein acht Industrieunternehmen – ausschließlich Entscheidungswerte und *keine* Argumentationswerte.[98] Von den 48 Unternehmen, welche mit Unternehmensbewertungen die Ermittlung von Argumentationswerten bezwecken, ermitteln zumindest 42 Unternehmen *auch* Entscheidungswerte.

Sechs Unternehmen, darunter eine Bank, berechnen überraschenderweise Argumentationswerte, *ohne* zugleich auch Entscheidungswerte zu bestimmen.[99] Der Entscheidungswert ist als Konzessionsgrenze der jeweiligen Konfliktpartei auch von erheblicher Bedeutung im Rahmen der Verhandlung. Deshalb ist es sehr bedenklich, daß es Unternehmen gibt, welche zwar Argumentationswerte, aber keine Entscheidungswerte ermitteln. Für diese Unternehmen besteht in Verhandlungen die Gefahr, daß durch das Verhandlungsergebnis und die anschließende Transaktion die Konzessionsgrenze verletzt wird.

Wie bereits im Hinblick auf die Entscheidungsfunktion wurden die Unternehmen befragt, welche Verfahren sie zur Argumentationswertbestimmung verwenden.[100] Zudem sollten sie eine *Rangfolge der* aus ihrer Sicht diesbezüglich *bedeutendsten* drei

---

[96]   *PEEMÖLLER/KUNOWSKI/HILLERS*, Internationale Mergers & Acquisitions (1999), S. 623.

[97]   Nachstehende Ausführungen erfolgen in enger Anlehnung an oder sind teilweise entnommen aus *BRÖSEL/HAUTTMANN*, Empirische Analyse (2007), S. 298–308.

[98]   Vgl. die Erhebungsdaten zur Frage C2 im Anhang. Wie bereits dargestellt, haben sechs dieser neun Unternehmen jedoch bei der Frage C14 Angaben zu den Verfahren zur Argumentationswertermittlung gemacht; sieben dieser neun Unternehmen haben sogar bei Frage C16 eine Rangliste hinsichtlich der für sie bedeutendsten Unternehmensbewertungsverfahren im Rahmen der Argumentationsfunktion erstellt. Dies zeigt, daß oftmals nicht nur die „Augen der Wissenschaft“ vor der Argumentationsfunktion verschlossen werden, sondern auch einige Unternehmen in der Praxis ungern zugeben, mit Unternehmensbewertungen den Verhandlungspartner beeinflussen zu wollen.

[99]   Vgl. die Erhebungsdaten zur Frage C2 im Anhang.

[100] Vgl. die Erhebungsdaten zur Frage C14 im Anhang.

Verfahren erstellen. Die Ergebnisse werden in *Abbildung 289*[101] den entsprechenden Ergebnissen hinsichtlich der Bedeutung der Verfahren zur Entscheidungswertermittlung gegenübergestellt. Als die *bedeutendsten Verfahren zur Argumentationswertermittlung* gelten – wie schon bei der entsprechenden Rangfolge der Verfahren zur Entscheidungswertermittlung – die *DCF-Verfahren*.[102] Das gleiche „Bild" ergibt sich für den zweiten und den dritten Platz dieser Rangfolge: Die Multiplikatorverfahren stellen die zweitwichtigste Verfahrensgruppe dar; das Ertragswertverfahren nach IDW ist das drittwichtigste Verfahren.[103]

---

[101] Quelle: *BRÖSEL/HAUTTMANN*, Empirische Analyse (2007), S. 299. Vgl. die Erhebungsdaten zur Frage C16 im Anhang. Obwohl nur 48 Unternehmen angaben, Argumentationswerte zu ermitteln, haben diese Frage 49 Unternehmen beantwortet. In der *Abbildung 289* sind zudem die Erhebungsdaten zur Frage C15 als Vergleichszahlen dargestellt. Die dunkleren Balken im Schaubild beziehen sich auf die zusammengefaßte Rangliste der bedeutendsten Verfahren zur Entscheidungswertermittlung. Vgl. bereits *Abbildung 118* im Kapitel 2. Auch wenn bezüglich der bedeutendsten Verfahren zur Entscheidungswert- und Argumentationswertermittlung je 49 Unternehmen eine Rangliste erstellten, sind diese 49 Unternehmen nicht identisch. So haben vier Unternehmen zwar eine Rangliste bezüglich der bedeutendsten Verfahren zur Ermittlung von Entscheidungswerten erstellt, jedoch keine Rangliste der bedeutendsten Verfahren zur Ermittlung von Argumentationswerten – et vice versa.

[102] Nachrichtlich: Von den sieben Unternehmen, die angabegemäß im Hinblick auf die Wahl der Bewertungsverfahren primär „theoretisch ausgerichtet" sind, haben sechs Unternehmen eine Rangliste der aus ihrer Sicht bedeutendsten Verfahren zur Argumentationswertermittlung erstellt. Alle sechs Unternehmen „wählten" dabei die DCF-Verfahren auf den ersten Rang.

[103] Diese Ergebnisse spiegeln sich auch bei den Antworten wider, die sich auf die Einschätzung der Verhandlungspartner und der durch diese im Rahmen der Argumentation verwendeten Verfahren beziehen. Die Unternehmen wurden entsprechend gebeten, eine Rangfolge der aus ihrer Sicht bedeutendsten Argumentationswertverfahren, die gewöhnlich durch ihre Verhandlungspartner zu Argumentationszwecken genutzt werden, zu erstellen. Vgl. die Erhebungsdaten zur Frage C17 im Anhang. Die bedeutendsten Verfahren sind demnach die DCF-Verfahren (Rang 1 mit durchschnittlich 2,15 vergebenen Punkten), die Multiplikatorverfahren (Rang 2 mit durchschnittlich 1,67 vergebenen Punkten) und das Ertragswertverfahren nach IDW (Rang 3 mit durchschnittlich 0,63 vergebenen Punkten). Zu ähnlichen Ergebnissen kommen auch *HENSELMANN/BARTH*, Übliche Bewertungsmethoden (2009), S. 9–12, und ausführlich *HENSELMANN/BARTH*, Unternehmensbewertung in Deutschland (2009), die bei ihrer Erhebung jedoch nicht nach Funktionen unterscheiden. Tendenziell beobachten *HENSELMANN/BARTH* dabei sogar eine zunehmende Beliebtheit der Multiplikatorverfahren in der Praxis. Eine Dominanz der DCF-Verfahren stellen auch *HOMBURG/LORENZ/SIEVERS*, Unternehmensbewertung (2011) S. 120 f., fest.

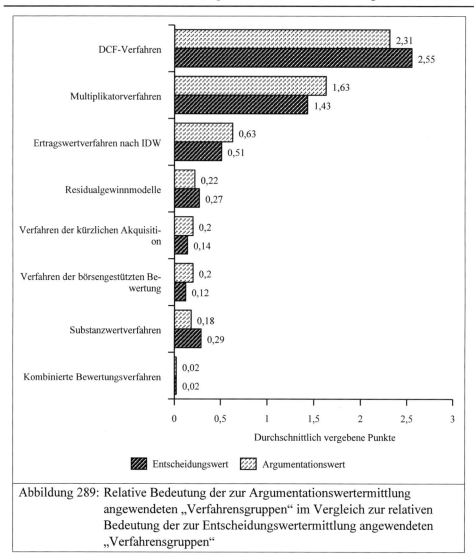

Abbildung 289: Relative Bedeutung der zur Argumentationswertermittlung
angewendeten „Verfahrensgruppen" im Vergleich zur relativen
Bedeutung der zur Entscheidungswertermittlung angewendeten
„Verfahrensgruppen"

Wie bereits dargestellt, stimmten über 70 % der Unternehmen der Aussage zu, daß
die Wahl des Bewertungsverfahrens vom Zweck abhängt.[104] Deshalb war zu erwarten,
daß es bestimmte Verfahren gibt, welche sich besonders zur Bestimmung von Argumentationswerten anbieten. Somit überrascht, daß immerhin 31 Unternehmen eine identische Rangliste bezüglich der bedeutendsten Verfahren zur Entscheidungswert- und zur
Argumentationswertermittlung erstellt haben. Womöglich „empfinden" die Unternehmen die Auswahl der Bewertungsmethode insofern als aufgabenabhängig, als sie die
Methoden zur Argumentationswertermittlung anders – z. B. mit veränderten Eingangs-
werten – als dieselben Methoden zur Entscheidungswertermittlung anwenden. Die Unterschiede, welche sich hinsichtlich der beiden zusammengefaßten Ranglisten ergeben,

---

[104]   Vgl. wiederholt die Erhebungsdaten zur Frage C3 im Anhang.

zeigen jedoch, daß zumindest einige Unternehmen Bewertungsverfahren, welche der Bestimmung von Argumentationswerten dienen (sollen), nach anderen Kriterien auswählen als Verfahren zur Bestimmung von Konzessionsgrenzen. Die größten Veränderungen im Vergleich der beiden zusammengefaßten Ranglisten aller antwortenden Unternehmen ergeben sich bei den DCF-Verfahren.

In der *Abbildung 290*[105] ist die Vergabe der *Ränge für die DCF-Verfahren durch die antwortenden Unternehmen* vergleichend gegenübergestellt.[106]

Rangvergabe der DCF-Verfahren bezüglich der bedeutendsten Verfahren zur Entscheidungswertermittlung	Rangvergabe der DCF-Verfahren bezüglich der bedeutendsten Verfahren zur Argumentationswertermittlung
37 mal „Rang 1" 6 mal „Rang 2" 2 mal „Rang 3"	30 mal „Rang 1" 9 mal „Rang 2" 5 mal „Rang 3"
Anzahl aller Unternehmen, die eine Rangliste erstellt haben: 49	Anzahl aller Unternehmen, die eine Rangliste erstellt haben: 49
Abbildung 290: Rangvergabe der DCF-Verfahren im Vergleich	

Auch hinsichtlich der Ergebnisse zu den bedeutendsten Verfahren zur Argumentationswertermittlung wurde untersucht, *ob sich die Bedeutung der Verfahren für die „aktiveren" Unternehmen von der Bedeutung für die „weniger aktiven" Unternehmen unterscheidet*. Bezüglich der „aktiveren" Unternehmen wurde wiederum auf jene Unternehmen zurückgegriffen, die in den letzten drei Jahren ein Transaktionsvolumen von über 500 Mio. Euro realisierten[107] und in diesem Zeitraum zugleich mehr als zehn Unternehmenstransaktionen durchgeführt haben.[108] Von diesen 17 Unternehmen haben 13 die Frage zur relativen Bedeutung der Verfahren zur Argumentationswertermittlung beantwortet. In der *Abbildung 291*[109] ist die zusammengefaßte Rangliste der bedeutendsten Verfahren zur Argumentationswertbestimmung aus Sicht der „aktiveren" (und mutmaßlich „professionelleren") Unternehmen derjenigen Rangliste gegenübergestellt, welche sich auf die übrigen, „weniger aktiven" Unternehmen bezieht. Zum Vergleich sind die Durchschnittswerte aller Unternehmen abgebildet. Insgesamt läßt sich feststellen, daß *die DCF-Verfahren sowohl durch die „aktiveren" als auch durch die „weniger aktiven" Unternehmen als bedeutendste Verfahren zur Argumentation* betrachtet werden. Die Multiplikatorverfahren und die Ertragswertverfahren nach IDW folgen jeweils auf den Plätzen. Zudem kann hinsichtlich der Argumentationsfunktion konstatiert werden,

---

[105] Quelle: *BRÖSEL/HAUTTMANN*, Empirische Analyse (2007), S. 299.

[106] Nachrichtlich: Neben den DCF-Verfahren finden sich die Multiplikatorverfahren neun Mal auf dem ersten Rang wieder, das Ertragswertverfahren nach IDW ist von sechs Unternehmen als das zur Argumentationswertermittlung bedeutendste Verfahren eingestuft worden. Zudem wurden die Verfahren der börsengestützten Bewertung und die Residualgewinnmodelle von jeweils zwei Unternehmen auf den ersten Rang im Hinblick auf die Bedeutung bei der Argumentationswertermittlung plaziert.

[107] Vgl. die Erhebungsdaten zur Frage B7 im Anhang.

[108] Vgl. die Erhebungsdaten zur Frage B6 im Anhang.

[109] Quelle: *BRÖSEL/HAUTTMANN*, Empirische Analyse (2007), S. 300.

daß bei den „aktiveren" Unternehmen die relative Bedeutung der DCF-Verfahren zur Argumentation etwas geringer und die der Multiplikatorverfahren etwas höher ist als bei den „weniger aktiven" Unternehmen.

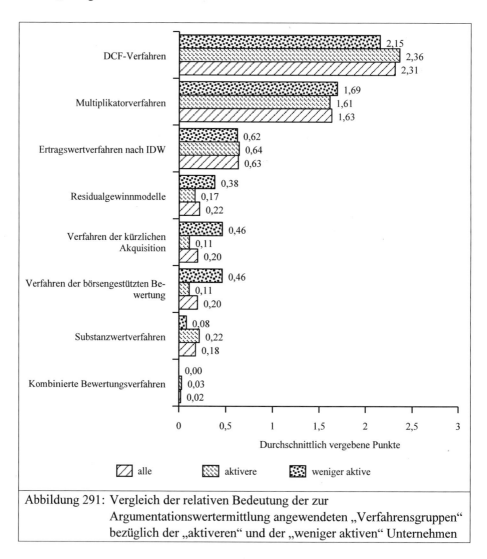

Abbildung 291: Vergleich der relativen Bedeutung der zur
                Argumentationswertermittlung angewendeten „Verfahrensgruppen"
                bezüglich der „aktiveren" und der „weniger aktiven" Unternehmen

Diese Tendenz der etwas geringeren Bedeutung der DCF-Verfahren zur Argumentation und der etwas höheren Bedeutung der Multiplikatorverfahren zur Argumentation für die „aktiveren" Unternehmen kann auch beobachtet werden, wenn – wie in *Abbildung 292*[110] – *im Hinblick auf diese „aktiveren" Unternehmen die Bedeutung der Verfahren für die Entscheidungswert- und die Argumentationswertermittlung verglichen wird.*

[110]   Quelle: *BRÖSEL/HAUTTMANN*, Empirische Analyse (2007), S. 300.

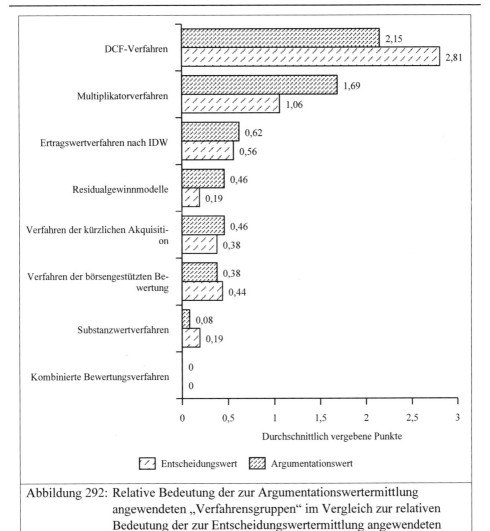

Abbildung 292: Relative Bedeutung der zur Argumentationswertermittlung
angewendeten „Verfahrensgruppen" im Vergleich zur relativen
Bedeutung der zur Entscheidungswertermittlung angewendeten
„Verfahrensgruppen" jeweils aus Sicht der „aktiveren" Unternehmen

Vier der vermeintlich „professionelleren" (weil „aktiveren") 17 Unternehmen haben die Multiplikatorverfahren in ihrer Rangliste der bedeutendsten Verfahren zur Argumentationswertermittlung höher plaziert als in ihrer Rangliste der bedeutendsten Verfahren zur Entscheidungswertermittlung; bezogen auf alle Unternehmen, die beide
Ranglisten erstellt haben, waren dies neun Unternehmen. Warum allerdings die *Multiplikatorverfahren im Rahmen der Argumentationsfunktion* besser abschneiden als im
Rahmen der Entscheidungsfunktion, läßt sich nicht mit Sicherheit sagen. Einen möglichen Hinweis auf die Antwort darauf liefert ein Unternehmen, welches angab, die Auswahl des Bewertungsverfahrens besonders von der Nachvollziehbarkeit der Bewertungsmethode durch den Verhandlungspartner abhängig zu machen. Insbesondere die
Multiplikatorverfahren zeichnen sich durch eine große Einfachheit im methodischen

Ansatz aus und dürften somit vor allem bei nicht-professionellen Verhandlungspartnern auf eine hohe Akzeptanz stoßen.[111] Diese Verfahren eignen sich bei der Argumentationsfunktion – die Akzeptanz des Verhandlungspartners vorausgesetzt – zudem besonders zur Bewertung von Unternehmen solcher Branchen, in denen sich „übliche" Multiplikatoren herausgebildet haben. Argumentationsspielraum ergibt sich z. B. hinsichtlich der zum Einsatz kommenden Multiplikatoren. Da die Multiplikatoren für einzelne Branchen i. d. R. in Form von Bandbreiten publiziert werden, wird ein rational handelndes Bewertungssubjekt aus dieser Bandbreite einen Multiplikator wählen, der seine Interessen in der Verhandlung unterstreicht.

Da die DCF-Verfahren viel komplexer als die Multiplikatormethoden sind, scheint sich die Vermutung, daß die gestiegene Popularität der einfachen Multiplikatormethoden im Rahmen der Argumentationsfunktion mit deren größeren Nachvollziehbarkeit zusammenhängt, zu bestätigen. Dennoch muß genauer differenziert werden; allgemein gültige Aussagen lassen sich kaum formulieren, weil sich Vorteile je nach Verhandlungssituation und -partner auch als Nachteile erweisen können – et vice versa. Die Komplexität der *DCF-Verfahren*, welche in der Rangliste immer noch deutlich vor den Multiplikatorverfahren liegen, kann sich so z. B. auch als vorteilhaft in Verhandlungen herausstellen, wenn dadurch eine gewisse Genauigkeit und eine Wissenschaftlichkeit suggeriert werden. Kann ein Verhandlungspartner die Herleitung eines Wertes durch die DCF-Verfahren nicht genau nachvollziehen, könnte dies für die Partei, welche mit einer DCF-Methode argumentiert, unter Umständen auch deshalb von Vorteil sein, weil es für den Verhandlungspartner so schwieriger wird, Gegenargumente vorzutragen.

Zu Argumentationszwecken muß sich die *Wahl des Bewertungsverfahrens* demnach *am Verhandlungspartner ausrichten*, wofür Menschenkenntnis und psychologisches Gespür seitens der argumentierenden Partei erforderlich ist. Die DCF-Verfahren können so z. B. aufgrund ihrer Komplexität bei einigen nicht-professionellen Verhandlungspartnern als nicht nachvollziehbar empfunden werden, während andere nicht-professionelle Verhandlungspartner womöglich diese Komplexität als Seriosität, Professionalität oder gar Objektivität interpretieren.

Für alle an der Verhandlung Beteiligten ist es zunächst unabdingbar, das Zusammenwirken einzelner *Rechengrößen* zu verstehen, um mit vorgelegten oder gegen durch die Verhandlungspartner in die Verhandlung eingebrachte Gutachten argumentieren zu können.[112] Bei allen Methoden der Unternehmensbewertung, die – wie die DCF-Verfahren – auf dem Barwertkalkül beruhen, ergeben sich für den Bewerter mit den Zähler- und den Nennergrößen grundsätzlich zwei wesentliche Ansatzpunkte für die Argumentation. Erlangt ein Verkäufer z. B. Kenntnis von Synergieeffekten, die ein präsumtiver Käufer mit dem Bewertungsobjekt erzielen könnte, kann der Verkäufer im Verhandlungsprozeß mit höheren Zählergrößen argumentieren und somit einen höheren Argumentationswert herleiten.

Hinsichtlich des *Kalkulationszinssatzes* wird ein präsumtiver Käufer tendenziell versuchen, mit einem höheren Zinssatz zu argumentieren, während ein Verkäufer versuchen wird, einen niedrigen Zins als glaubwürdig darzustellen. Bei den DCF-Verfahren hat das *CAPM* einen entscheidenden Einfluß auf die Höhe des Kalkulationszinsfußes.

---

[111] Vgl. BARTHEL, Vergleichsorientierte Bewertungsverfahren (1996), S. 151.

[112] So auch BARTHEL, Glaubwürdigkeitsattribution (2006), S. 470.

Eine Argumentation mit dem CAPM ist empfehlenswert, weil „es aufgrund seines Marktbezuges den Anschein von Objektivität weckt und daher – wenn es für die Bewertung günstig ist – leicht verteidigt werden kann."[113]

Im Rahmen der Anwendung von DCF-Verfahren ergeben sich bei der Herleitung des im Zusammenhang mit dem CAPM verwendeten *Beta-Faktors* zahlreiche Ermessensspielräume (z. B. in Abhängigkeit des zugrunde liegenden Berechnungszeitraums und der Marktindizes).[114] Einem potentiellen Investor wird in der Literatur empfohlen, „ein gleiches [sic!] oder gleichartiges Unternehmen im angelsächsischen Raum zu finden, wo die Vergabe von [Beta-]Faktoren seit langem üblich ist."[115] Abgesehen davon, daß die Suche nach einem gleichen Unternehmen völlig aussichtslos ist, bietet es sich für einen präsumtiven Käufer an, bei der Suche nach einem mehr oder weniger ähnlichen Vergleichsunternehmen ein solches auszuwählen, für das ein möglichst hoher Beta-Faktor festgelegt wurde. Werden sog. Experten zu Rate gezogen, die im Hinblick auf die Art der Branche und bezüglich anderer Umstände der Wirtschaftstätigkeit durch Analogieschlüsse Beta-Faktoren „herleiten",[116] dürfte es nicht allzu schwer sein, den beauftragten Experten dazu zu bewegen, Ermessensspielräume bei der „Herleitung" des Beta-Faktors zu offenbaren und zu Gunsten des Auftraggebers auszunutzen. Durch Einsatz des CAPM lassen sich so nahezu beliebige Unternehmenswerte rechtfertigen.[117]

Abbildung 293[118] zeigt, wie die angeschriebenen Unternehmen *Aspekte der DCF-Verfahren, die vor allem die Argumentationsfunktion betreffen,* beurteilen. Die Anzahl der Unternehmen, welche die oben beschriebene *Kalibrierung des Beta-Faktors* als Vorteil sieht, liegt nur leicht über der Anzahl der Unternehmen, welche diese Eigenschaft als Nachteil der DCF-Verfahren erachtet. Zwei Unternehmen bewerten die Möglichkeit der Kalibrierung der Beta-Faktoren als Vor- und als Nachteil. Dies verdeutlicht, daß die Ermessensspielräume hinsichtlich der Bestimmung von Beta-Faktoren nur solange die eigene Verhandlungsposition stärken, bis nicht auch der Verhandlungspartner von der gleichen Möglichkeit Gebrauch macht. Von den 16 Unternehmen, welche die Kalibrierungsmöglichkeiten bei den Beta-Faktoren *ausschließlich* als Nachteil sehen, haben immerhin zwölf Unternehmen die DCF-Verfahren in ihrer Rangliste der bedeutendsten Verfahren zur Argumentationswertermittlung aufgenommen. Diese Unternehmen sehen die Argumentationsspielräume hinsichtlich des Beta-Faktors wohl deshalb als Nachteil, weil sie erhoffen, mit den DCF-Verfahren wirkliche objektive Marktwerte ermitteln zu können. Zwar wird in der Praxis häufig der Versuch unternommen, den Argumentationswert mit möglichst „objektiven" Merkmalen auszustatten,[119] doch der Hoffnung, der Gegenseite einen nach „objektiven" Kriterien ermittelten Marktpreis zu präsentieren, muß zwangsläufig Ernüchterung folgen.

---

[113] *HÖLSCHER*, Unternehmensbewertung (1998), S. 265.

[114] Vgl. *NOWAK*, Unternehmensbewertung (2003), S. 93–117.

[115] *ERICHSEN*, Wert eines Unternehmens (2000), S. 217.

[116] Vgl. *SPREMANN*, Finance (2009), S. 198–201.

[117] Vgl. *HERING*, Unternehmensbewertung (2006), S. 229, *HAESELER/HÖRMANN*, Infragestellung (2009), S. 533.

[118] Quelle: *BRÖSEL/HAUTTMANN*, Empirische Analyse (2007), S. 301. Vgl. die Erhebungsdaten zur Frage C19 im Anhang. Die Prozentangaben beziehen sich jeweils auf die Anzahl der Nennungen.

[119] Vgl. *WAMELING*, Berücksichtigung von Steuern (2004), S. 24.

Eigenschaften der DCF-Verfahren	ist für mich keine Eigenschaft der DCF-Verfahren	ist ein Vorteil	ist ein Nachteil	spielt keine Rolle	weiß nicht	Nennungen
Möglichkeit der Kalibrierung des Beta-Faktors	3	20	18	14	4	59
	5,08 %	33,90 %	30,51 %	23,73 %	6,78 %	
fehlende Akzeptanz bei deutschen Verhandlungspartnern	10	0	7	37	3	57
	17,54 %	0,00 %	12,28 %	64,91 %	5,26 %	

Abbildung 293: Beurteilung einzelner Aspekte der DCF-Methoden

Den Aspekt der *fehlenden Akzeptanz der DCF-Verfahren bei deutschen Verhand-lungspartnern* bewerten nur 12,28 % der antwortenden Unternehmen als einen Nachteil. Daraus ist zu schließen, daß bei deutschen Verhandlungspartnern in vielen Fällen gar nicht von einer fehlenden Akzeptanz ausgegangen werden muß, zumal 17,55 % diese unterstellte fehlende Akzeptanz (mittlerweile) nicht (mehr) für eine Eigenschaft der DCF-Verfahren halten. Auffällig ist, daß es für 64,91 % der Unternehmen gar keine Rolle spielt, ob die DCF-Verfahren bei deutschen Verhandlungspartnern akzeptiert wer-den. Dies deckt sich mit den Ergebnissen der ausgewerteten Frage, welche Aspekte aus Sicht der Unternehmen für die Wahl des Bewertungsverfahrens relevant sind.[120] Nur 5,77 % der antwortenden Unternehmen (drei von 52) machen die Verfahrenswahl vom Verhandlungspartner abhängig. Mit 7,69 % (vier von 52) ist auch der Anteil der Unter-nehmen sehr gering, die angaben, die Wahl des Bewertungsverfahrens von der Tatsache abhängig zu machen, ob es sich um eine „Cross-Border-Valuation" handelt. Wenn län-derspezifische Gepflogenheiten jedoch bei der Auswahl der Methode zur Argumentati-onswertermittlung berücksichtigt werden, kann auf Verhandlungspartner jenseits der ei-genen Landesgrenze besser eingegangen werden.

Die *These, daß die Bewerter versuchen, die Denkweise der Gegenseite zu antizipie-ren und nur mit solchen Verfahren argumentieren, die auch vom Verhandlungspartner akzeptiert werden*, kann somit vorläufig nicht eindeutig bestätigt werden. Wie nachfol-gend noch ausführlich erläutert werden soll, geht HAFNER von einer solchen Antizipati-on zumindest bei professionellen Bewertern aus.[121] Von den in dieser Auswertung als vermeintlich professionell bezeichneten (17 „aktiveren") Unternehmen, gaben zwölf an, daß eine unterstellte fehlende Akzeptanz der DCF-Verfahren bei deutschen Verhand-lungspartnern keine Rolle spiele, zwei dieser Unternehmen halten diesen Aspekt für keine Eigenschaft der DCF-Methoden.

HAFNER empfiehlt in einer Veröffentlichung aus dem Jahr 1993, für *internationale Bewertungsfragen* auf die DCF-Verfahren zurückzugreifen und bei *nationalen Ver-handlungen* über Unternehmenstransaktionen eher das Ertragswertverfahren nach IDW anzuwenden.[122] Vor diesem Hintergrund wurde untersucht, inwiefern Unternehmen mit vermehrt grenzüberschreitenden Transaktionen andere Verfahren der Argumentations-wertermittlung verwenden als Unternehmen, die vornehmlich „Binnen-Transaktionen" durchführen. Bei 21 der Unternehmen lag der Anteil der grenzüberschreitenden Trans-

---

[120] Vgl. die Erhebungsdaten zur Frage C3 im Anhang.

[121] Vgl. *HAFNER*, Unternehmensbewertungen als Instrumente (1993).

[122] Vgl. *HAFNER*, Unternehmensbewertungen als Instrumente (1993), S. 81.

aktionen in den letzten drei Jahren bei 70 % oder höher (wobei sechs davon wiederum zu den 17 „aktiveren" Unternehmen gehören). Diesen 21 im Hinblick auf die Transaktionen primär „international" ausgerichteten Unternehmen sollen nunmehr jene Präferenzen der (15) Unternehmen gegenübergestellt werden, deren Anteil an grenzüberschreitenden Transaktionen in den letzten drei Jahren bei 30 % oder weniger lag.

Abbildung 294[123] zeigt vergleichend die ersten drei Plätze dieser beiden Unternehmensgruppen.

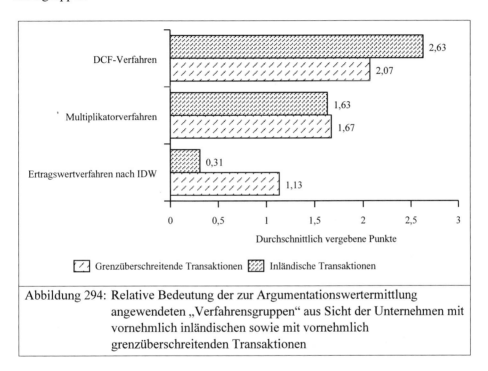

Abbildung 294: Relative Bedeutung der zur Argumentationswertermittlung angewendeten „Verfahrensgruppen" aus Sicht der Unternehmen mit vornehmlich inländischen sowie mit vornehmlich grenzüberschreitenden Transaktionen

Der Vergleich offenbart, daß das Ertragswertverfahren nach IDW bei den Unternehmen, deren M&A-Aktivitäten sich vornehmlich auf den nationalen Markt beschränken, im Rahmen der Argumentationswertermittlung bedeutender ist als bei den Unternehmen, die vornehmlich grenzüberschreitende Transaktionen tätigen. Die Steigerung der relativen Punktzahl für das Ertragswertverfahren nach IDW geht mit einer fast entsprechenden Verschlechterung der relativen Punktzahl der DCF-Verfahren einher. Die relative Punktzahl für die Multiplikatorverfahren bleibt dagegen fast unverändert.[124] Wird diese Beobachtung als *adressatenbezogene Bewertung oder gar als Antizipation der Denkweise der Gegenseite* ausgelegt, ließe sich HAFNERS These zumindest tendenziell bestätigen.

---

[123] Quelle: BRÖSEL/HAUTTMANN, Empirische Analyse (2007), S. 302.

[124] Diesbezüglich ist zu berücksichtigen, daß die IDW-Standards im Hinblick auf die Argumentationsfunktion primär national Bedeutung entfalten; bei „internationalen Tranksaktionen" kommen hierbei beispielsweise die sog. International Valuation Standards (IVS) zur Anwendung, auf welche im fünften Kapitel am Ende des Abschnitts 5.1.4.3 kurz eingegangen wird. Vgl. hierzu auch BARTHEL, International Valuation Standards (2010).

Insgesamt machte die Befragung jedoch deutlich, daß Unternehmensbewertungen (auch) zum Zwecke der Beeinflussung der Verhandlungspartner erstellt und eingesetzt werden. Zu Argumentationszwecken sollten die Bewertungsverfahren adressatenbezogen ausgewählt werden. Kann eine Partei die „Rechenmechanik" der im Verhandlungsprozeß angewandten Bewertungsverfahren schlecht nachvollziehen, ist ihre Verhandlungsposition entscheidend geschwächt.

4.2.2.1.2.2 Flexibilität der Argumentationswerte im Verhandlungsprozeß

Die Unternehmen wurden zudem befragt, in welcher Form sie sich den Unternehmenswert wünschen, wenn dieser ihnen zur Beeinflussung des Verhandlungspartners dienen soll. *Abbildung 295*[125] stellt die Ergebnisse dar. Über 30 % präferieren den Argumentationswert als Punktwert, aber mehr als 50 % der antwortenden Unternehmen wünschen sich den Wert in *Form einer Bandbreite*. Ein Grund dafür könnte sein, daß sich diese Unternehmen einen Verhandlungsspielraum schaffen wollen. Dies soll nachfolgend – mit Blick auf die Verhandlungsstrategie in der Konfliktsituation vom Typ Kauf/Verkauf[126] – verdeutlicht werden.[127]

---

[125] Quelle: *BRÖSEL/HAUTTMANN*, Empirische Analyse (2007), S. 303. Vgl. die Erhebungsdaten zur Frage C18 im Anhang.

[126] Hierbei wird vereinfachend auf jene Situation abgestellt, in der von beiden Parteien eine (freiwillige) Einigung hinsichtlich der Änderung der Eigentumsverhältnisse angestrebt wird und in welcher der Preis den einzigen konfliktlösungsrelevanten Sachverhalt darstellt. Es liegt also eine eindimensionale, nicht jungierte und nicht dominierte Konfliktsituation vom Typ Kauf/Verkauf vor, weshalb die Entscheidungswerte im Folgenden mit Grenzpreisen gleichgesetzt werden können.

[127] Nachstehende Ausführungen erfolgen in enger Anlehnung an oder sind teilweise entnommen aus *BRÖSEL/HAUTTMANN*, Empirische Analyse (2007), S. 302–306.

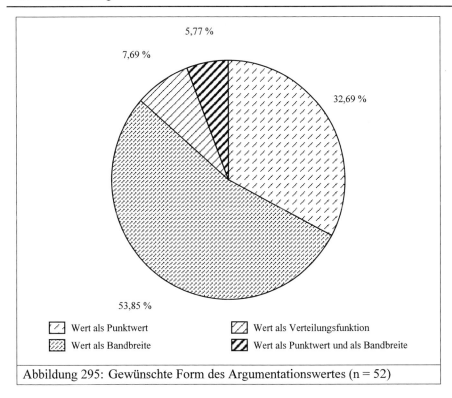

5,77 %

7,69 %

32,69 %

53,85 %

◫ Wert als Punktwert ◫ Wert als Verteilungsfunktion

▨ Wert als Bandbreite ◫ Wert als Punktwert und als Bandbreite

Abbildung 295: Gewünschte Form des Argumentationswertes (n = 52)

Argumentationswerte dienen zunächst als Ausgangsgebote einer Partei in Verhandlungen über Änderungen der Eigentumsverhältnisse an Unternehmen.[128] Sie sind jedoch nicht starr, sondern müssen im Verhandlungsprozeß neuen Gegebenheiten angepaßt werden, also das *Merkmal der Flexibilität* aufweisen. Für die Möglichkeit einer Einigung wird in der angenommenen Konfliktsituation vorausgesetzt, daß der Grenzpreis des Verkäufers P_{min} kleiner (oder gleich) dem Grenzpreis des Käufers P_{max} ist. Gilt $P_{max} < P_{min}$, kann ein positiver Einigungsbereich (oder zumindest ein „Einigungspunkt") nur geschaffen werden, indem eine Partei die andere zur Revision ihres Grenzpreises bewegt, so daß P_{max} den P_{min} wieder übersteigt (oder zumindest diesen erreicht) – oder umgekehrt P_{min} unter P_{max} fällt.[129] Dies könnte z. B. erfolgen, wenn ein präsumtiver Verkäufer den Kaufinteressenten auf mit dem Bewertungsobjekt zu erzielende Synergieeffekte hinweist, welche dieser bisher nicht in Betracht gezogen hat und welche seinen Grenzpreis erhöhen würden.[130]

In Kaufverhandlungen sind die Grenzpreise des jeweiligen Verhandlungspartners natürlich unbekannt, jedoch sollte jede Partei zumindest *Vermutungen hinsichtlich der Grenzpreise* der gegnerischen Partei haben. Diese vermuteten gegnerischen Grenzpreise beruhen wie die eigenen Entscheidungswerte auf Erwartungen, etwa über zukünftige Zahlungsüberschüsse, die mit dem Bewertungsobjekt generiert werden können, oder auf

---

[128] Vgl. *Wagenhofer*, Bestimmung von Argumentationspreisen (1988), S. 341.

[129] Vgl. *Matschke*, Argumentationsfunktion (1977), S. 98.

[130] Vgl. *Barthel*, Argumentationsfunktion (2005), S. 34.

Erwartungen bezüglich der gesamtwirtschaftlichen Entwicklung.[131] Eine mögliche Verhandlungsstrategie könnte es deshalb sein, die dem eigenen Grenzpreis zugrunde liegenden *Erwartungen in verzerrter Form* „durchsickern" zu lassen. Ein präsumtiver Käufer sollte also dem Verhandlungspartner gegenüber seine Erwartungen glaubhaft negativer darstellen als diese in Wirklichkeit sind, z. B. indem dieser eine eher pessimistische Prognose über die Konjunkturlage heranzieht oder die Stärken von Konkurrenzunternehmen des Bewertungsobjekts herausstellt, so daß das in Rede stehende Unternehmen in einem schlechteren Licht erscheint. Der präsumtive Verkäufer sollte hingegen die Erwartungen, die seinen Grenzpreis bedingen, positiv „verzerrt" im Verhandlungsprozeß „zur Schau stellen".

Es sei nun angenommen, der präsumtive Käufer läßt glaubhaft seine übertrieben negativen Erwartungen durchblicken, so daß der vom Verkäufer vermutete Grenzpreis des Käufers P_{max}^{*} unter den wirklichen Grenzpreis des Käufers P_{max} sinkt, während eine gegenläufige Strategie dem Verkäufer nicht gelingt, so daß – wie in *Abbildung 296*[132] dargestellt – der Grenzpreis des Verkäufers P_{min} mit dem vom Käufer vermuteten Grenzpreis P_{min}^{*} übereinstimmt. Der Einigungsbereich verringert sich somit – zumindest aus Sicht des Verkäufers – von der im Zahlenstrahl abgetragenen Strecke $\overline{P_{min}P_{max}}$ auf $\overline{P_{min}P_{max}^{*}}$, was dem Käufer im Verhandlungsprozeß eine *günstigere Ausgangsposition* verschafft. Schließlich ist das Ziel beider Parteien, möglichst viel vom vermeintlichen Einigungsbereich für sich zu separieren, also einen Transaktionspreis auszuhandeln, der so nah wie möglich am Grenzpreis der anderen Verhandlungspartei liegt. Liegt nun P_{max}^{*} unter P_{max}, kann der an einer Einigung interessierte Verkäufer wegen dieser „Vorabverteilung"[133] von vornherein weniger vom Einigungsbereich und gesamten Vorteil $\overline{P_{min}P_{max}}$ für sich beanspruchen.

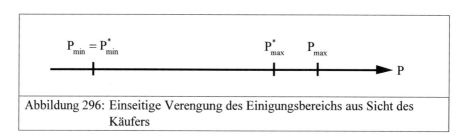

Abbildung 296: Einseitige Verengung des Einigungsbereichs aus Sicht des Käufers

[131] Vgl. WAGENHOFER, Einfluß von Erwartungen (1988), S. 533.
[132] Quelle: BRÖSEL/HAUTTMANN, Empirische Analyse (2007), S. 303.
[133] MATSCHKE, Arbitriumwert, S. 160, spricht von „Vorabverteilungen" bei der Arbitriumwertermittlung, wenn die Ausgangsgrößen „Substanzwert" SW und „Ertragswert" EW bei Anwendung der traditionellen Kombinationswerte nicht mit den Preisgrenzen der Parteien übereinstimmen, also bei $P_{min} < SW$ und/oder bei $P_{max} > EW$, so daß gesamte Vorteil $P_{max} - P_{min}$ größer als der vermeintliche Vorteil $EW - SW$ ist.

In der Literatur wird meist davon ausgegangen, daß die Aufgabe des Argumentationswertes vor allem sei, den Einigungsbereich zu beeinflussen, weil Argumentationswerte in Verhandlungen der Gegenseite als Grenzpreise „verkauft" werden. Es soll hier nicht bestritten werden, daß Argumentationswert getarnt als Entscheidungswerte präsentiert werden, doch ist auch zu berücksichtigen, daß ein mit der funktionalen Bewertungstheorie vertrauter Verhandlungspartner sich dieser Verhandlungsstrategie bewußt ist und nicht nur dem *ersten Angebot der Gegenseite* ein „gesundes" Mißtrauen entgegenbringt. Gewöhnlich steigt die Glaubwürdigkeit von Argumentationswerten erst im Verlauf der Verhandlung.

Will eine Partei jedoch schon früh im Verhandlungsprozeß eine günstige Ausgangsposition einnehmen, empfiehlt es sich, die Erwartungen der Gegenseite bezüglich des eigenen Entscheidungswertes zu beeinflussen. Dieser Strategie kann bereits im vorvertraglichem Stadium der ersten Kontaktaufnahme gefolgt werden.[134] Der Argumentationswert, der durch die jeweilige Partei zuerst in eine Verhandlung eingebracht wird, dient primär dazu, eine Verhandlungsposition abzustecken. Eine Partei könnte eine definitive Position einnehmen, indem sie ihren vorgelegten Argumentationswert als „endgültiges und letztes Wort" präsentiert.[135] Hiervon ist eher abzuraten, weil sich der Verhandelnde somit Rückzugsmöglichkeiten verbaut und ein „Positionengerangel" provoziert.[136]

Verhandlungen um Unternehmen finden in einem Prozeß, der in mehrere Phasen unterteilt werden kann,[137] statt. Im Verlauf dieses Prozesses können – etwa durch „Due-Diligence-Reviews" – neue Informationen über Stärken und Schwächen sowie Chancen und Risiken im und um das Bewertungsobjekt „zu Tage gefördert" werden. Deshalb ist es ratsam, eine *offene Position in Verhandlungen* einzunehmen. Offene Positionen werden vertreten, indem eine Partei (z. B. der Käufer K) entweder – wie in *Abbildung 297*[138] im Sinne des Argumentationswertes des Käufers (A_K) dargestellt und von mehr als 30 % der Unternehmen präferiert – einen punktuellen Argumentationswert in die Verhandlung einbringt und zu verstehen gibt, daß (trotzdem) die Bereitschaft besteht, flexibel zu sein, oder (besser) den Argumentationswert in Form einer Bandbreite vorträgt – wie von knapp 54 % der Unternehmen bevorzugt – und somit Verhandlungsspielraum signalisiert.[139]

---

[134] Zu diesem Stadium vgl. BERENS/MERTES/STRAUCH, Unternehmensakquisitionen (2011), S. 47 f.

[135] Vgl. MASTENBROEK, Verhandeln (1992), S. 38 f.

[136] Vgl. HARTIG, Verhandeln (1995), S. 37 f.

[137] Zum sog. Phasenmodell des Akquisitionsprozesses vgl. z. B. BERENS/MERTES/STRAUCH, Unternehmensakquisitionen (2011).

[138] Quelle: BRÖSEL/HAUTTMANN, Empirische Analyse (2007), S. 304.

[139] Vgl. MASTENBROEK, Verhandeln (1992), S. 39 f.

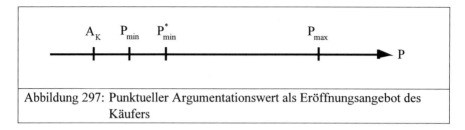

Abbildung 297: Punktueller Argumentationswert als Eröffnungsangebot des
               Käufers

In Verhandlungen liegt der erste durch den Käufer eingebrachte Argumentationswert A_K i. d. R. unter dem ersten eingebrachten Argumentationswert des Verkäufers.
Ein Käufer könnte z. B. einen Argumentationswert wählen, der unter dem von ihm erwarteten Grenzpreis des Verkäufers P^*_{min} liegt. Die Strategie für den präsumtiven Käufer, den *Argumentationswert im ersten Angebot als Punktwert* zu präsentieren, ist allerdings nicht zu empfehlen, weil die Gefahr groß ist, daß dieser unter dem tatsächlichen
Grenzpreis des Verkäufers liegt. In diesem Fall könnte der Eröffnungsvorschlag gleich
von der Gegenseite als unrealistisch zurückgewiesen werden, und die Argumentation
des Käufers wirkt unglaubwürdig und opportunistisch,[140] weil er – sofern er an einer Einigung weiterhin interessiert ist – zugleich die Bereitschaft, sich noch zu „bewegen",
betonen muß.[141]

Vorteilhaft für „Eröffnungsangebote" können deshalb *Argumentationswerte in Gestalt von Bandbreiten* sein. *Abbildung 298*[142] zeigt das entsprechende Vorgehen aus
Sicht des Käufers, der seinen Argumentationswert um den von ihm geschätzten Verkäu-
fergrenzpreis „aufgespannt". Die Wahrscheinlichkeit, den Argumentationswert unter
dem tatsächlichen Grenzpreis des Verkäufers zu plazieren, kann verringert werden. Zugleich kommuniziert der Käufer der gegnerischen Seite seine Verhandlungsbereitschaft.
Was hier nur aus Sicht des präsumtiven Käufers dargestellt wurde, gilt spiegelbildlich
auch für den präsumtiven Verkäufer.

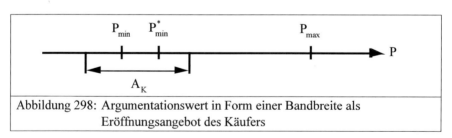

Abbildung 298: Argumentationswert in Form einer Bandbreite als
               Eröffnungsangebot des Käufers

Knapp 8 % der antwortenden Unternehmen wünschen sich den Argumentationswert als Verteilungsfunktion. Schon die Präsentation einer Verteilungsfunktion kann
„wissenschaftlicher" als die Präsentation einer Bandbreite oder gar eines Punktwertes
wirken. In Verhandlungen kann so die eigene Machtposition gestärkt werden, indem

---

[140] Vgl. *MASTENBROEK*, Verhandeln (1992), S. 39 f.
[141] Vgl. *GORNY*, Unternehmensbewertung (2002), S. 17–19, der zwischen kurz- und langfristiger Ar-
      gumentationsstrategie unterscheidet.
[142] Quelle: *BRÖSEL/HAUTTMANN*, Empirische Analyse (2007), S. 304.

„ordentlich Eindruck geschunden" wird.[143] Etwa 6 % der Unternehmen wünschen sich den Argumentationswert sowohl als Punktwert als auch in Form einer Bandbreite. Dies ermöglicht es ihnen, als erstes Angebot eine Bandbreite des Argumentationswertes in die Verhandlung einzubringen und dann – in einer späteren Phase der Verhandlung – möglicherweise mit einem punktuellen Unternehmenswert als vermeintlicher Konzessionsgrenze zu argumentieren.

Wie bereits ausgeführt, sind die vorgetragenen Preisvorstellungen in Verhandlungen zu begründen, damit sie vom Verhandlungspartner als glaubwürdig empfunden werden.[144] Hierzu kann z. B. auf die Kapitalisierungszinssätze und/oder die erwarteten Zukunftserfolge zurückgegriffen werden. Die Erweiterung des Konflikts um solche derivativen Sachverhalte trägt dazu bei, „den Konfliktlösungsprozeß zu kanalisieren und zu versachlichen."[145] Eine derartige Erweiterung der Verhandlungsparameter kann eine *„Zug-um-Zug"-Verhandlung* erleichtern, weil anzunehmen ist, daß Konzessionen (Zugeständnisse) der einen Partei hinsichtlich derivativer Sachverhalte durch Konzessionen der Gegenpartei bezüglich anderer (möglicherweise originärer) Sachverhalte kompensiert werden.[146] Die Unternehmen wurden in diesem Zusammenhang befragt, inwiefern sie versuchen, die zukünftigen Erfolge und Kalkulationszinsen im Rahmen von in Verhandlungen eingebrachten Bewertungsverfahren und Gutachten zu beeinflussen, um Wirkung auf das Verhandlungsresultat auszuüben. Die Ergebnisse sind in *Abbildung 299*[147] transparent dargestellt.

---

[143] Vgl. MASTENBROEK, Verhandeln (1992), S. 49 f.

[144] Vgl. MATSCHKE, Argumentationsfunktion (1977), S. 96.

[145] MATSCHKE, Entscheidungswert (1975), S. 59.

[146] Vgl. MATSCHKE, Entscheidungswert (1975), S. 58. Zur sog. Reziprozitätsannahme, nach der auf Konzessionen einer Partei Konzessionen der anderen Partei folgen, vgl. CIALDINI, Überzeugen (2010), S. 43–89. Zum Ratschlag, der Reziprozität in Verhandlungen zu widerstehen, siehe URY, Verhandlungen (1998), S. 29–59.

[147] Quelle: BRÖSEL/HAUTTMANN, Empirische Analyse (2007), S. 305. Vgl. die Erhebungsdaten zur Frage C6 und C7 im Anhang.

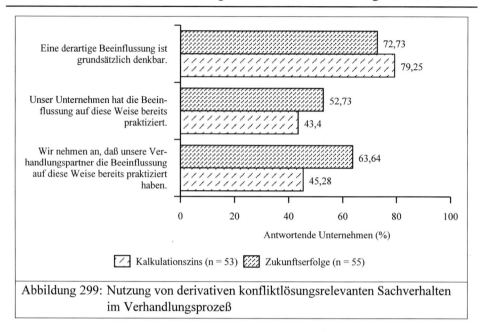

Abbildung 299: Nutzung von derivativen konfliktlösungsrelevanten Sachverhalten im Verhandlungsprozeß

Sowohl hinsichtlich der Zukunftserfolge als auch hinsichtlich der Kalkulationszinsfüße übersteigt der Anteil jener Unternehmen, die eine *Beeinflussung des jeweiligen Aspekts* für möglich halten, den Anteil der Unternehmen, die eine derartige Beeinflussung (angabegemäß) praktizieren, deutlich. Hinzu kommt, daß in beiden Fällen der Anteil der Unternehmen, die davon ausgehen, daß ihre Verhandlungspartner die Zukunftserfolge oder die Kalkulationszinsen beeinflussen, höher ist als der Anteil der Unternehmen, die selbst von solchen Möglichkeiten der Beeinflussung Gebrauch machen. Daraus könnte der Schluß gezogen werden, daß viele Unternehmen ihren Verhandlungsspielraum nicht ausnutzen, obwohl sie die „Spielregeln" in Verhandlungen durchschauen, oder diese Beeinflussung nur nicht zugeben wollen.

Darüber hinaus wurden die Unternehmen gebeten, für verschiedene *Möglichkeiten der Beeinflussung* Noten von 1 (= sehr bedeutend) bis 5 (= unbedeutend) zu vergeben. *Abbildung 300*[148] stellt die unterschiedlichen Antworten auf diese Frage hinsichtlich der Zukunftserfolge, der Kalkulationszinssätze und der Bewertungsverfahren gegenüber.

---

[148] Quelle: *BRÖSEL/HAUTTMANN*, Empirische Analyse (2007), S. 305. Vgl. die Erhebungsdaten zur Frage C8 im Anhang.

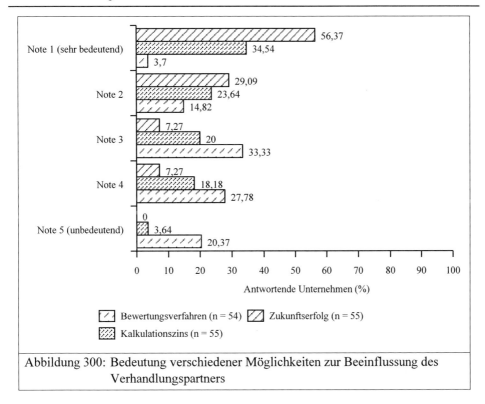

Abbildung 300: Bedeutung verschiedener Möglichkeiten zur Beeinflussung des Verhandlungspartners

Obwohl es sich bei den in die Bewertung eingehenden *Kalkulationszinssätzen* um einen sehr wirksamen Hebel zur Wertbeeinflussung handelt, ist dieser Aspekt für die antwortenden Unternehmen weniger bedeutend als die Einflußnahme auf die Zukunftserfolge. Insbesondere bei den im Rahmen der Argumentationswertermittlung dominierenden DCF-Verfahren bieten sich zahlreiche Möglichkeiten an, um die Höhe der Kalkulationszinssätze zur Stärkung der eigenen Position in Verhandlungen zu kalibrieren.

Auf den ersten Blick verwundert es, daß der Versuch, den *Verhandlungspartner mit einer geeigneten Bewertungsmethode zu beeinflussen*, im Vergleich zu Kalkulationszinssätzen und Zukunftserfolgen von geringerer Bedeutung ist. Im Hinblick auf die Vorbereitung von Verhandlungen könnte davon ausgegangen werden, daß die Verhandlungsparteien denkbare Argumentationswerte mit unterschiedlichen Bewertungsverfahren berechnen und anschließend in der Verhandlung mit dem Verfahren zu argumentieren versuchen, welches ihre Interessen (in Abhängigkeit vom Bewertungsergebnis und vom Verhandlungspartner) am besten unterstreicht. Ein präsumtiver Käufer würde somit ein Verfahren bevorzugen, welches einen eher niedrigen Unternehmenswert liefert, während ein präsumtiver Verkäufer mit jenem Verfahren versucht zu argumentieren, mit dem sich ein möglichst hoher Wert „nachweisen" läßt.[149]

Denkbar wäre auch, im Rahmen der Argumentationsfunktion viele Bewertungsverfahren zum Einsatz kommen zu lassen, also mit mehreren Verfahren zu argumentieren,

---

[149] Vgl. GORNY, Unternehmensbewertung (2002), S. 66 f.

deren Ergebnisse nah beieinander liegen, was die Glaubwürdigkeit des Argumentationswertes verstärken könnte.[150] Inwieweit diese Vermutung richtig ist, soll mit den Ergebnissen der Frage dargelegt werden, wie viele verschiedene Bewertungsverfahren die befragten Unternehmen im Hinblick auf ein Bewertungsobjekt i. d. R. anwenden. Die
Vermutung, daß die Argumentationsfunktion aus den o. g. Gründen von der Methoden-
anzahl her eher pluralistisch ist und hinsichtlich der Entscheidungsfunktion eher nur ein
Verfahren zu Rate gezogen wird, kann – so zeigt es die *Abbildung 301*[151] – schließlich
nicht bestätigt werden. Die Methodenvielfalt bei der Entscheidungswertermittlung indiziert die bereits verschiedentlich angesprochene unzureichende theoretische Fundierung
gerade im Hinblick auf die Entscheidungsfunktion als der zentralen Hauptfunktion.

Anzahl der durch ein Unternehmen zur Entscheidungswertermittlung angewendeten Verfahren:			
Minimum	1		
Maximum	5	Antworten	52
Mittelwert	1,98	ohne Antwort	5
Anzahl der durch die Unternehmen zur Argumentation in die Verhandlung eingebrachten Verfahren:			
Minimum	0		
Maximum	5	Antworten	49
Mittelwert	1,76	ohne Antwort	8
Anzahl der durch die Verhandlungspartner der Unternehmen zur Argumentation in die Verhandlung eingebrachten Verfahren:			
Minimum	0		
Maximum	5	Antworten	43
Mittelwert	1,53	ohne Antwort	14
Abbildung 301: Anzahl der eingesetzten Unternehmensbewertungsverfahren			

Hinsichtlich der Flexibilität kann zusammengefaßt werden, daß der Erfolg von Unternehmenstransaktionen im hohen Maße vom Verhandlungsgeschick der Parteien abhängt. Zu diesem Verhandlungsgeschick gehört auch die Einschätzung, wann ein Ver-
handlungsgebot abgegeben und in welcher Weise es präsentiert werden soll, ferner wie
es argumentativ vorzubereiten ist, damit es einerseits glaubwürdig ist und andererseits
zugleich die Basis für einen aus der Sicht des Argumentierenden „guten Abschluß" der
Verhandlungen darstellt. Es wurde aufgezeigt, wie die Konfliktparteien Einfluß auf das
Verhandlungsresultat ausüben können. Eine solche Beeinflussung des Verhandlungspartners kann bereits im Stadium der Kontaktaufnahme ansetzen. Als konkrete „Eröff-

---

[150] Vgl. BARTHEL, Glaubwürdigkeitsattribution (2006), S. 467.

[151] Quelle: BRÖSEL/HAUTTMANN, Empirische Analyse (2007), S. 306. Vgl. die Erhebungsdaten zur Frage C12 im Anhang. Dieses Ergebnis wird auch mit den Antworten zur Frage C11 belegt. Demnach
werden von mehr als 60 % der Unternehmen „sehr häufig" oder „häufig" mehrere Unternehmensbewertungsverfahren zur Ermittlung von Entscheidungswerten eingesetzt. Hinsichtlich der Ermittlung von Argumentationswerten greifen nur knapp 52 % der antwortenden Unternehmen „sehr
häufig" oder „häufig" auf mehrere Unternehmensbewertungsverfahren zurück.

nungsangebote"[152] eignen sich flexible Argumentationswerte in Gestalt von Bandbreiten, weil diese die Wahrscheinlichkeit verringern, mit diesem Angebot die Konzessionsgrenze des Verhandlungspartners zu verletzen.[153] Zudem wird hiermit eine „offene" Verhandlungsposition eingenommen, denn eine Bandbreite signalisiert Verhandlungsbereitschaft. Die Beeinflussung der Verhandlungspartner erfolgt in der Praxis in reger Art und Weise mittels der Zukunftserfolge, der Zinssätze und der Bewertungsverfahren. Hinsichtlich des letzten Aspekts ist zu berücksichtigen, daß – wahrscheinlich vor dem Hintergrund der Glaubwürdigkeit – die jeweils in einer Verhandlung verwendete Methodenzahl gering ist. Darüber hinaus ist die *Kenntnis der konfliktlösungsrelevanten Sachverhalte* unabdingbar. In Verhandlungen können so leichter Konzessionen gemacht werden und Gegenleistungen gefordert werden, was die Verhandlungen gemeinhin versachlicht. Damit eine Partei glaubwürdig und ohne „Gesichtsverlust"[154] Zugeständnisse machen kann, sollte sie im Verhandlungsprozeß immer eine offene Verhandlungsposition einnehmen.

4.2.2.1.2.3 Glaubwürdigkeit der Argumentationswerte im Verhandlungsprozeß

Eine erforderliche substantielle Begründung der durch die konfligierenden Parteien in die Verhandlung eingebrachten Angebote erfolgt – wie *Abbildung 302*[155] zeigt – in der Praxis vor allem in Form von Unternehmensbewertungsgutachten.[156] In Gutachten werden Preisangebote mit Hilfe eines Geflechts von Tatsachen, Annahmen und Begründungen hergeleitet. Die Partei, welche die *Gutachten* einbringt, versucht hiermit die *Glaubwürdigkeit* des präsentierten Wertes zu erhöhen. Mehr als 75 % der antwortenden Unternehmen nutzen diese Möglichkeit und begründen ihre Angebote „häufig" oder „sehr häufig" mit Gutachten. Zudem gaben mehr als 65 % der antwortenden Unternehmen an, daß die Angebote der Verhandlungspartner „häufig" oder „sehr häufig" mit Gutachten unterlegt werden.

---

[152] Dabei kann es durchaus offen gelassen werden, wann ein solches „Eröffnungsangebot" zeitlich gesehen präsentiert wird. Denn der „richtige" Zeitpunkt ist genauso Gegenstand verhandlungstaktischer Überlegungen wie die „richtige" Höhe oder die „richtige" Art der Präsentation dieses Angebots.

[153] Eine gezielte Verletzung des vermuteten gegnerischen Entscheidungswertes sei jedoch grundsätzlich nicht ausgeschlossen. Einerseits könnte der Abbruch von Verhandlungen bewußt herbeigeführt werden. Andererseits könnte im Hinblick auf die Fortführung von Verhandlungen entweder versucht werden, den Einigungsbereich insofern zu beeinflussen, als der Verhandlungsgegner seine eigene Entscheidungsgrenze überdenkt und eventuell korrigiert, oder mit dem „ersten Angebot" soll das aus der Psychologie bekannte Kontrastprinzip insofern ausgenutzt werden, als nachfolgend präsentierte Argumentationswerte, die dann im Einigungsbereich liegen, durch den Verhandlungspartner als „akzeptabler" wahrgenommen werden. Vgl. CIALDINI, Überzeugen (2010), S. 3–37.

[154] MATSCHKE, Argumentationswert (1976), S. 523.

[155] Quelle: BRÖSEL/HAUTTMANN, Empirische Analyse (2007), S. 306. Vgl. die Erhebungsdaten zur Frage C5 im Anhang.

[156] Vgl. zu den Anforderungen an Bewertungsgutachten als Forschungsfrage bereits JONAS, Zur gutachterlichen Methodik (1955), LUTTERMANN, Juristische Anforderungen (2013).

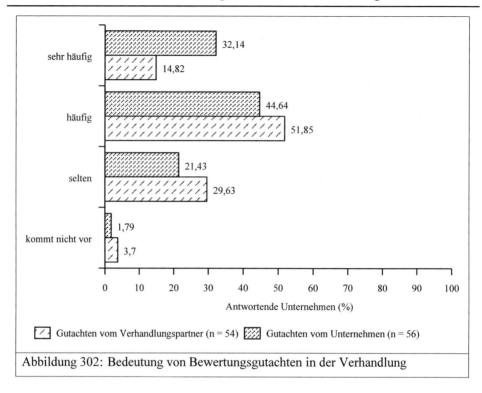

Abbildung 302: Bedeutung von Bewertungsgutachten in der Verhandlung

In *Abbildung 303*[157] sind die Antworten der Unternehmen auf die Frage, wer mit zu Argumentationszwecken genutzten Bewertungen oder mit der Erstellung von zu diesen Zwecken eingesetzten Bewertungsgutachten betraut wird, zusammengefaßt. Nahezu 95 % der antwortenden Unternehmen gaben an, daß im Hinblick auf die Argumentationsfunktion „häufig" oder „sehr häufig" eigene Mitarbeiter Unternehmensbewertungen durchführen oder Bewertungsgutachten erstellen. Dieses Ergebnis ist mit Blick auf die befragten Unternehmen zu interpretieren, die aufgrund ihrer Größe und Erfahrung vermeintlich über genügend eigenes Wissen auf dem Gebiet der Unternehmensbewertung verfügen, so daß sie auf „fremde" Hilfe nicht angewiesen sind. Am häufigsten werden von den vorgegebenen Institutionen *Wirtschaftsprüfungsgesellschaften oder Wirtschaftsprüfer* mit der Lösung von Bewertungsproblemen beauftragt. Fast 40 % der antwortenden Unternehmen lassen Bewertungsgutachten „häufig" oder „sehr häufig" von diesen erstellen (oder Bewertungen entsprechend von diesen durchführen) und bringen deren Gutachten zur Argumentation in Verhandlungen ein. Nur knapp 11 % der Unternehmen gaben an, nie auf Wirtschaftsprüfungsgesellschaften zurückzugreifen. Im Ver-

---

[157] Quelle: *BRÖSEL/HAUTTMANN*, Empirische Analyse (2007), S. 306. Vgl. die Erhebungsdaten zur Frage C9 im Anhang.

gleich zu den anderen im Fragebogen vorgegebenen Institutionen ist dies der geringste Wert.[158]

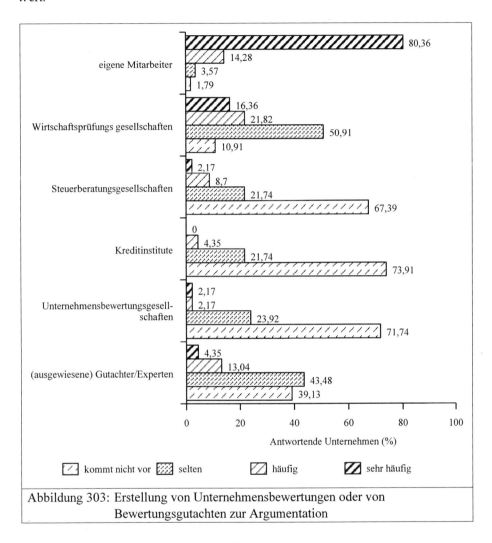

Abbildung 303: Erstellung von Unternehmensbewertungen oder von Bewertungsgutachten zur Argumentation

Im Hinblick auf die Argumentationsfunktion bestehen – wie nachfolgend näher betrachtet – Möglichkeiten, die Glaubwürdigkeit der Argumentationswerte durch die Heranziehung vermeintlich unparteiischer Gutachter zu verstärken. Der *Anteil an Unternehmen, die dabei ausschließlich eigene Mitarbeiter mit Bewertungen „beauftragt"* oder

---

[158] Diese Ergebnisse spiegeln sich auch in den Antworten der befragten Unternehmen hinsichtlich ihrer Verhandlungspartner und deren Rückgriff auf eigene Mitarbeiter und/oder Externe wider. Vgl. die Erhebungsdaten zur Frage C10 im Anhang. Demnach greifen fast 50 % der Verhandlungspartner „sehr häufig" oder „häufig" auf Wirtschaftsprüfungsgesellschaften zurück. Diese sind neben den eigenen Mitarbeitern die wichtigste Bewertungsinstitution. Kreditinstitute (etwa 21 % der Verhandlungspartner greifen „sehr häufig" oder „häufig" auf diese zurück) und (ausgewiesene) Gutachter/Experten (etwa 20 % der Verhandlungspartner greifen „sehr häufig" oder „häufig" auf diese zurück) folgen mit weitem Abstand.

betraut, ist mit 18,52 % jedoch eher gering, wie der *Abbildung 304*[159] zu entnehmen ist. Mehr als 75 % der antwortenden Unternehmen gaben an, Bewertungen *hauptsächlich* durch eigene Mitarbeiter durchführen zu lassen, aber in Einzelfällen auf externe Berater zurückzugreifen. Bewertungsgutachten, die durch Externe erstellt wurden, eignen sich schließlich tendenziell besser zur Argumentation in Verhandlungen, weil externe Berater von der gegnerischen Seite zunächst als weniger befangen und parteiisch wahrgenommen werden als der Auftraggeber (und dessen Mitarbeiter) selbst, für den das Gutachten angefertigt wird. Zudem handelt es sich bei den von den Unternehmen beauftragten Institutionen gewissermaßen um Autoritäten. Eine Berufung auf diese Kreise soll der *Steigerung der Glaubwürdigkeit* des in der Verhandlung präsentierten Unternehmenswertes dienen.

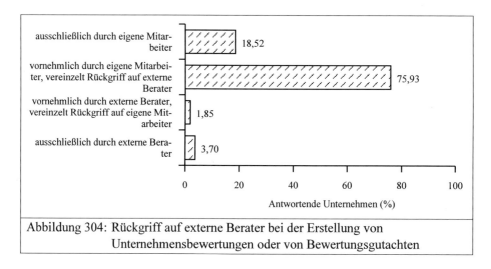

Abbildung 304: Rückgriff auf externe Berater bei der Erstellung von Unternehmensbewertungen oder von Bewertungsgutachten

Nach eigenem Berufsgebot sollen Wirtschaftsprüfer stets als unparteiische Gutachter agieren.[160] Dieses Selbstverständnis ist vermutlich der Grund dafür, daß die Unternehmen in der Praxis so häufig mit Gutachten argumentieren, welche von Wirtschaftsprüfern erstellt wurden. Trotz der in der Literatur zu findenden Fundamentalkritik an den „Grundsätzen zur Durchführung von Unternehmensbewertungen (IDW S 1)" hofft die Partei, welche die Gutachten der Wirtschaftsprüfer zur Argumentation einsetzt, vermutlich, daß ihr Verhandlungspartner zumindest in Anbetracht der allgemeinen Berufsgrundsätze der Wirtschaftsprüfer daran glaubt oder zumindest aber keine täuschende oder betrügerische Absicht unterstellt.

Eine verhandelnde Partei sollte sich dennoch bewußt sein, daß ihr Verhandlungspartner (und dessen rationales Verhalten vorausgesetzt) niemals einen Entscheidungswert in Verhandlungen offenbaren würde und daß es sich somit auch (oder erst recht) bei einem von Wirtschaftsprüfern erstellten Gutachten (nur) „um ein ‚Argumentations-

---

[159] Quelle: *BRÖSEL/HAUTTMANN*, Empirische Analyse (2007), S. 307. Vgl. die Erhebungsdaten zur Frage B4 im Anhang. Hierbei ist zu berücksichtigen, daß im Rahmen der Fragestellung nicht hinsichtlich der möglichen Bewertungsfunktionen unterschieden wurde.

[160] Was schon an der Eidesformel gemäß § 17 WPO deutlich wird: „Ich schwöre […], daß ich […] Gutachten gewissenhaft und unparteiisch erstatten werde".

gutachten' handelt, das im Sinne der präsentierenden Partei verzerrte Information enthält."[161] Wäre dies allen Verhandelnden bewußt, würden die *Gutachten von Wirt-*
schaftsprüfern zu einer „stumpfen Waffe" in Verhandlungen und die Parteien müßten
im Rahmen der Argumentationsfunktion auf ein bis dato wirkungsvolles Instrument zur
Beeinflussung der gegnerischen Seite verzichten.[162]

Der Wunsch nach glaubwürdigen Gutachtern zur Beeinflussung wird auch in *Abbil-*
dung 305[163] deutlich, wobei die Unternehmen sich dazu äußern sollten, welche praktische Bedeutung sie dem Einsatz von glaubwürdigen Gutachten beimessen. In diesem
Zusammenhang waren Noten von 1 (= sehr bedeutend) bis 5 (= unbedeutend) zu vergeben. Nur ein Sechstel der Unternehmen meinen, daß glaubwürdige Gutachter zur Beeinflussung „unbedeutend" seien.

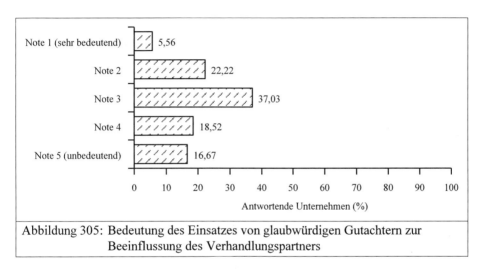

Abbildung 305: Bedeutung des Einsatzes von glaubwürdigen Gutachtern zur
Beeinflussung des Verhandlungspartners

Im Hinblick auf die Glaubwürdigkeit kann zusammenfassend festgestellt werden,
daß in der Praxis häufig Wirtschaftsprüfer mit der Erstellung von Gutachten, die der Argumentation dienen, beauftragt werden, um die Glaubwürdigkeit der vorgebrachten Argumentationswerte zu stärken. Die konzeptionellen Schwächen der für die Wirtschaftsprüfer relevanten „Grundsätze" sind zwar in der theoretisch fundierten Literatur erkannt
worden, die Glaubwürdigkeit dieser Gutachten scheint jedoch in der Praxis ungebro-
chen, so daß sie sich für Argumentationszwecke eignen.[164]

---

[161]   Vgl. WAGENHOFER, Einfluß von Erwartungen (1988), S. 548.

[162]   Vgl. SIEBEN, Entscheidungswert (1976), S. 502 f.

[163]   Quelle: BRÖSEL/HAUTTMANN, Empirische Analyse (2007), S. 308. Vgl. wiederum die Erhebungsda-
        ten zur Frage C8 im Anhang.

[164]   Siehe zur Eignung von auf dem IDW S 1 erstellten Bewertungsgutachten und von auf dem CAPM
        basierenden Unternehmensbewertungsmethoden im Rahmen der Argumentation auch GRÖGER,
        Nachsteuer-CAPM (2007), S. 1264. Ein weiteres „Argument" für den Einsatz von DCF-Verfahren
        im Rahmen der Argumentationsfunktion ist, daß diese innerhalb der internationalen Rechnungsle-
        gungsnormen IFRS als „anerkannte Bewertungsmodelle" gelten. Vgl. z. B. BAETGE, Bilanzierung
        nach IFRS (2009), S. 17 f.

4.2.2.2 Professionalität des Bewerters nach HAFNER

HAFNER[165] wählt einen anderen Ansatz, um die Bedeutung der Unternehmensbewertungsverfahren zu erörtern. Er spricht von *Professionalität des Bewerters*, die verlangt werde, wobei nach seiner Auffassung Ausgangspunkt nicht die Entscheidungswertermittlung, sondern die „Herleitung einer voraussichtlich am Markt erzielbaren Preisbandbreite durch den Bewerter [sei]; sie wird zu einer wesentlich fruchtbareren Diskussion über wertbestimmende Faktoren des Unternehmens führen. Die Entscheidungswertermittlung kann anschließend indirekt durch einen Vergleich des Erlöses aus der Wiederanlage des voraussichtlichen Verkaufspreises mit den entnahmefähigen Gewinnen vorgenommen werden, die der Unternehmer oder seine Nachkommen erwirtschaften, wenn er nicht verkauft. [...] Professionalität bezieht sich hier also auf Wert- und Preisermittlung. Dies stellt an den Bewerter besondere Anforderungen: das bloße Kennen der Wertermittlungsmethodik und ihrer theoretischen Begründung reicht nicht aus; hinzukommen müssen fundierte eigene Erfahrungen über tatsächlich erzielte Preise; der Bewerter muß gewohnt sein, seine Bewertungsergebnisse in Verhandlungen mit der Gegenseite auch zu behaupten."[166]

Zunächst sei der Verkäufer *Adressat der Bewertung*; „in einer späteren Phase und zumeist in einer speziell dafür aufbereiteten Form [..] sind [es] die Interessenten [– die präsumtiven Käufer]. Die Bewertung dient dann, neben anderen Faktoren wie dem tatsächlichen oder suggerierten Wettbewerb zwischen mehreren interessierten Parteien, als Instrument zur Durchsetzung eigener Verhandlungspositionen. In der Terminologie der Bewertungstheorie handelt es sich um eine Argumentationsbewertung. Empfänger und Käufer deutscher Unternehmen sind i. d. R. größere nationale Unternehmenseinheiten, internationale industrielle Interessenten oder Finanzinvestoren. Professionalität im Hinblick auf diesen Teil der Bewertung bedeutet Antizipation der Denkweise der Gegenseite. Dies gilt einerseits in bezug auf die Bewertungsmethodik: internationale Käufer denken nicht in nachhaltig entnahmefähigen Ergebnissen gemäß der Definition in der HFA-Stellungnahme 2/1983, sondern in Cash-flow-Kategorien. Andererseits gilt dies hinsichtlich der mit Hilfe dieser Methodik abgeleiteten Werte: mit welchem Preisbereich wird die Gegenseite argumentieren und welchen Preisbereich kann man selber, aufbauend auf unterschiedlichen Bewertungsverfahren, der Gegenseite gerade noch vorrechnen, ohne vor Scham rot werden zu müssen oder Gefahr zu laufen, daß die Bücher sofort geschlossen werden? Neben der eigenen Vorbereitung geht es hier auch um die Vorbereitung einer effizienten, fruchtbaren Kommunikation mit der Gegenseite. Dies setzt eine gemeinsame Sprache voraus. Bewertungsmethoden können bei Verhandlungen über Unternehmenstransaktionen derartige Sprachen sein."[167] HAFNER erläutert „die national und international bei Verhandlungen über Unternehmenstransaktionen gängi-

---

[165] Vgl. *HAFNER*, Unternehmensbewertungen als Instrumente (1993).
[166] *HAFNER*, Unternehmensbewertungen als Instrumente (1993), S. 80.
[167] *HAFNER*, Unternehmensbewertungen als Instrumente (1993), S. 80 f.

gen Methoden und damit die vom Bewerter zu beherrschenden Sprachen"[168] in Form einer Portfolioanalyse (vgl. *Abbildung 306*):[169]

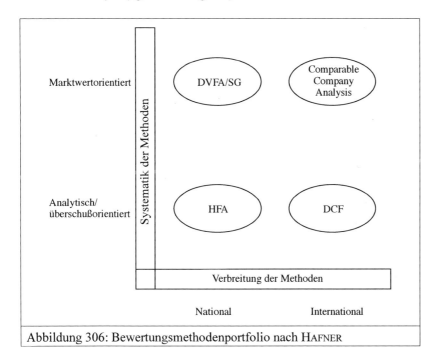

Abbildung 306: Bewertungsmethodenportfolio nach HAFNER

Basis dieses *Bewertungsmethodenportfolios* sind die Verbreitung und die Systematik der Methoden im Sinne brauchbarer Argumentationssprachen. Direkt genannt werden in der *Abbildung 306* die Vorgehensweise nach der gemeinsamen Empfehlung der DEUTSCHEN VEREINIGUNG FÜR FINANZANALYSE und der SCHMALENBACH-GESELLSCHAFT FÜR BETRIEBSWIRTSCHAFT zur Ermittlung des Ergebnisses nach DVFA/SG aus 1991 und des Cash-flow nach DVFA/SG aus 1993[170] (*DVFA/SG*), die Vorgehensweise nach der Stellungnahme des HAUPTFACHAUSSCHUSSES DER WIRTSCHAFTSPRÜFER von 2/1983 (*HFA*), die Discounted-Cash-Flow-Methoden (*DCF*) sowie die Analyse vergleichbarer Unternehmen (*Comparable Company Analysis*). „Die Aufzählung ist nicht abschließend, in besonders gelagerten Fällen sind weitere Methoden zur Untermauerung der eigenen Argumentation denkbar.[171] Die Aufzählung zeigt aber das Mindestpensum an

---

[168] *HAFNER*, Unternehmensbewertungen als Instrumente (1993), S. 81.

[169] In Anlehnung an *HAFNER*, Unternehmensbewertungen als Instrumente (1993), S. 81. Die von HAFNER vorgenommene Zuordnung der DCF-Methoden soll nicht diskutiert werden. Es bedeuten: HFA = HAUPTFACHAUSSCHUSS DER WIRTSCHAFTSPRÜFER IN DEUTSCHLAND, DCF = Discounted-Cash-Flow-Methoden und DVFA/SG = DEUTSCHE VEREINIGUNG FÜR FINANZANALYSE/SCHMALENBACH-GESELLSCHAFT.

[170] Vgl. *KOMMISSION FÜR METHODIK DER FINANZANALYSE DER DEUTSCHEN VEREINIGUNG FÜR FINANZANALYSE/ARBEITSKREIS „EXTERNE UNTERNEHMENSRECHNUNG" DER SCHMALENBACH-GESELLSCHAFT*, Cash Flow nach DVFA/SG (1993), *DEUTSCHE VEREINIGUNG FÜR FINANZANALYSE/SCHMALENBACH-GESELLSCHAFT*, Ergebnis nach DVFA/SG (2000).

[171] „So könnte z. B. bei einem ertragsschwachen, aber mit einem starken Markennamen ausgestatteten Unternehmen dem potentiellen Interessenten vorgerechnet werden, was ihn der eigenständige Aufbau kosten würde", so *HAFNER*, Unternehmensbewertungen als Instrumente (1993), S. 81.

Methoden auf, die hinsichtlich ihrer Anwendung zu Argumentationszwecken und zur Herleitung einer Verkaufspreisbandbreite geprüft werden sollten."[172]

HAFNER untersucht dann, in welcher Weise die verschiedenen Bewertungsverfahren *Ansatzpunkte für Argumentationszwecke* bieten, „um so zu dem bislang eher stiefmütterlich behandelten Thema Argumentationsfunktion der Unternehmensbewertung einen Beitrag zu leisten."[173] „Die HFA-Bewertung [...] ist ein Muß, sofern mit potentiellen Interessenten deutscher Provenienz verhandelt werden soll; dazu sind Vokabeln wie z. B. bereinigte Vergangenheitsergebnisse und nachhaltig entnahmefähige Gewinne zu sehr verbreitet."[174] „Sofern auch mit internationalen Interessenten verhandelt wird [...], so gehört zur professionellen Verhandlungsvorbereitung auch die Erstellung einer DCF-Bewertung."[175] „Die DVFA/SG-Ergebnisdefinition kann in zwei verschiedenen Varianten in eine Argumentationsbewertung einfließen. Einerseits kann untersucht werden, mit welchen KGVs[176] derzeit Unternehmen an der Börse eingeführt werden, das heißt, daß für das Bewertungsobjekt ein Going-Public-Szenario durchgespielt wird. Andererseits können KGVs vergleichbarer börsennotierter Unternehmen ermittelt und zur Ableitung einer Wertbandbreite für das Bewertungsobjekt herangezogen werden."[177] Der Ansatz einer Analyse vergleichbarer Unternehmen „kommt in zwei Varianten vor: einerseits können Daten über Transaktionen mit vergleichbaren Unternehmen, also am Markt bezahlte Preise für ähnliche Unternehmen ausgewertet werden. In vielen Ländern müssen börsennotierte Unternehmen Angaben über getätigte Unternehmenskäufe veröffentlichen, so daß gezahlte Preise für konkrete Transaktionen bekanntwerden. [...] Die zweite Variante besteht darin, die Multiplikatoren aus der Börsennotierung vergleichbarer Unternehmen herzuleiten."[178]

Die Ausführungen von HAFNER sind erfrischend klar angesichts der weit verbreiteten „Glorifizierung" und der „Tabuisierung des Zwecks" solcher praktischen Vorgehensweisen, die gerade in jüngster Zeit und mit Blick auf die *Fast-Fashion-Marktwertansätze gemäß den DCF-Methoden* theoretisch „überhöht" werden,[179] um ihren eigentlichen Einsatz nicht zu gefährden: die Durchsetzung von Interessen in Verhandlungssituationen! Was nichts Ehrenrühriges ist, und wovon ganze Berufszweige leben!

---

[172]   HAFNER, Unternehmensbewertungen als Instrumente (1993), S. 81.

[173]   HAFNER, Unternehmensbewertungen als Instrumente (1993), S. 82.

[174]   HAFNER, Unternehmensbewertungen als Instrumente (1993), S. 82. Hinsichtlich der zwischenzeitlich stattgefundenen „Internationalisierung" der Grundsätze des IDW zur Unternehmensbewertung vgl. Abschnitt 1.3.1.

[175]   HAFNER, Unternehmensbewertungen als Instrumente (1993), S. 83.

[176]   KGV = Kurs-Gewinn-Verhältnis.

[177]   HAFNER, Unternehmensbewertungen als Instrumente (1993), S. 87 f.

[178]   HAFNER, Unternehmensbewertungen als Instrumente (1993), S. 88.

[179]   ... und neuerdings von „Legionen" von „Unternehmensbewertungstheoretikern" „verfeinert" werden, ohne daß die damit zusammenhängenden Grundfragen von ihnen gestellt, geschweige denn offen beantwortet werden – eben nacheilende „praxisorientierte" Begleitforschung für Beratungsprodukte.

4.2.2.3 Verhandlungsorientierte Stärken- und Schwächen-Analyse von Bewertungsverfahren

BARTHEL sieht es als erforderlich an, ein gewünschtes Bewertungsergebnis durch mehrere Verfahren zu stützen. „Da aber jede Partei im Ergebnis nicht die Wahl zwischen mehreren exzellenten Bewertungsverfahren hat, steht im Mittelpunkt der Betrachtung die Fragestellung, worin die Schwachstellen – und allenfalls nachrangig die Stärken – der [...] verwendeten Verfahren liegen und wie diese Schwachstellen argumentativ herauszuarbeiten sind bzw. was dann wiederum aus der Sicht der anderen Partei [...] diesen Argumenten entgegengehalten werden kann. Die Schwächen der präsentierten Argumentationswerte und der diesen zugrunde liegenden Verfahren – und nachrangig auch die Stärken der eigenen Argumentationswerte – sind an ‚Referenzgrößen‘ abzugleichen [..], die wiederum auf die Akzeptanz durch den/die Bewertungsadressaten, also die Gegenseite oder eine neutrale Institution [z. B. im Sinne eines unparteiischen Gutachters im Rahmen der Vermittlungsfunktion], ausgerichtet sind. Die eigene fachliche Überzeugung der betrachtenden Partei hierzu ist annahmegemäß zweitrangig. Im Zentrum der Überlegung steht somit das Bemühen, evtl. auftretende Akzeptanzwiderstände erst gar nicht entstehen zu lassen oder zumindest abzubauen. Da es vorliegend um die Beurteilung von Argumentationswerten geht, können Redundanzen oder Inkonsistenzen, die von der betrachtenden Partei im Laufe des Verhandlungsprozesses eingebracht werden, toleriert werden."[180]

Abbildung 307[181] zeigt eine mögliche verhandlungsorientierte Stärken- und Schwächenanalyse von Bewertungsverfahren, welches vor und während der jeweiligen Verhandlung konfliktparteienorientiert hinsichtlich der einzubeziehenden Kriterien erweitert, reduziert oder optimiert werden kann.[182] In diese Analyse sollten die wesentlichen „in der Theorie propagandierten oder in der Praxis verwendeten Verfahren – hierzu zählen auch die sonst so verpönten ‚Praktikerverfahren‘ – und die bewerter- und adressatenbezogene Anwendung des entscheidungs- und verhaltenstheoretischen Instrumentariums"[183] berücksichtigt werden. Diese Stärken- und Schwächenanalyse kann herangezogen werden, um im Hinblick auf den Verhandlungspartner und die konkrete Verhandlungssituation bestimmte Verfahren auszuschließen, „wodurch eine (scheinbar rationale) Entscheidung für ein bestimmtes Verfahren (bzw. eine bestimmte Kombination mehrerer Verfahren) gegenüber dem Bewertungsadressaten durchgesetzt werden kann."[184]

---

[180] BARTHEL, Bewertungsverfahren in Verhandlungen (2004), S. 405 (Hervorhebungen im Original).

[181] In Anlehnung an BARTHEL, Bewertungsverfahren in Verhandlungen (2004), S. 406.

[182] Siehe hinsichtlich weiterer möglicher Argumente für oder gegen ein Verfahren die Ausführungen in BARTHEL, Bewertungsverfahren in Verhandlungen (2004), S. 410–412, der dabei versucht, die Stärken und Schwächen der von ihm in die Gruppen „Nutzenorientierung", „Sachorientierung" und „Vergleichsorientierung" eingeteilten Bewertungsverfahren zu beurteilen. Berücksichtigung sollten bei einer Erweiterung auch die in diesem Buch dargestellten Merkmale des Argumentationswertes (vgl. Abbildung 278) finden.

[183] BARTHEL, Bewertungsverfahren in Verhandlungen (2004), S. 412.

[184] BARTHEL, Argumentationsfunktion (2005), S. 37.

Verfahren ist theoretisch fundiert	1	2	3	4	5	6	Verfahren ist nicht theoretisch fundiert
Verfahren bildet „Marktwert" ab	1	2	3	4	5	6	Verfahren bildet „Marktwert" nicht ab
Verfahren ist eher objektiv	1	2	3	4	5	6	Verfahren ist eher subjektiv
Verfahren ist in der Branche anerkannt	1	2	3	4	5	6	Verfahren ist in der Branche nicht anerkannt
Parameter beruhen auf Marktdaten	1	2	3	4	5	6	Parameter beruhen nicht auf Marktdaten
Bewertung durch anerkannten Sachverhalt	1	2	3	4	5	6	Bewertung durch nicht anerkannten Sachverhalt
Bewertungsdurchführung ist transparent	1	2	3	4	5	6	Bewertungsdurchführung ist nicht transparent
Wertableitung ist in sich konsistent	1	2	3	4	5	6	Wertableitung ist in sich nicht konsistent
Bewertungsverfahren ist leicht substituierbar	1	2	3	4	5	6	Bewertungsverfahren ist schwer substituierbar
Bewertungsverfahren ist flexibel	1	2	3	4	5	6	Bewertungsverfahren ist unflexibel
Verfahren ist in der Wissenschaft wenig umstritten	1	2	3	4	5	6	Verfahren ist in der Wissenschaft stark umstritten
Verfahren ist in der Praxis wenig umstritten	1	2	3	4	5	6	Verfahren ist in der Praxis stark umstritten
Verfahren ist in der Judikatur wenig umstritten	1	2	3	4	5	6	Verfahren ist in der Judikatur stark umstritten
Algorithmus ist allgemeinverständlich	1	2	3	4	5	6	Algorithmus ist nicht ohne weiteres verständlich
Berechnungsmodus ist fehlerlos	1	2	3	4	5	6	Berechnungsmodus ist fehlerbehaftet

Abbildung 307: Verhandlungsorientierte Stärken- und Schwächen-Analyse von Bewertungsverfahren nach BARTHEL

Bevor verschiedene Verfahren dargestellt werden, die z. B. aufgrund ihrer Verbreitung in der Praxis im Rahmen der Argumentation nützlich sein können und/oder situationsabhängig vor der Verhandlung auf Basis einer Stärken- und Schwächen-Analyse auf ihre Tauglichkeit im Rahmen der Argumentationsfunktion zu überprüfen sind, noch ein paar schon über 35 Jahre alte Zitate von MATSCHKE zu dem Themenkomplex

„Unternehmungsbewertungen werden [...] auch als Argumentationshilfen benutzt – und man tut gut daran, sich dieser Tatsache in Verhandlungen, in denen Unternehmungsbewertungen eine Rolle spielen, stets bewußt zu sein.“[185] „Argumentationswerte unterliegen einem ehernen Gebot: Sie müssen für die Beeinflussungsabsicht der sie verwendenden Partei nützlich sein. Dies bedeutet insbesondere, daß ihre Herleitung dem Verhandlungspartner einsichtig und sachgerecht erscheint. Welche Wertgröße in einer konkreten Situation diesem Kriterium genügt, läßt sich schwerlich allgemein sagen.“[186]

,Einsichtig', so könnte heute fortgefahren werden, sind nicht zuletzt solche Verfahrensweisen, die als ,modern' gelten, sie erscheinen dann fast zwangsläufig auch als ,sachgerecht'.

„Abschließend“, so eine weitere Aussage von MATSCHKE, „möchte ich nochmals betonen, daß die argumentative Nutzung von Unternehmungsbewertungen keine Erfindung von Theoretikern ist, sondern einer praktischen Übung entspricht. Es gehört freilich zum Mimikry des Argumentationswertes, daß er seinen wahren Charakter verleugnet.“[187]

---

[185] MATSCHKE, Argumentationsfunktion (1977), S. 92.
[186] MATSCHKE, Argumentationsfunktion (1977), S. 99.
[187] MATSCHKE, Argumentationsfunktion (1977), S. 102.

4.2.3   Ausgewählte Bewertungsverfahren

4.2.3.1 Vergleichsverfahren

4.2.3.1.1   Einzelbewertungsorientierte Vergleichsverfahren

Im Rahmen der *einzelbewertungsorientierten Vergleichsverfahren* wird versucht, einen Unternehmenswert (im Sinne eines potentiellen Marktpreises) aus den realisierten Preisen einzelner Unternehmensanteile, insbesondere aus Aktien, abzuleiten. Vor diesem Hintergrund wird bei diesen in der angelsächsischen Welt beliebten Verfahren auch von den *Verfahren der kursgestützten Bewertung* oder den *Börsenkurswertverfahren* gesprochen. Grundsätzlich werden mit der Methode des korrigierten Börsenwertes, der Methode des börsennotierten Vergleichsunternehmens und der Methode des Börsengangs drei einzelbewertungsorientierte Vergleichsverfahren unterschieden.[188]

4.2.3.1.1.1 Methode des korrigierten Börsenwertes

Für *börsennotierte* Akquisitionsobjekte wird innerhalb der einzelbewertungsorientierten Vergleichsverfahren i. d. R. auf die *Methode des korrigierten Börsenwertes* („Stock and Debt"-Methode) zurückgegriffen.[189] Hierbei wird der potentielle Marktpreis des Bewertungsobjekts W_{BO} über den Zwischenschritt der sog. Marktkapitalisierung („Börsenwert") des Bewertungsobjekts bestimmt. Die Anzahl der emittierten Aktien des Bewertungsobjekts (AA_{BO}) wird mit dem Kurs dieser Papiere (AK_{BO}) multipliziert. „Um zufällige Kursschwankungen zu eliminieren, geht man üblicherweise nicht vom Börsenkurs am Bewertungsstichtag, sondern von einem Durchschnittskurs der Vergangenheit (mehrere Tage/Wochen) aus."[190] Der sich daraus ergebende Wert wird gewöhnlich um einen individuellen „Paketzuschlag" (PZ_{BO}) – auch „Kontrollzuschlag" genannt – korrigiert:

$$W_{BO} = AA_{BO} \cdot AK_{BO} + PZ_{BO}.$$

---

[188] Vgl. unter anderem OLBRICH, Bedeutung des Börsenkurses (2000), S. 454–457, MANDL/RABEL, Methoden der Unternehmensbewertung (2012), S. 78–81, OLBRICH/FREY, Multiplikatorverfahren (2013), OLBRICH/FREY, Relevanz (2013), sowie die jeweils dort genannte Literatur. Siehe auch KUHNER/MALTRY, Unternehmensbewertung (2006), S. 265–271, HOMMEL/DEHMEL, Unternehmensbewertung (2011), S. 74–78.

[189] Vgl. hierzu BUCHNER/ENGLERT, Bewertung von Unternehmen (1994), S. 1573, OLBRICH, Bedeutung des Börsenkurses (2000), S. 455. Siehe zum sog. Börsenkurswert bereits MORAL, Unternehmungen (1920), S. 139–141, MÜNSTERMANN, Wert und Bewertung (1966), S. 136–138.

[190] BUCHNER, Unternehmensbewertung (1995), S. 404. Rein spekulatives Verhalten der Marktteilnehmer und andere Faktoren „ziehen zyklische Veränderungen der Börsenkurse nach sich, die bisweilen zu Überreaktionen des Marktes führen. [...] Ob diese Schwankungen zu eliminieren sind und durch welche Vorgehensweise dies gegebenenfalls geschehen soll, bleibt [...] dem einzelnen Bewerter überlassen, wodurch ein weiteres Element der Beeinflussung in den Bewertungsprozeß einfließt", so BUCHNER, Unternehmensbewertung (1995), S. 404 f. Zur Kritik an der Verwendung von Durchschnittswerten siehe BÖCKING/NOWAK, Unternehmensbewertung (1999), S. 169 f.
BUCHNER, Unternehmensbewertung (1995), S. 404 (Hervorhebungen im Original), führt weiterhin aus: „Darüber hinaus läßt sich durch den Vergleich der Price-Earnings-Ratio (P/E-Ratio) [also des Kurs-Gewinn-Verhältnisses (KGV)] des zu bewertenden Unternehmens mit branchenüblichen P/E-Ratios der ermittelte Unternehmenswert verifizieren und gegebenenfalls korrigieren", was dem Argumentierenden neben der „Bereinigung" des Aktienkurses und der Ermittlung eines Kontrollzuschlags schließlich eine weitere Stellschraube offenbart.

Basis der Berechnung des „Unternehmenswertes" sind also *tatsächliche Preise für Anteile* des zu bewertenden Unternehmens, die aus dem Angebot und der Nachfrage am Aktienmarkt resultieren und nur die subjektiven Werte des Grenzanbieters und des Grenznachfragers – bezogen auf diese Preisstellung – für *einen* Anteil zu einem historischen Zeitpunkt darstellen.[191]

Ein *„Paketzuschlag" oder „Kontrollzuschlag"* („control premium") soll den Aufschlag auf den Börsenwert darstellen, „der sich aus der Möglichkeit der Einflußnahme auf die Unternehmungspolitik ergibt"[192], denn der bei der Wertermittlung zugrundeliegende Aktienkurs bezieht sich auf den einzelnen Anteil, welcher keine Einflußnahme auf die Geschäftsleitung zuläßt und vornehmlich den (vermögensrechtlichen) Anspruch auf Vereinnahmung einer Dividende repräsentiert. Das neben dem Dividendenanspruch mit einem Großteil der Aktien zu erwerbende Recht auf aktive Einwirkung auf die Geschäfte des in Rede stehenden Unternehmens wird vor diesem Hintergrund annahmegemäß durch den präsumtiven Käufer durch einen Aufpreis honoriert. „Sei es, indem er von einem Verkäufer ein Aktienbündel mit einem Kursaufschlag erwirbt, sei es, indem er die Anteile sukzessive am Publikumsmarkt aufkauft und damit entsprechende Kurssteigerungen auslöst."[193] „Sofern ein oder mehrere Interessenten auftreten, die aus unternehmerischem Interesse die Mehrheit der Anteile an einem Unternehmen erwerben wollen, kann je nach Anzahl und Absichten der Interessenten, ein Paketzuschlag von 20–50 %, und in speziellen Fällen auch mehr [...] erzielt werden."[194]

„Idee der marktorientierten Bewertung ist es, das Ermessen der Bewerter durch die ‚Objektivität' des Marktes auszuschalten. Damit verzichten die marktorientierten Bewertungsverfahren bewußt auf die subjektive Komponente, die im Sinne des Subjektivitätsprinzips erforderlich ist, um individuelle Entscheidungspreise zu ermitteln."[195] Aus *entscheidungsorientierter* Sicht ist ein Wert eines Unternehmens, der aus dem *eigenen* Börsenkurs abgeleitet wurde und gegebenenfalls um mehr oder weniger hohe Paketzuschläge korrigiert wurde, *kein* Entscheidungswert. Die korrigierten Börsenwerte werden subjektunabhängig – ohne Berücksichtigung der Ziele und des Entscheidungsfeldes des Bewertungssubjekts – sowie lediglich auf Basis von Vergangenheitsdaten und unter Zu-

---

[191] Darüber hinaus ist zu berücksichtigen, daß die Existenz von Marktpreisen die Bewertung von Unternehmen nicht überflüssig macht. Vgl. *BALLWIESER*, Unternehmensbewertung und Steuern (1995), S. 17.

[192] *OLBRICH*, Bedeutung des Börsenkurses (2000), S. 455. Siehe hierzu ausführlich *PRATT/NICULITA*, Valuing (2008), S. 383–395.

[193] *OLBRICH*, Bedeutung des Börsenkurses (2000), S. 455. OLBRICH hierzu weiter (Fn. 6): „Zu einem Kursanstieg bei sukzessivem Aufkauf von Aktien kommt es freilich nur unter der Ceteris-paribus-Prämisse, daß sich die Aktiennachfrage anderer Investoren nicht verringert und das Aktienangebot verkaufender Anteilseigner nicht erhöht. Ist diese Annahme nicht gegeben – beispielsweise aufgrund von negativen Unternehmungsmeldungen im Rahmen der Ad-hoc-Publizität – kann es dem Aktienkäufer gelingen, schrittweise eine Beteiligung mit Einflußnahmemöglichkeit zu erlangen, ohne einen entsprechenden Paketaufschlag zu bezahlen."

[194] *BORN*, Unternehmensbewertung (2003), S. 164. *BUCHNER*, Unternehmensbewertung (1995), S. 404, hierzu: „Die Höhe dieses Zuschlags liegt im Ermessen des Bewerters, wird jedoch in der Literatur regelmäßig mit 20–25 % angegeben. Insgesamt ist der Wert so zu wählen, daß er für Aktionäre im Rahmen eines Übernahmeangebotes attraktiv genug erscheint." Letzterer Satz läßt zwar einen gewissen Subjektbezug vermuten, jedoch nur im Hinblick auf präsumtive Veräußerer. Inwieweit diese „Attraktivität" allerdings mit diesem Verfahren bemessen werden soll, bleibt unklar.

[195] *BÖCKING/NOWAK*, Unternehmensbewertung (1999), S. 174. Siehe z. B. auch *OLBRICH/RAPP*, Berücksichtigung des Börsenkurses (2011), S. 2006 f.

hilfenahme nicht rational begründbarer Paketzuschläge gebildet. Diese Paketzuschläge sind aber wiederum subjektiv, so daß die Idee der marktorientierten Bewertung untergraben wird.

Im Hinblick auf die *Verwendung in der Argumentationsfunktion* hat die Methode des korrigierten Börsenwertes jedoch mehrere Vorteile. Ein wesentlicher liegt in der Akzeptanz dieser Werte vor allen Dingen in der angelsächsischen Literatur und Praxis: „Die amerikanische Bewertungslehre erkennt den Börsenkurs als Konkretisierung des Unternehmenswertes an. Dies läßt sich unter anderem mit der Bedeutung des Kapitalmarktes in der US-amerikanischen Volkswirtschaft begründen."[196] Zudem zeichnen sich Börsenkurse durch ihre Transparenz und Objektivität aus, womit so mancher Verhandlungspartner zu beeindrucken sein wird. Ein weiterer Vorteil ist die Möglichkeit, den Argumentationswert insbesondere durch die „Bereinigung des Aktienkurses" und die Ermittlung des Paketzuschlags – scheinbar beliebig – zu beeinflussen.[197]

Beispiel 1: Methode des korrigierten Börsenwertes

Nunmehr sei die Anwendung an einem einfachen Beispiel demonstriert. Es sei angenommen, daß ein Unternehmen insgesamt 545.000 Aktien (AA_{BO}) emittiert hat. Der Kurs der Aktie (AK_{BO}) beträgt zum Bewertungsstichtag 90 GE. Der Durchschnittskurs der letzten drei Monate beträgt 85 GE, der des letzten Monats 105 GE. Das Bewertungssubjekt hat nun mehrere Möglichkeiten, Argumentationswerte zu bestimmen. In *Abbildung 308* sind mögliche Argumentationswerte dargestellt, wobei lediglich Paketzuschläge (PZ_{BO}) von 20 und 25 % berücksichtigt werden. Die Argumentationswerte liegen danach zwischen 5.559.000 GE im Minimum (etwa als Ausgangspunkt für einen Käufer) und 7.153.125 GE im Maximum (etwa als Ausgangspunkt für einen Verkäufer).

	AK_{BO}	AA_{BO}	Zwischen-ergebnis	PZ_{BO}	W_{BO}
Bewertung mit AK_{BO}	90	54.500	4.905.000	20 %	5.886.000
zum Bewertungsstichtag	90	54.500	4.905.000	25 %	6.131.250
Bewertung mit AK_{BO} als Durchschnittskurs des letzten Monats	105	54.500	5.722.500	20 %	6.867.000
	105	54.500	5.722.500	25 %	7.153.125
Bewertung mit AK_{BO} als Durchschnittskurs der letzten drei Monate	85	54.500	4.632.500	20 %	5.559.000
	85	54.500	4.632.500	25 %	5.790.625
Abbildung 308: Argumentationswerte nach der Methode des korrigierten Börsenwertes					

---

[196] BUCHNER, Unternehmensbewertung (1995), S. 403.

[197] Zu weiteren Begründungen und Spannweiten von Zu- und Abschlägen siehe BARTHEL, Zuschlagsorientierte Bewertungsverfahren (1996), S. 1352 f., BARTHEL, Ableitung von Fungibilitätszuschlägen (2003).

4.2.3.1.1.2 Methode des börsennotierten Vergleichsunternehmens

Sollen Unternehmenswerte aus den Börsenkursen „vergleichbarer Unternehmen" abgeleitet werden, wird von der *Methode des börsennotierten Vergleichsunternehmens* („Similar Public Company Approach")[198] gesprochen. Diese Methode wird insbesondere bei nicht börsennotierten Unternehmen in Ermangelung eigener Börsennotierungen angewandt. Grundsätzlich wird der Ablauf der Bewertung im Rahmen dieser Methode – abgesehen von einer vorangehenden Analyse des Bewertungsobjekts – in folgende Teilschritte untergliedert:[199]

1. Auswahl eines „vergleichbaren Unternehmens":
   a) Suche nach Unternehmen der gleichen Branche,
   b) Eingrenzung der Unternehmen anhand quantitativer und qualitativer Aspekte sowie
   c) Entscheidung für ein „vergleichbares Unternehmen";
2. Ermittlung eines vorläufigen Unternehmenswertes (i. w. S.):
   a) Ermittlung der Marktkapitalisierung des „vergleichbaren Unternehmens",
   b) Ermittlung der Bezugsgrößen („Performance-Indikatoren") des „vergleichbaren Unternehmens" und
   c) Berechung des vorläufigen Unternehmenswertes (i. e. S.);
3. Korrekturen zur Ermittlung des endgültigen Unternehmenswertes.

Werden die beiden letzten Teilschritte zusammengefaßt, ergibt sich der Wert des Bewertungsobjekts (W_{BO}) aus einer ausgewählten Bezugsgröße des Bewertungsobjekts (BG_{BO}) und des „vergleichbaren Unternehmens" (BG_{VU}) sowie dem Kurs der Aktie[200] – als „marginalem" Marktpreis – des „vergleichbaren Unternehmens" (AK_{VU}) und der Anzahl der davon gehandelten Papiere (AA_{VU}) wie nachfolgend dargestellt. Das Zwischenergebnis wird zudem um einen „Fungibilitätsabschlag" (FA) und gegebenenfalls um einen „Kontroll- oder Paketzuschlag" (PZ) korrigiert.

$$W_{BO} = BG_{BO} \cdot \frac{AK_{VU} \cdot AA_{VU}}{BG_{VU}} + PZ - FA.$$

Die Bedeutung und „Ermittlung" des „Kontroll- oder Paketzuschlags" (PZ) im Hinblick auf die mit dem Gesamtwert vorhandene Kontrollmehrheit am Unternehmen ist vergleichbar mit dem Vorgehen bei der Methode des korrigierten Börsenwertes.[201]

Ein „*Fungibilitätsabschlag*" oder „*Immobilitätsabschlag*" („discount for lack of marketability") sei bei nicht börsennotierten Bewertungsobjekten aufgrund mangelnder Marktgängigkeit und der damit eingeschränkten (Wieder-)Veräußerbarkeit notwendig.[202] „Ein solcher Abschlag kann auch aufgrund anderer rechtlicher oder vertraglicher

---

[198] Vgl. zum Verfahren z. B. *MANDL/RABEL*, Unternehmensbewertung (1997), S. 259–263.

[199] Vgl. beispielsweise *BÖCKING/NOWAK*, Unternehmensbewertung (1999), S. 171, *LORSON*, Bewertung ganzer Unternehmen (2004), S. 228. Siehe hierzu auch *ACHLEITNER/DRESIG*, Unternehmensbewertung (2002), Sp. 2435–2444, *MOSER/AUGE-DICKHUT*, Marktpreisabschätzungen (2003), S. 11 f., *MOSER/AUGE-DICKHUT*, Zusammenhang (2003), S. 221–223.

[200] Wobei wiederum vom Kurs zum Bewertungsstichtag oder einem „bereinigten" Durchschnittskurs der Vergangenheit ausgegangen werden kann.

[201] Zu möglichen Spannbreiten vgl. *JUNG*, Praxis (1993), S. 309 f., *LORSON*, Bewertung ganzer Unternehmen (2004), S. 229 f.

[202] Vgl. *GREENSIDE*, Estate Planning (1976).

Handels- und Verkaufsrestriktionen angebracht sein."[203] Hinsichtlich des Fungibilitätsabschlags, der auf Basis des berechneten Ausgangswertes (also ohne Berücksichtigung des „Kontroll- oder Paketzuschlags") bestimmt werden soll, sind 35 bis 40 % üblich.[204] Die Bestimmung der Höhe des Fungibilitätsabschlags erfolgt i. d. R. willkürlich und ist nicht rational begründbar.[205] Im Hinblick auf die Verhandlungssituation können diese Zu- und Abschläge durch das Bewertungssubjekt beispielsweise mit Verweisen auf diverse Empfehlungen in der Praktikerliteratur untermauert werden. Der Quotient aus der Marktkapitalisierung des „vergleichbaren Unternehmens" (MK_{VU}) und seiner Bezugsgröße (BG_{VU}) kann dabei als Multiplikator (M_{VU}) betrachtet werden:

$$W_{BO} = BG_{BO} \cdot \frac{AK_{VU} \cdot AA_{VU}}{BG_{VU}} + PZ - FA$$

$$W_{BO} = BG_{BO} \cdot \frac{MK_{VU}}{BG_{VU}} + PZ - FA$$

$$W_{BO} = BG_{BO} \cdot M_{VU} + PZ - FA.$$

Auch im Hinblick auf die ausgewählte Bezugsgröße BG scheinen in der Literatur und in der praktischen Anwendung keine Grenzen zu existieren: „Neben der Bezugsgröße ‚Gewinn' werden auch andere Größen herangezogen. Hier sind der Cash-flow oder die Dividendenzahlungen zu nennen [...] Dem Bewerter bietet sich hier ein gewisser Freiraum hinsichtlich der Auswahl, des Umfangs und der Gewichtung der relevanten Kennzahlen [...] Letztlich entscheiden auch hier die Erfahrungen und die Präferenzen des Bewerters über die Vorgehensweise im Rahmen des Wertfindungsprozesses. Dabei bietet die Ermittlung des Unternehmenswertes auf Basis mehrerer Multiplikatoren eine Kontrolle der erzielten Ergebnisse, wobei eine geringe Bandbreite der Werte eine gewisse Vertrauenswürdigkeit der Ergebnisse signalisiert. Mitunter kann es notwendig sein, die auf Basis der Daten der Vergleichsunternehmen ermittelten Kennzahlen in einem weiteren Schritt an das zu bewertende Unternehmen anzupassen. Dies erscheint insbesondere dann angebracht, wenn die Auswahl der Vergleichsunternehmen nicht zur vollen Zufriedenheit des Bewerters erfolgen konnte."[206]

Hinsichtlich des zu ermittelnden Argumentationswertes ergeben sich hieraus erhebliche Spielräume. Den Phantasien des Bewerters wird ein freier Lauf gewährt. Werden die Unternehmenswerte auf Basis mehrerer Bezugsgrößen i bestimmt, müssen sie entsprechend gewichtet werden:

---

[203] BUCHNER, Unternehmensbewertung (1995), S. 411. Hinsichtlich weiterer in der Literatur empfohlener und in der Praxis getätigter Zu- und Abschlagsarten wird verwiesen auf PRATT/NICULITA, Valuing (2008), S. 383–469.

[204] Vgl. LORSON, Bewertung ganzer Unternehmen (2004), S. 230. Siehe auch BÖCKING/NOWAK, Unternehmensbewertung (1999), S. 173 f.

[205] Siehe hierzu auch OLBRICH, Bedeutung des Börsenkurses (2000), S. 459: „Sowohl die Auswahl der als geeignet erachteten Vergleichsbetriebe als auch die Bildung von Fungibilitätsabschlägen und Kontrollzuschlägen liegen allein im Ermessen des Bewertungsgutachters; intersubjektiv nachprüfbar sind sie nicht."

[206] BUCHNER, Unternehmensbewertung (1995), S. 410. COENENBERG/SCHULTZE, Multiplikator-Verfahren (2002), S. 698, unterscheiden in Stromgrößen (z. B. Gewinn, Cash-flow, Umsatz etc.) und Bestandsgrößen (z. B. Buchwert des Eigenkapitals).

$$W_{BO} = AK_{VU} \cdot AA_{VU} \cdot \sum_i \alpha_i \cdot \frac{BG_{i\,BO}}{BG_{i\,VU}} + PZ - FA \qquad \text{mit} \sum_i \alpha_i = 1.$$

Je nachdem, welcher Argumentationswert gewünscht ist, obliegt es dem Bewertungssubjekt, „an den entsprechenden Stellschrauben zu drehen". Diese ergeben sich im Hinblick auf die Bezugsgrößen – wie von BUCHNER dargestellt – für den Bewerter unter anderem hinsichtlich der

1. Wahl der Bezugsgrößen,
2. Anzahl der Bezugsgrößen,
3. Gewichtung der Bezugsgrößen und/oder
4. „Korrektur" der Bezugsgrößen.

Es bleibt festzustellen, daß mit den Verfahren der kursgestützten Bewertung, die in der angelsächsischen Bewertungslehre einen hohen Stellenwert besitzen, „potentielle Marktpreise" ermittelt werden sollen. Da die Börsenkapitalisierung nicht den „richtigen" Marktpreis eines gesamten Unternehmens widerspiegelt, sondern sich aus einer schematischen Multiplikation des Börsenkurses eines Anteils mit der Gesamtanteilsanzahl ergibt, und sich die erforderlichen Paketzu- sowie Fungibilitätsabschläge schlecht oder gar nicht „marktmäßig" objektivieren oder überhaupt nachvollziehbar „schätzen" lassen, ist die Bedeutung des ermittelten Wertes („potentieller Marktpreis") als Entscheidungswert auf jeden Fall gleich null.[207] Diese Feststellung wird zusätzlich unterstrichen, weil sich das Börsengeschehen unter anderem aufgrund von gewagten Spekulationen, psychologischen Einflüssen, Panikreaktionen und „Herdenverhalten"[208] nicht vorausberechnen läßt.[209]

Bei dieser Methode werden nicht nur der für eine Entscheidungswertermittlung erforderliche Subjektbezug und der Zukunftsbezug einer Bewertung vernachlässigt,[210] sondern auch unterstellt, daß der Wert eines Unternehmens seinem Preis entspricht. Diese Methode und die im nachfolgenden Abschnitt skizzierte Methode des Börsengangs werden häufig den Gesamtbewertungsverfahren zugeordnet,[211] wobei jedoch übersehen wird, daß diese Verfahren „unter der mangelnden Differenzierung zwischen der Bewertung einer Unternehmung als Ganzes und der Bewertung von Unternehmungsanteilen"[212] leiden und „über das Konstrukt des ‚Börsenwertes' eine Verbindung zwischen dem Preis einer Aktie [im Sinne von Preisen des Bruchteilseigentums] und

---

[207] Dies erkannte bereits frühzeitig RICHTER, Bewertung von Minderheitsanteilen (1942), S. 108: „Die vereinbarten Preise hängen [..] nicht nur von dem individuellen Wert der betreffenden Kapitalgesellschaft, sondern gleichzeitig von der allgemeinen Lage am Kapitalmarkt, dem Anlegungsbedürfnis des Käufers und dem besonderen Interesse des Verkäufers ab. Man kann daraus zweifelsfrei die Feststellung treffen, daß regelmäßig der Wert eines Minderheitsanteiles nicht gleich dem verhältnismäßigen Anteil am Gesamtwert des Unternehmens ist. Der Wert des Anteils kann größer oder kleiner sein."

[208] Siehe BIKHCHANDANI/HIRSHLEIFER/WELCH, Informational Cascades (1992), LUX, Herd Behaviour (1995), ZHU, Herdenverhalten (2009).

[209] Vgl. BRINCKMANN, Illusionen (1955), S. 747, GERKE, Dilemma der Unternehmensbewertung (2002), HERING, Unternehmensbewertung (2006), S. 154 f. Siehe allgemein zur Börsenpsychologie SHEFRIN, Börsenerfolg (2000).

[210] Vgl. auch BÖCKING/NOWAK, Unternehmensbewertung (1999), S. 174 f. Siehe zudem die Einwände gegen den Börsenkurs als Wertindikator in KUHNER/MALTRY, Unternehmensbewertung (2006), S. 38–41.

[211] Vgl. COENENBERG/SCHULTZE, Konzeptionen und Perspektiven (2002), S. 601.

[212] OLBRICH, Bedeutung des Börsenkurses (2000), S. 459 (Hervorhebungen im Original).

dem Wert der Gesellschaft herzustellen"[213] versuchen. Somit handelt es sich um einzelbewertungsorientierte Vergleichsverfahren.

Weitere Kritikpunkte an diesen Verfahren sind zu erkennen, wenn die eigentliche Idee betrachtet wird, welche hinter der Bewertungsformel steckt. Demnach soll das Verhältnis des bekannten „Unternehmenswertes" des Vergleichsunternehmens W_{VU} zu einer ebenfalls bekannten Bezugsgröße dieses Unternehmens BG_{VU} dem Verhältnis des gesuchten Wertes des Bewertungsobjekts W_{BO} und der entsprechenden bekannten Bezugsgröße dieses Unternehmens BG_{BO} entsprechen:[214]

$$\frac{W_{BO}}{BG_{BO}} = \frac{W_{VU}}{BG_{VU}} \Leftrightarrow \frac{W_{BO}}{W_{VU}} = \frac{BG_{BO}}{BG_{VU}}$$

$$\Rightarrow W_{BO} = BG_{BO} \cdot \frac{W_{VU}}{BG_{VU}}.$$

Diese Verfahren verkennen nicht nur die Unterscheidung zwischen Wert und Preis, sondern es stellt sich dabei grundsätzlich die Frage nach der Vergleichbarkeit von Unternehmen.[215] „Die Forderung nach Vergleichbarkeit ist ein Zugeständnis an die Realität, wonach keine zwei identischen Unternehmen existieren. Aus der Bewertungstechnik selbst ergibt sich hingegen, dass von einer erheblichen Ungleichheit von Vergleichsobjekt(en) und Bewertungsobjekt ausgegangen wird."[216]

---

[213]   *Olbrich*, Bedeutung des Börsenkurses (2000), S. 459. Siehe kritisch auch *Haeseler/Hörmann*, Infragestellung (2009), 530 f.

[214]   Die Idee dieses Verfahrens gleicht somit dem in der Literatur schon lange bekannten Leistungs(einheits)wertverfahren. So führt *Münstermann*, Wert und Bewertung (1966), S. 133 (Hervorhebungen im Original), zur Idee des Leistungswertverfahrens aus: „Betriebe desselben Wirtschaftszweiges haben bei qualitativ und quantitativ gleichen Leistungen den gleichen Gesamtwert. Weichen ihre Leistungen in der Menge voneinander ab, so ändern sich ihre Gesamtwerte entsprechend den Mengenunterschieden. Mit anderen Worten: Bei Betrieben mit qualitativ gleichen Leistungen verhält sich der Gesamtwert eines Betriebes zum Gesamtwert eines anderen Betriebes wie die Leistungsmenge des einen zu der des anderen Betriebes." Als Beispiel zeigt *Münstermann* an gleicher Stelle unter anderem auf: „Der Gesamtwert eines Eisenhüttenwerkes an der Ruhr mit einer Jahresleistung von 500 000 t Rohstahl betrage beispielsweise 170 Millionen DM. Dann wäre der Leistungswert eines anderen Hüttenwerkes mit einer Jahresleistung von 250 000 t Rohstahl 85 Millionen DM. Es entfielen demnach auf eine Tonne Rohstahl der Jahreskapazität vom Gesamtwert 340 DM." Schon *Münstermann*, Wert und Bewertung (1966), S. 135, wies jedoch bereits auf die Grenzen des Verfahrens hin: „Insbesondere genügt die Leistungswertmethode [..] nicht dem Prinzip der Subjektivität und vermag nicht der Forderung nach ausschließlicher Berücksichtigung der Nettoentnahmen gerecht zu werden." Argumentativ kann das Leistungs(einheits)wertverfahren auch bei der Beurteilung von Anteilsquoten bei Fusionen eingesetzt werden. Unter den für das Leistungs(einheits)wertverfahren geltenden Annahmen gleicher Ertragskraft pro Leistungsmengeneinheit müssen sich die Anteilsquoten wie die Leistungsmengen verhalten. Siehe zu den Voraussetzungen, an die das Leistungs(einheits)wertverfahren geknüpft ist, „wenn es den Anspruch auch nur auf eine annähernde Richtigkeit erheben will", *Münstermann*, Wert und Bewertung (1966), S. 134 f. Siehe zur Bewertung aufgrund von Leistungseinheiten bereits *Schmalenbach*, Finanzierungen (1937), S. 54–56.

[215]   Vgl. zum „Unikatcharakter" von Unternehmen unter anderem *Hering/Olbrich*, Beteiligungscontrolling (2009), S. 366 f., *Olbrich/Rapp*, Berücksichtigung des Börsenkurses (2011), S. 2007. *Esser*, Marktbewertung (2003), S. 52 f., begründet z. B. entsprechend: „Die Unternehmen sind [..] unterschiedlich groß, sind in unterschiedlichen Märkten tätig, verfolgen neben ihrem Kerngeschäft unterschiedliche sonstige Geschäfte und sind in unterschiedlichem Maße profitabel."

[216]   *Lorson*, Bewertung ganzer Unternehmen (2004), S. 233.

Nichtsdestotrotz kann sich diese Methode zur Argumentation in der Verhandlung eignen, wenn der Verhandlungspartner sie akzeptiert.[217] *Argumentationsspielraum* ergibt sich hauptsächlich bei der Bemessung des Fungibilitätsabschlags, des Paketzuschlags, der „Bereinigung des Aktienkurses" und bei der Wahl des börsennotierten „Vergleichsunternehmens" sowie im Hinblick auf die Bezugsgröße(n). Fraglich ist jedoch, wie der Verhandlungspartner – trotz des Unikatcharakters des Bewertungsobjekts – von der *Existenz eines (annähernd) vergleichbaren (börsennotierten) Unternehmens* überzeugt werden kann. Hierbei sollte im Sinne einer erfolgreichen Verhandlungsführung der herrschenden Meinung der diese Verfahren in der Literatur vertretenden Autoren gefolgt werden. Nach BUCHNER steht die „Auswahl der Vergleichsunternehmen [..] im Mittelpunkt des Verfahrens und ist zugleich dessen schwierigster und anspruchsvollster Teil. Da es unwahrscheinlich ist, ein auch nur in wesentlichen Bereichen identisches Unternehmen zu finden, muß der Bewerter vergleichbare Unternehmen aufspüren, die weitestgehend gleiche Produkte produzieren, diese auf den entsprechenden Märkten anbieten und für die zugleich ähnliche Wachstumschancen bzw. -risiken identifiziert werden können."[218]

Vergleichbare Hinweise geben auch LÖHNERT/BÖCKMANN: „Entscheidendes Kriterium ist [demnach] die Identität oder Vergleichbarkeit der Branche bzw. des jeweiligen Branchensegments, da Unternehmen derselben Branche i. d. R. ähnliche Wachstumspotenziale, Zyklen und operative Risiken aufweisen. Wichtig kann aber auch eine ähnliche Unternehmensgröße sein, da etwa Großunternehmen i. d. R. eine andere Kostenstruktur aufweisen als mittelständische Unternehmen [...]. Zudem sollte beachtet werden, dass Bewertungen über Ländergrenzen hinweg unterschiedlich sein können, da Fremdkapitalkosten, aber auch Eigenkapitalkosten aufgrund unterschiedlicher ‚risikofreier Anlagen' sowie unterschiedlicher Risikoprämien erheblich voneinander abweichen können. Bei jedem Referenzunternehmen sollte zudem überprüft werden, ob der Aktienkurs möglicherweise aufgrund geringer Handelsvolumina nur über eine begrenzte Aussagekraft verfügt."[219] Je nachdem, welche dieser Aspekte bei der Wahl des „Vergleichsunternehmens" in den Vordergrund gerückt und scheinbar nachhaltig begründet werden,

---

[217] Zur Beliebtheit dieser Verfahren in der Praxis siehe auch BECKMANN/MEISTER/MEITNER, Multiplikatorverfahren (2003).

[218] BUCHNER, Unternehmensbewertung (1995), S. 408.

[219] LÖHNERT/BÖCKMANN, Multiplikatorverfahren (2012), S. 690 f. (Hervorhebungen im Original). Siehe auch PRATT/NICULITA, Valuing (2008), S. 269–274. SANFLEBER-DECHER, Unternehmensbewertung in den USA (1992), S. 598 f., unterscheidet vier Kriterien: 1. „gleiche oder stark ähnliche Geschäftstätigkeit", 2. „Absatzwege", 3. „Gewinne in den letzten Jahren" sowie 4. „Größe" und nennt Wege, wie sog. Vergleichsunternehmen in (explizit benannten) Datenbanken gefunden werden können. Siehe auch HAYN, Bewertung (2003), S. 86.

kann ein *im Sinne des Argumentationsziels* gewünschtes Unternehmen zum „Vergleichsunternehmen"[220] gemacht werden.[221]

Beispiel 2: Methode des börsennotierten Vergleichsunternehmens (*ein* Vergleichsunternehmen)

Dieser Argumentationsspielraum wird nun im Rahmen eines Beispiels angedeutet. Das Bewertungssubjekt hat in Vorbereitung auf die Verhandlungen um das Bewertungsobjekt *ein* „vergleichbares" Unternehmen identifiziert. Um den „Argumentationsradius" in Grenzen zu halten, sei vereinfacht angenommen, daß der Börsenkurs seit Monaten konstant ist und die Marktkapitalisierung (MK_{VU}) 5.000.000 GE beträgt, weil beispielsweise ein konstanter Kurs von 100 GE bei 50.000 emittierten Anteilen vorliegt. Auch hinsichtlich der möglichen Bezugsgrößen wird unterstellt, daß diese in den letzten Jahren konstant waren.[222] Als Bezugsgrößen werden der Jahresgewinn (JG), der Umsatz (U) (bei der sog. Umsatzmethode) und die Dividende (D) herangezogen. Während der Jahresgewinn des Vergleichsobjekts JG_{VU} 500.000 GE beträgt, liegt der Jahresgewinn des Bewertungsobjekts JG_{BO} bei 430.000 GE. Die Umsätze liegen bei 3.500.000 GE (U_{VU}) und bei 2.500.000 GE (U_{BO}), die Dividenden bei 450.000 GE (D_{VU}) und bei 400.000 GE (D_{BO}). Das Bewertungssubjekt erwägt, jeweils mit Paketzuschlägen von 20 % und 25 % sowie mit Fungibilitätsabschlägen von 30 % und 40 % zu rechnen. Hinsichtlich der Berücksichtigung der Bezugsgrößen sollen nur folgende Möglichkeiten berücksichtigt werden: (a) nur der Gewinn, (b) nur die Dividende, (c) alle drei Bezugsgrößen zu gleichen Teilen und (d) der Gewinn und die Dividende zu je 40 % sowie der Umsatz zu 20 %.

In der *Abbildung 309* sind die auf Basis des Beispiels ermittelten Argumentationswerte dargestellt, die zwischen 3.284.233 GE im Minimum und 4.222.222 GE im Maximum liegen.

---

[220] Das hier zu suchende Vergleichsobjekt darf nicht mit dem Vergleichsobjekt verwechselt werden, welches im Rahmen der Entscheidungswertermittlung relevant ist. Bei der Entscheidungswertermittlung entspricht das Vergleichsobjekt – unter den Prämissen des Gegenwartswertkalküls – beim Käufer der Kombination der nutzwertgleichen, aus dem Basisprogramm verdrängten Investitionsobjekte sowie der zusätzlichen, d. h. im Basisprogramm noch nicht in Anspruch genommenen Finanzierungsmöglichkeiten. Beim Verkäufer kann das Vergleichsobjekt grundsätzlich nicht bloß aus aufzunehmenden Investitionsobjekten, sondern auch aus den aus dem Basisprogramm zu verdrängenden Finanzierungsmöglichkeiten (Entschuldungsmöglichkeiten) bestehen.

[221] *Buchner*, Unternehmensbewertung (1995), S. 408, unterstreicht diese Argumentationsspielräume: „Da im allgemeinen aufgrund zunehmender Diversifikation kein absolut vergleichbares Unternehmen zu finden ist, ist im Rahmen dieser Auswahl kein zu strenger Maßstab anzuwenden." Siehe zur beispielhaften Ermittlung eines Vergleichsunternehmens *Buchner/Englert*, Bewertung von Unternehmen (1994), S. 1576 f.

[222] In der Praxis werden die Bezugsgrößen der letzten fünf oder drei Jahre oder der letzten zwölf Monate ins Verhältnis gesetzt. Vgl. *Sanfleber-Decher*, Unternehmensbewertung in den USA (1992), S. 600.

BG	MK$_{VU}$	Zwischen-ergebnis	PZ	FA	W$_{BO}$
(a) Gewinn	5.000.000	4.300.000	20 %	40 %	3.440.000
	5.000.000	4.300.000	25 %	40 %	3.655.000
	5.000.000	4.300.000	20 %	30 %	3.870.000
	5.000.000	4.300.000	25 %	30 %	4.085.000
(b) Dividende	5.000.000	4.444.444	20 %	40 %	3.555.556
	5.000.000	4.444.444	25 %	40 %	3.777.778
	5.000.000	4.444.444	20 %	30 %	4.000.000
	5.000.000	4.444.444	25 %	30 %	4.222.222
(c) Gewinn, Dividende und Umsatz zu gleichen Teilen	5.000.000	4.105.291	20 %	40 %	3.284.233
	5.000.000	4.105.291	25 %	40 %	3.489.497
	5.000.000	4.105.291	20 %	30 %	3.694.762
	5.000.000	4.105.291	25 %	30 %	3.900.026
(d) Gewinn und Dividende zu je 40 % sowie Umsatz zu 20 %	5.000.000	4.212.063	20 %	40 %	3.369.651
	5.000.000	4.212.063	25 %	40 %	3.580.254
	5.000.000	4.212.063	20 %	30 %	3.790.857
	5.000.000	4.212.063	25 %	30 %	4.001.460

Abbildung 309: Argumentationswerte nach der Methode des börsennotierten Vergleichsunternehmens (ein Vergleichsunternehmen)

Beispiel 3: Methode des börsennotierten Vergleichsunternehmens (*mehrere* Vergleichsunternehmen)

Eine Erweiterung des Argumentationsraums erfährt ein Bewertungssubjekt zudem, wenn es – wie in der Praxis üblich – auf *mehrere* sog. Vergleichsunternehmen zurückgreift. Dies sei nachfolgend an einem weiteren Beispiel[223] gezeigt, in dem mit dem Gewinn nur eine Bezugsgröße berücksichtigt wird, Bewertungszu- und -abschläge jedoch unberücksichtigt bleiben sollen. Als Bezugsgröße wird auf den Gewinn abgestellt, welcher beim Bewertungsobjekt 19.200.000 GE beträgt. Im Rahmen der Methode des börsennotierten Vergleichsunternehmens wird auf fünf Vergleichsunternehmen zurückgegriffen, deren sog. Kurs-Gewinn-Verhältnis (KGV)[224], welches angibt, mit welchem Vielfachen des Gewinns das Vergleichsobjekt an der Börse bewertet wird, zwischen 11,5 und 24,7 liegen. Entsprechend ergeben sich die in der *Abbildung 310* dargestellten Argumentationswerte in der Spannbreite von 220.800.000 GE und 474.240.000 GE.

---

[223] In enger Anlehnung an BÖCKING/NOWAK, Unternehmensbewertung (1999), S. 173.

[224] Siehe zum KGV bereits BÜSCHGEN, Aktienanalyse und Aktienbewertung (1962), RITTERSHAUSEN, Unternehmensbewertung (1964).

Vergleichs-unternehmen	Gewinn des Bewertungsobjekts	KGV des Vergleichsunternehmens	W_{BO}
1		24,7	474.240.000
2		20,9	401.280.000
3	19.200.000	19,0	364.800.000
4		15,4	295.680.000
5		11,5	220.800.000

Abbildung 310: Argumentationswerte nach der Methode des börsennotierten Vergleichsunternehmens (mehrere Vergleichsunternehmen)

4.2.3.1.1.3 Methode des Börsengangs

Während bei der Methode des börsennotierten Vergleichsunternehmens die Durchschnitts- oder Stichtagspreise der Aktien bereits öffentlich notierter Unternehmen als Referenz für die Bewertung genutzt werden, leiten sich die Unternehmenswerte bei der *Methode des Börsengangs* („Initial Public Offering Approach" – IPO-Ansatz) aus Emissionspreisen, also aus (Aktien-)Preisen für eine erstmalige Börsennotierung, ab.[225] Auch dieses Verfahren entstammt – wie die beiden vorab dargestellten Verfahren – der amerikanischen Bewertungspraxis und wird dort überwiegend im Rahmen von Börseneinführungen des Bewertungsobjekts eingesetzt. Da sich dieses Verfahren von der Methode des börsennotierten Vergleichsunternehmens hauptsächlich im Hinblick auf die Quelle der Vergleichspreise unterscheidet, wird an dieser Stelle – auch hinsichtlich der Kritik und der Argumentationsspielräume – auf die Ausführungen des vorangegangenen Abschnitts verwiesen. Der Wert leitet sich hierbei also aus dem Preis der Aktien des Vergleichsobjekts bei Börsenplazierung unter Berücksichtigung entsprechender Bezugsgrößen und von Kontrollzuschlägen sowie von eventuell zu berücksichtigenden Fungibilitätsabschlägen ab.

4.2.3.1.2 Gesamtbewertungsorientierte Vergleichsverfahren

Den *gesamtbewertungsorientierten Vergleichsverfahren* werden jene Verfahren zugeordnet, die einerseits versuchen, Unternehmenswerte aus tatsächlich realisierten Transaktionspreisen „vergleichbarer Unternehmen" abzuleiten (Methode der kürzlichen Akquisition – „Recent Acquisitions Approach"), und andererseits Unternehmenswerte über Multiplikatoren bestimmen wollen, die aus Erfahrungssätzen der jeweiligen Branche des Unternehmens resultieren (Multiplikatormethode – „Market Multiples Approach"). Eine weitere Variante stellt die „Venture Capital"-Methode dar, die mit Blick auf die Bewertung von jungen, insbesondere hochtechnologieorientierten Unternehmen zum Einsatz kommt. Bei dieser ist der Ausgangspunkt der Bewertung ein künftiger Zielverkaufspreis, weshalb im weiteren von der Zielverkaufspreismethode gesprochen werden soll, denn der Begriff „Venture Capital"-Methode bringt das Charakteristikum dieser Methode nicht zum Ausdruck.

---

[225] Vgl. BUCHNER, Unternehmensbewertung (1995), S. 406 und S. 412, MANDL/RABEL, Unternehmensbewertung (1997), S. 264.

4.2.3.1.2.1 Methode der kürzlichen Akquisition

Das Vorgehen bei der *Methode der kürzlichen Akquisition*[226] ähnelt dem Verfahren der kursgestützten Bewertung, wobei jedoch ein wesentlicher Unterschied zu beachten ist: Der Unternehmenswert W_{BO} wird im Sinne eines „potentiellen Marktpreises" aus Preisen P_{VU} abgeleitet, die sich *nicht* auf Unternehmensanteile, also nicht auf Preise des Bruchteilseigentums in Form von Aktienkursen beziehen, sondern aus Transaktionen resultieren, bei denen die sog. Vergleichsunternehmen (VU) den Eigentümer *im ganzen* gewechselt haben. Deshalb entfällt auch die Berücksichtigung eines „Kontrollzuschlags" und – soweit es sich beim Vergleichsobjekt ebenfalls um *nicht* börsennotierte Unternehmen handelt – auch die Berücksichtigung eines „Fungibilitätsabschlags" bei der Wertermittlung. Wird der Unternehmenswert dabei auf Basis mehrerer Bezugsgrößen i bestimmt, so müssen die Bezugsgrößen entsprechend gewichtet werden:

$$W_{BO} = P_{VU} \cdot \sum_i \alpha_i \cdot \frac{BG_{i\,BO}}{BG_{i\,VU}} \quad \text{mit} \sum_i \alpha_i = 1.$$

Vor diesem Hintergrund kann bei diesem ebenfalls vom Bewertungssubjekt und von der Zukunft abstrahierenden Verfahren zwar von einem Gesamtbewertungsverfahren gesprochen werden, dieses Vergleichsverfahren basiert jedoch auf der bereits widerlegten Annahme, daß der Preis eines Unternehmens seinem Wert entspräche.[227]

Der Einsatz dieser Verfahren wird mit Blick auf die USA regelmäßig durch die dort vorhandenen umfangreichen Datenbanken und anderen Informationsquellen begründet.[228] MANDL/RABEL[229] führen aus, daß die den Vergleichsverfahren zuzuordnenden Methoden im deutschen Sprachraum zunehmend an Bedeutung gewinnen. Sie begründen dies mit dem Einfluß der angloamerikanischen Bewertungspraxis und mit der sich durch die Globalisierung der Finanzmärkte ergebenden Vergleichbarkeit und Verfügbarkeit der relevanten Unternehmensdaten. Sie sind der Ansicht, daß diese Verfahren zur „Abschätzung erzielbarer Marktpreise" geeignet sind.

Im Grunde wird dabei vorausgesetzt, was eigentlich erst bewiesen werden sollte. Auf der Basis einer jeden beliebigen Methode lassen sich „voraussichtliche Marktpreise" abschätzen, sofern die Marktteilnehmer sich auf das „Spiel", solche Methoden bei der Findung ihres individuell auszuhandelnden Preises anzuwenden, einlassen. Das ist dann unproblematisch, wenn sich die beteiligten Parteien des eigenen Entscheidungswertes bewußt sind und notfalls nicht mehr „mitspielen", d. h. eine Verhandlung abbrechen. Das Problematische an diesen Methoden ist indes, daß auf die Notwendigkeit, sich einen subjektiven Entscheidungswert bilden zu müssen, gar nicht aufmerksam gemacht wird. Wird dann noch suggeriert, daß auf Basis solcher Methoden quasi „automatisch" und stets ein „akzeptabler" Preis gefunden werden kann, wird mit der Propagierung solcher Methoden der Täuschung und der potentiellen Übervorteilung von weniger erfahrenen Marktteilnehmern Tür und Tor geöffnet.

---

[226] Vgl. ausführlich OLBRICH, Bedeutung des Börsenkurses (2000), S. 457, MANDL/RABEL, Methoden der Unternehmensbewertung (2012), S. 79 f., sowie die jeweils dort angegebene Literatur.

[227] Vgl. OLBRICH, Bedeutung des Börsenkurses (2000), S. 459.

[228] Vgl. zu den in den USA vorliegenden detaillierten Informationen SANFLEBER-DECHER, Unternehmensbewertung in den USA (1992), S. 600.

[229] Siehe MANDL/RABEL, Methoden der Unternehmensbewertung (2012), S. 80 f.

Da sich die in den umfangreichen Datenbanken vorliegenden und somit in der (auch jüngeren) Vergangenheit zustande gekommenen Preise – und dies gelte auch für die USA – aus den jeweiligen subjektiven Wertvorstellungen der (mit dem Bewertungssubjekt grundsätzlich nicht identischen) Transaktionspartner sowie ihrer Verhandlungsmacht und ihrem Verhandlungsgeschick ergeben, ist jedoch stark zu bezweifeln, daß aus diesen Daten sinnvolle Rückschlüsse auf in der Gegenwart oder in der Zukunft für ein Bewertungsobjekt erzielbaren Preise gezogen werden können.[230] Zur Bestimmung von Entscheidungswerten sind diese Ansätze unter anderem aufgrund des fehlenden konkreten Subjektbezugs ohnehin nicht geeignet.

Argumentationsspielräume ergeben sich bei dieser Methode hauptsächlich bei der Wahl des börsennotierten „Vergleichsunternehmens" sowie im Hinblick auf die Wahl, Anzahl, Gewichtung und „Korrektur" der Bezugsgrößen. Liegen die betrachteten Transaktionen zu weit in der Vergangenheit, kann es der Argumentierende erwägen, zeitliche Trendfortschreibungen durchzuführen, was ebenfalls den Argumentationsraum erweitert.[231]

4.2.3.1.2.2 Multiplikatormethode

Im Rahmen der *Multiplikatormethode*[232] werden Unternehmenswerte (auch im Sinne von potentiellen Marktpreisen) ermittelt, indem eine bestimmte Bezugsgröße des Bewertungsobjekts mit einem branchenspezifischen Faktor, dem sog. Multiplikator („market multiples"), der grundsätzlich für ganze Branchen oder ganze Geschäftszweige gelten soll, multipliziert wird.

In der Praxis werden mit dieser Methode meist kleine Unternehmen wie beispielsweise Einzelhändler sowie Arztpraxen oder Rechtsanwaltskanzleien bewertet.[233] Dabei wird nicht auf Börsenkurse oder tatsächlich realisierte Transaktionspreise zurückgegriffen, sondern auf sog. monetäre Ertragskraftindikatoren, wie z. B. den Gewinn und den Umsatz (sog. Umsatzmethode), oder auf sog. mengenmäßige Ertragskraftindikatoren, wie beispielsweise die Produktmenge, die Anbau- oder Verkaufsfläche und die Anzahl der Kunden, sowie die jeweiligen vergleichsgrößen- und geschäftszweigspezifischen

---

[230] Vgl. *HERING/OLBRICH*, Beteiligungscontrolling (2009), S. 367.

[231] Vgl. *BÖCKING/NOWAK*, Unternehmensbewertung (1999), S. 174.

[232] Vgl. zum Verfahren und zu vielfältigen Multiplikatoren z. B. *BARTHEL*, Fundierung (1996), *BARTHEL*, Umsatzverfahren (1996), *MANDL/RABEL*, Unternehmensbewertung (1997), S. 265–274, *KROLLE/SCHMITT/SCHWETZLER*, Multiplikatorverfahren (2005). Siehe auch *BERNER/ROJAHN*, Marktorientierte Multiplikatoren (2003), *SCHWETZLER*, Multiple-Bewertung (2003), *LORSON*, Bewertung ganzer Unternehmen (2004), S. 223–226, *SCHMIDBAUER*, Marktbewertung (2004), S. 150 f., *PRAXMARER*, Unternehmensbewertung (2005), *HOMMEL/DEHMEL*, Unternehmensbewertung (2011), S. 64–74, *BEHRINGER*, Unternehmensbewertung (2009), S. 148–152.

[233] Vgl. *BUCHNER/ENGLERT*, Bewertung von Unternehmen (1994), S. 1577 f. Siehe zur *Umsatzmethode*, bei der der Wert durch Multiplikation des Umsatzes mit einem bestimmten Faktor (Multiplikator) ermittelt werden soll, bereits *MÜNSTERMANN*, Wert und Bewertung (1966), S. 129–132.

Multiplikatoren,[234] welche – für die mangelnde theoretische Fundierung dieser Verfahren bezeichnend – „Erfahrungssätze bzw. ‚Daumenregeln' [..] darstellen"[235].

Solche Multiplikatoren werden unter anderem durch diverse Wirtschaftsmagazine sowie Industrie- und Handelsorganisationen veröffentlicht.[236] „Zwar ist denkbar, dass die Verbreitung von Multiplikatorverfahren und die Veröffentlichung der Multiplikatorwerte eine normative Wirkung – im Sinne einer Orientierung an bekannten Multiplikatorspannen – entfalten; dennoch handelt es sich dann allein um eine Verhaltenshypothese, mit der Preise gemacht und nicht begründet werden."[237] Dieses Verfahren basiert darüber hinaus auf zahlreichen Vereinfachungen sowie Vergangenheitsgrößen und läßt sowohl den Subjektbezug als auch den Zukunftsbezug gänzlich außer acht.[238]

Ungeachtet dessen zeigen die *Abbildungen 311* bis *313*[239] eine Auswahl sog. Multiples oder Multiplikatoren, die so in den offiziellen Steuerberater- und Wirtschaftsprüfer-Jahrbüchern abgedruckt sind. Hieraus sind auszugsweise die Spannen der Multiplikatoren und deren Entwicklung innerhalb des Zeitraums von 2004 bis 2011 sowie der daraus resultierende Argumentationsspielraum bei Anwendung dieser Bewertungsmethode zu erkennen.

---

[234] Zu den in Deutschland „üblicherweise" eingesetzten Multiplikatoren gehören vor allem die Kennzahlen „EBIT", „EBITDA" und „EBT" sowie der Umsatz und der Jahresüberschuß. Siehe hierzu die Ergebnisse der empirischen Erhebung in HENSELMANN/BARTH, Übliche Bewertungsmethoden (2009), S. 12. Zur kritischen Würdigung der benannten Kennzahlen siehe BRÖSEL, Bilanzanalyse (2012), S. 185–192.

[235] MANDL/RABEL, Methoden der Unternehmensbewertung (2012), S. 81. Solche Faustregeln finden sich in der Unternehmensbewertungspraxis bereits frühzeitig. Siehe entsprechend VIEL, Unternehmenswertberechnung (1954), S. 368.

[236] Vgl. hierzu BUCHNER/ENGLERT, Bewertung von Unternehmen (1994), S. 1578, die zugleich Beispiele für diese „Faust- und Daumenregeln" („rules-of-thumb") aus der amerikanischen Bewertungspraxis für ausgewählte Branchen liefern. Der Wert von Hotels soll sich so beispielsweise aus dem 2,5-fachen des Jahresbruttoumsatzes ergeben, der Wert von Bäckereien soll 15 % des Jahresnettoumsatzes betragen sowie der Wert von Wirtschaftsprüfer- und Steuerberaterpraxen 125 % des jährlichen Nettoumsatzes, wobei „[u]nter Umständen [...] die Zahlung eines Teilbetrages des ermittelten Wertes von der zukünftigen Erfolgsentwicklung abhängig gemacht" werden soll. Siehe zudem RUHNKE, Unternehmensbewertung (2002), S. 1283 f.

[237] LORSON, Bewertung ganzer Unternehmen (2004), S. 225.

[238] Vgl. hierzu unter anderem BALLWIESER, Multiplikatoren (1991), BARTHEL, Vergleichsorientierte Bewertungsverfahren (1996). Selbst das IDW warnt vor Bewertungsansätzen, die z. B. auf Ergebnismultiplikatoren und umsatz- oder produktmengenorientierten Multiplikatoren beruhen und im IDW S 1 als „vereinfachte Preisfindungen" bezeichnet werden. Diese Methoden seien lediglich als „Anhaltspunkte für eine Plausibilitätskontrolle der Ergebnisse der Bewertung nach dem Ertragswertverfahren bzw. nach den DCF-Verfahren" heranzuziehen; so INSTITUT DER WIRTSCHAFTSPRÜFER, IDW S 1 i. d. F. 2008 (2008), S. 288.

[239] Entnommen aus KNIEF, Steuerberater- und Wirtschaftsprüfer-Jahrbuch 2005 (2005), S. 1360 f., KNIEF, Steuerberater- und Wirtschaftsprüfer-Jahrbuch 2006 (2006), S. 712 f., KNIEF, Steuerberater- und Wirtschaftsprüfer-Jahrbuch 2007 (2007), S. 441 f., sowie INSTITUT DER WIRTSCHAFTSPRÜFER, Steuerberater- und Wirtschaftsprüfer-Jahrbuch 2010 (2010), S. 438, INSTITUT DER WIRTSCHAFTSPRÜFER, Steuerberater- und Wirtschaftsprüfer-Jahrbuch 2011 (2011), S. 493, und INSTITUT DER WIRTSCHAFTSPRÜFER, Steuerberater- und Wirtschaftsprüfer-Jahrbuch 2012 (2012), S. 491. Siehe auch www.finance-research.de/multiples/.

Branche	Smallcap												Mid- and Largecap											
	EBIT-Multiple						Umsatz-Multiple						EBIT-Multiple						Umsatz-Multiple					
	2004		2005		2006		2004		2005		2006		2004		2005		2006		2004		2005		2006	
	von	bis	von	bis	von	bis	von	bis	von	bis	von	bis	von	bis	von	bis	von	bis	von	bis	von	bis	von	bis
Beratende Dienstleistungen	5,3	7,8	5,5	7,6	5,5	7,0	0,60	1,30	0,58	1,15	0,55	0,55	6,0	10,3	6,0	10,4	6,0	9,7	0,75	1,93	0,75	1,93	0,69	1,93
Software	5,5	11,0	5,5	9,5	5,8	9,0	0,65	1,80	0,75	1,60	0,68	1,55	6,0	9,5	6,2	9,2	6,2	9,2	0,90	1,75	1,13	1,77	1,10	1,77
Telekommunikation	6,0	9,0	5,0	10,0	5,5	8,0	0,68	1,38	0,75	1,75	0,65	1,05	6,0	8,6	6,0	8,9	6,0	8,9	0,70	1,25	0,70	1,35	0,70	1,35
Medien	5,5	7,5	5,5	7,8	5,8	8,0	0,55	1,23	0,25	1,25	0,48	1,08	5,5	8,5	5,7	9,0	5,7	9,1	0,40	1,00	0,47	1,27	0,47	1,27
Handel/E-Commerce	4,5	8,0	4,0	8,0	4,3	8,0	0,35	0,80	0,40	0,80	0,38	0,85	5,0	7,8	5,0	7,7	5,0	7,7	0,53	0,83	0,53	0,93	0,53	0,93
Transport/Logistik	4,0	6,8	4,8	8,3	4,3	7,0	0,37	0,92	0,35	0,93	0,38	0,65	5,8	9,4	7,0	9,5	7,3	9,7	0,48	1,13	0,50	1,03	0,50	1,08
Elektrotechnik/Elektronik	5,0	11,0	5,5	8,0	5,5	8,2	0,60	1,37	0,45	0,90	0,48	0,88	6,3	10,2	6,3	9,9	6,3	9,9	0,57	1,23	0,57	1,17	0,57	1,17
Fahrzeugbau und -zubehör	5,4	8,2	5,7	8,0	5,3	8,0	0,48	0,73	0,45	0,65	0,38	0,73	6,0	8,8	5,5	8,6	5,5	8,6	0,48	0,70	0,48	0,72	0,45	0,75
Maschinen- und Anlagenbau	3,5	5,0	4,5	6,8	4,8	6,0	0,60	1,00	0,30	0,70	0,38	0,68	4,5	8,8	4,5	8,6	4,8	8,6	0,43	0,75	0,40	0,78	0,40	0,78
Chemie	4,5	8,0	5,0	8,8	5,5	8,0	0,55	0,95	0,40	0,90	0,45	0,95	5,7	9,7	5,7	9,9	5,7	9,9	0,58	1,15	0,58	1,15	0,58	1,15
Pharma	7,0	9,9	6,3	9,0	6,5	8,0	0,63	1,25	0,60	1,50	0,68	1,48	7,7	13,0	7,9	11,8	7,9	11,9	0,83	2,15	0,83	2,33	0,83	2,33
Textil und Bekleidung	3,0	5,0	3,3	5,3	3,3	5,0	0,30	0,80	0,35	0,65	0,33	0,75	4,3	7,2	4,7	7,0	4,7	7,0	0,33	0,73	0,33	0,73	0,33	0,73
Nahrungs- und Genußmittel	4,6	8,0	5,0	8,0	4,5	7,0	0,63	0,95	0,60	1,00	0,43	0,83	6,2	9,4	6,2	9,4	6,2	9,7	0,54	0,93	0,54	0,93	0,51	0,93
Gas, Strom, Wasser	4,3	8,7	5,0	9,5	5,3	8,0	0,50	1,33	0,50	1,35	0,70	1,28	6,3	10,7	7,5	10,1	7,5	10,1	0,90	2,03	0,93	1,30	0,93	1,38
Umwelttechnologie/ Entsorgung/Recycling	4,0	7,3	4,3	7,2	4,4	6,0	0,43	1,00	0,40	1,48	0,50	0,90	5,1	8,0	5,1	8,0	5,1	8,0	0,73	1,23	0,73	1,23	0,73	1,23
Bau und Handwerk	2,5	6,0	2,4	5,5	2,8	5,0	0,65	0,87	0,25	0,50	0,30	0,50	3,2	9,3	3,2	9,3	3,2	9,3	0,41	1,40	0,44	1,15	0,44	1,15

Abbildung 311: EBIT- und Umsatzmultiplikatoren für den Wert nicht börsennotierter Unternehmen 2004 bis 2006

Branche	Börsen-Multiples											
	EBIT-Multiple						Umsatz-Multiple					
	2004	2005	2006	2009	2010	2011	2004	2005	2006	2009	2010	2011
Beratende Dienstleistungen	k. A.	k. A.	k. A.	k. A.	k. A.	k. A.	k. A.	k. A.	k. A.	k. A.	k. A.	k. A.
Software	18,0	10,9	11,6	13,5	15,7	12,5	1,90	1,66	1,60	3,00	3,67	2,35
Telekommunikation	18,0	11,4	9,9	12,4	14,4	15,3	1,90	1,52	1,41	1,16	1,29	1,30
Medien	k. A.	9,6	8,5	9,5	14,0	9,7	k. A.	1,18	1,36	0,96	1,38	1,47
Handel/E-Commerce	14,1	13,0	13,1	8,6	13,2	12,2	0,46	0,63	0,53	1,06	1,46	1,26
Transport/Logistik/Touristik	k. A.	8,2	9,6	6,4	13,9	11,2	k. A.	0,58	0,79	1,02	2,11	1,73
Elektrotechnik/Elektronik	8,6	10,2	8,4	11,7	10,6	8,0	1,26	0,95	1,02	1,19	1,07	2,15
Fahrzeugbau und -zubehör	12,1	6,1	8,9	4,3	5,8	11,9	1,06	0,66	0,57	0,52	0,37	0,93
Maschinen- und Anlagenbau	10,4	12,7	12,7	6,6	12,0	13,5	0,96	0,73	0,75	0,92	1,04	1,01
Chemie und Kosmetik	11,0	11,3	10,7	9,5	15,8	10,7	0,81	0,86	1,06	1,11	1,31	1,38
Pharma	k. A.	9,7	12,5	8,9	9,4	9,7	k. A.	1,77	2,08	0,91	0,88	1,13
Textil und Bekleidung	k. A.	10,7	8,8	8,7	13,8	10,9	k. A.	1,29	1,16	0,86	1,09	1,04
Nahrungs- und Genußmittel	18,3	7,5	12,0	8,9	9,8	10,0	1,24	0,88	0,90	0,29	0,65	0,81
Gas, Strom, Wasser	k. A.	8,4	8,2	7,6	6,0	6,2	k. A.	1,13	1,09	0,76	0,83	0,65
Umwelttechnologie und erneuerbare Energien	8,4	k. A.	k. A.	k. A.	k. A.	k. A.	1,12	k. A.	k. A.	k. A.	k. A.	k. A.
Bau und Handwerk	7,7	14,6	13,4	7,1	9,7	11,4	0,26	0,24	1,38	0,54	0,49	0,87

Abbildung 312: EBIT- und Umsatzmultiplikatoren für den Wert börsennotierter Unternehmen 2004 bis 2006 und 2009 bis 2011

Branche	Kleine Unternehmen (Umsatz unter 50 Mio. Euro)											
	EBIT-Multiplikatoren						Umsatz-Multiplikatoren					
	2009		2010		2011		2009		2010		2011	
	von	bis	von	bis	von	bis	von	bis	von	bis	von	bis
Beratende Dienstleistungen	4,8	6,5	5,2	7,1	5,7	7,4	0,46	0,84	0,51	0,88	0,57	0,94
Software	5,7	7,7	5,7	7,8	6,1	7,9	0,57	1,15	0,61	1,08	0,67	1,05
Telekommunikation	5,3	7,5	5,3	7,4	5,5	7,8	0,44	1,00	0,53	0,99	0,62	1,06
Medien	5,9	7,5	5,7	7,1	5,9	7,7	0,58	1,15	0,61	1,01	0,64	1,19
Handel/E-Commerce	4,3	7,0	4,4	7,2	5,1	7,8	0,32	0,85	0,39	0,92	0,49	0,99
Transport/Logistik	4,6	6,2	4,8	6,6	4,9	6,9	0,46	0,80	0,44	0,79	0,53	0,94
Elektrotechnik/Elektronik	4,8	6,4	4,5	6,6	5,0	7,0	0,38	0,63	0,45	0,79	0,51	0,91
Fahrzeugbau und -zubehör	4,5	6,5	4,5	6,6	4,8	6,4	0,30	0,57	0,36	0,66	0,39	0,68
Maschinen- und Anlagenbau	4,1	5,7	4,7	6,6	5,3	6,9	0,38	0,60	0,45	0,68	0,48	0,69
Chemie	5,3	7,6	5,4	7,8	5,9	8,0	0,47	0,81	0,49	0,85	0,52	0,85
Pharma	5,3	7,8	5,6	8,0	6,1	8,5	0,67	1,32	0,68	1,25	0,74	1,32
Textil und Bekleidung	3,9	5,9	4,4	6,1	4,6	6,2	0,40	0,63	0,41	0,66	0,42	0,64
Nahrungs- und Genußmittel	5,3	7,1	5,2	7,1	5,4	7,2	0,48	0,78	0,47	0,89	0,48	0,82
Gas, Strom, Wasser	5,4	7,7	5,4	8,0	5,7	8,2	0,59	0,90	0,58	0,92	0,58	0,98
Umwelttechnologie/Entsorgung/ Recycling	4,8	6,8	5,3	7,8	5,6	8,0	0,50	0,79	0,61	0,96	0,61	1,01
Bau und Handwerk	3,5	4,9	3,8	5,1	4,0	5,4	0,29	0,51	0,31	0,52	0,35	0,56

Abbildung 313a: EBIT- und Umsatzmultiplikatoren für den Wert nicht börsennotierter Unternehmen 2009 bis 2011

Branche	Mittlere Unternehmen (Umsatz 50 bis 250 Mio. Euro)											
	EBIT-Multiplikatoren						Umsatz-Multiplikatoren					
	2009		2010		2011		2009		2010		2011	
	von	bis	von	bis	von	bis	von	bis	von	bis	von	bis
Beratende Dienstleistungen	5,7	8,0	6,3	8,8	6,5	8,7	0,58	1,07	0,59	1,09	0,66	1,12
Software	5,8	7,9	5,9	8,0	6,6	8,4	0,62	1,28	0,65	1,13	0,73	1,19
Telekommunikation	5,0	7,5	5,6	7,9	6,0	8,2	0,57	1,08	0,65	1,15	0,71	1,18
Medien	6,7	8,5	6,3	8,1	6,6	8,4	0,65	1,42	0,76	1,26	0,81	1,46
Handel/E-Commerce	5,0	7,4	5,4	7,8	5,9	8,3	0,30	0,79	0,42	0,97	0,53	1,05
Transport/Logistik	5,3	7,3	5,6	7,5	5,6	7,7	0,45	0,85	0,53	0,87	0,61	1,03
Elektrotechnik/Elektronik	5,4	7,1	5,2	7,3	5,5	7,6	0,45	0,71	0,50	0,92	0,61	1,03
Fahrzeugbau und -zubehör	4,6	6,5	5,1	7,0	5,2	7,1	0,35	0,67	0,42	0,79	0,44	0,80
Maschinen- und Anlagenbau	4,6	6,4	5,1	7,0	5,6	7,4	0,44	0,69	0,51	0,82	0,54	0,86
Chemie	5,8	8,5	5,9	8,8	6,4	8,8	0,60	1,00	0,61	1,04	0,61	1,00
Pharma	5,9	8,6	6,7	8,8	6,8	9,3	0,73	1,41	0,79	1,67	0,73	1,67
Textil und Bekleidung	4,5	6,1	5,0	6,8	5,2	7,0	0,48	0,73	0,49	0,80	0,51	0,77
Nahrungs- und Genußmittel	6,0	7,6	5,7	7,7	6,0	7,9	0,47	0,88	0,55	0,94	0,59	0,97
Gas, Strom, Wasser	6,2	8,5	6,0	8,3	6,3	8,6	0,77	1,16	0,73	1,13	0,77	1,07
Umwelttechnologie/Entsorgung/ Recycling	5,5	7,6	5,9	8,4	6,4	8,7	0,62	0,96	0,72	1,22	0,69	1,21
Bau und Handwerk	4,0	5,4	4,1	5,5	4,6	5,8	0,35	0,66	0,37	0,67	0,41	0,66

Branche	Große Unternehmen (Umsatz über 250 Mio. Euro)											
	EBIT-Multiplikatoren						Umsatz-Multiplikatoren					
	2009		2010		2011		2009		2010		2011	
	von	bis	von	bis	von	bis	von	bis	von	bis	von	bis
Beratende Dienstleistungen	6,4	8,7	6,7	9,0	7,0	9,1	0,64	1,36	0,69	1,33	0,69	1,35
Software	6,8	8,7	6,5	8,6	7,1	9,0	0,74	1,44	0,73	1,51	0,82	1,45
Telekommunikation	6,0	8,0	6,5	8,6	6,5	8,9	0,72	1,27	0,80	1,33	0,78	1,40
Medien	7,1	8,8	6,9	8,7	7,1	9,3	0,77	1,74	0,96	1,49	0,95	1,67
Handel/E-Commerce	6,0	8,6	6,0	8,9	6,6	9,5	0,45	1,07	0,50	1,26	0,61	1,41
Transport/Logistik/Touristik	6,4	8,7	6,2	8,4	6,3	8,9	0,52	1,10	0,56	1,04	0,59	1,26
Elektrotechnik/Elektronik	5,5	7,7	5,7	7,8	6,2	8,0	0,48	0,79	0,62	1,00	0,69	1,15
Fahrzeugbau und -zubehör	5,1	7,3	5,5	7,9	5,9	8,0	0,45	0,79	0,46	0,82	0,50	0,89
Maschinen- und Anlagenbau	5,4	7,6	5,6	7,5	6,2	8,4	0,44	0,78	0,54	0,92	0,62	1,07
Chemie und Kosmetik	6,1	9,2	6,4	9,6	6,9	9,7	0,57	1,09	0,65	1,14	0,63	1,17
Pharma	7,1	9,5	7,1	9,3	7,3	9,9	0,86	1,57	0,88	1,87	0,88	1,82
Textil und Bekleidung	5,3	7,3	5,5	7,7	5,7	7,6	0,49	0,79	0,56	0,93	0,58	0,88
Nahrungs- und Genußmittel	6,6	8,5	6,3	8,2	6,9	8,9	0,52	0,87	0,61	1,04	0,67	1,11
Gas, Strom, Wasser	6,5	8,9	6,7	9,3	6,7	9,2	0,81	1,20	0,83	1,37	0,84	1,30
Umwelttechnologie und erneuer-bare Energien	5,8	7,8	6,8	9,2	6,6	9,4	0,63	1,19	0,79	1,37	0,77	1,36
Bau und Handwerk	3,9	5,9	4,5	6,1	4,8	6,4	0,46	0,85	0,39	0,79	0,46	0,79

Abbildung 313b: EBIT- und Umsatzmultiplikatoren für den Wert nicht
börsennotierter Unternehmen 2009 bis 2011

4.2.3.1.2.3 Zielverkaufspreismethode

Die Zielverkaufspreismethode wird in der Literatur auch „Venture Capital"-Methode[240] genannt, weil diese in der Praxis häufig von „Venture Capital"-Beteiligungsgesellschaften angewandt wird.[241] Ihr Einsatzgebiet ist die Argumentation um den Wert sog. junger, wachstumsstarker hochtechnologieorientierter („New Economy"[242]-)Unternehmen im Zusammenhang mit der Beschaffung von Risikokapital in einer frühen Unternehmensphase. Auf ihrer Basis soll ausgehend von einem erhofften oder angestrebten künftigen Zielverkaufspreis ein potentieller Tauschwert des Unternehmens zum Bewertungsstichtag sowie – daraus abgeleitet – eine Anteilsquote für den Wagniskapitalgeber ermittelt werden. Allgemein kann die zugrundeliegende Konfliktsituation als eine solche vom Typ der Fusion charakterisiert werden, weil es letztlich um die Festlegung einer Beteiligungsquote geht. Probleme der Mehrdimensionalität[243] sowie der Verbundenheit werden bei der Anwendung der Zielverkaufspreismethode gewöhnlich ausgeblendet.[244]

Die Zielverkaufspreismethode wird zu den „situationsspezifischen Bewertungsverfahren im Rahmen einer VC-Finanzierung"[245] gezählt. Die Notwendigkeit zur Verwendung eines besonderen Verfahrens ergäbe sich daraus, daß es um die Bewertung eines „innovativen" Unternehmens in einer „frühen" Lebensphase gehe, so daß die bei „reifen" Unternehmen (der „Old Economy") zur Anwendung gelangenden (insbesondere DCF-)Methoden (noch) nicht verwendet werden könnten.[246] Die Stichhaltigkeit dieser Argumentationskette muß hier nicht kommentiert werden und ist im Rahmen der Argumentationsfunktion auch so lange irrelevant, wie die am Konflikt Beteiligten sich auf die Anwendung dieser Methode verständigt haben.

---

[240] Vgl. hierzu ACHLEITNER, Start-up-Unternehmen (2001), BEHRINGER, Start-up-Unternehmen (2001), ACHLEITNER, Venture-Capital-Finanzierungen (2004), ACHLEITNER/NATHUSIUS, Venture Valuation (2004), S. 145–171, ACHLEITNER/NATHUSIUS, First-Chicago-Methode (2005), MAEHRLE/FRIEDRICH/JASLOWITZER, High Tech-Unternehmen (2005).

[241] Vgl. hierzu ACHLEITNER ET AL., Venture Capital (2004).

[242] Nachdem der „Börsenblase" Ende der 1990er mit Beginn des 21. Jahrhunderts platzte und das große Dot.com-Sterben einsetzte, ist es auch um den Begriff der „New Economy" sehr still geworden.

[243] Realiter handelt es sich um eine mehrdimensionale Konfliktsituation, weil regelmäßig weitere Vertragsaspekte eine Rolle für eine Einigung spielen, wie z. B. Vetorechte für den Wagniskapitalgeber, Pflichten der Wagniskapitalgeber zur Unterstützung der Unternehmensführung, Wettbewerbsverbote für die Gründer als Wissensträger nach einem Ausscheiden aus dem Unternehmen, Bevorzugungsrechte für die Wagniskapitalgeber bei einem eventuellen vorzeitigen Verkauf (Liquidationspräferenzen), Festlegung von Meilensteinen im Sinne regelmäßiger Überprüfungen des Engagements, Klauseln für den Fall der Aufnahme weiterer Wagniskapitalgeber in der Zukunft (Kapitalverwässerungsschutzklauseln) usw. Ebenso dürfte die Konfliktsituation zumindest aus Sicht der Wagniskapitalgeber als jungiert zu charakterisieren sein.

[244] Eine Variante der „Venture Capital"-Methode ist die „First Chicago"-Methode, die sich durch eine differenziertere Erfassung der Unsicherheit über die Betrachtung von alternativen Szenarien auszeichnet. Auf diese wird nachfolgend nicht eingegangen. Vgl. hierzu ACHLEITNER/NATHUSIUS, Venture Valuation (2004), S. 172–181, ACHLEITNER/NATHUSIUS, First-Chicago-Methode (2005), S. 338–345. Die Methode wurde von der FIRST CHICAGO NBD CORPORATION „entwickelt".

[245] ACHLEITNER/NATHUSIUS, Venture-Capital-Finanzierungen (2004), S. 135.

[246] Auf vermeintlichen Schwächen in herkömmlichen Bewertungsmethoden wurde z. B. von BEHR/CALIZ, Schwächen (2001), S. 1140 f., KEIBER/KRONIMUS/RUDOLF, Bewertung (2002), S. 736 f., WULLENKORD, New Economy Valuation (2003), hingewiesen. Siehe zudem STURM, Bewertung (2003), S. 221–223, der eine Bewertung „geschichtsloser Unternehmen" vornehmlich durch Realoptionsmodelle erwägt. Zumindest erkennt letzterer, daß selbst bei der Bewertung junger Unternehmen der Grundsatz der Zukunftsbezogenheit zu beachten ist.

Die Darstellung der Methode erfolgt stets aus der Sicht der Wagniskapitalgeber, die Überlegungen der Wagniskapitalnehmer werden regelmäßig nicht angesprochen, so daß auf diese Weise schon einseitig Position bezogen wird, was jedoch einem „gewieften" Wagniskapitalnehmer keine Probleme bereiten dürfte.

Die Vorgehensweise erfolgt in mehreren Stufen. In der *ersten* Stufe geht es um die Festlegung des Zielverkaufspreises[247], der am Ende der geplanten Engagementzeit[248] vom Wagniskapitalgeber erhofft, erwartet oder angestrebt wird. Da es sich um eine künftige, im Rahmen der Argumentation jedoch zentrale Größe handelt, muß dieser Zielverkaufspreis „glaubwürdig" hergeleitet werden. Es wird bei der nachfolgenden Erläuterung der Methode unterstellt, daß zum Ausstiegszeitpunkt das Unternehmen in Gänze an einen „strategischen" Investor verkauft werden soll.

Mit Blick auf die Festlegung des Zielverkaufspreises ergeben sich aus der Methode keinerlei Einschränkungen: Erlaubt ist, was gefällt, d. h., was überzeugt! In Betracht gezogen werden hauptsächlich Multiplikatormethoden[249], ferner die Methoden des börsenorientierten Vergleichsunternehmens, die Methode des Börsengangs sowie die Methode der kürzlichen Akquisition. Aber auch DCF-Methoden oder der Realoptionsansatz stehen als Argumentationsinstrumente durchaus zur Verfügung, um den Zielverkaufspreis herzuleiten und zu rechtfertigen. Bei der Herleitung des Zielverkaufspreises ist es erforderlich, sich Gedanken darüber zu machen, wie die Marktsituation in der entsprechenden Branche zum Ausstiegszeitpunkt sein könnte, welche Überlegungen für den „strategischen" Investor beim Unternehmenskauf eine Rolle spielen könnten usw.

Grundlage für die Abschätzung des Zielverkaufspreises ist ein erfolgreicher Verlauf der Unternehmensentwicklung, der durch die Wagniskapitalfinanzierung ermöglicht wird. Dies bedeutet freilich auch, daß durch diese Methode die reale Unsicherheit nicht offengelegt, sondern verschleiert wird. Der Zielverkaufspreis ist ein Betrag, der sich nach der Kapitalzuführung des Wagniskapitalgebers im Bewertungszeitpunkt[250] bei günstiger Unternehmensentwicklung zum geplanten Ausstiegszeitpunkt ergeben soll.[251]

---

[247]   Es wird hierbei auch vom Zukunftsunternehmenswert, vom „Future Value" zum „Exit"-Zeitpunkt, vom Endwert des Unternehmens, vom „Terminal Value", vom Verkaufspreis oder vom „Exit"-Wert gesprochen.

[248]   Zugrunde gelegt wird meist ein Planungszeitraum zwischen drei und zehn Jahren, vom Bewertungszeitpunkt aus gerechnet.

[249]   Dabei kommen nicht bloß Erfolgs- oder Umsatz-Multiplikatoren zum Einsatz. In Zeiten der Internet-Euphorie wurden beispielsweise auch die Anzahl der Besuche eines „Internet-Portals" als „Werttreiber" identifiziert und als Basis für Multiplikatoranwendungen genommen, um zu dieser Zeit die explodierenden „Unternehmenswerte" argumentativ zu rechtfertigen. Unabhängig davon, welche Art Multiplikator zum Einsatz gelangt, bleibt für die Argumentation auf dieser Basis jedoch stets das Problem, daß es um die Bestimmung eines Zielverkaufspreises in der Zukunft geht und daß dazu Multiplikatoren des Bewertungszeitpunkts verwendet werden. Durch nichts ist freilich die implizite Annahme gerechtfertigt, daß Multiplikatoren im Zeitablauf unverändert bleiben.

[250]   Es wird im folgenden nur die Situation einer einmaligen Kapitalzuführung von Wagniskapital im Bewertungszeitpunkt betrachtet. Unschwer läßt sich die Betrachtung erweitern, wenn mit dem Wagniskapitalgeber im Bewertungszeitpunkt bereits vereinbart wird, in festgelegten zeitlichen Abständen bis zum Ausstiegszeitpunkt weitere Kapitalzuführungen vorzunehmen. Methodisch sind solche weiteren geplanten Kapitalzuführungen desselben Wagniskapitalgebers leicht (aber ohne zusätzlichen Erkenntnisgewinn) zu integrieren. Nicht zweckmäßig ist es aus Sicht des Wagniskapitalnehmers, sich auf Vereinbarungen einzulassen, die sich auf weitere Kapitalzuführungen durch andere Wagniskapitalgeber beziehen, weil der Grad der Spekulation dann ins Uferlose zu gehen droht und der Freiheitsgrad für den Wagniskapitalnehmer in einer unübersehbaren Weise eingeschränkt wird.

[251]   Es wird daher auch vom „Post Money"-Wert gesprochen.

Bezogen auf dessen Höhe gibt es zwischen Wagniskapitalgeber und Wagniskapitalnehmer noch keine gravierenden Interessengegensätze.

Die Interessengegensätze werden erst mit der *zweiten* Stufe der Vorgehensweise virulent. In dieser Stufe wird der Zielverkaufspreis auf den Bewertungszeitpunkt mit der vom Wagniskapitalgeber verlangten Zielrendite diskontiert. Je höher die angesetzte Zielrendite ist, desto geringer ist der Barwert des Zielverkaufspreises zum Bewertungsstichtag, der als potentieller Tauschwert zum Bewertungszeitpunkt interpretiert wird. Dabei gilt, daß das Interesse des Wagniskapitalnehmers darauf gerichtet sein sollte, die Zielrendite im Rahmen des Argumentationsspielraums möglichst am unteren Ende anzusetzen, während das Interesse des Wagniskapitalgebers darauf gerichtet ist, den Argumentationsspielraum so zu nutzen, daß eine möglichst hohe Zielrendite akzeptiert wird. Mit der Verständigung über die Zielrendite, die zur Abzinsung herangezogen wird, ist der Konflikt zwischen Wagniskapitalgeber und Wagniskapitalnehmer gelöst. Es ist hierbei i. d. R. anzunehmen, daß der Wagniskapitalnehmer in der schwächeren Verhandlungsposition sein wird, weil er das Kapital benötigt, damit alle seine vergangenen Bemühungen die erhofften Früchte künftig tatsächlich tragen werden.

Der *dritte* Schritt in der Vorgehensweise ist im strengen Sinne nur noch formaler Art, wenn sich beide Parteien über die Höhe des anzusetzenden Zielverkaufspreises für den Ausstiegszeitpunkt sowie über die anzuwendende Zielrendite des Wagniskapitalgebers verständigt haben. Es wird die Relation zwischen dem Betrag der Kapitalzuführung des Wagniskapitalgebers und dem abgezinsten Zielverkaufspreis gebildet, um die dem Wagniskapitalgeber einzuräumende Beteiligungsquote zu ermitteln. Auf die Wagniskapitalnehmer – also die bisherigen Eigner des Unternehmens – entfällt dann die Gegenquote, deren Geldwert sich betragsmäßig als Differenz zwischen dem Barwert des Zielverkaufspreises und der Kapitalzuführung der Wagniskapitalgeber ermittelt.[252]

Ist die Beteiligungsquote auf diese Weise bestimmt, können anschließend bilanztechnische Fragen, wie die Festlegung des Betrags der Erhöhung des gezeichneten Kapitals, die Anzahl der neuen Aktien, die Höhe des Ausgabekurses der neuen Aktien und damit die Aufteilung der Wagniskapitalzuführung zum gezeichneten Kapital und/oder der Kapitalrücklage in der Bilanz geklärt werden. Hierauf wird an dieser Stelle nicht eingegangen werden, weil es sich nicht um Fragen der Unternehmensbewertung handelt.

Die Ausführungen sollen nun an einem einfachen Zahlenbeispiel und formelmäßig erläutert werden:

---

[252] Die Differenz zwischen dem abgezinsten Zielverkaufspreis und dem Betrag der Kapitalzuführung wird als „Pre Money"-Wert bezeichnet, eine Bezeichnung, die freilich eher verwirrt als klärt. Inhaltlich könnte diese Größe aufgrund der Art ihrer Herleitung, nämlich als Differenz zwischen dem Barwert des Zielverkaufspreises und der Kapitalzuführung durch den Wagniskapitalgeber in Höhe der im Bewertungszeitpunkt vorzunehmenden Investitionssumme, als Kapitalwert mißverstanden werden. Ein solcher Kapitalwert aus Sicht des Wagniskapitalgebers ist diese Differenz jedoch nicht, weil dessen Kapitalwert, wenn die Prognosen zutreffend sind, gleich null ist. Schließlich fließt dem Wagniskapitalgeber ja im Ausstiegszeitpunkt nicht der gesamte Zielverkaufspreis zu. Die Interpretation, daß es sich um den Unternehmenswert ohne die Kapitalzuführung im Bewertungszeitpunkt handele, ist wiederum absurd, weil ohne die Kapitalzuführung und die damit ermögliche (erfolgreiche) Geschäftsfortführung alle bisherigen geschäftlichen Aktivitäten der Unternehmensgründer verloren sein könnten. Der „Pre Money"-Wert stellt vielmehr den Betrag dar, der auf die Wagniskapitalnehmer im Bewertungszeitpunkt rechnerisch entfällt, soweit es zur Kapitalzuführung und zur erfolgreichen Geschäftsfortführung bis zum Ausstiegszeitpunkt kommt.

1. Schritt: Festlegung des Zielverkaufspreises ZVP_T zum Ausstiegszeitpunkt t = T:

Es soll angenommen werden, daß der Zielverkaufspreis am Ende der Periode T = 5 auf Basis einer geschätzten Erfolgsgröße E_T in dieser Periode und eines zum Bewertungsstichtag branchenüblichen Erfolgsmultiplikators EM_0 geschätzt wird, wobei beide Konfliktparteien – Wagniskapitalnehmer wie Wagniskapitalgeber – sich auf die zugrundezulegenden Beträge verständigt haben. Der Zielverkaufspreis entpricht dem angestrebten Tauschwert W_T im Ausstiegszeitpunkt T:

$$W_T = ZVP_T = E_T \cdot EM_0 = 5.000 \cdot 12 = 60.000.$$

2. Schritt: Abzinsung des Zielverkaufspreises auf den Bewertungsstichtag t = 0:

Es wird unterstellt, daß weitere zwischenzeitliche Kapitalzuführungen (genereller: Ein- oder Auszahlungen der Parteien in das oder aus dem Unternehmen) im Zeitraum von t = 0 bis t = T nicht geplant sind. Die beiden Parteien sollen sich auf die Anwendung einer Zielrendite in Höhe von $i_{KG} = 0,5$, also 50 % p. a., verständigt haben, so daß sich rechnerisch folgender potentieller Tauschwert W_0 zum Bewertungsstichtag ergibt:

$$W_0 = \frac{W_T}{(1+i_{KG})^T} = \frac{ZVP_T}{(1+i_{KG})^T} = \frac{60.000}{(1+0,5)^5} = \frac{60.000}{7,59375} = 7.901,23.$$

3. Schritt: Ermittlung der Beteiligungsquote für den Wagniskapitalgeber:

Unter der Voraussetzung, daß der Wagniskapitalgeber im Zeitpunkt t = 0 einen Betrag $Z_0 = 1.000$ zuführt, ergibt sich für ihn folgende Beteiligungsquote Q_{KG} im Zeitraum von t = 0 bis T:

$$Q_{KG} = \frac{Z_0}{W_0} = \frac{1.000}{7.901,23} = 0,1265625.$$

Die für den Wagniskapitalnehmer verbleibende Beteiligungsquote Q_{KN} beträgt dann im gleichen Zeitraum:

$$Q_{KN} = 1 - Q_{KG} = 1 - 0,1265625 = 0,8734375$$

oder

$$Q_{KN} = \frac{W_0 - Z_0}{W_0} = \frac{7.901,23 - 1.000}{7.901,23} = 0,8734375.$$

Lassen sich die getroffenen Annahmen realisieren, ergibt sich für den Wagniskapitalgeber KG folgender Zahlungsstrom Z_t^{KG}:

Zeitpunkt	0	1	2	3	4	5
ZVP_T						60.000
Q_{KG}						0,126563
Z_t^{KG}	-1.000					7.593,75

Die realisierte Rendite i_{KG}^{real} des Wagniskapitalgebers entspricht unter diesen Bedingungen seiner Zielrendite i_{KG}:

$$i_{KG}^{real} = \sqrt[T]{\frac{ZVP_T \cdot Q_{KG}}{Z_0}} - 1 = \sqrt[5]{\frac{60.000 \cdot 0,1265625}{1.000}} - 1 = \sqrt[5]{\frac{7.593,75}{1.000}} - 1 = 0,5 = i_{KG}.$$

4.2.3.2 Finanzierungstheoretische Verfahren

4.2.3.2.1 Kapitalmarkttheoretische Verfahren (DCF-Verfahren)

4.2.3.2.1.1 Grundlagen

Die Bewertungsverfahren, die auf den Erkenntnissen der *Finanzierungstheorie* beruhen, lassen sich in kapitalmarkttheoretische Bewertungsverfahren und in die sog. „Verfahren der strategischen Bewertung" unterteilen. Während den strategischen Bewertungsverfahren die Bewertung auf Basis der Realoptionstheorie zuzuordnen ist, werden den kapitalmarkttheoretischen Bewertungsverfahren[253] die verschiedenen „Discounted Cash Flow"-Methoden (DCF-Methoden) subsumiert.

Die DCF-Verfahren beruhen – ebenso wie das investitionstheoretische Partialmodell „Zukunftserfolgswertverfahren" – auf dem Gegenwartswert- oder Barwertkalkül, weil erwartete zukünftige Überschüsse auf den Bewertungszeitpunkt abgezinst werden.[254] Deshalb basieren die DCF-Verfahren jedoch nicht gleichzeitig – wie in der Literatur teilweise unterstellt[255] – auf investitionstheoretischen Modellen (z. B. dem Kapitalwertmodell) und sind diesen auch nicht gleichzusetzen, denn die Ableitung der verwendeten Diskontierungszinssätze erfolgt aus kapitalmarkttheoretischen Gleichge-

---

[253] Einer Fehlannahme unterliegen unter anderem COENENBERG/SCHULTZE, Konzeptionen und Perspektiven (2002), S. 604, die „hinter" den DCF-Methoden die Investitionstheorie vermuten. Zu den grundlegenden Unterschieden zwischen der Finanzierungs- und der Investitionstheorie vgl. bereits Abschnitt 1.5.2. „Bewerten heißt vergleichen", machte bereits MOXTER, Unternehmensbewertung 1 (1976), S. 123, deutlich. Im Hinblick auf die DCF-Verfahren äußern HAESELER/HÖRMANN, Prüfstand (2010), S. 50 (im Original vollständig hervorgehoben), diesbezüglich treffend: „In diesen Rechnungen wird [..] Nichtwissen mit Nichtwissen verglichen – die Aufmerksamkeit wird [..] auf einen vermeintlich imposanten Formelapparat und angelsächsische Terminologie gelenkt!" Insofern sei auch auf GROSSFELD, Recht (2011), S. 1, verwiesen, der äußert: „Doch jeder Vergleich ,hinkt'! Wir betreten also ein [...] unsicheres Feld."

[254] Vgl. HERING/VINCENTI, Wertorientiertes Controlling (2004), S. 349.

[255] COENENBERG/SCHULTZE, Konzeptionen und Perspektiven (2002), S. 601, ordnen die DCF-Methoden und die Ertragswertmethode den Verfahren zur Zukunftserfolgswertermittlung zu. Aus dieser, auf unscharfen oder unklaren Begriffsbestimmungen beruhenden, unsachgemäßen Verwendung der Termini können Mißverständnisse resultieren, denn die kapitalmarkt- und somit finanzierungstheoretisch fundierten DCF-Verfahren sind keine Ausprägung der auf der Investitionstheorie basierenden Zukunftserfolgswertmethode. Gemeinsam ist all diesen Verfahren jedoch, daß sie Varianten des Barwert- oder Gegenwartswertkalküls darstellen. Hieran ist wieder zu erkennen, daß es alles andere als hilfreich ist, wenn durch die Verwendung gleicher Begriffe die inhaltlichen Unterschiede verwischt werden. Zwangsläufig resultieren hieraus Mißverständnisse. Auch hier gilt, daß aus formalen Ähnlichkeiten keine inhaltlichen Übereinstimmungen folgen. Eine entsprechend unkritische „Gleichmachung" führt bei HAESELER/HÖRMANN/KROS, Unternehmensbewertung (2007), S. 16–20, beispielsweise dazu, daß sie die finanzierungstheoretischen Verfahren den investitionstheoretischen Modellen zuordnen.

wichtsmodellen und als Unternehmenswert soll ein *hypothetischer „Marktwert"* des Eigenkapitals des Unternehmens ermittelt werden.[256]

Von den *verschiedenen, miteinander konkurrierenden DCF-Verfahren* werden nachfolgend der APV-Ansatz (APV = „Adjusted Present Value" = angepaßter Bar- oder Gegenwartswert) und der WACC-Ansatz (WACC = „Weighted Average Cost of Capital" = gewogene durchschnittliche Kapitalkosten) als Bruttoverfahren („Entity"-Ansätze) sowie der „Equity"-Ansatz („Equity" = Eigenkapital) als Nettoverfahren [auch „Flow to Equity"-Ansatz (FTE-Methode) genannt] vorgestellt. Im Hinblick auf die Art der Erfassung (unternehmens-)steuerlicher[257] Aspekte können grundsätzlich zwei WACC-Ansatz-Varianten unterschieden werden: Während die sog. US-amerikanische Lehrbuchformel des WACC-Ansatzes die steuerbedingten Finanzierungsvorteile im Nenner, also in den gewogenen Kapitalkosten, erfaßt [auch „Free Cash Flow"-Ansatz (FCF-Methode) genannt], werden im alternativen Ansatz, dem „Total Cash Flow"-Ansatz (TCF-Methode), die Steuereffekte im Zähler berücksichtigt, also von den Cashflows subtrahiert.[258] Hierbei handelt es sich um Bruttoverfahren, weil der ermittelte „Marktwert" des Gesamtkapitals GK erst um den „Marktwert" des Fremdkapitals FK reduziert werden muß, um den gesuchten „Eigenkapital(markt)wert" EK, der dem ge-

---

[256] Vgl. *MANDL/RABEL*, Methoden der Unternehmensbewertung (2012), S. 66. *SCHNEIDER*, Pegasus mit Klumpfuß (1998), S. 1474 f., äußert sich zum Einsatz dieser Verfahren zur Argumentation wie folgt: „Gerade wegen des angestrebten Zurückdrängens des Subjektiven erhebt sie [gemeint ist die präferenz-unabhängige marktorientierte Unternehmensbewertung] Anspruch auf interpersonelle Vergleichbarkeit, auf Objektivität, um als Mittel zur Überzeugung anderer zu dienen. [...] Jenen Hochschullehrern des Rechnungswesens, die lieber Rechnen statt Denken lehren, und vielen Praktikern dürfte eine Verknüpfung marktwertorientierter Unternehmensrechnung mit utilitaristischer Ethik abstrus erscheinen. [...] Wie auf einem Röntgenschirm soll marktwertorientierte Unternehmensrechnung auch für nicht an Börsen gehandelte Unternehmungen, Geschäftsfelder oder Abteilungen ein Abbild ihrer finanziellen Strukturen bieten, so wie diese von allen Kapitalmarktteilnehmern bewertet würde. Hätte *ODYSSEUS*, statt in fernen Meeren zu segeln, Unternehmensrechnung praktiziert, die Sirenen hätten ihn anzulocken versucht mit: Marktwerte verkörperten in einer auf Wettbewerb gerichteten Wirtschaftsordnung eine von allen Marktteilnehmern akzeptierte Bewertung."

[257] Nachfolgende Ausführungen zu den einzelnen DCF-Verfahren beziehen unternehmenssteuerliche Konsequenzen mit ein und unterstellen dabei ein einfaches Gewinnsteuersystem, welches die Unternehmenserfolge mit einem homogenen Steuersatz belegt. Weitere Argumentationsmöglichkeiten ergeben sich durch das mögliche Einbeziehen persönlicher Steuern in die einzelnen Verfahren. Siehe hierzu ausführlich *BALLWIESER*, Unternehmensbewertung (2011), S. 134–198. Hierbei ist jedoch im Hinblick auf die DCF-Verfahren zu beachten, daß die bei diesen Verfahren mit der Marktwertorientierung angestrebte Objektivierung einerseits sowie das deutsche (Einkommen-)Steuersystem mit seinen vielen subjektiven Elementen und die damit verbundene (und erforderliche) individuelle Festlegung einer optimalen Ausschüttungspolitik andererseits einen unüberbrückbaren Gegensatz darstellen, vgl. *WAMELING*, Berücksichtigung von Steuern (2004), S. 85 f. Siehe zur Berücksichtigung der Besteuerung auch *MANDL/RABEL*, Unternehmensbewertung (1997), S. 166–188, *OLLMANN/RICHTER*, Unternehmensbewertung (1999), *DRUKARZYK/LOBE*, Halbeinkünfteverfahren (2002), *HUSMANN/KRUSCHWITZ/LÖFFLER*, Unternehmensbewertung (2002), *LATTENBERGER/BAHR*, Bedeutung der Einkommensteuer (2002), *RICHTER*, Relativer Unternehmenswert (2003), *BAETGE/LIENAU*, Berücksichtigung von Steuern (2005), *BRAUN*, Einfluss von Steuern (2005), *HOMMEL/DEHMEL/PAULY*, Steueräquivalenz (2005), *SCHULTZE*, Halbeinkünfteverfahren (2005), *SCHULTZE/ZIMMERMANN*, Halbeinkünfteverfahren (2006), *BALLWIESER/KRUSCHWITZ/LÖFFLER*, Probleme (2007), *BLUM*, Auswirkungen (2008), *DIERKES/DIEDRICH/GRÖGER*, Finanzierungspolitik (2009), *GÖTZ/DEISTER*, Abgeltungsteuer (2011). Siehe darüber hinaus zu den Problemen mit dem sog. Tax-CAPM z. B. *BALLWIESER*, Anforderungen (2008), S. S106–S108, sowie zum Einfluß der sog. Zinsschranke auf die Unternehmensbewertung im Rahmen der Argumentationsfunktion beispielsweise *BACHMANN/SCHULTZE*, Unternehmensteuerreform (2008).

[258] Vgl. *KRAG/KASPERZAK*, Unternehmensbewertung (2000), S. 85.

suchten Unternehmenswert UW entspricht, zu bestimmen: EK = GK – FK, weil GK = EK + FK. Beim Nettoverfahren wird hingegen der gesuchte „Eigenkapital(markt)wert" EK direkt ermittelt.[259] In *Abbildung 314*[260] sind die nachfolgend betrachteten DCF-Verfahren graphisch systematisch geordnet.

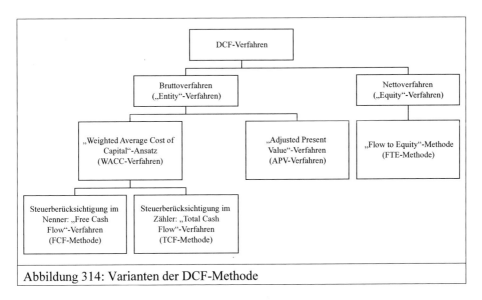

Abbildung 314: Varianten der DCF-Methode

Gemeinsam ist den DCF-Verfahren, daß sich diese Modelle durch eine Synthese des kapitalmarkttheoretischen Ansatzes von MODIGLIANI/MILLER und dem ebenfalls kapitalmarkttheoretischen „Capital Asset Pricing Model" (CAPM), mit dem die zur Bewertung erforderlichen Kalkulationszinsfüße ermittelt werden sollen, auszeichnen. Die wesentlichen Grundzüge der kapitalmarkttheoretischen Modelle sollen nun noch einmal in Erinnerung gerufen werden. *Anschließend erfolgen die Ausführungen zu den einzelnen Verfahren, wobei sich diese Ausführungen vornehmlich auf deren Darstellung und weniger auf die bereits in Abschnitt 1.2.4 ausführlich vorgenommene kritische Würdigung der zugrundeliegenden Annahmen im Hinblick auf die entscheidungsorientierte Unternehmensbewertung beziehen.*[261]

Basierend auf realitätsfernen Prämissen haben MODIGLIANI/MILLER[262] gezeigt, daß die Kapitalstruktur eines Unternehmens keinen Einfluß auf ihren Gesamtkapitalmarkt-

259 Vgl. *BALLWIESER*, Discounted Cash Flow-Verfahren (1998), S. 81, *HERING*, IDW-S1 (2004), S. 511, *HERING/BRÖSEL*, Argumentationswert (2004), S. 937.

260 In Anlehnung an *BALLWIESER*, Unternehmensbewertung (2011), S. 132.

261 Vgl. *MANDL/RABEL*, Unternehmensbewertung (1997), S. 265–274.

262 Vgl. *MODIGLIANI/MILLER*, Cost of Capital (1958). Siehe zu den Prämissen von MODIGLIANI/MILLER und zur ausführlichen Kritik die Ausführungen in Abschnitt 1.2.4. Demnach gilt die Irrelevanzthese des Verschuldungsgrades, wenn (1) ein vollkommener und vollständiger Markt sowie ein vollständiger Wettbewerb gegeben sind, (2) Eigen- und Fremdkapital steuerlich gleichbehandelt werden, (3) private Verschuldung und Kreditaufnahme von Unternehmen zu gleichen Konditionen erfolgen, (4) Anleger die private Verschuldung und die Beteiligung an einem Unternehmen indifferent beurteilen sowie (5) der Fremdkapitalzins unabhängig von der Kapitalstruktur ist sowie von Insolvenzkosten und Illiquiditätsgefahren abstrahiert werden kann. Vgl. auch *KEUPER*, Finanzmanagement (2000), S. 183–197.

wert in einer bestimmten Risikoklasse hat (Irrelevanzthese): Der Marktwert des Gesamtkapitals eines unverschuldeten (nur eigenfinanzierten) Unternehmens GK^e entspricht unter diesen Bedingungen somit dem Marktwert des Gesamtkapitals eines verschuldeten (also auch oder nur fremdfinanzierten) Unternehmens GK^f:[263] $GK^e = GK^f$, wobei sich der Marktwert des Gesamtkapitals GK grundsätzlich als Summe des Marktwertes des Fremdkapitals FK und des Marktwertes des Eigenkapitals EK ergibt: GK = FK + EK.

Unternehmen, die sich nicht hinsichtlich ihres Investitionsrisikos und ihres erwarteten Cash-flows X, sondern – aufgrund unterschiedlicher Finanzierungsstruktur – nur beim Finanzierungsrisiko unterscheiden, besitzen im unterstellten (Markt-)Gleichgewicht übereinstimmende Gesamtkapitalmarktwerte. In diesem Gleichgewicht ergibt sich der sog. Marktwert des Gesamtkapitals durch die Abzinsung des für alle Kapitalgeber, also für Eigen- und Fremdkapitalgeber, zur Verfügung stehenden Cash-flows X – vereinfacht im Sinne einer ewigen Rente unterstellt – mit einem risikoadäquaten Kapitalisierungszinsfuß k:

$$GK = FK + EK = \frac{X}{k},$$

woraus sich – umgeformt – für k ergibt:

$$k = \frac{X}{GK} = \frac{X}{FK + EK}.$$

Da unterstellt wurde, daß für Unternehmen in einer Risikoklasse $GK^e = GK^f$ bei gleichen Cash-flows (also $X^e = X^f$) gilt, muß zwangsläufig auch der risikoadäquate Kapitalisierungszinsfuß k von der Kapitalstruktur unabhängig sein: $k^e = k^f$.

Bei einem mischfinanzierten (also verschuldeten) Unternehmen wird hinsichtlich der sog. Kapitalkosten auf die durchschnittlichen Kapitalkosten (WACC) zurückgegriffen. Der Kapitalisierungszinsfuß k entspricht dann dem gewogenen Mittel aus dem Fremdkapitalkostensatz i und der geforderten Eigenkapitalrendite r^f:

$$WACC = k^f = i \cdot \frac{FK}{GK^f} + r^f \cdot \frac{EK}{GK^f} = k^e.$$

Die Berücksichtigung des Kapitalisierungszinsfußes eines unverschuldeten Unternehmens k^e und eine Umformung dieser Gleichung nach r^f machen den Verlauf der geforderten Eigenkapitalrendite r^f bei Verschuldung deutlich, die mit einem steigenden Verschuldungsgrad linear wächst, wobei angenommen wird, daß $s < k^e$ ist.

Die von den Eigenkapitalgebern bei Verschuldung erwartete (im Sinne von geforderte) Rendite r^f steigt somit linear mit dem Verschuldungsgrad. Sie entspricht der geforderten Rendite r^e ($= k^e$) eines vollständig eigenfinanzierten Unternehmens (weil

$k^e = i \cdot \frac{0}{GK^e = EK} + r^e \cdot \frac{EK}{GK^e = EK} = r^e$) zuzüglich einer Risikoprämie, die sich in Abhängigkeit vom Verschuldungsgrad ergibt:

$$r^f = r^e + \left(r^e - i\right) \cdot \frac{FK}{EK}.$$

---

[263] Vgl. zu nachfolgenden Ausführungen KRAG/KASPERZAK, Unternehmensbewertung (2000), S. 85–90.

Die Irrelevanzthese des Verschuldungsgrades gilt jedoch nicht mehr, wenn bereits die steuerliche Restriktion gelockert wird, welche besagt, daß Eigen- und Fremdkapital einer steuerlich gleichen Behandlung unterliegen.[264] Werden die Unternehmenserfolge (vor Zinsen und Steuern) X beispielsweise in einem einfachen Steuersystem mit einem homogenen Gewinnsteuersatz s belegt, ergeben sich durch eine Fremdfinanzierung Erhöhungen des sog. Marktwertes des Gesamtkapitals, weil Zinszahlungen für das Fremdkapital die steuerliche Bemessungsgrundlage kürzen. Mit der Übereinstimmung des Marktwertes des Gesamtkapitals eines unverschuldeten Unternehmens GK^e und eines verschuldeten Unternehmens GK^f ist es nunmehr natürlich vorbei.[265] „Da Konkursrisiken [annahmegemäß] ausgeschlossen sind, können die Steuervorteile i. H. v. $s \cdot i \cdot FK$ [„Tax Shield"] mit dem sicheren Zinssatz i bewertet werden"[266]:

$$GK^f = \frac{X \cdot (1-s)}{r_s^e} + \frac{s \cdot i \cdot FK}{i} = GK^e + s \cdot FK.$$

Auch die gewogenen Durchschnittskosten sind von der möglichen steuerlichen Abzugsfähigkeit betroffen. Der Fremdkapitalkostensatz muß im Falle der Verschuldung um den steuerlich motivierten Term $(1 - s)$ vermindert werden:[267]

$$WACC = k_s^f = i \cdot (1-s) \cdot \frac{FK}{GK^f} + r_s^f \cdot \frac{EK}{GK^f},$$

weshalb auch der Anstieg der Eigenkapitalkosten gegenüber der Nichtsteuersituation korrigiert werden muß. Dieser verläuft bei wachsender Verschuldung entsprechend um den Term $(1 - s)$ langsamer:

$$r_s^f = r_s^e + \left(r_s^e - i\right) \cdot (1-s) \cdot \frac{FK}{EK}.$$

---

[264] Zur Irrelevanz der Irrelevanzthese vgl. auch *HERING*, Unternehmensbewertung (2006), S. 215 f.

[265] Vgl. *MODIGLIANI/MILLER*, Cost of Capital: A Correction (1963), S. 436.

[266] *KRAG/KASPERZAK*, Unternehmensbewertung (2000), S. 89.

[267] Siehe z. B. *BENDER/LORSON*, Discounted-Cash-flow Verfahren (1997), S. 2.

Hinsichtlich der Renditeforderungen der Eigenkapitalgeber wird in der einschlägigen (Berater-)Literatur auf das „Capital Asset Pricing Model" (CAPM) verwiesen, wobei zu beachten ist, daß dieses Modell zwar ebenfalls auf stark idealisierten, aber keineswegs auf den selben Prämissen[268] wie die Irrelevanzthesen von MODIGLIANI/MILLER basiert.[269] Die von den (risikoaversen) Eigenkapitalgebern erwartete Rendite r für das Unternehmen U ergibt sich demzufolge aus der risikolosen (risikofreien) Verzinsung i_{rf} sowie einer Risikoprämie. Diese Risikoprämie ergibt sich im Gleichgewicht als Produkt aus dem Preis des Marktrisikos, welcher sich als Differenz zwischen der erwarteten Marktrendite r_M und der risikolosen Verzinsung i_{rf} ergibt, und des objektspezifischen Beta-Faktors β, welcher das systematische unternehmensspezifische Risiko (also das marktbezogene Risiko des Bewertungsobjekts)[270] im Vergleich zum Marktportefeuille[271] abbilden soll:

$$\underset{\substack{\text{von den}\\\text{EK-Gebern}\\\text{erwartete}\\\text{(unternehmens-}\\\text{spezifische)}\\\text{Rendite}}}{r} = \underset{\substack{\text{risiko-}\\\text{lose}\\\text{Ver-}\\\text{zinsung}}}{i_{rf}} + \underset{\substack{\text{Markt-}\\\text{risiko-}\\\text{prämie}}}{\left(r_M - i_{rf}\right)} \cdot \underset{\substack{\text{unternehmens-}\\\text{spezifisches}\\\text{Risiko}}}{\beta} \; ,$$

wobei sich der Beta-Faktor als Quotient aus der Kovarianz zwischen der unsicheren einperiodigen erwarteten Rendite des Bewertungsobjekts und der erwarteten Rendite des Marktportefeuilles sowie aus der Renditevarianz des Marktportefeuilles ergibt:

$$\beta = \frac{\sigma_{r, r_M}}{\sigma^2_{r_M}} \; .$$

Entspräche die erwartete Rendite des Bewertungsobjekts der des Marktportefeuilles, also bei $r = r_M$, dann wäre $\beta = 1$.

---

[268]   Siehe zum CAPM und zu dessen Prämissen sowie zur ausführlichen Kritik die Ausführungen in Abschnitt 1.2.4. Vgl. auch MARKOWITZ, Portfolio Selection (1952). Als Prämissen gelten demnach im wesentlichen (1) ein vollkommener Kapitalmarkt, (2) homogene Erwartungen und (3) ein Planungshorizont von einer Periode. Vgl. zur Darstellung und Kritik auch MANDL/RABEL, Unternehmensbewertung (1997), S. 289–310, KEUPER, Finanzmanagement (2000), S. 93–107 und S. 213–228.

[269]   Hierdurch wird folgender Widerspruch deutlich: Während in den DCF-Verfahren die Größen im Zähler aus Plan-Jahresabschlüssen hergeleitet werden und somit durchaus subjektive Bezüge haben, wird versucht, die Größen im Nenner möglichst objektiv und aus dem Bewertungsobjekt selbst herzuleiten.

[270]   Das unsystematische Risiko, welches unternehmensspezifisch ist und z. B. auf Wettbewerbsnachteile und sog. Managementfehler zurückzuführen ist, kann annahmegemäß durch die Investoren in einem effizienten Portefeuille wegdiversifiziert werden und wird deshalb nicht mit einer Risikoprämie abgegolten.

[271]   Das Marktportefeuille ergibt sich „aus der Fülle möglicher unsicherheitsbehafteter Geldanlagen (Aktien, Rentenpapiere, GmbH-Anteile, Kommanditkapital, Immobilien, Verwertungsrechte, Lizenzen, Lebensversicherungen, Gold, Münzen, Briefmarken, Kunstschätze, Diamanten usw. usf.)", so HERING, Investitionstheorie (2008), S. 288.

Insgesamt erfordert das CAPM somit die Bestimmung von β, i_{rf} und r_M. Im Hinblick auf die Argumentation müssen die gewünschten Daten so hergeleitet oder gewonnen werden, daß der Verhandlungspartner diese auch akzeptiert. Eine pragmatische Möglichkeit zur Ermittlung der Eigenkapitalkosten[272] auf Basis des CAPM ist in *Abbildung 315*[273] dargestellt.[274]

---

[272] Zur Fragwürdigkeit von Renditeforderungen im Hinblick auf die entscheidungsorientierte Unternehmensbewertung und die empirische Ermittlung dieser Renditeforderungen vgl. ausführlich HE-RING, Unternehmensbewertung (2006), S. 223–229, insbesondere S. 225–229. Zur statistischen Ermittlung der Daten äußern HAESELER/HÖRMANN, Prüfstand (2010), S. 50 (im Original teilweise hervorgehoben), berechtigt kritisch: „Primitive Statistik ist [...] nie in der Lage für die Probleme [...] in der Wirtschaft adäquate Lösungen zu bieten! In diesem Fall handelt es sich nicht um seriöse Wissenschaft, sondern um bloße, interessengeleitete Rhetorik!"
„Ausschüttungen an die Eigenkapitalgeber sind nicht vertraglich festgelegt, sondern dispositions-abhängig und ergeben sich aus einem residualen Gewinnanspruch. Da Gewinngrößen nicht als Kosten ausgegeben werden sollten, ist das Wort Eigenkapitalkosten schon semantisch schlecht gewählt. Es dient aber auch ökonomisch betrachtet nicht gerade der Klarheit, das Eigenkapital rechentechnisch nur als eine teurere Variante des Fremdkapitals abzubilden, die in Höhe der ‚Renditeforderung' zu verzinsen sei. Eigenkapitalgeber sind nicht wie Gläubiger mit einem – wenn auch risikoadjustierten – Festzins ‚abzuspeisen', sondern streben nach der Maximierung ihres Vermögens oder Einkommens, vielleicht auch des ‚Marktwerts'. Die praxisübliche Vorgabe eines mit hohen Risikoprämien versehenen Schwellenwerts für die Eigenkapitalrendite steht aber (erst recht mangels eines geeigneten Mehrperioden-CAPM) in keinem modelltheoretisch nachweisbaren Zusammenhang mit dem zu optimierenden Konsumzahlungsstrom oder dem zu maximierenden Marktwert", so HERING, Unternehmensbewertung (2006), S. 225 (Hervorhebungen im Original). Auch SCHNEIDER, Pegasus mit Klumpfuß (1998), S. 1474, kritisiert treffend die Verwendung des Begriffs „Eigenkapitalkosten": „Da Kosten rechnerisch eine Minderung des Gewinns darstellen, wäre die Frage zu beantworten: Wessen Gewinn ist für ihn selbst Kosten, sprich: Gewinnminderung? Von Eigenkapitalkosten zu sprechen, wenn man Profit meint, ist ein Beispiel von Rhetorik, die keinerlei Erkenntnis bringt." Siehe kritisch zum CAPM beispielsweise auch HAESELER/HÖR-MANN/KROS, Unternehmensbewertung (2007), S. 16–20, S. 31. Siehe auch SCHNEIDER, EVA und WACC (2009), S. 38 f. Zur Bestimmung der sog. Eigenkapitalkosten vgl. MANDL/RABEL, Unternehmensbewertung (1997), S. 287–310.

[273] In Anlehnung an LORSON, Shareholder Value-Ansätze (1999), S. 1330. Siehe auch KUHNER/MAL-TRY, Unternehmensbewertung (2006), S. 162–176.

[274] Vgl. zu Beta-Faktoren beispielsweise ausführlich MANDL/RABEL, Unternehmensbewertung (1997), S. 297–306. Zur kommerziellen Verbreitung von Beta-Faktoren durch Beratungsgesellschaften vgl. KRAG/KASPERZAK, Unternehmensbewertung (2000), S. 93. Hinsichtlich der Ermittlung der Marktrendite und des risikolosen Zinsfußes siehe MANDL/RABEL, Unternehmensbewertung (1997), S. 292–296. Kritisch hierzu BALLWIESER, Shareholder Value-Ansatz (1994), S. 1394–1399, BÖCKING/NOWAK, Discounted Cash Flow-Verfahren (1998), GLEISSNER, Kapitalkosten (2005), S. 218–220, GLEISSNER, Neue Wege (2006), S. 127–131, HOMMEL/DEHMEL, Unternehmensbewertung (2011), S. 282. BAETGE/KRAUSE, Berücksichtigung des Risikos (1994), S. 440–454, offenbaren an Praxisbeispielen die Anwendungsprobleme und beispielsweise Spielräume beim Kalkulationszinsfuß zwischen 1 % und 17 % (S. 454). Vgl. entsprechend auch KASPERZAK, Unternehmensbewertung (2000). Siehe zudem WIDMANN/SCHIESZL/JEROMIN, Kapitalisierungszinssatz (2003), ADERS/WAGNER, Kapitalkosten (2004), BERNER ET AL., Berücksichtigung des unternehmensindividuellen Risikos (2005), GEBHARDT/DASKE, Kapitalmarktorientierte Bestimmung (2005), JONAS/WIELAND-BLÖSE/SCHIFFRATH, Basiszinssatz (2005), DASKE/GEBHARDT, Risikoprämien und Eigenkapitalkosten (2006), OBERMAIER, Marktzinsorientierte Bestimmung (2006), REESE/WIESE, Ermittlung des Basiszinses (2007), WIESE/GAMPENRIEDER, Ableitung (2008), ASCHAUER/PURTSCHER, Unternehmensbewertung (2011), S. 177–206, HINZ, Valuation (2011), S. 59–63, KNOLL/WENGER/TARTLER, Marktrisikoprämie (2011). Zu Möglichkeiten der Schätzung des Beta-Faktors bei „unregelmäßigem Handel" siehe z. B. EHRHARDT/NOWAK, Risikoprämie (2005), S. 6 f. Siehe zudem KERN/MÖLLS, Ableitung (2010).

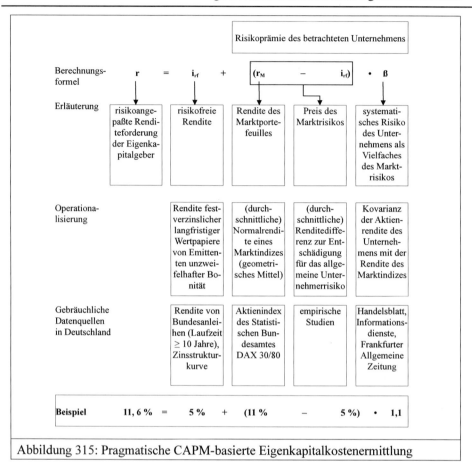

Abbildung 315: Pragmatische CAPM-basierte Eigenkapitalkostenermittlung

Dem Bewertungssubjekt stehen unterschiedliche Quellen zur Verfügung, aus denen es eine Fülle von verschiedenen Werten der einzelnen Komponenten generieren kann. Vor allem hinsichtlich des Beta-Faktors ergeben sich zahlreiche Steuerungshebel zur argumentativen Beeinflussung des bei der Bewertung eingesetzten Zinssatzes und somit des Unternehmenswertes.[275] Eine systematische Übersicht liefert *Abbildung 316*.[276]

---

[275] Siehe ausführlich KEUPER/DJUKANOV, Manipulationsfaktor (2008).

[276] In Anlehnung an KEUPER/DJUKANOV, Manipulationsfaktor (2008), S. 70.

Marktuniversum	Zeithorizont	Statistik/Methodik
Geografische Referenz	Historische Referenzperiode	Median
Welt	Zeitdauer	Modus
Wirtschaftsraum	Kurzfristig	Arithmetisches Mittel
Einzelner Wirtschaftsraum	Mittelfristig	Geometrisches Mittel
Selektive Wirtschaftsräume	Langfristig	Harmonisches Mittel
Land	Startzeitpunkt	Logarithmischer Mittelwert
Einzelnes Land	Endzeitpunkt	Verallgemeinerter Mittelwert
Selektive Länder	Anzahl der Referenzpunkte	Winsoriertes/gestutztes Mittel
Region	Einzeldatenpunkt	Gleitende Durchschnitte
Einzelregion	Selektive Zeitpunkte	Arithmetisch gleitend
Selektive Einzelregionen	Vollständige Zeitreihe	Geometrisch gleiteend
Branchenreferenz	Prognosezeit	N-fach gleitend
Gesamtwirtschaft	Ewigkeit	Linear gewichtet gleitend
Wirtschaftszweig	Zeitintervalle	Exponentiell gewichtet gleitend
Einzelner Wirtschaftszweig	Startzeitpunkte	Sonstige
Selektive Wirtschaftszweige	Endzeitpunkte	Adaptiv gleitende Durchschnitte
Branchenfokus		
Einzelbranche		
Selektive Branchen		
Fundamentalfaktoren		
Einzelreferenzunternehmen		

Abbildung 316: Taktische Steuerungshebel zur Manipulation des Beta-Faktors

Weitere Argumentationsmöglichkeiten bieten erfolgte oder geplante Änderungen in der Steuergesetzgebung, aus denen – je nach Bedarf des Argumentierenden – Einflüsse auf die Renditeerwartungen der Investoren unterstellt werden können.

Neben dem die praxisorientierte Literatur dominierenden CAPM gilt das „Arbitrage Pricing Theory"-Verfahren (APT-Verfahren)[277] als alternativer Ansatz, um die risikoadäquaten Eigenkapitalkosten zu bestimmen. Bei APT wird das systematische Risiko des Unternehmens nicht aggregiert in einem Beta-Faktor abgebildet, sondern in eine Vielzahl systematischer Risiken zerlegt. Zudem wird beim APT auf die Abbildung des Marktportefeuilles verzichtet. Da sich der Einsatz dieses Verfahrens in der Unter-

---

[277] Vgl. KEUPER, Finanzmanagement (2000), S. 111–123, KRAG/KASPERZAK, Unternehmensbewertung (2000), S. 93 f.

nehmensbewertung nicht etabliert hat[278] und somit deren Anwendung im Rahmen der Argumentation eingeschränkt ist, sei es an dieser Stelle nicht weiter erläutert.[279]

Da – wie noch zu zeigen sein wird – die Bewerter im Rahmen der DCF-Verfahren meist einem *Zirkularitätsproblem* ausgesetzt sind, also die Ermittlung des gesuchten Wertes eigentlich dessen Kenntnis – beispielsweise bei der Ermittlung der gewogenen Kapitalkosten – schon voraussetzt, bedienen sich die Apostel dieser Verfahren eines Kunstgriffs, um die Komplexität zu reduzieren. Die „DCF-Literatur" unterscheidet diesbezüglich mit der Festlegung der Zielkapitalstruktur oder der Festlegung des Fremdkapitalbestandes zwei *idealtypische Finanzierungsstrategien*, deren Gemeinsamkeit darin besteht, daß *nicht* erörtert wird, warum diesen Strategien seitens des Bewertungssubjekts oder der jeweiligen Unternehmensführung unter Rationalitätsgesichtspunkten gefolgt werden sollte:[280]

1. Bei der *Festlegung einer Zielkapitalstruktur* wird ein fester Verschuldungsgrad FK/GK^f vorgegeben, welcher von der Unternehmensleitung auf Dauer einzuhalten ist. Der Verschuldungsgrad beschreibt das Verhältnis aus dem Marktwert des Fremdkapitals FK und dem Marktwert des Gesamtkapitals des (verschuldeten) Unternehmens GK^f. Da die Einhaltung der Zielkapitalstruktur bei vermeintlichen Veränderungen des Marktwertes des Gesamtkapitals eine Anpassung des Fremdkapitalbestandes erfordert, wird diese Finanzierungsstrategie *unternehmenswertabhängige (oder „atmende")*[281] *Finanzierungspolitik* genannt. Der Fremdkapitalbestand schwankt also mit dem Marktwert des Gesamtkapitals. Im Hinblick auf die Berücksichtigung der Unternehmenssteuern in den Modellen ergeben sich in Anbetracht der unsicheren Zinszahlungen auch unsichere steuerliche Vorteile.

2. Die *Festlegung eines Fremdkapitalbestandes* unterstellt hingegen, daß die Leitung des Unternehmens den Fremdkapitalbestand aufgrund vertraglich abgesicherter Vereinbarungen oder einer Bindung an bilanzielle Größen vorgibt. Diese Finanzierungsstrategie wird als *autonome Finanzierungspolitik*[282] bezeichnet, weil sie unternehmenswertunabhängig ist. Solche determinierten Fremdkapitalbestände ziehen determinierte Zinszahlungen und somit sichere steuerliche Vorteile nach sich, wenn

---

[278] Vgl. KRAG/KASPERZAK, Unternehmensbewertung (2000), S. 96. Siehe zur Problematik das APT-Verfahrens z. B. KRUSCHWITZ/LÖFFLER, APT (1997), STEINER/WALLMEIER, Totgesagte (1997), KRUSCHWITZ/LÖFFLER, Mors certa (1997).

[279] Vgl. HERING, Unternehmensbewertung (2006), S. 185, m. w. N.

[280] Vgl. beispielsweise INSELBAG/KAUFOLD, Alternative Financing Strategies (1997), S. 114, DRUKARCZYK/HONOLD, Unternehmensbewertung (1999), S. 337. Siehe hierzu auch KRAG/KASPERZAK, Unternehmensbewertung (2000), S. 96–98 und S. 108 f., KRUSCHWITZ/LÖFFLER, Ein neuer Zugang (2005), S. 27 f.

[281] Vgl. JUNG/MANDL, Unternehmensbewertung (2003), S. 47, DIERKES/DIEDRICH/GRÖGER, Finanzierungspolitik (2009), S. 281–287. Siehe auch DRUKARCZYK/SCHÜLER, Unternehmensbewertung (2009), S.185–1959.

[282] Ausführlich DRUKARCZYK/SCHÜLER, Unternehmensbewertung (2009), S. 180–185. Vgl. auch DIERKES/DIEDRICH/GRÖGER, Finanzierungspolitik (2009), S. 287–291. Zur Verknüpfung beider „politischen" Vorgehensweisen unter der Bezeichnung „hybride Finanzierungspolitiken" siehe zudem DIERKES/GRÖGER, Hybride Finanzierungspolitiken (2010). Aufgrund unterschiedlicher Kombinationen ergeben sich bei deren Anwendung unterschiedliche Unternehmenswerte bei denselben Eingangsdaten; dies offenbart entsprechenden Argumentationsspielraum beim Einsatz der in Rede stehenden Bewertungsmethoden innerhalb der Verhandlungen.

das Unternehmen in der Lage ist, diese Zinsen zu zahlen und die steuerliche Bemessungsgrundlage nicht bereits anderweitig ausgeschöpft ist.

Zur Ermittlung der – für eine Unternehmensbewertung mit diesen Verfahren – relevanten Cash-flows findet sich in der Literatur eine Vielzahl entsprechender Vorschläge.[283] Gewöhnlich wird bei der Anwendung der DCF-Verfahren der „Cash Flow" vor Zinsen und Steuern (CF) mit der *indirekten* Methode auf Basis von Plan-Bilanzen sowie Plan-Gewinn- und Verlustrechnungen generiert.[284] Somit sind *keine* Zahlungen Ausgangspunkt der „Cash Flow"-Herleitung, wie es die Bezeichnung vielleicht vermuten läßt, sondern Aufwands- und Ertragsgrößen. Mithilfe diverser (im Hinblick auf die einzelnen Vorschläge abweichender) Korrekturen, die sich auf *nicht* zahlungswirksame Aufwendungen und Erträge beziehen, wird sich einer *vermeintlichen* Zahlungsgröße angenähert.

In *Abbildung 317* wird der Vorschlag von BALLWIESER präsentiert,[285] wobei hier die Abschaffung des steuerlichen Anrechnungsverfahrens (Körperschaftsteuer) berücksichtigt wurde.

(1)		Jahresüberschuß
(2)	+	Zinsaufwendungen
(3)	=	Gewinn vor Zinsen nach Steuern
(4)	–	Steuern auf den „Tax Shield" (Zinsen werden als nicht abzugsfähig angesehen)
(5)	+/–	Abschreibungen/Zuschreibungen
(6)	+/–	Erhöhung/Verringerung der Rückstellungen
(7)	+/–	Erhöhung/Verringerung der Sonderposten mit Rücklageanteil
(8)	–/+	Erhöhung/Verringerung des „working capital" (Vorräte + Forderungen aus Lieferungen und Leistungen + geleistete Anzahlungen – Verbindlichkeiten aus Lieferungen und Leistungen – erhaltene Anzahlungen)
(9)	+/–	Erhöhung/Verringerung passiver Rechnungsabgrenzungsposten
(10)	–/+	Erhöhung/Verringerung aktiver Rechnungsabgrenzungsposten
(11)	–	weitere nicht zahlungswirksame Erträge (z. B. im Finanz- und außerordentlichen Bereich)
(12)	+	weitere nicht zahlungswirksame Aufwendungen
(13)	–	Saldo aus Auszahlungen für Investitionen und Einzahlungen aus Desinvestitionen
(14)	–/+	Erhöhung/Verringerung des Zahlungsmittelbestandes
(15)	=	„Free Cash Flow" (FCF)

Abbildung 317: Indirekte Ermittlung des „Free Cash Flow"

---

[283] Vgl. zu den unterschiedlichen „Zahlungsgrößen", die in die einzelnen DCF-Verfahren einfließen und mit unterschiedlichen Diskontierungssätzen abgezinst werden, HERING, Unternehmensbewertung (2006), S. 163–168. Siehe zudem BÜHNER/WEINBERGER, Cash-Flow (1991), S. 194–196, MANDL/RABEL, Unternehmensbewertung (1997), S. 32–37, MANDL/RABEL, Methoden der Unternehmensbewertung (2012), S. 55–59, sowie m. w. N. WAMELING, Berücksichtigung von Steuern (2004), S. 74, und BAETGE ET AL., DCF-Verfahren (2012).

[284] Siehe hierzu ausführlich PEEMÖLLER/HÜTTCHE, Unternehmensbewertung (1993). Eine solche Ableitung kann zu der beispielsweise von KNOLL, Unternehmensbewertung (2006), vertretenen Annahme führen, daß sich unterschiedliche Rechnungslegungssysteme auf die Höhe des Unternehmenswertes auswirken.

[285] In Anlehnung an BALLWIESER, Discounted Cash Flow-Verfahren (1998), S. 86.

Der „Free Cash Flow" (FCF) soll jene Größe darstellen, die als Zufluß einer Periode den Eigenkapital- und den Fremdkapitalgebern zur Verfügung steht, wobei eine fiktive Steuerlast berücksichtigt wird, die der eines unverschuldeten Unternehmens entspricht.

In der Zeile (2) werden vor diesem Hintergrund die Zinsaufwendungen zum Jahresüberschuß hinzugerechnet, weil diese den Fremdkapitalgebern zur Verfügung stehen. Zudem wird die tatsächliche Abzugsfähigkeit der Zinsen auf das Fremdkapital bei der Ermittlung der Unternehmenssteuern in Zeile (4) rückgängig gemacht, um die fiktive Steuerlast zu ermitteln, wie sie sich bei einem rein eigenfinanzierten Unternehmen ergeben hätte. In den Zeilen (5) bis (7) werden spezielle, in der Periode nicht zahlungswirksame Aufwendungen berücksichtigt. Weitere nicht zahlungswirksame Aufwendungen und zahlungsunwirksame Erträge der Periode werden in den Zeilen (8) bis (12) korrigiert. In der Zeile (13) werden zahlungswirksame Investitionen in das Anlage- und das Umlaufvermögen erfaßt. Zeile (14) beinhaltet die Veränderung des Kassenbestandes.[286] „Da der auf diese Weise ermittelte Cash Flow weder dazu dient, die Kasse zu erhöhen noch Investitionen durchzuführen oder Steuern zu zahlen, ist er der Betrag, der an alle Kapitalgeber (unter Berücksichtigung verkehrter Steuerlast) gezahlt werden kann."[287] Es liegt also eine finanzierungsneutrale Größe vor.[288]

---

[286] Vgl. BALLWIESER, Discounted Cash Flow-Verfahren (1998), S. 86.

[287] BALLWIESER, Discounted Cash Flow-Verfahren (1998), S. 86.

[288] Das INSTITUT DER WIRTSCHAFTSPRÜFER, IDW S 1 i. d. F. 2008 (2008), S. 287, definiert den „Free Cash Flow" folgendermaßen: „Die künftigen Free Cashflows sind jene finanziellen Überschüsse, die unter Berücksichtigung gesellschaftsrechtlicher Ausschüttungsgrenzen allen Kapitalgebern des Unternehmens zur Verfügung stehen. Die Free Cashflows stellen finanzielle Überschüsse nach Investitionen und Unternehmenssteuern, jedoch vor Zinsen, sowie nach Veränderungen des Nettoumlaufvermögens dar. Thesaurierte Cashflows werden insoweit durch die Veränderung entsprechender Bilanzposten berücksichtigt. Bei indirekter Ermittlung ergeben sich die Cashflows aus Plan-Gewinn- und Verlustrechnungen jeweils wie folgt:" [Nachfolgende Abbildung ist in Anlehnung an INSTITUT DER WIRTSCHAFTSPRÜFER, IDW S 1 i. d. F. 2008 (2008), S. 287, erstellt.]

(1)		Jahresergebnis
(2)	+	Fremdkapitalzinsen
(3)	−	Unternehmenssteuer-Ersparnis infolge der Abzugsfähigkeit der Fremdkapitalzinsen („tax shield")
(4)	+	Abschreibungen und andere zahlungsunwirksame Aufwendungen
(5)	−	zahlungsunwirksame Erträge
(6)	−	Investitionsauszahlungen abzüglich Einzahlungen aus Desinvestitionen
(7)	+/−	Verminderung/Erhöhung des Nettoumlaufvermögens
(8)	=	„Free Cash Flow" (FCF)

Abbildung 318: Indirekte Ermittlung des „Free Cash Flow" nach IDW S 1

Zudem führt das INSTITUT DER WIRTSCHAFTSPRÜFER, IDW S 1 i. d. F. 2008 (2008), S. 287, erläuternd aus: „Die Hinzurechnung der Fremdkapitalzinsen kann sowohl Zinsen aufgrund einer expliziten Vereinbarung als auch implizite Zinsen (insbesondere bei Pensionsverpflichtungen) umfassen. Letzteres setzt voraus, dass die Pensionsverpflichtungen als Bestandteil des Fremdkapitals berücksichtigt werden und die damit verbundenen Fremdkapitalkosten im Rahmen der gewogenen Kapitalkosten erfasst werden. Die von dem Unternehmen gezahlten Unternehmensteuern werden bei der Ermittlung der Free Cashflows abgezogen. Da der Free Cashflow unter der Annahme ermittelt wird, dass keine Gewinn mindernden Fremdkapitalzinsen zu zahlen sind, ist die durch den Abzug der Fremdkapitalzinsen bewirkte Steuerersparnis (bei in- und ausländischen Ertragsteuern) im Jahresergebnis zu korrigieren."

Welcher Argumentationsspielraum sich allein im Hinblick auf die Bestimmung des – vorab lediglich in der Interpretation nach BALLWIESER dargestellten – „Free Cash Flow" ergibt, sei nunmehr mit Rückgriff auf die Ausführungen von GÜNTHER gezeigt, welcher die 14 aus seiner Sicht „wichtigsten im Schrifttum diskutierten Ansätze"[289] des freien Cash-flows gegenüberstellt.[290] In der nachfolgenden, in Anlehnung an GÜN-THER[291] erstellten *Abbildung 319* sind acht dieser 14 Ansätze dargestellt, wobei nur jene Ansätze berücksichtigt worden sind, welche in der Primärquelle mit „Free Cash Flow" oder „freier Cash-flow" bezeichnet wurden.

---

[289] *GÜNTHER*, Controlling (1997), S. 112.

[290] Siehe hierzu *GÜNTHER*, Controlling (1997), S. 112–118.

[291] Siehe zur Abbildung und den Originalquellen der betrachteten Definitionen *GÜNTHER*, Controlling (1997), S. 113–116. Mangels expliziter Definitionen hat *GÜNTHER* bei einigen Autoren die Konzeption aus Beispielrechnungen entnommen.

Autor	COPELAND/KOLLER/ MURRIN	FICKERT	HACHMEISTER	HERTER
Jahr der Veröffent-lichung	1990	1992	1995	1994
Bezeich-nung	Free Cash Flow	Freier Cash-flow	Freier Cash-flow	Freier Cash-flow
Ansatz	angloamerikanisch	Anlehnung an angloamerikanische Begriffe	kontinental-europäisch	kontinental-europäisch
Definition	Betriebsergebnis nach Steuern und vor Zinsen +Abschreibungen −Bruttoinvestitionen in das Anlage-vermögen −Erhöhung des „working capital"	Gewinn vor Steuern[b] −Steuern −Nettoinvestitio-nen in das Anla-gevermögen −Zunahme des Netto-Umlauf-vermögens (ohne flüssige Mittel)	Jahresüberschuß vor Steuern +Zinsaufwand +ΔSonderposten mit Rücklageanteil +ΔPensions-rückstellungen −ΔAnlagevermögen −Δ„working capital" −zahlungswirksame Steuern	Betriebsergebnis vor Steuern und nach Zinsen +ΔPensions-rückstellungen +kalkulatorische Zinsen und sonsti-ge Zusatzkosten[c] −Vermögen- und Gewerbesteuern −Nettoinvestitionen in das Anlage-vermögen[d] −ΔNetto-Umlauf-vermögen
Einbezug von Steuern	nach Steuern	nach Steuern	nach Steuern	vor Ertragsteuern
Behandlung latenter Steuern	ohne latente Steuern	kein expliziter Hinweis	ohne latente Steuern	ohne latente Steuern
Berücksich-tigung von Zinsen	vor Zinsen	vor Zinsen	vor Zinsen	vor Zinsen
Basis des Ergebnisses	Betriebsergebnis	Betriebsergebnis	Jahresüberschuß	Betriebsergebnis
Umfang der Investi-tionen in das Anlage-vermögen	Ersatz- und Erweiterungs-investitionen	Ersatz- und Erweiterungs-investitionen	Ersatz- und Erweiterungs-investitionen	Ersatz- und Erweiterungs-investitionen
Umfang des „working capital"	Umlaufvermögen[a] minus kurzfristige Verbindlichkeiten	Umlaufvermögen (ohne liquide Mittel) minus kurzfristige Verbindlichkeiten und Steuerrück-stellungen	Umlaufvermögen minus nichtverzinsliches Fremdkapital	Umlaufvermögen minus kurzfristige und nichtverzins-liche Verbind-lichkeiten und Rückstellungen

Abbildung 319a: Vergleich verschiedener „Free Cash Flow"-Definitionen

[a] Explizit wird nur der betriebliche unverzinsliche Teil des „working capital" betont.

[b] Daß Zinsen nicht zu berücksichtigen sind, ist aus der Systematik ableitbar.

[c] Hierunter fallen beispielsweise kalkulatorische Wagnisse.

[d] Berechnet aus Bruttoinvestitionen abzüglich kalkulatorischer Abschreibungen.

Autor	HÖFNER/POHL	GOMEZ/WEBER	STEWART	UNZEITIG/KÖTHNER
Jahr der Veröffent-lichung	1993	1989 – 1993	1990	1995
Bezeich-nung	Free Cash Flow	Freier Cash-flow (Netto verfügbarer Cash-flow)	Free Cash Flow	Freier Cash-flow
Ansatz	kontinental-europäisch	kontinental-europäisch	angloamerikanisch	kontinental-europäisch
Definition	Betriebsergebnis vor Steuern und Zinsen −Fremdkapital-zinsen −Steuern −Investment[e]	Betriebsergebnis vor Zinsen und nach Steuern +Abschreibungen −Nettoinvestitionen in das Anlage-vermögen −Investitionen in das Netto-Umlauf-vermögen	Betriebsergebnis nach Steuern und vor Zinsen −Erhöhung des Anlagevermögens −Erhöhungen des „working capital"	Betriebsergebnis vor Steuern und vor Zinsen +kalkulatorische Kosten +kalkulatorische Abschreibungen +Δlangfristige Rückstellungen −Nettoinvestitionen −ΔVorräte −ΔAbzugskapital
Einbezug von Steuern	nach Steuern	nach Steuern	nach Steuern[f]	vor Steuern
Behandlung latenter Steuern	kein expliziter Hinweis	ohne latente Steuern	ohne latente Steuern	kein expliziter Hinweis
Berücksich-tigung von Zinsen	nach Zinsen	vor Zinsen	vor Zinsen	vor Zinsen
Basis des Ergebnisses	Betriebsergebnis	Betriebsergebnis	Betriebsergebnis	Betriebsergebnis
Umfang der Investi-tionen in das Anlage-vermögen	nicht spezifiziert	Ersatz- und Erweiterungs-investitionen	Ersatz- und Erweiterungs-investitionen	Ersatz- und Erweiterungs-investitionen
Umfang des „working capital"	nicht spezifiziert	betriebsnotwendiges Umlaufvermögen minus kurzfristige Verbindlichkeiten (ohne liquide Mittel)	nicht näher spezifiziert	Vorräte und Bestände minus kurzfristiges und nichtverzinsli-ches Fremdkapital[e]

Abbildung 319b: Vergleich verschiedener „Free Cash Flow"-Definitionen

[e] Ohne nähere Spezifikation.

[f] Die Steuerwirkung des Zinsabzuges ist wieder zum Steueraufwand hinzuzurechnen.

Selbst bei den in der *Abbildung 319* synoptisch gegenübergestellten Ansätzen, welche explizit den „Free Cash Flow" oder „freien Cash-flow" darstellen, sind signifikante Unterschiede sowohl im Hinblick auf die *Definition* des „Free Cash Flow" als bezüglich der von den jeweiligen Autoren verwandten *Termini* zu ersehen. Hinsichtlich der Argumentationsfunktion ergeben sich darüber hinaus Argumentationsspielräume, insbesondere hinsichtlich folgender Aspekte:

- die grundsätzliche und die aufgrund unterschiedlicher Steuersysteme verursachte Behandlung von Steuern,
- die Berücksichtigung von Zinsen (insbesondere bei HÖFNER/POHL),

- die Basis der Ableitung des „Free Cash Flow" (insbesondere bei HACHMEISTER) sowie
- der Umfang des „working capital".

In der Verhandlung ergibt sich für den Argumentierenden weiteres Potential, weil von „Praktikern [..] stets betont [wird], daß es bei der Ermittlung [...] nicht auf absolute theoretische Genauigkeit angesichts der Ungewißheit der Zukunft ankäme."[292]

Im Unterschied zu den investitionstheoretischen Bewertungsverfahren ist – neben der im Rahmen der DCF-Verfahren i. d. R. vorgenommenen Ableitung des Cash-flows aus den Zahlen der Plan-Jahresabschlüsse – zu beachten, daß bei den DCF-Verfahren Zahlungsüberschüsse generiert werden sollen, die zur Ausschüttung frei zur Verfügung stehen. Diese müssen nicht der tatsächlichen Ausschüttung entsprechen.[293] Welche Beziehungen schließlich zwischen den in den *Abbildungen 317 bis 319* ermittelten „Free Cash Flow" und anderen „Cash Flow"-Ausprägungen bestehen, wird in *Abbildung 320*[294] dargestellt. In dieser Abbildung wird zudem die direkte „Cash Flow"-Ermittlungsmöglichkeit aufgezeigt (Zeilen 1 bis 3).

(1)		Einzahlungen aus dem Betriebsbereich	
(2)	–	Auszahlungen aus dem Betriebsbereich	
(3)	=	„Cash Flow" vor Zinsen und Steuern (CF)	
(4)	–	Steuern aus reiner Eigenfinanzierung	
(5)	=	„Operating Cash Flow" (OCF)	
(6)	–	Saldo aus Auszahlungen für Investitionen und Einzahlungen aus Desinvestitionen	
(7)	–/+	Erhöhung/Verringerung des Zahlungsmittelbestandes	
(8)	=	„Free Cash Flow" (FCF)	erfaßt die Steuerlast unter Berücksichtigung vollständiger Eigenfinanzierung; steht Eigen- und Fremdkapitalgebern zu; wird in einem WACC-Verfahren (FCF-Methode) und im APV-Verfahren benötigt.
(9)	+	Unternehmenssteuerersparnis wegen Abzugsfähigkeit der Zinsen „Tax Shield" (TS)	
(10)	=	„Total Cash Flow" (TCF)	erfaßt die Steuerlast entsprechend der vorliegenden Finanzierungsstruktur; steht Eigen- und Fremdkapitalgebern zu; geht in ein WACC-Verfahren (TCF-Methode) ein.
(11)	–	Zinsen	
(12)	+	Kreditaufnahme	
(13)	–	Kredittilgung	
(14)	=	„Flow to Equity" (FTE)	erfaßt den den jeweiligen Eigenkapitalgebern unmittelbar zustehenden Netto-Cash-flow (nach Zinsen und Steuern); geht in das Equity-Verfahren ein.

Abbildung 320: Beziehungen zwischen den „Cash Flow"-Begriffen

---

[292] *GÜNTHER*, Controlling (1997), S. 118.

[293] Vgl. *SCHULTZE*, Unternehmensbewertung (2003), S. 95.

[294] In Anlehnung an *BALLWIESER*, Unternehmensbewertung (2011), S. 133.

Die Prognose der Cash-flows erfolgt i. d. R. in zwei Phasen. Für die erste Phase, die sog. Detailphase, „die häufig einen überschaubaren Zeitraum von drei bis fünf Jahren umfasst, stehen [...] zumeist hinreichend detaillierte Planungsrechnungen zur Verfügung. In dieser zeitlich näheren Phase werden die zahlreichen Einflussgrößen meist einzeln zur Prognose der finanziellen Überschüsse veranschlagt. [...] Die Planungsjahre der ferneren zweiten Phase basieren i. d. R. – ausgehend von der Detailplanung der ersten Phase – auf langfristigen Fortschreibungen von Trendentwicklungen."[295]

4.2.3.2.1.2 WACC-Ansatz

Mit dem WACC-Ansatz[296], einem Bruttoverfahren, wird versucht, den „Marktwert" GK des Gesamtkapitals des Unternehmens durch die Diskontierung des sämtlichen Kapitalgebern zur Verfügung stehenden freien Cash-flows FCF[297] mit einem gewogenen (durchschnittlichen) Kapitalkostensatz k[298] zu bestimmen. Im Hinblick auf die Art der Erfassung (unternehmensertrag-)steuerlicher Aspekte können grundsätzlich zwei WACC-Ansatz-Varianten unterschieden werden: Während die „US-amerikanische Lehrbuchformel" des WACC-Verfahrens die steuerbedingten Finanzierungsvorteile im Nenner, also in den gewogenen Kapitalkosten, erfaßt (auch „Free Cash Flow"-Ansatz genannt), werden im alternativen Ansatz, dem „Total Cash Flow"-Ansatz, die Steuereffekte im Zähler berücksichtigt, also von den relevanten Cash-flows subtrahiert.[299]

Da die Berücksichtigung der steuerbedingten (Fremd-)Finanzierungsvorteile beim „*Free Cash Flow*"-*Ansatz*[300], dem in der anglo-amerikanischen Literatur dominierenden DCF-Verfahren, im Nenner erfolgt, ist im Zähler der freie Cash-flow („Free Cash Flow", FCF) zu berücksichtigen. Zur Ermittlung des Unternehmenswertes UW^{FCF} wird der erwartete freie Cash-flow FCF mit dem um die steuerlichen Finanzierungsvorteile (aufgrund der realiter gegebenen Verschuldung) korrigierten gewogenen Kapitalkostensatz k_s^f abgezinst. Der abzuzinsende freie Cash-flow FCF steht allen Kapitalgebern zur Verfügung und entspricht dem eines fiktiven, rein eigenfinanzierten Unternehmens. Dabei werden fiktive (Ertrag-)Steuern berücksichtigt, die denen eines *unverschuldeten* Unternehmens entsprechen. Anschließend erfolgt aufgrund der bei diesem Bruttoverfahren geltenden Beziehung „Marktwert des Gesamtkapitals des Unternehmens = Marktwert des Eigenkapitals + Marktwert des Fremdkapitals" (GK = EK + FK) eine Bereinigung um den Wert des Fremdkapitals FK:

---

[295] *INSTITUT DER WIRTSCHAFTSPRÜFER*, IDW S 1 i. d. F. 2008 (2008), S. 281. Zur Prognose und zur Zerlegung des Prognosezeitraums vgl. auch *MANDL/RABEL*, Unternehmensbewertung (1997), S. 143–162, insbesondere S. 153–157.

[296] Vgl. hierzu *MANDL/RABEL*, Methoden der Unternehmensbewertung (2012), S. 65–70, sowie insbesondere zur Kritik am Verfahren *HERING*, Unternehmensbewertung (2006), S. 209–212, *SCHNEIDER*, EVA und WACC (2009), S. 37–42.

[297] Vgl. *MANDL/RABEL*, Unternehmensbewertung (1997), S. 38–40, S. 316–320 und S. 334–345.

[298] Vgl. *MANDL/RABEL*, Unternehmensbewertung (1997), S. 321–333.

[299] Vgl. *KRAG/KASPERZAK*, Unternehmensbewertung (2000), S. 85.

[300] Vgl. ausführlich *MANDL/RABEL*, Unternehmensbewertung (1997), S. 311–364, *KRAG/KASPERZAK*, Unternehmensbewertung (2000), S. 104–108, *BALLWIESER*, Unternehmensbewertung (2011), S. 161–184. Siehe zu einem transparenten Beispiel, welches steuerliche Verlustvorträge berücksichtigt und die damit verbundene „erhebliche Verkomplizierung des Rechenganges" verdeutlicht, *JUNG/MANDL*, Unternehmensbewertung (2003).

$$UW^{FCF} = \underbrace{EK^{FCF}}_{\substack{\text{Marktwert} \\ \text{des Eigen-} \\ \text{kapitals eines} \\ \text{verschuldeten} \\ \text{Unternehmens}}} = \underbrace{\sum_{t=1}^{T} \frac{FCF_t}{\left(1 + k_s^f\right)^t}}_{\substack{\text{Marktwert GK} \\ (= EK + FK) \text{ des} \\ \text{Gesamtkapitals} \\ \text{des Unternehmens}}} - \underbrace{FK}_{\substack{\text{Marktwert} \\ \text{des Fremd-} \\ \text{kapitals}}} .$$

Der Durchschnittsgesamtkapitalkostensatz k_s^f gewichtet den steuerkorrigierten Fremdkapitalzins $(1-s) \cdot i$ mit der in „Marktwerten" gemessenen Fremdkapitalquote FK/GK^f und die Renditeforderung der Eigenkapitalgeber r_s^f mit der in „Marktwerten" ausgedrückten Eigenkapitalquote EK/GK^f. Der gesuchte Wert EK^{FCF} $(= EK)$ und der Kapitalkostensatz k_s^f sind somit interdependent:

$$k_s^f = i \cdot (1-s) \cdot \frac{FK}{GK^f} + r_s^f \cdot \frac{EK}{GK^f} .$$

Somit gilt:

$$UW^{FCF} = EK^{FCF} = \sum_{t=1}^{T} \frac{FCF_t}{\left[1 + \left(i \cdot (1-s) \cdot \dfrac{FK}{GK^f} + r_s^f \cdot \dfrac{EK}{GK^f}\right)\right]^t} - FK$$

und für den Fall eines FCF als ewige Rente:

$$UW^{FCF} = EK^{FCF} = \frac{FCF}{\left(i \cdot (1-s) \cdot \dfrac{FK}{GK^f} + r_s^f \cdot \dfrac{EK}{GK^f}\right)} - FK = \frac{FCF}{k_s^f} - FK .$$

Erfolgt die Schätzung der freien Cash-flows in zwei Phasen (Phase 1 von $t = 1$ bis τ), kann UW^{FCF} wie folgt ermittelt werden:[301]

$$UW^{FCF} = EK^{FCF} = \sum_{t=1}^{\tau} \frac{FCF_t}{\left(1 + k_s^f\right)^t} + \frac{FCF_{\tau+1}}{k_s^f \cdot \left(1 + k_s^f\right)^\tau} - FK = \sum_{t=1}^{\tau} \frac{FCF_t}{\left(1 + k_s^f\right)^t} + \frac{CV_\tau^{FCF}}{\left(1 + k_s^f\right)^\tau} - FK .$$

Da die als Ergebnis zu ermittelnden Werte UW $(= EK)$ bereits zur Ermittlung der gewogenen durchschnittlichen Kapitalkosten k erforderlich sind, ergibt sich ein Zirkelschluß. Auch schon zur Berechnung des in den WACC (mit der Eigenkapitalquote gewichtet) einfließenden Eigenkapitalkostensatzes r muß der doch erst zu findende Verschuldungsgrad (als Verhältnis aus „Fremdkapitalmarktwert" zu „Eigenkapitalmarktwert" FK/EK) bekannt sein,[302] denn wenn

---

[301]   Die auf das Ende der Detailphase (oder des detaillierten Planungszeitraums) diskontierten Cash-flows werden auch als „Continuing Value" CV bezeichnet. Vgl. MOSER, Terminal Value (2002), JUNG/MANDL, Unternehmensbewertung (2003), S. 45, STELLBRINK, Restwert (2005), LOBE, Unternehmensbewertung (2006). Der CV, „Terminal Value" oder auch Restwert berechnet sich wie folgt:

$$CV_\tau^{FCF} = \frac{FCF_{\tau+1}}{k_s^f} .$$

[302]   Vgl. zu diesem Zirkularitätsproblem HERING, IDW-S1 (2004), S. 512, HERING/BRÖSEL, Argumentationswert (2004), S. 938. Anderer Ansicht KRUSCHWITZ/LÖFFLER, Missverständnisse (2003), S. 733. Siehe auch BALLWIESER, Missverständnisse (2003).

$$r_s^f = r_s^e + \left(r_s^e - i\right) \cdot \left(1 - s\right) \cdot \frac{FK}{EK}$$

in

$$k_s^f = i \cdot \left(1 - s\right) \cdot \frac{FK}{GK^f} + r_s^f \cdot \frac{EK}{GK^f}$$

eingesetzt wird, ergibt sich:[303]

$$k_s^f = r_s^e \cdot \left(1 - s \cdot \frac{FK}{GK^f}\right).$$

Dies kann auch anders ausgedrückt werden: Mit der Festlegung des Verschuldungsgrades, wie auch immer bestimmt, ist bereits das „ermittelt", was im weiteren erst scheinbar unabhängig davon als Ergebnis hervorgebracht und dem – hoffentlich staunenden und von der Argumentationskraft beeindruckten – Publikum „präsentiert" wird. Dieser „Zaubertrick" läßt sich am einfachsten auf Basis des Modells der ewigen Rente verdeutlichen. Denn es gilt:

$$UW^{FCF} = EK^{FCF} = \frac{FCF}{\left(i \cdot \left(1 - s\right) \cdot \dfrac{FK}{GK^f} + r_s^f \cdot \dfrac{EK}{GK^f}\right)} - FK = \frac{FCF}{k_s^f} - FK = GK^f - FK.$$

Aus $\dfrac{FCF}{k_s^f} \cdot \dfrac{EK}{GK^f}$ folgt $\dfrac{FCF}{k_s^f} \cdot \left[1 - \dfrac{FK}{GK^f}\right] = GK^f \cdot \left[1 - \dfrac{FK}{GK^f}\right] = GK^f - FK.$

Ohne Rücksicht auf diese Zusammenhänge empfehlen Vertreter des WACC-Ansatzes,[304] zur Schätzung von r auf das CAPM zurückzugreifen und somit den mehrperiodigen WACC-Ansatz mit einem einperiodigen Modell pragmatisch zu verknüpfen.

---

[303] Vgl. *KRAG/KASPERZAK*, Unternehmensbewertung (2000), S. 105. Zur Erläuterung:

$$k_s^f = i \cdot \left(1 - s\right) \cdot \frac{FK}{GK^f} + \left[r_s^e + \left(r_s^e - i\right) \cdot \left(1 - s\right) \cdot \frac{FK}{EK}\right] \cdot \frac{EK}{GK^f}$$

$$k_s^f = i \cdot \left(1 - s\right) \cdot \frac{FK}{GK^f} + \left[r_s^e \cdot \frac{EK}{GK^f} + \left(r_s^e - i\right) \cdot \left(1 - s\right) \cdot \frac{FK}{GK^f}\right]$$

$$k_s^f = i \cdot \left(1 - s\right) \cdot \frac{FK}{GK^f} + \left[r_s^e \cdot \frac{EK}{GK^f} + \left(r_s^e \cdot \left(1 - s\right) \cdot \frac{FK}{GK^f} - i \cdot \left(1 - s\right) \cdot \frac{FK}{GK^f}\right)\right]$$

$$k_s^f = \left[r_s^e \cdot \frac{EK}{GK^f} + \left(r_s^e \cdot \left(1 - s\right) \cdot \frac{FK}{GK^f}\right)\right]$$

$$k_s^f = \left[r_s^e \cdot \frac{EK}{GK^f} + r_s^e \cdot \frac{FK}{GK^f} - r_s^e \cdot s \cdot \frac{FK}{GK^f}\right]$$

$$k_s^f = \left[r_s^e \cdot \frac{EK + FK}{GK^f} - r_s^e \cdot s \cdot \frac{FK}{GK^f}\right]$$

$$k_s^f = r_s^e \cdot \left(1 - s \cdot \frac{FK}{GK^f}\right).$$

[304] Vgl. *COPELAND/KOLLER/MURRIN*, Unternehmenswert (2002), S. 264, *DRUKARCZYK/SCHÜLER*, Unternehmensbewertung (2007), S. 242 und S. 271.

Beispiel 4: „Free Cash Flow"-Ansatz (Zielkapitalstruktur FK/GK^f = 0,55)

Die Ermittlung eines Argumentationswertes mit Hilfe des „Free Cash Flow"-Ansatzes sei nunmehr an einem transparenten Beispiel dargestellt: Es sei angenommen, daß ein einfaches Gewinnsteuersystem vorliegt, in welchem die Periodengewinne am Ende der Periode mit einem konstanten Steuersatz i. H. v. s = 50 % zu versteuern sind. Das Fremdkapital, welches als nicht ausfallbedroht gilt, wird mit einem (konstanten) sicheren Zinssatz i = 8 % p. a. verzinst. Die von den Eigenkapitalgebern geforderte (im Zeitablauf konstante) Rendite bei reiner Eigenfinanzierung sei r_s^e = 10 % p. a. Der Cash-flow X_t vor Fremdkapitalzinsen und Steuern beträgt in den ersten drei Perioden (t = 1, 2 und 3): 400, 300 und 500. Ab der vierten Periode wird eine ewige Rente von 400 erwartet. Der Bewerter unterstellt, daß die Unternehmensleitung eine Zielkapitalstruktur ZKS = FK/GK^f = 0,55 anstrebt. Würde beim WACC-Verfahren hingegen eine autonome Finanzierungspolitik unterstellt, veränderte sich die Kapitalstruktur im Zeitablauf, was theoretisch zu unterschiedlichen, also periodenspezifischen Renditeforderungen der Eigner führen würde. Zwangsläufig würde sich das ohnehin schon bestehende Zirkularitätsproblem vergrößern.[305]

Es ergibt sich aus diesen Daten bei angestrebter Zielkapitalstruktur von 0,55 ein Eigenkapitalkostensatz r_s^f von 11,22 % p. a.:

$$r_s^f = r_s^e + \left(r_s^e - i\right) \cdot (1-s) \cdot \frac{FK}{EK} = 0,1 + (0,1 - 0,08) \cdot (1 - 0,5) \cdot \frac{0,55}{0,45} = 0,1122.$$

Unter Berücksichtigung des für die angestrebte Zielkapitalstruktur ermittelten Eigenkapitalkostensatzes r_s^f von 11,22 % p. a. ergeben sich gewichtete Kapitalkosten von 7,25 % p. a., die sich wie folgt berechnen lassen:

$$k_s^f = i \cdot (1-s) \cdot \frac{FK}{GK^f} + r_s^f \cdot \frac{EK}{GK^f} = 0,08 \cdot (1 - 0,5) \cdot 0,55 + 0,1122 \cdot 0,45 = 0,0725.$$

Auch eine direkte Ermittlung der gewichteten Eigenkapitalkosten ist möglich:

$$k_s^f = r_s^e \cdot \left(1 - s \cdot \frac{FK}{GK^f}\right) = 0,1 \cdot (1 - 0,5 \cdot 0,55) = 0,0725.$$

Bevor nunmehr der Unternehmenswert berechnet werden kann, ist der gegebene Cash-flow vor Fremdkapitalzinsen und Steuern in den freien Cash-flow zu transformieren: $FCF_t = X_t \cdot (1 - s)$. Der gesuchte UW^{FCF} ergibt sich bei vorliegender Zielkapitalstruktur wie folgt:

$$UW^{FCF} = \frac{200}{1,0725} + \frac{150}{(1,0725)^2} + \frac{250}{(1,0725)^3} + \frac{200}{0,0725 \cdot (1,0725)^3} - 0,55 \cdot GK^f$$

$$UW^{FCF} = 186,48 + 130,41 + 202,65 + 2.236,15 - 0,55 \cdot \frac{UW^{FCF}}{0,45}$$

---

[305] Als Hauptproblem der WACC-Verfahren sieht BALLWIESER „die nötige Konstanz der Kapitalstruktur in Marktwerten. [... Diese] verlangt eine bestimmte Finanzierungs- und damit auch Ausschüttungspolitik. Sämtliche Investitionen im Unternehmen müssen unternehmenswertproportional finanziert werden [...] Diese Form der Finanzierung ist keine realistische Annahme", so *BALLWIESER*, Unternehmensbewertung (2011), S. 167. Somit sind die Vertreter der Verfahren wenigstens insofern konsequent, als durchgängig unrealistische Annahmen getroffen werden.

$2{,}22 \cdot UW^{FCF} = 2.755{,}68$

$UW^{FCF} = 1.240{,}06.$

Der Marktwert des Eigenkapitals beträgt somit 1.240,06 (bei einem Gesamtwert von Eigen- und Fremdkapital von 1.240,06/0,45 = 2.755,68).

Wie erwähnt, ist dieses „Ziel" auch auf „einfacherem" Wege zu erreichen:

$$\left[\sum_{t=1}^{\tau} \frac{FCF_t}{(1+k_s^f)^\tau} + \frac{FCF_{\tau+1}}{k_s^f \cdot (1+k_s^f)^\tau} \right] \cdot \frac{FK}{GK^f} = \left[\sum_{t=1}^{3} \frac{FCF_\tau}{(1+k_s^f)^\tau} + \frac{FCF_{3+1}}{k_s^f \cdot (1+k_s^f)^3} \right] \cdot \left[1 - \frac{FK}{GK^f} \right] =$$

$$\left[\frac{200}{1{,}0725} + \frac{150}{(1{,}0725)^2} + \frac{250}{(1{,}0725)^3} + \frac{200}{0{,}0725 \cdot (1{,}0725)^3} \right] \cdot [1 - 0{,}55] = 1.240{,}06.$$

Beispiel 5: „Free Cash Flow"-Ansatz (Kalibrierung des Beta-Faktors)

Bei der Ermittlung von r_s^f wurde im Beispiel 4 auf die von den Eigenkapitalgebern geforderte (im Zeitablauf konstante) Rendite bei reiner Eigenfinanzierung i. H. v. r_s^e = 10 % p. a. zurückgegriffen. Hierbei handelt es sich um einen Betrag, der beim nachfolgend dargestellten APV-Ansatz eine wesentliche Rolle spielt und erhebliche Schwierigkeiten bei seiner Ermittlung nach sich zieht, weil in der Praxis gewöhnlich keine unverschuldeten Unternehmen vorliegen.

„Ohne die […] nach MODIGLIANI/MILLER zwingende Beziehung

$$r_s^f = r_s^e + \left(r_s^e - i \right) \cdot (1-s) \cdot \frac{FK}{EK}$$

zu beachten, empfiehlt [..] die Praktiker- oder Beraterliteratur [deshalb], die ‚Eigenkapitalkosten' r_s^f mit dem CAPM zu schätzen. Es gibt nun aber keinerlei Grund für die Annahme, eine derartige ‚kapitalmarktorientierte' Schätzung liefere den gleichen Wert wie die unter ganz anderen Prämissen abgeleitete MODIGLIANI-MILLER-Formel (im Beispiel 11,22 %). Um [... bei den Daten des vorherigen Beispiels 4] zu bleiben, möge der den WACC-Ansatz propagierende Unternehmensberater seinen Betafaktor[306] so quantifizieren, daß für das Bewertungsobjekt r_s^f = 12,5 % gilt. (Die präsumtiven Eigner beschließen daraufhin, diese Rendite zu ‚fordern'.) […] Um jedoch den WACC-Ansatz zur Geltung zu bringen, rechnet der Unternehmensberater unbeirrt weiter. Er erhält:"[307]

$$k_s^f = i \cdot (1-s) \cdot \frac{FK}{GK^f} + r_s^f \cdot \frac{EK}{GK^f} = 0{,}08 \cdot (1-0{,}5) \cdot 0{,}55 + 0{,}125 \cdot 0{,}45 = 0{,}07825.$$

Schließlich ergibt sich ein Unternehmenswert i. H. v. (nur) 1.148,76, was nachfolgend dargestellt wird:

$$UW^{FCF} = \frac{200}{1{,}07825} + \frac{150}{1{,}07825^2} + \frac{250}{1{,}07825^3} + \frac{200}{0{,}07825 \cdot 1{,}07825^3} - 0{,}55 \cdot GK^f$$

$$UW^{FCF} = 185{,}49 + 129{,}02 + 199{,}43 + 2.038{,}86 - 0{,}55 \cdot \frac{UW^{FCF}}{0{,}45}$$

---

[306] Vgl. zu verschiedenen Möglichkeiten der Beta-Faktor-Kalibrierung KÜTING/HEIDEN/LORSON, Neuere Ansätze (2000), S. 28 f.

[307] HERING, Unternehmensbewertung (2006), S. 210 (Hervorhebungen im Original hier nachempfunden). Die Symbolik und die Beträge wurden, soweit erforderlich, angepaßt.

$2,22 \cdot UW^{FCF} = 2.552,79$

$UW^{FCF} = 1.148,76.$

„Da der praxisorientierte WACC-Ansatz den Wert $r_s^e = 10\ \%$ [..., der später auch in den APV-Ansatz einfließen wird,] konzeptionell nicht kennt und k_s^f auf andere Weise festlegt, wäre eine zufällige Übereinstimmung [mit den Ergebnissen anderer DCF-Verfahren] im übrigen sehr überraschend. Woher sollte auch umgekehrt ein APV-Nutzer wissen, daß er $r_s^e = 10,7931034\ \%$ annehmen muß, um auf $r_s^f = 12,5\ \%$ und $UW^{FCF} = 1.148,76$ zu gelangen?"[308] Dem Anwender bietet sich hier also ein immenser Argumentationsspielraum.[309]

Beispiel 6: „Free Cash Flow"-Ansatz (Zielkapitalstruktur FK/GK^f = 0,6)

Zur Darstellung der Bedeutung der Wahl der Zielkapitalstruktur sei das *Beispiel 4* nachfolgend leicht abgewandelt. Es wird nun – unter Ceteris-paribus-Bedingungen – angenommen, daß die Unternehmensleitung eine Zielkapitalstruktur ZKS = FK/GK^f = 0,6 anstrebt. Hieraus ergeben sich gewichtete Eigenkapitalkosten von nur noch 7 % p. a.:

$$k_s^f = r_s^e \cdot \left(1 - s \cdot \frac{FK}{GK^f}\right) = 0,1 \cdot (1 - 0,5 \cdot 0,6) = 0,07,$$

woraus ein Unternehmenswert von 1.141,71 (bei einem Gesamtmarktwert von Eigen- und Fremdkapital GK^f = 1.141,71/0,4 = 2.854,29) resultiert, wie es die nachfolgende Berechnung unterstreicht:

$$UW^{FCF} = \frac{200}{1,07} + \frac{150}{(1,07)^2} + \frac{250}{(1,07)^3} + \frac{200}{0,07 \cdot (1,07)^3} - 0,6 \cdot GK^f$$

$$UW^{FCF} = 186,92 + 131,32 + 204,07 + 2.332,28 - 0,6 \cdot \frac{UW^{FCF}}{0,4}$$

$2,5 \cdot UW^{FCF} = 2.854,29$

$UW^{FCF} = 1.141,71.$

Die Veränderung der fiktiven Zielkapitalstruktur von 0,55 auf 0,6 führt hier zu einer Verminderung des Unternehmenswertes von 1.240,06 auf 1.141,71.

Beispiel 7: „Free Cash Flow"-Ansatz (Ewige Rente)

Ein viertes und letztes FCF-Beispiel soll für ein Unternehmen aufgezeigt werden, mit welchem in jeder Periode ein Cash-flow X von 400 vor Fremdkapitalzinsen und Steuern als ewige Rente erwirtschaftet werden kann. Ferner seien ein konstanter Steuersatz i. H. v. s = 50 %, Fremdkapital zu einem (konstanten) sicheren Zinssatz i = 8 % p. a., eine geforderte Rendite bei reiner Eigenfinanzierung i. H. v. $r_s^e = 10$ % p. a. sowie

---

[308]   HERING, Unternehmensbewertung (2006), S. 210. Die Symbolik und die Beträge wurden, soweit erforderlich, angepaßt.

[309]   Welche Aspekte in Krisenzeiten argumentativ im Hinblick auf die Eingangsdaten der DCF-Methoden berücksichtigt werden können, stellen ZWIRNER/REINHOLDT, Auswirkungen (2009), übersichtlich dar.

eine angestrebte Zielkapitalstruktur ZKS = $FK/GK^f = 0{,}55$ gegeben. Die direkte Ermittlung der gewichteten Eigenkapitalkosten ergibt:

$$k_s^f = r_s^e \cdot \left(1 - s \cdot \frac{FK}{GK^f}\right) = 0{,}1 \cdot (1 - 0{,}5 \cdot 0{,}55) = 0{,}0725.$$

Unter Berücksichtigung, daß der FCF = X · (1 − s) beträgt, ermittelt sich folgender Unternehmenswert:

$$UW^{FCF} = EK^{FCF} = \frac{FCF}{k_s^f} - FK = \frac{200}{0{,}0725} - 0{,}55 \cdot \frac{UW^{FCF}}{0{,}45}$$

$$2{,}22 \cdot UW^{FCF} = 2.758{,}62$$

$$UW^{FCF} = 1.241{,}38.$$

Nach den zahlreichen Beispielen zum „Free Cash Flow"-Ansatz wird nunmehr der zweite WACC-Ansatz, der *„Total Cash Flow"-Ansatz*,[310] erläutert. Hierbei erfolgt die Berücksichtigung der steuerbedingten (Fremd-)Finanzierungsvorteile im Zähler, so daß bei dieser WACC-Variante im Nenner der nicht um die steuerlichen Finanzierungsvorteile korrigierte gewogene Kapitalkostensatz k^f zu berücksichtigen ist:

$$k^f = i \cdot \frac{FK}{GK^f} + r_s^f \cdot \frac{EK}{GK^f}.$$

Im Zähler wird nicht (wie beim „Free Cash Flow"-Ansatz) der freie Cash-flow (FCF), sondern der „Total Cash Flow" (TCF) berücksichtigt. Hierbei handelt es sich um den wegen Abzugsfähigkeit der Zinsen mit der Unternehmenssteuerersparnis („Tax Shield"; TS) korrigierten FCF:

TCF = FCF + TS = FCF + s · i · FK.

Zur Ermittlung des Unternehmenswertes UW^{TCF} wird der erwartete totale Cash-flow TCF mit dem gewogenen Kapitalkostensatz k^f, der die Steuerersparnis aus Fremdkapitalzinsen nicht berücksichtigt, abgezinst und anschließend (wegen GK = EK + FK) um den Marktwert des Fremdkapitals FK bereinigt:

$$UW^{TCF} = \underbrace{EK^{TCF}}_{\substack{\text{Marktwert} \\ \text{des Eigen-} \\ \text{kapitals eines} \\ \text{verschuldeten} \\ \text{Unternehmens}}} = \sum_{t=1}^{T} \frac{FCF_t + s \cdot i \cdot FK}{\underbrace{\left[1 + \left(i \cdot \frac{FK}{GK^f} + r_s^f \cdot \frac{EK}{GK^f}\right)\right]^t}_{\substack{\text{Marktwert GK (= EK + FK)} \\ \text{des Gesamtkapitals des Unternehmens}}}} - \underbrace{FK}_{\substack{\text{Marktwert} \\ \text{des Fremd-} \\ \text{kapitals}}}.$$

Für den Fall eines TCF als ewige Rente gilt demnach:

$$UW^{TCF} = EK^{TCF} = \frac{FCF + s \cdot i \cdot FK}{\left(i \cdot \frac{FK}{GK^f} + r_s^f \cdot \frac{EK}{GK^f}\right)} - FK.$$

Wird der totale Cash-flow in zwei Phasen (Phase 1 von t = 1 bis τ) ermittelt, kann UW^{TCF} wie folgt berechnet werden:

$$UW^{TCF} = EK^{TCF} = \sum_{t=1}^{\tau} \frac{FCF_t + s \cdot i \cdot FK}{\left(1 + k^f\right)^t} + \frac{FCF_{\tau+1} + s \cdot i \cdot FK}{k^f \cdot \left(1 + k^f\right)^\tau} - FK.$$

---

[310] Vgl. zu Ansatz und Kritik *BALLWIESER*, Unternehmensbewertung (2011), S. 184–187. Siehe auch *MANDL/RABEL*, Unternehmensbewertung (1997), S. 365 f.

Beispiel 8: „Total Cash Flow"-Ansatz (Ewige Rente)

Da das TCF-Verfahren „in der Praxis keine wesentliche Bedeutung erlangt hat"[311], soll lediglich am Beispiel gezeigt werden, daß die beiden Varianten des WACC-Ansatzes zu übereinstimmenden Ergebnissen kommen, wenn von den Bewertern übereinstimmende Annahmen getroffen werden. Der von den Eigenkapitalgebern in Abhängigkeit des Verschuldungsgrades geforderte Eigenkapitalkostensatz r_s^f ergibt sich analog der FCF-Variante und beträgt demnach 11,22 % p. a.:

$$r_s^f = r_s^e + \left(r_s^e - i\right) \cdot (1-s) \cdot \frac{FK}{EK} = 0,1 + (0,1 - 0,08) \cdot (1 - 0,5) \cdot \frac{0,55}{0,45} = 0,1122.$$

Schließlich ergibt sich nach mehreren Rechenschritten ein UW^{TCF}, welcher – aufgrund der konsistenten Wahl der Modellparameter – mit einem Betrag von 1.241,38 dem Unternehmenswert UW^{FCF} entspricht, der mit der FCF-Variante des WACC-Ansatzes (vgl. Beispiel 7) berechnet wurde:

$$UW^{TCF} = EK^{TCF} = \frac{FCF + s \cdot i \cdot FK}{\left(i \cdot \dfrac{FK}{GK^f} + r_s^f \cdot \dfrac{EK}{GK^f}\right)} - FK = \frac{200 + 0,5 \cdot 0,08 \cdot FK}{0,08 \cdot 0,55 + 0,1122 \cdot 0,45} - FK$$

$$UW^{TCF} = \frac{200 + 0,5 \cdot 0,08 \cdot FK}{0,0945} - FK$$

$$UW^{TCF} = \frac{200}{0,0945} + \frac{0,5 \cdot 0,08 \cdot 0,55 \cdot \dfrac{UW^{TCF}}{0,45}}{0,0945} - 0,55 \cdot \frac{UW^{TCF}}{0,45}$$

$$UW^{TCF} = 2.116,40 + 0,52 \cdot UW^{TCF} - 1,22 \cdot UW^{TCF}$$

$$1,70 \cdot UW^{TCF} = 2.116,40$$

$$UW^{TCF} = 1.241,38.$$

„Sobald die Voraussetzung der ewigen Rente fällt, ergibt sich [… bei den Varianten des WACC-Verfahrens grundsätzlich] das Problem, das Modell prämissengerecht an im Zeitablauf schwankende Rückflüsse anzupassen. Um weiterhin mit einem konstanten (oder auch deterministisch schwankenden) ‚WACC' rechnen zu können, bedarf es [...] der aus ökonomischer Sicht unbegründeten und daher willkürlichen Prämisse einer in Marktwerten vorzugebenden ‚Zielkapitalstruktur' bei gleichzeitig determinierten Werten von r_s^f, i und s. Weil UW und k_s^f [sowie auch UW und k^f] interdependent sind, muß der mühselige Weg der iterativen Lösung der Bewertungsgleichungen beschritten werden. [...] Die Kapitalstruktur sollte grundsätzlich nicht durch die Eigentümlichkeiten und Schwächen eines Modells bestimmt werden, sondern das Resultat betriebswirtschaftlich rationaler Entscheidungen sein. Angesichts der Umständlichkeit, Widersprüchlichkeit und mangelnden theoretischen Fundierung des WACC-Ansatzes erstaunt es, daß viele Autoren und Unternehmensberater ausgerechnet diese DCF-Variante zu präferieren scheinen."[312]

---

[311] BALLWIESER, Unternehmensbewertung (2011), S. 187. Siehe auch WAMELING, Berücksichtigung von Steuern (2004), S. 80.

[312] HERING, Unternehmensbewertung (2006), S. 211 f. Die Symbolik wurde, soweit erforderlich, angepaßt.

4.2.3.2.1.3 „Adjusted Present Value"-Ansatz

Beim „Adjusted Present Value"-Ansatz (APV-Ansatz)[313], einem weiteren Bruttoverfahren, wird im Kapitalmarktgleichgewicht und unter Berücksichtigung der im Jahre 1963 abgewandelten Prämissen von MODIGLIANI/MILLER[314] ein steuerangepaßter „Marktwert" GK des Gesamtkapitals des Unternehmens ermittelt. Bei diesem Verfahren werden (unternehmensertrag-)steuerliche Aspekte separat erfaßt und auch abgebildet.

Liegen 1. ein als ewige Rente erwarteter freier Cash-flow FCF[315] vor Zinsen und nach Steuern, die ein ausschließlich eigenfinanziertes Unternehmen unterstellen, 2. angenommene Eigenkapitalkosten r_s^e bei hypothetischer reiner Eigenfinanzierung, 3. ein unternehmensbezogener Steuersatz s sowie der „Marktwert" des Fremdkapitals FK vor, so ergibt sich der Unternehmenswert UW^{APV}, der dem „Marktwert" des Eigenkapitals EK^{APV} entsprechen soll, a) aus dem „Marktwert" eines (theoretisch) unverschuldeten Unternehmens FCF / r_s^e, b) aus der aus der Abzugsfähigkeit der Zinsen resultierenden Steuerersparnis („Tax Shield") $s \cdot i \cdot FK$ sowie c) der Korrekturgröße FK, die bei diesem Bruttoverfahren aufgrund der Beziehung GK = EK + FK zu berücksichtigen ist, wie folgt:

$$UW^{APV} = \underbrace{EK^{APV}}_{\substack{\text{Marktwert} \\ \text{des Eigen-} \\ \text{kapitals eines} \\ \text{verschuldeten} \\ \text{Unternehmens}}} = \frac{FCF}{r_s^e} + \frac{s \cdot i \cdot FK}{i} - FK = \underbrace{\underbrace{\frac{FCF}{r_s^e}}_{\substack{\text{Marktwert} \\ \text{eines theoretisch} \\ \text{unverschuldeten} \\ \text{Unternehmens}}} + \underbrace{s \cdot FK}_{\substack{\text{Wert der} \\ \text{Steuer-} \\ \text{vorteile} \\ \text{aus der} \\ \text{Verschuldung}}} - \underbrace{FK}_{\substack{\text{Marktwert} \\ \text{des} \\ \text{Fremdkapitals}}}}_{\substack{\text{Marktwert GK (= EK + FK) des} \\ \text{Gesamtkapitals des Unternehmens}}}$$

$$UW^{APV} = \frac{FCF}{r_s^e} - (1 - s) \cdot FK.$$

Werden die freien Cash-flows in zwei Phasen geschätzt, wobei Phase 1 von t = 1 bis τ andauert, ermittelt sich UW^{APV} wie folgt:

$$UW^{APV} = \sum_{t=1}^{\tau} \frac{FCF_t}{(1 + r_s^e)^t} + \frac{FCF_{\tau+1}}{r_s^e \cdot (1 + r_s^e)^{\tau}} + \sum_{t=1}^{\tau} \frac{s \cdot i \cdot FK_{t-1}}{(1 + i)^t} + \frac{s \cdot i \cdot FK_{\tau}}{i \cdot (1 + i)^{\tau}} - FK.$$

Da der fremdkapitalinduzierte „Tax Shield" den Grundbarwert des hypothetisch unverschuldeten Unternehmens (FCF / r_s^e) erhöht,[316] führt unter den gesetzten Prämissen, deren uneingeschränkte Übertragung in die Realität jedoch schon von MODIGLIANI/

---

[313] Vgl. zum Ansatz MANDL/RABEL, Unternehmensbewertung (1997), S. 372–377, MANDL/RABEL, Methoden der Unternehmensbewertung (2012), S. 72 f., sowie zu Ansatz und Kritik KRAG/KASPERZAK, Unternehmensbewertung (2000), S. 99–104, BALLWIESER, Unternehmensbewertung (2011), S. 134–160. Siehe kritisch auch HERING, Unternehmensbewertung (2006), S. 206–208.

[314] Vgl. MODIGLIANI/MILLER, Cost of Capital: A Correction (1963).

[315] Dieser freie Cash-flow entspricht der in der FCF-Variante des WACC-Verfahrens berücksichtigten Größe. Vgl. MANDL/RABEL, Unternehmensbewertung (1997), S. 41 f.

[316] Deshalb wird der APV-Ansatz auch als Konzept des angepaßten Barwertes bezeichnet. Vgl. INSTITUT DER WIRTSCHAFTSPRÜFER, IDW S 1 i. d. F. 2008 (2008), S. 287.

MILLER selbst verneint wurde,[317] eine vollständige Fremdfinanzierung zur „Marktwert-maximierung". Zur Wertermittlung sind nunmehr im APV-Ansatz die angenommenen Eigenkapitalkosten bei unterstellter ausschließlicher Eigenfinanzierung aus einer in praxi nicht (unmittelbar) bekannten Renditeforderung der Eigenkapitalgeber für unverschuldete Unternehmen r_s^e zu bestimmen.[318]

„Da unverschuldete Unternehmen am Markt nicht beobachtet werden können, wird in der Literatur vorgeschlagen, die Renditeforderung für ein unverschuldetes Unternehmen aus derjenigen eines verschuldeten Unternehmens abzuleiten."[319] Hierzu wird von den Vertretern[320] des Ansatzes auf das CAPM verwiesen, welches Risikoaversion unterstellt, Steuern unberücksichtigt läßt sowie (ursprünglich) für den Mehrperiodenfall nicht konstruiert worden ist und nunmehr mit dem APV-Ansatz gekoppelt werden soll, der eigentlich mehrperiodige Zahlungsströme präferenzfrei unter expliziter Berücksichtigung von Steuerwirkungen zu bewerten sucht.[321] „Auch die im Rahmen des um Steuern erweiterten MODIGLIANI-MILLER-Modells offengebliebene Frage nach einer ‚optimalen' (marktwertmaximalen) Kapitalstruktur ohne vollständige Fremdfinanzierung wird vom APV-Ansatz nicht beantwortet. Ob diese Probleme von der Kapitalmarkttheorie noch schlüssig gelöst werden können (z. B. durch ein überzeugendes Mehrperioden-CAPM), sei dahingestellt; der derzeitige Stand der Theorie ist jedoch lückenhaft genug, um mannigfaltige, meist autorenspezifische Modellvarianten für die Argumentationsfunktion der Unternehmensbewertung hervorzubringen."[322]

Beispiel 9: „Adjusted Present Value"-Ansatz (Ewige Rente)

Da dieses Modell aufgrund seiner Verbreitung in der Praxis trotzdem zur Argumentation nützlich sein kann, soll dessen Anwendung anhand der übereinstimmenden Eingangsdaten der in Abschnitt 4.2.3.2.1.2 aufgezeigten *Beispiele 7* (für die FCF-Variante des WACC-Verfahrens) sowie *8* (für die TCF-Variante des WACC-Verfahrens) dargelegt werden. Hierbei wird auf die gegebene, bei reiner Eigenfinanzierung vermeintlich geforderte Rendite i. H. v. $r_s^e = 10\,\%$ p. a. zurückgegriffen. In diesem einfachen Beispiel ergibt sich:

$$UW^{APV} = \frac{FCF}{r_s^e} - (1-s)\cdot FK = \frac{200}{0,1} - (1-0,5)\cdot 0,55 \cdot \frac{UW^{APV}}{0,45}$$

$$UW^{APV} = 2.000 - 0,61\cdot UW^{APV}$$

$$1,61\cdot UW^{APV} = 2.000$$

---

[317] Vgl. *MODIGLIANI/MILLER*, Cost of Capital: A Correction (1963), S. 442.

[318] Vgl. auch *JUNG/MANDL*, Unternehmensbewertung (2003), S. 46.

[319] *WAMELING*, Berücksichtigung von Steuern (2004), S. 81. Siehe hierzu beispielsweise *BALLWIESER*, Discounted Cash Flow-Verfahren (1998), S. 91. BALLWIESER sieht die Bestimmung der Eigenkapitalkosten eines rein eigenfinanzierten Unternehmens als *Hauptproblem* des APV-Verfahrens. Vgl. *BALLWIESER*, Unternehmensbewertung (2011), S. 149.

[320] Vgl. *DRUKARCZYK*, DCF-Methoden (1995), S. 329, *DRUKARCZYK/RICHTER*, Unternehmensgesamtwert (1995), S. 562.

[321] Vgl. zur Kritik z. B. *HERING*, IDW-S1 (2004), S. 513, *HERING/BRÖSEL*, Argumentationswert (2004), S. 937 f.

[322] *HERING*, Unternehmensbewertung (2006), S. 208.

$$UW^{APV} = 1.241,38.$$

Aufgrund übereinstimmender Eingangsdaten resultiert aus dem APV-Ansatz (als Ergebnis des Beispiels 9) ein Unternehmenswert i. H. v. 1.241,38 und somit jener Wert, der bereits in Abschnitt 4.2.3.2.1.2 mit der FCF-(*Beispiel 7*) und der TCF-Variante (*Beispiel 8*) des WACC-Verfahrens berechnet wurde.

„Orientiert sich die Bewertung an einer unternehmenswertabhängigen Finanzierungspolitik, sind determinierte Fremdkapitalbestände als Idealvoraussetzung [für die Lösungsmöglichkeit, was jedoch nicht mit der betriebswirtschaftlichen Rationalität im Hinblick auf das Zielsystem des Unternehmens übereinstimmen muß] des APV-Ansatzes nicht gegeben. Vielmehr ist mit schwankenden Fremdkapitalbeständen im Zeitablauf zu rechnen, da sonst die Einhaltung der Zielkapitalstruktur nicht gewährleistet werden kann. Die Fremdkapitalbestände sind erst zu einem Zeitpunkt bekannt, zu dem der Bewertungsprozess bereits abgeschlossen wurde. Als Lösungsmöglichkeit bietet sich das Roll-back Verfahren als ein rückwärts-iterativer Berechnungsprozess an. Dabei wird das Problem sukzessiv von späteren Zeitpunkten hin zum Bewertungszeitpunkt aufgerollt. Da die Berechnung des Unternehmenswertes [zu Argumentationszwecken] aber auch ohne diesen Umweg unmittelbar mit dem WACC-Ansatz erfolgen kann, empfiehlt sich dessen Anwendung bei einer am Unternehmenswert orientierten Finanzierungspolitik."[323]

Beispiele 10 und 11: „Adjusted Present Value"-Ansatz (vorgegebene Fremdkapitalbestände)

Die ursprünglichen WACC-*Beispiele 4 und 6* sollen deshalb nunmehr insofern verändert werden, als durch die Unternehmensleitung anstelle einer Zielkapitalstruktur ein Fremdkapitalbestand für jede weitere Periode festgelegt wurde. In der *Abbildung 321* sind die Zahlungsüberschüsse X vor Steuern und Fremdkapitalzinsen sowie die jeweiligen vorgegebenen Fremdkapitalbestände für die APV-Beispiele 10 und 11 dargestellt.

	t_0	t_1	t_2	t_3	$t_{4 \text{ bis } \infty}$
Zahlungsüberschuß X vor Steuern und Fremdkapitalzinsen		400	300	500	400
Fremdkapitalbestände (Beispiel 10)	400	450	500	600	600
Fremdkapitalbestände (Beispiel 11)	400	400	450	550	550
Abbildung 321: Ausgangsdaten der APV-Beispiele (vorgegebene Fremdkapitalbestände)					

Wird die Formel zur Berechnung von UW^{APV} in die Bestandteile „Marktwert des unverschuldeten, nur eigenfinanzierten Unternehmens" EK^e, „Wert der Steuervorteile aus der Verschuldung" TS und „Marktwert des Fremdkapitals zum Bewertungszeitpunkt" FK zerlegt, dann ergibt sich:

---

[323] *Krag/Kasperzak*, Unternehmensbewertung (2000), S. 108 f.

$$UW^{APV} = EK^e + TS - FK.$$

Der Marktwert des unverschuldeten Unternehmens EK^e berechnet sich in diesen Beispielen unter Berücksichtigung der bei reiner Eigenfinanzierung vermeintlich geforderten Rendite i. H. v. $r_s^e = 10\ \%$ p. a. und der Berechnungsformel für den FCF = X · $(1 - s)$, mit s = 0,5, wie folgt:

$$EK^e = \sum_{t=1}^{\tau} \frac{FCF_t}{\left(1 + r_s^e\right)^t} + \frac{FCF_{\tau+1}}{r_s^e \cdot \left(1 + r_s^e\right)^{\tau}}$$

$$EK^e = \frac{200}{1,1} + \frac{150}{1,1^2} + \frac{250}{1,1^3} + \frac{200}{0,1 \cdot 1,1^3} = 1.996,24.$$

Für den Wert der Steuervorteile aus der Verschuldung TS gilt bei s = 0,5 und i = 0,08 für das *Beispiel 10*:

$$TS = \sum_{t=1}^{\tau} \frac{s \cdot i \cdot FK_{t-1}}{\left(1 + i\right)^t} + \frac{s \cdot i \cdot FK_{\tau}}{i \cdot \left(1 + i\right)^{\tau}}$$

$$TS = \frac{0,5 \cdot 0,08 \cdot 400}{1,08} + \frac{0,5 \cdot 0,08 \cdot 450}{1,08^2} + \frac{0,5 \cdot 0,08 \cdot 500}{1,08^3} + \frac{0,5 \cdot 0,08 \cdot 600}{0,08 \cdot 1,08^3}$$

$$TS = 284,27.$$

Somit ergibt sich für das Beispiel 10 unter Berücksichtigung des Marktwertes des Fremdkapitals FK = 400 zum Bewertungszeitpunkt t = 0:

$$UW^{APV} = EK^e + TS - FK = 1.996,24 + 284,27 - 400$$

$$UW^{APV} = 1.880,51.$$

Im *Beispiel 11* kann im Hinblick auf den Marktwert des unverschuldeten Unternehmens EK^e aufgrund derselben Eingangsdaten auf den bereits berechneten Wert 1.996,24 zurückgegriffen werden. Der Wert der Steuervorteile TS ist unter Rückgriff auf die veränderten Fremdkapitalbestände zu berechnen:

$$TS = \frac{0,5 \cdot 0,08 \cdot 400}{1,08} + \frac{0,5 \cdot 0,08 \cdot 400}{1,08^2} + \frac{0,5 \cdot 0,08 \cdot 450}{1,08^3} + \frac{0,5 \cdot 0,08 \cdot 550}{0,08 \cdot 1,08^3}$$

$$TS = 261,13.$$

Aufgrund der größtenteils geringeren Fremdkapitalbestände sind geringere Zinsen zu zahlen, was jedoch auch den Wert der Steuervorteile vermindert. Insgesamt ergibt sich im Beispiel 11 für dieses Unternehmen, nur weil es zukünftig weniger Fremdkapital aufnimmt, ein geringerer Unternehmenswert für die Eigner als im Beispiel 10:

$$UW^{APV} = EK^e + TS - FK = 1.996,24 + 261,13 - 400$$

$$UW^{APV} = 1.857,37.$$

4.2.3.2.1.4 Nettoverfahren

Beim *Equity-Verfahren*[324], auch als Nettoverfahren oder als „Flow to Equity"-Verfahren bezeichnet, wird der sog. Marktwert des Eigenkapitals EK^{FTE} direkt, also ohne Umwege über den Marktwert GK des Gesamtkapitals des Unternehmens, berechnet. Ausgangspunkt ist der den jeweiligen Unternehmenseigner unmittelbar zustehende Netto-Cash-flow, der sog. „Flow to Equity" (FTE)[325]. Ausgehend vom bisher verwendeten (um die Kreditaufnahmen und Kredittilgungen sowie Investitionen und Desinvestitionen bereinigten) Cash-flow X vor Fremdkapitalzinsen und Steuern berechnet sich der FTE wie folgt:[326]

$$FTE_t = \left(X_t - i \cdot FK_t \right) \cdot \left(1 - s \right).$$

Unter Rückgriff auf die Beziehung $FCF_t = X_t \cdot \left(1 - s \right)$ ergibt sich die Verknüpfung zwischen freiem Cash-flow (FCF) und „Flow to Equity" (FTE):

$$FTE_t = FCF_t - i \cdot FK_t \cdot \left(1 - s \right).$$

Dieser Zufluß wird mit einer auf Basis von finanzierungstheoretischen Modellen, also auf der Grundlage des Ansatzes von MODIGLIANI/MILLER und des CAPM, ermittelten Renditeforderung der Eigner r_s^f, welche sowohl das von der Kapitalstruktur des Unternehmens abhängige Finanzierungsrisiko als auch das operative Investitionsrisiko reflektieren soll, diskontiert. Für eine unendliche gleichbleibende Rente FTE ergibt sich der sog. Marktwert des Eigenkapitals EK^{FTE} somit wie nachfolgend dargestellt:

$$UW^{FTE} = \underbrace{EK^{FTE}}_{\substack{\text{Marktwert} \\ \text{des Eigen-} \\ \text{kapitals eines} \\ \text{verschuldeten} \\ \text{Unternehmens}}} = \frac{FTE}{r_s^f}.$$

Erfolgt die Schätzung des relevanten Cash-flows in zwei Phasen, wobei Phase 1 wiederum von $t = 1$ bis τ andauert, ermittelt sich UW^{FTE} durch:

$$UW^{FTE} = \sum_{t=1}^{\tau} \frac{FTE_t}{\left(1 + r_s^f \right)^t} + \frac{FTE_{\tau+1}}{r_s^f \cdot \left(1 + r_s^f \right)^{\tau}} = \sum_{t=1}^{\tau} \frac{FTE_t}{\left(1 + r_s^f \right)^t} + CV_{\tau}^{FTE} \cdot \frac{1}{\left(1 + r_s^f \right)^{\tau}}.$$

Im Hinblick auf die unterstellten Finanzierungsstrategien ist folgendes zu konstatieren: Würde hier auf eine autonome Finanzierungspolitik (Festlegung des Fremdkapitalbestandes) zurückgegriffen, veränderte sich die Kapitalstruktur im Zeitablauf, was theoretisch zu periodenspezifischen Renditeforderungen der Eigner führen würde. Es würden zwangsläufig – wie schon beim WACC-Verfahren – Zirkularitätsprobleme auftreten. Im Falle der wertorientierten Finanzierungspolitik (Festlegung einer Zielkapitalstruktur) wäre es hingegen erforderlich, den Marktwert des Fremdkapitals periodisch anzupassen, um eine Einhaltung der Zielkapitalstruktur zu gewährleisten, was zu

---

[324] Vgl. *MANDL/RABEL*, Unternehmensbewertung (1997), S. 367–371, *KRAG/KASPERZAK*, Unternehmensbewertung (2000), S. 109 f., *HERING/VINCENTI*, Wertorientiertes Controlling (2004), S. 350, *HERING*, Unternehmensbewertung (2006), S. 212–214, *BALLWIESER*, Unternehmensbewertung (2011), S. 187–194.

[325] Vgl. *MANDL/RABEL*, Unternehmensbewertung (1997), S. 40 f.

[326] Zur alternativen Ermittlung des „Flow to Equity" siehe *Abbildung 320*.

Schwierigkeiten bei der Ermittlung des FTE führen würde, weil dem Bewerter hierzu – ausgehend von Zufluß X – Kenntnisse über die zu leistenden Steuer- und Zinszahlungen vorliegen müssen. „Im Gegensatz zu den beiden Verfahren des Entity-Approaches [den Bruttoverfahren] geling es im Equity-Ansatz demzufolge nicht, die Zirkularität analytisch über die Vorgabe einer bestimmten Finanzierungsstrategie aufzuheben. Das Problem besteht stets, unabhängig von der unterstellten Finanzierungspolitik.[327] Die im Schrifttum diskutierten Lösungsvorschläge zielen darauf ab, entweder auf Bewertungs-vorleistungen anderer Verfahrensansätze zurückzugreifen oder [wie beispielsweise SCHWETZLER/DARIJTSCHUK[328] vorschlagen] das Roll back-Verfahren einzusetzen. Wird der Kalkül strikt über die Vorgabe der idealtypischen Finanzierungsstrategie aufgebaut, bietet es sich [im Rahmen der Argumentationsfunktion] daher an, direkt eine Brutto-rechnung anzuwenden.“[329] Auch HERING führt aus, daß die hierdurch beim Nettoverfah-ren hervorgerufenen Probleme „Zweifel an der Praktikabilität und am Sinngehalt des Verfahrens erregen.“[330]

Beispiel 12: Equity-Verfahren

An dieser Stelle soll deshalb und vor allem in Anbetracht der eher geringen Ver-breitung dieses Modells[331], und der daraufhin geringeren Bedeutung im Rahmen der Ar-gumentationsfunktion, das Nettoverfahren nur an einem einfachen Beispiel demonstriert werden, welches aus den unmittelbar vorangehenden Abschnitten als *Beispiel 7* (für die FCF-Variante des WACC-Verfahrens), als *Beispiel 8* (für die TCF-Variante des WACC-Verfahrens) sowie auch als *Beispiel 9* (für den APV-Ansatz) bekannt ist.

Das in Rede stehende Unternehmen kann als ewige Rente in jeder Periode einen Cash-flow X von 400 vor Fremdkapitalzinsen und Steuern erwirtschaften. Ferner sind ein konstanter Steuersatz i. H. v. s = 50 %, ein (konstanter) sicherer Fremdkapitalzins-satz i = 8 % p. a., eine geforderte Rendite bei reiner Eigenfinanzierung von r_s^e = 10 % p. a. sowie eine angestrebte Zielkapitalstruktur ZKS = FK/GK^f = 0,55 gegeben. Der von den Eigenkapitalgebern in Abhängigkeit des Verschuldungsgrades geforderte Eigenka-pitalkostensatz r_s^f berechnet sich analog des WACC-Verfahrens und beträgt 11,22 % p. a.:

$$r_s^f = r_s^e + \left(r_s^e - i\right) \cdot \left(1-s\right) \cdot \frac{FK}{EK} = 0,1 + \left(0,1-0,08\right) \cdot \left(1-0,5\right) \cdot \frac{0,55}{0,45} = 0,1122.$$

Nach einigen Rechenschritten ergibt sich schließlich als Unternehmenswert:

$$UW^{FTE} = \frac{FTE}{r_s^f} = \frac{\left(X - i \cdot FK\right) \cdot \left(1-s\right)}{r_s^f} = \frac{\left(400 - 0,08 \cdot FK\right) \cdot \left(1-0,5\right)}{0,1122}$$

---

[327] BALLWIESER sieht somit als Hauptproblem des Nettoansatzes, „daß Annahmen über eine Änderung der Finanzierung eine vollständige Neuplanung der Flows to Equity verlangen“, so BALLWIESER, Unternehmensbewertung (2011), S. 194.

[328] Siehe SCHWETZLER/DARIJTSCHUK, Zirkularitätsproblem (1999).

[329] KRAG/KASPERZAK, Unternehmensbewertung (2000), S. 110.

[330] HERING, Unternehmensbewertung (2006), S. 213.

[331] Vgl. HERING, Unternehmensbewertung (2006), S. 212.

$$UW^{FTE} = \frac{\left(400 - 0,08 \cdot 0,55 \cdot \dfrac{UW^{FTE}}{0,45}\right) \cdot 0,5}{0,1122} = \frac{200 - 0,0489 \cdot UW^{FTE}}{0,1122}$$

$$UW^{FTE} = \frac{200}{0,1122} - \frac{0,0489 \cdot UW^{FTE}}{0,1122} = 1.782,18 - 0,4356 \cdot UW^{FTE}$$

$$1,4356 \cdot UW^{FTE} = 1.782,18$$

$$UW^{FTE} = 1.241,38.$$

4.2.3.2.1.5 Zusammenfassender Überblick

Einen Überblick über die wesentlichen Bausteine der DCF-Verfahren präsentiert *Abbildung 322*[332]. Die DCF-Verfahren sollen nachfolgend zusammenfassend hinsichtlich der Zielsetzung und der Prämissen, der Wahl der Finanzierungsstruktur, der Übereinstimmung der Bewertungsergebnisse der unterschiedlichen DCF-Verfahren sowie der verwendeten Rechengröße kritisch gewürdigt werden.[333]

Zielsetzung und Prämissen:

Die DCF-Verfahren sind – wie bereits ausführlich in Abschnitt 1.2.4 dargestellt – zur Entscheidungswertermittlung nicht geeignet, weil sie bei einem unterstellten Kapitalmarktgleichgewicht[334] das hypothetische Ziel der Marktwertmaximierung verfolgen.[335] Insgesamt beruhen alle drei vorgestellten DCF-Verfahren auf der heuristischen Synthese der kapitalmarkttheoretischen Ansätze des CAPM und von MODIGLIANI/MILLER, welche unterschiedliche, aber generell wirklichkeitsferne Modellannahmen miteinander kombinieren. Aufgrund dieses Rückgriffs auf Ansätze, die auf idealisierte, hypothetische Prämissen ausgerichtet sind, ergeben sich für DCF-Verfahren erhebliche Einschränkungen beim Einsatz zur Lösung realer betriebswirtschaftlicher Bewertungsprobleme. Darüber hinaus wirft die zu beobachtende pragmatische Verknüpfung des CAPM- und des MODIGLIANI-MILLER-Konzeptes, zweier theoretisch unterschiedlicher Ansätze, weitere Schwierigkeiten auf, denn die konzeptionellen Annahmen dieser Konzepte weichen nicht nur wesentlich voneinander ab, sondern sind im Grunde sogar inkompatibel.[336]

---

[332] Vgl. auch *MANDL/RABEL*, Unternehmensbewertung (1997), S. 382–384, und *KRAG/KASPERZAK*, Unternehmensbewertung (2000), S. 111. Siehe ferner *KUHNER/MALTRY*, Unternehmensbewertung (2006), S. 237–241.

[333] Die Probleme, die mit den DCF-Methoden bestehen, werden nicht zuletzt im Rahmen des Literaturstreites zwischen *SCHILDBACH*, Ein fast problemloses DCF-Verfahren (2000), *SCHILDBACH*, Stellungnahme (2001), einerseits sowie *DRUKARCZYK/SCHÜLER*, Finanzierungsstrategie (2001), *HUSMANN/KRUSCHWITZ/LÖFFLER*, DCF-Verfahren (2001), *WALLMEIER*, DCF-Verfahren (2001), andererseits deutlich.

[334] Siehe kritisch beispielsweise auch *HERING*, Unternehmensbewertung (2006), S. 160–163, sowie *WAMELING*, Berücksichtigung von Steuern (2004), S. 82 f.

[335] Vgl. hierzu kritisch unter anderem auch *HERING*, Unternehmensbewertung (2006), S. 153–159, sowie *WAMELING*, Berücksichtigung von Steuern (2004), S. 82 f.

[336] Vgl. *HERING/VINCENTI*, Wertorientiertes Controlling (2004), S. 351, *WAMELING*, Berücksichtigung von Steuern (2004), S. 86–92, *HERING*, Unternehmensbewertung (2006), S. 223–225 und S. 240–243. Siehe hierzu bereits Abschnitt 1.2.4.

	Bruttoverfahren			Nettoverfahren
	WACC-Ansatz		APV-Verfahren	Equity-Ansatz (FTE-Ansatz)
	FCF-Ansatz	TCF-Ansatz		
Berechnung des Marktwertes des Eigenkapitals	Indirekte Ermittlung $EK^{FCF} = GK^{FCF} - FK$	Indirekte Ermittlung $EK^{TCF} = GK^{TCF} - FK$	Indirekte Ermittlung $EK^{APV} = GK^{APV} - FK$	Direkte Ermittlung $EK^{FTE} = \dfrac{FTE}{r_s^f}$ oder $EK^{FTE} = \sum_{t=1}^{\tau} \dfrac{FTE_t}{(1+r_s^f)^t} + \dfrac{FTE_{t+1}}{r_s^f \cdot (1+r_s^f)^\tau}$
Berechnung des Marktwertes des Gesamtkapitals	$GK^{FCF} = \dfrac{FCF}{k_s^f}$ oder $GK^{FCF} = \sum_{t=1}^{\tau} \dfrac{FCF_t}{(1+k_s^f)^t} + \dfrac{FCF_{t+1}}{k_s^f \cdot (1+k_s^f)^\tau}$	$GK^{TCF} = \dfrac{TCF}{k^f}$ oder $GK^{TCF} = \sum_{t=1}^{\tau} \dfrac{TCF_t}{(1+k^f)^t} + \dfrac{TCF_{t+1}}{k^f \cdot (1+k^f)^\tau}$	$GK^{APV} = \dfrac{FCF}{r_s^e} + s \cdot FK$ oder $GK^{APV} = \sum_{t=1}^{\tau} \dfrac{FCF_t}{(1+r_s^e)^t} + \dfrac{FCF_{t+1}}{r_s^e \cdot (1+r_s^e)^\tau}$ $+ \sum_{t=1}^{\tau} \dfrac{s \cdot i \cdot FK_{t-1}}{(1+i)^t} + \dfrac{s \cdot i \cdot FK_\tau}{i \cdot (1+i)^\tau}$	
Bewertungsrelevanter Cash-flow	„Free Cash Flow" (FCF_t)	„Total Cash Flow" (TCF_t) = FCF + Unternehmenssteuerersparnis aufgrund der Abzugsfähigkeit von FK-Zinsen $TCF_t = FCF_t + s \cdot i \cdot FK_{t-1}$	„Free Cash Flow" (FCF_t)	„Flow to Equity" (FTE_t) = dem jeweiligen Eigner zustehender Netto-Cash-flow
Berechnung des bewertungsrelevanten Cashflows aus dem Zufluß X vor Zinsen und Steuern	$FCF_t = X_t \cdot (1-s)$	$TCF_t = X_t \cdot (1-s) + s \cdot i \cdot FK_{t-1}$	$FCF_t = X_t \cdot (1-s)$	$FTE_t = (X_t - i \cdot FK_t) \cdot (1-s)$
Relevanter Kalkulationszins	$k_s^f = i \cdot (1-s) \cdot \dfrac{FK}{GK^f} + r_s^f \cdot \dfrac{EK}{GK^f}$ oder $k_s^f = r_s^e \cdot \left(1 - s \cdot \dfrac{FK}{GK^f}\right)$	$k^f = i \cdot \dfrac{FK}{GK^f} + r_s^f \cdot \dfrac{EK}{GK^f}$ oder $k^f = r_s^e - s \cdot \dfrac{FK}{GK^f}(r_s^e - i)$	r_s^e und i	$r_s^f = r_s^e + (r_s^e - i) \cdot (1-s)$

Abbildung 322: Überblick über die DCF-Verfahren

Wahl der Finanzierungsstruktur:

Auch wenn der Marktwert des Gesamtkapitals eines Unternehmens in der MODIG-LIANI-MILLER-Welt gemäß der Irrelevanzthese unabhängig von der Finanzierungsstruktur ist, so muß doch für die Ermittlung des Kalkulationszinssatzes eine bestimmte Finanzierungsstruktur vorgegeben werden, um das gewogene arithmetische Mittel aus Eigen- und Fremdkapitalkostensatz bestimmen zu können. Das heißt, der *Gesamtkapitalbewertungsansatz* verlangt die Vorgabe eines über die Zeit hinweg *konstanten Verschuldungsgrads* (oder aber fest vorgegebene Marktwerte des Fremdkapitals) auf der Basis der Marktwerte von Eigen- und Fremdkapital. *Mit dieser Vorgabe ist freilich zugleich die Aufteilung des Marktwertes des Gesamtkapitals in den Marktwert des Eigenkapitals einerseits und den Marktwert des Fremdkapitals andererseits determiniert, d. h., das Ergebnis wird durch diese Annahme vorweggenommen.* Eine theoriegestützte Herleitung dieser vorzugebenden *Zielkapitalstruktur* ist nicht möglich.[337] Damit erlangt eine bloße Annahme ganz entscheidende Bedeutung für die Bestimmung des Kalkulationszinssatzes und letztlich für die Aufteilung des Gesamtkapitalmarktwertes auf Eigenkapital (Marktwert des Eigenkapitals) und Fremdkapital (Marktwert des Fremdkapitals). Dies kann durchaus mit dem Bild eines Zauberers verglichen werden, der das Kaninchen, das er später aus dem Hut herauszaubert, zuvor dort versteckt hat. Der WACC-Anhänger versteckt sein Resultat, das er dann präsentiert, zuvor im Ansatz der gewichteten Kapitalkosten.[338] Dies gekonnt zu verbergen, muß daher sein Bemühen (und auch das Bemühen des mit diesen Verfahren Argumentierenden) sein.

Mit Blick auf den Marktwert des Gesamtkapitals bleibt völlig offen, wozu diese Größe dienen soll, d. h., für wen und in welchem Zusammenhang, also für welche Aufgabenstellung, diese Größe wichtig sein kann. Die Zweckorientierung einer Rechnung wird somit von den Verfechtern dieser Methoden völlig außer acht gelassen.

Eine von der Kapitalstruktur abstrahierende Bewertung ist aus der Geschichte der (deutschen) Unternehmensbewertung bereits bekannt. Es ging schon damals um die Frage, ob ein Gesamtkapitalerfolg oder ein Eigenkapitalerfolg als Grundlage genommen werden soll.[339] Die Befürworter des Ansatzes eines Gesamtkapitalerfolgs wollten vermeiden, daß die Höhe des Unternehmenswertes „von der Zusammensetzung des Gesamtkapitals aus Eigen- und Fremdkapital"[340] abhängig ist. Die Finanzierung wurde als ein Problem angesehen, „das mit der Bewertung nicht unmittelbar zusammenhänge.

---

[337] Zur Fragwürdigkeit der Zielkapitalstruktur siehe COENENBERG/SCHULTZE, Discounted Cash Flow-Methode (1998), S. 293, HERING, Unternehmensbewertung (2006), S. 216–223. Siehe grundlegend auch HERING, Atmende Finanzierung (2005); siehe zudem auch die ausweichende Replik von HOMBURG/STEPHAN/WEISS, Bedeutung des Insolvenzrisikos (2005), auf die fundamentale Kritik von HERING.

[338] Der Kalkulationszins wird also aus den Kapitalkosten des Bewertungsobjekts und unter Berücksichtigung eines pseudo-objektivierten Kapitalmarktbezugs hergeleitet. Die Modelle sind somit selbstreferentiell und aus diesem Grunde – wie bereits aufgrund der weiteren Mängel mehrfach ausgeführt – für Entscheidungszwecke unbrauchbar. Der Kalkulationszins wird hingegen bei den investitionstheoretischen Verfahren aus der besten erfolgsgleichen Alternative zum Kauf oder Verkauf des zu bewertenden Unternehmens (optimale Ausweichinvestition, Vergleichsalternative, Vergleichsobjekt) abgeleitet (vgl. Abschnitt 2.4.1.1). Dies ist ein ganz zentraler Unterschied zu der sog. marktwertorientierten Bewertung.

[339] Vgl. zur diesbezüglichen Diskussion MÜNSTERMANN, Wert und Bewertung (1966), S. 40–43. MÜNSTERMANN ist freilich als Vertreter der subjektiven Unternehmensbewertungskonzeption kein Anhänger dieser Vorgehensweise gewesen.

[340] MÜNSTERMANN, Wert und Bewertung (1966), S. 40.

Die Folgen zweckmäßiger oder unzweckmäßiger Finanzierung dürften den Gesamtwert eines Unternehmens nicht beeinflussen."[341] Zum Verständnis muß gesagt werden, daß die Finanzierungsstruktur damals nicht auf Marktwertbasis, sondern auf Nominalwertbasis erfaßt werden sollte und daß die Vorstellung eines optimalen Verschuldungsgrades eine (unterschwellige) Rolle spielte. Ein Verfechter der Berücksichtigung einer „normalisierten" Finanzierungsstruktur war insbesondere KURT KOLBE.[342]

Übereinstimmung der Bewertungsergebnisse der DCF-Verfahren:

Wird vom Gesamtkapitalbewertungsansatz („Entity Approach") ausgegangen, ergibt sich der Marktwert des Eigenkapitals EK aus dem Marktwert des Gesamtkapitals GK nach Abzug des Marktwertes des Fremdkapitals FK:

$$GK = EK + FK$$

oder

$$EK = GK - FK.$$

Es besteht insofern eine Beziehung zum *Eigenkapitalbewertungsansatz („Equity Approach")*, bei dem der Marktwert des Eigenkapitals unmittelbar, d. h. ohne Rückgriff auf den Marktwert des Gesamtkapitals, ermittelt wird.

Beide Vorgehensweisen lassen sich nur auf Basis des *Rentenmodells* unproblematisch ineinander überführen, was [im Rahmen der *Beispiele 7, 8, 9 und 12* transparent dargestellt wurde und] nachfolgend allgemeingültig gezeigt werden soll, wobei der Einfachheit halber von der Berücksichtigung von Unternehmensertragsteuern abgesehen wird:

$$EK = GK - FK = (EK + FK) - FK = \frac{X}{k^f} - FK$$

oder

$$EK = \frac{X}{r^f \cdot \dfrac{EK}{GK} + i \cdot \dfrac{FK}{GK}} - FK$$

oder

$$EK = GK - FK = \left(\frac{X - i \cdot FK}{r^f} + \frac{i \cdot FK}{i} \right) - FK$$

oder wegen $X - i \cdot FK = X^{EK}$

$$EK = \left(\frac{X^{EK}}{r^f} + FK \right) - FK = \frac{X^{EK}}{r^f} = EK.$$

Ist der Marktwert des Gesamtkapitals auf der Basis eines bestimmten Verschuldungsgrades bestimmt, läßt sich der Marktwert des Eigenkapitals auch durch Multiplikation des Marktwertes des Gesamtkapitals mit dem Eigenkapitalanteil bestimmen:

---

[341] So MÜNSTERMANN, Wert und Bewertung (1966), S. 40, zur Argumentation der Anhänger einer Berücksichtigung des Gesamtkapitalerfolgs und mit Verweisen auf HAGEST, Ermittlung des Wertes (1950), S. 195, sowie VIEL, Bestimmung des Substanzwertes (1963), S. 37.

[342] Vgl. KOLBE, Gesamtwert (1954), KOLBE, Ermittlung (1959).

$$EK = \dfrac{X}{r^f \cdot \dfrac{EK}{GK} + i \cdot \dfrac{FK}{GK}} \cdot \dfrac{EK}{GK}$$

oder

$$EK = \dfrac{X \cdot GK}{r^f \cdot EK + i \cdot FK} \cdot \dfrac{EK}{GK}$$

oder

$$EK = \dfrac{X}{r^f \cdot EK + i \cdot FK} \cdot EK$$

oder

$$EK = \dfrac{X}{r^f \cdot \dfrac{EK}{EK} + i \cdot \dfrac{FK}{EK}}$$

oder

$$EK = \dfrac{X^{EK} + X^{FK}}{\dfrac{X^{FK}}{r^f + i \cdot \dfrac{i}{EK}}} = \dfrac{X^{EK} + X^{FK}}{r^f + i \cdot \dfrac{X^{FK}}{EK \cdot i}}$$

oder

$$EK = \dfrac{X^{EK} + X^{FK}}{r^f + \dfrac{X^{FK}}{EK}} = \dfrac{X^{EK} + X^{FK}}{r^f \cdot EK + X^{FK}} \cdot EK$$

oder

$$EK = \dfrac{X^{EK} + X^{FK}}{X^{EK} + X^{FK}} \cdot EK = \dfrac{X^{EK}}{r^f} = EK.$$

Auf der Basis des *Summenmodells* läßt sich die Übereinstimmung indes nicht mehr allgemeingültig nachweisen, d. h., es kann nicht allgemeingültig gezeigt werden, daß

$$EK = GK - FK = \sum_{t=1}^{\infty} \dfrac{X_t}{(1+k)^t} - FK = \sum_{t=1}^{\infty} \dfrac{X}{\left(1 + r^f \cdot \dfrac{EK}{GK} + i \cdot \dfrac{FK}{GK}\right)^t} - FK$$

und

$$EK = \sum_{t=1}^{\infty} \dfrac{X_t^{EK}}{\left(1+r^f\right)^t}$$

übereinstimmen, wenn *kein* bestimmter (beliebiger) (Ziel-)Verschuldungsgrad vorgegeben wird.[343] Die Gleichheit kann freilich (stets, also auch in diesem Fall) *technisch* her-

---

[343] Für den Fall des Endlichkeitsmodells zeigt HACHMEISTER dies, indem er von den Zahlungen des Zeitpunkts T ausgeht und den Wert für den Zeitpunkt T – 1 bestimmt, dann den Wert für T – 2 bestimmt, indem er die Zahlungen in T – 1 und den Wert in T – 1 abzinst. Auf diese Weise kann er rekursiv die Gleichheit der Ergebnisse auf der Basis einer *vorgegebenen* konstanten Zielkapitalstruktur zeigen. Vgl. HACHMEISTER, Discounted Cash Flow (2000), S. 119–121.

beigeführt werden[344], indem auf *iterative* Weise der Verschuldungsgrad oder der Kalkulationszinssatz als gewogener Durchschnittszinssatz an eine gegebene periodenbezogene Verschuldungsstruktur so lange angepaßt wird, bis der Marktwert des Eigenkapitals
auf der Basis des Gesamtkapitalbewertungsansatzes und der Marktwert des Eigenkapitals auf der Basis des Eigenkapitalbewertungsansatzes gleich sind. Ein solcher technisch
(d. h. auf iterative Weise) bestimmter Verschuldungsgrad oder Kalkulationszinsfuß ist
jedoch jeden ökonomischen Inhalts entleert.

Vor dem Hintergrund, daß die kapitalmarkttheoretischen Bewertungsverfahren einem Objektivitätsanspruch genügen wollen, überrascht, „daß in der betriebswirtschaftlichen Praxis jedes dieser verschiedenen DCF-Verfahren i. d. R. auch zu verschiedenen
Bewertungsergebnissen führen wird."[345] Der Zweck einer solchen Angleichung ist somit klar: Es geht nicht um eine theoretische Fundierung, sondern ausschließlich darum,
Angriffspunkte gegen den Bewertungsansatz selber abzuwehren, die aus unterschiedlichen Bewertungsresultaten herrühren könnten. Die zwangsweise herbeigeführte Gleichheit der Resultate soll konzeptionelle Blößen bedecken. Auf verschiedene Weise kann
nun immer dasselbe reproduziert werden. Diese Art der Harmonisierung dient einem
Zweck: Sie soll die Argumentationsbasis schützen. Für Beratungsunternehmen ist dies
sicherlich ein außerordentlich bedeutsamer Zweck!

Auch das aufgezeigte Bemühen, die Gleichheit der Bewertungsergebnisse für den
sog. Marktwert des Eigenkapitals zu zeigen, ist aus der Geschichte der (deutschen) Unternehmensbewertung nicht unbekannt. Daß die Resultate verschiedener Vorgehensweisen ineinander überführt werden können,[346] also verschiedene Bewertungsverfahren
zum gleichen Ergebnis gelangen, sagt über die Sinnhaftigkeit der so verglichenen Vorgehensweisen nichts aus. Anders ausgedrückt: Dies ist *kein* Gütesiegel! In der deutschen Unternehmensbewertungsliteratur kulminierte dieses Bemühen in der JACOBschen
Normalform. JACOB hat gezeigt, daß sich die verschiedenen Bewertungsverfahren auf
eine gemeinsame Formel bringen lassen, nach welcher der Unternehmenswert formal
als arithmetisches Mittel aus Ertragswert EW und Substanzwert SW berechnet werden
kann:[347]

$$UW = (1-a) \cdot SW + a \cdot EW = SW + a \cdot (EW - SW)$$

mit a als verfahrensspezifischem Gewichtungsfaktor.

---

[344] Vgl. hierzu KADEN ET AL., Discounted Cash Flow-Methode (1997). Siehe auch HEITZER/
        DUTSCHMANN, Unternehmensbewertung (1999).
[345] HERING/VINCENTI, Wertorientiertes Controlling (2004), S. 351.
[346] Siehe zu diesem Versuch z. B. STREITFERDT, Finanzierungspolitik (2003).
[347] Vgl. JACOB, Methoden (1960), JACOB, Ermittlung des Gesamtwertes (1970).

Rechengröße:

„Cash is King"[348] konstatierten COPELAND/KOLLER/MURRIN im Hinblick auf die bei den angloamerikanischen Verfahren verwendeten Rechengrößen. In der deutschsprachigen Investitionstheorie ist die zahlungsstromorientierte Sichtweise hingegen schon lange bekannt. Wie bereits in Abschnitt 2.3.1.2.1 ausgeführt, erkannte zudem LÜCKE bereits 1955, daß sich die Bewertung bei sachgerechtem Ansatz der kalkulatorischen Zinsen auf die durch Thesaurierung entstandene Kapitalbindung auch an Erfolgsgrößen orientieren könnte. Die Betrachtung von Zahlungsgrößen ist auch kein Fortschritt gegenüber den investitionstheoretischen Bewertungsverfahren, denn dort werden Einzahlungsüberschüsse in den Bewertungskalkül einbezogen.

Allerdings unterscheidet sich die Vorgehensweise: „So betrachten die ‚Discounted Cash Flow'-Verfahren zunächst die Wertebene Unternehmen-Umwelt und korrigieren die prognostizierten (operativen) Cash-flows – wie gezeigt in vielfältiger Weise – in weiteren Schritten, um zu den ausschüttbaren Cash-flows zu gelangen. Durch Diskontierung der Cash-flows wird sodann implizit eine Vollausschüttung unterstellt, ohne diese Pauschalannahme näher zu problematisieren."[349] Die investitionstheoretischen Verfahren zielen hingegen auf den tatsächlich erwarteten Einzahlungsüberschuß oder allgemeiner auf den Nutzenzufluß, den das Bewertungssubjekt aufgrund der Beteiligung am Bewertungsobjekt generieren kann.[350]

Während bei den investitionstheoretischen Verfahren der subjektiv geschätzte Zahlungszufluß relevant ist, wird der bei den finanzierungstheoretischen Verfahren zu bewertende erwartete „Zahlungsstrom nach pauschalen Annahmen fest[gelegt], wobei beinahe jeder Autor einen anderen Vorschlag unterbreitet, welche Rechengröße der Bewertung zugrunde zu legen sei. Bei Festlegung auf ein bestimmtes Konzept verbleiben dem Bewerter somit geringere Spielräume, die ihm relevant erscheinenden Zahlungsgrößen einzubeziehen und seinen individuellen Informationsstand voll auszunutzen. [...] Die Fixierung auf den isolierten Cash-flow des Bewertungsobjekts als Ausgangsbasis der Betrachtung birgt [.. darüber hinaus] die Gefahr in sich, wichtige und bewertungsrelevante finanzielle Verflechtungen zwischen dem Bewertungsobjekt und dem Bewertungssubjekt zu übersehen, die in individuellen produktions- oder finanzwirtschaftlichen Synergien [...] begründet liegen. Jedes nicht im Einzelfall angepaßte Schema zur Ermittlung des freien Cash-flows läuft Gefahr, das Bewertungsobjekt als für sich wirt-

---

[348] COPELAND/KOLLER/MURRIN, Valuation (2000), S. 73. HERING, Finanzwirtschaftliche Unternehmensbewertung (1999), S. 103, Fn. 3, schon 1999 hierzu (in bezug auf Vorauflagen von COPELAND/KOLLER/MURRIN): „In der deutschen Ausgabe [vgl. aktuell COPELAND/KOLLER/MURRIN, Unternehmenswert (2003), S. 107] wurde diese plakative Kapitelüberschrift offenbar als leicht unseriös oder zu unwissenschaftlich angesehen und deshalb sehr frei und unwesentlich trockener mit ‚Cashflow als Erfolgsmaßstab' übersetzt." Auch BALLWIESER, Unternehmensbewertung (2004), S. 177, Fn. 579, verweist – allerdings ohne Hinweis auf HERING – auf diese freie Übersetzung: „Vgl. das plakative ‚Cash is King' [...], dessen Wirkung in der Übersetzung als ‚Cashflow als Erfolgsmaßstab' [...] verblaßt." In den englischsprachigen Folgeauflagen von COPELAND/KOLLER/MURRIN, für die mittlerweile KOLLER/GOEDHART/WESSELS verantwortlich sind, ist diese Kapitelüberschrift nicht mehr zu finden. Siehe KOLLER/GOEDHART/WESSELS, Valuation (2010).

[349] WAMELING, Berücksichtigung von Steuern (2004), S. 84.

[350] „Hierzu zählen nicht nur die Zahlungen zwischen Unternehmen und Unternehmenseigner, sondern auch diejenigen von Dritten bzw. an Dritte, wie z. B. Steuerzahlungen bzw. -erstattungen oder Zahlungen für Bezugsrechtsverkäufe", so WAMELING, Berücksichtigung von Steuern (2004), S. 67. Siehe auch OLBRICH, Kauf der Mantelgesellschaft (2001).

schaftende isolierte Einheit zu interpretieren und zahlreiche Interdependenzen zum kaufenden oder verkaufenden Unternehmen zu ignorieren. Die z. B. von Unternehmens-beratern empfohlenen, sehr uneinheitlichen Cash-flow-Berechnungsvorschriften erscheinen in diesem Lichte eher als Rückschritt hinter den von der investitionstheoreti-schen Bewertungslehre erreichten Erkenntnisstand, dem zufolge der relevante Netto-Zahlungsstrom [..] höchst individuell aus der Einbettung des Bewertungsobjekts in ein subjektives Entscheidungsfeld hervorgeht."[351]

---

[351] *HERING*, Unternehmensbewertung (2006), S. 164 f.

Exkurs: Vergleich traditioneller (objektiver) Bewertung und marktwertorientierter Bewertung

Als Exkurs soll an dieser Stelle schließlich die traditionelle (objektive) Vorgehensweise der Ertragswertmethode mit jener bei marktwertorientierter Bewertung (jeweils ohne Berücksichtigung von Unternehmenssteuern) verglichen werden. In der *Abbildung 323* sind die Ausgangsdaten des Exkurses zur Unternehmenswertermittlung illustriert.[352]

Datenbasis:	
Bruttoerfolg BE	100,00
Fremdkapitalzinsen Z	35,00
Nettoerfolg E	65,00
Brutto-(Teil-)Rekonstruktions-Altwert GK	1.000,00
Verzinsliches Fremdkapital FK	500,00
Fremdkapitalanteil FK/GK	0,50
Eigenkapitalkostensatz (erwartete Rendite der Eigenkapitalgeber) r^f	0,08
Fremdkapitalkostensatz i	0,07
Traditionelle Vorgehensweise:	
Kalkulationszinsfuß $i^* = r^f$	0,08
Kalkulationszinsfuß $i^{**} = r^f \cdot (1 - FK/GK) + i \cdot FK/GK$	0,075
Bruttoertragswert BEW bei i^* $(= r^f)$	1.250,00
Bruttoertragswert BEW bei i^{**} $[= r^f \cdot (1 - FK/GK) + i \cdot FK/GK]$	1.333,33
Ertragswert des Eigenkapitals (Nettoertragswert NEW) E/r^f	812,50
Ertragswert des Fremdkapitals aus Eignersicht Z/r^f	437,50
Ertragswert des Fremdkapitals aus Gläubigersicht Z/i	500,00
Vorgehensweise bei Marktwertorientierung:	
$WACC = r^f \cdot (1 - MW_{FK}/MW_{GK}) + i \cdot MW_{FK}/MW_{GK}$	0,0761905
Bruttoerfolg BE	100,00
Fremdkapitalzinsen $Z = i \cdot MW_{FK}$	35,00
Nettoerfolg E	65,00
Marktwert des Gesamtkapitals $MW_{GK} = BE/WACC$	1.312,50
Marktwert des Eigenkapitals $MW_{EK} = E/r^f$	812,50
Marktwert des Fremdkapitals $MW_{FK} = Z/i$	500,00
Fremdkapitalanteil MW_{FK}/MW_{GK}	0,3809524
Abbildung 323: Vergleich traditioneller (objektiver) Bewertung und marktwertorientierter Bewertung	

---

[352] Vgl. BUSSE VON COLBE, Zukunftserfolg (1957), S. 99, dessen Beispielwerte hier übernommen werden. Zur Unterscheidung von traditioneller (objektiver) Bewertung und marktwertorientierter Bewertung werden für die Marktwerte des Gesamtkapitals, des Fremdkapitals sowie des Eigenkapitals die Symbole MW_{GK}, MW_{FK} und MW_{EK} verwendet. Die Symbole GK sowie FK stehen nunmehr für den Brutto-(Teil-)Rekonstruktions-Altwert sowie das Fremdkapital zum Nominalwert.

Die Finanzierungsstruktur wird beim traditionellen Vorgehen am Brutto-(Teil-)Rekonstruktions-Altwert[353] und dem Nominalwert des Fremdkapitals gemessen, wobei unterstellt wird, daß Effektivverzinsung und Nominalverzinsung des Fremdkapitals sich entsprechen. Unter dieser Annahme gilt indes auch, daß der Ertragswert des Fremdkapitals aus Gläubigersicht Z/i, also der sog. Marktwert des Fremdkapitals $MW_{FK} = Z/i$, und der Nominalwert des Fremdkapitals übereinstimmen. Der Berechnung des Kalkulationszinsfußes $i** = 0,075$ als gewogene Durchschnittskapitalkostengröße liegt nach der traditionellen Vorgehensweise die Relation zwischen Fremdkapital und Brutto-(Teil-)Rekonstruktions-Altwert zugrunde: 500/1.000. Der Verschuldungsgrad beträgt folglich im Beispiel $FK/GK = 0,5$. Mit Blick auf die Bestimmung des Ertragswertes des Eigenkapitals (Nettoertragswert) werden zwei Vorgehensweisen diskutiert, nämlich 1. die Kapitalisierung der Nettoerfolge (also Abzug der Zinsen von den Bruttoerfolgen)[354] sowie 2. Subtraktion des (gesamten nominalen) Fremdkapitals[355] vom Bruttoertragswert BEW (mit $i* = r^f$). „Beide Berechnungsarten führen nur zu übereinstimmenden Ergebnissen, wenn der Barwert der Zahlungsreihe der passiven Finanzkredite[356] und deren Nominalwert gleich hoch sind. I. d. R. wird jedoch der Nominalwert größer sein, da meist der Zinsfuß des Fremdkapitals den Kapitalisierungszinsfuß unterschreitet."[357] Auch im Beispiel gilt, daß beide Vorgehensweisen nicht zu übereinstimmenden Ergebnissen führen. „Bei der ersten Berechnungsweise ergibt sich jeweils ein höherer Wert für den [.. Ertragswert] des Eigenkapitals, weil der durch die Verwendung des Fremdkapitals über dessen Verzinsung hinaus erzielte Gewinn […] im Gegensatz zur zweiten Methode dem Eigenkapital zugerechnet wird. Je größer die Differenz zwischen Fremdkapital- und Eigenkapitalzinsfuß und je höher der Anteil des Fremdkapitals am Gesamtkapital ist, desto mehr übersteigt die nach der ersten Methode errechnete Größe […] den nach der zweiten Art ermittelten Wert."[358]

Wird die traditionelle Ermittlung des Bruttoertragswertes auf Basis eines als Durchschnittsgröße ermittelten Kalkulationszinsfußes mit dem Marktwertkonzept des WACC-Verfahrens verglichen, ergibt sich, daß der Bruttoertragswert BEW [mit $i** = r^f \cdot (1 - FK/GK) + i \cdot FK/GK$] i. H. v. 1.333,33 und der Marktwert des Gesamtkapitals

---

[353] Diese Wertgröße wurde bereits im Zusammenhang mit dem Substanzwert in Abschnitt 2.4.1.2.2.1 näher erläutert.

[354] Hier ist eine Parallele zu dem Equity-Ansatz der DCF-Methoden zu sehen.

[355] Hier ist eine Parallele zu den Entity-Ansätzen der DCF-Methoden zu sehen, jedoch mit dem Unterschied, daß der Marktwert des Gesamtkapitals mit einem gewogenen Durchschnittskapitalkostensatz berechnet wird und daß von ihm der Marktwert des Fremdkapitals abgesetzt wird. Unter den in der traditionellen Theorie gemachten Annahmen stimmen, wie erwähnt, Nominalwert und Marktwert des Fremdkapitals überein, so daß insoweit keine Diskrepanz zum Marktwertansatz besteht. Während in der traditionellen Vorgehensweise jedoch das gesamte Fremdkapital zum Abzug kommt, also einschließlich des in der Kostenrechnung als sog. Abzugskapital berücksichtigten (scheinbar oder tatsächlich zinslosen) Fremdkapitals, bezieht sich die Berechnung des Marktwertes des Fremdkapitals nur auf das zu verzinsende Fremdkapital. Das Abzugskapital wird hier insbesondere dadurch berücksichtigt, daß die Differenz zwischen dem Umlaufvermögen und dem kurzfristigen Fremdkapital, das sog. Net Working Capital, gebildet wird. Es wird also faktisch von einer verkürzten Bilanz ausgegangen.

[356] Dieser entspricht im Beispiel dem Ertragswert des Fremdkapitals aus der Eignersicht.

[357] SIEBEN, Substanzwert (1963), S. 29. Bei passiven Finanzkrediten ist das Unternehmen Schuldner; passive Finanzkredite sind eine Passivposition der Bilanz.

[358] BUSSE VON COLBE, Zukunftserfolg (1957), S. 102. Der Ausdruck „Ertragswert" dient der terminologischen Anpassung an den hier verwendeten Sprachgebrauch.

MW_{GK} [mit $WACC = r^f \cdot (1 - MW_{FK}/MW_{GK}) + i \cdot MW_{FK}/MW_{GK}$] i. H. v. 1.312,5

nicht übereinstimmen. Die Ursache dieses Unterschieds liegt in der Berechnung der Finanzierungsstruktur. Nach dem Marktwertkonzept wird die Finanzierungsstruktur nicht am Brutto-(Teil-)Rekonstruktions-Altwert, sondern am Marktwert des Gesamtkapitals und am Marktwert des Fremdkapitals gemessen. Der Berechnung des Kalkulationszinsfußes als gewogene Durchschnittskapitalkostengröße $WACC = 0,0761905$ liegt jetzt die Relation zwischen Marktwert des Fremdkapitals und Marktwert des Gesamtkapitals, d. h. im Beispiel von 500/1.312,50, zugrunde. Der Verschuldungsgrad beträgt danach nur $MW_{FK}/MW_{GK} = 0,3809524$, so daß $WACC > i^{**} = r^f \cdot (1 - FK/GK) + i \cdot FK/GK$ gilt, und folglich auch $MW_{GK} < BEW$.

BUSSE VON COLBE kritisiert das Konzept des Bruttoertragswertes wie folgt: „Der Wert des betrieblichen Gesamtkapitals[359] ist nur dann eine sinnvolle Größe, wenn Betriebseigner und Gläubiger das Unternehmen gemeinsam bewerten. Da ein derartiges gemeinsames Werturteil höchst selten in Betracht kommt und überhaupt nur dann Zweck hat, wenn die passiven Finanz- und Güterkredite für immer oder sehr lange Zeit im Unternehmen verbleiben sollen, hat dieser Gesamtwert des Unternehmens kaum eine Bedeutung."[360] SIEBEN ergänzt diese Kritik folgendermaßen: „Die Zinsen werden dabei[361] als Teil der Nutzenstiftung der Unternehmung aufgefaßt. Dem liegt die Annahme zugrunde, Gläubiger und Eigentümer würden die Unternehmung als ihr gemeinsames Investitionsobjekt bewerten. Ein derartiges Werturteil kommt jedoch, worauf BUSSE VON COLBE hinweist, nur ‚höchst selten in Betracht'."[362] Diese Kritik an der traditionellen Ermittlung eines Bruttoertragswertes ist voll gültig auch mit Blick auf die Ermittlung eines sog. Marktwertes des Gesamtkapitals.[363] Leider ist diese in Vergessenheit geraten.

---

[359] Dieser entspricht dem Bruttoertragswert, wenn von unverzinslichem Fremdkapital abgesehen wird.

[360] BUSSE VON COLBE, Zukunftserfolg (1957), S. 100.

[361] Das heißt bei der Ermittlung des Bruttoertragswertes.

[362] SIEBEN, Substanzwert (1963), S. 29.

[363] Was jedoch von den Propagandisten des WACC-Ansatzes mangels Kenntnis der älteren Unternehmensbewertungsliteratur nicht gesehen wird.

4.2.3.2.2   Verfahren der strategischen Bewertung

Seit einiger Zeit werden in der Unternehmensbewertungsliteratur vermehrt die Verfahren der strategischen Bewertung, d. h. eines realoptionspreistheoretisch fundierten Ansatzes, diskutiert. Gemäß dem Prinzip der Bewertung auf Basis der Optionspreistheorie[364] ermittelt sich der Unternehmenswert (UW) als Summe aus einem Grundwert (GW) und einem Optionswert (OW) im Sinne eines *„strategischen Zuschlags"*[365] wie folgt: UW = GW + OW.

Die Vertreter dieses Vorgehens sind der Meinung, daß traditionelle Bewertungsmethoden den Unternehmenswert zu gering ansetzen, weil die Handlungsalternativen, die ein Käufer im Zusammenhang mit der Unternehmensübernahme erwirbt, dabei nicht angemessen berücksichtigt werden.[366] Der Begriff „Realoption" wurde in dem Bestreben, immaterielle Wertkomponenten von Unternehmen quantifizieren zu können, von MYERS geprägt, welcher den Unternehmenswert als Summe aus realen Vermögensgegenständen („Real Assets") und den damit verbundenen realen Optionen („Real Options") bestimmte.[367]

Im Verlauf der Entwicklung der Realoptionstheorie haben sich vier wesentliche Konzepte von Realoptionen herausgebildet. Hierunter fallen die Sichtweisen von Realoptionen als:[368]

1. Bestandteile des Firmenwertes,
2. Flexibilität eines Akteurs, eine irreversible Maßnahme veranlassen zu können,
3. Investitionsprojekte oder -objekte mit Optionscharakter sowie
4. strategische Heuristik.

„Anstatt sich das zur Verfügung gestellte Instrumentarium der Bewertungstheorie in diesem Zusammenhang [jedoch] genauer vor Augen zu führen und die extrem hohen Börsenpreise bzw. Kaufpreise kritisch zu hinterfragen, wurden Erklärungsversuche für

---

[364]   Vgl. hierzu RAMS, Strategisch-dynamische Unternehmensbewertung (1998), FISCHER/HAHNENSTEIN/ HEITZER, Kapitalmarkttheoretische Ansätze (1999), KOCH, Unternehmensbewertung (1999), RAMS, Realoptionsbasierte Unternehmensbewertung (1999), BERNHARD, Realoptionen (2000), TOMASZEWSKI, Bewertung strategischer Flexibilität (2000), ERNST, Real Options Approach (2002), BÜHLER/UHRIG-HOMBURG, Realoptionen (2003), FRIEDL, Realoptionen (2003), WEISER, Realoptionsbewertung (2003), ERNST/HAUG/SCHMIDT, Realoptionen (2004), DÜCK-RATH, Unternehmensbewertung (2005), KUHNER/MALTRY, Unternehmensbewertung (2006) S. 275–291, MEYER, Unternehmensbewertung (2006), sowie kritisch unter anderem DIRRIGL, Strategische Bewertung (1994), KRAG/KASPERZAK, Unternehmensbewertung (2000), S. 116–125, BALLWIESER, Optionspreistheorie (2002), OLBRICH, Unternehmungsnachfolge (2002), S. 693 f., WAMELING, Berücksichtigung von Steuern (2004), S. 92–98, HERING, Unternehmensbewertung (2006), S. 200–206 und S. 236–239. Siehe auch MYERS, Security Valuation (1968).

[365]   Deshalb werden diese Verfahren auch als Verfahren der „strategischen Unternehmensbewertung" bezeichnet. Siehe mit weiteren Nennungen DIRRIGL, Strategische Unternehmensbewertung (1994). Vgl. auch PEEMÖLLER/KELLER/RÖDL, Unternehmensbewertung (1996), S. 78 f. Zu weiteren Ausprägungen der strategischen Unternehmensbewertung siehe BARTHEL, Zuschlagsorientierte Bewertungsverfahren (1996), S. 1355–1358.

[366]   Vgl. z. B. HERTER, Optionen bei der Bewertung (1992).

[367]   Vgl. MYERS, Corporate Borrowing (1977).

[368]   Vgl. MÜLLER, Tauschrealoptionen (2005), S. 33. OLBRICH weist darauf hin, daß der Begriff „Realoption" recht ungenau ist und durch den präziseren Begriff „Sachoption" ersetzt werden müßte, denn an dieser Stelle geht es um die Typen „Finanzoption" versus „Sachoption", welche beide selbstverständlich „reale" Handlungsmöglichkeiten darstellen. Vgl. OLBRICH, Unternehmungsnachfolge (2002), S. 693, Fn. 67. Im Einklang mit der Literatur zur strategischen Bewertung sollen die Begriffe „reale Optionen", „Realoptionen" sowie „Sachoptionen" im weiteren Verlauf jedoch synonym verwendet werden.

die hohen Börsenbewertungen gesucht."[369] Insbesondere etwa beim Erwerb von *jungen Unternehmen in Wachstumsbranchen*[370] wird angenommen, sie erhöhen die Anpassungsfähigkeit des Bewertungssubjekts an die sich verändernden Umweltbedingungen beispielsweise durch Änderungs-, Aufschubs-, Wachstums- und Abbruchoptionen.[371] Der somit erworbenen Flexibilität müßte bei der Wertermittlung in Form eines strategischen Zuschlags Rechnung getragen werden.[372]

Verfügt der Akteur über die Möglichkeit, unter Unsicherheit über die Realisierung einer irreversiblen Investitionsmaßnahme frei zu entscheiden, bestehen Analogien zwischen der Handlungssituation der möglichen Investition und einer Kaufoption auf eine Aktie, weshalb die Handlungssituation einer möglichen Investition als Realoption bezeichnet wird. Der Entscheidungsträger verfügt über das Recht, aber nicht die Verpflichtung, einen Vermögenswert (Aktie bei der Aktienoption oder Summe der barwertigen Rückflüsse der Realoption) zu einem festgelegten Preis (Ausübungspreis bei der Aktienoption oder Investitionsauszahlungen bei der Realoption) in oder bis zu einem bestimmten Zeitpunkt (Verfallstermin) zu erwerben, es liegt eine Investitionsoption vor. Für die Bewertung dieser gesamten Handlungsmöglichkeit ist es von entscheidender Bedeutung, daß die Investition aufgeschoben werden kann und eventuell nicht durchgeführt werden muß. Die gesamte Investitionsmöglichkeit entspricht einer Berechtigung, nicht aber einer Verpflichtung, die Investition zu tätigen. Bei Annahme einer konzeptionellen Analogie zwischen Aktienoptionen und realen Handlungsszenarien wird der Wert der Handlungsmöglichkeit durch Verwendung von Bewertungsverfahren der Finanzoptionstheorie ermittelt.

Hintergrund ist also die Annahme, daß das Bewertungsobjekt dem Bewertungssubjekt Handlungsspielräume offenbart, welche das Bewertungssubjekt in Abhängigkeit vom Eintritt bestimmter Umweltzustände wahrnehmen kann, aber nicht muß. Dieses

---

[369] *WAMELING*, Berücksichtigung von Steuern (2004), S. 92.

[370] Vgl. zur Abgrenzung dieser Unternehmen *SCHORCHT*, Risikocontrolling (2004), S. 11–21. Zur Bewertung dieser Unternehmen wird durch Analysten und die populäre Wirtschaftspresse gelegentlich auch auf die sog. Verbrennungsrate („Burn-Rate") und auf die sog. Geldverbrennungsrate („Cash-Burn-Rate") zurückgegriffen. Vgl. beispielsweise *FRÈRE*, Cashburner (2000). Als *Verbrennungsrate* wird jene Kennzahl bezeichnet, die das Verhältnis aus anfallendem Verlust und Umsatz beschreibt. Diese Kennzahl soll Aufschluß über den pro Einheit „Umsatz" erwirtschafteten Verlust geben. Im Unterschied dazu soll die *Geldverbrennungsrate* jene Zeitspanne bemessen, in der bei einem Unternehmen mit dem Verbrauch der vorhandenen liquiden Mittel (und liquiditätsnahen Titel) zu rechnen ist. Diese müssen dem Unternehmen somit neu zugeführt werden, oder die Insolvenz droht. Die Geldverbrennungsrate ergibt sich wie folgt:

$$\text{Geldverbrennungsrate} = \frac{\text{liquide Mittel (+ liquiditätsnahe Titel)}}{\text{negativer Cash-flow}}.$$

Eine seriöse Bewertung von Unternehmen mit der Verbrennungsrate und der Geldverbrennungsrate scheint jedoch selbst im Rahmen der Argumentationsfunktion undenkbar. Vgl. hierzu *OLBRICH*, Unternehmungsnachfolge (2002), S. 689, *BRÖSEL*, Bilanzanalyse (2012), S. 159 f., *KÜTING/WEBER*, Bilanzanalyse (2012), S. 169 f.

[371] Vgl. *KRAG/KASPERZAK*, Unternehmensbewertung (2000), S. 117. *ERNST*, Real Options Approach (2002), S. 18, hingegen: „Realoptionen haben grundsätzlich den Charakter einer Warteoption, da sie dem Inhaber ermöglichen, eine Entscheidung so lange hinauszuzögern, bis er Gewißheit über die Entwicklung relevanter Rahmenbedingungen besitzt."

[372] Vgl. z. B. *MYERS*, Financial Strategy (1984), S. 134–136, *HERTER*, Optionen bei der Bewertung (1992), S. 321 f., *VALCÁRCEL*, Strategischer Zuschlag (1992), S. 591 f.

Vorgehen ist analog zum *Handel an den Wertpapierbörsen* zu sehen:[373] So werden an Wertpapierbörsen neben dem Geschäft mit Basispapieren (z. B. Aktien) auch Optionsgeschäfte zugelassen. Bei Optionsgeschäften wird einerseits ein sog. Basispreis vereinbart, zu dem das Geschäft innerhalb einer bestimmten Frist (Optionsfrist) abgewickelt werden kann, und außerdem ein Preis für das Optionsrecht (Optionspreis) selbst, der bei Geschäftsabschluß fällig ist. Es wird unterschieden zwischen einer Kaufoption und einer Verkaufsoption.

Der Käufer einer sog. *Kaufoption* (Call-Option) will grundsätzlich die Basispapiere (z. B. Aktien) kaufen und hat die Wahl zwischen der tatsächlichen Übernahme der Wertpapiere zum Termin und der Zahlung des Basispreises oder dem Verfall seiner Option durch Nichtinanspruchnahme. Er erwirbt also mit Zahlung des Optionspreises das Recht, innerhalb der Optionsfrist vom Verkäufer der Kaufoption (Stillhalter in Aktien) die Lieferung einer bestimmten Zahl von Aktien zum Basispreis zu verlangen. Der Käufer einer *Verkaufsoption* (Put-Option) will Aktien per Termin verkaufen und erwirbt dementsprechend mit der Zahlung des Optionspreises das Recht, innerhalb der Optionsfrist vom Verkäufer der Verkaufsoption (Stillhalter in Geld) die Abnahme einer bestimmten Anzahl von Aktien zu fordern.

Das *Optionsgeschäft* läuft *an der Wertpapierbörse* also *in zwei Schritten* ab:
1. Kauf (Verkauf) eines Optionsrechts und Bezahlung des Optionspreises durch den Käufer sowie
2. Inanspruchnahme oder Nichtinanspruchnahme des Optionsrechts durch den Käufer; bei Inanspruchnahme: Kauf oder Verkauf der Wertpapiere sowie Bezahlung des Basispreises.

Die Vertreter des Verfahrens der strategischen Bewertung *übertragen diese Idee* der Finanzoptionen[374] auf reale Investitionsprojekte (Realoptionen). Mit Unternehmenserwerben werden beispielsweise Wachstumsoptionen (welche als Call-Optionen interpretiert werden), Umstellungsoptionen (Call- oder auch Put-Optionen) oder Desinvestitionsoptionen (Put-Optionen) in Verbindung gebracht.[375] Hierbei wird jedoch verkannt, daß bei diesen Optionen keine Basispapiere („Underlying") vorliegen und diese erst recht nicht an einem geregelten Markt gehandelt werden.

Der *Grundwert (GW)* wird in o. g. Formel mit einem auf dem Gegenwartswert- oder Barwertkalkül basierenden Bewertungsverfahren berechnet. Dabei werden entsprechend die aus dem Bewertungsobjekt erwarteten zukünftigen Zahlungsüberschüsse auf den Bewertungszeitpunkt abgezinst. Im Hinblick auf die Argumentationsfunktion bieten sich hierfür sowohl investitionstheoretische als auch kapitalmarkttheoretische Verfahren an. Es ist aber anzunehmen, daß hinsichtlich des mit dem Verfahren der strategischen

---

[373] Vgl. zu nachfolgenden Ausführungen MATSCHKE, Finanzierung (1991), S. 101. Siehe auch KEUPER, Finanzmanagement (2000), S. 127–147, MATSCHKE/HERING/KLINGELHÖFER, Finanzplanung (2002), S. 185–191.

[374] Vgl. zu den Grundlagen der Finanzoptionsbewertung beispielsweise MÜLLER, Realoptionsmodelle (2004), S. 113–133. Im Rahmen der auf der Finanzierungstheorie basierenden Finanzoptionsbewertung werden beispielsweise folgende Annahmen getroffen: 1. der Kapitalmarkt ist vollkommen, 2. der Basiswert folgt einem stochastisch bekannten Prozeß und 3. die Akteure handeln rational. Hieraus ergeben sich zwei zentrale Aspekte der Finanzoptionsbewertung: I. Es besteht die Möglichkeit, ein zur in Rede stehenden Option äquivalentes, selbstfinanzierendes Portefeuille zu konstruieren. II. Auf dem vollkommenen Kapitalmarkt sind die Präferenzen der Marktteilnehmer bewertungsirrelevant.

[375] Vgl. m. w. N. KRAG/KASPERZAK, Unternehmensbewertung (2000), S. 118 f.

Bewertung verfolgten marktwertorientierten Kalküls die kapitalmarkttheoretischen DCF-Verfahren in der praktischen argumentativen Anwendung glaubhafter erscheinen.[376]

Der *Optionswert (OW)* ist hingegen unter Rückgriff auf Modelle zu bestimmen, die sich auf das *Prinzip der arbitragefreien Bewertung*[377] und somit wiederum auf die Prämissen der allgemeinen Gleichgewichtstheorie stützen.[378] Unter den restriktiven und stark idealisierten Bedingungen gelten identische Preise für identische Vermögenspositionen. Es läßt sich jede beliebige Option (im Sinne eines zustandsabhängigen Zahlungsstroms) durch ein Portefeuille aus den am Markt gehandelten Wertpapieren (Zahlungsströmen) rekonstruieren, welches die gleichen zustandsabhängigen Zahlungsströme wie die Option selbst generiert. Der Preis für die Nachbildung sei P*. Kein Anleger würde unter den unterstellten Bedingungen für die in Rede stehende Option mehr als den Preis P*, der dem Vollreproduktionswert dieses Zahlungsstroms entspricht, zahlen; kein Käufer dieser Option würde sich gleichzeitig jedoch mit weniger als P* zufriedengeben. Wenn die Restriktionen der arbitragefreien Bewertung eingehalten sind, entspricht der Optionswert (OW) somit dem Preis für das Portefeuille, welches die Option nachbildet.

Im Unterschied zur Theorie der Wertpapierpreise (CAPM) erfolgt die arbitragefreie Bewertung grundsätzlich präferenz- und verteilungsfrei. Subjektive Eintrittswahrscheinlichkeiten und Risikonutzenfunktionen werden nicht benötigt; lediglich die Annahme finanzieller Nichtsättigung gilt. Der vorliegende unendlich große unsichere Zustandsraum läßt eine arbitragefreie Bewertung von risikobehafteten Zahlungsströmen jedoch nur auf heuristischem Wege zu. Die Bewertung im Rahmen der Optionspreismodelle erfolgt somit zwar präferenzfrei, der Zustandsraum wird jedoch durch strenge Verteilungsannahmen heuristisch auf ein rechnerisch beherrschbares Maß reduziert. „Die heuristische Vereinfachung der Optionsmodelle liegt also darin, das Prinzip der arbitragefreien Bewertung auf einen sinnvoll definierten Ausschnitt des theoretisch ausufernden Zustandsraums anzuwenden."[379]

Im Hinblick auf die Verteilungsannahmen wird i. d. R. auf das Modell von Cox/Ross/Rubinstein (Binomialmodell) und das Black-Scholes-Modell zurückgegriffen. Das Modell von Cox/Ross/Rubinstein[380] nimmt eine Binomialverteilung an, weshalb es auch *Binomialmodell* genannt wird. Der Betrachtungszeitraum wird in gleich große Intervalle t unterteilt. Das Modell unterstellt für die unsichere Entwicklung des der Option zugrundeliegenden Basistitels (Barwertes der erwarteten Cash-flows) einen diskreten Zufallsprozeß, wonach der Basispapierkurs vom einen zum anderen Zeitpunkt, also

[376] Vgl. KRAG/KASPERZAK, Unternehmensbewertung (2000), S. 122.

[377] Vgl. GILLES/LEROY, Arbitrage Pricing Theory (1991), HERING, Unternehmensbewertung (2006), S. 185–200.

[378] Zur arbitragefreien Bewertung und den diesbezüglich geltenden Bedingungen vgl. bereits die Ausführungen in Abschnitt 1.2.4, wonach Vollkommenheit des Marktes, Vollständigkeit des Marktes sowie Vollständigkeit des Wettbewerbs vorliegen müssen. Zur aktienoptionstheoretischen Fundamental- und Modellkritik vgl. CAMPBELL/LO/MACKINLAY, Econometrics of Financial Markets (1997), S. 391–393, WILKENS, Prognose- und Hedgingqualität (2004).

[379] HERING, Unternehmensbewertung (2006), S. 201.

[380] Siehe COX/ROSS/RUBINSTEIN, Option Pricing (1979). Zum Binomialmodell siehe auch KEUPER, Finanzmanagement (2000), S. 134–142, ERNST, Real Options Approach (2002), S. 18 f., MÜLLER, Realoptionsmodelle (2004), S. 122–128.

innerhalb eines Intervalls, entweder um einen festen Prozentsatz sinken oder um einen (gegebenenfalls abweichenden) festen Prozentsatz steigen kann. Abweichende Zustände sind nicht möglich. Das heißt, in jedem Intervall kann der Basispapierkurs zwei verschiedene Werte annehmen und dabei eine Aufwärtsbewegung („Upward") oder eine Abwärtsbewegung („Downward") machen (vgl. *Abbildung 324*[381]). Nach der Modellierung der Entwicklung des Basiswertes wird der Wert der Option vom Ende des Binomialbaums her (retrograd oder rekursiv) ermittelt.[382] Auf diesem Wege wird der Baum bis zum Ausgangspunkt gelöst. Dabei ist die Maximalwertregel zu beachten, die besagt, daß der Optionswert der vorangegangenen Periode aus dem Maximalwert der Optionswerte bei Ausübung und bei Nichtausübung der nachfolgenden Periode ermittelt wird. Mit der beschriebenen Vorgehensweise des Binomialmodells können sowohl sog. amerikanische als auch sog. europäische Optionen bewertet werden.[383]

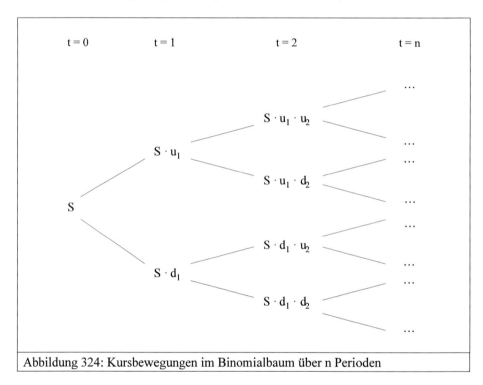

Abbildung 324: Kursbewegungen im Binomialbaum über n Perioden

---

[381] In Anlehnung an *MÜLLER*, Realoptionsmodelle (2004), S. 124, wobei S den Preis des Basiswertes, u den möglichen Steigungsfaktor bei positiver Entwicklung und d den möglichen Senkungsfaktor bei negativer Entwicklung (mit u > 1 und d < 1) darstellt.

[382] Vgl. zur Vorgehensweise *ERNST*, Real Options Approach (2002), S. 19.

[383] Amerikanische Optionen können während der Laufzeit, europäische Optionen ausschließlich am Ende der Laufzeit ausgeübt werden.

Das ebenfalls in Frage kommende *BLACK-SCHOLES-Modell*[384] unterstellt – basierend auf dem sog. *WIENER-Prozeß*[385] – eine zeitstetig, stochastische Wertentwicklung des Basiswertes und bildet somit – unter bestimmten Voraussetzungen – einen stetigen Grenzfall des (zeitdiskreten) Binomialmodells. „Grundidee beider Modelle ist die Konstruktion eines absichernden Portefeuilles, dessen Wertentwicklung unabhängig vom unsicheren Kurs des Basistitels ist und das deshalb durch Diskontierung mit dem Zinsfuß für sichere Geldanlagen bewertet werden kann."[386] Das BLACK-SCHOLES-Modell ist jedoch lediglich zur Bewertung europäischer Optionen geeignet.

Die Berechnung des Unternehmenswertes UW unter Rückgriff auf die strategische Bewertung wird nun anhand eines *einfachen Beispiels*[387] veranschaulicht. Die Bewertung eines zum Kauf stehenden Unternehmens soll im Zeitpunkt t = 0, dem möglichen Erwerbszeitpunkt, erfolgen. Unter Rückgriff auf eine DCF-Methode wurde durch das Bewertungssubjekt im Vorfeld ein Grundwert (GW) i. H. v. 300 GE ermittelt. Darüber hinaus identifiziert das Bewertungssubjekt einen Handlungsspielraum (Option), dessen Wert (Optionswert OW) es bestimmen möchte, um gemäß der Beziehung UW = GW + OW den Unternehmenswert zu berechnen. Hierzu liegt ihm folgende Datenbasis vor:

Wenn das Bewertungssubjekt das Unternehmen erwerben würde, bestünde für ihn in t = 1 die Möglichkeit (Option) des Eintritts in ein innovatives Geschäftsfeld. Hierfür wäre in t = 1 eine einmalige Investitionsauszahlung von 90 GE erforderlich, welche den Basispreis der Option darstellt. Ob die Option durch den Bewerter in t = 1 wahrgenommen würde, ist abhängig von den Entwicklungen (Umweltszenarien) in der Periode 1, dem Zeitraum zwischen t = 0 und t = 1. Grundsätzlich sollen dabei im Bewertungszeitpunkt zwei Szenarien, ein optimistisches Szenario A und ein pessimistisches Szenario B, angenommen werden. Im Falle von Szenario A, also wenn in der Periode 1 positive Entwicklungen eintreten, ergibt sich für das Bewertungssubjekt ein auf den Zeitpunkt t = 1 abgezinster Einzahlungsüberschuß i. H. v. 150 GE. Treten jedoch in der Periode 1 negative Entwicklungen (Szenario B) auf, dann ergibt sich ein auf t = 1 abgezinster Einzahlungsüberschuß i. H. v. nur 60 GE. Bei dieser ungünstigen Marktentwicklung wird das Bewertungssubjekt die Investition in t = 1 in Anbetracht der erforderlichen Investitionsauszahlung i. H. v. 90 GE nicht durchführen.

Nunmehr muß das Bewertungssubjekt ein *Portefeuille* mit ähnlicher Risikostruktur zusammenstellen, welches perfekt mit dem zu bewertenden Unternehmen korreliert. Es sei annahmegemäß eine Aktie gegeben, deren Kurs 3,5 GE je Papier in t = 0 beträgt und die in t = 0 bei günstiger Marktentwicklung einen Kurs von 6 GE erwarten läßt und bei ungünstiger Kursentwicklung einen Kurs von 2 GE je Papier annehmen würde. Zudem ist es dem Bewertungssubjekt möglich, einperiodige Kredite zu einem Zinssatz i von

---

[384] Siehe *BLACK/SCHOLES*, Pricing of Options (1973). Zum BLACK-SCHOLES-Modell siehe auch *KESTING/SCHULTE-MATTLER*, Black-Scholes-Formel (1992), *KEUPER*, Finanzmanagement (2000), S. 143–147, *MÜLLER*, Realoptionsmodelle (2004), S. 115–121.

[385] Der WIENER-Prozeß ist wiederum die Basis für die im BLACK-SCHOLES-Modell angenommene geometrische BROWNsche Bewegung. „Auf einen Tropfen Wasser aufgetragene Teilchen (z. B. Blütenpollen) bewegen sich in zufälliger Weise, was erstmals 1827 vom Botaniker BROWN festgestellt und 1923 vom Mathematiker WIENER mathematisch exakt erfaßt wurde. Deshalb werden die Begriffe ‚WIENER-Prozess' und ‚BROWNsche Bewegung' häufig auch synonym verwendet", so *MÜLLER*, Realoptionsmodelle (2004), S. 116.

[386] *HERING*, Unternehmensbewertung (2006), S. 201.

[387] In Anlehnung an *MANDL/RABEL*, Unternehmensbewertung (1997), S. 56 f.

8 % p. a. aufzunehmen. Aus dem gegebenen Wertpapier und der fingierten Kreditaufnahme muß sich das Bewertungssubjekt nunmehr ein Portefeuille zusammenstellen, welches bei günstiger Marktentwicklung einen Einzahlungsüberschuß in t = 1 von 60 GE erwirtschaftet und bei ungünstiger Marktentwicklung einen Einzahlungsüberschuß in t = 0 von 0 GE generiert. Somit müssen die nachfolgenden Bedingungen erfüllt sein, wobei A die Anzahl der Aktien bezeichnet und K den aufzunehmenden Kreditbetrag darstellt:

- bei günstiger Marktentwicklung: $A \cdot 6 - K \cdot (1 + i) = 60$,
- bei ungünstiger Marktentwicklung: $A \cdot 2 - K \cdot (1 + i) = 0$.

Beim Zinssatz i = 8 % ergibt sich als Lösung dieses Gleichungssystems A = 15 und K = 27,78. Das heißt, das Portefeuille, welches aus 15 Aktien und einem in t = 0 aufzunehmenden Kredit i. H. v. 27,78 GE besteht, generiert dasselbe Ergebnis, wie die Option, die mit dem Unternehmen erworben werden kann:

- bei günstiger Marktentwicklung: $15 \cdot 6 - 27,78 \cdot (1 + 0,08) = 60$,
- bei ungünstiger Marktentwicklung: $15 \cdot 2 - 27,78 \cdot (1 + 0,08) = 0$.

Dieses „Portefeuille kopiert daher exakt die Option, die mit dem Unternehmenserwerb verbunden ist. Die Option muß daher genauso viel wert sein wie das Portefeuille auf dem Kapitalmarkt. Das beschriebene Portefeuille kostet derzeit 24,72 GE:
$15 \cdot 3,5 - 27,78 = 24,72$.

Die mit dem Unternehmenserwerb verbundene Option hat daher [...] unter den getroffenen Annahmen einen Wert von 24,72 GE. Dieser Betrag repräsentiert damit [... den] aus der (Real-)Option abgeleiteten ‚strategischen Zuschlag‘"[388], der beim Verfahren der strategischen Bewertung dem gewöhnlich mit einem DCF-Verfahren ermittelten Grundwert zugeschlagen wird. Im Beispiel ergibt sich der Unternehmenswert UW wie folgt: UW = GW + OW = 300 + 24,72 = 324,72.

„Der Vorteil des dargestellten Modells besteht vor allem darin, daß keine Eintrittswahrscheinlichkeiten für eine günstige bzw. ungünstige Marktentwicklung und auch kein risikoangepaßter Zinsfuß benötigt werden."[389] Eine Unternehmensbewertung auf Basis der Optionspreistheorie weist jedoch gravierende methodenimmanente Schwächen auf, so daß sich zahlreiche Kritikpunkte ergeben:[390]

- Erstens werden im Hinblick auf die Annahme eines vollkommenen und vollständigen Marktes auch hier Bedingungen unterstellt, die hochgradig *realitätsfremd* sind. Zur Feststellung „fairer Marktpreise" realer Optionen sind entsprechende Märkte jedoch erforderlich. Während der Handel mit Aktienoptionen auf Märkten stattfindet, die durch explizite Reglements, implizite Usancen, standardisierte Produkte

---

[388]   MANDL/RABEL, Unternehmensbewertung (1997), S. 57.
[389]   MANDL/RABEL, Unternehmensbewertung (1997), S. 57.
[390]   Zur Kritik siehe unter anderem DIRRIGL, Strategische Bewertung (1994), KRAG/KASPERZAK, Unternehmensbewertung (2000), S. 124 f., BALLWIESER, Sicht der Betriebswirtschaftslehre (2001), S. 8–13, OLBRICH, Unternehmungsnachfolge (2002), S. 694, WAMELING, Berücksichtigung von Steuern (2004), S. 92–98.

und eine Börsenaufsicht gekennzeichnet sind, werden Realoptionen hingegen – wenn überhaupt[391] – auf höchst unvollkommenen Märkten gehandelt.

- Zweitens stellt die *künstliche Spaltung des Wertes* in einen Grund- und einen Optionswert eine methodisch unnötige Differenzierung dar, weil bei einer sachgemäßen Anwendung der im zweiten Kapitel präsentierten investitionstheoretischen Verfahren – gegebenenfalls eingebettet in eine flexible Planung – unterstellt werden kann, daß alle Bewertungsobjekte Realoptionen im Sinne von zustandsbedingten Zahlungsströmen sind und somit die sich dem Erwerber offenbarenden Handlungsmöglichkeiten entsprechend ihrer Bedeutung in die Wertermittlung einfließen können.[392]

- Drittens stellen auch die *rigiden Verteilungsannahmen* der in der Literatur vorgeschlagenen Modelle einen Schwachpunkt dar: „Wer garantiert dem Bewertungssubjekt, daß die von dieser Methodik angenommene Verteilung [...] in der Realität gegeben ist und des weiteren auch im Zeitverlauf stabil bleibt?"[393] Die Art der postulierten Stochastik der Rückflüsse reicht von der Annahme der Binomial- über die Trinomialentwicklung bis zur Modellierung von zeitstetigen Prozessen mit und ohne Sprungkomponenten. Die schon erwähnte geometrische BROWNsche Bewegung beschreibt beispielsweise eine log-normalverteilte Entwicklung, was in der Realität jedoch nicht immer zutrifft. Darüber hinaus läßt die geometrische BROWNsche Bewegung ausschließlich positive Notierungen zu, was in der Realität ebenfalls nicht immer gegeben ist.

- Viertens ist grundsätzlich die *Übertragbarkeit der Aktienoptionsmodelle auf reale Entscheidungssituationen* zu hinterfragen. Im Vertrag von Aktienoptionen werden wesentliche Parameter determiniert. Eine vertragliche Fixierung realer Optionen hingegen erfolgt selten. Damit sind wesentliche Parameter und der Einfluß deren Änderungen während der Laufzeit nicht festgelegt. In Vertragsverhandlungen ist eine Berücksichtigung optionaler Bestandteile durch gezielte Festlegungen und entsprechende Instrumente (z. B. Besserungsschein, Optionsrecht, Rücktrittsrecht) prinzipiell möglich.[394] Existiert jedoch kein Vertragspartner, sind die Limitationen bezüglich des Stillhalters von besonderer Bedeutung. Aktienoptionen sind einseitig

---

[391] Realoptionen werden i. d. R. durch Unternehmen verkörpert und können aus diesem Grund nicht losgelöst von diesen Objekten gehandelt werden. Vgl. *MYERS*, Corporate Borrowing (1977), S. 163 f., *TRIGEORGIS*, Real Options (1996), S. 128 f., *HERING*, Unternehmensbewertung (2006), S. 236–239.

[392] „Nach dem allgemeinen ZGPM [...] sind [..] ohnehin alle Bewertungsobjekte Realoptionen im Sinne von zustandsbedingten Zahlungsströmen, so daß eine Aufspaltung des durch Zustandspreise erklärbaren Grenzpreises [..] in einen Grundwert und einen Optionswert zwar aufgrund der Wertadditivität möglich, aber unnötig und deshalb künstlich ist", so *HERING*, Unternehmensbewertung (2006), S. 236 (Hervorhebungen im Original). Zudem verdeutlicht *HERING* an gleicher Stelle die Berücksichtigung von strategischen Handlungsmöglichkeiten in investitionstheoretischen Partialmodellen wie folgt: „Wenn beispielsweise ein Kraftwerk mit verschiedenen Brennstoffen befeuert werden kann, reagieren die Kosten weniger stark auf eine Erhöhung des Ölpreises, weil eine Umstellungsmöglichkeit auf Kohle oder Holz besteht. Die in einer Risikoanalyse simulierte Dichtefunktion des Kapitalwerts ist dann schmaler als im Falle einer unflexiblen Anlage, deren Kapitalwert in einer Ölkrise wesentlich stärker fällt. Anpassungsfähigkeit drückt sich durch geringere Empfindlichkeit der Zielgrößenverteilung aus und geht auf diese Weise auch in die abschließende, nicht formalisierbare Entscheidung auf Basis des Risikoprofils ein."

[393] *OLBRICH*, Unternehmungsnachfolge (2002), S. 694.

[394] Vgl. *ERNST/HÄCKER*, Realoptionen (2002), S. 11–17, *LEITHNER/LIEBLER*, Realoptionen (2003), S. 227–234.

verpflichtende Geschäfte, was durch den Vertragsabschluß und die Pflicht zur Leistung von Ein- und Nachschüssen sichergestellt wird. Realoptionen dagegen besitzen diesen Charakter häufig nicht. Der Effekt der Nichterfüllung dieser Annahme
für die Aussagequalität ist umstritten. Der Meinung, dies stelle eine vernichtende
Kritik am Realoptionsmodell dar,[395] steht die Auffassung gegenüber, daß die Unter-
nehmensumwelt als Stillhalter zu betrachten ist[396] oder durch andere rechtliche
Konstruktionen Quasi-Stillhalter festgelegt werden können.
Wesentliche Bewertungsparameter realer Optionen haben durch die fehlende
vertragliche Fixierung endogenen Charakter und können durch den Entscheidungsträger selbst während der Laufzeit beeinflußt werden. Die Laufzeit von Realoptionen ist in den meisten Fällen endogener Natur, weil diese zum Bewertungszeitpunkt nicht explizit vorgegeben ist und vom Akteur beeinflußt werden kann. In
diesen Fällen ist die Optionslaufzeit aus technologischen, ökonomischen und poli-
tisch-rechtlichen Randbedingungen abzuleiten. Vor diesem Hintergrund ist bei der
Nutzung dieser Verfahren im Rahmen der Argumentationsfunktion auch der Typ
der Option – europäisch oder amerikanisch – abzuleiten. Die Mehrzahl der anzu-
treffenden Handlungsoptionen ist *amerikanischen Typs*, weil der Akteur während
der gesamten Laufzeit über eine Ausübung entscheiden kann. Mit der Endogenität
der Parameter sind Bewertungsunschärfen verbunden und zusätzlich resultieren
daraus durch Prinzipal-Agenten-Konstellationen im Rahmen von Realoptionen
Mißbrauchsmöglichkeiten.[397]

- Fünftens ist es mehr als fraglich, ob es dem Bewertungssubjekt gelingt, ein *Portefeuille* (mit ähnlicher Risikostruktur) zusammenzustellen, welches perfekt mit dem
  zu bewertenden Unternehmen korreliert.
- Sechstens und nicht zuletzt ist zu beachten, daß diese „Methode in der Bewertungspraxis aufgrund der *Komplexität* und der *fehlenden Operationalisierbarkeit*
  der abstrakten Optionsmodelle nur selten Anwendung"[398] findet.

In Anbetracht dieser Schwächen eignen sich die Verfahren auf Basis der Optionspreistheorie ebenso wie die anderen finanzierungstheoretischen Verfahren nicht zur
Entscheidungswertermittlung. Aufgrund der ihnen innewohnenden großen Manipulati-
onsspielräume bieten sie jedoch einen fruchtbaren Boden für Argumentationswerte.[399]
Eine Berücksichtigung des Verfahrens der strategischen Bewertung im Rahmen der Arbitriumfunktion der Unternehmensbewertung ist hingegen bedenklich; gemäß HERING
könnte der „Gutachter [..] ebensogut gleich zum Würfel greifen."[400] Aus den angeführten Gründen besteht für die Realoptionstheorie die Gefahr der Fehlanwendung und -in-
terpretation von darauf basierenden Modellen und Ergebnissen, was die Verwendung
der Realoptionsmodelle im Rahmen der Argumentationsfunktion bei unterstellter Unwissenheit des Verhandlungspartners hinsichtlich dieser Probleme erleichtert.

---

[395]   Vgl. *MAYER*, Optionspreistheorie (2001), S. 598.
[396]   Vgl. *BOCKEMÜHL*, Realoptionstheorie (2001), S. 64.
[397]   Vgl. *MÜLLER*, Tauschrealoptionen (2005), S. 41 f.
[398]   *ERNST*, Real Options Approach (2002), S. 17.
[399]   Vgl. *BRÖSEL*, Subjektive Unternehmenswerte (2003), S. 134.
[400]   *HERING*, Unternehmensbewertung (2006), S. 239.

4.3 Ausgewählte Kontrollfragen

Aufgabe 1 (40 Punkte) – Argumentationswerte

a) Definieren Sie den Begriff „Argumentationswert"? (4 Punkte)
b) Systematisieren Sie die Merkmale des Argumentationswertes, und erläutern Sie mindestens vier Merkmale detailliert! (14 Punkte)
c) Wie und mit welchen Zielen können Argumentationswerte zwischen internen Partnern genutzt werden? (10 Punkte)
d) Die Verwendung von Argumentationswerten ist mit einer Beeinflussungsabsicht verbunden. Erläutern Sie Ausprägungen dieser Absicht im Hinblick auf Verhandlungen mit externen Konfliktparteien! Wie kann gewährleistet werden, daß Argumentationswerte keine Instrumente der Übervorteilung darstellen? (12 Punkte)

Aufgabe 2 (25 Punkte) – Ermittlung von Argumentationswerten innerhalb der Matrix der funktionalen Unternehmensbewertung

a) Erläutern Sie die Schritte der Argumentationswertermittlung innerhalb der Matrix der funktionalen Unternehmensbewertung? (9 Punkte)
b) Systematisieren Sie Argumentationsfaktoren im Rahmen der Unternehmensbewertung! (6 Punkte)
c) Erläutern Sie, wie durch die Substitution von originären konfliktlösungsrelevanten Sachverhalten durch mehrere derivative konfliktlösungsrelevante Sachverhalte Komplexität reduziert werden kann? Welche Bedeutung hat diese Substitution im Rahmen der Argumentationsfunktion? (4 Punkte)
d) Wie kann die Auswahl der in der Argumentation einzusetzenden Bewertungsverfahren unterstützt werden? Erläutern Sie hierzu kurz zwei Ansätze! (6 Punkte)

Aufgabe 3 (10 Punkte) – Vergleichsobjekt

Stellen Sie die „Vergleichsobjekte" der investitionstheoretischen Bewertungsverfahren den „Vergleichsobjekten" der marktpreisorientierten Verfahren sowie der marktwertorientierten Verfahren kritisch gegenüber!

Aufgabe 4 (20 Punkte) – Methode des korrigierten Börsenwertes

a) Erläutern Sie die Methode des korrigierten Börsenwertes! Welche Argumentationsmöglichkeiten ergeben sich mit diesem Verfahren? (8 Punkte)

b) Ein Unternehmen hat insgesamt 650.000 Aktien (AA_{BO}) emittiert. Der Kurs der Aktie (AK_{BO}) beträgt zum Bewertungsstichtag 85 GE. Der Durchschnittskurs der letzten drei Monate beträgt 105 GE, der Durchschnittskurs des letzten Monats 90 GE. Zeigen Sie die Argumentationsspielräume des Bewertungssubjekts, wenn es Paketzuschläge (PZ_{BO}) von 30 und 40 % berücksichtigt! Ermitteln Sie die jeweiligen Argumentationswerte! (12 Punkte)

Aufgabe 5 (40 Punkte) – Methode des börsennotierten Vergleichsunternehmens

a) Erläutern Sie die Methode des börsennotierten Vergleichsunternehmens! Welche Argumentationsmöglichkeiten ergeben sich mit diesem Verfahren? (8 Punkte)

b) Erläutern Sie die Bedeutung von Fungibilitätsabschlägen und Kontrollzuschlägen! (4 Punkte)

c) Welche „Stellschrauben" stehen dem Bewerter bei der Methode des börsennotierten Vergleichsunternehmens zur Verfügung? Nennen Sie sechs, und erläutern Sie diese kurz! (9 Punkte)

d) Wie kann die Wahl des sog. vergleichbaren Unternehmens erfolgen? (4 Punkte)

e) Sie haben in Vorbereitung auf die Verhandlungen um das Bewertungsobjekt BO ein scheinbar vergleichbares Unternehmen VU identifiziert, dessen Börsenkurs und die Anzahl der diesbezüglich emittierten Anteile seit Monaten konstant sind und dessen Marktkapitalisierung (MK_{VU}) 4.000.000 GE beträgt. Als mögliche Bezugsgrößen, die ebenfalls in den letzten Jahren konstant waren, kommen der Umsatz (U) und die Dividende (D) in Betracht. Während der Umsatz des Vergleichsobjekts U_{VU} 3.000.000 GE p. a. beträgt, liegt der Umsatz des Bewertungsobjekts U_{BO} bei 4.300.000 GE p. a. Die Dividenden lagen bisher bei 450.000 GE p. a. (D_{VU}) und bei 400.000 GE p. a. (D_{BO}). Sie erwägen ihre Argumentationswerte, mit einem Paketzuschlag von 35 % sowie jeweils mit Fungibilitätsabschlägen von 40 % und 45 % zu berechnen. Hinsichtlich der Berücksichtigung der Bezugsgrößen wollen Sie folgende Möglichkeiten berücksichtigen: (a) nur der Umsatz, (b) nur die Dividende und (c) alle Bezugsgrößen zu gleichen Teilen. Ermittelten Sie die auf dieser Basis begründbaren Argumentationswerte! (15 Punkte)

Aufgabe 6 (50 Punkte) – Finanzierungstheoretische Bewertungsverfahren

a) Systematisieren Sie die Varianten der DCF-Methode! Erläutern Sie kurz drei der vier Methoden! (20 Punkte)

b) Welche Prämissen liegen der Irrelevanzthese des Verschuldungsgrades zugrunde? (5 Punkte)

c) Welche Prämissen liegen dem CAPM zugrunde? Erläutern Sie die pragmatische Eigenkapitalermittlung auf Basis des CAPM, und würdigen Sie das CAPM im Hinblick auf die Verwendung der hiermit ermittelten Werte in Ansätzen, welche auf der MODIGLIANI-MILLER-Welt basieren! (15 Punkte)

d) Erläutern Sie das Verfahren der strategischen Bewertung, und würdigen Sie es kritisch im Hinblick auf die entscheidungsorientierte Verwendung! (10 Punkte)

Aufgabe 7 (55 Punkte) – Kapitalmarkttheoretische Bewertungsverfahren

a) Erläutern Sie die Ermittlung des freien Cash-flows! Erläutern Sie die Beziehungen zwischen unterschiedlichen Cash-flow-Ausprägungen und deren Verwendung innerhalb der DCF-Verfahren! Vergleichen Sie diese Rechengrößen mit jener, die in investitionstheoretischen Verfahren berücksichtigt wird! (15 Punkte)

b) Das zu bewertende Unternehmen unterliegt einem einfachen Gewinnsteuersystem, in welchem die Periodengewinne am Ende der Periode mit einem konstanten Steuersatz von $s = 40\,\%$ zu versteuern sind. Das Fremdkapital, welches als nicht ausfallbedroht gilt, wird mit einem (konstanten) sicheren Zinssatz $i = 6\,\%$ p. a. verzinst. Die von den Eigenkapitalgebern geforderte (im Zeitablauf konstante) Rendite bei reiner Eigenfinanzierung sei $r_s^e = 9\,\%$ p. a. Der Cash-flow X_t vor Fremdkapitalzinsen und Steuern beträgt in den ersten drei Perioden ($t = 1$, 2 und 3): 400, 600 und 400. Ab der vierten Periode wird eine ewige Rente von 600 erwartet. Sie unterstellen als Bewerter, daß die Unternehmensleitung eine Zielkapitalstruktur ZKS als Verhältnis von Marktwert des Fremdkapitals FK zum Marktwert des Gesamtkapitals GK (ZKS = FK/GK) von 0,7 anstrebt. Ermitteln Sie den Marktwert des Eigenkapitals EK für obiges Beispiel mit dem „Free Cash Flow"-Ansatz (FCF-Ansatz)! (10 Punkte)

c) Sie sollen ein Unternehmen mit dem „Total Cash Flow"-Ansatz (TCF-Ansatz) bewerten! Dieses generiert als ewige Rente in jeder Periode einen Cash-flow X von 300 vor Fremdkapitalzinsen und Steuern. Ferner sei ein konstanter Steuersatz von $s = 40\,\%$, Fremdkapital zu einem (konstanten) sicheren Zinssatz $i = 7\,\%$ p. a., eine geforderte Rendite bei reiner Eigenfinanzierung i. H. v. $r_s^e = 10\,\%$ p. a. sowie eine angestrebte Zielkapitalstruktur ZKS = FK/GK = 0,65 unterstellt. (10 Punkte)

d) Berechnen Sie den Wert des Eigenkapitals eines Unternehmens mit dem APV-Ansatz, für welches Ihnen die folgenden Angaben vorliegen: Der Steuersatz liegt konstant bei s = 40 %, der sichere Zinssatz liegt jeweils bei i = 8 % p. a. und die geforderte Rendite bei reiner Eigenfinanzierung beträgt r_s^e = 10 % p.a.! Anstelle einer Zielkapitalstruktur ist für jede Periode ein Fremdkapitalbestand festgelegt worden. *Abbildung 325* zeigt die Zahlungsüberschüsse X vor Steuern und vor Fremdkapitalzinsen sowie die jeweiligen vorgegebenen Fremdkapitalbestände. (15 Punkte)

	t_0	t_1	t_2	t_3	$t_{4 \text{ bis } \infty}$
Zahlungsüberschuß X vor Steuern und vor Fremdkapitalzinsen		200	150	250	200
Fremdkapitalbestände	200	250	250	300	300
Abbildung 325: Übungsbeispiel zum APV-Ansatz					

e) Berechnen Sie mit dem Nettoverfahren den Unternehmenswert auf Basis der Angaben in der Aufgabe c)! (5 Punkte)

Aufgabe 8 (10 Punkte) – Verfahren der strategischen Unternehmensbewertung

Stellen Sie kurz das Verfahren der strategischen Unternehmensbewertung dar! Welche wesentlichen Kritikpunkte ergeben sich aus Sicht der entscheidungsorientierten Unternehmensbewertung?

Aufgabe 9 (30 Punkte) – Ältere (traditionelle) versus jüngere (marktwertorientierte) objektive Unternehmensbewertungstheorie

Nehmen Sie in Form eines kleinen Aufsatzes (mit vorangestellter Gliederung) zu folgendem Thema Stellung: „Entity- und Equity-Ansatz versus Gesamtkapital- und Eigenkapitalerfolgsansatz der traditionellen (objektiven) Unternehmensbewertung – ein kritischer Vergleich"!

Aufgabe 10 (60 Punkte) – Meinungsspiegel BFuP, Heft 5/2000: „Unternehmensbewertung"

Die Zeitschrift „Betriebswirtschaftliche Forschung und Praxis" (BFuP) widmete ihr Heft 5/2000 dem Thema „*Unternehmensbewertung*". Wie in der BFuP ursprünglich üblich, wurden in einem Meinungsspiegel ausgewählte Persönlichkeiten aus Theorie und Praxis um ihre Meinung zu bestimmten Fragen gebeten. Im Rahmen der folgenden Aufgaben sind Sie nun selbst als Experte auf dem Gebiet der Unternehmensbewertung angesprochen, um die nach dem Vorspann gestellten vier Fragen zu beantworten.

Vorspann:[401] Unter den verschiedenartigen Bewertungsproblemen, mit denen sich die akademische Betriebswirtschaftslehre und die Wirtschaftspraxis beschäftigen, nimmt die *Bewertung ganzer Unternehmen* aufgrund ihrer hohen theoretischen Komplexität und ihrer in der Praxis weitreichenden finanziellen Konsequenzen *traditionell eine herausragende Stellung* ein. Es ist daher angebracht, diesem interessanten und wandlungsreichen Thema in gewissen Zeitabständen ein Heft der BFuP zu widmen. Dies gilt um so mehr, als die anhaltende Welle von Fusionen und Unternehmenskäufen sowie das zunehmende Eindringen US-amerikanischer Rechnungslegungs- und Bewertungsmethoden zu einem erhöhten Informations- und Beratungsbedarf führen.

Im deutschen Sprachraum hat sich die *funktionale Bewertungslehre* mit der Unterscheidung von Entscheidungswert, Arbitriumwert und Argumentationswert in den 1970er Jahren gegen ältere Vorstellungen von einem „objektiven" Unternehmenswert durchgesetzt. Diese funktionale Bewertungslehre stellt einerseits auf die schon von SCHMALENBACH betonte Zweck- und Zukunftsbezogenheit einer jeden Bewertung ab und fußt andererseits auf den investitionstheoretischen Prinzipien der subjektiven Zielsetzungs- und Entscheidungsfeldbezogenheit. Aus der Individualität des Entscheidungsfeldes folgt, daß nicht die Vorstellung vom vollkommenen, sondern vom unvollkommenen (Kapital-)Markt ausschlaggebend ist. Die Stärke wie die Schwäche dieser Sichtweise ist ihre Realistik. *Realistik* beugt unüberlegten Vereinfachungen vor und verlangt nach individueller Problembearbeitung. Sie schließt damit aber weitgehend „griffige", scheinbar überall nutzbare „Lösungen" für schwierige praktische Probleme aus – und dieser Umstand hat die funktionale Bewertungslehre „*marketingmäßig*", d. h. in bezug auf ihre Wahrnehmung und Beachtung, in jüngster Zeit *in Bedrängnis* gebracht.

Unter dem Einfluß von Unternehmensberatern und anglo-amerikanisch geprägten Kapitalmarkttheoretikern setzen sich seit einigen Jahren zunehmend Bewertungskonzepte durch, die in mancherlei Hinsicht durchaus als *Rückschritt gegenüber dem in Deutschland erreichten Forschungsstand* gewertet werden müssen. Der überwunden geglaubte „Objektivismus" kehrt im „neuen Gewand" des sich im allgemeinen Kapitalmarktgleichgewicht ergebenden „Marktwertes" zurück.

Anders als der alte „Objektivismus" hat indes der aktuelle Neo-Objektivismus der Discounted-Cash-Flow-(DCF)-Methoden eine theoretische Basis in Form einer hochangesehenen *Gleichgewichtstheorie*. Die Unterscheidung zwischen Wert und Preis wird in einer solchen Situation des allgemeinen (Kapital-)Marktgleichgewichts zwar hinfällig, zugleich wird aber mit Blick auf die reale unvollkommene Welt vergessen, daß gerade für Unternehmensbewertungen kein Gleichgewicht angenommen werden kann.

Die äußerst wichtige betriebswirtschaftliche Erkenntnis der Abhängigkeit der Bewertung von der *Zwecksetzung* ist inzwischen weitgehend wieder verlorengegangen. Wie zu Zeiten vor der funktionalen Bewertungslehre gibt es letztlich einen undurchdringlichen Dschungel an Vorschlägen, wie denn dem „Marktwert" oder dem (begrifflich wieder auferstandenen) „wahren Wert" konkret auf die Spur zu kommen sei. Zu den vielfältigen Varianten der theoriegeleiteten DCF-Methoden gesellen sich alte und neue völlig theorielose Verfahren und erlangen ebenso „Marktgeltung", weil sie tat-

---

[401] Vorspann und nachfolgende Fragen wurden – mit formalen Änderungen – der BFuP, 52. Jg. (2000), S. 493–506, entnommen.

sächlich zur Anwendung kommen und folglich „*Argumentationsmacht*" haben. Wieder gibt es das Bemühen, zu „beweisen", welche Vorgehensweise die „richtige" sei, oder wenigstens zu zeigen, wie die verschiedenen Methoden „geeicht" werden können, um zu „äquivalenten" Ergebnissen zu gelangen. Unverkennbar ist auch wieder das Bestreben, durch *Standardisierung* „methodische Monopolmacht" und auf diese Weise „gutachterliche Marktmacht" zu erlangen.

Aus der Sicht der funktionalen Unternehmensbewertungslehre wäre dies alles unproblematisch, wenn in der Gesamtdiskussion deutlich würde, daß dieses „bunte methodische Treiben" letztlich auf der Unternehmensbewertung zu Argumentationszwecken beruht. *Argumentationswerte bedürfen allerdings der Orientierung* – und diese kann nur der Entscheidungswert als subjektive Grenze der Konzessionsbereitschaft liefern. Die entscheidungsorientierte Unternehmensbewertungslehre liefert zugleich Hilfen, um mit den Schwächen der modernen DCF-Methoden fertig zu werden: Zirkularität, realitätsfremde Prämissen und Wertverzerrungen.

a) Worin liegen aus Ihrer Sicht die ungelösten Hauptproblemfelder, mit denen sich die Theorie der Unternehmensbewertung in Zukunft beschäftigen sollte, um dem Informations- und Beratungsbedarf der Praxis gerecht werden zu können? (15 Punkte)

b) Teilen Sie die im Vorspann geäußerte Einschätzung der funktionalen Bewertungslehre? Wie erklären Sie die Tatsache, daß in sehr vielen aktuellen Veröffentlichungen von Unternehmenspraktikern, aber auch von Wissenschaftlern der Eindruck entsteht, die Ertragswertmethode müsse den amerikanischen „Discounted Cash Flow"-Verfahren weichen, ohne daß eine Auseinandersetzung mit den Ergebnissen der funktionalen Bewertungslehre erfolgt? Ist die funktionale Lehre obsolet, am Ende gar ein Irrweg? (15 Punkte)

c) Wie beurteilen Sie die „marktorientierten" Bewertungsverfahren? Sind sie Fortschritt, Rückschritt oder nur „alter Wein in neuen Schläuchen"? Gibt es dabei einen Wesensunterschied zwischen dem Einsatz von „Discounted Cash Flow"-Verfahren zur Unternehmensbewertung und ihrem Einsatz für interne, „wertorientierte" Steuerungszwecke? (15 Punkte)

d) Die anhaltende Welle von Börsengängen junger Internet-Unternehmen stellt nicht nur interessierte Anleger vor die Frage, auf welche Weise die für „Internet-Aktien" gezahlten Preise erklärt werden können. Welchen Rat geben Sie im Hinblick auf die Bewertung derartiger Unternehmen? (15 Punkte)

Als Hilfestellung wird Ihnen zu diesen vier Aufgaben (a bis d) folgender *Lösungsvorschlag* präsentiert:[402]

a) Zum *Hauptproblem der Unternehmensbewertungspraxis*, nämlich der verläßlichen Schätzung der künftigen Erfolge, um deren Bewertung es letztlich geht, kann die Theorie zwar Hilfen, aber keine Lösung bieten. Solche Hilfen betreffen etwa eine methodisch abgesicherte Vorgehensweise zur Identifizierung von positiven und negativen Synergieeffekten generell oder im speziellen Zusammenhang des Aufeinandertreffens verschiedener Unternehmenskulturen, ferner die Untersuchung „weicher" Erfolgsfaktoren auf empirischer Basis, ohne freilich den Anspruch zu erheben, „Gesetzmäßigkeiten" entdecken zu wollen und zu können.

---

[402] Hierbei handelt es sich um die Antworten von MANFRED JÜRGEN MATSCHKE, die der BFuP, 52. Jg. (2000), S. 493–506, mit geringen Änderungen entnommen wurden.

Darüber hinaus ist es *Aufgabe der Theorie*, für möglichst viele der im Rahmen der funktionalen Unternehmensbewertung unterschiedenen Konfliktsituationen zu untersuchen, wie eine adäquate Vorgehensweise zur Ermittlung des Entscheidungswertes jeweils auszusehen hat. Unsere Kenntnis in bezug auf bedingte Entscheidungswerte, wie sie in mehrdimensionalen und jungierten Konfliktsituationen auftreten, ist noch sehr rudimentär, obwohl diese Konflikttypen außerordentlich häufig vorkommen. Da es einem praktischen, verhandlungstaktischen Bedürfnis entspricht, möglichst vielfältige Bewertungsmethoden zu kreieren, muß es umgekehrt die Aufgabe der Theorie sein, solche tatsächlich oder scheinbar neuen Verfahren kritisch auf Prämissen und mögliche Einsatzbereiche hin zu analysieren. Der Theorie kommt hier m. E. eine *Aufklärungsfunktion* zu.

b) Ich vermag bislang noch *keine wirkliche Alternative zur funktionalen Bewertungslehre* zu sehen, umgekehrt sehe ich freilich sehr wohl, daß man „munter" über Unternehmensbewertung und Unternehmenswert schreibt, ohne ein einziges Mal den Zweck und die Bedingungskonstellationen (Bewertungssubjekt, Entscheidungsfeld, Konfliktsituation) der Bewertung zu benennen. Es greift wieder ein fatales „Grundverständnis" vom „Unternehmenswert" um sich, wie es auch in den 1950er Jahren und bis weit in die 1960er Jahre hier in Deutschland bestand, so daß die Fragen „wozu?" und „in welchem Zusammenhang?" gar nicht mehr gestellt werden und demzufolge auch eine begriffliche Differenzierung vollkommen unterbleibt. Die grundlegende Erkenntnis der funktionalen Unternehmensbewertungslehre ist jedoch, daß es „den" Unternehmenswert nicht gibt und daß in Abhängigkeit vom Zweck verschiedene Unternehmenswerte zu unterscheiden sind, die man, um Mißverständnisse zu vermeiden, auch begrifflich trennen sollte, so daß es zur Unterscheidung von Entscheidungswert, Arbitriumwert und Argumentationswert gekommen ist. So wie jemand, der alle Farben mit dem Begriff „rot" belegt, nicht in der Lage ist, jemandem die Vielfalt und Schönheit einer bunten Blumenwiese mitzuteilen, so ist auch jemand, der alles mit dem Begriff „Unternehmenswert" (oder heutzutage „Marktwert") belegt, nicht in der Lage, wirklich etwas mitzuteilen.
Die funktionale Unternehmensbewertungslehre hat ferner deutlich herausgearbeitet, daß der subjektbezogene *Entscheidungswert von zentraler Bedeutung* in allen Funktionen ist, weil seine Kenntnis für rationales Handeln unerläßlich ist, wovon wiederum die Theorie ausgehen muß, will sie überhaupt etwas Verläßliches herleiten. Die funktionale Unternehmensbewertungslehre hat mit Blick auf den Entscheidungswert gezeigt, daß er für verschiedene Typen von Konfliktsituationen konkretisierbar ist und daß seine Ermittlung nach Spezifikationen zum Wollen (Zielabhängigkeit) und zum Können (Entscheidungsfeldabhängigkeit) des jeweiligen Bewertungssubjekts verlangt, für das er eine Grenze der Konzessionsbereitschaft darstellt. Folglich kann es prinzipiell keinen Methodenmonismus geben, um den Entscheidungswert zu ermitteln.
Um zu einer *einheitlichen methodischen Vorgehensweise* zu gelangen, muß die reale Situation vielmehr stark „verkürzt" werden:
1. ausschließlich finanzielle Zielsetzung,
2. Modellierung des Entscheidungsfeldes durch Investitions- und Finanzierungsprogramme in Form von Basis- und Bewertungsprogramm und
3. Entscheidungswert als Grenzpreis.

Um gar zum in der Praxis gern verwandten, insofern „beliebten" Diskontierungs-modell zu kommen, auf dem sowohl das Ertragswertverfahren als auch die DCF-Verfahren beruhen, muß eine weitere Besonderheit hinzukommen, nämlich *Gleich-heit der Grenzmaßnahmen* bei Basis- und Bewertungsprogramm, was indes *nicht* einen vollkommenen Kapitalmarkt impliziert. Der Entscheidungswert ist dann gleich dem Preis der erfolgsgleichen Grenzmaßnahmen, die zum Kauf oder Ver-kauf des zu bewertenden Unternehmens die Alternative bilden. Bei Gleichheit der Grenzmaßnahmen in Basis- und Bewertungsprogramm könnten deren Grenzzins-füße benutzt werden, um den Grenzpreis auch durch Diskontierung der Zahlungen des zu bewertenden Unternehmens zu bestimmen. Die Ausführungen zeigen den engen Anwendungsbereich des Diskontierungsmodells, aber sie zeigen auch, daß der Kalkulationszinsfuß des Diskontierungsmodells, wenn man einen Entschei-dungswert bestimmen möchte, aus der Alternative (Grenzmaßnahmen) und nicht aus den Kapitalkosten des zu bewertenden Unternehmens herzuleiten ist, so daß DCF-Verfahren mit Herleitungen des Kalkulationszinsfußes aus dem „Capital Asset Pricing"-Modell oder der MODIGLIANI-MILLER-Welt schon vom Ansatz her bei der Ermittlung eines Entscheidungswertes fehlgehen.

c) Die marktwertorientierten Bewertungsverfahren, hier speziell die auf der Theorie des Kapitalmarktgleichgewichts beruhenden DCF-Verfahren, sind Fortschritt, Rückschritt und zum Teil auch „alter Wein" in neuen Schläuchen:

1. Ein *Fortschritt* sind sie in bezug auf die Argumentationsfunktion. Denn mit ih-nen tritt man mit einer starken, anerkannten Theorie im Rücken in den Ring der Verhandlungen und Argumente. Sie kommen zudem aus Amerika – und dies al-lein gibt schon Glanz genug, in dem man sich sonnen kann; denn heute gilt: Ex occidente lux!

2. Sie sind ein *Rückschritt*, weil sie die wissenschaftliche Diskussion der letzten Jahre wie Mehltau belegt haben, ohne wirklichen Erkenntnisfortschritt gebracht zu haben, und so dazu beigetragen haben, daß die alte wichtige betriebswirt-schaftliche Erkenntnis von der Zweckabhängigkeit einer jeden Bewertung wie-der weitgehend in Vergessenheit geraten ist. Es ist nur mit Blick auf die Argu-mentationsfunktion von Belang, daß man durch geschickte Prämissensetzung mit Hilfe verschiedener Verfahren zum gleichen Resultat gelangen kann. Dies spricht nicht für ihre Güte im Sinne der Brauchbarkeit für die Ermittlung eines Entscheidungswertes. Auch die traditionellen Kombinationsverfahren lassen sich durch – im Hinblick auf ein „gewünschtes" Resultat – konsistente Prämissen-setzungen so „eichen", daß ihre Resultate übereinstimmen. So etwas sollte – wie damals – eher zur Beunruhigung als zur Zufriedenheit mit den Verfahren Anlaß sein.

3. Zum Teil sind die DCF-Verfahren durchaus *alter – und zudem auch guter – Wein in neuen Schläuchen*, freilich nur insofern, als sie die Zahlungsorientierung heraus- und damit auf den Investitionscharakter der zu bewertenden Transaktio-nen (wie Kauf, Verkauf, Fusion) abstellen. Denn daß Unternehmensbewertungen investitionstheoretisch zu fundieren sind, ist eine alte richtige Erkenntnis. Daß auf den für den Investor (Entscheidungssubjekt) zugänglichen Zahlungsstrom abzustellen ist, haben KARL KÄFER und HANS MÜNSTERMANN – um nur die

deutschsprachigen Pioniere der subjektiven Unternehmensbewertungstheorie hervorzuheben – schon vor gut fünfzig Jahren postuliert.

Wurde vor einem Vierteljahrhundert die Arbeitswelt ständig *„humanisiert"*, so wird nun alles in Unternehmen *„wertorientiert"* gesteuert. Demnächst werden wir eine andere *Leitmode* kennenlernen. Gewiß ist, auch sie wird vorübergehen. Für interne Steuerungszwecke braucht man Größen, die eine Erfolgsspaltung ermöglichen, um den Gründen positiver und negativer Veränderungen nachgehen zu können, und zwar nicht bloß bei börsennotierten Unternehmen.

d) Wenn nicht alles täuscht, ist nach der hektischen, euphorischen Phase der Beurteilung von jungen technologieorientierten, insbesondere dot.com-Unternehmen nun eine Phase der Ernüchterung eingetreten. Denn so wie die Liebe macht auch die Gier blind; und mit Blick auf viele Börsengänge mit überschießenden Erstnotierungen wird man davon ausgehen müssen, daß die Gier nach dem schnellen Geld die beste Erklärung für das Phänomen bietet. Es sind *Spekulationsblasen*, durchaus vergleichbar mit dem *„Tulpen-Fieber"*, als man in Amsterdam Unsummen für eine Tulpen-Zwiebel zahlte, weil jeder meinte, es gäbe jemanden, der noch mehr dafür bezahlen möchte – bis die Kette der Käufer ab- und die Spekulation in sich zusammenbricht.

Bewertungen von jungen Unternehmen sind äußerst schwierig, weil allein der Blick nach vorn – und nicht zugleich der absichernde Blick zurück – möglich ist. Letztlich ist der Wert jedoch stets ein Reflex der zukünftigen Erfolgserwartungen; denn für das Gewesene gibt der Kaufmann bekanntlich nichts. Nötig ist daher stets das *Wagnis der Prognose* – mit der Möglichkeit der totalen Fehleinschätzung. Was ist die Geschäftsidee? Wie läßt sie sich umsetzen? Wie neuartig und geschützt vor Nachahmungen ist sie? Wer sind die handelnden Personen? Was leitet sie? Wie groß müßten ein Rückfluß und seine Steigerung künftig sein? Solche Fragen sollte man sich stellen. Zudem besteht die Möglichkeit der globalen Plausibilitätskontrolle: Was kann bei gleichem Einsatz anderweitig an künftigen Erfolgen erwartet werden?

Aufgabe 11 (60 Punkte) – Meinungsspiegel BFuP, Heft 2/2004:
„Bewertungstheorie"

Das Heft 2/2004 der „Betriebswirtschaftliche Forschung und Praxis" ist dem Thema *„Bewertungstheorie"* gewidmet. Im Rahmen des Expertenforums werden Sie wiederum gebeten, die nach dem Vorspann folgenden vier Fragen zu beantworten.[403]

Vorspann:[404] Im ökonomischen Sprachgebrauch beschreibt der *Begriff des Wertes* gemeinhin die Nützlichkeit eines Gutes in Hinblick auf die Erfüllung eines ganz bestimmten Zwecks. Aus diesem Grund stellt auch die entsprechende Zweck-Mittel-Beziehung stets einen wesentlichen Bestandteil des jeweiligen Konzeptes dar, welches bei der Bewertung – als dem Vorgang zur Ermittlung des Wertes – seine Verwendung findet. In fast allen betriebswirtschaftlichen Teildisziplinen besitzen Fragen der Wertfin-

---

[403] Auf eine Musterlösung wird hier verzichtet.

[404] Nachfolgender Vorspann und nachfolgende Fragen wurden – mit formalen Änderungen – der BFuP, 56. Jg. (2004), S. 166–178, entnommen.

dung – hierzu gehören beispielsweise Probleme der finanzwirtschaftlichen Vorteilhaftigkeit von Zahlungsströmen und der Grenzpreisfindung in der Unternehmensbewertung, aber auch des Wertansatzes in Rechnungswerken und Informationsmedien – eine zentrale Bedeutung. Angesichts dieses Sachverhalts läßt sich die *Bewertung zweifelsohne als ein elementares Kernstück der allgemeinen Betriebswirtschaftslehre* ansehen.

Im Rahmen einer theoriegeleiteten Betrachtungsweise darf man zunächst einmal davon ausgehen, daß sich neben der Akzeptanz des Nutzwertprinzips auch die Zukunftsgerichtetheit, also die Relevanz zukünftiger Erfolge als entscheidende Bestimmungsgröße des Wertes, in der allgemeinen Forschungs- und Lehrmeinung mittlerweile weitgehend durchgesetzt hat. Dennoch ist gerade die Bewertungstheorie im deutschsprachigen Raum augenblicklich durch eine *Auseinandersetzung verschiedener gegenläufiger Forschungstraditionen* gekennzeichnet. Einerseits handelt es sich um eine, hauptsächlich der gedanklichen Struktur einer entscheidungsorientierten Betriebswirtschaftslehre verpflichtete, *investitionstheoretische Vorgehensweise*, andererseits um eine, vor allem der angelsächsischen ökonomischen Tradition entstammende, *finanzierungstheoretische und „(kapital)marktorientierte" Perspektive*. Darüber hinaus hat sich in den letzten Jahren noch ein drittes Bewertungskonzept, welches die Flexibilität unternehmerischen Handelns betont und sich dabei auf *optionspreistheoretische Ansätze* beruft, ergänzend entwickelt. Überraschend und insofern auffällig ist jedoch, daß trotz dieser widerstreitenden theoretischen Konzepte die allgemeine Wert- und damit auch Bewertungslehre aktuell nur noch einen sehr geringen Stellenwert in der gegenwärtigen wissenschaftlichen Diskussion einnimmt.

Obwohl der Begriff des „*Marktwertes*" (im Unterschied zum Marktpreis) nur unter strengen neoklassischen Annahmen definiert ist, wird er in den meisten aktuellen Veröffentlichungen ohne jede Infragestellung vorausgesetzt, als hätte es nie die GOSSENschen Gesetze, nie eine österreichische Grenznutzenschule und auch keine in Deutschland geprägte funktionale Bewertungslehre gegeben. Einer solchen Situation in der Theorie der Bewertung kann nun die betriebswirtschaftliche Realität entgegengestellt werden. Durch die Hinwendung zur Wertorientierung sowie durch die Verankerung des Unternehmenswertes als des neuen und zentralen Paradigmas der Unternehmensführung hat die Bewertung in der betriebswirtschaftlichen Praxis sicherlich gerade in der jüngeren Vergangenheit einen generellen Bedeutungszuwachs erfahren. Aus der Vielfalt der mit einer derartigen Ausrichtung einhergehenden neuen Bewertungsaufgaben und -anlässe ebenso wie aus grundsätzlichen Überlegungen heraus zeichnet sich die *Bewertungspraxis* dabei vor allem durch ein Streben nach einfachen und leicht nachvollziehbaren Lösungsmodellen aus. Insbesondere im Controlling werden „wertorientierte" Steuerungskonzepte vielfach ohne Kenntnis des theoretischen Hintergrunds implementiert. Auch wenn der Chorus des „wertorientierten Managements" nach dem Zusammenbruch der Aktienkurse etwas stiller geworden ist, erstaunt die Unbedarftheit, mit der sich einige Großunternehmen nach wie vor der Steuerung nach einem unklaren Wertbegriff verschrieben haben. Eine Rückbesinnung auf die theoretischen Grundlagen kann weiterhelfen.

a)   Faßt man die aktuelle Lage auf dem Gebiet der Bewertungslehre zusammen, erscheint es nicht unberechtigt, von einer gewissen Widersprüchlichkeit zu sprechen: Auf der einen Seite kann man in der ökonomischen Theorie eine allgemeine Abflachung des Forschungsinteresses an der elementaren Wert- und Bewertungstheorie und damit einhergehender Fragestellungen feststellen. Auf der anderen Seite zeichnet sich gerade die dem betriebswirtschaftlichen Alltag zugewandte Literatur durch eine manchmal geradezu inflationäre Zunahme der Verwendung des Begriffs „Wert" und davon abgeleiteter Wortschöpfungen aus. Gibt es Ihrer Meinung nach faßbare Ursachen für eine derartige Entwicklung? (15 Punkte)

b) Was verstehen Sie unter wertorientierter Unternehmensführung oder „Value Based Management" mit dem Ziel der Marktwertmaximierung? Handelt es sich nur um Schlagworte für Altbekanntes, oder gehen von diesen Konzepten neue Impulse für die betriebswirtschaftliche Theorie und Praxis aus? (15 Punkte)

c) Nach Auffassung mancher Unternehmensberater werden durch die Geschäftsleitung eines Unternehmens, deren Aktienkurs an der Börse fällt, „Werte vernichtet". Was halten Sie von dieser Wertung? Wie gestaltet sich das Ziel der „Marktwertmaximierung" für nicht börsennotierte Unternehmen? (15 Punkte)

d) Seit einigen Jahren kann man in der betriebswirtschaftlichen Praxis und der ihr nahestehenden Literatur eine „Rückbesinnung" auf Marktpreisvergleichsverfahren und ähnliche „marktwertorientierte" Modelle feststellen. Damit einhergehend kommt es häufig wieder zu einer begrifflichen Gleichsetzung von Wert und (Markt-)Preis. Inwieweit können Marktpreise (als sog. Marktwerte) für verschiedene betriebliche Bewertungszwecke (z. B. Planung und Entscheidung, Schiedsspruch, Argumentation, Bilanzierung, gesellschaftsrechtliche Regelungen, erfolgsorientierte Entlohnung) nützlich sein? (15 Punkte)

Aufgabe 12 (40 Punkte) – Vorbereitung auf eine Verhandlung um ein Krankenhaus

In der FAZ, Nr. 120 vom 24. Mai 2006 findet sich auf S. 18 folgende Anzeige der Wirtschaftsprüfungsgesellschaft PricewaterhouseCoopers hinsichtlich des Interessenbekundungsverfahrens zum Verkauf des Kreiskrankenhauses Köthen:

„Der Landkreis Köthen/Anhalt beabsichtigt das Kreiskrankenhaus Köthen, welches als Eigenbetrieb geführt wird, zu veräußern. Eine zukünftige Minderheitsbeteiligung wird nicht angestrebt. Das Kreiskrankenhaus Köthen ist ein Haus der Basisversorgung. Es ist im Landeskrankenhausplan Sachsen-Anhalt mit 264 Betten aufgenommen und hat im Jahr 2005 10.214 stationäre Patienten sowie ca. 9.000 ambulante Patienten versorgt. Der Umsatz im Jahr 2005 lag bei ca. 25,2 Mio. €. Das Kreiskrankenhaus Köthen verfügt über drei Hauptabteilungen (Innere Medizin, Allgemeine Chirurgie und Frauenheilkunde/Geburtshilfe), eine Abteilung für Anästhesie & Intensivmedizin, eine Belegabteilung für Urologie und eine Notfallambulanz.

Der Landkreis Köthen/Anhalt sucht im Wege einer Interessenbekundung und eines sich hieran anschließenden, freihändigen Bieterverfahrens einen wirtschaftlich starken und medizinisch-fachlich qualifizierten strategischen Partner für das Kreiskrankenhaus Köthen. Die im Interessenbekundungsverfahren und dem anschließenden, freihändigen Bieterverfahren eingehenden Angebote müssen die umfassende Realisierung der folgenden Ziele des Landkreises Köthen/Anhalt gewährleisten:

- Die stationäre medizinische Versorgung der Bevölkerung muss auf Dauer am Standort Köthen/Anhalt gesichert werden.
- Das Kreiskrankenhaus muss als Krankenhaus der Basisversorgung (oder höher) erhalten bleiben.
- Das fachliche Profil ist in Qualität und Menge zu erhalten bzw. zu erweitern.
- Die vorhandenen Arbeitsplätze sind zu sichern, weitere Arbeitsplätze am Standort sollen geschaffen werden.
- Der Erwerber muss einen angemessenen Kaufpreis bezahlen.
- Der Erwerber muss ein verbindliches Zukunftskonzept mit Darstellung der Investitionsverpflichtungen vorlegen.
- Die finanziellen Risiken des Landkreises Köthen/Anhalt sind zu minimieren und – soweit möglich – betragsmäßig zu begrenzen.

[…] Auf Basis des Informationsmemorandums ist ein unverbindliches Angebot für den Kauf des Kreiskrankenhauses Köthen einzureichen. […]"

Da Ihr Vorgesetzter einen Kauf des Krankenhauses erwägt, betraut er Sie mit folgenden Aufgaben:

a) Charakterisieren Sie die vorliegende Konfliktsituation! (2 Punkte)

b) Identifizieren Sie mögliche originäre und derivative konfliktlösungsrelevante Sachverhalte! (8 Punkte)

c) Welche Unterlagen und Informationen benötigen Sie im Hinblick auf die Ermittlung Ihres Entscheidungswertes? (5 Punkte)

d) Wie gehen Sie vor, um den Entscheidungswert des Landkreises Köthen/Anhalt zu schätzen? Äußern Sie sich in diesem Zusammenhang zum explizit genannten Ziel des Landkreises, „einen angemessenen Kaufpreis" zu realisieren! (10 Punkte)

e) Diskutieren Sie strukturiert mögliche Argumentationsfaktoren und ihre Ausprägungen! Beachten Sie dabei, daß der Landkreis von einer Wirtschaftsprüfungsgesellschaft beraten wird! (8 Punkte)

f) Wie sollte unter Berücksichtigung der Merkmale des Argumentationswertes das gewünschte „unverbindliche Angebot" plaziert und begründet werden? (7 Punkte)

5. Kapitel:

Grundsätze der Unternehmensbewertung

„Nichts ist dem Dilettantismus mehr entgegen als feste Grundsätze und strenge Anwendung derselben." JOHANN WOLFGANG VON GOETHE

Überblick

Das fünfte und letzte Kapitel setzt sich mit den *Grundsätzen der Unternehmensbewertung* auseinander. Diese Grundsätze, wofür synonym auch der Begriff „Prinzip(ien)" verwendet wird, sollen im Sinne eines möglichst widerspruchsfreien Normensystems der Steuerung des Unternehmensbewertungsprozesses dienen. Zu Beginn des *Abschnitts 5.1* werden die Charakteristika dieses Normensystems dargestellt, wobei aufgezeigt wird, daß in Anbetracht der erforderlichen Funktionenorientierung einer Unternehmensbewertung und somit auch der Grundsätze die Bezeichnung „Grundsätze funktionsgemäßer Unternehmensbewertung" sachgemäß ist. Anschließend werden detailliert die Zwecke vorgestellt, die mit diesen Grundsätzen verfolgt werden. Nach einem Überblick über mögliche Quellen der Grundsätze erfolgt am Ende des Abschnitts 5.1 die Darstellung von ausgewählten Ansätzen von Normensystemen zur Unternehmensbewertung. Zu den vorgestellten Ansätzen gehören die Systeme von MOXTER und von POOTEN sowie die von den deutschen Wirtschaftsprüfern zu beachtende Zusammenstellung von Grundsätzen im aktuellen IDW S 1. Im *Abschnitt 5.2* werden schließlich auf der Basis der funktionalen Unternehmensbewertungstheorie Grundsätze funktionsgemäßer Unternehmensbewertung deduktiv ermittelt. Am Ende des Kapitels (*Abschnitt 5.3*) werden – wie bereits gewohnt – ausgewählte Kontrollfragen zur Vertiefung des vermittelten Lehrstoffes gestellt.

Lernziele

Nach dem Studium dieses Kapitels sollten Sie unter anderem in der Lage sein,
1. die Charakteristika der Grundsätze der Unternehmensbewertung zu erläutern,
2. zu erklären, warum eigentlich von Grundsätzen funktionsgemäßer Unternehmensbewertung gesprochen werden sollte,
3. die Zwecke von Grundsätzen funktionsgemäßer Unternehmensbewertung detailliert zu umschreiben,
4. die Quellen der Bewertungsgrundsätze zu nennen und kritisch zu würdigen,
5. die Verdienste von MOXTER hinsichtlich der Entwicklung von Grundsätzen der Unternehmensbewertung zu deuten,
6. das Normensystem von POOTEN und die für die deutschen Wirtschaftsprüfer geltenden Grundsätze zu analysieren,
7. die theoretische Basis von Grundsätzen funktionsgemäßer Unternehmensbewertung zu erläutern sowie
8. ausgehend von Ihren mittlerweile gewonnenen Kenntnissen zur funktionalen Unternehmensbewertung, theoriegestützte Grundsätze funktionsgemäßer Unternehmensbewertung zu ermitteln.

5.1 Grundsätze der Unternehmensbewertung als Normensystem

5.1.1 Charakteristika

Während die „Grundsätze ordnungsmäßiger Buchhaltung" und die „Grundsätze ordnungsmäßiger Bilanzierung" in der wirtschaftswissenschaftlichen Fachliteratur sowohl umfangreich als auch intensiv analysiert sowie diskutiert wurden und werden,[1] erfahren die Grundsätze, die sich – bisher überwiegend unter der Bezeichnung „Grundsätze ordnungsmäßiger Unternehmensbewertung" – mit der Unternehmensbewertung befassen, bislang eine eher „stiefmütterliche" Behandlung.[2] In Anbetracht der Komplexität der Materie[3] und der daraus resultierenden Gefahren, die sich vor allem bei Bewertungsanlässen ergeben, die auf die Änderung der Eigentumsverhältnisse am bewerteten Unternehmen ausgerichtet sind, erscheint es jedoch erforderlich, daß im Hinblick auf eine Qualitätssicherung Grundsätze zur Verfügung stehen.[4]

Wie Grundsätze mit anderem Bezugsbereich auch, lassen sich „Grundsätze der Unternehmensbewertung" definieren[5] als ein in sich – *möglichst* – *widerspruchsfreies Normensystem zur Steuerung des Prozesses der Unternehmensbewertung, d. h. der Vor-*

---

[1] Vgl. exemplarisch INSTITUT DER WIRTSCHAFTSPRÜFER, Grundsätze ordnungsgemäßer Rechenschaftslegung (1939), FETTEL, Grundsätze (1956), DÖLLERER, Grundsätze ordnungsmäßiger Bilanzierung (1959), LITTMANN, Grundsätze (1964), MOXTER, Grundsätze ordnungsmäßiger Bilanzierung (1966), KRUSE, Grundsätze (1970), SPANNHORST, Grundsätze (1973), BAETGE, Grundsätze (1986), BALLWIESER, Neues Bilanzrecht (1987), BUDDE, Grundsätze (1993), BALLWIESER, Branchenunabhängigkeit der GoB (1995), EULER, Grundsätze ordnungsmäßiger Bilanzierung (1996), MÜLLER, Grundsätze ordnungsmäßiger Buchführung (1997), MOXTER, Grundsätze ordnungsmäßiger Buchführung (2002), MOXTER, Grundsätze ordnungsgemäßer Rechnungslegung (2003). Siehe vor allem auch LEFFSON, Grundsätze 1 (1964), bis schließlich LEFFSON, Grundsätze 7 (1987).

[2] Ausnahmen bilden bisher MOXTER, Unternehmensbewertung 1 (1976), MOXTER, Quellen (1976), BARTKE, Grundsätze ordnungsmäßiger Unternehmensbewertung (1978), MOXTER, Bedeutung (1980), INSTITUT DER WIRTSCHAFTSPRÜFER, Stellungnahme HFA 2/1983 (1983), MOXTER, Unternehmensbewertung 2 (1983), COENENBERG, Enteignung (1986), BELLINGER/VAHL, Unternehmensbewertung (1992), S. 36–49, POOTEN, Grundsätze (1999), INSTITUT DER WIRTSCHAFTSPRÜFER, IDW S 1 i. d. F. 2000 (2000), HELBLING, Grundsätze (2002), FISCHER-WINKELMANN, IDW Standard (2003), MATSCHKE, Grundsätze (2003), INSTITUT DER WIRTSCHAFTSPRÜFER, IDW S 1 i. d. F. 2005 (2005), FISCHER-WINKELMANN, Weiterentwicklung? (2006), INSTITUT DER WIRTSCHAFTSPRÜFER, IDW S 1 i. d. F. 2008 (2008), FISCHER-WINKELMANN, Sollen impliziert Können (2009), PEEMÖLLER, Grundsätze ordnungsmäßiger Unternehmensbewertung (2012). Siehe auch GOETZKE/SIEBEN, Moderne Unternehmungsbewertung (1977), hier insbesondere die Wiedergabe der Podiumsdiskussion zwischen GÜNTER SIEBEN (Leitung), WOLFGANG DÖRNER, WOLFGANG KÖNIG, MANFRED JÜRGEN MATSCHKE, ADOLF MOXTER, MEINHARD SIELAFF und BERNHARD ZAPF zum Thema „Grundsätze ordnungsmäßiger Unternehmungsbewertung" (S. 257–295). Bis auf KÖNIG und MOXTER waren die Disputanten Mitglieder des Arbeitskreises „Unternehmensbewertung im Rahmen der unternehmerischen Zielsetzung" der SCHMALENBACH-GESELLSCHAFT – DEUTSCHE GESELLSCHAFT FÜR BETRIEBSWIRTSCHAFT E. V., der von ZAPF und SIEBEN geleitet wurde. DÖRNER war – wie bereits im ersten Kapitel berichtet – zu dieser Zeit zugleich auch Vorsitzender des „Arbeitskreises Unternehmensbewertung (AKU)" des IDW. Vgl. auch den Bericht des SCHMALENBACH-Arbeitskreises SIEBEN/ZAPF, Grundlage unternehmerischer Entscheidungen (1981).

[3] Vgl. BERNHARD ZAPF in SIEBEN ET AL., Podiumsdiskussion (1977), S. 262.

[4] Zur Erfordernis von „Grundsätzen ordnungsmäßiger Unternehmensbewertung" siehe SIEBEN ET AL., Podiumsdiskussion (1977), S. 260–266.

[5] Vgl. hierzu MATSCHKE, Grundsätze (2003), S. 3.

gehensweise und der Resultatsherleitung.[6] Grundsätze dienen somit der „Steuerung von Verhalten der Adressaten. ‚Grundsätze' lassen sich deshalb als ‚überindividuelle' Verhaltensnormen (-maximen, -regeln, -vorschriften) definieren, wobei der Normcharakter nicht immer sofort an der äußeren sprachlichen Einkleidung (Formulierung) zu erkennen ist, sondern sich aus dem Kontext ergibt. Aus der mit der Postulierung von Grundsätzen beabsichtigten Lenkung menschlichen Verhaltens unter bestimmten Kontextbedingungen folgt, dass diese Grundsätze operabel und konsistentformuliert, d. h. Systemcharakter besitzen müssen."[7]

Vor diesem Hintergrund stellt sich die Frage, was unter einem „Normensystem" zu verstehen ist. Nach der *Systemtheorie*[8] ist jedes System – also auch ein Normensystem – durch seine Elemente und die Beziehungen zwischen diesen Elementen charakterisierbar.[9] Solche Beziehungen können thematisch abgrenzbare Sachbeziehungen sein, sie können formaler Art sein, wie zum Beispiel hierarchische Unter-, Über- oder Gleichordnungsbeziehungen, ferner aber auch Beziehungen logischer Art oder solche zeitlicher Rangfolgen. Die Beziehungen zwischen den Elementen können in ein Bedingungsgeflecht eingebunden oder ganz unbedingt formuliert sein.

Die *Normen als Systemelemente* können Fachnormen oder Rechtsnormen, sie können allgemeiner oder sehr spezieller Art sein. Ein Normensystem kann Normen verschiedenster Art zusammenfassen. Sie können dabei in Teilsysteme zergliedert sein, wobei es dann von Bedeutung ist, in welcher Art Beziehung diese zueinander stehen. Diesbezüglich können sie einander ergänzen oder miteinander konkurrieren, etwa unter bestimmten Bedingungen sich ersetzen oder grundsätzlich als Alternativen zu verstehen sein.

Normensysteme können zudem danach unterschieden werden, wer Normgeber und wer Normadressat ist, also nach dem, der sie setzt, und nach dem, der sie anwenden soll oder muß. Darüber hinaus kann der Grad ihrer gewünschten Verbindlichkeit und ihrer tatsächlichen Durchsetzbarkeit höchst unterschiedlich sein, worauf etwa Begriffe wie Richtlinie, Leitfaden, Stellungnahme oder Empfehlung hinweisen.

Der Begriff der „Grundsätze ordnungsmäßiger Unternehmensbewertung" wurde vermutlich von MOXTER in die wirtschaftswissenschaftliche Literatur eingeführt, ohne, daß dieser seine Wortwahl etymologisch begründet. In Anbetracht der Affinität MOXTERS zur Rechnungslegung ist anzunehmen, daß er eine entsprechende Parallele zu den Grundsätzen ordnungsmäßiger Buchführung herstellen wollte.[10]

---

6   MANFRED JÜRGEN MATSCHKE verwies in *SIEBEN ET AL.*, Podiumsdiskussion (1977), S. 264, schon frühzeitig auf die Grenzen solcher Grundsätze: „Man darf indes die Erwartungen an solche Grundsätze ordnungsmäßiger Unternehmungsbewertung nicht allzu hoch schrauben; denn mehr als eine bestimmte Beschreibung aufgabenadäquaten Vorgehens wird es nicht geben können. Konventionen führen nicht notwendigerweise dazu, daß etwas aufgabenadäquat geschieht." *MOXTER*, Bedeutung (1980), S. 454 (Hervorhebungen im Original), führt zudem aus: „GoU [= Grundsätze ordnungsmäßiger Unternehmensbewertung] dürfen nicht verwechselt werden mit schematischen Anweisungen, die ‚richtige' Bewertungen garantieren oder jedenfalls gewährleisten sollen, daß verschiedene Unternehmensbewerter ungefähr gleich hohe Unternehmenswerte ermitteln."

7   *FISCHER-WINKELMANN*, IDW Standard (2003), S. 84 (Hervorhebungen im Original).

8   Vgl. zur Systemtheorie beispielsweise *LUHMANN*, Soziale Systeme (1996). Zur Anwendung der Systemtheorie in der Betriebswirtschaftslehre siehe z. B. *KEUPER*, Simultaneitätsstrategie (2004), *KEUPER/BRÖSEL/HANS*, E-entrepreneurship strategies (2006).

9   Vgl. hierzu *MATSCHKE*, Grundsätze (2003), S. 4.

10   Vgl. auch *POOTEN*, Grundsätze (1999), S. 11.

Grundsätze beziehen sich prinzipiell übersingulär auf eine Klasse von Problemsituationen und sollen für diese auf Basis von Prämissensetzungen und Abstraktionen ein nachvollziehbares und vorhersehbares Lösungsmuster generieren,[11] welches im Einzelfall einerseits sachgerecht umgesetzt werden kann und andererseits auch eine nachprüfbare Verhaltenssteuerung ermöglicht. Auf diese Weise erheben „sie aufgrund ihres in generell-abstrakter Weise formulierten Inhalts einen über den Einzelfall hinausgehenden Geltungsanspruch"[12]. „Nachprüfbare Verhaltenssteuerung bedeutet, dass die Grundsätze keine normativen Leerformen, also Normen ohne echten Normgehalt sein dürfen. Denn eine Verhaltensnorm, die mit jedem Verhalten in konkreten Situationen verträglich ist oder sowieso nur das verbietet, was faktisch dem Adressaten ohnehin nicht möglich ist, ist in diesem Sinne ohne Normgehalt (Anweisungsgehalt, normativem Sachgehalt) und hat folglich auch keine regulative Funktion."[13]

MOXTER weist auf die *Dynamik* eines entsprechenden Normensystems hin: Grundsätze der Unternehmensbewertung sind – wie beispielsweise „die ‚anerkannten Regeln [der Technik oder[14]] der ärztlichen Kunst' und [..] die ‚Grundsätze ordnungsmäßiger Buchführung'"[15] – kein in sich geschlossenes System. MOXTER führte bereits im Jahr 1980 aus: „[D]ie sehr intensive Forschung in diesem Bereich führt ständig zu peripheren [...] Korrekturen. Ärgerlicherweise läßt hier, wie überall in der Wissenschaft, ein gelöstes Problem mehrere neue entstehen, und man übertreibt kaum mit der These, daß schon heute die offenen Probleme zahlreicher sind als die gelösten."[16] Dem kann auch heute nur die Bemerkung von DÖRNER im Hinblick auf die Grundsätze hinzugefügt werden: „[D]ie Dinge sind beweglich"[17].

Während im Rahmen des externen Rechnungswesens die Begriffe „ordentlich"[18], „ordnungsgemäß"[19] und vor allem „ordnungsmäßig"[20] zu finden sind, wird bisher bei den die Unternehmensbewertung betreffenden Grundsätzen fast[21] ausschließlich der Terminus „ordnungsmäßig" verwendet. Die Verwendung des Adjektivs *„ordentlich"* im externen Rechnungswesen – als Antonym von „unordentlich" – wird von LE COUTRE vorgeschlagen,[22] aber von LEFFSON verworfen, weil eine unordentliche Buchführung zwar niemals – wie im HGB verlangt – ordnungsmäßig ist, „aber auch eine ordentliche [..] nicht zwangsläufig ordnungsmäßig."[23] Die Bezeichnungen „ordnungsmäßig" und „ordnungsgemäß" sind schließlich weiterführend, denn sie „weisen darauf hin, daß hin-

---

[11] In Anlehnung an KÜNNEMANN, Unternehmensbewertung (1985), S. 170.

[12] POOTEN, Grundsätze (1999), S. 8.

[13] FISCHER-WINKELMANN, IDW Standard (2003), S. 85 (Hervorhebungen im Original).

[14] Vgl. MOXTER, Quellen (1976), S. 989.

[15] MOXTER, Bedeutung (1980), S. 455.

[16] MOXTER, Bedeutung (1980), S. 455.

[17] WOLFGANG DÖRNER in SIEBEN ET AL., Podiumsdiskussion (1977), S. 260.

[18] Von „ordentlichen Büchern" wurde beispielsweise 1794 im Preußischen Landrecht (§ 1468) und schon früher in mittelalterlichen Stadtrechten (z. B. in der Nürnberger Reformation von 1564) gesprochen. Siehe hierzu LEFFSON, Grundsätze 7 (1987), S. 18.

[19] Vgl. beispielsweise MOXTER, Grundsätze ordnungsgemäßer Rechnungslegung (2003).

[20] Vgl. beispielsweise §§ 238, 243 HGB und § 5 EStG sowie LEFFSON, Grundsätze 7 (1987).

[21] Vgl. zu Ausnahmen („ordnungsgemäß") etwa INSTITUT DER WIRTSCHAFTSPRÜFER, IDW S 1 i. d. F. 2008 (2008), S. 276.

[22] Vgl. LE COUTRE, Ordentliche Buchführung (1958), S. 66.

[23] LEFFSON, Grundsätze 7 (1987), S. 20.

ter den Grundsätzen eine Ordnung steht, der [... entsprechende Sachverhalte] gemäß sein müssen."[24]

Nach LEFFSON ist das Wort „*ordnungsmäßig*", welches sich gemäß KORN[25] wohl um 1890 durch die „Verdeutschungsbemühungen" des ALLGEMEINEN DEUTSCHEN SPRACHVEREINS eingebürgert hat, „wie alle Worte mit dem Suffix ‚mäßig', ein schlecht gebildetes Wort, so daß zu fragen ist, ob es im wirtschaftswissenschaftlichen Schrifttum durch ein sprachlich besser gebildetes ersetzt werden sollte."[26] Der eigentliche Sinn des Suffix „mäßig", mit dem beispielsweise das Wort „übermäßig" gebildet wurde, weist ursprünglich auf „messen" und das „Maß" hin. Für LEFFSON sind deshalb neuere umgangssprachlich gebildete Wörter, wie „leistungsmäßig" und „ideenmäßig", nur „schwer zu ertragen", wobei er aber darauf verweist, daß ältere Zusammensetzungen wie „zweckmäßig" und „rechtmäßig" existieren, die zwar nicht dem eigentlichen Sinn des Suffix entsprechen, jedoch nicht als „sprachwidrig" empfunden werden, weil hier vermutlich das Wort „Gleichmaß" Pate stand. Mit „der gleichen Begründung [kann man] auch das gewiß häßliche Wort ordnungsmäßig gelten lassen. In allen Fällen, in denen das Wort mäßig den Sinn ‚gemäß' hat – z. B. rechtmäßig, planmäßig, i. S. von dem Recht gemäß, dem Plan gemäß – ist der Begriff vertretbar."[27]

---

[24]   *LEFFSON*, Grundsätze 7 (1987), S. 20.

[25]   Siehe *KORN*, Sprache (1959), S. 49 und S. 93.

[26]   *LEFFSON*, Grundsätze 7 (1987), S. 20. Heute wird zumeist eine solche Frage nach einem treffenden deutschen Fachbegriff nicht (mehr) gestellt, sondern es herrscht eher die Tendenz vor, fremde „Sprachbrocken" (nicht zuletzt solche aus dem nichtwissenschaftlichen Bereich der Umgangssprache, der Werbung oder dem schnell wechselnden Beraterdialekt) ohne inhaltliche Klärung auch „fachsprachlich" zu übernehmen („Die meaning ist dann zwangsläufig unklar", hieß es entschuldigend im konkreten Fall.), um „Aktualität" und „Modernität" zu suggerieren. Die sog. Rechtschreibreform hat zudem durch die Tendenz der Getrenntschreibung zur Unklarheit des (fachwissenschaftlichen) Ausdrucks beigetragen. Beiden Tendenzen ist in diesem Buch weitgehend nicht gefolgt worden. Wir wollten einerseits die deutsche betriebswirtschaftliche Fachsprache – ohne in Deutschtümelei zu verfallen – fortentwickeln und haben andererseits aus Gründen sprachlicher Klarheit an der sog. alten Rechtschreibung festgehalten. Eine Schadensbilanz zur auf Geheiß der Kultusministerkonferenz betriebenen Rechtschreibreform findet sich in *BAYERISCHE AKADEMIE DER SCHÖNEN KÜNSTE*, Sprache wird beschädigt (2003). Siehe zu einer kritischen Zwischenbilanz auch *KUNZE*, Aura der Wörter (2004).

[27]   *LEFFSON*, Grundsätze 7 (1987), S. 20.

Fraglich ist, wann jedoch das Suffix „mäßig" dem Suffix „gemäß" vorgezogen werden soll, wenn letztendlich nur der Sinn von „gemäß" verfolgt wird. Eine Antwort finden alle, die einen Blick in das relevante Gesetz wagen: Im HGB und im EStG wird der entsprechende Begriff „ordnungsmäßig" im Zusammenhang mit der Buchführung (z. B. § 243 Abs. 1 HGB) oder auch dem Geschäftsgang (z. B. § 243 Abs. 3 HGB) verwendet. Somit erscheint es gerechtfertigt, das Suffix „mäßig" in diesem kodifizierten Zusammenhang zu nutzen, auch wenn es sich dabei nur um unbestimmte Rechtsbegriffe handelt. Ein Verweis auf entsprechende „Grundsätze ordnungsmäßiger Rechnungslegung" findet sich – abgesehen von einem Entwurf des DRSC der „Grundsätze ordnungsmäßiger Rechnungslegung (Rahmenkonzept)" vom 16. Oktober 2002 – nicht. Somit spricht MOXTER in einer aktuellen Veröffentlichung treffend – ohne es freilich zu begründen – von den „Grundsätzen ordnungsgemäßer Rechnungslegung".[28] Wenn die Bezeichnung „ordnungsgemäß" nunmehr darauf hinweisen soll, daß hinter den Grundsätzen eine Ordnung steht, der entsprechende Sachverhalte gemäß sein müssen, dann läßt sich mit Blick auf die funktionale Unternehmensbewertung konstatieren, daß hinter den entsprechend zu formulierenden (Unternehmensbewertungs-)Grundsätzen die zu verfolgende *Bewertungsfunktion* stehen soll, der die jeweilige Unternehmensbewertung *gemäß* sein muß. Nachfolgend wird deshalb von den „*Grundsätzen funktionsgemäßer Unternehmensbewertung*" gesprochen.

---

[28] Vgl. *MOXTER*, Grundsätze ordnungsgemäßer Rechnungslegung (2003).

5.1.2 Zwecke

Grundsätze funktionsgemäßer Unternehmensbewertung dienen der Steuerung des Verhaltens der Bewerter und somit vor allem der Qualitätssicherung. Die daraus resultierenden Zwecke, die entsprechende Grundsätze zu erfüllen haben, lassen sich – wie in *Abbildung 326* dargestellt – in den Komplexitätsreduktionszweck, den ternären Schutzzweck, den Informationszweck und den Kommunikationsunterstützungszweck unterteilen. Kumuliert müssen diese Zwecke schließlich auf die jeweilige Funktion der Unternehmensbewertung ausgerichtet sein.

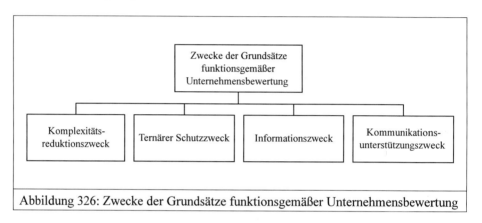

Abbildung 326: Zwecke der Grundsätze funktionsgemäßer Unternehmensbewertung

Unternehmensbewertungen stellen wegen der Offenheit der in der Realität vorliegenden Entscheidungsfelder und der herrschenden Unsicherheit grundsätzlich *schlecht strukturierte Probleme*[29] dar. Die Ursachen dafür sind in *vier möglichen Defekten* zu finden:

1. Die Unternehmensbewertung ist ein *zielsetzungsdefektes Problem*: Einerseits stehen verschiedene Zielvorgaben, z. B. die divergierenden Ziele mehrerer Eigner eines Unternehmens, in einem Konkurrenzverhältnis zueinander; andererseits ist beispielsweise nicht zweifelsfrei bekannt, welche Zielsetzungen durch die Eigentümer wirklich verfolgt werden. Möglicherweise streben diese nach anderen Zielen als dem gewöhnlich unterstellten Streben der Befriedigung ihrer Konsumbedürfnisse oder besitzen selbst ein mehrdimensionales Zielsystem.

2. Darüber hinaus ist die Unternehmensbewertung ein *wirkungsdefektes Problem*: Einerseits sind die Art und die Anzahl der für die Bewertung relevanten Variablen und Restriktionen nicht vorhersehbar; andererseits kann Unklarheit über die Interdependenzen bestehen, die zwischen den Ausprägungen der relevanten Merkmale sowie dem Niveau der jeweiligen Variablen vorhanden sind. So ist unter anderem der Einfluß der Konkurrenzunternehmen auf das zu bewertende Unternehmen nicht genau bestimmbar.

---

[29] Die Ausführungen zu strukturdefekten Problemstellungen erfolgen in Anlehnung an ADAM, Schlechtstrukturierte Entscheidungssituationen (1983). Vgl. auch ADAM, Heuristische Planung (1989), ADAM, Planung (1996), S. 10–15, OLBRICH, Unternehmungswert (1999), S. 81 f., ROLLBERG, Unternehmensplanung (2001), S. 3, BRÖSEL, Medienrechtsbewertung (2002), S. 83 f., HERING, Unternehmensbewertung (2006), S. 7 f.

3. Die Unternehmensbewertung ist ferner ein *bewertungsdefektes Problem*: Im offenen Entscheidungsfeld sind die bewertungsrelevanten Größen nur unvollkommen oder gar nicht quantifizierbar. Künftige Größen, wie beispielsweise die zu erwartenden Zinssätze, positive und negative Verbundeffekte oder die Länge des Planungszeitraums selbst, lassen sich nicht genau antizipieren.

4. Schlußendlich ist die Unternehmensbewertung ein *lösungsdefektes Problem*: Für die Lösung des Problems existiert kein effizientes Verfahren, selbst wenn alle Zusammenhänge und Daten vorlägen. Aufgrund der Komplexität eines dafür erforderlichen unternehmensweiten Totalmodells wäre die optimale Lösung nicht mit ökonomisch vertretbarem Aufwand bestimmbar.

Die dargestellten Defekte verlangen zur Handhabung des Bewertungsproblems umfangreiche (heuristische) Komplexitätsreduktionen[30], weil selbst theoretisch *ex ante* kein eindeutiger Wert eines Unternehmens ermittelt werden kann und somit beispielsweise im Rahmen der Entscheidungsfunktion die Ermittlung eines „sinnvollen" Entscheidungswertes, z. B. im Sinne einer Bandbreite verschiedener möglicher Werte, im Mittelpunkt steht. Die Grundsätze funktionsgemäßer Unternehmensbewertung sollten deshalb im Sinne des *Komplexitätsreduktionszwecks*[31] Regeln[32] beinhalten, aus denen sich plausible Annahmen und Entscheidungen in der realen Bewertungssituation ableiten lassen, mit denen das offene Entscheidungsfeld künstlich sowie sukzessiv eingeengt und somit die Komplexität bewältigt werden kann. „Das Problem besteht darin, unvermeidbare Komplexitätsreduktionen möglichst ‚wertneutral' vorzunehmen, genauer gesagt, jenes Optimum zu finden, das einen tolerierbaren Kompromiß zwischen den Interessen potentieller Käufer bzw. Verkäufer und dem Vereinfachungserfordernis darstellt."[33]

Darüber hinaus obliegt den Grundsätzen funktionsgemäßer Unternehmensbewertung in Anbetracht der häufigen Trennung von Bewerter (z. B. im Rahmen der Entscheidungsfunktion als externer Berater) und Bewertungsadressat (z. B. im Rahmen der Entscheidungsfunktion als im Sinne des eigentlichen Bewertungssubjekts „Unternehmenseigner" handelnden Auftraggebers) einerseits sowie der möglichen Trennung von Eigner und Unternehmensführung andererseits ein dreifacher, *ternärer Schutzzweck*.[34] So können durch die Grundsätze funktionsgemäßer Unternehmensbewertung hauptsächlich drei Personengruppen geschützt werden.

Die Grundsätze dienen dem Bewerter, der entweder externer Berater oder Angestellter des bewertenden Unternehmens ist, indem ihre Beachtung vor vermeidbaren Bewertungsirrtümern schützen soll, die von MOXTER als „Kunstfehler"[35] bezeichnet werden (*erste Ausprägung des Schutzzwecks*). MOXTER findet in diesem Zusammenhang einen treffenden Vergleich mit der Medizin: „Auch wenn wir [mit den Grundsätzen] nicht

---

[30] Vgl. BALLWIESER, Komplexitätsreduktion (1990), S. 1 f.

[31] Vgl. POOTEN, Grundsätze (1999), S. 41–43.

[32] MOXTER, Bedeutung (1980), S. 458, spricht von „Regeln optimaler Komplexitätsreduktion".

[33] MOXTER, Bedeutung (1980), S. 454.

[34] Vgl. beispielsweise MOXTER, Todsünden (1977), POOTEN, Grundsätze (1999), S. 46–56, MATSCHKE, Grundsätze (2003), S. 3, zur doppelten oder auch *dualen* Schutzfunktion. Unter anderem vor dem Hintergrund der verstärkten Haftung der Unternehmensleitung (siehe z. B. das Gesetz zur Unternehmensintegrität und Modernisierung des Anfechtungsrechts – UMAG) wurde hier ein dritter Schutzzweck aufgenommen.

[35] MOXTER, Grundsätze 1 (1976), unter anderem auf S. 17 und S. 18.

alle Interdependenzen zwischen den Determinanten des Unternehmenswertes differenziert beschreiben können, so ist unsere Einsicht doch ausreichend, um Scheindeterminanten des Unternehmenswertes als solche erkennen zu können. Mit Scheindeterminanten des Unternehmenswertes ist es ähnlich bestellt wie mit fragwürdigen Therapien: Wie die Medizin mit hinreichender Wahrscheinlichkeit angeben kann, daß gewisse Therapien kontraindiziert sind (und andere effektlos), so läßt sich von bestimmten Bewertungsgrößen sagen, daß sie entweder zu schwerwiegenden und ganz systematischen Verfälschungen des Unternehmenswertes führen oder jedenfalls der Willkür, dem Zufall dort Raum geben, wo man bereits über bessere Einsichten verfügt."[36]

Dadurch muß auch den Schutzbedürfnissen des Unternehmenseigners als Bewertungssubjekt entsprochen werden (*zweite Ausprägung des Schutzzwecks*), indem mögliche Schädigungen vermieden werden und der Bewertungsadressat „tatsächlich eine Wertgröße [.. bekommt], die seiner Aufgabenstellung adäquat ist"[37]. Mit Blick auf die Minderheitsaktionäre ergibt sich für diese zweite Ausprägung des Schutzzwecks zudem folgende Deutung: Eine „Vorteilhaftigkeits- bzw. Grenzpreisanalyse setzt voraus, dass eine ausreichende Informationsbasis vorliegt. [...] Die Trennung von Eigentum und Verfügungsmacht führt [..] dazu, dass Eigentümer aufgrund der asymmetrischen Informationsverteilung i. d. R. keine Möglichkeit haben, eine Akquisitionsentscheidung auf finanzielle Vorteilhaftigkeit zu überprüfen oder direkten Einfluss auf sie zu nehmen."[38]

Letztendlich sollten die Grundsätze funktionsgemäßer Unternehmensbewertung die Unternehmensleitung beispielsweise vor Ansprüchen der Eigner schützen, die sich durch unsachgemäße Bewertungen und daraus resultierenden Fehlentscheidungen der Unternehmensführung ergeben könnten (*dritte Ausprägung des Schutzzwecks*). Nach dem Vorbild der amerikanischen „*Business Judgement Rule*" wird mit dem Gesetz zur Unternehmensintegrität und Modernisierung des Anfechtungsrechts (UMAG) der Freiraum der Unternehmensleitung im Hinblick auf unternehmerische Entscheidungen gesetzlich kodifiziert und in diesem Zusammenhang der Tatbestand der Sorgfaltspflichtverletzung konkretisiert. Die Regelungen des UMAG sehen „eine Haftungsfreistellung des Managements für den Fall vor, dass dessen Entscheidung im Rahmen unternehmerischen Ermessens getroffen wurde. Dieses unternehmerische Ermessen wird mit dem [.. seit] 1.11.2005 verbindlich gültigen § 93 Abs. 1 Satz 2 AktG durch fünf Kriterien definiert. Das Management muss demnach

(1) eine unternehmerische Entscheidung treffen,
(2) in Gutgläubigkeit agieren,
(3) ohne Sonderinteressen und sachfremde Einflüsse,
(4) zum Wohle der Gesellschaft sowie
(5) auf der Grundlage angemessener Informationen handeln.

Mit diesen Kriterien wird der Tatbestand der Sorgfaltspflichtverletzung gegenüber dem erwünschten Eingehen von kalkulierbaren unternehmerischen Risiken abgegrenzt."[39] Hierdurch wird vermutlich nicht nur die Einreichung von Schadensersatzklagen durch die Anteilseigner und Kontrollgremien im Falle von Sorgfaltspflichtverletzungen der Unternehmensführung erleichtert, sondern letztere können sich dann auch,

---

[36] *Moxter*, Bedeutung (1980), S. 455.

[37] Manfred Jürgen Matschke in *Sieben et al.*, Podiumsdiskussion (1977), S. 264.

[38] *Schwetzler et al.*, Fairness Opinion (2005), S. 110 f.

[39] *Schwetzler et al.*, Fairness Opinion (2005), S. 112.

bei Einhaltung dieser Kriterien des unternehmerischen Ermessens, auf die damit verbundene Haftungsfreistellung berufen. „Dem Kriterium des Handelns auf Grundlage angemessener Information kommt [dabei im Hinblick auf die Unternehmensbewertung eine] besondere Bedeutung zu"[40].

---

[40] *Schwetzler et al.*, Fairness Opinion (2005), S. 112. In den USA kommt vor diesem Hintergrund und in Verbindung mit dem dort geltenden „Business Judgement Rule" der „*Fairness Opinion*" eine zentrale Rolle zu. Eine „Fairness Opinion" soll die „Stellungnahme eines unabhängigen Sachverständigen zur finanziellen Angemessenheit einer [...] Transaktion [... darstellen]. Wesentlich ist, daß die Stellungnahme für eine individuelle Partei im Transaktionsprozess abgegeben wird. Eine Fairness Opinion ist [..] nicht Instrument der Preisfindung, sondern eine Würdigung der Angemessenheit des Angebotspreises. Ein angemessener Preis ist der Preis, zu dem ein informierter und rational handelnder Anteilseigner eine Transaktion aus freien Stücken durchführen würde", so *Schwetzler et al.*, Fairness Opinion (2005), S. 107. Mit anderen Worten handelt es sich bei der Fairness Opinion um das Ergebnis eines Vergleichs des Entscheidungswertes aus Sicht des Bewertungssubjekts mit dem Preisvorschlag der Gegenseite, welcher Argumentationswert- und auch Arbitriumwertcharakter haben kann. Siehe ausführlich, jedoch überwiegend unkritisch *Essler/Lobe/ Röder*, Fairness Opion (2008). Siehe darüber hinaus vor allem die kritischen Ausführungen von *Borowicz*, Fairness Opinions (2005), *Brösel/Zimmermann*, „Fair play"? (2012), *Zimmermann*, Fairness Opinion (2013).
„Grundsätzlich kann eine Fairness Opinion aus dem Opinion Letter, einem Valuation Memorandum sowie einem Factual Memorandum bestehen, wobei Inhalt und Umfang grundsätzlich individuell gestaltbar sind. [...] Der *Opinion Letter* ist die eigentliche Fairness Opinion in Form einer schriftlichen Stellungnahme zum Angebotspreis. Der Grenzpreis der über den Vergleich mit dem gebotenen Transaktionspreis die Grundlage zur Vorteilhaftigkeitsprüfung bildet, wird dabei i. d. R. nicht explizit aufgeführt. Es wird lediglich die Einschätzung ‚angemessen' oder ‚nicht angemessen' abgegeben. [...] Das *Valuation Memorandum* erweitert den Opinion Letter um Informationen, auf denen die Stellungnahme zur Angemessenheit des Transaktionspreises beruht. [...] Einen Schwerpunkt bilden neben den Bewertungsergebnissen insbesondere die detaillierte Beschreibung der Bewertungsmethoden und -annahmen, wie z. B. die Ableitung zukünftiger Zahlungsströme und der Kapitalkosten. [...] Die vollständige Datengrundlage wird für Zwecke des Nachweises in einem sog. *Factual Memorandum* dokumentiert. Dieses beinhaltet die detaillierten und regelmäßig als vertraulich zu haltenden Finanzinformationen sowie wirtschaftliche, rechtliche oder steuerliche Rahmenbedingungen", so *Schwetzler et al.*, Fairness Opinion (2005), S. 108 (Hervorhebungen im Original).
Die Ausführungen von *Schwetzler et al.*, welche freilich eine theoretisch konkrete und korrekte Einordnung des Instruments in die funktionale Bewertungstheorie vermissen lassen, zeigen zudem, daß eine „Fairness Opinion" nicht nur dem Vergleich von Entscheidungswert und Preisangebot (beispielsweise im Sinne eines Argumentations- oder Arbitriumwertes) dienen soll, sondern auch selbst vor allem einen Argumentationswertcharakter besitzt. „Die Einschätzung eines unabhängigen Sachverständigen [...] führt zum Abbau von Informationsasymmetrien und zur Erhöhung der Glaubwürdigkeit des Managements", so *Schwetzler et al.*, Fairness Opinion (2005), S. 111. Schließlich obliegt es der Unternehmensführung (also dem sog. Management), welche(s) gewöhnlich als Auftraggeber fungiert, „eine Fairness Opinion zu veröffentlichen oder eine seinen Interessen entgegenlaufende Fairness Opinion den Anteilseigner vorzuenthalten", so *Schwetzler et al.*, Fairness Opinion (2005), S. 114.
Eine „Fairness Opinion" genügt der beschriebenen Schutzfunktion jedoch nur, wenn sie bestimmten Qualitätsanforderungen entspricht. *Schwetzler et al.*, Fairness Opinion (2005), S. 114, „argumentieren [... diesbezüglich], dass die Beachtung von Grundsätzen der Unternehmensbewertung bei der Erstellung von Fairness Opinions geeignet ist, eine interessengeleitete Ausnutzung von Spielräumen wirkungsvoll einzuzügen." Die von *Schwetzler et al.*, Fairness Opinion (2005), S. 114 f., getroffene Aussage, daß die Grundsätze des IDW S 1 für die Erstellung von Fairness Opinions anwendbar sind und diese Anwendbarkeit eine erforderliche „Zertifizierungsfunktion der Fairness Opinions" stützt, mißachtet jedoch die fundamentalen Probleme, welche dem IDW S 1 in den alten Fassungen und auch in der aktuellen Fassung innewohnen. Diese Kritik wird zudem untermauert, daß das IDW im Jahre 2011 mit dem IDW S 8 sog. Grundsätze zur Erstellung von Fairness Opinions veröffentlichte, in welchem selbst einzelbewertungsorientierte Vergleichsverfahren und diverse Ausprägungen der Multiplikatorverfahren als gleichwertig zu barwertorientierten Verfahren betrachtet werden. Siehe zum IDW S 8 z. B. *Zwirner/Mugler*, Fairness Opinion (2011).

Der *Informationszweck*[41], den Grundsätze funktionsgemäßer Unternehmensbewertung zu erfüllen haben, zielt auf die Verminderung von Informationsdefiziten beim Bewerter und bei den Bewertungsinteressenten sowie schließlich auf eine zielorientierte Verhaltensbeeinflussung. Die Bewerter sollen Klarheit darüber erhalten, welche bewertungszweckadäquaten Vorgehensweisen sachgerecht und welche bewertungsrelevanten Informationen dafür erforderlich sind. Letztere müssen teilweise durch den Bewertungsinteressenten zur Verfügung gestellt werden. Die Grundsätze dienen dem Bewertungsinteressenten als Information über die Art und die Qualität der von ihm vorzulegenden Informationen und der Art ihrer Genese. Aus der Informationsfunktion leitet sich für den Bewertungsadressaten zudem ein *Erwartungsminderungszweck* ab. Die Grundsätze sollen – beispielsweise im Hinblick auf die vorgenommene Komplexitätsreduktion – die nicht erfüllbaren, also „übertriebenen" Erwartungen des Interessenten bezüglich der Aussagekraft der Bewertungsresultate dämpfen und somit sensibilisierend wirken.

Da am Bewertungsprozeß i. d. R. mehrere Personen beteiligt sind, müssen die Grundsätze funktionsgemäßer Unternehmensbewertung schließlich auch einen *Kommunikationsunterstützungszweck*[42] erfüllen. Die Grundsätze unterstützen die Kommunikation innerhalb des Bewertungsprozesses insbesondere durch eine Reduzierung der semantischen Störungen innerhalb des Kommunikationsprozesses. Damit die Grundsätze selbst und vor allem die Bewertungsergebnisse von allen an der Bewertung beteiligten Personen gleichermaßen interpretiert werden können, müssen die Grundsätze möglichst lückenlos, überschneidungs- und widerspruchsfrei sowie zudem klar und eindeutig formuliert sein.

---

[41] Vgl. *POOTEN*, Grundsätze (1999), S. 43 f.

[42] Vgl. hierzu *POOTEN*, Grundsätze (1999), S. 44, der diesen Zweck *Kommunikationsfunktion* bezeichnet.

5.1.3 Quellen

Sind mögliche Quellen[43] der Grundsätze funktionsgemäßer Unternehmensbewertung zu identifizieren, kann auf die bei den Grundsätzen ordnungsmäßiger Buchführung und Bilanzierung übliche Unterscheidung durchaus zurückgegriffen werden. Dort wird vor allem zwischen Gesetzgebung und Rechtsprechung, Standardisierungsausschüssen interessierter Wirtschaftskreise sowie Wissenschaft und Forschung unterschieden.[44]

Die *Gesetzgebung* schafft dort verbindliche Normen, wo es um Interessengegensätze und ihre Wertung geht, und die *Rechtsprechung* verschafft ihnen die Durchsetzung.[45] Aber selbst solche Normen sind durchaus revisibel, denn nichts ist für die Ewigkeit. Auch der Wandel in der Rechtsprechung zu Unternehmensbewertungsproblemen belegt dies.[46] Allerdings ist zu berücksichtigen, daß sich viele Juristen nicht durch fundierte Kenntnisse auf dem Gebiet der Unternehmensbewertung auszeichnen.[47] Durch den Rückgriff auf kapitalmarkttheoretische Modelle und „mit dem autoritativen Hinweis auf die angeblich ‚objektiven' Marktdaten [werden] gewünschte Werte [... produziert], womit bei wirtschaftlichen Laien (z. B. Juristen und damit auch Richtern) die Akzeptanz eines solchen Vorgehens ‚besser' gesichert werden kann, weil man den Schein der Objektivität nutzt. Im Hinblick auf die DCF-Verfahren wird auch regelmäßig nicht darauf

---

[43] Vgl. zu diesen Ausführungen MATSCHKE, Grundsätze (2003), S. 5 f.

[44] Vgl. MOXTER, Grundsätze (2003), S. 9–13.

[45] ADOLF MOXTER in SIEBEN ET AL., Podiumsdiskussion (1977), S. 268, über die Rolle eines Richters im Hinblick auf Grundsätze ordnungsmäßiger Unternehmensbewertung (GoU): „Der Richter verschafft dem GoU die Durchsetzung, er schafft nicht selbst diese Grundsätze, aber er sorgt dafür, daß das dann rechtens ist [...] Insofern schaffen wir [hier meint MOXTER im Hinblick auf die anwesenden Disputanten vermutlich Theoretiker und Praktiker], indem wir uns gemeinsam um GoU bemühen, Modelle für den Richter."

[46] Vgl. unter anderem MÜNSTERMANN, Zukunftsentnahmewert (1980), BUSSE VON COLBE, Rechtsprechung (1984), RÄNSCH, Bewertung von Unternehmen (1984), HACKMANN, Rechtsprechung (1987), BUSSE VON COLBE, Resonanz (1992), PILTZ, Rechtsprechung (1994), LAUSTERER, Unternehmensbewertung (1997), BUNGERT/ECKERT, Börsenwert (2000), MAUL, Spruchstellenverfahren (2003), SIEPE, Rechtsprechung (2003), PICOT, Rechtsprechung (2004), LENZ, Gesellschaftsrechtliches Spruchverfahren (2006). Betrachtungen zur Unternehmensbewertung in der Rechtsprechung finden sich bei WILTS ET AL., Rechtsprechung (2004), HEIGL, Unternehmensbewertung (2007), sowie sehr ausführlich und kritisch bei MUNKERT, Unternehmensbewertung (2005), GROSSFELD, Recht (2011). Zu Zinsfüßen in der Rechtsprechung in den Jahren 1970 bis 2007 vgl. BALLWIESER, Unternehmensbewertung (2011), S. 123–128. Siehe auch die ausführlichen Darstellungen über deutsche Gerichtsentscheide zur Unternehmensbewertung in HELBLING, Unternehmensbewertung (1998), S. 573–612, WÜSTEMANN, Rechtsprechungsentwicklungen (2007), WÜSTEMANN, Rechtsprechungsreport (2008) bis (2011), HACHMEISTER/WIESE, Zinsfuß (2009), BARTHEL, Rechtsprechung (2010), HACHMEISTER/RUTHARDT/LAMPENIUS, Unternehmensbewertung (2011), BODE, Nationale Rechtsprechung (2013). Zur kommentierten Rechtsprechung in Österreich (und Deutschland) siehe BACHL, Unternehmensbewertung (2006). Im Hinblick auf die US-amerikanische Rechtsprechung siehe HACHMEISTER/RUTHARDT, Unternehmensbewertung (2013). Hinsichtlich der Rechtsprechung zur Unternehmensbewertung bei Scheidung des Unternehmers vgl. OLBRICH, Scheidung (2005), S. 414–417.

[47] Vgl. beispielsweise FISCHER-WINKELMANN, Gutachterliche Unternehmensbewertung (1995), S. 23 f., GROSSFELD, Gesellschaftsrecht (2002), S. 1. Aus diesem Grunde verweisen einige Gerichte in ihren Urteilen auch – anscheinend frei nach dem römischen Rechtsgrundsatz „iudex non calculat" – darauf, daß die Unternehmensbewertung in erster Linie eine betriebswirtschaftliche Frage, also keine Rechts-, sondern eine Tatbestandsfrage sei. Siehe so beispielsweise OLG CELLE, Beschluß vom 4. April 1979 (9 W 2/77), S. 231, BAYOBLG, Beschluß vom 19. Oktober 1995 (3 Z BR 17/90), S. 259. Siehe im Hinblick auf die Unternehmensbewertung im Spannungsfeld zwischen Rechts- und Wirtschaftswissenschaft LUTTERMANN, Spannungsfeld (2013). Vgl. auch GROSSFELD, Recht (2011).

aufmerksam gemacht, dass diese untereinander zu unterschiedlichen Ergebnissen führen."[48] Vor diesem Hintergrund besteht die Gefahr, daß sich Juristen – ebenso wie Be-
triebswirtschaftler – durch geschickt argumentierende Bewerter täuschen lassen: „Der
Markt gilt als die höchste Autorität der Wirtschaftswissenschaft – daher scheint es auf
den ersten Blick naheliegend, [... einen Unternehmenswert] als Marktpreis bestimmen
zu lassen."[49] Glücklicherweise fällen Gerichte jedoch „nur" Urteile und setzen nicht
zwingend Recht. Dennoch wäre eine Orientierung der Rechtsprechung an (entschei-
dungs- und investitions-)theoretisch fundierten betriebswirtschaftlichen Erkenntnissen
wünschenswert,[50] wobei es für einen Juristen ungleich schwieriger sein wird, die momentan im betriebswirtschaftlichen Schrifttum „quantitativ" herschende Lehre von derjenigen in der theoretisch fundierten Literatur abzugrenzen.

Standardisierungsausschüsse betroffener, insbesondere berufsständischer Wirtschaftskreise – auf dem Gebiet der Unternehmensbewertung vorrangig die Wirtschaftsprüfer – wollen ein einheitliches Vorgehen ihrer Berufsangehörigen erreichen. So werden dann aus anzuerkennenden Regeln schließlich anerkannte Regeln berufsständischen
Handelns. Erinnert sei an den Versuch der Wirtschaftsprüfer von 1961, als eine Stu-
dienkommission der U.E.C. eine „Richtlinie"[51] veröffentlichte, um ein einheitliches
Vorgehen zu erreichen. 1983 gab es dann die – bereits in Abschnitt 1.3.1 angesprochene – Stellungnahme des Hauptfachausschusses des IDW „HFA 2/1983"[52], und in den
Jahren 1990[53], 1995[54] und 1997[55] folgten weitere (Ergänzungen), die im Jahr 2000 –
sprachmodisch ganz auf der Höhe der Zeit – durch den „IDW S 1"[56] (zum Teil) ersetzt
worden sind. Mittlerweile wurden bereits mehrere Neufassungen des „IDW S 1" vorgelegt,[57] so daß die Halbwertzeit eines IDW-„Standards" erheblich gesunken ist, was nicht
ohne Folgen auf die Glaubwürdigkeit seiner „Grundsätze" und insgesamt seiner Nützlichkeit als Argumentationsbasis bleiben dürfte.

Am 26. Februar 2005 wurde die „International Association of Consultants, Valuers
and Analysts-Germany" (IACVA-Germany) gegründet, welche „die Ausbildung, die
kontinuierliche Weiterbildung und Support von Bewertungsprofessionals fördern" will.

---

[48] FISCHER-WINKELMANN, IDW Standard (2003), S. 153 (Hervorhebungen im Original).

[49] HERING, Unternehmensbewertung (2006), S. 9 (Hervorhebungen im Original).

[50] Siehe hierzu PAULSEN, Rezeption wissenschaftlicher Thesen (2007), PAULSEN, Rechtsprechung
      (2008).

[51] Vgl. UNION EUROPÉENNE DES EXPERTS COMPTABLES, ECONOMIQUES ET FINANCIERS (U.E.C.), Bewer-
      tung (1961).

[52] Vgl. INSTITUT DER WIRTSCHAFTSPRÜFER, Stellungnahme HFA 2/1983 (1983).

[53] Vgl. INSTITUT DER WIRTSCHAFTSPRÜFER, Stellungnahme HFA 2/1990 (1990).

[54] Vgl. INSTITUT DER WIRTSCHAFTSPRÜFER, Stellungnahme HFA 2/1995 (1995).

[55] Vgl. INSTITUT DER WIRTSCHAFTSPRÜFER, Stellungnahme 6/1997 (1998). Siehe auch FÉDÉRATION DES
      EXPERTS COMPTABLES EUROPÉENS, Business Valuation (2001).

[56] Vgl. INSTITUT DER WIRTSCHAFTSPRÜFER, IDW S 1 i. d. F. 2000 (2000). Siehe zudem auch INSTITUT
      DER WIRTSCHAFTSPRÜFER, IDW RS HFA 10 a. F. (2003).

[57] Vgl. INSTITUT DER WIRTSCHAFTSPRÜFER, IDW S 1 i. d. F. 2005 (2005), sowie den entsprechenden
      Entwurf INSTITUT DER WIRTSCHAFTSPRÜFER, IDW ES 1 i. d. F. 2005 (2005), und darüber hinaus IN-
      STITUT DER WIRTSCHAFTSPRÜFER, IDW S 1 i. d. F. 2008 (2008). Siehe zudem die entsprechenden
      Verlautbarungen für die Schweiz und für Österreich in Abschnitt 1.3.1 (S. 56). Siehe auch INSTITUT
      DER WIRTSCHAFTSPRÜFER, IDW RS HFA 10 n. F. (2005).

Die Gründung soll damit den „Grundstein für den ersten Berufsverband für Unternehmensbewerter in Deutschland" legen.[58]

Freilich, es gibt keine einheitlichen „Wirtschaftskreise", und demgemäß gibt es oft auch konkurrierende Normensysteme. Besonders augenfällig ist dieser Normenwettbewerb im Bereich der Rechnungslegung. Konkurrierende Normen wandten und wenden im Bereich der Unternehmensbewertung auch internationale Beratungsunternehmen an. Sie beinhalteten von der Stellungnahme HFA 2/1983 abweichende Vorgehensweisen. Die von diesen Beratungsunternehmen propagierten kapitalmarktorientierten Bewertungen der sog. DCF-Verfahren sind als Folge dieses Normenwettbewerbs nun auch gemäß IDW S 1 erlaubt. Hier wird augenfällig, welche Gefahr bei der Ermittlung von Grundsätzen durch Standardisierungsausschüsse besteht: „Sogenannte Standardisierungsausschüsse sehen ihre Aufgabe darin, Kaufmannsübungen zu normieren. Das wäre unproblematisch, wenn es sich bei den [.. entsprechenden Grundsätzen] um bloße fachtechnische Normen handelte, etwa den DIN-Normen vergleichbar, also ausschließlich um Normen, die sich, wie zum Beispiel das Radierverbot [im Rahmen der Buchführung], bei allen Schutzfunktionen in gleicher Weise zwingend aus der Natur der Sache ergeben. [...] Rechtsicherheit und Rechtsklarheit sind durch Standardisierungsausschüsse schon deshalb kaum zu erreichen, weil die unterschiedlichen Interessen der in solchen Gremien vertretenen Gruppen zu Kompromissen in der Form von erheblichen Ermessensspielraum [...] zwingen."[59]

Als weiteres Beispiel – nunmehr im Hinblick auf die Unternehmensbewertung – seien die *Empfehlungen des Arbeitskreises „Corporate Transaction and Valuation" der DVFA aus dem Jahre 2011* genannt, welche als Grundlage für die Ermittlung von ange-

---

[58] Alle Zitate in diesem Absatz WALTER, Berufsverband (2005), S. I. Siehe weiterführend CREUTZMANN, Berufsverband (2005). WALTER, Berufsverband (2005), S. I, führt weiter aus: „Die IACVA-Germany geht zurück auf die National Association of Certified Valuation Analysts (NACVA). Die NACVA ist in den USA Marktführer bei der Ausbildung von Bewertungsprofessionals und hat dort mehr als 6000 Mitglieder." In Anbetracht dieser Verknüpfung ist zu befürchten, daß sich in der Unternehmensbewertungspraxis statt theoretischer Untermauerung Eklektizismus etabliert. Siehe ebenfalls kritisch zu diesen Auswüchsen HAESELER/HÖRMANN/KROS, Unternehmensbewertung (2007), S. 35 f.

[59] MOXTER, Grundsätze ordnungsgemäßer Rechnungslegung (2003), S. 10 f. MOXTER, Quellen (1976), S. 990, hierzu im Hinblick auf die Unternehmensbewertung: „Unternehmenskäufer und -verkäufer haben im allgemeinen nur sehr begrenzte Chancen, sich wirksam vor Fehlbewertungen zu schützen. Viele [...] lassen sich blenden von dem umfangreichen Apparat, mit dem Bewertungsgutachten im allgemeinen mehr ausgeschmückt als untermauert werden. [...] Doch vor allem sehen sich die Betroffenen einem Kreis von Personen gegenüber, der, wie andere Berufsgruppen, spezifische Berufsinteressen hat und, auch unabhängig davon, seiner Berufsmentalität anhängt. Was sich aus diesen Quellen an Berufsübung festsetzt, ist im allgemeinen schwer korrigierbar; es kann zu jahrzehntelangen und ganz systematischen Benachteiligungen von Betroffenen (bzw. bestimmter Gruppen von Betroffenen) führen. Das muß im übrigen den Berufsangehörigen gar nicht so recht bewußt werden: Die Berufsmentalität ist eine für das subjektive Unrechtsbewußtsein schwer überwindliche Schranke. In derartigen Situationen sind Korrektive zum Schutz der Öffentlichkeit unabdingbar: ‚Berufsgrundsätze' dürfen, wenn solche Gefahren nicht auszuschließen sind, der jeweiligen Berufsgruppe nicht allein überlassen werden; es ist ein institutionalisierender Interessenausgleich erforderlich. Maßgeblich ist also weniger, was die Unternehmensbewerter wirklich tun, sondern wie sich ein ‚ordentlicher' Unternehmensbewerter verhalten sollte. Was eine Mehrheit, hier von Unternehmensbewertern, tut oder denkt, ist gewiß nicht ganz ohne normbildende Kraft; doch kann es in Anbetracht möglicher Interessenkonflikte die Norm nicht allein konstituieren. Die Parallele zu den ‚Grundsätzen ordnungsmäßiger Buchführung' drängt sich auf: Auch hier hat sich die Interpretation entsprechend gewandelt; an die Stelle der ‚induktiven' Ermittlung ist die ‚deduktive' getreten." Siehe diesbezüglich im Hinblick auf die Unternehmensbewertung kritisch zu Interessenlagen und Geschäftsmodellen HAESELER/HÖRMANN/KROS, Prüfstand (2010), S. 99–104.

messenen Abfindungen in sog. Squeeze-out-Fällen dienen sollen.[60] Der diesbezügliche Entwurf trägt die Bezeichnung „Best-Practice-Empfehlungen Unternehmensbewertung". Als treffend ist in diesem Zusammenhang die Aussage von HAESELER/HÖRMANN zu bezeichnen: „Aus wissenschaftlicher Sicht ist die ‚Best Practice' leider oftmals der ‚Worst Case'!"[61] Zwar kann diesbezüglich der Vorschlag zur (zumindest zwischenzeitlichen) Darstellung der Bewertungsergebnisse als Wertbandbreiten positiv hervorgehoben werden, jedoch ist die Empfehlung im Hinblick auf zahlreiche Aspekte zu kritisieren[62] (z. B. hinsichtlich des vorgeschlagenen Methodenpluralismus und der vorgeschlagenen Verfahren, wozu die DCF- und die Multiplikatorverfahren zählen). Zudem ist das Ziel der Harmonisierung des Bewertungsvorgehens mit dem entsprechenden Vorgehen bei anderen Unternehmenstransaktionen bedenklich, weil dies vom Zweck abstrahiert. Darüber hinaus ist der Versuch einer induktiven Ermittlung der Empfehlungen im Sinne des „Best Practice"-Charakters kritisch zu sehen. Es besteht die Gefahr, daß solche Standards das unkritische Handeln der Unternehmensbewerter fördern, denn eigenes Denken wird obsolet, weil „große" Namen „tolle" und „bereits erprobte" Verfahren empfehlen. Dies führt schließlich wieder zu sich selbsterfüllenden Prophezeiungen. Auf diese Weise bleiben indes die Interessen der von den Bewertungsergebnissen direkt Betroffenen, insbesondere der Minderheitsgesellschafter, auf der „Strecke", weil die (Geschäfts-)Interessen der „Bewerter", ihre Vorgehensweisen als Standardsetter zu immunisieren, dominieren.

Wissenschaft und Forschung, sofern unabhängig, können theoriegestützt aufgabenadäquate Normensysteme entwickeln.[63] Diese können Maßstab zur Beurteilung von anderen Normensystemen werden. So können Widersprüche oder Implikationen aufgedeckt sowie sinnvollere, d. h. der Aufgabe angemessenere Lösungen erarbeitet werden. Die Wissenschaft kann für Gesetzgebung und Rechtsprechung dabei sowohl *de lege lata* als auch *de lege ferenda* nützlich sein. Sie kann auch ein kritisches Korrektiv zu Standardisierungsausschüssen werden. Ihre Stärke ist ihre Unabhängigkeit. Aber Wissenschaftler sind auch (nur) Menschen[64] und als solche durchaus geneigt, lieber mit dem als gegen einen zeitgeistigen Strom zu schwimmen.[65] Vor Moden, die Erkenntnis-

---

[60] Siehe *DVFA-ARBEITSKREIS „CORPORATE TRANSACTION AND VALUATION"*, Empfehlungen (2011). Siehe auch – mit modisch angepaßter Bezeichnung der Gruppe – *DVFA EXPERT GROUP „CORPORATE TRANSACTION AND VALUATION"*, Best Practice (2012).

[61] *HAESELER/HÖRMANN*, Prüfstand (2010), S. 58 (Satz im Original hervorgehoben).

[62] Siehe hierzu vor allem *OLBRICH/RAPP*, DVFA-Empfehlungen (2012), sowie die nicht überzeugende „Verteidigung" durch *SCHWETZLER/ADERS/ADOLFF*, DVFA Best-Practice-Empfehlungen (2012).

[63] Hervorzuheben sind diesbezüglich vor allem *MOXTER*, Unternehmensbewertung 1 (1976), *MOXTER*, Quellen (1976), *GOETZKE/SIEBEN*, Moderne Unternehmungsbewertung (1977), *MOXTER*, Bedeutung (1980), *MOXTER*, Unternehmensbewertung 2 (1983), *POOTEN*, Grundsätze (1999), sowie *MATSCHKE*, Grundsätze (2003). Siehe diesbezüglich auch *HAESELER/HÖRMANN*, Prüfstand (2010), S. 5–15. *FISCHER-WINKELMANN*, Sollen impliziert Können (2009), S. 356, benennt zudem mit einem konkreten Beispiel ein weiteres Problem, welches „gekaufte Wissenschaftler" darstellen. Konkrete Hintergrundinformationen liefert hierzu *FREITAG*, Konzernherr (2006), S. 146 f.

[64] *MOXTER*, Quellen (1976), S. 991, hierzu: „[D]ie Wissenschaft ist schließlich das Arbeitsergebnis fehlbarer Menschen. [...] Eitelkeit und Bosheit sind auch dem Wissenschaftsbetrieb nicht fremd."

[65] *MOXTER*, Quellen (1976), S. 991: „[D]ie herrschende Lehre [...] ist freilich ein Kriterium, das nicht überschätzt werden darf: Selbst in der Wissenschaft tut sich die Wahrheit gelegentlich schwer, rasch an Boden zu gewinnen. Immer wird der Außenstehende gut daran tun, eine gewisse Skepsis zu bewahren, abweichende Auffassungen zu ermitteln und nach Möglichkeit zu würdigen."

rückschritt darstellen, sind sie daher – weiß Gott – nicht gefeit.[66] Aber – dies muß hinzugefügt werden – Versuch und Irrtum sind für die Wissenschaft neben Logik eine Erkenntnisquelle, ebenso das Spannungsverhältnis aus *These, Antithese und Synthese*. Im Bereich der Unternehmensbewertung war es etwa der diametrale Gegensatz zwischen objektiver und subjektiver Unternehmensbewertungslehre in den 1950er und 1960er Jahren, aus dem als Synthese und Erkenntnisfortschritt in den 1970er Jahren die funktionale Unternehmensbewertung hervorging. Zur Zeit ist im Zuge *kotauähnlicher Übernahmen von amerikanischen Beratungsprodukten* auch durch die Wissenschaft wieder

---

[66] Die Schwemme an kapitalmarktorientierten Schriften eines Neo-Objektivismus seit den 1990er Jahren ist ein Beleg dafür. Zugleich treibt die Unkenntnis des Standes der Unternehmensbewertungstheorie im deutschsprachigen Raum seltsame Blüten, wenn etwa das Ertragswertverfahren auf einen amerikanischen Professor zurückgeführt wird. So nachzulesen bei SPREMANN, Unternehmensbewertung (2002), S. 146–151. Auf Seite 147 ist der Erfinder der – so wörtlich – „Zauberformel" BENJAMIN GRAHAM (1894–1976) sogar mit Bild dargestellt. Zur Abrundung der Qualität der dortigen Darlegungen einige Zitate (Hervorhebungen im Original hier nachempfunden), S. 146: „*Um 1940: Paradigma 2 (Ertragswert-Methode):* [...] Nach 1930 war allen Investoren klar, daß die Formel *Unternehmenswert gleich Buchwert* den Wert zu sehr an der Vergangenheit festgemacht hatte. Hier war eine neue Formel gesucht." S. 147: „Eine solche Zauberformel konnte finden, wem es gelingen sollte, eine Unternehmung zwar durch ihre Zukunft zu bewerten, für die Vorwegnahme und Prognose der Zukunft aber *keine spekulative Erwartung* spielen lassen, sondern *traditionelle und verläßliche Datenquellen* heranzuziehen und diese sehr vorsichtig fort zuschreiben. Sie [die „Zauberformel"] gelang dem amerikanischen Professor BENJAMIN GRAHAM." S. 149, Fn. 9: „GRAHAM hatte eine Faustformel postuliert, nach der das Multiple oder das KGV gleich 8,5 plus zweimal die Wachstumsrate sein sollte." S. 149: „Praktiker versuchen jedoch nie, die Vergleichsrendite zu bestimmen. [...] Mit dem Blick auf die Marktbewertung vergleichbarer Unternehmen wird also die theoretische Erörterung umgangen, welches die richtige Höhe des Diskontsatzes ist." „An der Universität St. Gallen wird es [das Buch] auf der Bachelor-Stufe eingesetzt", heißt es im Prolog auf S. 13. Dieser Voodoo-BWL soll die Zukunft gehören? [Siehe darüber hinaus zur aktuellen deutschen Hochschulpolitik HERING, Bachelor (2003), HERING, Mogelpackung und Irrweg (2003), HERING, Universitäten (2005).]
Nachrichtlich: Ein angabegemäß bereits 1874 geborener und ebenfalls 1976 (sic!) verstorbener BENJAMIN GRAHAM (vermutlich ein Namensvetter vom Erfinder der „Zauberformel") gilt demgegenüber gemäß SPREMANN, Valuation (2004), S. 27, als „Begründer der Finanzanalyse". In der aktuellen Auflage dieses Buches, welches statt des „internationalen" Titels „Valuation" nunmehr schlicht die Bezeichnung „Unternehmensbewertung" trägt, hat die Bedeutung von GRAHAM mittlerweile abgenommen; vgl. SPREMANN, Unternehmensbewertung (2011), S. 40, denn sein Verdienst ist demnach, daß er die „Bedeutung der Dividenden betont hat" (im Original mit Hervorhebeungen).
Vgl. zum Ertragswertverfahren beispielsweise bereits SCHMALENBACH, Werte von Unternehmungen (1917/18). Tatsächlich läßt sich die Anwendung des Ertragswertverfahrens jedoch noch viel weiter zurückverfolgen, insbesondere in die Bereiche der Bewertung von land- und forstwirtschaftlichen Gütern sowie von Bergwerken, worauf hier jedoch verzichtet werden soll. Daß sich die „Zauberformel" bereits vor dem „berühmten zweitgeborenen" GRAHAM in Theorie und Praxis der Unternehmensbewertung etabliert hat, zeigt unter anderem auch SCHNEIDER, Pegasus mit Klumpfuß (1998), S. 1474, SCHNEIDER, Geschichte und Methoden (2001), S. 769–789.
Nachrichtlich: SPREMANN hat in der 2. Aufl. seines o. g. Buches [SPREMANN, Unternehmensbewertung (2002)], welche zwischenzeitlich unter dem neudeutschen Titel „Modern Finance", aber ansonsten in deutscher Sprache erschienen ist, auf seine Ausführungen zur „Zauberformel" verzichtet. Siehe SPREMANN, Modern Finance (2005). Dort finden sich Ausführungen zu GRAHAM aber noch auf S. 327; die aktuelle (4.) Auflage des Buches (SPREMANN, Finance (2009); mittlerweile ist die „Modernität" im Titel verlorengegangen!) enthält weder die Zauberformel noch die Ausführungen zu GRAHAM.
Übrigens glaubt(e) nicht nur SPREMANN an den Mythos „GRAHAM"; beispielsweise ist auch OSTMEIER, Unternehmenswert (2003), S. 68 f., der Meinung, daß die Erkenntnis „Der Wert eines Unternehmens ist der Barwert der abgezinsten zukünftigen wie auch immer definierten Zuschüsse des Unternehmens." durch GRAHAM etabliert wurde.

ein „Rollback" hin zur objektiven Betrachtungsweise unverkennbar.[67] Die nacheilende Begleitforschung bleibt unkritisch, weil sie etwas anderes nicht kennt oder für andere Auffassungen zu wahrnehmungsschwach ist. Schließlich bleibt auch hier nur der im Chor, der die gewünschten gängigen, „modernen" Melodien gut mitsingt.[68]

Diese drei *Quellen* – Gesetzgebung und Rechtsprechung, Standardisierungsausschüsse sowie Wissenschaft und Forschung – sind keineswegs isoliert zu sehen, sondern stellen – um eine weitere Metapher zu gebrauchen – ein Quellsystem mit sichtbaren und unsichtbaren Verbindungen untereinander dar, so daß sich ihre Wasser letztlich mischen. Dies kann manchmal dauern, und es kann zeitweise auch zu trüben Wassern führen.

Nachfolgend seien in Abschnitt 5.1.4 exemplarisch drei Ansätze von Systemen von Grundsätzen der Unternehmensbewertung dargestellt, die in der Literatur zu finden sind. Eingangs wird das wohl erste deutschsprachige Normensystem, welches ADOLF MOXTER – ein unabhängiger Vertreter der Wissenschaft und Forschung – entwickelte, skizziert. Anschließend wird ein Einblick in ein weiteres wissenschaftliches System gegeben, das 1999 von HOLGER POOTEN veröffentlicht wurde. Bevor in Abschnitt 5.2 ein theoriegestütztes Grundsätzesystem hergeleitet wird, das auf den heutigen Erkenntnissen der funktionalen Unternehmensbewertung beruht, wird mit dem aus dem aktuellen IDW S 1[69] resultierenden Normensystem ein Ansatz vorgestellt, der aus der Feder eines Standardisierungsausschusses interessierter Wirtschaftskreise, dem Institut der Wirtschaftsprüfer, stammt.

---

[67] Vgl. weiterführend insbesondere HERING, Bewertungstheorie (2004). SCHNEIDER, Pegasus mit Klumpfuß (1998), S. 1478, äußert hierzu treffend: „[M]arktwertorientierte Unternehmensrechnung verspricht mehr, aber hält weniger als eine betriebswirtschaftlich konsistente präferenzbezogene Rechnung. Wissenschaftliche Ehrlichkeit verlangt offenzulegen, daß hinter marktwertorientierter Unternehmensrechnung nur eine in ihren Prämissen nicht deutlich gemachte subjektive präferenzbezogene Rechnung von Unternehmensberatern und anderen Unternehmensbewertern steckt."

[68] Siehe hierzu auch HAESELER/HÖRMANN, Infragestellung (2009), S. 535 f.

[69] Im Zentrum der Ausführungen zum Normensystems des IDW steht die kritische Betrachtung des IDW S 1 i. d. F. 2008 (2008).

5.1.4 Ausgewählte bestehende Ansätze von Normensystemen

5.1.4.1 Grundsätze der Unternehmensbewertung nach MOXTER

Die ersten grundlegenden und explizit als solche benannten Ansätze für „Grundsätze ordnungsmäßiger Unternehmensbewertung" finden sich in MOXTERs 1976 veröffentlichter gleichnamiger Monographie.[70] MOXTER definiert in seiner 1. Auflage wie folgt: „‚Grundsätze ordnungsmäßiger Unternehmensbewertung' sind Verhaltensnormen. Analog etwa den ‚anerkannten Regeln der ärztlichen Wissenschaft' bilden die ‚Grundsätze ordnungsmäßiger Unternehmensbewertung' ein System von Maßstäben, um konkretes Verhalten beurteilen zu können: ‚Grundsätze ordnungsmäßiger Unternehmensbewertung' sollen ‚fachgerechte' Unternehmensbewertungen sichern, ‚Kunstfehler' erkennbar werden lassen."[71] MOXTER selbst sieht sein Verdienst „lediglich" darin, daß er bestehende „Istsätze in Sollsätze umformuliert"[72] und somit „einige Grundnormen"[73] darlegt, ohne dabei „im ersten Anlauf und auf der Basis des [.. damaligen] Wissens irgendwie erschöpfend und differenziert genug oder endgültig GoU festgestellt zu haben".[74]

„Die 1976 erschienene Erstauflage war geprägt von Meinungsverschiedenheiten zwischen Bewertungspraxis und Bewertungslehre über Fundamentalsätze sinnvoller Unternehmensbewertung. [... D]er Schwerpunkt des – völlig neu geschriebenen – Buches konnte infolgedessen zu den Einzelprinzipien, d. h. den Verfahrensdetails, verlagert werden"[75], so MOXTER im Vorwort der 1983 erschienenen 2. Auflage der ‚Grundsätze ordnungsmäßiger Unternehmensbewertung'. Eine graphische Darstellung der Systematik der von MOXTER formulierten Grundsätze (Prinzipien)[76] ordnungsmäßiger Unternehmensbewertung läßt sich mit Rückgriff auf die Gliederung entwickeln.[77] *Abbildung 327* zeigt eine entsprechend hergeleitete Übersicht der Grundsätze von MOXTER, die in fünf Gruppen zusammengefaßt sind, welche in den beiden nachfolgenden Ebenen jeweils durch weitere Grundsätze konkretisiert werden.[78]

---

[70] Siehe *MOXTER*, Unternehmensbewertung 1 (1976). MOXTER betrachtet dabei – ohne explizit darauf hinzuweisen – nur die Konfliktsituation vom Typ des Kaufs/Verkaufs.

[71] Siehe *MOXTER*, Unternehmensbewertung 1 (1976), S. 17.

[72] ADOLF MOXTER in *SIEBEN ET AL.*, Podiumsdiskussion (1977), S. 265.

[73] ADOLF MOXTER in *SIEBEN ET AL.*, Podiumsdiskussion (1977), S. 266.

[74] ADOLF MOXTER in *SIEBEN ET AL.*, Podiumsdiskussion (1977), S. 266.

[75] *MOXTER*, Unternehmensbewertung 2 (1983), S. V.

[76] Die Begriffe „Grundsätze" und „Prinzipien" sollen nachfolgend synonym verwendet werden.

[77] Vgl. auch *BELLINGER/VAHL*, Unternehmensbewertung (1992), S. 37 f.

[78] Siehe *MOXTER*, Unternehmensbewertung 2 (1983). Siehe hierzu auch *KORTH*, Unternehmensbewertung (1992), S. 5*–9*.

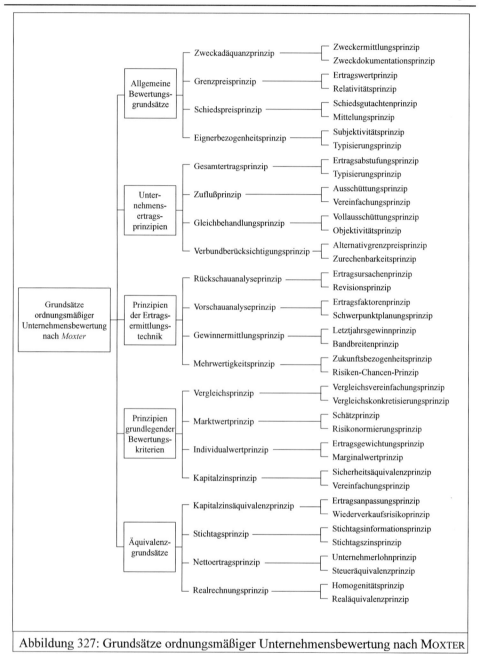

Abbildung 327: Grundsätze ordnungsmäßiger Unternehmensbewertung nach MOXTER

Das Verdienst MOXTERs liegt vor allem in der erstmaligen Formulierung von explizit so benannten Grundsätzen der Unternehmensbewertung, die auf dem Erkenntnisstand der damalig noch jungen funktionalen Unternehmensbewertungstheorie fußten. So führte MOXTER schon 1976 in der 1. Auflage aus, daß „als erster Grundsatz einer ordnungsmäßigen Unternehmensbewertung" der „Grundsatz sorgfältiger Aufgabenanalyse"[79] stehen muß. MOXTER bezeichnete diesen Grundsatz in der 2. Auflage dann prägnant „Zweckadäquanzprinzip"[80]. Dabei konzentrierte sich MOXTER jedoch nur auf die Entscheidungsfunktion und die Vermittlungsfunktion. Die Argumentationsfunktion wurde nicht berücksichtigt. Die Entscheidungsfunktion wurde bei MOXTER insbesondere im „Grenzpreisprinzip" und die Vermittlungsfunktion im „Schiedswertprinzip" konkretisiert. Eine weitere Zuordnung der Prinzipien auf die Funktionen erfolgte allerdings nicht, d. h. eine umfassende „Genese von verschiedenen funktionsspezifischen GoU [= Grundsätzen ordnungsmäßiger Unternehmensbewertung] ist [.. durch MOXTER] nicht vorgenommen worden."[81] Zudem bedingt die seit 1983 (dem Jahr der Veröffentlichung der 2. Auflage) vollzogene Entwicklung der Theorie der funktionalen Unternehmensbewertung einen Wandel im Hinblick auf diverse Grundsätze MOXTERS, wobei jedoch bei der Ermittlung eines zeitgemäßen Systems von Grundsätzen der Unternehmensbewertung auf MOXTERS konstruktive Erkenntnisse zurückgegriffen werden kann und muß.

5.1.4.2 Grundsätze der Unternehmensbewertung nach POOTEN

POOTEN[82] geht in seiner Untersuchung von der Position des präsumtiven Käufers[83] aus und generiert schließlich „Grundsätze ordnungsmäßiger Unternehmensbewertung der Entscheidungsfunktion aus Käufersicht" (GoU-E-Käufer). Die Entwicklung einzelner Grundsätze erfolgt dabei – ausgehend von sog. deduzierten Metagrundsätzen – „in einem Interaktionsprozeß zwischen praktischen Anwendern und fachwissenschaftlichen Experten [... sowie] in einem stetigen Wechselspiel von Deduktion und Induktion"[84].

Unter Rückgriff auf MATSCHKE formuliert POOTEN als obersten Grundsatz den „Grundsatz der Aufgabenanalyse". Diese Aufgabenanalyse muß erfolgen, um anschließend die durchzuführende Unternehmensbewertung in ein einzelnes Subsystem von Grundsätzen einordnen zu können. Hiermit erweitert POOTEN die Sichtweise von MOXTER, weil die von letzterem formulierten Grundsätze überwiegend (gegebenenfalls mit entsprechender Anpassung) für alle Bewertungsfunktionen galten. POOTEN unterscheidet in:

---

79   Wörtliche Zitate jeweils MOXTER, Unternehmensbewertung 1 (1976), S. 26. So auch schon frühzeitig MANFRED JÜRGEN MATSCHKE in SIEBEN ET AL., Podiumsdiskussion (1977), S. 282: „Wir müssen ausgehen vom allerersten Grundsatz jeder Unternehmensbewertung: Der Aufgabenadäquanz." und zudem ebenda auf S. 292: „Ich möchte auch gleich den obersten Grundsatz nennen, nämlich den Grundsatz der Beachtung der jeweiligen Funktion der Unternehmungsbewertung. Wenn man diesen Grundsatz als obersten Grundsatz akzeptiert, dann kann es auch Grundsätze ordnungsmäßiger Unternehmensbewertung im Sinne der [.. einzelnen Funktionen] geben."

80   MOXTER, Unternehmensbewertung 2 (1983), S. 5.

81   POOTEN, Grundsätze (1999), S. 2.

82   Siehe POOTEN, Grundsätze (1999).

83   Somit betrachtet auch POOTEN ausschließlich die Konfliktsituation vom Typ des Kaufs/Verkaufs.

84   POOTEN, Grundsätze (1999), S. 5. Bei der deduktiven Methode (Deduktion) werden Grundsätze der Unternehmensbewertung ausgehend vom Bewertungszweck ermittelt. Bei der Induktion wird von den Ansichten der Kaufleute oder der sog. Kaufmannsübung auf Grundsätze der Unternehmensbewertung geschlossen. Vgl. zu diesen Methoden insbesondere bei der Gewinnung von Grundsätzen ordnungsmäßiger Buchführung z. B. BAETGE/KIRSCH/THIELE, Bilanzen (2011), S. 105 f.

1. die Grundsätze ordnungsmäßiger Unternehmensbewertung für die Entscheidungsfunktion (GoU-Entscheidungsfunktion oder GoU-E), wobei er hierbei in die Grundsätze ordnungsmäßiger Unternehmensbewertung für die Entscheidungsfunktion aus
   Käufersicht (GoU-E-Käufer) und in die Grundsätze ordnungsmäßiger Unternehmensbewertung aus Verkäufersicht (GoU-E-Verkäufer) differenziert,
2. die Grundsätze ordnungsmäßiger Unternehmensbewertung für die Vermittlungsfunktion (GoU-Vermittlungsfunktion) und
3. die Grundsätze ordnungsmäßiger Unternehmensbewertung für die Argumentationsfunktion (GoU-Argumentationsfunktion).

Da entsprechende Subsysteme noch nicht aufgestellt wurden, ist das Ziel POOTENs
die Genese eines entsprechenden Subsystems für die Entscheidungsfunktion und dort
speziell für den Käufer (GoU-E-Käufer). *Abbildung 328*[85] stellt die von POOTEN vollzogene Einordnung der durch ihn entwickelten GoU-E-Käufer als Subsystem der funktionsübergreifenden Grundsätze ordnungsmäßiger Unternehmensbewertung dar.

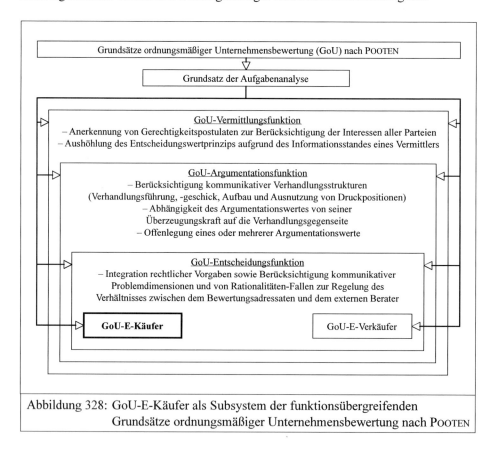

Abbildung 328: GoU-E-Käufer als Subsystem der funktionsübergreifenden
                Grundsätze ordnungsmäßiger Unternehmensbewertung nach POOTEN

---

[85]   In Anlehnung an *POOTEN*, Grundsätze (1999), S. 17.

Das System[86] der durch POOTEN entwickelten GoU-E-Käufer basiert auf den Grundsätzen der Subjektivität, der Zukunftsbezogenheit und der Gesamtbewertung, die von ihm als *Kerngrundsätze* bezeichnet werden. Daneben benennt er mit den Grundsätzen der strategischen Situationsanalyse, der Zielsystemanalyse und der Entscheidungsfeldanalyse sog. *Identifikationsgrundsätze*, welche noch weitgehend unabhängig vom zu bewertenden Unternehmen erfolgen können. Im Hinblick auf das Bewertungsobjekt hat der präsumtive Käufer oder der von ihm beauftragte Bewerter nach POOTEN sog. *Rahmengrundsätze* zu beachten. Hierzu zählen die Grundsätze der Wirtschaftlichkeit, der Due Diligence-Analyse und der Erfolgspotentialanalyse. Schließlich werden diverse sog. *Definitionsgrundsätze* generiert, welche bei der Überführung der (unter Beachtung der zuvor genannten Grundsätze) gewonnenen Informationen in den gesuchten Grenzpreis zu berücksichtigen sind. Die flankierenden sog. *Implementierungsgrundsätze* dienen schließlich zur Umsetzung organisatorischer Maßnahmen auf Unternehmensebene, um die Durchsetzung der GoU-E-Käufer im bewertenden Unternehmen zu garantieren. *Abbildung 329*[87] zeigt dieses von POOTEN entwickelte Subsystem der Grundsätze ordnungsmäßiger Unternehmensbewertung für die Entscheidungsfunktion aus Käufersicht.

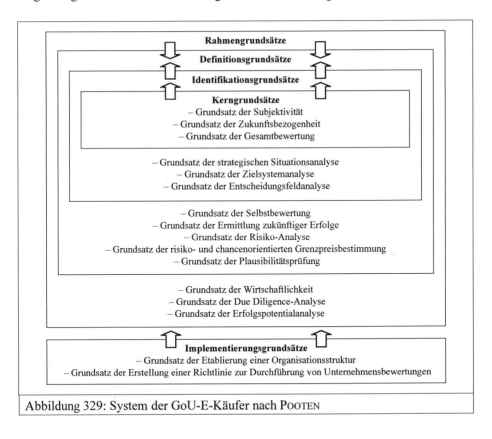

Abbildung 329: System der GoU-E-Käufer nach POOTEN

---

[86]   Siehe hierzu *POOTEN*, Grundsätze (1999), S. 111.
[87]   In Anlehnung an *POOTEN*, Grundsätze (1999), S. 112.

POOTENS *Verdienst* liegt weniger in der Formulierung einzelner Grundsätze, sondern vielmehr darin, daß er erstmals versucht, ein hierarchisches System von Grundsätzen ordnungsmäßiger Unternehmensbewertung aus Käufersicht zu formulieren, welches er explizit als Subsystem der funktionsübergreifenden Grundsätze ordnungsmäßiger Unternehmensbewertung sowie als möglichen „Startpunkt für die Genese der verschiedenen funktionenspezifischen Systeme von Grundsätzen ordnungsmäßiger Unternehmensbewertung"[88] ansieht. Dabei erweitert er den Fokus bestehender Systeme zudem um die Implementierungsgrundsätze, welche der Durchsetzung der Grundsätze auf Unternehmensebene dienen. Zugleich weist er auf den Forschungsbedarf bezogen auf die weiteren Funktionen der Unternehmensbewertung hin.

5.1.4.3 Grundsätze der Unternehmensbewertung nach IDW S 1

Obwohl DÖRNER, der damalige Vorsitzende des „Arbeitskreises Unternehmensbewertung" des IDW, es als „selbstverständlich [erachtete], daß kein Anspruch erhoben wird, daß das Institut der Wirtschaftsprüfer derartige Grundsätze formuliert"[89], legte das IDW mit der Stellungnahme HFA 2/1983 „Grundsätze zur Durchführung von Unternehmensbewertungen" vor, welche – wie bereits ausgeführt – anschließend ergänzt und schließlich im Jahr 2000 durch den IDW S 1 ersetzt wurden, welcher nunmehr in revidierter Fassung des Jahres 2008 vorliegt. Leider wurde bei dieser Gelegenheit versäumt, vorhandene Unzulänglichkeiten der alten Empfehlungen – wie das Konzept des „objektivierten" Wertes – auszuräumen.[90] Selbst die in 2008 verabschiedete Neufassung des IDW S 1, läßt keine grundlegende Weiterentwicklung dieser „Grundsätze" im Sinne der funktionalen Unternehmensbewertungstheorie erkennen.[91]

„Bereits die Überschrift ‚IDW Standard: Grundsätze zur Durchführung von Unternehmensbewertung[en] (IDW S 1)' ist irreführend, denn gemeint sind ‚Grundsätze zur Durchführung von Unternehmensbewertung[en] durch deutsche WP'! Denn GUB [= Grundsätze der Unternehmensbewertung], die zu jeder Zeit, an jedem Ort und für jede Art von Unternehmensbewertungen Gültigkeit besitzen sollen, sind logisch entschieden etwas anderes als die in IDW S 1 historisch-relativierten GUB-BRD. Auch in der Literatur ist in Bezug auf den Geltungsbereich der GUB nicht immer eindeutig entscheid-

---

[88] POOTEN, Grundsätze (1999), S. 3 f.

[89] WOLFGANG DÖRNER in SIEBEN ET AL., Podiumsdiskussion (1977), S. 268. Siehe zur Arbeit des entsprechenden IDW-Arbeitskreises WAGNER, Kernaufgabe (2009).

[90] Vgl. zur Kritik am IDW S 1 HERING/BRÖSEL, Argumentationswert (2004), S. 936, welche die Details der durch den HFA des IDW vollzogenen Änderungen, insbesondere im Hinblick auf die vorgeschlagenen Bewertungsverfahren, kritisch würdigen und zeigen, daß das IDW mit den DCF-Verfahren implizit erstmals – wohl unbeabsichtigt – Argumentationswerte „kanonisiert" hat. FISCHER-WINKELMANN, IDW Standard (2003), S. 146, weist in diesem Zusammenhang darauf hin, daß „Erklärungsmodelle", wie es die kapitalmarkttheoretischen Verfahren sind, nicht gleichzeitig auch „Bewertungsmodelle" sein können. „Die Proponenten der DCF-Verfahren übersehen etwas ganz Entscheidendes: Der (Aktien-)Markt bewertet nicht (mehrwertige) Unternehmenspläne ex ante, sondern er sagt lediglich ex post, wie man sich beim Kauf eines in diesem Markt gehandelten Unternehmen bzw. von Anteilen an diesem Unternehmen hätte entscheiden können oder sollen", so FISCHER-WINKELMANN, IDW Standard (2003), S. 153 (Hervorhebungen im Original). Siehe auch FISCHER-WINKELMANN, Sollen impliziert Können (2009), FISCHER-WINKELMANN/BUSCH, Die praktische Anwendung (2009), S. 635.

[91] Vgl. INSTITUT DER WIRTSCHAFTSPRÜFER, IDW ES 1 i. d. F. 2008 (2008).

bar, wo nur sprachliche Unsauberkeit und wo ein effektives normlogisches Missverständnis vorliegt."[92]

In den Vorbemerkungen zum Standard konstatiert das IDW: „Dieser *IDW Standard* legt vor dem Hintergrund der in Theorie, Praxis und Rechtsprechung entwickelten Standpunkte die Grundsätze dar, nach denen Wirtschaftsprüfer Unternehmen bewerten. Die Ausführungen stellen wesentliche allgemeine Grundsätze dar. Jeder Bewertungsfall verlangt seine eigene fachgerechte Problemlösung. Insoweit können die Grundsätze nur den Rahmen festlegen, in dem die eigenverantwortliche Lösung im Einzelfall liegen muss" (Rz. 1).[93] FISCHER-WINKELMANN kritisiert in diesem Zusammenhang zu den gleichlautenden Vorbemerkungen einer Vorversion des aktuellen IDW S 1: „Die Vorbemerkungen zeigen bereits, dass in IDW S 1 nicht systematisch vorgegangen wird, bzw. dass das ‚System‘, aus denen diese Grundsätze sozusagen ‚entnommen‘ sind, für Dritte unergründlich ist. IDW S 1 repräsentiert weiter nur ‚wesentliche allgemeine Grundsätze‘, wobei nicht klar ist, welche unwesentlichen ‚in diesem System‘ noch existieren, die andererseits auch wieder verhaltensregulierend sind, und was das Scheidekriterium für ‚wesentlich‘ ist (sein soll)."[94]

Im IDW S 1 (Rz. 12) werden – wie in Abschnitt 1.3.1 schon erläutert und den klassischen Hauptfunktionen gegenübergestellt – drei Funktionen unterschieden, in denen deutsche Wirtschaftsprüfer bei der Bewertung von Unternehmen tätig sein können:

1. Wirtschaftsprüfer als neutraler Gutachter –
   Ergebnis dieser Bewertungsfunktion: objektivierter Unternehmenswert,
2. Wirtschaftsprüfer als Berater –
   Ergebnis dieser Bewertungsfunktion: (ein vermeintlich) subjektiver Entscheidungswert,
3. Wirtschaftsprüfer als Schiedsgutachter/Vermittler –
   Ergebnis dieser Bewertungsfunktion: Einigungswert.

Das IDW postuliert im IDW S 1 „*Grundsätze zur Durchführung von Unternehmensbewertungen*" schließlich nur im Gliederungspunkt 4. des Standards („*Grundsätze zur Ermittlung von Unternehmenswerten*") explizit benannte Grundsätze, die prinzipiell für alle diese vom IDW verfolgten Bewertungsfunktionen gelten sollen. Dabei ist zu beachten, daß diese (explizit benannten Grundsätze) eigentlich nur einige der „wesentlichen" Annahmen beinhalten und sich vor allem mit der Ermittlung – insbesondere im Sinne der Abgrenzung – der finanziellen Überschüsse befassen. Nicht unter die „Grundsätze zur Ermittlung von Unternehmenswerten" (Überschrift des vierten Gliederungspunktes des Standards), jedoch unter die „Grundsätze zur Durchführung von Unternehmensbewertungen" (Überschrift des Standards) fallen demnach beispielsweise die Empfehlungen zur „Prognose der künftigen finanziellen Überschüsse" (Gliederungspunkt 5.), zur „Kapitalisierung der künftigen finanziellen Überschüsse" (Gliederungspunkt 6.) und zu den „Bewertungsverfahren" (Gliederungspunkt 7.). FISCHER-WINKELMANN hierzu: „Verwirrend ist [..], wenn eines von acht Kapiteln des IDW S 1 mit ‚4. Grundsätze zur Ermittlung von Unternehmenswerten‘ tituliert wird, womit der Eindruck erweckt

---

[92] FISCHER-WINKELMANN, IDW Standard (2003), S. 87 (Hervorhebungen im Original).

[93] Alle nachfolgenden Randziffern (Rz.) ohne weiteren Hinweis beziehen sich auf den IDW S 1 i. d. F. 2008 [INSTITUT DER WIRTSCHAFTSPRÜFER, IDW S 1 i. d. F. 2008 (2008)].

[94] FISCHER-WINKELMANN, IDW Standard (2003), S. 88 (Hervorhebungen im Original). Siehe auch FISCHER-WINKELMANN, Sollen impliziert Können (2009), S. 352 f.

wird, dass die anderen dann folgenden Ausführungen keine Grundsätze seien, was aber nicht der Fall ist."[95] Die etwas befremdlich wirkende Struktur des IDW S 1 ist in *Abbildung 330* dargestellt.

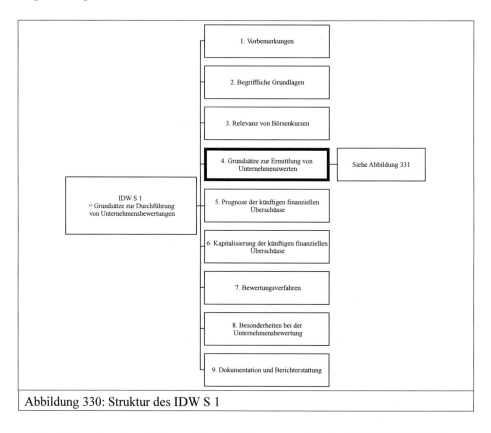

Abbildung 330: Struktur des IDW S 1

Nachfolgend sollen die im vierten Gliederungspunkt des IDW S 1 kodifizierten *Grundsätze zur Ermittlung von Unternehmenswerten* näher vorgestellt werden (vgl. *Abbildung 331*).[96]

---

[95] FISCHER-WINKELMANN, IDW Standard (2003), S. 90 (Hervorhebungen im Original). FISCHER-WIN-KELMANN, IDW Standard (2003), S. 90–157, findet und erläutert zudem Verstöße gegen die Norm-logik in zahlreichen Randziffern des IDW S 1.

[96] Vgl. INSTITUT DER WIRTSCHAFTSPRÜFER, IDW S 1 i. d. F. 2008 (2008), S. 275–280. Die Abbildung 331 wurde in Anlehnung an die Untergliederung des vierten Abschnitts des IDW S 1 erstellt,

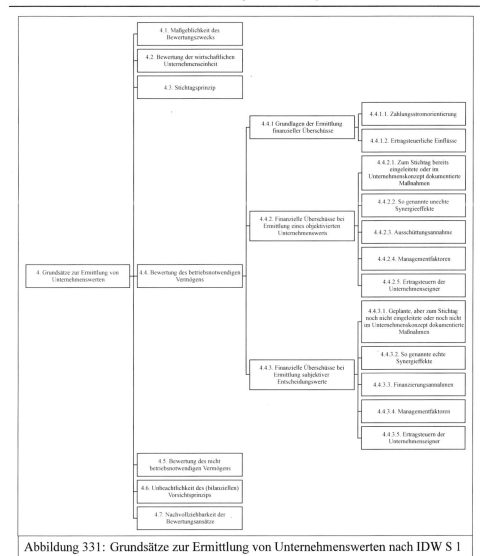

Abbildung 331: Grundsätze zur Ermittlung von Unternehmenswerten nach IDW S 1

4.1.[97] Verlangt wird, daß im Rahmen der Auftragserteilung festgelegt wird, in welcher Funktion der Wirtschaftsprüfer tätig sein soll, so daß das Zweckadäquanzprinzip auch im IDW S 1 (hier mit *„Maßgeblichkeit des Bewertungszwecks"* bezeichnet) verankert ist (Rz. 17). „In Abhängigkeit vom zu ermittelnden Unternehmenswert (objektivierter Unternehmenswert, subjektiver Entscheidungswert, Einigungswert) ergeben sich i. d. R. unterschiedliche Annahmen über die Prognose und Diskontierung der künftigen finanziellen Überschüsse […].[98] Daher setzt eine

---

[97] In den nachfolgenden Ausführungen wurde die Gliederung des vierten Abschnitts des IDW S 1 beibehalten.

[98] Grundsätzlich werden Begrifflichkeiten wie Erträge, Einnahmen, Auszahlungen, Einzahlungen und ähnliches im IDW S 1 nicht definiert und auch nicht konsistent verwendet.

sachgerechte Unternehmenswertermittlung voraus, dass im Rahmen der Auftragserteilung festgelegt wird, in welcher Funktion der Wirtschaftsprüfer tätig wird, um daraus die dem jeweiligen Bewertungszweck entsprechenden Annahmen und Typisierungen herleiten zu können."[99] Allein schon vor dem Hintergrund der fundamentalen Unterschiede bei der Wertermittlung der Hauptfunktionen wäre jedoch eine Genese von verschiedenen zweckadäquaten Grundsätzen ordnungsmäßiger (funktionsgemäßer oder auch funktionaler) Unternehmensbewertung erforderlich.[100] Gemäß diesem „obersten Grundsatz", dem *Zweckadäquanzprinzip*, sind deshalb alle weiteren Prinzipien je nach Aufgabenstellung zu formulieren. Eine alleinige Herleitung unterschiedlicher Annahmen hinsichtlich der Prognose und Diskontierung der künftigen finanziellen Überschüsse, wie sie vom IDW bezüglich der „*Maßgeblichkeit des Bewertungszwecks*" gefordert wird, und diverse durch das IDW vorgenommene Differenzierungen innerhalb einzelner Grundsätze greifen jedoch zu kurz und sind deshalb im Hinblick auf die funktionale Unternehmensbewertung unzureichend.

4.2. Anerkannt wird durch das IDW das Prinzip der Gesamtbewertung (hier mit „*Bewertung der wirtschaftlichen Unternehmenseinheit*" bezeichnet), das verlangt, nicht einzelne materielle und immaterielle Werte, sondern ihr Zusammenwirken zum Erfolg des Bewertungsobjekts als Grundlage der Bewertung zu wählen (Rz. 18). Es wird in diesem Zusammenhang auch ausdrücklich hervorgehoben (Rz. 19), daß es dabei nicht auf die rechtliche Abgrenzung ankommt, sondern das Bewertungsobjekt vielmehr rein wirtschaftlich zu definieren ist (z. B. Konzern, Betriebsstätte, strategische Geschäftseinheit). Darüber hinaus soll zwischen betriebsnotwendigem und nicht betriebsnotwendigem Vermögen[101] unterschieden werden (Rz. 21). Das (verkannte) Problem ist dabei freilich, daß es eine allgemeingültige („objektivierte") Abgrenzung nicht gibt, sondern diese Abgrenzung sinnvoll nur auf Basis subjektiver Überlegungen möglich ist. Im Rahmen des „objektivierten" Unternehmenswertes läuft dies auf eine Fortschreibung des Konzepts des bisherigen Eigners (z. B. des Verkäufers) hinaus.

4.3. Das *Stichtagsprinzip*[102] wird einerseits im Sinne des Bezugszeitpunkts der Kapitalisierung definiert, so daß es angibt, welche finanziellen Überschüsse im Hinblick auf den (gesetzlich bestimmten oder vertraglich vereinbarten) Bewertungsstichtag in die Abzinsung einzubeziehen (und welche finanziellen Überschüsse nicht mehr zu berücksichtigen) sind (Rz. 22), und andererseits als Bezugszeitpunkt des zu berücksichtigenden Informationsstandes, wenn Bewertungsstichtag und Durchführungszeitpunkt auseinanderfallen. Es sollen dann nur diejenigen Informationen einfließen, die „bei angemessener Sorgfalt zum Bewertungsstichtag hätte[n] erlangt werden können" (Rz. 23). PEEMÖLLER verweist in diesem Zusammenhang auf die *Wurzeltheorie* des BGH[103], gemäß welcher „nur die Er-

---

[99] Vgl. INSTITUT DER WIRTSCHAFTSPRÜFER, IDW S 1 i. d. F. 2008 (2008), S. 275.

[100] Vgl. auch POOTEN, Grundsätze (1999), S. 1 f.

[101] Die Grundsätze zur Bewertung des betriebsnotwendigen Vermögens finden sich schließlich im Gliederungspunkt 4.4. und die Grundsätze zur Bewertung des nicht betriebsnotwendigen Vermögens im Gliederungspunkt 4.5. des Standards.

[102] Zum Stichtagsprinzip in der Rechtsprechung vgl. RUTHARDT/HACHMEISTER, Stichtagsprinzip (2012).

[103] Siehe BGH, Urteil vom 17. Januar 1973 (IV ZR 142/70).

kenntnisse berücksichtigt werden [können], deren Wurzeln in der Zeit vor dem Bewertungsstichtag gelegt wurden. Diese Abgrenzung spielt [vor allem] dann eine Rolle, wenn zwischen dem Stichtag und der Durchführung der Bewertung eine längere Zeit, d. h. einige Jahre verstrichen sind. Es muss deshalb nachvollziehbar erscheinen, dass Einzelne über die Erkenntnisse verfügten, die erst später der Allgemeinheit zugänglich waren."[104]

Im Hinblick auf die Bewertungsbasis wird getrennt zwischen

4.4.   der Bewertung des betriebsnotwendigen Vermögens, für das ein Fortführungswert bestimmt werden soll (Rz. 24–58), worauf gleich noch näher eingegangen wird, und

4.5.   der *Bewertung des nicht betriebsnotwendigen Vermögens* (Rz. 59–63), für das ein Zerschlagungswert [(Netto-)Liquidationswert] (Rz. 60), also unter Berücksichtigung der Zerschlagungskosten (Rz. 61) und eventuell zuzurechnenden Schulden (Rz. 62), zu ermitteln ist. Als nicht betriebsnotwendig gilt dabei ein Vermögen, das „frei veräußert werden [kann], ohne dass davon die eigentliche Unternehmensaufgabe berührt wird (funktionales Abgrenzungskriterium)" (Rz. 59).

Faktisch, also zumindest hinsichtlich des „objektivierten" Unternehmenswertes ist die „eigentliche Unternehmensaufgabe" dann das, was bislang geschieht, also was der bisherige Eigner getan hat.

4.6.   Mit dem Grundsatz der *Unbeachtlichkeit des (bilanziellen) Vorsichtsprinzips* soll zugleich erreicht werden, daß der Wirtschaftsprüfer in der „Funktion als neutraler Gutachter oder als Schiedsgutachter [...] das Gebot der Unparteilichkeit" beachtet, denn „bei ,vorsichtiger Schätzung' der künftigen finanziellen Überschüsse [wären] der Verkäufer bzw. die abzufindenden Gesellschafter" benachteiligt (Rz. 64). „Das für die handelsrechtliche Bilanzierung verbindliche Vorsichtsprinzip [...] darf deshalb nicht berücksichtigt werden" (Rz. 64). Damit soll aber nicht unterstellt werden, „dass von einer Risikoneutralität des Investors auszugehen ist" (Rz. 65). Vielmehr ergibt sich aus der Art der durch den IDW vorgeschlagenen Risikoberücksichtigung (Erfolgsabschlag oder Zinszuschlag gemäß Rz. 89) die Annahme der Risikoaversion (Rz. 88), die im Falle der Schiedsgutachterfunktion nicht verteilungsneutral, sondern benachteiligend für den bisherigen Eigner (also i. d. R. den Verkäufer) wirkt.

4.7.   Mit dem Prinzip der *Nachvollziehbarkeit der Bewertungsansätze* soll dem Gebot der Transparenz und dem „Grundsatz der Klarheit der Berichterstattung" Rechnung getragen werden (Rz. 66). Einerseits sollen im Bewertungsgutachten die grundlegenden Annahmen und Typisierungen deutlich gemacht werden, zugleich soll darin andererseits mitgeteilt werden, von wem bestimmte Annahmen getroffen worden sind, vom Gutachter selbst, von der Unternehmensleitung des Bewertungsobjekts oder von einem sachverständigen Dritten (Rz. 67). Warum Annahmen nicht auch von der Unternehmensleitung des bewertenden Unternehmens (oder vom Bewertungssubjekt selbst) getroffen werden können, bleibt unklar.

---

[104]   *PEEMÖLLER*, Grundsätze ordnungsmäßiger Unternehmensbewertung (2012), S. 33 (Hervorhebungen im Original).

Die Grundsätze der *Bewertung des betriebsnotwendigen Vermögens* (Rz. 24–58) dienen der Ermittlung des Fortführungswertes. Diese Grundsätze werden in drei Gruppen untergliedert:

4.4.1. in die allgemeinen Prinzipien „Grundlagen der Ermittlung finanzieller Überschüsse" (Rz. 24–28),

4.4.2. in die Prinzipien im Zusammenhang mit den „[f]inanzielle[n] Überschüsse[n] bei Ermittlung eines objektivierten Unternehmenswerts" (Rz. 29–47) und

4.4.3. in die Prinzipien im Zusammenhang mit den „[f]inanzielle[n] Überschüsse[n] bei Ermittlung subjektiver Entscheidungswerte" (Rz. 48–58).

Die allgemeinen Prinzipien „*Grundlagen der Ermittlung finanzieller Überschüsse*" (Gliederungspunkt 4.4.1.; Rz. 24–28) betreffen die „Zahlungsstromorientierung" und die Berücksichtigung der „[e]rtragsteuerliche[n] Einflüsse":

4.4.1.1. Mit dem Prinzip der *Zahlungsstromorientierung* (Rz. 24–27) ist gemeint, daß an den Anspruch „der Unternehmenseigner auf Ausschüttung bzw. Entnahme der vom Unternehmen erwirtschafteten finanziellen Überschüsse abzüglich von zu erbringenden Einlagen der Eigner" angeknüpft werden soll, wobei „weitere mit dem Eigentum am Unternehmen verbundene Zahlungsstromveränderungen [z. B. persönliche Steuern der Unternehmenseigner] zu berücksichtigen" seien (Rz. 24). Grundlage der Ermittlung der „Nettoeinnahmen der Unternehmenseigner" soll die „Prognose der entziehbaren künftigen finanziellen Überschüsse des Unternehmens" sein (Rz. 25). Eine „ordnungsgemäße [sic!] Unternehmensbewertung" im Sinne des IDW S 1 setzt dabei aufeinander abgestimmte Plan-Bilanzen, Plan-Gewinn- und Verlustrechnungen sowie Finanzplanungen voraus" (Rz. 27).

Seit 2005 ist zudem im Sinne der Abkehr von der Vollausschüttungshypothese im IDW S 1 kodifiziert: „Zur Ermittlung der Nettoeinnahmen der Unternehmenseigner sind die Thesaurierungen finanzieller Überschüsse des Unternehmens sowie die Verwendung nicht ausgeschütteter Beträge zu berücksichtigen. Diese Beträge können zur Investition, zur Tilgung von Fremdkapital oder zur Rückführung von Eigenkapital [z. B. Aktienrückkäufe] verwendet werden" (Rz. 26).

4.4.1.2. „Ertragsunabhängige, auf Unternehmensebene anfallende Steuern (Betriebssteuern) wie die Grundsteuern bei Kapitalgesellschaften sind in ihrer voraussichtlichen Höhe vom Zukunftsertrag abzuziehen. Weiterhin sind auch die Ertragsteuern [... auf Eignerebene] von den Zukunftserfolgen abzuziehen."[105] Das Prinzip zur Berücksichtigung dieser *ertragsteuerlichen Einflüsse* (Rz. 28) hat insofern einen unternehmensbezogenen Aspekt[106] sowie einen eignerbezogenen Aspekt[107] und wird stark geprägt von den jeweils geltenden steuerrechtlichen Regelungen.

---

[105] PEEMÖLLER, Grundsätze ordnungsmäßiger Unternehmensbewertung (2012), S. 35 (Hervorhebungen im Original).

[106] Dieser betrifft z. B. die Gewerbeertragsteuer (rechtsformunabhängig) und die Körperschaftsteuer zuzüglich Solidaritätszuschlag (rechtsformabhängig).

[107] Dieser betrifft z. B. die Einkommensteuer, gegebenenfalls Kirchensteuer, Solidaritätszuschlag

Diese dargestellten allgemeinen Prinzipien sind schließlich im Kontext des zu ermittelnden Wertes („objektivierter" Unternehmenswert oder subjektiver Entscheidungswert) zu sehen. Wenn der sog. „objektivierte" Unternehmenswert zu ermitteln ist, muß der Wirtschaftsprüfer zudem die speziellen Ausführungen zu den *„[f]inanzielle[n] Überschüsse[n] bei Ermittlung eines objektivierten Unternehmenswerts"*[108] (Gliederungspunkt 4.4.2.; Rz. 29–47) beachten:

4.4.2.1. Demnach muß der Wirtschaftsprüfer von der „am Bewertungsstichtag vorhandenen Ertragskraft" (Rz. 32) ausgehen. Damit ist gemeint, daß nur solche „Erfolgschancen [einbezogen werden dürfen], die sich *zum Bewertungsstichtag aus bereits eingeleiteten Maßnahmen oder aus hinreichend konkretisierten Maßnahmen* im Rahmen des bisherigen Unternehmenskonzepts und der Marktgegebenheiten ergeben" (Rz. 32). Unbeachtlich seien hingegen „[m]ögliche, aber noch nicht hinreichend konkretisierte Maßnahmen (z. B. Erweiterungsinvestitionen/Desinvestitionen) sowie die daraus vermutlich resultierenden finanziellen Überschüsse" (Rz. 32). Vor allem aus der Fokussierung auf die bereits eingeleiteten Maßnahmen resultiert die statische Orientierung der „objektivierten" Bewertung des Unternehmens „wie es steht und liegt".[109] Als die darüber hinaus zu berücksichtigenden „hinreichend konkretisierte Maßnahmen" sind gemäß der Überschrift des Absatzes vermutlich die „im [bisherigen] Unternehmenskonzept dokumentierte[n]" Maßnahmen zu verstehen. Zwar ist aus den Formulierungen des aktuellen IDW S 1 eine Erweiterung möglicher zu berücksichtigender Maßnahmen im Rahmen der Ermittlung des „objektivierten" Unternehmenswertes im Vergleich zu den ursprünglichen Versionen des Standards zu verzeichnen, die statische Orientierung der „objektivierten" Bewertung des Unternehmens wird jedoch nur insofern durchbrochen, daß das Unternehmen zu bewerten sei, *wie es steht und liegt oder* – hinsichtlich der Zukunft vom bisherigen Eigner in den Unternehmenskonzepten – *schriftlich festgehalten (dokumentiert) ist.*

4.4.2.2. *„So genannte unechte Synergieeffekte"* (Rz. 33 f.) sind nach dem IDW S 1 n. F. solche, die „sich ohne Durchführung der dem Bewertungsanlass zugrunde liegenden Maßnahme realisieren lassen", freilich dürfen sie konsistenterweise nur dann berücksichtigt werden, wenn „die Synergie stiftenden Maßnahmen bereits eingeleitet oder im Unternehmenskonzept dokumentiert sind" (Rz. 34).

4.4.2.3. Im Hinblick auf die „Ausschüttungsannahme" (Rz. 35–37) wird im IDW S 1 konstatiert: „Bei der Ermittlung des objektivierten Unternehmenswerts ist von der Ausschüttung derjenigen finanziellen Überschüsse auszugehen, die nach Berücksichtigung des zum Bewertungsstichtag dokumentierten Unternehmenskonzeptes und rechtlicher Restriktionen (z. B. Bilanzgewinn, aus-

---

[108] Was unter dem „objektivierten" Unternehmenswert zu verstehen ist, wird in Rz. 29 des aktuellen IDW S 1 geregelt: „Der objektivierte Unternehmenswert stellt einen intersubjektiv nachprüfbaren Zukunftserfolgswert aus Sicht der Anteilseigner dar. Dieser ergibt sich bei Fortführung des Unternehmens auf Basis des bestehenden Unternehmenskonzepts und mit allen realistischen Zukunftserwartungen im Rahmen der Marktchancen, -risiken und finanziellen Möglichkeiten des Unternehmens sowie sonstigen Einflussfaktoren."

[109] Vgl. hierzu bereits BRETZKE, Unternehmensbewertung (1993), SCHILDBACH, Der Verkäufer und das Unternehmen (1995).

schüttbares Jahresergebnis) zur Ausschüttung zur Verfügung stehen" (Rz. 35). Dabei kann in die Detailplanungsphase, also die nähere erste Phase der Zukunftsplanung, und die auf diese folgende zweite Phase unterschieden werden. Für die erste Phase (Detailplanungsphase) sind die Ausschüttungen der finanziellen Überschüsse sowie die Verwendung thesaurierter Beträge „auf der Basis des individuellen Unternehmenskonzepts und unter Berücksichtigung der bisherigen und geplanten Ausschüttungspolitik, der Eigenkapitalausstattung und der steuerlichen Rahmenbedingungen vorzunehmen" (Rz. 36). „Im Rahmen der zweiten Phase [...] wird grundsätzlich [typisierend] angenommen, dass das Ausschüttungsverhalten des zu bewertenden Unternehmens äquivalent zum Ausschüttungsverhalten der Alternativanlage[110] ist" (Rz. 37).

4.4.2.4.   Des weiteren regelt der IDW S 1 die Berücksichtigung von typisierten „Managementfaktoren" (Rz. 38–42). Da im Konzept des „objektivierten" Wertes „die dem Unternehmen innewohnende und übertragbare Ertragskraft" (Rz. 38) bewertet werden soll, wird das „Verbleiben des Managements [...] zur Ermittlung des objektivierten Unternehmenswerts i. d. R. unterstellt, sodass eine Eliminierung personenbezogener Einflüsse auf die finanziellen Überschüsse grundsätzlich nicht notwendig ist" (Rz. 39). Bei „personenbezogenen Unternehmen" sind jedoch nach Rz. 40 des IDW S 1 „in der Person des Eigentümers begründete positive oder negative Erfolgsbeiträge, die losgelöst vom bisherigen Eigentümer nicht realisiert werden können", zu eliminieren. Außerdem sind die Überschüsse um einen angemessenen Unternehmerlohn (eventuell auch mit Blick auf Familienmitglieder des Eigners) zu kürzen. Der Unternehmerlohn wird „nach der Vergütung bestimmt, die eine nichtbeteiligte Geschäftsführung erhalten würde" (Rz. 40), also nach dem Konzept der vermiedenen Auszahlungen statt nach dem Opportunitätskostenkonzept der entgangenen Einzahlungen.[111] Falls die „bisherige Unternehmensleitung künftig nicht mehr zur Verfügung [steht] und [..] eine Unternehmensfortführung ohne die bisherige Unternehmensleitung nicht möglich" ist, muß der „objektivierte" Unternehmenswert durch die Wirtschaftsprüfer „regelmäßig" als Liquidationswert bestimmt werden (Rz. 42).

4.4.2.5.   Im Rahmen der Ermittlung „objektivierter" Unternehmenswerte wurden in den Vorgängerfassungen zum aktuellen IDW S 1 im Hinblick auf die Ertragsteuern der Unternehmenseigner typisierte Steuersätze vorgegeben. Nunmehr wird überraschenderweise einleitend zu diesem Gliederungspunkt (Rz. 43–47) festgestellt, daß „[v]on der Unternehmensbewertungstheorie und -praxis sowie der Rechtsprechung [..] die Notwendigkeit der Berücksichtigung persönlicher Ertragsteuern allgemein anerkannt" (Rz. 43) ist – als hätte das IDW noch nie eine andere Meinung vertreten. Umso erstaunlicher dann wiederum der unmittelbar folgende Hinweis, dass die „wertrelevanten steuerlichen Verhältnisse der Anteilseigner bei der Ermittlung des objektivierten Unternehmenswertes im Bewertungskalkül [nunmehr und trotzdem] zu typisieren" (Rz. 43) sind. In den nachfolgenden Rz. 44–47 finden sich diesbezüglich zwar anlaß-

---

[110]   Siehe zur hier in Rede stehenden Alternativanlage *INSTITUT DER WIRTSCHAFTSPRÜFER*, IDW S 1 i. d. F. 2008 (2008), S. 273 und S. 285.

[111]   Vgl. hierzu *MATSCHKE*, Betriebswirtschaftslehre, Bd. II (2007), S. 237.

spezifische, aber kaum hilfreiche Typisierungsvorschläge. So wird in Rz. 44 beispielsweise ausgeführt, dass die „praktische Umsetzung der Berücksichtigung persönlicher Ertragsteuern im Rahmen der objektivierten Unternehmensbewertung [...] grundsätzlich Typisierungen hinsichtlich der Höhe des effektiven persönlichen Steuersatzes des Anteilseigners als Ausfluss seiner steuerlich relevanten Verhältnisse und Verhaltensweisen" erfordert, weshalb schließlich „zusätzliche Annahmen [...] zu treffen" sind.

Bei der Ermittlung subjektiver Entscheidungswerte sollen die bei der „objektivierten" Unternehmensbewertung „erforderlichen Typisierungen durch individuelle auftraggeberbezogene Konzepte bzw. Annahmen" ersetzt werden (Rz. 48). Neben den bereits dargestellten allgemeinen Prinzipien „Grundlagen der Ermittlung finanzieller Überschüsse" müssen deshalb die speziellen Ausführungen, welche die „[f]inanzielle[n] Überschüsse bei Ermittlung subjektiver Entscheidungswerte" (Gliederungspunkt 4.4.3.; Rz. 48–58) betreffen, berücksichtigt werden:

4.4.3.1. Daher ist bei der Ermittlung der Entscheidungswerte das Prinzip der Berücksichtigung geplanter, aber zum Stichtag noch nicht eingeleiteter oder noch nicht im Unternehmenskonzept dokumentierter Maßnahmen (Rz. 49) zu beachten: „Bei der Ermittlung eines subjektiven Entscheidungswerts für den potentiellen Erwerber eines Unternehmens sind auch solche strukturverändernden Vorhaben sowie bereits erkannte und realisierbare Möglichkeiten zu berücksichtigen, die (noch) nicht Bestandteil des zum Bewertungsstichtag dokumentierten Unternehmenskonzepts sind." Der IDW S 1 stellt somit unterschiedliche Anforderungen an die durch die potentiellen Erwerber („erkannt und realisierbar") und die potentiellen Veräußerer („hinreichend konkretisiert [...] im Rahmen des bisherigen [dokumentierten] Unternehmenskonzepts") mit dem Bewertungsobjekt geplanten Vorhaben. Der Veräußerer wird diesbezüglich nicht genannt. Beim Veräußerer ergeben sich im Hinblick auf die in Rede stehenden (bei der Wertermittlung zu berücksichtigenden) Maßnahmen keine Unterschiede zum „objektivierten" Wert. Neben den bereits eingeleiteten Maßnahmen hat dieser gemäß Rz. 32 des IDW S 1 wohl jene Maßnahmen zu beachten, die im Rahmen des bisherigen Unternehmenskonzepts hinreichend konkretisiert sind. Eine zum Bewertungsstichtag denkbare Abweichung vom bislang dokumentierten Unternehmenskonzept sowie die Berücksichtigung von zwar erkannten und realisierbaren, aber noch nicht konkretisierten Maßnahmen sieht der IDW S 1 bei der Ermittlung des subjektiven Entscheidungswertes aus Verkäufersicht nicht vor.

4.4.3.2. Im Hinblick auf *Synergieeffekte* (Rz. 50 f.) soll für den potentiellen Käufer des Unternehmens schließlich „unerheblich [sein], ob zu erwartende Synergieeffekte und die zu ihrer Erschließung erforderlichen Maßnahmen bereits eingeleitet sind oder nicht" (Rz. 50). Sowohl sog. *unechte* Synergieeffekte (also jene, die sich ohne Berücksichtigung der Auswirkungen aus dem Bewertungsanlaß realisieren lassen) als auch sog. *echte* Synergieeffekte (also jene, die „sich unter Berücksichtigung der Auswirkungen aus dem Bewertungsanlass" ergeben) sollen aus Sicht des potentiellen Käufers in vollem Umfang einbezogen werden.

Für den Verkäufer seien jedoch „mögliche Synergieeffekte für die Ermittlung der Preisuntergrenze nur insoweit relevant, als sie ohne die Veräußerung realisierbar sind (sog. unechte Synergieeffekte) und für den Verkäufer nach der Transaktion wegfallen würden" (Rz. 51). Nicht gesehen werden somit negative Synergieeffekte, die beim Verkäufer dadurch auftreten können, daß sich aus dem Verkauf des Unternehmens ungünstige (Rück-)Wirkungen auf die beim Verkäufer verbleibenden geschäftlichen Aktivitäten ergeben können, und die – ceteris paribus – die Mindestforderung des Verkäufers, also dessen subjektiven Entscheidungswert, erhöhen.

4.4.3.3. Bei der Ermittlung der subjektiven Entscheidungswerte durch den Wirtschaftsprüfer soll hinsichtlich der Finanzierungsannahmen (Rz. 52–55) auch eine Veränderung der bisherigen Finanzierung durch abweichende Finanzierungsmöglichkeiten, also eine Veränderung der Kapitalstruktur des Bewertungsobjekts (Rz. 52), die zu einer Veränderung des Unternehmenswertes im Vergleich zum „objektivierten" Unternehmenswert führt, beachtet werden (Rz. 53). Zudem sind die individuell getroffenen Ausschüttungsannahme,[112] spezielle Annahmen zum „vom Auftraggeber geplante[n] Umfang der Innenfinanzierung" sowie vorgesehene Kapitalzuführungen bei der Ermittlung subjektiver Entscheidungswerte zu berücksichtigen (Rz. 55).

4.4.3.4. Anstelle der beim Konzept des „objektivierten" Unternehmenswertes zu beachtenden typisierten „Managementfaktoren" sind bei der Entscheidungswertermittlung vielmehr individuelle *Managementfaktoren* (Rz. 56 f.) zu beachten. Aus Käufersicht sind jene Erfolge ausschlaggebend, die mit der „tatsächlich geplanten Besetzung der Geschäftsführung voraussichtlich erzielt werden" können (Rz. 56); beim Verkäufer sollen „nicht nur die übertragbare Ertragskraft des Bewertungsobjekts, sondern z. B. auch persönliche Erfolgsfaktoren" berücksichtigt werden (Rz. 57).

4.4.3.5. Hinsichtlich der *Ertragsteuern der Unternehmenseigner* (Rz. 58) soll die „tatsächliche Steuerbelastung", die von individuellen Verhältnissen der Unternehmenseigner ausgeht, der Entscheidungswertermittlung zugrunde gelegt werden.

Im Hinblick auf die speziellen Regelungen zur Ermittlung der finanziellen Überschüsse bei „objektivierten" Unternehmenswerten und bei subjektiven Entscheidungswerten ergeben sich gemäß IDW S 1 die in *Abbildung 332* zusammengefaßten wesentlichen Unterschiede.[113]

---

[112] So schon GÜNTER SIEBEN in *SIEBEN ET AL.*, Podiumsdiskussion (1977), S. 284: „Also ich meine, wir können nicht absolut sagen, auf jeden Fall Vollausschüttung, sondern bei konsequenter Auslegung des Entscheidungswertes ist zu fragen, welche Ausschüttungspolitik ist unter den verschiedensten Umständen beabsichtigt."

[113] Vgl. zu einer ähnlichen Abbildung *PEEMÖLLER*, Grundsätze ordnungsmäßiger Unternehmensbewertung (2012), S. 38. Zur Problematik der Berücksichtigung der Ertragsteuern nach IDW bei Anwendung der DCF-Methoden vgl. *PEEMÖLLER*, Grundsätze ordnungsmäßiger Unternehmensbewertung (2012), S. 36 f.

ASPEKT	„OBJEKTIVIERTER" UNTERNEHMENSWERT	SUBJEKTIVER ENTSCHEIDUNGSWERT
zu berücksichtigende Maßnahmen	Berücksichtigung nur der zum Stichtag bereits eingeleiteten oder im Unternehmenskonzept bereits dokumentierten (hinreichend konkretisierten) Maßnahmen	*nur beim Käufer:* darüber hinaus auch Berücksichtigung der erkannten und realisierbaren Maßnahmen, die noch nicht Bestandteil des zum Stichtag dokumentierten Unternehmenskonzeptes sind; *beim Verkäufer:* siehe „objektivierter" Unternehmenswert
Synergieeffekte	Berücksichtigung unechter Synergieeffekte (soweit eingeleitet oder im Unternehmenskonzept dokumentiert)	*nur beim Käufer:* Berücksichtigung echter und unechter Synergieeffekte; *beim Verkäufer:* siehe „objektivierter" Unternehmenswert
Ausschüttungsannahme	*Detailplanungsphase:* Berücksichtigung des individuellen Unternehmenskonzeptes; *zweite Phase:* Ausschüttungsverhalten der Alternativanlage wird unterstellt	Berücksichtigung der Veränderung von Finanzierungsannahmen und des geplanten Ausschüttungsverhaltens in der Detailplanungsphase und in der zweiten Planungsphase
Managementfaktoren	typisiert	individuell
Ertragsteuern der Unternehmenseigner	typisiert	individuell

Abbildung 332: Unterschiede bei der Ermittlung der finanziellen Überschüsse bei „objektivierten" Unternehmenswerten und bei subjektiven Entscheidungswerten nach IDW S 1

Der „IDW S 1 [hier bezogen auf die Fassung des Jahres 2000] strotzt [insgesamt] von normlogischen Verstößen, die eine intersubjektive Nachprüfbarkeit der an diesen Grundsätzen ,orientierten' Bewertungsgutachten nicht erlauben."[114] „Es [ist zudem] offensichtlich, dass Formulierungen in GUB wie dem IDW S 1 wie ,kann', ,können' oder ,sollen' keine eindeutigen Verhaltensregeln enthalten ebenso wie ,gegebenenfalls', ,z. B.', ,empfiehlt sich', ,wesentlich', ,angemessen' ,zu vereinfachen', ,besonders', ,insbesondere' den ,Übersetzer' und damit auch den Adressaten, nämlich einen WP, ebenso ratlos lassen wie undefinierte, aber anscheinend wichtige Ausdrücke wie ,Plausibilitätsüberlegung', ,Plausibilitätsprüfung', ,Sensitivitätsanalyse', ,unzureichende Rentabilität', ,unzureichende Ertragskraft', ,Gleichgewichtszustand', ,Beharrungszustand' usw.!"[115] Auch die aktuelle Fassung des IDW S 1 bringt diesbezüglich keine Fortschritte.[116] „Die Postulierer des IDW e. V. S 1 kommen einem so vor wie ein Arzt, der bei einem Patienten, den er nicht kennt, eine bestimmte Krankheit vermutet, ohne eine gründliche Anamnese zu machen, [und] eine Therapie entwirft, ohne zu wissen, ob und wie sie wirken kann."[117] In Anbetracht der stark ausgeprägten Beratungsresistenz und der mangelnden Kritikfähigkeit des IDW vermutet FISCHER-WINKELMANN, daß dort bezüg-

---

[114] FISCHER-WINKELMANN, IDW Standard (2003), S. 157 (Hervorhebungen im Original).

[115] FISCHER-WINKELMANN, IDW Standard (2003), S. 90 (Hervorhebungen im Original).

[116] Siehe diesbezüglich die auch ausführliche Kritik von FISCHER-WINKELMANN, Weiterentwicklung? (2006), hinsichtlich des Entwurfs zum IDW S 1 i. d. F. 2005.

[117] FISCHER-WINKELMANN, Sollen impliziert Können (2009), S. 358 f.

lich theoretisch fundierter Literatur zur Unternehmensbewertung das sog. „3-G-Motto: Gelesen, gelacht, gelocht"[118] praktiziert wird.

Vor diesem Hintergrund ist es den deutschen Gerichten nicht zu verübeln, wenn die Ergebnisse der nach diesen Standards erstellten Gutachten stärker hinterfragt werden.[119] Allerdings ist es bedenklich, wenn die Gerichte – unter Mißachtung der Unterscheidung von Wert und Preis – in der Konsequenz auf jene „Bewertungsergebnisse" zurückgreifen, welche sich an Marktpreisen orientieren. Als „glaubwürdige Alternative"[120] zum IDW S 1 gelten in diesem Zusammenhang die sog. International Valuation Standards (IVS), welche seit 1985 vom 1981 gegründeten International Valuation Standards Committee (IVSC) entwickelt, veröffentlicht und verändert werden.[121] Diese selbsternannten internationalen Bewertungsstandards legen den Bewertern drei Bewertungsansätze in folgender Priorität nahe:

1. Marktorientierte Ansätze („Market Approach")
2. Barwertorientierte Ansätze („Income Capitalisation Approach")
3. Substanzwertorientierte Ansätze („Asset-based Business Valuation Approach").

Der Einsatz dieser Ansätze wird jedoch explizit *nicht* als von einem konkreten Bewertungszweck abhängig definiert. Vielmehr sind „die Auswahl und die Verlässlichkeit der angemessen verwendeten Bewertungsansätze, Methoden und Verfahren letztlich von dem Urteil des Bewerters abhängig"[122]. Dies ist allerdings *nicht* im Sinne einer Auswahl des Verfahrens in Anabhängigkeit von der Funktion der Bewertung zu verstehen, sondern dem Bewerter wird mit diesem Methodenpluralismus die Möglichkeit gegeben, verschiedene Methoden einzusetzen und die jeweiligen Ergebnisse gewichtet in ein Gesamtergebnis einfließen zu lassen. Vor einer solchen theoretisch nicht fundierten Vorgehensweise wurde innerhalb dieses Buches bereits im Rahmen der Ausführungen zur Unsicherheitsberücksichtigung „gewarnt".

---

[118] FISCHER-WINKELMANN, Sollen impliziert Können (2009), S. 355.
[119] Vgl. BARTHEL, International Valuation Standards (2010), S. 2003 f.
[120] BARTHEL, International Valuation Standards (2010), S. 2004.
[121] Siehe hierzu und nachfolgend ausführlich wiederum BARTHEL, International Valuation Standards (2010).
[122] BARTHEL, International Valuation Standards (2010), S. 2006.

5.2 Grundsätze funktionsgemäßer Unternehmensbewertung

5.2.1 Funktionale Unternehmensbewertungstheorie als Basis theoriegestützter Grundsätze funktionsgemäßer Unternehmensbewertung

Zur *deduktiven Ermittlung theoriegestützter Grundsätze funktionsgemäßer Unternehmensbewertung* soll die Theorie funktionaler Unternehmensbewertung als Basis dienen, deren relevante Grundzüge an dieser Stelle noch einmal zusammengefaßt werden (was gleichzeitig als Wiederholung des Lehrstoffes dienen soll).[123]

Ausgangspunkt der Theorie funktionaler Unternehmensbewertung sind (im Hinblick auf die Hauptfunktionen) *interpersonale Konfliktsituationen*, in denen es um eine strittige Auseinandersetzung über die Bedingungen geht, unter denen es zu einer Veränderung der Eigentumsverhältnisse eines Unternehmens kommen kann oder soll (oder gegebenenfalls bereits kam). Die funktionale Unternehmensbewertungstheorie ist also keine Gleichgewichtstheorie, sondern eine Theorie, welche die reale Welt so nimmt, wie sie ist: *Unvollkommen!*[124] Die Unternehmensbewertung ist dabei gewöhnlich im Vorfeld solcher oder im Zusammenhang mit solchen Auseinandersetzungen angesiedelt. Der betrachtete Unternehmensbewertungsanlaß ist folglich entscheidungsabhängig *und* interpersonell konfliktär. Beides liegt vor. Im Hinblick auf eine erforderliche Komplexitätsreduktion kann auf ein – auf MATSCHKE basierendes – Ordnungsraster zurückgegriffen werden, welches es ermöglicht, gleichgelagerte von zu unterscheidenden Fällen zu trennen (siehe zur Wiederholung Abschnitt 1.4.1).

Solche Typen sind der *„Typ des Kaufs/Verkaufs"* oder der *„Typ der Fusion/Spaltung"*. Im ersten Fall geht es darum, daß eine Konfliktpartei Eigentum an dem Unternehmen erwirbt und die andere es aufgibt. Im zweiten Fall sollen Unternehmen mit unterschiedlichen Eignern vereinigt werden, oder ein Unternehmen soll in mehrere zerlegt werden, wobei die Eigentumsverhältnisse zwischen den bisherigen Eignern neu zu ordnen sind (siehe zur Wiederholung Abschnitt 1.4.2.1).

Ein weiteres Charakterisierungsmerkmal ist die Unterscheidung zwischen dem *Typ „eindimensional"* und dem *Typ „mehrdimensional"*. Dieses Begriffspaar dient dazu, den realen Tatbestand zu erfassen, daß es in einer interpersonalen Konfliktsituation oftmals nicht bloß eine, sondern eine Vielzahl von Größen gibt, über die sich die Konfliktparteien verständigen müssen, um zur Einigung zu kommen. Solche Größen werden

---

[123] Vgl. zu nachfolgenden Ausführungen MATSCHKE, Grundsätze (2003), S. 7–22.

[124] Daß die deutsche Forschungstradition stärker realwirtschaftlich orientiert ist, erkennt z. B. auch OSTMEIER, Unternehmenswert (2003), S. 65.

– sicherlich sehr abstrakt – konfliktlösungsrelevante Sachverhalte genannt.[125] Reale Konfliktsituationen lassen sich eher dem Typ „mehrdimensional" als dem Typ „eindimensional" zuordnen. In mehrdimensionalen Konfliktsituationen kommt es für die Konfliktlösung stärker auf Fähigkeiten zur kreativen Kooperation, zur Findung eines vertretbaren Kompromisses an, als auf Fähigkeiten, sich in einer Konfrontation durchzusetzen. Die Verhandlung als kooperativer Suchprozeß kann so Einigungspotentiale erschließen und Konflikte mildern, die sich aus einer – in jeder Verhandlung auch angelegten – Konfrontation des Feilschens ergeben (siehe zur Wiederholung Abschnitt 1.4.2.4).

Mit dem *Typpaar „jungiert"* und *„disjungiert"* soll erfaßt werden, ob sich eine Konfliktpartei gleichzeitig noch in anderen Konfliktsituationen vom Typ des Kaufs/ Verkaufs oder vom Typ der Fusion/Spaltung befindet oder nicht, aus der sich Auswirkungen auf das Entscheidungsfeld des Bewertungssubjekts ergeben. Eine disjungierte Konfliktsituation kann allein betrachtet werden, denn sie steht – wie es der Begriff ausdrückt – in keiner Verbindung zu einer anderen. In einer jungierten Konfliktsituation hingegen kann es entscheidungserhebliche Interdependenzen zwischen den verbundenen Konfliktsituationen geben, die es zu beachten gilt (siehe zur Wiederholung Abschnitt 1.4.2.3).

„Dominierte" Konfliktsituationen unterscheiden sich schließlich von *„nicht dominierten"* Konfliktsituationen dadurch, daß in ihnen eine Partei einseitig und auch gegen den erklärten Willen der anderen Konfliktbeteiligten die Änderung der Eigentumsverhältnisse des Unternehmens selbst oder mit Hilfe eines Gerichts herbeiführen kann. Dominierte Konfliktsituationen sind diejenigen, in denen vorrangig Normen aus Gesetzgebung und Rechtsprechung oder aus bestehenden Verträgen von großer Bedeutung und folglich zu beachten sind (siehe zur Wiederholung Abschnitt 1.4.2.2).

Die Theorie funktionaler Unternehmensbewertung geht also von einer unvollkommenen Welt mit interpersonalen Konflikten aus, die höchst komplex sein können. Sie will intellektuelle wie praktische Hilfen zur Bewältigung solcher Konfliktsituationen geben. Dafür ist die Frage nach dem Zweck, der Aufgabenstellung oder der Funktion, die eine Unternehmensbewertung in solchen Konfliktsituationen haben kann, ganz zentral. Die starke Betonung der Funktion – daher auch ihr Name funktionale Unternehmensbewertung – ist ihr hervorstechendes Merkmal. *„Im Anfang war der Zweck!"*, ist man fast versucht zu formulieren.[126] Daß der Zweck die Rechnung bestimmt,[127] sagte

---

[125] Handelt es sich um Sachverhalte, über die zur Konfliktlösung eine Einigung herbeigeführt werden muß, dann wird von originären konfliktlösungsrelevanten Sachverhalten gesprochen. Sie ändern letztlich das Entscheidungsfeld der Beteiligten. Stehen Sachverhalte in einem instrumentellen Verhältnis zu einem originären Sachverhalt, dann werden diese derivative Sachverhalte genannt. Hierzu würden etwa die Bewertungsmethode(n) und ihre Parameter gehören, wenn auf ihrer Basis letztlich die Höhe des Kaufpreises bestimmt werden soll. Über die „sachverständige" Diskussion hinsichtlich Methode und Parameter kann selbst in einer Konfliktsituation mit nur einem einzigen originären Sachverhalt (Kaufpreis) Schärfe aus der zwangsläufigen Konfrontation herausgenommen werden.

[126] In Anspielung an JOHANNES 1, Vers 1.

[127] Vgl. beispielsweise SCHMALENBACH, Dynamische Bilanz (1926), S. 297.

schon SCHMALENBACH.[128] Er determiniert, wie vorzugehen ist, und ist daher präzise vorzugeben (siehe zur Wiederholung Abschnitt 1.2.3).

Wenn von einem entscheidungsabhängigen und interpersonell konfliktären Bewertungsanlaß ausgegangen wird, stehen drei Hauptfunktionen im Vordergrund der Betrachtung: die Entscheidungs-, die Vermittlungs- und die Argumentationsfunktion. In der *Entscheidungsfunktion* geht es um die Ermittlung des Entscheidungswertes. Dieser ist definiert als subjektive Grenze der Konzessionsbereitschaft einer Partei. Im allgemeinen Fall einer mehrdimensionalen Konfliktsituation stellt er einen Komplex von Einigungsbedingungen dar, welche die betrachtete Partei gerade noch akzeptieren kann, ohne sich dadurch schlechter zu stellen als bei Unterlassen dieser Handlung (also der Nicht-Einigung) (siehe zur Wiederholung Kapitel 2).

Bei der *Vermittlungsfunktion* steht das Problem eines gerechten Ausgleichs zwischen den Konfliktparteien im Vordergrund, und der entsprechende Wert ist der Arbitriumwert. In einer nicht dominierten Situation ist zu verlangen, daß der Arbitriumwert die Entscheidungswerte nicht verletzt. Hingegen kann es in einer dominierten Konfliktsituation sein, daß eine alle Parteien zufriedenstellende Konfliktlösung nicht existiert. Der unparteiische Gutachter muß in diesem Fall einen Arbitriumwert bestimmen, der aus der Sicht der schutzwürdigen Partei(en) mit rationalem Handeln kompatibel ist (siehe zur Wiederholung Kapitel 3).

Im Fokus der *Argumentationsfunktion* stehen Begründungen für Gebote oder Forderungen in Verhandlungen. Will sich eine Partei nicht in eine ungünstige(re) Verhandlungsposition bringen, muß sie bei solchen Begründungen den Argumentationsraum möglichst genau abschätzen, also ermitteln, wo die eigene Konzessionsgrenze, der eigene Entscheidungswert, liegt und wo die Entscheidungsgrenze des Verhandlungspartners zu vermuten ist. Der Argumentationswert ist im engsten Sinne parteiisch, was jedoch nicht täuschend heißen muß. Eine Konfliktpartei tut aber gut daran, alle offengelegten Gutachten als Werte der Argumentationsfunktion anzusehen (siehe zur Wiederholung Kapitel 4).

Von Bedeutung in allen (Haupt-)Funktionen ist daher der Entscheidungswert. Er wird zur *zentralen Wertgröße in der funktionalen Unternehmensbewertung*. Das *allgemeine Modell* der Entscheidungswertermittlung nach MATSCHKE bedingt weder Festlegungen hinsichtlich der Ziele und Entscheidungsfelder der Konfliktparteien noch im Hinblick auf die Anzahl und die Art der konfliktlösungsrelevanten Sachverhalte. Sein Anwendungsbereich ist auch keineswegs auf Unternehmensbewertungsprobleme beschränkt, vielmehr ist es auf beliebige entscheidungsabhängige und interpersonell konfliktäre Situationen ohne Zwangscharakter anwendbar. Grundlegend ist dabei die Unterscheidung zwischen Basis- und Bewertungsprogramm. Der *Basisprogrammnutzen* ist eine Meßlatte. Wer sich in keiner Zwangssituation befindet, wird einer Einigung nur zustimmen, wenn er sich davon einen Vorteil verspricht, zumindest aber sich nicht verschlechtert. Das bedeutet, nach einer Einigung sollte wenigstens wieder der Basisprogrammnutzen erreicht werden. Das *Bewertungsprogramm* ist dann diejenige Alternative, deren Nutzen (mindestens) genau so groß ist wie der des Basisprogramms, aber in Abhängigkeit von den potentiellen Konfliktlösungen. Alle Kombinationen der konflikt-

---

[128] „Der Wert hängt immer vom Zweck ab", so ebenfalls BARTKE, Zwecke der Unternehmungsbewertung (1960), S. 267. Siehe auch BRINCKMANN, Illusionen (1955), S. 746, BARTKE, Bewertung (1962), S. 166, SCHNEIDER, Pegasus mit Klumpfuß (1998), S. 1474.

lösungsrelevanten Sachverhalte, für die gilt, daß nach einer Einigung darauf gerade wieder der Basisprogrammnutzen erreicht wird, bilden den Entscheidungswert dieser Partei. Ihnen steht die Konfliktpartei indifferent gegenüber, weil die Partei sie als Lösung des Konflikts gerade noch akzeptieren könnte. Die Partei strebt freilich nach einer Konfliktlösung, bei der sie einen höheren Nutzen als den Basisprogrammnutzen erwartet (siehe zur Wiederholung Abschnitt 2.2.2).

In diesem allgemeinen Modell ist die Unterscheidung zwischen *Wert und Preis* gegeben, wenngleich beide Begriffe weit verstanden werden. Den „Wert" bilden alle potentiellen Einigungsbedingungen aus der Sicht einer Konfliktpartei, die zum erreichbaren Nutzen ohne Einigung führen. Der Wert ist eine subjektive sowie kritische und zumeist nicht aufgedeckte Größe. Der „Preis" ist in diesem allgemeinen Kontext die tatsächliche konfliktlösende Einigungsbedingung, auf die sich die Parteien verständigen. Er ist objektiv, weil er für alle beteiligten Konfliktparteien gilt. *Die Unterscheidung von Wert und Preis ist eine der grundlegenden Erkenntnisse der Ökonomie*, freilich wird sie oft vergessen. Auf einem Konkurrenzmarkt – dies weiß die Ökonomie seit alters her – determinieren die subjektiven Werte des Grenzanbieters und Grenznachfragers den Preis und stimmen mit ihm überein. Alle anderen zum Zuge kommenden Marktteilnehmer haben eine Produzenten- oder Konsumentenrente, d. h., sie erhalten als Anbieter mehr, als sie mindestens fordern, oder zahlen weniger, als ihre Zahlungsbereitschaft ausmacht (siehe *Abbildung 333*).[129]

---

[129] Siehe zu diesem mikroökonomischen Marktverständnis auch ACHLEITNER/DRESIG, Unternehmensbewertung (2002), Sp. 2433 f. Zur Unterscheidung zwischen Börsenkursbestimmung und Unternehmensbewertung siehe bereits ELMENDORFF, Bewertung (1966), S. 549.

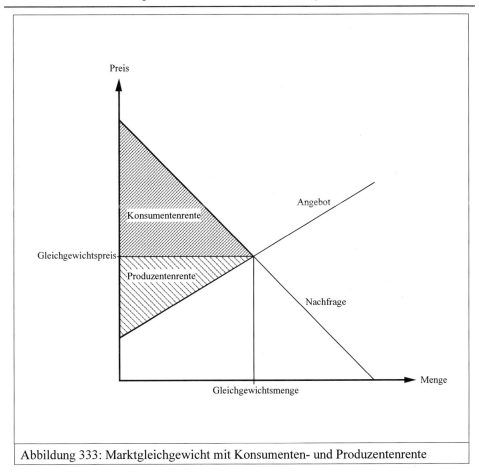

Abbildung 333: Marktgleichgewicht mit Konsumenten- und Produzentenrente

Daß diese alte Erkenntnis gerade bei den sog. kapitalmarktorientierten Bewertungsverfahren verloren ging, ist schon Ironie, weil jede Börsenkursbildung im Auktionsverfahren nach diesem alten ökonomischen Gesetz vonstatten geht. Die Vertreter der kapitalmarktorientierten Bewertungsverfahren aber suchen wieder den „wahren", den „intrinsischen" oder „inneren" Wert, der freilich nicht dem beobachtbaren „Marktpreis", sondern einer Mystifikation, dem „Marktwert", entsprechen soll (siehe zur Wiederholung Abschnitt 1.2.4).

Das *Zustands-Grenzpreismodell (ZGPM)* zur Entscheidungswertermittlung von HERING basiert – wie das allgemeine Modell von MATSCHKE – auf der Unterscheidung von Basis- und Bewertungsprogramm, ist aber ein viel spezielleres Modell, weil es ausschließlich ein finanzwirtschaftliches Zahlungsziel und außerdem nur den Preis als konfliktlösungsrelevanten Sachverhalt kennt, ansonsten aber hinsichtlich des Entscheidungsfeldes keine Einschränkungen macht (siehe zur Wiederholung Abschnitt 2.3.3.2).

Aus diesem Modell kann eine *komplexe Formel* zur Ermittlung des Entscheidungswertes und letztlich das *Zukunftserfolgswertmodell* hergeleitet werden, das erlaubt, Grenzen für den Entscheidungswert als Grenzpreis in einer Konfliktsituation vom Typ des Kaufs/Verkaufs[130] herzuleiten. Die komplexe Formel umfaßt den Zukunftserfolgswert des zu bewertenden Unternehmens und die Kapitalwertänderungen aufgrund der Umstrukturierungen vom Basis- zum Bewertungsprogramm.

Diese Formel belegt: Der Entscheidungswert als Grenzpreis und der Zukunftserfolgswert sind nicht zwingend identisch. Um zum Entscheidungswert als Grenzpreis zu kommen, ist der Zukunftserfolgswert um die Kapitalwertänderung(en) durch Umstrukturierungen zu ergänzen. Mit den umstrukturierungsbedingten Kapitalwertänderungen wird also eine zusätzliche Größe relevant, die einzubeziehen ist und die keine dem Bewertungsobjekt unmittelbar zuzurechnende Größe darstellt. Ermitteln läßt sie sich erst, wenn der Entscheidungswert bereits bekannt ist. Dennoch ist diese Erkenntnis bedeutsam, auch wenn sie das *Dilemma der Lenkpreistheorie* widerspiegelt. Gibt es keine solchen Umstrukturierungen, dann entspricht der Zukunftserfolgswert dem Entscheidungswert. Diese Bedingung ist in der idealen Welt des vollkommenen Kapitalmarktes stets erfüllt. Auf einem unvollkommenen Markt ist vielmehr von Bedeutung, daß der Zukunftserfolgswert als untere und obere Schranke für den Entscheidungswert interpretiert werden kann, wobei für den präsumtiven *Käufer* die untere Schranke auf Basis der endogenen Grenzzinsfüße des Bewertungsprogramms und die obere Schranke auf Basis der endogenen Grenzzinsfüße des Basisprogramms sowie für den potentiellen *Verkäufer* die untere Schranke auf Basis der endogenen Grenzzinsfüße des Basisprogramms und die obere Schranke auf Basis der endogenen Grenzzinsfüße des Bewertungsprogramms zu ermitteln sind. Stimmen die endogenen Grenzzinsfüße beider Programme in allen Zeitpunkten überein, weil es beim Übergang vom Basis- zum Bewertungsprogramm zu keinen Umstrukturierungen kommt, dann ist die Ermittlung des Entscheidungswertes als Grenzpreisgröße mit dem Zukunftserfolgswertverfahren ohne Einschränkungen möglich, also auch in der realen Welt des unvollkommenen Kapitalmarktes. Als Hilfe für praktisches Handeln läßt sich daraus ableiten, daß neben den künftigen Zahlungen des Bewertungsobjekts die Abschätzungen der endogenen Grenzzinsfüße von Basis- und Bewertungsprogramm in den Fokus der Überlegungen zu rükken sind. Je besser die Grenzzinsfüße – im Sinne von subjektiven, also durch das Zielsystem und das Entscheidungsfeld des Bewertungssubjekts determinierten Steuerungszinsfüßen oder Knappheitspreisen des Kapitals – geschätzt werden können, desto enger ist der Bereich, in dem der Entscheidungswert als Grenzpreis liegt (siehe zur Wiederholung Abschnitt 2.3.3.3.2).

---

[130] Diese Ausführungen sind auch auf die Konfliktsituationen vom Typ der Fusion und vom Typ der Spaltung übertragbar (siehe zur Wiederholung Abschnitt 2.4.5).

5.2.2 Basis-Grundsätze funktionsgemäßer Unternehmensbewertung

Welche Schlußfolgerungen sind aus diesen theoretischen Überlegungen für die Grundsätze funktionsgemäßer Unternehmensbewertung zu ziehen?[131] *Abbildung 334* zeigt eine Übersicht der sich aus der funktionalen Unternehmensbewertungstheorie ergebenden (Basis-)Grundsätze funktionsgemäßer Unternehmensbewertung, die nachfolgend erläutert werden.

Bereits in besagter Podiumsdiskussion zum Thema „Grundsätze ordnungsmäßiger Unternehmungsbewertung" im November 1976 in Köln, hatte MATSCHKE den sowohl damaligen als auch heutigen „*obersten Grundsatz*" benannt, „nämlich den Grundsatz der Beachtung der jeweiligen Funktion der Unternehmungsbewertung"[132]. MOXTER nannte ihn – wie in Abschnitt 5.1.4.1 dargestellt – zunächst den „Grundsatz sorgfältiger Aufgabenanalyse"[133] und später knapp und treffend „Zweckadäquanzprinzip"[134]. Aus diesem folgt, daß die weiteren Prinzipien je nach Aufgabenstellung oder Funktion zu formulieren sind.

---

[131] Vgl. zu nachfolgenden Ausführungen MATSCHKE, Grundsätze (2003), S. 23–28. Siehe zudem die „Grundsätze ordnungsgemäßer KMU-Bewertung" bei KNACKSTEDT, Klein- und Mittelunternehmen (2009), 58–60.

[132] MANFRED JÜRGEN MATSCHKE in SIEBEN et al., Podiumsdiskussion (1977), S. 292. Auch RICHTER, Bewertung von Minderheitsanteilen (1942), S. 106, hat dies frühzeitig erkannt und führt aus: „Die betriebswirtschaftliche Theorie hat als einen ihrer fruchtbarsten Gedanken den Grundsatz entwickelt, daß jede wirtschaftliche Bewertung von dem Zweck abhängt, dem die Bewertung dienen soll." HELBLING, Grundsätze (2002), S. 735 f., differenziert in diesem Zusammenhang allein in den Schiedswert und in den Entscheidungswert. Im Hinblick auf die Hauptfunktionen der Unternehmensbewertung wird die Argumentationsfunktion durch HELBLING ignoriert. Fragwürdig erscheint in diesem Zusammenhang auch der von HELBLING an entsprechender Stelle vertretene Grundsatz, daß es nur eine einzige theoretisch richtige Bewertungsmethode gibt: die auf der Investitionsrechnung basierende Methode. Dieser Ansicht kann jedoch nur im Hinblick auf die Entscheidungsfunktion gefolgt werden.

[133] Vgl. MOXTER, Unternehmensbewertung 1 (1976), S. 26 f.

[134] Vgl. MOXTER, Unternehmensbewertung 2 (1983), S. 5–8. Im IDW S 1 wird vom Grundsatz der „Maßgeblichkeit des Bewertungszwecks" gesprochen. Vgl. INSTITUT DER WIRTSCHAFTSPRÜFER, IDW S 1 i. d. F. 2008 (2008), S. 275.

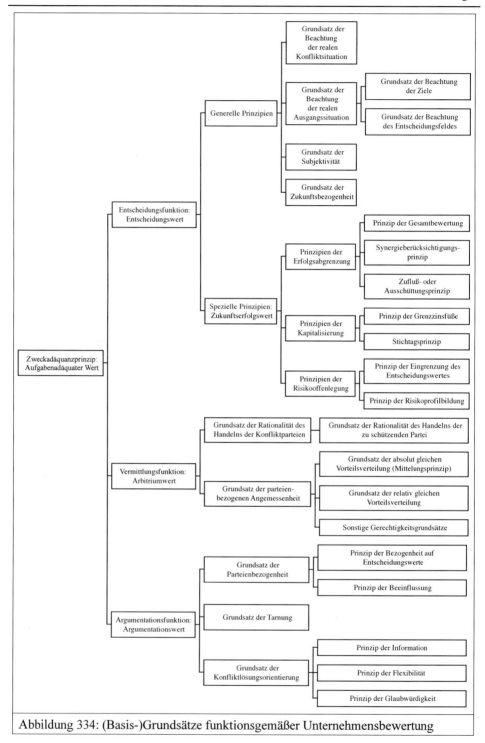

Abbildung 334: (Basis-)Grundsätze funktionsgemäßer Unternehmensbewertung

Im Hinblick auf die *Vermittlungsfunktion* und den Arbitriumwert hat MATSCHKE bereits 1979 zwei „Basis-Grundsätze" postuliert:[135] den *Grundsatz der parteienbezogenen Angemessenheit*, weil der Arbitriumwert eine Interessen ausgleichende „faire" Größe sein soll, und den *Grundsatz der Rationalität des Handelns*, der die Beachtung der Entscheidungswerte verlangt, um sicherzustellen, daß im Falle einer nicht dominierten Situation der Arbitriumwert eine aus der Sicht aller Konfliktparteien zulässige Konfliktlösung darstellt und im Falle einer dominierten Konfliktsituation die Interessen der dominierten Konfliktpartei, der in diesem Fall zu schützenden Partei, gewahrt bleiben.[136] MOXTER spricht vom Schiedsgutachtenprinzip und konkretisiert den Interessenausgleich durch das *Mittelungsprinzip* der Grenzwerte (Grenzpreise oder Grenzquoten),[137] was jedoch nur eine von vielen Konkretisierungen (*Grundsatz der absolut gleichen Teilung*) des Angemessenheitsgrundsatzes darstellt,[138] aber auf jeden Fall gewährleistet, daß der Arbitriumwert mit rationalem Handeln der Parteien vereinbar ist, soweit der Entscheidungswert des Käufers über dem des Verkäufers liegt.

Der Grundsatz der Rationalität des Handelns stellt die *Klammer zu den Grundsätzen funktionsgemäßer Unternehmensbewertung in der Entscheidungsfunktion* dar. Der Blick ist jedoch verschieden. Geht es in der Vermittlungsfunktion um die Ermittlung der potentiellen Einigungsmenge, so ist in der Entscheidungsfunktion die Menge der zulässigen Konfliktlösungen für eine Partei und hierbei insbesondere der Entscheidungswert als Konzessionsgrenze dieser Partei relevant. Die Bewertung in der Entscheidungsfunktion muß damit als eine subjektive Unternehmensbewertung konzipiert werden.

Im Hinblick auf die *Argumentationsfunktion* hat BRÖSEL im Jahr 2004 die Merkmale des Argumentationswertes systematisiert, welche – in Sollsätze umformuliert – als Grundsätze für die Argumentationsfunktion gelten können.[139] Demnach dürfen Argumentationswerte, um ihrem Zweck zu entsprechen, nicht als solche in die Verhandlung eingebracht werden. Der Argumentationswert ist somit als Entscheidungswert oder auch als Arbitriumwert zu tarnen (*Prinzip der Tarnung*).

Das *Prinzip der Konfliktlösungsorientierung*, welches besagt, daß Argumentationswerte im Hinblick auf die Konfliktlösungsorientierung so ausgestaltet werden müssen, daß sie bestehende Interessengegensätze hinsichtlich der Höhe des Preises, der Anteilsquoten und/oder anderer konfliktlösungsrelevanter Sachverhalte überbrücken können, konkretisiert sich in drei untergeordneten Prinzipien: im Prinzip der Information, im Prinzip der Flexibilität und im *Prinzip der Glaubwürdigkeit*. Letzteres besagt, daß sich Argumentationswerte nur als brauchbar erweisen, wenn sie vom Verhandlungspartner akzeptiert werden, also eine Unternehmenswertermittlung beispielsweise mit von der anderen Konfliktpartei tolerierten Verfahren und Parametern erfolgt. Im Hinblick auf das *Prinzip der Flexibilität* müssen Argumentationswerte in der Lage sein, die im Laufe der Verhandlung gewonnenen Informationen und vereinbarten Zwischenergebnisse zu berücksichtigen. Das *Prinzip der Information* besagt, daß Argumentationswerte nicht

135 Vgl. MATSCHKE, Arbitriumwert (1979), S. 43–49 und S. 92–109.
136 Siehe hierzu schon Abschnitt 3.1.
137 Vgl. MOXTER, Unternehmensbewertung 2 (1983), S. 16–22.
138 Zu anderen vgl. MATSCHKE, Arbitriumwert (1979), S. 126–345.
139 Siehe hierzu die Ausführungen in Abschnitt 4.1. Siehe zudem die Grundsätze zur Argumentationsfunktion in KNACKSTEDT, Klein- und Mittelunternehmen (2009), S. 217–220.

nur in den Raum gestellte Preis- und Anteilsquotenangebote darstellen dürfen, sondern vielmehr Werte sind, mit denen Angebote begründet werden. Sie sollten somit dem Informationsaustausch dienen. So müssen die Verhandlungsparteien einerseits jeweils versuchen, konfliktlösungsrelevante Informationen, beispielsweise über die Verhandlungstaktik und die Preis- oder Quotenvorstellungen, aus den Argumentationswerten des Verhandlungspartners zu erlangen. Andererseits obliegt es ihnen, dem Gegenüber gezielt Informationen zukommen zu lassen, welche zu einem gewünschten Verhandlungsresultat führen sollen.

Nicht zuletzt ist das *Prinzip der Parteienbezogenheit* zu berücksichtigen, welches in die Prinzipien der Beeinflussung und der Bezogenheit auf Entscheidungswerte unterteilt werden kann. Das *Prinzip der Beeinflussung* besagt, daß der Argumentationswert dazu in der Lage sein soll, den Verhandlungspartner zu Zugeständnissen hinsichtlich des angestrebten Verhandlungsresultates zu bewegen. Das wichtigste Prinzip ist jedoch das *Prinzip der Bezogenheit auf Entscheidungswerte*. Demnach muß beim Einsatz von Argumentationswerten in der Verhandlung der eigene Entscheidungswert als Grenze der Konzessionsbereitschaft berücksichtigt werden. Die Argumentationswerte sind zudem diplomatisch am vermeintlich gegnerischen Entscheidungswert auszurichten. Der Grundsatz der Bezogenheit auf Entscheidungswerte stellt mithin – ähnlich wie der Grundsatz der Rationalität des Handelns innerhalb der Vermittlungsfunktion – die *Klammer zu den Grundsätzen funktionsgemäßer Unternehmensbewertung der Entscheidungsfunktion* dar. Bei der Argumentationsfunktion geht es dabei um die Ermittlung eines potentiellen Argumentationsraums.

Schließlich unterteilen sich die *Grundsätze funktionsgemäßer Unternehmensbewertung in der Entscheidungsfunktion* in generelle Prinzipien und in spezielle Prinzipien, welche im Hinblick das Zukunftserfolgswertverfahren und somit auch für den Zukunftserfolgswert relevant sind. Gemäß den *generellen Prinzipien* der Entscheidungsfunktion ist es zur Ermittlung eines aufgabenadäquaten Wertes erforderlich, die reale Konfliktsituation als Ausgangspunkt zu wählen (*Grundsatz der Beachtung der realen Konfliktsituation*).[140] Zudem ist es erforderlich, die reale Ausgangssituation, in welcher sich das Bewertungssubjekt befindet, zu identifizieren (*Grundsatz der Beachtung der realen Ausgangssituation*). Gemäß diesem Grundsatz sind die wirklichen Ziele (*Grundsatz der Beachtung der Ziele des Bewertungssubjekts*) sowie die tatsächlichen Handlungsmöglichkeiten und -beschränkungen der Konfliktpartei (*Grundsatz der Beachtung des Entscheidungsfeldes des Bewertungssubjekts*) zu berücksichtigen. Daß es dabei zu Typisierungen, also zu Vereinfachungen, und somit zur Komplexitätsreduktion[141] kommen muß, ist im Sinne des Komplexitätsreduktionszwecks von Grundsätzen funktionsgemäßer Unternehmensbewertung zwangsläufig, und zwar nicht bloß bezogen auf die Konfliktsituation, wie zuvor erläutert, sondern auch hinsichtlich der Ziele, der Handlungsmöglichkeiten und -beschränkungen der Konfliktpartei,[142] für die der Entschei-

---

[140] Die Bedeutung dieses Prinzips sei am Beispiel einer jungierten Konfliktsituation erläutert: Liegt eine solche verbundene Situation vor, muß berücksichtigt werden, daß der Entscheidungswert des einen Unternehmens jeweils in Abhängigkeit der Verhandlungsergebnisse um weitere Unternehmen bestimmt wird, sofern sich durch die Verhandlungsergebnisse Auswirkungen auf das Entscheidungsfeld des Bewertungssubjekts ergeben. Wird die reale Konfliktsituation also nicht beachtet, ergeben sich unrichtige Entscheidungswerte.

[141] Vgl. *BALLWIESER*, Komplexitätsreduktion (1990).

[142] Vgl. *MATSCHKE*, Arbitriumwert (1979), S. 113–125.

dungswert ermittelt wird, sowie auch im Hinblick auf die Ausprägungen der nachfolgend dargestellten speziellen Grundsätze. Dabei muß sich eine solche Typisierung daran orientieren, daß – trotz Vereinfachungen – diejenigen Informationen (beispielsweise über Ziele und Handlungsmöglichkeiten) in die Wertermittlung einfließen, von denen vermutet werden darf, daß sie den eigentlich erforderlichen, aber nicht beschaffbaren am nächsten kommen.[143] Darüber hinaus bilden bei der Entscheidungswertermittlung auch der *Grundsatz der Subjektivität* und der *Grundsatz der Zukunftsbezogenheit*[144] generell zu beachtende Prinzipien.

Für die praktische Ermittlung des Entscheidungswertes als Grenzpreis[145] bleibt der *Zukunftserfolgswert*[146] die entscheidende Ausgangsgröße. Das Zukunftserfolgswertverfahren läßt sich konsistent aus dem allgemeinen Modell der Entscheidungswertermittlung und aus dessen Konkretisierung, dem ZGPM, herleiten. Die DCF-Verfahren lassen sich hingegen nicht auf diese Weise investitionstheoretisch fundieren, so daß sie auch keine geeigneten Verfahren zur Grenzpreisbestimmung darstellen.[147] Momentan dürften sie freilich wegen ihrer „Anerkennung" in der Praxis noch als Argumentationswerte brauchbar sein, bis sie durch „modernere" Beratungsprodukte abgelöst werden.[148]

---

[143] So auch *Moxter*, Unternehmensbewertung 2 (1983), S. 26.

[144] Siehe hierzu schon Abschnitt 1.2.2. Siehe auch *Helbling*, Grundsätze (2002), S. 736, der diesen Grundsatz als wichtigsten Grundsatz der Unternehmensbewertung bezeichnet.

[145] Die nachfolgenden speziellen Prinzipien der Entscheidungswertermittlung werden für die Konfliktsituation vom Typ des Kaufs/Verkaufs erläutert. Liegen Konfliktsituationen vom Typ der Fusion/Spaltung vor, müssen diese Prinzipien entsprechend angepaßt werden.

[146] Vgl. zum Zukunftserfolgswert auch *Münstermann*, Gesamtwert (1952), S. 214–219, *Münstermann*, Unternehmen (1956), Sp. 1062 f., *Münstermann*, Unternehmungen (1976), Sp. 170–179, *Münstermann*, Zukunftsentnahmewert (1980).

[147] „[A]uch eine in der Praxis verbreitete Übung [führt] nicht zur betriebswirtschaftlichen Fundierung (also zur Zweckmäßigkeit) eines Verfahrens", so *Brösel/Klassen*, Auswirkungen des IFRS 3 und des IAS 36 (2006), S. 462.

[148] In diesem Zusammenhang sei noch einmal vor den Mißverständnissen der Praktikerliteratur und der nacheilenden „Begleitforschung" eindringlich gewarnt: Wegen der gegebenen formalen Ähnlichkeiten von DCF-Verfahren und Zukunftserfolgswertverfahren – aufgrund der Abzinsung künftiger Größen – wird manchmal eine inhaltliche Nähe oder gar Übereinstimmung gesehen. Dies ist aber eine Fehleinschätzung. Aus formalen Ähnlichkeiten folgen keine inhaltlichen Übereinstimmungen. Die Bemühungen, DCF-Verfahren und Zukunftserfolgswertverfahren als „gleichwertig" anzusehen, erfolgen zum Teil aus einer erkennbar defensiven oder unkritischen Einstellung gegenüber den vermeintlich „fortschrittlicheren" DCF-Verfahren. Es wird dabei verkannt, daß die DCF-Verfahren und die gesamte „Shareholder Value"-Philosophie Produkte von Beratungsunternehmen sind, die aus Konkurrenzgründen ständig „neue" Produkte auf dem Markt plazieren (müssen). Schlicht anrührend sind daher die Bemühungen des „Nachweises" der Übereinstimmung der Bewertungsergebnisse nach den verschiedenen DCF-Verfahren [vgl. beispielsweise *Kruschwitz/ Löffler*, DCF (2003)] sowie auch der vermeintlichen Übereinstimmung von DCF-Verfahren und investitionstheoretischen Verfahren [vgl. beispielsweise *Born*, Überleitung (1996), *Born*, Unternehmensbewertung (2003), S. 176–179], die jeweils zuhauf in der Literatur zu finden sind. Dabei wird freilich übersehen, daß die Zahl der Varianten unter Berücksichtigung unterschiedlicher methodischer Konkretisierungen des freien Cash-flows oder des Kapitalisierungszinsußes Legion sind.

Die *speziellen Prinzipien* der Entscheidungswertermittlung ergeben sich aus der Anwendung des Zukunftserfolgswertverfahrens. MATSCHKE hat diesbezüglich zwischen den Prinzipien der Erfolgsabgrenzung, der Kapitalisierung und der Risikooffenlegung unterschieden.[149] Sie stehen in enger Beziehung zu den generellen Prinzipien der Entscheidungsfunktion.

Die *Prinzipien der Erfolgsabgrenzung* beziehen sich auf die Größen der Zukunftserfolge in der Formel des Zukunftserfolgswertverfahrens. Das wichtigste Prinzip ist in diesem Zusammenhang das *Gesamtbewertungsprinzip*.[150] Das Unternehmen ist als Ganzes zu bewerten, so daß als Zukunftserfolg der Zahlungsstrom des ganzen in Rede stehenden Bewertungsobjekts zu berücksichtigen ist. Dabei determinieren die *subjektiven* Planungen der Partei, für welche die Bewertung vorgenommen wird, den *künftigen* Erfolg.[151] Gesamtbewertungsprinzip und die generellen Prinzipien der Subjektivität und der Zukunftsbezogenheit bilden daher eine „*Dreieinigkeit*" *in der Unternehmensbewertung*.

Nicht im Widerspruch mit dem Gesamtbewertungsprinzip steht eine praktische Vorgehensweise bei der Prognose, wenn der Zahlungsstrom etwa in Einzelkomponenten zerlegt wird, wobei sich auch der Komplexitätsreduktionszweck der Grundsätze widerspiegelt. Hierzu gehört zum Beispiel die Übung, zwischen betriebsnotwendigem und nicht betriebsnotwendigem Vermögen zu unterscheiden, sofern die Abgrenzung entsprechend den vorgesehenen subjektiven Planungen erfolgt. Dem betriebsnotwendigen Vermögen wird ein *dauerhafter* Zahlungsstrom gemäß den subjektiven Fortführungsplanungen zugeordnet und dem nicht betriebsnotwendigem Vermögen – soweit zu übernehmen – ein *zeitweiliger* Zahlungsstrom unter Berücksichtigung von *geplanter* Zerschlagungsart, Zerschlagungsdauer und Zerschlagungsintensität. Auch eine weitere Übung im Zusammenhang mit der Prognose, nämlich zwischen zeitlichen Phasen unterschiedlicher Detailliertheit der Prognose des Zahlungsstroms zu trennen, steht nicht im Widerspruch zum Gesamtbewertungsprinzip.[152] Die nähere Zukunft kann besser und differenzierter geschätzt werden, bei der weiteren Zukunft muß auf gröbere Verfahren und Annahmen zurückgegriffen werden.

Das Zukunftserfolgswertverfahren ist ein Partialmodell. Ergeben sich beispielsweise aufgrund des Kaufs oder Verkaufs des Unternehmens Erfolgswirkungen außerhalb des Bewertungsobjekts, so schlagen sich diese nicht in dessen Zahlungsstrom nieder. In einem Totalmodell hingegen würden solche Erfolgsabhängigkeiten unmittelbar die Grö-

---

[149]   Vgl. zu nachfolgenden Ausführungen MATSCHKE, Grundsätze (2003), S. 25–28. Siehe zu den Prinzipien der Erfolgsabgrenzung auch BRÖSEL, Medienrechtsbewertung (2002), S. 174–76.

[150]   MOXTER spricht vom *Gesamtertragsprinzip*. Vgl. MOXTER, Unternehmensbewertung 2 (1983), S. 75–78. Siehe hierzu bereits SCHMALENBACH, Wert des Geschäftes (1912/13), S. 36 f.

[151]   Zur Bewertung als Planungsaufgabe siehe bereits WAHL, Bewertung (1966), S. 7–9.

[152]   Das IDW schlägt in diesem Zusammenhang eine sog. Phasenmethode vor, wobei die erste der zwei Phasen gemäß IDW drei bis fünf Jahre umfassen soll. Vgl. INSTITUT DER WIRTSCHAFTSPRÜFER, IDW S 1 i. d. F. 2008 (2008), S. 281. Siehe auch HAESELER/HÖRMANN/KROS, Unternehmensbewertung (2007), S. 40 f. Ausdruck von prognostischer Scheingenauigkeit dürften in der Regel „Wachstumsmodelle" sein, so daß ihre Anwendung mehr dem Bereich der Argumentationsfunktion als dem der Entscheidungsfunktion zuzuordnen sein dürfte, so etwa wenn zwischen einer anfänglichen Wachstumsphase (growth phase) mit einer „übernormalen" Wachstumsrate, einer Übergangsphase (transition phase) mit einer (abgesenkten) „normalen" Wachstumsrate sowie einer Reifephase (mature phase) mit einer „fortwährenden" Wachstumsrate hinsichtlich der Zukunftserfolge unterschieden wird; vgl. hierzu STOWE/ROBINSON/PINTO/MCLEAVEY, Valuation (2007), S. 74–87.

ße des Entscheidungswertes als Grenzpreis beeinflussen.[153] Daher ist es bei Verwendung eines Partialmodells erforderlich, falls solche (Eingliederungs-)Effekte zu erwarten sind, den Zahlungsstrom des Bewertungsobjekts um solche positiven *oder* negativen Synergien zu erweitern. Dies ist der Inhalt des *Synergieberücksichtigungsprinzips*.[154] Der bewertungsrelevante Vorteilsstrom ergibt sich somit aus der Differenz der zu verzeichnenden Erfolge des Investitions- und Finanzierungsprogramms des Bewertungssubjekts mit und ohne dem zu bewertenden Unternehmen. Da die jeweiligen Verbundeffekte durch die Synthese von zukünftigem bestehenden Investitions- und Finanzierungsprogramm sowie zu bewertendem Unternehmen generiert werden, spiegelt das Synergieberücksichtigungsprinzip den Grundsatz der Subjektivität, den Grundsatz der Zukunftsbezogenheit und das Gesamtbewertungsprinzip wider.

Die Entscheidungswertermittlung fußt auf der subjektiven Werttheorie, die in der Ökonomie eine lange Tradition hat. Wertbestimmend ist danach letztlich nur das, was zur Bedürfnisbefriedigung beiträgt, also Nutzen stiftet. Hierunter fällt die „Summe aller Vorteile, die dem Unternehmenseigner infolge der Verfügung über das Unternehmen zufließen. Diese Vorteile können im Einzelfall sehr heterogener Natur sein"[155]. Im Zusammenhang mit der Anwendung des Zukunftserfolgswertverfahrens findet eine Verengung auf finanzielle Vorteile statt, denn Geld ist das allgemeinste Mittel, um Bedürfnisse zu befriedigen. Geld als Nominalgut steht dabei als Repräsentant für die mit ihm zu erwerbenden Realgüter, mit denen sich Bedürfnisse befriedigen lassen. Zur Bedürfnisbefriedigung ihrer Eigner trägt ein Unternehmen vor diesem Hintergrund nur dann bei, wenn es zu finanziellen Zuflüssen bei den Eignern kommt. Daher stellt die subjektive Unternehmensbewertung auf die Zuflüsse an die Eigner ab. Mit anderen Worten, zur Ermittlung des Zukunftserfolgswertes wird auf die Entnahmen der Eigner (Auszahlungen an die Eigner) oder auf die Ausschüttungen an sie zurückgegriffen.[156] Hierunter fallen auch Auszahlungsersparnisse, die durch Leistungen des Unternehmens an die Eigner bei diesen hervorgerufen werden. Der Einfluß des zu bewertenden Unternehmens auf die Bedürfnisbefriedigung der Eigentümer ist also über die dadurch ausgelösten Zahlungskonsequenzen meßbar. Dies ist mit dem *Zufluß- oder Ausschüttungsprinzip* gemeint.[157] Unter Berücksichtigung des LÜCKE-Theorems kann theoretisch auch auf Gewinne als *potentielle* Ausschüttungen abgestellt werden, sofern entsprechend auf das Problem der Doppelzählung geachtet und eine solche also vermieden wird.[158] Bei Per-

---

[153] Dies gilt nicht nur für ein nicht lineares Totalmodell. Im linearen Totalmodell müßte die Veränderung durch Synergien bei der Bestimmung des Bewertungsprogramms durch zusätzliche Nebenbedingungen erfaßt werden. Im Idealfall lassen sich die Synergiezahlungswirkungen direkt im Zahlungsstrom des Bewertungsobjekts abbilden.

[154] MOXTER spricht in diesem Zusammenhang vom Verbundberücksichtigungsprinzip. Vgl. MOXTER, Unternehmensbewertung 2 (1983), S. 91–96. Siehe auch MATSCHKE, Entscheidungswert (1975), S. 309–327, BÖCKING, Verbundberücksichtigungsprinzip (1994).

[155] MOXTER, Unternehmensbewertung 2 (1983), S. 75.

[156] Vgl. MÜNSTERMANN, Wert und Bewertung (1966), S. 46–48. Ferner KÄFER, Unternehmung als Ganzes (1946), S. 74–79.

[157] MOXTER spricht vom Zuflußprinzip, welches er mit dem Ausschüttungsprinzip konkretisiert. Vgl. MOXTER, Unternehmensbewertung 2 (1983), S. 79–84. Siehe zum Zuflußprinzip bereits FRANK, Bewertung ganzer Unternehmungen (1963), S. 86 f., KÖNIG, Bewertung (1970), S. 74–76.

[158] Vgl. auch MATSCHKE, Arbitriumwert (1979), S. 194–196.

sonenunternehmen müßte das Äquivalent für die Unternehmerleistung als Unternehmerlohn aus den Entnahmen herausgerechnet werden.[159]

Wie die Zukunftserfolge vor dem Hintergrund der Prinzipien der Erfolgsabgrenzung aus Sicht eines bewertenden Unternehmens konkret zu ermitteln sind, soll an
dieser Stelle am Beispiel des Kaufs eines Unternehmens oder von Unternehmensteilen
dargestellt werden[160]: Der bewertungsrelevante Vorteilsstrom im Sinne der Zahlungsüberschüsse (Zukunftserfolge) ZE ergibt sich in der Periode oder zum Zeitpunkt t somit
aus der Differenz der zu verzeichnenden Zukunftserfolge des bewertenden Unternehmens mit dem (ZE^{mBO}) und ohne das (ZE^{oBO}) Bewertungsobjekt:

$$ZE_t = ZE_t^{mBO} - ZE^{oBO}.$$

Da sich die Zahlungsüberschüsse jeweils als Differenz zwischen den Einzahlungen
(inklusive der Auszahlungsersparnisse) E und Auszahlungen A ergeben, resultiert hieraus:

$$ZE_t = (E_t^{mBO} - A_t^{mBO}) - (E_t^{oBO} - A_t^{oBO}) \text{ sowie } ZE_t = (E_t^{mBO} - E_t^{oBO}) - (A_t^{mBO} - A_t^{oBO}).$$

Zur Ermittlung der bewertungsrelevanten Zahlungsüberschüsse ist demnach die
Ermittlung der Einzahlungen des bewertenden Unternehmens mit dem (E_t^{mBO}) und
ohne das (E_t^{oBO}) Bewertungsobjekt sowie der Auszahlungen des bewertenden Unternehmens mit dem (A_t^{mBO}) und ohne das (A_t^{oBO}) Bewertungsobjekt erforderlich. Durch
Unternehmenswachstum aufgrund einer Akquisition könnte beispielsweise eine herausragende Stellung gegenüber der Konkurrenz erreicht werden; unter Umständen mit der
Konsequenz einer mehr als nur additiven Verknüpfung der beiden unternehmensbezogenen Marktanteile. Auszahlungsseitig kann sich beispielsweise eine
Fixkostendegression durch größere Produktionsmengen ergeben. Darüber hinaus kann
es jedoch auch zu negativen Verbundeffekten, wie z. B. „doppeltes Personal", kommen.

Nach dem Zukunftserfolgswertverfahren wird der Grenzpreis (oder die Grenz-
preisspanne) durch Diskontierung der Zukunftserfolge auf den Bewertungsstichtag abgeschätzt. Deshalb sind auch die *Prinzipien der Kapitalisierung* zu beachten. Das bedeutet, daß die Bewertung auf den Verhältnissen und Zukunftsaussichten dieses Stichtages (*Stichtagsprinzip*) beruht. Die Diskontierungszinsfüße sind dabei als Grenzzinsfüße
zu schätzen, d. h., aus den „letzten" vorgesehenen Verwendungen oder Beschaffungen
von Geld in den (zukünftigen) Betrachtungsperioden. Häufig wird in diesem Zusammenhang vom Haben- und vom Sollzinssatz gesprochen. Dies könnte jedoch zu Mißverständnissen führen, weil diese Begriffe im theoretischen Kontext nicht bankmäßig,
sondern als Grenzverwendung oder Grenzbeschaffung von Zahlungsmitteln zu verstehen sind (*Prinzip der Grenzzinsfüße*). Sofern es zu keinen Umstrukturierungen mit Kapitalwertänderungen beim Übergang vom Basis- zum Bewertungsprogramm kommt,
entspricht der kapitalisierte Zukunftserfolg – wie bereits in Abschnitt 2.3.3.3.2 gezeigt –
dem Grenzpreis.

---

[159] MATSCHKE hat in seiner Diplomarbeit unter anderem die dort entwickelte Konzeption der Entscheidungswertermittlung mit Basis- und Bewertungsprogramm auf das Problem der Bemessung des
Unternehmerlohns angewandt. Vgl. *MATSCHKE*, Bewertung aus entscheidungstheoretischer Sicht
(1967/68), S. 74–86.

[160] Siehe hierzu *BRÖSEL/DECHANT*, Bewertung von Telekommunikationsunternehmungen (2003),
S. 145.

Die letzte Gruppe der hier betrachteten speziellen Grundsätze betrifft die *Prinzipien der Risikooffenlegung*. Darunter sind zwei Prinzipien gefaßt: das Prinzip der Eingrenzung des Entscheidungswertes und das Prinzip der Risikoprofilbildung. Das *Prinzip der Eingrenzung des Entscheidungswertes* bezieht sich auf das aus der Methode herrührende Risiko, denn bei nicht übereinstimmenden Grenzzinsfüßen in Basis- und Bewertungsprogramm kann mit dem Zukunftserfolgswertverfahren nur eine untere und obere Schranke für den Entscheidungswert bestimmt werden. Das *Prinzip der Risikoprofilbildung* soll nicht ein solches methodenbedingtes Risiko, sondern das prognosebedingte Risiko aufdecken, weil die grundlegenden Daten jeder Unternehmensbewertung in der Praxis mit Risiko und Ungewißheit verbunden sind. Es wird hier also dezidiert gegen eine Verdichtung in Form von Risikoabschlägen vom Zukunftserfolg oder von Risikozuschlägen zum Kapitalisierungszinsfuß plädiert, denn beides läßt sich nicht aus der allgemeinen Theorie des Entscheidungswertes ableiten. Beide Prinzipien zusammen bedeuten zugleich den Abschied von der Vorstellung, der Zukunftserfolgswert als Entscheidungswert im Sinne eines Grenzpreises sei eine Punktgröße. Es lassen sich realistischerweise nur Bereiche angeben, in denen der Entscheidungswert voraussichtlich liegen wird – methodenbedingt wie prognosebedingt.

Abschließend sei wiederholt auf ein gestern wie heute und auch zukünftig gültiges Zitat von MOXTER hingewiesen: „Es lassen sich [..] nicht durchgängig ‚Grundsätze ordnungsmäßiger Unternehmensbewertung' formulieren, die voll zu befriedigen vermögen; es bleiben weiße Flecken, in deren Bereich man in gewissen Grenzen ‚Verfahrensfreiheit' gewähren muß."[161]

---

[161] MOXTER, Quellen (1976), S. 991.

5.3   Ausgewählte Kontrollfragen

Aufgabe 1 (25 Punkte) – Grundsätze der Unternehmensbewertung als
Normensystem

a) Erläutern Sie die Charakteristika der Grundsätze der Unternehmensbewertung!
    (5 Punkte)

b) Diskutieren Sie die Begriffe „ordentlich", „ordnungsmäßig" und „ordnungsgemäß"
    im Hinblick auf Grundsätze der Unternehmensbewertung! Zu welchem Ergebnis
    kommen Sie? (6 Punkte)

c) Welche Zwecke werden mit den Grundsätzen der Unternehmensbewertung ver-
    folgt? Erläutern Sie zwei dieser Zwecke ausführlicher! (8 Punkte)

d) Nennen und erläutern Sie mögliche Quellen für Unternehmensbewertungsgrund-
    sätze, und würdigen Sie diese Quellen kritisch! (6 Punkte)

Aufgabe 2 (25 Punkte) – Grundsätze der Unternehmensbewertung aus
Wissenschaft und Forschung

a) Skizzieren Sie das System der Grundsätze der Unternehmensbewertung von MOX-
    TER! Worin besteht MOXTERS Verdienst? Unterscheiden Sie dabei zwischen der er-
    sten und der zweiten Auflage seiner Monographie „Grundsätze ordnungsmäßiger
    Unternehmensbewertung"! (7 Punkte)

b) POOTEN sieht seine Grundsätze ordnungsmäßiger Unternehmensbewertung der Ent-
    scheidungsfunktion aus Käufersicht nur als Subsystem. Ordnen Sie dieses Sub-
    system in die Grundsätze ordnungsmäßiger Unternehmensbewertung ein! Stellen
    Sie dabei die weiteren Subsysteme dar! Was unterscheidet dieses System von den
    Grundsätzen ordnungsmäßiger Unternehmensbewertung nach MOXTER und von den
    Grundsätzen nach dem IDW S 1? (10 Punkte)

c) Welche Typen von Grundsätzen unterscheidet POOTEN innerhalb Grundsätze ord-
    nungsmäßiger Unternehmensbewertung der Entscheidungsfunktion aus Käufer-
    sicht! Erläutern Sie mindestens drei dieser Typen! (8 Punkte)

Aufgabe 3 (30 Punkte) – Grundsätze zur Durchführung von Unternehmensbewertungen des Berufsstandes der deutschen Wirtschaftsprüfer

a) Kritisieren Sie die Gliederung des IDW S 1! Welche weiteren Kritikpunkte können im Hinblick auf den IDW S 1 angebracht werden? (10 Punkte)

b) Erläutern Sie mindestens fünf Unternehmensbewertungsgrundsätze, die deutsche Wirtschaftsprüfer zu beachten haben! (10 Punkte)

c) Wie unterscheidet sich die Ermittlung finanzieller Überschüsse hinsichtlich der sog. „objektivierten" Unternehmenswerte und des subjektiven Entscheidungswertes gemäß dem IDW S 1? (10 Punkte)

Aufgabe 4 (30 Punkte) – Grundsätze funktionsgemäßer Unternehmensbewertung

Bearbeiten Sie das Thema „Wertansätze funktionaler Unternehmensbewertung und Grundsätze ihrer funktionsgemäßen Ermittlung" in Form eines kleinen Aufsatzes! Stellen Sie Ihren Ausführungen eine Gliederung voran!

Aufgabe 5 (30 Punkte) – Grundsätze funktionsgemäßer Entscheidungswertermittlung

Bearbeiten Sie das Thema „Theoriegestützte Grundsätze funktionsgemäßer Entscheidungswertermittlung – Basis, Ableitung und Darstellung" in Form eines kleinen Aufsatzes! Stellen Sie Ihren Ausführungen eine Gliederung voran!

Anhang

Erhebungsdaten zur Studie von *BRÖSEL/HAUTTMANN*, Empirische Analyse (2007).

**Erhebungsdaten aller Studienteilnehmer
im Rahmen der Befragung zur Unternehmensbewertung**

Thematik: Einsatz von Bewertungsverfahren zur Bestimmung
von Konzessionsgrenzen sowie in Verhandlungssituationen

**Allgemeine Hinweise zu den Ergebnissen
der Befragung zur Unternehmensbewertung**

Insgesamt haben 57 von 480 angeschriebenen Unternehmen den ausgefüllten Fragebogen zurückgesandt. Dies entspricht einer Rücklaufquote von 11,88 %.

Teil A: Allgemeine Angaben zum befragten Unternehmen

A1 Zu welchem Wirtschaftssektor gehört Ihr Unternehmen?

Nachrichtlich: Mehrfachnennungen wurden der Untergruppe „Mischkonzern" zugeordnet".

	absolut	in % der Unternehmen, die teilgenommen haben
Industrie	28	49,12
Bank	6	10,53
Versicherung	4	7,02
Mischkonzern	4	7,02
Handel	2	3,51
Transport/Verkehr	2	3,51
M&A-Beratung	1	1,75
Beteiligungsunternehmen	1	1,75
Sonstige Dienstleistung	1	1,75
Übrige	8	14,04
Antworten	57	100

A2 Ist Ihr Unternehmen börsennotiert?

	absolut	in % der Unternehmen, die geantwortet haben	in % der Unternehmen, die teilgenommen haben
ja	25	44,64	43,86
nein	31	55,36	54,39
Antworten	56	100	–
ohne Antwort	1		1,75
Summe	57		100

A3   Welchen Umsatz (in Mrd. Euro) erzielte Ihr Unternehmen im Geschäftsjahr 2005?

	absolut	in % der Unternehmen, die geantwortet haben	in % der Unternehmen, die teilgenommen haben
0 bis 1	2	3,77	3,51
1 bis 1,3	1	1,89	1,75
1,3 bis 1,6	1	1,89	1,75
1,6 bis 2	5	9,43	8,77
2 bis 3	12	22,64	21,05
3 bis 5	7	13,21	12,29
5 bis 10	13	24,53	22,81
10 bis 25	5	9,43	8,77
25 bis 50	4	7,55	7,02
> 50	3	5,66	5,26
Antworten	53	100	–
ohne Antwort	4		7,02
Summe	57		100

Teil B: Fragen zur grundsätzlichen Durchführung von Unternehmensbewertungen

---

B1   Wie oft wurden Ihrem Unternehmen in den letzten drei Jahren Unternehmen zum Kauf angeboten?

	absolut	in % der Unternehmen, die geantwortet haben	in % der Unternehmen, die teilgenommen haben
gar nicht	3	5,36	5,26
selten	8	14,28	14,04
häufig	23	41,07	40,35
sehr häufig	22	39,29	38,60
Antworten	56	100	–
ohne Antwort	1		1,75
Summe	57		100

B2   In welchem Prozentsatz werden von Ihrem Unternehmen – nach einer sog. Due Diligence (Sorgfaltsprüfung) des in Rede stehenden Unternehmens – die Verhandlungen um den Kauf, den Verkauf, die Fusion oder die Spaltung abgebrochen?

Minimum	0,0 %		
Maximum	90,0 %	Antworten	48
Mittelwert	36,71 %	ohne Antwort	9

B3   Falls die Verhandlungen fortgeführt werden: In wieviel Prozent der Fälle wird im Anschluß an eine Due Diligence eine Unternehmensbewertung durchgeführt?

Minimum	0,0 %		
Maximum	100,0 %	Antworten	51
Mittelwert	89,41 %	ohne Antwort	6

Was erfolgt in den anderen Fällen? (Mehrfachnennungen möglich)
Nachrichtlich: Die Prozentangaben beziehen sich auf die Anzahl der Nennungen.

Plausibilitätsüberlegung zur Abschätzung der (Kaufpreis-)Bandbreite	12	75,00 %
intuitive Entscheidung über Annahme des Angebotes	4	25,00 %
Sonstiges	0	0,00 %

Nennungen (Mehrfachnennungen möglich!)	16
Antworten	14
ohne Antwort	43

B4 Durch wen lassen Sie Ihre Unternehmensbewertungen durchführen?

	absolut	in % der Unternehmen, die geantwortet haben	in % der Unternehmen, die teilgenommen haben
ausschließlich durch eigene Mitarbeiter	10	18,52	17,55
vornehmlich durch eigene Mitarbeiter, vereinzelt Rückgriff auf externe Berater	41	75,93	71,93
vornehmlich durch externe Berater, vereinzelt Rückgriff auf eigene Mitarbeiter	1	1,85	1,75
ausschließlich durch externe Berater	2	3,70	3,51
Antworten	54	100	–
ohne Antwort	3		5,26
Summe	57		100

B5 Falls Sie auf externe Berater zurückgreifen: Wie hoch ist der Anteil der Transaktionen, bei denen Sie gleichzeitig auf mehrere externe Berater zurückgreifen?

Minimum	0,0 %		
Maximum	100,0 %	Antworten	42
Mittelwert	22,26 %	ohne Antwort	15

B6 Wie viele Unternehmenskäufe/-verkäufe hat Ihr Unternehmen in den letzten drei Jahren durchgeführt?

	absolut	in % der Unternehmen, die geantwortet haben	in % der Unternehmen, die teilgenommen haben
keine	2	3,57	3,51
1 bis 5	12	21,44	21,05
6 bis 10	13	23,21	22,81
11 bis 15	13	23,21	22,81
16 bis 20	7	12,50	12,28
21 bis 25	2	3,57	3,51
> 25	7	12,50	12,28
Antworten	56	100	–
ohne Antwort	1		1,75
Summe	57		100

B7 Wie hoch war das Transaktionsvolumen (in Mio. Euro) der in B6 angegebenen Unternehmenskäufe/-verkäufe insgesamt?

	absolut	in % der Unternehmen, die geantwortet haben	in % der Unternehmen, die teilgenommen haben
0 bis 5	0	0	0
5 bis 10	0	0	0
10 bis 20	4	8	7,02
20 bis 50	5	10	8,77
50 bis 100	10	20	17,54
100 bis 300	6	12	10,53
300 bis 500	5	10	8,77
> 500	20	40	35,09
Antworten	50	100	–
ohne Antwort	7		12,28
Summe	57		100

B8   Wie hoch ist der Anteil der grenzüberschreitenden Transaktionen (relevant: Grenzen der BRD) bei den in B6 angegebenen Unternehmenskäufen/-verkäufen?

Minimum	0,0 %		
Maximum	100,0 %	Antworten	50
Mittelwert	54,7 %	ohne Antwort	7

B9   Wo liegt der regionale Schwerpunkt Ihrer bisherigen M&A-Tätigkeit?

	absolut	in % der Unternehmen, die geantwortet haben	in % der Unternehmen, die teilgenommen haben
regionaler Schwerpunkt	44	78,57	77,19
kein regionaler Schwerpunkt	12	21,43	21,05
Antworten	56	100	–
ohne Antwort	1		1,76
Summe	57		100

Auswertung der 44 Unternehmen mit regionalem Schwerpunkt (Mehrfachnennungen möglich):

	absolut	in % der Nennungen
Deutschland	29	39,72
außerhalb Deutschlands, aber innerhalb der EU	21	28,77
Nicht-EU-Länder in Europa	9	12,33
Asien	6	8,22
Nord- und Mittelamerika	6	8,22
Südamerika	2	2,74
Afrika	0	0
Australien	0	0
Summe	73	100

Teil C: Fragen zu den Situationen, in denen Unternehmensbewertungen durchgeführt werden, sowie zu relevanten Bewertungsverfahren

C1   Welche Bedeutung haben folgende unternehmensbewertungsrelevante Situationen für Ihr Unternehmen? (Bitte ein Kreuz in jeder Zeile der Tabelle vergeben!)
Nachrichtlich: Die Prozentangaben beziehen sich auf die jeweils antwortenden Unternehmen.

Unternehmensbewertungen erfolgen in …	sehr häufig	häufig	selten	kommt nicht vor	Antworten
… Situationen mit geplantem Kauf	43 78,18 %	11 20,00 %	1 1,82 %	0 0,00 %	55
… Situationen mit geplantem Verkauf	27 50,94 %	12 22,64 %	10 18,87 %	4 7,55 %	53
… Situationen mit geplanter Fusion	24 48,00 %	5 10,00 %	11 22,00 %	10 20,00 %	50
… Situationen mit geplanter Spaltung	13 27,66 %	5 10,64 %	11 23,40 %	18 38,30 %	47

	sehr häufig	häufig	selten	kommt nicht vor	Antworten
Kommt es aufgrund Ihrer Erfahrungen vor, daß gleichzeitig über den Erwerb mehrerer Unternehmen verhandelt wird?	8	21	24	3	56
	14,28 %	37,50 %	42,86 %	5,36 %	
Kommt es aufgrund Ihrer Erfahrungen vor, daß gleichzeitig über die Veräußerung mehrerer Unternehmen verhandelt wird?	5	9	32	9	55
	9,09 %	16,36 %	58,19 %	16,36 %	
Kommt es aufgrund Ihrer Erfahrungen vor, daß gleichzeitig über die Veräußerung eines Unternehmens und den Erwerb eines anderen Unternehmens verhandelt wird?	8	5	29	13	55
	14,54 %	9,09 %	52,73 %	23,64 %	
Kommt es im Falle eines Kaufs zur Zusammenarbeit mit dem Verkäufer nach dem Kauf?	4	18	27	5	54
	7,41 %	33,33 %	50,00 %	9,26 %	

C2 Welche Aufgabe (welchen Zweck) verfolgen Sie mit Unternehmensbewertungen?
(Mehrfachnennungen möglich)

	absolut	in % der Nennungen
Ermittlung von Konzessionsgrenzen im Sinne von Grenzpreisen oder entsprechenden Grenzquoten	51	43,60
Argumente zur Begründung von Preisangeboten oder „Quotenangeboten" in Verhandlungen	48	41,04
Ermittlung von Schiedswerten zur Vermittlung in Verhandlungssituationen	8	6,85
Sonstige:		
Ermittlung im Rahmen des „Impairment Test"	3	2,56
Gesetzliche Erfordernisse	1	0,85
„true and fair view" des neutralen Beobachters	1	0,85
Spannweite für Verhandlungen	1	0,85
Spruchstellenverfahren, „Squeeze out" etc.	1	0,85
Grundlage für die Finanzierung des Unternehmens	1	0,85
Ermittlung des ökonomischen Wertes	1	0,85
Wertermittlung im Rahmen von Einbringungsmodellen	1	0,85
Summe	117	100

Nennungen (Mehrfachnennungen möglich!)	117
Antworten	57
ohne Antwort	0

C3 Ist die Wahl des Bewertungsverfahrens abhängig ... (Mehrfachnennungen möglich)

	absolut	in % der Nennungen	in % der Unternehmen, die geantwortet haben
von der Aufgabe, die mit der Bewertung verfolgt wird	37	24,34	71,15
von den Informationen, die über das Bewertungsobjekt vorliegen	37	24,34	71,15
von der Größe des Bewertungsobjekts	28	18,42	53,85
von der Branchenzugehörigkeit des Bewertungsobjekts	17	11,18	32,69
von der Ertragskraft des Bewertungsobjekts	17	11,18	32,69
davon, ob es sich um eine „Cross-Border-Valuation" handelt	4	2,63	7,69
davon, ob es sich beim Bewertungsobjekt um einen Konzern handelt	4	2,63	7,69
vom Verhandlungspartner	3	1,98	5,77
Sonstige:			
vom Unternehmenszweck	1	0,66	1,92
vom Informations- und Prozeßstand	1	0,66	1,92
von der Nachvollziehbarkeit des Bewertungsverfahrens für den Auftraggeber	1	0,66	1,92
von vertraglich vereinbarten Verfahren im Rahmen eines Schiedsverfahrens	1	0,66	1,92
ob „share deal" oder „asset deal"	1	0,66	1,92
Summe	152	100	

Nennungen (Mehrfachnennungen möglich!)   152
Antworten   52
ohne Antwort   5

C4 Falls Sie der Ansicht sind, daß mehrere Aspekte für die Wahl des Bewertungsverfahrens relevant sind: Erstellen Sie bitte eine Rangfolge der drei aus Ihrer Sicht bedeutendsten Aspekte, die unter C3 aufgeführt sind.
Nachrichtlich: Die Ermittlung erfolgte durch Vergabe von drei Punkten an das erstgenannte Verfahren, von zwei Punkten an das zweitgenannte Verfahren und von einem Punkt an das letztgenannte Verfahren.

Rang 1:	von den Informationen, die über das Bewertungsobjekt vorliegen	74 Punkte
Rang 2:	von der Aufgabe, die mit der Bewertung verfolgt wird	53 Punkte
Rang 3:	von der Größe des Bewertungsobjekts	32 Punkte
Rang 4:	von Branchenzugehörigkeit des Bewertungsobjekts	23 Punkte
Rang 5:	von der Ertragskraft des Bewertungsobjekts	12 Punkte
Rang 6:	davon, ob es sich um eine „Cross-Border-Valuation" handelt	3 Punkte

Antworten   34
ohne Antwort   23

C5 Welche Bedeutung haben Unternehmensbewertungsgutachten aus Ihrer Sicht zur Begründung von Preisangeboten in Verhandlungen? (Bitte ein Kreuz in jeder Zeile der Tabelle vergeben!)
Nachrichtlich: Die Prozentangaben beziehen sich auf die jeweils antwortenden Unternehmen.

	sehr häufig	häufig	selten	kommt nicht vor	Antworten
Wir begründen unsere Preisangebote mit Unternehmensbewertungen/-bewertungsgutachten.	18 / 32,14 %	25 / 44,64 %	12 / 21,43 %	1 / 1,79 %	56
Unsere Verhandlungspartner begründen ihre Preisangebote mit Unternehmensbewertungen/-bewertungsgutachten.	8 / 14,82 %	28 / 51,85 %	16 / 29,63 %	2 / 3,70 %	54

C6 Um Einfluß auf das Verhandlungsresultat (z. B. auf den Preis) auszuüben, eignet sich die Beeinflussung der **zukünftigen Erfolge** (z. B. möglichst optimistisch/pessimistisch schätzen) des Bewertungsobjekts im Rahmen von in die Verhandlung eingebrachter Bewertungen/Bewertungsgutachten. Welchen der folgenden Aussagen stimmen Sie zu?
(Mehrfachnennungen möglich)

	absolut	in % der antwortenden Unternehmen
Eine derartige Beeinflussung ist grundsätzlich denkbar.	40	72,73
Unser Unternehmen hat die Beeinflussung auf diese Weise bereits praktiziert.	29	52,73
Ich/wir nehme(n) an, daß unsere Verhandlungspartner die Beeinflussung auf diese Weise bereits praktiziert haben.	35	63,64

Antworten 55
ohne Antwort 2

C7 Um Einfluß auf das Verhandlungsresultat (z. B. Preis) auszuüben, eignet sich die Beeinflussung der **Kalkulationszinssätze** im Rahmen von in die Verhandlung eingebrachter Bewertungen/Bewertungsgutachten. Welchen der folgenden Aussagen stimmen Sie zu? (Mehrfachnennungen möglich)

	absolut	in % der antwortenden Unternehmen
Eine derartige Beeinflussung ist grundsätzlich denkbar.	42	79,25
Unser Unternehmen hat die Beeinflussung auf diese Weise bereits praktiziert.	23	43,4
Ich/wir nehme(n) an, daß unsere Verhandlungspartner die Beeinflussung auf diese Weise bereits praktiziert haben.	24	45,28

Antworten 53
ohne Antwort 4

C8 Beurteilen Sie die nachfolgenden Möglichkeiten zur Beeinflussung des Verhandlungsergebnisses im Hinblick auf die praktische Bedeutung in Verhandlungsprozessen um Unternehmen. [Bitte benutzen Sie bei Ihrer Antwort eine Notenskala von 1 (= sehr bedeutend) bis 5 (= unbedeutend).]
Nachrichtlich: Die Prozentangaben beziehen sich auf die jeweils antwortenden Unternehmen.

Beeinflussung der in vorgelegten Unternehmensbewertungen eingehenden zukünftigen Erfolge

Note 1	31	56,37 %	Antworten	55
Note 2	16	29,09 %	ohne Antwort	2
Note 3	4	7,27 %	Mittelwert	1,65
Note 4	4	7,27 %	Median	1
Note 5	0	0,00 %		

Beeinflussung der in vorgelegten Unternehmensbewertungen eingehenden Kalkulationszinssätze

Note 1	19	34,54 %	Antworten	55
Note 2	13	23,64 %	ohne Antwort	2
Note 3	11	20,00 %	Mittelwert	2,33
Note 4	10	18,18 %	Median	2
Note 5	2	3,64 %		

Wechsel der Unternehmensbewertungsmethode

Note 1	2	3,70 %	Antworten	54
Note 2	8	14,82 %	ohne Antwort	3
Note 3	18	33,33 %	Mittelwert	3,46
Note 4	15	27,78 %	Median	3
Note 5	11	20,37 %		

Einsatz von glaubwürdigen Gutachtern (z. B. Wirtschaftsprüfern)

Note 1	3	5,56 %	Antworten	54
Note 2	12	22,22 %	ohne Antwort	3
Note 3	20	37,03 %	Mittelwert	3,22
Note 4	10	18,52 %	Median	3
Note 5	9	16,67 %		

C9 Durch wen lassen <u>Sie</u> Ihre Unternehmensbewertungen durchführen oder Ihre Unternehmensbewertungsgutachten erstellen, wenn Sie diese in Preisverhandlungen zur Argumentation nutzen?
(Bitte ein Kreuz in jeder Zeile der Tabelle vergeben.)
Nachrichtlich: Die Prozentangaben beziehen sich auf die jeweils antwortenden Unternehmen.

	sehr häufig	häufig	selten	kommt nicht vor	Antworten
eigene Mitarbeiter	45 80,36 %	8 14,28 %	2 3,57 %	1 1,79 %	56
Wirtschaftsprüfungsgesellschaften	9 16,36 %	12 21,82 %	28 50,91 %	6 10,91 %	55
Steuerberatungsgesellschaften	1 2,17 %	4 8,70 %	10 21,74 %	31 67,39 %	46
Kreditinstitute	0 0,00 %	2 4,35 %	10 21,74 %	34 73,91 %	46
Unternehmensbewertungsgesellschaften	1 2,17 %	1 2,17 %	11 23,92 %	33 71,74 %	46
(ausgewiesene) Gutachter/Experten	2 4,35 %	6 13,04 %	20 43,48 %	18 39,13 %	46
Sonstige, hier: Investmentbanken	1	3	6	–	10

C10 Durch wen lassen <u>Ihre Verhandlungspartner</u> ihre Unternehmensbewertungen durchführen oder ihre Unternehmensbewertungsgutachten erstellen, wenn sie (Ihre Verhandlungspartner) diese in Preisverhandlungen zur Argumentation nutzen? (Bitte ein Kreuz in jeder Zeile der Tabelle vergeben.)
Nachrichtlich: Die Prozentangaben beziehen sich auf die jeweils antwortenden Unternehmen.

	sehr häufig	häufig	selten	kommt nicht vor	weiß nicht	Antworten
eigene Mitarbeiter	13 25,00 %	20 38,47 %	8 15,38 %	3 5,77 %	8 15,38 %	52
Wirtschaftsprüfungsgesellschaften	10 18,87 %	16 30,19 %	13 24,53 %	2 3,77 %	12 22,64 %	53
Steuerberatungsgesellschaften	1 2,33 %	3 6,98 %	15 34,88 %	6 13,95 %	18 41,86 %	43
Kreditinstitute	4 8,70 %	6 13,04 %	10 21,74 %	11 23,91 %	15 32,61 %	46
Unternehmensbewertungsgesellschaften	4 8,89 %	2 4,44 %	13 28,89 %	7 15,56 %	19 42,22 %	45
(ausgewiesene) Gutachter/Experten	2 4,54 %	7 15,91 %	15 34,09 %	7 15,91 %	13 29,55 %	44
Ersteller ist nicht explizit erkenntlich	2 4,88 %	8 19,51 %	11 26,83 %	6 14,63 %	14 34,15 %	41
Sonstige, hier: Investmentbanken	2	5	1	–	–	8

C11 Die Verwendung mehr als einer Bewertungsmethode …
Nachrichtlich: Die Prozentangaben beziehen sich auf die jeweils antwortenden Unternehmen.

	sehr häufig	häufig	selten	kommt nicht vor	Antworten
durch Ihr Unternehmen zur Ermittlung der Konzessionsgrenze ist …	16 28,57 %	20 35,71 %	14 25,00 %	6 10,72 %	56
durch Ihr Unternehmen zur Argumentation in der Verhandlung ist …	12 21,43 %	17 30,36 %	21 37,50 %	6 10,71 %	56
durch Ihre Verhandlungspartner zur Argumentation in der Verhandlung ist …	7 12,96 %	18 33,33 %	25 46,30 %	4 7,41 %	54

C12 Wie viele verschiedene Bewertungsverfahren werden im Hinblick auf ein Bewertungsobjekt in der Regel … (bitte jeweils Anzahl angeben)

… durch Ihr Unternehmen zur Ermittlung der Konzessionsgrenze angewendet?

Minimum	1		
Maximum	5	Antworten	52
Mittelwert	1,98	ohne Antwort	5

… durch Ihr Unternehmen zur Argumentation in die Verhandlung eingebracht?

Minimum	0		
Maximum	5	Antworten	49
Mittelwert	1,76	ohne Antwort	8

… durch Ihre Verhandlungspartner zur Argumentation in die Verhandlung eingebracht?

Minimum	0		
Maximum	5	Antworten	43
Mittelwert	1,53	ohne Antwort	14

C13 Bei der Wahl des Bewertungsverfahrens lassen Sie sich primär leiten von …

	absolut	in % der Unternehmen, die geantwortet haben	in % der Unternehmen, die teilgenommen haben
theoretischen Überlegungen	7	13,73	12,28
praktischen Überlegungen	42	82,35	73,68
sowohl praktischen als auch theoretischen Überlegungen	2	3,92	3,51
Antworten	51	100	–
ohne Antwort	6		10,53
Summe	57		100

C14 Welche Verfahren der Unternehmensbewertung …

Nachrichtlich: Die Prozentsätze beziehen sich auf die Gesamtzahl der jeweils auswertbaren Fragebögen.

Gesamtbetrachtung	… kennen Sie?	… verwenden Sie?	… verwenden Sie zur Ermittlung von Konzessionsgrenzen?	… verwenden Sie zur Argumentation in Verhandlungen?	… würden Sie in Verhandlungen von Ihrem Verhandlungspartner akzeptieren?
auswertbare Fragebögen	53	53	41	41	37
1. Substanzwertverfahren	52 98,11 %	21 39,62 %	11 26,83 %	7 17,07 %	11 29,73 %
2. Multiplikatorverfahren („Market Multiples Approach")	51 96,23 %	45 84,91 %	28 68,29 %	34 82,93 %	27 72,97 %
3. Verfahren der börsengestützten Bewertung	42 79,25 %	23 43,40 %	15 36,59 %	12 29,27 %	12 32,43 %
4. Verfahren der kürzlichen Akquisition/ Verfahren auf Basis von Vergleichspreisen („Recent Acquisitions Approach"/„Comparable Acquisition Method")	36 67,92 %	27 50,94 %	16 39,02 %	14 34,15 %	13 35,14 %
5. Kombinierte Bewertungsverfahren	36 67,92 %	7 13,21 %	1 2,44 %	1 2,44 %	1 2,70 %
6. „Discounted-Cash-Flow"-Verfahren (DCF-Verfahren)	52 98,11 %	50 94,34 %	39 95,12 %	33 80,49 %	31 83,78 %
7. Investitionstheoretische Verfahren	28 52,83 %	7 13,21 %	2 4,88 %	3 7,32 %	4 10,81 %
8. Residualgewinnmodelle	42 79,25 %	21 39,62 %	10 24,39 %	9 21,95 %	12 32,43 %
9. Verfahren der strategischen Bewertung (Ansätze auf Basis von Realoptionsmodellen)	20 37,74 %	3 5,66 %	2 4,88 %	2 4,88 %	1 2,70 %
10. Ertragswertverfahren nach IDW	42 79,25 %	21 39,62 %	13 31,71 %	10 24,39 %	14 37,84 %
11. Sonstige	0	0	0	0	0

Detailbetrachtung	... kennen Sie?	... verwenden Sie?	... verwenden Sie zur Ermittlung von Konzessionsgrenzen?	... verwenden Sie zur Argumentation in Verhandlungen?	... würden Sie in Verhandlungen von Ihrem Verhandlungspartner akzeptieren?
auswertbare Fragebögen	53	53	41	41	37
1. Substanzwertverfahren					
1a Ermittlung des Rekonstruktionswertes	43 81,13 %	9 16,98 %	4 9,76 %	3 7,32 %	5 13,51 %
1b Ermittlung des Liquidationswertes	51 96,23 %	19 35,85 %	10 24,39 %	6 14,63 %	9 24,32 %
1c Ermittlung des Auszahlungsersparniswertes	21 39,60 %	3 5,66 %	2 4,88 %	1 2,44 %	2 5,41 %
2. Multiplikatorverfahren („Market Multiples Approach")					
2a Gewinn-Multiplikatorverfahren (EBIT u. ä.)	51 96,23 %	42 79,25 %	25 60,98 %	29 70,73 %	24 64,86 %
2b Umsatz-Multiplikatorverfahren	48 90,57 %	32 60,38 %	15 36,59 %	17 41,46 %	14 37,84 %
2c Verfahren mit einem anderen Multiplikator	40 75,47 %	21 39,60 %	11 26,83 %	12 29,27 %	10 27,03 %
2d Verfahren mit gewichtetem Multiplikator	32 60,38 %	11 20,75 %	7 17,07 %	6 14,63 %	6 16,22 %
3. Verfahren der börsengestützten Bewertung					
3a Methode des korrigierten Börsenwertes („Stock and Debt"-Methode)	29 54,72 %	9 16,98 %	8 19,51 %	6 14,63 %	7 18,92 %
3b Methode des börsennotierten Vergleichsunternehmens („Similar Public Company Approach")	39 73,58 %	20 37,74 %	14 34,15 %	12 29,27 %	11 29,73 %
3c Methode des Börsengangs („Initial Public Offering Approach"; IPO-Ansatz)	31 58,49 %	7 13,21 %	3 7,32 %	3 7,32 %	2 5,41 %
4. Verfahren der kürzlichen Akquisition/ Verfahren auf Basis von Vergleichspreisen („Recent Acquisitions Approach"/„Comparable Acquisition Method")	36 67,92 %	27 50,94 %	16 39,02 %	14 34,15 %	13 35,14 %
5. Kombinierte Bewertungsverfahren					
5a Mittelwertverfahren	24 45,28 %	5 9,43 %	1 2,44 %	1 2,44 %	1 2,70 %
5b Verfahren der Goodwillrenten (Übergewinnverfahren, Stuttgarter Verfahren u. ä.)	34 64,15 %	3 5,66 %	1 2,44 %	1 2,44 %	1 2,70 %
5c Verfahren der Geschäftswertabschreibung	12 22,64 %	1 1,89 %	1 2,44 %	1 2,44 %	1 2,70 %

Detailbetrachtung	... kennen Sie?	... verwenden Sie?	... verwenden Sie zur Ermittlung von Konzessionsgrenzen?	... verwenden Sie zur Argumentation in Verhandlungen?	... würden Sie in Verhandlungen von Ihrem Verhandlungspartner akzeptieren?
auswertbare Fragebögen	53	53	41	41	37
6. „Discounted-Cash-Flow"-Verfahren (DCF-Verfahren)					
6a „Adjusted Present Value"-Ansatz (APV-Ansatz; ein Bruttoverfahren)	34	13	7	6	13
	64,15 %	24,53 %	17,07 %	14,63 %	35,14 %
6b „Free Cash Flow"-Verfahren [FCF-Verfahren; eine Ausprägung des „Weighted Average Cost of Capital"-Ansatzes (WACC-Ansatz) mit Steuerberücksichtigung im Nenner; ein Bruttoverfahren]	51	46	37	30	29
	96,23 %	86,79 %	90,24 %	73,17 %	78,38 %
6c „Total Cash Flow"-Verfahren [TCF-Verfahren; eine Ausprägung des „Weighted Average Cost of Capital"-Ansatzes (WACC-Ansatz) mit Steuerberücksichtigung im Zähler; ein Bruttoverfahren]	36	13	8	7	13
	67,92 %	24,53 %	19,51 %	17,07 %	35,14 %
6d „Flow to Equity"-Ansatz (FTE-Ansatz; Equity-Approach; Nettoverfahren)	35	16	13	10	13
	66,04 %	30,19 %	31,71 %	24,39 %	35,14 %
7. Investitionstheoretische Verfahren					
7a Zukunftserfolgswertverfahren [Abzinsung von Zahlungsgrößen mit dem Zins der besten Alternativverwendung (Opportunität)]	28	7	2	3	4
	52,83 %	13,21 %	4,88 %	7,32 %	10,81 %
7b Zustands-Grenzpreismodell (ZGPM) bei Kauf/Verkauf oder Zustands-Grenzquotenmodell (ZGQM) bei Fusion/Spaltung	9	1	1	1	1
	16,98 %	1,89 %	2,44 %	2,44 %	2,70 %
7c Approximativ dekomponierte Bewertung	6	1	1	1	1
	11,32 %	1,89 %	2,44 %	2,44 %	2,70 %
8. Residualgewinnmodelle					
8a „Market Value Added"-Verfahren (MVA-Ansatz) und „Economic Value Added"-Verfahren (EVA-Ansatz)	41	16	8	7	10
	77,36 %	30,19 %	19,51 %	17,07 %	27,03 %
8b „Cash Value Added"-Verfahren (CVA-Ansatz) und „Cash Flow Return on Investment"-Konzept (CFROI)	32	10	5	5	5
	60,38 %	18,87 %	12,20 %	12,20 %	13,51 %
8c „Earnings less Riskfree Interest Charge Approach" (ERIC-Konzept)	20	1	1	1	2
	37,74 %	1,89 %	2,44 %	2,44 %	5,41 %
9. Verfahren der strategischen Bewertung (Ansätze auf Basis von Realoptionsmodellen)	20	3	2	2	1
	37,74 %	5,66 %	4,88 %	4,88 %	2,70 %
10. Ertragswertverfahren nach IDW	42	21	13	10	14
	79,25 %	39,62 %	31,71 %	24,39 %	37,84 %
11. Sonstige	0	0	0	0	0

C15 Erstellen Sie bitte aus den unter C14 aufgeführten Unternehmensbewertungsmethoden eine Rangfolge der aus Ihrer Sicht bedeutendsten drei Verfahren zur <u>Ermittlung von Konzessionsgrenzen</u>.
Nachrichtlich: Die Ermittlung erfolgte durch Vergabe von drei Punkten an das erstgenannte Verfahren, zwei Punkten an das zweitgenannte Verfahren und einem Punkt an das letztgenannte Verfahren.

Rang 1:	„Discounted-Cash-Flow"-Verfahren	125 Punkte
Rang 2:	Multiplikatorverfahren	70 Punkte
Rang 3:	Ertragswertverfahren nach IDW	25 Punkte
Rang 4:	Substanzwertverfahren	14 Punkte
Rang 5:	Residualgewinnmodelle	13 Punkte
Rang 6:	Verfahren der kürzlichen Akquisition	7 Punkte
Rang 7:	Verfahren der börsengestützten Bewertung	6 Punkte
Rang 8:	Kombinierte Bewertungsverfahren	1 Punkt

| Antworten | 49 |
| ohne Antwort oder nicht auswertbar | 8 |

C16 Erstellen Sie bitte aus den unter C14 aufgeführten Unternehmensbewertungsmethoden eine Rangfolge der aus Ihrer Sicht bedeutendsten drei Verfahren, welche <u>Sie</u> zur <u>Argumentation in Verhandlungen</u> nutzen.
Nachrichtlich: Die Ermittlung erfolgte durch Vergabe von drei Punkten an das erstgenannte Verfahren, zwei Punkten an das zweitgenannte Verfahren und einem Punkt an das letztgenannte Verfahren.

Rang 1:	„Discounted-Cash-Flow"-Verfahren	113 Punkte
Rang 2:	Multiplikatorverfahren	80 Punkte
Rang 3:	Ertragswertverfahren nach IDW	31 Punkte
Rang 4:	Residualgewinnmodell	11 Punkte
Rang 5:	Verfahren der kürzlichen Akquisition	10 Punkte
Rang 5:	Verfahren der börsengestützten Bewertung	10 Punkte
Rang 7:	Substanzwertverfahren	9 Punkte
Rang 8:	Kombinierte Bewertungsverfahren	1 Punkt

| Antworten | 49 |
| ohne Antwort oder nicht auswertbar | 8 |

C17 Erstellen Sie bitte aus den unter C14 aufgeführten Unternehmensbewertungsmethoden eine Rangfolge der aus Ihrer Sicht bedeutendsten drei Verfahren, welche gewöhnlich <u>Ihre Verhandlungspartner</u> zur <u>Argumentation in der Verhandlung</u> nutzen.
Nachrichtlich: Die Ermittlung erfolgte durch Vergabe von drei Punkten an das erstgenannte Verfahren, zwei Punkten an das zweitgenannte Verfahren und einem Punkt an das letztgenannte Verfahren.

Rang 1:	„Discounted-Cash-Flow"-Verfahren	99 Punkte
Rang 2:	Multiplikatorverfahren	77 Punkte
Rang 3:	Ertragswertverfahren nach IDW	29 Punkte
Rang 4:	Residualgewinnmodelle	14 Punkte
Rang 5:	Substanzwertverfahren	13 Punkte
Rang 6:	Verfahren der kürzlichen Akquisition	11 Punkte
Rang 7:	Verfahren der börsengestützten Bewertung	7 Punkte

| Antworten | 46 |
| ohne Antwort oder nicht auswertbar | 11 |

C18 In welcher Form wünschen Sie sich den Unternehmenswert (also das Ergebnis einer Bewertung), wenn dieser Ihnen dient ...

... zur Entscheidungsunterstützung im Sinne einer Konzessionsgrenze?

	absolut	in % der Nennungen
Wert als Punktwert	12	21,81
Wert als Bandbreite	39	70,91
Wert als Verteilungsfunktion	2	3,64
Wert sowohl als Punktwert als auch als Bandbreite	2	3,64
Summe	55	100

| Antworten | 55 |
| ohne Antwort | 2 |

... zur Beeinflussung des Verhandlungspartners?

	absolut	in % der Nennungen
Wert als Punktwert	17	32,69
Wert als Bandbreite	28	53,85
Wert als Verteilungsfunktion	4	7,69
Wert sowohl als Punktwert als auch als Bandbreite	3	5,77
Summe	52	100

Antworten   52
ohne Antwort   5

C19 Die jüngsten empirischen Untersuchungen zeugen von einer großen Beliebtheit der sog. DCF-Verfahren. Stellen Sie fest, ob nachfolgende Aspekte für Sie eher einen Vorteil oder einen Nachteil der DCF-Verfahren darstellen.

Nachrichtlich: Die Prozentangaben beziehen sich jeweils auf die Nennungen. Mehrfachnennungen ergaben sich hinsichtlich der „Ableitung der Cash-flows aus den Jahresabschlüssen und damit verbundene bilanzpolitische Beeinflussungsmöglichkeit" (eine Mehrfachnennung) sowie der „Möglichkeit der Kalibrierung des Beta-Faktors" (zwei Mehrfachnennungen), wenn die Eigenschaft – je nach Verwendung des Verfahrens – als Vorteil und als Nachteil gesehen wird.

Eigenschaften der DCF-Verfahren:	ist für mich keine Eigenschaft der DCF-Verfahren	ist ein Vorteil	ist ein Nachteil	spielt keine Rolle	weiß nicht	Nennungen
Zukunftsorientierung	2 3,51 %	55 96,49 %	0 0,00 %	0 0,00 %	0 0,00 %	57
Internationalität	1 1,75 %	51 89,48 %	0 0,00 %	5 8,77 %	0 0,00 %	57
Uneinheitliche Definition der Cash-flows in der Literatur	3 5,26 %	2 3,51 %	25 43,86 %	27 47,37 %	0 0,00 %	57
Ableitung der Cash-flows aus den Jahresabschlüssen und damit verbundene bilanzpolitische Beeinflussungs möglichkeit	5 8,77 %	5 8,77 %	24 42,11 %	23 40,35 %	0 0,00 %	57
Möglichkeit der Kalibrierung des Beta-Faktors	3 5,08 %	20 33,90 %	18 30,51 %	14 23,73 %	4 6,78 %	59
Ableitung der Kalkulationszinsen aus dem Kapitalmarkt	5 8,77 %	31 54,38 %	8 14,04 %	11 19,30 %	2 3,51 %	57
fehlende Verfügbarkeit von Marktdaten	8 14,54 %	0 0,00 %	27 49,09 %	18 32,73 %	2 3,64 %	55
fehlende Akzeptanz bei deutschen Verhandlungspartnern	10 17,55 %	0 0,00 %	7 12,28 %	37 64,91 %	3 5,26 %	57
kapitalmarkttheoretische Fundierung der DCF-Verfahren	2 3,51 %	27 47,37 %	3 5,26 %	24 42,11 %	1 1,75 %	57
fehlende investitionstheoretische Fundierung	9 16,07 %	1 1,79 %	5 8,93 %	39 69,64 %	2 3,57 %	56
Komplexität der DCF-Verfahren	4 7,02 %	2 3,51 %	12 21,05 %	39 68,42 %	0 0,00 %	57

C20 Meinungsverschiedenheiten zwischen den verhandelnden Parteien gibt es …

Nachrichtlich: Die Prozentangaben beziehen sich auf die jeweils antwortenden Unternehmen.

	sehr häufig	häufig	selten	kommt nicht vor	Antworten
(1) über die Höhe des zu zahlenden Preises beim Kauf/Verkauf oder die Verteilung der Kapitalanteile bei der Fusion/Spaltung	47 82,46 %	10 17,54 %	0 0,00 %	0 0,00 %	57
(2) über die Art der Zahlung (z. B. bar oder in Anteilen)	2 3,51 %	11 19,30 %	41 71,93 %	3 5,26 %	57
(3) über den Zahlungszeitpunkt	1 1,75 %	15 26,32 %	37 64,91 %	4 7,02 %	57
(4) über die Beibehaltung der Firma des Unternehmens	1 1,75 %	6 10,53 %	46 80,70 %	4 7,02 %	57
(5) über die Übernahme des Spitzenmanagements	2 3,51 %	13 22,81 %	39 68,42 %	3 5,26 %	57
(6) darüber, was alles erworben werden soll	5 8,77 %	22 38,60 %	27 47,37 %	3 5,26 %	57
(7) über die Höhe der zu erwerbenden Beteiligungsquote	3 5,26 %	14 24,56 %	34 59,65 %	6 10,53 %	57
(8) über die anzuwendende Unternehmensbewertungsmethode	2 3,51 %	17 29,82 %	32 56,14 %	6 10,53 %	57
(9) über die Weiterführung von Markennamen	3 5,26 %	9 15,79 %	35 61,40 %	10 17,55 %	57
(10) über die Höhe des Kalkulationszinssatzes	8 14,04 %	20 35,08 %	18 31,58 %	11 19,30 %	57
(11) über die Höhe der zukünftigen Erfolge (erwarteter Zukunftserfolg)	23 40,35 %	27 47,37 %	7 12,28 %	0 0,00 %	57
(12) über die Regelungen von Integrationsproblemen bei Fusionen	3 5,36 %	20 35,71 %	29 51,79 %	4 7,14 %	56
(13) über Wettbewerbsverbote	3 5,26 %	14 24,56 %	31 54,39 %	9 15,79 %	57
(14) über Kompetenzabgrenzungen	1 1,82 %	10 18,18 %	34 61,82 %	10 18,18 %	55
Welche weiteren Aspekte spielen aus Ihrer Sicht in Verhandlungen eine wesentliche Rolle? Hier wurden mehrfach genannt:	– Reps and Warranties (Zusicherungen und Garantien; 6 Nennungen), – Rückstellungen für Pensionen und andere Risiken (3 Nennungen), – Kulturunterschiede (2 Nennungen)				

C21 Erstellen Sie bitte eine Rangfolge der aus Ihrer Sicht bedeutendsten fünf Meinungsverschiedenheiten, die unter C20 aufgeführt sind.

Nachrichtlich: Die Ermittlung erfolgte durch Vergabe von fünf Punkten an den ersten Sachverhalt, von vier Punkten an das zweitgenannte Verfahren usw. und von einem Punkt an den letztgenannten Sachverhalt.

Rang 1:	Höhe des zu zahlenden Preises	229 Punkte
Rang 2:	Höhe der zukünftigen Erfolge	135 Punkte
Rang 3:	„was alles erworben werden soll"	56 Punkte
Rang 4:	Höhe des Kalkulationszinssatzes	41 Punkte
Rang 5:	anzuwendende Unternehmensbewertungsmethode	33 Punkte
Rang 6:	Verteilung der Anteile	26 Punkte
Rang 7:	Regelungen von Integrationsproblemen bei Fusionen	22 Punkte
Rang 8:	Zahlungszeitpunkt	19 Punkte
Rang 9:	Weiterführung von Markennamen	18 Punkte
Rang 10:	Übernahme des Spitzenmanagements	17 Punkte
Rang 10:	Art der Zahlung	17 Punkte
Rang 12:	Wettbewerbsverbote	12 Punkte
Rang 13:	Beibehaltung der Firma des Unternehmens	7 Punkte
Rang 13:	Kompetenzabgrenzungen	7 Punkte

Antworten	49
ohne Antwort	8

Literaturverzeichnis

A

ACHENBACH, S. H. (Unternehmensübernahmen): Synergieevaluation bei Unternehmensübernahmen, Kompetenzen und Wissen als Quelle von Synergie, in: ACHENBACH, S. H./BORGHOFF, T./ SCHULTE, A. (Hrsg.), Strategische und internationale Perspektiven des Managements, FS für M. K. Welge, Lohmar et al. 2003, S. 1–39.

ACHLEITNER, A.-K. (Start-up-Unternehmen): Start-up-Unternehmen: Bewertung mit der Venture-Capital-Methode, in: BB, 56. Jg. (2001), S. 927–933.

ACHLEITNER, A.-K./BASSEN, A./WAHL, S. (Corporate Restructuring): Corporate Restructuring: Instrumente und deren Anwendung in Deutschland, in: FB, 5. Jg. (2003), S. 432–447.

ACHLEITNER, A.-K./NATHUSIUS, E. (Venture-Capital-Finanzierungen): Unternehmensbewertung bei Venture-Capital-Finanzierungen, in: WiSt, 33. Jg. (2004), S. 134–139.

ACHLEITNER, A.-K./NATHUSIUS, E. (Venture Valuation): Venture Valuation – Bewertung von Wachstumsunternehmen, Stuttgart 2004.

ACHLEITNER, A.-K./NATHUSIUS, E. (First-Chicago-Methode): First-Chicago-Methode – Alternativer Ansatz zur Bewertung von innovativen Unternehmensgründungen bei Venture-Capital-Finanzierungen, in: BFuP, 57. Jg. (2005), S. 333–347.

ACHLEITNER, A.-K./WIRTZ, B. W./WECKER, R. M. (M&A-Management): M&A-Management, in: WISU, 33. Jg. (2004), S. 476–486.

ACHLEITNER, A.-K. ET AL. (Venture Capital): Venture Capital/Private Equity-Studie 2004: Company-(E)valuation und EVCA Valuation Guidelines: Eine Bestandsaufnahme der Unternehmensbewertungspraxis von Beteiligungskapitalgesellschaften, in: FB, 6. Jg. (2004), S. 701–709.

ACHLEITNER, P./DRESIG, T. (Unternehmensbewertung): Unternehmensbewertung, marktorientierte, in: BALLWIESER, W./COENENBERG, A. G./WYSOCKI, K. VON (Hrsg.), Handwörterbuch der Rechnungslegung und Prüfung, 3. Aufl., Stuttgart 2002, Sp. 2432–2445.

ADAM, D. (Kostenbewertung): Entscheidungsorientierte Kostenbewertung, Wiesbaden 1970.

ADAM, D. (Schlechtstrukturierte Entscheidungssituationen): Planung in schlechtstrukturierten Entscheidungssituationen mit Hilfe heuristischer Vorgehensweisen, in: BFuP, 35. Jg. (1983), S. 484–494.

ADAM, D. (Heuristische Planung): Planung, heuristische, in: SZYPERSKI, N. (Hrsg.), Handwörterbuch der Planung, Stuttgart 1989, Sp. 1414–1419.

ADAM, D. (Planung): Planung und Entscheidung, 4. Aufl., Wiesbaden 1996.

ADERS, C. (Preisinstabilität und Inflation): Unternehmensbewertung bei Preisinstabilität und Inflation, Frankfurt am Main et al. 1998.

ADERS, C./WAGNER, M. (Kapitalkosten): Kapitalkosten in der Bewertungspraxis: Zu hoch für die „New Economy" und zu niedrig für die „Old Economy", in: KoR, 4. Jg. (2004), S. 30–42.

AEREBOE, F. (Beurteilung): Die Beurteilung von Landgütern und Grundstücken, 2. Aufl., Berlin 1921.

ALBACH, H. (Shareholder Value): Shareholder Value, in: ZfB, 65. Jg. (1994), S. 273–275.

ALBACH, H. (Unternehmenswert): Shareholder Value und Unternehmenswert – Theoretische Anmerkungen zu einem aktuellen Thema, in: ZfB, 71. Jg. (2001), S. 643–674.

ALTENBURGER, O. A. (Unternehmen mit Auszahlungsüberschüssen): Zur Bewertung von Unternehmen mit Auszahlungsüberschüssen: Fallstricke und kritische Analyse der berufsständischen Richtlinien zur Unternehmensbewertung, in: BFuP, 64. Jg. (2012), S. 262–269.

ALTHAMMER, W. (Theorie kooperativer Verhandlungen): Die Theorie kooperativer Verhandlungen, in: WISU, 21. Jg. (1992), S. 857–858.

ALTHAMMER, W. (Theorie nichtkooperativer Verhandlungen): Die Theorie nichtkooperativer Verhandlungen, in: WISU, 22. Jg. (1993), S. 32–35.

ANDRIESSEN, D. (Intellectual Capital): Making Sense of Intellectual Capital, Amsterdam et al. 2004.

ARBEITSKREIS „FINANZIERUNG" DER SCHMALENBACH-GESELLSCHAFT – DEUTSCHE GESELLSCHAFT FÜR BETRIEBSWIRTSCHAFT E. V. (Wertorientierte Unternehmenssteuerung): Wertorientierte Unternehmenssteuerung mit differenzierten Kapitalkosten, in: ZfbF, 48. Jg. (1996), S. 543–578.

ARNOLD, A. (Entschädigung von Mehrstimmrechten): Entschädigung von Mehrstimmrechten bei Übernahmen, in: BB, 58. Jg. (2003), S. 267–270.

ARROW, K. J. (Securities): The Role of Securities in the Optimal Allocation of Risk-bearing, in: Review of Economic Studies, 31. Jg. (1964), S. 91–96.

ASCHAUER, E./PURTSCHER, V. (Unternehmensbewertung): Einführung in die Unternehmensbewertung, Wien 2011.

AULER, W. (Unternehmung als Wirtschaftseinheit): Die Bewertung der Unternehmung als Wirtschaftsein-
heit, in: Welt des Kaufmanns, 8. Jg. (1926/27), S. 41–46.
AULER, W. (Bilanz): Der Unternehmungsmehr- und -minderwert in der Bilanz, in: ZfB, 4. Jg. (1927),
S. 653–659 (Teil 1), S. 727–736 (Teil 2) und S. 839–850 (Teil 3).
AULER, W. (Erwiderung): Der Unternehmungsmehr- und -minderwert in der Bilanz, Eine Erwiderung an
meine Kritiker, in: ZfB, 9. Jg. (1932), S. 364–369.
AXER, E. (Verkaufswert): Der Verkaufswert industrieller Unternehmungen unter besonderer Berücksich-
tigung des ideellen Firmenwertes (Goodwill), Berlin 1932.

B

BACHL, R. (Unternehmensbewertung): Unternehmensbewertung in der gesellschaftsrechtlichen Judikatur,
Wien 2006.
BACHMANN, C./SCHULTZE, W. (Unternehmensteuerreform): Unternehmensteuerreform 2008 und Unter-
nehmensbewertung, in: DBW, 68. Jg. (2008), S. 9–34.
BAETGE, J. (Grundsätze): Grundsätze ordnungsmäßiger Buchführung, in: DB, 39. Jg. (1986), Beilage 26.
BAETGE, J. (Bilanzierung nach IFRS): Verwendung von DCF-Kalkülen bei der Bilanzierung nach IFRS,
in: WPg, 62. Jg. (2009), S. 13–23.
BAETGE, J./KIRSCH, H.-J. (Hrsg.) (Bewertung von kleinen und mittleren Unternehmen): Besonderheiten
der Bewertung von Unternehmensteilen sowie von kleinen und mittleren Unternehmen, Düs-
seldorf 2006.
BAETGE, J./KIRSCH, H.-J./THIELE, S. (Bilanzen): Bilanzen, 11. Aufl., Düsseldorf 2011.
BAETGE, J./KRAUSE, C. (Berücksichtigung des Risikos): Die Berücksichtigung des Risikos bei der Unter-
nehmensbewertung – Eine empirisch gestützte Betrachtung des Kalkulationszinses, in:
BFuP, 46. Jg. (1994), S. 433–456.
BAETGE, J./KRUMBHOLZ, M. (Akquisition und Unternehmensbewertung): Überblick über Akquisition und
Unternehmensbewertung, in: *BAETGE, J.* (Hrsg.), Akquisition und Unternehmensbewertung,
Düsseldorf 1991, S. 1–30.
BAETGE, J./KÜMMEL, J. (Unternehmensbewertung): Unternehmensbewertung in der externen Rechnungs-
legung, in: *RICHTER, F./SCHÜLER, A./SCHWETZLER, B.* (Hrsg.), Kapitalgeberansprüche, Markt-
wertorientierung und Unternehmenswert, FS für J. Drukarczyk, München 2003, S. 1–17.
BAETGE, J./LIENAU, A. (Berücksichtigung von Steuern): Die Berücksichtigung von Steuern bei der Unternehmensbewertung von Personenhandelsgesellschaften mit Discounted-Cashflow-Verfahren
nach *IDW ES 1 n. F.*, in: WPg, 58. Jg. (2005), S. 805–816.
BAETGE, J. ET AL. (DCF-Verfahren): Darstellung der Discounted-Cashflow-Verfahren (DCF-Verfahren)
mit Beispiel, in: *PEEMÖLLER, V. H.* (Hrsg.), Praxishandbuch der Unternehmensbewertung,
5. Aufl., Herne 2012, S. 349–498.
BALLWIESER, W. (Möglichkeiten der Komplexitätsreduktion): Möglichkeiten der Komplexitätsreduktion
bei einer prognose-orientierten Unternehmensbewertung, in: ZfbF, 32. Jg. (1980), S. 50–73.
BALLWIESER, W. (Wahl des Kalkulationszinsfußes): Die Wahl des Kalkulationszinsfußes bei der Unternehmensbewertung unter Berücksichtigung von Risiko und Geldentwertung, in: BFuP, 33. Jg.
(1981), S. 97–114.
BALLWIESER, W. (Neues Bilanzrecht): Grundsätze ordnungsmäßiger Buchführung und neues Bilanzrecht,
in: *ALBACH, H./FORSTER, K.-H.* (Hrsg.), Beiträge zum Bilanzrichtlinien-Gesetz, Wiesbaden
1987, S. 3–24.
BALLWIESER, W. (Geldentwertung): Unternehmensbewertung bei unsicherer Geldentwertung, in: ZfbF,
40. Jg. (1988), S. 798–812.
BALLWIESER, W. (Komplexitätsreduktion): Unternehmensbewertung und Komplexitätsreduktion, 3. Aufl.,
Wiesbaden 1990.
BALLWIESER, W. (Management Buy-Out): Unternehmensbewertung beim Management Buy-Out, in: *BAET-
GE, J.* (Hrsg.), Akquisition und Unternehmensbewertung, Düsseldorf 1991, S. 81–96.
BALLWIESER, W. (Multiplikatoren): Unternehmensbewertung mit Hilfe von Multiplikatoren, in: *RÜCKLE,
D.* (Hrsg.), Aktuelle Fragen der Finanzwirtschaft und Unternehmensbesteuerung, FS für
E. Loitlsberger, Wien 1991, S. 47–66.
BALLWIESER, W. (Shareholder Value-Ansatz): Adolf Moxter und der Shareholder Value-Ansatz, in: *BALL-
WIESER, W. ET AL.* (Hrsg.), Bilanzrecht und Kapitalmarkt, FS für A. Moxter, Düsseldorf 1994,
S. 1377–1405.
BALLWIESER, W. (Aktuelle Aspekte): Aktuelle Aspekte der Unternehmensbewertung, in: WPg, 48. Jg.
(1995), S. 119–129.

BALLWIESER, W. (Branchenunabhängigkeit der GoB): Zur Frage der Rechtsform-, Konzern- und Branchenunabhängigkeit der Grundsätze ordnungsmäßiger Buchführung, in: *FÖRSCHLE, G./KAISER, K./MOXTER, A.* (Hrsg.), Rechenschaftslegung im Wandel, FS für W. D. Budde, München 1995, S. 43–66.

BALLWIESER, W. (Unternehmensbewertung und Steuern): Unternehmensbewertung und Steuern, in: *ELSCHEN, R./SIEGEL, T./WAGNER, F. W.* (Hrsg.), Unternehmenstheorie und Besteuerung, FS für D. Schneider, Wiesbaden 1995, S. 15–37.

BALLWIESER, W. (Discounted Cash Flow-Verfahren): Unternehmensbewertung mit Discounted Cash Flow-Verfahren, in: WPg, 51. Jg. (1998), S. 81–92.

BALLWIESER, W. (Sicht der Betriebswirtschaftslehre): Unternehmensbewertung aus Sicht der Betriebswirtschaftslehre, in: *BAETGE, J.* (Hrsg.), Unternehmensbewertung im Wandel, Düsseldorf 2001, S. 1–24.

BALLWIESER, W. (Unternehmensbewertung): Unternehmensbewertung, in: *GERKE, W./STEINER, M.* (Hrsg.), Handwörterbuch des Bank- und Finanzwesens, 3. Aufl., Stuttgart 2001, Sp. 2082–2095.

BALLWIESER, W. (Komponenten und Ermittlungsprobleme): Der Kalkulationszinsfuß in der Unternehmensbewertung: Komponenten und Ermittlungsprobleme, in: WPg, 55. Jg. (2002), S. 736–743.

BALLWIESER, W. (Optionspreistheorie): Unternehmensbewertung und Optionspreistheorie, in: DBW, 62. Jg. (2002), S. 184–201.

BALLWIESER, W. (Missverständnisse): Ballwiesers Missverständnisse der DCF-Verfahren: Ein Missverständnis?, in: FB, 5. Jg. (2003), S. 734–735.

BALLWIESER, W. (Zum risikolosen Zins): Zum risikolosen Zins für die Unternehmensbewertung, in: *RICHTER, F./SCHÜLER, A./SCHWETZLER, B.* (Hrsg.), Kapitalgeberansprüche, Marktwertorientierung und Unternehmenswert, FS für J. Drukarczyk, München 2003, S. 19–35.

BALLWIESER, W. (Unternehmensbewertung): Unternehmensbewertung, Stuttgart 2004.

BALLWIESER, W. (IFRS-Bilanzierung): Unternehmensbewertung in der IFRS-Bilanzierung, in: *BÖRSIG, C./WAGENHOFER, A.* (Hrsg.), IFRS in Rechnungswesen und Controlling, Stuttgart 2006, S. 265–282.

BALLWIESER, W. (Kaufpreisgestaltung): Bewertung von Unternehmen und Kaufpreisgestaltung, in: *BALLWIESER, W./BEYER, S./ZELGER, H.* (Hrsg.), Unternehmenskauf nach IFRS und US-GAAP, 2. Aufl., Stuttgart 2008, S. 83–100.

BALLWIESER, W. (Anforderungen): Betriebswirtschaftliche (kapitalmarkttheoretische) Anforderungen an die Unternehmensbewertung, in: WPg, 61. Jg. (2008), Sonderheft, S. S 102–S 108.

BALLWIESER, W. (Der neue IDW S 1): Der neue IDW S 1, in: WPg, 61. Jg. (2008), Heft 12, S. I.

BALLWIESER, W. (Unternehmensbewertung): Unternehmensbewertung, 3. Aufl., Stuttgart 2011.

BALLWIESER, W./COENENBERG, A. G./SCHULTZE, W. (Unternehmensbewertung): Unternehmensbewertung, erfolgsorientierte, in: *BALLWIESER, W./COENENBERG, A. G./WYSOCKI, K. VON* (Hrsg.), Handwörterbuch der Rechnungslegung und Prüfung, 3. Aufl., Stuttgart 2002, Sp. 2412–2432.

BALLWIESER, W./KRUSCHWITZ, L./LÖFFLER, A. (Probleme): Einkommensteuer und Unternehmensbewertung – Probleme mit der Steuerreform 2008, in: WPg, 60. Jg. (2007), S. 765–769.

BALLWIESER, W./LEUTHIER, R. (Grundprinzipien der Unternehmensbewertung): Betriebswirtschaftliche Steuerberatung: Grundprinzipien, Verfahren und Probleme der Unternehmensbewertung, in: DStR, 24. Jg. (1986), S. 545–551 (Teil I) und S. 604–610 (Teil II).

BAMBERG, G./DORFLEITNER, G./KRAPP, M. (Unternehmensbewertung): Unternehmensbewertung unter Unsicherheit, Zur entscheidungstheoretischen Fundierung der Risikoanalyse, in: ZfB, 76. Jg. (2006), S. 287–307.

BANKMANN, J. (Gedanke der ewigen Rente): Der Gedanke der ewigen Rente in der Unternehmensbewertung, in: DB, 16. Jg. (1963), S. 181.

BARNARD, C. I. (Executive): The Functions of the Executive, Cambridge, Massachusetts 1938.

BARTHEL, C. W. (Bewertungsmethode): Unternehmenswert: Der Markt bestimmt die Bewertungsmethode, in: DB, 43. Jg. (1990), S. 1145–1152.

BARTHEL, C. W. (Abgrenzung): Unternehmenswert: Handlungsalternativen bei der Abgrenzung von Unternehmenseinheiten, in: DStR, 32. Jg. (1994), S. 1321–1328.

BARTHEL, C. W. (Vergleichsorientierte Bewertungsverfahren): Unternehmenswert: Die vergleichsorientierten Bewertungsverfahren, in: DB, 49. Jg. (1996), S. 149–163.

BARTHEL, C. W. (Umsatzverfahren): Unternehmenswert: Grundlagen und Varianten des Umsatzverfahrens, in: DStR, 34. Jg. (1996), S. 1458–1464.

BARTHEL, C. W. (Fundierung): Unternehmenswert: Theoretische Fundierung des Umsatzverfahrens, in: DStR, 34. Jg. (1996), S. 1701–1707.

BARTHEL, C. W. (Zuschlagsorientierte Bewertungsverfahren): Unternehmenswert: Die zuschlagsorientierten Bewertungsverfahren, in: DB, 49. Jg. (1996), S. 1349–1358.

BARTHEL, C. W. (Ableitung von Fungibilitätszuschlägen): Unternehmenswert: Berücksichtigungsfähigkeit und Ableitung von Fungibilitätszuschlägen, in: DB, 56. Jg. (2003), S. 1181–1186.

BARTHEL, C. W. (Bewertungsverfahren in Verhandlungen): Unternehmenswert: Schwächen und Stärken von Bewertungsverfahren in Verhandlungen, in: UM, 2. Jg. (2004), S. 405–412.

BARTHEL, C. W. (Argumentationsfunktion): Unternehmenswert: Dominanz der Argumentationsfunktion, in: FB, 7. Jg. (2005), S. 32–38.

BARTHEL, C. W. (Glaubwürdigkeitsattribution): Unternehmenswert: Glaubwürdigkeitsattribution von Argumentationswerten, in: FB, 8. Jg. (2006), S. 463–471.

BARTHEL, C. W. (Subprime-Krise): Unternehmenswert: Konsequenzen aus der Subprime-Krise, in: DB, 62. Jg. (2009), S. 1025–1032.

BARTHEL, C. W. (Rechtsprechung): Unternehmenswert: Bewertungsmethoden in der Rechtsprechung, in: CORPORATE FINANCE biz, 1. Jg. (2010), S. 449–456.

BARTHEL, C. W. (Scheingenauigkeit): Unternehmenswert: Das Problem der Scheingenauigkeit, in: DB, 63. Jg. (2010), S. 2236–2242.

BARTHEL, C. W. (International Valuation Standards): Unternehmenswert: Die International Valuation Standards, in: DStR, 48. Jg. (2010), S. 2003–2007.

BARTHEL, C. W. (Prognosen): Unternehmenswert: Prognosen, Phasen und Probleme, in: DStR, 48. Jg. (2010), S. 1198–1203.

BARTHEL, C. W. (Unternehmenswert): Unternehmenswert: Das Problem der Scheingenauigkeit, in: DB, 64. Jg. (2011), S. 2107–2109.

BARTHEL, C. W. (Methodenpluralismus): Unternehmenswert: Gewichtung infolge Methodenpluralismus, in: DB, 64. Jg. (2011), S. 719–725.

BARTKE, G. (Zwecke der Unternehmungsbewertung): Erkenntnisobjekt und Zwecke der Unternehmungsbewertung, in: BFuP, 12. Jg. (1960), S. 266–279.

BARTKE, G. (Bewertung): Die Bewertung von Unternehmungen und Unternehmungsanteilen, Ein Diskussionsbeitrag zu der gleichnamigen Veröffentlichung der Union Européenne des Experts Comptables, Economiques et Financiers (U.E.C.), in: ZfB, 32. Jg. (1962), S. 165–175.

BARTKE, G. (Grundsätze ordnungsmäßiger Unternehmensbewertung): Grundsätze ordnungsmäßiger Unternehmensbewertung – Zur Entwicklung und zum Stand der Diskussion über die Unternehmensbewertung, in: ZfbF, 30. Jg. (1978), S. 238–250.

BAYERISCHE AKADEMIE DER SCHÖNEN KÜNSTE (Hrsg.) (Sprache wird beschädigt): Deutsch. Eine Sprache wird beschädigt, Waakirchen 2003.

BECHT, B. (Spaltung): Fusion und Spaltung von Kapitalgesellschaften im europäischen Binnenmarkt, Stuttgart 1996.

BECKMANN, C./MEISTER, J. M./MEITNER, M. (Multiplikatorverfahren): Das Multiplikatorverfahren in der kapitalmarktorientierten Unternehmensbewertungspraxis, in: FB, 5. Jg. (2003), S. 103–105.

BEHR, G./CALIZ, S. (Schwächen): Schwächen der herkömmlichen Bewertungsmethoden und notwendige Anpassungen – Unternehmensbewertung in der New Economy, in: Der Schweizer Treuhänder, 75. Jg. (2001), S. 1139–1146.

BEHRINGER, S. (Start-up-Unternehmen): Bewertung von Start-up-Unternehmen, in: BuW, 55. Jg. (2001), S. 793–804.

BEHRINGER, S. (Earn-out-Klauseln): Earn-out-Klauseln bei Unternehmensakquisitionen, in: UM, 2. Jg. (2004), S. 245–250.

BEHRINGER, S. (Unternehmensbewertung): Unternehmensbewertung der Mittel- und Kleinbetriebe, 4. Aufl., Berlin 2009.

BELLINGER, B./VAHL, G. (Unternehmensbewertung): Unternehmensbewertung in Theorie und Praxis, 2. Aufl., Wiesbaden 1992.

BENDER, J./LORSON, P. (Ertragswertverfahren nach HFA 2/1983): Verfahren der Unternehmensbewertung (II): Das Ertragswertverfahren nach der HFA-Stellungnahme 2/1983, in: BuW, 50. Jg. (1996), S. 1–6.

BENDER, J./LORSON, P. (Kritische Würdigung): Verfahren der Unternehmensbewertung (III): Kritische Würdigung des Ertragswertverfahrens nach HFA-Stellungnahme 2/1983, in: BuW, 50. Jg. (1996), S. 650–654.

BENDER, J./LORSON, P. (Discounted-Cash-flow Verfahren): Verfahren der Unternehmensbewertung (IV): Discounted-Cash-flow Verfahren und Anmerkungen zu Shareholder-Value-Konzepten, in: BuW, 51. Jg. (1997), S. 1–9.

BERENS, W. (Heuristiken): Beurteilung von Heuristiken, Wiesbaden 1992.

BERENS, W./BRAUNER, H. U./STRAUCH, J. (Hrsg.) (Due Diligence): Due Diligence bei Unternehmensakquisitionen, 6. Aufl., Stuttgart 2011.

BERENS, W./HOFFJAN, A./STRAUCH, J. (Durchführung): Planung und Durchführung der Due Diligence, in: BERENS, W./BRAUNER, H. U./STRAUCH, J. (Hrsg.), Due Diligence bei Unternehmensakquisitionen, 6. Aufl., Stuttgart 2011, S. 105–153.

BERENS, W./MERTES, M./STRAUCH, J. (Unternehmensakquisitionen): Unternehmensakquisitionen, in: BERENS, W./BRAUNER, H. U./STRAUCH, J. (Hrsg.), Due Diligence bei Unternehmensakquisitionen, 6. Aufl., Stuttgart 2011, S. 21–65.

BERENS, W./SCHMITTING, W./STRAUCH, J. (Funktionen): Funktionen, Terminierung und rechtliche Einordnung der Due Diligence, in: BERENS, W./BRAUNER, H. U./STRAUCH, J. (Hrsg.), Due Diligence bei Unternehmensakquisitionen, 6. Aufl., Stuttgart 2011, S. 67–104.

BERGER, K. (Berechnung des Geschäftswertes): Die Berechnung des Geschäftswertes eines Unternehmens auf der Grundlage des Ertragswertes, insbesondere beim Ausscheiden eines Gesellschafters, in: Der Wirtschaftstreuhänder, 10. Jg. (1941), S. 301–304.

BERGER, K.-H. (Bewertung): Zur Bewertung ganzer Unternehmungen, in: SCHWARZ, H./BERGER, K.-H. (Hrsg.), Betriebswirtschaftslehre und Wirtschaftspraxis, FS für K. Mellerowicz, Berlin 1961, S. 32–62.

BERGNER, H. (Planung des Zukunftserfolges): Die Planung des Zukunftserfolges bei der Bewertung der Unternehmung als Ganzes, in: RIES, J./KORTZFLEISCH, G. VON (Hrsg.), Betriebswirtschaftliche Planung in industriellen Unternehmungen, FS für T. Beste, Berlin 1959, S. 175–209.

BERLINER, M. (Vergütung): Vergütung für den Wert des Geschäfts bei dessen Uebergang in andere Hände, Hannover, Leipzig 1913.

BERNER, C. ET AL. (Berücksichtigung des unternehmensindividuellen Risikos): Die Berücksichtigung des unternehmensindividuellen Risikos in der Unternehmensbewertung, Eine empirisch gestützte Untersuchung des Beta-Faktors, in: FB, 7. Jg. (2005), S. 711–718.

BERNER, C./ROJAHN, J. (Marktorientierte Multiplikatoren): Anwendungseignung von marktorientierten Multiplikatoren, in: FB, 5. Jg. (2003), S. 155–161.

BERNHARD, H.-G. (Realoptionen): Realoptionen als Instrument zur marktformspezifischen Unternehmensbewertung, Frankfurt am Main et al. 2000.

BERNOULLI, D. (Speciem theoriae novae): Speciem theoriae novae de mensura sortis, in: Commentarii Academiae Scientiarum Imperialis Petropolitanae (1738), S. 175–192 [zur deutschen Übersetzung vgl. KRUSCHWITZ, L./KRUSCHWITZ, P., in: DBW, 56. Jg. (1996), S. 733–742].

BEYER, S./GAAR, A. (Neufassung des IDW S 1): Neufassung des IDW S 1 „Grundsätze zur Durchführung von Unternehmensbewertungen", in: FB, 7. Jg. (2005), S. 240–251.

BEYERLE, K. (Unternehmensbewertung): Die Unternehmensbewertung im gerichtlichen Verfahren, in: 50 Jahre Wirtschaftsprüferberuf, Bericht über die Jubiläumsfachtagung 1981 in Berlin, Düsseldorf 1981, S. 247–264.

BIEG, H. (CAPM): Das Capital Asset Pricing Model (CAPM), in: StB, 50. Jg. (1999), S. 298–305.

BIKHCHANDANI, S./HIRSHLEIFER, D./WELCH, I. (Informational Cascades): A theory of Fads, Fashion, Custom, and Cultural Change as Informational Cascades, in: Journal of Political Economy, 100. Jg. (1992), S. 992–1026.

BITZ, M. (Strukturierung): Die Strukturierung ökonomischer Entscheidungsmodelle, Wiesbaden 1977.

BLACK, F./SCHOLES, M. (Pricing of Options): Pricing of Options and Corporate Liabilities, in: Journal of Political Economy, 81. Jg. (1973), S. 637–654.

BLASCHE, S./SÖNTGERATH, B. (Einflussnahme): Verschmelzung: Möglichkeiten des übertragenden Rechtsträgers zur Einflussnahme auf die Geschäftspolitik des übernehmenden Rechtsträgers, in: BB, 64. Jg. (2009), S. 1432–1435.

BLAUFUS, K. (Probleme mit der Unendlichkeit): Unternehmensbewertung und Probleme mit der Unendlichkeit?, in: DB, 55. Jg. (2002), S. 1517–1519.

BLOHM, H./LÜDER, K./SCHAEFER, C. (Investition): Investition, 9. Aufl., München 2006.

BLUM, A. (Auswirkungen): Auswirkungen der Unternehmensteuerreform 2008 auf die Bewertung von Unternehmen mittels APV-Ansatz, in: WPg, 61. Jg. (2008), S. 455–463.

BLUMERS, W./KRAMER, A. (Ausgliederung und Spaltung): Ausgliederung und Spaltung mit Teilbetrieben, in: DB, 46. Jg. (1993), S. 852–857.

BOCKEMÜHL, M. (Realoptionstheorie): Realoptionstheorie und die Bewertung von Produktinnovationen, Wiesbaden 2001.

BÖCKING, H.-J. (Verbundberücksichtigungsprinzip): Das Verbundberücksichtigungsprinzip als Grundsatz ordnungsmäßiger Unternehmensbewertung, in: BALLWIESER, W. ET AL. (Hrsg.), Bilanzrecht und Kapitalmarkt, FS für A. Moxter, Düsseldorf 1994, S. 1407–1434.

BÖCKING, H.-J. (Barabfindung): Zur Bedeutung des Börsenkurses für die angemessene Barabfindung, in: RICHTER, F./SCHÜLER, A./SCHWETZLER, B. (Hrsg.), Kapitalgeberansprüche, Marktwertorientierung und Unternehmenswert, FS für J. Drukarczyk, München 2003, S. 59–91.

BÖCKING, H.-J./NOWAK, K. (Discounted Cash Flow-Verfahren): Der Beitrag der Discounted Cash Flow-Verfahren zur Lösung der Typisierungsproblematik bei Unternehmensbewertungen – Eine Warnung vor einer „naiven" Übertragung modelltheoretischer Erkenntnisse auf die Bewertungspraxis, in: DB, 51. Jg. (1998), S. 685–690.

BÖCKING, H.-J./NOWAK, K. (Economic Value Added): Das Konzept des Economic Value Added, in: FB, 1. Jg. (1999), S. 281–288.

BÖCKING, H.-J./NOWAK, K. (Unternehmensbewertung): Marktorientierte Unternehmensbewertung, in: FB, 1. Jg. (1999), S. 169–176.

BÖCKING, H.-J./NOWAK, K. (Bedeutung des Börsenkurses): Die Bedeutung des Börsenkurses bei Unternehmensbewertungen, in: FB, 2. Jg. (2000), S. 17–24.

BÖCKING, H.-J./NOWAK, K. (Bundesverfassungsgericht): Konkretisierung marktorientierter Unternehmensbewertung durch das Bundesverfassungsgericht, in: ARNOLD, H./ENGLERT, J./EUBE, S. (Hrsg.), Werte messen – Werte schaffen, FS für K.-H. Maul, Wiesbaden 2000, S. 129–157.

BODE, C. (Nationale Rechtsprechung): Unternehmensbewertung in der nationalen Rechtsprechung, in: PETERSEN, K./ZWIRNER, C./BRÖSEL, G. (Hrsg.), Handbuch Unternehmensbewertung, Köln 2013, S. 374–389.

BODE, J. (Information): Information, in: DBW, 53. Jg. (1993), S. 275–277.

BODE, J. (Informationsbegriff): Der Informationsbegriff in der Betriebswirtschaftslehre, in: ZfbF, 49. Jg. (1997), S. 449–468.

BÖDEKER, A./FINK, M. (Minderheitsaktionäre): Vermögensrechte von Minderheitsaktionären – Zu den Auswirkungen eines Squeeze-Outs auf den unternehmensvertraglichen Ausgleichsanspruch, in: Neue Zeitschrift für Gesellschaftsrecht (NZG), 13. Jg. (2010), S. 296–298.

BOGASCHEWSKY, R./ROLLBERG, R. (Management): Prozeßorientiertes Management, Berlin et al. 1998.

BÖHME, H. (Vision): Vision künftiger Unternehmensbewertung, in: WPg, 23. Jg. (1970), S. 330–335.

BORK, H. (Problem der Bewertung): Zum Problem der Bewertung unnotierter Anteile an Kapitalgesellschaften in der steuerlichen Vermögenserklärung, in: ZfhF, 35. Jg. (1941), S. 66–73.

BORN, K. (Überleitung): Überleitung von der Discounted-Cash-flow-Methode (DCF-Methode) zur Ertragswertmethode bei der Unternehmensbewertung, in: DB, 49. Jg. (1996), S. 1885–1889.

BORN, K. (Unternehmensbewertung): Unternehmensanalyse und Unternehmensbewertung, 2. Aufl., Stuttgart 2003.

BÖRNER, D. (Unternehmensbewertung): Unternehmensbewertung, in: ALBERS, W. ET AL. (Hrsg.), Handwörterbuch der Wirtschaftswissenschaft, Bd. 8, Stuttgart et al. 1980, S. 111–123.

BOROWICZ, F. (Fairness Opinions): Fairness Opinions: Feigenblatt oder ernstzunehmendes Gutachten?, in: M&A Review, o. Jg. (2005), S. 253–258.

BRÄHLER, G. (Unternehmensbewertung nach § 738 BGB): Der Wertmaßstab der Unternehmensbewertung nach § 738 BGB, in: WPg, 61. Jg. (2008), S. 209–213.

BRANDTS, R. (Bewertung): Die Bewertung von Steinkohlebergwerken mit Hilfe neuzeitlicher Betriebsuntersuchungen, Diss. Breslau 1934.

BRAUN, I. (Einfluss von Steuern): Discounted Cashflow-Verfahren und der Einfluss von Steuern, Wiesbaden 2005.

BREDT, O. (Stellungnahme): Empfehlungen zur Bewertung von ganzen Unternehmungen – Stellungnahme, in: ZfbF, 21. Jg. (1969), S. 832–833.

BREITHECKER, V./SCHMIEL, U. (Steuerbilanz): Steuerbilanz und Vermögensaufstellung in der Betriebswirtschaftlichen Steuerlehre, Bielefeld 2003.

BREMER, J.-G. (Unternehmensbewertung): Die schematisierte Unternehmensbewertung bei mittelständischen Unternehmen, in: RIEPER, B./WITTE, T./BERENS, W. (Hrsg.), Betriebswirtschaftliches Controlling, FS für D. Adam, Wiesbaden 1996, S. 49–76.

BRETTEL, M./JAUGEY, C./ROST, C. (Business Angels): Business Angels – der informelle Beteiligungskapitalmarkt in Deutschland, Wiesbaden 2000.

BRETZKE, W.-R. (Prognoseproblem): Das Prognoseproblem bei der Unternehmungsbewertung, Düsseldorf 1975.

BRETZKE, W.-R. (Zur Problematik des Objektivitätsanspruchs): Zur Problematik des Objektivitätsanspruchs in der Unternehmungsbewertungslehre, Ein Nachtrag zum Methodenstreit, in: BFuP, 28. Jg. (1976), S. 543–553.

BRETZKE, W.-R. (Unternehmungsbewertung): Unternehmungsbewertung in dynamischen Märkten, in: BFuP, 45. Jg. (1993), S. 39–45.

BREUER, W. (Marktwertmaximierung): Die Marktwertmaximierung als finanzwirtschaftliche Entscheidungsregel, in: WiSt, 26. Jg. (1997), S. 222–226.

BRINCKMANN, F. (Illusionen): Illusionen bei der Unternehmens-Bewertung, in: Zeitschrift für das gesamte Kreditwesen, 8. Jg. (1955), S. 746–748.

Brösel, G. (Programmplanung): Die Programmplanung öffentlich-rechtlicher Fernsehanbieter, in: BFuP, 53. Jg. (2001), S. 375–391.

Brösel, G. (Medienrechtsbewertung): Medienrechtsbewertung, Der Wert audiovisueller Medienrechte im dualen Rundfunksystem, Wiesbaden 2002.

Brösel, G. (Subjektive Unternehmenswerte): Objektiv gibt es nur subjektive Unternehmenswerte, in: UM, 1. Jg. (2003), S. 130–134.

Brösel, G. (Argumentationsfunktion): Die Argumentationsfunktion in der Unternehmensbewertung – „Rotes Tuch" oder „Blaues Band" für Wirtschaftsprüfer?, in: *Brösel, G./Kasperzak, R.* (Hrsg.), Internationale Rechnungslegung, Prüfung und Analyse, München, Wien 2004, S. 515–523.

Brösel, G. (Nebenfunktionen): Eine Systematisierung der Nebenfunktionen der funktionalen Unternehmensbewertungstheorie, in: BFuP, 58. Jg. (2006), S. 128–143.

Brösel, G. (Grundlagen): Grundlagen der Unternehmensbewertung, in: *Gleissner, W./Schaller, A.* (Hrsg.), Private Equity – Beurteilungs- und Bewertungsverfahren von Kapitalbeteiligungsgesellschaften, Weinheim 2008, S. 41–71.

Brösel, G. (Finanzwirtschaftliche Aspekte): Finanzwirtschaftliche Aspekte im Rahmen etatistischer und marktlicher Unternehmenssteuerung, in: *Scholz, C./Hummel, H.-P.* (Hrsg.), Markt oder Nicht-Markt? Das ist hier die Frage, Ein Bericht des Schmalenbach-Arbeitskreises „Wertorientierte Messung der Performance von Führungsbereichen", München et al. 2009, S. 91–105.

Brösel, G. (Rating): Rating, in: *Kollmann, T.* (Hrsg.), Gabler Kompakt-Lexikon Unternehmensgründung, 2. Aufl., Wiesbaden 2009, S. 343.

Brösel, G. (Unternehmenswert): Unternehmenswert, in: *Kollmann, T.* (Hrsg.), Gabler Kompakt-Lexikon Unternehmensgründung, 2. Aufl., Wiesbaden 2009, S. 416–417.

Brösel, G. (Bilanzanalyse): Bilanzanalyse, 14. Aufl., Berlin 2012.

Brösel, G./Burchert, H. (Akquisition): Die Akquisition von Unternehmen in Osteuropa und die Bedeutung der weichen Faktoren, in: *Meyer, J. A.* (Hrsg.), Kooperationen von kleinen und mittleren Unternehmen in Europa, Lohmar, Köln 2004, S. 331–363.

Brösel, G./Dechant, H. (Bewertung von Telekommunikationsunternehmungen): Ein Ansatz zur Bewertung von Telekommunikationsunternehmungen und von deren abgrenzbaren Unternehmungsteilen, in: *Keuper, F.* (Hrsg.), E-Business, M-Business und T-Business, Wiesbaden 2003, S. 133–166.

Brösel, G./Hauttmann, R. (Empirische Analyse): Einsatz von Unternehmensbewertungsverfahren zur Bestimmung von Konzessionsgrenzen sowie in Verhandlungssituationen, Eine empirische Analyse, in: FB, 9. Jg. (2007), S. 223–238 (Teil I) und S. 293–309 (Teil II).

Brösel, G./Hering, T./Matschke, M. J. (Wirtschaftlichkeitsanalyse): Wirtschaftlichkeitsanalyse alternativer Organisationsformen der Abwasserbeseitigung am Beispiel des Zweckverbandes, in: ZögU, 22. Jg. (1999), S. 273–289.

Brösel, G./Karami, B. (Börsenkurs): Der Börsenkurs in der Rechtsprechung: Zum Spannungsverhältnis zwischen Minderheitenschutz und Rechtssicherheit, Anmerkungen zum Stollwerck-Beschluss vom 19.07.2010, in: WPg, 64. Jg. (2011), S. 418–430.

Brösel, G./Keuper, F. (Unternehmensakquisitionen): Zur Bedeutung der funktionalen Unternehmensbewertung bei Unternehmensakquisitionen, in: *Borowicz, F./Mittermair, K.* (Hrsg.), Strategisches Management von Mergers & Acquisitions, Wiesbaden 2006, S. 145–162.

Brösel, G./Klassen, T. R. (Auswirkungen des IFRS 3 und des IAS 36): Zu möglichen Auswirkungen des IFRS 3 und des IAS 36 auf das M&A-Management, in: *Keuper, F./Häfner, M./Glahn, C. von* (Hrsg.), Der M&A-Prozess, Wiesbaden 2006, S. 445–476.

Brösel, G./Matschke, M. J. (Sicht des präsumtiven Verkäufers): Einflüsse von „Basel II" auf den Wert kleiner und mittelgroßer Unternehmen – Eine Analyse aus Sicht des präsumtiven Verkäufers, in: DStR, 41. Jg. (2003), S. 2176–2180 (Teil I) und S. 2241–2244 (Teil II).

Brösel, G./Matschke, M. J. (Ermittlung des Entscheidungswertes): Zur Ermittlung des Entscheidungswertes kleiner und mittlerer Unternehmen, in: IGA, 52. Jg. (2004), S. 49–67.

Brösel, G./Matschke, M. J./Olbrich, M. (Valuation): Valuation of entrepreneurial businesses, in: International Journal of Entrepreneurial Venturing (IJEV), 4. Jg. (2012), S. 239–256.

Brösel, G./Müller, S. (Goodwillbilanzierung): Goodwillbilanzierung nach IFRS aus Sicht des Beteiligungscontrollings, in: KoR, 7. Jg. (2007), S. 34–42.

Brösel, G./Olbrich, M. (§ 253 HGB): Kommentierung des § 253 HGB „Zugangs- und Folgebewertung", in: *Küting, K./Pfitzer, N./Weber, C.-P.* (Hrsg.), Handbuch der Rechnungslegung: Einzelabschluss, 5. Aufl. (11. Ergänzungslieferung), Stuttgart 2011, Abs. 1 bis 4 (Rz. 1–720) und „Hinweise auf entsprechende IFRS-Normen" (Rz. 831–930).

Brösel, G./Rothe, C. (Bankbetrieb): Zum Management operationeller Risiken im Bankbetrieb, in: BFuP, 55. Jg. (2003), S. 376–396.

BRÖSEL, G./SCHMITZ, S. (§ 253 HGB): Kommentierung des § 253 HGB „Zugangs- und Folgebewertung", in: *PETERSEN, K./ZWIRNER, C./BRÖSEL, G.* (Hrsg.), Systematischer Praxiskommentar Bilanzrecht, Köln 2010.

BRÖSEL, G./TOLL, M. (Finanzmarktkrise): Die Finanzmarktkrise im Lichte der Unternehmensbewertung – Diagnose und Befundbericht im Hinblick auf eine krankende „Königsdisziplin", in: M&A Review, 22. Jg. (2011), S. 257–263.

BRÖSEL, G./TOLL, M./ZIMMERMANN, M. (Perennial Question): The Perennial Question posed by the Financial Crisis: Objective, Subjective or Functional Business Valuation?, in: *JODLBAUER, H./ OLHAGER, J./SCHONBERGER, R. J.* (Hrsg.), Modelling Value, Volume 2, Aachen 2011, S. 281–292.

BRÖSEL, G./TOLL, M./ZIMMERMANN, M. (Financial Crisis): What the Financial Crisis Reveals about Business Valuation, in: Managerial Economics, o. Jg. (2011), Nr. 10, S. 27–39.

BRÖSEL, G./ZIMMERMANN, M. (Functional Business Valuation): Functional Business Valuation: The Need for Rediscovery of a Mature Concept, in: *ZARZECKI, D.* (Hrsg.), Czas na Pieniądz „Zarządzanie Finansami – Inwestycje, wycena przedsiębiorstw, zarządzanie wartością", Stettin 2011, S. 545–553.

BRÖSEL, G./ZIMMERMANN, M. („Fair play"?): Projekt „Olympia" – Mappus „Fair Play"?, in: DB, 65. Jg. (2012), Heft 32, S. M 1.

BRUCKMEIER, G./ZWIRNER, C./MUGLER, J. (Erbschaftsteuerrecht): Unternehmensbewertung im Erbschaftsteuerrecht: Handlungsempfehlungen und Modellrechnungen, in: DStR, 49. Jg. (2011), S. 422–428.

BUCHNER, R. (Unternehmensbewertung): Marktorientierte Unternehmensbewertung, in: *SEICHT, G.* (Hrsg.), Jahrbuch für Controlling und Rechnungswesen, Wien 1995, S. 401–427.

BUCHNER, R./ENGLERT, J. (Bewertung von Unternehmen): Die Bewertung von Unternehmen auf Basis des Unternehmensvergleichs, in: BB, 49. Jg. (1994), S. 1573–1580.

BUDDE, W. D. (Grundsätze): Grundsätze ordnungsmäßiger Rechenschaftslegung, in: *BIERICH, M./HOMMELHOFF, P./KROPFF, B.* (Hrsg.), Unternehmen und Unternehmensführung im Recht, FS für J. Semler, Berlin, New York 1993, S. 789–817.

BÜHLER, W./UHRIG-HOMBURG, M. (Realoptionen): Unternehmensbewertung mit Realoptionen, in: *BÖRSIG, C./COENENBERG, A. G.* (Hrsg.), Bewertung von Unternehmen, Stuttgart 2003, S. 123–152.

BÜHNER, R. (Management-Wert-Konzept): Das Management-Wert-Konzept, Strategien zur Schaffung von mehr Wert im Unternehmen, Stuttgart 1990.

BÜHNER, R. (Unternehmenssteuerung): Kapitalmarktorientierte Unternehmenssteuerung, Grundidee und Varianten des Shareholder Value, in: WiSt, 25. Jg. (1996), S. 392–396.

BÜHNER, R./WEINBERGER, H.-J. (Cash-Flow): Cash-Flow und Shareholder Value, in: BFuP, 43. Jg. (1991), S. 187–208.

BUNGERT, H. (DAT/Altana): DAT/Altana: Der BGH gibt der Praxis Rätsel auf, in: BB, 56. Jg. (2001), S. 1163–1166.

BUNGERT, H./ECKERT, J. (Börsenwert): Unternehmensbewertung nach Börsenwert: Zivilgerichtliche Umsetzung der BVerfG-Rechtsprechung, in: BB, 55. Jg. (2000), S. 1845–1849.

BURCHERT, H. (Transformation der ehemals volkseigenen Betriebe): Die Transformation der ehemals volkseigenen Betriebe, Aachen 1996.

BURCHERT, H. (Faktoren): Die weichen Faktoren – Symbole im Osteuropageschäft, in: ZfB, 68. Jg. (1998), S. 9–23.

BURCHERT, H./HERING, T./HOFFJAN, A. (Finanzwirtschaftliche Probleme): Finanzwirtschaftliche Probleme mittelständischer Unternehmen, in: BFuP, 50. Jg. (1998), S. 241–262.

BURGER, A. (Börsenkurs): Keine angemessene Abfindung durch Börsenkurse bei Squeeze-out, in: Neue Zeitschrift für Gesellschaftsrecht, 15. Jg. (2012), S. 281–289.

BUSCHER, U. (Unscharfe Daten): Investitions- und Finanzplanung bei unscharfen Daten, in: *BURCHERT, H./HERING, T.* (Hrsg.), Betriebliche Finanzwirtschaft, München, Wien 1999, S. 82–95.

BUSCHER, U./ROLAND, F. (Fuzzy Sets): Fuzzy Sets in der linearen Optimierung, in: WiSt, 22. Jg. (1993), S. 313–317.

BÜSCHGEN, H. E. (Aktienanalyse und Aktienbewertung): Aktienanalyse und Aktienbewertung nach der Ertragskraft: die Price-earnings ratio und die Schätzung des Reingewinns aus dem Steuerausweis bei deutschen Aktiengesellschaften, Wiesbaden 1962.

BUSSE VON COLBE, W. (Zukunftserfolg): Der Zukunftserfolg, Die Ermittlung des künftigen Unternehmungserfolges und seine Bedeutung für die Bewertung von Industrieunternehmen, Wiesbaden 1957.

BUSSE VON COLBE, W. (Unternehmungsbewertung): Objektive oder subjektive Unternehmungsbewertung?, in: ZfB, 27. Jg. (1957), S. 113–125.

BUSSE VON COLBE, W. (Maßgeblichkeit des Börsenkurses): Zur Maßgeblichkeit des Börsenkurses für die Abfindung der bei einer Umwandlung ausscheidenden Aktionäre, in: AG, 9. Jg. (1964), S. 263–267.

BUSSE VON COLBE, W. (Investitionskalkül): Unternehmungsbewertung als Investitionskalkül, in: Die Unternehmung, 20. Jg. (1966), S. 49–61.

BUSSE VON COLBE, W. (Gesamtwert der Unternehmung): Gesamtwert der Unternehmung, in: KOSIOL, E./ CHMIELEWICZ, K./SCHWEITZER, M. (Hrsg.), Handwörterbuch des Rechnungswesens, 2. Aufl., Stuttgart 1981, Sp. 595–606.

BUSSE VON COLBE, W. (Rechtsprechung): Die Rechtsprechung zur Bewertung ertragsschwacher Unternehmen, in: BFuP, 36. Jg. (1984), S. 508–517.

BUSSE VON COLBE, W. (Resonanz): Die Resonanz betriebswirtschaftlicher Erkenntnisse zur Unternehmensbewertung in der zivilrechtlichen und steuerlichen Rechtsprechung, in: BUSSE VON COLBE, W./COENENBERG, A. G. (Hrsg.), Unternehmensakquisition und Unternehmensbewertung, Stuttgart 1992, S. 173–186.

BUSSE VON COLBE, W. (Börsenkurs): Der Vernunft eine Gasse: Abfindung von Minderheitsaktionären nicht unter dem Börsenkurs ihrer Aktien, in: SCHNEIDER, U. H./HOMMELHOFF, P./SCHMIDT, K. (Hrsg.), FS für M. Lutter, Köln 2000, S. 1053–1067.

BYSIKIEWICZ, M. (Spaltung): Unternehmensbewertung bei der Spaltung, Wiesbaden 2008.

BYSIKIEWICZ, M./KEUPER, F. (Spiegelbild der Verschmelzung): Spaltung als Spiegelbild der Verschmelzung – Motive einer Unternehmensspaltung im Lichte des M&A-Managements, in: KEUPER, F./HÄFNER, M./GLAHN, C. VON (Hrsg.), Der M&A-Prozess, Wiesbaden 2006, S. 301–335.

BYSIKIEWICZ, M./MATSCHKE, M. J./BRÖSEL, G. (Spaltung): Einige grundsätzliche Bemerkungen zur Entscheidungswertermittlung im Rahmen der Konfliktsituation vom Typ der Spaltung, Wirtschaftswissenschaftliches Diskussionspapier 02/2005 der Rechts- und Staatswissenschaftlichen Fakultät der Ernst-Moritz-Arndt-Universität Greifswald, Greifswald 2005.

BYSIKIEWICZ, M./MATSCHKE, M. J./BRÖSEL, G. (Fall der Spaltung): Unternehmensbewertung im Fall der Spaltung, in: FB, 7. Jg. (2005), S. 718–728.

C

CAMPBELL, J. Y./LO, A. W./MACKINLAY, A. C. (Econometrics of Financial Markets): The Econometrics of Financial Markets, Princeton 1997.

CANTOR, G. (Mengenlehre): Beiträge zur Begründung der transfiniten Mengenlehre I, in: Mathematische Annalen, 46. Jg. (1985), S. 481–512.

CASEY, C. (Kapitalmarkttheoretische Unternehmensbewertung): Kapitalmarkttheoretische Unternehmensbewertung – Theoretische Fundierung, Vorteilhaftigkeit der Methoden und ökonomische Würdigung, in: BFuP, 58. Jg. (2006), S. 180–198.

CHMIELEWICZ, K. (Wirtschaftswissenschaften): Forschungskonzeptionen der Wirtschaftswissenschaften, 3. Aufl., Stuttgart 1994.

CIALDINI, R. B. (Überzeugen): Die Psychologie des Überzeugens, 6. Aufl., Bern et al. 2010.

CLARKE, E. H. (Multipart Pricing): Multipart Pricing of Public Goods. in: Public Choice, 11. Jg. (1971), S. 17–33.

COENENBERG, A. G. (Monte-Carlo-Simulation): Unternehmungsbewertung mit Hilfe der Monte-Carlo-Simulation, in: ZfB, 40. Jg. (1970), S. 793–804.

COENENBERG, A. G. (Informationsproblem): Das Informationsproblem in der entscheidungsorientierten Unternehmensbewertung, in: Zeitschrift Interne Revision, 6. Jg. (1971), S. 57–76.

COENENBERG, A. G. (Ertragsschwäche): Entscheidungsorientierte Unternehmensbewertung und „Ertragsschwäche", in: BFuP, 36. Jg. (1984), S. 496–507.

COENENBERG, A. G. (Enteignung): Verkehrswert und Restbetriebsbelastung im Rahmen der Entschädigung für die Enteignung landwirtschaftlicher Grundflächen, in: DB, 39. Jg. (1986), Beilage 2/86.

COENENBERG, A. G. (Unternehmensbewertung): Unternehmensbewertung aus der Sicht der Hochschule, in: BUSSE VON COLBE, W./COENENBERG, A. G. (Hrsg.), Unternehmensakquisition und Unternehmensbewertung, Stuttgart 1992, S. 89–108.

COENENBERG, A. G. (Bewertung von Unternehmen): Bewertung von Unternehmen: Konzeptionen und Perspektiven, in: BÖRSIG, C./COENENBERG, A. G. (Hrsg.), Bewertung von Unternehmen, Stuttgart 2003, S. 25–46.

COENENBERG, A. G. (Shareholder Value): Shareholder Value – Betriebswirtschaftliche Sicht und öffentliche Wahrnehmung: in: Journal für Betriebswirtschaft, 53. Jg. (2003), S. 6–14.

COENENBERG, A. G./SAUTTER, M. T. (Unternehmensakquisitionen): Strategische und finanzielle Bewertung von Unternehmensakquisitionen, in: DBW, 48. Jg. (1988), S. 691–710.

COENENBERG, A. G./SCHULTZE, W. (Discounted Cash Flow-Methode): Unternehmensbewertung anhand von Entnahme- oder Einzahlungsüberschüssen: Die Discounted Cash Flow-Methode, in: MATSCHKE, M. J./SCHILDBACH, T. (Hrsg.), Unternehmensberatung und Wirtschaftsprüfung, FS für G. Sieben, Stuttgart 1998, S. 269–299.

COENENBERG, A. G./SCHULTZE, W. (Multiplikator-Verfahren): Das Multiplikator-Verfahren in der Unternehmensbewertung: Konzeption und Kritik, in: FB, 4. Jg. (2002), S. 697–703.

COENENBERG, A. G./SCHULTZE, W. (Konzeptionen und Perspektiven): Unternehmensbewertung: Konzeptionen und Perspektiven, in: DBW, 62. Jg. (2002), S. 597–621.

COENENBERG, A. G./SCHULTZE, W. (Residualgewinn- vs. Ertragswertmethode): Residualgewinn- vs. Ertragswertmethode in der Unternehmensbewertung, in: RICHTER, F./SCHÜLER, A./SCHWETZLER, B. (Hrsg.), Kapitalgeberansprüche, Marktwertorientierung und Unternehmenswert, FS für J. Drukarczyk, München 2003, S. 117–141.

COENENBERG, A. G./SCHULTZE, W. (Methoden): Methoden der Unternehmensbewertung, in: WIRTZ, B. W. (Hrsg.), Handbuch Mergers & Acquisitions Management, Wiesbaden 2006, S. 471–500.

COENENBERG, A. G./SIEBEN, G. (Unternehmungsbewertung): Unternehmungsbewertung, in: GROCHLA, E./WITTMANN, W. (Hrsg.), Handwörterbuch der Betriebswirtschaft, Bd. 3, 4. Aufl., Stuttgart 1976, Sp. 4062–4079.

COPELAND, T. E./KOLLER, T./MURRIN, J. (Valuation): Valuation, 3. Aufl., New York et al. 2000.

COPELAND, T. E./KOLLER, T./MURRIN, J. (Unternehmenswert): Unternehmenswert, 3. Aufl., Frankfurt am Main et al. 2002.

COX, J. C./ROSS, S. A./RUBINSTEIN, M. (Option Pricing): Option Pricing: A Simplified Approach, in: Journal of Financial Economics, 7. Jg. (1979), S. 229–263.

CRASSELT, N./GASSEN, J. (Spieltheorie): Spieltheorie, Ein Lösungsansatz für betriebswirtschaftliche Probleme mit interdependenten Akteuren, in: WiSt, 33. Jg. (2004), S. 634–639.

CREUTZMANN, A. (Berufsverband): Erster Berufsverband für Unternehmensbewerter in Deutschland gegründet, in: FB NEWS, o. Jg. (2005), Newsletter 3/2005, S. 2–3.

CYERT, R. M./MARCH, J. G. (Behavioral Theory): A Behavioral Theory of the Firm, Englewood Cliffs, New Jersey 1963.

D

DANTZIG, G. B. (Lineare Programmierung): Lineare Programmierung und Erweiterungen, Berlin, Heidelberg, New York 1966.

DANTZIG, G. B./WOLFE, P. (Decomposition Principle): Decomposition Principle for Linear Programs, in: OR, 8. Jg. (1960), S. 101–111.

DASKE, H./GEBHARDT, G. (Risikoprämien und Eigenkapitalkosten): Zukunftsorientierte Bestimmung von Risikoprämien und Eigenkapitalkosten für die Unternehmensbewertung, in: ZfbF, 58. Jg. (2006), S. 530–551.

DEAN, J. (Budgeting): Capital Budgeting, New York 1951.

DEBREU, G. (Value): Theory of Value, New Haven, London 1959.

DECHANT, H. (Investitions-Controlling): Investitions-Controlling für mittelständische Unternehmen, Aachen 1998.

DECHANT, H./STELZER, D./TROST, R. (Besonderheiten der Netzökonomie): Besonderheiten der Netzökonomie – Probleme und Lösungsansätze für die marktgerechte Bewertung von Geschäftsmodellen und Unternehmungen, in: der markt, 43. Jg. (2004), S. 3–11.

DECHANT, H./STELZER, D./TROST, R. (Heuristische Erlösprognosen): Heuristische Erlösprognosen für die Bewertung von Geschäftsmodellen im Application Service Providing, in: Wirtschaftsinformatik, 46. Jg. (2004), S. 446–458.

DECHANT, H./TROST, R. (Wirtschaftlichkeitsbewertung): Wirtschaftlichkeitsbewertung von Produktinnovationen im Telekommunikationssektor, in: Journal für Betriebswirtschaft, 51. Jg. (2001), S. 234–242.

DEHMER, H. (Umwandlungsgesetz): Umwandlungsgesetz, Umwandlungssteuergesetz, 2. Aufl., München 1996.

DEUTSCHE VEREINIGUNG FÜR FINANZANALYSE/SCHMALENBACH-GESELLSCHAFT (Ergebnis nach DVFA/SG): Ergebnis nach DVFA/SG, 3. Aufl., Stuttgart 2000.

DIEDERICHS, M. (Risikomanagement): Risikomanagement und Risikocontrolling, 2. Aufl., München 2010.

DIEDRICH, R. (Substanzwertorientierte Verfahren): Substanzwertorientierte Verfahren zur Bewertung von Unternehmen in der ehemaligen DDR, in: BFuP, 43. Jg. (1991), S. 155–167.

DIEDRICH, R. (Prognoseproblem): Das Prognoseproblem bei der Unternehmensbewertung – Ein prädikatenlogisch basierter Ansatz zur Berücksichtigung theoretischer Konstrukte der strategischen Planung, in: BFuP, 45. Jg. (1993), S. 90–103.

DIEDRICH, R. (Künstliche Intelligenz): Methoden der Künstlichen Intelligenz zur Lösung des Prognoseproblems bei der Unternehmensbewertung – Ein Prognoseverfahren auf der Grundlage der Prädikatenlogik 1. Ordnung, Berlin 1993.

DIEDRICH, R. (Sicherheitsäquivalentmethode): Die Sicherheitsäquivalentmethode der Unternehmensbewertung: Ein (auch) entscheidungstheoretisch wohlbegründbares Verfahren, Anmerkungen zu dem Beitrag von Wolfgang Kürsten in der zfbf (März 2002, S. 128–144), in: ZfbF, 55. Jg. (2003), S. 281–286.

DIERKES, S./DIEDRICH, R./GRÖGER, H.-C. (Finanzierungspolitik): Unternehmensbewertung bei wertabhängiger und autonomer Finanzierungspolitik unter Berücksichtigung einer Kursgewinnbesteuerung, in: ZfB, 79. Jg. (2009), S. 275–302.

DIERKES, S./GRÖGER, H.-C. (Hybride Finanzierungspolitiken): Hybride Finanzierungspolitiken in der Unternehmensbewertung, in: CORPORATE FINANCE biz, 1. Jg. (2010), S. 59–64.

DINKELBACH, W. (Programmierung): Sensitivitätsanalysen und parametrische Programmierung, Berlin et al. 1969.

DINKELBACH, W. (Sensitivitätsanalysen): Sensitivitätsanalysen, in: *BECKMANN, J./MENGES, G./SELTEN, R.* (Hrsg.), Handwörterbuch der mathematischen Wirtschaftswissenschaften, Bd. 3, Wiesbaden 1979, S. 243–247.

DINKELBACH, W. (Operations Research): Operations Research, Berlin et al. 1992.

DINTNER, R. (Controlling): Differenzierung, Klassifikation und Typisierung des Controlling, in: *DINTNER, R.* (Hrsg.), Controlling in kleinen und mittelgroßen Unternehmen, Frankfurt am Main 1999, S. 1–66.

DINTNER, R./SCHORCHT, H. (Controlling in mittelständischen Unternehmen): Empirische Untersuchungen zum Controlling in mittelständischen Unternehmen Thüringens, in: *DINTNER, R.* (Hrsg.), Controlling in kleinen und mittelgroßen Unternehmen, Frankfurt am Main et al. 1999, S. 67–309.

DIRRIGL, H. (Bewertung von Beteiligungen): Die Bewertung von Beteiligungen an Kapitalgesellschaften: betriebswirtschaftliche Methoden und steuerlicher Einfluß, Hamburg 1988.

DIRRIGL, H. (Verschmelzung): Die Angemessenheit des Umtauschverhältnisses bei einer Verschmelzung als Problem der Verschmelzungsprüfung und der gerichtlichen Überprüfung, in: WPg, 42. Jg. (1989), S. 413–421 (Teil I) und S. 454–462 (Teil II).

DIRRIGL, H. (Steueroptimale Entgeltvereinbarung): Steueroptimale Entgeltvereinbarung bei Erwerb und Veräußerung einer Unternehmung, in: ZfbF, 41. Jg. (1989), S. 114–136.

DIRRIGL, H. (Synergieeffekte): Synergieeffekte beim Unternehmenszusammenschluß und Bestimmung des Umtauschverhältnisses, in: DB, 43. Jg. (1990), S. 185–192.

DIRRIGL, H. (Strategische Bewertung): Konzepte, Anwendungsbereiche und Grenzen einer strategischen Bewertung, in: BFuP, 46. Jg. (1994), S. 409–432.

DIRRIGL, H. (Unternehmensbewertung): Unternehmensbewertung als Fundament bereichsorientierter Performancemessung, in: *RICHTER, F./SCHÜLER, A./SCHWETZLER, B.* (Hrsg.), Kapitalgeberansprüche, Marktwertorientierung und Unternehmenswert, FS für J. Drukarczyk, München 2003, S. 143–186.

DIRUF, G. (Risikoanalyse): Die quantitative Risikoanalyse, in: ZfB, 42. Jg. (1972), S. 821–832.

DJUKANOV, V./KEUPER, F. (Ungleichgewicht): Bewertung von instabilen Unternehmen im Ungleichgewicht, in: *KEUPER, F./SCHOMANN, M./HORN, D.* (Hrsg.), Modernes Finanz- und Versicherungsmanagement, Berlin 2010, S. 235–265.

DJUKANOV, V./KEUPER, F. (Besonderheiten): Besonderheiten grenzüberschreitender Unternehmensbewertungen, in: *PETERSEN, K./ZWIRNER, C./BRÖSEL, G.* (Hrsg.), Handbuch Unternehmensbewertung, Köln 2013, S. 915–939.

DÖLLERER, G. (Grundsätze ordnungsmäßiger Bilanzierung): Grundsätze ordnungsmäßiger Bilanzierung, deren Entstehung und Ermittlung, in: BB, 14. Jg. (1959), S. 1217–1221.

DOMSCHKE, W./DREXL, A. (Operations Research): Einführung in Operations Research, 8. Aufl., Berlin et al. 2011.

DÖRFLER, W. ET AL. (Probleme bei der Wertermittlung): Probleme bei der Wertermittlung von Abfindungsangeboten. Ergebnisse einer empirischen Untersuchung, in: BB, 49. Jg. (1994), S. 156–162.

DÖRNER, A. (Erbschaftsteuerreform): Problemfelder der Unternehmensbewertung im Rahmen der Erbschaftsteuerreform, in: BewertungsPraktiker, 4. Jg. (2009), H. 2, S. 2–8.

DÖRNER, A./PFÄNDER, E. (Bewertung): Bewertung von Unternehmen nach der Erbschaftsteuerreform (Teil 1), in: BRZ, 33. Jg. (2009), S. 469–473.

DÖRNER, W. (WP-Handbuch 1973): Die Unternehmungsbewertung, in: INSTITUT DER WIRTSCHAFTSPRÜFER (Hrsg.), Wirtschaftsprüfer-Handbuch 1973, 6. Aufl., Düsseldorf 1973, S. 1089–1180.

DÖRNER, W. (Unparteiischer Gutachter): Der Wirtschaftsprüfer als unparteiischer Gutachter bei der Bewertung von Unternehmungen, in: BFuP, 28. Jg. (1976), S. 505–516.

DÖRNER, W. (WP-Handbuch 1977): Die Unternehmungsbewertung, in: INSTITUT DER WIRTSCHAFTSPRÜFER (Hrsg.), Wirtschaftsprüfer-Handbuch 1977, 7. Aufl., Düsseldorf 1977, S. 1131–1232.

DÖRNER, W. (WP-Handbuch 1981): Die Unternehmensbewertung, in: INSTITUT DER WIRTSCHAFTSPRÜFER (Hrsg.), Wirtschaftsprüfer-Handbuch 1981, 8. Aufl., Düsseldorf 1981, S. 1245–1369.

DÖRNER, W. (Funktionen des Wirtschaftsprüfers): Überlegungen zu Theorie und Praxis der subjektiven Unternehmensbewertung – die Funktionen des Wirtschaftsprüfers als Gutachter, in: WPg, 34. Jg. (1981), S. 202–208.

DÖRNER, W. (WP-Handbuch 1985/86): Die Unternehmensbewertung, in: INSTITUT DER WIRTSCHAFTSPRÜFER (Hrsg.), Wirtschaftsprüfer-Handbuch 1985/86, Bd. I, 9. Aufl., Düsseldorf 1985, S. 1053–1152.

DÖRNER, W. (Unternehmensbewertung): Die Unternehmensbewertung, in: INSTITUT DER WIRTSCHAFTSPRÜFER (Hrsg.), Wirtschaftsprüfer-Handbuch 1992, Bd. II, 10. Aufl., Düsseldorf 1992, S. 1–136.

DRUKARCZYK, J. (Barabfindung): Zum Problem der angemessenen Barabfindung bei zwangsweise ausscheidenden Anteilseignern, in: AG, 18. Jg. (1973), S. 357–365.

DRUKARCZYK, J. (DCF-Methoden): DCF-Methoden und Ertragswertmethode – einige erklärende Anmerkungen, in: WPg, 48. Jg. (1995), S. 329–334.

DRUKARCZYK, J./ERNST, D. (Hrsg.) (Branchenorientierte Unternehmensbewertung): Branchenorientierte Unternehmensbewertung, 3. Aufl., München 2010.

DRUKARCZYK, J./HONOLD, F. (Unternehmensbewertung): Unternehmensbewertung, DCF-Methoden und der Wert steuerlicher Finanzierungsvorteile, in: Zeitschrift für Bankrecht und Bankwirtschaft, 11. Jg. (1999), S. 333–349.

DRUKARCZYK, J./LOBE, S. (Halbeinkünfteverfahren): Unternehmensbewertung und Halbeinkünfteverfahren – Probleme individueller und marktorientierter Bewertung steuerlicher Vorteile, in: BB, 57. Jg. (2002), Beilage 6, S. 2–9.

DRUKARCZYK, J./RICHTER, F. (Unternehmensgesamtwert): Unternehmensgesamtwert, anteilseignerorientierte Finanzentscheidungen und APV-Ansatz, in: DBW, 55. Jg. (1995), S. 559–580.

DRUKARCZYK, J./SCHÜLER, A. (Finanzierungsstrategie): Unternehmensbewertung und Finanzierungsstrategie – Kritische Anmerkungen zum Beitrag von Thomas Schildbach im Heft 12/2000 der zfbf, in: ZfbF, 53. Jg. (2001), S. 273–276.

DRUKARCZYK, J./SCHÜLER, A. (Unternehmensbewertung): Unternehmensbewertung, 6. Aufl., München 2009.

DÜCK-RATH, M. (Unternehmensbewertung): Unternehmensbewertung mit Hilfe von DCF-Methoden und ausgewählten Realoptionsansätzen, Frankfurt am Main et al. 2005.

DVFA-ARBEITSKREIS „CORPORATE TRANSACTION AND VALUATION" (Empfehlungen): Best-Practice-Empfehlungen Unternehmensbewertung, Frankfurt am Main 2011.

DVFA EXPERT GROUP „CORPORATE TRANSACTION AND VALUATION" (Best Practice): Die Best Practice Empfehlungen der DVFA zur Unternehmensbewertung, in: CORPORATE FINANCE biz, 3. Jg. (2012), S. 43–50.

E

EBENROTH, C. T./WOLFF, M. (Umweltaltlastenverantwortung): Umweltaltlastenverantwortung in den neuen Bundesländern, Heidelberg 1992.

ECCLES, R. G./LANES, K. L./WILSON, T. C. (Akquisitionen): Akquisitionen: Häufig viel zu teuer bezahlt, in: Harvard Business Manager, 22. Jg. (2000), S. 80–90.

EGGER, A./KLOSTERMANN, M./MANDL, G. (Fachgutachten): Unternehmensbewertung, Kommentare zum deutschen und österreichischen Fachgutachten n. F., in: INSTITUT ÖSTERREICHISCHER WIRTSCHAFTSPRÜFER (Hrsg.), Wirtschaftsprüfer Jahrbuch 2006, Wien 2006, S. 417–470.

EGGER, A./MANDL, G./KLOSTERMANN, M. (Auslegungsfragen): Das neue Fachgutachten zur Unternehmensbewertung – Neuerungen und Auslegungsfragen, in: INSTITUT ÖSTERREICHISCHER WIRTSCHAFTSPRÜFER (Hrsg.), Wirtschaftsprüfer Jahrbuch 2007, Wien 2007, S. 281–297.

EHRHARDT, O./NOWAK, E. (Risikoprämie): Viel Lärm um Nichts? – Zur (Ir)Relevanz der Risikoprämie für die Unternehmensbewertung im Rahmen von Squeeze-outs, in: AG, 50. Jg. (2005), S. 3–8.

EICHINGER, F. (Fusion): Unternehmenswachstum durch Fusion als organisatorischer Konfliktprozeß, Diss. München 1971.

EICHMANN, K. (Unternehmensbewertung): Marketingorientierte Unternehmensbewertung, Augsburg 1992.

ELLINGER, T./BEUERMANN, G./LEISTEN, R. (Operations Research): Operations Research, 6. Aufl., Berlin et al. 2003.

ELMENDORFF, W. (Bewertung): Bewertung von Unternehmensanteilen im Streubesitz, in: WPg, 19. Jg. (1966), S. 548–555.

ELMENDORFF, W./THOENNES, H. (Einfluß der Finanzierung): Einfluß der Finanzierung auf den Unternehmenswert, in: FORSTER, K.-H./SCHUHMACHER, P. (Hrsg.), Aktuelle Fragen der Unternehmensfinanzierung und Unternehmensbewertung, FS für K. Schmaltz, Stuttgart 1970, S. 35–53.

ENGELEITER, H.-J. (Unternehmensbewertung): Unternehmensbewertung, Stuttgart 1970.

ENGELS, W. (Bewertungslehre): Betriebswirtschaftliche Bewertungslehre im Licht der Entscheidungstheorie, Köln, Opladen 1962.

ERICHSEN, J. (Wert eines Unternehmens): Den Wert eines Unternehmens an den Zahlungsflüssen messen, in: bilanz und buchhaltung, 46. Jg. (2000), S. 215–221.

ERNST, D. (Real Options Approach): Plan-based Real Options Approach versus Compound Real Options Approach: Vergleich der Bewertungsansätze am Beispiel eines Start-up-Unternehmens, in: Die Unternehmung, 56. Jg. (2002), S. 17–33.

ERNST, D./HÄCKER, J. (Realoptionen): Realoptionen im Investment-Banking: Mergers & Acquisitions, Initial Public Offering, Venture-Capital, Stuttgart 2002.

ERNST, D./HAUG, M./SCHMIDT, W. (Realoptionen): Realoptionen: Spezialfragen für eine praxisorientierte Anwendung, in: RICHTER, F./TIMMRECK, C. (Hrsg.), Unternehmensbewertung, Stuttgart 2004, S. 397–419.

ERNST & YOUNG (Handeln): Handeln wider besseres Wissen – Warum viele Transaktionen scheitern, ohne es zu müssen, Studie der Wirtschaftsprüfungsgesellschaft Ernst & Young, veröffentlicht am 5. September 2006, abrufbar unter: www.ey.com/Global/content.nsf/Germany/Presse_-_Pressemitteilungen_2006_-_Handeln_wider_Wissen (Stand: 16. Oktober 2006).

ESSER, K. (Marktbewertung): Marktbewertung und Aktionärsinteressen – an der Börse, bei Wachstumsfinanzierungen, bei Unternehmensübernahmen, in: BÖRSIG, C./COENENBERG, A. G. (Hrsg.), Bewertung von Unternehmen, Stuttgart 2003, S. 47–59.

ESSLER, W./LOBE, S./RÖDER, K. (Hrsg.) (Fairness Opinion): Fairness Opinion, Stuttgart 2008.

EULER, R. (Grundsätze ordnungsmäßiger Bilanzierung): Das System der Grundsätze ordnungsmäßiger Bilanzierung, Stuttgart 1996.

EUROPÄISCHE ZENTRALBANK (Änderungen des geldpolitischen Handlungsrahmens): Änderungen des geldpolitischen Handlungsrahmens des Eurosystems, in: Monatsberichte der Europäischen Zentralbank, 5. Jg. (August 2003), S. 45–59.

F

FAMA, E. F. (Risk-Adjusted Discount Rates): Risk-Adjusted Discount Rates and Capital Budgeting under Uncertainty, in: Journal of Financial Economics, 5. Jg. (1977), S. 3–24.

FAMA, E. F./FRENCH, K. R. (Stock Returns): The Cross-Section of Expected Stock Returns, in: JoF, 47. Jg. (1992), S. 427–465.

FAMA, E. F./FRENCH, K. R. (Common risk factors): Common risk factors in the returns on stocks and bonds, in: Journal of Financial Economics, 33. Jg. (1993), S. 3–56.

FAMA, E. F./FRENCH, K. R. (Equity Premium): The Equity Premium, in: JoF, 57. Jg. (2002), S. 637–659.

FANK, M. (Informationsmanagement): Einführung in das Informationsmanagement, 2. Aufl., München, Wien 2001.

FAUSTMANN, M. (Berechnung des Werthes): Berechnung des Werthes, welchen Waldboden, sowie noch nicht haubare Holzbestände für die Waldwirthschaft besitzen, in: Allgemeine Forst- und Jagd-Zeitung, 15. Jg. (1849), S. 441–455.

FAUSTMANN, M. (Geldwerth): Wie berechnet man den Geldwerth junger, noch nicht haubarer Holzbestände, oder überhaupt den Produktionswerth eines Holzbestandes?, in: Allgemeine Forst- und Jagd-Zeitung, 20. Jg. (1854), S. 81–86.

FÉDÉRATION DES EXPERTS COMPTABLES EUROPÉENS (Business Valuation): Business Valuation, A guide for small and medium sized enterprises, Guide for carrying out business valuations, Brüssel 2001.

FELDHOFF, P. (Der neue IDW-Standard): Der neue IDW-Standard zur Unternehmensbewertung: Ein Fortschritt?, in: DB, 53. Jg. (2000), S. 1237–1240.

FELTEN, J.-B. (Wert und Bewertung): Wert und Bewertung ganzer Unternehmungen unter besonderer Berücksichtigung der Energiewirtschaft, Köln, Opladen 1958.

FETTEL, J. (Grundsätze): Die Grundsätze ordentlicher Buchführung (und Bilanzierung), in: Der Wirtschaftstreuhänder (WT), 8. Jg. (1956), S. 125–126.

FISCHER, T. R./HAHNENSTEIN, L./HEITZER, B. (Kapitalmarkttheoretische Ansätze): Kapitalmarkttheoretische Ansätze zur Berücksichtigung von Handlungsspielräumen in der Unternehmensbewertung, in: ZfB, 69. Jg. (1999), S. 1207–1231.

FISCHER-WINKELMANN, W. F. (Gutachterliche Unternehmensbewertung): Gutachterliche Unternehmensbewertung, in: WALGER, G. (Hrsg.), Formen der Unternehmensberatung, Köln 1995, S. 19–40.

FISCHER-WINKELMANN, W. F. (IDW Standard): IDW Standard: Grundsätze zur Durchführung von Unternehmensbewertungen (IDW S 1) – in aere aedificatus!, in: FISCHER-WINKELMANN, W. F. (Hrsg.), MC – Management-Consulting & Controlling, Hamburg 2003, S. 79–162.

FISCHER-WINKELMANN, W. F. (Weiterentwicklung?): „Weiterentwicklung" der Grundsätze ordnungsmäßiger Unternehmensbewertung IDW S 1 = IDW ES 1 n. F.?, in: BFuP, 58. Jg. (2006), S. 158–179.

FISCHER-WINKELMANN, W. F. (Sollen impliziert Können): Sollen impliziert Können – Grundsätze ordnungsmäßiger Unternehmensbewertung einmal anders, in: BFuP, 61. Jg. (2009), S. 342–359.

FISCHER-WINKELMANN, W. F./BUSCH, K. (Die praktische Anwendung): Die praktische Anwendung der verschiedenen Unternehmensbewertungsverfahren, in: in: FB, 11. Jg. (2009), S. 635–656 (Teil 1) und S. 715–726 (Teil 2).

FISHBURN, P. C. (Value Theory): Decision and Value Theory, New York et al. 1964.

FISHER, I. (Theory of Interest): The Theory of Interest, New York 1930.

FOX, A. (Bewertung): Die Bewertung von Content-Anbietern unter besonderer Berücksichtigung von Web 2.0, Wiesbaden 2010.

FRABERGER, F. (Wiener Verfahren 1996): Das Wiener Verfahren 1996 zur Bewertung von Anteilen an Kapitalgesellschaften – Grundsätze und Zweifelsfragen, in: Österreichische Zeitschrift für Recht und Rechnungswesen (RWZ), 11. Jg. (2001), S. 70–77.

FRANK, C. (Strategische Partnerschaften): Strategische Partnerschaften in mittelständischen Unternehmen, Wiesbaden 1994.

FRANK, G. (Bewertung ganzer Unternehmungen): Anmerkungen zur Bewertung ganzer Unternehmungen, in: WPg, 16. Jg. (1963), S. 81–89.

FRANK, G. (Unternehmungsbewertung): Zur Anwendung mathematischer Formeln bei der Unternehmungsbewertung, in: DB, 18. Jg. (1965), S. 825–827.

FREITAG, A. (Spaltungen): Der Einfluß von § 4 BetrAVG auf Spaltungen nach dem neuen Umwandlungsgesetz – zugleich ein Beitrag zu § 132 UmwG, München 1998.

FREITAG, K.-W. (Konzernherr): Der räuberische Konzernherr, in: KEMPF, E./JANSEN, G./MÜLLER, E. (Hrsg.), Festschrift für Christian Richter II, Verstehen und Widerstehen, Baden-Baden 2006, S. 139–169.

FRÈRE, E. (Cashburner): Highflyer oder Cashburner? Herausforderungen bei der Bewertung von Biotechnologie-Unternehmen, in: FAZ vom 4. September 2000, S. B 8.

FREY, N. (Kunstbewertung): Betriebswirtschaftliche Kunstbewertung, Wiesbaden 2011.

FREY, N./RAPP, D. (Unternehmenswert): Unternehmenswert: Das Problem der Scheingenauigkeit, in: DB, 64. Jg. (2011), S. 2105–2107.

FREYBERG, M. (Wertbestimmungen): Die Wertbestimmungen von Bergwerken, in: Braunkohle, 6. Jg. (1907), S. 73–81.

FRIEDL, G. (Realoptionen): Realoptionen als Bewertungs- und Controllinginstrument, in: ACHLEITNER, A.-K./BASSEN, A. (Hrsg.), Controlling von jungen Unternehmen, Stuttgart 2003, S. 239–258.

FRIEDL, G./SCHWETZLER, B. (Inflation): Inflation, Wachstum und Unternehmensbewertung, in: WPg, 62. Jg. (2009), S. 152–158.

FRITZ, J. (Kapitalisierung): Kapitalisierung des Geschäftsertrages, Diskussion Schmalenbach – Fritz – Tgarth, in: ZfhF, 7. Jg. (1912/13), S. 39–41, S. 132–138 und S. 369–376.

FRYDAG, U. FRHR. VON (Bewertung): Die Bewertung landwirtschaftlichen Grundbesitzes nach betriebswirtschaftlichen Grundsätzen, in: ZfhF, 31. Jg. (1937), S. 125–151.

FUNK, J. (Unternehmensbewertung): Aspekte der Unternehmensbewertung in der Praxis, in: ZfbF, 47. Jg. (1995), S. 491–514.

G

GÄFGEN, G. (Theorie): Theorie der wirtschaftlichen Entscheidung, 3. Aufl., Tübingen 1974.

GAL, T. (Sensitivitätsanalyse): Betriebliche Entscheidungsprobleme, Sensitivitätsanalyse und Parametrische Programmierung, Berlin, New York 1973.

GALE, D./KUHN, H. W./TUCKER, A. W. (Linear Programming): Linear Programming and the Theory of Games, in: KOOPMANS, T. C. (Hrsg.), Activity Analysis of Production and Allocation, New York, London 1951, S. 317–329.

GANSWEID, W. (Gerichtliche Überprüfung): Zur gerichtlichen Überprüfung der angemessenen Barabfindung nach § 305 AktG, in: AG, 22. Jg. (1977), S. 334–341.

GANZERT, S./KRAMER, L. (Due Diligence): Due Diligence Review – eine Inhaltsbestimmung, in: Die Wirtschaftsprüfung, 48. Jg. (1995), S. 576–581.

GEBHARDT, G./DASKE, H. (Kapitalmarktorientierte Bestimmung): Kapitalmarktorientierte Bestimmung von risikofreien Zinssätzen für die Unternehmensbewertung, in: WPg, 58. Jg. (2005), S. 649–655.

GELDMACHER, E. (Fall wirtschaftlicher Wertung): Ein praktischer Fall wirtschaftlicher Wertung, in: Betriebswirtschaftliche Rundschau, 1. Jg. (1948), H. 9, S. 29–32.

GELHAUSEN, F. (Probleme der Bewertung): Probleme der Bewertung von Unternehmen, in: WPg, 1. Jg. (1948), Nr. 9 (Dezember), S. 5–10.

GELHAUSEN, H. F. (Insolvenzrecht): Insolvenzrecht, in: INSTITUT DER WIRTSCHAFTSPRÜFER (Hrsg.), Wirtschaftsprüfer-Handbuch 2008, Bd. II, 13. Aufl., Düsseldorf 2007, S. 825–1007.

GEMÜNDEN, H. G. (Information): Information: Bedarf, Analyse und Verhalten, in: WITTMANN, W. ET AL. (Hrsg.), Handwörterbuch der Betriebswirtschaft, Teilband 2, 5. Aufl., Stuttgart 1993, Sp. 1725–1735.

GENG, N. (Ausgleich und Abfindung): Ausgleich und Abfindung der Minderheitsaktionäre der beherrschten Aktiengesellschaft bei Verschmelzung und Spaltung, Frankfurt am Main 2003.

GERKE, W. (Dilemma der Unternehmensbewertung): Dilemma der Unternehmensbewertung, in: BB, 57. Jg. (2002), Beilage 6, S. 1.

GERLING, C. (Unternehmensbewertung): Unternehmensbewertung in den USA, Bergisch Gladbach 1985.

GILDE, W. (Dienstreisen): Dienstreisen mit Augenzwinkern, Erlebnisse auf vier Kontinenten, 4. Aufl., Halle an der Saale, Leipzig 1988.

GILLES, C./LEROY, S. F. (Arbitrage Pricing Theory): On the Arbitrage Pricing Theory, in: Economic Theory, 1. Jg. (1991), S. 213–229.

GLEISSNER, W. (Kapitalkosten): Kapitalkosten: Der Schwachpunkt bei der Unternehmensbewertung und im wertorientierten Management, in: FB, 7. Jg. (2005), S. 217–229.

GLEISSNER, W. (Neue Wege): Neue Wege für Unternehmensbewertung und wertorientierte Unternehmensführung in einem unvollkommenen Kapitalmarkt, in: MEYER, C./PFAFF, D. (Hrsg.), Jahrbuch zum Finanz- und Rechnungswesen 2006, Zürich 2006, S. 119–154.

GLEISSNER, W./WOLFRUM, M. (Eigenkapitalkosten): Eigenkapitalkosten und die Bewertung nicht börsenorientierter Unternehmen: Relevanz von Diversifikationsgrad und Risikomaß, in: FB, 10. Jg. (2008), S. 602–614.

GÖTZ, A./DIESTER, B. (Abgeltungssteuer): Unternehmensbewertung im Lichte der Abgeltungssteuer – alte Probleme, neue Lösungen, in: WPg, 64. Jg. (2011), S. 25–31.

GÖTZE, U. (Szenario-Technik): Szenario-Technik in der strategischen Unternehmensplanung, 2. Aufl., Wiesbaden 1993.

GÖTZE, U./GLASER, K. (Economic Value Added): Economic Value Added als Instrument einer wertorientierten Unternehmensführung, Methodik und anwendungsspezifische Beurteilung, in: kostenrechnungspraxis (krp), 45. Jg. (2001), EH 1, S. 31–38.

GOETZKE, W./SIEBEN, G. (Hrsg.) (Moderne Unternehmungsbewertung): Moderne Unternehmungsbewertung und Grundsätze ihrer ordnungsmäßigen Durchführung, Köln 1977.

GOMEZ, P. (Wertmanagement): Wertmanagement, Vernetzte Strategien für Unternehmen im Wandel, Düsseldorf 1993.

GÖPPL, H. (Unternehmensbewertung): Unternehmensbewertung und Capital-Asset-Pricing-Theorie, in: WPg, 33. Jg. (1980), S. 237–245.

GORNY, C. (Unternehmensbewertung): Unternehmensbewertung in Verhandlungsprozessen, Wiesbaden 2002.

GOSSEN, H. H. (Gesetze des menschlichen Verkehrs): Entwickelung der Gesetze des menschlichen Verkehrs, und der daraus fließenden Regeln für menschliches Handeln, Braunschweig 1854.

GREENSIDE, M. (Estate Planning): Estate Planning. Discounts in the valuation of stock of closely held investment corporations, in: Massachusetts CPA Review, o. J. (1976), July-August, S. 33–34.

GROCHLA, E. (Betrieb und Unternehmung): Betrieb, Betriebswirtschaft und Unternehmung, in: WITTMANN, W. ET AL. (Hrsg.), Handwörterbuch der Betriebswirtschaft, Teilband 1, 5. Aufl., Stuttgart 1993, Sp. 374–390.

GRÖGER, H.-C. (Nachsteuer-CAPM): Mehrperiodiges Nachsteuer-CAPM mit Thesaurierung, in: ZfB, 77. Jg. (2007), S. 1263–1291.

GROSS, G. (Wert- und Preisermittlung): Wert- und Preisermittlung von Aktiengesellschaften bei der Verschmelzung gemäß § 339 Abs. 1 Nr. 1 AktG, Diss. Mannheim 1972.

GROSS, P. J. (Sanierung): Sanierung durch Fortführungsgesellschaften, 2. Aufl., Köln 1988.

GROSSFELD, B. (Unternehmenswert): Börsenkurs und Unternehmenswert, in: BB, 55. Jg. (2000), S. 261–266.

GROSSFELD, B. (Gesellschaftsrecht): Unternehmens- und Anteilsbewertung im Gesellschaftsrecht, 4. Aufl., Köln 2002.

GROSSFELD, B. (Recht): Recht der Unternehmensbewertung, 6. Aufl., Köln 2011.

GROSSKOPF, W. (Simulation): Die Bewertung des landwirtschaftlichen Betriebes mit Hilfe der Simulation, in: Berichte über die Landwirtschaft, Neue Folge, 51. Jg. (1973), S. 114–123.

GROVES, T. (Incentives): Incentives in Teams, in: Econometrica, 61. Jg. (1973), S. 617–631.

GRUDIŃSKI, M. (Business valuation): Business valuation engagement letter – Regulations adopted in selected standards, in: Financial Internet Quarterly „e-Finanse", 7. Jg. (2011), Heft 4, S. 13–24.

GÜNTHER, R. (Steuerliche Implikationen): Unternehmensbewertung nach IDW S 1: Steuerliche Implikationen der im Wirtschaftsprüfer-Handbuch 2002 dargestellten Netto-Ertragswertformel, in: FB, 5. Jg. (2003), S. 348–355.

GÜNTHER, T. (Controlling): Unternehmenswertorientiertes Controlling, München 1997.

GUTHARDT, E./SIELAFF, M. (Steuerbilanz und Vermögensaufstellung): Die Bewertung von Beteiligungen in Steuerbilanz und Vermögensaufstellung, in: GOETZKE, W./SIEBEN, G. (Hrsg.), Moderne Unternehmungsbewertung und Grundsätze ihrer ordnungsmäßigen Durchführung, Köln 1977, S. 241–250.

H

HAASE, K. D. (Einfluß der Besteuerung): Einfluß der Besteuerung auf die Bewertung ertragsschwacher Unternehmungen, in: BFuP, 36. Jg. (1984), S. 518–531.

HACHMEISTER, D. (Erfolgsgröße): Der Cash Flow Return on Investment als Erfolgsgröße einer wertorientierten Unternehmensführung, in: ZfbF, 49. Jg. (1997), S. 556–579.

HACHMEISTER, D. (Discounted Cash Flow): Der Discounted Cash Flow als Maß der Unternehmenswertsteigerung, 4. Aufl., Frankfurt am Main et al. 2000.

HACHMEISTER, D./KÜHNLE, B./LAMPENIUS, N. (Squeeze-Out): Unternehmensbewertung in Squeeze-Out-Fällen: eine empirische Analyse, in: WPg, 62. Jg. (2009), S. 1234–1246.

HACHMEISTER, D./RUTHARDT, F. (Unternehmensbewertung): Unternehmensbewertung in der US-amerikanischen Rechtsprechung im Überblick, in: PETERSEN, K./ZWIRNER, C./BRÖSEL, G. (Hrsg.), Handbuch Unternehmensbewertung, Köln 2013, S. 390–412.

HACHMEISTER, D./RUTHARDT, F./LAMPENIUS, N. (Unternehmensbewertung): Unternehmensbewertung im Spiegel der neueren gesellschaftsrechtlichen Rechtsprechung – Bewertungsverfahren, Ertragsprognose, Basiszinssatz und Wachstumsabschlag, in: WPg, 64. Jg. (2011), S. 519–530.

HACHMEISTER, D./WIESE, J. (Zinsfuß): Der Zinsfuß in der Unternehmensbewertung: Aktuelle Probleme und Rechtsprechung, in: WPg, 62. Jg. (2009), S. 54–65.

HACKMANN, A. (Rechtsprechung): Unternehmensbewertung und Rechtsprechung, Wiesbaden 1987.

HAESELER, H. R./HÖRMANN, F. (Infragestellung): Wissenschaftliche Infragestellung der aktuellen Unternehmensbewertungsmethodik, in: SEICHT, G. (Hrsg.), Jahrbuch für Controlling und Rechnungswesen 2009, Wien 2009, S. 523–538.

HAESELER, H. R./HÖRMANN, F. (Prüfstand): Unternehmensbewertung auf dem Prüfstand, Wissenschaftliche Widerlegung US-amerikanischer Unternehmensbewertungskonzepte, 2. Aufl., Wien 2010.

HAESELER, H. R./HÖRMANN, F./KROS, F. W. (Unternehmensbewertung): Unternehmensbewertung, Grundlagen der Bewertung von Unternehmen und Beteiligungen, 2. Aufl., Wien 2007.

HAFNER, R. (Grenzpreisermittlung): Grenzpreisermittlung bei mehrfacher Zielsetzung – ein Beitrag zur Bewertung strategischer Unternehmensakquisitionen, Bergisch-Gladbach, Köln 1989.

HAFNER, R. (Unternehmensbewertungen als Instrumente): Unternehmensbewertungen als Instrumente zur Durchsetzung von Verhandlungspositionen, in: BFuP, 45. Jg. (1993), S. 79–89.

HAGEST, K. (Ermittlung des Wertes): Die Ermittlung des Wertes von Unternehmungen, in: WPg, 3. Jg. (1950), S. 193–197.

HAKELMACHER, S. (WP Handbuch): Das Alternative WP Handbuch, 2. Aufl., Düsseldorf 2006.

HALLER, A. (Immaterielle Vermögenswerte): Immaterielle Vermögenswerte – Wesentliche Herausforderung für die Zukunft der Unternehmensrechnung, in: MÖLLER, H. P./SCHMIDT, F. (Hrsg.), Rechnungswesen als Instrument für Führungsentscheidungen, FS für A. G. Coenenberg, Stuttgart 1998, S. 561–596.

HANSSMANN, F. (Wertorientiertes strategisches Management): Wertorientiertes strategisches Management – eine Revolution?, in: Strategische Planung, Bd. 4 (1988), S. 1–10.

HARES, C. (Bewertungstheorie): Zur Immobilie aus Sicht der Rechnungslegung und Bewertungstheorie, Wiesbaden 2011.

HARRER, W. (Unsicherheitsmoment): Das Unsicherheitsmoment beim Ertragswert, Versuch seiner rechnerischen Abgrenzung, in: DB, 9. Jg. (1956), S. 309–311.

HARTIG, W. (Verhandeln): Modernes Verhandeln – Grundlagen, Leitlinien, Fallbeispiele, Heidelberg 1995.

HARTMANN, B. (Der lästige Gesellschafter): Der lästige Gesellschafter in der Wirtschaftspraxis, 3. Aufl., Köln 1972.

HARTMANN, B. (Unternehmensbewertung): Neuere Tendenzen in der Unternehmensbewertung, Zur Diskussion um einen „objektivierten" Unternehmenswert, in: BFuP, 33. Jg. (1981), S. 1090–1099.

HASE, S. (Integration): Integration akquirierter Unternehmen, 2. Aufl., Berlin 2002.

HAUGEN, R. A. (Inefficient Stock Markets): The Inefficient Stock Markets, 2. Aufl., Upper Saddle River (New Jersey) 2001.

HAVERMANN, H. (Praxis der Unternehmensbewertung): Aktuelle Grundsatzfragen aus der Praxis der Unternehmensbewertung, in: Wirtschaft und Wissenschaft im Wandel, FS für C. Zimmerer, Frankfurt am Main 1986, S. 157–170.

HAX, H. (Lineare Programmierung): Investitions- und Finanzplanung mit Hilfe der linearen Programmierung, in: ZfF, 16. Jg. (1964), S. 430–446.

HAX, H. (Einfluß): Der Einfluß der Investitions- und Ausschüttungspolitik auf den Zukunftserfolgswert der Unternehmung, in: *BUSSE VON COLBE, W./SIEBEN, G.* (Hrsg.), Betriebswirtschaftliche Information, Entscheidung und Kontrolle, FS für H. Münstermann, Wiesbaden 1969, S. 359–380.

HAX, H. (Finanzierungstheorie): Finanzierungstheorie, in: *WITTMANN, W. ET AL.* (Hrsg.), Handwörterbuch der Betriebswirtschaft, Teilband 1, 5. Aufl., Stuttgart 1993, Sp. 1074–1091.

HAYN, M. (Funktionale Wertkonzeptionen): Unternehmensbewertung: Die funktionalen Wertkonzeptionen: in: DB, 53. Jg. (2000), S. 1346–1353.

HAYN, M. (Bewertung): Bewertung junger Unternehmen, 3. Aufl., Herne, Berlin 2003.

HECHT, S. A./CÖLLN, T. VON (Fallstricke): Fallstricke des vereinfachten Ertragswertverfahrens nach dem BewG i. d. F. des ErbStRG, in: DB, 63. Jg. (2010), S. 1084–1089.

HEIGL, L. M. (Unternehmensbewertung): Unternehmensbewertung zwischen Recht und Markt: Eine rechtsvergleichende Untersuchung und kritische Stellungnahme, Frankfurt am Main et al. 2007.

HEISS, M. M. (Spaltung): Die Spaltung von Unternehmen im Deutschen Gesellschaftsrecht, Berlin 1995.

HEITZER, B./DUTSCHMANN, M. (Unternehmensbewertung): Unternehmensbewertung bei autonomer Finanzierungspolitik, in: ZfB, 69. Jg. (1999), S. 1463–1471.

HELBLING, C. (Unternehmensbewertung): Unternehmensbewertung und Steuern, 9. Aufl., Düsseldorf 1998.

HELBLING, C. (Grundsätze): 25 Grundsätze für die Unternehmensbewertung, in: Der Schweizer Treuhänder, 76. Jg. (2002), S. 735–744.

HELBLING, C. (Finanzkrise): Unternehmensbewertungen im Strudel der Finanzkrise, in: *HAESELER, H./ HÖRMANN, F.* (Hrsg.), Rechnungslegung und Unternehmensführung in turbulenten Zeiten, Wien 2009, S. 33–48.

HELBLING, C. (Besonderheiten): Besonderheiten der Bewertung von kleinen und mittleren Unternehmen, in: *PEEMÖLLER, V. H.* (Hrsg.), Praxishandbuch der Unternehmensbewertung, 5. Aufl., Herne 2012, S. 803–813.

HENSELMANN, K. (Unternehmensrechnungen): Unternehmensrechnungen und Unternehmenswert, Aachen 1999.

HENSELMANN, K. (Bewertung von Mehrstimmrechten): Zur Bewertung von Mehrstimmrechten, in: ZfbF, 53. Jg. (2001), S. 723–725.

HENSELMANN, K. (Gründe und Formen): Gründe und Formen typisierender Unternehmensbewertung, in: BFuP, 58. Jg. (2006), S. 144–157.

HENSELMANN, K./BARTH, T. (Übliche Bewertungsmethoden): „Übliche Bewertungsmethoden" – Eine empirische Erhebung für Deutschland, in: BewertungsPraktiker, 4. Jg. (2009), H. 2, S. 9–12.

HENSELMANN, K./BARTH, T. (Unternehmensbewertung in Deutschland): Unternehmensbewertung in Deutschland – Empirie zur Bewertungspraxis, Norderstedt 2009.

HENSELMANN, K./KLEIN, M. (Monte-Carlo-Simulation): Monte-Carlo-Simulation in der Due Diligence, in: M&A Review, 21. Jg. (2011), S. 358–366.

HENSELMANN, K./KNIEST, W. (Unternehmensbewertung): Unternehmensbewertung: Praxisfälle mit Lösungen, 4. Aufl., Herne 2010.

HENSELMANN, K./SCHRENKER, C./WINKLER, N. (Börsenkurs): Berücksichtigung von Börsenkursen im Rahmen von aktienrechtlichen Strukturmaßnahmen, in: Der Konzern, 9. Jg. (2011), S. 223–229.

HERING, T. (Finanzwirtschaftliche Unternehmensbewertung): Finanzwirtschaftliche Unternehmensbewertung, Wiesbaden 1999.

HERING, T. (Zustands-Grenzpreismodell): Das allgemeine Zustands-Grenzpreismodell zur Bewertung von Unternehmen und anderen unsicheren Zahlungsströmen, in: DBW, 60. Jg. (2000), S. 362–378.

HERING, T. (Konzeptionen der Unternehmensbewertung): Konzeptionen der Unternehmensbewertung und ihre Eignung für mittelständische Unternehmen, in: BFuP, 52. Jg. (2000), S. 433–453.

HERING, T. (Controlling): Zum Begriff „Controlling", in: BURCHERT, H./HERING, T./KEUPER, F. (Hrsg.), Controlling, München, Wien 2001, S. 3–4.

HERING, T. (Produktionsfaktoren): Bewertung von Produktionsfaktoren, in: KEUPER, F. (Hrsg.), Produktion und Controlling, FS für M. Layer, Wiesbaden 2002, S. 57–81.

HERING, T. (Bachelor): Der Bachelor und die 68er, in: WiSt, 32. Jg. (2003), S. 565.

HERING, T. (Mogelpackung und Irrweg): Mogelpackung und Irrweg – Über Bachelor- und Masterstudiengänge, in: Forschung & Lehre (F&L), 10. Jg. (2003), S. 426–428.

HERING, T. (Fusion): Der Entscheidungswert bei der Fusion, in: BFuP, 56. Jg. (2004), S. 148–165.

HERING, T. (IDW-S1): Unternehmensbewertung mit DCF-Verfahren gemäß IDW-S1, in: BRÖSEL, G./KASPERZAK, R. (Hrsg.), Internationale Rechnungslegung, Prüfung und Analyse, München, Wien 2004, S. 510–514.

HERING, T. (Bewertungstheorie): Quo vadis Bewertungstheorie?, in: BURKHARDT, T./KÖRNERT, J./WALTHER, U. (Hrsg.), Banken, Finanzierung und Unternehmensführung, FS für K. Lohmann, Berlin 2004, S. 105–122.

HERING, T. (Atmende Finanzierung): Betriebswirtschaftliche Anmerkungen zur „Unternehmensbewertung bei atmender Finanzierung und Insolvenzrisiko", in: DBW, 65. Jg. (2005), S. 197–199.

HERING, T. (Universitäten): Universitäten als Unternehmen – Akademische Zerrbilder und ideologische Illusionen einer Anti-Elite, in: KEUPER, F./SCHAEFER, C. (Hrsg.), Führung und Steuerung öffentlicher Unternehmen, Berlin 2005, S. 83–107.

HERING, T. (Einräumung einer Beteiligung): Ermittlung des Grenzpreises für die Einräumung einer Beteiligung, in: KEUPER, F./HÄFNER, M./GLAHN, C. VON (Hrsg.), Der M&A-Prozess, Wiesbaden 2006, S. 221–240.

HERING, T. (Unternehmensbewertung): Unternehmensbewertung, 2. Aufl., München, Wien 2006.

HERING, T. (Grenzquotenermittlung): Grenzquotenermittlung für die Wachstumsfinanzierung mit Wagniskapital, in: OEHLER, A./TERSTEGE, U. (Hrsg.), Finanzierung, Investition und Entscheidung, FS für M. Bitz, Wien et al. 2008, S. 379–394.

HERING, T. (Investitionstheorie): Investitionstheorie, 3. Aufl., München 2008.

HERING, T. (Wertorientiertes Controlling): Wertorientiertes Controlling aus Sicht der Investitionstheorie, in: FREIDANK, C.-C./MÜLLER, S./WULF, I. (Hrsg.), Controlling und Rechnungslegung, FS für L. Lachnit, Wiesbaden 2008, S. 37–51.

HERING, T./BRÖSEL, G. (Argumentationswert): Der Argumentationswert als „blinder Passagier" im IDW S 1 – Kritik und Abhilfe, in: WPg, 57. Jg. (2004), S. 936–942.

HERING, T./OLBRICH, M. (Aktionärsabfindung): Aktionärsabfindung und allgemeines Geschäftsrisiko, in: ZfbF, 53. Jg. (2001), S. 726–727.

HERING, T./OLBRICH, M. (Bemessung der Abfindung): Zur Bemessung der Abfindung nach § 5 EGAktG, in: WPg, 54. Jg. (2001), S. 809–815.

HERING, T./OLBRICH, M. (Bewertung von Mehrstimmrechten): Zur Bewertung von Mehrstimmrechten, in: ZfbF, 53. Jg. (2001), S. 20–38.

HERING, T./OLBRICH, M. (Börsengang junger Unternehmen): Einige grundsätzliche Bemerkungen zum Bewertungsproblem beim Börsengang junger Unternehmen, in: ZfB, 72. Jg. (2002), EH 5, S. 147–161.

HERING, T./OLBRICH, M. (Unsicherheitsproblem bei der Entschädigung): Bewertung von Mehrstimmrechten: Zum Unsicherheitsproblem bei der Entschädigung nach § 5 EGAktG, in: DStR, 41. Jg. (2003), S. 1579–1582.

HERING, T./OLBRICH, M. (Wert der Mehrstimmrechte): Der Wert der Mehrstimmrechte und der Fall „Siemens", in: Zeitschrift für Wirtschaftsrecht und Insolvenzpraxis (ZIP), 24. Jg. (2003), S. 104–106.

HERING, T./OLBRICH, M. (Unternehmensnachfolge): Unternehmensnachfolge, München, Wien 2003.

HERING, T./OLBRICH, M. (Entschädigung der Mehrstimmrechte): Wert, Preis und Entschädigung der Mehrstimmrechte, in: BB, 58. Jg. (2003), S. 1519–1520.

HERING, T./OLBRICH, M. (Beteiligungscontrolling): Zeitwertbilanzierung von Beteiligungen nach IAS 39 und ihre Konsequenzen für das Beteiligungscontrolling, in: LITTKEMANN, J. (Hrsg.), Beteiligungscontrolling, Bd. I, 2. Aufl., Herne 2009, S. 363–374.

HERING, T./OLBRICH, M./ROLLBERG, R. (Mitursache der Finanzkrise): Zur angelsächsischen Bewertungstheorie als Mitursache der Finanzkrise, in: *KEUPER, F./NEUMANN, F.* (Hrsg.), Corporate Governance, Risk Management und Compliance, Wiesbaden 2010, S. 29–43.

HERING, T./OLBRICH, M./STEINRÜCKE, M. (Valuation): Valuation of start-up internet companies, in: International Journal of Technology Management, 33. Jg. (2006), S. 406–419.

HERING, T./ROLLBERG, R. (Demaskierung): Aus der Traum – „Demaskierung" der angelsächsischen Bewertungslehre, in: Business + Innovation, 2. Jg. (2011), H. 1, S. 52–59.

HERING, T./SCHNEIDER, J./OSTMEYER, J. (Approximative Dekomposition): Die approximative Dekomposition als heuristische Vorgehensweise zur Investitionsrechnung divisionalisierter Unternehmen auf dem unvollkommenen Kapitalmarkt unter Unsicherheit – Eine beispielhafte Darstellung, Veröffentlichungen des Lehrstuhls für Betriebswirtschaftslehre, insbesondere Unternehmensgründung und Unternehmensnachfolge, Nr. 8, Hagen (Westf.) 2010.

HERING, T./SCHNEIDER, J./TOLL, C. (Investitionsrechnung): Investitionsrechnung auf dem unvollkommenen Kapitalmarkt unter Unsicherheit, in: WISU, 40. Jg. (2011), S. 1349–1355.

HERING, T./TOLL, C. (Bewertung einer Wagniskapitalbeteiligung): Zur Bewertung einer Wagniskapitalbeteiligung aus Sicht des kapitalnachfragenden Unternehmens bei Erhalt der finanziellen Mittel in Tranchen, in: Ekonomia Menedżerska, o. Jg. (2009), Nr. 6, S. 33–48.

HERING, T./TOLL, C. (Fusionsgrenzquote): Zur Fusionsgrenzquote bei Vermögensmaximierung, Veröffentlichungen des Lehrstuhls für Betriebswirtschaftslehre, insbesondere Unternehmensgründung und Unternehmensnachfolge, Nr. 6, Hagen (Westf.) 2009.

HERING, T./TOLL, C./SCHNEIDER, J. (Bewertung einer Wagniskapitalbeteiligung): Zur Bewertung einer Wagniskapitalbeteiligung aus Sicht eines jungen Wachstumsunternehmens, in: BFuP, 64. Jg., (2012), S. 235–261.

HERING, T./VINCENTI, A. J. F. (Wertorientiertes Controlling): Investitions- und finanzierungstheoretische Grundlagen des wertorientierten Controllings, in: *SCHERM, E./PIETSCH, G.* (Hrsg.), Controlling – Theorien und Konzeptionen, München 2004, S. 341–363.

HERING, T./VINCENTI, A. J. F. (Unternehmensgründung): Unternehmensgründung, München, Wien 2005.

HERTER, R. N. (Optionen bei der Bewertung): Berücksichtigung von Optionen bei der Bewertung strategischer Optionen, in: Controlling, 4. Jg. (1992), S. 320–327.

HERTER, R. N. (Unternehmenswertorientiertes Management): Unternehmenswertorientiertes Management, Strategische Erfolgsbeurteilung von dezentralen Organisationseinheiten auf der Basis der Wertsteigerungsanalyse, München 1994.

HERTZ, D. B. (Risk Analysis): Risk Analysis in Capital Investment, in: Harvard Business Review, 42. Jg. (1964), S. 95–106.

HERZIG, N. (Unternehmenswert): Grenzüberschreitende Fusion und Unternehmenswert: Die nationale Ausrichtung des körperschaftsteuerlichen Anrechnungsverfahrens als Kooperationshindernis, in: *KLEINEIDAM, H.-J.* (Hrsg.), Unternehmenspolitik und Internationale Besteuerung, FS für L. Fischer, Berlin 1999, S. 621–643.

HERZIG, N./HÖTZEL, O. (Gestaltungsinstrumente): Steuerorientierte Gestaltungsinstrumente beim Unternehmenskauf, in: DBW, 50. Jg. (1990), S. 513–523.

HERZOG, R. (Unternehmensbewertung): Der Substanzwert im Rahmen der Unternehmensbewertung, in: DB, 15. Jg. (1962), S. 1615–1616.

HEUDORFER, H. (Unternehmensbewertung): Die Körperschaftsteuer bei der Unternehmensbewertung, in: DB, 15. Jg. (1962), S. 37–39.

HEURUNG, R. (Spaltung): Zur Unternehmensbewertung bei Umtauschverhältnissen im Rahmen der Spaltung, in: DStR, 35. Jg. (1997), S. 1302–1308 (Teil I) und S. 1341–1344 (Teil II).

HEURUNG, R. (Unternehmensbewertung bei Spaltungsprozessen): Zur Unternehmensbewertung bei Spaltungsprozessen mit Kapitalstrukturproblemen, in: WPg, 51. Jg. (1998), S. 201–215.

HILLMER, H.-J. (Unternehmensbewertung): Aktuelle Fragen der Unternehmensbewertung, in: FB, 7. Jg. (2005), S. 423–425.

HINTNER, O. (Bewertung): Bewertung von Fremdenverkehrsunternehmungen, in: Jahrbuch für Fremdenverkehr, 14. Jg. (1966), S. 3–11.

HINTZE, S. (Unternehmenskauf): Paretooptimale Vertragsgestaltung beim Unternehmenskauf, Hamburg 1992.

HINTZE, S. (Paretooptimale Vertragsgestaltung): Paretooptimale Vertragsgestaltung beim Unternehmenskauf, in: WPg, 45. Jg. (1992), S. 414–427.

HINZ, H./BEHRINGER, S. (Unternehmensbewertung): Unternehmensbewertung, Anlässe, Funktionen, Instrumente, in: WiSt, 29. Jg. (1999), S. 21–27.

HINZ, M. (Unternehmensbewertung): Unternehmensbewertung im Rahmen erbschaft- und schenkung-
steuerlicher Zwecke – Ein Vergleich des vereinfachte Ertragswertverfahrens mit „üblichen"
Bewertungskalkülen nach den Grundsätzen des IDW S 1 i. d. F. 2008, in: BFuP, 63. Jg.
(2011), S. 304–328.

HINZ, M. (Valuation): Requirements on valuation of firms from an economic point of view, in: *CIMLER,
P.* (Hrsg.), New trends of business management in theory and practice in crossborder compa-
rison, Chemnitz 2011, S. 55–64.

HINZ, M. (Krise): Unternehmensbewertung in der Krise (Insolvenz, Liquidation, Sanierung), in: *PETER-
SEN, K./ZWIRNER, C./BRÖSEL, G.* (Hrsg.), Handbuch Unternehmensbewertung, Köln 2013,
S. 904–914.

HIRSHLEIFER, J. (Investment Decision): On the Theory of Optimal Investment Decision, in: Journal of
Political Economy, 66. Jg. (1958), S. 329–352.

HOFFMANN, N. (Unternehmensbewertung): Unternehmensbewertung nach dem IDW S 1 – Vergleichsmaßstab für offensichtliche Unrichtigkeit der Wertermittlung nach dem Stuttgarter Verfahren?, in: *MEEH, G.* (Hrsg.), Unternehmensbewertung, Rechnungslegung und Prüfung, FS für
W. F. Fischer-Winkelmann, Hamburg 2006, S. 49–63.

HÖLSCHER, L. (Unternehmensbewertung): Käuferbezogene Unternehmensbewertung, Frankfurt am Main
1998.

HOLZAPFEL, H.-J./PÖLLATH, R. (Recht und Praxis): Recht und Praxis des Unternehmenskaufs, 6. Aufl.,
Köln 1992.

HOLZAPFEL, H.-J./PÖLLATH, R. (Unternehmenskauf): Unternehmenskauf in Recht und Praxis, 14. Aufl.,
Köln 2010.

HOMBURG, C./LORENZ, M./SIEVERS, S. (Unternehmensbewertung): Unternehmensbewertung in Deutschland: Verfahren, Finanzplanung und Kapitalkostenermittlung, in: Zeitschrift für Controlling
& Management, 55. Jg. (2011), S. 119–130.

HOMBURG, C./STEPHAN, J./WEISS, M. (Bedeutung des Insolvenzrisikos): Zur Bedeutung des Insolvenzrisikos im Rahmen von DCF-Bewertungen, in: DBW, 65. Jg. (2005), S. 199–203.

HOMMEL, M./BRAUN, I. (Marktorientierte Unternehmensbewertung): Marktorientierte Unternehmensbewertung – der Börsenkurs auf dem Prüfstand, in: BB, 57. Jg. (2002), Beilage 6, S. 10–17.

HOMMEL, M./BRAUN, I./SCHMOTZ, T. (Neue Wege?): Neue Wege in der Unternehmensbewertung?, in: DB,
54. Jg. (2001), S. 341–347.

HOMMEL, M./DEHMEL, I. (Unternehmensbewertung): Unternehmensbewertung *case by case*, 6. Aufl.,
Frankfurt am Main 2011.

HOMMEL, M./DEHMEL, I./PAULY, D. (Steueräquivalenz): Unternehmensbewertung unter dem Postulat der
Steueräquivalenz, in: BB, 60. Jg. (2005), S. 13–18.

HOSTERBACH, E. (Renaissance): Unternehmensbewertung: Renaissance des Substanzwertes, in: DB,
40. Jg. (1987), S. 897–902.

HUSMANN, S./KRUSCHWITZ, L./LÖFFLER, A. (DCF-Verfahren): Über einige Probleme mit DCF-Verfahren –
Kritische Anmerkungen zum Beitrag von Thomas Schildbach im Heft 12/2000 der zfbf, in:
ZfbF, 53. Jg. (2001), S. 277–282.

HUSMANN, S./KRUSCHWITZ, L./LÖFFLER, A. (Unternehmensbewertung): Unternehmensbewertung unter
deutschen Steuern, in: DBW, 62. Jg. (2002), S. 24–42.

HÜTTEMANN, R. (Rechtliche Vorgaben): Rechtliche Vorgaben für ein Bewertungskonzept, in: WPg,
60. Jg. (2007), S. 812–822.

I

ILLING, G. (Spieltheorie): Spieltheorie in den Wirtschaftswissenschaften, in: WiSt, 24. Jg. (1995),
S. 509–516.

INDERFURTH, K. (Investitionsplanung): Starre und flexible Investitionsplanung, Wiesbaden 1982.

INSELBAG, I./KAUFOLD, H. (Alternative Financing Strategies): Two DCF-Approaches for Valuing Companies under alternative Financing Strategies (and how to choose between them), in: Journal of
Applied Corporate Finance, 10. Jg. (1997), S. 114–122.

INSTITUT DER WIRTSCHAFTSPRÜFER (Grundsätze ordnungsgemäßer Rechenschaftslegung): Grundsätze ordnungsgemäßer Rechenschaftslegung, in: Der Wirtschaftstreuhänder, 8. Jg. (1939),
S. 253–259.

INSTITUT DER WIRTSCHAFTSPRÜFER (Entwurf einer Verlautbarung): Entwurf einer Verlautbarung des Arbeitskreises Unternehmensbewertung; Grundsätze zur Durchführung von Unternehmensbewertungen, in: WPg, 33. Jg. (1980), S. 409–421.

INSTITUT DER WIRTSCHAFTSPRÜFER (Stellungnahme HFA 2/1983): Stellungnahme HFA 2/1983: Grundsätze
zur Durchführung von Unternehmensbewertungen, in: WPg, 36. Jg. (1983), S. 468–480.

INSTITUT DER WIRTSCHAFTSPRÜFER (Stellungnahme HFA 2/1990): Stellungnahme HFA 2/1990: Anwendung der Grundsätze zur Durchführung von Unternehmensbewertungen bei der Bewertung in der DDR, in: WPg, 43. Jg. (1990), S. 403–404.

INSTITUT DER WIRTSCHAFTSPRÜFER (Stellungnahme HFA 2/1995): Stellungnahme HFA 2/1995: Zur Unternehmensbewertung im Familien- und Erbrecht, in: WPg, 48. Jg. (1995), S. 522–526.

INSTITUT DER WIRTSCHAFTSPRÜFER (Stellungnahme HFA 6/1997): Stellungnahme HFA 6/1997: Besonderheiten der Bewertung kleiner und mittlerer Unternehmen, in: WPg, 51. Jg. (1998), S. 26–29.

INSTITUT DER WIRTSCHAFTSPRÜFER (IDW S 1 i. d. F. 2000): IDW Standard: Grundsätze zur Durchführung von Unternehmensbewertungen (IDW S 1) – Stand: 28.06.2000, in: WPg, 53. Jg. (2000), S. 825–842.

INSTITUT DER WIRTSCHAFTSPRÜFER (IDW RS HFA 10 a. F.): IDW Stellungnahme zur Rechnungslegung: Anwendung der Grundsätze des IDW S 1 bei der Bewertung von Beteiligungen und sonstigen Unternehmensanteilen für die Zwecke eines handelsrechtlichen Jahresabschlusses (IDW RS HFA 10) – Stand: 29.09.2003, in: IDW Fachnachrichten, o. Jg. (2003), S. 557–559.

INSTITUT DER WIRTSCHAFTSPRÜFER (IDW ES 1 i. d. F. 2005): Entwurf einer Neufassung des IDW Standards: Grundsätze zur Durchführung von Unternehmensbewertungen (IDW ES 1 n. F.), in: WPg, 58. Jg. (2005), S. 28–46.

INSTITUT DER WIRTSCHAFTSPRÜFER (IDW S 1 i. d. F. 2005): IDW Standard: Grundsätze zur Durchführung von Unternehmensbewertungen (IDW S 1) – Stand: 18.10.2005, in: WPg, 58. Jg. (2005), S. 1303–1321.

INSTITUT DER WIRTSCHAFTSPRÜFER (IDW RS HFA 10 n. F.): IDW Stellungnahme zur Rechnungslegung: Anwendung der Grundsätze des IDW S 1 bei der Bewertung von Beteiligungen und sonstigen Unternehmensanteilen für die Zwecke eines handelsrechtlichen Jahresabschlusses (IDW RS HFA 10) – Stand: 18.10.2005, in: WPg, 58. Jg. (2005), S. 1322–1323.

INSTITUT DER WIRTSCHAFTSPRÜFER (IDW S 1 i. d. F. 2008): IDW Standard: Grundsätze zur Durchführung von Unternehmensbewertungen (IDW S 1 i. d. F. 2008) – Stand: 02.04.2008, in: IDW Fachnachrichten, o. Jg. (2008), S. 271–292.

INSTITUT DER WIRTSCHAFTSPRÜFER (Hrsg.) (Jahrbuch 2010): Steuerberater- und Wirtschaftsprüfer-Jahrbuch 2010, 28. Aufl., Düsseldorf 2010.

INSTITUT DER WIRTSCHAFTSPRÜFER (Hrsg.) (Jahrbuch 2011): Steuerberater- und Wirtschaftsprüfer-Jahrbuch 2011, 29. Aufl., Düsseldorf 2011.

INSTITUT DER WIRTSCHAFTSPRÜFER (IDW S 8): IDW Standard: Grundsätze für die Erstellung von Fairness Opinions, in: WPg Supplement, o. Jg. (2011), H. 1, S. 85–95.

INSTITUT DER WIRTSCHAFTSPRÜFER (Hrsg.) (Jahrbuch 2012): Steuerberater- und Wirtschaftsprüfer-Jahrbuch 2012, 30. Aufl., Düsseldorf 2012.

INWINKL, P./KORTEBUSCH, D./SCHNEIDER, G. (Zustands-Grenzpreismodell): Das allgemeine Zustands-Grenzpreismodell zur Bewertung von Unternehmen bei beidseitigen Agency-Konflikten, in: BFuP, 61. Jg. (2009), S. 403–421.

J

JACOB, H. (Methoden): Die Methoden zur Ermittlung des Gesamtwertes einer Unternehmung, Eine vergleichende Betrachtung, in: ZfB, 30. Jg. (1960), S. 131–147 (Teil 1) und S. 209–222 (Teil 2).

JACOB, H. (Flexibilitätsüberlegungen): Flexibilitätsüberlegungen in der Investitionsrechnung, in: ZfB, 37. Jg. (1967), S. 1–34.

JACOB, H. (Ermittlung des Gesamtwertes): Die Methoden zur Ermittlung des Gesamtwertes einer Unternehmung, in: JANBERG, H. (Hrsg.), Finanzierungs-Handbuch, 2. Aufl., Wiesbaden 1970, S. 621–654.

JAENSCH, G. (Unternehmungsbewertung): Ein einfaches Modell der Unternehmungsbewertung ohne Kalkulationszinsfuß, in: ZfbF, 18. Jg. (1966), S. 660–679.

JAENSCH, G. (Wert und Preis): Wert und Preis der ganzen Unternehmung, Köln, Opladen 1966.

JAENSCH, G. (Besprechung): Empfehlungen zur Bewertung von ganzen Unternehmungen – Besprechung, in: ZfbF, 21. Jg. (1969), S. 643–655.

JAENSCH, G. (Erwiderung): Empfehlungen zur Bewertung von ganzen Unternehmungen – Erwiderung, in: ZfbF, 22. Jg. (1970), S. 336–343.

JAENSCH, G. (Akquisitionen in den USA): Unternehmensbewertung bei Akquisitionen in den USA, in: ZfbF, 41. Jg. (1989), S. 329–339.

JEVONS, W. S. (The Theory): The Theory of Political Economy, London, New York 1871.

JONAS, H. (Bestimmung): Einige Bemerkungen zur Bestimmung des Verkehrswertes von Unternehmungen, in: ZfB, 24. Jg. (1954), S. 18–27.

JONAS, H. (Zur gutachterlichen Methodik): Zur gutachterlichen Methodik bei der Unternehmungsbewertung, in: ZfB, 25. Jg. (1955), S. 271–280.

JONAS, M./WIELAND-BLÖSE, H./SCHIFFRATH, S. (Basiszinssatz): Basiszinssatz in der Unternehmensbewertung, FB, 7. Jg. (2005), S. 647–653.

JUNG, M./MANDL, G. (Unternehmensbewertung): Unternehmensbewertung bei wertorientierter Finanzierungspolitik und steuerlichen Verlustvorträgen, in: SEICHT, G. (Hrsg.), Jahrbuch für Controlling und Rechnungswesen 2003, Wien 2003, S. 41–52.

JUNG, W. (Praxis): Praxis des Unternehmenskaufs, Stuttgart 1993.

K

KADEL, P./MEIER, H. (Vergütung): Vergütung außertariflicher Angestellter, in: GAUGLER, E./WEBER, W. (Hrsg.), Handwörterbuch des Personalwesens, 2. Aufl., Stuttgart 1992, Sp. 2253–2263.

KADEN, J. ET AL. (Discounted Cash Flow-Methode): Kritische Überlegungen zur Discounted Cash Flow-Methode, Methodenharmonisierung von Ertragswert und Discounted Cash Flow, in: ZfB, 67. Jg. (1997), S. 499–508.

KÄFER, K. (Unternehmung als Ganzes): Zur Bewertung der Unternehmung als Ganzes, in: Rechnungsführung in Unternehmung und Staatsverwaltung, Festgabe für O. Juzi, Zürich 1946, S. 71–98.

KÄFER, K. (Bewertung der Unternehmung): Zur Bewertung der Unternehmung, Nachdruck von Aufsätzen Karl Käfers aus den Jahren 1946 bis 1973 zum 98. Geburtstag des Autors, hrsg. von C. HELBLING, Zürich 1996.

KALLMEYER, H. (Umwandlungsgesetz): Das neue Umwandlungsgesetz, in: Zeitschrift für Wirtschaftsrecht und Insolvenzpraxis (ZIP), 15. Jg. (1994), S. 1746–1751.

KALLMEYER, H. (Kombination von Spaltungsarten): Kombination von Spaltungsarten nach dem neuen Umwandlungsgesetz, in: DB, 48. Jg. (1995), S. 81–83.

KAMES, C./RICHTER, F. (Abfindungsangebote): Der [sic!] Spekulation auf höhere Abfindungsangebote dürfte bald vorüber sein, in: FAZ vom 18. Oktober 2004, S. 25.

KARAMI, B. (Squeeze Out): Unternehmensbewertung beim „Squeeze Out", in: PETERSEN, K./ZWIRNER, C./BRÖSEL, G. (Hrsg.), Handbuch Unternehmensbewertung, Köln 2013, S. 413–428.

KARMASIN, M. (Wahrheit): Das Oligopol der Wahrheit, Medienunternehmen zwischen Ökonomie und Ethik, Wien et al. 1993.

KAROLLUS, M. (Ausgliederung): Ausgliederung, in: LUTTER, M. (Hrsg.), Kölner Umwandlungsrechtstage: Verschmelzung, Spaltung, Formwechsel nach neuem Umwandlungsrecht und Umwandlungssteuerrecht, Köln 1995.

KASERER, C./BÜHNER, T. (Unternehmensabspaltungen): Unternehmensabspaltungen als Wertsteigerungsinstrument, in: BÖRSIG, C./COENENBERG, A. G. (Hrsg.), Bewertung von Unternehmen, Stuttgart 2003, S. 235–261.

KASPERZAK, R. (Unternehmensbewertung): Unternehmensbewertung, Kapitalmarktgleichgewichtstheorie und Komplexitätsreduktion, in: BFuP, 52. Jg. (2000), S. 466–477.

KEIBER, K./KRONIMUS, A./RUDOLF, M. (Bewertung): Bewertung von Wachstumsunternehmen am Neuen Markt, in: ZfB, 72. Jg. (2002), S. 735–764.

KELLER, M./HOHMANN, B. (Bewertung von KMU): Besonderheiten bei der Bewertung von KMU, in: RICHTER, F./TIMMRECK, C. (Hrsg.), Unternehmensbewertung, Stuttgart 2004, S. 189–215.

KEPPE, H.-J./WEBER, M. (Risikoanalyse): Risikoanalyse bei partieller Wahrscheinlichkeitsinformation, in: DBW, 53. Jg. (1993), S. 49–56.

KERN, C./MÖLLS, S. H. (Ableitung): Ableitung CAPM-basierter Betafaktoren aus einer Peergroup-Analyse, in: CORPORATE FINANCE biz, 1. Jg. (2010), S. 440–448.

KESTING, H./SCHULTE-MATTLER, H. (Black-Scholes-Formel): Herleitung der Black-Scholes-Formel aus dem binomialen Optionspreismodell, in: WiSt, 21. Jg. (1992), S. 167–171.

KEUPER, F. (Fuzzy-PPS-Systeme): Fuzzy-PPS-Systeme, Einsatzmöglichkeiten und Erfolgspotentiale der Theorie unscharfer Mengen, Wiesbaden 1999.

KEUPER, F. (Finanzmanagement): Finanzmanagement, München, Wien 2000.

KEUPER, F. (Information): Ökonomische Bedeutung der Information in der Informationsgesellschaft, in: KEUPER, F. (Hrsg.), Electronic Business und Mobile Business, Wiesbaden 2002, S. 119–141.

KEUPER, F. (Unternehmensbewertung): Unscharfe, kapitalwertbasierende Verfahren zur Unternehmensbewertung, in: ZfB, 72. Jg. (2002), S. 457–476.

KEUPER, F. (Simultaneitätsstrategie): Kybernetische Simultaneitätsstrategie, Systemtheoretisch-kybernetische Navigation im Effektivitäts-Effizienz-Dilemma, Berlin 2004.

KEUPER, F./BRÖSEL, G. (Informationslieferant für das Wissensmanagement): „Electronic Customer Relationship Management" (E-CRM) als Informationslieferant für das Wissensmanagement am Beispiel mittelständischer Unternehmen der Nachtgastronomie, in: MEYER, J.-A. (Hrsg.), Wissens- und Informationsmanagement in kleinen und mittleren Unternehmen, Lohmar, Köln 2005, S. 339–373.

KEUPER, F./BRÖSEL, G./HANS, R. (E-entrepreneurship strategies): E-entrepreneurship strategies to overcome barriers to market entry – a system theory and cybernetics perspective, in: International Journal of Technology Management, 33. Jg. (2006), S. 389–405.

KEUPER, F./DJUKANOV, V. (Manipulationsfaktor): Das Konzept des Betafaktors und die Nutzung als akzeptierter Manipulationsfaktor in der Unternehmensbewertung, in: HERING, T./KLINGELHÖFER, H. E./KOCH, W. (Hrsg.), Unternehmungswert und Rechnungswesen, FS für M. J. Matschke, Wiesbaden 2008, S. 55–75.

KEUPER, F./PAPE, C. (Bewertung): Bewertung von Wohnungsunternehmen mit Hilfe des Zustands-Grenzpreismodells, in: BFuP, 60. Jg. (2008), S. 579–597.

KEUPER, F./PAPE, C. (Modelle): Modelle zur Entscheidungswertfindung in Wohnungsunternehmen unter Unsicherheit, in: Zeitschrift für immobilienwirtschaftliche Forschung und Praxis (ZfiFP), o. Jg. (2009), H. 10, S. 6–14.

KEUPER, F./PAPE, C./RÖDER, S. (Wohnungsunternehmen): Bewertung von Wohnungsunternehmen im Lichte divergierender Geschäftsmodelle, in: UMMEN, R./JOHNS, S. R. (Hrsg.), IMMOBILIEN Jahrbuch 2010, Berlin 2010, S. 200–210.

KIESER, A. (Moden): Moden & Mythen des Organisierens, in: DBW, 56. Jg. (1996), S. 21–39.

KITTNER, M. (Unternehmensbewertung): „Human Ressources" [sic!] in der Unternehmensbewertung, in: DB, 50. Jg. (1997), S. 2285–2290.

KLEBER, P. (Prognoseprobleme): Prognoseprobleme in der Unternehmensbewertung, Wiesbaden 1989.

KLINGELHÖFER, H. E. (Fisher-Hirshleifer-Modell): Fisher-Hirshleifer-Modell, in: BURCHERT, H./HERING, T. (Hrsg.), Betriebliche Finanzwirtschaft, München, Wien 1999, S. 21–27.

KLINGELHÖFER, H. E. (Entsorgung): Betriebliche Entsorgung und Produktion, Wiesbaden 2000.

KLINGELHÖFER, H. E. (Investitionsbewertung): Investitionsbewertung auf unvollkommenen Kapitalmärkten unter Unsicherheit, in: BFuP, 55. Jg. (2003), S. 279–305.

KLINGELHÖFER, H. E. (Finanzwirtschaftliche Bewertung): Finanzwirtschaftliche Bewertung von Umweltschutzinvestitionen, Wiesbaden 2006.

KLINGELHÖFER, H. E. (Wertorientiertes Controlling): Wertorientiertes Controlling auf der Grundlage von Werten nach IAS 36?, in: KoR, 6. Jg. (2006), S. 590–597.

KLINGELHÖFER, H. E./LERM, M./MIRSCHEL, S. (Bewertung): Zur Bewertung von Stimmrechtsänderungen, in: BFuP, 61. Jg. (2009), S. 302–321.

KLINGELHÖFER, H. E./WITT, C. (Unternehmensbewertung): Unternehmensbewertung unter Unsicherheit, in: WiSt, 36. Jg. (2007), S. 536–541.

KLOOCK, J. (Mehrperiodige Investitionsrechnungen): Mehrperiodige Investitionsrechnungen auf der Basis kalkulatorischer und handelsrechtlicher Erfolgsrechnungen, in: ZfbF, 33. Jg. (1981), S. 873–890.

KLOOCK, J./MALTRY, H. (Kalkulatorische Zinsrechnung): Kalkulatorische Zinsrechnung im Rahmen der kurz- und langfristigen Preisplanungen, in: MATSCHKE, M. J./SCHILDBACH, T. (Hrsg.), Unternehmensberatung und Wirtschaftsprüfung, FS für G. Sieben, Stuttgart 1998, S. 85–106.

KNACKSTEDT, H. W. (Klein- und Mittelunternehmen): Klein- und Mittelunternehmen (KMU) richtig bewerten, München 2009.

KNIEF, P. (Steuerberater- und Wirtschaftsprüfer-Jahrbuch 2005): Steuerberater- und Wirtschaftsprüfer-Jahrbuch 2005, 23. Aufl., Düsseldorf 2005.

KNIEF, P. (Steuerberater- und Wirtschaftsprüfer-Jahrbuch 2006): Steuerberater- und Wirtschaftsprüfer-Jahrbuch 2006, 24. Aufl., Düsseldorf 2006.

KNIEF, P. (Steuerberater- und Wirtschaftsprüfer-Jahrbuch 2007): Steuerberater- und Wirtschaftsprüfer-Jahrbuch 2007, 25. Aufl., Düsseldorf 2007.

KNIEF, P. (Bewertung): Die „Bewertung medizinischer Praxen" nach dem 31.12.2008, in: DB, 62. Jg. (2009), S. 866–870.

KNOLL, L. (Unternehmensbewertung): Unternehmensbewertung auf der Basis von IFRS-Zahlen: ein Problem für die Abfindung von Minderheitsaktionären?, in: BB, 61. Jg. (2006), S. 369–372.

KNOLL, L./WENGER, E./TARTLER, T. (Marktrisikoprämie): Die Marktrisikoprämie nach den Vorgaben des IDW: Ein empirischer Vertretbarkeitstest, in: Zeitschrift für Steuern & Recht (ZSteu), 8. Jg. (2011), S. 47–56.

KOCH, C. (Unternehmensbewertung): Optionsbasierte Unternehmensbewertung, Wiesbaden 1999.

KOCH, H. (Unternehmensplanung): Integrierte Unternehmensplanung, Wiesbaden 1982.

KOCH, W. (Bewertung): Die Bewertung von Unternehmungen, in: Der deutsche Volkswirt, 13. Jg. (1939), S. 1363–1365.

KOCH, W. (Due Diligence): Praktiker-Handbuch Due Diligence, 3. Aufl., Stuttgart 2011.

KOCH, W./WEGMANN, J. (Börseneinführung): Praktiker-Handbuch Börseneinführung, 3. Aufl., Stuttgart 2000.

KOCHERLAKOTA, N. (Equity Premium): The Equity Premium: It's Still a Puzzle, in: Journal of Economic Literature, 34. Jg. (1996), S. 42–71.

KOHL, T./SCHILLING, D. (Unternehmensbewertung): Grundsätze objektivierter Unternehmensbewertung, Würdigung unter besonderer Berücksichtigung eines OFD-Leitfadens, in: Steuern und Bilanzen, 8. Jg. (2006), S. 539–545.

KOHL, T./SCHILLING, D. (Grundsätze): Grundsätze objektivierter Unternehmensbewertung im Sinne des IDW S 1 n. F. – Zeitpunkt der erstmaligen Anwendung bei steuerlichen Bewertungsanlässen, in: WPg, 60. Jg. (2007), S. 70–76.

KOLBE, K. (Gesamtwert): Gesamtwert und Geschäftswert der Unternehmung, Köln, Opladen 1954.

KOLBE, K. (Ermittlung): Ermittlung von Gesamtwert und Geschäftswert der Unternehmung, Düsseldorf 1959.

KOLLER, T./GOEDHART, M./WESSELS, D. (Valuation): Valuation, 5. Aufl., Hoboken (New Jersey) 2010.

KOMMISSION FÜR METHODIK DER FINANZANALYSE DER DEUTSCHEN VEREINIGUNG FÜR FINANZANALYSE/ARBEITSKREIS „EXTERNE UNTERNEHMENSRECHNUNG" DER SCHMALENBACH-GESELLSCHAFT (Cash Flow nach DVFA/SG): Cash Flow nach DVFA/SG, in: WPg, 46. Jg. (1993), S. 599–602.

KÖNIG, W. (Bewertung): Die Bewertung von Unternehmen unter Anwendung von Konventionen, in: WPg, 23. Jg. (1970), S. 72–78.

KÖNIG, W. (Vermittlungsfunktion): Die Vermittlungsfunktion der Unternehmensbewertung, in: GOETZKE, W./SIEBEN, G. (Hrsg.), Moderne Unternehmungsbewertung und Grundsätze ihrer ordnungsmäßigen Durchführung, Köln 1977, S. 73–89.

KOPPENBERG, H. J. (Bewertung von Unternehmen): Bewertung von Unternehmen, Düsseldorf 1964.

KORN, K. (Sprache): Sprache in der verwalteten Welt, 2. Aufl., Olten, Freiburg im Breisgau 1959.

KORTH, H.-M. (Unternehmensbewertung): Unternehmensbewertung im Spannungsfeld zwischen betriebswirtschaftlicher Unternehmenswertermittlung, Marktpreisabgeltung und Rechtsprechung, in: BB, 47. Jg. (1992), Beilage 19 zu H. 33.

KÖSTER, A. (Unternehmensbewertung): Nachhaltige Preis- und Mengendifferenzierung in der Unternehmensbewertung, in: WPg, 59. Jg. (2006), S. 830–835.

KRAG, J./KASPERZAK, R. (Unternehmensbewertung): Grundzüge der Unternehmensbewertung, München 2000.

KRÄMER, G. (Unternehmensbewertung durch Kreditinstitute): Die Auswirkungen bankenaufsichtsrechtlicher Vorschriften auf die Unternehmensbewertung von kleinen und mittleren Unternehmen durch Kreditinstitute, in: MEYER, J. A. (Hrsg.), Unternehmensbewertung und Basel II in kleinen und mittleren Unternehmen, Lohmar, Köln 2003, S. 13–31.

KRAUS-GRÜNEWALD, M. (Verkäuferposition): Unternehmensbewertung und Verkäuferposition bei Akquisitionen, in: BALLWIESER, W. ET AL. (Hrsg.), Bilanzrecht und Kapitalmarkt, FS für A. Moxter, Düsseldorf 1994, S. 1435–1456.

KRAUS-GRÜNEWALD, M. (Unternehmenswert): Gibt es einen objektiven Unternehmenswert?, Zur besonderen Problematik der Preisfindung bei Unternehmenstransaktionen, in: BB, 50. Jg. (1995), S. 1839–1844.

KREKÓ, B. (Lineare Optimierung): Lehrbuch der linearen Optimierung, 6. Aufl., Berlin 1973.

KREUTZ, W. (Wertschätzung): Wertschätzung von Bergwerken, Unter besonderer Berücksichtigung der im Geltungsbereiche des preußischen Berggesetzes vorliegenden Verhältnisse, Köln-Rhein 1909.

KROLLE, S./SCHMITT, G./SCHWETZLER, B. (Hrsg.) (Multiplikatorverfahren): Multiplikatorverfahren in der Unternehmensbewertung, Stuttgart 2005.

KRUSCHWITZ, L./LODOWICKS, A./LÖFFLER, A. (Bewertung in insolvenzbedrohter Unternehmen): Zur Bewertung in insolvenzbedrohter Unternehmen, in: DBW, 65. Jg. (2005), S. 221–236.

KRUSCHWITZ, L./LÖFFLER, A. (Mors certa): Mors certa, hora incerta, in: ZfbF, 49. Jg. (1997), S. 1089–1090.

KRUSCHWITZ, L./LÖFFLER, A. (APT): Ross' APT ist gescheitert. Was nun?, in: ZfbF, 49. Jg. (1997), S. 644–651.

KRUSCHWITZ, L./LÖFFLER, A. (Unendliche Probleme): Unendliche Probleme bei der Unternehmensbewertung, in: DB, 51. Jg. (1998), S. 1041–1043.

KRUSCHWITZ, L./LÖFFLER, A. (Replik): Replik von Prof. Dr. Lutz Kruschwitz und Dr. Dr. Andreas Löffler, Berlin, in: DB, 52. Jg. (1999), S. 922–923.

KRUSCHWITZ, L./LÖFFLER, A. (DCF): DCF = APV + (FTE & TCF & WACC)?, in: *RICHTER, F./SCHÜLER, A./SCHWETZLER, B.* (Hrsg.), Kapitalgeberansprüche, Marktwertorientierung und Unternehmenswert, FS für J. Drukarczyk, München 2003, S. 235–253.

KRUSCHWITZ, L./LÖFFLER, A. (Missverständnisse): Fünf typische Missverständnisse im Zusammenhang mit DCF-Verfahren, in: FB, 5. Jg. (2003), S. 731–733.

KRUSCHWITZ, L./LÖFFLER, A. (Bewertung ewig lebender Unternehmen): Zur Bewertung ewig lebender Unternehmen mit Hilfe von DCF-Verfahren, in: DB, 56. Jg. (2003), S. 1401–1402.

KRUSCHWITZ, L./LÖFFLER, A. (Ein neuer Zugang): Ein neuer Zugang zum Konzept des Discounted Cashflow, in: Journal für Betriebswirtschaft, 55. Jg. (2005), S. 21–36.

KRUSCHWITZ, L./LÖFFLER, A. (Discounted Cash Flow): Discounted Cash Flow: A Theory of the Valuation of Firms, Chichester 2006.

KRUSE, H. W. (Grundsätze): Grundsätze ordnungsmäßiger Buchführung – Rechtsnatur und Bestimmung, Köln 1970.

KÜBLER, H.-D. (Kommunikation): Kommunikation und Massenkommunikation, Münster, Hamburg 1994.

KUHNER, C. (Prognosen): Prognosen in der Betriebswirtschaftslehre, in: AG, 51. Jg. (2006), S. 713–720.

KUHNER, C./MALTRY, H. (Unternehmensbewertung): Unternehmensbewertung, Berlin et al. 2006.

KÜNNEMANN, M. (Unternehmensbewertung): Objektivierte Unternehmensbewertung, Frankfurt am Main et al. 1985.

KÜNNEMANN, M. (Steuern): Berücksichtigung der Steuern in der Unternehmensbewertung, in: *BÖRSIG, C./ COENENBERG, A. G.* (Hrsg.), Bewertung von Unternehmen, Stuttgart 2003, S. 153–171.

KUNZ, A. H./PFEIFFER, T./SCHNEIDER, G. (ERIC versus EVA): ERIC[TM] versus EVA[TM], Eine theoretische Analyse in der Praxis diskutierter Wertmetriken, in: DBW, 67. Jg. (2007), S. 259–277.

KUNZE, R. (Aura der Wörter): Die Aura der Wörter, Denkschrift zur Rechtschreibreform, Neuausgabe mit Zwischenbilanz, Stuttgart 2004.

KUP, A. (Unternehmensbewertung): Methoden der Unternehmensbewertung: internationaler Vergleich kleiner und mittelgroßer Unternehmen, Hamburg 2007.

KURELJUSIC, G. (Bewertung von Versicherungsunternehmen): Besonderheiten bei der Bewertung von Versicherungsunternehmen in der Praxis, in: FB, 11. Jg. (2009), S. 453–463.

KÜRSTEN, W. (Shareholder Value): „Shareholder Value" – Grundelemente und Schieflagen einer politökonomischen Diskussion aus finanzierungstheoretischer Sicht, in: ZfB, 70. Jg. (2000), S. 359–381.

KÜRSTEN, W. (Unternehmensbewertung unter Unsicherheit): „Unternehmensbewertung unter Unsicherheit", oder: Theoriedefizit einer künstlichen Diskussion über Sicherheitsäquivalent- und Risikozuschlagsmethode, Anmerkungen (nicht nur) zu dem Beitrag von Bernhard Schwetzler in der zfbf (August 2000 S. 496–486), in: ZfbF, 54. Jg. (2002), S. 128–144.

KUSSMAUL, H. (Gesamtbewertung): Gesamtbewertung von Unternehmen als spezieller Anwendungsfall der Investitionsrechnung, in: StB, 47. Jg. (1996), S. 262–268 (Teil I), S. 303–312 (Teil II), S. 350–358 (Teil III) und S. 395–402 (Teil IV).

KUSSMAUL, H. ET AL. (Unternehmensbewertung): Die Bewertung von Unternehmensvermögen nach dem ErbStRG und Unternehmensbewertung, in: BB, 63. Jg. (2008), S. 472–478.

KÜTING, K. (Analyse von Verbundeffekten): Zur Bedeutung und Analyse von Verbundeffekten im Rahmen der Unternehmensbewertung, in: BFuP, 33. Jg. (1981), S. 175–189.

KÜTING, K./HEIDEN, M./LORSON, P. (Neuere Ansätze): Neuere Ansätze der Bilanzanalyse, in: Betrieb und Rechnungswesen (BBK), o. Jg. (2000), Beilage 1.

KÜTING, K./WEBER, C.-P. (Bilanzanalyse): Bilanzanalyse, 10. Aufl., Stuttgart 2012.

L

LAAS, T. (Einkommensteuerwirkungen): Einkommensteuerwirkungen bei der Unternehmensbewertung, in: WPg, 59. Jg. (2006), S. 290–297.

LABBÉ, M. (Earn-Out-Ansatz): Earn-Out-Ansatz als Option zur preislichen Gestaltung von Unternehmenstransaktionen, in: FB, 6. Jg. (2004), S. 117–121.

LACHER, J./POPPE, H. (Unternehmenskauf): Unternehmenskauf nach der Methode des „realisierten" Ertragswerts, in: DB, 41. Jg. (1988), S. 1761–1765.

LACKMANN, F. (Unternehmungsbewertung): Theorien und Verfahren der Unternehmungsbewertung, 2. Aufl., Berlin 1962.

LAITENBERGER, J./BAHR, C. (Bedeutung der Einkommensteuer): Die Bedeutung der Einkommensteuer bei der Unternehmensbewertung, in: FB, 4. Jg. (2002), S. 703–708.

LAMPENIUS, N./PHILIPPI-BECK, P. (Unternehmensbewertung): Ratingbasierter Ansatz zur Unternehmens-bewertung, in: MEEH, G. (Hrsg.), Unternehmensbewertung, Rechnungslegung und Prüfung, FS für W. F. Fischer-Winkelmann, Hamburg 2006, S. 131–173.

LAMPENIUS, N./OBERMEIER, R./SCHÜLER, A. (Basiszinssätze): Der Einfluss stichtags- und laufzeitäquiva-lenter Basiszinssätze auf den Unternehmenswert: eine empirische Untersuchung, in: Zeit-schrift für Bankrecht und Bankwirtschaft, 20 Jg. (2008), S. 245–254.

LANGE, I. (Unternehmenswert): Unternehmenswert und Behavioral Finance in der Insolvenz, Wiesbaden 2005.

LAUSTERER, M. (Unternehmensbewertung): Unternehmensbewertung zwischen Betriebswirtschaftslehre und Rechtsprechung, Baden-Baden 1997.

LAUX, H. (Unsicherheit): Unternehmensbewertung bei Unsicherheit, in: ZfB, 41. Jg. (1971), S. 525–540.

LAUX, H./FRANKE, G. (Problem der Bewertung): Zum Problem der Bewertung von Unternehmungen und anderen Investitionsgütern, in: Unternehmensforschung, 13. Jg. (1969), S. 205–223.

LAUX, H./LIERMANN, F. (Organisation): Grundlagen der Organisation, 6. Aufl., Berlin et al. 2005.

LEAKE, P. D. (Commercial Goodwill): Commercial Goodwill, Its History, Value, and Treatment in Accounts, 4. Aufl., London 1947.

LE COUTRE, W. (Ordentliche Buchführung): Erfordernisse ordentlicher Buchführung, Düsseldorf 1958.

LEFFSON, U. (Ermittlung des Ertragswertes): Berücksichtigung von Konjunkturschwankungen bei der Er-mittlung des Ertragswertes von Unternehmungen, in: ZfhF, Neue Folge, 2. Jg. (1950), S. 160–166.

LEFFSON, U. (Grundsätze 1): Die Grundsätze ordnungsmäßiger Buchführung, Grundsätze für Buchung und Jahresabschluß, Düsseldorf 1964.

LEFFSON, U. (Grundsätze 7): Die Grundsätze ordnungsmäßiger Buchführung, 7. Aufl., Düsseldorf 1987.

LEHMANN, M. (Ermittlung des Zugewinns): Zur Ermittlung des Zugewinns des Einzelunternehmers bei Scheidung, in: DBW, 67. Jg. (2007), S. 241–243.

LEHMANN, M. R. (Bewertung ganzer Unternehmungen): Allgemeine Grundsätze für die Bewertung gan-zer Unternehmungen, in: ZfB, 24 Jg. (1954), S. 65–74.

LEITHNER, S./LIEBLER, H. (Realoptionen): Die Bedeutung von Realoptionen im M&A-Geschäft, in: HOM-MEL, U./SCHOLICH, M./BAECKER, P. (Hrsg.), Reale Optionen: Konzepte, Praxis und Perspekti-ven strategischer Unternehmensführung, Berlin 2003, S. 219–241.

LEITNER, F. (Unternehmung): Wirtschaftslehre der Unternehmung, 5. Aufl., Berlin, Leipzig 1926.

LENZ, S. (Gesellschaftsrechtliches Spruchverfahren): Gesellschaftsrechtliches Spruchverfahren: Die Rückwirkung geänderter Grundsätze zur Unternehmensbewertung auf den Bewertungsstich-tag – Zugleich Besprechung der Beschlüsse des BayObLG vom 28.10.2005 und des LG Bre-men vom 18.02.2002, in: WPg, 59. Jg. (2006), S. 1160–1167.

LEUTHIER, R. (Interdependenzproblem): Das Interdependenzproblem bei der Unternehmensbewertung, Frankfurt am Main et al. 1988.

LEWIS, T. G./LEHMANN, S. (CFROI): Überlegene Investitionsentscheidungen durch CFROI, in: BFuP, 44. Jg. (1992), S. 1–13.

LIEBERMANN, B. (Ertragswert): Der Ertragswert der Unternehmung, Diss. Frankfurt am Main 1923.

LINTNER, J. (Valuation): The Valuation of Risk Assets and the Selection of Risky Investments in Stock Portfolios and Capital Budgets, in: The Review of Economics and Statistics, 47. Jg. (1965), S. 13–37.

LITTMANN, E. (Grundsätze): Grundsätze ordnungsmäßiger Buchführung und dynamische Bilanzauffas-sung in Handels- und Steuerbilanz, in: BB, 19. Jg. (1964), S. 651–657.

LOBE, S. (Unternehmensbewertung): Unternehmensbewertung und Terminal Value: operative Planung, Steuern und Kapitalstruktur, Frankfurt am Main et al. 2006.

LÖCHERBACH, G. (Altersversorgung bei der Unternehmensbewertung): Zur Berücksichtigung der Ver-pflichtungen aus Zusagen von betrieblicher Altersversorgung bei der Unternehmensbewer-tung, in: BFuP, 45. Jg. (1993), S. 59–65.

LOHMANN, K. (Wertermittlungen): Wertermittlungen für verschiedene Aktiengattungen in dominierten Konfliktsituationen – Bewertung von Stamm- und Vorzugsaktien der Dahlbusch AG, in: HE-RING, T./KLINGELHÖFER, H. E./KOCH, W. (Hrsg.), Unternehmungswert und Rechnungswesen, FS für M. J. Matschke, Wiesbaden 2008, S. 3–20.

LÖHNERT, P. G./BÖCKMANN, U. J. (Multiplikatorverfahren): Multiplikatorverfahren in der Unternehmens-bewertung, in: PEEMÖLLER, V. H. (Hrsg.), Praxishandbuch der Unternehmensbewertung, 5. Aufl., Herne 2012, S. 679–701.

LÖHR, D. (Ertragswertverfahren): Die Grenzen des Ertragswertverfahrens, Frankfurt am Main et al. 1994.

LOITLSBERGER, E. (Bewertung unrentabler Unternehmungen): Zur Bewertung unrentabler Unternehmun-gen, in: Der Gesellschafter (GesRZ), 5. Jg. (1976), S. 44–49 und S. 78–82.

LORSON, P. (Shareholder Value-Ansätze): Shareholder Value-Ansätze: Zweck, Konzepte und Entwicklungstendenzen, in: DB, 52. Jg. (1999), S. 1329–1339.

LORSON, P. (Bewertung ganzer Unternehmen), Auswirkungen von Shareholder-Value-Konzepten auf die Bewertung und Steuerung ganzer Unternehmen, Herne, Berlin 2004.

LÖWE, H./THOSS, S. (Entzug von Mehrstimmrechten): Der Ausgleich für den Entzug von Mehrstimmrechten, in: Zeitschrift für Wirtschaftsrecht und Insolvenzpraxis (ZIP), 23. Jg. (2002), S. 2075–2078.

LÜCKE, W. (Investitionsrechnungen): Investitionsrechnungen auf der Grundlage von Ausgaben oder Kosten?, in: ZfhF, Neue Folge, 7. Jg. (1955), S. 310–324.

LÜDENBACH, N. (Unternehmensbewertung nach IDW S 1): Unternehmensbewertung nach IDW S 1 – Neue Vokabeln, alte Denkverbote? – Teil I, in: Die Information für Steuerberater und Wirtschaftsprüfer (INF), 55. Jg. (2001), S. 596–601.

LUHMANN, N. (Soziale Systeme): Soziale Systeme, Grundriß einer allgemeinen Theorie, 6. Aufl., Frankfurt am Main 1996.

LUTTERMANN, C. (Juristische Anforderungen): Juristische Anforderungen an eine ordnungsmäßige Unternehmensbewertung und an ein Bewertungsgutachten, in: PETERSEN, K./ZWIRNER, C./BRÖSEL, G. (Hrsg.), Handbuch Unternehmensbewertung, Köln 2013, S. 463–477.

LUTTERMANN, C. (Spannungsfeld): Unternehmensbewertung im Spannungsfeld zwischen Rechts- und Wirtschaftswissenschaft, in: PETERSEN, K./ZWIRNER, C./BRÖSEL, G. (Hrsg.), Handbuch Unternehmensbewertung, Köln 2013, S. 152–166.

LUTZ, H. (Konsens und Dissens): Zum Konsens und Dissens in der Unternehmensbewertung, in: BFuP, 33. Jg. (1981), S. 146–155.

LUTZ, H./MATSCHKE, M. J. (Bewertung von Sacheinlagen): Zur Bewertung von Sacheinlagen bei Gründung und Kapitalerhöhung unter dem Aspekt des Gläubigerschutzes, in: WPg, 45. Jg. (1992), S. 741–748.

LUX, T. (Herd Behaviour): Herd Behaviour, Bubbles and Crashes, in: The Economic Journal, 105. Jg. (1995), S. 881–896.

M

MÄDER, O. B. (Objektivierung): Objektivierung von Informationsumfängen, in: MEEH, G. (Hrsg.), Unternehmensbewertung, Rechnungslegung und Prüfung, FS für W. F. Fischer-Winkelmann, Hamburg 2006, S. 251–275.

MAEHRLE, H./FRIEDRICH, M./JASLOWITZER, S. (High Tech-Unternehmen): Bewertung junger High Tech-Unternehmen, in: FB, 7. Jg. (2005), S. 834–839.

MANDL, G. (Ermittlung des Nutzungswertes): Zur Berücksichtigung des Risikos bei der Ermittlung des Nutzungswertes gemäß IAS 36: Darstellung und Kritik, in: SCHNEIDER, D. ET AL. (Hrsg.), Kritisches zu Rechnungslegung und Unternehmensbesteuerung, FS für T. Siegel, Berlin 2005, S. 139–159.

MANDL, G./RABEL, K. (Unternehmensbewertung): Unternehmensbewertung, Eine praxisorientierte Einführung, Wien, Frankfurt am Main 1997.

MANDL, G./RABEL, K. (Behandlung von Verbundeffekten): Die Behandlung von Verbundeffekten in einer normzweckbezogenen Unternehmensbewertung, in: KRUSCHWITZ, L./LÖFFLER, A. (Hrsg.), Ergebnisse des Berliner Workshops „Unternehmensbewertung" vom 7. Februar 1998, Diskussionsbeiträge des Fachbereiches Wirtschaftswissenschaft der Freien Universität Berlin, Nr. 7/1998, S. 53–71.

MANDL, G./RABEL, K. (Abfindung): Zur Abfindung von Minderheitsaktionären: Die Auswahl des Bewertungsverfahrens, in: WAGNER, U. (Hrsg.), Zum Erkenntnisstand der Betriebswirtschaftslehre am Beginn des 21. Jahrhunderts, FS für E. Loitlsberger, Berlin 2001, S. 205–222.

MANDL, G./RABEL, K. (Objektivierter Unternehmenswert): Objektivierter Unternehmenswert und Verkehrswert bei Umgründungen, in: BERTL, R. ET AL. (Hrsg.), Von der Gründung bis zur Liquidation, Wien 2003, S. 99–114.

MANDL, G./RABEL, K. (Der objektivierte Unternehmenswert): Der objektivierte Unternehmenswert im Lichte einer normorientierten Bewertung, in: SIEGEL, T. ET AL. (Hrsg.), Unternehmen, Versicherungen und Rechnungswesen, FS für D. Rückle, Berlin 2006, S. 45–66.

MANDL, G./RABEL, K. (Gegenüberstellung): Gegenüberstellung der neuen Fachgutachten IDW S 1 und KFS BW1, in: Österreichische Zeitschrift für Recht und Rechnungswesen, 16. Jg. (2006), S. 102–107.

MANDL, G./RABEL, K. (Ertragsschwache Unternehmen): Ertragsschwache Unternehmen, Bewertung von, in: FREIDANK, C.-C./LACHNIT, L./TESCH, J. (Hrsg.), Vahlens großes Auditing Lexikon, München 2007, S. 433–435.

MANDL, G./RABEL, K. (Methoden der Unternehmensbewertung): Methoden der Unternehmensbewertung (Überblick), in: PEEMÖLLER, V. H. (Hrsg.), Praxishandbuch der Unternehmensbewertung, 5. Aufl., Herne 2012, S. 49–91.

MÄNNEL, W. (CFROI): Der Cash Flow Return on Investment (CFROI) als Instrument des wertorientierten Controlling, in: kostenrechnungspraxis (krp), 45. Jg. (2001), EH 1, S. 39–51.

MARKOWITZ, H. (Portfolio Selection): Portfolio Selection, in: JoF, 7. Jg. (1952), S. 77–91.

MASTENBROEK, W. F. (Verhandeln): Verhandeln – Strategie, Taktik, Technik, Wiesbaden 1992.

MATSCHKE, M. J. (Bewertung aus entscheidungstheoretischer Sicht): Die Bewertung der Unternehmung aus entscheidungstheoretischer Sicht, unveröffentlichte Diplomarbeit, Köln 1967/68.

MATSCHKE, M. J. (Kompromiß): Der Kompromiß als betriebswirtschaftliches Problem bei der Preisfestsetzung eines Gutachters im Rahmen der Unternehmungsbewertung, in: ZfbF, 21. Jg. (1969), S. 57–77.

MATSCHKE, M. J. (Schiedsspruchwert): Der Arbitrium- oder Schiedsspruchwert der Unternehmung – Zur Vermittlerfunktion eines unparteiischen Gutachters bei der Unternehmungsbewertung –, in: BFuP, 23. Jg. (1971), S. 508–520.

MATSCHKE, M. J. (Gesamtwert als Entscheidungswert): Der Gesamtwert der Unternehmung als Entscheidungswert, in: BFuP, 24. Jg. (1972), S. 146–161.

MATSCHKE, M. J. (Entscheidungswert): Der Entscheidungswert der Unternehmung, Wiesbaden 1975.

MATSCHKE, M. J. (Argumentationswert): Der Argumentationswert der Unternehmung – Unternehmungsbewertung als Instrument der Beeinflussung in der Verhandlung, in: BFuP, 28. Jg. (1976), S. 517–524.

MATSCHKE, M. J. (Argumentationsfunktion): Die Argumentationsfunktion der Unternehmungsbewertung, in: GOETZKE, W./SIEBEN, G. (Hrsg.), Moderne Unternehmungsbewertung und Grundsätze ihrer ordnungsmäßigen Durchführung, Köln 1977, S. 91–103.

MATSCHKE, M. J. (Argumentationsbasis): Traditionelle Unternehmungsbewertungsverfahren als Argumentationsbasis für Verhandlungen über den Preis einer Unternehmung, in: GOETZKE, W./SIEBEN, G. (Hrsg.), Moderne Unternehmungsbewertung und Grundsätze ihrer ordnungsmäßigen Durchführung, Köln 1977, S. 158–174.

MATSCHKE, M. J. (Arbitriumwert): Funktionale Unternehmungsbewertung, Bd. II, Der Arbitriumwert der Unternehmung, Wiesbaden 1979.

MATSCHKE, M. J. (Unternehmungsbewertung in dominierten Konfliktsituationen): Unternehmungsbewertung in dominierten Konfliktsituationen am Beispiel der Bestimmung der angemessenen Barabfindung für den ausgeschlossenen oder ausscheidungsberechtigten Minderheits-Kapitalgesellschafter, in: BFuP, 33. Jg. (1981), S. 115–129.

MATSCHKE, M. J. (Bewertung ertragsschwacher Unternehmungen): Die Bewertung ertragsschwacher Unternehmungen bei der Fusion, in: BFuP, 36. Jg. (1984), S. 544–565.

MATSCHKE, M. J. (Geldentwertung): Geldentwertung und Unternehmensbewertung, in: WPg, 39. Jg. (1986), S. 549–555.

MATSCHKE, M. J. (Finanzierung): Finanzierung der Unternehmung, Herne, Berlin 1991.

MATSCHKE, M. J. (Ermittlung mehrdimensionaler Entscheidungswerte): Einige grundsätzliche Bemerkungen zur Ermittlung mehrdimensionaler Entscheidungswerte der Unternehmung, in: BFuP, 45. Jg. (1993), S. 1–24.

MATSCHKE, M. J. (Investitionsplanung): Investitionsplanung und Investitionskontrolle, Herne, Berlin 1993.

MATSCHKE, M. J. (Lenkungspreise): Lenkungspreise, in: WITTMANN, W. ET AL. (Hrsg.), Handwörterbuch der Betriebswirtschaft, Teilband 2, 5. Aufl., Stuttgart 1993, Sp. 2581–2594.

MATSCHKE, M. J. (Gesamtwert der Unternehmung): Gesamtwert der Unternehmung, in: BUSSE VON COLBE, W./PELLENS, B. (Hrsg.), Lexikon des Rechnungswesens, 4. Aufl., München 1998, S. 278–282.

MATSCHKE, M. J. (Risikokapitalmärkte): Risikokapitalmärkte für innovative technologieorientierte Gründungsunternehmen, in: RICHTER, H.-J. (Hrsg.), Innovation und Wettbewerb in der Dienstleistungsgesellschaft – Aufbruch in das neue Jahrtausend, Rostock 2001, S. 105–117.

MATSCHKE, M. J. (Technologieorientierte Gründungsunternehmen): Risikokapitalmärkte für innovative technologieorientierte Gründungsunternehmen, in: KEUPER, F. (Hrsg.), Produktion und Controlling, FS für M. Layer, Wiesbaden 2002, S. 315–342.

MATSCHKE, M. J. (Grundsätze): Grundsätze ordnungsgemäßer Unternehmensbewertung, Skript zum Vortrag im Rahmen der EUROFORUM-Jahrestagung in Mainz am 12. März 2003, Greifswald 2003.

MATSCHKE, M. J. (Barwert): Barwert, in: LÜCK, W. (Hrsg.), Lexikon der Betriebswirtschaft, 6. Aufl., München, Wien 2004, S. 58.

MATSCHKE, M. J. (Substanzwert): Substanzwert in der Unternehmensbewertung, in: *LÜCK, W.* (Hrsg.), Lexikon der Betriebswirtschaft, 6. Aufl., München, Wien 2004, S. 648–650.

MATSCHKE, M. J. (Unternehmensbewertung): Unternehmensbewertung, Konzeptionen der, in: *LÜCK, W.* (Hrsg.), Lexikon der Betriebswirtschaft, 6. Aufl., München, Wien 2004, S. 682–684.

MATSCHKE, M. J. (Betriebswirtschaftslehre, Bd. I): Allgemeine Betriebswirtschaftslehre, Bd. I, 15. Aufl., Greifswald 2007.

MATSCHKE, M. J. (Betriebswirtschaftslehre, Bd. II): Allgemeine Betriebswirtschaftslehre, Bd. II, 14. Aufl., Greifswald 2007.

MATSCHKE, M. J. (Anlässe und Konzeptionen): Unternehmungsbewertung: Anlässe und Konzeptionen, in: *CORSTEN, H./GÖSSINGER, R.* (Hrsg.), Lexikon der Betriebswirtschaftslehre, 5. Aufl., München 2008, S. 852–855.

MATSCHKE, M. J. (Wertarten nach der Art ihrer Ermittlung): Unternehmungsbewertung: Wertarten nach der Art ihrer Ermittlung, in: *CORSTEN, H./GÖSSINGER, R.* (Hrsg.), Lexikon der Betriebswirtschaftslehre, 5. Aufl., München 2008, S. 855–861.

MATSCHKE, M. J. (Wertarten nach ihrer Aufgabenstellung): Unternehmungsbewertung: Wertarten nach ihrer Aufgabenstellung, in: *CORSTEN, H./GÖSSINGER, R.* (Hrsg.), Lexikon der Betriebswirtschaftslehre, 5. Aufl., München 2008, S. 861–862.

MATSCHKE, M. J. (Methoden): Methoden der Unternehmensbewertung, in: *PETERSEN, K./ZWIRNER, C./BRÖSEL, G.* (Hrsg.), Handbuch Unternehmensbewertung, Köln 2013, S. 50–83.

MATSCHKE, M. J./BRÖSEL, G. (Folgen von „Basel II"): Die Bewertung kleiner und mittlerer Unternehmungen mit dem Zustands-Grenzpreismodell unter besonderer Berücksichtigung möglicher Folgen von „Basel II", in: *MEYER, J.-A.* (Hrsg.), Unternehmensbewertung und Basel II in kleinen und mittleren Unternehmen, Lohmar, Köln 2003, S. 157–181.

MATSCHKE, M. J./BRÖSEL, G. (Waluacja): Waluacja małych i średnich przedsiębiorstw z punktu widzenia domniemanego sprzedawcy – Die Bewertung kleiner und mittlerer Unternehmen aus der Sicht des präsumtiven Verkäufers, Wirtschaftswissenschaftliches Diskussionspapier 11/2007 der Rechts- und Staatswissenschaftlichen Fakultät der Ernst-Moritz-Arndt-Universität Greifswald, Greifswald 2007.

MATSCHKE, M. J./BRÖSEL, G. (Основные черты): Основные черты функциональной оценки предприятий – Grundzüge der funktionalen Unternehmensbewertung, Wirtschaftswissenschaftliches Diskussionspapier 06/2007 der Rechts- und Staatswissenschaftlichen Fakultät der Ernst-Moritz-Arndt-Universität Greifswald, 3. Aufl., Greifswald 2008.

MATSCHKE, M. J./BRÖSEL, G. (Podstawy funkcjonalnej teorii): Podstawy funkcjonalnej teorii waluacji przdsiebiorstwa – Grundzüge der funktionalen Theorie der Unternehmensbewertung, Wirtschaftswissenschaftliches Diskussionspapier 02/2007 der Rechts- und Staatswissenschaftlichen Fakultät der Ernst-Moritz-Arndt-Universität Greifswald, 5. Aufl., Greifswald 2008.

MATSCHKE, M. J./BRÖSEL, G. (Podstawy): Podstawy funkcjonalnej wyceny przedsiębiorstwa, in: Ekonomia Menedżerska, Nr. 4, o. Jg. (2008), S. 7–25.

MATSCHKE, M. J./BRÖSEL, G. (企业评估的功能性理论原理): 企业评估的功能性理论原理 – Grundzüge der funktionalen Unternehmensbewertung, Wirtschaftswissenschaftliches Diskussionspapier 02/2008 der Rechts- und Staatswissenschaftlichen Fakultät der Ernst-Moritz-Arndt-Universität Greifswald, 3. Aufl., Greifswald 2008.

MATSCHKE, M. J./BRÖSEL, G. (Wycena przedsiębiorstwa): Wycena przedsiębiorstwa – Funkcje, metody, zasady, Warschau 2011.

MATSCHKE, M. J./BRÖSEL, G./BYSIKIEWICZ, M. (Finanzierungsalternativen): Finanzierungsalternativen beim Aufbruch von kleinen und mittleren Unternehmen in neue technologieorientierte Märkte, in: *MEYER, J.-A.* (Hrsg.), Kleine und mittlere Unternehmen in neuen Märkten, Köln 2006, S. 403–428.

MATSCHKE, M. J./BRÖSEL, G./KARAMI, B. (Rechtsprechung): Unternehmensbewertung im Rahmen der Rechtsprechung aus Sicht der funktionalen Lehre, in: *KÖNIGSMAIER, H./RABEL, K.* (Hrsg.), Unternehmensbewertung: Theoretische Grundlagen – Praktische Anwendung, FS für G. Mandl, Wien 2010, S. 421–450.

MATSCHKE, M. J./BRÖSEL, G./MATSCHKE, X. (Functional Business Valuation): Fundamentals of Functional Business Valuation, in: Journal of Business Valuation and Economic Loss Analysis (JBVELA), 5. Jg. (2010), H. 1, Art. 7, S. 1–39.

MATSCHKE, M. J./BRÖSEL, G./MATSCHKE, X. (Основные черты): Основные черты функциональной оценки предприятий, unveröffentlichtes Manuskript 2012 (Druck in Vorbereitung).

MATSCHKE, M. J./HERING, T. (Unendliche Probleme): Unendliche Probleme bei der Unternehmensbewertung?, in: DB, 52. Jg. (1999), S. 920–922.

MATSCHKE, M. J./HERING, T./KLINGELHÖFER, H. E. (Finanzplanung): Finanzanalyse und Finanzplanung, München, Wien 2002.

MATSCHKE, M. J./KOLF, J. (Controlling): Historische Entwicklung, Begriff und organisatorische Probleme des Controlling, in: DB, 33. Jg. (1980), S. 601–607.

MATSCHKE, M. J./MUCHEYER, H. (Preisverhandlung): Die Nutzung der traditionellen Unternehmungsbewertungsverfahren zur Argumentation in der Preisverhandlung, in: GOETZKE, W./SIEBEN, G. (Hrsg.), Moderne Unternehmungsbewertung und Grundsätze ihrer ordnungsmäßigen Durchführung, Köln 1977, S. 179–183.

MATSCHKE, M. J./WITT, C. (Entscheidungswertermittlung bei der Vereinigung): Entscheidungswertermittlung bei der Vereinigung öffentlich-rechtlicher Sparkassen, in: BURKHARDT, T./KÖRNERT, J./ WALTHER, U. (Hrsg.), Banken, Finanzierung und Unternehmensführung, FS für K. Lohmann, Berlin 2004, S. 249–271.

MATSCHKE, X. (Arbitrium- und Argumentationswert): Arbitrium- und Argumentationswert in der volkswirtschaftlichen Vertragstheorie, in: HERING, T./KLINGELHÖFER, H. E./KOCH, W. (Hrsg.), Unternehmungswert und Rechnungswesen, FS für M. J. Matschke, Wiesbaden 2008, S. 77–111.

MATSCHKE, X. (Vertragstheorie): Funktionale Unternehmensbewertung im Lichte der Vertragstheorie, in: BFuP, 61. Jg. (2009), S. 388–401.

MAUL, K.-H. (Offene Probleme): Offene Probleme der Bewertung von Unternehmen durch Wirtschaftsprüfer, in: DB, 45. Jg. (1992), S. 1253–1259.

MAUL, K.-H. (Spruchstellenverfahren): Unternehmens- und Anteilsbewertung in Spruchstellenverfahren, in: RICHTER, F./SCHÜLER, A./SCHWETZLER, B. (Hrsg.), Kapitalgeberansprüche, Marktwertorientierung und Unternehmenswert, FS für J. Drukarczyk, München 2003, S. 255–287.

MAYER, M. D. (Optionspreistheorie): Zur Eignung der Optionspreistheorie für die Aussprache von Finanzierungsempfehlungen an innovative Unternehmungen, in: FB, 3. Jg. (2001), S. 595–599.

MEILICKE, W. (Barabfindung): Die Barabfindung für den ausgeschlossenen oder ausscheidungsberechtigten Minderheits-Kapitalgesellschafter, Rechtsgrundsätze zur Unternehmensbewertung, Berlin 1975.

MEINERT, C. (Entwicklungen): Neuere Entwicklungen in der Unternehmensbewertung, in: DB, 64. Jg. (2011), S. 2397–2403 (Teil I) und S. 2455–2460 (Teil II).

MELLEROWICZ, K. (Wertungslehre): Grundlagen betriebswirtschaftlicher Wertungslehre, Berlin 1926.

MELLEROWICZ, K. (Wert der Unternehmung): Der Wert der Unternehmung als Ganzes, Essen 1952.

MENGER, C. (Grundsätze): Grundsätze der Volkswirthschaftslehre, Wien 1871.

MERTEN, K. (Kommunikationswissenschaft): Einführung in die Kommunikationswissenschaft, Bd. 1/1: Grundlagen der Kommunikationswissenschaft, 3. Aufl., Münster et al. 2007.

MEYER, B. H. (Unternehmensbewertung): Stochastische Unternehmensbewertung: der Wertbeitrag von Realoptionen, Wiesbaden 2006.

MEYER, S. (Ermittlung von Schiedswerten): Die Ermittlung von Schiedswerten für Unternehmen und Unternehmensanteile, in: UM, 3. Jg. (2005), S. 37–44.

MEYERING, S. (Bewertungskalküle): Einzug betriebswirtschaftlicher Bewertungskalküle in die Erbschaftsteuer, in: Steuer und Wirtschaft, 88. Jg. (2011), S. 274–281.

MILLS, R. (Brand Valuation): Brand Valuation, in Henley Manager Update, 16. Jg. (2005), Heft 3, S. 1–8,

MINDERMANN, T./BRÖSEL, G. (Jahresabschlusserstellung): Buchführung und Jahresabschlusserstellung, Band 1: Das Lehrbuch, 4. Aufl., Norderstedt 2012.

MIRRE, L. (Gemeiner Wert): Gemeiner Wert und Ertragswert, in: Zeitschrift des Deutschen Notarvereins, 13. Jg. (1913), S. 155–176.

MIRSCHEL, S./KLINGELHÖFER, H. E./LERM, M. (Bewertung): Bewertung von Stimmrechtsänderungen, Wirtschaftswissenschaftliches Diskussionspapier 03/2004 der Rechts- und Staatswissenschaftlichen Fakultät der Ernst-Moritz-Arndt-Universität Greifswald, Greifswald 2004.

MIRSCHEL, S./LERM, M. (Zustandsgrenzpreismodell): Zur Interpretation der Dualvariable der Mindestzielfunktionswertrestriktion im Zustandsgrenzpreismodell, Wirtschaftswissenschaftliches Diskussionspapier 07/2004 der Rechts- und Staatswissenschaftlichen Fakultät der Ernst-Moritz-Arndt-Universität Greifswald, Greifswald 2004.

MIRSCHEL, S./ROLLBERG, R. (Bewertung): Bewertung einer risikomindernden Versorgungskettenverzweigung, in: VAHRENKAMP, R./SIEPERMANN, C. (Hrsg.), Risikomanagement in Supply Chains, Berlin 2007, S. 83–96.

MODIGLIANI, F./MILLER, M. H. (Cost of Capital): The Cost of Capital, Corporation Finance and the Theory of Investment, in: The American Economic Review, 48. Jg. (1958), S. 261–297.

MODIGLIANI, F./MILLER, M. H. (Cost of Capital: A Correction): Corporate Income Taxes and the Cost of Capital: A Correction, in: The American Economic Review, 53. Jg. (1963), S. 433–443.

MODIGLIANI, F./MILLER, M. H. (Kapitalkosten): Kapitalkosten, Finanzierung von Aktiengesellschaften und Investitionstheorie, in: HAX, H./LAUX, H. (Hrsg.), Die Finanzierung der Unternehmung, Köln 1975, S. 86–119.

MODIGLIANI, F./MILLER, M. H. (Kapitalkosten. Eine Berichtigung): Körperschaftsteuern und Kapitalkosten. Eine Berichtigung, in: HAX, H./LAUX, H. (Hrsg.), Die Finanzierung der Unternehmung, Köln 1975, S. 120–132.

MORAL, F. (Unternehmungen): Die Abschätzung des Wertes industrieller Unternehmungen, Berlin 1920.

MOSER, U. (Terminal Value): Behandlung der Reinvestitionen bei der Ermittlung des Terminal Value, in: BB, 57. Jg. (2002), Beilage 6, S. 17–23.

MOSER, U. (Behandlung von negativen Cash Flows): Behandlung von negativen Cash Flows und Verlustvorträgen, in: RICHTER, F./TIMMRECK, C. (Hrsg.), Unternehmensbewertung, Stuttgart 2004, S. 41–59.

MOSER, U./AUGE-DICKHUT, S. (Marktpreisabschätzungen): Unternehmensbewertung: Der Informationsgehalt von Marktpreisabschätzungen auf Basis von Vergleichsverfahren, in: FB, 5. Jg. (2003), S. 10–22.

MOSER, U./AUGE-DICKHUT, S. (Zusammenhang): Unternehmensbewertung: Zum Zusammenhang zwischen Vergleichsverfahren und DCF-Verfahren, in: FB, 5. Jg. (2003), S. 213–223.

MOSSIN, J. (Equilibrium): Equilibrium in a Capital Asset Market, in: Econometrica, 34. Jg. (1966), S. 768–783.

MOXTER, A. (Grundsätze ordnungsmäßiger Bilanzierung): Die Grundsätze ordnungsmäßiger Bilanzierung und der Stand der Bilanztheorie, in: ZfbF, 18. Jg. (1966), S. 28–59.

MOXTER, A. (Modigliani-Miller-Theorem): Optimaler Verschuldungsumfang und Modigliani-Miller-Theorem, in: HAX, H./LAUX, H. (Hrsg.), Die Finanzierung der Unternehmung, Köln 1975, S. 133–159.

MOXTER, A. (Unternehmensbewertung 1): Grundsätze ordnungsmäßiger Unternehmensbewertung, Wiesbaden 1976.

MOXTER, A. (Quellen): Grundsätze ordnungsmäßiger Unternehmensbewertung – Bedeutung und Quellen, in: BB, 31. Jg. (1976), S. 989–991.

MOXTER, A. (Todsünden): Die sieben Todsünden des Unternehmensbewerters, in: GOETZKE, W./SIEBEN, G. (Hrsg.), Moderne Unternehmensbewertung und Grundsätze ihrer ordnungsmäßigen Durchführung, Köln 1977, S. 253–256.

MOXTER, A. (Bedeutung): Die Bedeutung der Grundsätze ordnungsmäßiger Unternehmensbewertung, in: ZfbF, 32. Jg. (1980), S. 454–459.

MOXTER, A. (Unternehmensbewertung 2): Grundsätze ordnungsmäßiger Unternehmensbewertung, 2. Aufl., Wiesbaden 1983.

MOXTER, A. (Grundsätze ordnungsmäßiger Buchführung): Grundsätze ordnungsmäßiger Buchführung, in: BALLWIESER, W./COENENBERG, A. G./WYSOCKY, K. VON (Hrsg.), Handwörterbuch der Rechnungslegung und Prüfung, 3. Aufl., Stuttgart 2002, Sp. 1041–1052.

MOXTER, A. (Grundsätze ordnungsgemäßer Rechnungslegung): Grundsätze ordnungsgemäßer Rechnungslegung, Düsseldorf 2003.

MUGLER, J. (Klein- und Mittelbetriebe): Betriebswirtschaftslehre der Klein- und Mittelbetriebe, Bd. 1, 3. Aufl., Wien et al. 1998.

MÜLLER, D. (Realoptionsmodelle): Realoptionsmodelle und Investitionscontrolling im Mittelstand, Wiesbaden 2004.

MÜLLER, D. (Tauschrealoptionen): Modell der Tauschrealoptionen als Instrument des Investitionscontrollings, in: Zeitschrift für Controlling und Management (ZfCM), 49. Jg. (2005), S. 30–45.

MÜLLER, W. (Versicherungsfunktionen): Versicherungsfunktionen bei der Unternehmensbewertung, in: BFuP, 36. Jg. (1984), S. 577–588.

MÜLLER, W. (Grundsätze ordnungsmäßiger Buchführung): Der Europäische Gerichtshof und die deutschen Grundsätze ordnungsmäßiger Buchführung, in: MARTENS, K.-P./WESTERMANN, H. P./ZÖLLNER, W. (Hrsg.), FS für C. P. Claussen, Köln et al. 1997, S. 707–723.

MÜLLER-MERBACH, H. (Operations Research): Operations Research, 3. Aufl., München 1973.

MUNKERT, M./MUNKERT, M. J. (Spruchverfahren): Der Basiszinssatz im Spruchverfahren, Ein Berechnungsmodell zur Berücksichtigung des Zinsänderungsrisikos bei der Ermittlung der angemessenen Entschädigung, in: MEEH, G. (Hrsg.), Unternehmensbewertung, Rechnungslegung und Prüfung, FS für W. F. Fischer-Winkelmann, Hamburg 2006, S. 337–369.

MUNKERT, M. J. (Unternehmensbewertung): Der Kapitalisierungszinssatz in der Unternehmensbewertung, Theorie, Gutachtenpraxis und Rechtsprechung in Spruchverfahren, Wiesbaden 2005.

MÜNSTERMANN, H. (Gesamtwert): Der Gesamtwert des Betriebes, in: Schweizerische Zeitschrift für Kaufmännisches Bildungswesen, 46. Jg. (1953), S. 181–193 (Teil 1) und S. 209–219 (Teil 2).

MÜNSTERMANN, H. (Unternehmen): Bewertung ganzer Unternehmen, in: SEISCHAB, H./SCHWANTAG, K. (Hrsg.), Handwörterbuch der Betriebswirtschaft, Bd. 1, 3. Aufl., Stuttgart et al. 1956, Sp. 1059–1068.

MÜNSTERMANN, H. (Wert und Bewertung): Wert und Bewertung der Unternehmung, Wiesbaden 1966.

MÜNSTERMANN, H. (Unternehmungen): Bewertung von Unternehmungen (und Unternehmungsteilen), in: BÜSCHGEN, H. E. (Hrsg.), Handwörterbuch der Finanzwirtschaft, Stuttgart et al. 1976, Sp. 168–184.

MÜNSTERMANN, H. (Zukunftsentnahmewert): Der Zukunftsentnahmewert der Unternehmung und seine Beurteilung durch den Bundesgerichtshof, in: BFuP, 32. Jg. (1980), S. 114–124.

MYERS, S. C. (Security Valuation): A Time-State-Preference Model of Security Valuation, in: Journal of Financial and Qualitative Analysis, 3. Jg. (1968), S. 1–34.

MYERS, S. C. (Corporate Borrowing): Determinants of Corporate Borrowing, in: Journal of Financial Economics, 5. Jg. (1977), S. 147–175.

MYERS, S. C. (Financial Strategy): Finance Theory and Financial Strategy, in: Interfaces, 14. Jg. (1984), S. 126–137.

MYERSON, R. B./SATTERTHWAITE, M. A. (Efficient Mechanism): Efficient Mechanism for Bilateral Trading, in: Journal of Economic Theory, 29. Jg. (1983), S. 265–281.

N

NADVORNIK, W. (Fachgutachten): Ist das österreichische Fachgutachten zur Unternehmungsbewertung noch zeitgemäß? Kritische Anmerkungen unter Berücksichtigung der Bundesdeutschen Empfehlungen zur Durchführung von Unternehmungsbewertungen, in: Journal für Betriebswirtschaft, 35. Jg. (1985), S. 104–119.

NADVORNIK, W./VOLGGER, S. (Bewertung ertragsschwacher Unternehmen): Die Bewertung ertragsschwacher Unternehmen, in: FELDBAUER-DURSTMÜLLER, B./SCHLAGER, J. (Hrsg.), Krisenmanagement, Wien 2007, S. 329–352.

NEUHAUS, C. (Unternehmensbewertung und Abfindung): Unternehmensbewertung und Abfindung bei freiwilligem Ausscheiden aus der Personenhandelsgesellschaft, Heidelberg 1990.

NEUMANN, K./MORLOCK, M. (Operations Research): Operations Research, München, 2. Aufl., München, Wien 2002.

NEYE, H.-W. (Umwandlungsgesetz): Umwandlungsgesetz, Umwandlungssteuergesetz, 2. Aufl., Köln 1995.

NIEHUES, K. (Unternehmensbewertung): Unternehmensbewertung bei Unternehmenstransaktionen, Unter besonderer Berücksichtigung kleiner und mittelständischer Unternehmen, in: BB, 48. Jg. (1993), S. 2241–2250.

NIETERT, B. (Unternehmensbewertung): Nutzenorientierte versus traditionelle subjektive Unternehmensbewertung, in: ZfB, 75. Jg. (2005), S. 541–571.

NIPPEL, P. (Marktbewertung): Die Marktbewertung im Capital Asset Pricing Model, in: WiSt, 25. Jg. (1996), S. 166–168.

NONNENMACHER, R. (Verschmelzung): Das Umtauschverhältnis bei der Verschmelzung von Kapitalgesellschaften, in: AG, 27. Jg. (1982), S. 153–158.

NOWAK, K. (Unternehmensbewertung): Marktorientierte Unternehmensbewertung, 2. Aufl., Wiesbaden 2003.

NUTHMANN, G. (Kauf): Der Kauf eines Unternehmens, Diss. Königsberg in Preußen 1922.

O

O. V. (Erfolgsschwelle): Eric senkt die Erfolgsschwelle, in: FAZ vom 6. Juli 2004, S. U 5.

O. V. (Wertorientierte Unternehmensführung): Wertorientierte Unternehmensführung, in: edit value, Das Wirtschaftsmagazin der KPMG, Nr. 3 (2004), S. 5–7.

OBERMAIER, R. (Marktzinsorientierte Bestimmung): Marktzinsorientierte Bestimmung des Basiszinssatzes in der Unternehmensbewertung, in: FB, 8. Jg. (2006), S. 472–479.

OELSNITZ, D. VON DER (Krisenmanagement): Prophylaktisches Krisenmanagement durch antizipative Unternehmensflexibilisierung, Bergisch Gladbach, Köln 1993.

OESTREICHER, A. (Handels- und Steuerbilanzen): Handels- und Steuerbilanzen, HGB, IAS/IFRS, US-GAAP, EStG und BewG, 6. Aufl., Heidelberg 2003.

OEYENHAUSEN, C. VON (Bestimmung des Kapitalwerthes): Ueber die Bestimmung des Kapitalwerthes von Steinkohlen-Zechen, Mit besonderer Berücksichtigung des Märkschen Kohlenbergbaues, in: Archiv für Bergbau und Hüttenwesen, 5. Jg. (1822), S. 306–319.

OLBRICH, C. (Unternehmensbewertung): Unternehmensbewertung, Ein Leitfaden für die Praxis, Herne, Berlin 1981.

OLBRICH, C. (Zugewinnausgleich): Unternehmensbewertung bei Zugewinnausgleich, in: WPg, 35. Jg. (1982), S. 454–465.

OLBRICH, M. (Unternehmungswert): Unternehmungskultur und Unternehmungswert, Wiesbaden 1999.

OLBRICH, M. (Bedeutung des Börsenkurses): Zur Bedeutung des Börsenkurses für die Bewertung von Unternehmungen und Unternehmungsanteilen, in: BFuP, 52. Jg. (2000), S. 454–465.

OLBRICH, M. (Kauf der Mantelgesellschaft): Zum Kauf der Mantelgesellschaft mit ertragsteuerlichem Verlustvortrag vor dem Hintergrund des Steuersenkungsgesetzes, in: WPg, 54. Jg. (2001), S. 1326–1331.

OLBRICH, M. (Gründungsfinanzierung): Gründungsfinanzierung und Portfoliocontrolling, in: Zeitschrift für das gesamte Kreditwesen, 55. Jg. (2002), S. 1308–1312.

OLBRICH, M. (Bewertung von Akquisitionsobjekten): Zur Berücksichtigung unternehmungskultureller Probleme bei der Bewertung von Akquisitionsobjekten, in: ZP, 13. Jg. (2002), S. 153–172.

OLBRICH, M. (Unternehmungsnachfolge): Zur Unternehmungsnachfolge im elektronischen Geschäft, in: *KEUPER, F.* (Hrsg.), Electronic Business und Mobile Business, Wiesbaden 2002, S. 677–708.

OLBRICH, M. (Bilanzierung von Immobilien): Zur Bilanzierung von als Finanzinvestition gehaltenen Immobilien nach IAS 40, in: BFuP, 55. Jg. (2003), S. 346–357.

OLBRICH, M. (Unternehmungsverkauf): Unternehmungsnachfolge durch Unternehmungsverkauf, Wiesbaden 2005.

OLBRICH, M. (Scheidung): Zur Unternehmungsbewertung bei Scheidung des Unternehmers, in: DBW, 65. Jg. (2005), S. 411–426.

OLBRICH, M. (Fragwürdigkeit): Nochmals: Zur Fragwürdigkeit eines wertorientierten Controllings auf Basis des IAS 36, in: KoR, 6. Jg. (2006), S. 685–687.

OLBRICH, M. (Wertorientiertes Controlling): Wertorientiertes Controlling auf Basis des IAS 36?, in: KoR, 6. Jg. (2006), S. 43–44.

OLBRICH, M. (Unternehmungsbewertung im Zugewinnausgleich): Einige investitionstheoretische Anmerkungen zur Unternehmungsbewertung im Zugewinnausgleich, in: DBW, 67. Jg. (2007), S. 244–246.

OLBRICH, M. (IFRS): IFRS und Unternehmungsbewertung, in: *BRÖSEL, G./ZWIRNER, C.* (Hrsg.), IFRS-Rechnungslegung, München 2009, S. 525–534.

OLBRICH, M. (Zeitwertbestimmung): IFRS 13 und finanzierungstheoretische Modelle zur Zeitwertbestimmung, in: KoR, 11. Jg. (2011), S. 393–394.

OLBRICH, M./BRÖSEL, G./HASSLINGER, M. (The Valuation): The Valuation of Airport Slots, in: Journal of Air Law and Commerce (JALC), 74. Jg. (2009), S. 897–917.

OLBRICH, M./FREY, N. (Multiplikatorverfahren): Multiplikatorverfahren, in: *PETERSEN, K./ZWIRNER, C./ BRÖSEL, G.* (Hrsg.), Handbuch Unternehmensbewertung, Köln 2013, S. 313–327.

OLBRICH, M./FREY, N. (Relevanz): Relevanz von Marktpreisen (Aktienkursen), in: *PETERSEN, K./ZWIRNER, C./BRÖSEL, G.* (Hrsg.), Handbuch Unternehmensbewertung, Köln 2013, S. 341–351.

OLBRICH, M./HARES, C./PAULY, A. (Unternehmensbewertung): Erbschaftsteuerreform und Unternehmensbewertung, in: DStR, 48. Jg. (2010), S. 1250–1256.

OLBRICH, M./HEINZ, C. (Ermittlung des Entscheidungswerts): Zur Ermittlung des Entscheidungswerts eines Aktienkäufers im Vorfeld eines drohenden Pflichtangebots nach §§ 35 ff. WpÜG, in: WPg, 62. Jg. (2009), S. 545–553.

OLBRICH, M./OLBRICH, C. (Zugewinnausgleich): Unternehmensbewertung im Zugewinnausgleich, in: DB, 61. Jg. (2008), S. 1483–1485.

OLBRICH, M./RAPP, D. (Wandlung): Die Wandlung von Vorzugsaktien in Stammaktien als Problem der Unternehmensbewertung, in: WPg, 64. Jg. (2011), S. 474–484.

OLBRICH, M./RAPP, D. (Berücksichtigung des Börsenkurses): Zur Berücksichtigung des Börsenkurses bei der Unternehmensbewertung zum Zweck der Abfindungsbemessung, in: DStR, 49. Jg. (2011), S. 2005–2007.

OLBRICH, M./RAPP, D. (DVFA-Empfehlungen): Wider die Anwendung der DVFA-Empfehlungen in der gerichtlichen Abfindungspraxis, in: CORPORATE FINANCE biz, 3. Jg., (2012), S. 233–236.

OLLMANN, M./RICHTER, F. (Unternehmensbewertung): Kapitalmarktorientierte Unternehmensbewertung und Einkommensteuer – Eine deutsche Perspektive im Kontext internationaler Praxis, in: *KLEINEIDAM, H.-J.* (Hrsg.), Unternehmenspolitik und Internationale Besteuerung, FS für L. Fischer, Berlin 1999, S. 159–178.

OSSADNIK, W. (Investitionsentscheidungen): Investitionsentscheidungen unter Berücksichtigung mehrerer Kriterien, in: DB, 41. Jg. (1988), S. 62–68.

OSSADNIK, W. (Willkürfreie Konfliktlösung): Willkürfreie Konfliktlösung durch mengeninduzierte Gesamtwertzurechnung? – Ein Beitrag zur Problematik eines „objektiven" Algorithmus zur Verteilung von Rekombinationswerten, in: BFuP, 45. Jg. (1993), S. 46–58.

OSSADNIK, W. (Verschmelzung): Die „angemessene" Synergieverteilung bei der Verschmelzung, in: DB, 50. Jg. (1997), S. 885–887.

OSTMEIER, H. (Unternehmenswert): Unternehmenswert aus Sicht von Finanzinvestoren, in: *BÖRSIG, C./ COENENBERG, A. G.* (Hrsg.), Bewertung von Unternehmen, Stuttgart 2003, S. 61–79.

P

PAPE, C. (Finanzwirtschaftliche Bewertung): Finanzwirtschaftliche Bewertung von Wohnungsunternehmen im Kontext alternativer Geschäftsmodelle, Berlin 2009.

PAULSEN, A.-J. (Rezeption wissenschaftlicher Thesen): Statement: Rezeption wissenschaftlicher Thesen durch die Gerichte, in: WPg, 60. Jg. (2007), S. 823–824.

PAULSEN, A.-J. (Rechtsprechung): Unternehmensbewertung und Rechtsprechung, in: WPg, 61. Jg. (2008), Sonderheft, S. S 109–S 113.

PEEMÖLLER, V. H. (Stand und Entwicklung): Stand und Entwicklung der Unternehmensbewertung, Eine kritische Bestandsaufnahme, in: DStR, 31. Jg. (1993), S. 409–416.

PEEMÖLLER, V. H. (Grundsätze ordnungsmäßiger Unternehmensbewertung): Grundsätze ordnungsmäßiger Unternehmensbewertung, in: *PEEMÖLLER, V. H.* (Hrsg.), Praxishandbuch der Unternehmensbewertung, 5. Aufl., Herne 2012, S. 29–48.

PEEMÖLLER, V. H. (Wert): Wert und Werttheorien, in: *PEEMÖLLER, V. H.* (Hrsg.), Praxishandbuch der Unternehmensbewertung, 5. Aufl., Herne 2012, S. 1–15.

PEEMÖLLER, V. H./BÖMELBURG, P./DENKMANN, A. (Unternehmensbewertung): Unternehmensbewertung in Deutschland, Eine empirische Erhebung, in: WPg, 47. Jg. (1994), S. 741–749.

PEEMÖLLER, V. H./HÜTTCHE, T. (Unternehmensbewertung): Unternehmensbewertung und funktionale Bilanzanalyse, in: DStR, 31. Jg. (1993), S. 1307–1311 (Teil I) und S. 1344–1348 (Teil II).

PEEMÖLLER, V. H./KELLER, B./RÖDL, M. (Unternehmensbewertung): Verfahren strategischer Unternehmensbewertung, in: DStR, 34. Jg. (1996), S. 74–79.

PEEMÖLLER, V. H./KUNOWSKI, S. (Ertragswertverfahren): Ertragswertverfahren nach IDW, in: *PEEMÖLLER, V. H.* (Hrsg.), Praxishandbuch der Unternehmensbewertung, 5. Aufl., Herne 2012, S. 275–341.

PEEMÖLLER, V. H./KUNOWSKI, S./HILLERS, J. (Internationale Mergers & Acquisitions): Ermittlung des Kapitalisierungszinssatzes für internationale Mergers & Acquisitions bei Anwendung des Discounted Cash Flow-Verfahrens (Entity-Ansatz), in: WPg, 52. Jg. (1999), S. 621–630.

PEEMÖLLER, V. H./MEYER-PRIES, L. (Unternehmensbewertung): Unternehmensbewertung in Deutschland, Ergebnisse einer Umfrage bei dem steuerberatenden Berufsstand in: DStR, 33. Jg. (1995), S. 1202–1208.

PENSEL, J. (Stuttgarter Verfahren): Das Stuttgarter Verfahren im Licht der modernen betriebswirtschaftlichen Unternehmensbewertung, in: *HEBIG, M. ET AL.* (Hrsg.), Aktuelle Entwicklungsaspekte der Unternehmensbesteuerung, FS für W. H. Wacker, Berlin 2006, S. 171–205.

PETERSEN, K./ZWIRNER, C./BRÖSEL, G. (Hrsg.) (Handbuch Unternehmensbewertung): Handbuch Unternehmensbewertung, Köln 2013.

PEUTHERT, B./HURLEBAUS, A./HERING, T. (Teilwertermittlung): Normkonforme Teilwertermittlung durch funktionale Unternehmensbewertung, in: DB, 63. Jg. (2010), S. 2681–2686.

PFAFF, D./BÄRTL, O. (Akquisition): Akquisition und Desinvestition aus wertorientierter Sicht, in: *WAGENHOFER, A./HREBICEK, G.* (Hrsg.), Wertorientiertes Management – Konzepte und Umsetzungen zur Unternehmenswertsteigerung, Stuttgart 2000, S. 95–115.

PFAFF, D./KUNZ, A. H./PFEIFFER, T. (Unternehmenssteuerung): Wertorientierte Unternehmenssteuerung und das Problem des ungeduldigen Managers, Problemstellung und Lösungsmöglichkeiten, in: WiSt, 29. Jg. (2000), S. 562–567.

PFAFF, D./PFEIFFER, T./GATHGE, D. (Zustands-Grenzpreismodelle): Unternehmensbewertung und Zustands-Grenzpreismodelle: in: BFuP, 54. Jg. (2002), S. 198–210.

PFITZER, N. (Sanierungsprüfung): Sanierungsprüfung, in: *INSTITUT DER WIRTSCHAFTSPRÜFER* (Hrsg.), Wirtschaftsprüfer-Handbuch 2008, Bd. II, 13. Aufl., Düsseldorf 2007, S. 405–582.

PFOHL, H.-C. (Abgrenzung): Abgrenzung der Klein- und Mittelbetriebe von Großbetrieben, in: *PFOHL, H.-C.* (Hrsg.), Betriebswirtschaftslehre der Mittel- und Kleinbetriebe, 4. Aufl., Berlin 2006, S. 1–24.

PICOT, G. (Rechtsprechung): Die Bewertung von Unternehmen und Aktien als Akquisitionswährung in der Rechtsprechung, in: *RICHTER, F./TIMMRECK, C.* (Hrsg.), Unternehmensbewertung, Stuttgart 2004, S. 283–302.

PILTZ, D. J. (Rechtsprechung): Die Unternehmensbewertung in der Rechtsprechung, 3. Aufl., Düsseldorf 1994.

POOTEN, H. (Grundsätze): Grundsätze ordnungsmäßiger Unternehmensbewertung, Büren 1999.

PRATT, S. P./NICULITA, A. V. (Valuing): Valuing a Business, 5. Aufl., New York et al. 2008.

PRAXMARER, S. (Unternehmensbewertung): Unternehmensbewertung in der Praxis, Probleme bei der Anwendung von Multiples in: WiSt, 34. Jg. (2005), S. 229–232.

PRIETZE, O./WALKER, A. (Kapitalisierungszinsfuß): Der Kapitalisierungszinsfuß im Rahmen der Unternehmensbewertung, in: DBW, 55. Jg. (1995), S. 199–211.

PÜTZ, O. (Wertschätzung): Die Begutachtung und Wertschätzung von Bergwerksunternehmungen mit
besonderer Berücksichtigung der oberschlesischen Steinkohlegruben, Freiberg in Sachsen
1911.

R

RAAB, H. (Unternehmensbewertung): Ausgewählte Themen der rechtsgeprägten Unternehmensbewertung, in: MEEH, G. (Hrsg.), Unternehmensbewertung, Rechnungslegung und Prüfung, FS für
W. F. Fischer-Winkelmann, Hamburg 2006, S. 371–415.

RAMS, A. (Strategisch-dynamische Unternehmensbewertung): Strategisch-dynamische Unternehmensbewertung mittels Realoptionen, in: Die Bank, o. Jg. (1998), S. 676–680.

RAMS, A. (Realoptionsbasierte Unternehmensbewertung): Realoptionsbasierte Unternehmensbewertung,
in: FB, 1. Jg. (1999), S. 349–364.

RÄNSCH, U. (Bewertung von Unternehmen): Die Bewertung von Unternehmen als Problem der Rechts-
wissenschaften: Zur Bestimmung der angemessenen Abfindung für ausscheidende Kapital-
gesellschafter, in: AG, 29. Jg. (1984), S. 202–212.

RAPP, D. (Praxis der Abfindung): Einige kritische Überlegungen zur Praxis der Abfindung von Minderheitsaktionären gemäß § 327a ff. AktG, in: Der Konzern, 9. Jg., (2011), S. 223–229.

RAPPAPORT, M. (Shareholder Value): Creating Shareholder Value, 2. Aufl., New York et al. 1998.

REESE, R./WIESE, J. (Ermittlung des Basiszinses): Die kapitalmarktorientierte Ermittlung des Basiszinses
für die Unternehmensbewertung, in: Zeitschrift für Bankrecht und Bankwirtschaft, 19. Jg.
(2007), S. 38–52.

REICHERTER, M. (Fusionsentscheidung): Fusionsentscheidung und Wert der Kreditgenossenschaft, Wiesbaden 2000.

REICHERTER, M. (Pensionsverpflichtungen): Pensionsverpflichtungen im Rahmen von Unternehmensübernahmen, in: BFuP, 55. Jg. (2003), S. 358–375.

REICHWALD, R. (Kommunikation): Kommunikation und Kommunikationsmodelle, in: WITTMANN, W. ET
AL. (Hrsg.), Handwörterbuch der Betriebswirtschaft, Teilband 2, 5. Aufl., Stuttgart 1993,
Sp. 2174–2188.

REINKE, R. (Unternehmensbewertung): Moderne Unternehmensbewertung, in: INSTITUT DER WIRTSCHAFTS-
PRÜFER IN DEUTSCHLAND E. V. (Hrsg.), Bericht über die Fachtagung 1997 des Instituts der
Wirtschaftsprüfer in Deutschland e. V., Düsseldorf 1998, S. 235–253.

RESCHER, N. (Value Theory): Introduction to Value Theory, Englewood Cliffs (new Jersey) 1969.

REUTER, A. (Börsenkurs): Börsenkurs und Unternehmenswertvergleich aus Eignersicht: Gleichbehandlung der Aktionäre, Synergie und Lage bei Verschmelzungen nach BGH – DAT/Altana, in:
DB, 54. Jg. (2001), S. 2483–2490.

REUTER, A. L. (Berücksichtigung des Risikos): Die Berücksichtigung des Risikos bei der Bewertung von
Unternehmen, in: WPg, 23. Jg. (1970), S. 265–270.

RICHTER, A. (Bewertung von Minderheitsanteilen): Die Bewertung von Minderheitsanteilen an Kapitalgesellschaften, in: Der praktische Betriebswirt, 22. Jg. (1942), S. 105–110.

RICHTER, F. (Relativer Unternehmenswert): Relativer Unternehmenswert und Einkommensteuer – oder:
Was ist paradox am Steuerparadoxon?, in: RICHTER, F./SCHÜLER, A./SCHWETZLER, B. (Hrsg.),
Kapitalgeberansprüche, Marktwertorientierung und Unternehmenswert, FS für J. Dru-
karczyk, München 2003, S. 307–329.

RICHTER, H. (Sicht des Wirtschaftsprüfers): Die Bewertung von Versicherungsunternehmen aus der Sicht
des Wirtschaftsprüfers, in: BALLWIESER, W. ET AL. (Hrsg.), Bilanzrecht und Kapitalmarkt, FS
für A. Moxter, Düsseldorf 1994, S. 1457–1481.

RICHTER, M. (Bewertung des Goodwill): Die Bewertung des Goodwill nach SFAS No. 141 und SFAS
No. 142, Düsseldorf 2004.

RIEGER, W. (Frage der angemessenen Abfindung): Zur Frage der angemessenen Abfindung der bei der
Umwandlung ausscheidenden Aktionäre, in: Juristische Wochenschrift (JW), 67. Jg. (1938),
S. 3016–3018.

RIEGGER, B. (Börsenkurs): Der Börsenkurs als Untergrenze der Abfindung?, in: DB, 52. Jg. (1999),
S. 1889–1891.

RIEGLER, C. (Anreizsysteme): Anreizsysteme und wertorientiertes Management, in: WAGENHOFER, A./ HREBICEK, G. (Hrsg.), Wertorientiertes Management – Konzepte und Umsetzungen zur Unternehmenswertsteigerung, Stuttgart 2000, S. 145–176.

RIEPER, B. (Hierarchische Systeme): Hierarchische betriebliche Systeme, Wiesbaden 1979.

RITTERSHAUSEN, H. (Unternehmensbewertung): Unternehmensbewertung und Price-earnings ratio, in: ZfB, 34. Jg. (1964), S. 652–659.

RÖDER, K./MÜLLER, S. (Mehrperiodige Anwendung des CAPM): Mehrperiodige Anwendung des CAPM im Rahmen von DCF-Verfahren, in: FB, 3. Jg. (2001), S. 225–233.

RODLOFF, F. (Börsenkurs): Börsenkurs statt Unternehmensbewertung, Zur Ermittlung der Abfindung in Spruchstellenverfahren, in: DB, 52. Jg. (1999), S. 1149–1152.

ROHDE, C. (Spannungsfeld): Unternehmensbewertung im Spannungsfeld zwischen Wissenschaft, Praxis und Rechtsprechung – Bericht über die Paneldiskussion, in: WPg, 61. Jg. (2008), Sonderheft, S. S 123–S 126.

ROLLBERG, R. (Unternehmensführung): Lean Management und CIM aus Sicht der strategischen Unternehmensführung, Wiesbaden 1996.

ROLLBERG, R. (Simultane Planung): Simultane Investitions-, Finanz- und Produktionsprogrammplanung, in: BURCHERT, H./HERING, T. (Hrsg.), Betriebliche Finanzwirtschaft, München, Wien 1999, S. 96–110.

ROLLBERG, R. (Unternehmensplanung): Integrierte Unternehmensplanung, Wiesbaden 2001.

ROLLBERG, R. (Integrierte Unternehmensplanung): Integrierte Unternehmensplanung auf unvollkommenen Märkten, in: BFuP, 54. Jg. (2002), S. 1–20.

ROLLBERG, R. (Ressourcenbewertung): Produktions- und finanzwirtschaftlich fundierte Ressourcenbewertung, in: BFuP, 57. Jg. (2005), S. 486–505.

ROLLBERG, R. (Fundierung): Realgüterwirtschaftliche Fundierung der Unternehmensbewertung, in: HERING, T./KLINGELHÖFER, H. E./KOCH, W. (Hrsg.), Unternehmungswert und Rechnungswesen, FS für M. J. Matschke, Wiesbaden 2008, S. 21–39.

ROLLBERG, R. (Angelsächsische Bewertungstheorie): Angelsächsische Bewertungstheorie als Finanzkrisenverstärker, in: Die Steuerberatung, 52. Jg. (2009), H. 10, S. M 1.

ROLLBERG, R. (Bewertung von Unternehmensteilverkäufen): Produktions- und finanzwirtschaftlich fundierte Bewertung von Unternehmensteilverkäufen, in: ALBRECHT, G./SCHRÖDER, A.-K./WEGNER, I. (Hrsg.), 50 Jahre produktionswirtschaftliche Forschung und Lehre, FS für T. Nebl und zum 50. Jahrestag der produktionswirtschaftlichen Forschung und Lehre an der Universität Rostock, München 2009, S. 513–529.

ROLLBERG, R. (Operativ-taktisches Controlling): Operativ-Taktisches Controlling, München 2012.

ROLLBERG, R./LERM, M. (Bewertung von Fusions- und Akquisitionsvorhaben): Produktions- und finanzwirtschaftlich fundierte Bewertung von Fusions- und Akquisitionsvorhaben, in: KEUPER, F./ HÄFNER, M./GLAHN, C. VON (Hrsg.), Der M&A-Prozess, Wiesbaden 2006, S. 241–272.

ROLLBERG, R./LERM, M./TIMM, M. (Unternehmensverschmelzung): Produktions- und finanzwirtschaftlich fundierte Bewertung einer vertikalen Unternehmensverschmelzung, in: BFuP, 60. Jg. (2008), S. 498–515.

ROSENBAUM, D. (Beratung und Unternehmensbewertung): Beratung und Unternehmensbewertung bei Unternehmenstransfers, in: DB, 52. Jg. (1999), S. 1613–1615.

RÖSSLE, K. (Betrieb): Der mittelständische Betrieb, in: GREIFZU, J. (Hrsg.), Handbuch des Deutschen Kaufmanns, Hamburg 1934, S. 886–890.

ROTHE, C. (Simulative Risikoanalyse): Wirtschaftlichkeitsuntersuchung kommunaler Wohngebietserschließungen anhand einer simulativen Risikoanalyse, in: BURCHERT, H./HERING, T. (Hrsg.), Betriebliche Finanzwirtschaft, München, Wien 1999, S. 280–287.

ROTHE, C. (Bewertung): Bewertung von Unternehmensansiedlungen aus kommunaler Sicht, Wiesbaden 2005.

RÜCKLE, D. (Risikoprobleme): Risikoprobleme in der entscheidungsorientierten Unternehmensbewertung, in: KÖNIGSMAIER, H./RABEL, K. (Hrsg.), Unternehmensbewertung: Theoretische Grundlagen – Praktische Anwendung, FS für G. Mandl, Wien 2010, S. 545–569.

RÜCKLE, D./HENCKEL, N.-F. (Unternehmensumwandlungen): Unternehmensumwandlungen, in: WISU, 34. Jg. (2005), Studienblatt Oktober.

RUDOLF, M./WITT, P. (Bewertung): Bewertung von Wachstumsunternehmen, Traditionelle und innovative Methoden im Vergleich, Wiesbaden 2002.

RUHNKE, K. (Unternehmensbewertung): Unternehmensbewertung und -preisfindung, in: Betrieb und Rechnungswesen (BBK), o. Jg. (2002), Heft 17, Fach 28, S. 1283–1294.

RUMMEL, K. (Bewertung von Anlagen): Die kalkulatorische Bewertung von Anlagen, in: Archiv für das Eisenhüttenwesen, 3. Jg. (1929/30), S. 163–167.

RUMMEL, K. (Ermittlung des Zeitwertes): Die Verfahren zur Ermittlung des Zeitwertes (Substanzwertes) von Industrieanlagen, in: ZfhF, Neue Folge, 1. Jg. (1949), S. 288–314.

RUTHARDT, F./HACHMEISTER, D. (Frage der rückwirkenden Anwendung von Bewertungsstandards): Zur Frage der rückwirkenden Anwendung von Bewertungsstandards – Analyse und Würdigung der Rechtsprechung zur Unternehmensbewertung, in: WPg, 64. Jg. (2011), S. 351–359.

RUTHARDT, F./HACHMEISTER, D. (Stichtagsprinzip): Das Stichtagsprinzip in der Unternehmensbewertung – Grundlegende Anmerkungen und Würdigung der jüngeren Rechtsprechung in Spruchverfahren, in: Wpg, 65. Jag (2012), S. 451–459.

S

SACH, A. (Kapitalkosten): Kapitalkosten der Unternehmung und ihre Einflußfaktoren, Aachen 1993.

SANFLEBER, M. (Abfindungsklauseln): Abfindungsklauseln in Gesellschaftsverträgen, Düsseldorf 1990.

SANFLEBER-DECHER, M. (Unternehmensbewertung in den USA): Unternehmensbewertung in den USA, in: WPg, 45. Jg. (1992), S. 597–603.

SCHERM, E. (Szenario-Technik): Die Szenario-Technik – Grundlage effektiver strategischer Planung, in: WISU, 21. Jg. (1992), S. 95–97.

SCHEURLE, K.-D./JÖSTINGMEIER, M. (Auktionen): Bewertung von Assets durch Auktionen, in: BÖRSIG, C./ COENENBERG, A. G. (Hrsg.), Bewertung von Unternehmen, Stuttgart 2003, S. 93–120.

SCHILDBACH, T. (Wirtschaftsprüfer): Der Wirtschaftsprüfer als Gutachter in Fragen der Unternehmensbewertung: Möglichkeiten und Grenzen aus der Sicht der Berufspflichten des Wirtschaftsprüfers, in: WPg, 34. Jg. (1981), S. 193–201.

SCHILDBACH, T. (Probleme der Unternehmensbewertung): Der Verkehrswert – eine universelle Lösung für alle Probleme der Unternehmensbewertung?, in: WPg, 36. Jg. (1983), S. 493–496.

SCHILDBACH, T. (Ertragsschwäche der Unternehmung): Zur Beurteilung von gesetzlicher Abfindung und vertraglicher Buchwertabfindung unter Berücksichtigung einer potentiellen Ertragsschwäche der Unternehmung, in: BFuP, 36. Jg. (1984), S. 532–543.

SCHILDBACH, T. (Phasenorientierte Funktionenlehre): Kölner versus phasenorientierte Funktionenlehre der Unternehmensbewertung, in: BFuP, 45. Jg. (1993), S. 25–38.

SCHILDBACH, T. (Der Verkäufer und das Unternehmen): Der Verkäufer und das Unternehmen „wie es steht und liegt", in: ZfbF, 47. Jg. (1995), S. 620–632.

SCHILDBACH, T. (Discounted Cash-flow-Verfahren): Ist die Kölner Funktionenlehre der Unternehmensbewertung durch die Discounted Cash-flow-Verfahren überholt?, in: MATSCHKE, M. J./SCHILDBACH, T. (Hrsg.), Unternehmensberatung und Wirtschaftsprüfung, FS für G. Sieben, Stuttgart 1998, S. 301–322.

SCHILDBACH, T. (Ein fast problemloses DCF-Verfahren): Ein fast problemloses DCF-Verfahren zur Unternehmensbewertung, in: ZfbF, 52. Jg. (2000), S. 707–723.

SCHILDBACH, T. (Stellungnahme): Stellungnahme zu den kritischen Anmerkungen zu meinem Beitrag im Heft 12/2000 der zfbf von Jochen Drukarczyk und Andreas Schüler, von Sven Husmann, Lutz Kruschwitz und Andreas Löffler sowie von Martin Wallmeier, in: ZfbF, 53. Jg. (2001), S. 289.

SCHILDBACH, T. (Konzernabschluss): Der Konzernabschluss nach HGB, IAS und US-GAAP, 7. Aufl., München 2008.

SCHILDBACH, T. (Jahresabschluss): Der handelsrechtliche Jahresabschluss, 9. Aufl., Herne 2009.

SCHILDBACH, T. (Fair-Value-Bilanzierung): Fair-Value-Bilanzierung und Unternehmensbewertung, in: BFuP, 61. Jg. (2009), S. 371–387.

SCHLEITHOFF, F. (Unternehmensbewertung): Die Unternehmensbewertung im deutschen Steuerrecht, Lohmar et al. 2006.

SCHLEMMINGER, H. (Gestaltung): Die Gestaltung von Grundstückskaufverträgen bei festgestellten Altlasten oder Altlastenverdacht, in: BB, 46. Jg. (1991), S. 1433–1439.

SCHLÜCHTERMANN, J. (Planung): Planung in zeitlich offenen Entscheidungsfeldern, Wiesbaden 1996.

SCHMALENBACH, E. (Verrechnungspreise): Über Verrechnungspreise, in: ZfhF, 3. Jg. (1908/1909), S. 165–185.

SCHMALENBACH, E. (Kapitalisierung): Kapitalisierung des Geschäftsertrages, Diskussion Schmalenbach – Fritz – Tgarth, in: ZfhF, 7. Jg. (1912/13), S. 39–41, S. 132–138 und S. 369–376.

SCHMALENBACH, E. (Wert des Geschäftes): Vergütung für den Wert des Geschäftes bei dessen Übergang in andere Hände, in: ZfhF, 7. Jg. (1912/13), S. 36–37.

SCHMALENBACH, E. (Werte von Unternehmungen): Die Werte von Anlagen und Unternehmungen in der Schätzungstechnik, in: ZfhF, 12. Jg. (1917/18), S. 1–20.

SCHMALENBACH, E. (Dynamische Bilanz): Dynamische Bilanz, 4. Aufl., Leipzig 1926.

SCHMALENBACH, E. (Bewertung von Bergwerken): Zur Bewertung von Bergwerken, in: ZfhF, 23. Jg. (1929), S. 385–396.

SCHMALENBACH, E. (Selbstkostenrechnung): Selbstkostenrechnung und Preispolitik, 6. Aufl., Leipzig 1934.

SCHMALENBACH, E. (Finanzierungen): Finanzierungen, 6. Aufl., Leipzig 1937.

SCHMALENBACH, E. (Pretiale Wirtschaftslenkung): Pretiale Wirtschaftslenkung, Bd. 1: Die optimale Geltungszahl, Bremen 1947.

SCHMALENBACH, E. (Kostenrechnung): Kostenrechnung und Preispolitik, 8. Aufl., Köln, Opladen 1963.

SCHMALENBACH, E. (Beteiligungsfinanzierung): Die Beteiligungsfinanzierung, 9. Aufl., Köln, Opladen 1966.

SCHMIDBAUER, R. (Marktbewertung): Marktbewertung mithilfe von Multiplikatoren im Spiegel des Discounted-Cashflow-Ansatzes, in: BB, 59. Jg. (2004), S. 148–153.

SCHMIDT, F. (Tageswertbilanz): Die organische Tageswertbilanz, 3. Aufl., Wiesbaden 1951.

SCHMIDT, J. G. (Discounted Cash-flow-Methode): Die Discounted Cash-flow-Methode – nur eine kleine Abwandlung der Ertragswertmethode?, in: ZfbF, 47. Jg. (1995), S. 1088–1117.

SCHMIDT, R. H./TERBERGER, E. (Grundzüge): Grundzüge der Investitions- und Finanzierungstheorie, 4. Aufl., Wiesbaden 1997.

SCHMITZ, B. (Ausgleich): Der Anspruch auf angemessenen Ausgleich und angemessene Abfindung nach den §§ 304, 305 AktG, Diss. Hamburg 1973.

SCHNEIDER, D. (Unternehmensdimensionierung): Unternehmensdimensionierung und Unsicherheitsverringerung, in: *BÜHNER, R./HAASE, K. D./WILHELM, J.* (Hrsg.), Die Dimensionierung des Unternehmens, Stuttgart 1995, S. 45–59.

SCHNEIDER, D. (Pegasus mit Klumpfuß): Marktwertorientierte Unternehmensrechnung: Pegasus mit Klumpfuß, in: DB, 51. Jg. (1998), S. 1473–1478.

SCHNEIDER, D. (Geschichte und Methoden): Betriebswirtschaftslehre, Bd. 4: Geschichte und Methoden, München, Wien 2001.

SCHNEIDER, D. (Oh, EVA, EVA, schlimmes Weib): Oh, EVA, EVA, schlimmes Weib: Zur Fragwürdigkeit einer Zielvorgabe-Kennzahl nach Steuern im Konzerncontrolling, in: DB, 54. Jg. (2001), S. 2509–2514.

SCHNEIDER, D. (EVA und WACC): Wider ein Controlling mit EVA und WACC (Economic Value Added und Weighted Average Cost of Capital), in: *ALTENBURGER, O. A.* (Hrsg.), Steuern, Wien 2009, S. 31–45.

SCHNEIDER, E. (Wirtschaftlichkeitsrechnung): Wirtschaftlichkeitsrechnung, Theorie der Investition, 8. Aufl., Tübingen, Zürich 1973.

SCHNETTLER, A. (Bewertung von Betrieben): Die Bewertung von Betrieben nach betriebswirtschaftlichen Grundsätzen, in: WPg, 1. Jg. (1948), Nr. 7 (Oktober), S. 13–17.

SCHNETTLER, A. (Behandlung positiver und negativer Geschäftswerte): Die Behandlung positiver und negativer Geschäftswerte bei der Verkehrswertermittlung von Betrieben, in: Industriebetrieb und industrielles Rechnungswesen – Neue Entwicklungstendenzen, FS für E. Geldmacher, Köln, Opladen 1961, S. 62–70.

SCHORCHT, H. (Risikocontrolling): Risikomanagement und Risikocontrolling junger Unternehmen in Wachstumsbranchen, Konzeption eines theoriegeleiteten Handlungsrahmens für die praxisinduzierte Unternehmenssteuerung, Berlin 2004.

SCHORCHT, H./BRÖSEL, G. (Ertragsmanagement): Risiko, Risikomanagement und Risikocontrolling im Lichte des Ertragsmanagements, in: *KEUPER, F./ROESING, D./SCHOMANN, M.* (Hrsg.), Integriertes Risiko- und Ertragsmanagement, Kunden- und Unternehmenswert zwischen Risiko und Ertrag, Wiesbaden 2005, S. 3–33.

SCHREYER, E. (Berücksichtigung qualitativer Informationen): Berücksichtigung qualitativer Informationen im mehrdimensionalen Entscheidungswert, in: *PETERSEN, K./ZWIRNER, C./BRÖSEL, G.* (Hrsg.), Handbuch Unternehmensbewertung, Köln 2013, S. 215–224.

SCHÜLER, A. (Bewertung): Zur Bewertung ertrags- und liquiditätsschwacher Unternehmen, in: *RICHTER, F./SCHÜLER, A./SCHWETZLER, B.* (Hrsg.), Kapitalgeberansprüche, Marktwertorientierung und Unternehmenswert, FS für J. Drukarczyk, München 2003, S. 361–382.

SCHÜLER, A./LAMPENIUS, N. (Wachstumsannahmen): Wachstumsannahmen in der Bewertungspraxis: eine empirische Untersuchung ihrer Implikationen, in: BFuP, 59. Jg. (2007), S. 232–248.

SCHULTZE, W. (Kombinationsverfahren): Kombinationsverfahren und Residualgewinnmethode in der Unternehmensbewertung: konzeptioneller Zusammenhang, in: KoR, 3. Jg. (2003), S. 458–464.

SCHULTZE, W. (Unternehmensbewertung): Methoden der Unternehmensbewertung, 2. Aufl., Düsseldorf 2003.

SCHULTZE, W. (Halbeinkünfteverfahren): Unternehmensbewertung und Halbeinkünfteverfahren, Steuervorteile aus der Finanzierung deutscher Kapitalgesellschaften, in: DBW, 65. Jg. (2005), S. 237–257.

SCHULTZE, W./ZIMMERMANN, R.-C. (Halbeinkünfteverfahren): Unternehmensbewertung und Halbeinkünfteverfahren, Der Werteinfluss des steuerlichen Eigenkapitals, in: ZfB, 76. Jg. (2006), S. 867–901.

SCHWEIZER, U. (Vertragstheorie): Vertragstheorie, Tübingen 1999.

SCHWETZLER, B. (Barabfindung): Zinsänderungen und Unternehmensbewertung, Zum Problem der angemessenen Barabfindung nach § 305 AktG, in: DB, 49. Jg. (1996), S. 1961–1966.

SCHWETZLER, B. (Stochastische Verknüpfung): Stochastische Verknüpfung und implizite bzw. maximal zulässige Risikozuschläge bei der Unternehmensbewertung, in: BFuP, 52. Jg. (2000), S. 478–492.

SCHWETZLER, B. (Unternehmensbewertung unter Unsicherheit): Unternehmensbewertung unter Unsicherheit – Sicherheitsäquivalent- oder Risikozuschlagsmethode?, in: ZfbF, 52. Jg. (2000), S. 469–486.

SCHWETZLER, B. (Ende des Ertragswertverfahrens?): Das Ende des Ertragswertverfahrens?, Replik zu den Anmerkungen von Wolfgang Kürsten zu meinem Beitrag in der zfbf (August 2000, S. 469–486), in: ZfbF, 54. Jg. (2002), S. 145–158.

SCHWETZLER, B. (Risiko): Unternehmensbewertung und Risiko – Anmerkungen zu Kruschwitz, DB 2001 S. 2409, in: DB, 55. Jg. (2002), S. 390–391.

SCHWETZLER, B. (Multiple-Bewertung): Probleme der Multiple-Bewertung, in: FB, 5. Jg. (2003), S. 79–90.

SCHWETZLER, B. (Die „volle Entschädigung"): Die „volle Entschädigung" von außenstehenden und ausscheidenden Minderheitsaktionären – eine Anmerkung aus ökonomischer Sicht, in: WPg, 61. Jg. (2008), S. 890–902.

SCHWETZLER, B./ADERS, C./ADOLFF, J. (DVFA Best-Practice-Empfehlungen): Zur Anwendung der DVFA Best-Practice-Empfehlungen Unternehmensbewertung in der gerichtlichen Abfindungspraxis, CORPORATE FINANCE biz, 3. Jg. (2012), S. 237–241.

SCHWETZLER, B./DARIJTSCHUK, N. (Zirkularitätsproblem): Unternehmensbewertung mit Hilfe der DCF-Methode – eine Anmerkung zum „Zirkularitätsproblem", in: ZfB, 69. Jg. (1999), S. 295–318.

SCHWETZLER, B. ET AL. (Fairness Opinion): Die Bedeutung der Fairness Opinion für den deutschen Transaktionsmarkt, in: FB, 7. Jg. (2005), S. 106–116.

SEBASTIAN, K.-H./OLBRICH, M. (Due Diligence): Goldgrube oder Fass ohne Boden? Die Market Due Diligence bei Internet-Unternehmen, in: *CONVENT* (Hrsg.), Venture Capital 2001, Jahrbuch für Beteiligungsfinanzierung, Frankfurt am Main 2001, S. 72–75.

SEDEMUND, J. (Kartellrecht): Kartellrecht, in: *HÖLTERS, W.* (Hrsg.), Handbuch des Unternehmens- und Beteiligungskaufs, 6. Aufl., Köln 2005, S. 745–869.

SEISLER, H. (Abfindung): Der Anspruch des Minderheitsaktionärs auf angemessene Abfindung im Verfahren nach §§ 306 AktG, 30 ff. UmwG, Diss. Mannheim 1983.

SEMANN, N. (Preisverhandlungen): Preisverhandlungen beim Wechsel des Unternehmungseigners, Die gegenseitige Beeinflussung der Parteien im Verhandlungsprozess, Diss. Köln 1970.

SERFLING, K./PAPE, U. (Ertragswertverfahren): Das Ertragswertverfahren als entscheidungsorientiertes Verfahren der Unternehmensbewertung, in: WISU, 24. Jg. (1995), S. 940–946.

SERFLING, K./PAPE, U. (Traditionelle Verfahren der Unternehmensbewertung): Theoretische Grundlagen und traditionelle Verfahren der Unternehmensbewertung, in: WISU, 24. Jg. (1995), S. 808–820.

SHARPE, W. F. (Model of Portfolio Analysis): A Simplified Model of Portfolio Analysis, in: Management Science, 9. Jg. (1963), S. 277–293.

SHARPE, W. F. (Capital Asset Prices): Capital Asset Prices. A Theory of Market Equilibrium under Conditions of Risk, in: JoF, 19. Jg. (1964), S. 425–442.

SHEFRIN, H. (Börsenerfolg): Börsenerfolg mit Behavioral Finance, Stuttgart 2000.

SHLEIFER, A. (Inefficient Markets): Inefficient Markets: An Introduction to Behavioral Finance, Oxford 2000.

SIEBE, W. (Verhandlungsberatung): Management der Differenzen: Das Raiffa-Programm der analytischen Verhandlungsberatung, in: ZfB, 66. Jg. (1996), S. 203–219.

SIEBEN, G. (Substanzwert): Der Substanzwert der Unternehmung, Wiesbaden 1963.

SIEBEN, G. (Prospektive Erfolgserhaltung): Prospektive Erfolgserhaltung – Ein Beitrag zur Lehre von der Unternehmungserhaltung, in: ZfB, 34. Jg. (1964), S. 628–641.

SIEBEN, G. (Abfindung): Der Anspruch auf angemessene Abfindung nach § 12 UmwG, Höchstrichterliche Entscheidungen in betriebswirtschaftlicher Sicht, in: AG, 11. Jg. (1966), S. 6–13 (Teil 1), S. 54–58 (Teil 2) und S. 83–89 (Teil 3).

SIEBEN, G. (Bewertungsmodelle): Bewertungs- und Investitionsmodelle mit und ohne Kapitalisierungs-zinsfuß, Ein Beitrag zur Bewertung von Erfolgseinheiten, in: ZfB, 37. Jg. (1967), S. 126–147.

SIEBEN, G. (Erfolgseinheiten): Bewertung von Erfolgseinheiten, unveröffentlichte Habilitationsschrift, Univ. Köln 1968.

SIEBEN, G. (Ausgleich): Angemessener Ausgleich und angemessene Abfindung beim Abschluß von Be-herrschungs- und Gewinnabführungsverträgen, in: BUSSE VON COLBE, W./SIEBEN, G. (Hrsg.), Betriebswirtschaftliche Information, Entscheidung und Kontrolle, FS für H. Münstermann, Wiesbaden 1969, S. 401–418.

SIEBEN, G. (Bewertung auf Grund von Erfolgsplänen): Die Bewertung von Unternehmen auf Grund von Erfolgsplänen bei heterogenen Zielen, in: BUSSE VON COLBE, W./MEYER-DOHM, P. (Hrsg.), Un-ternehmerische Planung und Entscheidung, Bielefeld 1969, S. 71–100.

SIEBEN, G. (Entscheidungswert): Der Entscheidungswert in der Funktionenlehre der Unternehmens-bewertung, in: BFuP, 28. Jg. (1976), S. 491–504.

SIEBEN, G. (Funktionen der Bewertung): Funktionen der Bewertung ganzer Unternehmen und von Unter-nehmensanteilen, in: WISU, 12. Jg. (1983), S. 539–542.

SIEBEN, G. (Unternehmensstrategien): Unternehmensstrategien und Kaufpreisbestimmung, in: FS 40 Jah-re Der Betrieb, Stuttgart 1988, S. 81–91.

SIEBEN, G. (Wesen des Substanzwertes): Wesen, Ermittlung und Funktionen des Substanzwertes als „vorgeleistete Ausgaben", in: BUSSE VON COLBE, W./COENENBERG, A. G. (Hrsg.), Unterneh-mensakquisition und Unternehmensbewertung, Stuttgart 1992, S. 67–88.

SIEBEN, G. (Privatisierung von Unternehmen): Zur Wertfindung bei der Privatisierung von Unternehmen in den neuen Bundesländern durch die Treuhandanstalt, in: DB, 45. Jg. (1992), S. 2041–2051.

SIEBEN, G. (Unternehmensbewertung): Unternehmensbewertung, in: WITTMANN, W. ET AL. (Hrsg.), Hand-wörterbuch der Betriebswirtschaft, Teilband 3, 5. Aufl., Stuttgart 1993, Sp. 4315–4331.

SIEBEN, G. (Discounted Cash Flow-Verfahren): Unternehmensbewertung: Discounted Cash Flow-Verfah-ren und Ertragswertverfahren – Zwei völlig unterschiedliche Ansätze?, in: LANFERMANN, J. (Hrsg.), Internationale Wirtschaftsprüfung, FS für H. Havermann, Düsseldorf 1995, S. 713–737.

SIEBEN, G./DIEDRICH, R. (Wertfindung): Aspekte der Wertfindung bei strategisch motivierten Unterneh-mensakquisitionen, in: ZfbF, 42. Jg. (1990), S. 794–809.

SIEBEN, G./LÖCHERBACH, G./MATSCHKE, M. J. (Bewertungstheorie): Bewertungstheorie, in: GROCHLA, E./ WITTMANN, W. (Hrsg.), Handwörterbuch der Betriebswirtschaft, Bd. 1, 4. Aufl., Stuttgart 1974, Sp. 839–851.

SIEBEN, G./LUTZ, H. (Sonderfragen): Sonderfragen substanzwertorientierter Abfindungsklauseln in Ge-sellschaftsverträgen, in: DB, 36. Jg. (1983), S. 1989–1997.

SIEBEN, G./LUTZ, H. (Ertragsschwaches Unternehmen): Die Bewertung eines ertragsschwachen Unter-nehmens im Rahmen der Bestimmung der angemessenen Barabfindung beim Abschluß eines Gewinnabführungs- und Beherrschungsvertrages, in: BFuP, 36. Jg. (1984), S. 566–576.

SIEBEN, G./LUTZ, H. (Abfindungsklauseln): Abfindungsklauseln in Gesellschaftsverträgen, in: BFuP, 37. Jg. (1985), S. 200–213.

SIEBEN, G./SCHILDBACH, T. (Bewertung ganzer Unternehmungen): Zum Stand der Entwicklung der Lehre von der Bewertung ganzer Unternehmungen, in: DStR, 17. Jg. (1979), S. 455–461.

SIEBEN, G./SCHILDBACH, T. (Entscheidungstheorie): Betriebswirtschaftliche Entscheidungstheorie, 4. Aufl., Düsseldorf 1994.

SIEBEN, G./ZAPF, B. (Hrsg.) (Grundlage unternehmerischer Entscheidungen): Unternehmensbewertung als Grundlage unternehmerischer Entscheidungen, Stuttgart 1981.

SIEBEN, G. ET AL. (Podiumsdiskussion): Podiumsdiskussion über das Thema Grundsätze ordnungsmäßi-ger Unternehmensbewertung, in: GOETZKE, W./SIEBEN, G. (Hrsg.), Moderne Unternehmungs-bewertung und Grundsätze ihrer ordnungsmäßigen Durchführung, Köln 1977, S. 257–295.

SIEBEN, G. ET AL. (Expertensystemtechnologie): Nutzung der Expertensystemtechnologie für die Unter-nehmensbewertung, in: DB, 42. Jg. (1989), S. 1681–1684.

SIEBEN, G. ET AL. (Expertensystemgestützte Ergebnisprognose): Expertensystemgestützte Ergebnispro-gnose zur Unternehmensbewertung, in: DB, 43. Jg. (1990), S. 1–8.

SIEGEL, T. (Grundlagen): Grundlagen der Unternehmensbewertung, in: WiSt, 20. Jg. (1991), S. 231–237.

SIEGEL, T. (Unsicherheitsberücksichtigung): Methoden der Unsicherheitsberücksichtigung in der Unter-nehmensbewertung, in: WiSt, 21. Jg. (1992), S. 21–26.

SIEGEL, T. (Einfluß von stillen Reserven): Der steuerliche Einfluß von stillen Reserven und Firmenwert auf die Unternehmensbewertung und auf die Bemessung von Abfindungen, in: BALLWIESER, W. ET AL. (Hrsg.), Bilanzrecht und Kapitalmarkt, FS für A. Moxter, Düsseldorf 1994, S. 1483–1502.

SIEGEL, T. (Komplexitätsreduktion): Unternehmensbewertung, Unsicherheit und Komplexitätsreduktion, in: BFuP, 46. Jg. (1994), S. 457–476.

SIEGEL, T. (Steuern): Steuern in der Unternehmensbewertung bei Wachstum und Risiko, in: DB, 50. Jg. (1997), S. 2389–2392.

SIEGEL, T. (Paradoxa): Paradoxa in der Unternehmensbewertung und ihre Erklärung, in: POLL, J. (Hrsg.), Bilanzierung und Besteuerung der Unternehmen, Das Handels- und Steuerrecht auf dem Weg ins 21. Jahrhundert, FS für H. Brönner, Stuttgart 2000, S. 391–411.

SIEGEL, T. (Unsicherheit): Unsichere Unternehmensbewertung bei Unsicherheit, in: KÖNIGSMAIER, H./RABEL, K. (Hrsg.), Unternehmensbewertung: Theoretische Grundlagen – Praktische Anwendung, FS für G. Mandl, Wien 2010, S. 609–622.

SIEGERT, R. (Grundlagen der angemessenen Barabfindung): Grundlagen der angemessenen Barabfindung der nach dem Umwandlungsgesetz ausscheidenden Minderheitsgesellschafter, Diss. München 1968.

SIELAFF, M. (Steuerbemessungsfunktion): Die Steuerbemessungsfunktion der Unternehmensbewertung, in: GOETZKE, W./SIEBEN, G. (Hrsg.), Moderne Unternehmungsbewertung und Grundsätze ihrer ordnungsmäßigen Durchführung, Köln 1977, S. 105–119.

SIEPE, G. (Ertragsteuern): Die Berücksichtigung von Ertragsteuern bei der Unternehmensbewertung, in: WPg, 50. Jg. (1997), S. 1–10 (Teil I) und S. 37–44 (Teil II).

SIEPE, G. (Unternehmensbewertung): Die Unternehmensbewertung, in: INSTITUT DER WIRTSCHAFTSPRÜFER (Hrsg.), Wirtschaftsprüfer-Handbuch 1998, Bd. II, 11. Aufl., Düsseldorf 1998, S. 1–142.

SIEPE, G. (Kapitalisierungszinssatz): Kapitalisierungszinssatz und Unternehmensbewertung, in: WPg, 51. Jg. (1998), S. 325–338.

SIEPE, G. (Die Unternehmensbewertung): Die Unternehmensbewertung, in: INSTITUT DER WIRTSCHAFTSPRÜFER (Hrsg.), Wirtschaftsprüfer-Handbuch 2002, Bd. II, 12. Aufl., Düsseldorf 2002, S. 1–149.

SIEPE, G. (Rechtsprechung): Unternehmensbewertung in der Rechtsprechung, in: BÖRSIG, C./COENENBERG, A. G. (Hrsg.), Bewertung von Unternehmen, Stuttgart 2003, S. 81–92.

SIEPE, G./DÖRSCHELL, A./SCHULTE, J. (Der neue IDW Standard): Der neue IDW Standard: Grundsätze zur Durchführung von Unternehmensbewertungen (IDW S 1), in: WPg, 53. Jg. (2000), S. 946–960.

SIEPE, G. ET AL. (Podiumsdiskussion): Podiumsdiskussion: Unternehmensbewertung heute, in: INSTITUT DER WIRTSCHAFTSPRÜFER IN DEUTSCHLAND E. V. (Hrsg.), Bericht über die Fachtagung 1997 des Instituts der Wirtschaftsprüfer in Deutschland e. V., Düsseldorf 1998, S. 255–283.

SONDERMANN, D. (Bewertung): Der Kapitalisierungs-Zinsfuß bei der Bewertung von Unternehmen, Diss. Köln 1961.

SPANNHORST, B. (Grundsätze): Die Grundsätze ordnungsmäßiger Buchführung, Rechtsnatur, Entstehung und Ermittlung, Diss. Münster 1973.

SPECKBACHER, G. (Shareholder Value): Shareholder Value und Stakeholder Ansatz, in: DBW, 57. Jg. (1997), S. 630–639.

SPIELBERGER, K. (Kauf): Kauf von Krisenunternehmen, Wiesbaden 1996.

SPREMANN, K. (Investition und Finanzierung): Wirtschaft, Investition und Finanzierung, 5. Aufl., München, Wien 1996.

SPREMANN, K. (Unternehmensbewertung): Finanzanalyse und Unternehmensbewertung, München, Wien 2002.

SPREMANN, K. (Valuation): Valuation, Grundlagen moderner Unternehmensbewertung, München, Wien 2004.

SPREMANN, K. (Modern Finance): Modern Finance, 2. Aufl., München, Wien 2005.

SPREMANN, K. (Finance): Finance, 4. Aufl., München 2009.

SPREMANN, K./ERNST, D. (Unternehmensbewertung): Unternehmensbewertung, Grundlagen und Praxis, 2. Aufl., München 2011.

STEINER, M./WALLMEIER, M. (Totgesagte): Totgesagte leben länger!, in: ZfbF, 49. Jg. (1997), S. 1084–1088.

STEINHAUER, C. (Bewertungsgrundlage): Der Börsenpreis als Bewertungsgrundlage für den Abfindungsanspruch von Aktionären, in: AG, 44. Jg. (1999), S. 299–308.

STEINRÜCKE, M. (Fuzzy Sets): Fuzzy Sets und ihre konzeptionelle Anwendung in der Produktionsplanung, Wiesbaden 1997.

STELLBRINK, J. (Restwert): Der Restwert in der Unternehmensbewertung, Düsseldorf 2005.

STELZER, D. (Informations- versus Wissensmanagement): Informations- versus Wissensmanagement, Versuch einer Abgrenzung, in: KEMPER, H.-G./MÜLDER, W. (Hrsg.), Informationsmanagement, Neue Herausforderungen in Zeiten des E-Business, Lohmar 2003, S. 25–41.

STERN, J. M./SHIELY, J./ROSS, I. (EVA): The EVA Challenge, New York 2001.

STEWART, G. B. III (Value): The Quest for Value, New York 1991.

STOWE, J. D./ROBINSON, T. R./PINTO, J. E./MCLEAVEY, D. W. (Valuation): Equity Asset Valuation, Hoboken (New Jersey) 2007.

STRATE, K. (Erwerb): Der Erwerb eines Handelsunternehmens unter Lebenden, Diss. Greifswald 1915.

STRAUCH, J./LÜTKE-UHLENBROCK, C. (Unternehmensbewertungsverfahren): Unternehmensbewertungsverfahren an den Neuen Markt – Eine empirische Analyse von Researchberichten, in: FB, 4. Jg. (2002), S. 366–376.

STREISSLER, E. (Carl Menger): Carl Menger, der deutsche Nationalökonom, in: PRIDDAT, B. P. (Hrsg.), Wert, Meinung, Bedeutung, Marburg an der Lahn 1997, S. 33–88.

STREITFERDT, F. (Finanzierungspolitik): Finanzierungspolitik bei ewigem Wachstum und ihre Auswirkung auf den Unternehmenswert, in: KoR, 3. Jg. (2003), S. 273–279.

STURM, S. (Bewertung): Bewertung von geschichtslosen Unternehmen, in: BÖRSIG, C./COENENBERG, A. G. (Hrsg.), Bewertung von Unternehmen, Stuttgart 2003, S. 207–234.

T

TAKE, F. (Geschäfts- oder Firmenwert): Der Geschäfts- oder Firmenwert, Diss. Köln 1939.

TGARTH, E. (Kapitalisierung): Kapitalisierung des Geschäftsertrages, Diskussion Schmalenbach – Fritz – Tgarth, in: ZfhF, 7. Jg. (1912/13), S. 39–41, S. 132–138 und S. 369–376.

THEISINGER, K. (Bewertung): Die Bewertung der Unternehmung als Ganzes, in: Bankwissenschaft, 10. Jg. (1933), S. 161–176.

TICHY, G. E. (Unternehmensbewertung): Unternehmensbewertung in Theorie und Praxis, Wien 1994.

TILLMANN, A. (Unternehmensbewertung): Unternehmensbewertung und Grundstückskontaminationen, Wiesbaden 1998.

TITTEL, H. (Firmenwert): Firmenwert und stille Reserven beim Ausscheiden von Teilhabern aus Personengesellschaften, in: BFuP, 1. Jg. (1949), S. 69–97.

TOLL, C. (Zahlungsstruktur des Verkaufspreises): Unternehmensbewertung bei gestaltbarer Zahlungsstruktur des Verkaufspreises, in: KEUPER, F./NEUMANN, F. (Hrsg.), Finance Transformation, Wiesbaden 2008, S. 71–93.

TOLL, C. (Unternehmensbewertung): Unternehmensbewertung bei Vorliegen verhandelbarer Zahlungsmodalitäten, in: BFuP, 62. Jg. (2010), S. 384–411.

TOLL, C. (Investitionstheoretische Unternehmensbewertung): Investitionstheoretische Unternehmensbewertung bei Vorliegen verhandelbarer Zahlungsmodalitäten, Wiesbaden 2011.

TOLL, M. (Fusionsentscheidungswertermittlung): Realgüterwirtschaftlich fundierte Fusionsentscheidungswertermittlung aus der Sicht eines vor und nach der Fusion einflusslosen Anteilseigners, in: KEUPER, F./SCHOMANN, M./HORN, D. (Hrsg.), Modernes Finanz- und Versicherungsmanagement, Berlin 2010, S. 79–108.

TOLL, M. (Wertorientierte Vergütung): Wertorientierte Vergütung und Unternehmensbewertung, in: PETERSEN, K./ZWIRNER, C./BRÖSEL, G. (Hrsg.), Handbuch Unternehmensbewertung, Köln 2013, S. 627–639.

TOMASZEWSKI, C. (Bewertung strategischer Flexibilität): Bewertung strategischer Flexibilität beim Unternehmenserwerb, Frankfurt am Main et al. 2000.

TRENTINI, S. (Unternehmensbewertung): Unternehmensbewertung – Die Fachgutachten im Vergleich, Wien 2006.

TRIGEORGIS, L. (Real Options): Real Options, Cambridge, London 1996.

TSCHÖPEL, A. (Risikoberücksichtigung): Risikoberücksichtigung bei Grenzpreisbestimmungen im Rahmen der Unternehmensbewertung, Köln 2004.

U

ULRICH, R. (Unternehmensbewertung): Das Ungewißheitsproblem bei der Unternehmensbewertung in den neuen Bundesländern, München 1995.

UMBERG, T. (Bewertung von Kohlenzechen): Die Bewertung von Kohlenzechen unter Berücksichtigung der Wertschwankungen während des Krieges und nachher, in: ZfhF, 16. Jg. (1922), S. 256–359.

Union Européenne des Experts Comptables, Economiques et Financiers (U.E.C.) (Bewertung): Die Bewertung von Unternehmungen und Unternehmungsanteilen, Richtlinien, Düsseldorf 1961.

Ury, W. L. (Verhandlungen): Schwierige Verhandlungen, 3. Aufl., München 1998.

V

Valcárcel, S. (Strategischer Zuschlag): Ermittlung und Beurteilung des „strategischen Zuschlags" als Brücke zwischen Unternehmenswert und Marktpreis, in: DB, 45. Jg. (1992), S. 589–595.

Veil, R. (Formwechsel): Der nicht-verhältniswahrende Formwechsel von Kapitalgesellschaften – Eröffnet das neue Umwandlungsgesetz den partiellen Ausschluß von Anteilsinhabern?, in: DB, 49. Jg. (1996), S. 2529–2532.

Velthuis, L. J. (Managemententlohnung): Managemententlohnung auf Basis des Residualgewinns: Theoretische Anforderungen und praxisrelevante Konzepte, in: ZfB, 73. Jg. (2003), EH 4, S. 111–135.

Velthuis, L. J. (Entwurf): Entwurf eines integrierten Value Based Management-Konzepts auf Basis des Residualgewinns, in: Gillenkirch, R. et al. (Hrsg.), Wertorientierte Unternehmenssteuerung, FS für H. Laux, Berlin 2004, S. 295–324.

Velthuis, L. J. (Value Based Management): Value Based Management auf Basis von ERIC, Arbeitspapier Nr. 127 der Serie: Finance & Accounting der Johann Wolfgang Goethe-Universität Frankfurt am Main, Frankfurt am Main 2004.

Velthuis, L. J./Wesner, P. (Hrsg.) (Werterzielung): Werterzielung deutscher Unternehmen, ERIC®-Performance-Studie 2004, Frankfurt am Main 2004.

Vickrey, W. (Counterspeculation): Counterspeculation, Auctions, and Competitve Sealed Tenders, in: Journal of Finance, 16. Jg. (1961), S. 8–37.

Viel, J. (Unternehmungswertberechnung): Die Ermittlung des Sach- und Ertragswertes bei der Unternehmungswertberechnung, in: WPg, 7. Jg. (1954), S. 364–369.

Viel, J. (Probleme): Probleme der Bestimmung des Unternehmungswertes, in: WPg, 7. Jg. (1954), S. 241–245.

Viel, J. (Unternehmungsbewertung): Theorie und Praxis der Unternehmungsbewertung, in: Der Wirtschaftstreuhänder, 4. Jg. (1955), S. 57–59.

Viel, J. (Bestimmung des Substanzwertes): Die Bestimmung des Substanzwertes bei der Unternehmensbewertung, in: WPg, 16. Jg. (1963), S. 36–38.

Viel, J. (Empfehlungen): Empfehlungen zur Bewertung von ganzen Unternehmungen, in: ZfbF, 22. Jg. (1970), S. 331–335.

Viel, J./Bredt, O./Renard, M. (Bewertung 2): Die Bewertung von Unternehmungen und Unternehmungsanteilen, 2. Aufl., Stuttgart 1967.

Viel, J./Bredt, O./Renard, M. (Bewertung 3): Die Bewertung von Unternehmungen und Unternehmungsanteilen, 3. Aufl., Stuttgart 1970.

Viel, J./Bredt, O./Renard, M. (Bewertung 5): Die Bewertung von Unternehmungen und Unternehmungsanteilen, 5. Aufl., Zürich 1975.

Vincenti, A. J. F. (Mittelständische Unternehmen): E-Commerce und mittelständische Unternehmen, in: Keuper, F. (Hrsg.), Electronic Business und Mobile Business, Wiesbaden 2002, S. 27–55.

Vincenti, A. J. F. (Asymmetrische Informationsverteilung): Wirkungen asymmetrischer Informationsverteilung auf die Unternehmensbewertung, in: BFuP, 54. Jg. (2002), S. 55–68.

Vincenti, A. J. F. (Prognoseunsicherheit): Subjektivität der Prognoseunsicherheit und der Informationswirkung, Eine wertorientierte Betrachtung am Beispiel der Unternehmensbewertung, Göttingen 2004.

Voss, H. (Unternehmungsbewertung): Nochmals: Unternehmungsbewertung und Körperschaftsteuer, in: ZfhF, Neue Folge, 13. Jg. (1961), S. 128–132.

W

Wagenhofer, A. (Einfluß von Erwartungen): Der Einfluß von Erwartungen auf den Argumentationspreis in der Unternehmensbewertung, in: BFuP, 40. Jg. (1988), S. 532–552.

Wagenhofer, A. (Bestimmung von Argumentationspreisen): Die Bestimmung von Argumentationspreisen in der Unternehmensbewertung, in: ZfbF, 40. Jg. (1988), S. 340–359.

Wagenhofer, A./Hrebicek, G. (Hrgs.) (Wertorientiertes Management): Wertorientiertes Management, Stuttgart 2000.

Wagner, F. (Ausscheiden eines Gesellschafters): Das Ausscheiden eines Gesellschafters aus einer OHG – Ein Beitrag zur Theorie der Unternehmensbewertung, Diss. München 1971.

WAGNER, F. W. (Zweckmäßigkeit von Bewertungskalkülen): Zur Zweckmäßigkeit von Bewertungskalkülen für die Entscheidung über Kauf und Verkauf von Unternehmungen, in: BFuP, 25. Jg.
(1973), S. 301–312.

WAGNER, F. W. (Vertragliche Abfindungsbemessung): Unternehmensbewertung und vertragliche Abfindungsbemessung, in: BFuP, 46. Jg. (1994), S. 477–498.

WAGNER, F. W. (Möglichkeiten und Grenzen): Möglichkeiten und Grenzen eine empirischen Überprüfung marktnaher Unternehmensbewertung, in: ZfbF, 63. Jg. (2011), Sonderheft, S. 84–89.

WAGNER, W. (Die Unternehmensbewertung): Die Unternehmensbewertung, in: INSTITUT DER WIRT-
SCHAFTSPRÜFER (Hrsg.), Wirtschaftsprüfer-Handbuch 2008, Bd. II, 13. Aufl., Düsseldorf
2007, S. 1–196.

WAGNER, W. (Kernaufgabe): Unternehmensbewertung – eine Kernaufgabe für Wirtschaftsprüfer: zur
100. Sitzung des FAUB, in: WPg, 62. Jg. (2009), Heft 13, S. I.

WAGNER, W./RUSS, W. (Due Diligence): Due Diligence, in: INSTITUT DER WIRTSCHAFTSPRÜFER (Hrsg.),
Wirtschaftsprüfer-Handbuch 2008, Bd. II, 13. Aufl., Düsseldorf 2007, S. 1079–1189.

WAGNER, W./SAUR, G./WILLERSHAUSEN, T. (Neuerungen): Zur Anwendung der Neuerungen der Unternehmensbewertungsgrundsätze des ISW S 1 i d. F. 2008 in der Praxis, in: WPg, 61. Jg. (2008),
S. 731–747.

WAGNER, W. ET AL. (Unternehmensbewertung): Unternehmensbewertung in der Praxis – Empfehlungen
und Hinweise zur Anwendung von IDW S 1, in: WPg, 59. Jg. (2006), S. 1005–1028.

WAHL, S. VON (Bewertung): Die Bewertung von Bergwerks-Unternehmungen auf der Grundlage der Investitionsrechnung, Köln, Opladen 1966.

WALLMEIER, M. (DCF-Verfahren): Ein neues DCF-Verfahren zur Unternehmensbewertung?, Kritische
Anmerkungen zum Beitrag von Thomas Schildbach im Heft 12/2000 der zfbf, in: ZfbF,
53. Jg. (2001), S. 283–288.

WALRAS, L. (Éléments d'économie politique): Éléments d'économie politique pure ou théorie de la
richesse sociale, Lausanne et al. 1874.

WALTER, A. (Berufsverband): Editorial: Berufsverband für Unternehmensbewerter, in: FB, 7. Jg. (2005),
Heft 4, S. I.

WAMELING, H. (Berücksichtigung von Steuern): Die Berücksichtigung von Steuern im Rahmen der Unternehmensbewertung, Wiesbaden 2004.

WAMELING, H./PATEK, G. (Steuern): Steuern in der Unternehmensbewertung, in: PETERSEN, K./ZWIRNER,
C./BRÖSEL, G. (Hrsg.), Handbuch Unternehmensbewertung, Köln 2013, S. 763–783.

WEBER, E. (Unternehmensbewertung): Berücksichtigung von Synergieeffekten bei der Unternehmensbewertung, in: BAETGE, J. (Hrsg.), Akquisition und Unternehmensbewertung, Düsseldorf 1991,
S. 97–115.

WEBER, J./SCHÄFFER, U. (Controlling): Einführung in das Controlling, 13. Aufl., Stuttgart 2011.

WEBER, J. ET AL. (Wertorientierte Unternehmenssteuerung): Wertorientierte Unternehmenssteuerung,
Wiesbaden 2004.

WEGMANN, J. (Sanierungsprüfung): Die Sanierungsprüfung, Köln 1987.

WEGMANN, J. (Unternehmensbewertung): Die Unternehmensbewertung als Grundlage der Sanierungsprüfung, in: BB, 43. Jg. (1988), S. 801–810.

WEGMANN, J. (Sanierungsfusion): Die Fusion unter besonderer Berücksichtigung ertragsschwacher und
insolventer Unternehmungen (Sanierungsfusion), in: WPg, 42. Jg. (1989), S. 189–199.

WEIDENHAMMER, R. (Abschätzung des Wertes): Die Problematik der Abschätzung des Wertes industrieller Unternehmungen, in: Zeitschrift für Handelswissenschaft und Praxis, 19. Jg. (1926),
S. 9–12.

WEIHE, R. (Auktion): Unternehmensverkauf per Auktion, in: Die Bank, o. Jg. (2004), H. 12, S. 40–46.

WEINERT, A. B. (Motivation): Motivation, in: GAUGLER, E./WEBER, W. (Hrsg.), Handwörterbuch des Personalwesens, 2. Aufl., Stuttgart 1992, Sp. 1430–1442.

WEINGARTNER, H. M. (Mathematical Programming): Mathematical Programming and the Analysis of
Capital Budgeting Problems, Englewood Cliffs (New Jersey) 1963.

WEISER, M. F. (Realoptionsbewertung): Marktgestützte Realoptionsbewertung von Unternehmen, in: FB,
5. Jg. (2003), S. 279–283.

WENGER, E. (Basiszins): Der unerwünscht niedrige Basiszins als Störfaktor bei der Ausbootung von Min-
derheiten, in: RICHTER, F./SCHÜLER, A./SCHWETZLER, B. (Hrsg.), Kapitalgeberansprüche,
Marktwertorientierung und Unternehmenswert, FS für J. Drukarczyk, München 2003,
S. 475–495.

WENGER, E. (Verzinsungsparameter): Verzinsungsparameter in der Unternehmensbewertung – Betrachtungen aus theoretischer und empirischer Sicht, in: AG, 50. Jg. (2005), S. 9–21.

WIDMANN, B./SCHIESZL, S./JEROMIN, A. (Kapitalisierungszinssatz): Der Kapitalisierungszinssatz in der
praktischen Unternehmensbewertung, in: FB, 5. Jg. (2003), S. 800–810.

WIESE, J. (Sicherheitsäquivalentmethode): Zur theoretischen Fundierung der Sicherheitsäquivalentmethode und des Begriffs der Risikoauflösung bei der Unternehmensbewertung, Anmerkungen zu dem Beitrag von Wolfgang Kürsten in der zfbf (März 2002, S. 128–144), in: ZfbF, 55. Jg. (2003), S. 287–305.

WIESE, J./GAMPENRIEDER, P. (Ableitung): Marktorientierte Ableitung des Basiszinses mit Bundesbank- und EZB-Daten, in: BB, 63. Jg. (2008), S. 1722–1726.

WILHELM, J. (Marktwertmaximierung): Marktwertmaximierung – Ein didaktisch einfacher Zugang zu einem Grundlagenproblem der Investitions- und Finanzierungstheorie, in: ZfB, 53. Jg. (1983), S. 516–534.

WILHELM, J. (Unternehmensbewertung): Unternehmensbewertung – Eine finanzmarkttheoretische Untersuchung, in: ZfB, 75. Jg. (2005), S. 631–665.

WILKENS, S. (Prognose- und Hedgingqualität): Prognose- und Hedgingqualität von Optionspreismodellen, in: FB, 6. Jg. (2004), S. 314–323.

WILTS, R./SCHALDT, K./NOTTMEIER, A. (Squeeze-outs): Unternehmensbewertung im Rahmen von Squeeze-outs, in: FB, 4. Jg. (2002), S. 621–629.

WILTS, R. ET AL. (Rechtsprechung): Rechtsprechung zur Unternehmensbewertung, in: FB, 6. Jg. (2004), S. 508–514.

WINCKELMANN, H. (Unternehmenswert): Zum Einfluß der Gewinnsteuern auf den Unternehmenswert, in: WPg, 6. Jg. (1953), S. 181–183.

WINKLER, E. (Bewertung von Unternehmungen): Probleme bei der Bewertung von Unternehmungen aus der Sicht des Merger, in: Die Unternehmung, 27. Jg. (1973), S. 1–13.

WIRTH, J. (Firmenwertbilanzierung): Firmenwertbilanzierung nach IFRS, Stuttgart 2005.

WIRTZ, B. W./SALZER, E. (IPO-Management): IPO-Management, in: WiSt, 33. Jg. (2004), S. 102–108.

WITT, C. (Bewertung): Bewertung von öffentlich-rechtlichen Sparkassen im Rahmen einer Privatisierungsentscheidung, Wiesbaden 2006.

WITTE, J./BULTMANN, B. (Escrow Account): Materiell-rechtliche und prozessuale Probleme beim Unternehmenskauf am Beispiel der vertraglich vereinbarten Kaufpreisgestaltung auf ein Treuhandkonto (Escrow Account), in: BB, 60. Jg. (2005), S. 1121–1125.

WITTE, T./DEPPE, J. F./BORN, A. (Lineare Programmierung): Lineare Programmierung, Wiesbaden 1975.

WITTMANN, W. (Wertbegriff): Der Wertbegriff in der Betriebswirtschaftslehre, Köln, Opladen 1956.

WITTMANN, W. (Information): Unternehmung und unvollkommene Information, Köln, Opladen 1959.

WITTMANN, W. (Wissen): Wissen in der Produktion, in: *KERN, W.* (Hrsg.), Handwörterbuch der Produktionswirtschaft, Stuttgart 1979, Sp. 2261–2272.

WOLLERT, H. (Fragen zur Bewertung): Fragen zur Bewertung von Industriebauten, in: WPg, 1. Jg. (1948), Nr. 5 (August), S. 25–27.

WULLENKORD, A. (New Economy Valuation): New Economy Valuation – Moderne Bewertungsverfahren für Hightech-Unternehmen, in: FB, 2. Jg. (2003), S. 522–527.

WÜSTEMANN, J. (Rechtsprechungsentwicklungen): Basiszinssatz und Risikozuschlag in der Unternehmensbewertung: aktuelle Rechtsprechungsentwicklungen, in: BB, 62. Jg. (2007), S. 2223–2228.

WÜSTEMANN, J. (Rechtsprechungsreport): BB-Rechtsprechungsreport: Unternehmensbewertung 2007/08, in: BB, 63. Jg. (2008), S. 1499–1503.

WÜSTEMANN, J. (Rechtsprechungsreport): BB-Rechtsprechungsreport: Unternehmensbewertung 2008/09, in: BB, 64. Jg. (2009), S. 1518–1523.

WÜSTEMANN, J. (Rechtsprechungsreport): BB-Rechtsprechungsreport: Unternehmensbewertung 2009/10, in: BB, 65. Jg. (2010), S. 1715–1720.

WÜSTEMANN, J. (Rechtsprechungsreport): BB-Rechtsprechungsreport: Unternehmensbewertung 2010/11, in: BB, 66. Jg. (2011), S. 1707–1711.

WÜSTEMANN, J. (Rechtsprechungsreport): BB-Rechtsprechungsreport: Unternehmensbewertung 2011/12, in: BB, 67. Jg. (2012), S. 1719–1724.

Y

YAGIL, J. (Model for Mergers): An Exchange Ratio Determination Model for Mergers: A Note, in: The Financial Review, 22. Jg. (1987), S. 195–202.

Z

ZADEH, L. A. (Fuzzy Sets): Fuzzy Sets, in: Information and Control, 8. Jg. (1965), S. 338–353.

ZADEH, L. A. (Fuzzy Sets and Systems): Fuzzy Sets and Systems, in: Proceedings of the Symposium on System Theory, Polytechnic Institute of Brooklyn, New York 1965, S. 29–37.

ZARZECKI, D. (Metody): Metody wyceny przedsiębiorstw, Warschau 1999.

ZARZECKI, D./GRUDIŃSKI, M. (Wartość godziwa jako standard wartości): Wartość godziwa jako standard wartości w wycenach sporządzanych w sytuacji przymusowego wykupu akcji, in: *ZARZECKI, D.* (Hrsg.), Czas na Pieniądz „Zarządzanie Finansami – Inwestycje, wycena przedsiębiorstw, zarządzanie wartoscią", Stettin 2011, S. 661–676.

ZEHNER, K. (Unternehmensbewertung): Unternehmensbewertung im Rechtsstreit – Zur Fehlinterpretation neuer höchstrichterlicher Entscheidungen, in: DB, 34. Jg. (1981), S. 2109–2117.

ZELEWSKI, S. (Grundlagen): Grundlagen, in: *CORSTEN, H./REISS, M.* (Hrsg.), Betriebswirtschaftslehre, Bd. 1, 4. Aufl., München 2008, S. 1–97.

ZHU, B. (Herdenverhalten): Rationales Herdenverhalten und seine Auswirkungen auf Investitionsentscheidungen, Wiesbaden 2009.

ZIMMERER, C. (Unternehmungsbewertungen): Einige Aspekte der praktischen Durchführung von Unternehmungsbewertungen, in: ZfB, 31. Jg. (1961), S. 170–17.

ZIMMERMANN, J. (Bewertung in Bankenratings): Bewertung von KMU in Bankenratings – Positionsverbesserung durch effektives Controlling, in: *MEYER, J. A.* (Hrsg.), Unternehmensbewertung und Basel II in kleinen und mittleren Unternehmen, Lohmar, Köln 2003, S. 45–58.

ZIMMERMANN, M. (Fairness Opinion): Fairness Opinion, in: *PETERSEN, K./ZWIRNER, C./BRÖSEL, G.* (Hrsg.), Handbuch Unternehmensbewertung, Köln 2013, S. 352–366.

ZWIRNER, C./MUGLER, J. (Fairness Opinions): Fairness Opinions gemäß IDW S 8, in: Zeitschrift für Corporate Governance, 6. Jg. (2011), S. 234–237.

ZWIRNER, C./MUGLER, J. (Unternehmensbewertung): Unternehmensbewertung nach BilMoG, in: DB, 64. Jg. (2011), S. 2559–2565.

ZWIRNER, C./REINHOLDT, A. (Auswirkungen): Auswirkungen der Finanz(markt)krise auf die Unternehmensbewertung, in: Zeitschrift für Internationale Rechnungslegung, 4. Jg. (2009), S. 139–141.

Rechtsquellenverzeichnis

AKTIENGESETZ (AktG) vom 6. September 1965 (BGBl. I, S. 1089), zuletzt geändert durch Art. 2 Abs. 49 des Gesetzes vom 22. Dezember 2011 (BGBl. I, S. 3044).

BEWERTUNGSGESETZ (BewG) in der Fassung der Bekanntmachung vom 1. Februar 1991 (BGBl. I, S. 230), zuletzt geändert durch Art. 13 des Gesetzes vom 12. April 2012 (BGBl. I, S. 579).

BILANZRECHTSMODERNISIERUNGSGESETZ (BilMoG) – Gesetz zur Modernisierung des Bilanzrechts vom 25. Mai 2009 (BHBl. I, S. 1102).

BÜRGERLICHES GESETZBUCH (BGB) in der Fassung der Bekanntmachung vom 2. Januar 2002 (BGBl. I, S. 42, ber. S. 2909 und BGBl. I 2003, S. 738), zuletzt geändert durch Art. 1 des Gesetzes vom 27. Juli 2011 (BGBl. I, S. 1600).

EINFÜHRUNGSGESETZ ZUM AKTIENGESETZ (EGAktG) vom 6. September 1965 (BGBl. I, S. 1185), zuletzt geändert durch Art. 7 Gesetzes vom 9. Dezember 2010 (BGBl. I, S. 1900).

EINIGUNGSVERTRAG vom 31. August 1990 (BGBl. II S. 889), zuletzt angepaßt durch § 84 des Gesetzes vom 20. Juni 2011 (BGBl. I 2006, S. 1114).

EINKOMMENSTEUERGESETZ (EStG) in der Fassung der Bekanntmachung vom 8. Oktober 2009 (BGBl. I, S. 3862), zuletzt geändert durch Art. 3 des Gesetzes vom 8. Mai 2012 (BGBl. I, S. 1030).

ERBSCHAFTSTEUER-RICHTLINIEN (ErbStR), Allgemeine Verwaltungsvorschrift zur Anwendung des Erbschaftsteuer- und Schenkungsteuerrechts vom 4. November 2011 (BStBl. I, Sondernummer I/2, S. 8101).

GESETZ ZUR KONTROLLE UND TRANSPARENZ IM UNTERNEHMENSBEREICH (KonTraG) vom 30. April 1998 (BGBl. I, S. 786).

GESETZ ZUR UMSETZUNG DER NEU GEFASSTEN BANKENRICHTLINIE UND DER NEU GEFASSTEN KAPITALADÄQUANZRICHTLINIE (auch „CRD-Umsetzungsgesetz" und „7. KWG-Novelle" genannt) vom 17. November 2006 (BGBl. I, S. 2606).

GESETZ ZUR UNTERNEHMENSINTEGRITÄT UND MODERNISIERUNG DES ANFECHTUNGSRECHTS (UMAG) vom 22. September 2005 (BGBl. I, S. 2802).

GRUNDGESETZ FÜR DIE BUNDESREPUBLIK DEUTSCHLAND (GG) in der im Bundesgesetzblatt Teil III, Gliederungsnummer 4100-1, veröffentlichten bereinigten Fassung, zuletzt geändert durch Art. 2 Abs. 39 des Gesetzes vom 21. Juli 2010 (BGBl. I, S. 944).

HANDELSGESETZBUCH (HGB) vom 10. Mai 1897 (RGBl., S. 219), in der im Bundesgesetzblatt Teil III, Gliederungsnummer 100-1, veröffentlichten bereinigten Fassung, zuletzt geändert durch Art. 1 des Gesetzes vom 22. Dezember 2011 (BGBl. I, S. 3044).

INTERNATIONAL FINANCIAL REPORTING STANDARDS (IFRS)/International Financial Reporting Interpretation Committee (IFRIC) – veröffentlicht durch diverse Verordnungen der Europäischen Gemeinschaft/Union, zuletzt aktualisiert oder ergänzt durch die Verordnung Nr. 1205/2011 der Kommission vom 22. November 2011 (ABl EU 2011, Nr. L 305 vom 23. November 2011, S. 16).

TREUHANDGESETZ (Gesetz zur Privatisierung und Reorganisation des volkseigenen Vermögens) vom 17. Juni 1990 (GBl. I, Nr. 33, S. 300), zuletzt geändert durch Art. 19 Abs. 8 des Gesetzes vom 12. Dezember 2007 (BGBl. I, S. 2840).

UMWANDLUNGSGESETZ (UmwG) vom 28. Oktober 1994 (BGBl. I, S. 3210, ber. 1995 I, S. 428), zuletzt geändert durch Art. 2 Abs. 46 des Gesetzes vom 22. Dezember 2011 (BGBl. I, S. 3044).

WERTPAPIERERWERBS- UND ÜBERNAHMEGESETZ (WpÜG) vom 20. Dezember 2001 (BGBl. I, S. 3822), zuletzt geändert durch Art. 2 des Gesetzes vom 05. April 2011 (BGBl. I, 538).

WIRTSCHAFTSPRÜFERORDNUNG (WPO) in der Fassung der Bekanntmachung vom 5. November 1975 (BGBl. I S. 2803), zuletzt geändert durch Art. 21 des Gesetzes vom 6. Dezember 2011 (BGBl. I S. 2515).

Verzeichnis der Rechtsprechung

BayObLG: Beschluß vom 19. Oktober 1995 (3 Z BR 17/90): Brauerei: Unternehmensbewertung, in: BB, 51. Jg. (1996), S. 259–261.

BGH: Urteil vom 17. Januar 1973 (IV ZR 142/70): Ermittlung der für die Pflichtteilsberechnung vorzunehmenden Schätzung des Wertes eines fortgeführten Handelsunternehmens, in: DB, 26. Jg. (1973), S. 563–565.

BGH: Beschluß vom 12. März 2001 (II ZB 15/00): DAT/Altana: Berücksichtigung des Börsenkurses für Abfindung und variablen Ausgleich – Anspruch bleibt trotz Eingliederung bestehen, in: BB, 56. Jg. (2001), S. 1053–1058.

BGH: Beschluss des Zweiten Zivilsenats vom 19. Juli 2010 (II ZB 18/09), in: BB, 65. Jg. (2010), S. 1941–1944.

BVerfG: Urteil des Ersten Senats vom 7. August 1962 (1 BvL 16/60): „Feldmühle-Urteil", in: BVerfGE, 14. Bd., Tübingen 1963, Nr. 30, S. 263–288.

BVerfG: Beschluß des Ersten Senats vom 27. April 1999 (1 BvR 1613/94): Ermittlung des angemessenen Ausgleichs und der angemessenen Abfindung für außenstehende oder ausgeschiedene Aktionäre beim Abschluß von Unternehmensverträgen und bei Eingliederung einer Aktiengesellschaft, in: BVerfGE, 100. Bd., Tübingen 1999, Nr. 13, S. 289–313.

BVerfG: Beschluß des Ersten Senats vom 7. November 2006 (1 BvL 10/02), in: BStBl. II 2007, S. 192–215

LG Hannover: Beschluß vom 16. Juni 1977 (22 AktE 1/70): Zur Ermittlung der angemessenen Abfindung i. S. des § 305 AktG: Fall Ilseder Hütte AG/Salzgitter Hüttenwerke AG, in: AG, 22. Jg. (1977), S. 346–349.

OLG Celle: Beschluß vom 4. April 1979 (9 W 2/77): Zur Berechnung und Verzinsung der Abfindung nach § 305 AktG: „Fall der Ilseder Hütte/Salzgitter AG", in: AG, 24. Jg. (1979), S. 230–234.

Autoren des Lehrbuches

MATSCHKE, MANFRED JÜRGEN

Persönliche Daten: Dr. rer. pol., Dipl.-Volksw., geb. 1943, Professor für Allgemeine Betriebswirtschaftslehre und Betriebliche Finanzwirtschaft, insbesondere Unternehmensbewertung an der ERNST-MORITZ-ARNDT-Universität Greifswald.
Arbeits- und Forschungsschwerpunkte: Unternehmensbewertung, Investition und Finanzierung, Rechnungswesen, Betriebliche Umweltwirtschaft.

MANFRED JÜRGEN MATSCHKE hat von 1963 bis 1968 in Köln studiert und war von 1970 bis 1977 Assistent an dem von EUGEN SCHMALENBACH begründeten Treuhandseminar. Sein Doktorvater HANS MÜNSTERMANN, ein Schüler SCHMALENBACHS und der Nestor der subjektiven Unternehmungsbewertungslehre in Deutschland, leitete es bis 1968. Ab 1970 war MÜNSTERMANNS ehemaliger Assistent GÜNTER SIEBEN Seminardirektor. Unter SIEBEN, MATSCHKE und anderen entstand Anfang der 1970er Jahre das, was heute in der Literatur unter dem Begriff „Funktionenlehre der Unternehmungsbewertung" bekannt ist. Wesentliche Bausteine dazu waren – neben SIEBENS (leider) nicht veröffentlichter Habilitationsschrift „Bewertung von Erfolgseinheiten" – MATSCHKES Dissertation „Der Entscheidungswert der Unternehmung" und dessen Habilitationsschrift „Der Arbitriumwert der Unternehmung". Viele von MATSCHKE geprägte Begriffe sind inzwischen so gängig, daß allenfalls noch Tertiärquellen zitiert werden.

Die Anfänge von MATSCHKES Beschäftigung mit Fragen der Unternehmensbewertung liegen in einer Seminararbeit aus dem Sommersemester 1966, die er überarbeitet und ergänzt im Januar 1967 an Prof. Dr. KARL HAX, dem damaligen Herausgeber von „Schmalenbachs Zeitschrift für betriebswirtschaftliche Forschung", schickte; im Januar 1969 erschien der Beitrag unter dem Titel „Der Kompromiß als betriebswirtschaftliches Problem bei der Preisfestsetzung eines Gutachters im Rahmen der Unternehmensbewertung". MATSCHKE befaßt sich also bereits seit mehr als 45 Jahren mit dem Thema „Unternehmensbewertung", davon 35 Jahre lang als Hochschullehrer.

MATSCHKE absolvierte 1968 sein Studium als Diplom-Volkswirt in Köln. 1973 wurde er dort promoviert. Seine Habilitation erfolgte im Februar 1977 ebenfalls in Köln. Von April 1977 bis Februar 1982 war er Professor für Betriebswirtschaftslehre und Finanzierung an der Gesamthochschule Universität Siegen. Von März 1982 bis September 1995 lehrte er an der Technischen Universität Clausthal. Seit dem Wintersemester 1995/96 hatte MATSCHKE den Greifswalder Lehrstuhl für Allgemeine Betriebswirtschaftslehre und Betriebliche Finanzwirtschaft, insbesondere Unternehmensbewertung inne, der insofern ein Unikat darstellt, als er der einzige deutschsprachige Lehrstuhl ist, in dessen Bezeichnung die „Unternehmensbewertung" verankert ist. Ende des Sommersemsters 2008 wurde er emeritiert. Rufe an die Universitäten Kassel (1988), Jena (1992) und Göttingen (1994) hat er abgelehnt.

MATSCHKE war Mitglied der Arbeitskreise „Unternehmensbewertung im Rahmen der unternehmerischen Zielsetzung", „Unternehmensakquisition" sowie „Betriebliche Altersversorgung" der SCHMALENBACH-Gesellschaft für Betriebswirtschaft e. V.

BRÖSEL, GERRIT

Persönliche Daten: Dr. rer. pol. habil., Dipl.-Kfm., Bankkaufmann, Instandhaltungsmechaniker, geb. 1972, ordentlicher Universitätsprofessor für Betriebswirtschaftslehre, insbesondere Wirtschaftsprüfung, Fakultät für Wirtschaftswissenschaft, FernUniversität in Hagen/Westfalen.

Arbeits- und Forschungsgebiete: Unternehmensbewertung, Nationale und Internationale Rechnungslegung, Wirtschaftsprüfung, Bilanzanalyse.

GERRIT BRÖSEL studierte von 1994 bis 1998 an der ERNST-MORITZ-ARNDT-Universität Greifswald und war ab dem Wintersemester 1995/96 mehrere Jahre studentische Hilfskraft an MATSCHKES Lehrstuhl. BRÖSEL besuchte im Sommersemester 1996 die Vorlesungsreihe „Unternehmensbewertung" beim „Geburtshelfer der funktionalen Unternehmensbewertung" MANFRED JÜRGEN MATSCHKE. Seitdem beschäftigt sich BRÖSEL intensiv mit Problemen der finanzwirtschaftlichen (Unternehmens-)Bewertung in Theorie und Praxis und hat hierzu zahlreiche nationale und internationale Veröffentlichungen vorzuweisen.

BRÖSEL war von 1998 bis 2002 Mitarbeiter der Wirtschaftsprüfungsgesellschaft PwC und veröffentlichte 2002 seine Dissertation „Medienrechtsbewertung", welche von MATSCHKE betreut wurde. Im Frühjahr 2006 hat er sich in Ilmenau auf dem Gebiet der Betriebswirtschaftslehre habilitiert. Nachdem er im Jahre 2007 die Rufe an die Private Hanseuniversität Rostock und an die HTWK Leipzig abgelehnt hatte, übernahm er von 2007 bis 2009 in Stendal eine Professur für Allgemeine Betriebswirtschaftslehre/Rechnungswesen. GERRIT BRÖSEL war vom 1. April 2009 bis zum 31. August 2011 Ordinarius und Leiter des Fachgebietes für Allgemeine Betriebswirtschaftslehre, insbesondere Rechnungswesen und Controlling, an der Technischen Universität Ilmenau. Zum 1. September 2011 folgte er dem Ruf der FernUniversität in Hagen und ist seitdem ebenda Inhaber des Lehrstuhls für Betriebswirtschaftslehre, insbesondere Wirtschaftsprüfung. Er lehrt seit 2003 Rechnungswesen, Controlling und Unternehmensbewertung an verschiedenen Hochschulen Deutschlands und in Polen.

Zudem war BRÖSEL Mitglied des (inzwischen abgeschlossenen) Arbeitskreises „Wertorientierte Messung der Performance von Führungsbereichen (Marktbasierte Betriebsoptimierung)" der SCHMALENBACH-Gesellschaft für Betriebswirtschaft e. V. In den Jahren 2009 und 2010 war er als von der IHK Magdeburg bzw. der IHK Südthüringen öffentlich bestellter und vereidigter Sachverständiger für Unternehmensbewertung tätig. BRÖSEL wurde 2010 in das „Editorial Board" der Fachzeitschrift „Business + Innovation (B+I)" berufen. Im Jahre 2012 wurde ihm diese Ehre auch im Hinblick auf die polnische Fachzeitschrift „Ekonomia Menedżerska (Managerial Economics)" zuteil. BRÖSEL ist Mitherausgeber des im Jahr 2013 erstmals erscheinenden Werkes „Handbuch Unternehmensbewertung".

Schlagwortverzeichnis